페터 에커만(1792~1854)

괴테(1749~1832) 에커만은 1823년 괴테에게 보낸 논문을 인연으로 그가 죽을 때까지 그의 비서로서 9년 동안 함께 냈다. 일기 형식으로 쓴 《괴테와의 대화》는 괴테 연구에 중요한 문헌이다.

〈자신의 연구실에서 비서 요한(에커만)에게 구술하고 있는 괴테〉 요제프 슈멜러. 1829~31.

요한 페터 에커만의 무덤 바이마르, 역사적 묘지

Johann Peter Eckermann
GESPRÄCHE MIT GOETHE
괴테와의 대화
요한 페터 에커만/곽복록 옮김

동서문화사

Johann Peter
Eckermann

Gespräche
mit Goethe

JOHANN PETER ECKERMANN

GESPRÄCHE MIT GOETHE

IN DEN LETZTEN JAHREN
SEINES LEBENS
1823–1832

괴테와의 대화
차례

제1부 (1823~1827)

머리글…17

서론…21

1823년…41

1824년…98

1825년…153

1826년…195

1827년…224

제2부 (1828~1832)

1828년…309

1829년…346

1830년…432

1831년…491

1832년…563

제3부(1822~1832)

머리말…569

1822년…575

1823년…580

1824년…596

1825년…615

1826년…653

1827년…656

1828년…732

1830~1832년…771

〈괴테와의 대화〉에 대하여…840

괴테 연보…852

마리아 파블로브나 대공비

작센·바이마르 및 아이제나흐의
대공비이시고 러시아 대공녀이신
마리아 파블로브나*
전하께 감사하는 마음으로
정중하게 증정합니다.

---

* 마리아 파블로브나(1786~1859). 러시아 황제의 딸로 나중에 바이마르의 세습대공이 된 카를 프리드리히 공자와 결혼했고, 1828년에는 대공비가 됐다. 그녀는 괴테의 추천을 받은 에커만을 자기 아들의 교육자로 임명했다. 평소에 바이마르 극장의 번영에 힘을 쏟았고, 유능한 작가들을 돕기도 했다.

요한 페터 에커만, 요제프 슈멜러의 그림

제1부
(1823~1827)

머리글

　여기 한데 모은 괴테와 나눈 담론과 대화의 글들은 대부분 나에게 가치 있고 특이하다고 생각된 체험을 글자로 옮겨 쓴 것이다. 이 글들을 나의 것으로 만들지 않으면 견딜 수 없다는 나 자신의 타고난 성향 때문에 쓰게 됐다.
　여기에 더하여 저 특출한 인물을 처음 만났을 때와 마찬가지로, 이미 오랫동안 그와 함께 지내고 난 뒤에도 나는 그의 가르침을 쉬지 않고 필요로 했다. 그러므로 그의 본뜻을 명심하여 앞으로 내 인생의 양식으로 삼으려고 그가 말하는 바를 열심히 써두었다.
　그러나 9년이라는 세월 동안 나를 행복하게 했던 그의 갖가지 넘쳐나는 말의 풍요로움을 생각해 보니, 그와는 반대로 글자로 옮겨 쓸 수 있었던 것 중에서 아주 작은 부분을 바라볼 때, 나는 마치 상쾌한 봄비를 두 손을 벌리고 힘껏 붙잡으려고 하지만 그 대부분을 손가락 사이로 놓쳐버리고 마는 어린아이처럼 생각됐다.
　흔히 세상 사람들은 책은 그 나름의 운명이 있다고 말하는데, 책의 출발 과정이나 훗날 넓고 넓은 세상으로 나갈 때 들어맞을 이 말은 지금 이 책의 저술 과정에서도 적용된다. 운수가 여의치 않아 병이나 바쁜 일, 그리고 일상생활에서 오는 여러 가지 번거로운 일 때문에 단 한 줄도 글을 쓰지 못하고 몇 개월을 보낼 때도 있었고, 그러다가도 운수가 좋아져 붓을 잡을 건강과 여유, 그리고 기분까지 함께 어우러지면 글쓰기도 한결 즐겁게 잘될 때도 있었다. 그렇더라도 오랜 세월을 함께 살다보면, 때로는 무심결에 될 대로 되라는 무관심 속으로 빠질 때도 있으니, 현재라는 시간을 그 모습 그대로 적절하게 평가할 수 있는 사람이 어디에 있다는 말인가!

이런 모든 것을 감히 말씀드리는 것은, 특히 독자 가운데 날짜를 따라 읽는 것을 선호하는 경우 많은 중요한 내용이 빠진 부분이 있는 것을 발견할 수 있기에, 그것을 미리 사과드리기 위함이다. 이렇게 빠진 것 속에는 괴테가 광범위한 친구들에 대해, 또한 현존하는 여러 독일 작가의 작품에 대해 토로한 호의적인 말들이 있었는데, 그런 것은 다른 데에서는 정확하게 적어 놓았지만 이때만은 빠뜨리고 말았다. 그러나 이것도 이미 말한 대로 집필하는 순간에 이미 정해지는 책의 운명인 셈이다.

어쨌든 여기 두 권의 책으로 한데 모아 나 자신의 재산으로 만들 수 있었던 것, 말하자면 내 생애의 보배라고 여기는 것을 나는 지금 높은 신의 섭리에 감사하는 심정으로 지켜보는 바이다. 아니, 그뿐만이 아니라 세상 사람들도 나의 이 보고에 대해 고마워할 것이라고 확신한다.

생각건대 이 대화는 단지 인생과 예술 그리고 학문을 위해 많은 계몽과 헤아릴 수 없을 만큼의 가르침을 내포하고 있을 뿐만 아니라, 특히 그 일상생활에 따른 직접적인 스케치로써 다양한 작품을 통해 이미 사람들의 마음속에 형성된 괴테라는 인간상을 완전한 것으로 하는 데에 공헌할 것이다.

그러나 한편으로 나는 이것으로 괴테의 내면 전부를 다 그려냈다고 생각하지는 않는다. 당연한 것이지만, 이 비상한 정신적인 인간은 여러 방향으로 각기 다른 빛깔을 내보내는 다면적인 다이아몬드에 비유할 수 있을 것이다. 그러므로 그가 여러 상황에서 또 저마다 다른 상대에 따라 다른 인간이었던 것과 마찬가지로, 나의 경우에도 아주 겸손한 의미에서 이것이 나의 괴테라고 말할 수 있다.

그리고 이 말은 그가 나에 대해 어떤 태도를 취했는가 하는 것뿐만 아니라, 내가 그를 어떻게 이해하고 글로 재현할 수 있었는가도 의미한다. 이럴 때는 반사작용을 일으키게 마련이므로, 다른 개인을 접촉하면서 독자적인 것을 잃지 않고 이질적인 것의 혼합을 막는다는 것은 극히 드문 일이다. 라우흐,[1] 도우,[2]

---

[1] 라우흐(1777~1857). 그는 괴테의 고향인 프랑크푸르트에 괴테기념비를 세우려고 했지만 결국 미완성으로 끝났다.
[2] 도우(1781~1829). 영국 화가인 그가 그린 그림을 괴테는 실물에 가장 가깝다고 평가했다.

슈틸러[3] 그리고 다비드[4]가 표현한 괴테의 초상화와 조각상은 모두가 지극히 높은 진실성을 내포하고 있지만, 또 한편으로는 그것을 창출한 작가의 개성적인 특징을 가지고 있다. 구상적인 조형예술 세계에서 이와 같이 말할 수 있다면, 순간적이고 감지하기 어려운 정신적인 세계에서는 더욱이 그러하다! 그러나 내 경우가 어떤 것이든 정신적인 힘에 의해 또는 괴테와의 개인적인 교제를 통해 이것을 판단할 수 있는 사람들이라면, 괴테의 말, 그 자체에 충실하려고 한 나의 노력을 간과하지 않을 것이라 믿는다.

지금까지 대상의 파악에 대해 간단하게 그 일단을 피력했지만, 이 책의 내용 자체에 관해서도 다음과 같은 점을 말해 두려고 한다.

우리가 어떤 것을 진실이라고 한다면 설사 그 문제가 제한되어 있을 때라 해도 그것은 결코 작은 것, 좁은 것, 제한된 것이 아니며, 오히려 아무리 단순한 것이라도 그것은 포괄적이며 넓고 깊은 자연법칙의 다양한 계시를 나타낸다. 그러므로 그런 것은 그리 쉽게 말로 표현할 수 있는 것이 아니다. 또 판정을 통해서 해결되는 것이 아니고 판정을 거듭해서도 안 되며, 판정에 반론을 더해 다스릴 수 있는 것도 아니다. 오히려 이 모든 것이 함께 합쳐져서 비로소 그 근사치에 도달할 수 있는 것이므로, 목표 그 자체에는 더욱이 거리가 멀다.

여기 한 가지 예를 들어보기로 하자. 시에 관한 괴테의 여러 언급은 가끔 편파적인 색채를 띠고 있고, 때로는 눈에 보이게 모순되는 면도 가지고 있다. 그는 때로는 세계가 제공하는 소재를, 또 가끔은 시인의 내면을 중요시한다. 때로는 대상을 최고로 여기는가 하면 취급하는 수법을 최고라고 할 때도 있다. 또 완벽한 형식을 추구하는가 하면, 도리어 모든 형식을 무시하고 모든 것은 정신을 위주로 삼아야 한다고 주장하기도 한다.

그러나 이런 모든 단정과 반론은 진실의 개개 측면인 것이며, 이 모든 것이 서로 합쳐져서 본질을 나타내며 진실 그 자체로 가까이 다가간다. 그러므로 나

---

[3] 슈틸러(1781~1829). 그가 그린 그림은 오늘날 가장 많이 인용되곤 하는 괴테의 초상 중 하나이다.
[4] 다비드(1789~1856). 프랑스의 조각가인 그는 1828년 바이마르로 와서 괴테를 만난 후, 1831년 그의 흉상을 완성하여 그에게 보냈다.

는 이와 비슷한 경우에 언뜻 보아 모순되는 것처럼 보이는 말도 각기 다른 동기와 연차의 경과에 따라 나타난 대로 기록하여, 이 책의 출판에 즈음하여 사실을 덮어버리는 일이 없도록 배려를 다했다. 이제 나는 세세한 것에 얽매이지 않고 언제나 전체에 눈을 돌리고 모든 것을 적절히 질서를 세워 통합하는, 교양있는 독자 여러분들의 분별과 통찰을 믿는 바이다.

또한 여러분들은 아마 언뜻 보기에 중요하지 않게 생각되는 많은 것에 부딪힐 것이다. 그러나 더 깊이 관찰하면 이러한 중요하지 않은 것은 이따금 중요한 것의 계기가 되며 나중에 오게 되는 것의 기초가 되고, 또 성격 묘사에도 작게나마 특징 제공에 도움을 준다. 그렇기 때문에 이런 것들을 높이 떠받들지는 않더라도 없어서는 안 될 종류의 것으로 허용해 줄 것을 바라는 바이다.

이것으로 나는 이제 오랫동안 애지중지하던 이 책을 세상에 내보내며 마음으로부터의 작별 인사를 보낸다. 원컨대 이 책이 많은 사람들의 마음에 드는 행운을 얻어 갖가지 선행을 불러일으키고, 세상에 널리 퍼지기를 바라는 바이다.

1835년 10월 31일 바이마르에서

루에강 강변 소도시 빈젠 1605년 메리안의 동판화

서론
저자는 여기서 자신의 사람됨과 성장 과정,
그리고 괴테와의 관계 성립 과정에 대해 보고한다.

    나는 1790년대 초에 뤼네부르크와 함부르크 사이 습지대와 황야의 갈림길, 루에강 강변에 있는 소도시 빈젠에서 태어났다. 나의 생가는 작은 집이라고 해도 좋을 초라한 오두막집이었다. 거기에는 난로가 딸린 거실 하나가 있을 뿐이었고, 2층 계단도 없었다. 게다가 집 출입문을 들어가면 바로 옆에 있는 사닥다리를 타고 곧장 건초를 쌓아둔 헛간으로 올라가게 되어 있었다.
    두 번째 결혼을 한 부부의 막내아들로 태어난 나는, 부모님이 이미 상당한 나이에 접어들었을 때의 모습만 기억할 수 있을 뿐이다. 그러므로 두 분 사이에서 나는 얼마쯤 외롭게 자랐다. 아버지의 첫 번째 결혼에서 태어난 두 아들이 아직 살고 있었는데, 그중 한 분은 뱃사람이 되어 여러 곳을 항해한 뒤 먼 외국에서 감옥살이하다가 소식이 끊어졌고, 다른 한 분은 그린란드에 자주 머물면서 고래와 바다표범 잡는 일을 하다가 함부르크로 돌아와 그곳에서 조촐하게 살고 있었다. 아버지는 두 번째 결혼에서 내 위로 누님 두 분을 얻었는데, 그들은 내가 열두 살 때 벌써 집을 떠나 각각 이 고장과 함부르크에서 일을 하고 있었다.

작은 우리 가족의 생계는 주로 암소 한 마리를 재원으로 이어졌다. 이 암소는 우리가 매일 필요로 하는 우유를 공급해 줄 뿐만 아니라, 매년 한 마리의 송아지를 낳아 주었다. 어떤 때는 작은 은화 몇 그로센을 받고 우유를 팔기도 했다. 또 우리는 1에이커의 밭을 갖고 있어서 여기에서 필요한 1년 치의 야채를 얻을 수 있었다. 그러나 빵을 만드는 밀과 요리용 밀가루는 사야만 했다.

나의 어머니는 양털을 잣는 데에 특별한 손재주를 가지고 있었다. 또 이 고장 가정주부들이 찾는 모자를 만들 수 있어 그분들의 환심을 얻었다. 이 두 가지 일에서 어머니는 얼마간의 수입을 마련할 수 있었다.

한편 내 아버지의 본업은 소매상이었다.

사계절의 변화에 따라 장사가 달라졌기 때문에 집을 자주 비웠고, 걸어서 사방의 주변 고장들을 돌아다녔다. 여름이 오면 아버지는 가벼운 나무로 짠 상자를 등에 메고, 습지대 지방의 이 마을 저 마을을 다니면서 끈과 연사(練絲) 그리고 비단을 행상하고 다녔다. 동시에 그는 여기서 털양말과 삼과 털의 혼방직물(야생 양의 갈색 털과 마사를 섞은 직물)을 사고, 엘베강 저쪽 피어란트 지방으로 가서 마찬가지로 행상을 하면서 그것을 다시 팔았다. 겨울이 되면 황야지방과 습지대 지방의 여러 마을에서 허술한 펜과 표백되지 않은 아마포를 사 모아서 배편으로 함부르크에 가져갔다. 그러나 어떤 경우에도 그의 수입은 형편없이 적었던 것 같다. 왜냐하면 우리는 언제나 가난하게 살았기 때문이다.

이제 나의 유년 시절에 한 일들에 대해 말한다면, 이것도 계절에 따라 달라진다. 늘 있었던 엘베강의 범람이 봄의 도래와 함께 물러가면, 나는 매일 바깥으로 나가서 강의 안쪽 둑 아니면 그 밖의 높은 곳에서 밀려온 갈대를 모아 가져와서는, 이것을 여러 겹으로 쌓아서 우리 집 암소에게 알맞은 좋은 잠자리를 만들어 주었다. 멀리 펼쳐진 목장에 점점 푸른빛이 감돌 때면, 나는 다른 아이들과 함께 어울려 암소를 지키면서 하루를 보냈다. 여름에는 우리 밭에서 일을 했다. 그리고 또 일 년 내내 거의 왕복 두 시간 거리의 광활한 산림지대로 가 땔감으로 쓸 마른나무들을 끌고 왔다. 밀 수확기에는 몇 주 동안을 밭으로 나가 열심히 이삭줍기를 했다. 그러다가 가을바람이 나무를 흔들어 댈 때면 도토리를 주워 모아, 거위를 기르는 잘 사는 사람들 집으로 가져가 되로 되어서 팔

앉다. 나는 어느 정도 자라자 아버지를 모시고 마을 여기저기를 돌아다니면서 물건 나르는 일을 도왔다. 이때가 나의 소년기 추억 중에서 가장 즐거웠던 시기이다.

　이런 상황과 생활 속에서도 나는 주기적으로 학교에 다녀 이럭저럭 책을 읽고 글 쓰는 것을 배웠고, 그러는 사이에 어언 열네 살이 되었다. 내가 훗날 괴테와 맺게 되는 친밀한 관계는 이런 상태에서 보낸 어린 시절과 너무나 거리감이 있는 일이라, 세상 사람들이 어디를 보나 그렇게 될 가망은 없을 거라고 생각할 만한 것이었다. 그때만 해도 나는 이 세상에 문학과 미술 같은 것이 존재한다는 것을 몰랐기에 당연히 이러한 것에 대한 막연한 욕망도 없었고 노력도 하지 않았다.

　동물은 자기가 가지고 있는 기관(器官)의 작동을 통해 가르침을 받는다고 말하지만, 인간도 아주 우연한 행동을 통해 자기 안에 잠자고 있는 더 높은 능력을 알아차리게 된다고 말할 수 있을 것이다. 그와 같은 체험을 나도 겪었다. 그것은 그것 자체만으로는 대단한 것이 못 되지만, 나의 전 생애에 새로운 전기를 맞이할 수 있었기 때문에 나에게는 잊을 수 없는 것으로 뇌리에 깊이 새겨졌다.

　어느 날 밤, 나는 램프 불이 켜진 불빛 아래에서 부모님과 함께 식탁에 둘러앉아 있었다. 아버지는 함부르크에서 돌아오셔서 장사의 과정들을 말씀하셨다. 담배 피우기를 즐기시는 아버지는 한 보루의 담배를 갖고 오셨다. 그것이 식탁 위에 놓여 있었는데, 그 겉봉에는 한 마리의 말 그림이 그려져 있었다. 이 말 그림이 나에게는 훌륭한 것으로 보여, 나는 곧 펜과 잉크, 종이 한 장을 손에 쥐고, 누를 수 없는 충동에 사로잡혀 그것을 그대로 모사했다. 아버지가 함부르크 이야기를 계속하시는 동안, 나는 부모님이 알아차리지 못하게 그 말을 그리기에 열중했다. 모사가 다 끝나자 원래 그림과 똑같아 보여 나는 그때까지 느끼지 못한 행복감을 느꼈다. 완성한 것을 부모님께 보여 드렸더니 두 분은 칭찬하시면서 놀라워하였다. 그날 밤 나는 기쁜 마음에 흥분해서 잠도 제대로 이루지 못했다. 나는 계속 내가 그린 말에 대해 생각하면서, 그것을 다시 한번 손에 쥐고 기쁨을 새롭게 하기 위해 다음 날 아침을 초조하게 기다렸다.

　이런 일이 있은 뒤로, 한 번 눈에 띈 감각적인 모사에 대한 충동은 나에게서 좀처럼 사라지지 않았다. 그래서 이웃에 사는 도공이 접시에 그림을 그릴 때 본으로 사용하는 문양집을 몇 개 주었을 때는 말할 수 없이 기뻤다. 이 고장에서 그 이상의 도움을 바랄 수는 없는 것이었기 때문이다.

나는 이 초벌 그림을 펜과 잉크로 정성을 다해 모사해서 두 개의 화집을 만들었다. 이렇게 완성된 화집은 얼마 안 있어 여러 사람의 손을 거쳐 급기야는 이 고장의 제일 가는 지방 행정관인 마이어에게 도달하기에 이르렀다. 그는 나를 불러들여 선물을 주면서 칭찬을 아끼지 않았다. 그는 나에게 장차 화가가 되고 싶은 생각이 없는지 물으면서, 그럴 의향이 있으면 내 견진성사가 끝난 뒤 함부르크에 있는 유명한 대가에게 보내 주겠다고 말했다. 이에 나는 그렇게 하고 싶지만 일단은 부모님과 의논해 봐야 한다고 대답했다.

그러나 나의 부모님은 두 분 다 농가 출신이고 주로 농사를 짓는 일과 가축을 사육하는 일을 하며 작은 고장에서 살고 있는 처지여서, 화가라면 그저 집과 문에 페인트칠하는 칠쟁이쯤으로만 생각하고 계셨다. 그러므로 부모님은 그런 직업은 아주 더러울 뿐만 아니라, 특히 높이가 7층이나 되는 집도 있는 함부르크에서는 목과 다리를 다치는 일이 자주 있을 것이기 때문에 위험하기까지 하다고 말씀하시면서 아주 걱정스러워하셨다. 거기다가 화가에 대한 나 자신의 개념도 고상한 것이 못 되어서, 이 직업에 대한 관심도 사라져 친절한 지방 행정관의 제안을 잊어버리고 말았다.

그러나 그러는 동안 나에게 상류인사들의 주목이 쏠리게 되었다. 사람들은 나를 주시했고 여러 가지로 나를 이끌어 줄 의향을 드러냈다. 그래서 나는 소수의 상류사회 자녀를 위한 가정교육에 끼어들어 프랑스어와 라틴어, 그리고 음악도 조금 배울 수 있었다. 이와 함께 괜찮은 옷가지도 받았다. 존경받는 지방 종교 감독인 파리지우스는 자기 집 식탁에 내 자리를 마련해 주는 등 적잖은 대우를 해 주었다.

이때부터 나는 학교에 호감을 느끼게 되었다. 나는 이 행복한 상태를 가능한 한 더 오래 유지하려고 했고, 또 부모님도 내가 16세가 되기까지 견진성사를 연기할 것에 동의하셨다.

그러나 여기서 내가 장차 무엇이 될 것인가 하는 문제가 생겼다. 내 소망대로

라면 사람들은 나를 학술연구차 인문계통 고등학교에 보냈을 것이다. 그러나 이것은 상상조차 할 수 없는 일이었다. 왜냐하면 우리 집 사정이 아무리 손을 써봐도 소용없을 정도로 절박했기에, 나는 취직하여 먹고 살아야 했을 뿐만 아니라 가난하고 늙은 부모님을 조금이라도 도와야 할 처지였기 때문이다.

이와 같이 절박하게 필요했던 취직자리가 나의 첫 견진성사가 끝나자마자 열리게 되었다. 한 사법관이 나에게 비서 일과 그 외의 작은 일을 맡아 줄 것을 요청해 왔기 때문에 나는 이것을 기꺼이 수락했다. 열심히 학교에 다녔던 마지막 1년 반 동안은 글자를 깨끗이 쓰는 것뿐만 아니라 여러 가지 문장작성 연습을 했기 때문에, 이런 일은 아주 쉽게 잘해 낼 수 있었다. 이런 직책에서 나는 사소한 변호사 사무실의 일도 보았고, 때로는 일반 형식에 따른 고소장과 판결문을 작성하기도 했다. 이 일은 2년 동안, 즉 1810년까지 계속되었다. 이 해에 루에강 강변 빈젠의 하노버 행정구역은 해산되어 니더엘베의 관할에 들어가 프랑스 제국에 합병되었다.[1]

나는 이어 뤼네부르크의 직접세 사무국에 취직하게 되었다. 이 자리도 다음 해에 해산되어 윌첸군 관청으로 들어갔다. 이곳에서 나는 1812년 말까지 일했다. 그 해, 지사인 폰 뒤링 씨가 나를 승진시켜 베벤젠의 시장 비서가 되었다. 나는 이 자리를 1813년 봄까지 지켰는데, 그해에는 마침 카자흐 기병대의 진군이 이루어져 우리가 프랑스의 지배에서 해방될 희망이 생기게 되었다.

나는 그 지방에 이별을 고하고, 그 당시 비밀리에 여기저기에서 형성되기 시작한 조국 의용군의 한 사람으로 가세할 생각을 품고 고향으로 돌아왔다. 나는 이것을 실행에 옮겨서 여름이 끝날 무렵, 총과 배낭을 멘 지원병이 되었다. 그리고 나는 킬만제게의 저격부대로 들어가 크노프 대위가 이끄는 중대와 함께, 다부 원수에 대항한 1813년과 1814년의 겨울 전투[2]에 가담하여 메클렌부르크와 홀슈타인 지방을 지나 함부르크 앞까지 진군했다. 이어 우리는 메종 장군

---

1) 이것은 1810년 12월 나폴레옹이 영국의 고립을 위해 취한 대륙봉쇄령에 기인하는 것이다.
2) 1812년 나폴레옹의 모스크바 겨울 원정이 실패로 돌아가자, 독일은 1813년 프로이센을 주축으로 1813년부터 1815년에 걸쳐 해방을 위해 총궐기한다. 결국 프랑스에 대항해 일어섰던 유럽의 연합군은 라이프치히 대전을 비롯한 각 전선에서 결정적인 승리를 거두고, 드디어 1814년에 파리로 입성했다.

에 맞서 라인강을 지나 진군했고, 여름에는 풍요로운 플랑드르와 브라반트 지방 여기저기를 이동하면서 다녔다.

그리고 이곳에서 네덜란드 사람들의 위대한 그림을 보게 되자, 나에게는 새로운 세계가 열리게 되었다. 나는 교회와 박물관에서 온종일을 보냈다. 이것은 내가 이 세상에 태어나 보게 된 첫 번째 그림들이었다. 그때 나는 화가란 무엇을 의미하는지 처음으로 알게 되었다. 나는 영광스러운 진전을 이룩하고 행복해하는 학생들을 보았다. 그러나 나에게는 이미 이 방면으로 가는 길이 닫혀 있었고, 그것을 깨달았을 때 나는 나도 모르게 울고 싶어졌다. 하지만 나는 그 자리에서 굳게 결심하고 투르네이에서 젊은 화가와 친교를 맺었다. 그리고 나는 꺼먼 분필과 제일 큰 도화지를 구해서 곧 하나의 그림 앞에 앉아 그것을 모사하기 시작했다. 나에게는 연습과 지도자가 없었지만, 그 대신 그림에 대한 열렬한 열정이 있었다. 이리하여 나는 그 윤곽을 어느 정도 훌륭하게 완성했다. 그런데 왼쪽부터 그림 전체에 명암을 넣기 시작하였을 때 진군 명령이 내려져 이 행복한 작업을 중단할 수밖에 없었다. 나는 서둘러 미완성된 부분에 그림자와 빛의 구분을 각각 글로 적어 넣었고, 틈이 생기면 이것을 보고 완성하려고 생각했다. 나는 그림을 말아서 전통(箭筒)에 넣어 그 통을 총과 나란히 등에 걸고 투르네이에서 하멜른으로 향하는 긴 행군길에 올랐다.

여기서 1814년 가을에 저격부대는 해산되어 나는 고향으로 돌아갔다. 그 사이 아버지는 돌아가셨고, 어머니는 큰 누님과 함께 살고 있었다. 큰 누님이 결혼하여 부모님의 집을 물려받았던 것이다. 곧 나는 그림 그리기에 착수할 수 있었다. 우선 브라반트에서 가져온 그림을 완성했다. 그러고 나자 적당한 본보기가 없었기 때문에, 람베르크[3]의 작은 동판화에 의지하여 그것을 꺼먼 분필로 크게 확대하여 그렸다. 그러나 이렇게 그려 보면서 곧 나에게는 이에 걸맞은 예비적인 기초연구와 지식이 결여되어 있음을 깨달았다. 나는 인간과 동물의 해부학에 대한 개념을 거의 갖고 있지 않았고, 마찬가지로 갖가지 나무와 지형의 취급방법을 제대로 몰랐기 때문에 내 식대로 원래 그림에 가까운 것을 그린다는

---

3) 람베르크(1763~1840). 괴테의 〈라이네케 폭스〉의 삽화로 유명하다. 괴테는 그가 그린 호메로스의 〈일리아스〉의 삽화를 소장하고 있었다.

것은 말할 수 없이 힘든 일이었다.

　그러므로 얼마 안 있어 내가 화가가 되려면 남들과는 조금은 다르게 시작해야 하며, 이 이상 더 제멋대로 암중모색하는 것은 헛수고일 뿐이라는 것을 깨닫게 되었다. 훌륭한 대가한테로 가서 처음부터 다시 시작해야 한다는 것이 나의 생각이었다.

　대가로 내 머릿속에 떠오르는 사람은 단지 하노버의 람베르크[4]뿐이었다. 하노버에 체류하는 것은 나에게는 아주 형편이 좋을 정도로 다행스러운 일이었다. 어릴 때부터 친하게 지낸 친구가 그곳에서 편하게 살고 있었으므로 어느 정도 도움도 기대할 수 있었고, 또한 그에게서 여러 번 와달라는 초대까지 받고 있었다.

　이런 관계로 나는 지체 없이 짐을 꾸려 나섰다. 1815년 겨울이 한창일 때, 황량한 들판을 지나 깊숙이 쌓인 눈 속을 거의 40여 시간이나 혼자 걸어, 며칠 후에는 무사히 하노버에 도착할 수 있었다.

　나는 곧 람베르크를 찾아가서 나의 희망을 말했다. 시험을 치르고 난 뒤 그는 나의 재능을 의심하는 것 같지는 않았지만, 예술에 종사하려면 먼저 빵 문제가 해결되어야 한다는 것, 기술 습득에는 상당한 시간이 걸린다는 것, 그리고 그림으로 생계를 꾸려나간다는 것은 어지간히 어려운 일이라는 것을 말해 주었다. 그러나 그는 자신이 할 수 있는 모든 도움을 나에게 주기 위해 노력하는 것 같았다. 그는 곧 높이 쌓아 올린 여러 장의 그림 중에서 인체의 각 부분을 그린 적당한 것 두셋을 꺼내, 나에게 그것을 가지고 가서 모사해 보라고 했다.

　이렇게 해서 나는 친구 집에서 지내면서 람베르크의 원화를 따라 그릴 수 있게 되었다. 나는 진전을 거듭했다. 왜냐하면 그가 주는 그림들은 점점 더 그 무게를 더해갔기 때문이다. 인체의 해부된 부분들을 전부 다 그렸고, 어려운 손과 발도 쉬지 않고 되풀이해서 그렸다. 이렇게 행복한 수개월이 지나갔다. 그러다가 5월로 접어들자 나는 앓기 시작했다. 6월이 다가오자 양쪽 손이 떨리기 시

---

[4] 드레스덴에서 괴테를 만났을 때 그는 화가로서의 재능을 유감없이 발휘했다(1824년 2월 28일 참고).

작해서 붓을 잡을 수 없을 정도가 되었다.

나는 노련한 의사에게 가서 진찰을 청했다. 그는 내 상태가 위험하다는 것을 알았다. 출정(出征)과 행군 때문에 피부의 모든 발한(發汗)작용이 완전히 억압되어 소모성의 열이 내부로 향하고 있기 때문에, 만약 이 상태로 2주일 정도를 더 끈다면 틀림없이 죽을 것이라고 설명해 주었다. 그는 피부의 활성화를 위해 따뜻한 물로 목욕을 자주 할 것과, 그 밖의 다른 치료 방법도 처방해 주었다. 기쁘게도 얼마 안 있어 병은 점점 호전되어 갔지만, 이젠 미술 수업을 계속한다는 것은 생각할 수도 없는 일이 되어 버렸다.

그때까지 나는 친구의 집에서 정성을 다한 대우와 간호를 받았다. 그는 내가 부담이 되고 있으며, 앞으로도 계속 부담이 될 것이라는 내색을 일절 하지 않았다. 그러나 그런 생각은 내 마음에 걸렸다. 오랫동안 품고 있던 그러한 근심 걱정이 잠재해 있는 병의 발발을 촉진했을 터인데, 그때 병 회복에 든 막대한 비용을 보게 되자, 그 걱정은 더욱 커지게 되었다.

이렇게 대내외적으로 핍박 상태에 있을 때, 병무청과 관계를 맺을 기회가 있었고, 급기야 하노버 군대의 군복(軍服) 업무를 담당하는 위원회에 취직할 수 있는 전망이 생겼다. 이렇게 주위에서 일어난 모든 사정을 고려해 볼 때, 예술가의 길을 단념하고 직장을 구해 기쁜 마음으로 그 일에 종사한 것은 조금도 이상한 일이 아니었다.

병의 회복은 급속히 진전되었고, 오랫동안 누리지 못했던 편안함과 명랑함도 다시 찾았다. 그동안 그토록 관대하게 돌봐 준 친구에게도 어느 정도 신세를 갚을 수 있게 되었다. 내가 하는 일이 매일 같이 새로웠으므로, 그것이 나에게 정신적으로 활기를 불어넣어 주었다. 나의 상관들은 아주 고상한 생각을 하는 사람들처럼 여겨졌고, 나의 동료들—그중 몇 명은 같은 부대에서 나와 종군을 함께한 사람들이었다—하고는 얼마 안 있어 아주 친밀하게 지내게 되었다.

이렇게 안정된 지위를 얻은 나는 좋은 것을 많이 갖추고 있는 수도에서 자유로운 기분으로 사방을 둘러보기 시작했고, 한가한 시간에 이 도시의 아름다운 근방을 돌아다니는 것에도 싫증을 느끼지 않았다. 나는 람베르크의 제자인 전도유망한 젊은 예술가와 친교를 맺었다. 그는 내 산책의 절친한 동반자였다. 건강과 다른 사정 때문에 나는 앞으로 실제적인 그림그리기를 단념해야 했으므로, 그와 함께 공동의 연인이라고 할 수 있는 그림을 적어도 매일 환담 나누는 것이 큰 위안이 되었다. 나는 종종 스케치한 채로 보여주는 그의 구상을 보고, 그에 관심을 가지고 예리한 질문을 하고 의견을 교환하기도 했다. 이 사람을 통해 나는 많은 유익한 책과 접하게 되었다. 나는 빙켈만[5]을 읽었고, 멩그스[6]도 읽었다. 그러나 내가 이 저자들이 취급하고 있는 실물을 보지 못했기 때문에, 이런 독서는 나에게 극히 일반적인 지식만을 주었을 뿐, 별로 큰 도움이 되지는 못했다.

수도에서 태어나 성장한 나의 친구는 정신적인 교양에서는 어느 점으로 보나 나를 앞서 있었고, 특히 문학은 대단한 지식을 가지고 있었다. 이것은 나에게 결여되어 있는 것이었다. 그 당시 시대의 축복을 받고 있던 영웅은 쾨르너[7]였다. 친구는 나에게 시집 〈금과 검(劍)〉을 가져다주었고, 나도 이 시를 읽고 깊은 인상을 받아 감탄해 마지않았다.

사람들은 시(詩)의 예술적인 효과를 많이 논의했고, 이 점을 아주 중요시했다. 그러나 나는 중요한 것은 소재적인 것에서 오는 작용이어서, 모든 것은 거기에 달려 있다는 생각이 들었다. 나는 작은 책인 〈금과 검〉을 읽으면서 나도 모르는 사이에 그런 사실을 깨닫는 경험을 얻었다. 나는 쾨르너와 마찬가지로 장기간에 걸친 압제에 대한 증오심을 품고 있었고, 역시 마찬가지로 해방 전쟁에 참가하여 어려운 행군, 야영, 전초 근무, 그리고 전투의 모든 상황을 체험했으며, 그와 똑같은 생각과 감정을 느꼈기 때문에 내 가슴속에는 이 시에 깊고 강한 공감대가 형성되어 있었던 것이다.

그런데 나는 뭔가 중요한 것에 접하게 되면 언제나 깊은 자극을 받아 반드시 이것을 생산적인 것으로 만들었다. 그때 쾨르너의 시를 알게 된 경우에도 마

---

[5] 빙켈만(1717~1768). 고대 그리스 미술사 연구의 창시자이다. 괴테는 자신의 청년시절에 가장 큰 영향을 끼친 인물 중 한 사람으로 그를 꼽았다.
[6] 멩그스(1728~1779). 미술이론가로 드레스덴의 궁정미술가를 지냈다.
[7] 테오도르 쾨르너(1791~1813). 애국시인으로, 독일해방전쟁에 참가하여 전사했다.

찬가지였다. 나는 내가 유년 시절부터, 그리고 그 후로도 계속하여 이따금 작은 시를 썼던 일을 떠올렸다. 그 당시에는 시가 너무 쉽게 만들어져 그것을 중요하게 여기지 않았다. 시적인 재능평가에는 언제나 어느 정도의 정신적인 성숙도가 필요하기 때문이다. 어쨌든 나에게 쾨르너의 재능은 전적으로 비상한 것이고 부러워할 만한 것으로 생각되었다. 그래서 성공하지는 못하더라도 어느 정도 그를 뒤따라가 보자는 강한 충동이 생겼다.

마침 프랑스로부터 우리 조국 전사들이 귀환한다는 소식은 나에게 절호의 기회를 주었다. 일반시민들이 가정에서 아무런 부족함이 없이 지내고 있는 동안, 병사들은 전쟁터에서 말할 수 없는 어려움을 겪어야 했다는 점이 다시 생생하게 느껴졌다. 그러자 돌아오는 군대를 더 큰 정성을 담아 환영하기 위해서는 그와 같은 상황을 시로 표현하여 사람들의 마음을 움직이는 것이 효율적일 것이라는 생각이 들었다.

나는 내가 쓴 시를 수백 부 자비로 인쇄하여 시내에 배부했다. 그 효과는 나의 기대 이상으로 좋았다. 많은 사람들이 몰려와서 나의 새로운 친구가 되었고, 내가 표현한 감정과 견해에 동감해 주었다. 또 나에게 이와 비슷한 시도를 계속해 보라고 격려하는 등 대체로 나의 시적 재능이 밝혀졌으니 이제부터는 그것을 더 연마해 보라는 의견이었다. 나의 시는 잡지에 실렸고, 여러 곳에서 복제되어 한 부씩 팔렸다. 그뿐만 아니라 어떤 인기 작곡가는 나의 시에 멜로디를 붙여 나를 한없이 기쁘게 해 주었다. 물론 이 시는 길었고, 또 너무 수사학적이어서 가곡으로 노래 부르기에는 적합하지 못했지만 말이다.

그때부터 나는 일주일마다 한 번씩 새로운 시를 탄생시키는 기쁨을 맛보았다. 당시 나는 24세였다. 나의 가슴속에는 감정과 충동 그리고 선량한 의지의 세계가 움직이고 있었다. 그러나 나에게는 정신적인 교양과 지식이 전혀 없었다. 사람들은 나에게 우리의 위대한 시인들, 특히 실러[8]와 클롭슈토크[9]를 연구해

---

[8] 실러(1759~1805). 괴테와 협력하여 독일 고전주의 문학의 황금시대를 일구어낸 시인이자 극작가. 그는 괴테와 함께 독일의 국민시인으로 불리고 있다.
[9] 클롭슈토크(1724~1803). 독일 근대 시에 새 여명을 가져온 그는 젊은 괴테의 시작품에 큰 영향을 끼쳤다.

보도록 권했다. 나는 이 두 시인의 작품을 마련하여 읽고 감탄했지만, 이 두 시인에게서 큰 도움을 받지는 못했다. 그 당시에는 잘 몰랐지만 그분들이 걸어온 길은, 나의 근본적인 경향하고는 너무나 동떨어져 있었던 것이다.

이 시기에 나는 처음으로 괴테의 이름을 접하고 우선 그의 시집 중 한 권을 입수했다. 나는 그의 가곡(歌曲)을 여러 번 되풀이해서 읽고 난 뒤, 말로는 다할 수 없는 행복감을 느꼈다. 처음으로 눈을 뜨고 나 자신으로 되돌아온 것 같았다. 그 가요 속에는 그때까지 알 수 없었던 나 자신의 내면이 반영된 것 같았다. 그리고 또 그의 시에는 어디에도 이국적인 냄새나 학자인 체하는 데가 없어 나로서는 생각조차 할 수 없는 외국이나 고풍스러운 신들의 이름에 부딪히지 않았기 때문에, 그것은 나와 같이 단순한 인간의 생각과 감정으로 읽기에도 괜찮은 것이었다. 오히려 나는 그의 모든 소망, 행복 그리고 고뇌 속에서 인간적인 심정을 발견했다. 독일의 자연은 현존하는 밝은 대낮처럼 묘사되어 있었고, 부드럽게 정화된 광명 속에 에워싸여 있었다.

나는 그의 가곡에 푹 빠져 여러 주일, 몇 개월을 보냈다. 그리고 나서 다음으로 〈빌헬름 마이스터〉에 이어 그의 자서전[10]과 희곡 작품도 입수했다. 〈파우스트〉를 처음 접했을 때는 이 주인공의 인간성이 갖고 있는 심연과 파멸에 몸서리쳤지만, 그 깊고 수수께끼 같은 본질에 점점 끌려 들어가 결국 휴일 때마다 읽게 되었다. 감탄과 사랑의 정은 매일 더해 갔고, 연중 내내 괴테의 작품들을 읽고 오직 그만 생각하고 이야기했다.

우리가 위대한 작가의 작품을 읽고 얻는 이득은 가지각색일 것이다. 그러나 제일 큰 이득은 우리가 자신의 내면뿐만 아니라, 그 이외의 다양한 세상을 한층 더 분명하게 의식하게 된다는 점이리라. 괴테의 작품은 나에게 이와 같은 영향을 주었다. 또한 나는 그의 작품을 통해 이 세상의 구체적인 대상과 인간의 여러 성격을 더 잘 관찰하고 파악할 수 있게 되었다. 이렇게 하여 나는 점차로 통일의 개념, 즉 개인인 자기 자신과 가장 내면적인 조화를 이루는 개념을 얻기에 이르렀고, 이와 함께 내가 가졌던 자연현상과 예술현상의 위대한 다양성의

---

10) 이것은 괴테의 유년시절부터 시작하여 바이마르로 오기까지의 삶을 그린 〈자서전〉을 말한다.

수수께끼가 점점 풀려가게 되었다.

나는 괴테의 작품으로 어느 정도 몸과 마음을 다지고 나 자신도 문학 창작을 직접 해 본 뒤에, 외국과 고대의 위대한 시인들에게 눈을 돌려 셰익스피어[11]의 최고 걸작뿐만 아니라 소포클레스[12]와 호메로스[13]를 가장 훌륭한 번역본으로 읽었다.

그러나 얼마 안 있어 이러한 고차원적인 작품에서는 단지 보편적이고 인간적인 것만을 이해할 수 있을 뿐이며, 언어학적이고 역사적인 방면에서 특별한 것을 이해하기 위한 학술적인 지식은 보통 학교나 대학에서만 획득할 수 있는 교양을 전제로 한다는 것을 깨달았다.

여기에 더하여 여러 사람들은 나에게 자기 혼자만의 방식으로는 아무리 노력해도 소용이 없어서 자기만의 언어를 훌륭하고 힘차게 구사할 수 없으며, 특히 내용과 사상을 겸비한 탁월한 작품을 만들어 낼 수도 없다는 것을 알려주었다.

이 시기에 나는 많은 유명한 사람들의 전기를 읽고 그들이 훌륭한 일을 성취하기 위해 어떠한 교육경로를 택했는가를 알아보았다. 그리고 그 결과 그들이 모두 학교와 대학을 나왔다는 것을 확인했기 때문에, 이미 나이가 지났고 개인 형편도 아주 나빴지만 역시 같은 길을 갈 것을 결심했다.

나는 즉시 하노버 고등학교 교사인 훌륭한 언어학자 한 사람을 찾아가, 그의 밑에서 라틴어를 비롯한 그리스어의 개인교수를 받았고, 매일 직장 일을 하는 최소 6시간을 제외하고는 모든 여가를 이 공부에 충당했다. 나는 이 학습을 1년간 계속했다. 상당한 성과를 얻어야 하겠다는 초조감은 이루 말로 표현할 수 없어서, 진도가 느리게 나가자 아예 다른 수단을 강구해야겠다고 결심하게 되었다. 그리고 만약 내가 매일 4시간에서 5시간 고등학교를 다녀 학교생활에 젖어 들게 되면, 보기 드문 진보를 하게 되어 훨씬 빨리 목적을 달성할 것이라는

---

11) 셰익스피어(1564~1616). 괴테는 헤르더를 통해 셰익스피어야말로 참된 문학의 전형이라는 것을 알게 된다.
12) 소포클레스(BC 496~406). 고대 그리스 최고의 비극작가이다.
13) 호메로스(BC 9세기경). 고대 그리스 최고의 서사시 시인이다.

데 생각이 미쳤다.

　이와 같은 생각은 세상 물정에 밝은 사람들의 충언으로 굳혀졌다. 나는 그렇게 하기를 결심했고, 또 마침 학교의 수업 시간이 직장 일이 비어 있을 때와 일치했기 때문에 상관의 허락을 아주 쉽게 얻을 수 있었다.

　그래서 나는 입학을 신청하고 어느 일요일 오후, 교사를 동반하여 소정의 시험을 치르기 위해 위엄 있는 교장한테로 갔다. 그는 될 수 있는 대로 쉬운 시험 문제를 내주었다. 하지만 나의 머리는 다른 학생들이 학교에서 늘 다루고 있었던 시험문제에 전혀 준비가 되어 있지 않았고, 또 아무리 노력했어도 내가 정규적인 과정을 밟지 못했던 탓에 나는 기대했던 것만큼의 결과를 얻지 못했다. 그러나 나의 교사가 내가 시험 결과보다 훨씬 다양한 지식을 구비하고 있음을 보증한 것과 나의 비상한 노력을 감안해서 교장은 나를 고등학교 6학년에 편입시켜 주었다.

　나이가 거의 25세에 가깝고 이미 국가의 관직에 종사하고 있는 내가 대부분이 아직 소년다운 젊은이들 무리 가운데 끼어 있는 모습은 틀림없이 다소 이상한 광경이었을 것이다. 그 때문에 이 새로운 환경은 처음에는 불편하고 기묘한 것이기도 했다. 그러나 나의 학문에 대한 큰 갈증은 이런 모든 것을 간과하고 참을 수 있게 했다. 그리고 나 자신도 대체로 그다지 번거롭지 않았다. 교사들은 나를 존중해 주었고 같은 반의 비교적 나이 들고 참한 학생들은 아주 친절했으며, 몇 안 되는 건방진 패거리들도 조심스러운지 나에게는 함부로 덤벼들지 못했다.

　이제 내 소원도 이루어졌기 때문에 나는 아주 행복하게 이 새로운 길을 열심히 걸어 나갔다. 아침 5시에 깨어나 곧 예습에 착수했다. 8시부터 10시까지는 학교에 가 있었다. 거기에서 서둘러 내 사무실로 가서 오후 1시경까지 자리를 지키면서 공무에 임했다. 이어 집으로 달려가 간단한 점심을 먹은 뒤, 곧바로 1시 조금 지나서는 다시 학교로 갔다. 수업은 4시까지 계속되었다. 그런 다음 다시 사무실로 돌아가서 7시까지 일을 하고 나머지 밤 시간을 예습과 개인교수 공부에 충당했다.

　이렇게 분주한 생활을 나는 몇 달 동안 계속했다. 그러나 나의 체력은 이런 상황을 감내하지 못했다. '아무도 두 주인을 섬길 수는 없다'[14]는 옛날 격언이 사실로 드러났다. 신선한 바깥 공기를 멀리했고, 운동을 하지 않은 데다 음식과 수면을 위한 시간과 휴식이 부족했기 때문에 내 몸 상태는 점점 악화해 갔다. 몸과 마음이 무감각해짐을 느꼈고, 급기야는 학교 아니면 직장 중, 둘 중 하나를 포기해야 하는 막다른 지경에 이르렀음을 깨달았다. 그러나 살아남기 위해서 후자를 포기할 수는 없었으므로 전자를 포기하는 길밖에 없었다. 그래서 1817년, 봄이 시작할 때 다시 학교를 그만두었다. 여러 가지 일을 시도하는 것, 이것이 나의 특별한 운명처럼 생각되었지만 얼마 동안만이라도 착실하게 학교 공부를 해 본 것은 조금도 후회되지 않았다.

그사이에 나는 상당한 진전을 거듭했다. 그리고 나는 여전히 대학에 진학하는 것을 염원하고 있었기에 그때부터는 개인교수를 계속 받는 길밖에 없었다. 그리고 나는 이 일에 모든 열성과 사랑을 바쳤다.

인고의 겨울이 지나자, 한층 더 쾌청한 봄과 여름을 보냈다. 나는 거의 매일 넓은 자연 속으로 빠져들어 갔고, 자연이 그해에는 유달리 절실한 심정으로 내 마음에 말을 걸어왔다. 이로써 많은 시가 탄생했는데, 이때 특히 훌륭한 본보기가 되어 준 것은 괴테가 청년 시절에 쓴 가요였다.

겨울로 접어들자, 가능하면 적어도 1년 이내에 대학에 진학해야겠다고 진지하게 생각하게 되었다. 라틴어는 상당한 진전을 보여 호라티우스의 송가,[15] 베르길리우스의 목가,[16] 오비디우스의 변신 이야기[17]와 같은 작품 중에서 내 마음에 드는 일부를 운율에 맞게 번역할 수 있었고, 키케로의 연설집[18]과 율리우스 시저의 전쟁기는 어느 정도 쉽게 읽을 수 있었다. 그러나 이것으로 대학에서 공부하는 데에 필요한 준비가 다 되었다고는 전혀 생각하지 않았다. 그러나 앞으로 1년 동안 내 공부는 훨씬 진전될 것이었고, 그렇게 해도 부족한 것은 대학에 들어가서 보충할 생각이었다.

---

14) 신약성서 마태복음 6장24절
15) 호라티우스(BC 65~08). 로마의 계관시인이다.
16) 베르길리우스(BC 70~19). 로마의 시인으로 전원의 풍물을 노래 불렀다.
17) 오비디우스(BC 43~서기 17). 신화를 집대성한 그의 작품은 후세작품들의 원류가 됐다.
18) 키케로(BC 106~43). 로마의 웅변가로 연설집 58편이 있다.

이 도시의 상류계급 인사들 가운데에는 내 후원자가 많이 있었다. 그들은 모두 나에게 협력해 주겠다고 약속했다. 그러나 그들은 내가 이른바 '빵을 위한 학문'을 택할 결심을 해야만 협력하겠다는 조건을 달았다. 이와 같은 요구는 나의 본래 성미에는 맞지 않았고, 인간은 오직 자기 내심의 끊임없는 욕구가 향한 것만을 개척해야 한다는 확고한 신념을 갖고 있었기 때문에 나는 초지(初志)를 굽히지 않았다. 그러므로 그들은 나를 돕는 것을 거절하였고, 이리하여 나는 결국 그들의 식사 초대를 받는 것에만 그쳤다.

이제는 자력으로 나의 계획을 실현하고, 어느 정도 가치 있는 문학작품을 직접 창출하는 데에 전력을 다하는 것 외에는 다른 길이 없었다.

그 당시에는 뮐너의 〈죄〉[19]와 그릴파르처의 〈조비(祖妣)〉[20]가 세상 사람들의 입에 오르내리면서 일대 선풍을 일으키고 있었다. 이런 인공적인 작품은 나의 자연 감정에는 맞지 않았고, 더욱이 그들의 운명관은 더욱더 친근해질 수 없는 것이었다. 그리고 이것은 국민에게 비도덕적인 영향을 줄 것으로 생각했다. 그래서 나는 그들에 대항하여 운명은 인간의 성격 속에 있다는 것을 증명하려고 결심했다. 그러나 나는 말로 논쟁을 하려는 것이 아니고, 실제 행동으로 싸우려고 했다. 창작극을 써서, 인간이 현재에 씨를 뿌리면 그것이 장차 좋든 나쁘든 그에 상응하는 꽃을 피우고 열매를 맺는다는 진리를 보이고자 한 것이다. 세계 역사에 대해서는 아직 잘 몰랐기 때문에 작품의 구성은 성격 묘사와 줄거리의 진행에 의지하는 수밖에 없었다.

나는 이 희곡 작품을 족히 1년간이나 마음속에서 키워, 하나의 장면과 막의 세세한 점까지 형체를 만들어 갔고, 1820년 겨울 드디어 펜을 들어 아침 시간을 이용해 2, 3주일 만에 완성하였다. 모든 것이 아주 쉽고 자연스럽게 이루어졌기 때문에, 이것을 다 쓰고 나자 나는 이를 데 없는 행복을 느꼈다. 그러나 나는 앞에서 언급한 시인들과는 달리 실제 생활에 너무 신경을 썼기 때문에 무대를 전혀 염두에 두지 않았다. 그러므로 내 작품은 줄거리의 긴장감 있는 전개보다는 오히려 조용한 장면묘사에 더 치우쳐 있었다. 또 인물이나 장면에 극적인 요

---

[19] 뮐너(1774~1829). 〈죄〉는 그의 대표작이다.
[20] 그릴파르처(1791~1872). 오스트리아의 국민시인이다. 그는 바이마르로 가서 괴테를 만났다.

소가 필요한 때도 단지 시적이고 리드미컬한 데에 그쳤다. 또 보좌역들이 너무 큰 비중을 차지해, 작품 전체가 너무 길게 옆으로 퍼져 버렸다.

나는 내 작품을 아주 친한 친구와 친지들에게 보여줬지만, 그들은 내가 원했던 것처럼 그것을 이해해 주지 않았다. 그 가운데 몇 장면은 희극에 속한다며 비난했고, 또 내가 독서가 부족하다고 나무라기까지 했다. 더 좋은 평가를 받으리라고 기대했던 나는 처음에는 내심 모욕감을 느꼈지만, 차츰 내 친구들의 생각이 전적으로 틀린 것은 아니라는 것을 알게 되었다. 설사 인물들이 올바르게 묘사되고 전체 구상이 잘 돼 있고, 생각하는 것이 세밀하고 재치 있다고 해도, 이 작품은 전개 면에서만 보더라도 상연되기에는 아직 적절하지 않을 만큼 저급한 수준이라는 것을 자신도 깨달았다.

그리고 이런 것은 나의 성장 과정과 연구 부족을 고려해 보면 이상해할 것이 없었다. 이 연극을 개작하고 무대에 맞게 해 보자. 그러나 그보다 먼저 교양을 쌓고 모든 것을 더 높은 단계로 끌어올려야 한다고 생각했다. 대학에 가려는 나의 소망이 이제는 열망으로 변했다. 대학에 가게 되면 나에게 부족한 것을 모두 얻을 수 있고, 이로 말미암아 한층 더 높은 생활환경으로 들어갈 수 있을 것이라는 생각이 들었다. 나는 시를 출판하여 한번 이 목적을 달성해 보려고 결심했다. 그런데 아직 나에게는 출판사로부터 막대한 보수를 기대할 만큼의 유명세가 없었기 때문에, 나의 형편에 가장 유리한 방법을 택하기로 했다.

이 일은 친구들의 인도로 가장 순조롭게 이루어졌다. 우선 나는 상관들을 찾아가 괴팅겐 대학에 진학하려는 의도를 밝히고 사임을 간청했다. 상관들은 내가 자못 진지한 것을 보고 양보하지 않으리라 생각하고, 나의 목적에 유리하게 도와주었다. 나의 직속상관이자 당시 육군대령이었던 폰 베르거의 소개로, 병무청은 이 간청을 받아들여 내 연구를 위하여 매년 150탈러의 금액을 2년간에 걸쳐 수여하기로 했다.

나는 오랫동안 가슴속에 품고 있던 계획이 이루어져 너무 기뻤다. 시를 서둘러 인쇄하여 발송했다. 그 수입에서 모든 경비를 제하고 150탈러의 순이익을 얻었다. 이어 나는 1821년 5월 사랑하는 애인을 남겨 둔 채, 괴팅겐을 향해 떠났다.

　대학으로 가려는 내 최초의 시도는, 내가 소위 빵을 위한 학문이라는 것을 일체 완강히 거절했기 때문에 실패로 돌아갔었다. 그러나 경험을 통해 배우고, 또 가장 가까이 지냈던 사람들과 세력 있는 상류사회 인사들을 상대로 말로 표현할 수 없이 싸웠던 것을 통해 영리해져서, 나는 이제 너무나 막강한 세상에 순응하여 즉시 빵을 위한 학문을 택할 것과 법학에 헌신할 것을 선언했다.

　세력을 가지고 있는 나의 후원자들, 그리고 세속적인 성공을 걱정해 줄 뿐 나의 정신적인 욕구는 전혀 상상조차 하지 못하는 다른 모든 사람도 이러한 처신을 아주 잘한 것이라고 인정해 주었다. 모든 반대는 일제히 제거되어 나는 어디를 가나 친절하게 환영을 받았고, 사람들은 나의 결심을 기다렸다는 듯이 호의적인 격려를 보냈다. 동시에 사람들은 나의 이 의도가 바람직함을 확신시켜 주기 위해 법학 연구가 절대로 정신적인 높은 이득을 가져오지 않는 것은 아니라는 것을 역설하는 것을 잊지 않았다. 이 학문을 통해 나는 다른 수단으로는 절대로 도달할 수 없는, 시민 생활과 세상 물정에 정통하는 안목을 갖추게 될 거라는 것이었다. 또 틈틈이 이른바 고상한 많은 일에 손을 댈 시간을 주지 않을 만큼 이 학문이 광범위한 것은 아니라고 말했다. 그리고 법률을 공부하면서도 동시에 다른 분야에서 최고의 지식에 도달한 많은 유명한 인물의 이름을 들었다.

　그러나 앞에서 언급한 사람들은 훌륭한 학교과정을 밟고 대학으로 들어갔을 뿐만 아니라, 어찌할 도리가 없을 만큼 궁핍한 특수사정 때문에 짬을 내는 것이 허락되지 않는 나하고는 비교가 안 되는 오랜 시간을 자기 연구에 바칠 수 있었다는 것을 친구들과 함께 나 역시도 간과하고 있었다.

　아무튼 나는 다른 사람들을 속임과 동시에 나 자신도 점차로 속였고, 급기야는 법학을 열심히 공부하면서도 본래의 목적을 달성할 수 있다고 생각하기에 이르렀다.

　이렇게 하여 나는 쓸 만한 것으로 만들어서 활용해 보겠다고 생각해 본 일이 없는 것을 얻으려는 망상을 품고, 대학에 도착하자 곧 법률 공부를 시작했다. 그런데 나는 이 학문이 결코 나의 성미에 맞지 않는 것은 아니며, 오히려 내 머리가 다른 의도와 노력으로 가득 차 있지 않다면 정말로 기꺼이 몸을 바치고 싶은 종류의 것이라는 것을 깨달았다. 나는 마치 불행하게도 한 애인을 남몰래 가슴에 품고 있기 때문에 결혼 신청을 받고 여러 가지로 괴로워하는 아가씨와 같았다.

나는 법학 개요와 로마법의 강의에 출석하고 있으면서도, 이따금 연극의 장면과 막을 완성하는 일에 나 자신을 잊고 마는 것이었다. 강의에 마음을 쏟으려고 안간힘을 써 보지만, 마음은 한사코 샛길로 빠지고 만다. 끊임없이 내 마음을 차지하고 있는 것은 시, 미술 그리고 나 자신의 고차원적인 인간형성뿐이었다. 그러한 것들이 내가 오랜 세월 동안 대학에 가려고 열정적으로 노력을 다한 이유였다.

대학 첫해에 내 제1의 목적에 도움을 준 것은 헤렌[21]이었다. 그의 민족학과 역사학은 내가 그 뒤로도 이러한 종류의 연구를 계속해 나가는 데 있어 최상의 기초가 되었고, 또 그의 명료하고 건실한 강의는 다른 점에서도 나에게 유익했다. 나는 매시간 열심히 출석했고, 이 탁월한 인물에 대해 존경과 호감이 더해 가는 것을 느끼지 않은 적이 없었다.

대학의 제2학년도가 되자, 나는 깊이 생각한 끝에 법률연구를 전적으로 그만두기로 했다. 정말이지 이것은 부차적으로만 공부하기에는 너무나 중요하였고, 나의 본업을 달성하는 데 너무나 큰 장해가 되었기 때문이다. 나는 언어학에 헌신했다. 첫해에 헤렌에게 크게 신세를 졌던 것처럼, 이번에는 디센[22]에게서 큰 혜택을 받았다. 그의 강의는 내가 오랫동안 찾고 있었던 영양분을 나의 연구에 제공해 주었기 때문에 나는 스스로가 나날이 진척되고 계발되는 것을 느낄 수 있었고, 앞으로의 창작활동을 위한 확고한 방향 암시를 받았다. 그뿐만 아니라 나는 이 귀중한 사람과 개인적으로 친숙해졌고, 그에게서 나의 연구에 필요한 지도와 힘 그리고 격려를 받는 행운을 얻었다.

여기에 더해 이 시절에 나는 정말로 뛰어난 사람들과 매일 교제하고, 산책 도중 혹은 이따금 깊은 밤중까지 고상한 문제를 토론했다. 이러한 것은 나에게

---

21) 헤렌(1760~1842). 괴팅겐대학의 역사학 교수이다.
22) 디센(1784~1837). 괴팅겐대학의 문헌학 교수이다.

많은 도움이 되었고 장차 내가 자유로운 발전을 이루는 데 아주 유익한 영향을 주었다.

그러는 사이 얼마 안 가서 나의 금전적인 원조가 다 끝나게 되었다. 하지만 나는 지난 1년 반 동안 매일 지식의 새로운 보물을 받아들일 수 있었다. 그런데 실제로 응용해 보지 않고 지식을 쌓아 올리기만 하는 것은 나의 성미에 맞지 않았고, 나의 인생행로에도 어울리지 않았다. 나는 문학 작품을 직접 써서 자신을 해방하고, 금후의 연구에 열중하려는 정열적인 충동에 사로잡혔다.

나는 희곡 창작에 있어서 소재에 대한 관심은 아직 잃지 않고 있었지만, 형식과 내용 면에서는 한층 더 노력해야 했다. 또 특히 문학의 여러 원칙에 관한 이념에 있어서는 당시의 지배적인 견해에 반대하는 논리를 전개해 보려고 했기 때문에 이 두 가지 작업을 차례로 완성하여 발표하려고 생각했다.

그래서 1822년 가을에 나는 대학을 그만두고 하노버 근교의 시골집으로 이사했다. 나는 우선 이론적인 논문을 썼다. 특히 이 논문이 재능 있는 젊은 사람들의 문학창작뿐만 아니라, 그들의 문학 작품의 올바른 판단에도 기여할 것을 원해 〈시학 논고〉라는 제목을 달았다.

나는 1823년 5월에 이 작업을 끝마쳤다. 나의 당시 형편으로는 좋은 출판사뿐만 아니라 충분한 보수를 얻는 것도 중요했다. 그래서 곧 괴테에게 원고를 보내 폰 코타[23]씨에게 추천장을 써 달라고 부탁했다.

괴테야말로 예나 지금이나 매일 변함없이 내가 인도(引導)의 별로 우러러보는 시인 중의 시인이었다. 그의 말은 나의 사고와 조화를 이루었고, 나를 한층 더 높은 관점으로 이끌어 주었다. 나는 갖가지 대상을 취급할 때 그가 보여준 고상한 기교의 수준을 끊임없이 추구하고 그에 도달하려 노력했다. 내가 그에게 품은 간절한 사랑과 존경심은 거의 열정적인 성질을 띠고 있었다.

괴팅겐에 도착하고 얼마 안 있어 나는 그에게 나의 이력서와 학력의 간단한 소개와 함께 내 시의 가철본을 보냈다. 그러자 괴테에게서 간단한 편지가 왔을 뿐만 아니라, 여행자로부터 그가 나에게 호의를 갖고 있어서 잡지 〈예술과 고

---

23) 폰 코타(1764~1831). 1659년에 창립된 코타 출판사는 1806년 이후부터는 괴테 작품을 독점적으로 출판했다.

대)[24]에 나의 글을 실을 것이라는 말까지 전해 듣게 되어 나는 무척 기뻤다.

이 사실을 알게 되었다는 것은 그 당시 나의 처지로서는 큰 의의가 있는 일이었다. 나는 이에 용기를 얻어 방금 막 끝낸 원고를 신뢰감을 담아 그에게 보내기로 했다.

이제 나의 마음속에는 잠깐만이라도 그를 한번 직접 만나보고 싶은 한결같은 희망만이 있을 뿐이었다. 이 소망을 달성하기 위해 나는 5월 말 출발하여, 걸어서 괴팅겐과 베라 계곡을 지나 바이마르로 향했다.

가는 도중 찌는 듯한 더위 때문에 여러 번 어려움을 겪었지만, 나는 내가 자애로운 분의 특별한 인도를 받고 있다는 것, 또 이 여행길은 앞으로의 나의 인생에 중대한 결과를 가져오리라는 것을 되뇌면서 마음속으로 위로를 받았다.

---

24) 괴테가 발행한 이 잡지는 1816년부터 시작하여 1832년까지 모두 6권이 나왔다.

1823년

1823년 6월 10일 화요일 바이마르

  요 며칠 전에 나는 이곳에 도착하였고, 오늘 처음으로 괴테를 찾아갔다. 그의 환대는 이를 데 없이 따뜻했다. 내가 그를 알게 된 이날을 일생을 두고 가장 행복한 날로 손꼽고 싶을 정도로 그의 사람 됨됨이가 깊었다.

  어제 방문일정을 문의하자, 오늘 정오 12시가 가장 좋겠다고 정해 주었다. 그 시각에 찾아가자 하인도 나를 기다렸다면서 2층으로 안내해 주었다.

  집 내부는 아주 차분한 인상을 주었다. 요란하지 않고 모든 것이 우아하면서도 간소했다. 계단 옆에 세워 둔 여러 가지 고대 조각상 모형에서 조형 미술과 고대 그리스에 대한 괴테의 두드러진 기호(嗜好)를 읽을 수 있었다. 집 아래층에는 분주하게 이리저리 움직이는 여러 부인이 있었다. 또한 오틸리에[1]의 귀여운 어린 사내아이 하나가 붙임성 있게 다가와 큰 눈으로 나를 주시했다.

  잠시 주위를 둘러보고 있자, 곧 아주 사근사근한 하인이 나타나 나는 그와 함께 2층으로 올라갔다. 하인이 문을 열었다. 그 문지방은 환영의 뜻을 알리는 라틴어 SALVE[2]를 밟고 들어가게 되어 있었다. 그 방을 지나 두 번째로 상당히 넓은 방문을 열고 그는 잠깐 기다려 달라고 하면서, 주인에게 나의 내방을 알리러 갔다. 방의 공기는 아주 서늘하고 상쾌했다. 바닥에는 융단이 깔려 있었고 빨간 소파 하나와 같은 색의 의자 몇 개가 배치되어 있어서 방은 밝은 느낌이었다. 바로 그 옆에는 그랜드 피아노가 있고, 벽에는 여러 종류와 크기의 소묘와 그림이 걸려 있었다.

---

[1] 오틸리에(1796~1872). 괴테의 며느리로서 그녀는 아우구스트 폰 괴테와 1817년 결혼한 이래로 괴테의 집에서 함께 살았다.
[2] '환영한다'는 의미의 라틴어이다.

열린 문 너머 멀리 맞은편으로 방이 보였는데, 거기도 마찬가지로 그림으로 장식되어 있었다. 하인은 그 방을 지나 나의 내방을 알리러 갔다.

얼마 안 있어 괴테가 나타났다. 푸른색의 윗도리를 입고 구두를 신고 있었다. 정말로 당당한 모습이다! 인상은 압도적이었다. 그러나 그는 곧 무척 다정스러운 말로 나의 거북한 심정을 말끔히 없애 주었다. 우리는 소파에 앉았다. 나는 내가 그를 바로 눈앞에서 보고 있으며, 그가 바로 옆에 있다는 생각으로 행복에 겨워 어찌할 바를 몰라 말을 제대로 할 수 없었다.

그는 곧바로 나의 원고 이야기를 하기 시작했다.

"방금 자네의 원고를 읽고 있었네!" 그는 말했다. "아침 내내 자네의 글을 읽었네. 추천할 필요가 없어요. 내용 그 자체가 충분히 추천하고 있어."

이어 그는 내 글이 명쾌한 서술과 풍부한 사상을 보여 주고 있으며, 또 모든 것이 훌륭한 기초 위에 놓여 있고 꼼꼼히 잘 짜여 있다면서 칭찬을 아끼지 않았다. 그는 원고의 발간이 빨리 성사되도록 처리해야겠다고 하더니, 이어 다음과 같은 말을 덧붙였다.

"오늘 안으로 코타 출판사에 특급 우편으로 편지를 쓰고, 내일은 마차 편으로 소포를 보내도록 하겠네." 나는 그에게 고맙다는 말과 함께 목례했다.

이어 우리는 나의 다음 여행 이야기를 했다. 나는 라인 지방으로 가서 거기서 적당한 곳에 거처를 정해 머물면서 좀 새로운 것을 쓸 생각이라고 했다. 그러나 우선은 예나[3]로 가서 거기서 폰 코타 씨의 회신을 기다리겠다고 말했다.

괴테가 나에게 예나에 아는 사람이 있느냐고 묻길래, 나는 폰 크네벨[4] 씨하고 가깝게 지내고 싶다고 대답했다. 이 말을 들은 그는 내가 좋은 대접을 받을 수 있게 소개장을 써 주겠다고 약속했다.

"이젠 잘 됐군그래!" 하면서 그는 말을 계속했다. "자네가 예나에 있게 되면 가까우니까 자주 만날 수도 있고 무슨 일이 생길 때는 서로 편지를 주고받

---

3) 예나는 바이마르 근교의 작은 대학도시에 불과했으나, 나중에는 일약 후기 독일관념론철학 그리고 독일 낭만주의문학의 발생지로 부상하게 된다.
4) 폰 크네벨(1744~1834). 의 콘스탄틴 공자의 교육관이었던 그의 주선으로 카를 아우구스트 대공은 1774년 프랑크푸르트에서 괴테를 처음 만나게 된다. 그리고 이때 바이마르 공국의 국정에 참여해 줄 것을 요청하고, 괴테는 이 제의를 받아들인다.

오늘날 괴테 박물관이 된 괴테의 바이마르 저택   1828년 그즈음 모습, 쉿체의 그림

수 있겠군."

　우리는 오랫동안 함께 앉아 있었고, 분위기는 조용하고 따뜻했다. 내 무릎이 그의 무릎에 가 맞닿았다. 나는 그를 골똘히 쳐다보느라고 할 말을 잊고 있었다. 아무리 바라보아도 싫증이 나지 않았다. 그의 용모는 아주 힘차 보였고, 얼굴은 다갈색이고 온통 주름살로 덮여 있었지만 주름살 하나하나가 모두 풍부한 표정을 담고 있었다. 모든 점에서 뭐라고 설명할 수 없는 성실한 굳건함, 그리고 고요함과 위대함이 있었다! 그는 천천히 부드럽게 말했다. 그는 말을 할 때면 나이 많은 왕과도 같았다. 그를 바라보면, 정말로 자족하고 있어 칭찬과 비난에 초연해 있다는 것을 알 수 있었다. 그의 곁에 있으면 이루 말할 수 없이 기분이 좋았다. 많은 고생과 긴 동경 끝에 드디어 간절한 소망을 성취한 사람처럼, 나는 마음이 차분해지는 것을 느꼈다.

　이어 그는 나의 편지 이야기를 하면서 내 생각이 옳다는 것, 한 가지 일을 투명하게 처리할 수 있는 사람은 다른 많은 일도 능히 해낼 수 있다는 것을 말했다.

"세상이 어떻게 돌아가게 될지, 우리는 알 수 없지." 하고 괴테는 말했다. "나는 베를린에 많은 훌륭한 친구들이 있어요. 요즘엔 그 속에 자네도 포함해 생각하고 있었네."

이렇게 말하면서 그는 애정에 찬 미소를 지었다. 이어 그는 나에게 바이마르[5]에 머물러 있는 요 며칠 사이에 구경해야 할 모든 것에 주의를 환기하면서, 비서인 크로이터[6] 씨에게 나의 안내를 부탁하겠다고 했다. 그리고 그는 그중에서도 내가 잊어서는 안 되는 것은 이곳 바이마르의 극장[7]을 관람하는 일이라고 말했다. 그는 또 내 숙소는 어디냐고 물으면서, 다시 한번 만나고 싶다며 적절한 시간을 정해 놓고 사람을 보내겠다고 하였다.

우리는 서로 따뜻한 마음으로 헤어졌다. 나는 최고로 행복했다. 왜냐하면 그의 말 한마디 한마디에 호의가 넘쳐 있었고, 또 무엇보다 그가 나에게 과도할 정도로 호감을 느끼고 있다는 것을 알았기 때문이다.

1823년 6월 11일 수요일

오늘 아침 나는 또다시 괴테의 초대를 받았다. 이번 초대장은 그가 자기 명함에 친히 자필로 써서 보낸 것이었다. 그래서 다시 1시간가량을 그의 곁에서 지냈다. 오늘의 그는 어제의 그하고는 전혀 다른 사람 같았다. 그는 모든 일을 젊은 사람처럼 재빨리 그리고 결연히 해치웠다.

그는 두 개의 두꺼운 책을 가지고 나한테로 왔다. "그렇게 빨리 떠나버리는 것보다" 하고 그는 말했다. "서로 좀 더 가까이 지내보는 것은 어떨까. 더 자주 만나 이야기를 나누고 싶어. 일반적인 것만으로는 범위가 너무 넓기 때문에 우

---

[5] 당시 바이마르는 인구 6000명에 불과한 작은 공국의 수도였지만, 현명한 대공모의 선정 아래 펼쳐진 괴테와 실러의 활약으로 18세기와 19세기 독일 문화 예술의 중심지가 되었다. 2차 대전 후 유럽공동체에서는 괴테 탄생 250돌이 되는 1999년을 맞이하여 바이마르를, 유럽의 문화수도로 정하기도 했다.
[6] 크로이터(1790~1856). 괴테의 비서이다.
[7] 바이마르의 극장. 1791년에 창설된 이래 1817년까지 괴테는 이 극장의 감독을 맡았고, 실러와 협력하여 극장을 운영해 나갔다. 그는 매년 실러가 쓴 작품을 직접 그가 연출하게 하여 이곳 극장에서 상연하였다. 이후 1919년 새로 선출된 독일 국회의원들은 베를린이 아닌 이곳 바이마르 극장에 모여 바이마르공화국을 탄생시켰다.

마리엔바트 온천장

리 두 삶을 연결하고 화제가 될 수 있는 그런 특수한 것을 생각해 보았네. 여기 두 책에는 1772년과 1773년까지의 〈프랑크푸르트 학보〉[8]가 들어 있는데, 이 속에는 그 당시 내가 쓴 소논문이 거의 전부 실려 있어. 내 서명은 없지만, 자네는 나의 격식과 사고방식을 알고 있기 때문에 틀림없이 내 논문을 다른 것하고는 구별해 낼 수 있을 거야. 내가 청년기에 작업한 이것들을 자네가 좀 더 자세히 읽고, 생각한 것을 말해 주면 좋겠어. 앞으로 나올 나의 저작집에 이것을 넣어도 괜찮을지 어떤지를 알고 싶어 그런다네. 이것들은 너무 오래전의 것이어서 나로서는 아무래도 판단이 서지 않아. 그러나 자네와 같은 젊은 사람들은 이 글들이 자네들에게 가치가 있는 것인지, 또 현대문학의 입장에서 판단하여 어느 만큼 도움을 줄 수 있는 것인지 알 수 있을 거야. 이미 사본을 만들어 놓은 것을 나중에 자네에게 넘겨줄 터이니 원본하고 비교해 주기를 바라네. 주의를 기울여 조사해 보면 전체적인 특징을 해치지 않는 한도 내에서 여기저기 조금

---

8) 〈프랑크푸르트 학보〉는 질풍노도 문학운동의 지도적인 위치에 있었던 헤르더의 영향을 받아 괴테와 메르크 등이 발표하였던 소논문들을 싣고 있다.

손질해도 괜찮을지 알게 될 거야."

"이 일을 기꺼이 해 보겠습니다. 당신이 원하시는 대로 일이 잘 되기만 한다면 그 이상 더 바랄 것이 없습니다."

"한번 손을 대 보기만 하면, 이것은 자네에겐 아주 쉬운 일이라는 것을 알게 될 거야. 자네는 아주 쉽게 해낼 것으로 아네."라는 것이 그의 대답이었다.

그리고 괴테는 1주일 안으로 마리엔바트[9]로 떠나려 한다면서, 만약 그때까지 내가 바이마르에 머무른다면 그사이에 가끔 만나서 이야기를 나누어 우리가 서로 더욱더 친밀해질 수 있을 것이라고 말했다.

"그리고 자네에게 한 가지 더 부탁하고 싶은 것은" 하고 그는 덧붙여 말했다. "예나에서의 체류를 며칠이나 몇 주일로 제한하지 말고, 가을이 되어 내가 마리엔바트에서 돌아올 때까지 여름 내내 거기에 있어 달라는 거야. 주거지가 문제라면, 어제 내가 벌써 자네가 만사 편리하고 쾌적하게 지낼 수 있게 편지를 써서 보냈으니 걱정하지 말게."

그는 말을 이었다.

"그곳에 가게 되면, 이제부터의 연구에 필요한 여러 가지 자료와 편의를 얻을 수 있을 것이고, 또한 아주 교양 있고 마음에 드는 사람들과도 어울릴 수 있을 것이야. 여기에 더해 그 지방은 가지각색의 변화와 다양성을 가지고 있어서 자네는 50개 이상이나 되는 산책로를 발견하게 될 거네. 그 어느 산책길도 쾌적하고 방해받지 않고 사색에 잠기기에 알맞은 곳이지. 거기서는 자네가 자기만의 세계에서 여러 가지 새로운 것을 쓸 수 있는 충분한 여유와 기회를 얻을 수 있으리라고 생각해. 그러는 한편 나에게 관계되는 일도 진행해 주기를 바라 마지않네."

나는 이런 호의적인 제안에 아무런 이의가 없었기 때문에, 모든 것을 기꺼이 감수하기로 했다. 내가 그의 집을 떠날 때, 그는 유달리 기분이 좋아 보였다. 또한 그는 더 자세히 이야기를 나누고 싶다며 모레 다시 만나자는 약속까지 했다.

---

[9] 온천장이 있던 휴양지. 괴테는 마침 이때 이곳에서 알게 된 젊은 아가씨를 생각하고 있었다.

프리드리히 실러 대학교 통칭 예나 대학교

1823년 6월 16일 월요일

요 며칠 사이에 나는 괴테를 여러 차례 방문했다. 오늘은 주로 일 이야기를 했다. 나는 또 그의 프랑크푸르트 평론에 대해 의견을 말하면서, 그것은 그의 대학 시절의 여운과 같은 것이라고 말했다. 이 말은 그의 마음에 들었던 모양이어서, 우리가 그의 청춘기 작업을 어떤 관점에서 관찰해야 할 것인가를 가르쳐 주었다.

그는 곧 〈예술과 고대〉의 첫 11권을 나에게 넘겨주고는, 프랑크푸르트 평론과 함께 두 번째 작업으로 해 보라고 하면서 예나로 가지고 가라고 말했다.

그는 말했다. "이 책자들을 충분히 연구하여 일반적인 내용 목차를 만들고, 또 어떤 대상을 취급한 것이 불완전하게 보이는지 나도 확실하게 알 수 있도록 자네가 직접 문장으로 작성해 주게. 그러면 나도 그 실마리를 따라 계속 이어 갈 수 있을 것일세. 그렇게 해 주면 나에게는 안성맞춤이고, 물론 자네 자신도 얻는 것이 많으리라고 생각하네. 자기 좋을 대로만 하는 일반적인 독서보다는 목적을 세워서 읽는 독서가 내용 하나하나를 더 세밀하게 음미하고 자기의 것으로 만드는 데 도움이 되는 법이지."

그의 이런 말이 모두 옳고 타당한 것으로 생각되었기 때문에, 나는 이 일도 기꺼이 맡아 하겠다고 말했다.

1823년 6월 19일 목요일

나는 오늘 원래 예나에 가 있어야 했지만, 어제 괴테가 일요일까지 여기서 지내다가 우편 마차를 타고 가줄 것을 신신당부하여 아직 바이마르에 남아 있었다. 그는 어제 나에게 소개장과 프롬만 일가[10]에게 보내는 편지도 함께 주었다. "이 집 사람들은 자네 마음에 들걸세." 하고 그는 말했다. "나는 거기에서 많은 즐거운 밤을 보냈어. 장 파울,[11] 티크[12] 슐레겔 형제,[13] 그리고 독일의 유명인들이 거기에 모여 즐겁게 어울렸지. 그리고 지금도 역시 많은 학자와 예술가, 또 기타 저명인사들이 모이고 있어. 그리고 2, 3주일 안으로 마리엔바트로 연락하여 나에게 자네가 어떻게 지내고 있는지, 또 예나가 자네 마음에 들었는지 알려주기를 바라네. 내 아들[14]에게도 내가 없는 동안 예나에 있는 자네를 한번 찾아가라고 말해 두었어."

나는 괴테가 나를 위해 많은 신경을 써주는 것이 정말 고마웠다. 그리고 그가 나를 그의 가족 일원에 포함하여 그 한 사람으로 취급하고, 그의 가까이에 두려고 하는 것을 알게 되어 흐뭇한 기분이 들었다.

1823년 6월 21일 토요일

괴테와 작별하고, 다음 날 마차로 와서 마음 좋고 성실한 사람들의 집 사랑채에 거처를 잡았다. 괴테의 추천서 덕분에 폰 크네벨 씨 집안과 프롬만 집안에서 따뜻한 환대를 받았고, 아주 유익한 교제 시간을 가졌다. 가지고 온 일감은 아주 잘 진전되었다. 여기에 더하여 제일 기쁜 소식은 폰 코타 씨의 편지였다. 그는 내가 보낸 원고의 출판을 떠맡을 뿐만 아니라 상당한 사례금을 약속했고,

---

10) 예나의 출판업자로, 괴테는 특히 1806년과 1807년에 이 집에 자주 드나들었다.
11) 장 파울(1763~1825). 낭만주의적 작가인 그는 1796년에 바이마르에 머물렀고, 또 그 이후에도 한동안 바이마르에서 살았다. 넓은 독자층을 가지고 있었지만, 괴테는 그를 좋아하지 않았다.
12) 티크(1773~1853). 독일 전기 낭만파의 대표적인 작가이다. 당시 문학작품의 가장 유명한 낭송자로 알려져 있었다.
13) 슐레겔 형제. 형 아우구스트(1767~1845)와 동생 프리드리히(1772~1829)는 독일 낭만파의 지도자이고 대변자이다. 특히 독일에서는 아우구스트 슐레겔의 셰익스피어 희곡의 독일어 번역을 지금도 고전으로 간주하고 있다.
14) 괴테의 아들. 아우구스트 폰 괴테(1789~1830)를 말한다. 카를 대공의 궁정시종이기도 하다.

또 그것을 예나에서 나의 감독하에 인쇄할 것이라고 말했다.

이리하여 이제 나의 1년 치의 생활비는 확보된 셈이었다. 나는 요사이에 뭔가 새로운 것을 써서 작가로서의 장래를 공고히 하려는 충동을 가장 생생하게 느끼고 있었다. 나는 저 〈시학 논고〉라는 논문을 마지막으로 이론적이고 평론적인 분야에서는 완전히 손을 떼려고 생각했었다. 나는 이 논문으로 가장 중요한 여러 법칙을 설명하려고 했으니, 이제는 온 정신을 기울여 실제적인 창작 작업을 하고 싶다는 간절한 생각뿐이었다. 수없이 많은 시의 계획과 갖가지 종류의 희곡 소재도 떠올랐다. 그런데 현재 문제시되는 것은, 나의 이런 상념을 어느 방향으로 이끌고 가야 할 것인가였다. 이것이 정해지면 하나하나 차례대로 차근히 써갈 수 있을 것이다.

예나는 오랜 도시로서 내 마음에 드는 곳은 아니었다. 이 고장은 너무 조용하고 단조로웠다. 내가 원하는 곳은 훌륭한 극장이 있을 뿐만 아니라, 무수한 사람들이 각자 자기 생각대로의 생활을 전개해 갈 수 있는 큰 도시였다. 그러한 곳에서는 중요한 생활 요소를 마음껏 받아들여, 정신적인 문화를 될 수 있는 대로 빨리 촉진할 수 있기 때문이다. 나는 그런 도시에서 전혀 사람들 눈에 띄지 않게 생활하며, 언제든지 방해받지 않고 창작에 전념할 수 있기를 원했던 것이다.

그사이 나는 괴테에게서 부탁받은 〈예술과 고대〉의 처음 4권의 내용 목차를 완성했기 때문에, 마리엔바트로 한 통의 편지를 보냈다. 나는 이 편지에서 나의 소망과 계획을 솔직하게 털어놓았다. 그러자 얼마 안 있어 다음과 같은 답장을 받았다.

'내용 목차는 마침 알맞게 도착했네. 내가 바라고 목적했던 대로 일을 해냈더군. 내가 돌아갈 때까지 '프랑크푸르트 평론'도 그와 같은 방식으로 정리해 주면 고맙겠네. 지금 미리 마음으로부터의 감사를 표시하는 바이네. 자네의 심정, 환경, 소망, 목적 그리고 계획을 충분히 생각해 볼 터이니, 내가 돌아가면 자네의 행복을 훨씬 더 철저하게 이야기할 수 있을 걸세. 오늘은 이 이상 더 말할 것이 없네. 마리엔바트를 떠나게 되니, 여러 가지로 생각해야 할 일과 해야 할 일들이 많이 기다리고 있군. 요사이 여기서 훌륭한 사람들하고 지내는 시간이 너무 짧을 수밖에 없다는 것을 매우 가슴 아프게 생각하고 있다네.

계속 꾸준히 공부하도록 해 보게. 결국 거기에서 가장 확실하고, 가장 순수한 세계관과 경험이 탄생하는 거라네. 즐겁게 지내기를 바라네.

이제부터 한층 긴 시간을 함께 지내며, 한층 친밀하게 지낼 수 있기를 고대하면서.

—1823년 8월 14일 마리엔바트에서 괴테.'

괴테의 편지를 받고 나는 이를 데 없이 행복했고, 잠시나마 마음이 가라앉았다. 이리하여 나는 무슨 일이든 독단적으로 행동하지 않고, 전적으로 그의 충고와 의지에 몸을 맡기기로 결심했다. 그러는 동안에 나는 몇 개의 시를 썼고, '프랑크푸르트 평론'도 정리를 끝마쳤다. 그리고 괴테에게 주려고 나의 견해를 작은 논문으로 만들었다. 그가 마리엔바트에서 돌아오는 것을 애타게 기다렸다. 〈시학 논고〉의 인쇄도 거의 끝나고 있어서 나는 무슨 일이 있어도 기분 전환을 위해, 이번 가을에는 라인 지방으로 2, 3주일 동안 짧은 여행을 가려고 마음먹고 있었다.

1823년 9월 15일 월요일 예나

괴테는 마리엔바트에서 무사히 돌아왔다. 그러나 이곳 예나에 있는 그의 정원 집은 그다지 편리하지 못해 2, 3일 정도만 머물러 있을 것이다. 이제 그는 건강과 활기를 되찾아 몇 시간이 걸리는 길을 걸어서 다닐 수 있게 되었다. 그런 그를 바라보는 것은 정말로 기쁜 일이다.

서로 기쁜 인사를 나눈 뒤에 괴테는 곧 나의 일을 말하기 시작했다.

"단도직입적으로 말하지만" 하고 그는 시작했다. "이번 겨울에는 자네가 바이마르의 내 집에서 지내 주었으면 좋겠어." 그는 첫마디를 이렇게 시작하면서 계속 말을 자세하게 이어갔다. "시와 평론은 자네에게 가장 잘 어울리지. 자네는 이 분야에 타고난 소질이 있어. 이것이 자네의 직업이니 그 소질을 잘 키워나가면, 얼마 안 가서 훌륭히 생계를 꾸려 나갈 수 있을 거야. 그러나 원래 자네의

1805년 그즈음 바이마르 뮐러의 수채동판화

전문 분야는 아니더라도 자네가 꼭 알아두어야 할 일들이 아직도 정말로 많지. 다만 그 일에 너무 긴 시간을 빼앗기지 말고 빨리 그것을 터득해 그 단계에서 빠져나오는 것이 중요하네. 그런 의미에서 이번 겨울을 바이마르의 우리 집에서 지내도록 하게. 부활절 때까지 자네는 상당한 진전을 보게 될 것이고 스스로도 놀라게 될 거야. 나는 가장 좋은 공부 방법을 알고 있으니까 모든 일이 다 잘될 걸세. 이렇게 하면 자네는 생활의 기초를 단단히 다져놓을 수 있고, 어디를 가든지 마음 놓고 자신을 갖고 행동할 수가 있지."

나는 이 제안을 듣고 매우 기뻤다. 그래서 그의 의견과 희망에 따르고 싶다고 말했다.

"내 집 근처에 주거지 하나를 마련해 주지." 그는 말을 계속 이어 나갔다. "자네는 이 겨울 내내 단 한 순간도 절대 무의미하게 시간을 보내서는 안 되네. 바이마르에는 아직도 여러 가지 좋은 것들이 모두 한곳에 모여 있지. 자네는 점차 상류 사회에서 다른 어떠한 대도시의 인사들과도 맞먹는 동료들을 만나게 될 걸세. 또 나는 아주 훌륭한 사람들과 친하게 지내고 있지. 차차 그런 사람들하고 친한 사이가 되도록 노력하면, 자네도 그런 교제가 스스로에게 최고의 가르침이 되고, 또한 유익하다고 생각하게 될 거야."

괴테는 여러 유명한 사람들의 이름을 거론하면서, 그분들 한 사람 한 사람의 특별한 공적을 간단한 말로 설명했다.

"이렇게 좋은 도시에" 하고 괴테는 말을 계속했다. "이렇게 좋은 것들이, 여전히 많이 갖추어져 있는 곳이 어디에 있단 말인가! 훌륭한 도서관이 있고, 독일의 다른 도시에 있는 가장 훌륭한 곳에 절대로 뒤지지 않는 극장도 있지. 그러므로 되풀이해서 말하겠네. 우리가 살고 있는 이곳에 계속 있어 주었으면 하네. 이번 겨울뿐만 아니라 앞으로도 바이마르를 정착지로 정하고 머물러 주었으면 좋겠어. 이곳에는 세계의 어디로도 통할 수 있는 문과 도로가 열려 있지. 여름에는 여행도 할 수 있고, 또 보고 싶은 것도 차례로 볼 수 있네. 나는 50년 동안 이곳에서 살고 있지만, 어느 곳이든 가고 있지! 그러나 나는 언제나 바이마르로 다시 돌아오는 것이 즐겁다네."

다시 괴테를 가까이하고 다시 그가 이야기하는 것을 들으니 행복해졌다. 나는 내 마음의 모든 것을 그에게 바치고 싶은 마음이었다. 다만 그와 함께 있을 수 있다면, 함께 있는 것이 허락된다면, 다른 모든 것은 아무래도 상관없다고 생각했다. 그래서 나는 그가 고맙게도 내 특수한 사정을 고려해 맡기는 일이라면, 무엇이든지 할 용의가 있다는 것을 되풀이하여 말했다.

1823년 9월 18일 목요일 예나

어제 아침 괴테가 바이마르로 향해 떠나기 전에 나는 아주 행복하게도 다시 한번 그의 곁에 1시간가량 있을 수 있었다. 그때 그는 아주 중요한 말을 해 주었다. 그것은 나에게는 참으로 헤아릴 수 없이 귀중하고, 나의 전 생애에 걸쳐 도움이 되는 말들이었다. 독일에 있는 모든 젊은 시인들은 이것을 알아둘 필요가 있을 것이다. 이것은 그들에게도 도움이 될 것이기 때문이다.

그는 이번 여름에는 시를 전혀 쓰지 못 했느냐고 나에게 물어보면서 말의 첫머리를 시작했다. 나는 두세 편을 썼지만, 대체로 시를 쓸 만한 마음의 여유가 없었다고 대답했다. "대작(大作)을 쓰지 않도록 조심해야 해." 하면서 그는 말을 계속 이어 나갔다. "정말이지 대가의 재능을 가지고 있는 일류의 사람들과 가장 훌륭한 노력을 거듭하고 있는 사람들까지도 대작으로 고생하고 있지. 나도 그것으로 고생했고, 그런 일은 자신에게 좋지 않다는 것을 뼈저리게 느껴야만 했네.—그럴 때는 모든 것이 수포가 되고 말았지!—만약 내가 잘 쓸 수 있는 것만을 썼더라면 100권의 책으로도 모자랐을 거야.

현재는 현재의 권리를 요구하지. 그날그날 시인에게 사상과 감정을 통해 육박해 오는 것은 모두 표현될 것을 요구하는 것이며, 또한 표현되어야 하는 것이지. 그러나 더 큰 작품을 머리에 구상하고 있으면, 다른 것은 아무것도 머리에 떠오르지 않게 되고, 다른 모든 사상은 배격되고 그사이에 생활 그 자체의 여유까지도 사라져 버리고 만다네. 그 하나의 큰 전체를 마음속에서 정리하고 완성하는 데에 얼마나 많은 노력과 정신력의 투자가 필요하겠는가. 또한 그것을 유창하고 적절히 나타내려면 정력과 조용하고 방해받지 않는 생활상태가 얼마나 많이 필요할지 생각해 보게. 만약 전체에 있어서 방향을 잘못 잡게 되면, 일체의 노고는 수포가 되지. 그뿐만 아니라 대상을 어떤 포괄적인 것으로 정해 개개의 부분에서 그 소재를 완전히 자기의 것으로 만들지 못하면, 전체의 여기저기에 구멍이 뚫려버리게 되고 곧 비난을 받게 되지. 시인이 어떻게 해 봐도 그처럼 막대한 노고와 희생 뒤에는, 보답과 기쁨 대신 언제나 불쾌감과 무기력증만이 남을 뿐이라네. 그러나 시인이 매일 현재를 향유하고 눈앞에 제공되는 것을 언제나 신선한 기분으로 취급하게 되면 반드시 뭔가 좋은 일이 이루어지며, 때로는 성공하지 못하더라도 그것으로 모든 것이 허사로 되는 일은 없지.

쾨니히스베르크에 아우구스트 하겐[15]이라는 사람이 있는데 대단한 문호지. 자네는 그가 쓴 〈올프리트와 리제나〉를 읽어 본 적이 있는가? 그 속에는 그 이상의 것은 생각할 수도 없는 멋진 장면들이 있지. 발트해의 광경이나 기타 그 지방의 묘사는 모두 대단한 경지에 도달한 것이지. 그러나 다만 부분 부분이 아름답다고 말할 수 있을 뿐이지 전체적으로 볼 때는 아무에게도 만족감을 주지 못하고 있네. 이 시인이 거기에 소비한 노력과 정력은 얼마나 대단한 것이었을까! 그뿐만이 아니라 그는 그것으로 거의 모든 힘을 다 소모해 버렸지. 그런데 이번에는 그가 비극 작품을 쓰고 있다고 하네!"

이렇게 말하고 괴테는 미소를 지으면서 한동안 말도 하지 않았다. 내가 그 말

---

15) 아우구스트 하겐(1797~1880). 시인이자, 쾨니히스베르크의 문학 교수이다.

을 이어받아, "당신은 〈예술과 고대〉에서 하겐에게 소제목만을 취급하라고 분명히 충고하셨던 걸로 알고 있습니다."라고 말하자 괴테는 "물론 나는 그렇게 말했지." 짧게 답하고 다시 이어서 말했다.

"그러나 우리 같은 노인들이 하는 말을 누가 들어주겠나? 누구나 자기가 제일 잘 알고 있다고 믿고 있다네. 그래서 많은 사람들이 오랫동안 갈피를 못 잡고 헤매고 있지. 그러나 이젠 방황할 때가 아니야. 방황하는 것은 우리 노인들의 몫이었지. 자네들처럼 젊은 사람들이 또 같은 길을 걸어가게 된다면, 도대체 우리가 찾아 나서서 헤맸던 것이 무슨 도움이 된단 말인가. 그렇다면 우리는 진보할 수 없지 않겠는가! 우리에게는 아직 개척된 길이 없었으니, 우리 노인들은 오류를 범했어도 용서를 받을 수 있겠지. 그러나 나중에 이 세상에 태어나는 사람들에게는 그만큼 요구되는 것이 많은 법이니, 두 번 다시 방황하며 찾지 말고 노인들의 충고를 이용하여 곧바로 올바른 길을 걸어가야 하는 것이네. 언젠가 목적지에 도달할 수 있을 거라는 안일한 걸음걸이는 안 되네. 그 한 걸음 한 걸음이 목표인 것이니, 그 한 걸음 한 걸음이 그 자체로서 가치를 갖고 있지 않으면 안 된다네.

이 말을 마음속에 새겨두고 어느 만큼 납득할 수 있는지를 한번 생각해 보길 바라네. 사실 자네를 걱정하는 것은 아니지만, 나의 충고로 자네는 현재의 입장에 어울리지 않는 한 시기를 재빨리 졸업해 버릴 수 있을 게야. 우선 이미 말한 대로 언제나 소제목만을 취급하고 매일매일 나타나는 것들을 참신한 기분으로 써 보는 것이 좋지. 그렇게 해 보면 상당한 성과를 올리게 될 것임이 틀림없을 것이고, 매일 즐겁게 지낼 수 있을 것이네. 그리고 그것을 우선 연감이나 잡지에 보내 보게. 그러나 절대로 다른 사람의 의뢰에 응하지 말고, 자네의 글은 자네 본래의 의지로 만들어야 하네.

세상은 넓고 풍부하며 상황도 가지가지이지. 그러니 시를 쓰는 데에 동기가 없어서 어려움을 겪는 일은 없어. 그러나 시는 모두 '기회시'라야 하지. 다시 말해 현실에서 시의 동기와 소재를 얻지 못하면 안 되네. 특별한 사건도 시인이 취급하게 되면 보편적인 것, 또 시적인 것이 되지. 나의 시는 모두 기회시이며, 현실에서 암시를 받고 또한 현실에 뿌리와 기반을 두고 있다네. 나는 날조된 시를 존경하지 않아.

 현실에는 시적인 흥미가 결여되어 있다고 말해서는 안 되지. 왜냐하면 평범한 대상에서 흥미 있는 면을 끄집어낼 수 있는 재기발랄함이야말로 시인의 가치가 아닐까. 현실에서 모티브를, 표현점을, 진수(眞髓)를 얻어내야 하는 것이지. 그러나 거기에서 아름답고 활기찬 전체를 만들어 내는 것은 시인의 작업이지. 자네는 이른바 자연시인이라는 퓌른슈타인[16]을 알고 있겠지. 이 시인이 노래한 '호프 재배' 시는 상당히 뛰어난 것이라네. 지금 나는 그에게 수공업자들의 노래, 특히 '직조공의 노래'를 쓰라고 권하고 있는데, 이것은 반드시 잘되리라고 믿어 의심치 않네. 그는 젊었을 때부터 이런 사람들 사이에서 생활했기 때문에 그 대상을 충분히 속속들이 알고 있어. 따라서 그는 그 소재를 자유롭게 잘 다룰 거야. 그렇지, 작은 사물을 취급한다는 생각의 장점은 여기에 있지. 무엇을 자기가 생각대로 다룰 수 있는가를 확인하고, 그런 대상을 골라 사용하는 거야. 그러나 규모가 큰 작품인 경우에는 그렇게 되질 않아. 모든 것을 전체와 관련짓고, 일정한 계획 속에 결부된 모든 것을 묘사해야 하며, 또한 그것은 진실성에서 벗어나면 안 되지. 그러나 젊은 사람들의 견식은 역시 일면적이고, 대작에는 대단한 박식이 요구되지. 그래서 실패하는 것이 당연하네."

 나는 괴테에게 4계절을 시로 써서, 모든 계층의 작업과 즐거움을 그 속에 엮어 넣을 계획이라고 말했다. "내가 방금 말한 것이 바로 그거야!" 그러면서 괴테는 이에 대답했다. "자네는 그것을 시도하면 아마 잘 해낼 수 있을 거야. 그러나 아직도 자네가 충분히 연구하지 않은 영역이 많이 있네. 그런 면에서 자네는 실패할 거야. 어부는 노래를 잘 부를 수 있겠지만, 반대로 사냥꾼은 그렇게 잘되지 않을 거야. 아무리 부분 부분이 잘 되어 있다고 해도 전체를 통틀어서 어딘가에 결점이 있다면, 이것을 완전한 작업이라고 부를 수는 없지 않겠나. 결국, 자네가 만든 것은 불완전한 것이 되겠지. 그것보다 자네의 몸에 맞는 몇 개의 부분만을 독립적으로 취급하면 틀림없이 멋진 작품이 만들어질 것이네.

 특히 내가 경고하고 싶은 것은 당분간은 모든 대작의 제작에서 손을 떼라는

---

16) 퓌른슈타인(1797~1880). 보헤미아의 시인으로, 괴테는 그를 친히 만나 격려하기도 했다.

걸세. 사람은 모든 것에 자기의 견해를 내세우고 싶어 하지. 그러나 나이가 젊으면 그 견해는 대체로 미숙해. 그뿐만이 아니라 그런 사람에게는 시인에게 필수적인 견해나 살붙이기가 사라져서 그 이후의 제작에 필요한 충실함이 없어져 버리지. 결국 그 시인은 자신이 고안한 착상을 내면적으로 짜맞추고 결합하는 데에 많은 시간을 낭비하게 된다네. 그리고 이렇게 하더라도 세상 사람들은 시인이 결국엔 그 일을 성취할 수 있다는 동정 어린 호의를 보내지 않는 법이라네.

이와는 반대로 주어진 소재를 취급하는 때는 모든 것이 달라지고 한층 쉽지. 이럴 때 그 사실과 성격은 자기 수중에 있고 시인은 단지 이것을 전체로서 활기를 띠게 만들면 되는 것이지. 게다가 또 시인에게는 충분한 여유가 있지. 자기 스스로 무언가를 첨부해야 할 필요는 거의 없기 때문이지. 시간과 정력 낭비도 그저 조금으로 끝나지. 작가는 다만 일이 잘 끝날 수 있게, 힘을 조금만 보태주면 되는 것이라네. 그러므로 나는 이미 작품으로 이 세상에 나와 있는 대상을 다시 취급하라고 권하고 싶을 정도일세. 이피게니에[17]는 여러 번 쓰이지 않았는가. 그러면서도 그 어느 것 하나도 같은 것이 없지. 사람이 각기 다르면 보는 관점과 취급하는 방법도 저마다 다르게 되는 법이야.

그러니 다시 말하지만 자네는 우선 모든 대작은 일절 삼가도록 하게. 자네는 지금까지 충분한 노력을 다해 왔지. 이제부터는 한가롭게 시간을 보내도 괜찮다고 생각하네. 그리하려면 소제목을 취급하는 것이 최선의 방법인 게야."

이런 이야기를 나누면서 우리는 방 안을 이쪽저쪽 거닐었다. 나는 오로지 수긍할 뿐이었다. 왜냐하면 그의 한마디 한마디가 진실하다는 것을 알고 있었기 때문이다. 한 발짝 한 발짝 나의 발걸음은 가벼워졌고, 한결 행복감을 느꼈다. 왜냐하면 그때까지 깨닫지 못했지만, 나 자신이 갖가지 큰 계획 때문에 적지 않게 괴로워하고 있었던 것을 느꼈기 때문이다. 이제야말로 그런 계획을 내던져 버리자. 언젠가는 하나의 대상과 그 모임을 자연적인 순번에 따라 다시 받아들여 글로 쓸 수 있을 때가 올 것이다. 그때까지는 이 계획을 살짝 놔두도록 하자.

---

17) 고대 그리스의 비극 작가인 유리피데스는 〈타우리아 사람들과 지내는 이피게니아〉를 썼고, 괴테는 〈타우리스섬의 이피게니에〉를 썼다.

그리하려면 한 단계 한 단계 세상의 탐구를 전진하여 나가 어떤 소재의 어떤 부분도 내 것으로 만들어야 한다.

괴테의 말에 접하고 난 지금, 나는 단번에 여러 해의 성장을 이루어 일약 현명해지고 진보한 것 같은 느낌이 들었다. 이것이야말로 훌륭한 대가와 만나는 행복의 의미가 마음속 깊이 새겨지는 일인 것이다. 그 이로운 점은 이루 헤아릴 수 없을 정도로 많다.

그렇다면 이번 겨울에 그의 곁에서 지내게 된 나는 배우는 것이 얼마나 많을 것인가. 별로 중요한 것을 말하지 않더라도 괜찮다. 다만 그와 함께 어울리는 것만으로도 얼마나 얻는 것이 많을 것인가. 괴테라는 인물을 접하고 그와 가까이 있는 것만으로도 좋다. 하물며 그가 한마디 말을 하지 않을 때도 그것은 나의 교양을 위해 도움이 되어 줄 것이 분명했다.

1823년 10월 2일 목요일 바이마르

아주 맑게 갠 날씨에 나는 예나에서 마차를 타고 바이마르로 왔다. 도착하자마자 곧 괴테는 내 도착에 대한 환영의 표시로 극장의 정기권을 보내 주었다. 어제 하루는 집 안 정리로 시간을 보냈다. 그렇지 않아도 괴테의 집은 프랑크푸르트에서 온 프랑스 공사인 라인하르트 백작[18]과 베를린에서 온 프로이센의 추밀 고문관인 슐츠[19]의 방문으로 무척 어수선했다.

오늘 오전에 나는 괴테를 방문했다. 그는 나의 방문을 기뻐하며 아주 친절하고 붙임성있게 대해 주었다. 물러 나오려고 하자, 괴테는 그전에 추밀 고문관인 슐츠를 만나라고 나를 옆방으로 데리고 갔다. 괴테는 마침 미술품을 열심히 감상 중인 그에게 나를 소개하고 나서 우리 둘만을 남겨놓고 나가 버렸다. 그래서 나에게는 그와 단둘이 이야기를 나눌 기회가 생겼다.

"당신이 바이마르에 머물면서 괴테의 미발표 작품 편찬을 도와드리고 있다는 것은 정말로 기쁘기 그지없는 일입니다." 하고 슐츠는 말했다. "괴테는 나에게

---

[18] 라인하르트 백작(1761~1812). 프랑스의 외교관으로 괴테와는 1807년 이래로 가깝게 지냈다.
[19] 슐츠(1781~1834). 베를린의 추밀고문관을 맡고 있던 그는 괴테의 〈색채론〉의 열렬한 신봉자이기도 했다.

당신이 협력하고 있기 때문에 앞으로 형편이 잘 풀려나갈 것이라고 하더군요. 또 여러 가지 새로운 작품도 완성할 생각이라고 했습니다."

그의 말을 받아, 내 목표는 오로지 평생 독일 문학을 위해 헌신하는 것이라고 대답했다. 그리고 여기서 유익한 일에 동참하고 있다고 생각하면서 나 자신의 문학적 계획은 우선은 뒤로 미룰 것이며, 괴테와 실제로 친교를 맺는다는 것은 장차 내가 해야 할 전문적인 수업에 아주 좋은 결과를 가져올 것이라고 말했다. 또 몇 년 뒤에는 어느 정도 원숙기에 도달하게 되어, 현재 거의 불가능에 가깝다고 생각되는 일도 훨씬 더 훌륭하게 성취할 수 있기를 바란다고 덧붙였다.

"정말이지." 그러면서 슐츠는 말했다. "괴테와 같은 탁월한 거장이 끼치는 개인적인 감화력은 이루 헤아릴 수 없습니다. 내가 이곳에 온 것도 이 위대한 정신과 친히 접촉하여 다시 한번 활기를 되찾기 위해서였습니다."

이어 그는 내 책의 인쇄를 물었다. 괴테가 벌써 지난여름에 편지로 그에게 알려준 것 같았다. 나는 초판본이 2, 3일 안으로 예나에서 이곳으로 도착할 것이라고 말하면서, 그 한 부를 증정하고 싶으니 그때까지 이곳에 계시지 않을 것 같으면 베를린 주소로 보내 드리겠다고 말했다.

우리는 정답게 악수하고 헤어졌다.

1823년 10월 14일 화요일

오늘 저녁 나는 괴테의 자택에서 열린 큰 다과회에 처음으로 참석했다. 내가 갔을 때는 아직 아무도 와 있지 않았다. 방마다 눈부시게 불이 밝혀져 있었고, 방마다 문이 다 열려 있어 차례로 드나들 수 있게 되어 있는 것을 보고 마음이 흐뭇해졌다. 괴테는 맨 안쪽 방에 있었으며, 나를 보더니 아주 유쾌하게 맞아 주었다. 검은 복장에 훈장을 달고 있었는데 그것이 그에게는 아주 잘 어울렸다. 한동안 우리는 두 사람끼리만 있게 되어 '천장의 방'으로 들어갔다. 거기에 붉은 소파 위로 걸려 있는 '알도브란디니의 결혼'[20]이라는 그림이 특히 내 마음을 끌었다. 한쪽으로 녹색 커튼이 처져 있어서 이 그림은 전면 가득히 불빛을 받으며

---

20) 1606년 이탈리아에서 발견되어, 로마 바티칸 도서관이 소장하고 있는 기원전 4세기 고대 그리스의 벽화. 괴테의 집에 있는 그림은 이것을 마이어가 모사한 것이다.

〈알도브란디니의 결혼〉 기원전 4세기 고대 그리스 벽화

내 눈앞에 있었기 때문에 그것을 조용히 바라보는 것이 즐거웠다.

"그렇지." 하고 괴테는 말했다. "옛날 사람들은 원대한 의도(意圖)를 가지고 있었을 뿐만 아니라 그것을 또 충분히 표현할 수도 있었어. 그렇지만 우리 근대인들은 의도하는 바는 크지만 그것을 생각했던 대로 힘차고도 생생하게 새로 만들어 내지는 못하지."

곧이어 리머[21] 마이어,[22] 폰 뮐러[23] 법무장관과 그리고 그밖에 궁중에서 일하는 많은 다른 유명한 신사 숙녀들이 나타났다. 괴테의 아들과 그의 부인도 들어왔다. 그들과 서로 인사를 나눈 것은 오늘이 처음이었다. 방들은 점점 사람들로 가득 채워졌고, 모두 쾌활하게 북적거렸다. 또 많은 예의 바른 젊은 외국인도 나타났다. 그분들과 괴테는 프랑스어로 대화했다.

내 마음에 쏙 드는 모임이었다. 아주 자유롭고 구애됨이 없었다. 모두는 자기 생각대로 서고, 앉고, 장난을 치고 웃으면서 너나 할 것 없이 서로 이야기를 나

---

21) 리머(1774~1845). 그는 에커만과 함께 괴테의 유고를 정리해서 출판했다.
22) 마이어(1759~1832). 괴테는 그를 1786년 로마에서 알게 된 후, 바이마르의 미술학교 교수로 초빙하고 평생 가깝게 지냈다.
23) 폰 뮐러(1779~1849). 1815년 이래로 바이마르의 법무장관을 맡은 그는 괴테의 절친한 친구 중 하나이다.

괴테와 매일 만났던 친구들

괴테

폰 뮐러 법무장관

마이어 미술학교 교수

토목국장 쿠드레이

요한 페터 에커만

리머 교수

괴테와 그의 가족들

괴테

아들 아우구스트 괴테

며느리 오틸리에

손자 발터

볼프강

손녀 알마

누고 있었다. 나는 괴테의 아들과 며칠 전에 상연된 후발트[24]의 〈초상〉에 대해 기탄없는 말을 주고받았다. 그도 이 연극은 나와 같은 의견이었다. 이 젊은이가 재기에 넘치는 열정을 담아 이 연극을 하나하나 설명하는 것을 듣는 것은 기쁜 일이었다.

괴테는 이 모임에서 유달리 상냥한 모습이었다. 그는 이쪽 무리, 저쪽 무리에게로 발걸음을 옮기면서 즐겁게 사람들의 대화를 경청하며, 자신은 별로 말하지 않고 손님들에게 어서 말씀을 나누라고 재촉하는 것처럼 보였다. 가끔 젊은 괴테 부인[25]이 그에게 다가가 기대기도 하고 매달리기도 하고 키스하기도 했다. 나는 요전에 그에게 연극이 한층 더 재미있게 생각된다고 하면서, 이것저것 다른 쓸데없는 생각에 사로잡히지 않고 오직 상연되는 연극의 인상에만 빠져들면 한층 더 유쾌한 기분이 된다고 말한 적이 있었다. 그는 그것은 올바른 태도이고 현재의 나와 잘 어울린다고 생각하고 있는 것 같았다.

그는 젊은 괴테 부인과 함께 나한테로 왔다. "이쪽은 내 며느리야." 하고 그는 말했다. "두 분 벌써 서로 알고 지내는가?" 우리는 지금 막 서로 아는 사이가 되었다고 대답했다. "이 사람도 너와 마찬가지로 연극을 좋아하지, 오틸리에." 하고 그는 말했다. 그래서 우리는 서로 취미가 일치하는 것을 기뻐했다. "내 며느리는" 하고 그는 말을 이어갔다. "하룻밤도 빼놓지 않고 극장으로 간다네." 이에 내가 말했다. "멋지고 즐거운 연극이 상연될 때는 좋지만, 연극이 좋지 않을 때에는 참고 견디면서 보지 않으면 안 되지요." 그러자 괴테는 대답했다. "밖으로 나가고 싶어도 참고, 재미없는 연극이라도 억지로 구경해 주는 것도 좋은 일이야." 괴테는 계속 말을 이었다.

"그렇게 되면 좋지 않은 연극의 혐오감이 뼈에 사무치도록 느껴져서 그만큼 좋은 연극의 안목도 생기게 마련이지. 그러나 독서는 그렇지 않아. 마음에 안 들면 책을 멀리하면 그만이지. 그러나 극장에서는 꼭 참지 않으면 안 되네." 나는 그에게 동의하면서 '나이 든 사람들은 언제나 때 알맞은 좋은 말을 하는구나' 하고 생각했다.

---

[24] 후발트(1778~1845). 독일의 극작가로서 그의 작품 〈초상(肖像)〉은 운명비극이다.
[25] 괴테의 며느리 오틸리에를 말한다.

우리는 헤어져서 주위를 여기 저기 걸어 다니며, 이쪽저쪽 방에서 소리 높여 즐겁게 말하는 사람들 사이에 끼어들었다. 괴테는 부인들 쪽으로 갔고, 나는 리머와 마이어가 속해 있는 곳으로 갔다. 이 두 사람은 이탈리아에 관해 여러 이야기를 들려주었다.

나중에 슈미트[26] 참사관이 그랜드 피아노 앞에 앉아 베토벤의 작품을 연주해 주었다. 거기에 있던 사람 모두가 열심히 귀를 기울이며 경청하고 있었다. 이어 어떤

베토벤

재치 있는 부인[27]이 베토벤이라는 인물에 대해 재미있는 이야기를 들려주었다. 그러는 사이 이럭저럭 밤 10시가 되었다. 어쨌거나 나는 이날 밤을 아주 즐겁게 보낼 수 있었다.

1823년 10월 19일 일요일

이날 나는 괴테로부터 점심 초대를 받았다. 괴테 외에는 젊은 괴테 부인과 울리케[28] 양과 발터[29]가 있었을 뿐이어서, 우리는 오붓하고 기분 좋게 시간을 보낼 수 있었다. 괴테는 마음껏 가장(家長) 행세를 하고 싶었던지 손을 아주 분주히 움직이면서 일일이 요리 접시를 나란히 늘어놓았고, 구운 고기를 자르기도 하면서 이따금 마시는 물도 따라 주었다. 우리는 모두 연극, 젊은 영국 사람, 또

---

26) 바이마르의 참사관인 그는 열렬한 베토벤 숭배자였다.
27) 쿠니군데 폰 자비니를 말한다.
28) 울리케 양(1804~1875). 괴테의 며느리 오틸리에의 여동생으로 자주 괴테의 집안일을 보살폈다.
29) 발터 폰 괴테(1818~1885). 괴테의 첫 손자로 나중에 음악가가 된다. 그는 1859년에 남작으로 임명된다.

바이런

는 기타 일상생활에서 일어나는 일들을 유쾌하게 담소하면서 시간을 보냈다. 그 중에서도 기분이 좋아 보이는 울리케 양은 말을 아주 많이 했다. 괴테는 시종 말수가 적었지만, 그 몇 마디 안 되는 말 속에는 사뭇 의미가 담겨 있는 것 같았다. 그는 신문 여기저기에 쓰여 있는 기사 중에서 몇 가지를 이야기하며, 특히 그리스인의 진보[30]에는 많은 정보를 전해주었다.

이어 내가 영어를 좀 더 배워야겠다고 하자, 괴테는 그렇게 해야 한다면서 나를 자꾸 부추겼다. 그 특별한 이유는 바로 바이런 경[31] 때문이었다. 그는 바이런처럼 고귀한 인물은 역사의 전후(前後)를 통해 거의 다시는 만날 수 없을 거라고 말했다. 그러고는 이곳 교사들을 조사해 보았지만 영어 발음이 아주 정확한 사람은 한 사람도 없었다면서 젊은 영국 사람을 사귀는 것이 좋을 거라는 말까지 해 주었다.

식사가 끝난 후에 괴테는 색채론(色彩論)의 두세 가지 견해를 들려주었다. 그러나 이런 것에 나는 거의 문외한이었다. 그는 그 현상을 자세히 설명해 주었지만, 그것은 나에게는 거의 이해할 수 없는 것들이었다. 그렇지만, 나는 앞으로 기회가 생기면 여가를 잡아 어느 정도 이 학문을 내 것으로 만들기로 했다.

---

30) 1456년 이래로 터키의 압제하에 신음하던 그리스는, 1821년에 해방전쟁을 일으켜 1830년에는 드디어 독립을 쟁취한다.
31) 바이런 경(1788~1824). 1823년 독립전쟁에 참가한 그는 미솔롱기에서 말라리아에 걸려 죽고 만다. 평소에 바이런의 시적 천재성을 찬미했던 괴테는 〈파우스트〉 제2부 3막 9835~9906행에 그의 죽음을 슬퍼하는 기념비를 세웠다.

1823년 10월 21일 화요일

오늘 저녁은 괴테와 함께 보냈다. 우리는 〈판도라〉[32]에 대해서 이야기했다. 나는 이 작품을 이것으로 완성된 것으로 봐도 좋을 것인지, 아니면 그다음 것이 이제부터 계속되는 것인지를 물어보았다. 그는 말했다. "그것뿐인 거야. 그것만으로 더 쓸 필요가 없었던 거지. 사실은 제1부의 규모가 너무 커서 제2부는 쓸 수 없게 돼 버린 거야. 하지만 그 작품은 충분히 완성작으로 읽힐 거라고 생각하고, 또 그렇게 만족해."

나는 그에게 이 작품을 암기할 정도로 여러 번 되풀이해서 읽고 나서야 비로소 점차 이해할 수 있게 됐다고 말했다. 괴테는 그 말을 듣고 미소를 지었다. "당연하지." 하고 그는 말했다. "이 시는 모든 것이 서로 주위에 쐐기를 박아 넣은 것처럼 완벽한 작품이기 때문이야."

나는 이 시에 관한 슈바르트[33]의 의견에는 찬성할 수 없다고 말했다. 그리고 그 이유는 이 사람이 〈베르테르〉나 〈빌헬름 마이스터〉, 〈파우스트〉 그리고 〈친화력〉 속에 따로따로 표현된 것을 이 작품 속에서 전부 결부시키려고 하여, 논지를 파악할 수 없을 정도로 어렵게 만들어 버렸기 때문이라고 했다.

"슈바르트는" 하고 괴테는 말했다. "때로는 너무 깊이 들어갈 때가 있긴 하지만, 아주 총명한 사람이지. 그가 언급하는 것에는 함축성이 있거든."

우리는 울란트[34]를 말했다. "나는 큰 영향력이 있는 곳에는" 하고 괴테는 말했다. "언제나 그만큼 큰 원인이 있다고 말하고 있지. 울란트가 그처럼 대단한 인기가 있는 이상, 그에게 그만한 장점이 있다는 것을 인정해야 하지 않겠는가. 그러나 그의 〈시집〉은 뭐라고 비평을 내릴 수가 없네. 나는 그의 시집을 큰 기대를 걸고 손에 쥐었지만, 처음부터 심약하고 슬픈 시에만 눈이 갔기 때문에 계속해서 읽는 것이 싫어졌어. 그러다가 담시 쪽을 읽게 되었는데, 여기에서 비로소 그가 확실하게 탁월한 재능이 있다는 것을 발견하게 되었다네. 그리고 그

---

32) 괴테는 이 축제극을 오스트리아의 빈에 있는 잡지사에 발표했다. 판도라는 그리스 신화에 나오는 인물로 신에 의해 흙덩어리로 창조된 최초의 여성이다.
33) 슈바르트(1796~1861). 괴테가 발행하는 〈예술과 고대〉 잡지의 동인으로, 역사학 교수이다.
34) 울란트(1787~1862). 슈바벤파의 중심인물로 그의 담시는 널리 알려져 있다.

만이 가지고 있는 명성의 근원이 여기에 있다는 것도 알게 되었지."

이어 나는 독일이 가지고 있는 비극의 시형(詩形)[35]에 괴테의 의견을 물었다. "독일에서는" 하고 그는 나의 물음에 답해 주었다. "그 점은 좀처럼 의견의 일치를 보기 어려울 것이야. 각자가 자기 좋을 대로 하고 있고, 어느 정도 대상에 잘 어울리게 사용하고 있어. 6각운의 약강격(弱强格)은 물론 제일 장엄하다고 할 수 있지. 그러나 우리 독일 사람들에게는 너무 길어. 독일어에는 형용사가 부족하기 때문에 보통 5각운으로 끝내버리기가 일쑤야. 영어는 한 음절의 낱말이 많기 때문에 더 짧아지지."

이어 괴테는 나에게 여러 개의 동판화를 보여 주면서 고대 독일 건축술을 이야기하였고, 또 이런 종류의 것을 이제부터 차례로 많이 보여 주겠다고도 했다. "고대 독일 건축 작품을 보게 되면" 하고 괴테는 말했다. "비범한 황금시대가 있었다는 것을 알 수 있네. 이러한 황금기의 작품에 그대로 직면하게 되면 그저 감탄할 뿐이지. 그러나 이 식물(건축작품)의 비밀스러운 내적 생활을 찬찬히 들여다보고 여러 힘의 움직임과 꽃의 점진적인 성장과 만발의 과정을 보게 되면, 사물을 전혀 다른 눈으로 보게 되어 자기가 무엇을 보고 있는지를 알 수 있게 되는 것이야.

자네가 이번 겨울을 지내는 동안 이러한 중요한 대상을 보는 식견을 한층 더 심화시킬 수 있게 해 주지. 그렇게 되면 내년 여름에 자네가 라인 지방을 여행하면서 슈트라스부르크 대성당과 쾰른 대성당을 볼 때도 도움이 될 것일세."

이 말을 듣고 나는 기쁘고 감격스럽다는 생각뿐이었다.

1823년 10월 25일 토요일

해 질 녘에 나는 반 시간가량 괴테의 저택에서 그와 함께 지냈다. 그는 나무로 된 팔걸이의자에 앉아 작업책상을 마주하고 있었다. 그는 놀랄 만큼 온화한 분위기 속에 잠겨 있어서, 마치 천상의 평화 속에 흠뻑 젖어 있는 사람 같았다.

---

[35] 괴테는 〈헤르만과 도로테아〉에서 여기서 말하는 6각운의 약강격 즉 헥사메터 시형을 사용하였다. 이것은 호메로스가 〈일리아스〉와 〈오디세우스〉에서 사용한 서사시의 대표적인 시형이다.

쾰른 대성당

1823년 67

그는 옛날에 향유했던 감미로운 행복을 다시 생각해 내고 그것이 다시금 영혼 가득히 감돌고 있는 것을 느끼고 있는 것 같았다. 그래서 하인인 슈타델만[36]은 내가 앉을 의자를 괴테 옆으로 갖다 놓지 않을 수 없었다.

이어 우리는 이번 겨울 동안 최대의 관심사인 연극을 화제에 올렸다. 내가 바로 얼마 전에 관람한 것은 라우파흐[37]의 〈대지의 밤〉이었다. 나는 이 연극에 나의 의견을 피력했다. 나는 이 연극의 작가가 마음속에 품고 있었던 내용을 그대로 표출하지 못했다는 것, 극에서 이념적인 것이 너무 우위를 차지하고 말았다는 것, 실제적인 생명력이 결여되어 있다는 것, 연극적이어야 할 것이 너무 서정적으로 흘렀다는 것, 또 5막까지 끌고 가는 줄거리를 차라리 2막 내지 3막으로 압축했더라면 훨씬 좋은 표현이 되었을 것이라는 등의 말을 했다. 이에 괴테는 이 연극이 전체적으로 취급하고 있는 것이 귀족정치와 민주정치 같은 추상적인 관념이기 때문에, 관중이 원하는 보편적이고 인간적인 흥미가 빠지고 말았다고 덧붙였다.

이것과는 달리 나는 내가 관람한 코체부[38]의 희곡작품 즉 〈친척〉과 〈화해〉를 칭찬했다. 내가 그의 희곡작품에서 감명을 받는 것은 그가 현실 생활에 예리한 안목을 갖고 있다는 점과 그와 같은 흥미 있는 측면을 훌륭하게 파악하고 있고, 무엇보다도 박진감 넘치게 묘사하고 있다는 점 때문이었다.

괴테는 나의 의견에 동의하면서 이렇게 말했다. "20년 동안이나 꾸준히 국민들의 인기를 누리고 있다는 것은 분명 충분한 이유가 있기 때문이야. 코체부가 자기 능력의 한계선을 지키고 자기 능력 이상의 것에는 손을 대지 않는 때는 대체로 좋은 작품을 창출했지. 이것은 코도비에츠키[39]의 경우에도 마찬가지야. 이 화가도 시민들이 출현하는 장면을 그렸을 때는 더할 나위 없이 성공했지만, 로마나 그리스의 영웅을 그렸을 때는 자기 작품이 전혀 가치 없는 것으로 전락

---

36) 슈타델만. 1814년부터 1824년까지 괴테를 돌본 하인이다.
37) 라우파흐(1784~1852). 베를린의 극작가이다.
38) 코체부(1761~1819). 바이마르 출신의 극작가. 그의 희곡들은 한동안 성공을 거두었지만, 결국 러시아의 스파이로 몰려 한 대학생에게 사살되었다.
39) 코도비에츠키(1762~1801). 베를린의 화가로, 괴테의 〈베르테르〉와 〈헤르만과 도로테아〉의 삽화를 그렸다.

해 버리는 것을 봐야 했지."

괴테는 또한 코체부의 두셋의 가작, 특히 〈두 사람의 클링그스베르게〉를 예로 들면서 이렇게 덧붙였다. "그가 쉴 새 없이 인생을 관찰하고 주시를 게을리하지 않았다는 것은 부정할 수 없는 사실이었지."

"지성과 시적인 재능이" 하고 괴테는 말을 이어 나갔다. "근대의 비극 시인들에게 결여되었다고 할 수는 없어. 그러나 많은 시인은 이것을 유창하고도 생생하게 묘사할 능력을 갖추고 있지 않지. 이것은 그들이 자신의 역량 이상의 것을 시도하려고 하기 때문이야. 이런 점에서 나는 이 사람들을 정도(程度)를 지나쳐 가는 재능이라고 부르고 싶네."

"이런 시인들이" 하고 나는 말했다. "산문으로 연극을 쓸 수 있을지 의심스러운 생각이 드는데요. 그들이 이것을 해낼 수 있을지 없을지가 그들의 재능의 참된 시금석이 될 수 있다고 생각합니다." 괴테는 내 말에 동의하면서 운문의 시형이란 시적인 기분을 드높여 줄 뿐만 아니라, 그것을 유인하는 요소이기도 하다고 덧붙여서 말했다.

이어 우리는 당장 계획하고 있는 일에 대해 이런저런 이야기를 나누었다. 그는 〈프랑크푸르트와 슈투트가르트를 경유한 스위스에로의 여행기〉[40]를 말하면서, 3권으로 만든 가철본(假綴本)을 보낼 터이니 일일이 읽고, 어떻게 하면 하나로 정리할 수 있을 것인지 의견을 달라고 하였다. "자네도 읽으면 알게 되겠지만" 하고 그는 말했다. "이것은 모두 시시각각으로 변해 가는 순간들을 그대로 쓴 것이야. 일정한 계획이나 예술적인 세련미 같은 것은 전혀 생각하지 않았지. 물통에 가득 채워진 물을 확 뿌려버리는 거나 마찬가지였어."

나는 그의 비유가 재미있다고 생각했다. 그것은 아주 무계획적인 것을 가장 적절하게 표현한 것이었기 때문이다.

1823년 10월 27일 월요일

오늘 아침 일찍 괴테의 집에 들렀다가 저녁에 개최하는 다과회와 연주회 초

---

[40] 에커만은 이 여행기를 1833년의 〈괴테전집〉에서 비로소 공개했다.

대를 받았다. 하인은 나에게 초대한 분들의 명부를 보여 주었는데, 그것으로 그 다과회는 아주 성대하고 화려한 모임이라는 것을 알 수 있었다. 그의 말로는 젊은 폴란드 여인이 도착했는데 그랜드 피아노로 무언가를 연주할 거라고 했다. 나는 이 초대를 기꺼이 수락했다.

나중에 극장 입장권이 도착했다. 〈장기(將棋) 기계〉[41]가 상연된다는 것이었다. 어떤 내용인지는 잘 몰랐지만, 하숙집 여주인이 계속 이 연극을 칭찬했기 때문에 보고 싶어 안달이 날 지경이었다. 게다가 하루 종일 기분이 좋지 않았기 때문에 점잖은 음악 모임에 나가는 것보다는 차라리 흥겨운 희극을 보는 쪽이 훨씬 기분 전환을 위해 더 좋을 것이라는 생각이 차츰 강하게 들기 시작했다.

연극이 시작되기 1시간 전, 저녁에 괴테의 집으로 갔다. 벌써 집 안 전체가 북적거리고 있었다. 집 앞을 지나는데 큰방에서는 음악 모임을 준비하느라 그랜드 피아노를 조율하는 소리가 들렸다.

괴테는 그의 방에 혼자 있었다. 그는 이미 정장하고 있어서 내가 마침 알맞게 잘 온 셈이었다. "자, 여기서 함께 있도록 하세." 하고 그는 말했다. "모두가 올 때까지 우리 함께 마음껏 이야기하세." 이제는 아무래도 빠져나갈 수 없게 되었구나 하고 나는 생각했다. 계속해서 여기 쭈욱 있어야 하는 것은 아닐까. 지금은 괴테하고 두 사람끼리만 있으니까 기분이 좋지만 나중에 많은 신사 숙녀들이 몰려오면, 나는 유유히 한가롭게 있을 수는 없겠지.

나는 괴테와 함께 방 안 여기저기로 발걸음을 옮겼다. 얼마 안 있어 우리의 화제는 연극이 되었고 나는 그 기회를 잡아 연극은 나에게 쉴 새 없이 새로운 기쁨을 제공해 주는 원천이 되었다고 말했다. 특히 그전까지는 연극을 전혀 보지 않았던 것과 다름없었기에, 지금 나는 모든 연극에서 신선한 감명을 받는다고 되풀이하여 말했다. "사실" 나는 덧붙여 말했다. "선생님 댁에서 열리는 이토록 중요한 밤 모임에 초대받았는데도 극장에 가고 싶어 마음이 불안하고, 결단을 내리지 못해 망설이는 중입니다."

이 말을 듣고 괴테는 조용히 멈추어 서서 큰 눈으로 다정스럽게 나를 바라보

---

41) 극작가이자 배우인 베크가 번안한 영국의 희극이다.

았다. "그렇군, 그렇다면 사양하지 말고 극장으로 가게. 오늘 저녁에는 희극 쪽이 더 자네 마음에 든다면 극장으로 가야지. 내 집에서의 음악회는 앞으로도 자주 들을 수 있을 테니까." "알았습니다." 나는 말했다. "그렇다면 극장으로 가겠습니다. 오늘은 웃는 쪽이 더 나을 것 같습니다." "그렇다면" 하고 괴테는 말했다. "6시경까지만 내 곁에 있어 주게. 그러면 한동안은 이야기를 나눌 수 있지."

슈타델만이 양초 두 개를 가져와서 괴테의 작업책상 위에 놓았다. 괴테는 나에게 이 불빛 앞에 와서 앉으라고 말했다. 그는 나에게 뭔가를 읽어 주겠다는 것이었다. 그가 나에게 보여준 것은 무엇이었을까? 그것은 그가 사랑하는 최근작 〈마리엔바트의 비가(悲歌)〉[42]였다.

나는 여기서 이 시에 관해 몇 자 더 적어 넣어야 하겠다. 괴테가 이번에 앞에서 말한 마리엔바트 온천장에서 돌아오자, 곧 그 고장에는 다음과 같은 소문이 퍼졌다. 즉 괴테가 거기에서 용모와 마음이 아름다운 젊은 여인과 알게 되어 그녀에게 열렬한 애정을 느끼게 되었다는 것이다. 온천장의 가로수에서 그녀의 목소리가 들리기만 하면 그는 급히 모자를 가지고 그녀한테로 내려갔다고 한다. 그는 틈만 나면 그녀의 곁으로 갔고 그녀와 함께 행복한 나날을 보냈다고 했다. 그러나 얼마 안 있어 찾아온 이별은 그에게 견딜 수 없는 고통을 주었다. 그리고 그는 이러한 정열적인 상태에서 이를 데 없이 아름다운 시를 썼지만 그것을 일종의 성전처럼 소중하게 감추고 있다는 것이었다.

나는 그 소문이 정말 사실일 것이라고 믿었다. 왜냐하면 매우 건강한 그의 육체뿐만 아니라 그의 지칠 줄 모르는 정신적 창조력, 그리고 감정의 발랄함이 그 사실을 완전히 뒷받침해 주었기 때문이다. 나는 오래전부터 이 시를 보고 싶었다. 그러나 괴테에게 보여달라고 부탁드리는 것만은 삼가고 있었으므로 나는 지금 이 시를 눈앞에서 볼 수 있는 순간의 영광을 찬양하지 않을 수 없었다.

괴테는 그 시를 자필의 라틴 문자로 튼튼한 모조 양피지 위에 썼고, 그것에 빨간 모로코가죽 표지를 씌워 비단실로 묶어 놓았다. 이런 체재의 겉모양을 보

---

[42] 〈정열의 3부곡〉의 중심을 이루는 시로, 74세인 괴테가 19세의 울리케 레베초브에게 느끼는 애절한 사랑을 여기에 담았다.

기만 해도 그가 이 원고를 다른 어떤 것보다도 소중히 여기고 있다는 것을 알 수 있었다.

나는 그 내용을 열심히 읽었다. 그리고 그 한 행 한 행을 읽어 나갈 때마다 세간에 퍼진 소문이 사실이라는 것을 알 수 있었다. 그러나 처음 시구에서 벌써 그녀와는 처음 만난 것이 아니라 구면이었고, 이번에 다시 만남으로써 그 사귐이 시작되었다는 것을 알 수 있었다. 이 시는 하나의 축을 중심으로 쉬지 않고 돌아가다가 일단 나갔던 지점으로 다시 돌아오는 것을 되풀이하는 것처럼 보였다. 이것을 교묘하게 잘라버린 결말은 마음속 깊이 스며드는 비상한 감동을 주었다.

내가 이 시를 다 읽었을 때 괴테는 다시 나한테로 왔다. "어떤가?" 하고 그는 말했다. "자네에게 좋은 것을 보여 주었지? 2, 3일 안으로 자네의 감상을 들려주길 바라네." 괴테는 이렇게 말하면서 나의 즉석 판단을 끌어내려고 하지는 않았다. 이것은 나에게는 아주 고마운 일이었다. 이 시의 인상은 너무나 새롭고, 그리고 삽시간에 지나가 버린 것 같아, 진심 어린 말을 할 수가 없었기 때문이다.

괴테는 좀 더 마음이 차분해질 때 다시 한번 보여 주겠다고 나에게 약속했다. 그러는 사이에 극장 상연시간도 다가왔기 때문에 나는 마음으로부터 악수하며 그와 헤어졌다.

〈장기 기계〉는 아주 좋은 연극이었고 상연도 잘됐지만, 내 마음은 거기에 있지 않고 오직 괴테에게 가 있었다.

극장이 끝나고 난 뒤에 나는 괴테의 집 옆을 지나갔다. 집 전체가 불빛으로 가득 채워져 있었고, 연주회 음악 소리가 그때까지도 들려왔다. 그때 나는 그곳에 머물러 있지 않았던 것을 후회했다.

다음 날 사람들 말로는 저녁 모임의 주빈이었던 젊은 폴란드 여성, 시마노프스카[43]는 그랜드 피아노를 무척 멋지게 연주하여 청중들을 모두 열광의 도가니로 몰아넣었다고 한다. 그리고 내가 들은 바로는 괴테는 이번 여름에 그녀를

---

43) 시마노프스카(1795~1831). 폴란드의 유명한 피아니스트인 그녀의 연주는 괴테가 마리엔바트 온천장에서 받은 상처를 서서히 치유해 갈 수 있는 진정제 역할을 해 주었다.

마리엔바트에서 알게 되었고, 이번에 그녀가 그를 찾아 바이마르로 왔다는 것이었다.

정오에 괴테는 차우퍼의 〈괴테 연구〉[44]라는 작은 원고를 보내왔다. 그 속에는 아주 정곡을 찌르는 주석이 내포되어 있었다. 그 답례로 나는 이미 그에게 말한 바 있는, 이번 여름에 예나에서 쓴 두세 편의 시를 보내드렸다.

1823년 10월 29일 수요일

오늘 저녁, 불이 켜질 무렵에 괴테한테로 갔다. 그는 아주 쾌활하고 시원스러운 모습이었고, 그의 눈은 불빛에 반사되어 반짝이고 있었으며 모든 표정이 쾌활, 정력 그리고 젊음 그 자체였다. 그는 나와 함께 방 안을 여기저기 걸으면서 곧 내가 어제 그에게 보낸 시에 대해 말하기 시작했다.

"나는 이제 알 수 있겠어." 하고 그는 시작했다. "자네가 예나에서 나에게 4계절의 시를 써 보겠다고 말했지. 나는 지금이야말로 그걸 권하고 싶어. 이번 겨울에 곧 시작해 보게. 자네는 자연에 독특한 감각과 안목을 가지고 있어."

"자네에게 이 시에 대해 몇 마디만 말해 주고 싶네. 자네는 지금 부득이하게 예술 본래의 높이를 향해 갈 때 만나는 곤란에 봉착해 있네. 다시 말하면 개성적인 것을 파악하는 것으로 돌진해야 하는 지점에 와 있는 거지. 자네는 무리를 해서라도 추상적인 관념에서 빠져나와야 하네. 자네에겐 재능이 있네. 그래서 여기까지 올 수 있었던 거야. 여기서 한 발짝만 더 나가면 되네. 얼마 전에 자네는 티이푸르트[45]에 간 적이 있지. 우선은 그곳을 과제로 삼는 것이 좋겠어. 어쩌면 세 번 내지는 네 번 티이푸르트로 찾아가서 관찰하고, 거기에서 가장 특징적인 측면을 끄집어내어 모든 모티브를 갖추도록 해 보게. 수고를 아껴서는 안 되네. 모든 것을 잘 연구해서 그것을 그려보도록 해야 하네. 그것은 수고할 만한 가치가 있는 일이지. 사실 나 자신도 오래전부터 같은 제목을 취급해 보려고

---

44) 차우퍼(1784~1850)는 필젠의 인문계 고등학교 교수로 있으면서, 1821년 이후 여러 권의 〈괴테 연구〉를 발표했다.
45) 바이마르 교외에 위치한 이곳에 카를 아우구스트 대공의 모당인 안나 아말리아의 여름 저택이 있었다. 여기에는 괴테와 빌란트를 위시한 궁중 시인, 화가, 음악가들이 모이곤 했다.

했지만 할 수 없었네. 나는 그 고장의 중요한 상황을 속속들이 체험했고, 또 그것에 너무 사로잡혀 버려서 하나하나의 사항들이 너무 많이 한꺼번에 밀려오기 때문이지. 그러나 자네는 말하자면 여행자로 그곳에 가서 그곳의 옛날이야기를 안내인을 통해 듣는 것이니, 다만 현재의 모습, 눈에 들어오는 것, 중요한 것만을 볼 수 있을 것이야."

나에게는 너무 동떨어져 있고 아주 어려운 과제라는 것은 부정할 수 없는 일이지만 해 보겠다고 약속했다.

"그것이 아주 어렵다는 것을 나도 잘 알고 있네." 하고 괴테는 말했다. "그러나 특수한 것을 파악해서 묘사하는 것이야말로 예술 본래의 모습이야. 게다가 일반적인 것에 한한 한 누구나 그것을 모방할 수는 있지만, 특수한 것은 아무도 모방할 수 없어. 왜 그럴까? 그것은 체험 없이는 쓸 수 없는 것이기 때문이라네.

또 특수한 것은 독자의 공감을 얻을 수 없을 것이라고 걱정할 필요는 없어요. 모든 성격은 설사 그것이 아무리 특수한 것일지라도 보편성을 가지고 있고, 모든 묘사될 수 있는 것은 돌맹이에서 인간에 이르기까지 보편성을 가지고 있지. 왜냐하면 만물은 되풀이되고, 단지 한 번만 존재한다는 것은 이 세상에 없기 때문이야. 개성적인 묘사라는 단계에 이르러 비로소 독자적인 문체, 이른바 우리가 말하는 구성이라는 것이 생기는 것이지."

나는 이 말을 곧바로 알아들을 수는 없었지만 되묻는 것은 그만두었다. 생각건대, 이것은 아마 이상과 현실과의 예술적인 융합을 의미하는 것일 거다. 나는 그가 우리의 외부에 있는 것과 우리의 내부에 선천적으로 갖추고 있는 것과의 조화를 말하고 있는 것이리라고 생각했다. 그렇지 않으면 전혀 다른 것을 의미하는 것인지도 모르겠다. 괴테는 계속해서 말했다.

"그리고 시를 완성했을 때는 언제나 그 날짜를 써넣도록 해야 하네." 나는 어째서 그렇게 하는 것이 그토록 중요한 것인지 이해가 되지 않는다는 듯이 그를 쳐다보았다. 그는 이렇게 덧붙였다. "그렇게 하면 그것은 동시에 자네의 마음 상태의 일기로서 도움이 될 때도 있어. 이것은 절대로 하찮은 일이 아니야. 나는 여러 해 전부터 그렇게 해 왔기 때문에 그것이 얼마나 유익한 것인지를 잘 알고 있네."

그런 사이에 연극이 시작하는 시간이 다가왔기 때문에, 나는 괴테의 곁을 떠났다.

"자네는 이제부터 핀란드로 가는군!" 그는 나에게 등 뒤에서 농담조로 말했다.

내가 폰 바이센투른 부인[46]이 쓴 〈핀란드의 요한〉이라는 연극을 보러 가는 것이었기 때문이다. 이 연극에는 효과적인 장면이 있기는 했지만, 눈물을 자아내게 하는 감상적인 장면이 너무 많았다. 또 극 전개상 고의적인 데가 환히 들여다보여, 전체적으로 좋은 인상을 주지 못했다. 그러나 마지막 막이 아주 재미있어서 위로를 받을 수 있었다.

이 연극을 보고 나는 다음과 같이 생각했다. 작가가 단지 평범하게 그린 인물을 연출 상연할 때 의외로 성공을 거둘 수 있는데, 이것은 배우들이 등장 인물들을 살아 움직이는 개성을 가진 인간으로 만들 수 있기 때문이다. 이것과는 달리 위대한 시인이 멋지게 그려낸 인물은 치밀하게 개성이 구비되어 있어, 무대에 올리게 되면 반드시 실패하고 만다. 그 이유는 대체로 그런 극 중의 인물과 완전히 일치하는 배우는 없고, 자기의 개성을 억지로 다 죽이고 연기할 수 있는 배우도 극히 적기 때문이다. 만약 배우가 연극의 인물하고 전혀 비슷한 것이 없거나, 또는 배우에게 자기의 개성을 저버릴 능력이 전혀 없는 경우에는 여기에 혼합물이 생겨서 그 인물은 순수한 부분이 없어진다. 그러므로 위대한 시인의 연극을 본래의 의향대로 연기할 수 있는 배우는 언제나 몇 명밖에 안 되는 것이다.

1823년 11월 3일 월요일

5시쯤에 괴테를 찾아갔다. 계단을 올라가는데 큰방에서 사람들이 아주 소리 높이, 그리고 사뭇 즐겁게 말하고 농담하는 소리가 들렸다. 하인은 젊은 폴란드 부인이 거기서 식사했고 모임은 아직 끝나지 않았다고 말했다. 내가 다시 집으로 돌아가려고 하자, 그는 당신이 오면 알려달라는 명령을 받았고 또 모임을

---

[46] 폰 바이센투른 부인(1773~1847). 오스트리아 빈의 여배우이자 극작가로서 5막물의 역사극 〈핀란드의 요한〉을 썼다.

한 지도 좀 되었으니 주인님께서도 사뭇 기뻐하실 거라고 말했다. 그래서 내가 그가 말한 대로 기다리고 있자, 잠시 후에 괴테가 밝게 웃으면서 나한테로 왔다. 우리는 함께 맞은편 그의 방으로 들어갔다. 그는 나의 방문을 기뻐하는 것 같았다. 그는 곧바로 포도주 한 병을 가져오게 해서 나에게 한 잔 따라주고 자기의 잔에도 따랐다.

"잊어버리기 전에 줘야지." 하면서 그는 책상 위에서 뭔가를 찾으면서 말했다. "여기 연주회의 입장권이 있네. 시마노프스카 부인이 내일 저녁 시청 공회당에서 공개 연주회를 갖는다네. 자네도 꼭 참석해야 하네."

나는 요전과 같은 바보짓은 두 번 다시는 하지 않겠다고 말했다. 그녀의 피아노 연주 솜씨는 대단한 것이었다는 소문이 자자하다는 말을 덧붙였다.

"정말 일품이었어!" 하고 괴테는 말했다. "훔멜[47]만큼 잘 친다는 말입니까?" 하고 나는 물었다. 그러자 괴테는 말했다. "그녀가 훌륭한 연주자일 뿐만 아니라 동시에 미인이라는 것을 잊어서는 안 되지. 그런 관계로 우리에게는 그녀의 몸놀림 모두가 우아하게 보였네. 그녀의 기량은 대가의 경지야. 그저 놀라울 뿐이야."

"그렇다면 그녀는 힘도 셉니까?" 내가 물었다. "물론이지. 힘도 대단하지." 하고 괴테는 말했다. "그것이 또 그녀가 최고로 주목을 받는 이유이기도 하다네." 나는 이번에 그녀의 연주를 들을 수 있게 되어 무척 기쁘다고 말했다.

비서인 크로이터가 들어와 문고에 대해 보고했다. 그가 나간 뒤에 괴테는 그의 일솜씨가 능숙하고 믿음직스럽다고 칭찬했다.

이어 나는 괴테가 1797년에 쓴 〈프랑크푸르트와 슈투트가르트를 경유한 스위스에로의 여행기〉로 화제를 돌렸다. 그가 며칠 전에 가철본의 3책 초고를 넘겨준 것을 나는 벌써 열심히 조사해 두었다. 나는 그 당시 괴테가 마이어와 함께 조형미술의 여러 가지 대상에 깊이 파고든 것을 언급했다.

"그렇다네." 하고 괴테는 말했다. "대상보다 더 중요한 것이 또 무엇이 있겠는

---

47) 훔멜(1778~1837). 모차르트의 유일한 제자로서 즉흥 연주에서는 베토벤 외에는 따를 사람이 없다는 평가를 들을 만큼 유명했다. 근대 피아노 연주법의 창시자이기도 한 그는 1819년 이래로 바이마르의 궁정 악장을 맡고 있었다.

가. 대상 없이는 어떠한 미술 이론도 성립할 수 없지. 아무리 재능이 있는 사람이라도 대상을 제대로 선택하지 못하면 아무 소용이 없어. 근대 미술가의 고민은 가치 있는 이런 대상의 혜택을 받지 못한다는 것이야. 이것은 근대 미술의 모든 분야에 해당하는 말이네. 이것 때문에 우리가 모두 괴로워하고 있지. 나 자신도 이 근대성을 부인할 수는 없는 일이네. 이 점을 확실하게 자각하고 있는 미술가는 거의 없지. 무엇이 자기 마음의 안정을 위해 도움이 되는지 알지 못해. 가령, 나의 〈어부〉[48]라는 작품을 그림으로 그려보려고 하는 사람이 있는데, 그는 그것을 절대로 그림으로 그려낼 수 없다는 것을 알아차리지 못하네. 이 담시(譚詩)에서 내가 표현하려고 한 것은 바로 오직 물속에 깃들여 있는 감정, 여름에 미역을 감도록 우리를 유혹하는, 저 무엇이라고 표현할 수 없는 물의 마음인 것이지. 그 외에는 아무것도 없는데 이것을 어떻게 그림으로 그려낼 수 있다는 말인가!"

또한 나는 괴테가 이 여행에서 이 세상의 모든 삼라만상에 관심을 가지고, 이것을 파악하려고 한 것이 아주 즐거웠다고 말했다. 그 여행기에서 그는 산맥의 형태나 위치, 그것을 형성하고 있는 암석의 종류, 토양, 하천, 구름, 공기, 바람과 기상, 이어 도시의 발전 과정, 건축, 그림, 극장, 도시의 설비와 관리, 산업, 경제, 도로 계획, 인종, 생활 양식, 그 특수성, 여기에 더하여 정치, 군사 문제와 기타 온갖 것을 언급하고 있었다.

"그렇지만 음악은 한마디도 언급하지 않았어." 하고 괴테는 대답했다. "그것은 나의 영역이 아니기 때문이야. 누구나 여행을 갈 때는 무엇을 볼 것인가, 무엇이 자기에게 중요한가를 알고 있어야 하는 것일세."

마침 법무장관인 뮐러가 들어왔다. 그는 괴테와 몇 마디 나누고 난 뒤에 내게로 다가오더니 최근에 나의 소논문을 읽었다고 하면서, 아주 다정스럽고도 통찰력이 담긴 논평을 해 주었다. 얼마 안 있어 그는 부인들이 있는 곳으로 들어갔다. 거기서는 그랜드 피아노 치는 소리가 들려왔다.

그가 가버리자 괴테는 그에 대해 몹시 칭찬하면서 말했다. "자네는 이제 저런

---

48) 괴테가 1778년에 쓴 담시이다.

괴테의 담시 〈어부〉를 모티브로 한 막스 리버만의 석판화 〈어부〉 1924~26년.

훌륭한 사람들과 아주 끈끈한 연관을 맺게 된 셈이네. 저런 분들과의 인연이야말로 모두 내가 고향이라고 부를 만한 것이라네. 그러므로 나는 언제나 기쁜 마음으로 이 고향으로 다시 돌아오고 싶어 하는 것이야."

나는 그에게 이 고장에 체류하고 있는 것이 얼마나 유익한 영향을 가져오고 있는지를 나도 이미 느끼기 시작했고, 또 그 덕분으로 이때까지의 관념적이고 이념적인 방향에서 서서히 빠져나와 점점 순간적인 상태의 가치를 존중하기에 이르렀다고 대답했다.

"그렇지 않으면 곤란하지." 하고 괴테는 말했다. "이제부터는 그 방향으로 굳게 지켜나가고 언제나 현실에 따라붙도록 해야지. 어떤 상황에 부닥치더라도, 어떠한 순간이라도 무한한 가치가 있는 것이라네. 왜냐하면 그 하나하나가 영원한 전체의 표시이기 때문이지."

잠깐 말이 끊어지자 나는 티이푸르트에 대해 말을 꺼냈다. 그러고는 이것을 표현하는 데에는 어떤 방법을 취해야 하는가를 물었다. "이것은 대상이 다양하기 때문에 일관된 형식을 채택하기가 상당히 어렵습니다. 차라리 산문으로 쓰는 것이 훨씬 잘될 것이라고 생각하는데요."

"그렇게 하면 그 대상으로는 무게가 부족하지." 하고 괴테는 말했다. "전체적으로 말한다면 교훈시적인 기술 형식을 사용하는 것이 좋지 않을까? 그러나 이것도 전체를 통해 잘 들어맞을지 의문이야. 제일 좋은 것은 10편 또는 12편 정도의 작은 시를 서로 따로 쓰는 것일세. 운문(韻文)으로 맞춰 쓰되 시법과 시형은 각 측면과 관찰의 요구에 따라 채용하면 되는 것이고—이렇게 하면 전체에 걸쳐 잘 부각되고 조명도 잘 받게 되지." 나는 이 충고가 가장 적절한 것이라고 생각했다.

"그렇지. 때로는 희곡적인 양식을 취하는 것도 괜찮을 거야. 가령 정원사와의 대화를 도입해도 좋겠군. 이렇게 서로 따로 떼어서 표현하면 작업도 쉬워질 것이고, 대상의 각 부분의 특색을 전달하는 데에도 안성맞춤이야. 이와는 반대로 막연하게 큰 전체를 포괄적으로 붙잡으려고 하면 언제나 애를 먹게 된다네! 완전무결한 것이란 그렇게 쉽게 되는 것이 아니지."

1823년 11월 10일 수요일

며칠 동안 괴테는 건강이 좋지 않았다. 심한 독감에 걸린 것 같았다. 그래서 그는 기침할 때마다 가슴 한쪽을 손으로 누르고 있어야 했다.

나는 오늘 저녁 연극이 시작되기 전에, 반 시간을 그의 곁에서 지냈다. 그는 팔걸이의자에 앉아 등을 쿠션에 파묻고 있었는데, 말하는 것도 힘들어하는 것 같았다.

짧은 이야기를 서로 나누고 난 뒤, 그는 시 한 편을 읽어 달라고 했다. 그는 그 시를 지금 편집 중인 〈예술과 고대〉의 새로운 호(號) 앞부분에 실을 계획[49]이라고 말했다. 그는 의자에 앉은 채로 그것이 있는 곳을 가리켰다. 나는 촛불을 들고 그로부터 떨어져, 그의 책상 옆에서 이것을 읽었다.

이 시는 보기 드문 특징을 가진 시로 한 번 읽어서는 이해할 수 없는 것이었지만, 나는 이상한 감동에 사로잡혔다. 시는 '파리아'를 주제로 하고 있고, 이것을 찬미한 것으로 3부작으로 되어 있었다. 이 시를 관통하는 음조는 어딘지 알 수 없는 세계에서 흘러들어온 것처럼 생각되었고, 이 시의 서술은 주제로 삼고 있는 것을 생생하게 마음속에 떠올리기에는 어려운 것이었다. 또 내가 괴테 가까이에 있다는 것이 순수하게 이 시에 몰입하는 것을 방해했다. 왜냐하면 그가 어떨 때는 기침을 하고 또 어떨 때는 한숨을 쉬어서 내 마음이 흐트러져서 안정을 찾지 못했고, 또 시를 읽으면서도 그의 일이 마음에 걸렸기 때문이었다. 하지만 나는 읽는 것을 되풀이해, 조금이라도 더 깊이 이해하려고 노력했다. 더욱 깊이 몰두하면 할수록 이것은 점점 더 중요한 성격의 것으로 생각되었고, 예술의 훨씬 높은 경지에 있는 것처럼 보였다.

이어 이 주제와 서술의 방법에 대해 괴테와 말을 나누었는데, 그의 몇 마디 말을 듣고 있는 사이에 비로소 나에게 여러 가지 것들이 한층 더 분명해짐을 느낄 수 있었다.

"사실" 하고 괴테는 말했다. "이 서술 방법은 아주 간결하게 되어 있네. 그러므로 그것을 올바르게 이해하려고 하면 작품 속으로 상당히 깊이 빠져들어가지

---

[49] 괴테의 서정 3부곡인 〈파리아〉를 말하는 것으로, 파리아는 인도의 4계급 이외의 최하층민을 말한다.

않으면 안 된다네. 나 자신에게도 이것은 강철의 철사를 불리어 만든 다마스쿠스의 칼처럼 단단하게 느껴지는군. 아무튼 나는 이 주제를 40년 동안이나 내 가슴속에 담아 키워 왔기 때문에, 모든 불순물을 제거해 버릴 수 있는 시간은 충분히 있었어."

"대중 앞에 발표하면 틀림없이 큰 반향을 불러일으킬 것입니다."라고 나는 말했다.

"대중 앞에란 말이지!" 하고 괴테는 한숨을 쉬었다. "이렇게 하면 어떨까요?" 내가 다시 말했다. "모든 사람이 이해할 수 있게 도움을 주는 것은 좋은 일이라고 생각되는데요. 이것은 마치 그림의 해설과 같은 것이지요. 모든 사람에게 작품 이전의 경위를 알려주게 되면, 현재 눈앞에 있는 완성품에 정말로 확실히 생명을 불어넣게 되는 것이 아닐까요?"

"나는 찬성할 수 없네." 하고 괴테는 말했다. "그림과 이것하고는 다르지. 시가 한결같이 말로 만들어져 있는 이상, 말을 하나 더 첨부하게 되면 다른 말은 죽어버리고 마네."

괴테의 이 말은 시를 해설할 때 흔히 난파를 야기하는 암초를 가장 적절하게 암시하여 준 것처럼 생각된다. 그러나 작품을 관통하는 내적 생명의 우아함에 손상을 주지 않는 범위 내에서 시에 해설을 부여하고, 그러면서도 이러한 암초를 피할 수 있는 일이 과연 불가능하다는 것인가 하는 것이 여전히 문제로 남는다.

내가 집으로 가려고 하자, 그는 〈예술과 고대〉의 교정지를 가지고 가서 다시 한번 그 시를 읽어 보라고 하였다. 그는 특히 그 안에 실려 있는 뤼케르트[50]의 〈동방의 장미〉도 읽어 보라고 말했다. 그는 이 시를 아주 높이 평가하여 그것에 매우 큰 기대를 하는 것처럼 보였다.

1823년 11월 12일 수요일

저녁 무렵 괴테를 방문하였는데, 집 아래층에서 프로이센의 국무장관인 폰

---

50) 뤼케르트(1788~1866)의 시로서 1822년에 〈예술과 고대〉지에 발표된 바 있다.

빌헬름 폰 훔볼트　아이헨의 그림

훔볼트[51]가 있다는 말을 듣고는 무척 기뻤다. 그는 괴테와 오래전부터 사귄 친구였으므로 그의 방문은 괴테에게 기분 전환의 기회를 줄 것이고, 또 건강을 위해서도 유익하게 작용할 것임을 확신할 수 있었기 때문이다.

이어 나는 극장으로 갔다. 〈프라하의 자매〉[52]의 배역은 더할 나위 없이 훌륭했고, 연출도 모범적이었기 때문에 관객들은 끝날 때까지 시종 웃음을 멈추지 못했다.

1823년 11월 13일 목요일

며칠 전, 쾌청한 날씨의 오후에 에르푸르트로 가는 거리에서 어떤 노인[53]하고 어울리게 되었는데 외모로 볼 때 그는 잘 사는 시민 같았다. 얼마 안 있어 우리의 화제는 괴테에게로 옮겨졌다. 나는 그에게 괴테를 개인적으로 잘 아느냐고 물었다. 그는 사뭇 기분 좋은 말투로 잘 안다고 대답하고는, 한마디 덧붙였다.

"나는 20년 동안을 그의 곁에서 시종으로 지냈습니다." 그러고 나서 그는 옛날 주인을 열심히 칭찬했다. 그래서 나는 그에게 괴테의 청년 시절에 대해 말해 달라고 부탁하였고, 그는 기꺼이 승낙했다.

"내가 처음으로 그 댁에 갔을 때가 그분이 아직 27세 때였을 것입니다. 그분은 몸이 무척 마른 편이어서 내가 그를 쉽게 등에 업을 수 있을 정도였지요. 하지만 성격은 경쾌하고 화사한 편이었어요."

나는 괴테가 이 고장으로 왔던 초기에도 아주 쾌활했느냐고 물었다. 그는 물

---

51) 폰 훔볼트(1767~1835). 프로이센의 국무장관을 지냈고, 1810년에는 베를린대학교를 창설한 인물로 괴테, 실러와 돈독한 친교를 나누었다.
52) 벤첼 밀러(1767~1835)가 작곡한 오페라이다.
53) 주토르(1754~1838)를 말하는 것으로 그는 1776년부터 1795년까지 괴테의 시종을 지냈다.

론이라고 대답하면서, 역시 쾌활한 분들과 즐겁게 지내긴 했지만 도를 지나치는 일은 절대로 없었고, 그렇다손 치더라도 그는 언제나 조심성이 많았다고 덧붙였다. 또 쉬지 않고 일로 분주했고 마음은 늘 예술과 학문에 열중해 연구를 거듭하여, 대체로 일과 연구의 일과를 되풀이하였다고 했다. 저녁때면 곧잘 대공[54]께서 찾아오곤 했는데, 그럴 때면 두 분이 밤이 깊어질 때까지 학문을 이야기했기 때문에 그는 따분해져서 가끔 도대체 대공께서는 언제 돌아가실까 하고 생각할 정도였다고 했다. "그리고 자연 연구는 그 당시부터 그의 일대 관심사였지요." 하는 말을 덧붙였다.

"한번은 한밤중에 종이 울린 적이 있었어요. 그의 방으로 가 보았더니 쇠로 된 회전침대를 방의 깊숙한 구석에서 창가 쪽으로 옮겨 놓고, 그 위에 누워서 하늘을 관찰하고 있었어요. 저에게 하늘에 아무것도 보이지 않느냐고 묻길래, 아무것도 보이지 않는다고 대답했지요. 그랬더니 야경한테 가서 하늘에서 뭔가를 보지 못했는지를 알아보라 해서 나는 곧장 야경한테 달려갔어요. 그런데 그가 아무것도 보지 못했다고 해서 그것을 말하려고 돌아와 보니, 주인은 여전히 침대에 드러누운 채 꼼짝하지 않고 하늘을 관찰하고 있었지요. 그러더니 나에게 들어보라고 말했어요. 지금이 아주 중요한 순간이라고 하면서 지금 막 지진이 일어났거나, 아니면 이제 곧 일어날 거라는 것이었어요. 그러면서 나를 침대 위의 자기 옆에 앉히고는 어떤 징조를 보고 그렇게 추측했는지를 증명해 보였어요."

나는 호감이 가는 그 노인에게 그때의 날씨는 어떠했느냐고 물었다.

"몹시 구름이 끼어 있었습니다. 바람 한 점 없었고 무척 조용했으며 무더웠습니다."

나는 계속해서 당신은 괴테의 말을 그대로 믿었느냐고 물었다.

"물론이지요. 나는 그가 말한 대로 믿었습니다. 그때까지 그분이 말한 것 어느 한 가지도 틀린 적이 없었기 때문이지요." 계속하여 그는 말을 이어갔다. "다음 날이었습니다. 그 자리에 있었던 한 귀부인은 옆 사람에게 괴테는 악마에게

---

[54] 카를 아우구스트 대공(1757~1828)을 말한다. 괴테는 그와 그의 모친 안나 아말리아의 초청으로 1775년 바이마르로 이주하여 이곳에서 일생을 보내게 된다.

홀려 있다고 말하기도 했지요. 하지만 중요한 것은 공작과 그 외 다른 사람들은 주인의 말을 믿었다는 것입니다. 그리고 얼마 안 있어 그것이 사실이라는 것이 밝혀졌지요. 2, 3주일 지나서 들려온 소식에 의하면, 바로 그날 밤, 지진이 일어나 시칠리아섬에 있는 메시나의 일부분이 파괴되었다는 것입니다."

1823년 11월 14일 금요일

해 질 녘에 괴테에게서 와달라는 초대를 받았다. 훔볼트가 궁정에 가 있기 때문에 그 시간에 자기한테로 와 주면 한층 더 안성맞춤이라는 것이었다. 그는 며칠 전과 마찬가지로 팔걸이의자에 기대어 앉아 있었다. 그는 나에게 그립다는 듯이 손을 내밀면서, 천상에서 오는 듯한 온유함을 갖고 두세 마디 말을 건넸다. 그의 옆에는 큰 난로의 방열용 칸막이가 놓여 있었고, 이것이 멀리 떨어져 있는 책상 위의 불빛이 직접 와 닿지 못하게 그림자를 이루고 있었다. 법무장관인 뮐러도 들어와 우리는 서로 어울렸다. 우리는 괴테 가까이에 앉아, 괴테가 그저 귀를 기울이기만 해도 될 만한 가벼운 이야기를 나누었다. 얼마 안 있어 의사이며 추밀 고문관인 레바인[55]도 왔다. 그가 괴테의 맥박을 짚어보고 완전히 정상이며 지장이 없다고 말했기 때문에 우리는 모두 기뻐했다. 괴테는 두어 가지 농담까지 했다. "심장 옆의 통증만 없어진다면 얼마나 좋을까!" 하면서 괴테는 한탄했다. 레바인은 거기에는 고약을 바르는 것이 좋겠다고 권했고, 우리들도 이 치료법은 좋은 효과를 가져온다고 말했기 때문에 괴테도 이에 동의했다. 레바인이 화제를 마리엔바트로 돌리자, 이것이 괴테한테는 즐거웠던 일들을 상기하는 것처럼 보였다.

우리는 내년 여름에 그곳으로 갈 계획을 세웠고, 대공 전하도 함께 모시고 가기로 했는데, 괴테는 이 계획 덕분에 완전히 밝은 기분으로 돌아온 듯했다. 또, 우리는 시마노프스카 부인도 이야기했고, 그녀가 이곳 바이마르에 체류 중에 있었던 일들, 특히 사람들이 그녀의 관심을 얻으려고 열을 올렸던 일들을 얘기했다.

---

55) 레바인. 1816년 이래로 바이마르 카를 아우구스트 대공의 주치의를 지내면서, 괴테 가족의 주치의도 겸하고 있었다.

레바인이 가고 난 뒤, 법무장관은 인도의 시[56]를 읽었다. 괴테는 그런 사이에 나에게 〈마리엔바트의 비가〉에 대해 이야기했다.

8시에 법무장관도 가 버렸다. 나도 가려고 일어섰지만, 괴테가 조금만 더 있어 달라고 부탁하는 바람에 다시 자리에 앉았다. 대화는 연극에 이르렀고, 내일 〈발렌슈타인〉[57]이 상연될 것이라는 말이 나왔다. 그리고 이것이 계기가 되어 실러에 관한 것이 화제의 중심이 되었다.

실러

"실러라고 하면 나는 묘한 심정이 되어 버립니다. 나는 그의 위대한 희곡 작품의 두세 장면들을 참된 애정을 가지고 감탄하며 읽게 됩니다. 그러나 읽어감에 따라 자연의 진실성과 모순되는 것에 부딪혀 계속해서 읽을 수가 없게 됩니다. 〈발렌슈타인〉과 같은 작품도 마찬가지입니다. 나는 실러의 철학적인 경향이 그의 시적 정서를 해치고 있다고 생각하지 않을 수 없습니다. 실러의 이 경향은 이념 쪽을 모든 자연보다도 더 우위(優位)에 올려놓기 때문에 자연을 파괴하기에 이르렀습니다. 그는 머리로 생각하는 것이면 자연에 들어맞든지, 그렇지 않든지 간에 반드시 일어나게 되어 있다고 생각한 것 같습니다."

괴테는 말했다. "그처럼 출중한 재능을 가진 사람이 아무런 도움도 되지 않는 철학적 사고에 마음을 썩힌 것이 딱하게 여겨지네. 훔볼트가 실러로부터 받은 편지를 내게 보여 준 적이 있었어. 그 당시 실러는 저 불행한 사색의 시기를 겪고 있었네. 그것을 읽으면, 그 당시 실러가 감상문학을 소박문학으로부터 완전히 해방하려는 의도를 품고, 그 때문에 얼마나 괴로워했는지를 알 수 있네. 그러나 그는 감상문학에 대한 근거를 전혀 찾아낼 수가 없어서 말할 수 없

---

56) 괴테의 3부작인 〈파리아〉를 말한다.
57) 3부작의 희곡으로 실러의 작품 중 최고의 걸작으로 꼽는다.

는 혼란에 빠져 버렸지." 괴테는 미소 지으면서 말을 계속 이어 나갔다. "생각건대, 실러는 감상문학을 소박 문학에서 따로 떼어내 성립시키려고 한 것 같단 말이야. 그러나 감상문학은 어디까지나 소박문학의 기반 위에서 탄생한 것이네. 어느 정도 무의식적으로 말하자면, 본능이 명령하는 대로 일을 진행한다는 것은 실러의 방식이 아니었어. 오히려 그는 무슨 일을 해도 일일이 반성하지 않을 수 없었어. 이러했기 때문에 자신의 창작상의 계획도 사람들에게 이것저것 말을 하지 않는 법이 없었지. 그는 만년에 희곡들을 쓰면서 장면 하나하나를 모두 나하고 자세하게 상담할 정도였는데, 이러한 것도 역시 그런 성격에서 왔을 것이야.

이와는 정반대로 내 성미에는 내가 계획 중인 창작을 어떤 사람에게, 물론 실러까지 포함한 누군가에게 말한다는 것이 전혀 맞지 않았어. 나는 모든 것을 언제나 조용히 내 가슴속에 간직해 두었기 때문에 완성할 때까지 보통 아무도 눈치채지 못했어. 내가 〈헤르만과 도로테아〉[58]를 완성한 것을 실러에게 보여 주었을 때 그는 깜짝 놀랐는데, 그것은 내가 그러한 계획이 있었다는 것을 한 마디도 입 밖에 내지 않았기 때문이지.

좌우간 내일 자네가 〈발렌슈타인〉을 관람하고 어떤 평가를 내릴지 듣고 싶네! 자네는 이 연극에서 위대한 인물들을 보게 될 것이고 아마 상상조차 할 수 없는 감명을 받게 될 거야."

1823년 11월 15일 토요일

저녁때 나는 극장으로 가서 처음으로 〈발렌슈타인〉을 관람했다. 괴테의 말은 지나친 것이 아니었다. 감명은 컸고, 내 마음을 속속들이 뒤흔들어 놓았다. 배우들은 대부분 괴테와 실러가 직접 연기 지도를 했던 그 당시의 사람들이었기 때문에 이 두 거장의 합동 연출을 눈앞에서 볼 수 있었다.[59] 전에 희곡 작품

---

58) 괴테는 이 작품의 배경으로서 프랑스 혁명을 복선으로 깔고 있다. 그러나 그와 동시에 독일적이면서 건전한 시민 생활을 고전적인 형식미로 승화시켜, 평화스럽고도 목가적인 분위기를 자아냈다.
59) 서로 간의 깊은 우정과 존경으로 맺어진 괴테와 실러는 1795년 이후부터 1805년 실러가 서거할 때까지 특히 바이마르 극장을 공동의 장으로 삼아 함께 활동했다. 괴테의 〈빌헬름 마

〈발렌슈타인의 죽음〉 중 발렌슈타인이 살해당하는 제5막의 묘사

〈발렌슈타인의 죽음〉 중 발렌슈타인의 부하 장군들이 함께 살해당하는 장면

으로 읽었을 때 나의 상상력만으로는 이 극의 등장인물들이 가진 개성을 생각해 낼 수 없었다. 그러나 극이 무대 위에서 비상한 박력을 갖고 전개되자 그 인물들의 효과를 눈앞에서 볼 수 있었고, 그 장면들은 밤새도록 내 뇌리에 달라

이스터의 도제시대〉와 〈헤르만과 도로테아〉도 이때 탄생했다. 한편 실러는 〈발렌슈타인〉 3부작을 위시하여 〈오르레앙의 처녀〉와 〈빌헬름 텔〉과 같은 걸출한 희곡작품을 쓰고 자기 손으로 연출하여 바이마르 극장에서 처음으로 상연하였다.

붙어 떠나지 않았다.

1823년 11월 16일 일요일

땅거미가 질 무렵에 괴테를 찾아갔다. 아직도 팔걸이의자에 기대어 있었는데 좀 쇠약해 보였다. 그의 첫 번째 질문은 〈발렌슈타인〉에 대한 것이었다. 나는 무대에 올려진 이 희곡이 나에게 준 인상을 누누이 설명했다. 이것을 듣고 있는 그의 얼굴에는 희색이 감돌았다.

소레[60] 씨가 젊은 괴테 부인의 안내를 받으면서 들어왔는데, 약 한 시간가량 앉아 있었다. 그는 대공의 명령을 받고 가지고 온 금메달을 괴테에게 보여드리면서 그것에 대해 설명했다. 이것이 괴테의 마음을 사뭇 즐겁게 했던 것 같았다. 젊은 괴테 부인과 소레 씨가 궁정으로 가자, 나는 다시 괴테와 단둘이 있게 되었다.

괴테는 기회를 보아 〈마리엔바트의 비가〉를 다시 한번 보여 주겠다고 약속한 것을 생각해 내고는, 일어나서 불을 책상 위에 올려놓고 그 시를 나에게 넘겨주었다. 나는 이 작품을 다시 볼 수 있게 되어 행복했다. 괴테는 다시 제자리로 돌아가 조용히 앉아, 내가 방해받지 않고 시를 음미할 수 있도록 해 주었다.

나는 한동안 읽고 난 뒤에 그 감상을 말해 보려고 했지만, 유감스럽게도 그는 잠든 것처럼 보였다. 그러나 나는 그 순간을 이용하여 그것을 되풀이해 읽으면서 뭐라고 말할 수 없는 기쁨을 맛보았다. 이 시 전체를 일관하는 특색은 도덕적인 정신의 숭고함으로 한결 부드러워진 젊디젊은 사랑의 정열이다. 그러나 이 시에 표현된 감정은 우리가 보통 괴테의 다른 시에서 만날 수 있는 것보다

---

[60] 소레(1795~1865). 스위스의 프랑스어권 제네바 태생의 자연과학자이다. 그는 마리아 파블로브나 대공비에 의해 공자의 교육관으로 초빙되어 1822년 이래로 바이마르에서 살고 있었다. 평소에 괴테와 가깝게 지내면서 그는 괴테의 〈식물의 변태〉를 프랑스어로 번역하여 1831년에 출판했다. 괴테가 서거한 후에는 그의 일기와 회상기가 독일어로 번역되어 1929년 〈괴테와 함께 지낸 10년(1822~1832)〉이라는 제목의 책으로 출판되기도 했다. 에커만은 이 일기의 일부를 소레의 허가를 받고 〈괴테와의 대화〉 제3부에 싣고 있다. 이렇듯 소레는 에커만과도 절친하게 지냈던 사이로, 1830년 4월 22일 괴테의 요청으로 괴테의 아들과 함께 이탈리아 여행길에 올랐던 에커만은 자신의 미완성 원고 〈괴테와의 대화〉를 만약의 경우에 대비해 소레에게 맡기기도 했다.

훨씬 강력한 것처럼 생각되었다. 그러므로 나는 이것은 바이런의 영향을 받은 것으로 추측했는데, 괴테는 이것을 부인하지 않았다.

"이 작품은 극도로 정열적인 상태에서 탄생한 것이지. 내가 그 상태에 사로잡혀 있을 때는 이 세상의 모든 것을 버리더라도 그것을 잃고 싶지 않다고 생각했지. 하지만 지금 와서는 무슨 일이 있어도 두 번 다시 그런 상태로 돌아가고 싶지 않다네.

이 시는 내가 마리엔바트[61]를 떠나자마자 곧 쓴 것이라네. 그곳에서 체험한 감정이 생생하게 그대로 살아 있을 때였어. 아침 8시에 첫 번째 마차역에서 제1절을 썼고, 마차 안에서도 계속 구상하여 머릿속에서 정리한 것을 역에 도착할 때마다 써 내려갔네. 그래서 저녁때는 시가 완성되어 종이에 옮겨서 써버렸지. 그러므로 이 시에는 확실히 직접적인 데가 있어. 마치 단번에 쇠붙이를 녹여 만든 물건과 같아. 이것이 시 전체에 좋은 결과를 가져왔는지도 모르지."

"동시에" 하고 나는 말했다. "이 작품은 전체적으로 독특한 요소가 많아서 당신의 다른 작품 중에서 이것과 비슷한 시는 찾아볼 수 없을 것 같습니다."

"이 세상에는 막대한 금전을 한 장의 카드에 거는 사람이 있는 것처럼, 나는 현재라는 순간에 모든 것을 건 셈이었네. 그리고 그 현재의 가치를 과장 없이 가능한 한 최고로 높이려고 노력했지. 이것이 이 시가 다른 것들과 다른 이유일지도 모르네."

이 말은 괴테의 창작 태도를 확실하게 해 줌과 동시에, 모든 사람이 놀라고 마는 그의 다양성을 납득시켜 주는 것으로, 나에게는 아주 중요한 것으로 생각되었다.

그러는 사이에 9시가 되었다. 하인인 슈타델만을 불러달라고 괴테가 부탁하길래, 나는 그렇게 했다.

그러자 괴테는 슈타델만을 시켜 레바인이 처방해 준 고약을 옆구리에 발랐

---

[61] 괴테는 1818년 1823년 사이에 카를스바트 온천장을 여름 체류지로 정하고, 현명한 식이요법과 시간을 지키면서 창작생활에 전념했다. 그러다가 1821년부터 그는 점차 새로 개장된 마리엔바트 온천장으로 여름 주거지를 바꾸고, 이곳에서 주로 폰 레베초브 부인 일가와 가깝게 지냈다. 괴테는 이 가족의 딸 중 하나인 울리케 레베초프 양을 열렬히 사랑하게 되어 구혼까지 했지만 결국 그의 뜻을 이루지 못했다.

다. 그러는 사이에 나는 창가에 가 있었다. 등 뒤로부터 괴테의 목소리가 들려왔는데, 아픈 곳이 전혀 좋아질 기미를 보이지 않으니 이러다간 만성이 될 것 같다고 하면서 슈타델만에게 불평을 털어놓는 소리가 들렸다. 치료가 끝난 뒤에도 나는 한동안 그의 곁에 있었다. 그러자 괴테는 이번에는 나에게도 며칠 밤 동안 잠을 잘 수 없었고, 식욕도 뚝 떨어졌다고 하소연했다. 그는 말했다. "이제 겨울도 내내 이런 식으로 지나가겠지. 아무 일도 할 수 없고, 마음도 차분해지지 않아. 이제는 기력도 없어져 버렸네." 나는 "하는 일에 너무 신경을 쓰지 않는 것이 좋겠습니다. 이 상태도 틀림없이 얼마 안 가서 곧 사라져 버릴 것입니다."라고 위로의 말을 해 주었다. 이 말을 받아 괴테는 말했다. "그렇지. 나라고 늘 초조해하는 것은 아니야. 나는 지금까지 이런 상태를 지겹도록 겪어 왔어. 그러므로 마음이 쓰라린 일들을 꾹 참는 것도 배워 왔지." 그는 흰 플란넬 가운을 입고 무릎과 발을 모포로 감싸고 앉아 있었다. "잠자리에는 전혀 들지 못하고, 이런 식으로 의자에 앉아서 밤을 지새우지. 어차피 정상적으로 잘 수는 없으니까 말이야" 하고 괴테는 말했다.

그러는 사이에 어느덧 시간도 지나, 그는 나에게 정답게 손을 내밀었고 나는 집으로 돌아가기 위해 자리에서 일어났다.

외투를 가지러 아래층 하인 방으로 갔더니, 슈타델만이 사뭇 풀이 죽어 있었다. 그는 주인님이 대단히 걱정스럽다고 말했다. 주인님이 자기에게 하소연하는 것은 좋지 않은 징조라는 것이었다. 이때까지 조금 부어 있던 발이 갑자기 현저하게 말라 가늘어져 버렸으니, 내일은 일찌감치 의사한테로 가서 이를 보고해야겠다고 말했다. 나는 그를 달래 보았지만, 그는 계속 걱정할 뿐이었다.

1823년 11월 17일 월요일

저녁에 극장으로 가자, 많은 사람들이 나에게 몰려와서 자못 걱정스럽다는 듯이 괴테의 병환을 물어왔다. 그가 아프다는 얘기가 재빨리 시중에 퍼져, 아마 실제보다 훨씬 좋지 않게 전해졌던 모양이었다. 어떤 사람들은 나에게 괴테는 흉수종(胸水腫)이라고 말했다. 나는 밤중 내내 우울했다.

1823년 11월 19일 수요일

어제는 걱정하면서 여기저기를 돌아다녔다. 그와의 면회는 가족 이외에는 아무에게도 허락되지 않았다.

오늘 저녁에 가 보았더니 면회를 허락해 주었다. 그는 여전히 팔걸이의자에 앉아 있었다. 외견상으로는 일요일에 보았을 때와 전혀 변한 것이 없었지만, 그의 마음은 한결 상쾌해진 것처럼 보였다.

우리는 특히 차우퍼에 대해 이야기하면서, 고대문학 연구에 의해 일어나는 성과는 다른 어떤 것하고도 비교할 수 없는 것이라고 말했다.

1823년 11월 21일 금요일

괴테가 사람을 시켜 나를 불렀다. 나는 그가 전과 마찬가지로 방 안을 여기저기 걸어 다니는 것을 보고 얼마나 기뻤는지 모른다. 그는 나에게 작은 책을 넘겨주었다. 플라텐 백작[62]의 〈가젤〉이었다. "나는 전부터 이 시에 관해 글을 써서 〈예술과 고대〉에 실어 보려고 생각하고 있었네. 이 시는 그만한 가치가 충분히 있기 때문이야. 그러나 내가 이런 상태라서 아무것도 할 수 없어. 그러니 자네가 이 시를 자세히 검토해서 평론의 재료가 될 만한 것을 찾아보겠나?"

나는 해 보겠다고 약속했다.

"'가젤'이라는 시형(詩形)에는 아주 독특한 것이 있네. 그러므로 그것은 아주 충실한 내용을 요구하고 있어. 쉴 새 없이 꼭 같은 운(韻)이 반복하여 돌아오기 때문에 시종일관 이와 비슷한 사상의 저장품을 갖추고 있지 않으면 안 되지. 그래서 아무나 성공할 수 없는 게 아니겠나. 그러나 이 작품은 자네의 마음에 들 걸세." 괴테가 이렇게 말을 마쳤을 때 마침 의사가 들어오는 바람에 나는 집으로 발걸음을 옮겨야만 했다.

---

[62] 플라텐 백작(1796~1835). 괴테를 무척 숭배했던 낭만파 시인인 그는 1821년에 그의 첫 〈가젤 시집〉을 괴테에게 보냈고, 그해 10월에는 예나에서 괴테와 만났다. 괴테는 플라텐의 훌륭한 시적 재능을 인정하기는 했지만, 그의 시에는 제일 중요한 사랑이 빠져있다고 말했다.

1823년 11월 24일 월요일

토요일과 일요일에 걸쳐 나는 그 시를 열심히 공부했다. 그리고 오늘 아침 나는 이 시에 관한 나의 견해를 써서 괴테에게 보냈다. 왜냐하면 의사가 며칠 동안 괴테에게 사람을 만나는 것이나 누군가와 대화를 나누는 것을 삼가라고 일렀기 때문이다.

그런데 오늘 저녁에 괴테가 나를 불렀다. 그의 방으로 들어가 보니, 벌써 그의 옆에는 의자가 준비되어 있었다. 그는 나에게 손을 내밀었다. 그의 손길은 유난히 정답고 호의적이었다. 그는 곧 나의 평론을 말하기 시작했다. "자네의 글을 읽고 참으로 기뻤어. 자네는 대단한 재능을 가지고 있네. 자네에게 말해 둘 것이 있어. 만약 다른 데서 자네에게 문학적인 원고를 써달라는 부탁을 하면 거절하든지, 아니면 미리 나에게 알려 달라는 것이네. 왜냐하면 자네가 나하고 일단 이렇게 맺어진 이상, 다른 사람하고 관계를 맺는다는 것은 바람직하지 않기 때문이야."

나는 오직 당신만을 섬기고 싶을 뿐, 지금으로서는 다른 사람하고의 관계는 전혀 관심이 없다고 대답했다.

이 말을 듣고 괴테는 매우 기뻐했다. 그는 올겨울에는 더욱 많은 좋은 일을 함께 해 보자고 말했다. 이어 〈가젤〉을 언급했는데, 괴테는 이 시가 완벽한 작품임을 기뻐하면서 현대문학도 우수한 작품을 많이 창출하고 있다고 말했다.

"자네에게 최근에 두각을 보이는 재능 있는 국내 작가들의 작품을 특별한 연구 목표로 삼을 것을 권하고 싶네. 현대문학에 나타난 훌륭한 것을 전부 훑어 보고, 그중에서 가치 있는 것을 나한테 보여 주었으면 좋겠어. 나는 〈예술과 고대〉 지상에서 이에 대해 논하고 좋은 것, 고상한 것 그리고 훌륭한 것을 표창해 주고 싶네. 그런데 아무리 이런 좋은 의도가 있다고 하더라도, 나처럼 이렇게 나이를 많이 먹고 헤아릴 수 없이 많은 대내적인 용무를 해야 한다면, 다른 사람의 도움을 빌리지 않고는 그 일을 해낼 수 없다네."

나는 그렇게 할 것을 약속했다. 나는 괴테가 현대의 작가와 시인들에 대해 내가 생각했던 것보다 훨씬 각별한 관심을 두고 있다는 것을 알고 기뻤다.

그리고 며칠 뒤에, 괴테는 약속한 목적을 충족시키기 위해 나에게 최신의 정기문학 간행물들을 보내왔다. 며칠 동안 나는 그에게 가지 않았고, 그도 나를 부르지 않았다. 소문에 따르면, 그의 친구인 첼터[63]가 그를 찾아왔다는 것이었다.

1823년 12월 1일 월요일

오늘 괴테와의 식사에 초대를 받았다. 내가 들어가자 첼터가 있었다. 두 사람은 두세 걸음 앞으로 다가와 나에게 손을 내밀었다. "여기 이분이 나의 친구인 첼터라네. 서로 가까운 사이가 되었으면

괴테와 절친했던 작곡가 첼터

해. 가까운 시일 내에 자네는 베를린에 가게 될 텐데, 그때는 이분한테서 극진한 대접을 받을 걸세."

"베를린에서 사신다니 참 좋겠습니다."라고 나는 인사말을 했다. "네." 하고 첼터는 웃으면서, "그곳에 있으면 배워서 좋은 것도 많지만, 반대로 배워서는 안 될 것도 많아요." 하고 말했다.

우리는 앉아서 여러 가지 이야기를 나누었다. 나는 슈바르트에 대해 물었다. 첼터는 말했다. "그는 적어도 일주일에 한 번쯤은 나를 찾아옵니다. 결혼했는데, 아직 직장이 없어요. 베를린의 언어학자들하고 싸웠기 때문이에요."

이어 첼터는 나에게 이머만[64]을 아느냐고 물었다. 나는 대답했다. "그의 이름은 이미 여러 번 들어서 잘 알고 있지만, 그의 작품은 아직껏 읽어보지 못했습니다." 첼터는 말을 계속 이어 나갔다. "나는 그 사람하고 뮌스터에서 알고 지냈습니다. 아주 유명한 젊은이지요. 그가 자신의 예술을 지키기 위해 한층 더 시간상 여유 있는 직장을 가질 수 있었으면 하는 것이 저의 바람입니다." 괴테가

---

63) 첼터(1758~1832). 괴테는 독일 작곡가 중에서 첼터를 가장 사랑하고 존경했다. 괴테의 가곡은 거의 예외 없이 첼터가 작곡했다. 그의 〈괴테와의 왕복편지〉는 유명하다.
64) 이머만(1796~1840). 뒤셀도르프의 지방재판소에서 판사로 근무하면서, 작은 극장을 경영하여 연출 방면에 훌륭한 수완을 발휘한 인물이다. 시적 사실주의의 길을 새로 개척한 장편소설 〈뮌히하우젠〉을 발표하여 일약 유명해졌다.

이머만을 칭찬하면서 말했다. "그가 어떻게 발전해 가는지 우리 모두 지켜 보세나. 그의 장래는 그가 자신의 취미를 점점 순화시킬 수 있는지, 또 형식적인 면에서 정평이 나 있는 걸작을 기꺼이 모범으로 삼으려는 유연성을 가졌는지의 여하에 달려 있지. 그의 장점은 그 독창적인 노력에 있지만, 이것만으로는 자칫하면 미로에 빠지기 쉬워."

어린 발터가 뛰어와서 첼터와 그의 할아버지에게 질문을 퍼부었다. "네가 오면 모든 대화가 곧 엉망이 되어버리는구나, 이 장난꾸러기야!" 하고 괴테가 말했다. 그러면서도 그는 이 어린아이를 귀여워하면서, 그가 하는 대로 내버려두었다.

젊은 괴테 부인과 울리케 양이 들어왔다. 괴테의 아들도 궁정에 가기 위해 제복에 칼을 찬 모습으로 나타났다. 우리는 모두 식탁에 둘러앉았다. 울리케 양과 첼터는 유달리 쾌활하여 식사 중에도 내내 애교 있는 농담을 주고받았다. 훌륭한 인격을 갖춘 첼터와 이렇게 함께 어울린다는 것은 나에게 있어서 아주 기분 좋은 일이었다. 그는 행복하고 건전한 사람이 흔히 그러하듯, 언제나 순간순간의 감흥에 몸을 맡기고 또한 이것을 표현하는 적절한 말도 잊지 않았다. 동시에 그는 마음씨 좋고 느긋했으며, 거침없이 생각하는 것은 무엇이든지 말했고, 때로는 난폭한 말까지 입에 담았다. 하지만 그는 구김살 없이 자유로웠기 때문에 옆에 있어도 거북하다는 생각은 조금도 들지 않았다. 나는 마음속으로 그와 오래 함께 어울려 봤으면 하고 생각했다. 그러면 틀림없이 나에게도 좋은 결과를 가져올 것이라고 생각했다.

식사가 끝나자마자 첼터는 곧 그 자리를 떠났다. 대공 부인의 초대를 받아 그 댁을 방문하기로 되어 있었기 때문이다.

1823년 12월 4일 목요일

오늘 아침에 비서인 크로이터가 괴테의 집에서 있을 식사 모임의 초대장을 가지고 왔다. 동시에 나의 〈시학 논고〉를 첼터에게 증정하는 것이 좋겠다는 괴테의 말이 있었기에, 나는 그의 생각대로 그 책 한 부를 첼터의 여관까지 갖다 주었다. 첼터는 그 답례로 나에게 이머만의 시집을 빌려주었다. 첼터가 말했다.

"나는 이 책을 당신에게 기꺼이 드리고 싶지만, 보시다시피 이것은 저자가 나한테 기증한 것이기 때문에 기념으로 소중히 간직해야 한답니다."

이어 첼터와 함께 공원을 지나 상부 바이마르 쪽으로 가 식사 전의 한때를 산책했다.

그는 옛날에 겪었던 일들을 상기하면서 아주 친하게 지냈던 실러와 빌란트[65] 그리고 헤르더[66]의 여러 이야기를 들려주었고, 이분들과의 교우는 그의 생애에서의 큰 은혜였다고 말했다.

빌란트

이어 첼터는 작곡 이야기를 하면서 괴테의 많은 가곡들을 읊조렸다. "나는 어떤 시를 위해 작곡하려고 할 때, 우선 그 언어가 가지고 있는 의미 속으로 깊이 파고들어 가 그 심상을 뚜렷이 마음속에 떠올리려고 노력합니다. 그러고는 그 시를 큰 소리로 여러 번 외울 때까지 낭송하면, 되풀이하여 읊조리는 사이에 자연적으로 멜로디가 새로 생기는 것입니다."

바람에 비까지 겹쳤기 때문에 우리는 더 걷고 싶었지만 할 수 없이 일찍 돌아가야 했다. 나는 그와 함께 괴테의 집 앞까지 왔다. 그는 젊은 괴테 부인에게 갔다. 식사를 시작하기 전에 그녀와 함께 노래를 부른다는 것이었다.

---

65) 빌란트(1733~1813). 1772년 안나 아밀리아 대공비의 초청을 받고 바이마르로 와, 카를 아우구스트 공자의 교육관과 궁정고문관을 지냈다. 그는 그리스사상과 프랑스의 계몽주의를 잘 소화하여 우아한 시문학을 발표함으로써 독일에도 프랑스에 못지않은 문학이 존재할 수 있다는 것을 보여 주었다. 또한 셰익스피어의 희곡 작품 22편을 처음으로 독일어 산문으로 번역하여, 훗날 아우구스트 슐레겔이 셰익스피어 희곡작품을 완역할 수 있는 길을 열어 주기도 했다.

66) 헤르더(1744~1803). 슈트라스부르크에서 이루어진 괴테와 헤르더의 만남은, 독일에서 질풍노도 문학운동을 일으키는 기폭제가 되었고 괴테문학을 탄생시키는 원동력이 되었다. 훗날 괴테가 바이마르의 국정에 참여하게 된 이후인 1776년, 헤르더는 괴테의 추천으로 바이마르 공국의 종교 총감독으로 임명됐다.

그리고 나는 시간에 맞춰 2시에 식사를 하러 갔다. 첼터는 벌써 괴테 옆에 앉아, 이탈리아의 지방 풍경을 그린 동판화를 관람하고 있었다. 젊은 괴테 부인이 들어오자 모두 식탁에 둘러앉았다. 오늘은 울리케 양은 보이지 않았고, 괴테의 아들도 들어와 인사만 하고는 다시 궁정으로 들어갔다.

식사 중의 화제는 특히 다양했다. 첼터도 그랬고, 괴테도 여러 가지 많고 기발한 일화를 이야기해 주었다. 얼마 안 있어, 두 사람은 한결같이 베를린에 있는 공통의 친구 프리드리히 아우구스트 볼프[67]의 특징을 올바르게 해석하기 위해 열을 올렸다. 다음으로는 〈니벨룽겐의 노래〉[68]에 관한 논의가 시작되었고, 이어 바이런 경이 화제에 올라 그가 바이마르를 방문해 주었으면 좋겠다는 말이 나왔다. 그 말에는 젊은 괴테 부인이 특별한 관심을 나타냈다. 다음으로 빙겐의 즐거운 로크수 축제[69]가 화제에 오르자, 첼터는 특히 두 사람의 아름다운 소녀를 자신의 추억담으로 풀어냈다. 그 마음씨 고운 두 소녀의 따뜻한 환대는 첼터의 마음속에 깊이 각인되었던 모양이었다. 왜냐하면 그 추억을 떠올릴 때마다 지금도 행복한 미소를 짓게 된다고 했기 때문이다. 이어 괴테가 집필한 사교시(社交詩)〈전쟁의 축복〉이 활발하게 토론되었다. 첼터는 끊임없이 부상병과 아름다운 여자와의 일화를 얘기하면서, 자기는 그저 이 시의 진실성을 입증하는 것뿐이라고 말했다. 괴테는 "나는 그런 진실을 멀리까지 가서 찾을 필요가 없었어. 나는 모두 바이마르에서 개인적으로 체험해서 습득할 수 있었거든." 하

---

[67] 볼프(1759~1824). 베를린대학의 고전문헌학 교수인 그는 괴테와 1805년 이래로 친교를 맺고 있었다. 그는 1795년 〈호메로스 연구 서론〉에서 호메로스가 쓴 것이라고 알려져 있는 〈일리아스〉와 〈오디세우스〉는 한 시인이 아닌, 여러 시인이 쓴 것이라고 주장했지만, 괴테는 이 주장에 찬동하지 않았다.

[68] 1204년 전후 바이에른 혹은 오스트리아 빈의 공작 궁전에 관계하는 시인이 쓴 것으로 추정되는데, 괴테와 실러 이전의 작품으로서 독일인들 사이에서 즐겨 읽히던 서사시이다. 20세기 초에 문학사가인 아돌프 바텔스는 "독일문학사에서 독일의 작가 정신이 산출한 최대의 산물이자 독일인의 기질을 가장 완전히 또한 명료하게 나타낸 작품, 그러므로 만약 독일 민족이 이 세상에서 사라질 경우에 이 민족의 이름을 가장 찬란하게 이 세상에 남길 수 있는 작품을 들라고 한다면 우리는 그것을 단 2편의 문학작품에 국한할 수 있을 것이다. 그것은 다름 아닌 〈니벨룽겐의 노래〉와 괴테의 〈파우스트〉이다."라고 말했다.

[69] 프랑스의 수도사이자 성인인 로크수를 기리는 축제로 빙켄에서 열렸다. 괴테는 1814년 비스바덴 온천장에 머무르고 있을 때, 첼터와 함께 이곳을 방문했다.

고 말했다. 그러나 젊은 괴테 부인은 쉬지 않고 반대 입장을 취하면서, 여자들은 이런 망측한 시에서 그리고 있는 것은 용납할 수 없다고 우겨댔다.

이렇게 오늘도 식탁을 둘러싸고 아주 즐거운 시간을 보냈다.

늦은 시간이 되어서야 비로소 괴테와 단둘이 대화를 나눌 기회가 생겼다. 그는 나에게 첼터에 대해 물으면서, "어떤가, 그가 자네 마음에 들던가?" 하고 말했다. 나는 그분의 됨됨이는 전적으로 마음에 든다고 말했다. 이에 괴테는 "첫인상은 어딘지 모르게 조금 거칠어 보이는 데가 있지. 때로는 난폭하게 보이기도 하고 말일세. 그러나 겉보기에 그럴 뿐이지, 내면은 아주 다르다네. 첼터만큼 섬세한 감정을 가진 사람도 드물어. 그가 반세기 이상 베를린에서 살았다는 것을 간과해서는 안 되네. 나도 알고는 있지만, 그곳에는 무모한 짓을 하는 사람들이 모여서 살고 있기 때문에, 점잔만 빼다가는 아무 소용이 없다는 것을 뼈저리게 느끼게 된다네 그래서 이럭저럭 살아 나가려면 조금은 우악스럽고, 때로는 배짱도 두둑해야 하지."라고 말하는 것이었다.

질풍노도문학의 선구자 헤르더

1824년

1824년 1월 27일 화요일

괴테는 자서전을 계속 쓰는 것에 대해 나하고 이야기했다. 현재 그는 이 작업을 한창 완성하는 중이라고 하였다. 그는 이 만년의 시기는 〈진실과 시〉[1] 속의 청년 시기처럼 세세한 것에 이르기까지 자세히 쓰지 않을 것이라고 말했다.

"나는" 하고 괴테는 말했다. "이 만년 시기를 차라리 연대기식으로 취급해야겠어. 그 속에는 나의 생활보다 오히려 나의 여러 활동 쪽이 더 많이 나오기 때문이지. 일반적으로 개인에게 중대한 시기는 성장기이지. 내 경우에는 그것이 자세히 서술한 〈진실과 시〉여러 권 속에 완결되어 있어. 그 이후에는 사회와의 갈등이 시작되는데, 그러한 것은 단지 거기에서 어떤 것이 탄생할 때만 흥미가 있는 것이야.

그리고 독일의 한 학자의 생애에 대해 쓴다고 해서 그것이 무슨 의미가 있겠는가? 나의 경우에는 어느 정도 볼 만한 것이 있다고 하더라도 그것을 사람들에게 전달할 수 없고, 또 전달할 수 있는 것은 그렇게 할 만한 노력의 가치가 없지. 또 우리가 이야기하는 것을 즐거운 마음으로 들어 주는 그런 경청자들이 어디에 있다는 말인가?

이제 노년기에 이르러 나의 젊었을 때와 장년기의 생활을 되돌아보고 젊었을 때 함께 지냈던 사람 중에서 얼마나 적은 수의 사람이 살아 있는지를 생각할

---

1) 이것은 괴테가 어릴 때부터 바이마르에 오기까지를 자서전적으로 기록한 것이다. 괴테가 살아 있는 동안은 〈진실과 시(Wahrheit und Dichtung)〉라고 썼지만, 오늘날에는 〈시와 진실(Dichtung und Wahrheit)〉로 바꿔쓴다. 괴테는 〈시와 진실〉이라는 부제목에 〈나의 생애로부터(Aus meinem Leben)〉라는 본제목을 붙였다. 〈시와 진실〉에서 괴테는 사실의 전달만으로는 진실을 밝힐 수 없고, 거기에 그 사실의 의미를 확실하게 하는 시적인 요소가 내포되어야 비로소 고차원적인 진실이 나타난다고 말했다.

때면, 온천장에서 여름 한동안 함께 지냈던 일을 생각하게 된다네.

사람들은 도착하자마자 그곳에서 이미 한동안 지내고 있던 사람들과 아는 사이가 되어 친해지지만, 다음 주에 그 사람들은 다시 떠나가 버리고 말지. 이별은 슬픈 것이라네. 그러다가 이번에는 자기 뒤에 온 사람들과 가까워지고 한동안 함께 지내다가 마음을 터놓는 사이가 된다네. 그러나 이 사람들도 얼마 안 가 가버리고 말지. 우리는 외롭게 또 새로 도착한 이들과 함께 뒤로 남겨지는 것이라네. 그러나 이 사람들은 우리가 떠나기 직전에 도착한 사람들로, 우리와는 아무 상관이 없지.

세상 사람들은 언제나 나를 특별한 행운을 받은 자라고 칭찬하네. 나 자신도 이의를 제기하고 싶지 않고, 나의 인생행로를 불평하고 싶지도 않네. 그러나 결국 그것은 노고와 일 이외의 아무것도 아니었지. 나는 이 75년이라는 세월을 통해 내가 정말로 즐거웠던 날은, 단 1개월도 안 된다고 말할 수 있네. 언제나 되풀이하여 돌을 위로 밀어 올리려고 하지만, 그것은 영원히 아래로 굴러 떨어지는 것 같은[2] 그런 기분이었다네. 나의 연대기를 읽어보면 내가 지금 말한 것을 확실하게 알 수 있지. 나의 활동 요구는 안팎으로 너무나 많았다네.

나의 진짜 행복은 시적인 명상과 시의 창작에 있었지. 그러나 이것도 나의 외적 지위 때문에 얼마나 교란받고, 제한받고, 방해를 받았던가. 만약 공적 직무상의 활동을 멀리하고 고독 속에 살 수 있었더라면, 나는 한층 더 행복하고 또 시인으로서도 훨씬 더 많은 것을 성취할 수 있었을 것이네. 그러나 〈괴츠〉와 〈베르테르〉를 쓴 뒤 얼마 안 있어서 듣게 된 어느 현자의 말이 나에게는 사실로 되어 버렸지. 그것은 사람이 세상을 위해 한 번 좋은 일을 하면, 세상은 그 사람이 두 번 다시는 그런 일을 하지 못하게 만들어 버리고 만다는 말이었어!

이름이 세상에 널리 알려진다는 것[3]과 지위가 높다는 것은 생활에 있어서 좋은 일이기도 하지. 그러나 나의 높은 이름과 지위에도 불구하고 내가 했던 일

---

2) 호메로스의 〈일리아스〉에 나오는 시시포스 이야기를 인용한 것이다. 그러나 그는 영원히 다시 떨어지는 돌을 쉬지 않고 재차 굴려 올리는 불굴의 노력가였다.
3) 〈젊은 베르테르의 슬픔〉이 1774년에 출판되자, 괴테는 〈베르테르〉의 저자로 알려지게 되었다. 그리고 독일은 〈베르테르〉를 통해 처음으로 대외적으로 문명국이라는 인상을 주기 시작했다.

은, 다른 사람에게 상처를 주지 않으려고 다른 사람의 의견에 입을 다물었던 것뿐이라네. 그때 나는 다른 사람의 생각을 알고 있었고, 다른 사람은 내 생각을 알 수 없었다는 이점은 있었지만, 이것은 정말로 더없이 어리석은 짓이었지."

1824년 2월 15일 일요일

오늘은 괴테가 점심을 먹기 전에 함께 마차를 타고 멀리 산책을 하자고 하였다. 내가 그의 방으로 들어갔을 때, 그는 아침을 먹고 있었다. 아주 밝은 표정이었다.

"나는 기분 좋은 방문을 받았어." 그는 나에게 즐겁게 말했다. "베스트팔렌 지방에서 온 아주 전도유망한 마이어[4]라는 청년이 지금 내 집에 와 있다네. 시를 써서 왔는데, 크게 기대할 만하네. 이제 겨우 18세밖에 안 되는데 믿을 수 없을 만큼 앞서가고 있어.

나는 지금 내가 18세가 아니어서 기쁘다네. 내가 18세 때는 독일도 겨우 그 나이쯤이어서 할 일이 많았지. 그러나 지금은 모든 것이 놀랄 만큼 진보되어 있어서 어느 쪽을 보아도 길이 막혀 있어.

독일 자체가 각 분야에 걸쳐 그처럼 높은 수준에 도달해 있기 때문에, 전체를 관망할 수 없을 정도야. 게다가 우리는 지금 그리스인이나 로마인 심지어 영국인이나 프랑스인이 되라는 요구를 받고 있지. 아니 그뿐만이 아니라, 동양을 목표로 삼으라고까지 해서 젊은 사람들이 어찌할 바를 모르게 만들고 있네.

나는 이 마이어 청년이 끝까지 그리스인 곁에 머물러 거기에서 마음의 평화를 얻기를 바란다는 상징의 표시로, 나의 거대한 유노 입상을 보여주면서 위로했지. 그는 훌륭한 젊은이야. 만약 그가 마음을 바로잡고 산만한 세계로부터 자신을 지켜 나간다면 어엿한 인물이 될 거야.

그러나 이미 말한 대로, 나는 오늘날처럼 철두철미하게 모든 것이 완성되어 버린 시대를 사는 내 자신이 더 이상 젊은 사람이 아니라는 것을 하늘에 계신 하느님에게 감사하고 있지. 젊었다면 어떻게 팔짱을 끼고서 앉아만 있겠는가.

---

[4] 베스트팔렌이 아니라 헤센주 출신의 청년(1805~1884)으로 나중에 프로이센의 공사관 참사관이 된다.

하지만 미국으로 도망을 가더라도 이제는 이미 늦었어. 왜냐하면 그곳도 이젠 이미 대낮처럼 밝아져 있으니까 말이야."

1824년 2월 22일 일요일

나는 괴테와 그의 아들과 함께 식사했다. 괴테의 아들은 우리에게 그의 학창 시절, 즉 하이델베르크에 체류했을 때 겪었던 여러 가지 즐거웠던 이야기를 들려주었다. 그는 자기 친구들과 휴일이면 라인강 강가에 여러 번 작은 여행을 갔는데, 언젠가 그곳에 있던 여관 주인이 특히 그의 추억에 남아 있다고 하였다. 한 번은 10명의 친구들과 함께 그의 여관에서 하룻밤을 지냈는데, 그가 단지 한 번만이라도 학생 주연(酒宴)의 즐거움을 맛보고 싶다면서 술값을 받지 않고 술을 제공했다는 것이다.

식사 후에 괴테는 우리에게 이탈리아 지방, 특히 국경 스위스 산맥과 마지오래 호수가 있는 북쪽 지역의 채색 그림을 보여주었다. 보르로메오 섬들은 수면에 그림자를 나타내 보이고 있었고, 호숫가에는 작은 배와 고기 잡는 기구들이 보였다. 그때 괴테가 이것이 〈편력시대〉[5]에 나오는 호수라고 가르쳐 주었다. 서북방 몬테로자 방향으로는 호수를 에워싼 언덕이, 해가 지고 나서 얼마 안 있어 흔히 그렇게 보이듯이 진한 남색 덩어리를 이루고 있었다.

평지에서 태어난 나는 이런 무겁고 장엄한 연산(連山)을 접하면 왠지 섬뜩해지기 때문에 이런 계곡 속을 방랑해 보고 싶은 기분은 전혀 생기지 않는다고 말했다.

"그런 기분이 되는 것도 당연한 것이지." 하고 괴테는 말했다. 결국 인간은 이 세상에 태어나 성장한 환경에만 순응하게 되는 것이라네. 고매한 목적을 품고 이국땅을 방랑하는 사람이 아닌 이상, 자기 나라에 머물러 있는 것이 훨씬 행복하지. 스위스가 나에게 준 인상은 처음에는 정말 대단한 것이어서 그 때문에 마음이 산란하고 불안했다네. 계속 체류하면서, 훗날 산맥을 단지 광물학적인 견지에서 관찰하게 되고 나서야 비로소 나도 침착하게 저 산들과 대응할 수 있

---

5) 〈빌헬름 마이스터의 편력시대〉의 제2부 제7장에 나오는 마조레 호수를 말한다.

게 되었어."

이어 우리는 프랑스의 화랑 출신의 신예 화가들의 그림을 동판으로 만든 것을 눈여겨보았다. 이들의 그림 솜씨는 거의 예외 없이 허약한 것으로, 40점 가운데서 좋은 것은 겨우 네다섯 점뿐이었다. 좋은 것 중에는 이런 것이 있었다. 연애편지를 대필하고 있는 소녀, 팔려고 내놓았으나 아무도 사려고 하지 않는 집의 여인, 고기잡이, 성모상 앞에 있는 음악가 등이다. 또한 푸생풍의 풍경화[6] 중에서도 괜찮은 것이 있었다.

이것을 괴테는 다음과 같이 말했다. "이런 화가들은 푸생의 풍경화에서 일반적인 개념을 체득하여, 그것을 사용하여 작업을 계속하고 있네. 이런 그림은 좋다고도 나쁘다고도 말할 수 없어. 나쁘지 않다는 것은 도처에 훌륭한 전형을 보여주고 있기 때문이지. 그러나 좋다고도 말할 수 없는데, 그건 이 화가들에게는 대체로 푸생과 같은 위대한 개성이 결여되어 있기 때문이야. 시인의 경우도 마찬가지일세. 셰익스피어의 위대한 수법을 쓰면서도 작품의 완성도가 좋지 않은 사람들도 있지."

마지막으로 우리는 프랑크푸르트시에 세워질, 라우흐 작의 괴테 조각상 모형 그림을 오랫동안 관찰하면서 이야기를 나누었다.

1824년 2월 24일 화요일

오늘 1시에 괴테에게로 갔다. 그는 나에게 원고를 보여주었다. 그것은 그가 〈예술과 고대〉의 제5권 1집에 수록하기 위해 받아쓰게 한 것이다. 독일의 '파리아'[7]에 관해 내가 쓴 비평과 프랑스의 비극,[8] 그리고 그가 쓴 3부작 서정시에 대해서도 괴테는 후기를 곁들이고 있었다. 이것으로써 이 문제는 결말이 난 셈이었다.

괴테는 말했다. "자네가 평론할 때 인도의 사상을 이용한 것은 잘한 일이야. 결국 우리의 연구에서 남게 되는 것은 우리가 실제로 적용할 수 있는 것뿐이기

---

6) 푸생(1594~1665). '프랑스의 라파엘로'로 불리는 그는 근대프랑스 그림의 아버지이다.
7) 미하엘 베어(1800~1833)가 쓴 비극작품을 말하고 있다.
8) 프랑스의 극작가인 델라빈(1793~1843)이 쓴 합창이 붙은 비극 〈르 파리아〉를 말한다.

푸생의 〈아르카디아 목자들〉

때문이지."

나는 그의 말에 찬성을 표시하면서 나도 대학 재학 중에 똑같은 경험을 했다고 말했다. 교수의 강의 중에서 내 머리에 남아 있는 것은 단지 실제로 적용할 수 있다고 판단되는 것뿐이었다. 이와는 반대로 앞으로도 내가 실제로 사용할 수 없는 것은 완전히 잊어버리고 말았다.

나는 말했다. "나는 헤렌 교수 밑에서 고대사와 근대사를 청강했지만, 지금은 하나도 기억할 수 없습니다. 그러나 지금 뭔가 희곡을 쓰려고 마음먹고 역사의 일부분을 연구하게 되면 그러한 연구는 틀림없이 언제나 머리에 남을 것입니다."

"어디에서나" 하고 괴테는 말했다. "대학에서는 과제물이 너무 많아. 또 너무나 많은 쓸데없는 것을 가르치고 있어. 모든 학자가 자기 전공 분야를 너무 넓게 잡아 청강생의 요구 이상으로 확장하고 있지. 예전에는 화학과 식물학은 약학과 소속으로 강의하고 있었고, 의과대학생들도 그것으로 만족하고 있었지. 그러나 오늘날에는 화학도 식물학도 독립되어 드넓은 학문이 되어 버렸어. 그

중 한 가지만 하려 해도 일생이 요구될 정도야. 또한 그것을 의과대학생에게도 억지로 강요하려고 하고 있어. 그러나 이런 일을 강행하면 아무것도 되지 않아. 한쪽을 하게 되면, 다른 한쪽은 등한시하게 되어 잊어버리게 되지. 그러므로 현명한 사람은 모든 잡다한 요구를 물리치고 한 전공 분야에만 국한하여 그것에 정통하려고 하는 것이라네."

이어 괴테는 나에게 그가 쓴 바이런의 〈카인〉에 관한 소논문을 보여주었다. 나는 그것을 아주 흥미 있게 읽었다.

괴테는 말했다. "우리가 모두 아는 사실이지만, 바이런과 같은 자유정신은 결점이 많은 교회의 도그마 때문에 무척 괴로워했네. 이런 희곡을 보면 그가 자신에게 강요된 교의에서 해방되려고 얼마나 노력했는가를 알 수 있지. 물론 영국의 성직자 사회는 그를 달갑게 생각하지 않았을 거야. 그가 그럼에도 친숙한 성서 속의 소재를 가지고 계속해서 쓸 것인가, 또 소돔과 고모라의 멸망[9]과 같은 소재는 그냥 빼먹을 것인가 알고 싶구먼."

이런 문학적인 고찰 뒤에 괴테는 고대에 조각된 돌을 보여주면서 나의 관심을 조형미술 쪽으로 옮겨 놓았다. 그 돌에 대해서는 벌써 전날에도 감탄의 말로 이야기를 했다. 나는 그 속에 표현된 소재의 소박함을 바라보면서 황홀한 기분이 되었다. 어떤 사나이가 어깨에서 무거운 물통을 내려놓으면서 한 소년에게 물을 먹이려 하고 있다. 그러나 상황이 여의찮아, 물통은 아직 소년의 입 가까이에 충분히 이르지 못했다. 물은 좀처럼 흘러나오지 않는다. 소년은 두 손을 물통에 대고 조금만 더 기울여 달라고 부탁하듯이 사나이를 올려다보고 있다.

괴테는 말했다. "어때, 자네 마음에 드는가? 우리 근대인은 이런 순전히 자연스럽고 소박한 모티브의 위대한 아름다움을 느낄 수 있다네. 또 이것을 만들 방법에 대한 지식과 관념도 가지고 있지. 그러나 우리는 그것을 만들 수가 없어. 지성이 너무 지배적이어서 여기에서 볼 매혹적인 아름다움을 완전히 상실하고 말 거든."

---

9) 구약성서 창세기 제13장~제19장에 나오는 도시의 이름. 이 두 도시의 주민들이 악행을 일삼기를 그치지 않자 하늘에서 유황불이 쏟아져 내려와, 도시와 사람 그리고 땅에서 자라나는 모든 것을 불태워 버렸다고 한다.

하인리히 F. 브란트의 〈돌 아래에서 아버지의 무기를 꺼내는 테세우스〉

1824년

이어 우리는 베를린에 사는 브란트[10]가 새긴 메달을 보았다. 젊은 테세우스가 아버지의 무기를 돌 아래에서 꺼내려고 하는 광경이 양각되어 있었다. 인물의 위치는 상당히 잘 묘사되어 있었지만, 돌의 중량에 맞먹는 사지의 긴박감은 충분하지 않았다. 또 젊은이가 한 손으로는 돌을 들어 올리고 있으면서, 또 다른 손에 무기를 잡고 있다는 것은 좋은 착상이라고 할 수는 없었다. 왜냐하면 먼저 무거운 돌을 옆으로 제치고 나서 무기를 잡는 것이 자연스러운 이치이기 때문이다.

"자, 이번에는 고대인이 같은 소재를 취급해 음각(陰刻)의 무늬를 새긴 보석을 보여주지." 하고 괴테는 말했다.

그는 슈타델만을 시켜 상자를 가져오게 했다. 그 속에는 수백 점의 음각 무늬를 새긴 보석의 복제가 들어 있었다. 이것은 그가 이탈리아 여행 때 로마에서 가지고 온 것이었다. 여기에는 고대 그리스인이 전과 같은 제목을 취급한 것이 있었다. 그런데 전혀 다르지 않은가! 젊은이는 혼신의 힘을 다해 돌을 떠받치고 있었고, 그의 힘은 돌의 무게를 충분히 견디어 내고 있었다.

벌써 돌의 무게를 극복하여 지금 당장이라도 그것을 옆으로 던져 버릴 듯이 들어 올리고 있는 모습이었다. 이 젊은 영웅은 온몸의 힘을 무거운 돌덩어리로 향하면서도 시선만은 그의 발밑에 놓여 있는 무기 쪽으로 떨어뜨리고 있었다. 우리는 이런 취급법에 나타난 위대한 자연의 여실점을 보고 기뻐했다.

괴테는 웃으면서 말했다. "마이어가 언제나 생각한다는 것이 그토록 어렵지 않았으면 좋겠다고 말하곤 했지만, 나쁘게도 모든 생각은 뭔가를 생각해 내는 데 아무런 도움을 주지 못한다는 거야. 사람은 본래부터 올바르지 않으면 안 되지. 그래야만 좋은 착상이 신의 자유로운 아이들처럼 우리 앞에 나타나서 '여기 있다!'고 소리를 지르지 않겠나."

1824년 2월 25일 수요일

괴테는 오늘 두 편의 아주 희귀한 시[11]를 보여주었다. 이 두 편의 시는 모두

---

10) 브란트(1789~1845). 베를린의 메달 조각가이다.
11) 시인이 지켜야 하는 작가의 본분을 말한 것이다. 히틀러 시대에 미국에 망명했다가 끝내 독

고도의 윤리적 경향을 띠고 있었지만, 개개의 모티브는 세상 사람들이 언제나 비윤리적이라고 부르기 쉬울 만큼 거리낌 없을 정도로 자연스럽고 진실미에 넘쳐 있었다. 그러므로 괴테도 이것들을 비밀에 부치고 발표하려는 생각은 하지 않았다.

"만약 정신과 더 높은 교양이" 하고 그는 말했다. "인간들의 공동재산이 될 수 있게 된다면, 시인은 공명정대하게 행동할 수 있게 될 것이고, 전적으로 언제나 진실되게 거리낄 필요 없이 자기가 믿는 바를 입 밖에 낼 수 있게 될 거야. 그렇지만 실제로는, 그는 언제나 일정한 수준에 몸을 두고 있어야만 하지. 시인은 자기 작품이 세상의 갖가지 사람들 손에 넘어간다는 것을 고려하지 않을 수 없어. 따라서 또 너무 적나라한 표현으로 다수의 선량한 사람들의 감정을 해치지 않도록 주의해야 하는 게 당연하네. 그런데 또 시대라는 것은 이상한 것이기도 하다네. 시대는 변덕스러워서 같은 사람의 언행에 대해서, 세기가 바뀔 때마다 달라진 사람의 얼굴을 해 보이는 폭군과 같아. 고대 그리스인들 같으면 당당하게 말할 수 있었던 것도, 우리가 말하면 벌써 딱 들어맞지 않게 되지. 또 셰익스피어의 작품처럼 활기에 찬 동시대인들의 마음을 깊이 사로잡았던 것도 1820년의 영국인들에게는 참을 수가 없는 것이 되어서, 현대의 뜻에 영합하는 가정용 셰익스피어를 따로 만들어야 할 지경이 되지 않았는가."

"이것은 형식 면에서도 아주 많은 문제가 있다고 생각합니다." 하고 나는 말했다. "저 두 편의 시 중 하나는 고대의 음색과 운율을 따르고는 있지만, 훨씬 혐오감을 덜 느낍니다. 물론 각 모티브 자체로서는 반감을 불러일으키지만, 그래도 취급 방법은 전체적으로 아주 위대하고 품위를 갖추고 있기 때문에 마치 우리가 저 억센 고대인의 목소리를 듣는 것 같고, 그리스의 영웅시대로 되돌아간 것 같은 기분이 됩니다. 이와는 달리, 거장 아리오스트[12]의 음색과 운율로 쓰여진 다른 시는 훨씬 의심스럽습니다. 현대의 연애를 주제로 하고 있고 언어도 현대어입니다. 그리고 모든 것이 적나라하게 표현되어 있어 대담한 개개의

일의 통일을 보지 못하고 스위스의 취리히에서 세상을 떠난 토마스 만(1875~1955)은, 괴테의 글 중에서 이것을 가장 좋아하는 문구로 꼽았다.
12) 아리오스트(1474~1533). 이탈리아의 시인인 그의 대표작은 〈광란의 오를란도〉이다.

행위도 전자에 비해 훨씬 저돌적으로 보입니다."

"자네가 말한 대로야." 하고 괴테는 말했다. "갖가지 시의 형식은 불가사의한 위대한 힘을 간직하고 있지. 만약 나의 〈로마 비가〉의 내용을 바이런의 〈돈환〉[13]과 같은 음색과 시형으로 고쳐 쓴다면, 그 내용은 정말로 모독적인 것으로 보일 것임이 틀림없네."

프랑스 신문이 도착했다. '앙굴렘 공작이 인솔한 프랑스군의 스페인 원정이 끝났다'[14]는 보도는 괴테의 큰 관심을 불러일으켰다.

괴테는 말했다. "부르봉 왕가의 이번 행동은 칭찬받아 마땅하지. 왜냐하면 군대를 자신들의 것으로 만들어야만 그들은 비로소 왕위를 확보할 수 있기 때문일세. 이번에 그 목적이 이루어진 셈이야. 병사들은 충성심을 갖고 그들의 왕한테로 다시 돌아왔어. 병사들은 자신들의 승리와 많은 지배를 한 우두머리 스페인의 패배를 비교해 보고, 위로 한 분의 왕을 섬기는 것과 많은 우두머리들에게 복종하는 것 사이에 어떤 차이점이 있는지 확신할 수 있게 된 거지. 병사들은 옛날부터 내려오는 명예를 유지할 수 있고, 나폴레옹이 없어도 자기들만으로 용감하게 싸울 수 있으며, 또 승리할 수 있다는 것을 세상에 확실하게 밝힌 거야."

이어 괴테는 그의 생각을 과거의 역사로 돌려 7년 전쟁[15] 때의 프로이센 군대에 대해 여러 가지 이야기를 했다. 그 군대는 프리드리히 대왕 덕분에 전쟁에서 언제나 승리했는데, 그 결과 나중에는 자부심이 너무 강하고 과도할 정도로 오만해졌기 때문에 계속 패배를 맛보았다고 말했다. 괴테는 일일이 세세한 부분까지 눈으로 직접 보는 듯이 말했기 때문에, 나는 그의 혜택받은 기억력에 감

---

13) 바이런의 장편서사시. 스페인의 젊은이 돈환이 연애 사건으로 인해 국외로 망명 여행을 다니면서 얻은 생활체험을 풀어내며, 이를 기초로 사회에 대한 풍자를 시도한 작품이다.
14) 오스트리아의 재상 메테르니히는 동맹국 회의에 따라 1823년 4월부터 9월까지 프랑스 군대를 스페인에 보내, 스페인의 혁명운동을 진압하고 이 나라에 전제주의를 부활시켰다.
15) 7년 전쟁(1756~1763). 프로이센의 프리드리히 대왕은 이 전쟁에서 마리아 테레지아 통치하의 오스트리아뿐만 아니라 유럽의 3대 강국 영국, 프랑스, 러시아를 상대로 싸웠다. 그 결과로 폴란드는 결국 그 영토의 일부분을 각각 오스트리아와 프로이센, 그리고 러시아에게 넘겨주어야 했다.

탄할 뿐이었다.

"나는 큰 이득을 봤지." 그는 말을 계속했다. "다시 말해 나는 가장 큰 세계사적 사건이 마치 일상사처럼, 나의 긴 생애를 통해 계속 일어나는 시대에 태어났기 때문이야. 덕분에 7년 전쟁을 시작으로 영국으로부터의 미국 독립, 이어 프랑스혁명을 볼 수 있었지. 또 마지막에는 나폴레옹의 시대 전부와 이 영웅의 몰락, 그리고 그 후에 계속되는 여러 사건의 일정을 이 눈으로 목격한 산 증인이 될 수 있었다네. 그때문에 나는 요즘 태어난 사람들이 가지고 있는 것하고는 전혀 다른 결론과 판단에 도달하게 되었지. 그들은 책을 통해서만 대사건을 배우는 수밖에 없는데, 그것만으로는 진실을 이해할 수 없지 않겠나."

"가까운 장래에 어떤 일이 일어날지는 전혀 예측할 수가 없지. 그렇다고 평화가 그렇게 쉽게 오리라고 생각하지도 않아. 이 세상을 절대로 만만하게 보아서는 안 되네. 높은 사람들은 권력을 남용하기 쉽고, 군중은 점진적인 개선에 기대를 걸면서 알맞은 상태에 만족하려 하지 않지. 인류가 완전하게 될 수만 있다면 완전한 상태도 생각할 수가 있을 것이네. 그러나 실제로는 여기저기에서 동요하고 있지 않나. 한쪽에서는 고통스러워하는데, 다른 한쪽에서는 안락하게 살고 있어. 이기심과 질투심은 심술궂은 악령처럼 희롱을 되풀이할 뿐이야. 그리고 각 당파의 싸움은 여전히 그칠 줄을 모르지.

어떤 경우에도 가장 현명한 사람은 각자 태어나서 배워 익힌 업무에 부지런히 힘쓰고, 다른 사람이 자기 일에 최선을 다하고 있는 것을 방해하지 말아야 하네. 구둣방 주인은 언제나 구두 형틀 옆에 있으면 되는 것이고, 농부는 쟁기를 들고 있으면 되는 것이며, 군주는 나라를 다스리는 기술을 분별할 수 있으면 되는 거야. 어떠한 직업도 배워야 하고, 또 자기가 이해할 수 없는 분야에 대해서는 말참견을 삼가야 하는 것이라네."

괴테는 다시 프랑스 신문으로 화제를 돌렸다. "자유당원들은 연설하는 것도 괜찮지. 그들이 말하는 것이 이치에 맞는다면, 사람들은 기꺼이 들을 것이야. 그러나 지배권을 장악하고 있는 왕당파 사람들이 연설하는 것은 좋지 않아. 대신 그들은 행동해야지. 그들이 군대를 파견하고 목을 친다든지 아니면 교살한다든지 하는 것은 그래도 괜찮아. 문제는 공공신문에 실린 이견 때문에 싸우고, 자신들의 정책을 변명한다든지 하는 어울리지 않는 일을 한다는 거야. 물론 왕들에게 대중이라는 것이 있다면 그들이 연설하는 것도 괜찮겠지.

나는 내가 무엇을 하고 영위하든지 간에 언제나 왕당주의자로서 일관하여 왔네. 다른 사람들이 지껄이는 것은 전혀 간섭하지 않고 내가 스스로 선하다고 믿는 것은 그대로 실행했지. 나는 사물에 대해 대처하는 방법을 알고 있고, 또 내가 목표로 하는 것이 무엇인지를 잘 알고 있네. 내가 개인으로서 잘못을 저질렀을 때는 그것을 다시 옳은 길로 되돌릴 수도 있었지. 그러나 내가 세 사람 혹은 더 많은 사람들과 함께 실수를 저질렀다면, 그 일은 아마도 원상복귀시키기에는 이미 늦은 것일 거야. 왜냐하면 당사자가 많으면 많을수록 의견 또한 저마다 다르기 때문일세."

이야기를 마친 후 식탁에 둘러앉았을 때도 괴테는 아주 기분이 좋아 보였다. 그는 폰 슈피겔 부인[16]의 기념수첩을 보여주었다. 거기에는 매우 아름다운 시구가 쓰여 있었다. 그 수첩에는 폰 슈피겔 부인이 괴테에게 좋은 시구를 얻기 위해 2년 간이나 비워 둔 곳이 있었는데, 그는 그때야말로 오랜 약속을 지킬 수 있었다며 기쁘게 말했다. 폰 슈피겔 부인에게 바친 시를 읽고 난 뒤에 그 기념수첩장을 계속 넘기자 많은 유명한 사람들의 이름을 볼 수 있었다. 바로 다음 페이지에는 티트게의 시[17]가 실려 있었는데, 그것은 전적으로 그의 〈우라니아〉적인 취향과 음색으로 일관되어 있었다. 괴테는 말했다. "무모한 생각에 사로잡혀, 자칫 두세 개의 시구를 그 밑에 써 버릴 뻔했지만 다행히도 그렇게 하지 않았네. 나는 무엄한 말을 함부로 써서 착한 사람들의 혐오감을 자초하기도 했지. 그 때문에 내 최상의 작품의 효과가 엉망이 되었던 게 한두 번이 아니었어."

"나는 티트게의 〈우라니아〉 때문에 적잖게 고생했었네. 왜냐하면 어디를 가나 〈우라니아〉의 노래와 낭송을 들어야만 하는 시기가 있었기 때문이야. 어떤 집의 식탁 위에도 〈우라니아〉가 있었고, 〈우라니아〉와 영생은 어디에서나 화제의 대상이었지. 나 또한 영혼 불멸을 믿을 수 있는 행복을 잃고 싶지는 않았어.

---

16) 괴테는 1821년 1월에 그녀의 기념첩에 헌시를 써넣을 것을 약속했다.
17) 티트케(1752~1841). 영혼의 불멸을 강조한 교훈적 서정시집인 〈우라니아〉는 1800년에 출판되어 1819년에는 6판을 넘겼고, 많은 여성의 애독서로 자리 잡았다.

아니 오히려 로렌초 디 메디치[18]와 마찬가지로, 내세를 믿지 않는 사람은 현세에서도 죽어 있는 것과 같다고 말하고 싶네. 그러나 그러한 알 수 없는 내용을 일상생활의 고찰 대상으로 한다든지, 아니면 사색을 어지럽게 만드는 명상의 대상으로 하기에는 무리가 있지. 그뿐만 아니라 영생을 믿는 사람은 혼자서 그 믿음에 젖어 있으면 되는 것이 아니겠나. 그것을 자랑스럽게 내보일 이유는 없다고 생각하네. 그런데 티트게의 〈우라니아〉를 읽고 이 책에 푹 빠져버린 사람들은, 마치 그들이 귀족이나 된 것처럼 일종의 특별한 계급을 형성하고 있었다네. 언젠가 티트게처럼 영생을 믿는 것을 자랑으로 삼는 어리석은 부인들을 만났는데, 그 많은 사람들이 아주 오만한 태도로 나를 시험해 보려고 했기 때문에 아주 질려버린 일도 있었지. 그러나 나는 이렇게 말해서 그녀들을 화나게 만들어 버렸다네.

'이 생명이 다 끝난 뒤에 또 하나의 다른 생명이 찾아온다면, 참으로 고마운 일입니다. 그렇지만 제발 저쪽 세상에서는 이쪽 세상에서의 독신자(篤信者)들과 절대 다시 만나지 않았으면 좋겠습니다. 그렇게 되지 않으면 나의 고통은 다시 처음 상태로 되돌아갈 것이기 때문입니다. 독신자들이 나에게 몰려와서 그때 우리가 말한 것이 정말이었지요, 전에 말하지 않았던가요, 그때 말한 것이 적중하지는 않았나요, 하고 말한다면 저쪽 세상에서도 지루하기 그지없을 것이기 때문입니다'라고 말해 주었던 것이지.

영생사상에 열을 올리는 것은 상류계급과 특히 아무 일도 하지 않는 여자들이나 할 일이야. 이 세상에서 성실하게 살려고 하는 유능한 사람들은 매일 노력하고 분투하고 활동하면서, 내세의 일은 내세에 맡기고 이 세상을 위해서 열심히 일을 하려고 하지. 그리고 이 영생사상이라고 하는 것은 이 세상에서 행복이라는 혜택을 별로 받지 못한 사람들을 위해 있는 것이라네. 내가 장담하건대, 만약 선량한 티트게가 생전에 좀 더 좋은 운명을 가지고 태어났더라면 훨씬 좋은 사상을 가지고 있었을 것일세."

---

[18] 로렌초 디 메디치(1448~1492). 메디치 일가는 15세기에서 18세기에 걸쳐 피렌체에서 번영한 이탈리아의 재력가로, 그 로렌초 1세는 넓고 깊은 교양을 갖추고 있어 미켈란젤로를 비롯해 많은 예술가를 보호했다.

1824년 2월 26일 목요일

괴테와 함께 식사했다. 식사를 끝내고 식탁을 치우고 난 뒤에, 그는 슈타델만에게 동판화가 들어 있는 큰 화집을 가져오라고 했다. 그 그림 포장 위에는 먼지가 조금 쌓여 있었는데, 마침 닦아낼 마땅한 걸레가 옆에 없어서 괴테는 기분이 언짢아 하인을 꾸짖었다. "더 이상 자네에게 말하지 않겠어. 걸레를 사오라고 그렇게 여러 번 말했는데 오늘도 사 오지 않았으니, 내가 내일 직접 사러 갈 거야. 그럼 내가 입 밖에 낸 말은 반드시 지킨다는 것을 자네도 잘 알게 될 거야." 슈타델만은 물러갔다.

"이와 비슷한 일이 배우인 베커[19]하고도 한 번 있었지." 괴테는 나에게 쾌활하게 말을 계속했다. "그는 〈발렌슈타인〉에 나오는 기사 역할을 못 하겠다고 했어. 그래서 나는 그가 만약 그 역할을 하지 않으면 내가 직접 하겠다고 했지. 나의 이 말이 효과를 가져왔어. 극장 사람들은 모두 나를 알고 있었거든. 그래서 내가 이렇게 말한 것도 농담이 아니라는 것과 나에게는 일단 입 밖에 낸 말은 우습게 보이는 일도 하고야 마는 미치광이와 같은 데가 있다는 것을 잘 알고 있었기 때문이지."

"정말 그 역할을 할 작정이었습니까?" 하고 나는 물었다.

"그렇고말고." 괴테는 말했다. "만약 내가 그 역할을 했더라면 아마도 베커 씨를 능가했을 거야. 왜냐하면 그 역할에 관해서는 내가 베커보다 더 잘 이해하고 있었기 때문이지."

이어 우리는 그림 포장을 열고 동판화와 스케치한 그림을 관찰했다. 괴테는 나에게 여러 가지로 세심한 관심을 기울여 주었다. 이것이 미술에 대한 나의 안목을 한층 더 높여 주려는 그의 의도였음을 금방 느낄 수 있었다. 그는 각 유파(流派)의 가장 완벽한 작품만을 나에게 보여주면서, 그것을 그린 미술가의 의도와 업적을 확실하게 가르쳐 주었다. 그로 인해 나는 이 최고의 미술가들이 가지고 있는 사상을 잘 판별하여, 곧바로 받아들여 누릴 수 있는 경지에까지 도달할 수 있었다. 괴테는 말했다. "이렇게 해서 우리가 소위 말하는 '취미'라고 하는

---

19) 베커(1764~1822). 바이마르 극장의 배우였던 그는 괴테의 〈타소〉에서 처음으로 안토니오 역을 맡았고, 한동안 바이마르 극장의 연출자가 되기도 했다.

것이 형성되는 것이지. 취미는 중급품으로는 성취될 수 없고, 오직 가장 우수한 것을 접함으로써만 형성되는 것이라네. 그래서 자네에게 오직 최고의 걸작만을 보여주는 거지. 이렇게 해서 자네가 자신의 관점을 확립하게 되면, 다른 것에 대한 판단기준도 갖추게 되어 과대평가는 삼가게 되고, 오직 바른 판단만을 내릴 수 있게 되는 것이라네. 그리고 내가 자네에게 각각의 유파들의 최고 작품들을 보여주는 이유는, 어떠한 유파의 작품도 경시하지 말아야 한다는 것과 그 유파에서 최고 절정에 이른 사람들은 위대한 재능을 가지고 있다는 평가를 받아 마땅하다는 것을 알게 해 주려 함일세. 가령, 여기 프랑스의 어떤 미술가가 그린 그림은 그 유례가 없을 만큼 단아하지 않나? 그래서 이 유파 최고의 걸작이라고 할 수 있는 것이지."

괴테가 그 그림을 나에게 보여주어서 나는 기쁜 마음으로 감상할 수 있었다. 어떤 여름 별장의 화려한 방 안이 중심이 되어 열어젖힌 유리창과 문 너머 정원 안까지 보이는 그림이었다. 여기에 이를 데 없이 단아한 사람들이 모여 있었다. 30세가량의 아름다운 부인이 악보를 가지고 앉아 있다. 지금 막 노래를 끝낸 것 같다. 그녀 옆에는 15세가량 되는 소녀가 의자에 기대어 있다. 그 뒤 열려 있는 유리창 옆에 또 한 부인이 서 있다. 그녀는 라우테 악기를 손에 들고 연주하고 있는 것처럼 보인다. 그때 한 젊은이가 들어오는 바람에 부인들의 시선이 모두 그쪽으로 쏠린다. 그가 이 아름다운 평화를 중단시켜 버린 꼴이 되었다. 그는 가볍게 인사를 한다. 사과의 말을 하는 것 같다. 이 말을 들은 부인들도 괜찮다는 표정이다.

괴테는 말했다. "이것은 아주 단아해 보여. 어딘지 모르게 칼데론[20]의 연극을 연상시키는 데가 있지. 그리고 이 중에서 가장 우수한 작품이야. 자네는 이 작품에 대해 어떻게 생각하나?"

이 말과 함께 그는 유명한 동물 화가인 로스의 에칭[21] 두세 작품을 보여 주었다. 전부 양들을 대상으로 한 것이었는데, 그것들을 여러 자세와 상태에서 관

---

20) 칼데론(1600~1681). 스페인의 극작가. 독일의 낭만파는 그를 높이 존경하고 있었다.
21) 로스(1631~1685). 프랑크푸르트의 유명한 동물화가 겸 풍경화가로 괴테는 그의 동판화 여러 장을 소장하고 있었다.

찰한 것이었다. 단순한 외관이며 추하고 더부룩한 털 모양이 섬세하게 묘사되어 모든 것이 생생한 실물 그대로였다.

괴테는 말했다. "이 동물 그림을 보고 있으면 언제나 불안해져. 완고함과 우둔함, 그리고 꿈꾸듯 하품하는 것 같은 장면을 보고 있노라면, 내 마음에 동정심이 일어나 내가 마치 양이 되어버린 것은 아닐까 하는 착각이 들기도 하고, 이 그림을 그린 화가는 정말로 양이 아니었을까 하는 의심까지 생기게 된다네. 작품 하나하나에서 화가가 이 동물의 영혼 속에 들어가 생각하고 느끼고 있다는 것이 보이는 것만 같아. 화가가 양의 외피(外皮)에 덮인 내면의 성격을 이와 같이 박진감 있게 표현했다는 것은 정말로 경탄해 마지않을 일이지. 위대한 재능을 가진 사람이 자신에게 어울리는 대상을 취급하는 모습을 보면, 그 사람이 훌륭한 작품을 창조할 자질을 갖추고 있다는 것을 그리 어렵지 않게 알 수 있다네."

"그런데 이 화가는" 하고 나는 물었다. "개나 고양이 또는 맹수와 같은 동물도 이처럼 박진감 있게 그렸던 것입니까? 인간 이외의 세계에 이처럼 깊게 파고들었으니, 인간의 성격도 그와 같이 충실히 취급하지 않았겠습니까?"

괴테는 말했다. "아니야, 그런 것은 그의 영역이 아니었어. 그러나 양, 염소 그리고 암소와 같은 유(類)의 온순한 초식동물은 그가 아무리 되풀이해 그려도 싫증을 느끼지 않았을 거야. 이것이 그가 처음부터 가지고 있었던 재능의 세계였지! 이런 동물에 대한 동정심은 천성적인 것이었고 동물들의 심리상태에 대한 지식은 나중에 얻은 것이기 때문에, 그는 이 동물들의 외형에 대해서 이처럼 혜택받은 눈을 갖출 수 있었던 거라네. 이와는 반대로 다른 생물에 대해서는 이처럼 깊이 지켜볼 수 없었거나, 그런 것들을 그려야겠다는 사명감도 충동도 없었던 거야."

괴테의 이 말을 계기로 나는 이와 관련된 많은 일들을 생각해 냈다. 그러자 그것들은 다시 나의 뇌리에 생생하게 떠올랐다. 며칠 전에도 그는 나에게 진실한 시인은 날 때부터 세상 물정을 훤히 알고 있으며, 그것을 묘사하기 위해 반드시 많은 경험적인 지식이 있어야 하는 것은 아니라고 말했다. "나는 나의 〈괴츠 폰 베를리힝겐〉을 22세의 젊은 시절에 썼지. 그리고 10년이 지난 뒤에도 나의 표현이 가지고 있는 진실미에 대해 놀랐어. 알고 있겠지만 나는 그와 같은

로스의 〈양과 염소들〉

사건을 체험한 적도, 목격한 적도 없었지. 그러므로 인간의 다양한 상황에 대한 나의 지식은 틀림없이 예견(豫見)을 통해 얻은 것이라 해도 무리가 아니라네."

"대체로 나는 외적 세계를 알기 전까지는 내면의 세계를 묘사하는 것에 기쁨을 느꼈지. 그런데 나중에 외적 세계는 실제로 내가 생각했던 것에 지나지 않았다는 것을 알고, 그 세계에 대해 진절머리가 나서 정작 그것을 묘사하고 싶은 생각이 추호도 들지 않았다네. 그렇지, 이렇게 말할 수 있을 것이네. 만약 내가 이 세계를 묘사하기 위해 그것을 알게 될 때까지 기다렸다면, 내가 쓴 문장은 이 세상을 조롱하는 것에 그쳤을 거야."

언젠가 괴테는 이렇게 말한 적도 있다. "개개인의 성격 속에는 바뀔 수 없는 일종의 필연성이 있어서, 그 때문에 어떤 근본 특징에 따라 어떤 이차적인 여러 가지 특징이 새로 생기지. 이런 것은 경험으로 충분히 배우는 것이지만, 때에 따라서는 이 지식을 선천적으로 몸에 지니고 있는 사람도 있을 거야. 나는 선천적인 지식과 경험이 결합해 있는지 확인해 볼 생각은 없어. 그러나 이것만은 확실해. 내가 15분간 누구와 대화를 나눈다면, 그 사람으로 하여금 장장 2시간 동안 계속 말을 하도록 만들 수 있다는 것 말이야."

또한 괴테는 바이런에 관해 그의 세계에 대한 눈은 투철했고 그 묘사는 예견에 의해 생긴 것이라고 말한 적이 있었다. 이 말을 듣고 나는 두세 가지 의문을 제기했다. 그렇다면 가령 바이런은 하등 동물의 본성도 잘 묘사할 수 있었을까 하는 것이다. 왜냐하면 그의 개성은 이와 같은 대상에 애정을 갖고 헌신하기에는 너무나도 강렬하다는 생각이 들었기 때문이다. 괴테는 나의 말에 동의하면서 어떤 상황에서도 예견과 같은 작동은, 대상과 작가의 재능이 서로 닮은 한에서만 가능하다고 말했다. 이 문제에 대한 우리의 의견은 예견이 좁은가 넓은가에 따라 그 작가의 묘사 능력이 미치는 범위의 대소(大小)가 정해진다는 점에 일치했다.

이어 나는 말했다. "선생께서 시인이 태어나면서부터 세상과 잘 통해 있다고 주장하실 때, 그 세상은 내적 세계만을 의미하는 것이지 외적 현상과 관습 같은 경험적인 세계를 말하는 것은 아니라고 생각합니다. 그러므로 시인이 경험 세계를 올바르게 표현하는 데에 성공하려면 역시 현실 세계의 탐구가 더해져

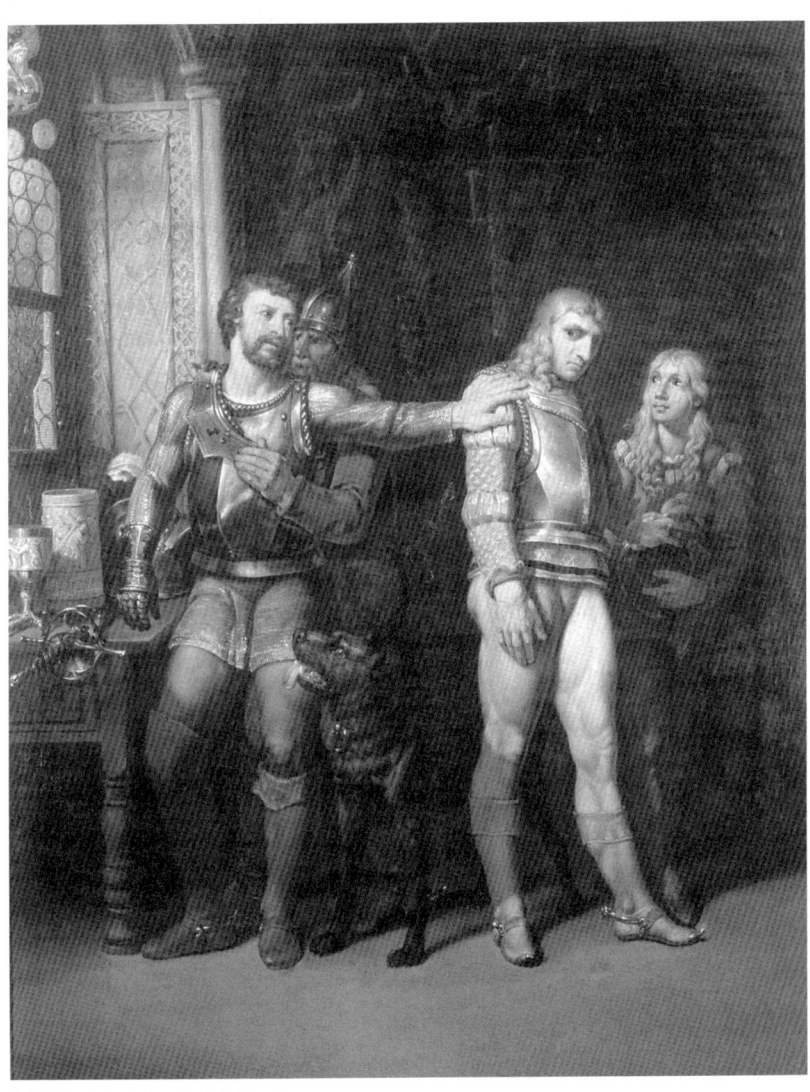

〈괴츠 폰 베를리힝겐〉 1막 3장 참고

야 하는 것이 아닐까요?"

나의 물음에 괴테는 대답했다.

"물론 그렇지. 시인은 사랑과 증오, 희망과 절망 등의 상태와 격정적인 영역에 대해서 태어날 때부터 감수성을 잘 갖추고 있어 그런 묘사는 쉽게 성공할 수 있지. 그러나 그렇지 못한 경우도 있어. 가령 재판과 소송의 과정 또는 국회, 대관식의 순서 같은 것은 세상에 태어나면서부터 알 수 있는 것이 아니야. 시인은 이러한 것들을 참된 모습에서 어긋나지 않게 그리려면 경험과 정통의 힘을 빌려 그것에 대한 지식을 습득하지 않으면 안 되네. 그래서 〈파우스트〉에서 나는 지쳐버린 주인공의 심정이나 그레트헨의 애절한 연정을 예견으로 마음껏 표현할 수 있었어. 그러나

> 축축하게 달아오른 늦은 조각달이
> 퍽이나 구슬프게 떠오르네[22]

이런 것을 쓸 때는 어느 정도의 자연 고찰이 필요했다네."

나는 말했다. "설령 각 행마다 눈으로 확인한 것은 아니더라도, 이 세계와 인생을 파악하기 위한 면밀한 탐구의 흔적은 〈파우스트〉 전편을 통해 뚜렷이 느낄 수 있었습니다. 그러므로 이 책을 읽은 사람들은 당신의 재능이 풍부한 체험을 거치지 않고 태어날 때부터 당신에게 저절로 주어진 것이라고 믿지는 않을 것입니다."

"그럴지도 모르지." 하고 괴테는 대답했다. "그러나 내가 예견을 통해 이 책의 내용을 마음속에 미리 간직하고 있지 않았더라면, 아무리 나의 눈이 열려 있었다고 해도 장님이나 마찬가지였을 것이고 탐구와 체험도 전혀 보람이 없는 헛수고에 지나지 않았을 것이네. 빛이라는 것이 먼저 존재해야 색채도 우리를 에워쌀 수 있는 것이야. 다시 말해 우리가 눈 속에 조금이라도 빛과 색채를 갖고 있지 않다면 외부 세계에 존재하는 빛과 색채도 인지하지 못하는 것이라네."

---

22) 〈파우스트〉 제1부 발푸르기스의 밤에 나오는 3851행. 에커만은 이것을 3852행. 에커만은 이것을 원문하고는 약간 다르게 적었다.

 파우스트와 그레트헨 슐레머의 그림

 〈파우스트 1부〉 664~667행 들라크루아의 그림

 람베르크의 〈아가멤논과 클리템네스트라〉

1824년 2월 28일 토요일

괴테는 말했다. "이 세상에는 무슨 일이든 즉석에서 가벼운 마음으로 대하지 못하고, 어떤 대상이라도 언제나 조용하고 깊게 파고들지 않고는 못 견디는 사람들이 있네. 그런 재능을 가진 사람들은 가끔 우리를 안타깝게 만들지. 지금 당장 필요하다고 생각하는 것을 그 자리에서 얻을 수 없기 때문이야. 그러나 즉석에서 최고로 고매한 것이 만들어지는 법일세."

나는 람베르크에게로 화제를 돌렸다. 괴테는 계속 말을 이어 나갔다. "확실하게 그 사람은 완전히 별종의 화가야. 아주 호감이 가는 재능의 소유자지. 또 그의 즉흥적인 천재성은 아무도 따를 수가 없어. 한번은 그가 드레스덴에서 나에게 그림을 그리기에 적당한 소재의 추천을 부탁한 적이 있었네. 나는 그에게 아가멤논을 그려 보라고 했어. 아가멤논이 트로이에서 고향으로 돌아와, 마차에서 내려 문지방을 넘는 순간 무서운 느낌을 받았던 그 장면 말이야. 이 소재에 맞게 그리기가 얼마나 어려운지는 자네도 잘 알 거야. 다른 화가 같았으면 숙고에 숙고를 거듭하고 난 뒤에야 비로소 붓을 들었을 테지. 그러나 내 입에서 이 말이 떨어지자마자 람베르크는 벌써 그림을 그리기 시작했어. 그가 내가 추천한 주제를 그 자리에서 정확하게 파악한 점에 정말이지 놀라지 않을 수 없었네. 사실 람베르크의 그림 두세 점을 가지고 싶은 심정이야."

이어 우리는 작품을 너무 경솔하게 그린 나머지 결국은 매너리즘에 빠져버리고만 다른 화가들에 대해 이야기했다.

괴테는 말했다. "틀에 박혀버린 매너리즘은 언제나 일을 끝내는 데에만 신경을 쓰게 하고, 일 자체에 대한 기쁨은 누릴 수 없게 만들어 버리지. 순수하고 진실한 위대한 작가가 맛볼 수 있는 최고의 기쁨은 제작 과정에 있어. 로스는 지칠 줄 모르고 염소와 양의 머리털과 목털을 그렸지. 그리고 그런 정밀 묘사를 보고 있으면 그가 제작 과정 동안 가장 순수한 행복을 느꼈고, 반면에 작품을 완성하는 결과에 대해서는 추호도 생각하지 않았다는 것을 알 수 있어.

재능이 부족한 사람일수록 이런 경지까지 올라가는 것을 좋아하지 않지. 그들은 제작 과정 중에도 오로지 작품을 완성해 얻게 되는 이익만을 눈앞에 떠올리지. 그러나 이러한 세속적인 목적에만 사로잡혀 있으면 결코 위대한 작품을 탄생시킬 수는 없는 법이라네."

1824년 2월 29일 일요일

정오에 괴테의 집으로 갔다. 그가 마차로 산책을 하자면서 식사 전에 나를 불렀다. 내가 갔을 때 그는 아침을 먹고 있었다. 그와 마주 앉아 최근 우리가 작업을 하고 있는 그의 저작집 신판(新版)에 대해 이야기를 나누었다. 나는 그에게 〈신들, 영웅 그리고 빌란트〉[23]와 〈목사의 편지〉[24]도 이 책에 첨부할 것을 권했다.

괴테는 말했다. "나는 그와 같은 청년시대의 작품에 대해서는 엄밀한 판단을 내릴 수가 없어. 따라서 젊은 자네들이 결정을 내려 주었으면 좋겠어. 그렇다고 그 초기의 작품을 나쁘게 말하고 싶지는 않아. 물론 나는 그 당시 정신없이 무의식적인 충동에 떠밀려 앞으로 나가려고 발버둥 치고 있었지만, 옳은 것이 무엇인지는 알고 있었고 황금의 소재를 가르쳐 주는 마법의 지팡이도 소유하고 있었다네."

나는 그러한 감정은 위대한 재능의 소유자 모두에게 해당하여야 하고, 만약 그렇지 않다면 그들이 아무리 정신을 바짝 차리고 있어도 이 혼탁한 세상에서 옳은 것을 취하고 그른 것은 과감히 버리는 능력을 갖추기 어려울 것이라고 말했다.

마침 마차 준비가 다 되어 우리는 예나로 향했다.

괴테는 말했다. "프랑스 헌법은 국민 각자가 내적으로 부패한 요소를 많이 가지고 있기 때문에 영국의 그것하고는 완전히 다른 기반 위에 세워져 있지. 프랑스에서는 만사가 매수에 의해 해결돼. 그렇지, 프랑스혁명도 매수에 의해 좌우됐었지."

괴테는 오늘 아침에 도착한 오이겐 나폴레옹[25](폰 로이히텐베르크 공작)의 사망 소식에 매우 슬퍼하는 것 같았다.

---

23) 빌란트에 대한 괴테의 익살극으로 1774년에 출판됐다.
24) 종교에 관한 두 개의 논문 중의 하나로 괴테가 1773년에 발표한 것이다.
25) 오이겐 나폴레옹 공(1781~1824). 나폴레옹 1세의 황후인 요세핀이 나폴레옹에게 재가하기 이전에 낳은 아들이다. 그는 나폴레옹 1세를 각처로 따라다니면서 무공을 세웠다.

"이분은 위대한 인물 중의 한 사람이었어. 이러한 인물은 시간이 갈수록 점점 드물게 생겨날 거야. 중요한 분의 죽음으로 이 세상은 한층 가난해진 셈이네. 나는 그를 개인적으로 알고 있었어. 지난여름 마리엔바트에서 함께 지냈지. 42세쯤 되는 분이었지만 실제 나이보다는 약간 늙어 보였어. 그가 얼마나 고생했는가를 생각한다면 그건 그리 놀랄 일도 아니지. 그가 일생을 통해 겪은 원정과 일대 사업을 되새겨보면 조금도 이상해할 것이 없어. 마리엔바트에서 그는 나에게 어떤 계획을 털어놓았고, 우리는 그것을 이루기 위한 방책을 교환했었지. 그의 계획은 라인강과 도나우강을 운하로 연결하려는 것이었어. 이 지방 일대에 놓여 있는 여러 가지 어려움을 감안한다면 얼마나 방대한 계획이었겠는가. 그러나 나폴레옹 밑에서 일했고 또 그와 함께 세계를 뒤흔들어 놓은 이 사람에게는 어떠한 일도 불가능해 보이지 않았지. 카를 대왕도 이와 똑같은 계획을 세워놓고 공사를 했지만, 그 계획은 토사(土砂)가 단단하지 않아 양쪽에서 흙이 계속 쏟아졌기 때문에 얼마 안 가서 중단되었다네."

1824년 3월 22일 월요일

괴테와 함께 점심을 먹기 전에 마차를 몰고 그의 정원으로 갔다. 정원집[26]의 위치는 일름강 건너편으로 공원에서 가까웠고, 서쪽으로 경사진 언덕을 따라 있어 그윽한 아치를 두르고 있는 것처럼 보였다. 북풍과 동풍을 막아주고 남서쪽 하늘을 전망할 수 있는 양지바른 곳이어서, 그곳은 늘 생기에 차 있었다. 특히 봄과 가을을 그곳에서 지내면 기분이 아주 좋아졌다.

바이마르는 서쪽으로 나 있어 그곳에서는 몇 분이면 도달할 만큼 가까운 곳이다. 그런데도 사방을 둘러보았을 때 그처럼 가까운 곳에 도시가 있다는 것을 알려 줄 만한 건축물과 뾰족탑은 어디서도 발견할 수가 없다. 공원의 나무들은 울창하게 솟아 있어 그 방향의 시야를 완전히 차단하고 있었다. 이 나무들은 왼쪽과 북쪽 그리고 차도 옆을 따라가다 정원 바로 앞을 지나 뻗어 있었는데,

---

[26] 괴테가 바이마르에 영주할 것임을 선언하자, 아우구스트 대공은 괴테에게 이 작은 정원집을 선사했다. 그는 6년간을 이곳에서 살다가 바이마르의 더 큰 집으로 옮겨갔지만, 기회있을 때마다 이곳을 찾아와 마음의 평화와 정신 집중을 얻곤 했다.

바이마르 일름강 강가 공원에 위치한 괴테의 '정원집' 1828년 쉿체의 그림. 괴테는 바이마르에 정착하고 6년간을 이곳에서 살았다.

여기에는 별이라는 이름이 붙어 있다.

서쪽과 서남쪽으로는 광활한 풀밭이 전개되어 전망을 즐길 수 있게 해 준다. 그 풀밭을 가로질러 화살을 쏘면, 그것이 도달할 수 있는 거리에 일름강이 조용히 흐르고 있다. 강의 저쪽 물가는 한결같이 부풀어 오른 언덕 같다. 그곳에 오리나무, 물푸레나무, 양버들 그리고 자작나무들이 갖가지 푸른 잎사귀의 명암(明暗)을 이루고 있고, 공원의 우거진 나뭇가지는 그 언저리까지 퍼져 있어 남과 서를 알맞게 구분 짓는 지평선을 이루고 있다.

특히 여름이 되면 풀밭으로 향한 정원의 이러한 광경은 몇 마일이나 떨어져 있는 넓은 삼림 근처와 같은 인상을 주었다. 금방이라도 사슴이나 노루가 풀밭 위를 뛰어다니다 이쪽으로 달려올 것만 같다. 깊고 적적한 자연의 평화 속으로 들어와 있는 기분이다. 왜냐하면 이 깊은 적막을 깨는 것은 오로지 지빠귀 소리와 간헐적으로 들리는 개똥지빠귀의 외로운 울음이 전부이기 때문이다.

이따금 울려오는 탑시계 소리와 공원 높은 곳에서 들려오는 공작 울음소리 또는 병영 군대의 북과 나팔소리가 세상과 완전히 동떨어진 이런 꿈으로부터 깨워 줄 뿐이다. 그러나 이런 소리를 듣는 것이 나쁜 것은 아니다. 왜냐하면 이런 소리를 듣노라면 몇 마일 떨어져 있는 고향이 도시 가까이 옮겨왔다는 생각이 들어 기쁜 마음이 되기 때문이다.

하루 중 특정한 시간과 계절에 따라서 이 풀밭도 그렇게 쓸쓸한 것만은 아니다. 왜냐하면 시골 사람들이 바이마르의 시장으로 가서 물건을 산다든가, 아니면 일을 하기 위해 직장으로 향하여 걷는 모습을 볼 수 있기 때문이다. 또 사람들이 꾸불꾸불한 일름강 강가를 따라 산보를 즐기는 길, 특히 상부 바이마르로 향하는 길은 때에 따라서는 아주 붐빈다. 게다가 건초를 만드는 계절이 오면 이 일대는 생기에 넘치는 활기를 띠게 된다. 저쪽에서는 양들이 떼 지어 풀을 뜯고, 때로는 가까운 농장에서 기르는 스위스산 암소도 볼 수 있다.

그러나 오늘은 그런 상쾌한 여름을 생각나게 하는 흔적은 보이지 않는다. 풀밭은 군데군데에 푸르른 얼룩이 있을 뿐, 공원의 나무도 갈색이고 꽃봉오리도 아직은 딱딱하다. 그러나 피리새가 지저귀는 소리가 들리고 때때로 들려오는 지빠귀와 개똥지빠귀의 노랫소리가 봄이 왔음을 알려 준다.

공기는 여름처럼 기분을 좋게 하고 아주 부드러운 서남풍이 불어온다. 뭉게뭉게 작은 소나기구름이 맑게 갠 하늘에 흘러가고 아주 높은 곳에서는 새털구름이 녹아 없어져 가는 것이 보인다. 우리가 구름을 관찰하니 아래로 흘러가는 구름이 풀어지기 시작하고 있었다. 이것을 본 괴테는 청우계(晴雨計)가 올라가고 있음이 틀림없다고 추정했다.

괴테는 내게 물의 긍정과 부정이라고 부르는 청우계가 올라가고 내려가는 이치에 대해 많은 것을 가르쳐 주었다. 지구는 영원한 법칙에 따라 숨을 들이마시기도 하고 내쉬기도 한다는 것이다.[27] 물의 긍정만이 계속될 때는 대홍수의 가능성이 있다는 것과, 일정한 지점의 대기가 각기 독특한 것이기는 하지만 대체로 유럽의 청우상태는 동일하다는 것도 말해 주었다.

넓은 정원의 자갈길을 걷는 동안 괴테는 나에게 더욱 중요한 문제에 대해 이

---

27) 괴테는 이 활동을 모든 생명의 근원 현상의 상징이라고 보았다.

야기해 주었다. 집 가까이 갔을 때 그는 나중에 집 내부를 보여 주겠다고 말하면서 하인에게 방문을 열어 놓으라고 했다. 흰색으로 칠한 집의 외벽은 온통 장미덩굴로 뒤덮여 있었고, 그 나무는 격자 울타리에 기대 지붕 위까지 타고 올라가 있었다. 이 정원집을 한 바퀴 돌아보았을 때 특히 나의 흥미를 끈 것은 벽을 따라 무리 지은 장미덤불 속에 자리 잡고 있는 여러 종류의 새 둥지였다. 둥지들은 작년 여름 이래 생긴 것으로 지금은 나뭇잎들이 드문드문 있어서 안까지 훤히 들여다보였다. 특히 홍방울새와 종달새의 둥지가 높고 낮은 곳에 각자의 특성에 맞게 만들어지고 있었다.

괴테는 나를 집 내부로 안내했다. 지난여름에 보려고 했지만 기회를 놓쳐 못 본 곳이었다. 아래층에는 거실 하나가 있을 뿐이다. 벽에는 두세 개의 지도와 동판화가 걸려 있다. 이 작품은 마이어의 것으로 두 사람이 함께 이탈리아 여행을 마치고 돌아온 직후에 그린 것이다. 이 그림에 나오는 괴테는 중년기의 원기왕성한 모습이었다. 그림의 색채는 짙은 갈색으로 다소 강렬한 느낌이고 거기에 그려진 괴테의 표정은 아주 엄숙해 보인다.

우리는 2층으로 갔다. 3개의 방과 작은 방 하나가 있었는데 그리 쾌적한 분위기는 아니었다. 괴테는 예전에 이곳에서 생활하는 것이 즐거웠고 일도 침착하게 잘할 수 있었다고 했다.

방의 온도가 낮아 우리는 따뜻한 곳을 찾아서 다시 집 밖으로 나갔다. 한낮의 햇빛을 받으며 큰길가를 거닐면서 우리는 최근의 문학과 셸링[28] 그리고 플라텐의 신작 희곡에 관해 말했다.

그러나 금방 우리의 관심은 우리를 둘러싸고 있는 자연으로 돌아갔다. 왕관초와 백합은 벌써 눈에 띄게 돋아 있었고, 길 양쪽에는 당아욱이 푸른 싹을 틔우고 있었다.

언덕 비탈길과 접해 있는 정원 위쪽은 풀밭으로 뒤덮여 있었고, 군데군데 흩어져 있는 과실나무들도 눈에 띄었다. 양의 창자와 같이 빙빙 굽이쳐 있는 고갯길은 오르막길과 내리막길이 번갈아 교대되고 있었다. 나는 그곳으로 올라가

---

28) 셸링(1775~1854). 예나 대학의 교수. 괴테에게 막대한 영향을 끼치면서 괴테와 깊은 친교를 맺었던 그는 독일 관념론 철학의 대표자의 한 사람이었다.

사방을 내려다보고 싶었다. 괴테는 내 앞에서 잰걸음으로 이 언덕길을 오르고 있었다. 나는 그의 민첩한 행동을 보고 기뻤다.

산울타리 저쪽에 암컷 공작 한 마리가 보였다. 공원에서 이쪽으로 왔을 것이다. 괴테는 여름 동안 즐겨 먹는 먹이로 공작을 유인해 이곳과 친숙해지도록 만들었다고 했다.

고갯길 반대쪽으로 내려오자, 다음과 같은 유명한 시구가 새겨진 돌이 관목에 둘러싸여 있는 것을 발견할 수 있었다.

'이곳 정적 속에서, 사랑에 빠진 사나이는 그의 애인을 생각하였노라.'[29]

나는 고전적인 세계에 와 있는 기분이 들었다.

우리는 바로 가까이 어린 떡갈나무, 자작나무 그리고 너도밤나무들이 무리지어 자라고 있는 곳으로 갔다. 전나무 아래에서 맹금 종류의 새들이 먹다 버린 먹이의 깃털 덩어리를 볼 수 있었다. 괴테에게 보여주었더니 여기에서는 자주 볼 수 있는 광경이라고 하였다. 그의 대답으로 미루어 보건대, 이 전나무는 이 지방에서 흔히 볼 수 있는 부엉이들이 즐겨 머무는 곳인 것 같았다.

우리는 나무숲을 돌아 다시 집 가까이에 있는 큰길가 쪽으로 나왔다. 방금 돌아서 나온 곳의 떡갈나무, 전나무, 자작나무 그리고 너도밤나무들은 서로 가지가 뒤섞여 자라고 있었지만, 이곳에서는 쑥 들어간 공간을 동굴처럼 에워싸 반원형(半圓型)의 천정을 이루고 있었다. 우리는 원형 탁자를 둘러싼 작은 의자에 앉았다.

햇빛이 너무 강했기 때문에, 잎이 떨어진 나무들이 주는 얼마 안 되는 그늘도 쾌적한 기분을 자아내기에 충분했다. 괴테가 말했다. "여름 더위가 한창 기승을 부릴 때는 이곳만큼 좋은 피난처도 없지. 이 나무들을 40년 전에 전부 내 손으로 심었어. 전에는 나무가 자라는 모습을 보는 것이 즐거웠지. 그런데 이미 오래전부터 이렇게 나무 그늘을 즐길 수 있게 됐어. 이 떡갈나무와 너도밤나

---

[29] 괴테의 시 〈선택된 바위〉의 첫 행. 괴테는 1782년 4월에 이 시를 써서 작은 정원집 근방에 있는 바윗돌에 새겨넣었다.

무 잎은 아무리 강렬한 햇빛일지라도 통과할 수가 없지. 나는 무더운 여름 나절, 식사 뒤에는 이곳에 앉아 지내는 것을 즐긴다네. 그럴 때면 이 풀밭과 공원 전체는 쥐 죽은 듯이 조용해지지. 옛사람들의 표현대로 '목축의 신, 판이 자고 있다'[30]고 말하고 싶을 정도라네."

때마침 시내에서 2시를 알리는 종소리가 들려서 우리는 마차를 타고 집으로 향했다.

1824년 3월 30일 화요일

저녁에 괴테에게 갔다.—우리는 단둘이서 여러 가지 이야기를 했고 포도주도 한 병 마셨다. 우리는 프랑스의 극장과 독일의 극장을 비교하면서 말했다.

"독일 관객들에게서 이탈리아와 프랑스에서 볼 수 있는 순수한 판단에 대한 재능을 기대한다는 것은 어려운 일이야. 그 이유는 우리 나라에서는 상연 종목이 뒤섞여 공연되고 있기 때문이네. 어제 〈햄릿〉을 상연한 같은 극장에서 오늘은 〈익살극〉[31]을 보게 되고 내일은 오페라 〈마적〉을, 또 모레는 〈새로운 행운아〉[32]를 즐기지 않으면 안 되지. 이래서 관객이 판단을 내리지 못하는 걸세. 그들은 여러 가지 잡다한 것이 머리에 들어오는 바람에 내용을 적절하게 평가하고 이해할 수 없는 거야. 사람은 각기 다른 요구와 소망이 있기 때문에 그것이 성취되면 다시 그것을 이룬 장소로 가게 되지. 오늘 무화과를 딴 그 나무에서 내일도 똑같은 것을 따고 싶어하는 것과 같아. 그러나 하룻밤 사이에 그 나무에 자두가 열려 버린다면 사람들은 화를 낼 걸세. 자두를 좋아하는 사람이 그 가시나무로 가게 되는 그런 꼴이지.

실러는 비극을 전문으로 상연할 수 있는 극장을 세우려는 좋은 생각을 하고 있었어. 그것도 매주 한 작품을 남자들에게만 상연한다는 것이었지. 그러나 이것은 대도시를 전제 조건으로 하는 것이어서 우리처럼 작은 환경에서는 실현될

---

30) 괴테는 〈파우스트〉 제2부 5884~5889행에서도 이와 같은 풍경을 멋지게 그려내고 있다.
31) 오스트리아 빈의 극작가인 보이에를레(1784~1859)가 쓴 희극으로, 그는 그 작품 안에 처음으로 슈타베를레라는 익살꾼을 등장시켜 새로운 익살꾼의 창시자가 되었다.
32) 벤첼 뮐러(1767~1835)의 코미디 오페라이다.

수 없는 일이었지."

우리는 이플란트[33]와 코제부의 희곡작품에 대해 의견을 나누었는데 괴테는 그들을 아주 높이 평가했다.

"이 두 작가의 희곡이 부당하게 호된 비난을 받는 것은 앞서 말했듯이 사람들의 낮은 의식 수준 때문이네. 즉 이 작품들이 어떤 범주에 속해 있는지 아무도 식별하지 못한다는 점 때문이지. 이 두 사람만 한 통속 작가와 다시 만나려면 오랫동안 기다려야 할 거야."

나는 이플란트의 〈노총각들〉 공연이 아주 마음에 들었기 때문에 그 작품에 대해 칭찬했다. 그러자 괴테는 나에게 말해 주었다.

"이 작품이 이플란트의 대표작이라는 것에는 의문의 여지가 없어. 산문적인 경향에서 벗어나 이상적인 방향으로 들어간 유일한 작품이지."

이어 그는 실러와 함께 〈노총각들〉의 속편을 쓰려고 했던 일을 말해 주었다. 그러나 실제로 그 작품을 쓰지는 않았고 다만 그에 대한 대화를 나누는 것에 그쳤다고 했다. 괴테는 줄거리의 장면 하나하나를 자세히 가르쳐 주었다. 그 내용은 아주 붙임성 있고 명랑한 것이어서 듣고 있는 나도 기분이 좋아졌다.

괴테는 플라텐의 희곡 신작에 대해 말했다. "이들 작품에서는 칼데론의 영향을 엿볼 수 있지. 이를 데 없이 재치 있고 어떤 점에서는 나무랄 데 없이 뛰어난 솜씨이긴 하지만 독자적인 개성과 내용에서 오는 특별한 무게가 없어. 독자의 마음에 깊은 흥미를 불러일으키는 것이 아니라 심금에 그저 가볍게 닿을 뿐이지. 마치 물 위를 떠돌면서 아무런 흔적을 남기지 못하는 코르크와 같아.

독일 사람들이 요구하는 것은 일종의 엄숙함과 감동 그리고 내면세계의 충실함 같은 것이지. 실러가 다른 누구보다도 그토록 높이 평가받는 이유도 이 때문이야. 플라텐의 특성이 아주 뛰어나다는 점은 의심의 여지가 없네. 하지만 그의 예술관이 한쪽으로 치우쳐 있기 때문에 그에게서는 그런 요구를 충족시키는 것들을 찾아볼 수가 없어. 그는 풍부한 교양과 재기 그리고 적절한 기지와 훌륭한 예술적인 기량을 보여주지만, 그의 작품을 읽는 것이 독일인일 때 그것

---

[33] 이플란트(1759~1814). 유명한 성격배우 겸 극작가인 그의 작품은 코체부와 함께 이 시대에 가장 많이 상연되었다. 그러나 그는 통속 작가로 후세에는 잊히고 말았다.

형 아우구스트 폰 슐레겔　레베르크의 그림　　아우 프리드리히 폰 슐레겔　파이트의 그림

만으로는 아직 충분한 것이 못 된다네.

　요컨대 일반 독자들에게 중요한 것은 작가 본인의 성격이지 예술가로서의 재능이 아니야. 나폴레옹은 코르네유[34]에 대해 '그가 만약 살아 있다면 나는 그를 황태자로 삼았을 것이다!'라고 했지.―그러나 나폴레옹은 코르네유의 작품을 읽지는 않았어. 그는 라신[35]의 작품을 읽었지만 그에 대해서는 이런 말을 하지 않았지. 라 퐁텐[36]도 프랑스인에게는 아주 높은 존경을 받고 있네. 그것은 그가 쓴 작품의 업적 때문이 아니라 그 작품에서 저절로 스며 나오는 그의 위대한 성격 때문이지."

　우리의 화제는 〈친화력〉으로 옮겨갔다. 괴테는 본국으로 돌아가면 이혼하려고 마음먹은 어느 영국인에 대해 말하면서 이것은 '어리석은 짓'이라고 비웃었다. 그리고 이혼하고 혼자 사는 것을 두고두고 후회하는 사람들의 예를 들려주었다.

---

34) 코르네유(1606~1684). 프랑스의 고전연극의 완성자로서 나폴레옹은 그에게 매우 큰 호감을 가지고 있었다고 한다.
35) 라신(1639~1699). 코르네유와 함께 고전연극의 완성자로 평가되는 극작가. 괴테는 그에게 큰 애정을 가지고 있었다.
36) 라 퐁텐(1621~1695). 프랑스의 시인으로서 우화 부문의 완성자이다.

"이미 고인이 된 사람이지만 드레스덴의 라인하르트[37]는, 다른 일에 있어서는 아주 너그러운 내가 결혼 문제에 있어서만은 아주 엄격한 원칙을 가지고 있는 것을 보고는 가끔 놀랐다네."

괴테의 이 말은 나에게 아주 중요한 의미를 부여해 주었다. 그처럼 자주 오해를 샀던 장편소설이 실제로 어떤 생각으로 쓰인 것인지를 결정적으로 세상에 드러낸 것이었기 때문이다.

이어 우리는 티크, 그리고 그가 괴테와 맺고 있는 개인적인 관계에 대해 말했다.

"나는 티크에 대해 많은 호감을 가지고 있고 그 또한 나에게 진심 어린 관심을 보이고 있지. 그러나 우리 사이에는 원래 있어서는 안 될 것들이 내재하고 있어. 이것은 누구의 책임도 아니지. 그 원인은 다른 곳에 있어. 그 이유는 슐레겔 형제가 유명해지기 시작할 무렵, 이 사람들이 보기에 내가 너무 세력이 강했던 거야. 그래서 이 사람들은 나와 대립하여 균형을 이룰 수 있는 인물을 물색하지 않으면 안 되었지. 그들은 티크가 그 일의 적임자라고 생각했어. 그리고 그들은 세상 사람들에게 티크가 나와 대립할 수 있을 만큼 충분히 중요한 사람이라는 것을 선전하기 위해 티크를 실제 이상으로 치켜세우게 되었던 거야. 이것이 우리 두 사람 관계에 화근으로 작용했지. 그래서 티크는 자신도 모르는 사이에 난처한 입장에 처하게 되었던 거야.

티크는 고도의 재능을 갖춘 훌륭한 인물이지. 그의 비범한 공적은 누구보다도 내가 더 잘 인정하고 있어. 그러나 그를 실제 이상으로 치켜세워서 나와 어깨를 나란히 겨누게 만드는 것은 잘못된 짓이야. 내가 이렇게 공언할 수 있는 것은 나는 혼자만의 힘으로 이렇게 유명해진 것이 아니기 때문일세. 그러니까 그건 마치 내가 스스로를 셰익스피어와 비교하는 것과 같은 일이야. 그도 혼자의 힘으로 그처럼 유명해진 것은 아니지만, 어쨌든 그는 나보다 훨씬 존귀한 사람이고 나는 그를 우러러보며 존경할 수밖에 없네."

오늘 밤에 괴테는 유달리 기분이 좋아 보였다. 그는 아직 발표되지 않은 시의

---

[37] 라인하르트(1753~1821). 신교신학자이자 드레스덴 궁정의 설교사로서 괴테와 가까이 지내는 사이다.

원고를 가져와서 낭독해 주었다. 그의 낭독을 듣는다는 것은 일종의 즐거움이었다. 왜냐하면 그것을 들음으로써 나는 시가 가지고 있는 고유한 힘과 활기에 감동되었고, 또 낭독에서도 괴테는 내가 지금까지 몰랐던 일면을 보여주었기 때문이다. 그의 목소리가 얼마나 다양한 힘을 가졌는지, 그리고 주름이 가득한 위대한 얼굴 전체로 퍼지는 멋진 표정과 생명, 그리고 눈을 보라!

1824년 4월 14일 수요일

1시에 괴테와 마차로 산책길에 올랐다. 우리는 여러 작가의 문체에 대해 말했다.

"독일 작가들에게는 대체로 철학적인 사상이 작품에 손상을 끼치고 있다네. 그래서 그들의 문체 속에는 때때로 추상적이고 이해할 수 없는 지루하고 고루한 요소가 포함되어 있다. 철학적인 유파에 깊이 개입할수록 그들이 쓰는 문장은 서툴러. 반대로 현실적인 방면에서 일하는 사무원이나 생활인의 문장은 유창하지. 실러의 문체만 하더라도 그가 철학적인 논의를 하지 않을 때면 광채가 나서 살아 움직이는 것이 된다네. 방금 그의 편지를 정리하고 있었는데 최고로 훌륭한 것도 있었지.

마찬가지로 독일 여성 중에도 뛰어난 문장을 구사하는 천재적인 사람들이 있어. 그녀들은 유명한 작가들까지도 능가하는 재원들이지. 영국인들은 대체로 글을 유창하게 쓸 수 있어. 그건 그들이 천성적인 웅변가이고 현실적인 것을 지향하는 실제적인 국민들이기 때문이야. 프랑스인들의 문체만 보아도 그들의 공통된 성격을 확실하게 알 수 있다네. 그들은 사교적이어서 말을 하는 상대편, 즉 대중을 잊지 않아. 그들은 독자들을 믿게 하기 위해 명백하게 쓰려고 하고, 독자들의 마음에 들기 위해 우아하게 쓰려고 노력하지. 대체로 문체는 작가의 내심을 그대로 표출하는 것이라네. 그러므로 명료한 문장을 쓰려면 우선 마음을 밝게 가져야 하고, 웅장한 스케일의 문장을 쓰려면 무엇보다 넓은 마음을 가진 성격의 소유자가 되지 않으면 안 되네."

괴테는 자기를 공격하는 사람들에게로 화제를 돌리면서 이런 패거리들은 절대로 근절되지 않는다고 말했다.

"그들은 하나의 군단(軍團)을 형성하고 있어. 하지만 그들을 분류하는 것이 불가능한 일은 아니야. 첫 번째는 무지에서 오는 공격자들이야. 그들은 나를 이해하지 못하고 또 나에 대한 확실한 식견도 없으면서 나를 비난하고 있지. 그 군중들은 나를 평생 진절머리나게 했지. 하지만 그들은 자기들이 행한 내용을 모르기 때문에 용서할 수 있어.

두 번째의 패거리들은 나를 질투하는 사람들이야. 나는 나의 능력에 의해 얻은 행복과 명예를 누렸네. 그런데도 그들은 이것을 용인하려고 하지 않아. 그들은 나의 명성을 더럽히고 가능하면 이 세계에서 쫓아내려고 안달이야. 만약 내가 불행하고 곤궁했다면 그들은 이런 짓을 중단했을 거야.

다음으로 자신이 성공하지 못했기 때문에 공격자로 돌아선 사람들이야. 그 중에는 재능이 풍부한 사람도 있지. 그들은 내가 자신들의 광명을 빼앗았다고 생각하여 참을 수 없었던 거야.

네 번째로 그럴 만한 이유가 있어서 공격자가 된 사람들이지. 왜냐하면 나도 인간인 이상 결점과 약점이 있기 때문이야. 따라서 내가 쓴 작품에도 그 흔적이 나타나지 않을 수 없어. 그러나 자기완성과 순화에 심혈을 기울이고 부지런히 힘을 쏟았기 때문에 계속 전진할 수 있었네. 그리고 그들이 비난에 열을 올렸던 결점도 오래전에 극복한 경우가 많았지. 이런 사람들의 필봉(筆鋒)은 나를 조금도 해치지 못했어. 그들은 나를 향해 활을 쏘았다고 생각하지만 나는 이미 멀리 가 버린 후였지. 이건 내가 이미 완성해 버린 작품에 대해서는 신경을 쓰지 않았고 또 그것에 구애받지도 않았기 때문에 가능했던 일이야. 나는 한 작품이 완성되면 곧 새로운 작품에 대한 창작 활동으로 마음을 돌리곤 했다네.

또한 많은 사람이 자신과 사고방식이나 견해가 다르다는 이유로 나를 비난했어. 한 그루 나무의 나뭇잎도 모두 똑같지 않다고 말하지 않던가. 마찬가지로 견해와 사고방식이 완전히 일치하는 사람들이란 있을 수 없지. 이렇게 생각해 볼 때 그래도 공격자들보다는 친구들과 지지자들이 많다는 것이 매우 다행스럽네. 일생을 통해 이 시대의 추세는 나하고는 맞지 않았어. 시대는 일관되게 주관적인 방향으로 흐르고 있는데, 내가 객관적인 노력을 계속하는 바람에 전적으로 불리하고 고립된 입장에 처할 수밖에 없었던 거지.

시대적인 관점에서 볼 때 실러는 나보다 훨씬 유리했어. 나에게 호의를 품고 있던 어떤 장군은 나에게 실러처럼 글을 써 보면 어떻겠느냐고 노골적으로 물은 적이 있었지. 실러에 관한 한 그 장군보다는 내가 더 잘 알고 있었기 때문에 올바르게 설명해 주었어. 그 후로도 나는 성공 같은 것에 개의치 않고 침착하게 걸어갔지. 그리고 가능하면 공격자들에게 신경을 쓰지 않기로 했다네."

우리는 마차로 돌아왔다. 이어 아주 기분 좋게 식사를 나누었다. 젊은 괴테 부인이 얼마 전에 방문한 베를린에 대해 말했다. 그녀는 자신을 극진히 대접해 주었다는 큠버란트 공작부인[38]에 대해 특히 관심을 기울이며 얘기했다. 괴테는 이 공작부인이 공주였을 때 어머니 곁에서 한동안 함께 살았던 시기를 회상하며 특별한 관심과 그리움을 나타냈다.

저녁에 괴테의 집에서 있었던 음악회에 동참했다. 헨델의 〈구세주〉[39] 중 일부분을 들었는데 몇 명의 가수들이 에버바인[40]의 지휘 아래 합창을 했다. 괴테가 오랫동안 가슴에 품고 있었던 소망을 풀어주기 위해, 카롤리네 폰 에글로프슈타인 백작부인,[41] 폰 프로리프 양,[42] 폰 포그비슈 부인[43] 그리고 젊은 괴테 부인까지 여성 가수들과 함께 어울려 우정어린 협력하고 있었다.

괴테는 약간 떨어진 곳에 자리해 이 위대한 작품을 지그시 경청하면서 경탄해 마지않으며 행복한 하룻밤을 보냈다.

---

[38] 큠버란트 공작부인(1778~1848). 프로이센 왕비의 누이동생으로, 이 자매는 1790년 프랑크푸르트 레오폴드 2세의 대관식 때 괴테의 어머니 집에 머물러 있었던 일이 있었다.
[39] 이것은 매년 성탄절에 한국에서도 성대한 규모로 교회에서 상연되고 있다. 곡 중에서 제일 유명한 합창곡인 〈할렐루야 코러스〉가 처음으로 상연되었을 때, 배석했던 영국 국왕은 자기도 모르게 자리에서 일어섰다고 한다. 이 일이 있고 난 이후부터 모든 청중은 자리에서 일어나서 이 노래를 듣는다고 한다.
[40] 에버바인(1786~1868). 바이마르의 음악감독으로, 괴테의 〈서동시집〉 중에서 여러 시를 작곡했다.
[41] 에글로프슈타인 백작부인(1789~1868). 마리아 파불로브나 대공비의 궁정시녀이다.
[42] 폰 프로리프 양. 위생국 명예 참사관인 폰 프로리프가 그녀의 아버지이다.
[43] 폰 포그비슈 부인(1776~1851). 젊은 괴테 부인 오틸리에의 어머니로, 루이제 대공비의 궁정시녀이다.

1824년 4월 19일 월요일

이 시대의 가장 위대한 언어학자인 베를린의 프리드리히 아우구스트 볼프가 남프랑스로 여행을 가는 도중 이곳에 들러 머물렀다. 괴테는 바이마르의 친구들을 초대해서 그를 위해 오찬을 베풀었다. 신교관구 총감독 뢰르,[44] 법무장관 폰 뮐러, 토목국장 쿠드레이,[45] 리머 교수, 추밀 고문관 레바인 그리고 내가 참석했다. 식사는 유쾌하게 진행되었다. 볼프는 재미있는 익살을 부렸고 괴테는 기분 좋게 그의 말 상대가 되어 주었다. 나중에 괴테는 나에게 말했다.

"볼프와 함께 있으면 언제나 메피스토펠레스의 역할을 해야 하지. 그렇지 않으면 그는 내면의 깊은 지식의 보물을 속 시원히 드러내지 않기 때문이야."

식탁에서의 재기발랄한 농담은 너무 빠르고 즉흥적인 것이었기 때문에 일일이 머리에 담을 수 없을 정도였다. 볼프의 일문일답은 재치 있고 핵심을 찌르는 것이었지만, 역시 괴테 쪽이 한 단계 우위를 차지하고 있었다.

식사 시간이 눈 깜짝할 사이에 흘러갔다. 6시가 되었는데도 알아차리지 못할 정도였다. 나는 괴테의 아들과 함께 〈마술피리〉를 보러 극장으로 갔다. 나중에 볼프는 카를 아우구스트 대공과 함께 특별석에 모습을 나타냈다.

볼프는 25일까지 이곳에 머물고는 프랑스 남부로 여행을 떠났다. 그의 건강 상태는 그리 좋지 않았다. 괴테는 그를 진심으로 걱정하는 모습을 감추지 않았다.

1824년 5월 2일 일요일

괴테는 내가 이곳 양가의 가정을 방문하지 않는 것을 꾸짖었다. "자네는 겨울 내내 즐거운 밤을 보내고 외래 손님들과 인사를 나눌 수 있었을 텐데 말이야. 무슨 마음인지는 모르지만 이젠 소용없게 됐네."

"나의 예민한 성격 때문에" 하고 나는 대답했다. "다방면에 흥미를 가지고 미

---

44) 뢰르(1777~1848). 바이마르의 궁정설교사인 동시에 신교관구 총감독이다.
45) 쿠드레이(1775~1845). 1816년 바이마르의 토목국장이 된 이래로, 그는 괴테와 가깝게 지내는 인물 중 한 사람이 되었다. 나중에 바이마르의 새로운 극장 건설도 이 사람의 손으로 추진되었다.

지의 세계에 몸을 싣고 있으면, 정신 없이 새로운 인상을 받아들이기가 너무 번거로워 도무지 수습할 길이 없습니다. 저는 더불어 사는 교육을 받지 못했고 또 그런 사회에 익숙해 있지도 않습니다. 지금까지의 나의 생활은 엉망이어서 당신 곁에 있고 나서야 비로소 안정된 생활을 하게 되었습니다. 지금의 저는 모든 것이 새로울 뿐입니다. 매일 밤 즐기는 극장 관람과 당신과의 대화는 내면생활에 신기원을 열어줍니다. 저하고는 다른 교육을 받고, 다른 습관을 지닌 사람들은 대수롭지 않게 지나칠 수 있는 것도 저에게는 큰 자극이 될 수 있습니다. 나의 영혼은 강한 지적 욕구로 무엇이든지 습득해, 정력적으로 그 영양을 최대한 많이 흡수하려고 합니다. 이러한 마음 상태였기 때문에 작년 겨울 동안은 연극 관람과 당신과의 교제만으로도 나는 충분한 만족을 느꼈습니다. 그 이상의 새로운 교제나 다른 가정과의 연관을 추구했다면 나의 심적 상태는 파멸하고 말았을 것입니다."

괴테는 웃으면서 말했다. "자네는 정말 괴짜야. 자네 좋을 대로 행동하게. 나는 간섭하지 않을 테니."

"그리고" 나는 계속했다. "모임에 나

메피스토펠레스

가더라도 특유한 호의나 반감을 품게 됩니다. 또 그것에 그치지 않고 늘 다른 사람을 사랑하고 또 사랑받고 싶은 욕구를 갖게 됩니다. 그래서 저는 제 성격에 맞는 사람을 찾고 있습니다. 이런 사람에게는 기꺼이 나의 전부를 바치겠지만, 그 이외의 사람과는 아무런 관계도 맺고 싶지 않습니다."

"그러한 자네의 타고난 성벽은 사람들과 어울리는 것을 허락지 않아. 그러나 타고난 경향을 극복하려 노력하지 않는다면 도대체 교양이 무슨 의미가 있겠는가. 다른 사람이 자신과 조화롭게 지내야 한다고 요구하는 것은 그 자체가 어리석은 일이지. 나는 그런 생각을 해 본 적이 없어. 나는 사람을 독립된 개체로 보았고 그 사람을 연구했으며 타고난 성격 그대로 인정하고 지내려 했지만, 정작 그들로부터는 그 이상의 동정과 관심을 얻을 생각은 전혀 하지 않았지. 이렇게 해서 어떤 사람하고도 사귈 수 있게 되었어. 이렇게 해야만 여러 성격을 알 수 있었고 인생에 필요한 능력도 갖출 수 있네. 전혀 반대되는 성격을 가진 사람과 만났을 때는 자신의 욕구를 자제해야 해. 그래야 우리 마음속에 있는 여러 가지 요소가 발전도 하고 완성할 수도 있는 거야. 그 결과 누구와도 상대할 수 있는 자신을 발견하게 되지. 자네도 한번 해 보게. 자네는 자네가 생각하는 것 이상으로 소질이 있어. 하지만 지금의 자네 상태로는 절대로 불가능해. 자네는 상류사회로 뛰어들지 않으면 안 되네. 물론 자네가 원하는 대로 처신하면 되지만 말이야."

나는 이런 친절한 말을 마음에 새겨두고 가능하면 그렇게 행동하기로 결심했다.

저녁에 괴테는 마차 산책에 나를 초대했다. 우리는 상부 바이마르를 지나 언덕 위로 올라갔다. 그곳에서 서쪽에 있는 공원을 볼 수 있었다. 나무에는 꽃이 피고 자작나무의 신록들은 벌써 우거지고 있었다. 풀밭은 어딜 보나 푸른 융단을 펼쳐 놓은 것 같고, 그 위의 붉은 석양은 줄무늬의 빛을 형성하고 있었다. 우리는 그림을 그릴 수 있을 만한 나무 군상(郡像)을 찾아보았지만 눈을 크게 뜰 수가 없었다. 나무들만으로는 다른 색깔의 그림을 그릴 수 없었다. 게다가 녹색 자작나무의 부드러운 잎과 흰줄기만으로는 균형을 이루지 못하기 때문에 그것을 전면에 배치할 수 없다는 것을 알았다. 이 강렬한 빛과 그림자의 줄무늬를 제외한 어떠한 풍경도 그리고 싶은 충동이 들지 않았다. "로이스달[46]은 잎이 무성한 자작나무를 절대로 전면에 배치하지 않았지. 하나의 잎사귀도 없는 시들고 가지가 꺾여버린 벌거숭이 자작나무의 줄기를 배치했어. 그러한 줄기는 전경에 딱 들어맞거든. 자작나무의 밝은 모습이 가장 두드러져 보이기 때문이야."

우리는 다른 문제에 대해 조금 얘기한 뒤에, 예술가들 사이에서는 예술이야말로 그들의 종교이어야 할 텐데 오히려 종교를 예술로 만들려고 하는 그릇된 경향이 나타나고 있는 것에 대해 한탄했다. "종교와 예술의 관계는 다른 고상한 인생 문제와 전혀 다를 것이 없어. 예술에서 종교는 다른 소재와 동등한 권리를 가진 소재로서만 간주해야 해. 신앙심이 있고 없고도 결코 예술작품의 이해를 좌우하는 기관은 될 수 없어. 예술작품을 이해하기 위해서는 오히려 다른 인간적인 힘과 능력이 필요하지. 그러나 예술을 이해하는 기관을 가르쳐 주는 것도 또한 예술인 것이야. 그렇지 않으면 예술은 그 본연의 목적을 상실하고 작용도 행사하지 못한 채로 그냥 우리 곁을 지나가 버리고 말아. 종교적인 문제도 좋은 소재가 될 수 있지만, 그건 그 문제가 그저 보편적이고 인간적인 경우일 때만 그런 거야. 그렇기 때문에 아기 예수를 안고 있는 성모 마리아는 이미 백 번 정도나 되풀이해 다루어졌지만, 언제 보아도 싫증이 느껴지지 않는 더할 나위 없이 좋은 대상인 것이지."

우리는 베비히트[47] 숲을 한 바퀴 돌고 티이푸르트 근처에서 길을 바꿔 바이마르로 다시 돌아오면서 서쪽으로 저무는 햇빛을 바라보았다. 괴테는 한동안 깊은 상념에 잠겨 있더니 다음과 같은 고대인의 말을 읊조렸다.

물러가도 언제나 변치 않을 햇빛[48]

이어 그는 아주 쾌활하게 말을 계속했다. "75세가 되니 이따금 죽음에 대해

---

46) 로이스달(1628~1682). 네덜란드의 풍경화가로 괴테는 그의 원화를 소장하고 있었다.
47) 바이마르 근교에 있는 작은 숲이다.
48) 논노스(기원 5세기경). 그리스의 서사시인으로 그리스도교도인 그는 〈요한전〉을 시화하여 다른 시인들에게 영향을 끼쳤다. 또한 〈디오니소스 이야기〉 45권을 써서 모든 디니오소스 전설을 그 속에 총망라하였다.

생각하게 되네. 그럴 때마다 내 마음은 차분해져. 왜냐하면 우리의 정신은 절대로 소멸해 버리지 않기 때문이야. 그것은 영원에서 영원으로 계속 활동하지. 눈으로 보는 저물어 가는 태양과 같은 거야. 태양은 절대 가라앉는 것이 아니고 오히려 쉬지 않고 빛을 발하고 있는 것이지."

태양은 에테르스베르크산 뒤로 넘어갔다. 숲을 지나는 동안 한기를 느꼈기 때문에 더욱 마차를 빨리 몰아 바이마르로 향했다. 집에 도착하여 그가 잠시 같이 있어 달라고 부탁하길래 그렇게 했다. 그는 아주 친절하고 부드러웠다. 이어 색채론에 대해, 완고한 반대론자에 대해 많은 이야기를 하면서, 이 학문 분야에 적지 않게 기여한 것을 자부한다고 말했다.

"신기원을 이룩하려면 두 가지 조건이 필요해. 첫째는 머리가 좋아야 하고 둘째는 큰 상속을 이어받아야 해. 나폴레옹은 프랑스혁명을, 프리드리히 대왕은 슐레지엔 전쟁을, 루터는 승려들의 무지몽매를, 나는 뉴턴 학설의 오류를 분배 받았지. 내가 성취한 것을 현세대들은 전혀 모르겠지만, 미래는 내게서 물려받은 재산이 결코 하찮은 것이 아니었다는 것을 인정해 줄 걸세."

오늘 아침 괴테는 한 묶음의 서류를 나에게 보냈다. 연극에 관한 것이었다. 그 안에는 볼프[49]와 그뤼너[50]를 훌륭한 배우로 키우기 위해 함께 실행해 온 규범과 연구를 담은 노트들이 보였다. 나는 그것 하나하나가 중요하고 특히 젊은 배우들에게 시사하는 바가 크다고 생각하여, 그것을 정리해서 일종의 연극교본을 만들기로 작정했다. 괴테도 나의 계획에 찬성해 이 일에 도움이 될 조언을 해 주었다. 이것이 계기가 되어 그의 학교 출신 중 유명한 배우에 대해 이야기할 기회를 얻었다. 나는 폰 하이겐도르프 부인[51]에 관해 물었다. "내가 그녀에게 영향을 끼쳤을지도 모르지. 그러나 그녀를 나의 제자라고 말할 수는 없어. 그녀는 타고난 배우여서 무슨 배역을 시켜도 물 위에 떠 있는 오리처럼, 건실 노련하고 이미 완성되어 있었지. 다시 말해 나의 가르침 따윈 필요 없었어. 그녀는

---

49) 볼프(1782~1828). 괴테가 키워낸 뛰어난 비극 배우로 그는 나중에 바이마르에서 베를린으로 옮겨간다.
50) 그뤼너(1780~1845). 바이마르의 배우이다.
51) 폰 하이겐도르프 부인(1777~1848). 바이마르 극장의 여배우이자 궁정가수이다.

그저 본능적으로 올바른 연기를 할 수 있었던 것이지."

나는 여러 해에 걸친 그의 극장감독[52] 일 때문에 창작활동에 필요한 시간을 너무 많이 소비해 버린 것은 아닌지 물어보았다. "그 시간에 좋은 작품을 많이 쓸 수도 있었을 거야. 그러나 후회하지는 않아. 나는 모든 활동을 오직 상징적으로 여기기 때문에, 그것으로 단지[53]를 만들었는지 아니면 접시를 만들었는지 하는 것에는 거의 신경을 쓰지 않았지."

1824년 5월 6일 목요일

이미 말한 대로 작년 여름에 바이마르로 왔을 때 나는 이곳에 머물 의도는 없었다. 오직 괴테하고 개인적인 안면을 튼 다음, 라인강 강변으로 가서 마음에 드는 장소를 찾아내 그곳에서 한동안 머물 생각이었다.

그러나 괴테의 각별한 호의에 이끌려 오히려 바이마르에 묶인 신세가 되고 말았다. 게다가 그와의 관계는 실질적인 것이 되어 버려 나를 더욱 깊은 곳으로 끌고 들어가게 되었다. 그는 자신의 전집 출판 준비를 위해 중요한 일을 나에게 부탁했다.

그래서 나는 올겨울 동안 우선 잡다한 꾸러미 중에서 〈온화한 크세니엔〉[54] 중 몇 장을 정리하고 난 뒤, 새 시집 한 권을 편집하고 또 앞서 말한 연극교본과 각종 예술 영역에 걸쳐 있는 딜레탕티즘에 관한 논문을 편찬했다.

라인강 강변을 보고 싶다는 나의 마음은 여전히 사라지지 않았다. 충족되지 않은 나의 동경을 가슴에 묻어두어서는 안 된다는 그의 충고를 받아들여 여름 동안 수개월에 걸쳐 라인지방을 여행하기로 했다.

하지만 괴테는 나에게 다시 바이마르로 돌아와 달라고 하였다. 이제 겨우 맺어진 관계를 새삼스럽게 잘라버린다는 것은 좋지 않을 뿐 아니라, 무슨 일이든 성공을 거두려면 결실을 보아야 한다는 것이었다. 그리고 그는 이번 기회에 확

---

52) 괴테는 바이마르 극장 총감독직을 1791년부터 1817년까지 맡아왔다.
53) 괴테는 인간은 자기에게 갖춰진 개성을 갖고 시대와 역사의 제 요소에 대응하면서 그 속에서 자기 자신을 형성에 가는 것에, 그 발전상을 상징적으로 나타내고 있다고 말하고 있다.
54) 괴테는 이 격언시를 1815년부터 계획하고 1821년 실행에 옮겼다.

실하게 리머와 함께 일하기 위해 나를 선택했다고 했다. 나에게 현재 작업 중인 저작집인 〈신판〉과 관련해 실제적으로 리머를 도와주라는 것이었다. 그뿐만 아니라 괴테는 자신이 연로한 탓에 불행히도 죽음이 들이닥치면 내가 리머와 함께 일을 공동으로 떠맡아 주기를 원한다고 하였다.

오늘 아침에 그는 소위 '흉상의 방'으로 불리는 방 안에 진열했던 큰 편지 꾸러미를 보여주었다.

"이것은 모두 1780년 이래[55] 이 나라에서 가장 훌륭한 사람들에게서 받은 편지들이야. 이 안에는 사상의 보고들이 들어 있어. 그리고 이것을 공개하는 것은 장차 자네들이 판단해서 처리할 일들이지. 책장 하나를 만들라고 해서 그곳에 이 편지와 함께 그 밖의 유고들을 정리해 놓을 생각이야. 자네가 여행을 떠나기 전에 미리 정리해 주면 안심이 되고 걱정도 덜 수 있을 것 같은데."

그리고 그는 이번 여름에 다시 한번 마리엔바트로 가 볼 생각이라고 했다. 기껏해야 7월 말이 될 것이라고 하면서 그 이유까지 자세하게 얘기해 주었다. 그러고는 나에게 말할 것이 있으니 자신이 여행길에 오르기 전에 돌아와 달라고 했다.

그 뒤 수 주일 동안 나는 하노버에 있는 사랑하는 사람들을 방문하였고, 6월과 7월은 라인지방에서 지냈다. 특히 프랑크푸르트와 하이델베르크 그리고 본에서는 괴테의 친구들과 귀중한 시간을 많이 보낼 수 있었다.

1824년 8월 10일 화요일

약 1주일 전에 라인지방에서 돌아왔다. 괴테는 내가 돌아온 것을 무척 기뻐했다. 그에 못지않게 나도 다시 그의 곁에 있게 된 것이 기뻤다. 그가 나에게 전해 주어야 할 말들이 많아서 처음 며칠 동안은 그의 곁을 떠날 수가 없었다. 괴테는 마리엔바트로 가려고 했던 계획을 취소하였고, 이번 여름에는 여행할 생각이 없다고 말했다. 그는 어제 "자네가 돌아왔으니 8월도 즐겁게 보낼 수 있게

---

[55] 괴테는 1779년에 스위스 여행을 떠나기 전에 1780년 이후의 편지 상당수를 없애 버렸다.

되었어." 하고 말했다.

　2, 3일 전에 그는 〈진실과 시〉 속편의 처음 부분을 나에게 보냈다. 4절판 노트에 쓴 가철본으로 손가락 두께 정도였다. 어느 부분은 완성되어 있었지만 대부분 그저 스케치에 지나지 않았다. 그러나 5권의 장별(章別)도 만들어져 있었고 대충 줄거리도 잘 정리되어 있었으며, 대충 훑어만 보아도 전체의 내용을 엿볼 수 있을 정도의 일람표도 구비되어 있었다.

　이미 완성된 부분은 정말로 뛰어난 것들이었다. 게다가 대충 줄거리만 쓴 내용도 나에게는 매우 중요하게 여겨졌다. 하지만 이처럼 많은 교훈과 즐거움을 기대할 수 있는 작업이 중단되는 것을 본다는 것은 참을 수 없이 실망스러운 일이어서, 나는 무슨 일이 있어도 작업을 계속해 완성할 것을 그에게 촉구할 생각이었다.

　전체의 구상이 다분히 소설과 같은 성격을 띠고 있는 이 책은 부드럽고 우아하고 정열적인 연애 관계를 그리고 있었다. 처음에는 쾌활하고 중간쯤에는 목가적이며 결말에 가서는 무언중에 서로 단념하기에 이르는 이 비극적인 연애 관계는 4권의 책 속에 면면히 흐르고 있어 전체를 유기적으로 결합해 주고 있었다. 자세하게 묘사된 매혹적인 릴리의 모습은 독자의 마음을 사로잡았다. 그녀의 매력은 그녀를 사랑하는 괴테까지도 완전히 속박시켜 버려서, 괴테는 필사적으로 도망가려는 노력을 계속하고 나서야 비로소 자기 자신을 구해낼 수 있었다.

　여기에서 다루고 있는 괴테의 연애는 일생에서 가장 낭만적인 성격을 띤 시기이기도 하다. 이때 주인공의 성장과 함께 그의 주요한 특성이 발전되어 갔던 것이다. 이 시기는 어디까지나 바이마르 생활의 전기(前期)로서 그의 전 생애를 결정지을 정도로 각별한 의의와 중요성을 지니고 있었다. 그러므로 괴테의 일생 중에서, 상세히 서술하기를 염원할 만한 흥미로운 시기가 있다면 바로 그때일 것이다.

　나는 중단된 채로 여러 해 동안 잠자고 있던 이 작업에 그의 새로운 의욕과 애정을 불러일으키기 위해 그 자리에서 이에 대한 이야기를 나누었다. 그뿐만 아니라 오늘 그에게 편지를 보내, 어느 정도 완성된 부분과 또 손을 보아야 하는 부분을 적어 일목요연하게 정리한 것을 보내 주었다.

제1권

최초의 의도대로 완성된 글을 볼 수 있는 이 권은 서막의 의미를 띠고 있을 뿐이다. 여기서 괴테는 사회적인 활동에 참여하고 싶은 소망을 명확히 밝히고 있다. 이 소망의 성취를 위해 전권(全卷)의 마지막 초빙을 받아들여 바이마르로 떠나는 것으로 끝을 맺는다. 그러나 전체와 한층 긴밀한 관계를 유지하기 위해서는, 다음 4권 전체를 통해 부각되어 있는 릴리와의 연애관계를 제1권에 쓰기 시작해서 오펜바흐행 도피에 이르기까지 진행하는 것이 좋겠다는 것이 내 생각이다. 이렇게 하면 제1권도 분량이 알맞게 되어 제2권이 너무 두껍게 되는 것을 막을 수 있기 때문이다.

제2권

제2권에서는 오펜바흐에서의 목가적인 생활로 시작해서 행복한 연애관계로 이어지다가, 급기야는 걱정스럽고 심상치 않은 비극적인 성격을 띠기 시작한다. 슈틸링[56]에 관해 쓸 것을 약속한 심각한 사태를 고찰하기 위한 가장 적절한 장소는 바로 이곳이라고 생각한다. 그리고 본인의 의향을 몇 마디 간단한 말로 암시하는 것에 그치고 있지만 거기에서 상당히 중요한 교훈을 얻을 수 있을 것이다.

제3권

〈파우스트〉 속편 계획 외에 다른 것도 다루고 있는 제3권은 에피소드로 일관되어 있다고 말할 수 있겠지만, 릴리와의 관계를 끊어버리려고 시도함으로써

---

56) 슈틸링(1740~1817). 괴테의 슈트라스부르크 대학 시절 친구로, 〈시와 진실〉 제16장에도 나온다.

이 권은 다른 권과 관련되어 있다고 할 수 있다.

〈파우스트〉 속편 계획을 알릴 것인가, 아니면 보류할 것인가 하는 것은 이미 완성된 단편을 면밀히 검토한 뒤에 결정해야 할 것이다. 또한 〈파우스트〉 속편에 거는 기대를 단념할 것인지 아닌지는 그것이 확실해질 때까지 문제 삼지 않는 것이 좋겠다고 생각한다.

제4권

제3권은 릴리 곁을 떠나려고 하는 시도에서 끝나고 있다. 그러므로 4권이 슈톨베르크 형제와 하우구비치[57]의 도착으로 시작되고 있는 것은 지극히 합당한 것이다. 이로써 릴리에게서 최초로 도피하는 모티브가 성립되는 스위스 여행은 시작된다. 이 권에 나오는 테마는 우리로 하여금 흥미 있는 사건을 기대하게 만들어 가능하면 자세히 써 주었으면 하는 희망을 불러일으킨다. 쉬지 않고 되풀이해 부풀어 오르는 릴리에 대한 억누를 수 없는 정열은 젊은 애정의 불길이 되어, 이 권 전체를 구석구석까지 뜨겁게 달구고 있다. 그리고 여행길에 오르는 사람의 마음에 독특하고 매력적인 조명을 던져주고 있다.

제5권

이 아름다운 5권도 마찬가지로 거의 완성에 가깝다. 과정과 결말이 헤아리기 어려운 지극히 높은 운명과 맞닿아 있을 뿐만 아니라 그것을 입 밖에 내기까지 하고 있지만, 적어도 이 부분은 완성되어 있다고 볼 수 있을 것이다. 굳이 더 바란다면 이미 항목에서 명백하게 언급하고 있는 대로 서문을 좀 더 손을 보는 것이 바람직하겠다. 그렇게 하는 것이 바이마르의 생활로 서술이 진전되게 하고, 또 이 생활에 대한 독자의 흥미도 재빨리 불러일으킬 수 있을 것이기 때문이다.

---

[57] 하우구비치 백작(1752~1831). 나중에 프로이센의 장관을 지낸 그는 1775년 괴테, 그리고 슈톨베르크 형제와 스위스 여행을 함께했다.

1824년 8월 16일 월요일

요즘 괴테와의 만남은 아주 유익한 것이었지만, 다른 일 때문에 너무 바빠서 그와의 풍부한 대화 가운데서 중요한 몇 가지도 써둘 수가 없었다.

다만 다음과 같은 단편만이 일기에 적혀 있는데, 이 말이 나오게 된 전후 상황과 원인도 기억에 남아 있지 않다.

'인간들은 서로 부딪치면서 물 위에 떠 있는 항아리와 같다.'

'우리는 아침 일찍 일어났을 때가 가장 사려 깊으며 또 가장 조심성이 많은 법이다. 왜냐하면 조심성은 소극적이긴 하지만 하나의 사려이고, 또한 어리석은 자는 조심성을 전혀 분별하지 못하기 때문이다.'

'사람은 노년기에 이르러 청년시절의 잘못을 되풀이해서는 안 된다. 노년에는 노년 시기만의 잘못이 있기 때문이다.'

'궁정생활은 음악과 비슷하다. 각자 자기의 박자와 멈춤을 지키지 않으면 안 되기 때문이다.'

'궁정 사람들은 의식(儀式)으로라도 시간을 소비하지 않으면 지루한 나머지 죽어버릴 것이다.'

'아무리 사소한 일이라 할지라도 군주에게 단념하시라고 충고하는 것은 옳지 못하다.'

'배우를 양성하려면 무한한 인내가 필요하다.'

1824년 11월 9일 화요일

저녁에 괴테를 찾아갔다. 우리의 화제는 클롭슈토크와 헤르더였다. 나는 그가 이 두 작가의 위대한 공적을 자세히 설명하는 것을 기쁜 마음으로 경청했다.

"우리 나라의 문학은 이 두 거대한 선구자가 없었다면 오늘과 같은 발전은 이룩하지 못했을 거야. 그들은 이 세상에 나타나 시대를 앞질러 갔던 동시에 이 시대를 이끌고 갔던 것이지. 그러나 지금은 시대가 그들을 앞질러 가버려, 이제 그토록 필요하고 중요했던 이 두 사람이 중심을 차지하지 못하게 됐어. 오늘날의 젊은 세대들이 클롭슈토크와 헤르더에게서 생명의 양식을 얻으려고 한다면 아주 시대에 뒤떨어지고 말 거야."

우리는 클롭슈토크의 〈구세주〉와 〈송가〉에 대해 말했고, 그의 공적과 단점에 대해서도 의견을 나누었다. 클롭슈토크는 감각적인 세계의 직관과 이해 그리고 인물 묘사에 대한 기호와 소질도 없었고, 또 서사적이고 희곡적인 시인으로서, 아니 일반 시인으로서 가장 본질적인 것이 결여되어 있었다는 것에 우리의 의견은 일치했다.

"지금 생각나지만" 하고 괴테는 말했다. "그는 〈송가〉에서 독일과 영국의 미의 여신에게 달리기 경주를 시키고 있다네. 그런데 그들이 발끝에서 모래 먼지를 일으키며 앞서거니 뒤서거니 하며 달리는 장면이 대체 어떤 그림이 될 것인가 생각해 보면, 선량한 클롭슈토크는 자기가 쓰고 있는 장면을 눈앞에 떠올리지 않았고 또 구체적으로 묘사하지도 않았다는 것을 알 수 있지. 그렇지 않았다면 이렇게 서툴지는 않았을 거야."

나는 괴테에게 젊은 시절에는 클롭슈토크와 어떤 관계였는지 그리고 그 시절에는 그를 어떻게 생각하고 있었는지를 물었다.

"일종의 경건한 마음으로 그를 존경하고 있었지. 그를 숙부처럼 생각하고 있었어. 그가 창작한 작품에 대해 숭배하는 마음을 가지고 있었기 때문에 그의 작품을 비난하려고 하는 생각은 조금도 없었어. 그의 탁월한 점으로부터 영향을 받았지만 나는 결국 나의 길을 갔지."

우리의 화제는 헤르더에게로 돌아왔다. 괴테에게 그의 작품 중에서 최고로 손꼽을 수 있는 작품은 무엇인지 물었다. "《인류의 역사철학을 위한 제 이념》이 의심할 여지 없이 가장 훌륭하지. 나중에는 부정적인 측면으로 흘러버려서 재미가 없어지긴 했지만."

"헤르더는 중요한 시인이긴 하지만 어떤 일에 있어서는 그의 판단력이 결여되어 있어 저는 도저히 수긍이 가질 않습니다. 가령 예전의 독일 문학이 그저 그런 상태에 있을 때, 그가 〈괴츠 폰 베를리힝겐〉 원고의 장점을 칭찬하지도 않고 냉소적인 언사와 함께 돌려보낸 것은 도저히 용서할 수 없는 일이라고 생각합니다. 그는 어떤 특정한 대상에 대해서는 감수할 능력이 전혀 없는 것이 분명합니다."

"그 점에 있어서 헤르더는 악의에 차 있었어." 하고 괴테는 대답했다. "그뿐이겠는가. 만약 지금 그가 유령이 되어 나타난다고 해도 우리가 하는 말을 이해하지 못할 거야."

"이와는 반대로 나는 메르크[58]가 당신에게 〈괴츠〉를 인쇄하도록 권한 것을 칭찬하지 않을 수 없습니다."

"그는 사실 괴짜이긴 하지만 대단한 인물이었어. '그것을 인쇄에 부쳐야 해! 도움은 안 되겠지만 좌우간 그래도 인쇄에 넘기도록 해!' 하고 말했지. 내가 다시 쓰는 것을 찬성하지는 않았지만 어쨌든 그의 말이 옳았어. 왜냐하면 고쳤다면 작품이 달라지긴 했겠지만 원작보다 좋은 작품이 되진 못했을 테니까 말이야."

1824년 11월 24일 수요일

저녁에 극장으로 가기 전에 괴테를 찾아갔다. 그는 아주 건강하고 명랑해 보였다. 그가 이곳에서 지내고 있는 젊은 영국인들에 대해 묻길래, 나는 그에게 둘란 씨와 함께 플루타르코스의 독일 번역본을 읽을 계획이라고 말해 주었다. 화제는 로마, 그리스 역사로 옮겨갔고 괴테는 다음과 같이 말했다.

"로마 역사는 현대와 비교해 보면 시대적으로 너무 뒤떨어졌어. 우리는 너무나 인도주의적이 되어 버렸기 때문에 시저의 승리에 대해서도 저항감을 느끼지 않을 수 없어. 마찬가지로 그리스 역사를 읽어봐도 별로 유쾌하지 않아. 물론 외부의 적에 대항해서 싸우고 있을 때는 위대하지. 그러나 국가가 분열되고 같은 동족끼리 무기를 맞대고 끝없는 내전을 거듭하고 있는 모습을 보면 점점 참을 수 없게 되네. 당연히 우리가 살고 있는 현대의 역사는 정말로 위대하고 당당하네. 라이프치히 대전[59]이나 워털루 대전[60]은 정말로 탁월한 역사였기 때문에 마라톤과 같은 유사한 다른 전쟁들이 그 빛을 잃고 말 정도야. 그리고 현대

---

58) 메르크(1741~1791). 1771년 헤르더의 소개로 괴테와 가까운 친구가 된 그는 〈파우스트〉에 나오는 메피스토펠레스의 모델이다.
59) 독일 해방전쟁 중 1813년 10월 16일 라이프치히 부근에서 있었던 전투. 이곳에서 연합군은 나폴레옹군을 격파했다.
60) 영국의 장군 웰링턴과 프로이센의 장군 블뤼허가 이끄는 연합군은 1815년 6월 18일 이 대전에서 나폴레옹군을 무찔렀다.

의 영웅 한 사람 한 사람을 보더라도 누구도 뒤떨어지지 않아. 프랑스 원수들과 블뤼허, 그리고 웰링턴만 하더라도 고대의 영웅들과 충분히 어깨를 나란히 겨눌 수 있지."

화제는 최근의 프랑스 문학과, 독일 작품에 대한 프랑스인들의 점진적인 관심 증가로 옮겨졌다.

"프랑스인들이" 하고 괴테는 말했다. "우리 나라 작가들에 대해 연구하고 번역하기 시작했다는 점은 참으로 잘된 일이야. 왜냐하면 그들은 형식에 있어서나 모티브에 있어서 벽에 부딪혔기 때문에 외국으로 눈을 돌리는 수밖에 도리가 없기 때문이지. 우리 독일인들은 무형식 때문에 비난을 받을지는 몰라도 소재 면에 있어서는 그들을 능가하고 있어. 코체부나 이플란트의 희곡 작품들은 모티브가 아주 풍부해서 그걸 완전히 써 버릴 때까지 상당히 오랜 시간이 걸릴 거야. 그러나 그들에게 특별히 환영받고 있는 것은 우리의 철학적인 이상이지. 왜냐하면 이상적인 것은 무엇이든지 혁명적인 목적에 도움을 주기 때문이야."

"프랑스인들은" 하고 괴테는 계속했다. "오성과 정신을 갖추고 있지만 확실하게 근본적인 것이 없고 경건한 마음도 없어. 즉석에서 도움이 되고 당파에 이익이 되는 일은 옳다고 간주하지. 그들이 우리를 칭찬하는 것도 우리를 인정하기 때문이 아니라 당파의 힘을 강화하기 위해서야."

우리는 우리 자신들의 문학과 현대 독일의 젊은 시인들에게 장해가 되는 점에 대해 의견을 나누었다.

"우리 나라 젊은 시인들의 결점은" 하고 괴테는 말했다. "주관적인 경향이 강하다고 할 수 없는데도, 객관적인 세계에서 그 소재를 찾는 방법을 전혀 모른다는 거야. 기껏해야 그들과 유사하고 주관에 맞는 소재를 찾지. 소재가 주관에 반대되는 경우라 해도 그 소재가 더 시적이라면 그것을 취급하는 것이 좋은데도 말이야. 그러나 그들의 생각은 여기까지 미치지 못해."

"이미 말한 대로 위대한 연구와 생활상태에 의해 단련 받은 훌륭한 인물이라면, 적어도 젊은 서정시인에 한해서는 잘될 수도 있겠지만 말일세."

1824년 12월 3일 금요일

　최근 영국의 한 잡지사로부터 유리한 조건으로 독일 문학계의 최신 작품에 대해 보고해 달라는 의뢰를 받았다. 이 제의를 기꺼이 받아들일 작정이었지만 그래도 사전에 괴테와 상담해 두는 것이 좋을 것이라고 생각했다.

　저녁에 불이 켜질 무렵 괴테를 방문했다. 그는 커튼을 내려놓고 식사가 끝난 식탁을 향해 앉아 있었다. 식탁 위에는 두 개의 촛불이 켜져 있어서 그의 얼굴과 식탁 위의 큰 흉상을 비추고 있었다. 그는 열심히 그것을 바라보고 있었다. 괴테는 다정스럽게 인사를 하고 나서 그 흉상을 가리키면서 말했다. "그런데 이건 누구라고 생각하나?" "시인입니다. 그리고 이탈리아 사람이라는 생각이 드는데요." "이것은 단테야." 하고 괴테는 말했다. "이것은 잘 만들어진 조각작품이지. 특히 머리 부분이 잘 다듬어져 있긴 하지만 기뻐하는 표정은 아니야. 나이도 먹고 허리도 굽어져 성미가 까다로워졌기 때문인 것 같아. 얼굴 생김새도 지금 막 지옥에서 기어 나온 것처럼 야무진 데가 없이 늘어져 있어. 나는 그가 살아 있을 때 만든 메달 하나를 가지고 있는데, 그것이 훨씬 아름다워." 괴테는 일어나서 그 메달을 가지고 왔다. "봐, 여기 코에 얼마나 힘이 가득 차 있으며 윗입술은 또 얼마나 늠름해 보이는가. 게다가 턱에는 힘이 배어 있어 턱을 이루는 뼈와도 썩 괜찮은 조화를 이루고 있네. 훌륭하지 않은가! 흉상은 눈언저리와 이마는 거의 다를 바가 없지만 다른 부분은 한결같이 약하고 나이 들어 보이지. 그렇다고 해서 이 새로운 작품을 나쁘게 말하려는 것은 아니야. 전체적으로는 훌륭한 솜씨이기 때문에 그 공로를 칭찬해 주고 싶어."

　괴테는 내게 요사이 어떻게 지내고 있으며 무엇을 생각하고 또 무슨 일을 하고 있는지 물었다. 나는 영국의 한 잡지사로부터 유리한 조건으로 독일 문학의 최근 작품에 대해 월례 보고서를 써 달라는 제의를 받는데 기꺼이 응할 생각이라고 말했다.

　이 말을 듣자 지금까지 다정했던 그의 표정은 못마땅하다는 듯이 잔뜩 찌푸려졌다. 그의 표정에서 내가 못할 짓을 했구나 하는 것을 충분히 읽을 수 있었다.

　"나는 자네 친구들이 자네를 방해하지 않고 그냥 놔두길 원했어. 어째서 자네는 자신의 진로에서 벗어나고 또한 본성의 방향하고도 전혀 상반되는 일을 하려고 하는가? 세상에는 금화와 은화와 지폐가 있어. 각기 나름의 가치가 있지. 그러나 각 개체를 평가하려면 시세를 알고 있지 않으면 안 돼. 문학도 마찬가지야. 자네는 화폐 중에 동전의 가치는 잘 알고 있겠지만 지폐의 가치는 평가하지 못할 거야. 자네는 아직 그 수준까지 도달하지 못했지. 자네의 비판이 잘못되어 있으면 하는 일에도 아무런 도움이 안 되네. 자네가 이것을 공정하게 하려 하고 그 특성을 인정하고 평가하려면 그 이전에 현대 중견급의 문학을 문제 삼지 않으면 안 되고, 또한 적지 않은 전문적 연구를 해야 해. 시대를 거슬러 올라가 슐레겔 형제가 무엇을 계획했고 성취했는지를 알아야 하고, 다음으로 최근의 작가들 즉 프란츠 호른,[61] 호프만,[62] 그리고 클라우렌 등의 작품들을 전부 읽어야 하지. 이것만으로 충분하지 않아. 새로 발표되는 정보를 재빨리 알아내기 위해 모든 잡지와 신문들을 읽어 봐야 하네. 그런 일을 하면서 자네의 귀중한 시간을 망쳐 버릴 생각인가. 그리고 모든 신간물을 보고하려면 훑어보는 것만으로는 안 되고 연구해야 하는데, 어떻게 그런 일이 자네와 어울린다고 생각할 수가 있는가!—마지막으로 신통치 않은 작품을 발견했어도 사람들과의 분쟁을 피해야 하니 그것을 정직하게 말할 수 없겠지." 그는 계속해서 말했다.

"그러니 안 되는 일이네. 내가 말한 대로 그 제의를 거절하게. 자네의 진로와 맞지 않아. 정력의 낭비를 피하고 집중하는 것이 중요해. 내가 30년 전에 이런 것을 알았다면 전혀 다른 일을 했을 거야. 실러와 함께 〈호렌〉[63]이나 〈연간(年刊) 시집〉[64]을 출판하기 위해 얼마나 많은 시간을 낭비했던가!—바로 얼마 전 그 당시 실러와 주고받았던 서신을 읽어 보니 모든 것이 생생하게 생각나네. 그때의 일을 다시 생각해 보면 화가 날 뿐이야. 세상이 우리를 혹사했을 뿐 아니

---

[61] 프란츠 호른(1781~1837). 독일이 작가이자 문학사가이다.
[62] 호프만(1776~1822). 놀랄 만큼 다재다능한 예술가로 음악과 문학 분야에서 훌륭한 작품을 남겼다. 특히 음악에는 반평생을 바쳤고 베토벤을 처음으로 소개하기도 했다.
[63] 1795년부터 1797년까지 실러가 주관하여 펴낸 월간 문예잡지로, 괴테, 훔볼트도 이 잡지에 글을 기고했다.
[64] 발행 기간은 1796년부터 1801년이다. 역시 실러가 편집한 잡지로 괴테, 실러를 비롯하여 헤르더, 티크 그리고 횔덜린 등이 이 잡지에 기고했다.

라 우리 스스로도 아무런 성과를 거둘 수 없었어. 재능 있는 사람은 곧잘 다른 사람이 하는 일을 보고 자신도 그걸 잘할 수 있다고 생각하지만, 실제로는 그렇게 되지 않아서 자신의 오산에 후회하고 말지. 머리카락을 종이로 하룻밤 감아둔다고 해서 무슨 소용이 있겠는가?—머리카락 속에 종이를 넣어두고 있었을 뿐, 다음 날 밤에는 전과 같이 똑바로 서버리고 말 텐데 말이야."

"제일 중요한 것은 자네가 필요한 만큼의 고정 수입이 있다면 그것으로 족하다는 거야. 그것은 자네가 이미 시작한 영어와 영문학 연구에서 얻을 수 있지. 이 작업에 몰두하도록 하게. 젊은 영국인들을 만나는 멋진 기회를 이용해야지. 자네는 청년시절에 고대 언어를 배울 기회를 놓치고 말았기 때문에 영국인들처럼 훌륭한 국민문학을 발판으로 삼아야 하네. 우리 독일 문학은 그 근원을 대부분 영국 문학에 두고 있지. 우리 대하소설과 비극소설의 소재도 골드스미스와 필딩, 그리고 셰익스피어를 제외하면 얻을 수 있는 곳이 없다네. 오늘날 바이런과 무어 그리고 월터 스콧과 어깨를 겨눌 수 있는 3대 문호가 독일 어디에 있다는 말인가?—다시 한번 말하지만 자네는 영어에 전념하고 유용한 일에 온갖 힘을 집중시켜, 아무런 결실을 가져오지 못하고 또 어울리지도 않는 일은 모두 포기해 버리게."

나는 영국 잡지사의 제의에 대한 이야기를 괴테에게 털어놓은 것을 잘한 일이라고 생각했다. 이제는 내 마음도 차분히 가라앉아, 무슨 일이든 그의 충고에 따라 행동하려고 결심했다.

법무장관인 폰 뮐러 씨가 내방을 알려와 자리를 함께했다. 이어 화제는 또다시 우리 앞에 놓인 단테의 흉상과 그의 생애와 작품으로 돌아갔다. 특히 그의 작품이 난해한 것이 화두에 올랐다. 나는 같은 나라 사람들도 이해할 수 없을 정도인데 하물며 외국인이 해명한다는 것은 불가능한 일이라고 말했다. 괴테는 다정스럽게 나에게 말했다. "자네의 고해 신부는 이 시인에 대해 연구하는 것을 엄금하는 바이네."

괴테는 단테 문학의 난해한 점은 주로 운문(韻文) 때문이라고 말했다. 단테를 말하는 괴테는 지극한 외경심에 가득 차 있었다. 단테를 말하는 데 있어서는 재능이란 말로는 부족하고 천성이란 말을 써야 적당하다고 했다. 괴테는 이 말로 더 포괄적인 것, 더 예감적인 것, 그리고 자기 주위를 더 깊고 넓게 관찰하는 것을 표현하려고 한 것 같았다.

1824년 12월 9일 목요일

저녁에 괴테에게 갔다. 그는 다정스럽게 손을 내밀면서 내가 쉘호른[65]의 장기 근속을 기념하여 보낸 나의 시를 칭찬해 주었다. 나는 이에 보답이라도 하듯 영국으로부터의 제의를 거절했다고 말했다.

"정말 고맙네. 자네는 전과 같이 자유의 몸이 되어서 조용히 지낼 수 있게 되었어. 그건 그렇고 지금 자네에게 또 한 가지 주의시켜 줄 일이 있어. 작곡가들이 몰려와서 오페라를 부탁할 거야. 하지만 단호히 거절해야 해. 아무 소용도 없는 일이고 공연히 시간만 낭비하기 때문이지."

괴테는 본에 있는 〈파리아〉의 저자에게 네스 폰 에젠베크[66]를 통해 그 연극의 포스터를 보냈기 때문에 이곳에서 자신의 작품이 상연되고 있는 것을 알 수 있을 것이라고 말했다. "인생은 짧아." 하고 그는 덧붙였다. "우리 서로 즐겁게 잘 지내도록 하세."

그의 앞에 베를린 신문이 있었다. 그는 페테르부르크에 대홍수가 있었다는 것을 말해 주었다. 신문을 나에게 주면서 읽어보라고 했다. 페테르부르크의 지형이 나쁘다는 것을 말하면서 루소가 불을 뿜어내는 산 가까이에 도시를 세워 놓으면 지진을 막을 수 없다고 말한 것에 찬성하면서 웃었다. "자연은 자신의 궤도를 계속 돌고 있을 뿐이야. 우리 눈에 예외로 보이는 것도 사실은 법칙에 맞는 거지."

우리는 도처의 해안에서 심하게 몰아치고 있는 폭풍우와 신문에 실린 기타 무서운 자연현상에 대해 이야기했다. 나는 이러한 현상이 어떤 상관관계를 가졌는지, 또 우리 인간들은 알아낼 수 없는 것인지를 물었다. "아무도 알 수 없어. 이런 현상은 예측불허의 것으로, 기껏해야 우리 마음속에서 예감으로 느낄 수 있을 정도지. 이것을 말로 표현한다는 것 자체가 불가능한 일이야."

---

65) 쉘호른. 바이마르의 왕실문고의 고문관이자 문서 기록 수집가이다.
66) 네스 폰 에젠베크(1776~1858). 유명한 식물학자이고 자연철학자이다.

토목국장 쿠드레이 그리고 리머 교수가 찾아와 우리는 자리를 함께했다. 페테르부르크의 대홍수가 다시 화제에 올랐다. 쿠드레이는 이 도시의 지도를 그려 보이면서 네바강의 영향과 그밖에 그 일대의 지형에 대해서 자세히 설명해 주었다.

1825년

1825년 1월 10일 월요일

괴테는 예전부터 영국인에 대해 비상한 관심이 있었기 때문에 나에게 이곳에 체류 중인 그들을 소개해 달라고 부탁한 적이 있었다. 그는 5시에 내가 영국 공병장교인 H 씨와 함께 방문하는 것을 기다리고 있었다. 나는 이미 이 사람에 대해 칭찬을 한 적이 있었다. H 씨와 나는 약속한 시각에 방문했다. 하인이 우리를 안내해 준 방은 기분 좋게 아늑하고 따뜻했다. 이 방은 괴테가 대체로 오후에서 저녁까지 있는 곳이다. 탁자 위에는 세 개의 촛불이 켜져 있었다. 괴테는 없었지만 옆방에서 말하는 소리가 들렸다.

기다리는 동안 H 씨는 주위를 둘러보고는 벽에 걸려 있는 그림과 큰 산악지도 그리고 많은 서류철이 들어 있는 책장을 유심히 바라보았다. 나는 이곳에 유명한 거장들의 소묘와 모든 유파의 걸작 동판화가 들어 있고, 이것은 괴테가 평생 수집한 것으로 그가 마음껏 감상하고 즐기는 작품이라고 말해 주었다.

몇 분 지나서 괴테가 들어왔다. 우리는 서로 따뜻한 인사를 나누었다. 괴테가 말했다.

"당신에게 직접 독일어로 말해도 괜찮겠지요. 들은 바로는 당신은 이제 독일어를 썩 잘한다고 하더군요."

이에 H 씨는 정중하게 대답했다. 괴테는 우리에게 앉을 것을 권했다.

H 씨의 인품은 괴테에게 좋은 인상을 주었음이 틀림없었다. 오늘 처음 만난 청년에게 마음을 터놓고 말하는 그의 밝고 부드러운 태도는 정말로 신사다웠다. 괴테는 말했다.

"당신이 독일어를 배우기 위해 이리로 온 것은 참으로 잘한 일입니다. 쉽고 빠르게 배울 수 있을 뿐만 아니라, 언어의 기반을 이루고 있는 요소들, 즉 토지,

기후, 생활양식, 풍습, 사교, 제도 등을 몸과 마음을 다해 습득하고 영국으로 돌아갈 수 있을 것입니다."

"영국에서는 독일어에 대한 관심이 정말 대단해요. 나날이 보급되고 있어 지금은 훌륭한 가정의 젊은 영국인이라면 예외 없이 독일어를 배우고 있지요."

"우리 독일인들은 그 점에 있어서는 당신의 나라보다 반세기 앞서가고 있습니다. 나는 50년 동안 영어와 영문학에 심취해 있지요. 그래서 영국의 작가와 생활제도에 대해서는 잘 알고 있어요. 그래서 만약 영국을 방문한다고 해도 그리 생소할 것 같지 않아요. 그러나 이미 말한 대로 당신의 나라 젊은이들이 우리나라로 와서 말을 배운다는 것은 참 좋은 일입니다. 왜냐하면 독일 문학은 배울 가치가 충분하고, 또 독일어를 잘 알고 있으면 다른 많은 외국어를 몰라도 괜찮다는 점도 부정할 수 없는 사실이지요. 하지만 프랑스어만은 예외입니다. 프랑스어는 사교용 언어로 여행 중에는 특히 필요합니다. 프랑스어는 누구나 알고 있어서 어떤 나라에서도 통역관이 없이도 용무를 볼 수가 있어요. 그러나 그리스어, 라틴어, 이탈리아어, 그리고 스페인어 같은 경우에는 이러한 언어로 된 최고의 작품들을 훌륭한 독일어의 번역본으로 읽을 수가 있기 때문에, 특별한 목적이 없는 한은 고생을 해가면서 이것들을 배우기 위해 많은 시간을 허비할 필요는 없지요. 독일인들은 외국의 모든 것을 각기 그 특성에 맞게 평가하고 이질적인 것에 순응하는 점이 있어요. 독일어의 유연한 특성 덕분에 번역은 철저하게 원문에 충실하게끔 되어 있지요. 또한 훌륭한 번역본이 충분히 여러 가지 큰 역할을 해낼 수 있다는 것도 사실입니다. 프리드리히 대왕은 라틴어를 몰랐지만 키케로를 프랑스어 번역본으로 읽었지요. 그것도 원어를 보는 것과 같이 읽었고 그 내용도 충분히 이해했습니다."

화제가 극장으로 옮겨지자 괴테는 H 씨에게 연극 관람을 자주 하느냐고 물었다. H 씨는 대답했다.

"매일 밤 갑니다. 언어를 이해하는 데 아주 도움이 되지요."

"이상한 일입니다." 하고 괴테는 대답했다. "듣고 이해하는 능력이 말하는 능력을 앞질러 가니 말입니다. 그 때문에 무엇이든지 곧잘 이해할 수는 있지만 정작 모든 것을 말로 표현하려고 하면 잘 안되거든요."

"매일 같은 경험을 통해 나도 당신이 말씀하시는 것을 느끼고 있습니다." 하고 H 씨는 대답했다. "남의 말을 듣는 것이라든지 또 스스로 읽는 것은 모두 이해할 수 있지요. 그뿐만 아니라 누가 독일어를 잘못 사용하고 있는지도 알 수 있어요. 그러나 정작 내가 말하려고 하면 막혀버리기 일쑤입니다. 말하고 싶은 것을 정확하게 말할 수 없게 돼 버리지요. 궁정에서의 가벼운 대화나 귀부인과의 농담 그리고 춤을 출 때의 담소 같은 것은 그럭저럭 해낼 수 있습니다.

카우프만의 〈에그몬트〉

그러나 화제가 고상한 대상으로 옮겨져 뭔가 독특하고 재치 있는 것을 독일어로 말하려고 하면 딱 막혀버려서 더 이상 앞으로 나갈 수가 없게 됩니다."

"그런 것은 염려하지 않으셔도 됩니다." 하고 괴테는 대답했다. "왜냐하면 색다른 것을 표현할 때는 우리 모국어로 말하는 것도 어렵기 때문이지요."

괴테는 H 씨에게 독일 문학 중에서 어떤 것을 읽었는지 물었다. "〈에그몬트〉를 읽었습니다. 아주 재미있어서 세 번이나 읽었지요. 또 〈토르크바토 타소〉도 아주 재미있었습니다. 지금은 〈파우스트〉를 읽고 있지만 나에게는 좀 어려운 것 같아요." 괴테는 이 말을 듣고 웃었다.

"물론입니다. 당신에게 아직 그 책을 권하고 싶지는 않군요. 그 책은 모든 일상적인 감정을 놀라울 만큼 앞질러 가고 있어요. 그러나 당신이 나에게 묻기 전에 스스로 결정한 것이니 끝까지 읽어보세요. 파우스트는 특별한 개성을 소유한 인물이기 때문에 그의 정신상태에 동감할 수 있는 사람은 아주 적은 숫자일 뿐이지요. 게다가 메피스토펠레스는 빈정대는 성격을 가지고 있고 또 위대한 세계 관찰의 산 결과이기 때문에 대단히 난해합니다. 그러나 어떤 광명이 당신 마음에 비치게 될지 한번 주시해 보시지요. 이와는 반대로 〈타소〉는 보편적인 인간의 감정에 훨씬 가깝습니다. 또한 사용된 형식도 훨씬 알기 쉽지요."

"하지만" 하고 H 씨는 대답했다. "독일에서는 〈타소〉를 어려운 작품이라고 생각하고 있는지 내가 그 작품을 읽었다고 했더니 놀라는 사람들이 많았습니다."

"〈타소〉의 주안점은," 하고 괴테는 말했다. "인간은 이 세상에 태어나 어린아이로 머물러서는 안 되며 좋은 사교모임의 일원으로서 살아가야 한다는 것입니다. 괜찮은 가정에서 태어나 풍부한 정신과 감수성이 예민한 중류나 상류층의 완성된 사람들과 교제하여 충분한 외적 교양을 몸에 익힌 사람이면 〈타소〉를 어렵다고 생각하지는 않을 것입니다."

화제는 〈에그몬트〉로 옮겨졌다. 괴테는 이에 대해 다음과 같이 말했다.

"내가 〈에그몬트〉를 쓴 것이 1775년[1]이었으니까 50년 전입니다. 나는 충실하게 역사에 따라서 가능하면 진실을 전달하려고 노력했지요. 그리고 10년이 지나 로마에 있었을 때 내가 쓴 혁명의 장면이 그대로 네덜란드에서 되풀이된 사실을 신문에서 보았습니다. 그러므로 세계는 여전히 동일한 것이며, 나의 서술도 생명이 없는 것은 아니라는 점을 깨달았습니다."

이런저런 대화를 나누는 사이에 극장에 갈 시간이 되어서 우리는 자리에서 일어나 괴테에게 인사를 하고 헤어졌다.

집으로 돌아오는 길에 H 씨에게 괴테가 마음에 들었는지 물었다.

"나는 이때까지 그만한 사람을 만나본 적이 없었어요. 넘쳐흐르는 온유함 속에서도 타고난 위엄을 갖추고 있었습니다. 자기 마음대로 행동하지만 그렇다고 자신을 낮추지도 않는 모습을 보니 참으로 위대하다는 생각이 듭니다."

1825년 1월 18일 화요일

오늘 5시에 괴테를 찾아갔다. 며칠 동안 만나 뵙지 못해서 오늘은 그와 함께

---

[1] 괴테는 1775년 프랑크푸르트에서 〈에그몬트〉를 대부분 완성했으나, 이 작품에서 완전히 손을 뗀 것은 1787년 이탈리아에서였다.

즐겁게 지냈다. 내가 찾아갔을 때 그는 해 질 무렵 서재에서 아들과 주치의이자 추밀 고문관인 레바인과 함께 이야기를 나누고 있었다. 나도 합세하여 탁자 옆에 자리를 잡았다. 한동안은 어두운 가운데서 대화를 나누었는데 얼마 안 있어 등불이 들어와 쾌활해 보이는 괴테를 눈앞에서 볼 수 있어 기뻤다.

그는 여느 때와 마찬가지로 나에게 관심을 보이면서 뭔가 색다른 일이 없었는지 물었다. 그래서 나는 어떤 여류시인[2]을 알게 되었다고 했다. 덧붙여 그녀의 비범한 재능에 대해서도 칭찬했다. 그러자 이미 그녀의 여러 작품을 읽은 괴테는 나의 칭찬에 찬의를 표시했다.

"그녀의 시 중에서 한 작품은" 하고 그는 말했다. "자기 고향에 대해 썼는데 독특한 묘미를 가지고 있어. 그녀는 외적인 대상에 대해 좋은 경향을 가지고 있지만 내적인 소질도 주목할 만하지. 물론 찾아보면 결점도 많겠지만 방해하지 말고 그녀의 재능이 향하는 대로 놔두는 것이 좋아."

화제는 이제 완전히 여류시인으로 옮겨온 듯했다. 추밀 고문관인 레바인은 여성들에게서 볼 수 있는 시적 재능은 가끔 일종의 정신적인 성욕처럼 생각된다고 말했다. 괴테는 나를 쳐다보며 웃으면서 말했다.

"아니, 정신적인 성욕이라니!—정말 의사다운 해석이구먼!"

"내가 올바르게 표현했는지는 모르지만 이것만은 말할 수 있습니다. 대체로 이런 여성은 사랑의 기쁨을 맛보지 못했기 때문에 그것을 정신적인 방면에서 보충하려고 하는 것입니다. 만약 제때 결혼해서 아기를 낳았다면 시를 쓰려고 하지 않았을 것입니다."

"이 문제에 대해 자네가 어디까지 옳은지 모르겠지만, 다른 분야에서도 여성들이 결혼과 동시에 자기 재능의 사용을 중단해 버리고 마는 것을 종종 보아 왔지. 내가 알고 있는 그림을 아주 잘 그리는 처녀들도 부인이 되고 어린아이들의 엄마가 돼 버리면 곧 끝장이 나버리고 말았네. 아이들의 시중을 드는 일에 신경을 쓰느라고 영원히 붓을 놓아버리고 마는 것이지."

"그러나 여류시인들이 생각을 가다듬고 글을 쓴다는 것은 바람직한 일이야.

---

[2] 테레제 폰 야코브(1797~1870)를 말하는 것으로, 그녀는 세르비아의 민요를 번역하여 괴테에게 보내 아주 높은 평가를 받았다.

그것도 남성작가들이 여성들처럼 쓰지 않는다는 조건 하에서 말이지. 하지만 내가 싫어하는 것이 바로 그 점이야! 잡지를 한번 보게. 약해지기만 하는 경향이 갈수록 강해지고 있어! 한번 조간신문에 첼리니 자서전의 1장을 실어보라고 해 봐. 그러면 한결 눈에 잘 띌 거야!"

"자, 이 얘기는 이 정도에서 끝내고 우리의 기운찬 할레 여류시인의 번역을 즐기도록 하세. 그녀 같으면 남성적인 정신을 갖고 우리를 세르비아의 세계로 인도해 줄 거야. 그 시는 참으로 훌륭해. 그중에는 솔로몬의 〈아가〉[3]와 어깨를 나란히 겨눌 수 있는 작품들도 있지. 이것은 대단한 일이야. 나는 이 작품에 관한 논문을 끝마치고 벌써 인쇄에 넘겼어."

그는 〈예술과 고대〉 신간호의 견본인쇄 첫 4부를 나에게 넘겨주었는데, 그 안에 이 논문이 들어 있었다.

"나는 시 하나하나의 특색을 그 주제에 따라 요약해 보았어. 자네는 은근한 정취의 모티브에 감탄할 걸세. 레바인도 내용과 소재에 관해서는 시를 전혀 모르는 것이 아니기 때문에 자네가 이 부분을 낭독해 주면 틀림없이 기쁜 마음으로 경청할 거야."

나는 시 하나하나의 내용을 천천히 읽었다. 시 전체에 암시된 정경은 손에 잡힐 듯 말 듯 생생하게 눈앞에 떠오르는 듯했다. 다음과 같은 정경은 특히 우아하게 생각되었다.

1

아름다운 속눈썹을 내리뜬 세르비아 아가씨의 정숙함.

2

신부의 들러리가 되어 애인을 제삼자에게 안내해야 하는 사나이의 심적 갈등.

---

[3] 이것은 구약성서에 포함되어 있으며, 솔로몬왕이 쓴 것으로 알려진 다른 시가서로는 〈잠언〉이 있다.

3

애인의 안부를 걱정하여 노래 부르려고 하지 않는 아가씨.

4

젊은이가 과부에게, 노인이 처녀에게 구혼하는 끔찍한 풍습에 대한 탄식.

5

딸에게 분에 넘치는 자유를 허락하는 어머니를 보고 탄식하는 젊은이.

6

아가씨와 말(馬)의 허물없는 대화 중, 말이 그녀에게 주인의 애정과 의중을 토로한다.

7

오직 애인만을 사랑하는 아가씨.

8

아름다운 여자 급사의 임은 손님 중에는 없다.

9

연인을 발견한 날의 숨이 끊어질 듯한 눈뜸.

10

그리운 임이 무엇을 하는 사람인지 궁금해하는 마음.

11

사랑하는 기쁨의 한없는 환희를 표현한다.

12

낮에 그녀를 유심히 관찰하던 외국에서 온 연인이 밤에 그녀에게 불쑥 찾아든다.

이것들은 단지 모티브에 지나지 않지만 마치 시 자체를 읽는 것처럼 생생한 흥분을 느낄 수 있기 때문에, 나는 완성된 시를 읽고 싶은 기분이 들지 않는다고 말했다.

"자네가 말한 내용은 합당해." 하고 괴테는 말했다. "그러나 모티브가 얼마나 중요한가에 대해 아무도 이해하려고 하지 않아. 이런 점에서는 젊은 여성들도 마찬가지야. 그녀들은 이 시를 아름답다고 말하지. 하지만 그녀들은 단지 감수성과 하나하나의 표현 방법, 또 운문을 생각하고 말할 뿐이야. 그러나 시의 참된 박력과 감동은 정경과 모티브 속에 있다는 것까지 생각하는 사람은 아무도 없어. 시는 수천 개 창작되지만 모티브는 전적으로 제로이지. 그리고 단지 감수성이나 울리는 그럴듯한 시구나 늘어놓아 마치 시가 완성된 것처럼 겉을 꾸미고 있을 뿐이야. 대체로 딜레탕트들, 특히 여성들은 시에 관해서는 아주 피상적인 생각만을 가지고 있어. 그녀들은 오직 테크닉만을 잘 체득하면 시인의 본질을 제대로 파악한 완벽한 시인이 되는 것처럼 믿고 있지만, 이것은 당치도 않은 생각이야."

리머 교수가 내방했고 추밀 고문관인 레바인은 물러갔다. 이리하여 리머는 우리와 자리를 같이했다. 세르비아 연애 시의 모티브는 계속 화제에 올랐다. 리머는 지금 논의되고 있는 내용을 알아차리고 위에서 쓴 암시의 내용에 맞게 시를 쓸 수 있을 뿐만 아니라, 이러한 모티브는 세르비아의 작품에서 배우지 않더라도 독일인의 손에 의해 벌써 사용됐다면서 자기의 시 두세 편을 예로 들었다. 나도 조금 전에 낭독할 때 괴테의 시 여러 편을 떠올렸다고 말했다.

"이 세상은 언제나 똑같은 거야." 하고 괴테는 말했다. "어떠한 상태도 되풀이되지 않는 것이 없지. 어떠한 민족도 다른 민족과 똑같이 생활하고 사랑하고 느끼고 있어. 그렇다면 어째서 한 시인이 다른 시인과 똑같은 시를 써서는 안 된다는 것일까? 생활환경이 같은데 왜 시의 장면은 같으면 안 된다는 거지?"

리머가 대답했다.

"생활과 느낌에 똑같은 것이 존재하기 때문에 다른 민족의 시도 이해할 수 있는 것입니다. 만약 그렇지 않다면 외국 시를 접하고 있으면서도 무슨 말을 하고 있는 것인지 전혀 알 수 없을 것입니다."

나는 이 말을 받아 말했다.

"나는 학자들이 이상하다고 생각될 때가 있어요. 그들은 시가 생활 속에서 탄생한 것이 아니라 책에서 만들어진 것이라고 믿는 것 같아요. 그들은 입버릇처럼 이 시는 어디에서 따온 것이고, 저 시는 어디에서 따온 것이라고 말합니다.—가령 셰익스피어의 작품 속에 고대의 시인이 썼던 시구를 발견하면, 이것은 그에게서 따온 것이라고 말합니다. 셰익스피어의 작품 중에도 아름다운 아가씨를 보고 딸이라고 부르는 부모가 있는가 하면, 사람들이 그 아가씨를 신부로 맞이하게 될 젊은이를 행운아라고 칭찬하는 장면이 있습니다. 그런데 이와 같은 것은 호메로스에게도 있기 때문에 셰익스피어도 호메로스에게서 따왔다는 것입니다! 얼마나 말도 안 되는 얘깁니까! 우리가 이런 것을 찾아내기 위해서 평소에 눈앞에서 보고 느낀 것을 활용하면 안 되고 그처럼 멀리까지 가야만 하는 것처럼 말입니다."

"그렇고말고, 정말 우습기 짝이 없는 일이지!" 괴테는 말했다.

"그리고," 나는 계속 말했다. "바이런 경까지도 〈파우스트〉를 짧게 잘라 이것은 여기에서, 저것은 저기에서 따온 것이라고 말하는데, 그것은 현명한 처사가 아니라고 생각합니다."

"나는," 하고 괴테는 말했다. "아직 바이런 경이 훌륭하다고 하는 논증을 한 번도 읽어본 적이 없어. 내가 〈파우스트〉를 쓰고 있을 때까지만 하더라도 그런 일이 일어나리라고는 추호도 생각하지 못했던 일이야. 그러나 바이런 경의 위대함은 시를 쓰고 있을 때 뿐이고, 뭔가 생각을 할 때는 곧 어린아이가 되어 버리지. 그래서 고국의 사람들로부터 무분별한 공격을 받았을 때도 어떻게 손을 써야 할지 몰랐어. 이러한 공격에 대비해서 그는 소신을 밝혀야 했지. 무엇 때문에 비난을 받았든 그것은 나의 것이라고 주장했어야만 했어. 그것을 실생활에서 얻은 것이든 아니면 책에서 얻은 것이든 그것은 중요하지 않아. 어떻게 올바르게 사용하였는가가 문제인 것이지. 월터 스콧은 나의 〈에그몬트〉의 한 장면을 사용했어. 그에게도 그럴 권리가 있었지. 충분히 이해하고 행한 것이기 때문에 칭찬받는 것이 당연해. 게다가 그는 어떤 소설에서 나의 〈미뇽〉을 모방하고 있지만, 이것도 역시 잘 이해한 후에 쓴 것이기 때문에 별문제는 없어. 바이런 경의 변형된 악마는 메피스토펠레스의 연장이지만 그것도 그 자체로서 괜찮은 것이지! 그가 만약 남다른 변덕으로 나쁜 길로 빠졌다면 훨씬 나쁜 방향으로 전락해 버렸을 거야. 메피스토펠레스도 셰익스피어의 노래[4]를 부르게 되는데 어째서 그러면 안 된다는 것인가? 셰익스피어의 노래가 정확하게 들어맞고 말하려는 요지를 거침없이 내뱉어 버리는데 내가 고생해서 자작을 한들 무슨 소용이 있단 말인가? 〈파우스트〉의 서곡이 구약성서의 〈욥기〉와 비슷하다[5]고 하지만, 그것도 당연한 것으로서 그 때문에 내가 칭찬을 받을망정 비난받을 이유는 없다고 생각하네."

괴테는 기분이 좋아 보였다. 그는 포도주 한 병을 가져오게 한 뒤 리머와 나에게 따라 주었다. 자신은 마리엔바트의 광천수를 마셨다. 그 날밤은 리머와 함께 자서전의 원고[6]를 대강 훑어본 후 표현상으로 아직 미비한 곳을 고쳐볼 예정인 것 같았다.

괴테는 에커만도 우리와 함께 있으면서 자기가 읽는 것을 들어 주었으면 좋겠다고 말했다. 그의 말을 듣고 나는 무척 기뻤다. 그리고 괴테는 리머 앞에 원고를 내려놓고는 1795년분부터 읽기 시작했다.

나는 여름 동안 아직 인쇄가 안 된 생애의 부분을 최근의 것까지 되풀이해 읽고 고찰하는 즐거움을 가졌다. 그러나 지금 괴테의 앞에서 그것이 소리높이 낭독되는 것을 듣게 되자 새로운 기쁨을 느끼게 되었다.—리머는 표현에 신경을 썼지만, 나는 새삼스럽게 그의 노련하고 풍부한 말주변에 놀라지 않을 수 없었다. 서술된 연대가 그의 마음속에 되살아나면 추억에 잠겨, 그려진 인물이나

---

[4] 괴테는 메피스토펠레스가 「그레트헨의 집 앞 길거리」 장면에서 부르는 노래(3682~3697행)는 〈햄릿〉의 제4막 5장에서 오펠리아가 왕 앞에서 부르는 노래를 빌려 온 것이라고 밝혔다.
[5] 〈파우스트〉 제1부의 「천상의 서곡」 장면은 구약성서 〈욥기〉 제1장 제6절~제12절에 해당한다.
[6] 〈연대기〉를 말하는 것이다.

카텔의 〈헤르만과 도로테아〉

사건을 일일이 자세히 설명하고 보충해 주었다.

—정말이지 둘도 없는 소중한 밤이었다! 동시대의 중요한 인물들이 되풀이해 화제에 올랐다. 그러나 화제는 1795년부터 1800년 사이에 누구보다도 가장 친밀하게 지냈던 실러였다. 한마디로 실러로 시작해서 실러로 끝났다. 극장은 두 사람 공동의 활동 장소였고 괴테의 최고 걸작도 이 시기에 탄생했다. 〈빌헬름 마이스터〉가 완성되었고, 이에 계속하여 〈헤르만과 도로테아〉가 계획되어 쓰였다. 〈첼리니〉가 〈호렌〉을 위해 번역되었고, 〈크세니엔〉이 실러의 〈연간 시집〉을

위해 함께 만들어졌다. 이렇게 두 사람은 만나지 않는 날이 없었다. 오늘 밤 괴테는 이런 일을 모두 이야기해 주었고, 계속하여 흥미 있는 이야기를 제공하는 것을 그치지 않았다.

"〈헤르만과 도로테아〉는" 하고 그는 특히 이렇게 말했다. "비교적 방대한 스케일의 시 중에서 내 마음에 드는 유일한 작품이야. 이 작품을 읽을 때마다 감동하지. 특히 이 작품의 라틴어 번역본[7]을 읽는 것을 좋아한다네. 그렇게 하는 것이 한층 더 고귀하고, 형식 면에서도 마치 원래 작품의 근원으로 되돌아간 기분이 들거든."

〈빌헬름 마이스터〉에 대해서도 거론되었다.

"실러는" 하고 그는 말했다. "비극적인 요소를 엮어 넣는 것을 비난하면서 그런 것은 대하소설 영역에 속하지 않는다고 말했어. 하지만 우리가 모두 알고 있듯이 그는 옳지 않았지. 나에게 보낸 실러의 편지[8]에 〈빌헬름 마이스터〉에 관한 가장 중요한 의견이 적혀 있어. 어쨌든 이 작품은 평가하기 어려워. 나도 그것을 풀 열쇠를 가지고 있지 않아. 사람들은 중심점을 찾아내려고 하지만 어려운 일이야. 굳이 말한다면 이것은 나의 눈앞을 스쳐 지나간 풍부하고 다양한 인생으로, 이렇다 할 확실한 경향도 없고 단순한 개념으로는 도저히 끝매듭을 지을 수 없는 그런 것이지. 그러나 이것만으로 해결이 되지 않는다고 생각하는 사람은 프리드리히가 결말 부분에서 주인공에게 한 말을 생각해 보면 될 거야. '키스의 아들 사울[9]은 아버지의 암나귀를 찾으러 나갔다가 왕국을 찾았다. 나에게는 자네가 사울처럼 생각된다'고 쓰여 있지. 우리는 이 말을 음미해 볼 필요가 있어. 이 작품 전체는 인간은 어리석고 나쁜 길로 빠지기 쉽지만 존귀한 사람의 손에 인도되어 마지막에는 행복한 곳으로 도달하고야 만다는 것을 말

---

[7] 〈헤르만과 도로테아〉의 라틴어 번역본은 1822년 이래 독일에서 두 번 출판되었다.
[8] 1794년 6월 13일부터 1805년 4월 27일까지 두 사람 사이에는 수많은 편지가 오갔는데, 그것은 '실러와 괴테의 왕복 서신'으로 불린다. 편지 교환이 이루어진 시기가 괴테가 45세에서 56세에 이를 때였고 실러는 35세에서 46세가 될 때까지였던 것을 감안하면, 이 두 시인이 중장년이 되어서도 얼마나 생산적이었던가를 알 수 있다. 괴테는 1824년 10월 30일 첼터에게 보내는 편지에서 "이 왕복서신은 온 인류에게 바치는 일대 선물이 될 것입니다."라고 말했다.
[9] 구약성서 사무엘전서 제9장~제11장에 나온다.

카텔의 〈빌헬름 마이스터의 수업시대〉 중 하프 타는 노인

하는 것에 지나지 않아."

우리는 최근 50년 동안 독일에 널리 퍼진 중류계급의 위대한 문화에 대해 이야기했다. 괴테는 이 공적을 레싱[10]보다는 헤르더와 빌란트에게 돌렸다.

"레싱은 최고의 지성이었기 때문에 그와 수준이 같은 위대한 사람만이 그에게서 배울 수 있었지. 그는 어중간한 사람에게는 위험했어."라고 말하면서 괴테는 어떤 신문기자의 이름을 대면서, 이 사람은 레싱을 따라 교양을 쌓고 지난 세기말에 한몫을 하긴 했지만 괄목할 만한 역할을 해내지는 못했다고 했다. 그리고 그것은 그가 자신의 위대한 선구자보다 훨씬 뒤떨어졌기 때문이라고 덧붙였다.

"모든 남부 독일인은 빌란트의 문체에서 덕을 보고 있지. 그에게서 배운 것이 많아. 그중에서도 적절한 표현능력은 빠뜨릴 수 없어."

〈크세니엔〉의 얘기가 나오자 괴테는 실러의 작품을 칭찬하며 예리하고 핵심을 찌르는 작품이라고 말하면서, 반대로 자신의 작품은 순진하고 평범하다고 했다.

"실러가 쓴 〈십이궁(12宮)〉을 읽을 때마다 감탄하게 되지. 〈크세니엔〉이 그 당시 독일 문학에 끼친 좋은 영향은 이루 헤아릴 수 없이 많다네."

〈크세니엔〉과 관련해 공격 대상이 된 많은 사람들의 이름이 있었지만 불행히도 내 기억에 남아 있지 않았다.

괴테가 들려주는 수없이 많은 이야기와 주석으로 읽는 일은 곧잘 중단되었지만, 이 초고는 결국 1800년 끝까지 낭독되고 검토되었다. 괴테는 원고를 밀어내고, 우리가 앉아 있었던 큰 테이블의 한쪽에 테이블보를 씌우게 한 뒤 가벼운 저녁 식사를 하자고 했다. 우리는 즐겁게 식사했지만 괴테는 음식을 조금도 입에 대지 않았다. 사실 나는 지금까지 그가 저녁 식사하는 것을 본 적이 없다. 그는 늘 우리 옆에 앉아 술을 따르고 등불 심지를 자르기도 하면서 즐거운 이야기를 하여 우리의 마음을 즐겁게 해 줄 뿐이었다. 실러와의 추억은 그의 마음

---

10) 레싱(1729~1781). 독일 근대문학의 선구자였던 그는 이론과 실천을 함께 제시해 보여줌으로써, 프랑스 고전 연극의 모방을 버리고 고대 그리스 연극과 셰익스피어 연극을 모범으로 삼을 것을 역설했다.

에 생생하게 되살아나 오늘 밤의 후반부는 실러의 이야기로 온통 채워졌다.

리머는 실러의 인품을 회상하면서 말했다.

"거리를 걸어가는 모습을 포함한 그의 일거수일투족은 교만했습니다. 그러나 그의 눈빛만은 부드러웠지요."

"그렇지, 그는 모든 면에서 교만하고 당당했지만 유독 눈만은 온유했지. 그리고 그의 재능은 그의 체격과 똑같았어. 대담하게 소재를 휘어잡고 관찰하고, 여러 방법으로 고쳐보기도 하고, 가지각색으로 취급하기도 했지. 그런 관계로 결단력이 없었고 도무지 마무리를 지을 수가 없었어. 그는 리허설 바로 직전에도 여러 번 배역을 바꾸곤 했지."

"그리고 그는 대담하게 작품에 대처하기는 했지만 모티브에 대해서는 그다지 중요하게 여기지 않았어. 〈텔〉 중에 게슬러가 나무에서 사과 하나를 따서 어린 아이 머리 위에 올려놓고 활로 쏘는 장면이 있는데, 이것 때문에 내가 그를 상대로 얼마나 고생했는지 지금도 기억이 생생하네. 이런 장면은 나는 절대 받아들일 수가 없었어. 그래서 이 장면은 너무 잔인하니까, 무슨 일이 있어도 텔의 아들이 태수에게 아버지의 활 쏘는 솜씨를 자랑하면서 100보 떨어진 거리에서도 얼마든지 쉽게 성공할 수 있다고 말하도록 하는 것이 좋겠다고 간곡히 설득했지. 실러는 처음에는 좀처럼 받아들이려고 하지 않았지만 결국 나의 소망을 받아들여 내가 권유한 대로 했다네."

"이와는 반대로 나는 종종 모티브에 너무 집착했기 때문에 나의 작품은 극장에는 맞지 않았지. 나의 〈오이게니에〉는 순전히 모티브의 연속에 지나지 않았기 때문에 무대에서는 전혀 성공을 거두지 못했어."

"하지만 실러의 재능은 극장에서 안성맞춤이었지. 한 걸음 한 걸음 앞으로 나가는 동시에 작품을 완성해 갔어. 그러나 이상하게도 〈군도〉 이래로 잔인한 것을 선호하는 경향이 생겼고, 그것은 전성기에 걸쳐 그의 곁을 떠나지 않았다네. 아직 선명하게 생각나는 것이 있어. 〈에그몬트〉 중의 감옥 장면에서 에그몬트가 판결문이 낭독되는 것을 듣고 있는 장면이 있는데, 실러는 여기에 가면을 쓰고 외투로 몸을 감춘 알바를 등장시켜 사형선고를 받은 에그몬트를 보며 기뻐하는 장면을 삽입하자는 것이었네. 그렇게 하면 알바의 지칠 줄 모르는 복수심과 남의 불행을 보고 기뻐하는 모습이 더 잘 표출된다고 했어. 나는 찬성하지 않았고 그 인물을 등장시키지도 않았지. 한마디로 실러는 이상하면서도 위대한 인물이었어."

"1주일마다 그는 딴사람이 되어갔고 또 완전한 사람이 되었지. 그는 만날 때마다 독서나 학식 그리고 판단력에 있어서 진보하고 있는 것처럼 생각되었어. 그의 편지야말로 내가 그에게서 받은 것 중에서 가장 아름다운 기념물이지. 그리고 이것들은 그가 쓴 것 중에서 가장 훌륭한 작품들이야. 그의 마지막 편지를 나의 보물 중에서도 가장 신성한 기념품으로서 간직하고 있다네."

괴테는 일어나서 그 편지를 가지고 왔다. 그리고 읽어 보라면서 나에게 넘겨주었다. 그 편지는 아름답고 대담한 필치로 쓰여 있었다. 거기에는 〈라모의 조카〉에 관한 괴테의 주석에 대해서 적은 실러의 의견이 있었다. 이 주석은 당시의 프랑스 문학에 대해 쓴 것으로, 괴테가 실러에게 보여주기 위해 원고 그대로 보낸 것이었다. 나는 그 편지를 리머에게 읽어 주었다. 괴테가 말했다.

"보다시피 그의 판단력은 정곡을 찌르지. 또한 필치에 유약한 흔적이라고는 전혀 없어.—그는 멋진 사람이었어. 이처럼 활기에 넘쳐흐른 시기가 있었건만 그는 이 세상을 떠나고 말았지. 이 편지는 1805년 4월 24일에 쓴 거야.—실러가 사망한 것은 5월 9일이었어."

우리는 이 편지를 교대로 읽어 보고 그 명석하고 아름다운 문장을 높이 평가했다. 그리고 괴테는 실러와의 추억에 애정을 담아 여러 이야기를 해주었다. 어느덧 밤도 깊어 11시경에 우리는 작별 인사를 하고 헤어졌다.

1825년 2월 24일 목요일

"내가 아직 극장 감독직을 맡고 있었다면" 하고 괴테는 오늘 밤 말했다. "바이런의 〈베네치아의 총독〉[11]을 무대에 올렸을 거야. 물론 이 연극은 너무 길기 때문에 짧게 줄이지 않으면 안 되지. 그러나 삭제해서는 안 되고 각 장면의 내용을 잘 소화해서 전체를 짧게 고쳐 만들면 되는 거야. 그러면 연극은 개작을 통

---

11) 괴테는 1820년 2월 23일 〈마리노 팔리에로〉라는 제목으로 출판된 이 비극을 입수했는데, 그 분량이 너무 길어 무대에 올릴 적당한 방법을 찾기 위해 골똘히 생각했다.

해 나빠지지도 않을 것이고, 단단하게 죄어져서 원작이 갖고 있는 아름다움을 조금도 잃지 않고 강한 효과를 불러일으킬 수 있겠지."

괴테의 이와 같은 표명은 극장에서 좌우되는 수없이 많은 유사한 사례를 처리하는 데 있어서 새로운 견해를 가르쳐 주는 것이었다. 물론 훌륭한 두뇌를 가지고 당면한 일들을 잘 이해하는 작가가 있다는 것을 전제조건으로 하는 것이지만, 나는 이 원칙을 알게 되어 무척 기뻤다.

셰익스피어

우리는 바이런 경에 대한 이야기를 계속했다. 나는 그가 메드윈과의 대화[12]에서 극장을 위해 글을 쓴다는 것은 자신이 수고를 아끼지 않는 일이기는 하지만, 보답은 별로 받지 못하는 작업이라고 토로했다는 것을 괴테에게 말해주었다. 그러자 괴테는 말했다.

"시인의 재능은 관객의 기호와 관심이 어디로 쏠리고 있는지를 얼마나 정확하게 파악하고 있는가에 달려 있지. 작가 재능의 방향과 관객의 그것이 일치하게 되면 만사가 잘되는 거야. 후발트의 〈초상〉은 이 궤도를 정확하게 맞췄기 때문에 모든 사람의 갈채를 받았어. 바이런 경이 성공을 거두지 못한 것은 아마도 그의 방향이 관객이 원하는 것과 동떨어져 있었기 때문일 거야. 왜냐하면 적어도 여기서는 시인이 얼마나 위대한가는 중요하지 않기 때문이야. 오히려 그리 뛰어나지 않은 시인이 이따금 절대적으로 관객의 입장에 선 일반의 갈채를 받게 되지."

---

12) 바이런의 친한 친구이자 영국의 작가인 토마스 메드윈(1788~1869)은 〈바이런과의 대화일지〉(1824)를 남겼다. 이것에 따르면 바이런은, 연극은 관객을 상대하면서 될 수 있는 한 그들의 비위에 맞추도록 노력해야 하기 때문에 좀처럼 보답을 얻기가 어렵다고 말했다.

우리는 바이런 경의 이야기를 계속했다. 괴테는 그의 비범한 재능을 높이 평가했다.

"독창성에 있어서 그와 필적할 수 있는 위대한 사람은 아마도 이 세상에 없다고 생각해. 희곡적인 갈등을 풀어 가는 그의 수완은 시종일관 우리의 의표를 찌르고 또 우리가 생각할 수 없을 정도로 멋지거든!"

"셰익스피어도 그렇다고 생각합니다. 특히 〈팔스타프〉가 그렇습니다. 거기에는 등장인물이 꼼짝도 못 하면서 다시 자유의 몸이 되려면 어떻게 해야 할 것인가를 자신에게 물어보는 장면이 나옵니다. 그런데 여기서도 셰익스피어는 생각조차 할 수 없을 만큼 교묘한 방법을 쓰고 있습니다. 하지만 바이런 경이 이와 같다고 당신이 칭찬하신다면, 그것은 그야말로 바이런 경에게 할 수 있는 최고의 찬사라고 생각합니다. 그렇지만 그는 처음부터 끝까지 훤히 내다볼 수 있는 작가의 입장에 있기 때문에 좁은 시야로 애태우는 독자보다 훨씬 유리하다고 봅니다."

괴테는 내가 한 말에 동의하면서 바이런 경이 실생활에서는 전혀 순응하지 않고 법칙 같은 것은 전혀 문제 삼지도 않으면서, 저 바보스러운 3일 치의 법칙[13]은 따랐다고 하면서 웃었다.

"이것이 이 세상의 다른 법칙과 마찬가지로 무용지물인 이유를 그는 전혀 모르고 있었어. 법칙이란 이해를 돕기 위해 있는 거야. 그러므로 3일 치의 법칙도 쉽게 목적을 달성할 때는 좋은 것이지만, 이것이 작품의 이해를 방해하는 경우에는 법칙이라고 해서 무조건 소중히 간직하고 복종하려고만 할 필요가 없는 거야. 이 법칙을 만든 그리스인들도 반드시 그에 따르지는 않았어. 유리피데스의 〈파에톤〉[14]이나 다른 희곡들을 보더라도 장소는 바뀌지. 이것만 봐도 그리스인들이 이 법칙에 맹목적으로 순응하는 것보다는 오히려 대상을 훌륭히 묘

---

13) 아리스토텔레스는 〈시학〉에서 연극은 시간과 장소, 행위가 일치하여야 관객에게 영혼의 정화 작용을 일으킬 수 있다고 했다. 그러나 프랑스의 고전주의 작가들이 이 법칙을 너무 엄격하게 준수했기 때문에, 독일에서는 레싱 이래로 시간과 장소의 일치가 자연적으로 일어나고 사건도 적당한 시간 내에 발전하도록 하여 관객으로부터 자연적인 공감을 일으킬 수 있게 노력하였다.
14) 유리피데스는 고대 그리스의 3대 희곡작가 중 한 사람으로, 괴테는 그를 높이 평가했다.

사하는 것에 무게를 두었다는 사실을 알 수 있어. 셰익스피어의 희곡들은 시간과 장소의 일치를 가능하면 무시하고 있지만 이해하기는 쉬워. 아니 이것만큼 알기 쉬운 것도 없지. 그러므로 그리스인들도 셰익스피어의 희곡을 비난하지는 않을 거야. 프랑스 작가들은 3일 치의 법칙을 극도로 엄수하려고 노력하지. 그러나 그들은 희곡상의 법칙을 희곡적으로 해결하려고 하지 않고 이야기를 통해 해결하려고 하기 때문에 이해하기 쉬운 것을 더 어렵게 하고 있어."

이 말을 듣고 나는 후발트의 〈적들〉[15]이 생각났다. 이 희곡은 장소의 일치를 엄수하려고 해서 심한 손해를 보고 있다. 제1막은 실제로 더 큰 효과를 낼 수 있을 거라고 생각했지만 오히려 이해하기 어렵게 되어 있고, 또한 독자에게도 재미없는 변덕의 희생물이 되고 말았다. 이와는 반대로 〈괴츠 폰 베를리힝겐〉의 희곡 작품은 시간과 장소의 일치를 무시하고 있지만, 모든 것이 눈앞에서 전개되는 것처럼 직접 볼 수 있게 짜여 있기 때문에 다른 어떤 작품에도 뒤지지 않으며 가장 순수하고 드라마틱하며 이해하기도 쉽다. 시간과 장소의 일치가 자연스러운 경우도 있어, 그리스 희곡과 같이 사건이 광범위하게 펼쳐져 있지 않고, 적당한 시간 내에 우리의 눈앞에 자세히 전개되고 있다. 하지만 줄거리의 규모가 커서 여러 다른 장소가 필요할 때는 구태여 한 장소를 고집할 필요는 없다. 더욱이 오늘날 무대의 장면변화는 자기가 원하는 대로 할 수 있기 때문에 아무런 지장을 주지 않는다.

괴테는 바이런 경에 대해 이야기를 계속했다.

"그는 언제나 무한한 것을 찾아 계속 노력하는 성격이었네. 그런 것을 생각하면 3일 치의 법칙을 준수함으로써 자신에게 제한을 가한 것은 정말 잘한 일이라고 할 수 있어. 하지만 도덕적인 면에서도 자제를 했더라면 더없이 좋았을 테지! 그러나 그렇지 못했기 때문에 파멸을 자초하고 말았어. 방종한 생활 때문에 몰락했다고 할 수 있지. 그는 자신을 너무 몰랐어. 정열적인 생활을 할 수 있는 시간을 언제나 헛되이 보냈고, 또 자기가 무엇을 했는지 알지도 못하고 생각하지도 않았어. 자신에게는 모든 면에 있어서 관대했지만 다른 사람한테는 약간

---

15) 후발트(1778~1845)는 당시 대중의 사랑을 받은 독일의 비극작가이다.

의 용서도 허용하지 않아 결국 자멸의 길을 걷게 되었고, 나아가서는 세상 사람들을 격분하게 했지. 그의 시 〈영국의 시인과 스코틀랜드의 비평가들에게〉에서는 처음부터 일류 문학가들을 모욕했어. 그러고는 살아남기 위해서 한 발짝 물러서지 않으면 안 됐지. 그 뒤에 나온 저술에서도 그는 반대와 비난을 계속했고 국가와 교회도 그 공격의 화살을 피하지는 못했어. 이러한 무모한 행동 때문에 결국 그는 영국에서 추방당했고, 만약 계속 살아 있었다면 아마 유럽에서도 쫓겨났을 거야. 그는 어딜 가나 비좁고 답답했어. 무한한 개인적 자유를 누리고 있었음에도 답답함을 떨칠 수 없었고, 마치 이 세상이 그에게는 감옥과도 같았어. 그리스로 간 것은 그의 자유의지 때문이 아니라 세상과의 불화 때문이었던 거야. 인습과 애국은 그처럼 출중한 인물을 개인적인 파멸로 이끌어 갔을 뿐만 아니라, 그의 혁명적인 기질과 쉴 새 없는 감정의 동요가 재능의 올바른 발전을 가로막았던 거지. 그는 항의와 비난에 굴하지 않고 우수한 작품을 쓰기도 했지만 그것까지도 불리하게 작용했어. 시인의 불쾌한 감정은 독자에게도 전해지기 마련이야. 닥치는 대로 부정을 하다 보니 자신에게도 불리하게 작용했던 거지. 그리고 부정은 무(無)와 통하는 법이야. 나쁜 것을 나쁘다고 해서 이득을 보는 것은 아무것도 없어. 그러나 좋은 것을 나쁘다고 하면 사태는 더욱 위태로워지지. 다른 사람의 마음을 움직이려면 비난해서는 안 돼. 남의 잘못에 신경 쓰지 말고 좋은 일만 하도록 하면 되는 거야. 중요한 것은 파괴하는 것이 아니라 인류가 서로 접촉하고 순수한 기쁨을 누릴 수 있도록 건설하는 일이지."

나는 이 멋지고 의미심장한 말을 듣고는 기쁜 마음을 금할 수 없었다. 괴테는 말을 계속했다. "바이런 경은 세 방면에서 고찰해 볼 필요가 있어. 바로 인간으로서, 영국인으로서 그리고 위대한 천재로서 말이야. 그의 훌륭한 특성은 주로 인간적인 면에서 유래하고 나쁜 특성이 그가 영국인이며, 영국의 한 귀족이라는 데에서 유래하고 있지. 하지만 그의 재능은 헤아릴 수 없지."

"대체로 모든 영국인은 반성할 줄을 몰라. 기분 전환과 당파이익에 소일하느라 차분하게 교양을 쌓으려고 하지 않아. 하지만 그들은 실용적인 면에서는 위대해."

"이렇듯 바이런 경은 자신에 대해 깊이 생각하지 못했어. 그래서 그는 반성이라는 것도 전혀 할 줄 몰랐지. '돈이 많으면 정부는 무용지물!'이라는 그의 신조가 말해 주듯이 돈이 많으면 정부는 마비되고 말지.

그러나 창작에 관한 한 그는 무엇이든지 써낼 수 있었어. 실제로 그에게는 반성 능력 대신 영감이 있었다고 할 수 있어. 언제나 창작해야만 했지! 그리고 특히 그의 마음에서 우러나온 것은 모두 뛰어난 것이었어. 그가 창작에 임하는 태도는 아름다운 아기를 기르는 여인과도 같았네. 여자들은 아기를 기르는 것에 대해 생각하는 것이 없고 또 어떻게 기르는 것이 좋은지도 모르지. 그렇지만 그들은 아이를 잘 키우지 않는가."

"그는 타고난 위대한 재능의 소유자였어. 나는 바이런 경 이상으로 시적 재능을 가진 사람을 본 적이 없어, 외적인 면을 파악하는 점과 과거의 상황을 명석하게 간파하는 점은 셰익스피어와 어깨를 나란히 할 정도야. 하지만 순수한 인간으로서는 셰익스피어가 더 훌륭해. 바이런은 이 사실을 너무나 잘 알고 있었기 때문에 셰익스피어 작품의 유명한 구절을 전부 외우고 있었지만, 그에 관해서 많은 것을 말하려고 하지 않았어. 가능하면 그는 셰익스피어를 부정하고 싶었을 거야. 왜냐하면 셰익스피어의 쾌활함이 그에게 방해가 되었기 때문이지. 그는 자신이 셰익스피어의 상대가 될 수 없다는 사실을 깨닫고 있었어. 포프[16]는 두려워할 필요가 없었기 때문에 부정도 하지 않았지. 오히려 포프의 이름을 들먹이면서 존경하고 있어. 왜냐하면 포프같은 사람은 자기 앞에 있는 하나의 벽에 불과하다고 생각했기 때문이야."

바이런에 관한 괴테의 생각은 무궁무진했다. 그의 말을 듣고 있으면 전혀 싫증이 나지 않았다. 몇 가지 짧은 대화를 나눈 뒤에 그는 계속 말을 이어 나갔다.

"영국 귀족이라는 높은 지위는 바이런에게 불리했어. 왜냐하면 재능 있는 사람은 주위 상황에 방해를 받기 때문이야. 게다가 높은 신분의 태생이 막대한 재산을 가지고 있을 때는 더욱 그렇지. 재능 있는 사람에게는 중류계급이 훨씬 유리해. 그래서 위대한 예술가와 시인들은 전부 중류계급 출신들이지. 바이런

---

[16] 포프(1688~1744). 영국의 시인으로, 호메로스의 두 서사시를 완역하기도 한 그는 교훈시와 풍자시를 썼다.

의 성향도 그가 낮은 집안 출신이고 재산도 얼마 갖고 있지 않았다면 훨씬 덜 위험했을 거야. 그러나 그는 어떠한 변덕스러운 짓도 할 수 있었기 때문에 수없이 많은 위험에 휘말리게 되었어. 이렇게 높은 계급의 출신인데 그에게 외경심을 불러일으키고 특별한 배려를 받아야 할 어떤 계급이 따로 있었겠는가? 그는 마음에 떠오르는 대로 말했기 때문에 세상하고 해결하기 어려운 갈등을 빚어내고 말았던 거야."

"놀라지 않을 수 없는 사실은" 하고 괴테는 계속했다. "높은 가문의 부유한 영국인은 생애의 대부분을 유괴사건과 결투로 시간을 보낸다는 거야. 그는 자신의 아버지도 세 명의 부인을 유괴했다고 말한 적이 있어. 이에 비하면 바이런은 단정한 아들이라고 할 수 있지!"

"그는 태어날 때부터의 천성 그대로 생활하고 있었기 때문에 정당방위의 필요성이 늘 그의 머리를 떠나지 않았어. 그래서 쉬지 않고 피스톨 사격연습을 해야 했지. 언제 결투 신청을 받게 될지 모르기 때문이야. 그는 혼자서는 살 수 없었어. 그래서 상당히 까다로운 괴짜이긴 했지만 자기 동아리에게는 관대했어. 어느 날 밤 그는 무어 장군의 죽음을 애도하는 멋진 시를 낭송한 적이 있었는데 귀족 친구들은 그 시를 전혀 이해하지 못했어. 하지만 그는 전혀 개의치 않고 그 시를 호주머니에 집어넣었다고 해. 시인으로서의 그는 어린 양과도 같이 온순했지. 다른 시인 같았으면 동아리에게 심한 악담을 퍼부었을 텐데 그는 그렇지 않았어."

1825년 4월 20일 수요일

괴테는 오늘 저녁 무렵에 젊은 대학생[17]에게 받은 편지를 나에게 보여주었다. 자기 나름대로 〈파우스트〉를 완성하고 싶으니 제2부의 구상을 가르쳐달라는 내용이었다. 그는 넉살 좋게도 진지하고 정직하게 자기의 희망과 생각을 밝히면서, 마지막으로 최근의 문학적인 노력은 보잘것없는 것들이지만 새로운 문학은 자기로부터 생생하게 꽃을 피울 것이라고 말했다는 것이다.

---

17) 이 젊은 대학생 카를 크리스티안 쇠네(1779~1852)는 괴테가 거절했는데도 자신이 〈파우스트〉 제2부를 써서 1823년 베를린에서 발행했다.

나는 세계 정복을 꿈꾸는 나폴레옹 후계자나 쾰른 대성당을 완성하겠다는 젊은 풋내기 건축가를 만난다고 해도 이렇게까지 놀라지는 않았을 것이다. 물론 그들이 이 문학청년 이상으로 우습기 짝이 없는 놈들이라는 생각은 들지 않을 것이다. 이 청년은 〈파우스트 제2부〉 같은 건 하려고 마음만 먹으면 충분히 쓸 수 있다는 망상에 사로잡혀 있었다.
　그렇다. 나는 쾰른 대성당을 완성하는 것이 괴테의 정신에 따라 〈파우스트〉를 쓰려고 하는 것보다 훨씬 가능성이 크다고 생각한다! 왜냐하면 쾰른 대성당은 수학적으로 설계가 가능하며 또한 형체를 갖추고 우리 눈앞에 서 있는 것이어서 손으로 만져볼 수 있기 때문이다. 그러나 눈에 보이지 않는 정신적인 작품은 밧줄과 척도를 사용해도 도달할 수 없는 것이다. 이것은 순전히 주관에 의존하는 것으로서 창의력에 좌우되는 일이다. 인생을 소재로 스스로 체험한 것을 표현하려면, 형설의 공을 쌓고 명인의 경지에 오른 거장으로서의 수완이 필요한 것이 아닐까? 이러한 재능과 노력을 아주 쉽게 가능하다고 생각하는 사람은 천박한 인물임이 틀림없다. 그러한 인간은 그곳까지 이르기 위한 숭고한 것과 고난에 대해서는 조금도 예측하지 못하기 때문이다. 괴테가 두세 군데의 시구를 채우기만 하면 그의 〈파우스트〉를 완성하는 단계에서, 그 젊은이는 그 대수롭지 않은 시구의 부분까지도 솜씨 좋게 처리하지는 못할 것이다.
　나는 오늘날의 청년들이 지금까지 선인들이 오랜 세월의 연구와 경험의 길을 거쳐 성취할 수 있었던 것을 자기는 세상에 태어나면서부터 가지고 있었다는 식의 망상을 어떻게 품게 되었는지 캐보고 싶지는 않다. 그러나 현재 독일에서 점진적으로 향상되는 것을 무시하는 불손한 의견이 계속 제기되고 있는 것을 보면, 앞으로 걸작품이 탄생하는 것은 어려울 것이라고 생각한다. 괴테는 이에 대해 말했다.
　"국가의 불행은 사람들이 삶을 즐기려 하지 않고 누구나 지배하려고만 하는 데에 있고, 예술계의 불행은 완성된 작품을 즐기려 하지 않고 누구나 자기의 손으로 새롭게 만들어 내려고만 하는 데 있어. 또한 이미 세상에 나온 작품을 모범으로 삼아 자신의 진로에 박차를 가할 생각은 하지 않고 자기도 똑같은 것을 만들려고만 하지. 사회 전체를 위해 자신의 길을 가는 진지함은 찾아볼 수 없고 전력을 다하려는 배려도 없어. 오직 자신의 이름을 널리 알려 세상을 떠들 썩하게 만들려고만 들지.―이러한 그릇된 노력은 도처에서 찾아볼 수 있어. 그리고 이런 행동은 최근의 대가들에게서 배워서 따라 하는 것 같아. 이런 대가들은 연주곡목을 택할 때도 청중이 순수하게 즐길 수 있는 음악과는 상관없이 자기의 연주 솜씨가 근사하다는 것을 칭찬받기 위한 곡만을 고르지. 어디를 가나 자신을 화려하게 보이려고 노력하는 사람은 있지만, 전체의 대의(大義)를 위해 자기 일쯤은 제쳐두는 그런 성실한 노력가는 눈에 띄지 않아."

"사람들은 자기도 모르는 사이에 서투른 창작에 손을 대지. 어린 시절에 벌써 시 쓰기를 계속해 청년시절에는 자기도 제법 할 수 있다고 생각하거든. 그러다가 어른이 되어 자기가 불완전하기 이를 데 없는 노력만 하다가 허송세월하였다는 사실을 깨닫고 놀라게 되지. 이 세상이 얼마나 많은 걸작으로 넘쳐나고 있는가, 그리고 이런 작품과 비교할 수 있는 것을 만들기 위해서는 얼마나 뼈에 사무치는 노력을 해야 하는가를 알게 되고는 말이야. 현재 시를 쓰고 있는 많은 청년 중에 그 내면에 이런 경지에 도달하기 위한 노력을 계속하는 데 필요한 인내와 재능, 그리고 용기를 지닌 사람은 아마 한 사람도 없을 거야."

"젊은 화가들이 라파엘로와 같은 거장이 실제로 무엇을 만들었는지를 제때 이해했더라면 그림 그리는 붓을 절대로 손에 쥐지 않았을 거야."

화제는 그릇된 경향[18]의 일반인들에게로 옮겨졌다. 괴테는 말을 계속했다.

"내가 조형미술을 실제로 해 보려고 시도했던 것 자체가 원래부터 그릇된 것이었어. 왜냐하면 나는 그 방면에는 소질이 전혀 없었기 때문에 내면으로부터 그것을 발전시킬 수가 없었거든. 주변의 풍경미에 대한 감수성을 어느 정도 갖추고 있었기 때문에 처음 한동안은 제법 유망했어. 결국 이탈리아 여행이 붓을 잡아 보려는 마음을 앗아가 버리고 말았지. 그 대신 시야가 넓어지긴 했지만 애착이 가는 나의 능력은 사라져 버렸어. 미술가적인 재능은 기술적으로, 미학적으로 발전하는 것이 아니어서 나의 노력은 수포가 되고 말았지."

"인간의 다방면에 걸친 능력을" 하고 괴테는 말을 계속했다. "동시에 성장시키

---

18) 이것에 대한 괴테의 언급은 제2부 1829년 4월 12일에도 나온다.

려고 하는 것은 바람직스러운 일이며, 또 그것이 최고의 목적이라고 말하는 것도 지당한 일일세. 그러나 인간은 그렇게 태어나지는 못했어. 사람은 누구나 각자가 독자적인 인간존재를 만들어가지 않으면 안 되는 거야. 그러나 한편으로는 전 인류를 포괄하는 개념에 도달하도록 노력해야 하지."

나는 이때 이와 똑같은 뜻이 〈빌헬름 마이스터〉에 있다는 것을 생각해 냈다. 모든 인간이 서로 한군데 모여 인류를 만들어 내는 것이다. 그러므로 우리가 남을 존중하여 비로소 남으로부터 우리 자신에 대한 존중을 받는다고 쓰여 있다.

그리고 나는 〈편력시대〉에 대해서도 생각해 냈다. 여기서 야르노는 언제나 단 한 가지 수공업에만 자기 자신을 한정시킬 것을 권고하고 있다. 또한 지금은 일면성, 다시 말해 분업시대이니만큼 이것을 헤아리고 자기 자신을 위해서나 남을 위해서도 생업에 전념하는 사람이야말로 행복한 사람으로 칭송될 만하다고 말을 하고 있다.[19]

그러나 여기에서 문제 되는 것은 인간 각자가 어떤 직업을 택할 것인가 하는 것이다. 한계를 넘어서도 안 되지만 그렇다고 너무 하찮은 일을 해서도 안 되는 것이다.

많은 전문 분야를 개관하고 판단하고 지도하는 것을 본분으로 하는 사람은 또한 가능한 한 그런 전문 분야들에 통달할 수 있게 유념해야 하는 것이다. 그러므로 군주이든, 장차 정치가가 되려는 사람이든 간에 아무리 다방면의 교양을 몸에 갖추어도 지나친 일이 아니다. 왜냐하면 다양한 능력을 갖추어야 하는 것이 그의 직업이기 때문이다.

이와 마찬가지로 시인도 다방면의 지식을 갖추도록 노력하여야 한다. 왜냐하면 세계 전체가 그의 소재이기 때문에, 그것을 어떻게 취급하고 어떻게 표현해야 할 것인가를 이해하지 않으면 안 되기 때문이다.

그러나 시인은 화가가 되려는 생각을 가져서는 안 되며 세계를 언어로 재현할 수만 있다면 그것으로 만족해야 한다. 또한 이 세상을 개성적인 연기로 우리

---

[19] 〈빌헬름 마이스터의 도제시대〉의 제8권 제5장에서도 야르노는 빌헬름에게 이와 비슷한 말을 하고 있다.

의 눈앞에 그려내는 일은 배우에게 맡기면 되는 것이다.

통찰하는 것과 실제로 활동하는 것은 확실하게 구별하지 않으면 안 된다. 어떠한 예술도 실제로 부딪쳐 보면 대단히 어렵고 위대한 것이라고 말할 수 있는 것으로, 대가의 영역에 도달하는 것은 자신의 일생을 요구하는 일이라는 것을 잘 생각해야 하는 것이다.

그러므로 괴테는 통찰을 다방면으로 얻으려고 노력은 했지만 실제적인 활동면에서는 오직 한 가지 일에만 자신을 한정시켰다. 그는 한 가지 기술에만 몰두하였고, 그러면서도 대가의 경지에 이르게 될 때까지 갈고 닦았다. 다시 말해 그 기술은 독일어로 글을 쓰는 것이다. 그가 표현한 소재가 다방면에 걸쳐 있다는 것은 이것하고는 별개의 문제인 것이다.

마찬가지로 수업과 실제적인 활동의 경계도 확실하게 구별되어야 한다.

시인이 외계의 대상을 파악하기 위해 자신의 눈을 모든 방법을 동원하여 훈련하는 것도 그 수업에 속한다. 그러므로 괴테가 조형미술에 종사하려고 한 것을 그릇된 경향이라고 부른 것은 자신의 실제적인 활동 시도에 한한 것이다. 사실 조형미술에의 종사는 시인으로서 쌓은 수업으로 간주할 때는 합당한 것이었다.

"나의 시의 객관성은" 하고 괴테는 말했다. "저 깊은 주의력을 단련하여 눈을 집중적으로 훈련한 덕분이라고 해도 좋을 걸세. 그러므로 눈으로 얻는 지식도 마찬가지로 높이 평가하지 않으면 안 되네. 그러나 수업의 한계를 너무 넓히지 않도록 주의해야 할 것이야."

"자연 과학자는" 하고 괴테는 말을 이었다. "제일 그런 유혹에 빠지기 쉽지. 실제로 자연을 관찰하려면 조화로운 보편적 수업이 요구되기 때문이야. 그러나 이와는 반대로 자기의 전문 분야에 필수적인 지식을 몸에 갖춘 사람이라고 할지라도 편협과 일방적인 것으로 흘러가지 않도록 주의하지 않으면 안 되네. 무대 상연 각본을 쓰려고 하는 시인은 무대에 대한 지식을 갖고 있어야 하네. 방법으로는 자기에게 어떤 것이 허락되어 있는가를 고려해야 하고, 특히 무엇을 해야 하고 무엇을 하면 안 되는가를 분별해야 할 것이야. 이와 마찬가지로 오페라 작곡가는 문학 작품에 대한 통찰을 게을리해서는 안 되네. 작품의 좋은 것과 나쁜 것을 식별해야 하고 자신의 기술을 하찮은 것에 낭비하는 일이 없도록 해야 하지."

이어 괴테는 말했다. "카를 마리아 폰 베버[20]는 〈오이리안테〉를 작곡하지 말아야 했어. 그리고 그는 즉시 그것은 아무 쓸모도 없는 소재라는 것을 알아차렸어야만 했지. 이러한 통찰은 어떠한 작곡가도 필수적인 기술로서 반드시 갖고 있어야 하는 것일세. 또한 화가도 대상을 구별할 수 있는 지식을 가지고 있어야 해. 화가는 자신의 전문 분야에서 무엇을 그려야 하며, 무엇을 그려서는 안 되는가 하는 것을 반드시 알아 두어야 하네. 그러나 뭐니 뭐니 해도 결국 가장 훌륭한 기술은 자기를 한정시키고 고립시키는 일이야."

그러므로 그는 우리가 서로 가까이에서 지내는 전 기간을 통해 시종일관 내가 샛길로 빠져나가지 않게 주의를 주었고, 언제나 오로지 한 가지 일에만 전심하도록 힘써주었다. 가령 내가 다소라도 자연과학에 손을 대려는 기색이 보이면 그는 언제나 그것을 그만두고 지금으로서는 문학에만 종사하라고 충고하곤 했다. 내가 읽으려 하는 어떤 책에 대해서도 그것이 내게 있어서 현재의 과정을 진전시키지 않는다는 것을 알게 되면, 그런 것은 실제적인 이득을 얻을 수 없으니 그만두는 것이 좋겠다고 말했다.

그는 어느 날 이렇게 말했다. "나는 원래 내 전공 분야에 속하지 않은 일에 너무나 많은 시간을 낭비했어. 나는 로페 데 베가[21]가 해낸 창작작업을 생각하면 내 문학작품의 창작 양(量)은 아주 적다는 생각이 들어. 나는 원래 내 직업에 한층 더 전념했어야만 했네. 그리고 내가 그처럼 많은 시간을 광석연구에 바치지 않았더라면, 그리고 시간을 더 좋은 일에 바쳤더라면, 그야말로 다이아몬드 같은 가장 아름다운 장식품을 얻을 수 있었을 것이야."

같은 이유에서 그는 자신의 친구인 마이어가 오로지 미술연구를 위해 그의 온 생애를 기울였고, 이로 인해 이 방면의 최고 권위로서 인정받기에 이른 것을

---

20) 마리아 폰 베버(1786~1826). 독일의 낭만파 오페라의 작곡가로, 〈오이리안테〉는 대본의 전부를 그랜드 오페라의 양식으로 작곡한 것이다.
21) 로페 데 베가(1562~1635). 스페인의 극작가로 무려 1500편 이상의 희극을 썼다고 한다. 스페인 연극의 완성자로 불린다.

존경하고 칭찬했다.

"나도 젊어서부터 이 방면에 손을 댔다네." 하고 괴테는 말했다. "그리고 미술품의 관찰과 연구에 거의 반생을 기울였지만, 어떤 지점에 가서는 아무리 해 봐도 그에게 맞설 수 없었지. 그래서 나는 새 그림을 입수하면 즉시로 이 친구한테 보여 주지 않고, 그전에 우선 나 혼자서 그것을 천천히 감상하고 가능한 한 나의 안목을 높였지. 잘 그려진 부분과 잘못 그려진 데를 충분히 판별하고 난 뒤에야 그것을 마이어에게 보여 주었어. 물론 그가 보는 관점은 훨씬 날카로웠고, 여러 가지 관점에서 전혀 다른 참된 모습을 보여 주었네. 그러면 언제나 한 방면에 투철하여 위대한 사람이 된다는 것은 무엇을 의미하는가, 또 그렇게 되기 위해서는 무엇이 필요한가 하는 것을 나는 새삼 깨닫게 되었지. 마이어는 인류의 전세기에 걸친 미술 전반에 대한 출중한 안목을 가지고 있어."

그렇다면 인간은 한 가지 일에만 몰두해야 한다는 것을 그처럼 절실하게 깨달았다고 하는 괴테 자신은, 어째서 그처럼 엄청나게 다방면의 일에 전 생애를 소비해야 했는지 묻고 싶어질 것이다.

여기에 대해 나는 이렇게 대답하고 싶다. 만약 괴테가 지금 이 세상에 태어나 문학적으로나 과학적으로도 벌써 높은 수준의 진보를 일궈낸 독일 국민의 모습을 발견했다면 다른 태도를 취했을 것이라고 말이다. 현재의 이 진보도 대부분은 그의 덕분이긴 하지만, 만약 그가 이것을 봤다면 틀림없이 그처럼 다방면적으로 손을 대지는 않았을 것이고 틀림없이 한 가지 전문 분야에만 힘을 한정했을 것이다.

그러나 모든 분야에 걸쳐 탐구하고 이 지상의 사물을 파헤치는 일은 단지 그의 본성에 어울리는 일이었다. 그뿐만 아니라 그가 확인한 것을 발표하는 것은 그 시대의 요청이기도 했다.

그가 이 세상에 출현했을 때 그는 두 가지의 큰 유산을 물려받은 상태였다. 그것은 그의 앞을 가로막은 오류와 불완전이다. 그는 이것을 제거해야 했고, 이것 때문에 평생 다양한 활동에 몸 바치게 되었다.

만약 괴테가 뉴턴의 학설이 인간정신에 지극히 해로운 일대 오류라고 생각하지 않았더라면, 그는 실제로 〈색채론〉을 쓴다든지 하는 샛길로 빠져들어 가 다년간의 노력을 기울이지는 않았을 것이다! 그렇지만 그의 마음을 움직여 이 어둠 속에 그의 순수한 빛이 쏟아져 들어가게 한 것은 오류와 싸우려고 한 그의 진리에 대한 사랑이었다.

그의 〈식물의 변태설〉에 대해서도 역시 이와 같이 말할 수 있을 것이다. 우리는 오늘날 이 저서에 의해 과학적 방법의 한 전형을 배우기도 하지만, 괴테가 같은 시대의 사람들 가운데서 이미 이러한 목표를 향해 전진하는 사람을 보았다면 그는 틀림없이 이런 저작을 쓸 생각은 하지 않았을 것이다.

그뿐만 아니라 이것은 그의 문학 활동에도 들어맞는 것이다. 만약 〈빌헬름 마이스터〉와 같은 작품이 이미 독일에 존재하고 있었다면 괴테는 이런 대하소설을 썼을까? 그것은 아주 의문스러운 일이다. 사실 만약 이미 존재하고 있었다면, 그가 오로지 희곡 문학 쪽으로만 몸을 바쳤을 것이라고 장담할 수도 없다.

그가 오직 한 가지 방면에만 온갖 힘을 기울였을 경우, 얼마만큼 창작을 해냈을까, 또 어떠한 영향을 끼쳤을까 하는 것은 전혀 확인할 수 없는 일이다. 그러나 이것만은 확실하게 확언할 수 있다. 현명한 사람이 괴테의 전체를 바라본다면 그가 그와 같은 모든 것을 창작해 내지 않았으면 좋았을 것이라고 소망하지는 않을 것이다. 또한 그가 그런 일들을 성취한 것은 누가 뭐라고 해도 하느님의 뜻이 담겨 있었기 때문이라고 느낄 것이라는 사실을 말이다.

1825년 5월 12일 목요일

괴테는 메난드로스[22]에 대해 아주 열광적으로 이야기했다.

"소포클레스 외에 내가 이 사람만큼 좋아하는 사람은 없지. 그는 절대적으로 순수하고, 고귀하고, 위대하고, 명랑해. 그 우아함에 있어서는 그를 당할 수 없어. 그의 작품이 아주 적다는 것은 참으로 유감스러운 일이지만, 소수라는 이유로 그 작품들은 더욱 헤아릴 수 없을 만큼 가치가 있지. 재능이 있는 사람이라면 그에게서 배울 것이 아주 많을 걸세."

---

[22] 메난드로스(기원전 342~290). 고대 그리스의 신희극 작가이다. 100여 편의 작품을 썼지만 현재에는 단편만이 남아 있다.

"다만 여기서 언제나 문제가 되는 것은" 하고 괴테는 계속했다. "우리가 배우기를 원하는 상대방이 우리의 성질에 적합한 사람인가 아닌가 하는 것이네. 가령 칼데론은 아주 위대했기 때문에 나는 그를 그처럼 높이 칭찬은 하지만, 좋은 점에서나 나쁜 점에서도 그에게서 아무런 영향을 받고 있지 않지. 그러나 그는 실러에게는 위험했을 것이고, 또한 실러는 어떻게 하면 좋았을지 갈피를 잡지 못했을 것이야. 그러므로 칼데론이 실러가 세상을 떠나간 뒤에야 비로소 독일에서 유행하게 되었다는 것은 다행한 일이지. 칼데론은 기교와 무대 기술 면에 있어서 한없이 위대하지. 이와 반대로 실러는 의지력에 있어서 훨씬 탁월하고 진지하고 위대해. 만약 그가 이러한 장점을 상실하고 다른 점에서도 칼데론의 위대함에 도달하지 못하는 일을 겪었다면 난 몹시 유감스러웠을 것이야."

우리는 이야기를 몰리에르로 옮겨갔다. "몰리에르는" 하고 괴테는 말했다. "정말로 위대해. 누구나 그의 작품을 읽을 때마다 놀라움을 새롭게 하지. 그의 세계는 독자적이야. 그의 연극은 비극과 인접하고 있어서 어딘지 모르게 무서운 데가 있어. 아무나 함부로 그를 모방할 수 없지. 그의 〈수전노〉는 특히 걸작이며 높은 의미에서 비극적이지. 여기서는 아버지와 아들 사이의 상극을 그려 모든 경건의 울타리를 걷어치워 버렸네. 그러나 독일어의 번안에서는 아들을 친척으로 바꾸어 만들었기 때문에 그 효과가 너무 약해져서 말도 안 되게 되었지. 사람들은 죄악을 있는 그대로의 모습으로 나타내는 것을 두려워해. 하지만 그렇게 해서 무슨 소용이 있다는 말인가. 그리고 참을 수 없는 것 이외에 도대체 무엇이 비극적인 감동을 줄 수 있다는 말인가.

나는 몰리에르의 작품을 매년 두셋 정도 읽어. 이탈리아 대가의 동판화를 가끔 감상하는 것과 마찬가지야. 우리와 같은 소인들은 이처럼 위대한 것을 마음속에 간직해 둘 수 없기 때문일세. 그러므로 이따금 이런 것으로 되돌아가 그 인상을 마음속에 되살아나게 할 필요가 있네.

사람들은 곧잘 독창성이라는 말을 입에 올리곤 하는데, 이것은 무엇을 의미하는 것일까! 우리가 이 세상에 태어날 때부터 곧 이 세상은 우리에게 영향을 주기 시작하고, 이것은 죽을 때까지 계속된다네. 장소는 달라도 이것은 언제나 마찬가지야! 우리가 우리 자신의 것이라고 부르는 것은 기력과 정신력, 그리고 의지 말고는 아무것도 없어.—만약 내가 위대한 선구자와 동시대인들에게 힘입은 바 큰 것을 일일이 열거할 수 있다면, 남는 것은 아주 적을 것이야. 그러나 이때 우리가 결코 간과할 수 없는 것은, 어느 외부의 중요한 인물의 영향을 받는 것이 우리 생애의 어떠한 시기였던가 하는 점일세.

레싱과 빙켈만 그리고 칸트[23]는 모두 나의 연장자들이었고, 앞의 두 사람은 나의 청년기에, 마지막 한 사람은 나의 노년기에 영향을 주었다는 것으로 나에게 중대한 의의가 있었지.

또한 실러는 나보다 훨씬 젊었기 때문에 내가 이 세상에 권태감을 느끼기 시작했을 무렵에 가장 발랄하게 창작에 착수할 수 있었지. 마찬가지로 훔볼트 형제와 슐레겔 형제가 나의 눈앞에 등장하기 시작했다는 것은 아주 중요한 일이야. 이로 말미암아 나는 말로 표현할 수 없는 이득을 얻었네."

이렇게 그에게 영향을 끼친 중요한 사람들을 말한 뒤에, 담화는 그가 다른 사람에게 끼친 영향으로 옮겨졌다. 이리하여 나는 뷔르거[24]에 대해 말하면서 그의 경우에는 순수한 자연적인 재능을 소유하고 있으면서도, 괴테로부터 영향을 받은 흔적을 전혀 찾아볼 수 없었기 때문에 좀 이상하게 생각된다고 말했다.

괴테는 말했다. "뷔르거는 재능 면에서는 나와 비슷한 점이 있었지. 그러나 그의 윤리적인 교양의 나무는 전혀 다른 대지에 뿌리를 내리고 있었기 때문에 나와는 전혀 다른 방향으로 가 버렸네. 누구나 생성발전은 처음에 시작한 대로의 선을 더듬어 가는 법이지. 그리고 30대에서 〈슈닙스 부인〉과 같은 시를 쓴 사람이 나하고는 좀 거리가 먼 길로 간 것은 당연한 일이었어. 또한 그는 자신

---

23) 칸트(1724~1804). 독일 근세 철학의 아버지라고 불리는 그는 인식능력의 비판을 근본정신으로 하는 비판철학을 창립했다.
24) 뷔르거(1747~1794). 헤르더의 영향을 받아 민요와 민중적인 소재에 눈을 돌려 민중에게 시를 가장 가깝게 접근시켰다. 그는 독일 당시의 개척자이며 종래 선술집의 노래를 참다운 예술로 승화시킨 시인이라고 할 수 있다. 불후의 명작인 담시 〈레노레〉는 독일을 넘어 멀리 유럽 다른 나라들에까지 파급되어, 영국 시인 월터 스콧은 〈레노레〉를 영어로 번역하기도 하였다. 스탈 부인은 '독일론'에서 〈레노레〉를 가장 독일적인 담시라고 극찬하였는데, 당시까지 프랑스어로 번역되어 있지 않았던 그 시에 표출된 섬세한 부분을 프랑스어로 재현한다는 것은 정말로 어려울 것이라고 말했다.

의 유능한 재능을 통해 자기 독자를 획득했고 또 그들을 충분히 만족시킬 수 있었기 때문에, 자기하고는 아무런 관계도 없는 동업자의 특성을 일부러 노력하여 몸에 걸칠 필요는 없었네."

"어디에서나" 괴테는 말을 계속했다. "우리는 오직 자기가 좋아하는 사람에게서만 배울 수 있지.—현재 성장해 가고 있는 재능 있는 젊은 시인들이 이런 마음을 나에게 품고 있는 것을 가끔 발견할 수 있지만, 동시대의 사람들 가운데에서는 아주 드물게 보게 되네. 아니 그렇기는커녕 훌륭한 사람들 가운데서 나에게 전적으로 만족을 표시한 사람은 단 한 사람도 거명할 수 없을 정도야. 〈베르테르〉가 나오자 그들은 곧바로 엄청난 비난의 화살을 쏟아부어, 작품 전체에서 비난받지 않은 곳은 한 행도 남지 않았을 정도였지. 그러나 나를 아무리 비난했어도 아무 소용이 없었어. 왜냐하면 아무리 유명한 인물들이었다고 하더라도 그와 같은 두세 사람들의 주관적인 비평 같은 것은 대중의 지지에 의해 다시 정당하게 정정되었기 때문일세. 무릇 1백만 명의 독자를 기대할 수 없는 사람이라면 한 행이라고 하더라도 써서는 안 되네. 그런데 요 20년 이래로 세상 사람들은 실러와 나를 비교하면서 어느 쪽이 더 위대한가 하는 논쟁을 벌이고 있어. 언제나 논쟁거리로 삼을 수 있는 사람 두셋을 가지고 있다는 것도 즐거운 일이지."

1825년 6월 11일 토요일

괴테는 오늘 식사 중에 바이런에 관한 파리 소령[25]의 저서에 대해 여러 가지로 이야기했다. 그는 이 책을 극찬했다. "여기에는 바이런 경과 그의 견해가 한층 더 완전하고도 경쾌하게 그려져 있어, 이때까지 그에 대해 쓰인 모든 것을 훨씬 뛰어넘고 있네."

"파리 소령은" 괴테는 계속했다. "바이런과 마찬가지로 아주 훌륭하고 아주 고귀한 인물임이 틀림없어. 자기 친구를 그처럼 순수하게 이해하고 그처럼 완전하게 그려 낼 수 있었으니 말이야. 이 책의 어떤 부분의 표현은 나에게는 특

---

25) 바이런의 친구인 그는 1825년 〈바이런의 마지막 날들〉이라는 책을 출판했다.

별히 호감이 가고 쾌적하게 생각되네. 이것은 고대 그리스인의 책이나 플루타르코스와 같은 품위를 갖추고 있어. '고상한 경에게는' 하고 파리는 말하고 있네. '시민 계급을 장식하고 있는 도덕이 모두 결여되어 있었다. 그의 신분, 교육 그리고 생활 방식이 그것을 몸에 갖추는 데 지장을 주었다. 그런데 그에게 좋지 않게 말하는 비평가들은 모조리 중산계급 출신이다. 그들이 그들 계급의 장점으로 여기고 있는 것이 바이런에게 결여되어 있는 것을 비난하고 유감으로 생각하는 것은 당연한 것이지만, 이 선량한 사람들은 바이런이 높은 지위에 있었기 때문에 그들이 전혀 이해할 수 없는 업적을 내고 있다는 것은 알아차리지 못하고 있었다.' 어때, 재미있지 않은가?" 하고 괴테는 말했다. "이런 멋진 말은 우리가 보통 때는 들을 수 없는 표현들이네."

나는 말했다. "이렇게 훌륭한 사람을 비난하는 소인배들을 일거에 무력화시키고 궤멸시켜 버리자는 의견이 공공연하게 말해져서 기쁘게 생각합니다."

이어 우리는 세계사적 대상과 문학의 관계에 대해 이야기했다. 그리고 민족 간의 역사를 비교했을 때 시인에게 줄 수 있는 것이 많은 역사란 어떤 것인가에 대해 이야기했다.

괴테는 말했다. "시인은 특수한 것을 이해해야 하지만, 그것이 건전한 것이라면 그 속에 보편적인 것을 표현할 수가 있어. 영국의 역사는 문학적인 표현에는 안성맞춤이야. 왜냐하면 거기에는 훌륭하고 건전한, 또한 쉬지 않고 되풀이되는 보편적인 것이 나타나기 때문일세. 이와는 반대로 프랑스의 역사는 문학에는 어울리지 않네. 왜냐하면 그것은 다시는 되풀이되지 않는 한 시대를 그리고 있기 때문일세. 그러므로 이 국민의 문학은 그러한 시대에 기반을 두고 있는 이상, 단지 특수적인 것으로만 존재하여 시대와 더불어 낡은 것이 되어버리고 말지."

"현대의 프랑스 문학에 대해서는" 하고 괴테는 계속하여 말하였다. "전혀 판단을 내릴 수가 없네. 독일적인 것이 침투하여 그 속에서 발효를 일으키고 있어. 20년이 지나서야 비로소 그 결과를 알 수 있을 것이야."

이어 우리는 미학자에 대해 이야기했다. "그들은 시와 시인의 본질을 추상적으로 정의 내리려고 노력하지만 명확한 결론에는 도달하지 못하고 있네."

"무턱대고 정의를 내릴 필요는 없어." 하고 괴테는 말했다. "어떤 상황에 있더라도 생생하게 느끼는 감정을 잃지 않고, 이것을 표현할 수 있는 능력을 갖춘 자야말로 시인이 될 수 있는 것일세."

1825년 10월 15일 수요일

오늘 밤 괴테는 유달리 기분이 좋은 듯했다. 또다시 그에게서 친히 여러 가지 중요한 사항을 들을 수 있었던 것은 기쁜 일이었다. 우리는 최근의 문학상황에 대해 의견을 나누었는데, 괴테는 다음과 같이 말했다.

"개개의 연구자와 작가의 성격적 결함이 우리 근대문학의 화근이지. 특히 비평에 있어서는 이런 결점이 이 세상에 해독을 끼치고 있네. 이런 성격의 결여가 진리 대신에 오류를 마구 뿌려대고, 또 그렇게 해서 생겨난 빈약한 진리가 우리에게 한층 더 크게 도움이 될 위대한 것을 빼앗아 가기 때문일세. 지금까지 세상 사람들은 루크레티아[26]라든지 무치우스 스케볼라[27]같은 영웅정신을 그대로 믿어 왔고, 그 이야기를 듣고는 마음이 따뜻해짐과 동시에 큰 감동을 하곤 했네. 그러나 지금에 이르러 역사 비평 같은 것이 나타나 그와 같은 인물은 실제로 존재하지도 않았으며, 그것은 단지 로마인들의 위대한 정신이 만들어낸 픽션이나 우화로 간주해야 한다고 말했어. 그러나 이런 초라한 진실을 듣는다고 해서 무슨 소용이 있다는 말인가! 만약 로마인이 이와 같은 것을 만들어 낼 만큼 위대했다고 하면, 우리는 적어도 그것을 믿을 만큼 위대해도 좋지 않은가 말일세.

나는 이때까지 13세기에 일어난 일대 사건을 언제나 흐뭇하게 생각하고 있었네. 그 당시 황제 프리드리히 2세는 로마 교황과 싸우고 있었기 때문에 북독일은 공공연히 모든 적의 침입을 받는 상황에 있었어. 아세아의 유목민도 쳐들어

---

[26] 루크레티아(기원전 6세기). 로마의 정숙한 부인으로, 로마의 왕자에게 능욕을 당하자 남편에게 복수를 요구하고 자살한다. 이 사건은 제정 로마의 멸망과 공화제 성립에 계기가 되었다.
[27] 스케볼라(기원전 6세기) 고대 로마의 전설적인 인물로, 로마가 포위당하고 있을 때 적 에트루스 왕을 암살하려다 실패하였다. 포로가 되어 적 진지에서 심문을 받을 때 그가 오른손을 불에 태워 그 용맹성을 보여 주자 에트루스 왕은 포위를 풀었고, 이 일로 왼쪽 손의 사나이로 불렸다고 한다.

와서 슐레지아까지 진군하여 왔지. 그러나 리그니츠 공작이 일대 타격을 가해 그들을 공포심에 떨게 했네. 이어 그들은 메렌으로 방향을 돌렸지만 여기서도 슈테른베르크 백작에게 대패를 당했어. 그러므로 이 용감한 사람들은 오늘날까지도 나의 마음속에서 언제나 독일 국민을 구해낸 위대한 사람으로서 살아 있다네. 그러나 오늘날에 와서는 역사 비평이라는 것이 나타나, 그 영웅들은 전혀 무익하게 희생을 치른 것이라고 하네. 왜냐하면 그 당시에 이미 아세아의 군병은 귀환 명령을 받았기 때문에 그냥 내버려두어도 되돌아갔다는 것이야. 이로 말미암아 이제는 위대한 조국 존망의 사건도 그 힘을 잃고 파괴되고 말았네. 정말로 쓰디쓴 기분이지."

역사 비평가들에 대한 이러한 이야기를 한 뒤에 괴테는 또 다른 연구가와 문학자에 대해 이야기했다.

그는 말했다. "인간은 정말 불쌍하기 그지없는 존재이며 참으로 위대한 목적을 위해서는 거의 하잘것없는 존재라는 것을 깨닫게 된 것은, 자연과학 연구를 통해 그들을 고찰한 덕분일세. 그러나 대부분의 사람에게는 과학도 단지 먹고 살기 위한 수단에 지나지 않는다는 것을 알게 되었네. 그리고 그들은 이것이 호구지책이 되기만 하면 아무리 오류라고 할지라도 신처럼 숭상하고 있는 것이야.

그리고 문학에서도 사정이 이것보다 더 좋을 수는 없어. 여기에서도 위대한 목적이라든지 진실되고 출중한 것에 대한 순수한 감각과, 이런 것의 옹호와 보급 등은 아주 드문 현상일세. 어떤 사람이 다른 사람을 감싸고 편을 든다고 하는 것도 결국은 자기도 그 답례로 감사함을 받고 두둔을 받기 위한 것이야. 게다가 그들은 참으로 위대한 것을 반격하고 앞장서서 이것을 세상으로부터 매장해 버리려고 하는데, 그렇게 하면 그들 자신이 그만큼 유명해진다고 생각한다네. 대다수가 이런 식이고, 소수의 걸출한 사람들도 있지만 별로 다를 것이 없네.

가령 뵈티거[28]는 위대한 재능과 세계적인 박식을 소유하고 있었기 때문에 국

---

28) 뵈티거(1760~1835). 1791년부터 1804년까지 바이마르의 고등학교 교장을 지냈고 나중에는 드레스덴 고대박물관의 감독장을 역임했다. 쓸데없이 고자질하는 성품 때문에 괴테와 실러의 호감을 잃었다.

민을 위해 큰 인물이 될 수 있었을 것이야. 그러나 성격의 결여 때문에 국민에게 비범한 영향을 끼치지 못했고, 자기 자신도 국민의 존경을 얻을 수 없었네.

우리에게는 레싱과 같은 인물이 절실하게 필요하네. 왜냐하면 이분은 무엇보다도 그의 성격과 확고한 입장으로 그처럼 위대했기 때문이야! 이 정도로 현명하고 교양이 있는 사람은 많겠지만 이런 성격을 가진 사람이 또 어디에 있겠는가!

많은 사람이 정말로 재기발랄하고 견식도 풍부하지. 그러나 이들은 동시에 허영심도 강해. 근시안적인 대중으로부터 재사라고 칭찬을 받기 위해 급급하지. 그들에게는 수치심도 겸손도 없고 신성한 것도 존재하지 않아.

그러므로 드 장리 부인이 볼테르의 방종과 후안무치에 반대한 것은 참으로 도리에 맞는 일이었어. 왜냐하면 모든 점에서 아무리 재기발랄하다고 하더라도, 그것만으로는 이 세상에 아무런 도움이 되지 않으며 건설적이지도 못하기 때문일세. 그뿐 아니라 사람들을 어지럽히고 사람들이 의지하는 지주를 빼앗아 가기 때문에 아주 해롭다고까지 말할 수 있네.

그리고 또 우리가 알고 있는 것은 도대체 무엇이란 말인가? 그리고 우리 기지의 모든 것을 합친다고 하더라도 도대체 어느 만큼의 일을 할 수 있다는 말인가!

인간이 세계의 여러 가지 수수께끼를 풀기 위해서 이 세상에 태어난 것은 아니지. 그러나 수수께끼의 발단이 어디에 있는가 탐구할 수는 있는 거야. 그러나 이것도 이해할 수 있는 범위 내에 머물러 있어야 하네.

우주의 활동을 측정한다는 것은 인간의 능력으로는 도저히 미치지 못하는 일이네. 삼라만상을 이해하려고 하는 것도 인간의 왜소한 입장을 생각하면 전혀 헛된 몸부림에 지나지 않지. 인간과 신의 이성은 서로 전혀 다른 것이기 때문이야.

인간에게 그런 자유를 인정하는 그 순간, 신의 전지전능은 끝장이 나는 것이지. 왜냐하면 신이 내가 이제부터 하려는 것을 알고 있다고 한다면, 나는 무슨 일이 있어도 신의 뜻대로 해야만 하기 때문일세.

이런 것은 우리는 거의 아무것도 알지 못하며, 또한 신의 비밀에는 손을 대서는 안 된다는 것을 증거로 말하는 것이야. 그리고 우리는 한층 높은 금언도 이 세상에 도움이 되는 범위 내에서만 말해야 하네. 그 이외의 것은 우리의 가슴 속에 간직하고 있으면 되는 것이지. 그래도 그것들은 구름 속에 숨어 있는 태양의 다정한 광선처럼 그 빛을 우리의 행동 위에 던져 주려고 할 것이고 또 사실 그럴 것일세."

1825년 12월 25일 일요일

오늘 저녁 6시에 괴테를 찾아갔다. 마침 혼자 있던 그와 나는 즐겁게 지냈다. 괴테는 말했다. "나는 요 며칠 동안 여러 가지 많은 일로 성가시게 지냈네. 여기저기서 많은 좋은 기별을 받아 답례하는 데에 정신이 팔려 실제적인 일에는 손을 댈 수 없었어. 나의 작품 전집출판의 특허가 각 궁정에서 차례로 도착했다네. 그런데 각기 사정이 달랐기 때문에 매번 일일이 다른 답장을 써야 했어. 게다가 헤아릴 수 없이 많은 출판사로부터 신청을 받았기 때문에, 이것도 또한 잘 생각하여 처리하고 답장을 써서 보내지 않으면 안 되었네. 그뿐 아니지. 나의 기념 축제[29]를 맞아 엄청난 숫자의 사람들로부터 호의를 받았기 때문에 사례의 답장을 썼어. 그러나 이 일은 아직 끝나지 않았네. 무슨 일이 있어도 속이 빈 형식적인 말은 늘어놓기 싫었고, 각각 예절에 맞고 경우에 상응하는 것을 쓰고 싶었네. 이제 겨우 자유의 몸이 되었기 때문에 이제 다시 담화라도 나누고 싶었지.

요 며칠 동안 생각난 것이 있어서 자네에게 그것을 전달하고 싶어. 우리가 하는 일은 모두 그 결과를 동반하게 마련이야. 그러나 구상을 짜고 옳은 일을 한 것이 반드시 좋은 결과를 가져온다는 보장은 없고, 그 반대의 경우가 반드시 나쁜 결과를 가져오는 것도 아닐세. 오히려 이따금 예상과는 정반대의 결과가 나올 때도 적지 않지.

나는 요 며칠 전에 출판사와의 상담에서 실수를 저질렀어. 그리고 나는 이 실수를 저지른 것이 분해서 견딜 수 없었네. 그런데 지금 와서는 사태가 일변해

---

[29] 1825년 11월 7일, 괴테가 바이마르에 온 지 50년이 된 것을 축하하기 위해 바이마르 궁전에서 열린 기념식을 말한다.

서, 그때 실수했기 때문에 더 큰 실책을 범하지 않아도 되는 결과가 되었어. 이런 일은 일생에 여러 번 되풀이되네. 그러므로 세상 물정에 밝은 사람은 이 사실을 알고 사태에 임해서 마음껏 대담하게 처신하게 되는 거야."

이 고찰은 처음 듣는 이야기였기 때문에 나의 관심을 끌었다. 이어 화제는 그의 다른 작품들에 이르러, 비가 〈알렉시스와 도라〉도 언급되었다.

"사람들은 이 시의 결말이 너무 정열적인 것을 비난하면서, 그와 같은 질투에서 오는 격정을 없애고 부드럽고 조용히 매듭짓는 것이 바람직하다고 했어. 그러나 나는 이러한 의견에 수긍할 수 없었네. 질투는 여기서는 밀접한 관련이 있는 감정으로, 사태의 형평상 당연히 일어나는 것이기 때문에, 그것이 없으면 이 작품에는 중요한 것이 결여되는 것이야. 나 자신도 실제로 어떤 청년을 알고 있는데, 그 청년은 정열적인 사랑에 빠져 금세 한 처녀의 마음을 차지했지만 바로 이렇게 외쳤어. '그러나 그녀는 나에게 했던 것과 똑같은 것을 다른 사나이에게도 하는 것이 아닐까?'라고."

나는 괴테가 한 말에 전적으로 찬성했다. 그리고 또한 이 비가는 그처럼 길지 않고 얼마 안 되는 분량인데도 가정환경이라든지 작중 인물의 생활전부가 눈앞에 펼쳐진 것처럼 묘사되어 있었다. 나는 이처럼 모든 것이 잘 쓰여 있는 것은 드문 일이라고 말하고 "여기에 그려져 있는 것은 마치 당신이 실제로 체험한 것을 근거로 하여 펜을 든 것처럼 실감이 납니다."라고 말했다.

괴테는 말했다. "그렇게 생각된다면 기쁜 일일세. 그러나 세상에는 현실의 진상에 대한 상상력을 가지고 있는 사람이 아주 적네. 그들이 즐겨 꿈꾸는 것은 이상한 나라라든가 그 언저리의 풍물일세. 그것에 관한 어떤 개념을 가지고 있는 것이 아니고 오로지 공상력에 의지하여 기기괴괴하게 그려 내려고 하지.

그리고 또 반대로 철저하게 현실에만 달라붙으려고 하는 사람들이 있어. 이 사람들은 시라는 것을 전혀 모르기 때문에, 그들이 시에 대해 요구하는 것도 비좁고 답답하다네. 가령 그중의 어떤 작자들은 이 비가에 대해 말하면서 알렉시스에게 소하물을 나르는 하인을 첨부하는 것이 좋겠다고 요구하고 있지. 그들은 그렇게 하면 시적이고 목가적인 정경이 완전히 깨져 버린다는 것은 전혀 알아차리지 못하네."

화제는 〈알렉시스와 도라〉에서 〈빌헬름 마이스터〉로 옮겨졌다.

"이상한 비평가도 있지." 하고 괴테는 계속했다. "이 대하소설에서 주인공이 너무 자주 좋지 못한 패거리들과 어울리는 것을 비난하고 있어. 그러나 나는 소위 좋지 못한 패거리들이라고 일컬어지는 사람들을 말하자면 그릇이라고 간주하고 있네. 즉 그 안에 좋은 동아리의 이야기를 담는 것이야. 이렇게 함으로써 그 작품 속에 문학적인 살붙이기와 다양한 실체를 갖출 수 있게 되네. 만약 내가 좋은 동아리를, 역시 소위 말하는 좋은 동아리를 통해서만 그리려고 했다면 아무도 이 책을 읽어 주지 않았을 것이야.

〈빌헬름 마이스터〉는 언뜻 볼 때 대수롭지 않게 보이는 부분이라고 할지라도 그 근저에 언제나 어딘지 좀 고급스러운 의미를 내포하고 있어. 그러므로 이 책을 읽으려면 충분한 눈과 처세하는 지혜 그리고 통찰력을 갖추고, 미세한 것 속에서 위대한 것을 인지할 수 있는 혜안을 가지고 있어야 하네. 이런 혜안을 갖고 있지 않은 사람은 여기에 그려진 인생을 그대로의 인생으로서 보고 만족하고 있으면 좋은 것이야."

이어 괴테는 나에게 셰익스피어의 희곡 전부를 동판화로 만든 정말로 훌륭한 영국 화가의 작품을 보여주었다. 페이지마다 하나의 희곡을 6개의 작은 그림으로 나타냈고, 일일이 그 아래에 두셋의 시구를 써 놓았다. 그래서 희곡 하나 하나의 근본개념과 중요한 장면을 한눈에 알 수 있었다. 이렇게 하여 모든 불멸의 비극과 희극이 마치 가장행렬처럼 내 마음속을 스쳐 지나갔다.

"이들 작은 그림을 다 훑어보고 있노라면 새삼스럽게 놀라게 되네!" 하고 괴테는 말했다. "그리고 셰익스피어가 얼마나 한없이 풍부하고 위대한가를 깨닫게 되지! 인간 생활의 어떠한 주제도 그의 펜 끝에 걸리지 않았던 것이 없고 그의 말로 표현되지 않았던 것도 없어! 그러면서도 그 모든 것은 얼마나 경쾌하고 자유롭게 취급되었는가!

셰익스피어에 대해서는 정말이지 말할 자격이 있는 사람이 없어. 어떠한 말을 해도 다 그에 미치지 못하네. 나는 〈빌헬름 마이스터〉 속에서 그에 대해 조금 언급하고는 있지만 그건 아무 축에도 못 든다네. 그는 절대로 단순한 극장 부속 작가는 아니야. 그는 전혀 무대를 생각하고 있지 않아. 무대는 그의 위대

셰익스피어의 〈맥베스〉 제1막 제3장

한 정신 앞에서는 너무나 좁지. 그뿐이겠는가. 눈에 보이는 이 세상 모든 것까지도 그에게는 너무 좁았어.

그는 너무나 풍부하고 너무나 거대하네. 창작하는 사람은 1년에 그의 작품을 하나 정도만 읽는 것이 좋아. 그 이상을 읽는 것은 멸망의 길을 걷는 것이야. 내가 〈괴츠 폰 베를리힝겐〉과 〈에그몬트〉를 써서 몸으로 그에게서 모면한 것은 잘한 일일세. 바이런이 그에게 깊은 존경을 나타내지 않고 독자적인 길을 걸어간 것은 타당한 일이었네. 많은 우수한 독일인 중에도 그와 칼데론 때문에 망한 사람이 얼마나 많았던가!"

괴테는 말을 이어갔다. "셰익스피어는 황금사과를 은그릇에 담아 우리에게 내놓네. 그러나 우리는 그의 작품을 연구하고 겨우 이 은그릇을 손에 쥘 수는 있지만, 여기에 담을 수 있는 것은 감자에 불과하지. 이래서는 아무래도 모양이 좋지 않아."

나는 웃었고 이 멋진 비유를 즐겼다.

다음으로 괴테는 첼터의 편지를 읽어주었다. 거기에는 베를린에서의 〈맥베스〉 상연에 대해 쓰여 있었는데, 그는 음악과 이 희곡의 위대한 정신과 성격이 일치하지 않았다고 말하고 있었다. 또 이에 대한 첼터 자신의 여러 가지 의견을 자세히 피력하고 있었다. 그 편지는 괴테의 낭독에 의해 완전히 생기를 되찾았다. 그리고 괴테는 가끔 읽는 것을 중단하고 핵심을 찌르는 말을 한 곳을 하나하나 끄집어내어 나와 함께 즐거워했다.

괴테는 이 기회에 말했다. "나는 상연각본으로는 셰익스피어의 작품 중에서 〈맥베스〉를 가장 좋은 것이라고 생각하고 있네. 이 작품에서는 무대에 대한 배려가 구석구석까지 미치고 있지. 그러나 그의 자유 정신을 알려고 한다면 〈트로일러스와 크레시다〉를 읽어야 해. 이것은 〈일리아스〉의 소재를 그 나름의 수법으로 취급한 것이야."

화제가 바뀌어 바이런에 이르자, 특히 그가 셰익스피어의 순진한 쾌활함 때문에 손해를 보고 있다는 것과, 또한 여러 가지 부정적인 작품 때문에 이따금, 아니 대부분의 경우에 비난을 받는 것에 대해 말했다. 괴테는 말했다. "만약 바이런이 국회에서 격렬한 연설을 되풀이하여 그의 마음속에 있는 모든 반항적인 것을 발산할 기회를 가졌더라면, 그는 시인으로서 한층 더 순수해질 수 있었을 것이야. 그러나 그는 국회에서 거의 연설할 기회가 없었기 때문에, 자국민에 대해서 품고 있었던 모든 반감을 완전히 가슴속에 접어두고 있었네. 거기에서 자기 자신을 해방하기 위해 바이런은 그것을 시로 다듬어서 표현할 수밖에 없었어. 그러므로 나는 바이런의 부정적인 작품의 태반이 억압된 국회 연설에서 비롯된 것이라고 말하고 싶네. 그리고 이렇게 말해도 부당하다고 생각하지 않네."

우리는 이어 플라텐[30]에 대해 이야기를 나눴다. 괴테는 그의 부정적인 경향에도 마찬가지로 동의할 수 없었다. 괴테는 말했다. "그가 많은 찬란한 특성이 있다는 것은 부정할 수 없어. 그러나 그에게 결여되어 있는 것은 사랑이야. 그는 독자와 동료인 시인들, 그리고 마찬가지로 자기 자신까지도 사랑하지 않아. 그러므로 그에게는 저 사도의 금언을 적용해도 좋을 것이야.

　　내가 인간의 여러 언어를 말하고
　　천사의 말까지 한다고 하더라도
　　사랑이 없으면
　　나는 울리는 징과
　　요란한 꽹과리와 다를 것이 없습니다.[31]

요 며칠 전에도 나는 플라텐의 시를 읽고 그의 풍부한 재능을 인정하지 않을 수 없었네. 그러나 지금 말했듯이 그에게는 사랑이 없어. 그러므로 그는 당연히 기대해도 좋은 결과를 절대로 얻을 수 없네. 사람들은 그를 두려워할 것이야. 그리고 그를 숭상하는 것은 기꺼이 그처럼 부정적으로 되려고 하면서도 그만큼의 재능을 가지고 있지 않은 사람들일 것이야."

---

30) 에커만은 〈괴테와의 대화〉의 초판에는 누구를 지칭하는지 밝히지 않았지만 오해를 살 것 같다는 것을 깨닫고, 나중에는 확실하게 플라텐의 이름을 올렸다.
31) 신약성서 제13장 제1절에 나오는 구절이다.

1826년

1826년 1월 29일 일요일 저녁

독일의 일류 즉흥시인인 함부르크 태생의 볼프 박사[1]가 요 며칠 동안 이곳에 체류하면서, 일반에게 시연해 보여 그의 드문 재능을 널리 알렸다. 금요일 저녁에는 바이마르 궁정인들이 배석한 자리에서 수없이 많은 청중을 앞에 두고 화려하게 즉흥시를 읊었다. 그날 저녁 그는 괴테로부터 다음 날 정오에 집으로 와 달라는 초청을 받았다.

다음 날 볼프 박사가 정오에 괴테 앞에서 즉흥시를 읊은 뒤에 나는 그와 이야기를 나눴다. 그는 아주 기뻐하면서 괴테와의 시간은 자기의 일생에 신기원을 이룬 날이라고 말했다. 그는 괴테가 얼마 안 되는 말로 자신을 전혀 새로운 길로 인도해 주었다고 하면서, 자신에게 가한 괴테의 비평도 정곡을 찌르는 말이었다고 했다.

오늘 저녁 내가 괴테를 찾아갔을 때 화제는 곧 볼프 박사에게 미쳤다. "볼프 박사는 각하께서 좋은 충고를 해 주어서 아주 기뻐하고 있습니다."라고 나는 말했다.

"나는 그에게 솔직하게 말해 주었지." 하고 괴테는 말했다. "내 말이 그의 마음을 움직여 힘을 주었다면 그것은 아주 좋은 징후일세. 그는 정말로 대단한 재능을 가지고 있어. 거기에 대해서는 의문의 여지가 없네. 그러나 그는 현재 일반적으로 퍼져 있는 저 주관주의에 병들어 있어. 나는 이 점을 고쳐 주고 싶었네. 나는 그를 시험해 보려고 함부르크로의 귀환 길을 서술해 보라고 했지. 그는 즉석에서 이것을 정리하여, 그 자리에서 울림이 좋은 시구를 열거하면서 말

---

[1] 볼프 박사(1799~1851). 함부르크 출신으로 그 당시 이름을 날리던 즉흥시인이다.

하기 시작했네. 나는 이 말을 듣고 놀라지 않을 수 없었어. 그러나 나는 그를 칭찬할 수는 없었네. 그가 나에게 그려 보인 것은 함부르크로의 귀로가 아니었어. 그 시는 단지 한 아들이 부모나 친척 또는 친구에게 돌아가는 감정에 지나지 않았네. 그리고 그런 감정은 함부르크의 귀로에는 해당하지만, 이와 동시에 메르제부르크나 예나의 귀로에도 모두 해당하네. 그는 먼저 함부르크가 얼마나 출중하고 특색이 있는 도시인가를 알아야만 했어. 그가 대상을 알맞게 파악할 수 있다면, 또 그 작업을 단단히 마음을 먹고 할 생각이라면, 함부르크의 특별 묘사를 위해 얼마나 풍부한 자료가 제시되어 있는지를 알아야 했다는 말일세!"

나는 이러한 주관적인 경향의 책임은 대중에게 있다고 말하면서, 언제나 대중은 감정적으로 흐른 부분에만 정해 놓고 박수를 보낸다고 말했다.

"그럴지도 모르지." 하고 괴테는 말했다. "그러나 대중에게 더 좋은 것을 제공하면 그들은 한층 더 만족할 걸세. 볼프와 같은 즉흥시인이 로마나 나폴리, 빈, 함부르크, 런던과 같은 대도시의 활기찬 생활을 박진감 있게, 또 독자가 눈으로 보는 것처럼 생생하게 그리면, 그것은 모든 사람을 기뻐 날뛰게 하고 열광하게 할 것임이 틀림없어. 그가 객관적인 길로 돌진한다면 이제는 안심이 되네. 그는 소질도 있어. 게다가 상상력이 없는 것도 아니야. 지금 당장 결심하고 감행하면 되는 것일세."

나는 말했다. "그것은 의외로 어렵지 않을까 생각됩니다. 그러려면 사고방식을 완전히 바꿔야 하기 때문입니다. 설사 그것이 잘되어 간다고 하더라도 창작할 때 순간적인 정체가 일어날 것입니다. 그러므로 객관적인 파악이 자유자재로 되고, 제2의 천성이 되기까지는 오랜 훈련이 필요할 것입니다."

"물론." 하고 괴테는 대답했다. "이런 관행에서 벗어난다는 것은 대단한 일이지만 용기를 내고 빨리 결단을 내려야 하네. 이것은 마치 수영할 때 물을 무섭게 생각하는 것과 마찬가지야. 재빨리 물속으로 뛰어 들어가기만 하면 되는 것일세. 그렇게 하면 물 쪽이 우리의 뜻대로 되어 주는 것이야."

괴테는 계속했다. "노래를 배우려고 할 때 우리가 목청에 갖추고 태어난 소리는 어떤 소리라도 모두 쉽고 자연스럽게 낼 수 있네. 그러나 목청에 갖추고 있지 않은 소리는 처음에는 내기가 매우 어렵지. 그러나 가수가 되려면 그런 소리도 제 것으로 만들지 않으면 안 되네. 어떠한 소리라도 자기 뜻대로 구사하지 않으면 안 되기 때문일세. 시인도 이와 마찬가지야. 오직 주관적인 감정을 표현하고 있는 동안은 시인이라고 할 수 없네. 외부 세계를 내 것으로 만들고 표현할 수 있을 때야 비로소 시인인 것이야. 그렇게 되면 그는 무진장하고 언제나 새로울 수 있네. 이와는 반대로 주관적인 성격의 사람은 그 얼마 안 되는 내면을 곧 토로해 버려 결국 틀에 박혀서 자멸해 버리고 말지.

우리는 언제나 고대인의 연구를 화제에 올리네. 그러나 그것도 '현실세계를 직시하고 그것을 표현하도록 노력하라'고 말하고 있을 뿐이야. 왜냐하면 고대인들도 삶을 살아가며 그렇게 했기 때문일세."

괴테는 일어나서 방안을 왔다 갔다 했다. 그러는 동안 나는 그가 보통 원하는 대로 탁자 옆 나의 의자에 앉은 채로 있었다. 그는 한동안 난롯가에 서 있다가, 무슨 생각이 떠오른 듯 내 곁으로 다가와 손가락을 입술에 대고 다음과 같이 말했다.

"자네에게 말할 것이 있어. 그리고 자네는 그것에 관해 이제부터의 생애에서 여러 가지로 마음에 짚이는 데가 있을 것이야. 퇴보하고 해체하는 과정에 있는 시대는 모두 언제나 주관적인 것일세. 이와는 반대로 전진하고 있는 모든 시대에는 객관적인 경향이 있어. 우리가 살고 있는 현대는 어떤 방면에서도 후퇴하고 있지. 왜냐하면 주관적이기 때문이야. 이 사실은 오로지 문학에만 한정된 것은 아니네. 그림과 이 이외의 많은 다른 분야에 걸쳐서 이런 현상을 볼 수 있어. 이와는 반대로 모든 훌륭한 노력이란 것은 내면으로부터 외부 세계로 방향을 취하고 있네. 자네도 보아서 알겠지만, 진실로 노력과 전진을 목표로 하는 모든 위대한 시대는 객관적인 성질을 띠고 있어."

이와 같이 언급된 말이 계기가 되어 여기에서 가장 함축성이 깊은 담화가 흘러나왔다. 그중에서도 특히 15세기와 16세기의 위대한 시대가 돌이켜 생각되었다.

이어 담화는 연극으로 옮겨져 새로운 현상으로서 등장한 나약함과 감상적 침울함을 문제로 삼았다. "나는 지금 몰리에르를 읽고 마음의 위로를 받고 힘을 얻고 있습니다." 하고 나는 말했다. "이 시인의 〈수전노〉의 번역을 끝내고 지금은 〈마지못해 의사가 된 사람〉에 열중하고 있습니다. 몰리에르는 얼마나 위대하고 순수한 한 인간인가요!"—"그렇지." 하고 괴테는 말했다. "순수한 인간이지. 이것은 그의 비평으로 적절한 말이지. 그에게는 지금도 비뚤어진 데가 없고 뒤틀려진 데도 없어. 그러면서도 그는 그처럼 위대하네. 그는 그 시대의 풍습을 지배했어. 이와는 반대로 우리의 이플란트나 코체부는 그들이 속한 시대의 풍습에 지배를 당했네! 그 속으로 밀려들어 가 붙잡혀 있었지. 몰리에르는 인간을 진실 그대로의 모습대로 그려냄으로써 인간을 징계할 수 있었네."

나는 말했다. "만약 몰리에르의 작품이 가장 순수한 형태로 무대에 올려질 수 있다면 나는 내 나름의 도움을 주겠습니다. 그러나 내가 볼 때 이러한 작품은 관객에게는 너무 강렬하고 노골적인 것 같습니다. 도에 지나치게 섬세한 것을 즐기는 이러한 일반적인 경향은, 일부 작가들의 소위 관념적인 문학 때문이 아닐는지요?"

"그렇지는 않지." 하고 괴테는 말했다. "그 원인은 사회 그 자체에 있네. 그리고 젊은 아가씨들이 극장이 무슨 소용이 있다는 말인가? 그들은 극장에 갈 것이 아니라 수도원으로 가야 하지. 극장은 이 세상의 물정을 잘 식별하고 있는 성인 남녀들의 것이야. 몰리에르가 글을 쓰고 있던 당시에 아가씨들은 수도원으로 갔네. 그래서 그는 이 아가씨들을 고려할 필요가 전혀 없었어.

그러나 지금에 와서는 우리의 젊은 아가씨들을 몰아내게 되면 곤란하지. 그리고 나약하기 그지없는 희곡들을 상연하는 것을 중지할 수도 없네. 그러므로 이러한 경향에 대해 올바르고 현명한 태도를 취하기 위해서는 나처럼 그런 것에는 개입하지 않는 것이 좋아.

실제로 극장과 관계하고 있을 당시 나는 정말로 마음으로부터 이 일에 흥미를 느꼈었네. 무대 설비가 점점 더 좋아지는 것도 기쁜 일이야. 그리고 무대 상연에 있어서 나의 관심은 각본에 있었다기보다는 오히려 배우들이 자기가 맡은 부분을 훌륭하게 소화해 내는지 어떤지에 있었어. 나는 이것은 안 되겠다고 생각한 점이 있으면 그것을 다음날 종이쪽지에 써서 무대 감독에게 보냈네. 그렇게 하면 다음 상연 때는 반드시 그 결점이 고쳐졌지. 그러나 지금은 극장에 실제로 영향력을 행사하는 입장에 있지 않기 때문에, 이제 이것은 나의 영역이 아니야. 불완전한 데가 있어도 그대로 놔두는 수밖에 별도리가 없네. 그것은 이제 나의 소관 사항에 속해 있지 않아.

읽어주십사 하면서 보내오는 희곡도 나에게는 두통거리야. 이들 젊은 독일 작가들은 쉬지 않고 비극을 보내지만, 내가 그것을 어떻게 할 수 있다는 말인가? 나는 우리 나라의 희곡을 언제나 무대에 올릴 수 있을지 어떨지 판단하는 관점에서만 읽어 왔네. 그 이외의 다른 점에 있어서는 나는 관심이 없었어. 그러므로 나의 현재 입장으로는 젊은 사람들의 희곡을 어떻게 해줄 수가 없다네. 읽어 주고는 이렇게 써서는 안 되는데 하고 생각한들 나 자신은 얻는 것이 아무것도 없어. 게다가 이미 완성된 작품이기에 젊은 작가들에게는 아무런 도움이 되지 않네. 인쇄된 각본이 아니라 그 각본의 계획을 보내온다면 그것을 쓰라든지, 쓰지 말라든지, 이렇게 쓰라든지, 저렇게 쓰라고 말할 수는 있지. 그런 것 같으면 다소나마 의미도 있을 것이고 도움이 될 수도 있을 거야!

그러므로 이런 모든 재난의 원인은 독일에서 교양이 극도로 보편화되어, 지금에 와서는 아무도 서투른 시를 쓰는 사람이 없다는 데 있네. 나한테 보내오는 젊은 작가들의 작품은 선배들의 그것에 비해 조금도 손색이 없어. 또한 그들은 격찬을 받은 선배들의 작품을 보고는, 왜 자기의 작품은 칭찬을 받아서는 안 되는지 이해할 수 없다고 생각하지. 그러나 그들을 치켜세우는 것은 금물이야. 지금으로서 이 정도 재능의 소유자는 수백 명이나 되고, 한편으로는 아직 더 많이 해야 할 유익한 일들이 많기 때문에, 그와 같이 사람이 남아돌아 가는 일을 추진하는 것은 좋지 않네. 모든 사람을 누구보다도 앞질러 가는 단 한 사람이 있으면 그를 격려해 주는 것이 마땅한 일이지. 왜냐하면 오직 비범한 사람만이 이 세상에 도움을 주기 때문이야."

1826년 2월 16일 목요일
오늘 저녁 7시에 괴테를 찾아갔다. 그는 방에 혼자 있었다. 나는 테이블 쪽으로 가서 그의 곁에 앉았다. 그리고 어제 나는 페테르부르크를 여행 중인 웰링턴 공작을 여관에서 봤다고 보고했다.

괴테는 흥분해서 말했다. "그렇구나, 그는 과연 어떤 분이던가? 그에 대해서 말해 주기 바라네. 초상화하고 똑같던가?"

"그렇습니다." 하고 나는 말했다. "그렇지만 훨씬 더 훌륭하고 훨씬 특색이 있었습니다. 그분의 얼굴을 한번 보기만 하면 그의 초상화는 모두 무로 돌아갑니다. 그분을 단 한 번만이라도 만나 보면 일생 잊을 수 없을 것입니다. 그에게서는 그와 같은 인상을 받습니다. 눈은 갈색이고 아주 밝게 빛났습니다. 그의 눈매에 감동을 받습니다. 그의 입은 닫혀 있을 때도 뭔가 말을 하고 있습니다. 많은 것을 생각하고 가장 위대한 것을 경험하고, 지금은 이 세상 일과 관련해 쾌활하고도 온건하게 처신하면서 이제는 어떤 것으로부터도 괴로움을 받고 있지 않는 그런 모습이었습니다. 그는 나에게는 확고하고 강인한 저 다마스쿠스의 칼날과도 같았습니다.

외모로 볼 때는 50대의 꼭대기에 올라선 것 같고, 자세가 좋고 날씬하며 너무 크지도 않았고 혈기에 차 있다기보다는 오히려 살이 빠져 있었습니다. 마차를 타고 막 떠나려고 하는 순간 그는 군중들 사이를 지나가면서, 조금 몸을 앞으로 구부리고 모자의 가장자리에 손가락을 대며 가볍게 인사하는 모습에서는 정말로 친밀한 정이 묻어 나왔습니다."

괴테는 나의 설명을 아주 흥미롭게 듣고 있었다. "이제 자네는 두 영웅 중의 한 사람을 만난 셈이야." 하고 괴테는 말했다. "그리고 이것은 상당히 의미 깊은 일이지." 우리는 나폴레옹으로 대화가 옮겨졌고, 나는 그를 보지 못한 것을 유감으로 생각했다. 괴테는 말했다. "그는 물론 만나 볼 가치가 있는 인물이지. 그 인물 속에 세계가 응축되어 있었네!"

"그는 이를 데 없이 위대한 사람으로 보였습니까?" 하고 나는 물었다. "그는 위대했어." 하고 괴테는 대답했다. "첫눈에 그는 위대하다는 것을 알 수 있었지. 그 이상 무슨 말이 필요하겠나."

나는 괴테에게 아주 드문 시를 가져왔는데, 이 시에 관해서는 내가 요 며칠 전 어느 날 저녁에 그에게 이야기한 바 있었다. 이 시는 그의 작품이지만 너무나도 오래전의 것이라 그로서도 이제는 기억해 낼 수 없을 정도였다. 이 시는 1766년 초 당시 프랑크푸르트에서 발간되고 있었던 〈지흐트바렌〉이라는 잡지에 실렸던 것으로, 괴테의 옛날 집 하인[2]이 바이마르로 가지고 왔다. 그런 것이 그의 자손을 통해 나의 손안에 들어온 것이다. 이것은 의심할 여지 없이 괴테가 자신의 작품이라고 인정한 시 중에서 가장 오래된 것이었다. 〈그리스도의 지옥행〉을 소재로 한 것이지만, 나의 시선을 끈 것은 저자가 아주 나이가 어렸음에도 불구하고 이 종교상의 관념법을 아주 익숙하게 잘 다루고 있다는 점이었다. 성향으로 볼 때는 클롭슈토크의 영향을 받은 듯하였으나, 만들어 낸 솜씨를 보면 이것은 전혀 이질적인 성질의 것이었다. 이것은 더 강렬하고, 더 자유롭고, 더 경쾌하고 한층 더 많은 에너지를 내포하고 있고, 글솜씨도 훨씬 유창한 데가 있었다. 이것은 비상한 열정에서 힘차게 끓어오르는 그의 청년 시절을 생각나게 했다. 하지만 소재가 빈약했기 때문에 같은 속을 빙빙 돌고 있어 필요 이상으로 길어져 버린 것 같았다.

나는 괴테에게 완전히 누렇게 되어 겨우 이어 붙어져 있는 이 신문지를 내밀었다. 그는 이 시를 보자 다시 생각해 냈다. "이것은 아마 폰 클레텐베르크 양[3]의 권고로 쓴 것일 거야. 표지에 요구에 응해서 썼음이라고 되어 있지. 게다가 이런 소재를 요구할 만한 사람은 그분밖에는 없어. 그 당시 나에게는 소재가 아주 빈약했기 때문에, 어떤 것이든지 내가 노래로 읊을 수 있다는 것만으로도 고마운 일이었지. 또 요 얼마 전에 그 당시의 시 하나가 내 수중에 들어왔네. 영어로 쓴 것이었지. 그 속에서 나는 시적 재료 부족을 한탄하고 있어. 우리 독일인은 사실 이 점에서는 불행하다네. 우리의 태고 역사는 너무나 확실하지 않지. 그 후에도 단지 하나의 왕가를 모시고 있었던 것이 아니기 때문에 일반 국민에게 공통된 흥미의 중심이 없어. 클롭슈토크는 헤르만[4]을 시도해 보았지만 소재가 너무나 동떨어져 있어서 아무도 그것에 친밀감을 느끼지 못했고, 아무도 그가 의도한 바를 이해하지 못했네. 그 때문에 그가 그려낸 것은 아무런 영향을

---

2) 필립 자이델을 말하는 것으로, 괴테는 그를 프랑크푸르트에서 바이마르로 데리고 왔다.
3) 폰 클레텐베르크 양(1723~1774). 괴테와 괴테의 어머니가 아주 가깝게 지냈던 경건주의 신앙가로, 그녀는 〈빌헬름 마이스터의 도제시대〉에 아름다운 영혼으로 등장한다.
4) 서기 9년에 로마군을 격파한 아르미니우스(서기전 18~서기 19)를 지칭한다. 클롭슈토크는 그를 소재로 하여 3편의 희곡 〈헤르만의 전쟁〉(1768) 〈헤르만의 군주들〉(1784) 그리고 〈헤르만의 시〉(1787)을 썼다.

줄 수 없었고 대중성도 획득할 수 없었네. 나는 〈괴츠 폰 베를리힝겐〉을 취급해서 일대 성공을 거두었지만, 그것은 실제로 내 뼈의 뼈였고 나의 살의 살이었기에 그 재료만으로도 벌써 뛰어난 한몫을 할 수 있었네.

그렇지만 이와는 반대로 〈베르테르〉나 〈파우스트〉의 경우엔 나는 새롭게 구상을 깊이 다듬지 않으면 안 되었지. 왜냐하면 전해져 내려온 소재는 대단한 것이 못 되었기 때문이야. 나는 악마와 마녀는 단 한 번만 만들었을 뿐이지. 나는 나의 북방적 유산을 다 먹어 치웠을 때는 즐거운 기분이었네. 그래서 그리스인의 식탁으로 몸을 돌렸지만, 이곳에 수백 년 그리고 수천 년 이래로 얼마나 많은 걸작들이 존재하고 있는가를 지금만큼 확실하게 알고 있었다면, 나는 한 줄의 글도 쓰지 않고 뭔가 다른 일을 했을 것이야."

1826년 3월 26일 부활절 날에

괴테는 오늘 식사 중에 가장 쾌활하고 자애로운 기분에 젖어 있었다. 아주 귀중하기 그지없는 한 장의 종이가 오늘 그에게 도착했던 것이다. 즉 〈사다나펄러스 왕〉을 증정한다고 쓴 바이런 경의 자필 헌사였다. 식사 후 그는 이것을 우리에게 보여 주었다. 그러고는 바이런이 제노바에서 보낸 편지를 다시 돌려달라고 하면서 그의 딸(괴테의 며느리)을 괴롭혔다.

"이쁘둥이 아가야, 너도 알지만" 하고 그는 말했다. "바이런과 나하고 관계되는 것은 이제 이것으로 모두 한군데에 모아지는 셈이야. 오늘은 놀랍게도 이 귀중한 한 장의 종이까지 도착했다. 그러므로 지금 모자라는 것이라고는 저 편지 이외에는 아무것도 없어."

그렇지만 이 사랑스러운 바이런 숭배자는 이 편지를 내놓으려고 하지 않았다. 그녀는 말했다. "아버지께서는 그 편지를 일단 저한테 주셨습니다. 그러니 다시 돌려드릴 수 없습니다. 그렇지만 무슨 일이 있어도 바이런의 것을 함께 보관해 두고 싶으시다면, 오늘은 그 귀중한 한 장의 종이를 저한테 주십시오. 그렇게 해 주시면 제가 모든 것을 한데 모아 보관해 드리겠습니다." 괴테는 이렇게 하는 것은 더군다나 더 싫었다. 이 애교 있는 말다툼은 한동안 계속되었지만, 드디어 좌중의 즐거운 대화 속에 녹아 들어가 버리고 말았다.

이어 우리는 식탁에서 일어섰고 부인들도 2층으로 올라가 버리자, 나는 괴테와 단둘이 남게 되었다. 그는 서재에서 붉은 서류철을 꺼내와 나와 함께 창가로 가서 그것을 열어 보여 주었다. "이걸 보게." 하고 그는 말했다. "여기에 나와 바이런 경에 관한 것이 모두 모아져 있지. 여기에 리보르노에서 온 그의 편지가 있네. 이것은 그의 증정문의 사본이야. 이것은 나의 시이고. 여기에 있는 것은 메드윈의 대화집을 위해 내가 쓴 것이네. 그러고 보면 제노바에서 온 그 편지만이 빠져 있지만, 며늘아기는 아무리 하여도 그것을 돌려 주지 않는구먼."

이어 괴테는 오늘 바이런 경에 관한 일로 영국으로 와 달라는 간곡한 초대를 받았다고 이야기해 주었다. 그리고 그는 이것을 대단히 기쁘게 생각했고 감격했다고 말했다. 그의 마음은 그때 바이런의 생각으로 가득 차 있었기 때문에, 바이런의 인품과 그의 작품 그리고 그의 재능에 대해 수없이 많은 흥미로운 이야기를 쏟아 냈다.

"영국인들은" 하고 그는 이렇게 말했다. "바이런에 대해 이러니저러니 말이 많지만 그에 필적할 수 있는 시인이 없다는 것만은 확실해. 그는 다른 어떤 시인과도 다르며 대부분의 시인보다도 훨씬 위대하지."

1826년 5월 15일 월요일

나는 괴테와 슈테판 쉬체[5]에 대한 이야기를 했는데, 그는 이 사람에 대해 상당히 호의적으로 말했다.

"지난주 내가 몸이 아팠을 때 나는 그의 〈즐거운 시간에〉라는 작품을 읽었네." 하고 그는 말했다. "그 책은 대단히 재미있었어. 쉬체가 영국에서 태어났으면 신기원을 세웠을는지 모르지. 왜냐하면 그는 관찰과 서술의 재능은 갖고 있지만, 다만 인생의 진면목을 꿰뚫어 보는 데에는 실패했기 때문이야."

---

5) 슈테판 쉬체(1771~1834). 바이마르의 추밀고문관이자 작가인 그는 〈즐거운 시간들〉(1821~1823)이라는 책을 써서 모든 사람의 호감을 샀다.

1826년 6월 1일 목요일

괴테는 〈글로브〉 잡지[6]에 대해 말했다. "이 잡지의 기고가들은 세상 물정에 밝은 사람들로 쾌활하고 명석하고 극도로 대담해. 비난하더라도 세련되고 예의가 바르지. 이와는 반대로 독일의 학자들은 언제나 자기와 똑같은 생각을 하지 못하는 사람은 미워하지 않으면 안 된다고 생각하고 있어. 나는 〈글로브〉를 가장 재미있는 잡지 중의 하나로 꼽고 있고, 또 그걸 읽지 않고는 못 견딘다네."

1826년 7월 26일 수요일

오늘 저녁 나는 괴테에게서 연극에 대해 여러 가지 의견을 들을 수 있는 행운을 가졌다. 나는 나의 친구 중 한 사람이 바이런의 〈포스카리 부자〉[7]를 무대 위에 올리기 위해 윤색할 계획이라고 말해 보았다. 괴테는 그 성공을 의심했다. "이것은 물론" 하고 그는 말했다. "누구나 손을 대 보고 싶어 하는 작품이긴 하지. 어떤 희곡 작품을 읽고 큰 감동을 받으면, 우리는 그것을 상연해도 틀림없이 그렇게 될 것이라고 생각하고는 쉽게 성공할 것이라고 자부하네. 그러나 무대는 뭔가 독특한 것이야. 원래 작가가 무대를 염두에 둔 의도와 기교를 갖고 쓴 작품이 아니면 잘 될 수 없어. 그렇게 만들어진 작품도 상연하려고 하면 언제나 어딘지 어색하고 엇갈리는 것이 붙어 다니게 마련이야. 나는 〈괴츠 폰 베를리힝겐〉을 쓰기 위해서 얼마나 많은 고생을 했던가! 그러나 그것은 상연대본으로서는 잘 돼 있지 못하지. 너무 길었기 때문에 2부로 나누지 않으면 안 되었네. 그 가운데 후반부는 극적 효과를 올릴 수 있었지만, 전반부는 단지 서막으로만 보는 수밖에 없었지. 따라서 사건의 전말을 설명하기 위해 제1부를 단 한 번만 상연하고, 그다음에 제2부만을 되풀이하여 상연하게 되면 그럭저럭 잘 될는지 모르지. 이와 비슷한 것을 〈발렌슈타인〉의 경우에도 말할 수 있을 것이야. 〈피콜로미니 부자〉는 되풀이할 필요가 없지만, 〈발렌슈타인의 죽음〉 쪽은 여러

---

6) 1824년 파리에서 창간되어 셰익스피어와 낭만파를 옹호한 잡지이다. 그 당시 스위스의 작가인 슈타푸페르가 괴테의 희곡집을 프랑스어로 번역하자 앙페르가 〈글로브〉지에 그에 대한 비평문을 발표하였는데, 괴테는 이것을 자신이 발행하던 〈예술과 고대〉 제5권 제3호(1826)에 실으려고 하고 있었다.

7) 이 작품은 바이런의 다른 작품들 〈카인〉과 〈사다나펄러스〉와 함께 1817년에 출판되었다.

번 상연해도 모두 보고 싶어 한다네."

나는 무대 효과를 올릴 희곡작품을 쓰려면 어떤 요령을 체득해야 하는지 물었다.

"상식적이지 않으면 안 되지." 하고 괴테는 대답했다. "다시 말해 사건 하나하나가 그 자체로서 의미가 있으면서, 한층 더 중요한 사건을 지향하지 않으면 안 되네. 몰리에르의 〈타르튀프〉는 이런 점에 있어서는 위대한 전형이야. 제1장면만을 생각해 봐도 그 얼마나 멋진 서막인가! 벌써 막이 올라가는 순간부터 모든 것이 정말로 의미심장하고, 계속해서 한층 더 중요한 사건이 일어날 것이라고 예감하게 만들지. 레싱의 〈민나 폰 바른헬름〉의 서막도 훌륭한 것이야. 그러나 〈타르튀프〉의 서막은 이 세상에 오직 하나뿐인 걸작일세. 이런 것 중에서 가장 위대하고 가장 훌륭한 것이지."

우리의 화제는 칼데론의 희곡작품으로 옮겨졌다. "칼데론의 경우에는" 하고 괴테는 말했다. "자네도 알지만 무대적인 효과 면에서는 완벽하지. 그의 희곡작품들은 전적으로 무대에는 적격이야. 그의 단 한 글자라도 무대 위의 효과를 겨냥하지 않는 것은 없어. 칼데론은 가장 세부에 이르는 것까지 깊이 이해하고 있었던 천재일세."

"셰익스피어의 희곡은 모두" 하고 나는 말했다. "반드시 그의 극장을 위해 쓰인 것이라고 하지만, 그의 작품은 본래의 의미에서 볼 때 결코 상연대본이라고 말할 수 없다는 것이 좀 이상하다고 생각됩니다."

"셰익스피어는" 하고 괴테는 대답했다. "그의 작품을 자기 본성이 향하는 대로 썼던 것이야. 게다가 당시는 시대도 그랬고, 무대장치도 마찬가지로 조금도 그에게 강요하는 것이 없었네. 사람들은 셰익스피어가 자기 뜻대로 하는 그대로를 만족해했지. 그렇지만 만약 마드리드의 궁정을 위해서라든지 루드비히 14세의 극장을 위해 펜을 들어야 했다면 아마 훨씬 엄격한 무대형식에 복종해야 했을 것이네. 그렇다고 해서 이것은 절대로 한탄할 일은 아니야. 왜냐하면 셰익스피어는 극작가로서 상실한 것을 넓은 의미에서 시인으로서 보충하고 있기 때문이지. 셰익스피어는 위대한 심리학자야. 그의 희곡 작품을 읽으면 인간의 마음을 움직이는 것을 배울 수 있어."

우리는 연극 지도를 훌륭하게 한다는 것이 얼마나 어려운 것인가 하는 것에 대해 이야기를 나누었다.

"이 경우에 어려운 것은" 하고 괴테는 말했다. "본질적이지 않은 것에는 구애받지 않으면서도 높은 원칙에서 벗어나지 않도록 하는 것이네. 더 높은 원칙, 다시 말해 탁월한 비극, 가극 그리고 희극의 훌륭한 상연 목록을 만들어 두고, 이것을 지키고 확고한 것으로 생각해야 하는 것이 중요해. 그러나 본질적이지 않은 것도 계산에 넣어야 하네. 다시 말해 사람들이 보고 싶어 하는 신작물을 연출하거나, 때로는 다른 곳에서 일하는 배우를 출연시켜 보여 주기도 하지. 이런 식으로 해야 관중을 샛길로 빠지지 않게 하고 쉬지 않고 자기의 상연 목록으로 되돌릴 수 있네. 오늘날에는 정말이지 좋은 희곡이 풍부하기 때문에, 그 방면의 전문가들이 좋은 상연 목록을 만드는 것은 훨씬 쉬운 일이야. 그러나 이것을 지켜나간다는 것은 훨씬 어려운 일이지.

내가 실러와 함께 극장 감독을 맡고 있을 때 우리는 유리하게도 여름 내내 라우흐슈테트에서 상연할 수 있었지. 거기에는 훌륭한 작품 아니면 보려고 하지 않는 선택된 관객들이 있었기 때문에, 우리는 거기서 늘 일류 작품을 연습해 보고는 바이마르로 돌아와서 이곳에서 겨울 내내 여름 동안 흥행했던 것을 되풀이할 수 있었어. 게다가 바이마르의 관객은 우리의 연출을 신뢰하고 있었기 때문에, 그들이 전혀 알 수 없는 것을 상연할 때도 그들은 우리가 하는 것에는 뭔가 한층 더 높은 의도가 숨어 있다고 확신해 주었지."

"90년대는" 하고 괴테는 계속했다. "내가 극장에 대해 흥미를 느끼고 있었던 본래의 시대가 지나간 시기였어. 이제는 무대를 위해 글을 쓰는 것을 그만두고 오로지 서사시 쪽으로 방향 전환을 하려고 할 때였지. 그런데 실러가 이미 꺼져 버린 나의 흥미를 다시 일깨워 주었어. 그러므로 그와 그의 일을 위해 나는 다시 극장 일에 참여했네. 〈클라비고〉 시절에는 한 다스나 되는 희곡 작품을 쓰는 것도 나로서는 쉬운 일이었을 것이야. 재료에는 부족함이 없었고 창작도 쉬웠네. 1주일마다 작품 하나 정도는 쓸 수 있었는데, 그렇게 하지 못한 것이 지금에 와서 두고두고 나를 화나게 하는군."

1826년 11월 8일 수요일

괴테는 오늘도 또다시 바이런 경에 대해 감탄하면서 말했다. "그의 〈불구의 변용〉을 다시 한번 읽어 봤는데, 그의 재능이 점점 더 위대하게 생각된다는 것을 말하지 않을 수 없네. 그가 그린 악마는 나의 메피스토펠레스에서 나온 것이기는 하지만, 모방의 흔적은 조금도 볼 수 없어. 모든 것이 전적으로 독창적이고 새롭고, 또 간결하고 씩씩하고 기지에 차 있네. 어디를 보나 나약한 데는 찾아볼 수 없고, 바늘 끝으로 찔러 생긴 것처럼 작은 점에도 우리는 그의 독창성과 정신이 집중되고 있음을 알게 되지. 그가 자신의 유일한 결점인 우울증적인 것과 부정적인 것을 배제했다면, 아마 셰익스피어나 고대의 위인들에 뒤지지 않을 만큼 위대해졌을 것이야."

내가 이 말에 납득이 가지 않는 태도를 취했기 때문에 괴테는 말했다. "글쎄, 내 말을 믿어도 되네. 그를 새롭게 연구하여 보고 점점 더 이렇게 말하지 않을 수 없으니까!"

얼마 전의 대화에서 괴테는 "바이런 경은 세상사에 대한 너무나 많은 경험을 가지고 있지." 하고 말했다. 나는 그의 이 말의 진의를 똑똑히 알아들을 수 없었지만 그때는 다시 묻는 것을 삼갔다. 그리고 마음속으로만 몰래 생각해 보았다. 그러나 아무리 생각해 보아도 도저히 알 수 없었기 때문에, 나의 교양이 더 높아질 때까지 기다리든가, 혹시 좋은 기회가 생겨 이 비밀이 풀리기를 바라는 것 외에는 다른 도리가 없었다. 그런데 그 기회가 다음과 같이 우연히 찾아왔다. 극장에서 〈맥베스〉의 훌륭한 상연을 보고 일대 감동을 받은 밤이 있었다. 그 다음 날 낮에 바이런 경의 전집을 꺼내 그중에서 〈베포〉를 읽었다. 〈맥베스〉와 비교했을 때 이것은 별다른 감명을 주지 못했지만 나는 그것을 읽어감에 따라 점차로 괴테가 한 말의 진의가 어디에 있는지 확실히 알 수 있었다.

〈맥베스〉 중에서 나에게 감동을 준 것은 셰익스피어의 위대하고 강렬하면서도 숭고한 정신이었다. 이것은 셰익스피어 자신 이외에는 다른 어떤 사람에게서도 찾아낼 수 없는 것이다. 그것은 이 세상에 태어나면서 부여받은 높고 깊은 천성인 것이다. 이것이 그의 개성을 관통하여 그를 다른 누구보다도 눈에 띄게 하였고, 그는 이로 인해 위대한 작가가 되었던 것이다. 이 작품에 나타나 있는 세계 그리고 체험도 이 시적 정신에 순응하여 이야기되고 지배되고 있었다. 이 위대한 시인은 독자를 자유로이 자기의 몸 가까이에 끌어당겨 그의 고찰 높이에까지 올려 세우는 것이다.

이와는 반대로 〈베포〉를 읽고 내가 느낀 것은 그 작품에서는 저주할 경험세계가 우위를 차지하고 있다는 것이었다. 그리고 그것을 우리의 관능 앞으로 끌어내야 할 정신이, 말하자면 그 경험 세계와 유착하려고 하는 저의가 보인다는 것이었다. 재능이 풍부한 시인으로서의 타고난 위대하고 순수한 정신은 만날 수 없고, 시인의 사고방식도 그와 같은 세계와의 빈번한 접촉을 통해 그것과 똑같이 성립된 것처럼 보였다. 시인은 고상하고 재기발랄한 모든 세계인과 똑같은 수준에 있는 것처럼 보였고, 조금도 이들보다 뛰어난 것처럼 보이지 않았다. 다만 그 위대한 묘사능력에 의해 그는 그들을 대신하여 말하고 있는 기관(機關)이 된 것처럼 생각되었다. 그러므로 〈베포〉를 읽고 괴테가 바이런 경이 세상사에 관해 너무나 많은 경험을 가지고 있다고 한 것은, 그가 현실을 우리 눈앞에 너무 많이 전개했다는 의미가 아닌 것이다. 그 말은 오히려 〈베포〉에서 그의 한층 더 높은 시적 천성이 침묵을 지키고 있는 것처럼, 아니 그것이 경험적 사고방식에 의해 추방되어 버린 것처럼 보였기 때문에 한 말인 것이다.

1826년 11월 29일 수요일

나는 바이런 경의 〈불구의 변용〉을 다 읽고, 이에 관해 식사가 끝난 뒤에 괴테와 이야기를 나눴다.

"어때, 내 말이 맞지 않든가?" 하고 그는 말했다. "제1장면은 위대하지. 문학적으로 봐도 훌륭해. 그 뒤의 부분은 뿔뿔이 흩어져 드디어는 로마의 포위에까지 이르고 있지만, 이것은 문학적으로는 칭찬할 수는 없어. 다만 재기발랄한 점은 인정하지 않을 수 없더라도 말이야."

"정말 그러합니다." 하고 나는 말했다. "그러나 존경심을 갖게 하는 대상이 아무것도 없다면 아무리 재기발랄하더라도 예술이라고 말할 수는 없습니다."

괴테는 웃었다. "자네의 말에도 일리는 있지." 하고 그는 말했다. "시인은 세상 사람들이 원하는 이상으로 말을 많이 한다는 것을 시인하지 않을 수 없네. 시인은 진실을 말하지만 그것이 세상 사람들의 마음에 들지 않을 때도 있어. 오히려 시인이 입을 다무는 것이 더 바람직하다고 생각할는지 모르지. 이 세상에는 시인이 폭로하는 것보다는 숨겨 두는 것이 더 좋은 일들이 있으니까. 그러나 이것을 폭로하는 것이 바로 바이런의 성격이야. 그에게 다른 방도를 취하라고 말하는 것은 그를 죽여 버리는 것과 같은 일일세."

"그렇습니다." 하고 나는 말했다. "그는 최고도로 재기발랄합니다. 가령 다음과 같은 시구는 정말로 핵심을 찌르고 있습니다.

    악마는 의외로 여러 번 진리를 말하지만
    무지한 청중들에게는 공염불이다."

"그것은 나의 메피스토펠레스가 어디에선가에서 말한 것과 꼭 마찬가지로 위대하고 자유분방한 언사일세."

"메피스토펠레스의 말이 나온 김에" 하고 괴테는 말을 이어갔다. "자네에게 좀 보여 줄 것이 있네. 쿠드레이가 파리에서 가져온 것이야. 자네는 이것을 어떻게 생각하나?"

그는 내 앞에 한 장의 석판화를 내놓았다. 거기에는 파우스트와 메피스토펠레스가 그레트헨을 감옥에서 구해 내려고 밤중에 두 마리의 말을 타고 사형장 옆을 훌쩍 날아 지나가는 장면이 그려져 있었다. 파우스트는 검정말을 타고 있다. 그 말은 전속력으로 달리고 있지만, 등에 태운 주인과 마찬가지로 교수대 아래의 망령들을 보고 무서워하는 모습이다. 두 사람은 전속력으로 마구 달리기 때문에 파우스트는 말에서 흔들려 떨어지지 않으려고 애를 쓰고 있다. 맞바람이 강해 그의 모자는 머리에서 벗겨져 턱끈으로 이어진 채로 그의 뒤에 매달려 휘날리고 있다. 그는 겁을 먹고 무엇을 물어보려는 듯이 얼굴을 메피스토펠레스에게 돌려 그의 말에 귀를 기울이고 있다. 메피스토펠레스는 조용히 말에 앉아 조금도 동요하는 기색이 없어 마치 고차원적인 존재 같기도 하다. 그가 타고 있는 말은 살아 있는 말이 아니다. 그는 살아 있는 것은 모두 좋아하지 않는다. 게다가 또 그것은 그에게는 필요 없는 것이다. 그가 원하기만 하면 생각하는 대로의 속력으로 말을 움직일 수 있기 때문이다. 그가 말을 타고 있는 것은 아무리 봐도 단지 뭔가 타고 있다는 것을 보여주기 위함일 뿐이다. 그러므로 그는 바로 가까운 목장에서 가죽만 달려 있는 짐승을 낚아채 오기만 하면 그것으로 충분한 것이다. 그것은 밝은 색깔의 말로 새까만 밤중에도 인광을 발한다. 거기에는 말을 모는 고삐도 없고 말안장도 없다. 그런 것은 아예 필요 없다. 초지상적인 기수는 가볍게, 그리고 너절하게 말에 올라타서 파우스트 쪽을 향해 말을 하고 있다. 그에게는 맞바람의 현상은 존재하지 않는다. 그의 말도 아무것도 느끼지 못한다. 그의 머리털조차도 움직이지 않고 있다.

우리는 이 재치 있는 그림구도를 아주 유쾌하게 바라보았다. 괴테는 말했다. "정말 이처럼 나무랄 데 없을 만큼 완전무결하게 그려진 것은 처음 본다고 말하지 않을 수 없네. 여기에 또 하나 다른 그림이 있지. 이것은 어떻게 생각하나?"

그것은 아우에르바하의 지하술집에서 벌어진 요란한 술잔치의 장면을 그린 그림이었다. 전체의 핵심으로서 엎질러진 포도주가 불꽃이 되어 활활 타오르고 있었고, 술을 마시는 자들의 야수와 같은 술 기질이 가지각색으로 나타나는 가장 중요한 순간이 그려져 있었다. 모든 것이 정열과 흥분 그 자체이고 메피스토펠레스만은 전과 마찬가지로 유쾌하게 차분히 가라앉아 있다. 난폭한 욕설과 외침, 바로 옆에 서 있는 사나이의 살짝 빼든 칼도 그에게는 조금도 마음에 걸리지 않는다. 그는 테이블의 가장자리에 앉아 다리를 흔들거리고 있다. 그가 손가락을 한번 위로 들기만 하면 불꽃과 격정은 사라져 버린다.

이 멋진 그림을 바라보면 바라볼수록 점점 더 화가의 위대한 이해력을 알 수 있었다. 어떤 인물도 다른 인물과는 다르게 그렸고, 한 사람 한 사람의 움직임을 각각 다른 단계로 그리고 있었다.

"들라크루아[8] 씨야말로" 하고 괴테는 말했다. "〈파우스트〉 속에서 적절한 자양분을 발견한 위대한 재능이야. 프랑스인들은 이 화가가 몹시 거친 면을 가지고 있다고 비난하고 있지만, 여기서는 그 점이 오히려 그에게는 도움이 되고 있

---

8) 들라크루아(1798~1863). 프랑스 화가인 그는 낭만파의 지도자이기도 하다. 괴테는 슈타푸페르가 번역한 〈파우스트〉 제1부 프랑스어판에 삽입된 들라크루아의 석판화 연작을 보고 칭찬을 아끼지 않았다.

그레트헨을 감옥에서 구해내려고 밤중에 말을 달리는 파우스트와 메피스토 〈파우스트〉 1부 4399~4404행, 들라크루아의 그림

지. 그가 〈파우스트〉 전부를 완성하는 날이 몹시 기다려지네. 특히 마녀의 부엌 장면과 브로켄산의 장면이 어떤 식으로 그려질지 기대가 크네. 그가 인생을 올바르게 경험했다는 것을 알 수 있지만, 파리와 같은 도시가 그 최고의 기회를 주었음이 틀림없어."

나는 이러한 그림들이 작품을 한층 더 잘 이해하는 데에 크게 공헌할 것이라고 말했다.

"그것은 말할 필요도 없네." 하고 괴테는 말했다. "이러한 화가의 상상력이 완전해지면 그럴수록, 그 자신이 생각한 장면 그대로가 우리의 마음에 새겨지듯이 다가오는 것이네. 또한 고백하건대, 들라크루아 씨는 내가 만들어 낸 장면에서 나 자신의 표상을 능가하고 있어. 그러므로 모든 것이 한층 더 생생하게 나타나 독자들은 그것들이 자신들이 책을 읽고 상상할 수 있는 것을 넘어서고 있다는 것을 알게 되지!"

아우에르바하 지하 술집에서 술잔치 〈파우스트 1부〉 2291~2312행, 들라크루아의 그림

1826년 12월 11일 월요일

괴테는 매우 좋은 기분이었고 흥분상태에 있었다. "오늘 아침 알렉산더 폰 훔볼트[9]가 나를 찾아와 몇 시간을 함께 지냈지." 하고 그는 나에게 아주 쾌활하게 말했다. "얼마나 훌륭한 사람인가!—나는 그를 오래전부터 알고 지냈지만 새삼스럽게 그에 대해 감탄하고 있네. 학식과 실제적인 지식 면에 있어서 그와 어깨를 겨룰 수 있는 사람은 없어. 이만큼 다방면에 걸쳐 박식한 사람은 여태

---

9) 알렉산더 폰 훔볼트(1769~1859). 자연과학 전반에 걸쳐 많은 업적을 남긴 그는 1799년~1804년 남미북부를 여행하고 광범한 관측과 관찰을 했다. 독일은 훔볼트를 기려 1925년 알렉산더 폰 훔볼트재단을 창설하고 세계의 젊고 훌륭한 학자와 과학자를 초빙하여, 독일학자들과 함께 연구에 전념하게 하고 있다.

껏 본 일이 없네! 우리에게 마음의 보물을 마구 뿌려 대지. 그는 많은 파이프를 달고 있는 샘물과도 같아서 물을 받기 위해 우리는 다만 어디에든 용기를 놓기만 하면 돼. 그러면 쉬지 않고 상쾌한 물이 흘러나와 우리의 마음을 씻어 준다네. 그는 이곳에서 며칠을 묵고 갈 것이지만, 나와 그 사이는 벌써 그와 함께 여러 해를 지내온 것 같은 기분이 들어."

알렉산더 폰 훔볼트 데스노이어의 그림

1826년 12월 13일 수요일

식사 중에 부인들이 어떤 젊은 화가가 그린 초상화를 칭찬했다. 그리고 그녀들은 덧붙여서 그 사람이 독학으로 수업을 했는데도 이 정도로 그린 것은 놀랄 만한 일이라는 것이었다. 독학으로 수업했다는 것은 특히 그의 그림이 손 언저리의 묘사에 정확성이 결여되어 있고 어색하게 되어 있는 것에서 드러나 있었다.

괴테는 말했다. "우리는 이 젊은 사람이 재능이 있다는 것을 알 수 있어. 그러나 이 사람이 독학으로 수업했다고 해서 칭찬을 할 수만은 없고 오히려 비난해야 마땅하네. 재능이 있다고 해서 자기 혼자에게만 의지하는 것은 좋지 않아. 좋은 예술에 접하고 훌륭한 대가 밑에서 기량을 연마하지 않으면 안 되지. 나는 요 얼마 전에 모차르트의 편지를 읽었는데 이런 것이 있었어. 그 편지는 그에게 작곡을 보내온 어느 남작에게 보낸 것이야. '당신네 딜레탕트들에게 쓴 말을 좀 해야겠습니다. 당신들에게서는 언제나 두 가지 공통점이 보입니다. 독자적인 사상을 가지고 있지 않기 때문에 다른 사람의 사상을 빌리든지, 독자적인 사상을 가지고 있을 때는 그것을 자유자재로 잘 다루지 못하든지 두 가지 중의 어느 한쪽입니다.' 이것은 얼마나 멋진 생각인가? 모차르트가 음악에 대해 남긴

이 명언은 다른 모든 예술에도 적용되는 것이 아닐까?"

괴테는 계속해서 말했다. "레오나르도 다 빈치는 이렇게 말했네. '당신의 아들이 자기가 그리는 것을 명암에 의해 뚜렷하게 표면에 드러나게 하여, 보는 사람이 자기도 모르게 손으로 잡아 보고 싶게 만들 정도의 감각을 가지고 있지 않다면 그에게는 재능이 없는 것입니다'라고.

또 레오나르도 다 빈치는 이렇게도 말했어. '당신의 아들이 원근법과 해부학을 완전히 습득한 뒤에 훌륭한 대가를 섬기도록 하십시오'라고."

"그렇지만, 현재" 하고 괴테는 말했다. "우리의 젊은 예술가들은 자기의 스승을 떠날 때가 되어서도, 거의 이 두 가지 중 어느 하나도 이해하지 못하고 있지. 이렇듯 세상은 많이 변해 버렸어."

괴테는 말을 계속했다. "우리 젊은 화가들에게 결여되어 있는 것은 정서와 정신이야. 그들의 구상에는 아무런 내용도 없고, 작품은 어떤 감명도 주지 못하고 있지. 그들은 칼을 그려도 베지 못하고 화살을 그려도 표적을 맞히지 못해. 그러므로 나는 이따금 모든 정신이 이 세상에서 사라져 버린 것이 아닌가 하는 생각이 드네."

"그렇지만" 하고 나는 말했다. "최근에 일어난 대전쟁이 이 정신을 북돋울 것 같이 생각됩니다만."

괴테는 말했다. "전쟁은 정신보다도 의지를, 예술적 정신보다도 정치적 정신을 더 많이 자극했네. 이와는 반대로 소박성과 감수성은 완전히 자취를 감추어 버렸어. 그러나 화가가 이 두 위대한 필수품 없이 어떻게 사람들에게 기쁨을 느끼게 할 수 있는 것을 그려낼 수 있겠는가!"

나는 요사이 그의 〈이탈리아 기행〉 중에서 코레지오[10]의 그림에 대해 쓰여 있는 데를 읽었다고 말했다. 그 그림은 이유(離乳)를 그린 것으로, 성모 마리아의 무릎에 안긴 어린 아기 그리스도가 어머니의 유방과 배(梨) 중 어느 쪽을 택할 것인가를 놓고 결단을 내리지 못하고 있는 광경이다.

"그렇지." 하고 괴테는 말했다. "그것은 사랑스러운 그림이야. 그 그림에는 정신

---

10) 코레지오(1494~1534). 이탈리아 화가로, 바로크 그림에 많은 영향을 끼쳤다.

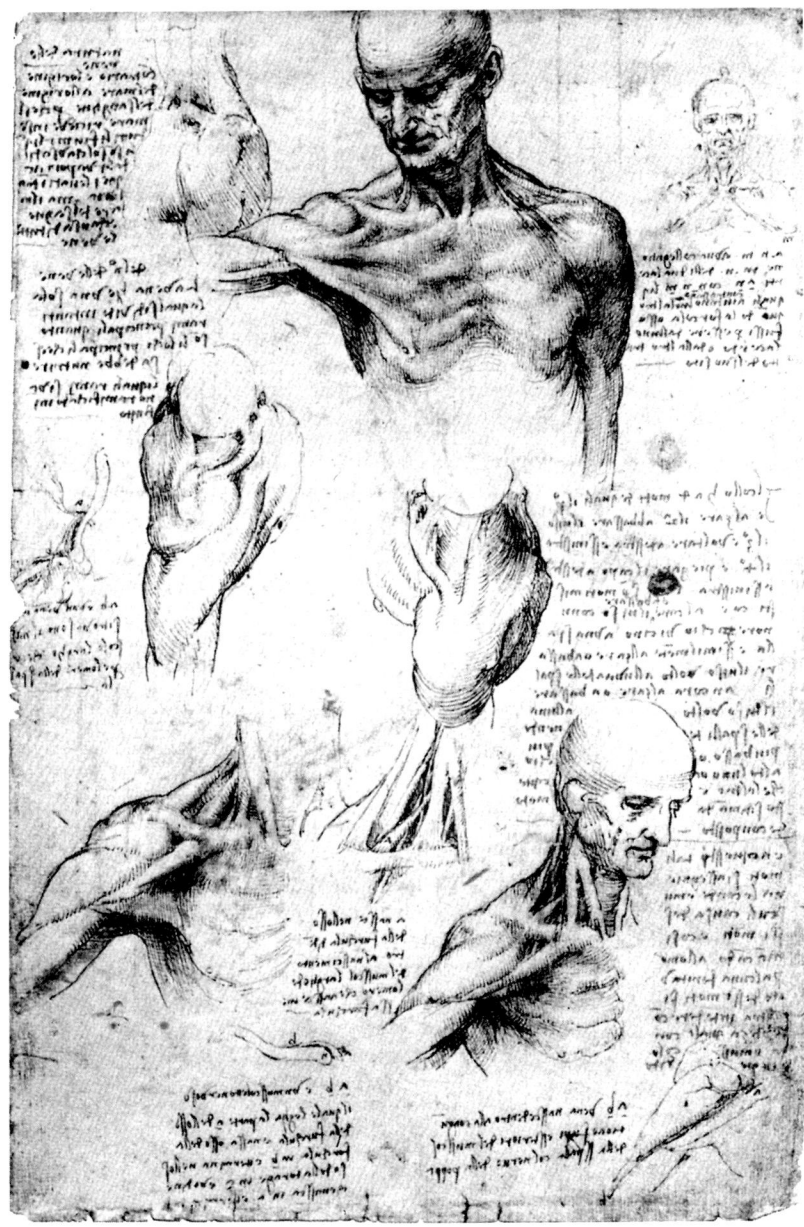
레오나르도 다 빈치가 그린 인간의 신체도

과 순박함 그리고 감수성이 모두 잘 어우러져 있지. 그리고 저 성스러운 소재는 보편적인 인간상이야. 우리 모두 체험하게 되는 인생행로의 한 단계를 상징하고 있지. 이러한 그림은 영원한 것이야. 그것은 인류의 가장 먼 옛날과 가장 먼 미래를 동시에 파악하고 있기 때문일세. 이와는 반대로 같은 그리스도라도, 만약 어린아이들을 자기 곁에 오게 하는 그리스도를 그린다면, 그와 같은 그림은 정말로 보잘것없고 적어도 아무런 의미도 갖지 못하는 것으로 전락해 버릴 것이야."

"그런데 나도 이제는" 하고 괴테는 말했다. "독일의 화단을 50년 이상 보아 왔어. 아니 단지 보아 왔을 뿐만 아니라 내 쪽에서 이에 작용하려고 노력도 해 왔지. 그런데 지금에 와서 말할 수 있는 것은 현재의 모든 것에 거의 기대를 걸 수 없다는 것이야. 위대한 인재가 나타나야 하네. 이 시대의 모든 사람을 능가할 수 있을 정도로 우수한 사람 말이야. 그 수단은 모두 우리 눈앞에 있고, 길은 제시되어 있으며 그 궤도까지 깔려 있지. 게다가 지금은 피디아스의 조각 작품까지도 이 눈으로 볼 수 있지 않는가. 이것은 우리의 젊은 시절에는 꿈도 꿀 수 없는 일이었네. 이미 말한 대로 오늘에 이르러 필요한 것은 오직 위대한 재능이야. 그리고 그것도 얼마 안 있으면 나타날 것이라고 생각해. 어쩌면 그런 사람은 이미 요람 속에 있을지도 모르네. 그리고 자네는 아직 살아 있는 동안 틀림없이 그 사람의 화려한 활동을 목격하게 될 것이야."

1826년 12월 20일 수요일

나는 어떤 발견을 하여 너무도 기뻤기 때문에 식사가 끝난 뒤에 그것을 괴테에게 이야기했다. 그것은 이런 것이었다. 나는 불이 켜진 양초를 보고, 불꽃 아래의 투명한 부분이 하늘이 푸르게 보이는 것과 똑같은 현상을 나타내고 있는 것을 알아차렸다. 요컨대 하늘도 우리가 빛을 받는 불투명한 부분을 통해 어두운 곳을 보기 때문에 푸르게 보이는 것이다.

나는 괴테에게 이러한 양초의 현상을 알고 있는지, 그리고 〈색채론〉 속에 이것을 썼는지 물었다. 괴테는 "물론 그랬지." 하고 말했다. 그는 〈색채론〉의 한 권을 꺼내어 내가 본 모든 것을 서술하고 있는 몇 절을 읽어주었다. "이 현상을"

하고 그는 말했다. "자네가 내가 쓴 〈색채론〉과는 상관없이 알아냈다는 것은 정말로 가상한 일이야. 자네는 그것을 이해하였으니 그것은 자네의 소유물이라고 할 수 있네. 게다가 자네는 거기에서 다른 현상으로 나아갈 발판을 붙잡은 셈이야. 지금 곧 자네에게 새로운 현상을 보여 주지."

 아마 오후 4시경이었을 것이다. 하늘은 흐려 있고 해 질 무렵이 가까웠다. 괴테는 한 개의 양초에 불을 켜고 그것을 가지고 창문 옆 테이블이 있는 데로 갔다. 그는 촛불을 한 장의 흰 종이 위에 놓고 그 옆에 작은 막대기 하나를 세웠다. 그러자 양초 불빛의 앞은 막대기로 인해 외부 광선이 비치는 쪽으로 그림자가 생겼다. 괴테는 "자, 이 그림자를 어떻게 생각하는가?" 하고 말했다. 나는 "이 그림자는 푸른색입니다." 하고 대답했다. "여기서도 또 자네는 푸른색을 보게 되지." 하고 괴테는 말했다. "그러나 막대기의 반대 양초 쪽에서는 무엇이 보이는가?" "역시 여기도 그림자입니다." "무슨 색인가?" "붉은빛이 도는 누런 색입니다." 하고 나는 대답했다. "그렇지만 어떻게 이런 이중 현상이 생기는 것입니까?" "그것이야말로 이제 자네가 풀어낼 일이지." 하고 괴테는 말했다. "잘 생각해서 알아내도록 해 보게. 풀 수 있겠지만 어려울 것이야. 이 문제를 스스로 푸는 것은 도저히 이룰 수 없다고 단념하기까지는 나의 〈색채론〉을 들여다봐서는 안 되네." 나는 아주 기쁜 마음으로 그렇게 할 것을 약속했다.

 "양초의 아랫부분에 일어나는 현상은" 하고 괴테는 계속했다. "어두운 곳 앞에 투명한 밝은 부분이 생기면 푸른색이 생긴다는 것인데, 이번에는 이것을 더 확대해서 보여 주지." 괴테는 숟가락 하나를 집어 그 안에 알코올을 부어 불을 붙였다. 그러자 또다시 투명한 밝은 부분이 생겼고, 그것을 통해 어두운 데가 푸르게 보였다. 이 불붙고 있는 알코올을 밤의 어두움 쪽으로 돌리자 푸른색의 농도가 더욱 짙어졌다. 이것을 밝은 데로 돌리자 푸른색은 약해지기도 하고 완전히 사라져 버리기도 했다.

 나는 이 현상을 보고 기뻤다. 괴테는 말했다. "이것이야말로 자연이 가지고 있는 위대함 그 자체이지. 자연은 이처럼 단순하다네. 자연은 참으로 가장 위대한 현상이기는 하지만 언제나 작은 것 속에 재현되기도 하지. 하늘이 푸르게 보이지? 이 법칙은 그대로 양초의 아랫부분에서 불붙고 있는 알코올에서도 나타나고, 배후에 꺼먼 산맥을 안고 있는 마을에서 떠오르는 밝게 비친 연기에서도 보이는 것이야."

"뉴턴파의 사람들은 이 지극히 단순한 현상을 어떻게 설명하고 있습니까?" 하고 나는 물어보았다. "자네는 그것까지 알 필요는 없네." 하고 괴테는 대답했다. "정말로 말 같잖은 이야기야. 우습기 짝이 없는 일에 관련을 맺으면 좋은 머리를 가진 사람까지도 심한 손상을 입는다는 것을 생각하지 못하고 있네. 자네는 뉴턴학파에 대해서는 신경을 쓰지 말도록 해요. 순수한 학설에 만족하고 있으면 되는 것이야. 그렇게 하는 것이 자네를 행복하게 해 줄 수 있지."

"잘못된 것에 관여한다는 것은" 하고 나는 말했다. "쓸모없는 비극 작품을 받아들여 구석구석까지 모두 음미해 보고, 결국 약점을 드러내면서도 상연하지 않을 수 없게 되는 상황과 비슷할 것 같습니다. 그 경우에도 그처럼 기분 나쁘고 서글픈 심정이 될 테니까요."

"이런 경우 전적으로 그러하지." 하고 괴테는 말했다. "아무 필요 없는 일에 관여한다는 것은 좋지 않아. 나는 수학[11]을 그에 상응하게 사용되고 있는 한에서는, 가장 고상하고 가장 유익한 학문으로서 존경하고 있지. 그러나 사람들은 이것을 그 범위 이외의 사물에게까지 남용하려고 하여, 이 고상한 학문을 무의미한 것으로 만들어 버린다네. 모든 것이 오직 수학적으로 증명되어야만 비로소 존재한다는 듯이 말이야. 누군가가 자기 딸의 애정을 수학적으로 증명할 수 없어 믿을 수 없다고 한다면, 이것처럼 어이없는 일이 또 어디에 있겠는가! 딸의 지참금 같으면 수학적으로 증명할 수 있겠지만 딸의 애정을 증명하는 것은 불가능한 일이지. 또한 수학자들은 〈식물의 변태설〉[12]을 발견하지 못했지! 나는 그것을 수학의 힘을 빌리지 않고 완성했어. 그러므로 수학자들은 이것을 시인하지 않으면 안 되었지. 색채론의 여러 현상을 이해하려면 순수한 지식과 건전한 두뇌만 있으면 충분하다는 것을 말이야. 그러나 이 두 가지를 구비한 사람은 생

---

11) 이것은 괴테가 루덴에게 '수학은 모든 것이 확실하고 진실한 모든 과학 중에서 제일의 것'이라고 말한 반면 리머에게는 '수학에 의해 다른 분야의 인식방법을 보충하려고 하는 것은 우스운 일'이라고 한 것에서도 드러나는 생각이다.
12) 괴테의 〈식물의 변태설〉의 원형이념은 근대의 진화론에의 교량 역할을 했다고 한다.

각 외로 드물어."

"색채론에 대해서 오늘날의 프랑스와 영국인은 어떤 입장입니까?" 하고 나는 물었다.

"두 국민 모두" 하고 괴테는 대답했다. "좋은 점도 있고 나쁜 점도 있지. 영국인의 좋은 점은 모든 것을 실제적으로 처리하고 있다는 거야. 그러나 이 사람들은 현학자들이야. 프랑스인들은 두뇌가 좋지. 그러나 무슨 일이든 실증적인 것을 원해. 만약 그렇지 않으면 그들은 그렇게 만들어 버리네. 그러나 그들의 색채론은 정도를 걷고 있어. 그중의 가장 뛰어난 사람은 거의 목적에 다가서고 있지. 그는 말하고 있네. '색채는 사물에 따라다니는 것이다. 왜냐하면 자연 속에는 산미(酸味)가 있는 것과 마찬가지로 색채에도 있기 때문이다'라고. 물론 이것만으로는 이 현상의 설명이 될 수는 없네. 그러나 그는 대상을 자연 속에 넣어 수학의 속박으로부터 해방하고 있지."

베를린의 신문이 도착했다. 괴테는 앉아서 이것을 읽었다. 그는 나에게도 한 장을 넘겨주었다. 나는 연극 소식을 읽고, 그곳의 오페라 극장과 왕립극장에서도 이곳의 우리 극장과 마찬가지로 좋지 않은 연극을 상연하고 있음을 알 수 있었다.

"어떻게 하면 이런 것을 고칠 수 있을까." 하고 괴테는 말했다. "물론 영국이나 프랑스 그리고 스페인의 좋은 연극의 도움을 받아, 매일 밤 훌륭한 작품을 상연할 수 있는 멋진 레퍼토리를 편성하면 별문제가 없었지. 그렇지만 어떤 국민에게 언제나 좋은 작품만을 보려고 하는 욕구가 있다는 말인가? 아이스킬로스나 소포클레스 그리고 유리피데스가 글을 썼던 시대는 물론 오늘날과는 전혀 달랐지. 그 당시 사람들에게는 시대정신이 있었어. 그리고 그 사람들은 언제나 가장 위대하고 가장 좋은 것만을 보려고 했네. 그러나 오늘날과 같은 비참한 시대에 도대체 어디에 최선의 것에 대한 욕구가 있겠는가? 어디에 이것을 기꺼이 받아들이려는 기관이 있겠느냐 말일세."

괴테는 말을 계속했다. "사람들은 뭔가 신기한 것을 좋아하지! 베를린에서나 파리에서도 관객은 어디서나 마찬가지야. 파리에서는 매주 수없이 많은 신작이 쓰여서 무대에 올려지네. 그래서 5개 내지 6개의 졸작들을 보고 난 뒤에라야 겨우 하나의 좋은 작품으로 보상을 받는 실정일세.

현재 독일 연극의 질을 향상하는 유일한 방법은 외부 배우의 초빙 상연에 의존하는 것이야. 내가 지금도 극장 감독을 맡고 있다면, 겨울 내내 우수한 배우를 초빙하여 극을 상연시켰을 것일세. 이렇게 하면 여러 가지 좋은 작품이 되풀이하여 상연될 뿐만 아니라, 그 연기 쪽에도 관심이 향해지게 되네. 사람들에게는 비교 능력이 생길 수 있고 비판도 예리해지고 견식도 갖추어져, 초빙된 훌륭한 배우의 뛰어난 연기에 의해 우리 전속 배우들도 쉬지 않고 자극을 받아 서로 경쟁하게 될 것이야. 되풀이해 말하지만, 언제나 외부 배우의 초빙 상연을 계속 행하는 것이 좋아. 그러면 극장을 위해서나 관객을 위해서 거기에서 발생하는 이익이 얼마나 큰 것인지 알게 되어 자네들도 놀라게 될 것이야.

이제 자기 일을 잘할 줄 아는 똑똑한 배우가 동시에 한 네 개의 극장 일을 도맡아 하면서, 차례로 초빙 상연을 할 시대가 오리라고 생각하네. 그리고 확신하건대, 이런 배우는 하나의 극장 전속이 되기보다는 여러 개의 극장을 위해 일하는 것이 훨씬 좋을 것이야."

1826년 12월 27일 수요일

나는 집에서 청색과 황색의 그늘 현상에 대해 열심히 연구했다. 그것은 오랫동안 수수께끼로 남아 있었다. 그러나 쉬지 않고 꾸준히 관찰하는 사이에 단서를 잡을 수가 있어, 점차로 이 현상을 터득했음이 틀림없다는 것을 확신할 수 있게 되었다.

오늘 식탁에서 나는 괴테에게 수수께끼가 풀렸다고 말했다. "그건 대단한 일이야." 하고 괴테는 말했다. "식사 후에 나에게 설명해 주도록 해요." 나는 "오히려 종이에 쓰는 것이 좋겠습니다. 입으로 설명하게 되면 적절한 말이 잘 나오지 않기 때문입니다." 하고 말했다. "나중에 그것을 종이에 써도 좋겠지." 하고 괴테는 말했다. "그러나 오늘 우선 내 눈앞에서 해 보고 입으로 설명해 주게. 그렇게 하면 자네가 옳았는지 알 수 있어."

식사 후 아직 대낮처럼 밝았는데도 괴테는 물었다. "지금 실험할 수 있겠는가?" 나는 "안 됩니다." 하고 대답했다. "왜 안 된다는 말인가?" 나는 대답했.

"조금 더 어두워져야 비로소 촛불이 선명하게 그늘을 던지게 됩니다. 그래도 그 그늘을 비출 만큼의 밝은 햇살이 충분히 필요하긴 합니다만." "흠." 하고 괴테는 말했다. "그건 맞는 말이야."

황혼이 이제 겨우 시작되었다. 나는 괴테에게 지금이 제일 좋은 때라고 말했다. 그는 양초에 불을 붙이고 나에게 흰 종이 한 장과 작은 막대기를 넘겨주었다. "자, 자네의 실험과 강의를 들어보기로 하세." 하고 그는 말했다.

나는 불꽃을 창가의 테이블 위에 놓고 그 가까이에 종이를 놓았다. 그리고 작은 막대기를 햇빛과 촛불 사이에 있는 그 종이 한가운데 갖다 놓았다. 그러자 그 현상은 정말로 나무랄 데 없이 아름답게 나타났다. 촛불 쪽으로 향한 그늘은 선명한 황색이었고, 한편 창가로 향한 것은 완전한 청색으로 보였다.

괴테는 말했다. "우선 이 청색 그늘은 어떻게 해서 생기는 것인가?" "이것을 설명하기 전에" 하고 나는 말했다. "나는 이 두 현상이 생기는 근본 법칙을 설명하겠습니다."

"빛과 암흑은" 하고 나는 말했다. "색채가 아닙니다. 오히려 이것은 두 개의 극점입니다. 이 양자의 중간에 개재하여 색채가 발생하는 것입니다. 그러나 이것도 그 양자의 변화에 의해 생겨나는 것입니다.

빛과 암흑의 두 개의 극점에 접촉하여 생겨나는 것이 황색과 청색의 두 색채입니다. 황색은 불꽃을 흐리게 한 투명성을 통해 볼 때 불꽃 가까이에 생기게 되며, 청색은 암흑을 밝은 투명성을 통해 볼 때 그 암흑 가까이에 생겨납니다."

나는 계속했다. "이제 현상 설명으로 들어간다면, 작은 막대기가 양초 불꽃의 힘에 의해 확실하게 드러나는 그림자를 던지고 있는 것이 보입니다. 이 그림자는 창문을 닫고 햇빛을 차단하면 아주 캄캄해져 버립니다. 그러나 창문을 열어 햇빛이 자유롭게 들어오면, 밝은 매개물을 형성하고 그것을 통해 그림자의 암흑을 보면 법칙에 따라 청색이 생깁니다." 괴테는 웃으면서 "그것은 청색 쪽이라는 말이겠지." 하고 말했다. "그렇다면 황색 그림자는 어떻게 설명할 것인가?"

"흐리게 한 불꽃 빛의 법칙에 의해서입니다." 하고 나는 대답했다. "타고 있는 양초가 흰 종이 위에 던지는 불꽃은 벌써 희미한 황색 빛을 담고 있습니다. 그러나 밖에서 쏟아져 들어오는 햇빛은 작은 막대기에서 양초의 불꽃 쪽으로 향해 하나의 약한 그림자를 던질 만큼의 강한 힘을 가지고 있습니다. 그 그림자는 그것이 닿는 한 양초의 불꽃을 엷게 하고, 이렇게 하여 법칙에 따라 황색 빛이 생깁니다. 그림자를 불꽃에 가능한 한 가깝게 하고 흐림을 약하게 하면 순수한 밝은 황색이 나타납니다. 그러나 이 그림자를 가능한 한 불꽃에서 멀리하고 흐림을 강하게 하면, 황색이 짙어지고 급기야는 붉은 기가 돌게 되어 결국 완전히 빨간색이 되어 버립니다."

괴테는 다시금 웃었지만 어딘지 잘 납득이 가지 않는다는 태도였다. "이 설명은 옳은 것이었습니까?" 하고 나는 물었다. "자네는 그 현상을 아주 올바르게 관찰했고 설명도 아주 잘해 주었어." 하고 괴테는 대답했다. "그러나 그것으로 해명이 되었다고 할 수는 없지. 자네는 설명을 잘했고 재치도 있었어. 그러나 옳게 증명했다고 말할 수는 없네."

"그렇다면 저를 도와주십시오." 하고 나는 말했다. "그리고 그 수수께끼를 풀어 주십시오. 나는 이제 더 이상 참을 수 없습니다." "그렇다면 내가 말을 해 주지." 하고 괴테는 말했다. "그러나 오늘은 안 돼. 또 이런 방법으로는 안 돼. 우선 자네에게 다른 현상을 보여 주지. 그렇게 하면 법칙은 일목 요연해질 것이야. 자네는 한고비만 더 넘기면 되네. 그렇지만 이런 방법으로는 이 이상 더 앞으로 나아갈 수 없지. 그러나 내가 하는 새로운 법칙을 이해하게 되면 자네는 전혀 다른 영역으로 인도되어 정말로 많은 것을 알게 될 것이야. 한번 다시 화창한 날 정오 때, 반 시간가량 일찍 식사하러 오도록 해요. 그때 자네에게 확실한 현상을 보여 주지. 그것을 보면 이 현상의 근저에 놓여 있는 법칙을 곧 알 수 있게 될 것이야."

괴테는 말을 계속했다. "자네가 색채에 대해 이만큼이나 흥미를 느끼고 있다는 것은 아주 기쁜 일이야. 그것은 자네에게 이루 말할 수 없는 기쁨의 원천이 될 거라네."

저녁때 괴테의 곁을 떠난 뒤에도 그 현상에 대한 상념은 머리에서 떠나가지 않았다. 그래서 꿈속에서까지 그것과 씨름할 지경이었다. 그러나 이러한 상태로 그 이상은 더 알 수 없었고, 수수께끼의 해결을 향해 한 걸음도 더 나아갈 수 없었다.

"나는 자연과학 잡지에 투고하는 일을" 하고 괴테는 요 얼마 전에 이렇게 말했다. "서서히 진행하고 있네. 그건 내가 지금도 자연과학의 진보를 현저하게 촉진하고 있다고 믿기 때문이 아니라네. 오히려 그것을 통해 즐길 수 있는 기분 좋은 것들이 많기 때문이야. 자연을 상대로 하는 일은 정말로 가장 순수한 업종이지. 미학과 관련해서는 이제 누구하고도 교제한다든지, 편지 교환을 한다든지 하는 일을 생각하지 않고 있네. 사람들은 내가 〈헤르만과 도로테아〉에서 라인강 강가의 어떤 도시를 무대로 삼고 있는지[13]를 알고 싶어 하네!―각자가 자기 나름대로 생각해서는 안 된다는 그런 식이지!―하지만 진상을 찾고 실상을 찾다 보면 그 때문에 도리어 작품은 영 엉망이 되어 버리고 마는 거라네."

---

[13] 괴테의 〈헤르만과 도로테아〉의 무대는 어디일까 하는 것이 한동안 독자들의 흥미의 대상이었다. 에커만도 그것을 알고 있어서, 그곳은 남독 프라이부르크 근방의 작은 마을 에멘딩겐이라고 했다.

1827년

1827년 1월 3일 수요일

오늘 식사 중에 캐닝[1]이 포르투갈의 옹호를 위해 행한 탁월한 연설이 화제에 올랐다.

괴테는 말했다. "어떤 사람들은 이 연설이 거칠었다고 말하고 있지만 나는 그런 말을 하는 사람들의 마음을 알 수 없어. 이런 사람들은 위대한 것에는 무조건 반대하는 버릇이 있지. 그것은 정정당당한 반대가 아니라 단지 불평일 뿐이야. 그들은 나폴레옹이 살아 활동하고 있을 때는 나폴레옹을 미워했고 그를 비난하는 것으로 자신들의 울분을 쏟아냈지. 그러다가 나폴레옹이 물러가자 이번에는 신성동맹[2]에 화살을 돌렸어. 그러나 그렇다고 해서 그들이 이 동맹 이상으로 위대하고 인류를 위해 이보다 더 많은 복지를 가져다주는 것을 고안해 낸 것도 아니야. 그리고 이번에는 캐닝의 차례지. 포르투갈의 옹호를 위한 그의 연설은 위대한 자각의 산물이야. 그는 자신의 세력 범위와 그 지위의 위대함을 충분히 잘 알고 있네. 그가 자기 감정이 움직이는 대로 말한 것은 당연한 것이었어. 그렇지만 과격당 사람들은 그것을 이해할 수가 없는 거야. 우리 같은 제삼자에게는 위대하게 보이는 것도 그들에게는 조잡하게 비치지. 위대한 것은 그들의 마음에 들지 않는 것이지. 그들은 위대한 것을 존경할 소질을 갖고 있지 못하니까. 그래서 위대한 것을 참을 수가 없는 것이야."

---

1) 캐닝(1770~1827). 영국의 자유주의적 정치가이다.
2) 1815년 러시아의 황제 알렉산더 1세의 제창으로 러시아, 프로이센, 오스트리아 3국에 의해 성립됐고, 영국과 터키를 제외한 유럽의 모든 군주가 참가했다. 그러나 그 당시 각국에서는 민주주의가 일기 시작하고 있었고, 1825년에 이르러 남미 여러 나라가 독립하고 1827년 그리스가 독립하자 이 동맹은 드디어 와해하기에 이른다.

1827년 1월 4일 목요일 저녁

괴테는 빅토르 위고[3]의 시를 극구 칭찬했다. "그는 틀림없는 재능의 소유자일세. 독일 문학의 영향을 받고 있기도 하지. 그의 청년시대의 시는 유감스럽게도 고전파의 현학적인 취미에 의해 번거로움을 당했지만, 지금은 〈글로브〉의 동료들하고 손을 잡았기 때문에 아주 잘 돼가고 있다네. 나는 그를 만초니[4]하고 비교하고 싶어. 그는 다분히 객관성을 가지고 있네. 나는 그가 라마르틴 씨[5]나 델라빈 씨[6] 같은 사람들과 마찬가지로 뛰어난 인물이라고 생각한다네. 그를 좀 더 천천히 관찰하면 그와 비슷한 소장파 재원들의 기원을 알 수 있어. 그들은 더 말할 필요도 없이 그 당당한 수사학적 재사 샤토브리앙[7]을 이어받았네. 자네가 빅토르 위고의 글솜씨를 알아보려면 나폴레옹에 관한 시 〈두 개의 섬〉을 읽어 보면 되겠군."

괴테는 나에게 그 책을 내밀고는 난롯가에 가서 섰다. 나는 그것을 받아 들고 읽었다. "그 얼마나 탁월한 묘사인가?" 하고 괴테는 말했다. "자신의 테마를 얼마나 자유롭고 편안한 마음으로 취급하고 있느냔 말일세."라고 말하고 그는 다시 나한테로 다가왔다. "자, 이 부분을 한번 보게. 얼마나 아름다운가?" 그는 소나기구름을 읽었다. 구름을 뚫고 번개가 아래에서 위로 올라와 주인공을 치는 부분이다. "이것은 아름다워! 이러한 장면은 실제로도 있는 일이지. 우리가 산중 같은 데에 있다 보면 이따금 천둥이 발밑에서 올라오고, 번개가 아래에서 위로 달려오네."

나는 말했다. "프랑스인들은 시를 쓸 때 현실의 확고한 기반을 지키고 있는데, 나는 그 점을 보면 감탄하게 됩니다. 이런 시는 산문으로 번역해도 시의 본질적인 것은 그대로 남을 것입니다."

괴테는 말했다. "그건 프랑스 시인들의 견식이 넓기 때문이지. 이와는 반대로,

---

[3] 빅토르 위고(1802~1885). 프랑스의 시인, 소설가, 극작가이다. 그는 고전주의에서 낭만주의로 옮겨간 이후 19세기 최고 작가 중 한 사람이 되었다.
[4] 만초니(1785~1873). 괴테시대, 이탈리아 낭만파의 합창대장으로 알려진 서정시인이다.
[5] 라마르틴(1790~1869). 프랑스의 시인이자 정치가이다.
[6] 델라빈(1793~1843). 〈파리아〉 비극의 작가이다.
[7] 샤토브리앙(1768~1848). 프랑스의 문학자이자 정치가이다.

독일의 바보들은 어떠한 재능도 견식에 의해 배양될 수 있고 그로써 비로소 그 힘을 충분히 발휘할 수 있는데도, 견식을 넓히려고 노력하면 재능을 상실하게 된다고 생각하고 있네. 그러나 우리는 이런 도당들을 그대로 내버려두기로 하세. 아무리 뭐라 하여도 소용없는 일이야. 그리고 참으로 재능이 있는 사람이면 틀림없이 자기의 갈 길을 찾을 수 있는 거라네. 현재 활동하고 있는 많은 젊은 시인들은 제대로 된 재능을 갖고 있지 않고 단지 그들의 무능을 드러내고 있을 뿐이고, 독일문학의 높은 수준에 자극받아 겨우 창작하고 있을 뿐이야."

"프랑스인들이" 괴테는 말을 계속했다. "현학 취미에서 빠져나와 한층 더 활달한 시의 영역으로 올라왔다는 것은 별로 이상할 게 없는 일이야. 디드로[8]와 그와 비슷한 생각을 가진 동료들은 벌써 혁명 이전부터 이 길을 개척하려고 노력했네. 그 후 혁명시대에도 그랬고, 나폴레옹 치하에서도 이 목적을 추구하는 것은 형편이 좋았어. 전쟁 중에는 본래의 시에 대한 관심이 땅에 떨어졌고, 그 때문에 한동안은 시의 여신에게서 등을 돌리고 지내긴 했지. 하지만 이 시기에 역시 자유사상가의 한 무리가 형성되었고, 이제 평화가 찾아와 마음의 여유를 되찾게 되자 훌륭한 인재들도 나타나게 되는 것이라네."

나는 괴테에게 고전파의 사람들도 저 탁월한 베랑제[9]에게 반대하였는지 물었다. "베랑제가 쓴 시의 종류는" 하고 괴테는 말했다. "고풍스럽고 전통적인 것에 속해 있는 사람들에게는 낯익은 것이었어. 그러나 그는 여러 가지 점에서 선행자들보다 훨씬 자유롭게 행동했기 때문에 현학적인 당파들로부터는 적대시되고 있었네."

화제는 그림으로 옮겨져 고대풍에 물들어 있는 일파[10]의 폐해에 대해 이야기했다. "자네는 이 길에 정통한 사람이 되려고 해서는 안 되네." 괴테는 말했다.

---

[8] 디드로(1713~1784). 계몽사상가를 동원하여 〈백과전서〉의 편집을 강행하여 프랑스혁명의 사상적 준비를 하였다.
[9] 베랑제(1780~1857). 프랑스의 샹송작가. 그의 노래는 연애뿐만 아니라 애국적인 것에 이르는 다양한 소재를 테마로 삼아 많은 사람들에 의해 애창되었다. 괴테는 특히 그의 노래를 아주 높이 평가했다.
[10] 오버벡과 코르넬리우스와 같은 화가들을 말하는 것으로, 괴테와 마이어는 〈새로운 독일의 종교적 애국적 예술〉이라는 논문 속에서 이들을 맹렬히 비난했다.

"좌우간 자네에게 한 장의 그림을 보여 주도록 하지. 이것은 현존하고 있는 독일 최고 화가 중 한 사람이 그린 것인데, 이것을 보면 그가 예술의 최고 원리에 반대하는 중대한 과오를 범하고 있다는 것이 당장 자네 눈에 뜨일 거야. 부분적으로는 뛰어나게 잘 그려져 있지만 전체적으로 볼 때는 어딘지 탐탁지 않다는 것을 자네도 알 수 있을 것일세.

자네는 이 그림을 어떻게 생각해야 할지 스스로도 알 수 없을 것이야. 그런데 그것은 이 그림을 그린 대가의 재능이 충분하지 못하기 때문이 아니지. 그건 이 재능을 이끌고 있는 그의 정신이 여기저기 고대풍에 물들어 있는 화가들의 두뇌와 마찬가지로 완전히 흐려져 있기 때문이야. 그는 완벽한 대가들을 무시하고 불완전한 선배들을 모범으로 삼고 있어.

라파엘로와 그의 동시대 사람들은 편협한 작품을 깨부수고 자연과 자유를 향해 돌진해 나갔지. 그런데 현대의 미술가들은 이것을 고맙게 여기고 이 장점을 이용하여 그 훌륭한 길을 계속 걸어가려고 하지 않고, 다시금 본래의 고루한 상태로 되돌아가려고 하네. 이것은 너무나 어리석은 짓이야. 왜 이다지도 머리가 나쁜 것일까. 그들은 자신의 예술을 이끌고 나갈 확고한 기반을 갖고 있지 않기 때문에, 그것을 종교나 당파 속에서 찾으려고 하는 것이지. 이제 그들은 너무 약해진 나머지 이 두 개가 없으면 버티어 나갈 수가 없지."

"모든 예술에는" 하고 괴테는 말을 계속했다. "혈통이라는 것이 있네. 대가를 보면 언제나 그 대가가 그의 선임자의 장점을 이용했다는 것과, 바로 이점 때문에 위대해졌다는 것을 알 수 있어. 라파엘로와 같은 사람들도 자기의 힘만으로 훌쩍 대지에서 솟아 나온 것이 아니야. 그들은 고대의 것과 그들의 이전에 만들어진 최고의 것, 즉 걸작을 기반으로 삼고 있는 것일세. 만약 그 시대의 장점을 이용하지 않았다면 그들은 굉장한 사람이 되지 못했을 것이야."

화제는 독일의 옛날 시에 옮겨졌다. 나는 플레밍[11]에 대해 말을 꺼냈다. "플레밍은" 하고 괴테는 말했다. "정말로 좀 산문적이고 서민적이긴 해도 훌륭한 재

---

11) 플레밍(1609~1640). 30년 전쟁(1618~1648)으로 온 독일 국민이 비참한 상태에 처해 있을 때 플레밍은 정서가 풍부한 시를 써서 대중들을 위로했다. 당시 그의 시는 신교의 찬송가에 많이 수록되었다.

능의 소유자이지. 그러나 이제 그에게서 얻을 것은 없어." 그는 말을 계속했다. "이상한 일이네만 지금까지 내가 쓴 그 많은 시 중에서 어느 것 하나도 루터의 찬송가에 들어가서 좋을 만한 것이 없다네."라고 말했다. 나는 웃으면서 이 말에 동의했다. 그러나 나는 혼자 괴테의 이 이상한 말투에는 상상외로 깊은 의미가 담겨 있을 것이라고 생각했다.

1827년 1월 12일 일요일 저녁

괴테의 저택에서 즐거운 저녁 음악회가 있었다. 그것은 에버바인 일가와 두세 명의 오케스트라 단원들이 함께 어울려 개최되었다. 소수의 청중 가운데는 신교관구 총감독 뢰르, 궁중 고문관 포겔[12] 그리고 두세 명의 귀부인들이 있었다. 괴테가 유명한 젊은 작곡가[13]의 4중주곡을 듣고 싶다고 했기 때문에, 첫 번째로 그것을 연주했다. 열두 살인 카를 에버바인이 그랜드 피아노를 연주해서 괴테의 마음을 대단히 기쁘게 했다. 또 실제로도 이 4중주는 어떤 점에서 보라도 시종일관 훌륭하게 진행되었다.

괴테는 말했다. "기술과 악기 구조가 고도로 발달해 있기 때문에 최신 작곡가들의 작품을 들으면 놀랄 뿐이야. 그들의 작업은 음악의 영역에 머물러 있는 것이 아니라 인간 감각의 수준을 넘어서 있어. 이런 것에 이제는 우리의 정신과 가슴이 따라가지 못하네. 자네는 어떻게 생각하는가? 나에게는 모든 것이 귀를 윙윙 울리고 그대로 지나갔을 뿐이야."

이 경우에는 나도 똑같다고 말했다. 괴테는 계속하여 "그러나 알레그로의 악곡에는 독특한 데가 있었어. 이것이 쉬지 않고 소용돌이와 회전을 일으켜, 브로켄산의 마녀들이 춤을 추는 것이 눈앞에 보이는 것 같았네. 그러므로 나는 이 이상한 음악에서 하나의 장면을 상상할 수 있게 된 셈이네." 하고 말했다.

잠시 담소를 나누고 다과를 먹으며 휴식을 취하고 난 뒤에 괴테는 에버바인

---

12) 궁중고문관 포겔(1798~1864). 레바인 박사가 서거한 뒤 궁정주치의와 괴테 가족의 주치의를 겸하고 있던 의사이다.
13) 펠릭스 멘델스존(1809~1847)을 말하는 것이다. 바흐의 〈마태수난곡〉이 1827년 3월 27일 처음으로 상연된 것도 멘델스존의 지휘에 의해서였다.

부인에게 두세 가지 가요곡의 연주를 청했다. 그녀는 처음에 첼터가 작곡한 아름다운 가곡을 불렀다. 〈한밤중에〉[14]는 가장 깊은 인상을 주었다. 괴테는 "이 가곡은 언제 들어도 아름답지. 이 멜로디 속에는 어딘지 영원한 것, 변함없는 그 무엇이 있어."라고 말했다. 이어 그녀는 막스 에버바인이 작곡한 〈해녀〉[15] 중에서 두세 가지 노래를 불렀다. 〈마왕〉[16]은 압도적인 박수를 받았다. 이어 소

젊은 작곡가(멘델스존)

가곡 〈착한 어머님께 말했어요〉를 듣고, 모두가 이구동성으로 이것은 누가 작곡을 했더라도 이만큼 잘 해내지 못했을 것이라고 말했다. 괴테 자신도 자못 만족해하고 있었다.

이 멋진 밤 마지막에 에버바인 부인은 괴테의 간청을 받아들여 〈서동시집〉 중에서 두세 곡의 노래를 더 불렀다. 이것은 그녀의 남편이 작곡한 곡 중에서도 유명한 것이었다. 〈나는 유습의 매력을 빌리고 싶어〉[17] 부분을 괴테는 유달리 마음에 들어 했다. 그는 나에게 말했다. "에버바인은 이따금 예상외의 솜씨를 보여주지." 또 그는 〈아, 그대의 비에 젖은 날개〉[18]의 노래도 불러줄 것을 간청했고, 이것도 마찬가지로 사람들에게 매우 깊은 감동을 안겨주었다.

음악회가 끝난 뒤에 나는 한동안 괴테와 단둘이 남아 있었다. 그는 말했다.

---

14) 괴테가 자신의 시 중 특별히 사랑했던 작품으로, 그는 이 시를 1818년 2월 13일에 썼다.
15) 1781년에 에버바인이 작곡한 가창극이다.
16) 슈베르트의 〈마왕〉이 아닌 에버바인 작곡의 〈마왕〉을 말하는 것으로, 그 당시 악보가 인쇄되지 않아 전해지지 않고 있다.
17) 괴테의 〈서동시집〉 중 줄라이카 권에 실려 있는 것으로 여기에서 유습은 요셉을 말하는 것이다.
18) 역시 줄라이카 권에 나오는 것이다.

"오늘 밤 〈서동시집〉 중의 노래가 이제 나하고는 아무런 연관성이 없다는 것을 알았네. 그 속의 동양적인 것과 정열적인 것도 이제는 나의 내부에서 살아 있는 것을 그쳤네. 그것은 마치 길바닥에 벗어 던져버린 뱀의 허물과 같은 것이야. 이와는 반대로 〈한밤중에〉라는 노래는 나와의 연관성을 잃지 않고 있고, 아직도 나의 일부로서 나와 함께 계속 살아가고 있네.

나는 가끔 내 작품에 대해 전혀 기억해 낼 수 없을 때가 있어. 요전에도 나는 프랑스어로 된 작품을 읽었지. 그것을 읽으면서 생각했다네. 이 사람은 상당히 멋있는 말을 하는구나. 나로서도 이렇게밖에는 말할 수 없겠어. 그런데 더 자세히 들여다보니 그건 내 작품의 번역이 아니겠는가!"

1827년 1월 15일 월요일 저녁

지난여름 괴테는 파우스트 제2부의 〈헬레나〉 장면을 완성하고 난 뒤 〈편력시대〉의 속편에 착수했다. 그는 이따금 나에게 이 작업의 진행 상태에 대해 말했다. "가지고 있는 재료를 다 잘 이용하기 위해 나는 첫 번째 부분을 전부 헤쳐놓고, 오래된 것과 새것을 뒤섞어 두 개의 부분을 만들려고 한다네. 이번에 인쇄한 것을 모두 베껴두고 있어. 새로 가필할 부분에는 표시해 두고 서기가 그것을 베껴 놓으면, 내가 그 표시를 보고 받아쓰게 하네. 이렇게 하면 이 일은 틀림없이 막히지 않고 앞으로 나아가게 될 거야."

어떤 다른 날에는 이렇게도 말했다. "이번에는 〈편력시대〉의 인쇄된 부분을 모두 필사하게 했지. 내가 뭔가 더 써넣고 싶은 부분에는 푸른 종이를 끼워 놓았기 때문에 이제부터 손을 보는 일은 확실해졌어. 이제 일이 진행됨에 따라 이 푸른 부분이 점점 없어져 버릴 것을 생각하니 기쁘네."

2, 3주일 전에 나는 그의 비서[19]에게서 그가 새로운 단편을 쓰고 있다는 말을 들었다. 그러므로 나는 저녁 방문을 삼가고 일주일에 한 번 식사 때 만나는 것만으로 만족했다.

그 단편은 요 얼마 전에 완성됐다. 그는 오늘 밤 그 첫 번째 부분을 나에게

---

19) 요한 욘(1794~1854)을 지칭한다. 그는 1814년부터 1829년까지 괴테의 비서를 지냈다.

'독일 가곡(리트)의 왕'으로 불리는 슈베르트는 〈마왕〉을 18세 때 작곡했다.

보여 주었다.

나는 기쁜 마음을 참으며, 모든 사람이 죽은 호랑이를 에워싸고 있는데 문지기가 와서 사자는 위의 폐허 쪽에서 햇빛을 받으면서 드러누워 있다고 보고하는 중대한 장면까지 읽었다.

나는 모든 대상이 아주 명확하고, 미세한 부분에 이르기까지 잘 묘사된 것에 놀랐다. 사냥터로의 출발, 옛날 성터의 광경, 시장, 폐허로 이르는 들판의 길 등의 모든 것이 선명하게 눈앞에 떠오르듯 전개되어, 독자는 작가의 생각대로 그려진 것을 그대로 받아들이는 수밖에 없었다. 동시에 모든 것이 아주 확실하게 배려되어 있고 당당하게 쓰여 있기 때문에, 읽으면서도 전혀 앞의 내용에 대한 예측을 할 수 없어 읽고 있는 부분의 앞은 한 줄도 내다볼 수 없었다.

"각하." 하고 나는 말했다. "이것은 틀림없이 아주 엄격한 도식에 따라 만드신 것 같습니다."

"물론, 그렇지." 하고 괴테는 말했다. "나는 이 재료를 이미 30년 전에 쓰려고 생각했네. 그리고 그 이래로 계속 머리에 넣어두고 있다가 인제서야 작업을 끝내게 되었어. 그런데 여기에는 묘한 사정이 있다네. 〈헤르만과 도로테아〉를 끝내고 나서, 그 당시 나는 이것을 서사시의 형식을 취해 6각운으로 만들어 보려고 상세한 도식을 짰었네. 그런데 이번에 작업을 하면서 이 오래된 소재에 다시 손대려고 했을 때 그 옛날 도식을 찾아낼 수 없어서 할 수 없이 새로운 것을 만들었어. 사실 이번에는 전혀 다른 형식에 따랐지. 그런데 작업이 끝나고 나서 그 옛날 도식을 다시 찾아냈어. 그리고 나중에 찾아내어 잘 됐다고 생각했지. 왜냐하면 하마터면 그것에 현혹당할 뻔했기 때문이야. 어떤 도식에 따른다 해도 사건의 줄거리와 전개 과정은 물론 달라지지 않지만 그 세부에 들어가면 전혀 다르지. 처음에는 전적으로 6각운의 서사시 형식으로 취급하려고 생각했기 때문에, 그렇게 했더라면 이런 산문적인 표현은 전혀 사용할 수 없었을 거야."

이야기는 그 내용으로 옮겨졌다. "아름다운 장면은" 하고 나는 말했다. "사지를 뻗고 죽어 있는 호랑이 옆으로 호노리오가 후작 부인을 마주하고 서 있는 부분입니다. 부인이 사내아이를 데리고 호소하듯 울면서 다가옵니다. 때마침 이 장소로 사냥을 나섰던 후작도 수행원들과 함께 이 이상한 모임에 달려옵니다.

이것은 틀림없이 멋진 그림이 될 것입니다. 그림으로 된 것을 보고 싶습니다."

괴테는 말했다. "확실히 이것은 아름다운 그림이 될 것이야." 그는 잠시 생각한 뒤에 말을 계속했다. "그렇지만 재료가 너무 많고 인물도 너무 많기 때문에, 화가에게는 빛과 그림자의 배치가 아주 어려운 문제가 될 것이야. 그러나 그 이전에 나온 부분, 즉 호노리오가 호랑이 위에 무릎을 꿇고 있고 후작 부인이 말 옆에서 그와 마주하고 서 있는 부분은 충분히 그림이 될 수 있지. 이것 같으면 성공할 것이야." 나는 괴테의 의견을 지당하다고 생각했다. 그리고 그에 덧붙여서 이 순간이야말로 원래 이 장면 전체의 핵심인 것이며 모든 것이 여기에 달려 있다고 말했다.

또한 내가 이것을 읽고 느낀 것은, 이 단편은 〈편력시대〉 중에서 볼 수 있는 다른 모든 것과는 전혀 다른 성질을 가지고 있다는 점이었다. 이것은 모두 외적 세계의 묘사이며, 모든 것이 사실적이기 때문이다. "자네 말이 맞아." 하고 괴테는 말했다. "내적 묘사는 거의 찾아볼 수 없지. 나의 다른 작품에는 남아돌아갈 만큼 많지만."

"여기까지 읽고 무슨 일이 있어도 알고 싶은 것은" 하고 나는 말했다. "사자를 어떻게 길들일 작정인가입니다. 저도 이것은 전혀 다른 방법을 취할 것이라고 예상을 해 봅니다. 그러나 어떤 방법을 취할 것인가 하는 것은 전혀 알 수 없습니다." "자네는 그것을 예상해 보려고 하지만 잘되지는 않을 것이야." 하고 괴테는 말했다. "그리고 오늘은 자네에게 그것을 알려 주고 싶지 않아. 목요일 저녁에 이 마지막을 말해 주지. 그때까지는 사자를 햇빛 속에 누워 있게 놔두세."

나는 화제를 〈파우스트〉의 제2부, 특히 〈고전적 발푸르기스의 밤〉으로 돌렸다. 이것은 아직도 초안 그대로의 상태로 완성되지 못하고 있었는데, 괴테는 얼마 전에 이것을 그냥 이대로 인쇄시킬 작정이라고 말한 적이 있었다. 그에 대해 나는 괴테에게 그렇게 해서는 안 된다고 충고했다. 왜냐하면 일단 인쇄에 넘겨 버리면 영원히 미완성으로 끝나게 되는 것이 아닐까 하고 걱정했기 때문이다. 괴테는 그 일이 있고 난 이후에 깊이 생각했던 모양으로, 곧바로 나한테 오더니 그 초안의 인쇄를 중지할 것을 결심했다고 말했다. "그것은 나에게는 참으로 기쁜 일입니다." 하고 나는 말했다. "이제 당신이 그것을 완성할 수 있을 것을 희망할 수 있겠군요." "3개월만 걸리면 완성할 수 있을 것이야. 그러나 그런 여가를 어디에서 얻는다는 말인가! 매일 할 일이 너무 많지. 완전히 이 세상을 떠나 고립하여 산다는 것은 어려운 일이야. 오늘 아침에는 대공께서 오셨고 내일 정오에는 대공비께서 오시기로 되어 있어. 이러한 방문을 나는 대단히 고맙게 생각하고 있네. 이것은 또 나의 생활을 아름답게 해 주기도 하지. 그러나 나는 이런 일로 말할 수 없이 신경을 쓰게 되네. 이렇게 신분이 높은 분들은 언제나 각별히 대접하여야 하고, 이에 알맞은 방법을 두루 생각하지 않으면 안 되지 않는가."

"그렇지만" 하고 나는 말했다. "당신은 작년 겨울에는 〈헬레나〉를 완성했습니다. 그리고 그때도 지금보다 번거로운 일들이 더 적은 것은 아니었습니다." "물론 그랬지." 하고 괴테는 말했다. "이번에도 일은 그때와 마찬가지일 것이고, 또 마찬가지로 잘 되어 가야지. 그렇지만 어려운 일이야."

"하지만 다행히도" 하고 나는 말했다. "각하는 이런 완성된 줄거리를 가지고 계시지 않습니까?" "줄거리는 돼 있지." 괴테는 말했다. "그러나 제일 어려운 것이 아직 남아 있네. 완성하는 일은 모두 운이 좋고 나쁘기에 달려 있어. 〈고전적 발푸르기스의 밤〉은 운(韻)에 맞춰 써야 하며 동시에 모든 것이 고대의 특색을 띠고 있지 않으면 안 되지. 거기다가 또 대화가 들어가야 해!" "그것은 줄거리에 함께 들어가 있지 않았던가요?" 하고 나는 말했다. "무엇을 쓸 것인가 하는 것은 물론 들어가 있지." 하고 괴테는 대답했다. "그러나 어떻게 쓸 것인가 하는 것은 아직 정해져 있지 않아. 그리고 생각해 봐요. 저 미쳐 날뛰는 밤의 모든 것을 무슨 말로 옮겨 써야 한다는 말인가! 또 파우스트는 명부의 여왕 프로세르피나의 마음을 움직여서 헬레나를 넘겨주도록 만들어야 하네. 프로세르피나가 눈물을 흘릴 만큼 감동적인 대사를 해야 하는데 도대체 그것을 어떤 말투로 써야 하겠는가!—이런 모든 것은 쉬운 일이 아닐세. 그리고 이것은 많은 운이 따라야 하지. 아니 거의 전부가 그 순간의 기분과 힘에 달려 있어."

1827년 1월 17일 수요일

최근 괴테의 기분이 이따금 좋지 않아서 그럴 때면 우리는 정원으로 향한 그의 서재에서 식사했다. 오늘은 또 〈우르비노의 방〉에 식사가 마련되어 나는 그것을 좋은 징후라고 생각했다. 내가 들어갔을 때 괴테와 그의 아들이 있었다. 두 사람은 절친하고도 자못 소박하고 상냥하게 나를 맞아 주었다. 괴테 자신은 매우 기분이 좋아 보였는데, 그것은 그의 얼굴이 이를 데 없이 생기에 차 있는 것으로 드러나고 있었다. 바로 옆에 붙어 있는 〈천장의 방〉의 열려 있는 문 너머로 법무장관인 폰 뮐러 씨가 큰 동판화 위에 몸을 구부리고 있는 것이 보였다. 그는 곧 우리한테로 와서 인사를 했고 나는 명랑한 그와 식사 자리를 함께 하게 된 것을 기뻐했다. 젊은 괴테 부인은 아직 나타나지 않았지만 우리는 일단 식탁에 앉았다. 동판화가 화제에 올라 그것에 대한 칭찬이 뒤를 이었고, 괴테는 그것은 파리의 유명한 화가 제라르[20]의 작품으로 최근에 그로부터 선물로 받은 것이라고 설명했다. 그러고는 이에 덧붙여 말했다. "빨리 저쪽으로 가서 수프가 오기 전까지 두 눈을 크게 뜨고 감상하도록 해요."

나는 그의 소망에 따랐고 또 기쁜 마음으로 그렇게 했다. 이 놀랄 만한 작품을 눈앞에서 직접 볼 수 있어 기뻤고, 또한 화가가 그 그림을 괴테에게 존경의 표시로 바친다는 서명을 해놓은 것을 보고 마찬가지로 기뻤다. 그러나 그렇게 오래 감상하고 있을 수만은 없었다. 젊은 괴테 부인이 들어왔기 때문에 나는 급히 내 좌석으로 돌아왔다. 괴테는 말했다. "어떤가? 정말 대단하지 않나? 저기에 남긴 풍부한 사상과 완전함을 모조리 끄집어내려면 며칠, 아니 몇 주일을 연구하지 않으면 안 되네. 조만간 다른 기회에 다시 보도록 하세."

식사 중에는 모두 활기에 차 있었다. 법무장관은 파리에 있는 어떤 유명한 사람의 편지 이야기를 했다. 그는 프랑스가 독일을 점령하고 있을 당시 이곳에 대사로서 머물면서 중책을 다했고, 그 이래로 바이마르와 계속 친교를 맺고 지내온 사람이라고 했다. 그는 대공과 괴테에 대해 회상하면서 천재와 최고 권력이 이처럼 친밀한 관계를 맺고 있는 바이마르는 행복한 곳이라고 찬양했다고 한다.

젊은 괴테 부인의 담소에는 대단한 애교가 담겨 있었다. 화제는 두세 가지 쇼

---

[20] 제라르(1770~1837). 프랑스의 역사화가이자 초상화가이다.

핑에 관한 것이었는데, 그 일로 그녀는 젊은 괴테를 놀려댔지만 정작 그는 그런 것에 대해서는 일절 상대하지 않았다. "예쁜 부인들이 너무 응석을 부리게 해서는 안 되지." 하고 괴테는 말했다. "그들은 자칫하면 앞뒤 분별없이 행동하기 때문이야. 나폴레옹이 아직 엘바섬에 있었을 때 부인용 장신구를 만드는 여자들로부터 지불 청구서를 받은 일이 있었어. 그러나 그는 이런 일에는 별로 선심을 쓰지 않았지. 그 이전에 그가 투일루리엥 궁에 있을 때의 일이라네. 어느 날 어떤 상인이 와서 황후 앞에 유행 중인 비싼 물건을 늘어놓았네. 그러나 나폴레옹은 이것을 사려는 기색을 전혀 보이지 않았어. 그래서 그는 이 정도의 물건을 황후에게 사드린다는 것은 사소한 일이라고 넌지시 말했지. 하지만 이 말을 들은 나폴레옹이 한마디 말도 꺼내지 않고 이 사나이를 무서운 눈으로 노려보았기 때문에, 그는 즉시 물건을 한데 모으고는 두 번 다시 모습을 나타내지 않았다고 하네."—"그것은 그의 집정관 시절의 일화인가요?" 하고 젊은 괴테 부인이 물었다. "아마 황제가 되고 난 후의 일일 것이야." 하고 괴테는 대답했다. "그렇지 않고서는 그의 눈매가 그렇게 무섭지 않았을 것이니까 말이야. 그 눈매가 무서워서 움츠러들어, 이제 목이 잘리지 않으면 총살당하지나 않을까 하고 생각한 그 사나이 생각을 하니 웃음이 나오는군."

우리는 이를 데 없이 기분이 좋아 나폴레옹에 대해 계속 이야기했다. 젊은 괴테가 말했다. "그의 모든 업적을 담은 훌륭한 그림과 동판화를 한데 모아, 그것들을 큰방에 장식해 보고 싶습니다."—"그렇게 하려면 아주 큰방이 필요하겠지." 하고 괴테는 대답했다. "그렇지만 그림이 전부 들어갈 수는 없을 거야. 그만큼 그의 업적은 위대한 것이야."

법무장관은 루덴의 〈독일인의 역사〉[21]를 화제에 올렸다. 그러자 놀라지 않을 수 없었다. 젊은 괴테가 이 책이 출판된 당시 신문 잡지들이 이 책을 비난했던 점에 대해, 그리고 이 저자가 살아 있던 당시의 국민적 감정과 여론에 대해 매우 솜씨 좋고 감명 깊은 해명을 했던 것이다. 우리는 나폴레옹 전쟁이 있었던 결과로써, 비로소 시저의 전쟁 기록을 이해할 수 있었다는 결론에 도달했다. 괴

---

[21] 예나대학의 역사학교수인 루덴(1780~1847)에 의해 쓰인 〈독일민족사〉 12권은 당시 형성되기 시작한 대학의 학생조합에 큰 영향을 끼쳤다.

테는 말했다. "이전에 시저의 책은 단지 학교에서의 연습문제에 지나지 않았지."

이야기는 독일의 고대 시대로부터 고딕 시대로 옮겨져 고딕풍으로 꾸민 책장 이야기가 나왔다. 이어 우리의 화제는 실내를 고대 독일식이나 고딕풍으로 꾸며 그런 고풍스러운 시대의 분위기에 둘러싸여 살려고 하는 최근의 취향으로 옮겨졌다.

"집에 따라서 다르지." 하고 괴테는 말했다. "방 수가 아주 많고 그 가운데 두셋은 전혀 사용하지 않는 집이라든가, 1년 중에 단지 두세 번만 출입하는 방이 있는 집의 경우에는 이런 취향을 맛보는 것도 좋을 것이고, 고딕풍의 방을 만드는 것도 좋겠지. 파리의 판쿠크 부인[22]이 중국 취미의 방을 만든 것과 마찬가지로 아주 좋은 일이야. 그렇지만 자기가 기거하는 방을 고풍의 이국적 환경으로 꾸민다는 것은 칭찬할 것이 못 되지. 그것은 일 년 내내 일종의 가장무도회를 하는 것과 같아. 그러므로 어떤 이유에서든 오래는 계속하지 못할 것이고, 만약 오랫동안 그렇게 해 놓는다면 나쁜 영향을 받게 될 것임이 틀림없어. 이러한 것은 우리가 살아 숨 쉬고 있는 현시대하고는 조화를 이루지 못하는 것이며, 무의미하고 허망한 마음과 사고방식에서 오는 것이야. 자연히 그러한 마음도 그 속에서 더욱 강화될 뿐이지. 어떤 즐거운 겨울밤엔 터키인으로 분장하고 가장무도회에 가는 것도 좋겠지만 일 년 내내 이렇게 가장하고 지내고 싶다고 한다면, 이런 사람을 우리는 어떻게 생각해야 하겠는가? 그런 사람은 벌써 정신이 나간 사람 아니면 조만간에 미쳐버릴 소질을 충분히 가지고 있는 사람으로 여겨질 것이야."

우리는 실생활과 밀접하게 관계되는 문제에 대해 이런 핵심을 찌르는 괴테의 말에 그저 수긍할 뿐이었다. 그리고 그 자리에 있었던 사람 중 누구도 괴테의 말에 해당하지 않았기 때문에, 우리는 이 말이 진리임을 유쾌한 기분으로 받아들였다.

이제 화제는 극장에 관한 것으로 옮겨졌고, 괴테는 내가 지난 월요일 저녁에 자기 때문에 연극관람을 포기했다고 놀려댔다. "에커만이 이곳에 온 지도 벌써

---

[22] 파리의 서적상인 부인이다.

3년이 되지." 하고 그는 모든 사람을 향해 말했다. "그러나 나 때문에 연극관람을 단념한 것은 이번이 처음이야. 나는 이것을 그에게 깊이 감사해야 하지. 내 초대를 받고 그는 오겠다고 약속했지만, 나는 그가 정말 그 약속을 지킬 수 있으리라고는 생각도 못 했네. 더욱이 6시 반을 알리는 종소리가 울렸을 때도 보이지 않길래 그렇게 생각했지. 그뿐이겠는가. 오지 않으면 나는 더 기뻐했을 것이야. 그럼 내가 '저 친구는 정말로 연극에 미쳤다. 이제 가장 사랑하는 친구마저도 돌보지 않을 만큼 병이 심해져 손쓸 도리가 없다'고 말할 수 있지 않았겠나. 그렇지만 내가 자네 연극관람의 즐거움을 빼앗아 간 보상만은 잘해준 셈이지! 그렇지 않은가? 내가 아주 소중한 것을 보여 주었잖은가?" 괴테의 이 말은 그가 새로 쓴 단편소설을 의미하는 것이었다.

이어 우리는 지난주 토요일에 상연되었던 실러의 〈피에스코〉에 대해 이야기했다.

"나는 이 연극을 처음으로 봤습니다." 하고 나는 말했다. "나는 이 거칠기 그지없는 장면들을 어떻게 부드럽게 할 수 있는 방법은 없을까 하고 골똘히 생각해 봤습니다. 그러나 전체의 특색을 해치지 않고 그렇게 하는 것은 어려울 것 같습니다."

"자네의 말은 전적으로 옳았어. 그렇게는 안 되지." 하고 괴테는 대답했다. "실러는 이것에 대해 나하고 여러 번 이야기했어. 왜냐하면 그 자신도 이 초기의 작품들에 대해서는 만족해하지 않았거든. 그래서 우리 두 사람이 극장과 관계가 있는 동안은 이것을 상연시키지 않았네. 그러나 좋은 각본의 부족을 겪던 우리는 이 난감한 초기의 세 작품을 상연목록에 넣으려고 했지. 그러나 아무리 해 보아도 그것이 잘되지 않았어. 전체의 줄거리가 서로 뒤얽혀 실러 자신이 이 계획에 절망해 버렸지. 그래서 최초의 의도를 단념하고 그 작품은 그대로 내버려두는 수밖에 없었다네."

"그건 유감스러운 일입니다." 하고 나는 말했다. "왜냐하면 모든 것이 거칠기는 하지만, 최근의 몇몇 새로운 비극작가의 연약하고 부드럽고 무리가 많고 부자연스러운 작품에 비교하면 천 배나 호감이 가는 작품이기 때문입니다. 뭐라고 해도 실러의 작품에는 언제나 위대한 정신과 성격이 들어 있습니다."

"나도 그렇게 말하고 싶네." 하고 괴테는 말했다. "실러는 자기가 생각하는 대로 행동을 했지. 그의 어떤 작품도 현대 작가가 쓴 최고의 작품을 훨씬 능가하고 있다는 것은 확실하네. 정말이지 실러는 손톱을 깎는 그런 일상적인 일도 이러한 사람들보다는 훨씬 잘했을 것이야."

우리는 이런 지나친 비유에 웃음을 터뜨렸다.

"그러나 내가 아는 사람 가운데는" 하고 괴테는 말을 계속했다. "실러의 초기 작품에 대해 전혀 만족해하지 않는 사람들도 있지. 어느 여름, 나는 어떤 온천장에서 물레방앗간으로 가는 인기척이 드문 좁은 길을 걸어가고 있었지. 그 길에서 어떤 후작을 만났네. 바로 그때 우리 앞으로 밀가루 포대를 실은 여러 마리의 당나귀가 오고 있었기 때문에 우리는 할 수 없이 함께 길옆의 오두막으로 들어갔지. 이 후작의 타고난 성격 때문에 우리는 그 좁고 작은 방에서 곧장 신과 인간에 대한 심각한 대화에 빠졌는데, 이곳에서 이야기가 실러의 〈군도〉로 옮겨졌네. 후작은 이렇게 말했지. '만약에 내가 신이어서 이 세상을 창조하려는 그 순간에 실러가 그 세상에 〈군도〉를 내놓을 것이란 사실을 미리 알 수 있었다면, 나는 이 세상을 창조하지 않았을 것이다'라고." 우리는 웃지 않을 수 없었다. "자네는 어떻게 생각하는가?" 하고 괴테는 말했다. "이것은 증오의 정도가 너무 지나쳐서 아무래도 이해가 되지 않지."

"하지만 그와 같은 증오심은" 하고 나는 대답했다. "우리의 젊은이들, 특히 젊은 학생들에게서는 전혀 볼 수 없습니다. 실러나 다른 작가들의 훌륭한 원숙기 작품이 상연될 때 젊은이나 학생들은 거의 극장에 가지 않고, 또 전혀 가지 않을 때도 있습니다. 하지만 실러의 〈군도〉나 〈피에스코〉가 상연되면 극장은 젊은 학생들만으로도 거의 만원을 이룹니다."

"그것은" 하고 괴테는 말했다. "50년 전이나 지금도 마찬가지고, 50년 후에도 변하지 않을 것이야. 젊은 사람이 쓴 것은 또한 젊은 사람들에 의해 가장 잘 받아들여질 것이야. 그러므로 세계의 문화나 좋은 취미가 아무리 진보했다고 하더라도 젊은이들이 이런 거친 시기를 벗어났다고 생각해서는 안 되는 것이지. 이 세계가 전체로서 아무리 진보했다고 하더라도 청년은 언제나 다시 처음부터 시작하여야 하며, 개인으로서 세계 문화의 각 단계를 순서에 따라 경험해야 하

실러의 〈군도〉 이 연극이 상연될 때면 으레 젊은이들로 만원을 이룬다.

네. 나는 이제 이런 일로 안달복달하지 않게 되었어. 그리고 나는 이미 오래전에 이런 시를 썼네.

> 성 요한 축제의 산불을 꺼지게 하지 말고
> 이 기쁨을 끊어지게 하지 말라!
> 빗자루는 사용하면 닳아 없어지지만
> 젊은이들은 쉬지 않고 다시 태어나는 법이거늘.[23]

나는 창가에 서서 바깥을 바라보기만 하면 되네. 빗자루는 길거리를 쓸고 있고 아이들은 여기저기에서 뛰놀고 있지. 이런 광경에서 그들은 다 소모되어 영원히 소멸을 되풀이하고는 다시 젊어지는 이 세계의 상징으로서 우리의 눈앞에 전개되네. 그러므로 어린아이들의 놀이나 젊은이들의 유희는 이 세기에서 다음 세기로 인계되어 뿌리를 내리게 되지. 왜냐하면 훨씬 나이 먹은 노인들에게는

---

[23] 이 시는 처음 1804년 프롬만 일가의 야회에서 건배의 노래로 만들어진 것인데, 나중에 〈온화한 크세니엔〉에 수록되었다.

그들이 바보스럽게 생각될는지 모르지만 어린아이는 역시 어린아이이고, 이것은 어떤 시대에도 변하지 않는 것이야. 그러므로 성 요한 축제의 산불을 금지해서는 안 되며, 이 사랑스러운 어린아이들의 즐거움을 해쳐서는 안 되지."

이런 담화와 비슷한 여러 가지 밝은 이야기를 나누고 있는 사이에 식사 시간은 순식간에 지나갔다. 우리 젊은 사람들은 위층 방으로 올라갔고 법무장관은 괴테와 함께 남았다.

1827년 1월 18일 목요일 저녁

오늘 저녁 괴테는 나에게 예의 단편소설의 끝부분을 보여 주겠다고 약속했다. 나는 6시 반에 그를 찾아갔다. 그는 편안한 그의 서재에 혼자 있었다. 내가 그의 탁자 옆에 앉아 바로 최근에 일어난 일들에 대한 이야기를 마치자 괴테는 자리에서 일어나 내가 읽고 싶어 하던 단편소설의 마지막 원고를 넘겨주었다. "자, 결말을 읽어보게." 하고 그는 말했다. 나는 읽기 시작했다. 괴테는 그러는 사이에 방안 여기저기를 걷다가 가끔 난로 앞에 멈춰 섰다. 나는 보통 때와 마찬가지로 혼자 조용히 읽었다.

요 전날 밤에 읽은 원고는, 사자가 오래된 폐허의 둥근 성벽 바깥의 백 년 묵은 너도밤나무 아래에서 햇볕을 쬐면서 누워 있는데, 사람들이 이것을 잡으려고 준비하는 데에서 끝나고 있었다. 후작은 사냥꾼들을 사자에게 보내려고 한다. 그러나 그때 어느 낯선 사람이 거친 수단을 취하지 않고서도 틀림없이 사자가 철근 우리 속으로 다시 들어가게 하겠다면서, 그의 사자를 가혹하게 대하지 말아줄 것을 간청한다. 그는 "이 어린아이가 피리의 감미로운 곡조에 맞춰 사랑스러운 노래를 부르면서 이 일을 수행할 것입니다."라고 말한다. 후작은 그의 간청을 받아들이고 필요한 예방조치를 취하도록 지시한 뒤에, 그의 부하들과 함께 말을 타고 시내로 되돌아간다. 호노리오는 한 떼의 사냥꾼들과 함께 만일 사자가 내려오는 경우, 불을 붙여 위협하여 되돌려 보내려고 좁은 길목을 막아버렸다. 어머니와 어린아이는 성의 수위가 안내하는 대로 폐허를 따라 위로 올라간다. 그 반대쪽 둥근 벽에 사자가 가로 누워 있었던 것이다.

이 맹수를 성의 안뜰로 유인하는 것이 그 목적이다. 어머니와 성의 수위는 절반이 무너져 내린 기사 홀에 몸을 숨긴다. 어린아이만이 성의 안뜰에 있는 어두운 벽의 구멍을 지나서 사자 곁으로 다가간다. 기대에 찬 고요가 사방으로 퍼진다. 어린아이가 어떻게 될 것인가는 아무도 알 수 없다. 그가 부는 피리 소리가 멈춘다. 성의 수위는 어린아이와 함께 가지 않았던 것에 마음의 가책을 받는다. 어머니는 조용히 앉아 있다. 드디어 피리 소리가 다시금 들려온다. 그 소리가 점점 가까워지더니 어린아이가 벽 구멍을 지나 다시 성의 안뜰로 들어간다. 그들은 한번 안뜰 한가운데를 돌아간다. 이어 어린아이가 햇볕이 비치는 곳에 가서 앉자, 사자도 조용히 그 옆에 누워 한쪽 앞발을 아이의 무릎 위에 올려놓는다. 가시 하나가 박혀 있었던 것이다. 어린아이는 그것을 잡아 빼고 목에 두른 비단 수건을 풀어 사자의 앞발을 묶어 준다.

　어머니와 성의 수위는 위에 있는 기사 홀에서 이 모든 광경을 바라보면서 이를 데 없는 안도의 기쁨을 느낀다. 사자는 안전하게 길들었고 어린아이는 이 맹수의 마음을 진정시키기 위해 피리의 곡조에 맞추어 여러 가지 사랑스럽고 천진난만한 노래를 불러준다. 이렇게 어린아이가 다음과 같은 시를 노래 부르는 데에서 단편소설은 끝을 맺는다.

　　이렇듯 착한 아이들을
　　성스러운 천사는 가꾸어 주고
　　못된 마음을 막고
　　착한 행동으로 부추긴다
　　이렇게 온유한 마음씨와 노래의 가락은
　　밀림의 사나운 왕도
　　어린아이의 연약한 무릎 위로
　　굳게 맺어준다.

　나는 감동 없이 이 결말의 줄거리를 읽을 수 없었다. 그렇지만 나는 이것을 어떻게 말해야 할지 알 수 없었다. 정말 놀랍게도 어딘지 불만족스러운 데가 있었던 것이다. 나에게 이 결말은 너무나 쓸쓸하고 너무나 인상적이고 너무나 서정적이었다. 그리고 적어도 두세 명의 다른 인물들을 등장시켜 전체를 매듭짓는 것이 이 마지막에 훨씬 넓은 폭을 부여하는 것이 아닌가 하고 생각했다.

괴테는 내가 품고 있는 의혹을 알아차리고 나를 납득시키려고 노력하였다. "만약 내가 마지막에 가서 다른 인물 두셋을 다시 등장시키면 그 마지막은 산문적으로 되어 버릴 것이야. 그리고 모든 결말이 나 있는데 그 사람들을 어떻게 움직이고 어떻게 말하도록 해야 한다는 말인가? 후작은 부하들과 함께 말을 타고 도움이 필요한 시내로 갔지. 거기서는 그의 조력이 필요한 일이 있겠지. 호노리오는 사자가 위험하지 않다고 듣자마자 사냥꾼들을 데리고 돌아올 것이야. 그리고 사람들은 곧 거리에서 우리를 가지고 와 사자를 그 속에 다시 몰아넣을 것이네. 이것은 다 예상할 수 있는 것이며 자세하게 말할 필요가 없지. 그렇게 하면 산문적으로 되어 버릴 테니까 말야."

"그러나 이상적이고 서정적인 결말이 필요했고 또 자연적으로 그렇게 되지 않으면 안 되었지. 왜냐하면 사나이의 감정적인 말 자체가 벌써 시적인 산문이라서 그 뒤에는 점진적인 상승이 필요했기 때문이야. 그래서 나는 결말을 서정시, 아니 노래 그 자체까지 빌려 높여가지 않으면 안 되었던 것이야."

"이 단편소설의 진행은 비유적으로" 하고 괴테는 말을 계속했다. "뿌리에서 움터 나오는 녹색의 식물을 생각해 보면 될 것이야. 그것은 얼마 안 있어 꿋꿋한 줄기에서 원기 왕성하고 푸른 잎을 키워 사방으로 넓히고, 꽃을 피우고 급기야는 종말을 고하고 말지.—꽃은 뜻하지 않게 갑자기 핀 것이고, 꼭 거기에 있을 필요가 없었던 것이네. 그런데 푸른 나뭇잎의 무리는 오로지 꽃을 위해서만 존재하였던 것이고, 만약 꽃이 없었다면 구태여 존재할 필요는 없었을 것이야."

나는 이 말을 듣고 마음도 가벼워졌고 미망에서 깨어난 기분이었다. 그리고 이 불가사의한 구상의 훌륭한 점이 나의 마음을 움직이기 시작했다.

괴테는 계속했다. "제어할 수 없는 것, 극복할 수 없는 것을 완력으로 누르지 않고 애정과 경건한 마음씨를 갖고 대하면, 왕왕 더 좋은 결과를 가져올 수 있다는 것을 보여주는 것이 이 단편소설의 사명이지. 그리고 이 아름다운 목표를 어린아이와 사자로 나타내려고 글을 써 내려갔던 것이야. 그리고 이를 표현하기 위한 현실적인 구성에 따라 푸른 나뭇잎들로 이야기에 살을 붙인 것이네. 따라서 그런 살붙이기는 오직 이 이상을 위해 존재하는 것이며, 오직 이 이상 때문에 가치가 있는 것이지. 그렇지 않다면 현실이라는 것 그 자체로 무슨 가치가 있다는 말인가? 우리는 현실이 있는 그대로의 모습으로 그려져 있는 것을 보면 기쁨을 느끼게 되며, 어떤 사물에 대해서는 더 명확한 지식을 얻을 수도 있지. 그러나 우리의 한 단계 더 높은 성질에 허락된 참된 혜택은 시인의 가슴속에서 솟아 나온 이상 속에서만 존재하는 것일세."

괴테가 얼마나 정곡을 찌르는 말을 하였는가를 나는 절실히 느꼈다. 왜냐하면 그 소설의 결말이 준 감동이 계속 마음속에 남아서, 나는 오랫동안 느끼지 못한 아주 경건한 기분에 젖어 들었기 때문이다. 이렇게 상당한 나이에도 이처럼 아름다운 것을 계속 쓸 수 있는 것은 분명 이 시인의 감정이 정말로 순수하고 절실하기 때문일 것이라고 나는 생각했다. 나는 나의 이 생각을 괴테에게 말하지 않을 수 없었다. 이런 비길 데 없는 작품이 지금 탄생한 것은 기쁜 일이었다.

괴테는 말했다. "자네가 만족하니 나도 기쁘네. 나 자신이 30년 동안 마음속에 가지고 다녔던 재료로부터 이제 겨우 해방이 되었으니 기쁜 일이야. 실러와 훔볼트에게 그 당시 이 계획을 말했더니 그들은 단념하는 것이 좋겠다고 말했어. 그 계획 속에 무엇이 숨어 있는지를 알지 못했기 때문이지. 게다가 오직 자기만이 스스로 가진 재료에 얼마만큼의 매력을 줄 수 있는지 아는 법이야. 그러므로 무엇을 쓰려고 마음먹었다면 아무에게도 그에 관해 물어서는 안 되지. 실러가 〈발렌슈타인〉을 쓰기 전에 나에게 그것을 써야 할지 말아야 할지 물었다면, 나는 틀림없이 쓰지 않는 것이 좋겠다고 말했을 것이야. 왜냐하면 나로서는 그와 같은 재료에서 그처럼 훌륭한 희곡이 창조되리라고는 생각할 수도 없었기 때문이지. 실러는 이 재료를 6각운의 시형으로 취급하는 것을 반대하고 있었어. 나는 그 당시 〈헤르만과 도로테아〉를 쓰고 난 뒤였기 때문에 이 시 형식을 선호했지만, 그는 각운이 있는 8행의 시련형을 권했네. 그런데 보는 바와 같이 나는 이 작품을 산문으로 썼고, 이것은 더할 나위 없이 잘 됐지. 이 경우에는 주변의 세밀한 묘사가 가장 중요한 일이기 때문에, 그런 운문 형식에 따라 썼더라면 바람직하게 되지 못했을 것이야. 또한 처음에는 완전히 현실적이었다가 마지막에 가서는 전적으로 이상적인 성격을 띠는 단편소설은 산문으로 일관하는 것이 가장 좋아. 또 노래 삽입도 지금 보면 세련된 것이지. 이 작품은 6각운의 시형이나 8행의 운(韻)으로 만들었다면 이렇게 잘 되지 못했을 것이야."

그것들은 그 이외의 독립된 단편과 〈편력시대〉의 단편소설로 이야기가 옮겨져, 각기 독자적인 성격과 색조를 띠고 있어 서로 다르다는 것이 지적되었다.

"어떻게 해서 이렇게 되었는지를" 하고 괴테는 말했다. "자네에게 설명하지. 나는 일을 시작했을 때 화가의 수법을 따라서 했네. 화가는 대상 여하에 따라 어떤 색채는 피하고, 또 그것과는 반대되는 다른 색채를 우세하게 사용하지. 가령 아침 풍경을 그릴 때 화가는 주로 푸른색을 팔레트에 놓고 쓰고 황색은 거의 사용하지 않네. 이와는 반대로 저녁을 그릴 때는 황색을 많이 쓰지만 푸른색은 거의 전혀 사용하지 않아. 이와 비슷한 방법으로 나의 여러 문학작품이 탄생했지. 그러므로 이러한 작품 속에 각각 다른 특징이 나타나 있다고 한다면 여기에 그 원인이 있는 것이야."

나는 이것이 매우 현명한 원칙으로 생각되고, 괴테가 이것을 내게 가르쳐 준 것이 기뻤다.

이어 나는 특히 이 최근의 단편소설에서 지방 풍경을 세부에 걸쳐 자세히 묘사한 것에 대해 감탄하지 않을 수 없었다.

괴테는 말했다. "나는 한 번도 창작 목적을 위해 자연을 관찰한 일은 없었네. 그러나 젊었을 때 풍경화를 그렸고, 훗날에는 자연과학 연구에 종사했던 관계로 나에게는 쉬지 않고 자연의 대상물을 자세히 관찰하는 버릇이 생겼지. 그래서 자연의 미세한 부분에 이르기까지 점점 정통하게 되어, 시인으로서 글을 쓸 때도 내 생각대로 썼고, 그러면서도 좀처럼 진실에 어긋나는 일이 없었어. 실러에게는 이러한 자연 관찰이 없었지. 그의 〈텔〉 속에는 스위스의 지방 풍경이 있지만 그것은 전부 내가 그에게 말해 준 것이야. 그렇지만 그는 나의 말만 듣고 그처럼 현실성이 있는 작품을 써낼 수 있었던 참으로 총명한 사람이었지."

담화는 이제는 완전히 실러에게로 향했고, 괴테는 다음과 같이 계속했다.

"실러의 본질적 창조력은 이상(理想) 속에 있었지. 그리고 이 점에 있어서는 독일문학뿐만 아니라 다른 어떤 나라의 문학에서도 그에게 맞설 사람을 아마 찾을 수 없을 것이야. 바이런 경이 가지고 있는 거의 모든 것을 실러도 가지고 있었어. 그러나 바이런 경은 세상을 보는 안목에 있어서는 실러를 능가하고 있지. 나는 실러가 바이런 경의 작품을 읽고 지냈으면 얼마나 좋았을까 하고 생각한다네. 그는 자기와 이처럼 비슷한 인물에 대해 뭐라고 말했을까? 그의 반응을 보는 것은 정말로 흥미진진한 일이었을 것이야. 바이런이 실러 생존 중에 혹시 책을 출판했었던가?"

나는 그런 일은 없었다고 했지만 확실하게 단언할 수는 없었다. 그러므로 괴테는 백과사전을 꺼내 바이런 항목을 읽으면서, 그 사이 여러 가지로 생각난 것을 첨가해 말해주는 것을 잊지 않았다. 바이런 경은 1807년 이전에는 책 출판하지 않았기 때문에, 실러는 그의 책을 한 권도 읽지 않았다는 것을 알 수 있었다.

"실러의 모든 작품에는" 하고 괴테는 계속했다. "일관적으로 자유의 이념이 흐르고 있지. 그리고 이 이념은 실러가 교양을 넓히고 변해감에 따라 다른 면모를 취하게 되네. 그를 괴롭혀 창작하게끔 영향을 끼친 것은 그의 청년 시절에는 육체적인 자유였고, 말년에는 관념적인 자유였지.

자유라는 것은 정말로 묘한 것이야. 누구나 스스로 만족해하고 자기 분수를 분별하고 있으면 자유는 쉽게 얻을 수 있지. 그런데 자유가 남아돌아 갈 정도로 있어도, 이것을 사용하지 않으면 무슨 소용이 있다는 말인가! 이 방과 서로 이웃하고 있는 방을 보게. 열려 있는 문으로 나의 침대도 보이지. 두 방 다 넓지 않고 게다가 여러 가지 일용품, 책, 원고 그리고 미술품 같은 것으로 가득 차 있네. 그러나 나에게는 이것으로 충분하지. 겨울 내내 여기서 지내느라고 앞쪽 방에는 거의 발을 들여놓지 않았어. 그러니 내가 넓은 집을 가지고 있고 한 방에서 다른 방으로 들어가는 자유를 가지고 있다고 해도, 그 사용의 필요성이 없다면 그런 건 아무 소용이 없는 것이지!

인간은 건강하게 살고 자기 직업에 충실할 수 있을 만큼의 자유가 있으면 그것으로 충분한 것이야. 그리고 이만큼의 자유는 누구나 쉽게 가질 수 있는 것이지. 하지만 우리는 모두 일정한 조건을 충족시켜야만 자유로울 수 있어. 시민도 그가 태어난 신분에 의해 신이 제시한 자신의 한계를 지키기만 하면 귀족과 마찬가지로 자유이네. 귀족도 왕후와 마찬가지로 자유지. 그들은 궁정에서 단지 얼마 안 되는 의식을 따르기만 하면 왕후와 같은 심정으로 있을 수 있어. 우리의 위에 있는 것을 인정하지 않는 것이 아니라, 우리 위에 존재하는 것을 존경하는 것이 우리를 자유롭게 할 수 있다네. 왜냐하면 우리는 그런 존경을 통해 우리 자신을 그 존재가 있는 곳까지 높일 수 있기 때문이야. 또 그러한 존경은 우리도 가슴속에 높은 품격을 가지고 있으며, 그들과 동등한 것이 될 수 있는 가치가 있다는 것을 분명하게 보여 주는 것이라네. 나는 여행 중에 북방 독일 상인들을 곧잘 만났는데, 그들은 무례하게도 나하고 식탁을 함께했기 때문에 나와 동등하다고 생각하는 듯했네. 하지만 그건 아무 소용이 없는 일이야. 그러나 그들이 나를 존중하고 어떻게 접대하는지 알고 있었다면 그것으로 나하고 동등하게 될 수 있었겠지.

이런 육체적인 자유가 청년 시절에 실러에게 그처럼 심한 고통을 안겨 준 것은 물론 일부분은 그의 정신적인 자질에 기인하는 것이기는 하지만, 그 대부분은 그가 육군 사관학교에서 겪지 않을 수 없었던 압박 때문이야.

그러나 성숙기에 와서 육체적인 자유가 충분히 주어지기에 이르렀을 때 그는 관념적인 자유 추구로 옮겨갔지. 그리고 이 관념이 그를 죽였다고 해도 과언이 아니야. 다시 말해 그는 이 관념 때문에 자기의 육체에 그 체력을 너무도 무시한 요구를 부과했던 것이지.

대공은 실러가 이곳 바이마르로 정착하게 되었을 때 그에게 1천 탈러의 연금을 주기로 했네. 그리고 만약 그가 병으로 일을 할 수 없을 경우에는 그 배의 금액을 지불할 것을 제의했지만, 실러는 이 마지막 부분을 거절했고 절대로 이것을 이용하려고 하지 않았지.

그는 '나는 재능이 있기 때문에 나 스스로 자신을 도울 수 있다'고 말했네. 그러나 훗날 그의 가족 수가 늘어남에 따라 그는 생존을 위해 매년 두 개의 희곡작품을 써야만 했어. 그리고 그것을 완성하기 위해 그는 건강이 썩 좋지 않을 때도 밤낮을 가리지 않고 일을 해야 했지. 그는 언제 어떠한 때라도 자기의 재능을 자기의 의지에 따르게 하고 자기 마음대로 해 보일 작정이었네.

실러는 절대로 과음하지 않았고 철저히 절제를 지키는 사나이였네. 그러나 몸이 쇠약해질 때면 적은 양의 리큐어나 이와 비슷한 알코올음료를 마셔 정력을 높이려고 했지. 그러나 이것이 그의 건강을 망쳤고, 또 그의 창작력까지도 해치게 되었네.

식자들이 그의 작품에 대해 이러쿵저러쿵 비난하는 것은 여기에 그 원인이 있다고 생각하네. 그 사람들이 좋지 않다고 말하는 부분은 모두 내 나름대로 말한다면 병리학적인 부분이라고 부르고 싶어. 요컨대 그가 그런 부분을 썼던 시기는 올바르고 참된 모티브를 발견할 만큼의 활력이 부족한 때였던 거지. 나는 저 지상명령(至上命令)[24]에 깊은 존경을 표시하고 있고 거기에서부터 많은 훌륭한 것이 생겨 나온다는 것도 알고 있지. 그러나 그것을 함부로 써서는 안 되지. 그렇지 않으면 이 이상적 자유의 이념도 좋은 결과를 초래할 수 없기 때문이야.”

이런 흥미 있는 이야기와 이것과 유사한 바이런 경의 이야기, 유명한 독일 문학자들[25]의 이야기가 나왔다. 특히 실러는 코체부가 상당히 뛰어난 작품을 쓰기 때문에 그를 제일 좋아했다는 등의 이야기를 하는 중에 저녁 시간은 빨리 지나가 버렸다. 내가 집으로 가려고 할 때 괴테는 나에게 그 새로운 단편소설을 주면서 집에서 다시 한번 조용히 음미해 주었으면 좋겠다고 말했다.

1827년 1월 21일 일요일 저녁

나는 오늘 저녁 7시 반에 괴테를 방문해 1시간가량 머물렀다. 그는 나에게 게이 양[26]의 프랑스어 시집 신간을 보여 주면서 그녀의 시를 칭찬했다. “프랑스인들은 점점 진보하고 있어. 그들은 충분히 주목받을 가치가 있지. 나는 현대 프랑스 문학의 상황을 정확하게 통달하려고 노력하고 있는데, 가능하면 이에 대한 의견도 발표해 보려고 하고 있어. 나의 가장 큰 흥미를 끈 것은 우리 나라에서는 훨씬 전부터 일반화 되어버린 요소들이, 비로소 그들에게 영향을 주기 시

---

24) 칸트의 〈판단력 비판〉(1790)을 말하는 것에서 인용한 것이다. 칸트는 이 책에서 인간 행위의 규범과 이상을 구명하고 실천적 형이상학을 수립했다.
25) 슐레겔 형제를 말한다.
26) 게이(1804~1855). 1824년에 〈시적수상〉을 발표하고 유명해진 프랑스의 작가로 이후 유명언론인 지라르댕과 결혼한다.

작했다는 것이야. 물론 평범한 지능의 소유자들은 언제나 자신의 시대에 얽매여 그 시대에 흐르고 있는 요소를 마음의 양식으로 삼고 살아가게 되지. 그들 사이에서는 최근 경건 정신의 풍조가 엿보이는데, 이런 그 모든 상황이 우리와 똑같아. 그런 면에서도 그들 쪽이 다소 우아하고 재치 있게 보인다는 차이뿐이지."

"그러나 각하는 베랑제나 〈클라라 가줄〉의 작가[27]를 어떻게 생각하십니까?"

"이 사람들은 특별한 존재지." 하고 괴테는 말했다. "그들은 위대한 재능의 소유자들이야. 그들은 자기 속에 단단한 기초를 가지고 있기 때문에 그 시대에 유행하고 있는 사고에 초연한 태도를 취할 수 있지."

"그 말을 듣고 나니 대단히 기쁩니다." 하고 나는 말했다. "왜냐하면 정말이지 나는 이 두 사람에 대해 거의 같은 감정을 가지고 있었기 때문입니다."

대화는 프랑스문학에서 독일 문학으로 옮겨졌다. "그런데 자네에게 보여줄 것이 있어." 하고 괴테는 말했다. "그것은 자네에게도 흥미로울 것이라고 생각하네. 자네 앞에 있는 두 개의 책 중의 하나를 집어주게. 자네는 졸거[28]를 알고 있는가?"

"네, 물론입니다." 하고 나는 대답했다. "그뿐이겠습니까? 나는 이 사람을 아주 좋아합니다. 그가 번역한 소포클레스를 가지고 있는데, 이 번역과 그 서문을 읽고 오래전부터 그를 높이 평가하고 있었습니다."

"자네도 알고 있겠지만 그는 몇 년 전에 죽었어." 하고 괴테는 말했다. "그리고 지금 그의 유고와 편지를 모은 것이 출판되어 있네. 그가 플라톤의 대화 형식으로 쓴 철학적인 논문은 그렇게 잘 된 것은 아니야. 그러나 그의 편지는 대단한 것이지. 그 가운데 티크에게 〈친화력〉에 관해 보낸 것이 하나 있다네. 이것을 자네에게 꼭 읽어주어야 하겠어. 이 소설에 대해 이 이상 더 훌륭한 견해를 피력하는 것은 그렇게 쉬운 일이 아니기 때문이야."

괴테는 나에게 그 훌륭한 논고를 들려주었고 우리는 이것에 대해 순차적으로 논했다. 그의 위대한 성격을 증명하기에 충분한 견해와 그의 철저한 추론과 결론이 정연하게 구성된 것에 우리는 감탄했다. 졸거는 〈친화력〉에서 일어나는

---

[27] 메리메(1803~1870)는 1825년에 처녀작으로서 이 작품을 발표했다.
[28] 졸거(1780~1819), 베를린대학 교수로 낭만주의의 미학자이다.

사건이 모든 인물의 천성에서 비롯된 것을 인정하고 있지만, 에두아르트의 성격은 비난하고 있었다.

"그가 에두아르트를 좋지 않게 생각하는 것을 부당한 처사라고 할 수만은 없네." 하고 괴테는 말했다. "나 역시 그를 좋게 생각하지 않아. 그러나 나는 사건을 나타내기 위해 그를 그렇게 만들지 않을 수 없었지. 좌우간 이 인물은 많은 진실성을 가지고 있네. 왜냐하면 에두아르트와 같은 상류계급 사람들은 흔히 고귀한 성격 대신 제멋대로의 행동만을 보여주기 때문이지.

졸거는 다른 어떤 사람보다도 건축가를 높이 평가하고 있어. 왜냐하면 이 소설의 다른 인물들은 모두 사랑에 빠지고 나약함을 드러내고 있지만, 이 사람만은 유일하게 굳세고 자유로우며 활달하게 행동하기 때문이야. 또한 그가 가진 성격의 장점은 그가 다른 인물들이 범하는 과오에 빠지지 않는 점에 있는 것이 아니라, 작가가 그를 과오에 빠질 수 없을 만큼 위대한 인물로 묘사한 점에 있다고 하였네."

이러한 평에 우리는 기뻐했다. "이것은 사실 대단한 명언이지." 하고 괴테는 말했다.

"나도 역시 건축가의 성격이 아주 훌륭하고 사랑스러운 것이라고 생각하고 있었습니다. 그러나 그가 그 본성으로 사랑의 갈등에 말려들어 갈 수 없었다는 점이 바로 그의 장점이 된다는 사실은 전혀 깨닫지 못했습니다."

"그 점에 대해서 놀랄 필요는 없어." 하고 괴테는 말했다. "왜냐하면 나 자신도 그것을 썼을 당시에는 그렇게 생각하지 않았네. 그러나 졸거의 말이 맞아. 확실히 이 인물에게는 그런 점이 있지."

"이 논문은" 하고 괴테는 말을 계속했다. "벌써 1809년에 쓰였지. 그러므로 그때 〈친화력〉에 관해 이처럼 호의적인 말을 들을 수 있었으면 나도 기뻤을 거라네. 그 당시나 그 이후에도 저 소설에 대해서 기분 좋은 말을 해 주는 사람은 별로 없었거든.

졸거는 이 편지에서도 알 수 있듯이 나에게 대단한 호의를 가지고 있었지. 그는 어떤 편지에서 자신이 나에게 소포클레스를 증정하였건만 아무런 답장도 받지 못했다고 한탄하고 있네. 아 정말이지! 나에게도 사정이 있었으니 그것은 이상하게 생각할 일은 아니지. 나는 많은 사람들로부터 선물을 받는 높은 분들을 알고 있네. 그들은 모든 사람에게 답장을 보내기 위해 일정한 서식과 틀에 박힌 말을 만들어 두었다가 백 통 이상의 편지를 발송하지. 편지 내용은 모두 똑같고 상투적인 문구로 일관하고 있어. 그러나 이런 것은 나의 성미에는 맞지 않네. 만약 누구에게나 그때그때의 사항에 따라 적절하고 독특한 말을 할 수 없다면,

⟨친화력⟩에 나오는 유복한 남작 에두아르트

나는 차라리 전혀 쓰고 싶지 않았어. 꾸며대는 상투어에는 아무런 가치가 없다고 생각했기 때문이라네. 그런데 그것이 내가 기꺼이 답장을 쓰고 싶었던 많은 훌륭한 사람들에게 아무런 회신을 드리지 못하는 결과가 되어 버렸어. 내 사정이 어떤 것인가. 매일 사방팔방으로부터 얼마나 많은 증정본이 들어오는지 자네도 잘 알고 있지. 그러므로 모두에게 형식적일지라도 일일이 답장을 쓴다고 하면 일생이 걸러도 끝내지 못 할 것이네. 그러나 졸거에게는 정말로 못할 짓을 했네. 그는 너무나 훌륭했기 때문에 다른 많은 사람을 제쳐놓고서라도 친밀한 편지를 써 보냈어야 마땅했지.”

나는 집에서 되풀이하여 읽고 있는 그의 단편소설 쪽으로 화제를 돌렸다. “첫 번째 부분은 발단에 지나지 않기 때문에 거기에는 필요 이상의 것은 나타나 있지 않습니다. 그러면서도 그것이 아주 우아하게 쓰여 있기 때문에, 다른 부분을 위해 쓰인 것 같이 생각되지 않고 오히려 독립되어 있어 그것만으로도 가치가 있는 것으로 생각됩니다.”

괴테는 말했다. “그렇게 생각한다면 고마운 일이네. 그러나 아직 손을 대지 않으면 안 되는 곳이 한 군데 있지. 올바른 발단의 법칙에 따라 나는 이 동물의 임자를 재빨리 책머리 쪽에 등장시키지 않으면 안 되네. 또 후작부인과 숙부가

말을 타고 노점 옆을 지나갈 때, 사람들이 후작 부인에게 자신들의 노점을 방문해 주는 영광을 베풀어 달라고 간청하도록 해야겠어." "물론이지요." 하고 나는 말했다. "말씀하신 대로입니다. 다른 것이 모두 발단에서 암시되어 있기 때문에 이 사람들도 그렇게 해야 합니다. 그들은 언제나 금전에 구애받고 있기 때문에 분명히 후작 부인이 그냥 지나가게 놔두지는 않을 것입니다."

"보다시피" 하고 괴테는 말했다. "이런 일은 대체로 완성되었다고 하더라도 개별적인 것에 있어서는 여전히 손을 대야 할 데가 있는 법이지."

이어 괴테는 요사이 그를 자주 방문하여 그의 작품 몇 편을 번역하고 싶다고 하는 어떤 외국인에 대해 말했다. "그는 착한 사람이야. 그러나 문학적인 면에 있어서는 순전히 딜레탕트인 것 같아. 왜냐하면 아직 독일어도 제대로 하지 못하면서 벌써 번역에 대해서 얘기하고, 책 속에 어떤 초상화를 넣을 것인지 말하고 있기 때문이지. 이런 일에 으레 있는 여러 가지 어려운 문제에 대해서는 아랑곳하지 않고, 언제나 해내지 못할 일을 계획하는 이것이야말로 호사가의 본성일세."

1827년 1월 29일 목요일 저녁

단편소설의 원고와 베랑제의 책을 가지고 7시 반경에 괴테를 찾아갔다. 마침 소레 씨가 와서 프랑스의 신문학에 대해서 괴테와 이야기를 나누고 있었다. 나는 흥미를 갖고 경청하였다. 그러다가 최근에 재능이 있는 사람들이 들릴[29]에게서 좋은 시를 쓰는 방법을 많이 배우고 있다는 것이 화제에 올랐다. 제네바 태생인 소레 씨의 독일어는 그렇게 유창하지는 못했지만 괴테가 프랑스어를 상당히 거침없이 잘 구사했기 때문에 대화는 프랑스어로 계속되었고, 내가 끼어들 때만 그저 드문드문 독일어를 섞었다. 나는 호주머니에서 베랑제의 책을 꺼내 괴테에게 건네주었다. 괴테는 이 멋진 노래를 다시 한번 읽고 싶다고 말했다. 이 시집의 권두에 나와 있는 초상을 보고 소레 씨는 베랑제의 실물과 비슷하지 않다고 말했다. 괴테는 아름다운 장정본을 손에 들고 기뻐했다. "이들 노래는

---

29) 들릴(1738~1813). 프랑스의 시인으로, 그의 작품 중 유명한 것으로는 교훈시 〈정원들〉이 있다.

완벽해. 특히 반복적으로 연속하는 환호성의 노랫소리를 첨가해 생각하면 이런 종류의 작품으로는 걸작이라고 할 수 있지. 그렇게 하지 않아도 이들 노래는 이미 가요로서는 너무나 엄숙하고 너무나 기지에 차 있고, 그리고 너무나 격언시풍이야. 나는 베랑제를 읽으면 호라티우스나 하피스가 생각난다네. 이 두 사람 역시 자기 시대를 초월하여 그 풍속의 타락을 조롱하며 우롱하듯 표현했기 때문이지. 베랑제는 그의 시대환경에 대해 같은 태도를 취하고 있네. 그러나 그는 낮은 계급 출신이기 때문에 방탕한 것, 야비한 것을 그토록 미워하지는 않지. 그래서 그는 일종의 애착을 갖고 이런 것을 취급하고 있어."

이처럼 베랑제 그리고 다른 최근의 프랑스 시인에 대해 여러 가지 이야기를 한 뒤에 소레 씨는 궁정으로 돌아갔고, 나는 괴테와 단둘이 남게 되었다.

그의 책상 위에는 봉인된 소포 하나가 있었다. 괴테는 그 위에 손을 올려놓았다. "이게 뭐라고 생각하는가?" 하고 그는 말했다.

"이건 〈헬레나〉[30]야. 코타에서 인쇄하기 위해 보내는 것이야." 나는 이 말을 듣고 뭐라 표현할 수 없는 이 순간의 의의를 온몸으로 느꼈다. 그것은 마치 앞으로 어떤 운명을 체험하게 될지 아무도 모르는, 새로 만들어진 배가 처음으로 큰 바다로 나아가는 것을 지켜보는 것과 같은 순간이었다. 한 위대한 거장이 심혈을 기울인 작품이 이제야 이 세상으로 나가려고 한다. 그리고 이 작품은 오랜 세월에 걸쳐 영향을 끼칠 것이고 갖가지 운명을 빚어낼 것이며, 그것을 체험하여 갈 것이다.

괴테는 말했다. "나는 오늘에 이르기까지 이것을 그 세부에 걸쳐 손질하고 수정하였네. 그러나 이제는 바람직한 상태로 정리가 다 됐어. 그리고 지금 이것을 우편으로 보내고, 완전히 해방된 심정으로 다른 일에 착수할 수 있게 되었으니 이제는 기쁘기만 하네!—독일문화도 이제는 믿어지지 않을 만큼 높은 수준이 되었어. 이젠 이런 작품이 언제까지나 이해되지 않고 영향을 끼치지도 못할 것이라고 두려워할 필요가 없기 때문에 안심할 수 있지."

"〈헬레나〉 속에는 고대의 모든 것이 담겨 있습니다." 내가 말하자 괴테가 대답

---

[30] 이 장면의 완성은 곧 〈파우스트〉 제2부 제3막의 완성을 의미한다.

했다. "그렇고말고. 언어학자들은 연구할 거리를 많이 발견하게 될 것이야."

내가 다시 말했다. "나는 고대 부분에 대해서는 걱정하지 않습니다. 왜냐하면 아주 자세하게 세부에 걸쳐 쓰여 어떤 부분도 철저하게 묘사되어 있으니, 일일이 말해야 할 부분은 이미 충분히 서술되어 있기 때문입니다. 그러나 현대의 낭만적인 부분은 아주 난해합니다. 그 배후에는 세계사의 절반이 숨겨져 있으니까요. 이렇게 소재는 아주 방대한데도 그 취급은 암시에 머물러 있어서, 독자들에게 아주 큰 부담이 될 것입니다."

"그래도" 괴테는 말했다. "모든 것이 구체적인 것이기 때문에 극장에서 상연되는 경우엔 누구라도 충분히 이해할 것이야. 나는 그 이상의 것을 원하지 않아. 다만 많은 관객들이 이 광경을 보고 기뻐하기만 하면 그것으로 좋은 것이지. 전문가라면 그 부분에 깊은 의미가 담겨 있다는 것을 놓치지 않을 것이야. 이것은 〈마술피리〉나 다른 경우에도 마찬가지지."

나는 말했다. "이 희곡은 비극으로 시작되지만 오페라로 끝나기 때문에 틀림없이 무대에서 지금까지와는 다른 인상을 줄 것입니다. 그러나 이러한 인물들의 위대함을 연기하고 고상한 말과 시구를 말한다는 것은 쉬운 일이 아닐 것입니다."

"제1부에서는" 하고 괴테는 말했다. "일류의 비극 배우가 필요하네. 나중의 오페라 부분 역시 일류의 남성 가수와 여성 가수가 맡아서 해야지.—헬레나역은 혼자만으로는 안 되고 훌륭한 두 사람의 여류 예술가가 맡아서 해야 하네. 왜냐하면 여류 음악가가 음악적 자질과 동시에 비극 여배우로서의 훌륭한 재능을 겸비한다는 것은 극히 드문 일이기 때문이야."

"전체적으로" 하고 나는 말했다. "무대 장치나 무대 의상은 아주 화려하고 다채로운 것이 될 것입니다. 더 말할 필요도 없이 나는 이것이 무대에 올려지는 것을 기쁜 마음으로 고대하고 있습니다. 다만 정말로 훌륭한 작곡가가 그것을 작곡해 줄 수 있다면 좋겠습니다!"

"그것은 역시" 하고 괴테는 말했다. "마이어베어[31]처럼 오랫동안 이탈리아에서

---

31) 마이어베어(1791~1864). 첼터의 제자로 오페라 작곡가이다. 1816년부터 1824년까지 이탈리아로 가서 로시니 밑에서 그의 오페라 양식을 습득했다.

생활하여, 독일 기질과 이탈리아적인 양식을 결합할 수 있는 사람이라야 할 것이야. 틀림없이 그런 사람을 발견할 수 있을 거라고 믿는다네. 나는 오직 이 일에서 해방되어 기쁠 뿐이야. 합창대[32]가 다시 저승으로 내려가지 않고, 밝은 대지에서 자연 속으로 몸을 던지려 하는 착상에 대해서는 사실 나도 자부하는 바일세."

"이것은 영생을 새롭게 양식화한 것이라고 하겠습니다."라고 나는 말했다.

"그런데" 하고 괴테가 말했다. "그 단편소설은 어떻게 되었는가?"

"여기 가지고 왔습니다. 다시 한번 읽고 보니 각하가 계획한 변경은 실행하지 않는 것이 좋겠습니다. 그 사람들이 살해된 호랑이 옆에 전혀 미지의 새로운 인물로서 전혀 색다른 이상한 복장과 거동으로 처음 등장하여, 자기들이 호랑이의 사육주라고 알리는 것은 대단한 효과가 있습니다. 그러나 만약 그 이전의 발단 속에 그들을 등장시켜 버리면 이 효과는 완전히 약해질, 아니 없어져 버릴 것입니다."

"자네 말이 맞아." 하고 괴테는 말했다. "그대로 놔두는 것이 좋겠어. 두말할 것 없이 전적으로 자네 말이 맞아. 처음에도 그 사람들을 등장시키지 않겠다는 구상이 서 있었을 것이야. 그렇지 않았다면 그들을 빠뜨리지는 않았을 테니까 말이야. 이해를 도우려고 그런 변경을 생각한 것인데, 그것이 하마터면 실수가 될 뻔했네. 그러나 이것은 주목할 만한 미학상의 한 예라고 할 수 있겠구먼. 우리에게 규칙을 깨더라도 실수를 피하지 않으면 안 된다는 것을 보여 주있으니 말일세."

이어서 단편소설에 어떤 표제를 붙여야 할 것인가 하는 것이 화제에 올랐다. 우리는 서로 여러 가지 제안을 해 봤지만 그중 어떤 것은 처음 쪽에 맞고 다른 것은 마지막 쪽에 맞고 하는 식이었기 때문에, 전체에 꼭 들어맞는 것은 하나도 찾아낼 수 없었다.

"이렇게 하면 어떻겠는가." 하고 괴테는 말했다. "이것을 〈노벨레〉라고 불러보는 거야. '노벨레'란 다름 아닌 이때까지 없었던 사건을 담는 것을 의미한다네.

---

[32] 〈헬레나〉에 등장하는 합창대를 형성하고 있는 소녀들은 영원히 활동하는 자연계를 이루고 있는 원소(땅, 물, 불, 바람)로 다시 돌아간다.

이것이 본래의 개념이지. 독일에는 〈노벨레〉라는 표제를 붙인 것이 많이 있지만, 그것들은 전혀 '노벨레'가 아니야. 단지 이야기 또는 뭐라고 이름을 붙여도 괜찮은 것이지. 전대미문의 사건이라는 본래의 의미에서 볼 때는 〈친화력〉도 '노벨레'라고 할 수 있겠군."

"우리가 골똘히 생각해 보면" 하고 나는 말했다. "시는 언제나 표제 없이 탄생하는 것입니다. 그리고 그것이 없어도 상관없는 것이기 때문에, 표제는 전적으로 관계가 없다고 생각해도 좋겠습니다."

"표제 같은 건 아무 관계가 없지." 하고 괴테는 말했다. "고대시에는 표제 같은 건 전혀 붙어 있지 않다네. 시에 표제를 붙이는 것은 근대인의 습관이야. 고대인의 시에도 훨씬 후에 와서 근대인들이 표제를 붙였던 것이지. 그러나 이 습관도 필요에서 생긴 것이야. 문학이 보급됨에 따라 작품명을 부르게 되었고 서로 구별을 짓지 않으면 안 되게 되었으니까 말일세."

"여기에" 하고 괴테는 말했다. "좀 색다른 것이 있지. 읽어 보게." 이 말과 함께 그는 게르하르트 씨[33]가 번역한 세르비아의 시를 넘겨주었다. 나는 그것을 읽고 아주 기분이 좋았다. 왜냐하면 그 시는 대단히 아름다웠고 그 번역은 간단명료했으며, 내용 또한 쉽게 관조할 수 있었기 때문이다. 그것에는 〈감옥의 열쇠〉라는 제목이 붙어 있었다. 줄거리의 진행 솜씨는 더할 나위 없이 좋았다. 그러나 결말이 갑자기 끊어지듯 끝나 있었기 때문에 어딘지 좀 불만족스러웠다.

괴테는 말했다. "바로 그것이 아름다운 점이지. 이것으로 가슴속에 가시가 남고, 독자의 상상력이 자극되어 어떻게 될 것인가 하고 자기 스스로 상상하게 되기 때문이야. 결말을 훌륭한 비극의 재료 그대로 남겨 놓고 있는데, 이것은 지금까지 여러 곳에서 사용된 방법이지. 이것과는 달리 이 속에 담고 있는 것은 정말로 새롭고 아름다운 것이야. 그리고 이런 취급 방법은 상당히 현명한 것일세. 시인은 오직 이것만 묘사하는 데에 그치고, 다른 것은 독자에게 맡기고 있으니까 말이야. 역자 게르하르트는 이 시를 잡지 〈예술과 고대〉에 발표하고 싶어 하지만 너무 길어. 그 대신 그에게 부탁하여 이 세 개의 시를 받았는데, 이것

---

[33] 게르하르트 씨(1780~1858). 바이마르의 상인이자 시인인 그는 세르비아의 민요와 영웅가요집을 독일어로 번역했다.

들을 다음 호에 발표하려고 생각하고 있네. 자네는 이 시들을 어떻게 생각하나. 자, 들어 보게."

이렇게 말하면서 괴테는 우선 젊은 아가씨를 사랑하고 있는 노인의 노래, 다음으로 여자들의 술잔치 노래, 그리고 마지막으로 힘찬 노래 〈춤을 춰 보여다오, 테오도르여〉를 읽었다.

우리는 게르하르트 씨를 칭찬하지 않을 수 없었다. 그는 시의 각 절과 후렴을 정말로 훌륭하게 소화하였고, 그 특색을 잃지 않고 모든 것을 부드럽고도 완전하게 마무리하고 있었다. 괴테는 말했다. "이것을 보면 게르하르트와 같이 기교상의 뛰어난 재능을 가진 사람이 훈련을 쌓으면 어떤 결과를 가져올 수 있는지 알 수 있지. 또한 그가 학자적인 직업이 아니라 현실적인 생활에 종사하고 있었던 것이 좋은 결과를 초래했어. 게다가 그는 영국이나 다른 나라들을 자주 여행하고 있지. 그러므로 현실과 접촉하는 그의 감각은 이 나라의 학구적인 젊은 시인을 훨씬 능가하고 있네. 만약 그가 언제나 훌륭한 전승에 따라서 단지 번역에만 전념한다면 괜찮은 작품을 산출할 것임이 틀림없지. 하지만 이와는 반대로 창작에 손을 대게 되면 그건 정말로 고생스럽고 어려운 일이 될 거야."

이와 관련하여 우리 나라의 젊은 현대 작가들의 작품을 여러 가지로 관찰하여 보았지만 그들이 훌륭한 산문을 쓴 적은 거의 없다는 이야기가 나왔다.

"이유는 아주 간단하지." 하고 괴테는 말했다. "산문을 쓰려면 어떤 알맹이 있는 것을 가지고 있어야 해. 그러나 알맹이를 가지고 있지 않은 사람이라도 시구나 운을 맞출 수는 있지. 시는 어떤 말이 다른 말을 불러 결국 엔간한 것이 탄생하네. 거기에 내용이 있는 것은 없지만 내용이 있을 법한 것을 만들 수는 있으니까 말일세. 그러나 산문은 이와는 다르지. 이것이 그 이유라네."

1827년 1월 31일 수요일

괴테와 함께 식사했다. "요사이 자네를 만나지 않는 동안" 하고 괴테는 말했다. "여러 가지 책을 많이 읽었지. 그중엔 특히 중국 소설도 한 권 있다네. 아직도 읽고 있긴 하지만, 이것은 정말로 주목할 만한 작품 같아."

"중국 소설을요?" 하고 나는 말했다. "그것은 틀림없이 아주 색다르겠지요?"

"우리가 생각하는 것처럼 그렇게 다른 점은 없네." 하고 괴테는 말했다. "이 사람들이 생각하는 것, 행동하는 것 그리고 느끼는 것은 거의 우리와 똑같아. 그래서 곧 그들도 우리와 같다는 것을 느끼게 되네. 다만 그들에게는 모든 것이 한층 더 명쾌하고 순수하고 윤리적이지. 그들은 모든 것이 이성적이고 시민적이면서도 또 격정적이야. 그러나 시적인 비약은 볼 수 없어. 그러므로 나의 〈헤르만과 도로테아〉나 리처드슨의 영국소설과 비슷한 점이 많지. 그런데 한 가지 다른 점은 그들에게 외적자연과 인간의 영상이 언제나 공존하고 있다는 것일세. 연못에서는 쉬지 않고 금붕어가 철벙거리며 소리를 내는 것이 들리네. 나뭇가지 위에서는 새가 쉬지 않고 지저귀는 소리가 들리고, 대낮은 언제나 명랑하니 양지바르고 밤은 언제나 맑게 개어 있지. 달 이야기가 자주 나오지만 그 때문에 주위의 풍경이 변하지는 않지. 월광은 낮과 마찬가지로 밝게 그려져 있어. 집의 내부는 그 나라의 그림에서 볼 수 있듯이 깔끔하고 사랑스럽지. 가령 '나는 사랑스러운 처녀들의 웃음소리를 들었다. 보았더니 그들은 아름다운 등의자에 앉아 있었다.' 어떤가 자네, 이 말을 듣고 곧 가장 사랑스러운 정경을 마음속에 떠올리게 되지 않았는가. 등의자라고 하면 우리는 곧잘 아주 경쾌하고 우아한 기분이 되기 마련이니까 말일세. 그리고 헤아릴 수 없이 많은 전설이 이 이야기 속에 같이 들어 있네. 그것들은 마치 격언처럼 사용되고 있지. 가령 한 소녀를 묘사해서 다리가 경쾌하고 부드러워 꽃 위에 올라타고 몸을 흔들어도 그 꽃이 부러지지 않을 정도라고 하고 있네. 또한 한 젊은 사나이는 품행이 단정하고 용감했기 때문에 나이 30세에 황제와 말을 나누는 영광을 가졌다는 설화도 있어. 또한 서로 극진히 사랑하는 두 사람의 설화도 있는데, 그들은 오랫동안 교제하고 지내면서도 아주 조심성이 있게 처신하고 있지. 한번은 그 두 사람이 할 수 없이 한방에서 밤을 지내게 되었는데도, 그들은 서로 이야기를 나누면서 밤이 밝아오는 것을 기다려 손 한 번 잡지 않았다고 되어 있어. 이렇게 윤리적으로 예의 바른 전설이 수없이 많지. 모든 일에 걸쳐 이처럼 엄격하게 절도를 지켰기 때문에 중국은 수천 년에 걸쳐 유지되어 왔고 앞으로도 오래 존속할 수 있을 것이야."

"이 중국의 소설과 놀랄 만큼 현저하게 대조를 이루고 있는 것은" 하고 괴테는 계속했다. "베랑제의 가요이지. 이 작품의 거의 모든 것이 비윤리적이고 방종한 소재로 성립되어 있기 때문에, 베랑제와 같은 위대한 작가가 이런 소재를 취급하지 않았더라면 지극히 혐오스러운 것이 되었을 것이야. 하지만 그의 뛰어난 역량 덕분에 이것은 읽을 수 있는 작품이 되었어. 아니 그뿐이겠는가, 오히려 우아한 것이 되었지. 그런데 자네는 어떻게 생각하고 있는가. 중국 시인이 사용하고 있는 소재가 이렇게 윤리적이고, 프랑스의 현대 일류시인이 쓰는 소재는 그 정반대라는 사실은 지극히 주목할 만한 일이 아니겠는가?"

"베랑제와 같은 재능을 가진 사람은 윤리적인 소재를 어떻게 취급해야 할지 몰랐을 것입니다."

"자네 말이 옳아." 하고 괴테는 말했다. "바로 그의 시대가 광기를 부리고 있었기 때문에, 베랑제의 타고난 좋은 천성이 더욱 드러나고 꽃을 피운 것이지."

"그렇지만" 하고 나는 말했다. "이 중국소설은 그 나라의 최고 걸 작중의 하나가 아닐까요?"

"절대로 그렇지 않네." 하고 괴테는 말했다. "중국인들은 이 정도의 것은 수천 개나 가지고 있지. 우리 조상들이 아직 숲속에서 원시생활을 하고 있을 때부터 벌써 그들은 이런 걸 쓰고 있었던 거라네."

괴테는 말을 계속했다. "시는 인류의 공유재산이라는 것, 또한 어느 시대 어디에서도 수없이 많은 인간이 있는 곳에서 탄생하고 있다는 것을 나는 요사이 더욱더 확실하게 깨닫게 된다네. 어떤 시인이 다른 시인보다 어느 정도 더 좋은 것을 창작했다고 하더라도, 그것은 다른 작품들보다 좀 더 오래 표면에 떠 있을 뿐으로 그 이상의 의미를 가질 수는 없는 것이야. 그러므로 폰 마티손 씨[34])처럼 자기가 스스로 위대하다고 생각해서는 안 되지. 나 역시도 나 자신이 위대하다고 생각해서는 안 될 테지. 오히려 시적 재능이라는 것은 그렇게 희귀한 것이 아니고, 또 좋은 시를 썼다고 해서 자부할 만한 특별한 이유가 조금도 없다는 것을 마음속 깊이 새겨두어야 하지. 그러나 사실 우리 독일인들은 우리 자신의 환경과 같은 좁은 시야에서 빠져나가지 못하면 아주 쉽게 현학적인 자만에 빠

---

34) 폰 마티손(1761~1831). 교사로서 극장지배인 그리고 도서관장을 역임하였고, 많은 시를 썼다. 특히 베토벤은 그의 시 〈아델라이데〉를 작곡하여 불멸의 독일 가곡 중 하나로 만들었다.

지게 되지. 그러므로 나는 즐겨 다른 나라 국민에게 눈을 돌리고 있고, 또 누구에게나 그렇게 할 것을 권하고 있어. 오늘날에는 국민문학이란 것이 큰 의미가 없어.

이제는 세계문학[35]의 시대가 시작되고 있지. 그러므로 우리 각자는 이런 시대의 도래 촉진을 위해 노력을 다하지 않으면 안 되네. 그러나 우리가 외국문학을 존중할 때도 특별한 것에 집착하여 그것을 모범으로 삼아서는 안 된다네. 우리는 중국의 작품을 모범이라고 여긴다든가 세르비아의 것, 혹은 칼데론의 것, 혹은 니벨룽겐을 모범이라고 생각해서는 안 되는 것이야. 모범을 찾아 나서야 한다면 우리는 언제나 고대 그리스인으로 거슬러 올라가야 하지. 그들의 작품 속에는 언제나 아름다운 인간이 그려져 있어. 그 외의 모든 것은 역사적으로 고찰하고, 가능한 한 그중에서 좋은 것들을 내 것으로 섭취하면 되는 것이야."

나는 괴테가 이처럼 중대한 문제를 연이어 이야기하는 것을 듣고 기뻐했다. 집 앞을 지나가는 썰매의 방울 소리가 우리를 창가로 유인했다. 우리는 이날 아침 벨베데레로 향해 떠나간 대행렬이 다시 돌아오는 것을 기다리고 있었다. 괴테는 그사이에 유익한 이야기를 계속했다. 알렉산더 만초니에 대한 말이 나왔다. 괴테는 나에게 라인하르트 백작이 얼마 전에 파리에서 그를 만났다고 이야기해 주었다. 백작에 의하면 그는 유명한 작가로서 사교계에서 인기가 대단했고, 지금은 밀라노 근교의 자기 영지에서 가족과 어머니가 함께 행복하게 지내고 있다고 했다.

괴테가 말했다. "다만 아쉬운 것은 만초니가 자기가 얼마나 훌륭한 시인인지, 또 그러한 시인으로서 어떠한 권리가 주어지고 있는지를 스스로 이해하지 못하고 있다는 것이지. 역사를 너무 존경한 나머지 자기 작품에 즐겨 주석을 달려

---

[35] 지금은 세계문학의 시대다. 괴테의 청년시절에는 영국의 셰익스피어와 프랑스의 볼테르가 그에게 막대한 영향을 끼쳤다. 그러나 오늘날에 와서는 괴테 자신이 외국의 젊은 작가들에게 그와 같은 영향을 주고 있고, 외국 작가들은 그를 스승으로 섬기고 있었다. 그러한 때 세계문학 시대가 시작하고 있음을 깨닫고 있던 괴테는, 당시 프랑스, 영국 그리고 독일 작가와 지식인들 사이에서 진행되고 있던 돈독한 관계를 계속 촉진해야 한다는 것을 강조하고 있다.

고 하고 있어. 이렇게 함으로써 그는 역사의 하나하나 사실마다 자기가 얼마나 충실하였는가를 증명하려 하고 있지. 그러나 그가 그리고 있는 사실은 역사적이지만, 그가 그리는 인물은 그렇지가 않아. 이것은 나의 〈토아스〉나 〈이피게니에〉도 마찬가지야. 자기가 묘사하고 있는 역사상의 인물을 알고 있는 시인은 없었지. 그러나 설사 그를 알고 있었다고 하더라도 그 인물을 작품으로 살린다는 것은 어려운 일이야. 시인은 자기가 올리고자 하는 효과를 분별하여, 여기에 따라 여러 인물의 성질을 조절해 가지 않으면 안 되네. 내가 만약 에그몬트를 역사에서 전하는 대로 어린아이가 한 열두 명쯤 달린 아버지로 그렸다면, 그의 부족하고 멍청한 행동은 사리에 어긋나는 것으로 보였을 것이야. 그러므로 나는 그의 행동과 나의 창작상의 의도를 한층 더 잘 조화시키기 위해 또 하나의 에그몬트를 창작하지 않으면 안 되었지. 이것이 클레르헨이 말한 대로 '나의 에그몬트'인 것이네.

또한 만약 시인이 그저 역사가가 쓴 역사를 그대로 되풀이하여 글을 써야 한다면, 도대체 시인은 무슨 필요가 있다는 말인가! 시인은 한 걸음 더 나아가 가능한 더 고상하고 더 훌륭한 것을 창작해야 하지. 소포클레스가 그려낸 여러 인물은 모두 이 위대한 시인의 고매한 영혼을 담고 있어. 이것은 셰익스피어의 여러 인물이 셰익스피어의 정신을 짊어지고 있는 것과 마찬가지야. 그리고 이것은 옳은 것이며 마땅히 그래야 하지. 그뿐만 아니라 셰익스피어는 한 걸음 더 나아가 그의 로마인들을 영국인으로 만들고 있지만, 이것도 또한 당연한 일이지. 그렇게 하지 않았더라면 그의 국민들은 그를 이해하지 못했을 것이야."

"이런 점에서도" 괴테는 말을 계속했다. "그리스인은 정말로 위대했지. 그들은 시인이 역사적 사실에 충실하였는지보다는 역사적인 사실을 어떻게 취급하였는가를 더 중요시했어. 다행히도 우리는 오늘날 〈필록테테스〉[36]를 둘러싸고 있는 훌륭한 예증을 볼 수 있네. 세 사람의 위대한 비극작가는 한결같이 이 주제

---

36) 필록테테스는 아버지에게서 물려받은 활과 화살을 가지고 트로이 원정에 참가했으나, 뱀에게 물려 심한 악취를 풍기게 된다. 그러자 동료들은 그를 렘노스섬에 내버려두고 떠나 버린다. 하지만 트로이의 함락은 필록테테스의 활과 화살에 의해서만 가능하다는 예언이 내려지자 오디세우스가 다시 그를 찾아 트로이로 데려왔고, 그는 그 활과 화살로 트로이 왕을 사살한다.

를 취급하고 있지. 소포클레스가 맨 마지막으로 다루었지만 그의 것이 제일 훌륭한 것이었네. 다행히도 이 시인의 훌륭한 희곡작품은 원래대로 우리에게 전해 내려오고 있지. 이와는 반대로 아이스킬로스와 유리피에스의 〈필록테테스〉는 단편만이 발견되었지만, 그것만으로도 그들이 각각 이 주제를 어떻게 다루었는지 충분히 알아낼 수 있네. 만약 나에게 틈이 생기면 이 희곡작품들을 복원하고 싶다네. 유리피데스의 〈파에톤〉을 복원해 본 일도 있고, 또[37] 이런 일은 결코 나에게 불쾌하고 무익한 것이 아닐 거야.

 이 주제에 있어서 문제는 아주 간단하네. 즉 필록테테스를 활과 함께 렘노스 섬에서 데리고 돌아오는 것을 그리면 되는 거지. 어떠한 방법을 써서 이것을 해낼 것인가 하는 것이 시인의 몫이야. 이 점에서 시인 각자는 구상력의 솜씨를 보여줄 수 있고, 또한 누구보다도 자기가 뛰어나다는 것을 보여 줄 수 있네. 오디세우스가 그를 데리고 와야 하겠지. 그러나 그가 필록테테스에게 자신의 정체를 알려도 좋을 것인가 안 될 것인가, 또는 누군지를 알아차리지 못하게 하려면 어떻게 해야 할 것인가? 오디세우스 혼자서 가야 할 것인가, 그렇지 않으면 누군가와 함께 가야 하는 것인가? 또 그렇다면 누가 그와 함께 갈 것인가? 아이스킬로스의 작품에서는 동반자가 알려지지 않았지만 유리피데스의 작품에서는 디오메드이고, 소포클레스의 작품에서는 아킬레스의 아들이지. 또한 필록테테스를 어떤 환경 속에 놓을 것인가? 그 섬에 사람이 살고 있는 것으로 할 것인가, 그렇지 않으면 무인도로 할 것인가? 그리고 만약 사람이 살고 있다고 한다면 어떤 동정심이 많은 자가 그를 보살펴 준 것으로 할 것인가, 아니면 말 것인가? 이 외에도 수없이 많은 사항이 있지만 시인은 이 모든 것에 그의 재량을 발휘하여 하나를 선택하고 다른 것은 버려야 하네. 그 여하에 따라, 한쪽이 다른 쪽보다 비교하여 한층 더 높은 예지를 가졌음을 나타낼 수 있지. 이 점은 매우 중요한 것으로 현대의 시인들도 이것을 배워야 해. 어떤 주제가 이미 취급됐는지도 알아야 하지. 또 멀리 남국과 북국에서 일어난 보기 드문 사건은 없는가, 혹시 그런 곳에서 일어난 야만적이면서도 단순한 일들이 감명을 주는 소

---

[37] 괴테는 1823년 '유리피데스의 비극 〈파에톤〉의 단편의 원상복구를 시도하면서'라는 논문을 발표했다.

재가 될 수 있는 것은 아닌가 고민해야 하는 걸세. 그러나 단순한 주제를 훌륭하게 취급하고 이것이 제구실할 수 있는 것으로 마무리하기 위해서는 위대한 정신과 재능이 필요하지. 그러나 이런 것이 현재에는 결여되어 있네."

썰매가 지나갔기 때문에 우리는 다시 창가로 다가갔다. 그러나 그것은 우리가 은근히 기다리고 있는 벨베데레에서 오는 행렬이 아니었다. 우리는 계속 두서없이 이것저것 이야기하면서 노닥거렸다. 이어 나는 예의 단편소설은 어떻게 됐는가 하고 물었다.

"요즘 나는 그것에는 손을 대지 않고 있네." 하고 그는 말했다. "그러나 발단 부분에서 한 군데에만 더 손을 대보려고 하네. 말을 탄 후작 부인이 오두막집 옆을 지나갈 때, 사자가 으르렁거리는 것이 좋겠지. 그렇게 하면 다소나마 이 맹수가 얼마나 무서운 존재인가 하는 것을 알아차리게 할 수 있을 테니까 말이야."

"아주 좋은 생각입니다." 하고 나는 말했다. "그것은 발단 자체로서 분명 필연적인 제자리를 얻고 있을 뿐만 아니라, 앞으로 전개되는 모든 것에 상당히 큰 효과를 미칠 수 있기 때문입니다. 지금까지는 사자가 너무나 유순해서 야성적인 면모를 조금도 나타내고 있지 않습니다. 그러나 사자가 으르렁거리게 되면 석어도 독자들은 그 무서움을 예감할 것입니다. 또 그 후 어린아이의 피리 소리에 따라 유순하게 되는 것이기 때문에, 이것은 한층 더 큰 효과를 올리는 셋이 될 것입니다."

"이런 식으로 바꾸거나 고치는 것도" 하고 괴테는 말했다. "연달아 생각이 떠올라 불완전한 것을 완전한 것으로 승화시켜 가는 경우에는 옳은 방법이지. 그러나 빈틈없이 잘 돼 있는 것을 문제 삼아 다시 고친다든지 여러모로 만지작거리는 사람이 있네. 가령 월터 스콧은 나의 〈미뇽〉을 그렇게 했지. 그는 그녀의 모든 특색을 지워 버렸고, 게다가 귀머거리와 벙어리로 만들어 버렸어. 그러니 나로선 그런 식으로 바꾸어 버리면 칭찬할 수가 없네."

1827년 2월 1일 목요일 저녁

괴테는 나에게 프로이센의 황태자가 대공과 함께 그를 방문했다고 말해 주었다. "프로이센의 왕자 칼과 빌헬름 두 분도 오늘 아침에 오셨지. 황태자는 대공과 함께 약 3시간가량 있으면서 여러 가지 이야기를 하셨어. 나는 이 젊은 황태자의 정신과 취미, 지식 그리고 사고방식 등 모든 것을 높이 평가하게 되었네."

괴테는 〈색채론〉의 한 권을 자기 앞에 내놓았다. 그는 말했다. "아직도 자네에게 색채의 음영 현상에 대한 답을 해 주지 않았지. 그러나 이 현상에는 여러 가지로 전제가 필요하며 여러 가지 다른 것과도 연관이 있기 때문에, 오늘도 전체를 간추린 설명을 하려고 하지는 않겠네. 그것보다는 우리가 밤에 함께 만날 때를 이용하여 이 색채론을 함께 읽는 것이 좋을 것 같아. 그렇게 하면 우리의 이야기 주제도 확실해질 것이고, 자네 자신도 모르는 사이에 학설 전체를 터득할 수 있게 될 것이기 때문일세. 일단 나에게서 전달된 것은 자네 속에서 생명을 가지고 다시 생산적인 지식이 될 것이야. 그렇게 되면 이 학문도 곧 자네의 소유물이 될 것이네. 자 이제 제1장을 읽어 보도록 하게."

이렇게 말하면서 괴테는 내 앞에 펼쳐진 책을 갖다 놓았다. 나는 그가 나를 위해 베푼 이 호의를 아주 고맙게 생각했다. 나는 생리학적 색채의 처음 제1장을 읽었다.

"자네도 알다시피" 하고 괴테는 말했다. "우리의 가슴속에 없는 것은 동시에 우리의 밖에도 없지. 그리고 외부의 세계가 색채를 가지고 있듯이 우리의 눈에도 색채가 있네. 이 학문에서는 무엇보다 객관과 주관의 엄격한 구분이 중요하기 때문에, 나는 당연히 무엇보다 눈에 속하는 색채부터 시작했지.[38] 그리고 우리가 색채를 지각할 때 이것이 실제로 우리의 외부에 실존하는 것인가 그렇지 않으면 눈 스스로가 만들어 내는 단순한 가상인가, 이것을 정확하게 구별하기 위함이었지. 그러므로 우선 모든 지각과 관찰이 일어나는 기관을 처리함으로써 이 학문의 강독을 올바르게 끝냈다고 생각하네."

나는 더 나아가 색채의 요구에 관한 흥미 있는 항목까지 읽어 나갔다. 여기

---

38) 괴테는 〈색채론〉의 첫머리에, 야코브 뵈메(1575~1625)의 말 '눈이 태양을 갖고 있지 않았다면 우리는 어떻게 빛을 볼 수 있다는 말인가…'을 적고 있다.

에서는 눈은 변화를 요구한다고 설명하고 있었다. 다시 말해 눈은 결코 한 가지 색채에만 머물러 있는 것을 좋아하지 않고 곧 다른 색채를 요구한다는 것이다. 그리고 그 요구는 그 색채가 실제로 존재하지 않을 때는 스스로 그 색을 만들어 내려고 할 정도로 아주 강렬한 것이라고 쓰여 있었다.

또한 이것은 자연 전체를 관통하고 있는 일대 원칙인 것이며, 모든 생명과 모든 삶의 기쁨은 여기에 의거하고 있다고 말하고 있었다. "이것은" 하고 괴테는 말했다. "단지 모든 감각에 있어서만 그런 것이 아니라, 우리의 한 단계 높은 정신적인 활동에도 해당하는 것이야. 그러나 눈은 특수한 감각기관이기 때문에, 이 변화를 요구하는 법칙[39]은 특히 색채에 뚜렷하게 나타난다네. 그래서 색채의 경우에는 특히 확실하게 우리에게 의식되는 것이지. 우리의 마음을 매우 흐뭇하게 해 주는 여러 가지 무용이 있는데, 그 음악 속에 장조와 단조가 서로 교대하면서 나타나기 때문이야. 이와는 반대로 단지 장조만으로 또는 단조만으로 이루어진 무용은 곧 싫증을 느끼게 되네."

"이와 똑같은 법칙이" 하고 나는 말했다. "훌륭한 양식의 기초가 되는 것 같습니다. 그런 양식은 지금 막 사용한 음악을 다시 쓰는 것을 무슨 일이 있어도 피합니다. 만약 극장에서 이 법칙을 잘 이용하게 되면 아주 이로운 점이 많을 것입니다. 특히 비극에서 한 음조가 아무런 변화 없이 한결같이 계속되면 짓눌리는 것같이 답답하고 진절머리가 날 것입니다. 또한 비극을 상연할 때 오케스트라가 막간에 슬프고 우울한 음악을 들려주면 참을 수 없는 기분이 되어 그서 도망쳐 나오고 싶을 것입니다."

"아마" 하고 괴테는 말했다. "셰익스피어가 비극 짬짬이 짜 넣은 명랑한 장면들은 이런 변화를 요구하는 법칙에 따른 것일 것이야. 그러나 이것은 그리스인의 한층 더 숭고한 비극에는 적용되지 않는 것 같아. 오히려 그리스의 것에는 일종의 일관적인 흐름이 전체를 관통하고 있지."

"그리스의 비극은" 하고 나는 말했다. "그렇게 길지 않기 때문에 같은 음조로 관철되어 있어도 지루하지 않습니다. 게다가 또 합창과 대화가 번갈아 가면서

---

[39] 〈색채론〉 제38절에 나오는 내용이다.

나타나고, 숭고한 정신이라고 하더라도 지루한 감을 주는 그러한 종류의 것은 아닙니다. 왜냐하면 언제나 일종의 억센 현실성이 그 밑바닥에 깔려 있고, 그것은 언제나 밝은 성질을 가지고 있기 때문입니다."

"자네가 말한 대로일 것이야." 하고 괴테는 말했다. "이 그리스 비극이 변화를 요구하는 보편적인 법칙에 어느 정도까지 따라가고 있는지 하는 것은 한번 연구해 볼 가치가 있을 것이야. 이제 자네도 모든 것이 서로 관련되어 있다는 것, 그래서 색채론의 한 법칙까지도 그리스 비극의 연구에 사용될 수 있다는 것을 알 수 있을 것이야. 그러면서도 우리가 삼가야 할 것은 이러한 법칙을 함부로 남용하여, 기타 여러 가지 것에 기반으로 삼으려고 하는 일이야. 그것보다는 오히려 이것을 단지 유례 또는 예증으로 사용하고 응용하는 것이 한층 더 안전하지."

우리는 괴테가 〈색채론〉을 강의한 방법에 대해 이야기했다. 그는 강의할 때 모든 것을 여러 개의 근본법칙에서 이끌어 내어 개개의 현상을 언제나 그 원리로 환원했는데, 이로 말미암아 이해하기가 쉬웠고 정신적으로도 큰 이득을 가져왔다는 것이다.

괴테는 말했다. "그 점에서는 자네가 나를 칭찬해도 괜찮다고 할 수 있지. 그러나 이 방법은 마음을 흐트러트리지 않고 사물의 근저를 파악할 능력이 있는 학도가 아니면 소용없다네. 두세 명의 정말로 훌륭한 사람들이[40] 나의 색채론에 전념했지만, 불행하게도 그들은 올바른 길로 나아가지 않고 어느새 샛길로 빠져 버렸지. 늘 대상물을 주시해야 하는데 그들은 무슨 생각이 일어나면 그것을 쫓아가 버린다네. 그러나 머리가 좋고 동시에 진리 탐구를 지향하는 사람은 언제나 틀림없이 훌륭한 일을 성취할 수 있을 것이야."

우리는 한층 더 훌륭한 학설이 발견된 뒤에도 아직도 여전히 뉴턴의 학설을 계속 지지하고 있는 교수들에 대해 이야기했다. "그게 크게 이상한 일은 아니지." 하고 괴테는 말했다. "이런 사람들은 여전히 계속하여 오류를 범할 것이야. 왜냐하면 그들은 오류로 생계를 보증받고 있기 때문이지. 그렇지 않으면 학설

---

[40] 철학자 레오폴트 폰 헤닝, 생리학자 요하네스 뮐러, 그리고 쇼펜하우어를 말하는 것이다.

을 바꿔야 할 것이니, 이것은 그들에게는 보통 일이 아닐걸세."

"그렇지만" 하고 나는 말했다. "그들의 학설이 근본적으로 그릇된 것이라면 어떻게 그것을 진리라고 실험으로 증명할 수 있다는 말입니까?"

"그들은 진리를 증명하지 못하고 있지." 하고 괴테는 말했다. "또한 그렇게 하는 것이 그들의 목적도 아니고 말이야. 오히려 그들은 오직 그들의 의견을 증명하기만 하면 되는 것이지. 그 때문에 진리를 명백하게 한다든지, 자신들의 학설이 박약한 근거를 가지고 있다는 점을 드러내는 모든 실험을 비밀에 부치고 있어.

그리고 또 학생들도 그렇다네. 도대체 그중의 누가 진리탐구를 목표로 삼고 있을까? 그들 역시 보통 인간으로서 세상 사물에 대해 보고 들은 것을 경험적으로 지껄일 수 있기만 하면, 그것으로 충분히 만족하고 있어. 그것이 전부이지. 대체로 인간이란 기묘한 성질을 가지고 있어서, 호수가 얼어붙으면 곧장 수백 명이 우르르 몰려가 그 미끄러운 표면 위에서 서로 희롱한다네. 그러나 호수의 깊이가 어느 정도이며, 얼음 아래에는 어떤 종류의 물고기들이 이쪽저쪽으로 헤엄쳐 다니고 있는지 연구해 보려고 생각하는 자는 그중 한 사람도 없어.

니부르[41]는 이번에 로마와 카르타고 사이에 맺어졌던 통상조약을 발견했지. 이것은 상당히 오래전 시대의 것인데, 이것에 의해 로마 민족의 초기 상태에 관해 리비우스[42]가 쓴 역사는 모두 만들어 낸 이야기에 지나지 않는다는 것을 알게 되었어. 이 조약에 의해 로마는 벌써 훨씬 이전부터 리비우스의 저서에 나타나 있는 것보다 아주 높은 문화 수준에 도달해 있었다는 것이 확실해졌기 때문이지. 그러나 이 통상조약의 발견이 지금까지의 로마역사 교수법에 일대 개혁을 가져왔을 것이라고 믿는다면 그것은 잘못된 생각이야. 내가 아까 예를 들어 말한 저 얼어붙은 호수를 생각해 보면 되지. 인간이란 그런 것이야. 나는 그들을 너무나 잘 알고 있는데, 인간은 그와 같은 것이고 결코 그 이외의 다른 것이 아닐세."

"그렇지만" 하고 나는 말했다. "당신이 〈색채론〉을 쓴 것을 후회하실 필요는

---

41) 니부르(1776~1831). 근대 비판적 역사학의 창시자이다.
42) 리비우스(기원전 59~서기 17). 로마의 역사가이다.

없습니다. 왜냐하면 당신은 이것으로 이 훌륭한 학문에 확고한 체제를 수립하였을 뿐만 아니라, 우리가 이것과 유사한 대상을 취급할 때 언제나 모범으로 삼을 수 있는 과학적인 취급 방법의 한 전형을 제시했기 때문입니다."

"나는 절대로 후회하지 않아." 하고 괴테는 말했다. "비록 이 일에 반평생의 노고를 바쳤다고 하더라도 말일세. 만약 내가 이것을 쓰지 않았더라면 여섯 편 이상이나 되는 비극작품을 쓸 수 있었을는지 모르겠지만, 그저 그것뿐이야. 비극 쪽은 나의 뒤를 이어받을 사람이 충분히 나타날 것이야.

그리고 자네 말도 옳아. 나도 이 취급 방법이 좋다고 생각하고 있어. 그 속에는 방법이 있지. 같은 방법으로 나는 음향론[43]도 썼어. 또한 나의 〈식물의 변태설〉도 같은 직관과 연역방법에 따라 성립된 것이야.

나의 〈식물의 변태설〉은 독특한 방식으로 생겨난 것이지. 나의 이 발견은 허셜[44]의 경우와 비슷하네. 요컨대 허셜은 너무나 가난했기 때문에 망원경을 살 수가 없어서 할 수 없이 자기 스스로 만들었지. 그러나 이것이 그에게 행운을 갖다주었어. 왜냐하면 그가 만든 망원경은 다른 모든 것을 뛰어넘는 우수한 것이었기에, 그는 이것을 사용하여 그 위대한 발견을 성취할 수 있었거든. 나는 식물학에 경험적인 길을 택해 들어갔어. 지금도 잘 기억하고 있는데, 성(性)의 형성에 대한 학설이 너무도 장황했기 때문에 나는 도저히 그것을 이해해 볼 용기가 생기지 않았던 거야. 나는 이 일에 자극을 받아 독자적인 방법으로 사리를 탐구하여 모든 식물에 구별 없이 공통된 것을 찾아내려 했고, 이렇게 하여 변태의 법칙을 발견하기에 이르렀지.

그런데 식물학을 개개의 대상에 따라 계속 연구한다는 것은 나의 본분을 벗어나는 일이었네. 그런 일은 나보다 훨씬 앞서가고 있는 다른 사람들에게 맡기면 되는 것이지. 나에게 중요한 것은 개개의 현상을 일반적인 근본원칙으로 환원시키는 것이었네.

---

43) 괴테는 첼터와의 서신(1808년 4월~6월 22일)에서 음악적인 하모니는 인간의 귀에 의한 것인가 아니면 단순히 현(弦)의 수학적 구분으로 주어지는 것인가를 논하면서, 음악가의 귀에 의한 구분이 옳은 것이라고 말했다.
44) 허셜(1738~1822). 영국의 천문학자로 자기가 만든 망원경으로 천왕성을 발견했다.

이와 마찬가지로 광물학도 나에게는 이중적인 관점에서 흥미가 있었을 뿐이지. 첫째로는 그것이 실제적인 큰 이익을 가져오기 때문이며, 둘째로는 그 속에서 원시세계 형성의 증거를 발견하기 위함이었어. 이 후자의 것에 베르너[45]의 학설이 희망을 품게 했지. 그러나 이제 그 훌륭한 사람이 죽고 난 뒤 이 학문이 극도의 혼란에 빠져버린 이후에는, 나는 그분에게 이 이상의 더 공적인 연관을 갖지 않고 혼자서 조용히 나의 신념을 견지하고 있네.

 〈색채론〉 가운데에서 아직도 내가 해야 할 긴급한 일로 남은 것은 무지개의 형성이지. 이것은 대단히 어려운 문제이지만 풀릴 것이라고 희망을 품고 생각하고 있어. 그런 관계로 이제 자네와 함께 다시 〈색채론〉을 통독하는 것이 기쁘네. 특히 이 문제에 대한 자네의 관심 때문에 모든 것에 새로운 자극을 받게 되었어."

 괴테는 말을 계속했다. "나는 자연과학을 거의 모든 분야에 걸쳐 연구했지. 그러나 나는 연구 방향을 언제나 내 가까이에 존재하고 있고 직접 5관을 통해서 지각할 수 있는 그런 대상에 한정했어. 그런 관계로 나는 절대로 천문학에는 손을 대려고 하지 않았지. 천문학에서 감각은 이제 도움이 되지 않는 것이야. 그뿐만 아니라 이 분야는 기계나 계산 그리고 역학의 도움을 받지 않으면 안 되고, 또 전 생애를 필요로 하는 것이어서 내가 할 일은 아니었다네.

 그러나 내가 살아온 길목에서 만난 여러 가지 대상에 대해 어느 정도나마 업적을 올릴 수 있었던 것은, 때마침 내가 자연계에서 다른 어떤 시대보다도 풍부하게 위대한 발견이 이루어진 시대를 살았기 때문이야. 그래, 사실 그것이 큰 도움이 되었지. 벌써 어린아이 때 나는 프랭클린의 전기 학설[46]을 만났다네. 그는 이 법칙을 그 당시에 막 발견했었지. 이렇게 나의 전 생애를 통해 오늘 이 시간에 이르기까지 위대한 발견이 연달아 일어났네. 이로써 나는 일찍부터 자연에 눈을 돌리게 되었을 뿐만 아니라, 그 이후에도 그것에 쉬지 않고 각별한 관심을 가지고 살아왔지.

---

45) 베르너(1750~1817). 프라이부르크 대학의 지질광물학자. 여기서는 그의 수성설(水成說)을 말하는 것이다.
46) 프랭클린(1706~1790). 미국의 정치가로 피뢰침의 발명자이다.

내가 그 길을 개척했다고 할 수 있는 분야도 오늘날에는 나 자신이 예상할 수 없을 만큼 일대진보를 거듭하고 있네. 이것을 보면, 아침놀을 맞이하러 앞으로 걸어가다가 태양이 떠오르자 그 현란한 광채에 깜짝 놀라 움츠러들고 마는 사람과 같은 기분이 되어버리지."

이 기회에 괴테는 독일인들 가운데서 카루스,[47] 달톤[48] 그리고 쾨니히스베르크의 마이어[49] 이름을 대면서 칭찬을 아끼지 않았다.

"제발 사람들이" 하고 괴테는 말했다. "올바른 것이 발견되고 난 뒤에 또다시 이것을 뒤집어엎는다든지, 또는 그 빛을 잃게 한다든지 하지만 않는다면 나는 그것으로 만족해할 텐데 말이야. 왜냐하면 인류에게는 한 세대에서 다음 세대로 계승할 수 있는 의욕적인 것이 필요하기 때문이지. 만약 이 의욕적인 것이 올바르고 동시에 진실한 것이라면 정말로 좋을 것이야. 이런 관점에서 일단 자연과학에서 실상이 규명되고, 이어 올바른 것이 굳게 지켜지고 이해될 수 있는 범위의 모든 것이 성취되고 난 뒤에, 사람들이 또다시 월권행위를 자행하지 않으면 그것으로 나는 기뻐. 그러나 인간이란 가만히 있지 못하고 어느 사이에 또다시 혼란에 빠져들어 가 버리게 되지.

이런 식으로 사람들은 지금 모세의 5서의 근본을 흔들어 위태롭게 하고 있지. 그리고 만약 이 부정적인 비평이 해독을 끼치고 있다면 그것은 종교상의 문제가 되어 버리지. 왜냐하면 종교에서는 모든 것이 신앙에 기초를 두고 있어서, 만약 우리가 한번 신앙을 잃게 되면 두 번 다시 그것을 되찾을 수가 없기 때문이야.

시의 경우에는 부정적인 비평이 그다지 해롭지 않아. 볼프는 호메로스를 파괴했어. 그러나 그는 호메로스의 작품에는 조금도 해를 끼칠 수 없었지. 왜냐하면 이 작품은 발할라의 영웅들처럼 기적적인 힘을 가지고 있어서, 아침에는 토막토막 잘려도 정오에는 다시 완전히 건강한 사지를 갖추고 식탁으로 향하는

---

[47] 카루스(1789~1869). 비교해부학자, 철학자 그리고 미술가인 그는 괴테와 친한 사이였다.
[48] 달톤(1772~1840). 본 대학의 고고학·미술사 교수이다.
[49] 마이어(1791~1858). 쾨니히스베르크 대학의 식물학교수인 그는 괴테의 '식물 변태설'의 신봉자였다.

것과 같았기 때문이야."

괴테는 최고로 기분이 좋았다. 이리하여 나는 다시금 그에게서 이처럼 귀중한 말을 들을 수 있어서 기뻤다.

"우리는 오직" 하고 괴테는 말했다. "조용히 올바른 길을 계속 걸어가고, 남은 남대로 그들의 길을 가게 하면 되는 것이지. 이것이 최선이야."

1827년 2월 7일 수요일

괴테는 오늘 레싱에게 불만을 품고 그에게 부당한 요구를 하는 일부의 비평가들을 비난했다.

"사람들은" 하고 그는 말했다. "레싱의 희곡작품들을 고대인들의 작품과 비교하면서 빈약하고 초라하기 그지없다고 말하지만, 그것이 무슨 의미가 있다는 말인가!—오히려 그의 작품에 더 좋은 소재를 제공해 주지 못한 빈약하기 짝이 없는 시대를 살아야만 했다는 점에서 이 위대한 인물을 동정해야 하는 것이지!—그가 이렇다 할 더 좋은 소재를 찾지 못했기 때문에, 희곡작품 〈민나 폰 바른헬름〉 속에서 할 수 없이 작센과 프로이센의 싸움을 다루게 되었다는 것을 동정해야 하지 않겠나!—게다가 그가 쉬지 않고 논쟁을 일삼았고, 또 그렇게 하지 않을 수 없었던 것은 그가 살았던 시대가 나빴기 때문이지. 그는 〈에밀리아 갈로티〉에서는 군주들에게, 〈나탄〉에서는 성직자들에게 품었던 원한을 드러냈다네."

1827년 2월 16일 금요일

나는 괴테에게 요즈음 빙켈만의 〈그리스 예술의 모방에 관해서〉라는 논문을 읽었다고 말하면서, 그 당시 빙켈만은 이 문제를 완전히 이해하지 못하고 있었다는 인상을 받았다고 했다.

"확실히 자네가 말한 대로야." 하고 괴테는 말했다. "가끔 그는 손으로 더듬어서 찾지. 그러나 그가 위대한 것은 그의 손 더듬거림이 언제나 그 무언가를 가리켜 보이고 있기 때문이라네. 그는 콜럼버스와 비슷하지. 콜럼버스는 신세계를 아직 발견하지 못했을 때도 벌써 그 존재를 마음속으로 예감하고 있었어. 우리

빙켈만, 마론의 그림

는 그의 글을 읽으면 아무것도 배우는 것은 없지만, 그 무언가를 얻게 되지."

"마이어는 이것보다는 훨씬 앞질러 나가서 미술 감식의 절정에 도달했네.

그의 〈미술사〉[50]는 불후의 작품이지. 그러나 만약 그가 청년 시대에 빙켈만에게서 견식을 양성받고 그 길을 따라 전진하지 않았다면, 이렇게 되지는 못했을 것이야. 그러므로 우리는 여기에서 위대한 선구자의 작업이 얼마나 큰 도움을 주며, 또 이런 사람을 잘 이용하면 얼마나 큰 이득을 얻을 수 있는가를 새삼스럽게 알 수 있게 되지."

1827년 4월 11일 수요일

오늘 정오 1시에 괴테를 찾아갔다. 그에게서 식사 전에 마차를 타고 함께 산책을 하자는 초청을 받았던 것이다. 우리는 에르푸르트로 향하는 가도를 마차로 달렸다. 날씨는 아주 쾌청했고 양쪽 길옆에 뻗은 곡식밭은 상쾌한 녹색을 띠고 있어 보는 눈을 즐겁게 해 주었다. 괴테는 싹트는 이른 봄처럼 밝고 젊어 보였다. 그러나 그의 말에는 연륜이 쌓인 예지가 담겨 있었다.

"언제나 되풀이하여 말하는 바이지만" 하고 그는 시작했다. "만약 단순하지 않으면 세계는 지속되지 못할 것이야. 이 메마른 땅은 벌써 수천 년 이래로 경작되고 있지만 땅의 기력은 언제나 동일하지. 얼마 안 되는 비와 얼마 안 되는 햇빛만 있으면 봄이 올 때마다 다시 푸릇푸릇해지지 않는가 말일세." 나는 이 말에 대답할 수도 또 덧붙일 수도 없었다. 괴테는 점점 더 푸르러지는 밭 위를

---

50) 괴테는 마이어가 저술한 〈그리스인 조형미술의 역사〉(3권)를 과대평가하고 있다.

둘러보았다. 이어서 또 나한테 몸을 돌려 다른 이야기를 계속했다.

"나는 요사이 보기 드문 좋은 책을 읽었네. 그건 〈야코비와 그 친구들의 서간집〉[51]인데, 아주 주목할 만한 책일세. 자네도 이것을 꼭 읽는 것이 좋을 것이야. 무언가를 배우기 위해서가 아니라, 오늘날에는 아무도 잘 모르는 그 당시의 문화와 문학 상태를 알아보기 위해서이지. 어느 정도의 중요한 인물들은 전부 등장하고 있네. 그러나 방향이 같다든가 공통된 관심사를 가지고 있다든가 하는 흔적은 전혀 발견할 수 없지. 각자는 제각기 완전히 고립되어 자기 길을 걸어가면서, 남의 노력에는 조금도 관여하지 않아. 그 사람들은 나에게는 마치 당구의 공과 같이 보인다네. 푸른 당구대 위를 정처 없이 뒤범벅되어 달리면서 서로 전혀 남을 돌보지 않아. 서로 닿기만 하면 이번에는 서로 더 멀리 떨어져 굴러가 버리지."

나는 이 딱 들어맞는 비유에 웃지 않을 수 없었다. 서로 편지를 주고받는 사람들이 누구냐고 물었다. 괴테는 그 이름을 대면서 그 사람들 하나하나의 특별한 점을 가르쳐 주었다.

"야코비는 원래 타고난 외교관이었지. 날씬한 체격의 미남이었어. 그 고상한 풍채를 갖추고 있었으니 공사로서는 안성맞춤의 적임자였을 것이야. 하지만 시인과 철학자로서는 그 어느 쪽으로도 부족했지.

그와 나와의 관계는 좀 색다른 것이었어. 나의 경향에는 흥미를 느끼지 않았고 또 전혀 인정해 주지도 않았지만, 개인적으로는 나에게 호의를 가지고 있었지. 그러므로 우리 사이가 더 가깝게 맺어지려면 우정이라는 것이 필요했네. 이와는 반대로 나와 실러와의 관계는 둘도 없는 것이었지. 우리는 공통의 노력 속에서 멋지게 결합해 있었기 때문에, 이른바 특별한 우정 같은 것은 전혀 필요하지 않았지."

나는 이 서간집 속에 레싱도 나타나는지 물었다. "나오지 않아." 하고 괴테는 말했다. "그러나 헤르더와 빌란트는 나온다네. 헤르더는 이런 서간문의 왕래를

---

[51] 괴테와 야코비(1743~1819)는 1774년 라인강 여행 중 서로 만나 아주 친한 사이가 되었다. 그러다가 괴테가 바이마르로 온 이후, 야코비가 형이상학적인 관점으로 기울어 두 사람 사이는 멀어져 갔다.

좋아하지 않았지. 또 그는 고자세였기 때문에 이런 무의미한 것에는 싫증을 느꼈음이 틀림없어. 하만 또한 이런 사람들을 대할 때 스스로에 대한 자부심을 느끼고 있었지.

빌란트는 언제나처럼 이 서간문에서도 쾌활하고 마음이 편하다네. 어떠한 경우에도 특정 견해에 치우치지 않고, 아주 교묘하게 모든 것을 받아들이고 있거든. 그는 하나의 갈대와도 같이 여러 가지 의견이 바람 부는 대로 이쪽저쪽으로 왔다 갔다 하지만, 그 뿌리는 언제나 확실하게 한군데로 뻗고 있었어.

나와 빌란트와의 관계는 언제나 아주 순조로웠어. 그가 나하고만 접촉하고 있었던 처음 한동안은 특히 그러했지. 그의 작은 단편들은 나의 권고로 쓴 것이었네. 그러나 헤르더가 바이마르로 왔을 때 빌란트는 나하고는 서먹서먹해졌지. 헤르더가 나에게서 그를 빼앗아 가버렸기 때문이라네. 헤르더의 인간적인 매력은 정말로 대단한 것이었거든.”

마차는 방향을 돌려 귀로에 올랐다. 동쪽 하늘에서는 여러 가지 모양의 비구름이 뒤범벅되어 달리고 있었다. “이런 구름은” 하고 나는 말했다. “어느 순간에라도 비를 몰고 올 것 같습니다. 그러나 만약 청우계가 위로 올라가면 이 구름도 다시 개지 않을까요?”

“물론이지.” 하고 괴테는 말했다. “이 구름은 섬유를 감는 막대기에 실이 감기듯이 하늘 위로 사라져 버릴 것이야. 이처럼 나의 청우계에 대한 신뢰는 아주 강하지. 그렇지, 내가 항상 주장하는 지론이기도 하지만, 저 페테르부르크에 대홍수가 있던 날 밤에 만약 청우계가 상승했더라면 그 물결은 밀려오지 않았을 것이라고 생각하네.

나의 아들은 달이 기후에 영향을 주고 있다고 생각하고 있어. 그리고 자네도 아마 그렇게 생각하겠지만, 그것을 일률적으로 나쁘게만 볼 수는 없지. 왜냐하면 달은 아주 중요한 천체이기 때문에 이것이 이 지구에 결정적인 영향을 미치지 않는다고 생각할 수는 없기 때문일세! 그러나 기후의 변화, 다시 말해 청우계 능금의 오르내림은 달의 변화에 의해 생기는 것이 아니라 순전히 지구의 영향 때문이지.

나는 지구를, 비유적으로 말한다면 쉬지 않고 대기를 들이마시고 또 내쉬는 것을 영위하는 위대한 생물이라고 생각하고 있지. 지구가 숨을 쉰다, 그러면 지구가 대기를 몸 가까이 끌어당긴다, 그리고 그것은 지구의 표면 가까이에 다가와 굳어져 구름이 되고 비가 된다. 나는 이 상태를 물의 긍정이라고 부른다네. 이 상태가 무제한 계속되면 지구는 물에 잠기게 되지. 그러나 지구는 이런 상태를 그냥 놔두지는 않지. 지구는 다시 숨을 내쉬고 수증기를 위로 향해 내보내네. 그러면 수증기는 높은 대기권의 모든 공간에 퍼져 희박해지고, 급기야는 햇빛이 모든 구석구석까지 비칠 뿐만 아니라 무한정한 공간의 영원한 암흑까지도 청정한 푸른 하늘로 맑게 개는 거야. 이러한 대기의 상태를 나는 물의 부정이라고 부르고 있지. 앞의 경우에는 물이 단지 위에서 아래로 내려올 뿐으로 지구상의 습기도 증발하지 않고 건조하지도 않아. 하지만 두 번째 상태에서는 습기가 위에서 아래로 내려오지 않을 뿐만 아니라 지구 전체의 수분까지 발산되어 상승해 버리기 때문에 이 상태가 무한히 계속되면 지구는 햇빛을 받지 못하고 메말라 없어질 위험에 빠지게 되지."

괴테가 이렇게 중요한 문제에 대해 이야기했고, 나는 매우 주의 깊게 들었다. "사실 이 문제는 아주 단순하지" 하고 그는 계속했다. "나는 이렇게 단순한 것, 명확한 것에 전념하면서 따라가고 있다네. 이렇게 하면서 간간이 나타나는 샛길로 빠지지 않도록 하고 있지. 청우계의 상승, 이것은 건조와 동풍이야. 청우계의 하강, 이것은 습기와 서풍이지. 이것이 내가 믿고 있는 근본 법칙이야. 이따금 청우계가 올라가고 동풍이 불 때 습기 찬 안개가 떠돌고 있다든지, 서쪽에서 바람이 불어오는데도 푸른 하늘이 보인다든지 하더라도 나는 이에 별로 개의치 않는다네. 이런 경우에는 즉석에서 쉽게 이해할 수 없는 많은 부수 현상이 존재하는 것으로 이해하고, 나의 지배적인 법칙에 신념을 굽히지 않는 거지.

자네가 앞으로 평생 지켜나갔으면 하는 것을 말해 주지. 이 자연 속에는 우리에게 도달 가능한 것과 도달이 불가능한 것이 있어. 그러니 이 두 가지를 잘 식별하여 충분히 생각하고 그것을 존중해야 한다는 것일세. 어떤 경우에도 이것을 분별할 수만 있다면 자기 몸을 구할 수 있네. 그렇기는 하지만 어느 점에서 일이 끝나고 어느 점에서 시작하는가를 알아낸다는 것은 언제나 정말로 어려운 일이지. 이것을 알지 못하는 사람은 전혀 진리로 다가가지 못하고, 일생을 도달할 수 없는 것 때문에 괴로워할 것이야. 그러나 이것을 아는 현명한 사람은 도달 가능한 것에서 몸을 떼지 않고, 그 범위 내에서 모든 방면으로 진출하여 자기의 생각을 확립하여 가는 거지. 이렇게 하면서 이 길을 걸어가면 오히려 도달 불가능한 것에 한 발짝 앞으로 다가섰다고 할 수 있을 것이야. 물론 이런 경우에도 우리는 결국 많은 사물에 단지 어느 정도까지만 접근할 수 있다는 것, 그리고 자연의 배후에는 언제나 미해결의 문제가 남아 있으며, 이것을 탐지해 낸다는 것은 인간의 능력으로는 미치지 못하는 일이라는 것을 인정하지 않을 수 없다고 하더라도 말이야."

이런 이야기를 하는 사이에 우리의 마차는 다시 시내로 들어왔다. 대화는 두서없는 사항으로 옮겨졌지만, 그의 저 심오한 견해는 아직도 내 가슴속에서 사라지지 않는다.

우리의 귀가가 너무 빨랐기 때문에 식탁에 앉기 전까지는 아직 시간의 여유가 있었다. 그러므로 괴테는 그전에 나에게 루벤스의 풍경화 한 점을 보여 주었다. 그런데 이것은 여름의 황혼 그림이었다. 그림의 앞쪽 왼편으로는 집으로 가고 있는 농부의 모습이 보이고, 한가운데에는 한 떼의 양들이 목동의 뒤를 따라 마을로 향하고 있었다. 오른편 안쪽에는 건초를 실은 마차가 있고, 그 주위에서는 일하는 사람들이 그곳에 열심히 건초를 채워 넣고 있었다. 그 옆에서는 마차에서 풀려난 말이 풀을 뜯고 있었다. 다음으로 좀 떨어진 풀밭과 덤불 속에서 여러 마리의 암말들이 망아지와 함께 여기저기서 풀을 뜯고 있었다. 생각건대 이 말들은 밤에도 밖에서 자게 될 것이었다. 갖가지 마을과 한 도시가 그림의 밝은 지평선을 경계 짓고 있는데, 여기에서는 활동과 안식의 개념이 더할 나위 없이 우아하게 표현되어 있었다.

전체적으로 볼 때 자못 아주 생생했고 부분적인 묘사도 참으로 충실했기 때문에, 루벤스의 이 그림은 자연을 그린 것일 거라고 나는 나의 의견을 말했다.

"결코 그렇지는 않아." 하고 괴테는 말했다. "이러한 완벽한 그림은 도저히 자연 속에서는 볼 수 없어. 이 구도는 이 대가가 지닌 시적 정신의 산물이라네. 위대한 루벤스는 자연의 전부를 머릿속에 담아 두었다가, 그 미세한 부분에 이르기까지 자유자재로 다룰 수 있는 비상한 기억력을 가지고 있었지. 그러므로 그

풍경화 루벤스의 그림

림의 전체와 각 부분은 진실한 일치가 생기고, 또 그것을 보는 사람들은 모든 것이 자연 그대로의 묘사라고 생각하게 되지. 오늘날 이런 풍경화는 이제 전혀 볼 수 없지. 이와 같은 느낌을 표현하는 법, 또 이러한 자연의 관점은 이제 완전히 흔적이 끊어져 버렸어. 현대의 화가에게는 시가 결여되어 있기 때문이지.

거기다가 현대의 재능 있는 화가들은 자신만을 의지하고 있네. 그들을 미술의 비경으로 인도해 줄 살아 있는 거장이 없어. 물론 죽은 사람으로부터도 뭔가를 배울 수는 있을 것이야. 그러나 이미 밝혀진 대로 어떤 대가의 생각이나 그림 그리는 방법을 깊이 파고들려고 하지 않고, 오히려 부분 부분의 모방에만 그치고 있지."

마침 젊은 괴테 부부가 들어와서 우리는 식탁에 가서 앉았다. 우리는 즐겁게 요사이 일어나는 일상적인 일들로 대화를 주고받았다. 도중에 극장과 무도회 그리고 궁정 이야기도 이것저것 오갔다. 그러나 얼마 안 있어 화제는 다시 더 진지한 사항으로 빠져들어 가게 되었다. 이리하여 우리는 모두 영국의 종교학을 중심으로 이야기에 열중했다.

"기독교의 모든 연관성을 이해하기 위해서는" 하고 괴테는 말했다. "자네들도 나와 마찬가지로" 한 50년 정도 교회사를 연구해야 했네. 그런데 이슬람교도들이 자녀들의 종교 교육을 시작할 때 사용하는 교리는 정말로 흥미롭지. 그들은 우선 젊은이들에게 인간에게는 전능한 신에 의해 이미 규정된 것이 있어, 그것 이외에는 아무것도 일어나지 않는다는 굳은 신념을 종교의 기초로서 갖게 하지. 이리하여 그들은 평생 그것으로 마음과 몸을 무장하고 편안하게 지내면서 그 이상의 것은 원하지 않는다네."

"나는 이 교리가 참된 것인가 아니면 그릇된 것인가, 유익한 것인가, 해로운 것인가에 대해 깊이 파고들 생각은 없네. 그러나 이런 신앙은 우리가 직접 가르침을 받지 않는다고 하더라도 우리의 가슴속에는 존재하는 것이야. 병사들은 전쟁터에서 자신의 이름이 적히지 않은 총알은 자기를 명중하지 않는다고 믿네. 그리고 사실 이런 절박하고 위험한 순간에 어떻게 이런 신념도 없이 용감하고 쾌활하게 행동할 수 있겠는가! 기독교의 신앙 교리에는 우리 하나님 아버지의 의지 없이는 단 한 마리의 참새가 지붕 위에서 떨어지는 일도 없다고 되어 있다네. 이것도 같은 원천에서 유래하고 있어. 또 신은 가장 미천한 것에게도 눈을 떼지 않으며, 신의 의지와 허락 없이는 아무것도 일어나지 않는다는 섭리를 암시하고 있지.

다음으로 이슬람교도들은 철학 교육에는 어떠한 교리도 그 반대를 주장할 수 있다는 것으로 시작하고 있네. 이리하여 그들은 어떤 주장을 제출하고, 이에 반대되는 학설을 발견하고 진술하는 작업을 과제로 내주어 젊은이들의 정신을 연마하지. 여기에서 사고와 변론에 관한 비상한 숙련을 하게 되는 것임이 틀림없어.

그렇지만 제출된 명제에 대한 반대설이 주장되고 난 뒤에는 이 양자 중의 어느 쪽이 참된 것인가 하는 의문이 생기지. 그러나 결코 이 의문 속에 머물러 있을 수는 없어. 그래서 그 당사자는 정신을 채찍질하여 한층 더 엄정한 탐구와 음미로 향하게 되네. 이렇게 하여 이것이 완전한 방법으로 행해질 때, 거기에서 확신이 생기고 완전히 안심할 수 있게 되는 것일세.

자네는 이 교리에 아무런 결함이 없다는 것, 우리의 체계를 가지고도 이 이상은 더 나갈 수 없다는 것, 또한 누구도 이 이상 더 앞으로 나가는 것은 불가능하다는 것을 알 수 있겠지."

"그 말을 듣고" 하고 나는 말했다. "고대 그리스인들을 생각하게 되었습니다. 그들의 철학상의 교육법은 이것과 거의 비슷한 것이었음이 틀림없습니다. 이것은 그리스 비극에 나타나 있습니다. 그 줄거리의 경과를 꿰뚫고 있는 비극의 본질은 시종일관 모순의 충돌에 뿌리를 두고 있습니다. 항상 한쪽에서 상대방을 향해 어떤 것을 주장하면, 그 상대도 그것과 동등하게 현명한 반박을 하며 대답하고 있습니다."

"자네 말이 전적으로 옳아." 하고 괴테는 말했다. "그렇게 해서 관객과 독자의 가슴속에 의문이 일어나게 한다고 할 수 있지. 그리고 마지막엔 윤리적인 것을 돕는 운명의 힘을 통해 확신에 도달하게 되는 거야."

우리는 식탁에서 일어났다. 괴테는 말을 계속하기 위해 나를 데리고 정원으로 내려갔다.

"레싱에 있어서 주목할 점은" 하고 나는 말했다. "그 이론적 저술, 가령 〈라오콘〉에서 결코 직선적으로 해결점에 돌진하지 않고 마지막으로 일종의 확신으로 도달하기 전에 우선 하나의 의견과 그 반대설, 그리고 의문을 통해 언제나 우리를 저 철학적인 방면으로 인도한다는 것입니다. 우리는 위대한 견해와 위대한 진리를 얻는다기보다는 사고와 탐구 방법을 깨닫습니다. 그것이 우리 자신의 사고를 자극하고 우리를 생산적으로 만듭니다."

"자네 말이 맞아." 하고 괴테는 말했다. "레싱은 만약 신이 그에게 진리를 주겠다고 해도 그 선물을 거절하고 오히려 스스로 진리를 탐구하는 노력 쪽을 택하겠다고 말했다고 하네. 이슬람교도들의 저 철학적인 체계는 우리 자신과 다른 민족의 정신적인 덕성이 어떤 단계에 있는가를 알기 위한 가장 적절한 척도이지.

레싱은 논쟁을 좋아하는 성격 때문에 즐겨 모순과 의문의 범위 속에 몸을 두었어. 구별을 짓는 것이 그의 본업이었지. 그리고 이 일에는 그의 위대한 이해력이 굉장한 힘이 되었네. 하지만 나 자신은 이것과는 전혀 다르지. 나는 결코 모순과 관련을 맺지 않았네. 나는 의문이 생겨도 마음속에서 조화가 이루어지도록 노력하였고 다만 거기에서 발견한 결과만을 사람들에게 말하곤 했어."

나는 괴테에게 근대의 철학자 중에서 누가 가장 훌륭하다고 생각하는지 물었다.

"칸트가 가장 훌륭하지. 이것은 의문의 여지가 없는 일이야. 그의 학설은 쉬지 않고 계속 영향을 끼치고 있음이 증명되었고, 그는 우리 현대 독일 문화에 가장 깊이 침투한 인물이기도 하네. 자네가 칸트를 읽지 않았다고 하더라도 그는 자네에게도 영향을 주고 있지. 칸트를 지금 새삼스럽게 읽을 필요는 없어. 자네는 그것을 읽고 얻을 수 있는 것만큼을 이미 갖추고 있지. 만약 이제부터 언제라도 자네가 그의 저서를 읽고 싶다면 나는 〈판단력 비판〉을 권하고 싶네. 그는 수사학을 멋지게 취급하고 있지. 문학도 꽤 좋지만 조형 미술에 대해서만은 어딘지 모르게 부족하고."

"각하는 전에 칸트와 개인적인 접촉이 있었습니까?" 하고 나는 물었다.

"아니, 없었지." 하고 괴테는 말했다. "칸트는 나에게 전혀 주의를 기울이지 않았어. 그러나 나는 타고난 성미로 그와 같은 길을 걸어갔어. 나의 〈식물의 변태설〉은 칸트의 설을 알기 이전에 쓴 것이지만, 그 정신은 그의 학설과 전적으로 일치하고 있지. 주관과 객관의 구별, 더 나아가 모든 피조물은 그 자체를 위해 존재한다는 것, 가령 코르크나무가 성장하는 것은 우리가 이것을 병마개로 사용하기 위해서가 아니라는 생각, 이런 것은 칸트와 나의 공통된 것이었고, 이 점에서 그와 일치한 것을 나는 기쁘게 생각했지. 나중에 나는 〈실험론〉[52]을 썼지만, 이것은 주관과 객관의 비판 그리고 이 양자의 조화라고 볼 수 있을 것이야.

실러는 언제나 내가 칸트 철학을 연구하면 안 된다고 말렸어. 그의 입버릇처럼 칸트는 나에게 아무런 도움이 되지 않는다고 했네. 이와는 반대로 실러 자신은 칸트를 열심히 연구했지. 나도 역시 연구했는데, 얻는 것이 없었던 것은 아니었어."

우리는 이런 이야기를 하면서 정원을 이쪽저쪽으로 걸어 다녔다. 그러는 사이 구름이 짙어지더니 빗방울이 떨어지기 시작했기 때문에 할 수 없이 집으로 돌아왔고, 집에서 한동안 말을 계속했다.

---

[52] 괴테는 1792년 '주관과 객관의 매개자로서의 실험'이라는 논문을 써서 1823년에 〈형태학을 위해서〉의 제2권 제1장에 처음으로 발표했다.

독일 근대문학의 선구자 레싱(좌) 그는 〈라오콘〉에서 조형예술과 문학의 상위점과 본질을 자세히 논하고 있다. 이 라오콘 군상(우)은 기원전 1세기 고대 그리스에서 제작된 것으로 로마 바티칸 교황청이 소장하고 있다.

1827년 6월 20일 수요일

다섯 사람을 위한 가족적인 식탁이 준비되어 있었다. 바깥은 아주 더운 날씨였지만 방에는 사람이 없어 서늘했기 때문에 아주 기분이 좋았다. 나는 식탁 옆에 있는 넓은 방으로 들어갔다. 거기에는 줄무늬로 짜인 융단이 바닥에 살려 있었고 거대한 주노의 흉상이 안치되어 있었다. 내가 혼자서 이리저리 걷고 있자, 얼마 안 있어 괴테가 서재에서 나와 그 방으로 들어왔다. 그는 부드럽고 정성스럽게 나를 맞아 말을 건네주었다. 괴테는 창가에 있는 의자에 앉으면서 "자네도 의자에 앉지 그래." 하고 말했다. "내 옆으로 오게. 사람들이 들어올 때까지 이야기를 좀 나누지. 자네가 나하고 있을 때 슈테른베르크 백작[53]과 인사를

---

[53] 슈테른베르크 백작(1761~1838). 정치인으로서 한동안 레겐스부르크 주교관을 관장하다가, 1810년에 은퇴하였다. 이후로는 보헤미아에 있는 자기의 영지에서 식물학 연구에 전념했다. 1822년 괴테는 그를 마리엔바트 온천장에서 만나 친교를 맺게 되었고, 그는 이해 19일 동안 바이마르에 머물렀다.

하게 되어 기쁘네. 그런데 그 사람은 다시 떠나 버렸어. 그래서 이제 나도 본래의 평정으로 돌아와서 다시 일을 할 수 있지."

"백작의 인물 됨됨이는 아주 감명 깊게 생각되었습니다. 그리고 이에 못지않게 학식도 훌륭했습니다. 그의 대화는 어느 방향이든 자기 뜻대로 옮겨져 막히지 않았는데, 그 모든 이야기는 아주 손쉽고 철저하면서도 신중했습니다."

"그렇고말고." 하고 괴테는 말했다. "그는 정말 중요한 인물이야. 독일에서의 영향 범위가 대단히 넓고 교분 관계도 두텁지. 식물학자로서 그는 자신의 〈지하식물〉지로 전 유럽에 알려졌어. 또 광물학자로서도 아주 유명하네. 자네는 그의 경력을 알고 있는가?"

"아뇨." 하고 나는 대답했다. "그렇지만 그에 대해서 알고 싶습니다. 그가 백작이고 사교가인 동시에 다방면에 걸쳐 깊이 있는 학자라고 생각했습니다. 그가 어떤 사람인지 궁금합니다. 그에 대해 말씀해 주시겠습니까?" 이어 괴테가 말하기를, 백작은 어렸을 때 신부가 되기로 정해져서 로마에서 공부를 시작했지만, 그 후 오스트리아가 약속했던 어떤 특전을 취소했기 때문에 나폴리로 갔다는 것이었다. 괴테는 그 이후의 이야기로 깊이 들어가 재미있고도 희한하기 그지없는 그의 생애를 자세히 말해 주었다. 그것은 괴테 자신이 쓴 〈편력시대〉에 견줄 수 있는 그런 종류의 것이지만, 그 이야기를 여기에서 되풀이하는 것은 합당하지 않다고 생각한다. 나는 그 이야기를 듣고 아주 기뻤고 진심으로 괴테에게 고마워했다. 이어 화제는 보헤미아의 학교와 그 위대한 장점, 특히 그 철저한 미학적 교육으로 옮겨졌다.

그러는 사이 젊은 괴테 부부와 울리케 폰 P. 양[54]이 들어왔기 때문에 우리는 식탁으로 가서 앉았다. 화제는 쾌활하게 다방면에 걸쳐 교환됐지만, 특히 북방 독일의 몇몇 도시에서 볼 수 있는 광신자들의 이야기가 여러 번 되풀이되어 도마 위에 올랐다. 이 경건파 신도들의 제각기 분리된 행동 때문에, 가족 전체가 서로 불화를 자초해 뿔뿔이 헤어진다는 이야기가 나왔다. 나도 이것과 비슷한 경우를 겪었다고 이야기했다. 하마터면 어느 훌륭한 친구를 잃을 뻔했던 것이

---

[54] 젊은 괴테 부인 오틸리에의 여동생을 말한다.

다. 그가 나를 도저히 개종시킬 수는 없었던 것이 이유였다.

"이 친구에게는" 하고 나는 말했다. "어떠한 공적도 또 어떠한 선행도, 아무 소용이 없었습니다. 인간은 오직 그리스도의 자비에 매달려야만 신의 은총을 얻을 수 있다는 신앙으로 완전히 굳어져 있었습니다."

"이것과 비슷한 것을" 하고 젊은 괴테 부인도 말했다. "어떤 친구가 나한테 말한 적이 있어요. 그러나 나는 아직도 착한 행동과 자비라는 것이 어떤 의미가 있는 것인지 모르겠어요."

현대 독일 문화에 가장 깊이 침투한 철학자 칸트

"오늘날 이 세상에 널리 퍼져 논의되고 있는 이런 모든 것들은" 하고 괴테가 말했다. "단지 혼합물에 지나지 않네. 그러나 자네들 중 아무도 어째서 이렇게 되었는지는 모르고 있네. 내가 자네에게 말해 주지. 인간은 착한 일을 행해야 한다는 가르침, 즉 인간은 선행과 유산 그리고 희생물에 의해 죄의 사함을 받고 이로 말미암아 신의 은총을 받는다는 것이 가톨릭의 가르침이야. 그러나 종교개혁론자는 이에 반대하고 이를 배척하고, 인간은 자기 혼자의 힘으로 그리스도의 공적을 인정하고 신의 은총에 참여할 수 있도록 노력해야 한다고 주장했어. 그리고 이것이 나아가서는 선행으로 인도된다는 가르침을 세웠지. 원래 가톨릭과 종교개혁론자들의 갈등은 이러한 견해차에서 유래된 것이었어. 그러나 오늘날에는 모든 것이 뒤섞여서 아무도 그 근본 내력을 알지 못하지."

나는 입 밖에 내지는 않았지만 마음속에 떠오르는 것이 있었다. 고대 이래로 종교문제에 대한 여러 가지 이론에 의해 사람들은 둘로 갈라져서 서로 적으로 변했고, 게다가 저 인류 최초의 살인은 신의 숭배 방법의 차이에서 초래된 것이라는 게 생각난 것이다. 나는 최근에 바이런의 〈카인〉을 읽었다는 것을 알리고, 특히 제3막과 학살의 모티브에 감탄했다고 말했다.

"물론 그렇지." 하고 괴테는 대답했다. "그 모티브는 정말 일품이야! 이 세상에서 두 번 다시 볼 수 없는 참으로 아름다운 것이지."

나는 말했다. "〈카인〉은 처음에는 영국에서 금지되었지만 지금은 누구나 읽을 수 있지요. 여행 중의 젊은 영국인들은 대개 바이런 전집을 휴대하고 있습니다."

"그런 금지 조치 같은 것은 어리석은 짓이야." 하고 괴테는 말했다. "왜냐하면 결국 〈카인〉 전체를 관통하고 있는 것은 영국 주교 자신들이 가르치고 있는 것에 지나지 않기 때문이지."

법무장관이 들어와 우리와 나란히 식탁에 앉았다. 그러자 괴테의 손자인 발터와 볼프강이 연달아 뛰어 들어왔다. 볼프는 법무장관에게 매달렸다. "볼프야," 괴테가 말했다. "법무장관님에게 왕녀님[55]과 슈테른베르크 백작이 써준 너의 기념 수첩을 보여드리도록 해." 볼프는 뛰어가서 곧장 그 수첩을 갖고 돌아왔다. 법무장관은 왕녀의 초상화와 그 옆에 쓰인 괴테의 시를 바라보고 있었다. 그는 그 수첩을 넘겨 첼터의 제명을 발견하고 그것을 소리 높여 읽었다. '순종하는 법을 배우라!' 괴테는 웃으면서 말했다. "이것이야말로 유일하게 이성적인 말이지. 이 기념 수첩에 쓰여 있는 모든 말 중에서 그렇지. 첼터는 언제나 당당하고 믿음직스러워!—나는 지금 리머와 함께 그의 편지를 통독하고 있는데, 내가 정말로 소중한 것을 간직하고 있다는 생각이 든다네. 특히 그가 여행 중에 보내온 편지는 대단히 가치 있는 것이지. 그는 훌륭한 건축가이고 음악가였기 때문에, 어디에서나 훌륭한 대상물을 발견할 수 있는 이점을 가지고 있었어. 어떤 도시로 가도 건축물들이 그의 앞에 서서 그에게 스스로의 장단점을 말해 주지. 그리고 음악 협회는 그를 그들의 중심부로 끌어들여, 이 거장에게 그 장단점을 보여주네. 만약 속기사가 그와 음악학도들과 나누는 대화를 속기한다면, 그다운 독자적인 것이 생겨날 것이야. 왜냐하면 이러한 점에 있어서 첼터는 천재였

---

[55] 카를 아우구스트의 차녀로 1827년 7월 26일에 프로이센의 카를 황태자와 결혼했다. 괴테의 손자인 볼프강(1820~1883)은 그 당시 일곱 살이었다.

고 위대했고, 언제나 급소를 찔렀기 때문일세."

1827년 7월 5일 목요일

　오늘 저녁때 나는 공원에서 마차 산책을 마치고 돌아오는 괴테를 만났다. 그는 지나가면서 손을 흔들며 나한테 와달라고 했다. 그래서 나는 곧 빠른 걸음으로 바꿔 그의 댁으로 향했다. 때마침 토목국장인 쿠드레이가 와 있었다. 괴테가 마차에서 내렸고 우리는 함께 계단으로 올라가 소위 〈유노의 방〉의 둥근 테이블 앞에 앉았다. 한동안 이야기를 하고 있는데 법무장관도 들어와 자리를 함께했다.

　담화는 정치적인 문제로 옮겨졌다. 그래서 웰링턴이 페테르부르크에 사절로 갔다는 것과 그로 말미암아 예상되는 결말, 카포디스트리아스[56]에 의해 지연되는 그리스의 해방, 콘스탄티노플에서 터키인의 옛날 일들이 화제에 올랐다. 특히 앙기앵 공작[57]과 그의 제압, 또 그 밖의 일들, 그리고 시대를 거슬러 올라가 나폴레옹 치하에서 발생했던 경솔한 혁명적 행동에 대해 여러 가지 이야기가 있었다.

　그 후 훨씬 평화스러운 것으로 대화가 바뀌어 오스만슈테트에 있는 빌란트의 묘가 우리 담화의 중심 대상이 되었다. 토목국장인 쿠드레이는 묘지의 철책을 만들었다고 말했다. 종이 조각에 철책 그림을 그리면서, 그때의 의향을 설명해 주었다.

　법무장관과 쿠드레이가 가고 나서 괴테는 나에게 조금만 더 있어 달라고 했다. "나는 꽤 오래 살았기 때문에" 하고 그는 말했다. "조각상이나 기념비의 이야기를 들으면 언제나 이상한 기분이 되어 버리지. 아무리 공을 세운 인물을 위해 세워지는 조각상이라고 하더라도, 장차 전쟁이 일어났을 경우에 그것이 뒤집히고 때려 부서지는 광경을 마음속으로 떠올리지 않을 수 없어. 쿠드레이가

---

[56] 카포디스트리아스(1776~1831). 1827년 새로 탄생한 그리스공화국의 대통령으로 선출되었지만 1831년 살해당했다.
[57] 앙기앵 공작(1772~1804). 1789년 프랑스혁명이 일어났을 때 국외로 망명했으나, 나중에 나폴레옹의 명령으로 체포되어 처형되었다.

빌란트의 묘지에 철책을 두른다는 말을 들었을 때, 나는 벌써 그것이 기병들이 타는 말의 발굽에 박힌 편자가 돼버리는 것이 언뜻 눈앞에 보였지. 내가 이런 말을 하는 것은 이것과 비슷한 경우를 이미 프랑크푸르트에서 보았기 때문이야. 게다가 또 빌란트의 묘의 위치는 일름강에 너무 가까이에 있지. 일름강은 굴절이 급하기 때문에 거의 백 년이 못 가서 강기슭을 침식해 버릴 것이고, 그렇게 되면 강물은 유해에까지 밀어닥치게 될 것이야."

우리는 완전히 좋은 기분이 되어 이 세상 사물의 끔찍한 무상함을 이야기하면서 흥겨워했다. 이어 쿠드레이의 겨냥도를 다시 손에 잡고 영국제 연필로 그린 이 섬세하면서도 힘 있는 필치에 감탄했다. 그는 생각하는 바를 조금도 남기지 않고 종이 위에 그려 놓았다.

화제는 스케치로 바뀌었다. 그러자 괴테는 나에게 한 이탈리아 거장이 그린 아주 훌륭한 작품을 하나 보여 주었다.[58] 성전 안에서 소년 예수가 학자들에게 둘러싸여 있는 그림이었다. 그것과 함께 이 그림을 기초로 하여 만든 하나의 동판화를 보여 주었다. 그것은 스케치에 의해 일어나는 모든 경우에 대한 가지각색의 관찰을 촉구했다.

"최근 아주 기쁜 일이 있었지." 하고 괴테는 말했다. "그건 대가들의 훌륭한 스케치를 싼값으로 많이 살 수 있었다는 거야. 이런 그림은 아주 귀한 것일세. 이건 단지 화가의 정신적인 의향을 나타내고 있을 뿐만 아니라, 더 나아가 화가가 이것을 창조한 찰나에 품고 있었던 기분 속에 우리가 직접 빠져들어 갈 수 있게 하기 때문이지. 성전 안에서의 소년 예수를 그린 그림을 보면, 모든 필치에서 화가의 마음속에 있는 위대한 명석함과 밝고도 조용한 확실성이 드러나고 있어. 그림을 보고 있노라면 흐뭇한 기분이 되지. 또한 조형예술에는 위대한 장점이 있어. 그건 전적으로 객관적인 것이기 때문에, 우리를 격렬하게 흥분시키지 않고 끌어들이는 힘을 가지고 있지. 이런 작품은 우리에게 전혀 호소하는 바가 없든가 아니면 아주 확실하게 이야기를 해 오지. 이와는 반대로 시는 훨씬 막연한 인상을 주고 감정을 마구 북돋우지만, 듣는 사람의 성질과 능력에 따라

---

[58] 여기서 언급하고 있는 것은 이탈리아 거장의 작품이 아니고 렘브란트의 동판화이다.

성전 안에서의 소년 예수

각각 다른 느낌을 준다네."

"최근에" 하고 나는 말했다. "나는 영국의 훌륭한 소설가인 스몰릿[59]이 쓴 〈로데리크 랜덤〉을 읽었습니다만, 아주 좋은 스케치를 본 것과 비슷한 인상을 받았습니다. 묘사가 직접적이고 감상적인 것으로 기울어진 흔적은 전혀 발견되지 않고 오히려 현실의 실생활이 있는 그대로 펼쳐지고 있기 때문에, 이따금 과도하게 불쾌하고 혐오스러운 부분이 있기는 하지만 전체적으로는 쉬지 않고 밝은 인상을 주어 정말로 확고한 현실성을 갖추고 있습니다."

"나도 〈로데리크 랜덤〉에 대한 칭찬을 여러 번 들었네." 하고 괴테는 말했다. "그리고 자네의 말도 사실이라고 생각하지. 그러나 나는 아직 그것을 읽지 않았어. 자네는 존슨이 쓴 〈라셀러스〉[60]를 알고 있는가? 그것도 꼭 한 번 읽고 느낀 바를 나한테 들려주도록 하게." 나는 그렇게 하겠다고 약속했다.

"바이런 경의 작품 중에서도" 하고 나는 말했다. "완전히 직접적으로 묘사하고, 순수하게 대상을 제시하는 것을 종종 만나게 됩니다. 그것은 훌륭한 화가의 직접적인 스케치와는 다른 수법이기는 하지만, 마찬가지로 우리의 마음속 깊숙이 자리 잡고 있는 정서를 자극합니다. 특히 〈돈 주안〉에는 그런 구절이 아주 많습니다."

"그렇고말고." 하고 괴테는 말했다. "그런 점에서 바이런 경은 위대하지. 그의 묘사는 즉흥적이라고 할 만큼 가볍게 갈겨 쓴 듯 경쾌한 현실성을 구비하고 있네. 〈돈 주안〉에 대해서 나는 거의 아는 바가 없지만, 그가 쓴 다른 시 속에는 그런 장면이 있다는 것을 기억하지. 특히 하나의 돛이 보일락말락 하는 바다의 장면은 정말로 멋지지. 그러므로 그 시를 읽으면 우리도 불어오는 짠 바닷바람을 흠뻑 받는 그런 기분이 되어 버리네."

"그의 〈돈 주안〉 속에서도" 하고 나는 말했다. "특히 런던 도시의 묘사를 보면 경탄하지 않을 수 없습니다. 그가 가볍게 전개하고 있는 시를 읽노라면 런던

---

[59] 스몰릿(1721~1771). 스코틀랜드의 소설가로 영문학계에서 가장 뛰어난 유머 작가 중 한 사람이다.
[60] 영국의 시인 겸 평론가 존슨(1709~1784)의 작품. 정확한 제목은 〈아비시니아의 왕자 라셀러스 이야기〉(1759)이며, 이 소설은 선구적으로 낭만주의의 특징을 갖추고 있었다고 평가되고 있다.

을 눈앞에 보고 있는 것이 아닌가 하는 착각을 하게 됩니다. 그리고 이 경우 그는 대상이 시적인가 아닌가 하는 것에는 전혀 신경을 쓰지 않고, 이발소의 창문 앞에 걸려있는 곱슬머리의 가발이나 가로등에 기름을 넣고 있는 사나이들에 이르기까지 자기 눈에 비치는 모든 것을 있는 그대로 묘사하고 있습니다."

"우리 독일의 미학자들은" 하고 괴테는 말했다. "어떤 대상이 시적인가 그렇지 않은가에 대해 열심히 논의하고 있지. 이것도 어떤 점에서는 그렇게 잘못된 것은 아니야. 그러나 궁극적으로는 시인이 그것을 적절하게 사용하는 방법을 체득하고 있으면, 현실의 어떠한 대상이라고 하더라도 시적이지 않은 것은 하나도 없지."

"정말로 옳은 말씀입니다." 하고 나는 말했다. "정말 간절하게 원하건대, 이와 같은 견해가 일반에게도 통하는 신조가 되었으면 좋겠습니다." 이어 우리는 〈포스카리 부자〉에 대해 이야기했다. 이때 나는 바이런은 아주 훌륭한 여성을 그려냈다고 말했다.

"그가 그려내는 여성들은" 하고 괴테는 말했다. "훌륭하지. 또한 여성만이 우리 근대인의 손에 남겨진, 우리의 이상적인 것을 쏟아 넣을 수 있는 유일한 그릇이야. 남성들에게는 이제는 더 이상 손을 쓸 수 없어. 〈아킬레스〉와 〈오디세우스〉 속에서 호메로스는 각각 최고의 인간과 최고의 현자에 대한 모든 것을 이미 다 그려버리고 말았네."

나는 말했다. "그런데 〈포스카리〉에서는 고문의 격심한 아픔이 쉴 새 없이 나오기 때문에 좀 마음에 걸립니다. 이 작품을 완성하기까지 이처럼 애달픈 재료를 가슴에 담고 있었을 텐데, 어떻게 그런 상태로 그 오랜 시간을 살아갈 수 있었는지 도저히 이해할 수 없습니다."

"그런 것이 바이런다운 본질이었지." 하고 괴테는 말했다. "그는 영원히 자신을 괴롭히는 사람이었네. 자네가 그의 작품을 모두 보아서 알 수 있듯이, 이런 제목이 그가 좋아하는 테마야. 이런 테마 가운데 밝은 것은 거의 하나도 없지. 그러나 〈포스카리〉만 해도 묘사는 얼마나 멋진 것인가?"

"정말로 뛰어납니다." 하고 나는 말했다. "말 한마디 한마디가 굳세고 중요하고 핵심을 찌르고 있습니다. 나는 바이런의 작품 중에서 단 한 행도 약한 것은 찾지 못했습니다. 언제나 그는 출렁거리는 바닷물에서 갓 나온 것처럼 윤이 나고 싱싱해서 창조적인 원동력이 넘치는 것처럼 생각됩니다."

"전적으로 자네가 말한 대로야." 하고 괴테는 말했다. "정말로 그렇지."

"그의 작품을 읽으면 읽을수록" 하고 나는 계속했다. "그의 재능이 얼마나 위대한지 놀라게 될 뿐입니다. 그러므로 당신이 〈헬레나〉[61] 속에서 그를 위해 불후의 사랑 기념비[62]를 세웠다는 것은 지극히 당연한 일이었다고 생각합니다."

"현대 문학의 대표자로서" 하고 괴테는 말했다. "바이런 이외의 다른 사람을 내세운다는 것은 나로서는 생각할 수 없는 일이었네. 그가 금세기 최고의 재능의 소유자라는 것은 의심의 여지가 없는 사실이기 때문이지. 게다가 그는 고대적이지 않고 낭만적이지도 않아. 그야말로 현대 그 자체와 같은 인물이야. 그러한 인물이 나에게는 반드시 필요했던 것일세. 그에 더하여 그 만족할 줄 모르는 성격과 전투적인 기질 때문에, 그는 여기에 딱 들어맞는 인물이었지. 그런 성격 때문에 그는 결국 미솔롱기[63]에서 생을 마감했던 것이었어. 바이런에 관한 논문을 쓴다는 것은 마음이 편하지 않고 상책도 아니지만, 이따금 그에게 경의를 표하고 개개의 점에서 그를 언급하는 일은 앞으로도 계속해 나갈 것이야."

이야기가 일단 〈헬레나〉에 미치자 괴테는 다음과 같이 말을 이어갔다. "나는 이 결말을" 하고 괴테는 말했다. "전에는 전혀 다른 것으로 하려고 마음먹고, 여러 가지 고안을 짰었네. 한때는 제법 잘되어 나가기도 했지. 그러나 이런 이야기는 자네에게 털어놓고 싶지는 않네. 그 후에 바이런 경과 미솔롱기의 사건으로 지금과 같은 결말이 떠올라 다른 고안들은 모두 포기해 버렸어. 그러나 자네도 알아차렸겠지만, 합창대[64]가 만가를 부르는 것은 그 역할에서 전혀 빗나가고

---

61) 〈파우스트〉 제2부 제3막 8488~10038에서 헬레나가 출현하여 사라지기까지의 장면을 말하는 것이다.
62) 헬레나와 파우스트 사이에서 태어난 오이포리온(여기서는 바이런을 의미한다)은 부모의 절대적인 만류에도 막무가내로 양쪽어깨에 날개를 달고 하늘로 날아 올라가다가 죽고 만다. 여기서 말하는 오이포리온에 대한 애도의 노래는, 다름 아닌 그리스의 독립전쟁에 참가하다가 죽고 마는 바이런의 무한한 용기에 대한 괴테의 찬양인 것이다.
63) 중부 그리스에 위치한 지역으로, 이곳에서 그리스군은 터키군에 대항하여 완강히 싸웠다. 1824년 바이런이 사망한 곳도 바로 여기이다.
64) 〈파우스트〉 제2부 제3막 9908 이하에서 합창대가 애도의 노래를 부른다.

있는 거야. 이때까지 합창대는 변함없이 고대적인 것을 유지해 왔고, 또 더군다나 그 소녀적인 성격을 절대로 잃어버리지 않았었지. 그런데 여기서는 갑자기 엄숙하고 내성적이고 또 종전에는 전혀 생각하지 않았고, 생각조차 할 수 없었던 그런 것을 입 밖에 내고 있으니 말이야."

나는 말했다. "물론 나도 그것을 알아차렸습니다. 그러나 이중의 그림자를 가지고 있는 루벤스의 풍경화를 보고 난 이후, 허구라는 개념을 알게 되어 그 뒤에는 그런 것에 매혹당하지 않게 되었습니다. 그러한 모순은 매우 사소한 것입니다. 이것을 통해 도달하는 더 고차원적인 것에 비하면 아무 문제도 되지 않습니다. 좌우간 이 노래는 반드시 불려야 했고, 다른 합창대가 그 자리에 없었기 때문에 소녀들이 부르지 않으면 안 되었던 것입니다."

"내가 알고 싶은 것은" 하고 괴테는 웃으면서 말했다. "독일 비평가들이 여기에 대해서 뭐라고 말할 것인가 하는 것이야. 그들이 이런 기준을 초월할 만한 자유정신과 대담성을 충분히 가지고 있을까 그것이 궁금한 것이지. 프랑스인들 같으면 이성이 방해될 것이야. 그들은 이해력이 접근할 수 없는, 또 접근하여서는 안 되는 독자적인 법칙을 상상력이 갖고 있다는 것에 생각이 미치지 못할 것이야. 만약 이성이 영원히 해결할 수 없는 것을 우리가 상상력에 의해 만들어 낼 수 없다면, 필경 상상력이라는 것도 별로 대단한 것은 못 되는 것이지. 이것이 시와 산문의 분기점인 것으로, 산문에서는 언제나 이성이 주인인 것처럼 행세하지만, 그래도 별 지장이 없고 또 그렇게 해야 하지."

나는 이 의미심장한 말을 듣고 기뻤고 이것을 마음에 새겨 두었다. 곧 10시가 가까이 되었기 때문에 나는 집으로 돌아갈 준비를 하였다. 우리는 촛불을 켜지 않고 앉아 있었다. 밝게 갠 여름밤 하늘이 북쪽의 에터스베르크에서 훤히 비쳐 오고 있었다.

1827년 7월 9일 월요일 저녁

괴테는 혼자서 슈토쉬의 수집품[65]에서 본을 떠서 만든 석고 복제를 바라보

---

65) 슈토쉬(1691~1757). 원래 이 남작이 소유하고 있었던 각석의 수집품은 1770년에 프리드리히 대왕한테로 넘어가 버리고 말았다.

는 중이었다.

"베를린에 있는 어떤 친절한 사람이 이 모든 수집품을 나에게 보여주고 싶다면서 보내 주었네. 나는 이 미술품의 대부분을 이미 알고 있었지만, 이번에는 빙켈만이 분류한 저 교육적인 정리의 순서에 따라서 보고 있지. 그리고 또 나 혼자만의 것으로는 의문이 생길 경우, 그가 쓴 것을 이용하여 그의 의견을 따라가고 있네."

우리가 한동안 말을 하는 사이에 법무장관이 들어와 자리를 함께했다. 그는 여러 가지 신문 기사에 대해 말해 주었다. 그중에서도 한 동물원의 수위가 사자의 고기를 먹고 싶어, 사자 한 마리를 죽이고 그 많은 부분을 요리했다는 이야기가 있었다. "그 말은 좀 이상한데." 하고 괴테는 말했다. "그가 왜 원숭이를 택하지 않았을까 궁금하군. 원숭이의 고기는 아주 부드럽고 맛이 좋다고 하던데." 우리는 이런 짐승의 볼썽사나운 점에 대해 말했고, 또 이 종족이 인간과 비슷하면 할수록 점점 더 불쾌한 기분이 든다는 것에 대해 이야기했다. "나로서는 이해할 수 없습니다." 하고 법무장관은 말했다. "후작과 같은 신분의 사람들이 어떻게 이런 동물을 옆에 두고 태연할 수 있는 것인지 말입니다. 물론 틀림없이 꽤 즐거운 일이 있을는지도 모르겠습니다만."

그러자 괴테가 말했다. "천만의 말씀, 후작 같은 사람들은 늘 싫어하는 사람들에게 괴로움을 당하기 때문에, 그보다 더 싫어하는 짐승을 사육하여 그러한 불쾌한 인상을 씻어 없애는 약으로 삼고 있는 것이야. 우리에게는 원숭이나 앵무새가 외쳐대는 소리가 정말로 불쾌한 느낌을 주지. 왜냐하면 이 동물들을 보면 그들에게 어울리지 않는 환경 속에서 살고 있다는 생각이 들기 때문이야. 그렇지만 우리가 코끼리의 등에 올라타고 야자나무 그늘을 지나갈 때 보이는 원숭이나 앵무새는 그 환경에 지극히 어울리는 것이지. 아니 그뿐이겠는가. 틀림없이 더할 나위 없이 만족스럽게 생각될 것이야. 그러나 앞에서 말한 대로 귀족들이 귀찮은 것을 내쫓기 위해 더 귀찮은 것을 사용하는 것도 수긍할 수 있는 일이지."

내가 말했다. "아마 당신은 이제 잊고 계시겠지만 여기서 다음과 같은 시구 하나가 생각났습니다."

인간들이 짐승처럼 돼 갈 때면
차라리 짐승을 방 안으로 끌고 들어와 보라.
밉살스러운 심정도 누그러질 것이다.
어차피 우리는 아담의 후예인즉.[66]

　괴테는 웃었다. "그렇지, 그 말이 맞아. 거친 것은 한층 더 거친 것으로만 내쫓을 수 있지. 아주 젊었을 때 일어난 일이지만 아직도 기억하고 있어. 그때는 귀족 중에서도 아직 철면피 같은 사람들을 이따금 보았었지. 어떤 훌륭한 사람들의 회식 석상이었어. 부인들도 앉아 있는데 어떤 돈 많은 귀족이 야비한 말을 해서, 그 말을 듣고 있어야만 했던 모든 사람이 분노를 일으키게 되었지. 그런데 아무도 그 사람 눈앞에서는 뭐라고 말할 수 없는 처지였어. 그러자 그를 마주 보고 앉아 있었던 어떤 대담하고 훌륭한 사람이 다른 방법을 택해 소리높여 무례하기 그지없는 말을 해댔기 때문에 거기에 있던 모든 사람은 물론이고, 야비한 말을 한 자까지도 깜짝 놀라버리고 말았지. 이리하여 그 사나이도 제정신으로 돌아가 두 번 다시는 입을 열지 않았어. 이 순간부터 이야기는 우아하고 즐거운 방향으로 흘러 모든 사람을 기쁘게 해 주었지. 그리고 사람들은 이 대담한 신사의 전례 없는 과감한 행동이 효과를 발휘한 것을 생각하고는 마음속으로 감사를 아끼지 않았네."

　이러한 유쾌한 일화를 들으며 흥겹게 즐긴 뒤에 법무장관은 화제를 파리의 정부당과 야당 사이의 근황으로 돌렸다. 그때 그는 어떤 아주 용감한 민주 당원이 법정에서 자기변호를 위해 장관들에게 행한 힘찬 연설을 거의 한 글자도 빠뜨리지 않고 암송했다. 그것을 듣고 우리는 새삼스럽게 법무장관의 비상한 기억력에 감탄했다. 그 사건과 특히 출판제한법[67]에 관해 괴테와 법무장관 사이에 여러 가지 논의가 오갔다. 이것은 내용이 풍부한 주제였다. 이때 괴테는 언제나처럼 온건한 귀족주의자로 행동했지만, 그의 친구인 법무장관은 늘 그렇듯

---

66) 이 시는 괴테의 시집 〈격언식으로〉(1815년) 속에 있는 것이다.
67) 프랑스에서는 나폴레옹이 몰락한 후에 복귀한 부르봉왕가에 의해, 1827년 6월 24일에 출판제한법이 강화되었다.

이 서민 쪽의 입장을 두둔하고 있는 것처럼 보였다.

"나는 프랑스인에 대해서는 어떤 점에서도 걱정하지 않았지." 하고 괴테는 말했다. "그들은 세계사적인 견지에서 볼 때 상당히 높은 위치를 차지하고 있기 때문에, 어떤 방법을 쓰더라도 그들의 정신을 압박할 수는 없네. 제한법도 그 제한이 본질적인 것에는 접촉하지 않고, 단지 개인에 대해서만 행해진다면 좋은 효과를 올릴 수 있을 것이야. 반대당이라는 것도 아무런 구속을 당하지 않으면 생기를 잃게 되지. 그러나 제한을 받게 되면 그들은 무슨 일이 있어도 영리해지네. 그리고 이것이 대단한 이득을 가져다 주지. 스스로의 의견이 정말로 올바른 경우에는 이것을 솔직하게 드러내 놓고 표출하는 것도 허락되고, 또 그렇게 하는 것이 타당한 것이야. 그러나 당파라는 것은 그것이 당파라는 바로 그 이유 때문에 완전히 옳다고는 할 수 없지. 따라서 당파에는 직접적인 표현 방법이 적합한 것으로, 이 점에서 옛날부터 프랑스인들은 위대한 모범을 보여주고 있네. 내가 하인에게 솔직하게 '한스, 내 장화를 벗겨주게!'라고 말하면 그것으로 충분히 내 의사가 통할 수 있지. 그러나 친구에게 이런 일을 시키려고 할 때면 그렇게 직접적으로 말할 수는 없지. 기분 좋고 나긋나긋한 말을 동원하여 상대방이 기꺼이 해 줄 수 있도록 마음을 움직이지 않으면 안 되지. 뭔가를 강요하는 것은 정신을 번뜩이게 만들어. 이런 이유에서 나는 출판의 자유에까지 제한을 둔다는 것을 오히려 나쁘다고 생각하지 않네. 프랑스인은 지금까지 가장 총명한 군민이라고 칭찬을 받아왔고 그 명예를 욕보이지 않고 지내왔어. 그리고 우리 독일인들은 자기의 의견을 솔직하게 말해 버리는 경향이 있지만, 완곡하게 표현하는 데에까지는 아직도 도달하지 못하고 있지."

"파리의 여러 당파들이" 하고 괴테는 말을 계속했다. "만약 한층 더 관대하고 자유롭게, 더 서로가 이해하고 지낸다면, 그들은 지금보다는 더 위대해질 것이야. 세계사적 견지에서 볼 때 프랑스인들은 영국인들보다 한층 더 높은 단계에 있지. 영국인들의 국회는 서로 대립 항쟁하는 강한 세력으로 형성되어 있어 서로 그 힘을 악화시키고 있어. 그러므로 개인의 위대한 견해를 관철한다는 것은 상당히 어려운 일이지. 캐닝과 같은 위대한 정치가에 대해 여러 가지 불평이 쏟아지는 경우만 봐도 잘 알 수 있다네."

우리는 가려고 일어섰다. 그러나 괴테는 정말로 원기 왕성했기 때문에, 한동안 서서 이야기를 계속했다. 그런 후 그는 우리를 다정한 모습으로 떠나보냈다. 우리는 걸어가면서 괴테에 대해 여러 가지로 이야기했다. 특히 우리는 반대당이라는 것도 아무런 구속을 당하지 않으면 생기를 잃게 된다는 괴테의 말을 되풀이하여 입에 담으면서 음미했다.

1827년 7월 15일 일요일

나는 오늘 밤 8시가 지나서 그를 찾아갔다. 그는 마침 일름강 강가에 있는 정원에서 돌아와 있었다. "저기에 놓여 있는 것을 좀 보게!" 하고 그는 말했다. "3권으로 되어 있는 장편소설인데, 누구의 것이라고 생각하는가? 만초니의 것이야!" 나는 그 책을 쳐다보았다. 아주 아름다운 장정이었고, 책 안 겉장에는 괴테에게 드리는 헌사가 적혀 있었다.

"만초니는 정말이지 부지런합니다." 하고 나는 말했다.

"그렇지, 열심히 하고 있지." 하고 괴테는 말했다. "만초니의 것으로는" 하고 나는 말했다. "나폴레옹에의 송시를 읽었을 뿐입니다. 요사이 그것을 다시 당신이 번역한 것으로 읽고 아주 감탄했습니다. 구절 하나하나가 한 폭의 그림이었습니다."—"자네가 말한 대로야." 하고 괴테는 말했다. "저 송시는 걸작이지. 그러나 독일에서는 아무도 이것을 주목하는 사람이 없었어. 전혀 그런 것이 없다는 듯이 그냥 지나가 버리고 말았지. 그러나 이것은 이 제목으로 취급한 것 중에서는 가장 훌륭한 작품일세."

괴테는 내가 방 안으로 들어갔을 때 열심히 읽고 있었던 영국 신문을 계속 읽었다. 나는 칼라일[68]이 번역한 독일소설 한 권을 손에 쥐었는데, 거기에는 무제우스[69]와 푸케[70]가 들어 있었다. 우리 나라의 문학에 정통한 이 영국인은 번

---

(68) 칼라일(1795~1881). 영국 스코틀랜드 출신 철학자이며 문학사가인 그는 독일 관념 철학과 독일문학을 연구하기 시작하여, 얼마 안 있어 실러의 전기(1825년)를 썼다. 또 괴테의 〈빌헬름 마이스터의 도제시대〉를 1824년에서 1827년에 걸쳐 영어로 번역하여 정열적으로 독일문학을 영국에 소개했다. 괴테는 생전에 칼라일과 서신을 교환한 것으로 알려져 있다.

(69) 무제우스(1735~1787). 바이마르 고등학교 교수이자 소설가이다.

(70) 푸케(1777~1843). 그의 작품 〈운디네〉(1811)는 칼라일에 의해 영어로 번역되어 독일 국경을

역한 작품 앞에 언제나 서문을 달아 원작자의 생애와 비평을 첨가하고 있었다. 나는 푸케에 관한 서문을 읽어 보았다. 그의 생애가 재기발랄하면서도 모든 면에서 빈틈없이 그려져 있었다. 또 이 호감이 가는 작가를 고찰하는 비평적 관점이 그의 문학적인 공적에 대한 깊은 이해와 조용하면서도 부드러운 통찰력을 갖추고 있다는 것을 알고 나는 정말 기뻤다. 이어 이 총명한 영국인은 푸케를 한 성악가의 목소리에 비교하면서, 그 소리는 그렇게 위대한 성량을 갖고 있지 않고 음조도 얼마 안 되지만, 얼마 안 되는 그것이 가장 좋고 아름다운 울림을 갖고 있다고 말했다. 그런 다음 그는 자신의 의견을 표현하기 위해 교회제도를 빌려 비유하면서, 푸케는 문학 사원에서 주교나 제1급의 성직자의 지위를 차지하고 있는 것이 아니라 오히려 부사제의 일에 만족하고 있다고 하였다. 그러나 이 평범한 직책에 만족하고 있지만 그는 이 직무를 정말로 잘 수행하고 있다는 것이다.

내가 이것을 읽고 있는 사이에 괴테는 그의 안쪽 방으로 들어갔다. 그가 하인을 내게 보내 잠시 와 달라고 해서 나는 그렇게 했다. "한동안 여기에 있어 줬으면 좋겠어." 하고 그는 말했다. "우리 이야기를 좀 나누도록 하세. 지금 막 소포클레스의 번역본이 도착했어. 읽기 좋고 번역도 잘 되어 있는 것 같아. 언제 한번 졸거의 것하고 비교해 보려고 생각하고 있지. 그런데 칼라일에 대해서는 어떻게 생각하나?" 나는 푸케에 대해서 쓴 칼라일의 글을 읽었다고 말했다. "그 문장은 정말로 훌륭하지 않은가?" 하고 괴테는 말했다. "그렇지, 바다 너머 저쪽에도 현명한 사람들이 있어서 우리에 대해 알고 있고, 우리의 진가를 인정해 주고 있어."

"그건 그렇고," 하고 괴테는 말했다. "우리 독일인 중 다른 분야에서도 머리 좋은 사람들이 없는 것은 아니지. 나는 〈베를린 연감〉[71]에서 슐로서[72]에 관한 어

넘어 온 세계에 알려지게 되었다. 지금도 널리 읽히고 있는 이 작품은 물의 요정에 대한 이야기로 독일낭만주의 문학의 걸작 중 하나이다. 이 동화적 소설은 호프만에 의해 오페라로 작곡되어, 1816년에 상연되었다.

71) 괴테도 자신의 글을 기고하곤 했던 그 당시 가장 훌륭한 정기간행 잡지이다.

72) 슐로서(1776~1861), 하이델베르크의 역사학자이다. 괴테는 그가 1826년에 발표한 〈고대문화사의 세계사적 전망〉을 아주 호의적으로 평가했다.

느 역사가의 평론을 읽었는데, 이것은 매우 탁월한 것이었어. 거기에는 하인리히 레오[73]라는 서명이 들어 있었는데, 이 이름을 아직 들어본 적이 없기 때문에 반드시 문의해서 알아봐야 해. 프랑스인들은 역사 방면에서는 확고한 지위를 차지하고 있다고 할 수 있지. 그런데 그는 그들을 훨씬 앞지르고 있네. 프랑스인들은 사실에 너무 집착해서 관념적인 것을 경시하고 있지. 그러나 독일인은 이 점에 있어서는 완전히 자유롭다네. 레오는 인도의 엄격한 계급제도에 대해서 가장 뛰어난 견해를 가지고 있지. 사람들은 귀족주의와 민주주의에 대해 이러니저러니 말하지만 사실 문제는 아주 간단한 것이야. 우리가 아무것도 소유하고 있지 않거나, 소유물을 조용히 즐기는 것을 알지 못하는 젊은 시절에는 민주당이야. 그러나 오랜 세월을 거쳐 재산을 모으면, 이것을 안전하게 지키려고 할 뿐만 아니라, 우리 자손들이 편안히 즐겁게 지낼 수 있도록 유산을 물려주려고 하지. 그러므로 우리는 청년 시대에는 어떤 다른 생각에 물들지만, 노인이 되면 예외 없이 귀족주의자가 되지. 레오는 이 점을 아주 총명하게 서술했네.

　미학 분야에 있어서 독일인들은 확실히 가장 뒤떨어져 있지. 그러므로 우리에게 칼라일과 같은 인물이 등장하는 것을 보려면 상당한 기간을 더 기다려야 할 것이야. 그러나 이제 프랑스인과 영국인 그리고 독일인 사이의 교류가 한층 더 밀접해져 서로 보완할 수 있는 시대가 되었어. 그리고 이것은 정말로 바람직한 일이네. 이것은 세계 문학의 출현과 더불어 그 발전에 일대 이익을 가져올 것이야. 칼라일은 실러의 전기를 썼고, 독일인으로서도 좀처럼 따라갈 수 없는 그런 비평을 내리고 있지. 그러나 우리도 셰익스피어나 바이런에 통달했어, 그 가치 있는 공적을 영국인들 자신들보다도 더 잘 평가할 줄 안다고 할 수 있을 것이야."

1827년 7월 18일 수요일

"자네에게 알려야 할 일이 있어." 하고 괴테는 오늘 식탁에서 처음으로 이렇게 말했다. "만초니의 소설은 우리가 알고 있는 한 같은 장르의 어떤 작품보다

---

[73] 하인리히 레오(1799~1879). 베를린의 독일 역사 교수인 그는 1827년 어떤 학술잡지에서 술로서의 이 책에 대해서 논평하였다.

우수하지. 그의 작품을 내면적으로 보면 그 모든 것이 이 시인의 정신에서 흘러나온 것이어서 전적으로 완전하다고 말할 수밖에 없어. 그리고 그 외면적인 것에 있어서도 지방색이라든지 이와 비슷한 모든 것의 묘사가 이 위대한 내면적인 특색에 비교하여 조금도 손색이 없지. 이것은 대단한 것이야." 나는 이 말을 듣고 놀랐고 동시에 기뻤다. "이것을 읽었을 때의 인상은" 하고 괴테는 계속했다. "쉬지 않고 감동에서 경탄으로, 경탄에서 감동으로 옮겨지는 식이야. 그래서 우리가 이 두 가지의 위대한 작용으로부터 몸을 뺀다는 것은 전혀 불가능하지. 이 이상은 쓸 수 없을 것이라고 생각되네. 이 소설을 읽으면 비로소 만초니의 진가를 확실히 알 수 있지. 그는 이 작품에서 그의 완벽한 내면성을 나타내고 있어. 이것은 그의 희곡작품에서는 발전할 기회를 얻지 못했던 것이지. 나는 이번에 이것을 읽고 난 직후 월터 스콧이 최고 걸작, 가령 아직도 읽지 않은 〈웨이버리〉라도 읽고 그 위대한 영국작가와 만초니를 비교해 보려고 생각하고 있다네. 만초니의 내면적 교양은 이 작품에서 다른 어떤 것과도 비교할 수 없을 만큼 고상하게 나타나고 있지. 이것은 완전히 무르익은 과일과 같은 기쁨을 주지. 그리고 개개의 취급과 묘사는 이탈리아의 하늘과도 같이 맑게 개어 있어."

"그에게도 감상주의의 흔적이 있습니까?" 하고 나는 물었다. "전혀 그런 것은 없지." 하고 괴테는 말했다. "그에게는 정은 있지만 감상주의는 전혀 없어. 어떤 장면도 남성적이고 순수하지. 오늘은 이 이상 더 덧붙일 말이 없어. 아직은 제1권을 읽고 있는 중이니까 얼마 안 가서 여러 가지 이야기를 들려주도록 하지."

1827년 7월 21일 토요일

오늘 저녁 그의 방으로 들어갔을 때, 그가 만초니의 소설을 읽고 있는 것을 보았다. "이제 제3권으로 들어갔지." 하고 말하면서 그는 책을 옆에 내려놓았다. "그리고 여러 가지 새로운 생각이 떠올랐어. 자네도 알고 있듯이 아리스토텔레스[74]는 비극이 훌륭한 작품이 되려면 공포심을 불러일으키지 않으면 안 된다고

---

74) 아리스토텔레스(기원전 384~322). 괴테가 여기에서 자세히 말하고 있듯이, 아리스토텔레스의 비극의 요체는 육체적인 공포 또는 정신적인 불안감을 녹여서 관객들로부터 경탄, 다시 말해 자연적인 공감을 불러일으켜 그들에게 마음의 정화를 느끼게 하는 것이다.

말하고 있네. 이 말은 비극뿐만 아니라 나아가 많은 다른 문학에도 해당하는 것이지. 그러한 원칙이 지켜지는 것은 나의 〈신과 무희〉 속에서도 볼 수 있을 것이고, 훌륭한 희극이라면 어떤 작품에서도 발견할 수 있을 것이야. 줄거리가 얽히고설킬 때도 그렇지. 그뿐만 아니라 〈제복을 입은 7인의 소녀〉[75] 속에서도 찾아낼 수 있네. 장난삼아 던진 농담도, 착한 아가씨들을 대상으로 했을 경우에는 어떤 결과를 초래할지 예측할 수 없는 것이야. 이 공포의 성질은 두 가지 종류로 나눌 수 있지. 그것은 육체적인 공포와 정신적인 불안이야. 후자의 감정은 등장 인물에게 도덕적인 재앙이 밀어닥쳐서 지금 당장이라도 그를 덮치려고 하는 것을 볼 때 우리 가슴속에서 끓어오르는 감정이야. 가령 〈친화력〉에서 그것을 볼 수 있지. 그러나 육체적인 공포는 등장인물이 육체적인 위험에 처하게 되었을 때, 이것을 읽는 독자 또는 이것을 극장에서 구경하는 관객의 마음속에 생기는 것이지. 가령 〈갈레선의 노예들〉[76]이나 〈마탄의 사수〉[77]의 경우가 그것일세. 그뿐이겠는가. 늑대가 사는 골짜기의 장면은 이것을 보고 있는 사람 모두에게 육체적인 공포뿐만 아니라 '이제 다 틀렸다'는 절망감을 안겨 주지.

그런데 만초니는 이런 공포를 잘 이용하여 그야말로 놀랄 만한 성공을 거두고 있어. 그는 공포를 녹여서 감동으로 바꾸고, 더 나아가 이 감정을 경탄에까지 이르게 하네. 공포의 감정은 늘 재료에 따라다니는 것으로 어떠한 독자의 마음속에서도 생기는 것이지. 그러나 경탄은 작가가 개개의 장면에서 탁월한 필치를 종횡으로 발휘해야 생기는 것으로, 이것을 꿰뚫어 볼 수 있는 능력의 혜택인 것이라네. 자네는 이런 미학론을 어떻게 생각하지?—만약 내가 훨씬 젊었다면, 만초니의 작품처럼 엄청난 분량의 것은 아니더라도 뭔가를 이 이론에 따라 썼을 것이야.

그건 그렇고, 내가 지금 절실하게 기다리고 있는 것은 이 소설에 대한 〈글로브〉지 사람들의 의견이지. 그들은 현명한 사람들이기 때문에 이 작품의 훌륭한

---

75) 프랑스의 앙줄리(1787~1838)의 작품으로, 이 익살극은 1825년 12월 26일 이래로 바이마르에서 되풀이하여 상연되었다. 에커만은 이 제목으로 시까지 썼다.
76) 추밀고문관인 빈클러가 쓴 이 신파극은 1824년 5월 31일 이래로 바이마르의 연극목록에 수록되었다.
77) 베버(1786~1826)가 작곡한 〈마탄의 사수〉 제2막에 나오는 늑대들이 사는 계곡 장면을 말한다.

점을 인정할 것이야. 게다가 이 작품 전체의 경향은 이 자유주의자들의 물레방아에 부어 넣을 수 있는 안성맞춤의 물인 것일세. 물론 만초니는 아주 절도 있는 태도를 취하고 있기는 하지만 말이야. 그러나 프랑스인들은 우리와 달리 어떤 작품을 순수한 애착을 갖고 받아들이는 일이 드물지. 그들은 저자의 입장에 순응하려고 하지 않고 오히려 언제나 자기의 성질에 맞지 않는 것을 찾아내, 최대의 걸작을 향해서도 이 저자는 이렇게 해서는 안 되는 것이었다고 말한다네."

괴테는 이어 이 소설에서 두세 부분을 언급하며 이 작가가 어떤 정신을 갖고 썼는가를 설명해 주었다. 그러고 나서 괴테는 말을 계속했다. "만초니의 이 작품에 위대한 탁월성을 부여하고 있는 것은 다음의 네 가지 점이지. 첫째로 그는 걸출한 역사가라는 것이야. 이로 말미암아 이 작품은 위대한 위엄과 설득력을 갖고 있지. 이것은 보통 독자가 소설이라는 이름 하에 생각하는 것과는 아주 다른 것이네. 두 번째로 그에게 유리하게 작용한 것은 가톨릭 종교이지. 이것에서부터 여러 가지 시적 양식을 갖춘 장면이 생겨 나오고 있어. 만약 그가 신교도였으면 이렇게 하지는 못했을 것이야. 그리고 세 번째로는 이 작가가 혁명의 알력 때문에 적잖게 괴로움을 당했다는 점이야. 이것이 그의 작품에 도움을 주고 있어. 만초니 자신이 직접 그 일에 연루된 적은 없다고 하더라도, 그의 친구들은 그에 관계했고 급기야 몇 사람은 그 때문에 죽고 말았네. 그리고 마지막 네 번째로 이 소설에 행운을 갖다준 것은 사건이 코모호수 부근의 매력적인 지방에서 전개되고 있다는 점이지. 이 지방의 인상은 청년기 이래로 이 시인의 가슴에 아로새겨져 있었기 때문에 그는 이 지방의 곳곳을 속속들이 알고 있었거든. 이런 점에서 이 작품의 위대한 주요 가치, 즉 풍토 묘사의 명확성과 놀랄 만한 면밀성이 생겼다는 것이네."

1827년 7월 23일 월요일

오늘 저녁 8시경에 괴테 댁을 찾아가 안부를 물었더니 그는 아직 일름강 강가에 있는 정원에서 돌아오지 않았다고 하였다. 그래서 그를 맞이하러 그곳까지 갔더니 그는 공원의 서늘한 보리수나무 그늘 밑 의자에 앉아 있었다. 그의 옆에는 손자인 볼프강도 있었다.

괴테는 내가 온 것을 기뻐하며 나에게 눈짓으로 자기 옆에 와서 앉으라고 했다. 그리고 서로 인사를 나누자마자 괴테는 다시금 만초니 이야기로 말을 돌렸다.

"요전에 자네한테 말했지만" 하고 괴테는 말을 시작했다. "이 작가는 역사가라는 것 때문에 이 소설에서 덕을 보고 있지. 그러나 이번에 제3권을 읽었더니 그 역사가라는 것이 시인으로서의 본분을 방해하고 있다네. 만초니 씨는 갑자기 시인의 옷을 벗어 던지고 한동안 완전히 적나라한 역사가로서 출현하고 있어. 그리고 이것이 나타나는 것은 전쟁이라든지 기근의 고통, 그리고 흑사병의 만연을 서술할 때이지. 이런 종류의 것은 그 자체로서도 꺼림칙한 것이야. 그러므로 건조한 연대기 같은 필치로 세부에 걸쳐 구석구석까지 이런 것을 묘사하게 되면 참을 수 없게 되어 버리지. 독일에서 이 책을 번역할 때는 이런 결점을 피하도록 해야 해. 전쟁과 기근의 고통을 서술한 부분과 흑사병 서술의 3분의 2를 생략하고, 작중인물의 행동에 관계되는 부분만을 남기면 되네. 만약 충고할 수 있는 친구가 만초니의 옆에 있다면 이런 실책은 쉽게 피할 수 있을 것이야. 그러나 그는 역사가로서 사실에 대한 부분을 너무나 중시해 왔지. 이것은 그가 희곡작품을 쓸 때 그를 괴롭혀 온 것이기도 했지만, 그때는 이런 역사적인 여분의 재료를 주석으로 처리함으로써 난관을 벗어날 수 있었을 것이야. 그러나 이번에 그는 이런 타개 방법을 알지 못했고 또한 역사적인 재료를 버릴 수도 없었지. 이것은 대단히 주의해야 할 점이기도 하네. 그러나 소설의 인물들이 다시 등장하게 되면 시인이 다시 화려하게 나타나, 또다시 언제나처럼 우리의 경탄을 불러일으키기는 한다네."

우리는 일어나 발걸음을 집 쪽으로 옮겼다.

괴테는 말을 계속했다. "만초니처럼 경탄할 만큼 소설의 구상을 멋지게 세울 줄 아는 시인이 어째서 한순간만이나마 시 정신을 거역하는 그런 일을 할 수 있는 것인지 도저히 이해할 수 없을 것이야. 그러나 사실은 아주 간단하지. 그것은 이렇다네.

만초니는 실러와 마찬가지로 타고난 시인이야. 그러나 우리의 시대는 시인 자신을 에워싼 인간 생활 속에서 이용할 수 있는 자연을 찾아낼 수 없을 정도로 타락해 있지. 그러므로 자기 계발을 위해 실러는 두 가지의 위대한 것, 즉 철학과 역사를 붙잡으려고 했어. 그런데 만초니는 단지 역사만을 택했지. 실러의 〈발렌슈타인〉은 같은 종류의 작품 중에서는 따로 어깨를 겨룰만한 것이 없을 만큼 위대하네. 그러나 바로 이 두 개의 힘찬 기둥, 즉 역사와 철학은 이 작품 여기저기에서 오히려 장애물이 되어 시의 순수한 흐름을 가로막고 있지. 마찬가지로 만초니는 역사의 과중한 중압에 짓눌려 고통을 받고 있어."

"각하의 말씀은" 하고 나는 말했다. "나에게는 너무나 중대한 것입니다. 이런 말씀을 들을 수 있어 정말 행복합니다."

"만초니는 우리에게 좋은 생각을 할 수 있게 도와주지." 괴테가 이렇게 자기 생각을 계속하여 말하려고 할 때 법무장관이 그의 집 정원 문 쪽으로 맞이하러 왔다. 따라서 대화는 도중에서 끊어졌다. 법무장관은 언제나 환영받는 손님으로서 우리와 함께 어울렸다. 이어 우리는 괴테를 모시고 작은 계단을 올라가 흉상이 있는 방을 지나 가늘고 긴 응접실로 들어갔다. 거기에는 커튼이 내려져 있었고 창가의 식탁에는 두 개의 등불이 켜져 있었다. 우리는 식탁에 둘러앉았다. 괴테와 법무장관 사이에서는 다른 이야기들이 오고 갔다.

1827년 9월 24일 월요일

괴테와 함께 베르카로 가기로 했다. 8시가 지나고 얼마 안 있어 우리는 마차로 달렸다. 아침은 정말 맑게 개어 있었다. 처음에는 산으로 들어서는 길이어서 자연 속에서 구경할 만한 것이라고는 전혀 찾아볼 수 없었기 때문에 괴테는 문학에 대해 이야기했다. 얼마 전에 독일의 어느 유명 시인[78]이 바이마르를 지나가면서 괴테에게 자기의 기념수첩을 보여 주었다는 것이다. "그 속에 쓰인 글들이 모두 얼마나 나약하기 그지없는 것이었는지 자네는 상상조차 할 수 없을 것이야." 하고 괴테는 말했다. "시인들이 모두 병에 걸려 버려 그들은 이 세상이 마치 온통 병원인 것처럼 시를 쓰고 있어. 너나 할 것 없이 이 세상은 괴롭고 슬퍼서 저쪽 세상의 즐거움에 대해서만 이야기하고 있지. 그렇지 않아도 모든 사람

---

[78] 빌헬름 뮐러(1794~1827)를 말하는 것이다. 그는 슈베르트의 가곡집인 〈아름다운 물레방앗간 아가씨〉와 〈겨울 나그네〉를 쓴 시인으로 세계적으로 알려지게 되었다.

이 불만을 털어놓으면서 다른 사람에게 한층 더한 불만을 부추기고 있는데 말일세. 이것은 정말이지 문학의 남용이야. 문학이란 원래 인생의 사사로운 불화를 달래고 사람들이 이 세상과 저마다의 처지에 만족할 수 있도록 하기 위해 존재하는 것이지. 그렇지만 오늘의 세대는 모든 진정한 힘을 두려워하고, 오직 나약한 것에만 매달려 지내면서 이것을 문학적인 것이라고 생각하고 있어." 괴테는 계속했다. "가장 알맞은 말을 찾아냈네. 이렇게 말하면 저 신사분들은 분개하겠지만, 나는 그들의 시를 '병원 문학'이라고 부를 것이야. 이것과 반대되는 것으로는 참된 튀르타이오스적인 문학[79]이 있지. 이것은 사람들에게 군가를 부를 기운뿐만 아니라, 더 나아가 인생과의 싸움을 견디어 낼 수 있는 용기를 주는 것일세."

나는 괴테의 말에 전적으로 동의를 표시했다. 마차 안의 우리 발밑에는 두 개의 손잡이가 달린 갈대 바구니가 있었는데, 그것이 나의 눈길을 끌었다. 괴테는 말했다. "이것은 내가 마리엔바트에서 가져온 것이야. 그곳에는 이런 바구니가 갖가지 크기로 있지. 이것을 사용하는 데에 익숙해져 나는 이제 이 바구니 없이는 여행길에 나설 수 없게 되어 버렸어. 이 안에 아무것도 없을 때는 접어 놓으면 되네. 그러면 별로 자리를 차지하지 않지. 물건이 들어가면 사방으로 퍼지기 때문에 예상외로 많은 것을 가득 채워 넣을 수 있네. 부드럽고 구부리기 쉬우면서도 아주 질기고 튼튼하지. 그러므로 아무리 무거운 것이라도 넣어서 나를 수 있어."

"이것은 아주 미술적이고 고풍스럽게 보입니다." 하고 나는 말했다.

"자네 말이 맞아." 하고 괴테는 말했다. "고대의 양식에 가깝지. 왜냐하면 이것은 아주 합리적이고 목적에 알맞을 뿐만 아니라, 또 아주 단순하고 호감이 가는 모양을 하고 있기 때문이야. 그러므로 이것은 완성미의 절정에 있다고도 말할 수 있네. 내가 보헤미아의 산지대로 광물 채집하러 갔을 때도 이것이 큰 도움이 됐어. 지금 이 속에는 우리의 아침 식사가 들어 있지. 만약 쇠망치를 가지고 있다면 오늘도 틀림없이 이곳저곳을 두들겨 암석 조각을 채취해서 이 바구

---

79) 튀르타이오스(기원전 7세기). 그는 전쟁에서 망하게 된 스파르파군에게 용기를 북돋우는 노래를 만들어 주었고, 이러한 격려로 스파르타군은 드디어 적을 물리칠 수 있었다.

니에 가득 담아 집으로 가지고 갈 것이야."

우리는 고지대로 올라가 언덕 쪽을 자유롭게 바라볼 수 있었다. 언덕 너머에는 베르카가 있었다. 조금 왼쪽으로 헤츠부르크로 이어지는 골짜기가 보였다. 그곳은 일름강의 반대쪽 기슭에 해당했는데 거기에는 산 하나가 가로놓여 있었다. 그 산은 우리에게 그늘진 쪽을 보이고 있었지만 일름 골짜기에 자욱이 낀 아지랑이 때문인지 나의 눈에는 푸르게 비쳤다. 나는 망원경으로 그곳을 바라보았다. 그러자 그 푸르름은 보고 있는 동안에 차츰 엷어져 갔다. 나는 괴테에게 이것을 말했다. "이걸 보니 순수 객관적인 색채에도 주관이 큰 역할을 한다는 것을 알겠습니다. 시력이 약하면 흐린 것이 심해지고, 반대로 시력이 강하면 흐릿함이 없어지든지 아니면 적어도 그것이 한층 더 약화합니다."

"자네의 의견은 전적으로 옳은 것이야." 하고 괴테는 말했다. "그뿐만이 아니라 좋은 망원경을 가지고 보면 가장 멀리에 있는 산맥의 색채도 없어져 버리지. 빌란트는 이것을 정말 잘 알고 있었네. 그는 곧잘 '사람들이 오직 즐거운 기분에 잠겨 있을 때만 그들을 즐겁게 해 줄 수 있다'라고 말했기 때문이야." 우리는 이 말의 분명한 의미를 느끼고 웃었다.

얼마 안 있어 우리는 작은 골짜기로 내려갔다. 길은 지붕이 달린 나무다리 위를 지나가게 돼 있었다. 그 아래로는 보통 헤츠부르크 쪽으로 흘러 내려가는 빗물이 냇바닥을 채우고 있었지만 지금은 바싹 말라 있었다. 도로 인부들이 다리의 양쪽에서 붉은 사석 몇 개를 잘라내어 그것을 쌓아 올리고 있었다. 이것이 괴테의 눈길을 끌었다. 다리를 지나 조금 더 가서 길은 서서히 언덕을 따라 올라갔다. 여행자들은 이 길을 넘어 베르카로 간다. 괴테는 마차를 세웠다. "여기서 잠깐 내려 보세." 하고 그는 말했다. "들에서 간단하게 아침 식사를 때우도록 하지." 우리는 내려서 주위를 둘러보았다. 길바닥에는 흔히 볼 수 있는 네모꼴로 쌓아 올린 돌이 있었다. 하인은 그 위에 냅킨을 깔았다. 그가 마차에서 갈대로 만든 바구니를 가지고 오자 괴테는 그 안에서 꺼낸 흰빵과 구운 자고새를 잘라 그 절반을 나에게 넘겨주었다.

나는 선 채로 여기저기를 걸어 다니면서 먹었고, 괴테는 쌓아올린 돌의 한 모퉁이에 걸터앉았다. 돌에는 아직도 밤이슬이 배어 있었다. 나는 그 찬 기운이 괴테의 몸에 좋지 않을 거란 생각에 걱정이 되어 주의를 부탁드렸다. 그러나 그가 괜찮다고 힘차게 대답했기 때문에 안심했다. 이것은 그가 마음에 힘을 느끼고 있다는 새로운 징조라고 생각되었다. 그러는 사이에 하인이 마차에서 포도주 병을 갖고 왔다.

괴테가 말했다. "내 친구 쉬체는 매주 도망가다시피 하면서 시골로 소풍을 떠나는데 이건 지당한 일이야. 우리도 그를 모범으로 삼기로 하지. 날씨가 어느 정도 개어 있기만 하면 이제부터는 자주 소풍을 가도록 하세." 이렇게 확언하는 것을 듣고 나는 기뻤다.

그 후 나는 괴테와 베르카에서, 또 한번은 톤도르프에서 아주 드문 하루를 보냈다. 그는 그칠 줄 모르고 예지에 찬 이야기를 들려주었다. 그는 그 당시 본격적으로 쓰기 시작한 〈파우스트〉 제2부에 대해서도 여러 가지 생각을 말해주었지만, 나는 일기장에 그가 이야기해 준 것 가운데 겨우 서문 정도만 써둔 것을 두고두고 유감으로 생각하는 바이다.

제2부
(1828~1832)

1828년

1828년 6월 15일 일요일

우리가 식탁에 앉고 얼마 안 있어 자이델 씨[1]가 티롤 사람들을 데리고 들어왔다. 가수들은 정원으로 향한 방으로 들어와서 앉았다. 그 방의 문은 활짝 열려 있었기 때문에 우리 쪽에서, 잘 볼 수 있었고, 그 정도 거리에서는 그들이 부르는 노래도 충분히 감상할 수 있었다. 자이델 씨는 식탁에 둘러앉은 우리한테로 와서 앉았다. 쾌활한 티롤인들의 노래와 요들[2]은 우리 젊은 사람들을 즐겁게 해주었다. 울리케 양과 나는 특히 〈꽃다발과 그대〉와 〈그대는 내 가슴속에〉[3]가 마음에 들었기 때문에, 그 가사를 갖고 싶다고 부탁했다. 그러나 괴테는 기뻐서 어찌할 바를 모르는 우리만큼은 마음이 들떠 있는 것 같지 않았.

"버찌나 딸기의 맛은" 하고 그는 말했다. "어린아이들이나 참새들에게 물어봐야 하지."[4] 노래 사이사이에 티롤인들은 일종의 현악기인 치터와 명랑한 음색의 가로피리의 반주에 맞춰 여러 가지 티롤 민속무용을 보여 주었다.

괴테의 아들이 바깥으로 불려 나갔다가 티롤인들을 돌려보냈다. 그는 다시 우리들의 식탁에 와서 앉았다. 우리는 〈오베론〉[5]에 대해 말을 나누었다. 이 가극을 관람할 때 굉장한 숫자의 사람들이 사방에서 밀려왔기 때문에, 정오가 되

---

1) 자이델(1795~1855). 오스트리아의 티롤주 출신 배우로 1822년 이래로 바이마르에서 배우로 지내고 있다.
2) 알프스 지방의 주민들 사이에서 불리는 특수한 민요로, 가슴소리와 가성을 섞어 부르는 노래다.
3) 그 당시 널리 퍼져 사람들 입에 오르내린 가요곡이다.
4) 괴테의 격언조의 시집에서 이와 비슷한 말이 등장한다.
5) 독일의 오페라 작곡가인 카를 마리아 폰 베버(1786~1826)가 작곡한 오페라. 그는 영국 런던의 코벤트 가든의 지배인에게 의뢰를 받고, 영어로 된 대본인 〈오베론〉을 오페라로 작곡하였다. 이 작품은 1826년 런던에서 그의 지휘로 초연되어 호평을 받았다고 한다.

자 한 장의 입장권도 남지 않았다고 하였다. 괴테의 아들이 식사를 마치고 말했다. "아버지, 이제는 식탁에서 일어나도록 합시다! 모든 신사숙녀들은 조금이라도 빨리 극장으로 가고 싶어 하는 것 같습니다." 괴테는 이렇게 서두르는 것을 이해할 수 없다는 태도였다. 이제 겨우 4시가 아닌가. 그러나 그는 아들의 말을 따라 고분고분 식탁에서 일어섰다. 우리는 각자의 방으로 돌아갔다. 그런데 자이델 씨가 나하고 두세 사람들이 있는 데로 다가와서 목소리를 낮추고 슬퍼하는 얼굴로 말했다. "극장관람은 취소됐습니다. 오늘은 이제 무대상연이 없습니다. 대공께서 돌아가셨습니다! 베를린 여행에서 이곳 바이마르로 돌아오시는 도중에 세상을 떠나셨습니다."[6]

삽시간에 놀라움이 우리 사이로 퍼졌다. 괴테가 들어왔다. 우리는 아무 일도 없었다는 듯이 대수롭지 않은 말을 주고받았다.

괴테는 나와 함께 창가로 다가가서 티롤인들과 극장에 대해서 이야기했다. "오늘은 나의 특별석으로 가도록 하지." 하고 그는 말했다. "6시까지는 아직 시간이 있으니 다른 친구들은 그냥 놔두고 내 곁에 있어 줘. 우리 좀 수다를 떨어 보세." 괴테의 아들은 방금 부고를 가져온 법무장관이 방으로 돌아오기 전에, 아버지에게 그 소식이 전해질까 두려워서 모여 있는 사람들을 내보내려고 했다.

괴테는 아들이 이상하게도 다그치는 것을 보고 그 속내를 알 수 없어 기분이 좋지 않은 것 같았다. "이제 커피라도 마셔야 할 것 아닌가." 하고 그는 말했다. "이제 겨우 4시가 되었지 않은가!" 하고 그는 다시 말했다. 나도 모자를 집었다. "아니, 자네도 갈 작정인가?" 하고 괴테는 말하면서 나를 이상하다는 듯이 쳐다보았다. "네! 에커만 씨도 극장으로 가기 전에 뭐 좀 할 일이 있답니다." 하고 젊은 괴테가 말했다. 이에 나도 "네, 할 일이 좀 있습니다." 하고 말했다. "그렇다면 가야지." 하고 괴테는 의아스러운 듯이 머리를 흔들면서 말하였다. "그렇지만 자네들 모두 오늘은 좀 이상하군."

우리는 울리케 양과 함께 위에 있는 방으로 갔다. 그러나 괴테의 아들은 아

---

[6] 카를 아우구스트 대공은 베를린에서 바이마르로 돌아오는 도중 1828년 6월 14일 구라디치에서 세상을 떠났다. 괴테가 그를 마지막으로 본 것은 지난 5월 28일이었다.

괴테를 방문한 카를 아우구스트 대공(1783~1828)

버지에게 그 슬픈 소식을 알려드리기 위해 아래층에 남았다.

그 후 저녁 늦게 나는 괴테를 만났다. 그의 방으로 들어가기 전에 벌써 그의 탄식 소리와 큰소리로 하는 혼잣말을 들을 수 있었다. 그는 자신의 현재 생활에 메꿀 수 없는 틈이 생긴 것을 느끼고 있는 것 같았다. 어떤 위로의 말도 거절하고 일체 귀를 기울이려고 하지 않았다. "나는" 하고 그는 말했다. "내가 그분보다는 먼저 갈 것이라고 생각하고 있었지. 그러나 신은 자기가 좋다고 생각하는 것을 행하는 법이야. 그러니 죽음을 안고 살아가는 불쌍한 우리 인간으로서는 살아 있는 동안만은 착한 마음으로, 그리고 고통을 참고 견디면서 머리를 꼿꼿이 쳐들고 사는 길밖에 다른 도리가 없지."

대공모[7]는 대공의 서거 소식을 빌헬름스탈의 피서지에서 들었고, 대공의 공

---

7) 1775년 이래로 카를 아우구스트 부인이었던 루이제 대공비(1757~1830)를 말하는 것이다.

자들은 러시아에서 들었다. 얼마 안 있어 괴테는 도른부르크[8]로 향했다.

나날이 겪는 슬픈 인상에서 벗어나 새로운 환경 속에서 신선한 활동력을 회복하려는 것이었다. 다행히도 그는 한 프랑스인으로부터 학술상의 중요한 자극을 받고[9] 새롭게 식물학 연구에 빠져들게 되었다. 그 연구에는 그와 같은 시골 체류가 아주 유익한 것이었다. 집 밖으로 한 발짝 나가면 줄기가 뒤엉킨 포도나무와 싹이 돋기 시작한 꽃 등 풍부한 식물들이 그를 에워싸고 있었다.

나는 그의 며느리와 손자들을 동반하고 그곳을 두세 번 찾아갔다. 그는 정말로 행복해 보였고, 자신의 현재 상황과 성(城)과 정원의 멋진 상태를 쉴 새 없이 되풀이하여 칭찬하였다. 그리고 실제로 그렇게 높은 곳에서 창문을 통해 내려다보는 광경은 넋을 잃을 정도였다. 아래쪽에는 다양하니 생생한 산골짜기가 있다. 그리고 그 골짜기의 목장 속을 잘레강이 구불구불 길게 이어져 흐르고 있었다. 반대로 동쪽에는 울창한 언덕이 있었고, 그것을 넘어 저 멀리 바라보면 낮에는 슬쩍 지나가 멀리 사라져 버리는 소나기를 볼 수 있었다. 그곳은 밤에는 동방의 별 무리를 또한 아침에는 해돋이를 바라보는 데 특별히 알맞은 장소일 것이라는 생각이 들었다.

"나는 이곳에서" 하고 괴테는 말했다. "낮이나 밤이나 즐겁게 지내고 있지. 이따금 동이 트기 전에 눈을 뜨고 창문을 열고 뒹굴면서, 막 모인 아름다운 3개의 유성[10]과 점점 늘어만 가는 아침놀을 즐긴다네. 그리고 하루 내내 집 밖에서 지내면서 포도의 덩굴하고 정신적인 대화를 나누네. 그 덩굴은 색다르고 멋진 이야기를 들려주곤 하지. 시도 다시 쓰기 시작했는데,[11] 이것도 괜찮은 것 같아. 할 수만 있다면 언제나 이런 상태로 계속 지내고 싶다네."

---

8) 이곳에는 절벽 위에 3개의 성이 있었는데, 이 도른부르크 성 90미터 아래로는 잘레강이 굽이쳐 흐르고 있었다. 이곳에는 아름답고 풍부한 식물공원이 형성되어 있었으며, 괴테는 카를 아우구스트 대공이 서거한 후 여기에서 1828년 7월 7일부터 9월 11일까지 머물렀다.
9) 당시 괴테는 소레에게 자신이 쓴 〈식물의 변태〉를 프랑스어로 번역하게 하려고 마음먹고 있던 상태여서, 스위스 제네바의 식물학자인 칸돌(1778~1841)의 균제설에 대해서도 관심을 가졌다.
10) 목성, 금성 그리고 화성을 가리키는 것이다.
11) 괴테는 도른부르크에 와 있는 동안 〈떠오르는 둥근달에게〉, 〈아침 일찍, 골짜기와 산 그리고 정원에서는〉 〈은빛 대낮은〉과 같은 몇 편의 시를 썼다.

괴테가 휴식을 취한 도른부르크성. 아래로는 잘레강이 보인다.

1828년 9월 11일 목요일

오늘 2시, 이를 데 없이 맑게 갠 날씨에 괴테는 도른부르크에서 돌아왔다. 그는 원기 왕성했고 얼굴은 햇볕에 타서 검게 변해 있었다. 우리는 얼마 안 있어 식탁에 둘러앉았다. 그 방은 직접 정원을 마주하고 있었고 문은 활짝 열려 있었다. 그는 자신이 받았던 갖가지 방문과 선물에 대해 말했다. 그리고 줄곧 가벼운 농담을 하며 즐거워하는 것 같았다. 그러나 더 깊이 살펴보면, 여러 가지 인간관계와 배려와 요구 같은 것에 에워싸이는 옛날 환경으로 되돌아온 사람이 느끼는, 일종의 거북한 심정을 씻어낼 수는 없는 것 같았다.

이제 겨우 첫 번째 식사 접시가 돌려졌을 때 대공비에게서 사자가 왔다. 괴테의 귀환을 기쁘게 생각한다고 하면서, 다음 화요일에 그가 방문하는 것을 즐겁게 기다리겠다는 전갈이었다.

대공이 돌아가신 뒤에 괴테는 군주 일가의 아무하고도 만나지 않았다. 사실 그는 대공모하고는 쉬지 않고 편지교환을 하였기 때문에, 이 불행에 대해서는 격의 없이 충분히 이야기를 나눴다. 그러나 이번에는 친히 서로 만난 일이 눈앞에 다가오고 있다. 이것은 서로에게 필경 슬픈 마음의 동요를 일으키게 될 것이고, 이것을 예상할 때 다소 마음이 불안해질 것이다. 그리고 괴테는 아직 새로운 군주를 만나 인사도 드리지 못했다. 이런 모든 일들이 그가 당면해야 하는 의무인 것이었다. 이것은 위대한 사교가인 그를 곤혹스럽게 만드는 일은 아니라고 하더라도, 언제나 천성의 방향을 따라 자기의 직업에 충실히 살아가고 싶어 하는 시인으로서의 그에게는 분명 번거로운 일이었다.

여기에 더하여 여러 인사들의 방문이 그를 기다리고 있었다. 마침 저명한 자연과학자들의 회합이 베를린에서 거행될 예정이어서 많은 유명한 인사들의 왕래가 빈번했는데, 바이마르를 통과하는 사람 중의 일부가 괴테를 만나고 싶다고 알려왔기 때문이다.

이렇듯 여러 주일 동안 정상궤도를 벗어나야 하는 번거로움, 여기에다 행하지 않으면 안 되는 아주 중요한 분들의 방문맞이, 이에 따르는 여러 가지 불유쾌한 일들, 이러한 모든 일은 그의 마음속을 파고들어, 그가 다시 자기 집 문지방에 발을 들여놓고 여러 방을 지나는 동안 유령처럼 직감되었음이 틀림없었다.

그러나 이런 모든 절박한 일들이 그에게 한층 더 귀찮게 느껴지게 하는 한 가지 사정이 있었는데, 나는 그것을 언급하지 않을 수 없다. 그는 자신의 전집 5권을 크리스마스까지는 인쇄에 넘기지 않으면 안 되었던 것이다. 여기에는 〈편력시대〉도 들어가기로 되어 있었다. 이것은 전에는 한 권으로 돼 있었던 소설이었는데, 괴테는 이것을 전부 다시 쓰기로 하고 옛날 것에 여러 가지 새로운 부분을 합쳐서 신판은 3권물로 할 작정이었다. 이 때문에 이번에 특히 손을 많이 보았지만 아직도 써넣을 데가 아주 많았다. 이 원고는 여러 군데에 공백이 있었다. 이제부터 그것을 메꿔야 할 판이었다. 또한 개정판이 독자들에게 끌어모은 것 같은 인상을 주지 않기 위해서는 교묘한 연결을 생각해 내지 않으면 안 되었다. 그런데 원고 중에는 아주 중요한 단편(斷片)이면서도 처음 시작이 없기도 하고, 마지막 부분이 결여되어 있는 것도 있었다. 이렇게 전 3권 모두 아직 더 써넣을 곳이 많은 상태였고, 게다가 이 중요한 책은 호감이 가고 우아한 것이 되도록 만들어야 하는 작품이었던 것이다.

괴테는 금년 봄에 나에게 이 원고를 넘기면서 통독하도록 일렀다. 그 당시 우리는 이 중요한 사항에 대해 열심히 이야기를 나눴고 편지를 교환하기도 했다. 나는 그에게 이번 여름 전부를 이 작품의 완성에 바치고, 그동안에는 다른 일에 일체 손대지 말 것을 말했다. 그 자신도 역시 그 필요성을 납득하고는 그렇게 할 결의를 굳히기도 했다. 그러나 그 후 대공이 돌아가셨다. 괴테는 그로 인해 일대 타격을 받았다. 아주 쾌청한 마음씨와 침착하고 조용한 기분을 필요로 하는 창작은 당분간 생각조차 할 수 없게 되었다. 오로지 이 타격을 감내하고 다시 회복하는 것을 기다릴 수밖에 없었던 것이다.

그러나 이제 가을이 시작되었다. 그리고 그와 함께 도른부르크에서 다시 바이마르로 돌아온 괴테는, 자기 방으로 들어왔을 때 자신의 머릿속에 이제 이 〈편력시대〉를 완성해야겠다는 생각이 강하게 떠오르는 것을 분명히 느꼈을 것이다. 그런데 이 작품의 완성에는 겨우 2, 3개월의 짧은 여유만이 허락되어 있었던 것이다. 하지만 그의 눈앞에서는 갖가지 번거로운 일들이 머리를 쳐들고 있어, 그가 조용히 집필에 전념하는 것을 방해하고 있었다. 그는 이것과 싸우지 않으면 안 되었다.

따라서 나는 괴테가 식탁에서 명랑한 농담을 하고 있었지만, 그 근저에는 초조함이 깃들고 있다는 것을 알 수 있었다.

이러한 사정을 언급하는 이유는, 사실 괴테의 어떤 말과 밀접한 관계가 있다. 이 말은 나에게는 아주 특이하다고 생각되지만, 자못 그의 입장과 그의 독특한 본질에는 들어맞는 것이기도 했다. 그러므로 나는 이것에 대해 말하려고 한다.

오스나부뤽의 아베켄 교수[12]는 8월 28일[13] 이전의 어느 날 나에게 소포를 보내왔다. 그 소포 속에는 괴테의 탄생일에 좋은 시간을 봐서 그것을 괴테에게 전해달라는 의뢰문이 함께 들어 있었다. 그것은 실러에 관한 기념품으로 틀림없이 괴테에게 기쁨을 주리라는 것이었다.

오늘 식사할 때 괴테가 자신의 탄생일에 도른부르크로부터 받은 여러 가지 선물 이야기를 하여, 나는 그에게 아베켄의 소포 속에는 무엇이 들어 있었는지 물었다.

"그것은 희귀한 선물이었어." 하고 괴테는 말했다. "그것은 나에게는 많은 기

---

[12] 아베켄(1780~1866)교수. 오스나부뤽 고등학교 교장을 지낸 그는 실러 아들들의 가정교사였다.
[13] 이날은 괴테의 탄생일이다.

쁨을 안겨주었네. 실러가 초대를 받아 갔던 집에서 함께 차를 마신 사랑스러운 여성[14]이 그의 말을 정성스럽게 받아쓴 것이지. 그녀는 그것을 훌륭히 청취하고 충실하게 사본했더군. 이렇게 오랜 시간이 지난 지금에 와서는 이것이 아주 귀중한 읽을거리가 되었네. 이것을 읽으면 곧장 그때의 세계로 들어가게 되지. 그 세계는 수천 개의 다른 의미심장한 일들과 함께 지나가 사라져 버렸지만, 다행히도 이 경우만은 생생하게 종이 위에 옮겨진 한 장면으로 놓여 있기 때문이지.

실러는 여기서도 언제나처럼 저 숭고한 인간 됨됨이를 완전하게 나타내 주고 있네. 그는 남과 함께 차를 마실 때도 마치 국정을 다루는 곳에 앉아 있는 것처럼 정말로 당당했어. 아무것에도 구애받지 않았고, 아무것에도 속박받지 않았지. 아무것도 그의 사상이 비상하는 것을 저하하지 못했네. 그의 가슴속에 살아 움직이고 있는 위대한 견식은 아무런 거리낌 없이 언제나 자유롭게 흘러나왔지. 그야말로 그는 참다운 인간이었어. 인간은 모름지기 모두 그와 같아야 하네!—그렇건만 우리 다른 사람들은 왜 그런지 언제나 구애감을 느끼고 우리 주위에 있는 인물들과 사물의 영향을 받고 있지. 차를 마실 때 보통 은수저가 따라 나오는데 뜻밖에 금수저가 따라 나오면 그 수저 때문에 마음이 흔들리게 되네. 이런 식으로 오만 가지 일에 신경을 쓰다 보면 마음도 마비되어 버려 우리 천성이 갖고 있는 위대한 것을 자유롭게 발휘하지 못하게 되지. 우리는 외부 세계 사물의 노예일세. 그리고 사물이 우리를 위축시키거나 자유롭게 팽창할 수 있게 해 주는 것에 따라, 우리는 보잘것없는 인간으로 보이기도 하고 훌륭한 사람으로 보이기도 하지."

괴테는 말을 끊었다. 그러자 다른 화제가 끼어들었다. 그러나 나는 내 마음속을 뒤흔들어 놓은 그의 진귀한 한마디 한마디를 마음속 깊이 되새겼다.

1828년 10월 1일 수요일

큰 기업의 우두머리이며 동시에 자연과학, 특히 광물학 애호가인 클레펠트의 헤닝하우젠이 오늘 괴테의 댁에서 식사를 함께했다. 큰 여행과 연구로 다방

---

[14] 아베켄 교수의 부인 크리스티아네 폰 부름프를 지칭하는 것으로, 그녀는 실러 부인하고는 친척 사이였다.

면에 걸쳐 박식한 그는 베를린의 자연과학자 회합에 출석했다가 집으로 돌아가는 길이었다. 그러므로 대화 중에는 회합에서 논의된 사항, 특히 광물학에 관한 많은 이야기가 나왔다.

또한 화성론에 대한 이야기도 있었다. 그리고 자연을 연구하고 정설과 가설에 이르는 수단과 방법에 대해서도 언급이 있었다. 이때 위대한 자연과학자들의 말이 나와 아리스토텔레스도 화제에 올랐다. 괴테는 그에 대해 다음과 같이 말했다.

"아리스토텔레스는 어떠한 근대학자보다 더 우수하게 자연을 보고 있었지. 그러나 그는 의견을 하나로 정리하는 일에 너무나 성급했어. 만약 우리가 자연에서 무언가를 쟁취하려면 서서히 시간을 들여 자연을 탐구하지 않으면 안 되지.

나는 내가 자연과학적인 대상을 연구하고 어떤 생각에 도달한다고 하더라도, 자연이 그것을 곧 승인해 줄 것이라고는 생각하지 않았네. 오히려 나는 관찰과 실험을 통해 자연을 추정했지. 그러다가 때로 자연이 내 생각을 호의적으로 증명해 주면 그것으로 만족했어. 그렇지 않은 경우에도 자연은 내가 그것을 실증하는 것을 더 즐거워하는 것처럼 생각되었다네."

1828년 10월 3일 금요일

오늘 점심 때 괴테와 푸케의 〈바르트부르크의 노래 경연대회〉에 대해 이야기했다. 나는 이 책을 괴테의 권유에 따라 읽었던 것이다. 이 작품에 관한 우리의 일치된 의견은, 이 시인은 한평생을 고대 독일연구에 힘썼지만 결국 거기에서 아무런 교양도 얻을 수 없었던 것이다.

"고대 독일의 암흑시대는" 하고 괴테는 말했다. "세르비아의 노래나 이와 유사한 야만인의 민요와 마찬가지로 대체로 우리에게 도움이 되지 않아. 그런 것을 읽으면 한동안은 흥미를 느낄 수 있지만 곧 열정이 식어 버리게 되지. 대체로 인간은 자신의 열정과 운명을 통해 충분히 음울해져 있어. 그러니 구태여 야만스러운 원시시대의 암흑에까지 접촉할 필요는 없네. 인간에게 필요한 것은 밝고 쾌활한 것이기 때문에, 이러한 사람들의 예술과 문학의 시대에 눈을 돌리지 않으면 안 되지. 이러한 시대에 살았던 탁월한 사람들의 교양은 완벽의 극치를 이루고 있었네. 그들은 스스로를 충실하게 했을 뿐만 아니라 한 걸음 더 나아가 자신들의 문화적 혜택을 우리와 같은 후세 사람들에게까지도 쏟아부을 힘을 가지고 있었어.

자네가 푸케의 장점을 알고 싶으면 그의 〈운디네〉를 읽어 보게. 이것은 정말로 크디큰 사랑을 받아 마땅한 작품이야. 물론 이것은 자료가 아주 좋지. 그렇지만 이 시인이 이 자료에 포함된 모든 것을 남김없이 잘 다루었다고 할 수는 없네. 그러나 〈운디네〉는 좋은 작품이야. 틀림없이 자네의 마음에 들 것일세."

"최근의 독일문학에는 호의를 가질 수 없습니다." 하고 나는 말했다. "나는 볼테르를 읽고 나서 이제는 에곤 에버르트[15]의 시를 읽고 있습니다. 볼테르를 접한 것은 이번이 처음이었습니다. 그가 여러 사람들에게 보낸 짧은 시를 통해 그를 알게 되었는데, 그것은 지금까지 그가 쓴 것 중에서도 최상의 작품에 속할 것이라고 생각합니다. 다음으로 푸케를 읽었습니다만, 별로 좋다고 생각되지는 않았습니다. 또 월터 콧의 〈퍼드의 아름다운 소녀〉를 탐독했습니다. 이 위대한 작가의 작품 역시 처음으로 읽는 것이었지요. 그런데 이것을 도중에 그만두고 당신의 말씀에 따라 〈바르트부르크의 노래 경연대회〉에 손을 댔습니다."

"그런 위대한 외국작가에게까지" 하고 괴테는 말했다. "근대 독일작가가 상대가 되지 않는다는 것은 더 말할 나위가 없지. 그러나 자네가 국내외 모든 것에 정통하게 되고, 시인이 필요로 하는 높은 세계적인 교양이 어디에서 오는 것인가를 분별하게 되었다면 다행한 일이야."

젊은 괴테 부인이 들어와 우리는 모두 식탁에 앉았다.

"그런데 말이야" 하고 괴테는 쾌활하게 말을 계속했다. "월터 스콧의 〈퍼드의 아름다운 소녀〉는 괜찮지!—완전무결해! 정말 대단한 수완이야! 전체적으로 기초가 확실하고 글자 하나하나가 핵심을 찌르는 말을 하지. 회화와 묘사 모두가 얼마나 자세하고 또 얼마나 훌륭한가! 그가 그려내는 장면과 상황들은 테니어

---

15) 에곤 에버르트(1801~1882). 보헤미아의 시인이다. 괴테는 그가 1829년에 출간한 국민적 영웅서사시인 〈불라스타〉를 그의 〈예술과 고대〉지 제6권 제1호(1827)에서 높이 평가하고 있다.

스[16]의 그림과도 같네. 전체의 배치는 예술의 극치를 보여주고 있고 개개의 인물은 생생한 진실을 말하고 있네. 끝손질은 예술가적인 사랑이 미세한 점에까지 미치고 있지. 그러므로 한 행도 소홀한 데가 없어. 자네는 지금 어디까지 읽었는가?"

"내가 읽고 있는 곳은" 하고 나는 말했다. "헨리 스미스가 아름다운 치터 연주가 소녀를 데리고 집으로 가려고 거리의 우회로를 지나다가, 모자 제조인 프라우드퓌트와 약제사 두위닝을 만나 매우 난감해하는 부분입니다."

"그렇지." 하고 괴테는 말했다. "그 장면은 아주 좋지! 완고하고 정직한 대장장이가 결국 이상한 소녀와 함께 강아지까지 돌보게 되는 장면은 어떠한 소설에서도 볼 수 없는 위대한 필치라네. 이것은 인간의 성격을 잘 알고, 또 깊고도 깊은 비밀을 꿰뚫어 보는 사람이 아니면 만들어 낼 수 없는 것이야."

"월터 스콧이" 하고 나는 말했다. "여주인공의 아버지를 손장갑 제조인으로 내세우고, 그 아버지가 고지대에 사는 사람들과 가죽 거래를 하면서 오래전부터 사귀어 온 것으로 설정한 것은 참으로 멋진 착상입니다. 정말로 칭찬할 만합니다."

"그렇고말고." 하고 괴테는 말했다. "그것이 으뜸가는 특색이지. 거기에서 전권을 통해 아주 안성맞춤의 관계와 상황이 생기네. 게다가 이로 말미암아 모든 것에 현실적인 초석이 부여되고 확고한 진실미가 갖추어지지. 월터 스콧이 그려내는 것은 어떤 경우에도 아주 확실하고 명확해. 이것은 현실 세계에 대한 넓은 견식에서 온 것이야. 일생을 통해 연구와 관찰을 쌓고 가장 중요한 사건을 매일 탐구해야 비로소 성취할 수 있는 것이지. 게다가 그의 재능은 위대하고 그 본질은 포괄적이거든!—자네는 시인들을 가수의 육성에 비교한 영국의 비평가[17]를 기억하고 있는가? 그는 어떤 사람들은 좋은 음성을 어느 정도 발휘할 수 있는 데 비해, 또 다른 사람들은 높고 깊은 소리를 전반에 걸쳐 자유자재로 구사한다고 하였지. 이런 후자에 속하는 작가가 월터 스콧이네. 저 〈퍼드의 아름다운 소녀〉 속에는 그의 견식과 재능이 미치지 못하는 듯 보이는 서투른 장면이

---

16) 테니어스(1610~1690). 네덜란드의 풍경화가이다.
17) 영국의 비평가 토마스 칼라일을 말한다.

하나도 없어. 그는 소재를 모든 관점에서 소화하고 있네. 국왕, 친왕, 황태자, 성직자의 우두머리, 귀족, 시 의원, 시민, 수공업자, 고지대 주민 등 이 모든 사람이 한결같이 확고한 필치로 그려져 있고 진실미를 띠고 있어."

"영국인들은" 하고 젊은 괴테 부인은 말했다. "등장인물 중 특히 헨리 스미스를 마음에 들어 한다지요. 그리고 월터 스콧 자신도 그를 그 책의 주인공으로 삼고 있는 것 같고요. 내가 좋아하는 것은 그가 아니라 황태자이지만요."

"황태자는" 하고 나는 말했다. "아주 난폭하긴 해도 그런대로 사랑스러운 데가 있습니다. 그리고 그는 다른 모든 사람과 마찬가지로 나무랄 데 없이 완벽하게 그려져 있습니다."

"그가 말에 올라탄 채로" 하고 괴테는 말했다. "키스하기 위해 치터를 연주하는 아름다운 소녀를 들어 올리려고 하는 부분이 있는데, 그건 정말로 대담한 영국인의 기질이야. 그러나 자네 부인들이 한쪽만을 편드는 것은 좋지 않네. 자네들은 책을 읽을 때면 언제나 거기에서 마음의 영양분을 찾으려고 하고, 사랑할 수 있는 주인공을 찾아내려고 하지! 그러나 그것은 참된 독서법이 아냐. 중요한 것은 어떤 인물이 좋다든지, 이런 성격이 마음에 들었다든지 하는 문제가 아니고, 그 책의 내용이 마음에 들었는지 그렇지 않았는지 하는 것이거든."

"우리 여자들은 좀 그렇지요, 사랑하는 아버님." 하고 젊은 괴테 부인은 상체를 식단 위로 내밀면서 괴테의 손을 잡았다. "그래, 하지만 자네들의 사랑스러움을 감안해서 좋을 대로 봐주는 수밖에." 하고 괴테는 말했다.

그는 옆에 있던 〈글로브〉지의 최근호를 집었다. 그러는 사이 나는 젊은 괴테 부인하고 내가 극장에서 알게 된 젊은 영국인에 대해 말했다.

"〈글로브〉지의 동인들은 모두 참으로 훌륭하기도 하지." 하고 괴테는 다시금 열을 올려 말하기 시작했다. "그들은 날이 갈수록 위대하고 훌륭해져 모두가 마음을 한군데로 챙기고 있어. 이것은 독일에서는 도저히 생각조차 할 수 없는 일이야. 독일에서는 이런 종류의 잡지를 내는 일이 전적으로 불가능하지. 우리는 모두 따로따로 흩어져서 일을 하기 때문에 일치단결이란 생각할 수도 없어. 누구나 자기의 지방, 자기의 거리, 그뿐만 아니라 자기 일만을 생각하네. 그래서 우리가 일종의 보편적인 교양으로 도달하는 일은 아직도 먼일이야."

1828년 10월 7일 화요일

오늘 식탁에는 아주 명랑한 패들이 모였다. 바이마르의 친구들 외에 뮌헨의 폰 마르티우스 씨[18]도 있었다. 그는 괴테의 옆에 앉아 있었는데, 베를린에서 회의를 끝내고 집으로 돌아가는 길에 들른 것이었다. 여러 가지 이야기들이 오고 갔다. 그리고 이따금 나누는 농담도 신바람이 났다. 괴테는 유달리 기분이 좋아 말을 많이 했다. 극장 이야기가 나와, 최근의 가극인 로시니의 〈모세〉[19]가 큰 화젯거리가 되었다. 사람들은 이 주제가 좋지 않다고 했다. 그리고 그 음악에 대해서는 찬반이 반반씩이었다. 괴테는 다음과 같이 말했다.

"나는 자네들이 말하는 것을 이해할 수 없어. 어떻게 주제와 음악을 떼어놓고 각각 별도로 즐길 수 있다는 말인가? 자네들은 주제는 좋지 않다고 무시하면서 음악만은 훌륭하다고, 그걸 따로 떼서 즐길 수 있다고 말하고 있네. 그런 자네들의 생리구조는 도대체 어떻게 되어 있을까 정말 궁금할 뿐이야. 한편으로는 사물을 강하게 감수하는 눈이 재미도 없는 대상물에 괴로워하고 있는데, 어떻게 다른 한편으로 기분 좋은 음악을 듣고 황홀해할 수 있다는 말인가. 사실 자네들이 논의하고 있는 이 〈모세〉는 난센스야. 거기에는 자네들도 이론이 없을 것이야. 막이 오르면 곧 모두가 서서 기도를 드리고 있지!—이것은 정말로 어울리지 않아. '그대, 기도를 드리려면 작은 방으로 가서 문을 닫아라.'는 말이 있지 않던가. 그런데 극장에서 기도를 드린다니 그런 것은 금물이야.

만약 내가 모세를 쓴다면 이 연극의 처음부터 전혀 다른 것으로 만들겠세. 처음에는 이스라엘 백성들이 이집트 대관의 폭정으로 무서운 강제노동에 신음하고 있는 모습을 보일 것이야. 이렇게 하면 나중에 모세가 그의 백성을 그 증오스러운 압박으로부터 해방한 공적이 얼마나 큰 것인지 한층 더 뚜렷하게 나타나게 되지."

괴테는 이런 식으로 아주 명쾌하게 이 가극 전체의 각 장면과 각 막을 빼놓

---

18) 폰 마르티우스(1794~1868). 뮌헨식물원 관장인 그는 브라질 탐험에 참여하기도 하였으며 식물의 나선형 경향에 대해 연구하였다. 이것에 자극받은 괴테는 그의 프랑스어판 〈식물의 변태〉에 마르티우스의 '식물의 나선형 영향에 대해서'라는 논문을 싣고 있다.

19) 로시니(1792~1868)의 작품. 〈이집트의 모세〉라는 제목으로 1818년에 작곡되었다가 26년 개작되었다.

지 않고 하나하나 조립하여 나갔다. 그는 줄곧 재기발랄했고 생기에 차 있었으며, 그 주제의 역사적 의의를 잊지 않았다. 그리고 이것을 듣는 모든 사람은 기뻐서 눈을 크게 뜨지 않을 수 없었다. 그의 사상의 흐름은 그칠 줄을 몰랐고 우리는 밝고 풍부한 그의 구상력에 경탄하지 않을 수 없었다. 괴테가 모든 것을 순식간에 말해 버렸기 때문에 나는 그것을 머릿속에 꼭 담아둘 수는 없었다. 하지만 괴테가 오랜 암흑 뒤에 찾아온 광명을 맞이하는 이스라엘인들의 기쁨을 표현하기 위해 등장시킨 춤 장면만은 나의 기억에 남아 있다.

화제는 바뀌어 모세로부터 노아의 홍수로 거슬러 올라갔다. 그리고 이 이야기는 얼마 안 있어 그 재기 넘치는 그 자연과학자들을 자극하여, 화제는 박물학적 고찰 쪽으로 방향을 잡았다.

"아라라트[20]에서" 하고 폰 마르티우스 씨는 말했다. "노아의 방주의 파편 화석이 발견되었다는 말이 있는데, 최초 인류의 두개골 화석이 발견되지 않는 것이 납득이 가지 않습니다."

이 말을 계기로 하여 이와 비슷한 이야기가 나와 우리는 어째서 이 지구상에는 흑인, 갈색 인종, 황색 그리고 백인과 같은 여러 종류의 인종이 살고 있는가를 논했다. 그리고 인간 모두가 인간의 유일 조상인 아담과 이브 부부의 혈통을 이어받았다고 생각하는 것이 타당한가 또는 그렇지 않은가 하는 문제에 직면했다.

폰 마르티우스 씨는 성서의 기록을 긍정하는 자연과학자의 입장에서, 자연은 그 생산을 경제적으로 운영하는 것이라는 학설에 의해 그것을 확증하려고 했다.

이에 괴테가 말했다. "이 학설에는 반대하지 않으면 안 되겠어. 나는 오히려 자연이 언제나 풍요로우며 오히려 낭비적인 것을 마다하지 않는다고 생각하고 있지. 그러므로 이런 의미에서 자연이 빈약한 단 한 쌍의 부부만을 창조했다고는 생각할 수 없네. 마음껏 10쌍, 아니 100쌍의 인간을 창조했다고 한다면 나에게는 그것이 훨씬 자연의 이치에 맞는 얘기지.

---

[20] 아르메니아의 고원지대를 말한다.

왜냐하면 이 지구가 성숙한 어느 시기에 도달하면 물이 빠지고 건조한 토지가 충분히 녹화되어 버리네. 그때 인간 생성이 시작되는 것이지. 그리고 전능한 신의 힘에 의해 토지가 허용되는 한 도처에서 인간이 발생하네. 그리고 도처에서라고 했지만 아마 처음에는 고지대였을 것이야. 나는 이렇게 해석하는 것이 타당하다고 생각하네. 그러나 인간이 어떻게 해서 발생했는가 하는 것을 꼬치꼬치 캐는 것은 소용없는 일이야. 이 세상에는 풀기 어려운 문제에 열중하여 더 좋은 일을 못 하는 사람들이 있는데, 이런 것은 그런 사람들에게 맡겨 버리면 되는 것이지."

"나 또한" 하고 폰 마르티우스 씨는 좀 얼버무리듯 말했다. "자연과학자로서는 각하의 의견에 기꺼이 승복하려고 생각합니다. 그러나 선량한 그리스도 교도로서는 그 의견을 인정하는 것에는 당혹감을 느끼지 않을 수 없습니다. 그것은 어딘지 성서의 말씀과는 일치하지 않기 때문입니다."

"성서에는" 하고 괴테는 말했다. "확실하게 6일째 되던 날에 신은 인간 형상의 부부 한 쌍을 창조했다고 말하고 있지. 그러나 성서가 우리에게 전하고 있는 신의 말을 적어 넣은, 그 지혜의 혜택을 받은 사람들은 우선 선택된 그들 자기 민족만을 염두에 두고 있었어. 그러므로 우리도 이 종족에게 아담의 후예로서 명예를 부여하는 데에는 아무런 이의가 없지. 그러나 우리같이 다른 민족들은 흑인과 라플란드 사람들, 그리고 우리보다 늘씬하고 아름다운 사람들과 마찬가지로 틀림없이 다른 조상을 가지고 있었을 것이야. 왜냐하면 친애하는 여러분들도 틀림없이 시인할 것이지만, 우리는 아담의 직계 자손들하고는 여러 가지 점에서 구별이 되지. 특히 돈 문제에 있어서 그들은 우리보다 한 수 우위에 있다네."

우리는 크게 웃었다. 대화는 여러 가지로 바뀌었다. 괴테는 폰 마르티우스에게 반대하여 그 외에 많은 중요한 발언을 했다. 그것은 농담의 모습을 띠고 있었지만 그 근저에는 깊은 내용을 담고 있었다.

식사가 끝난 뒤에 프로이센의 장관인 폰 요르단 씨가 방문했기에 우리는 옆방으로 물러갔다.

1828년 10월 8일 수요일

티크는 그의 부인과 두 따님[21] 그리고 핑켄슈타인 백작 부인[22]과 함께 라인 여행에서 돌아오는 길에, 오늘 괴테 댁에서 식사를 함께 하기로 되어 있었다. 나는 이분들을 대기실에서 만났다. 티크는 아주 건강해 보였다. 라인 지방의 수욕(水浴)이 좋은 효과를 발휘한 것처럼 생각되었다. 나는 기회를 봐서 그에게 월터 스콧의 소설을 처음으로 읽었다는 것, 그리고 이 작가의 비범한 재능에 깊은 기쁨을 느끼고 있다는 것을 말했다. 그러자 티크가 말했다. "나는 최근에 나온 그 소설은 아직 못 읽었습니다. 그리고 그것이 스콧의 작품 중에서 최상의 것인지 어떤지는 의심스럽습니다. 물론 이 작가는 아주 유능하기 때문에 어느 방면으로 들어가더라도, 독자가 그의 작품을 하나라도 접하게 되면 어느 것이든 감탄하지 않을 수 없습니다. 그는 정말로 훌륭합니다."

괴틀링 교수[23]가 들어왔다. 그는 이탈리아 여행에서 몰라보게 달라져서 돌아왔다. 나는 그와 다시 만나는 것이 아주 기뻤기 때문에 그를 창가로 데리고 가서 이야기를 주고받았다.

"로마로!" 하고 그는 말했다. "로마로 반드시 가야 합니다. 어엿한 사람이 되려면 말입니다! 대단한 도시입니다! 훌륭한 생활입니다! 하나의 세계입니다!— 우리 성질의 모든 단점은 우리가 독일에만 있는 한 몰아낼 수 없습니다. 그러나 로마에 한 발짝 발을 들여놓는 순간 우리는 달라집니다. 그리고 우리는 이 환경처럼 위대하게 된 것을 느낍니다."

"그러면 어째서 로마에 더 오래 머무르지 않았습니까?" 하고 나는 물었다. "돈과 휴가가" 하고 그는 대답했다. "다 끝난 것입니다. 아름다운 이탈리아를 뒤로하고 다시 알프스에 발을 들여놓았을 때는 정말 이상한 기분이었습니다."

괴테가 와서 거기에 있던 모든 분에게 인사를 했다. 그는 티크와 그의 가족과 여러 가지 이야기를 나누었고, 이어 백작 부인에게 팔을 내밀어 식탁으로 안

---

21) 아그네스와 도로테아를 말하는 것으로, 도로테아는 아우구스트 슐레겔의 셰익스피어 완역을 보충, 완성했다.
22) 프로이센의 왕 프리드리히 2세 시절 재상을 지낸 핑켄슈타인 백작의 미망인으로 그녀는 티크와 매우 가깝게 지냈다.
23) 괴틀링(1793~1869). 예나대학 문헌학 교수인 그는 대학도서관장을 지냈다.

내했다. 우리도 그 뒤를 따라 남녀 순으로 식탁에 가서 앉았다. 담화는 이것저것 허물없는 것이었으나 그 내용은 분명하게 기억에 남아 있지는 않다.

식사가 끝난 뒤에 올덴부르크의 왕자들이 내방을 알려왔다. 우리 일동은 2층으로 올라가 젊은 괴테 부인 방으로 갔다. 거기에서 아그네스 티크 양이 그랜드 피아노 앞에 앉아 〈들녘을 조용히 살금살금 지나면〉[24]이라는 아름다운 시를 노래했다. 그녀는 그것을 멋진 알토 목소리로, 마치 그 정경 속에 있는 것처럼 노래를 불러 완전히 독특하고 잊을 수 없는 인상을 주었다.

1828년 10월 9일 목요일

오늘 정오에 나는 괴테와 젊은 괴테 부인과 함께 세 사람만의 식사했다. 먼저 화제에 올랐던 것이 다시 계속하여 되풀이되는 일은 흔히 있는 법인데, 오늘도 그러한 경우가 생겼다. 로시니의 〈모세〉가 다시 화제에 올랐던 것이다. 우리는 곧 그저께 보였던 괴테의 명쾌한 구상력을 생각해 냈다.

이어 괴테가 말했다. "나는 절반 농담과 장난치는 기분으로 〈모세〉에 대해 말한 것이라 이제는 다 잊어버렸네. 그런 것은 무의식중에 일어나는 것이기 때문이지. 그러나 가극을 즐겁게 관람하는 것은 주제와 음악 양자가 서로 일치하여 보조를 맞추어 갈 때만 가능한 일이야. 만약 자네들이 나보고 어떤 가극을 좋게 보느냐고 묻는다면, 나는 저 〈물지게꾼〉[25]을 들고 싶네. 이 작품은 음악 없이 그대로 상연해도 될 만큼 더할 나위 없이 좋은 것으로, 보고만 있어도 즐거운 가극이지. 작곡가들이 대본이 얼마나 중요한가를 이해하지 못한다든지, 아니면 그들을 위해 협력을 아끼지 않고 좋은 작품을 만들려는 그런 전문적인 시인이 존재하지 않는다든지 하는 것이 문제야. 만약 〈마탄의 사수〉가 그처럼 좋은 주제가 아니었다면, 아무리 음악이 좋았더라도 그 오페라가 지금 끌어들이고 있는 것과 같은 많은 관람객을 동원하지는 못했을 것이야. 그러므로 킨트 씨[26]에게도 적잖은 경의를 표시하지 않으면 안 되지."

---

24) 이것은 괴테가 1776년에 발표한 〈사냥꾼의 저녁 노래〉이다.
25) 이탈리아의 작곡가인 케루비니(1760~1842)의 오페라를 말하는 것이다.
26) 킨트(1768~1843). 베버의 〈마탄의 사수〉 대본을 쓴 작가. 괴테는 그 오페라가 그처럼 일대성

이 문제에 대해 계속 여러 가지 이야기가 있었지만 화제는 괴틀링 교수와 그의 이탈리아 여행으로 옮겨졌다.

"나는 저 착한 사람이" 하고 괴테는 말했다. "이탈리아에 대해 그처럼 열성적으로 말하는 것을 나쁘게 생각하지 않네. 나 자신도 그런 기분이 들었기 때문이야. 그렇지, 이렇게 말할 수 있어. 나는 로마에 있을 때만 정말로 인간답게 느꼈다고. 그처럼 높은 감정도, 그와 같은 행복감도 그 후에는 다시는 느끼지 못했네. 로마 체류에 비교하면 그 뒤로부터의 일들은 결코 그 정도로 즐겁지 않았어.

그러나 이제 이런 우울한 이야기는 그만두도록 해야지."라고 말하고 조금 있다가 괴테는 다시 계속했다. "자네 그 〈퍼드의 아름다운 소녀〉는 여전히 읽고 있는가? 어디까지 읽었는가? 자네의 의견을 한번 들려주게."

"천천히 읽고 있습니다." 하고 나는 말했다. "프라우드퓌트가 헨리 스미스의 무장을 몸에 걸치고 그의 걸음걸이와 휘파람 부는 모양까지 흉내 내다가 살해되어, 다음날 퍼드시 길거리에서 시민들에 의해 발견되었지요. 그리고 그의 시체를 헨리 스미스로 오인한 시 전체가 일대 소동을 일으키는 장면까지 읽었습니다."

"그렇지." 하고 괴테는 말했다. "그 장면은 대단하네. 그것은 가장 훌륭한 장면이지."

"여기까지 읽고 내가 특히 놀란 것은" 하고 나는 말을 계속했다. "월터 스콧이 얼마나 비범한 재능의 소유자인가 하는 점 때문입니다. 그는 헝클어진 상황을 아주 산뜻하게 풀어주고 있습니다. 모든 것을 여러 집단으로 굳혀 한 장 한 장 조용한 그림처럼 갈라놓고 있어, 마치 우리가 여러 곳에서 동시에 일어난 사건을 천상에서 한꺼번에 내려다볼 수 있는 전지전능한 하느님이 된 것 같은 인상을 주고 있지요."

"대체로" 하고 괴테는 말했다. "월터 스콧은 예술에 대한 이해력이 아주 탁월해. 그러므로 우리처럼 작품을 어떻게 구성할 것인가에 특별한 주의를 쏟는 사

공을 거두는 것은 주제가 좋은 대본을 제공한 작가의 덕분이기도 하다는 의미로 이 말을 하였다.

람들은 그의 작품에 이중의 흥미와 관심을 가지게 되고, 또 거기에서 가장 뛰어난 이득을 얻게 되네. 계속 앞에 있는 것을 읽어보면 알게 되지만 제3부로 가게 되면 제1급의 기법을 만나게 되지. 자네는 추밀원에서 왕자가 반란을 일으킨 고지대 주민들이 서로 싸워 죽도록 만드는 교묘한 제안을 하는 부분을 벌써 읽었을 테지. 또 부활절 직전의 일요일에 서로 적대시하고 있는 양쪽 고지대 주민들이 30인 대 30인으로 생사를 건 싸움을 하기 위해 퍼드로 내려오기로 한 것도 봤을 거야. 그런데 월터 스콧이 교묘한 복선을 깔고 싸움이 있는 당일 한쪽 당에 한 사람의 결원이 생기게 하고, 또 이 결원을 메우기 위해 투사 속에 주인공인 헨리 스미스를 끌어들이는 수법은 정말로 감탄을 금할 수 없이 훌륭한 것이야. 줄거리의 진행 솜씨는 이 이상 가는 것이 없지. 자네도 여기까지 읽으면 감탄하게 될 것이야.

그리고 〈퍼드의 아름다운 소녀〉를 끝내면 곧 〈웨이베리〉를 읽도록 하게. 이걸 보면 곧 작가가 여기서는 완전히 다른 관점에 서 있다는 것을 알 수 있을 거야. 그러면서도 이 작품은 그러한 관점에 서 있는 것으로는 세계에 그 유례를 찾아볼 수 없는 최고의 것임이 분명하네. 물론 이것은 〈퍼드의 아름다운 소녀〉를 쓴 같은 작가의 작품이야. 그러나 이 작품의 창작은 그가 당시 일반적인 명성을 이제 겨우 획득했을 때 이루어졌기 때문에, 그는 그것에 마냥 온갖 힘을 들였고 단 한 줄도 소홀히 하지 않았네. 이와는 반대로 〈퍼드의 아름다운 소녀〉의 필치는 대담하지. 작가는 이때 벌써 확고한 독자들을 보유하고 있었기 때문에 상당히 자유롭게 행동하고 있어. 〈웨이베리〉를 읽은 사람은 어째서 지금까지도 월터 스콧이 스스로 이 작품의 작가임을 자랑으로 삼고 있는가를 쉽게 알 수 있네. 왜냐하면 이 작품에서 그는 실력을 최대한 발휘하고 있기 때문이야. 그리고 그 이후에 쓰인 것으로는 이 처녀 출판소설을 뛰어넘거나 그것에 필적할 수 있을 만한 것이 없기 때문이기도 하고 말일세."

1828년 10월 9일 목요일

오늘 저녁, 티크를 위해 젊은 괴테 부인 방에서 아주 즐거운 다과회가 베풀어졌다. 나는 메뎀 백작 부부와 처음으로 인사를 나누었다. 백작 부인은 낮에 괴테와 면담을 했는데, 그 인상 때문에 아직도 충심으로 행복감에 젖어 있다고 말했다. 백작은 특히 〈파우스트〉와 그 속편에 흥미를 느끼고 있어서, 이것에 대해 나하고 한동안 열심히 이야기를 나눴다. 사람들은 티크에게 뭔가를 좀 낭독해 달라고 부탁했고 그도 이 간청을 받아들였다. 일동은 곧 멀리 떨어진 방으로 가서 넓은 원을 그리며 의자에 자리를 잡고, 또 소파에 기대앉아 편안하게 경청할 준비를 했다. 이어 티크가 〈클라비고〉를 읽었다.

  나는 이 희곡 작품을 여러 번 읽고 이미 감동을 받은 상태였다. 그러나 지금 이 작품은 전혀 새롭게 다가왔다. 나는 지금까지 전혀 경험해 본 일이 없는 힘을 느꼈다. 마치 극장에서 듣고 있는 것과 같은 느낌이었다. 아니 그보다 더 좋았다. 개개의 인물과 장면은 한층 더 완벽하게 느껴졌다. 어떤 역도 명배우가 연기하고 있는 것 같은 인상을 주었다.

  티크가 남성의 힘과 정열이 넘쳐나는 장면, 이성으로 일관된 조용하고 명랑한 장면, 또 괴로운 연애의 순간이 드러나는 장면 중에서 어떤 부분을 더 잘 낭독했는지는 간단하게 말할 수 없다. 그러나 괴로운 사랑의 장면을 낭독할 때 그는 완전히 독특한 방법을 구사했다. 마리와 클라비고 사이에 벌어진 이 장면은 아직도 내 귓가에 울리고 있다. 숨이 막히는 가슴, 끊어지면서 떨리는 목소리, 더듬거리고 절반 숨이 막히는 듯한 말과 음색, 눈물이 섞여 나오는 뜨거운 호흡, 한숨 소리 이런 것들이 모두 뚜렷이 눈앞에 떠올라 절대로 잊을 수가 없다. 그걸 듣고 있던 사람은 모두 정신을 잃고 영혼까지 빼앗겨 버렸다. 불꽃이 약하게 깜박이고 있었지만 그것에 신경을 쓰는 사람들은 한 사람도 없었고, 조금만 소리를 내도 방해가 되지 않을까 하고 아무도 등불의 심지를 잘라 내려고 하지 않았다. 부인들의 눈에서 쉴 사이 없이 넘쳐 나오는 눈물은 이 각본이 주는 깊은 감동의 증거이며 또 낭독자와 시인에게 바쳐진 진심 어린 공물이었다.

  티크는 낭독이 끝나자 이마의 땀을 닦으면서 일어섰다. 그러나 그의 낭독을 듣고 있던 사람들은 여전히 몸이 묶여 있는 듯이 의자에서 떠나려고 하지 않았다. 모두 영혼을 관통하는 듯한 감동을 받고 아직껏 그것에 깊이 사로잡혀, 모두에게 그 멋진 감동을 준 사람에게 뭐라고 감사해야 할지 적절한 말을 찾지 못하고 있었다.

차츰차츰 모든 사람은 다시 제정신을 차리고 일어서서 명랑하게 이야기를 나누고 뒤섞였다. 이어 우리는 작은 접시에 야식이 준비되어 있는 옆방으로 갔다.

괴테는 오늘 저녁에 집에 없었다. 그러나 그의 정신과 그의 기억은 여기에 있는 모든 사람의 마음에 생생하게 살아 있었다. 그는 티크에게 사과의 편지를 보냈고, 티크의 딸인 아그네스와 도로테아에게는 자신의 초상화가 들어 있는 두 개의 빨간 리본이 달린 브로치를 보내왔다. 이에 젊은 괴테 부인은 그것을 손수 작은 훈장처럼 아가씨들의 가슴에 달아 주었다.

1828년 10월 10일 금요일

〈포레인 레뷰〉지의 발행자인 런던의 윌리엄 프레이저 씨가 오늘 아침 나에게 그 잡지의 제3호 2부를 보내왔다. 오늘 정오에 나는 그 한 부를 괴테에게 보냈다.

나는 다시금 즐거운 식사에 초대받았다. 이 회식은 티크와 백작 부인을 위해 베풀어진 것으로, 이 두 사람은 괴테와 여러 친구의 간청을 받아들여 체류를 하루 더 연장하였다. 그 외의 가족들은 벌써 아침 중에 드레스덴을 향해 여행길을 떠났다.

식탁에서 특히 화제에 오른 것은 영국문학, 주로 월터 스콧이었다. 그때 티크는 여러 가지 말을 하였는데, 그중 하나가 그가 10년 전에 〈웨이베리〉 한 부를 처음으로 독일에 들여왔다고 한 것이었다.

1828년 10월 11일 토요일

앞서 언급한 프레이저 씨의 〈포레인 레뷰〉지에는 중요하고 흥미 있는 논문들이 실려 있었다. 그런데 그 가운데 괴테에 관해 칼라일이 쓴 가치 있는 논문이 있었기 때문에 나는 오늘 아침 그것을 숙독했다. 식사 시간에는 아직 좀 일렀지만, 나는 다른 손님들이 도착하기 전에 이것에 대해 괴테와 이야기하려고 정오에 떠났다.

내가 희망한 대로 그는 아직 혼자서 손님을 기다리고 있었다. 꺼먼 연미복에 별 모양의 훈장을 단 차림새였다. 나는 그가 이런 복장을 한 것을 보는 것이 아주 기뻤다. 오늘 그는 유달리 젊고 쾌활하게 보였다. 우리는 곧 공통의 관심사에 대해 이야기하기 시작했다. 괴테도 나와 마찬가지로 오늘 아침에 그 칼라일의 논문을 읽었다고 했다. 이리하여 우리는 이 외국인의 노력에 대해 여러 가지 찬사의 말을 나누게 되었다.

"이전에는" 하고 괴테는 말했다. "스코틀랜드 사람들은 현학적이고 옹졸했는데 이제는 진지하고도 철저하게 변하고 있어서 다행이야. 수년 전만 하더라도 에든버러 사람들[27]이 나의 작품에 대해 어떤 취급을 했는가? 하지만 지금 독일 문학을 위해 전력을 다한 칼라일의 공적을 보게. 난 그저 그들이 더 좋은 것을 향해 얼마나 현저한 진보 발전을 이룩하였는가를 보고 놀라울 뿐이네."

"칼라일에 대해서는" 하고 나는 말했다. "무엇보다도 그의 경향의 기초를 이루고 있는 정신과 성격에 경의를 표하지 않을 수 없습니다. 그의 관심사는 자기 국민의 문화입니다. 그러므로 외국의 문학 작품을 자기 국민에게 소개하려고 할 때도 그가 문제 삼는 것은 작가의 기술이라기보다는 그러한 작품을 통해 얻을 수 있는 윤리적 교양의 높이입니다."

"자네 말대로야." 하고 괴테는 말했다. "그는 이런 정신에서 평론을 행했고, 이것은 독특한 가치이기도 하지. 그뿐만 아니라 그는 참으로 진지하다네! 또 우리 독일문화에 대한 그의 연구 태도는 어떤가! 그는 우리 문학에 대해서 우리 자신들보다도 더 훤히 잘 알고 있지. 적어도 우리가 영국인에 대해 쓴 연구 정도로는 아무리 해도 그를 따를 수 없어."

"이 논문은" 하고 나는 말했다. "불과 같은 열정이 보이고, 어조도 강합니다. 이것으로 볼 때 영국에는 극복하지 않으면 안 될 편견과 모순이 많다는 것을 알 수 있습니다. 특히 〈빌헬름 마이스터〉는 악의에 찬 비평과 졸렬한 번역 때문에 오해를 받고 있습니다. 이것에 항의하는 칼라일의 태도는 참으로 훌륭합니다. 참된 귀부인은 〈마이스터〉를 읽지 말라는 어리석기 짝이 없는 욕설에 반대하여 아주 명쾌하게 도전하고 있지요. 프로이센의 전 여왕[28]을 예로 들면서, 그

---

27) 〈에든버러 평론〉의 편집자들은 1816년에 〈시와 진실〉을 심하게 비난했다.
28) 루이제 폰 프로이센(1776~1810)을 말하는 것으로 빌헬름 3세의 왕비이다.

녀는 이 책을 손에서 놓지 않았다는 것, 그리고 그녀야말로 그 당시 일류 부인 중의 한 사람이었다고 적었습니다."

식사에 초빙된 여러 손님이 들어오자 괴테는 인사를 했다. 그리고 그가 다시금 나한테로 주의를 돌렸기 때문에 나는 말을 계속했다.

"더 말할 필요는 없지만" 하고 나는 말했다. "칼라일은 〈마이스터〉를 연구하여 이 책의 참된 가치를 충분히 알고 있는 것 같습니다. 그리고 그 때문에 이 책을 일반에게 보급하여 모든 교양 있는 사람들이 이 책에서처럼 이익과 즐거움을 얻기를 간절히 원했을 것입니다."

괴테는 이 말에 대답하기 위해 나를 창가로 데리고 갔다.

"사랑하는 친구," 하고 괴테는 말했다. "자네에게 은밀히 말해 줄 것이 있어. 이것은 곧 이제부터 여러 가지 경우에 자네의 편을 들어주고, 일생을 살아가는 데 있어 자네에게 도움을 줄 것이야. 나의 작품들은 속(俗)된 인기를 얻지는 못할 것이야. 그렇게 하려고 노력하는 사람은 잘못된 것이지. 나의 작품들은 군중을 위해 쓴 것이 아니고 오로지 나와 선호하고 추구하는 것이 비슷하며 같은 경향으로 가려는 얼마 안 되는 사람들을 위해서 쓴 것이라네."

그는 계속 말하려고 했지만 젊은 부인이 다가와서 말을 거는 바람에 그의 말은 중단되었다. 나는 다른 사람들이 있는 곳으로 갔다. 이어 얼마 안 있어 우리는 식탁에 앉았다.

나는 식사 중에 나누었던 말은 한 가지도 기억하지 못한다. 그 전에 괴테가 한 말이 나의 마음에서 떠나지 않아 오직 그것만을 열심히 생각하고 있었기 때문이다.

'물론이지' 하고 나는 생각했다. '사실 그와 같은 작가, 그의 높은 정신, 그처럼 한없이 스케일이 큰 천성의 사람이 어떻게 유행할 수 있겠는가! 그의 작품은 작은 부분도 유행하지는 못할 것이다! 쾌활한 친구나 사랑에 빠진 소녀들이 부르는 그의 노래 한 곡도 다른 사람들을 위해 쓴 것이 아니니까.

또 잘 생각해 보면 비범한 것은 모두 그런 것이 아닐까? 모차르트가 대중적인 인기를 끌 것인가? 또 라파엘로가 그렇게 될 것인가?—이처럼 세상 사람들은 언제나 무진장한 정신생활의 위대한 샘물을 훔쳐먹는 것과 같은 태도만을 보이는 것은 아닐까? 다시 말해 우리는 한동안 우리에게 영양분이 높은 것을 제공해 주는 것을 사용할 수 있는데도, 그중에서 이따금 얼마 안 되는 것만을 취하며 만족해하고 있는지도 모른다.

'그렇다!' 나는 계속 생각했다. '괴테가 말하는 대로인 것이다! 그만큼 스케일이 크면 대중적으로 될 수 없는 것이다. 그의 작품들은 오로지 같은 것을 찾고 같은 방향으로 가고 있는 얼마 안 되는 사람들을 위해서만 존재하는 것이다.

그의 작품들은 대체로 볼 때, 세계와 인류의 깊고 깊은 곳으로 파고들어 그 길을 따라가려고 하는 관찰자들을 위한 것이다.―그의 작품들은 시인의 마음에서 우러나오는 희열과 슬픔을 받아들여, 그것들을 정열적으로 누리려고 하는 한 사람 한 사람을 위해 존재하는 것이다.―그의 작품들은 자신을 표현하려면 어떻게 해야 하는가, 그리고 대상의 예술적인 취급방법은 무엇인가를 배우려고 하는 젊은 시인들을 위해 있는 것이다.―그의 작품들은 어떤 원리에 의거하여 판단할 것인가, 어떻게 하면 평론을 흥미롭고 품격이 있는 것으로 만들어 독자들이 기쁜 마음으로 읽게 할 수 있을 것인가 고민하며, 그 모범을 찾는 비평가들을 위해 있는 것이다.―그의 작품들은 미술가를 위해 존재하는 것이다. 왜냐하면 그의 작품을 읽으면 일반적으로는 정신을 계발할 수 있고, 특수하게는 어떤 주제가 예술적인 가치가 있는가, 또 어떤 것을 그려야 하며 어떤 것을 그려서는 안 되는가를 배울 수 있기 때문이다.―그의 작품들은 자연과학자를 위해서 존재하는 것이기도 하다. 그의 작품들은 자연과학자들에 의해 발견된 위대한 법칙들을 전수할 뿐만 아니라, 자연의 비밀과 통하려 하는 훌륭한 정신의 소유자는 어떻게 자연을 취급해야 할 것인지 그 방법을 가르쳐 주기 때문이다.

이렇게 학문과 예술의 길에 정진하고 있는 사람들은 모두 그의 작품이라는 음식으로 듬뿍 채워진 식탁의 손님으로서 초대를 받고 와서, 그 영향을 보고 그의 작품이야말로 그들이 끊임없이 떠올렸던 위대한 빛과 생명의 공통적인 샘물임을 알게 된다.

식사 시간 내내 내 머릿속에는 이러한 생각들이 맴돌았다. 나는 많은 여러 사람들을 떠올렸다. 그 교양의 대부분을 괴테의 덕분으로 갖추게 된 많은 훌륭한 미술가, 자연과학자, 시인 그리고 비평가들을 생각했다. 또 괴테를 주시하고 그의 정신을 모범으로 하여 행동하고 있는 재기발랄한 이탈리아인, 프랑스인 그리고 영국인들을 생각했다.

그 사이에도 주위의 사람들은 쾌활하게 농담을 하기도 하고 지껄이기도 하면서 진수성찬에 열중하고 있었다. 나도 한패가 되어 가끔 말을 하기도 했지만 내 마음은 전혀 거기에 없었다. 그때 어떤 부인이 나에게 말을 걸어 왔는데, 아마 내가 얼간이 같은 대답을 했던 모양이다. 나는 놀림을 당했다.

"에커만은 그대로 놔두도록 하게." 하고 괴테는 말했다. "그는 극장에 있을 때를 빼놓고는 언제나 마음이 어딘가에 가 있지."

그러자 사람들은 나를 웃음거리로 삼았다. 그러나 나는 불쾌하지 않았다. 오늘 나는 특별히 행복했다. 많은 불가사의한 섭리에 의해, 내가 한 인물―바로 방금 내 마음속 깊이 그 위대함이 느껴졌고, 지금 내 눈앞에서 친히 그 이를 데 없이 밝은 모습을 보여 주고 있는―과의 친교와 은근한 관계를 즐기는 얼마 안 되는 사람들의 무리 속에 들어갈 수 있었던 것에 감사했다.

식후에 비스킷과 아름다운 포도가 나왔다. 포도는 먼 곳에서 온 것이었다. 괴테는 그것이 어디에서 온 것인지를 비밀에 부치고 있었다. 그는 그것을 갈라 그 중에서도 제일 잘 익은 것을 테이블 너머 나한테로 넘겨주었다. "나의 친구여, 이 감미로운 것을 먹고 마음껏 즐기게." 이에 나는 괴테의 손에서 받은 포도를 맛보았다. 그리고 그때야말로 나의 몸과 마음이 완전히 그의 곁에 가까이 있다는 것을 느꼈다.

사람들의 화제는 극장으로 옮겨졌고 볼프의 공적 이야기가 나와, 이 우수한 예술가가 얼마나 많이 착한 일을 했는가에 대해 말했다.

괴테가 말했다. "이곳의 옛날 배우들이 나에게서 여러 가지를 배운 것은 분명한 사실이지. 그러나 참다운 의미에서 나의 제자라고 할 수 있는 것은 볼프뿐이야. 그가 얼마나 단단히 나의 원리를 터득하고 나의 의도대로 잘 움직였는가를 곧잘 말하지만, 그 예를 하나 말해 볼까.

어느 날 나는 어떤 이유로 볼프에게 매우 심하게 화를 낸 일이 있었지. 그리고 얼마 안 있어 그는 무대에 출연하였고 나는 나의 특별석에 앉아 있었어. 나는 마음속으로 이렇게 생각했지. 오늘 한번 그를 끝까지 잘 지켜봐야지. 그를 감싼다든지 용서한다든지 할 생각은 추호도 없어.—볼프는 연기했지. 나는 쉬지 않고 날카로운 눈길로 그를 주시했어. 그러나 그는 얼마나 훌륭한 연기를 해 보였던가!—흔들리지 않는, 실로 대단한 안정감이었어!—내가 그에게 가르친 원칙에 어긋나는 것은 한 군데에서도 찾아볼 수 없었지. 그래서 나는 새삼스럽게 다시 그에게 호의를 가지지 않을 수 없게 되어 버렸다네."

1828년 10월 20일 월요일

본의 광산 사무국 의원인 뇌게라트[29]가 베를린의 자연과학자 회합에서 집으로 돌아가는 길에 오늘 괴테의 식탁 진객이 되었다. 따라서 식사 중의 화제는 단연 광물학이었다.

이 귀한 손님은 특히 본 부근에서 볼 수 있는 광물학상의 존재와 상황에 대해 근본적인 정보를 전해 주었다.

식사가 끝난 뒤에 우리는 유노의 큰 흉상이 있는 방으로 갔다. 괴테는 손님들에게 피갈리아 사원의 대상장식 윤곽이 스케치되어 있는 길고 가느다란 종이의 두루마리를 보여주었다. 사람들은 이것을 보고, 그리스인들은 동물을 묘사할 때 자연에 입각해서라기보다는 오히려 일종의 관례에 따라 행했다고 이야기를 나눴다. 그들은 그리스인들이 이런 종류의 묘사에 있어서는 자연에 뒤진다는 것이었다. 또한 얇은 부조에서 보이는 수컷 양과 희생양 그리고 말들은 가끔 아주 뻣뻣하고 볼품이 없고 불완전한 모양이라고도 하였다.

"그 점에 대해서 논쟁하고 싶지는 않지만" 하고 괴테는 말했다. 무엇보다도 구별을 짓지 않으면 안 되는 것은, 이런 작품들이 어떤 시대에 또 어떤 미술가의 손으로 만들어졌는가 하는 것이지. 그렇게 하면 그리스 미술의 동물 묘사가 자연의 영역에 도달해 있다는 것을 알 수 있을 걸세. 또 그뿐만 아니라, 그것을 능가하는 영역에까지 도달한 수 없이 많은 걸작을 발견할 수 있을 거야. 현재 세계에서 가장 말에 정통한 영국인들까지도, 고대에 만들어진 말의 머리[30] 두 개

---

29) 뇌게라트(1788~1877). 본 대학의 광물학 교수이다.
30) 고대 그리스 아테네의 파르테논 신전의 말들을 말한다. 영국 대영박물관이 소장하고 있다.

기원전 350년경 마우솔로스 왕의 묘비를 위해 만들어진 대리석 말의 상반신 대영박물관 소장

기원전 5세기 피디아스가 만든 파르테논 신전 말머리 조각상 대영박물관 소장

가 그 형식에 있어서 현존하는 어떠한 것도 따라갈 수 없을 만큼 완전하다고 고백하고 있을 정도이지. 이 말의 머리는 그리스의 황금시대에 제작된 것이야. 이런 작품이 탄생할 수 있었던 것은 그 당시 그리스의 미술가가 현대의 미술가보다 더 완전한 자연을 모범으로 하고 있었기 때문이 아니야. 그보다는 오히려 시대와 미술이 진보함에 따라 그들 자신이 위대해졌고 그 개성의 위대함을 가지고 자연과 마주했기 때문이지. 우린 그리스 미술을 감상할 때 이런 점을 생각해야 하네."

이 말을 하는 동안 나는 어떤 부인과 함께 테이블 옆에 서서 동판화를 감상하고 있었기 때문에, 괴테의 말을 무심결에 듣고 있었다. 그러나 듣고 보니 그 말 한마디 한마디가 내 마음에 깊이 새겨졌다.

모임의 사람들은 점차 집으로 돌아갔고 나와 괴테 단둘만이 남았다. 나는 난로를 향해 있는 그에게 가까이 다가갔다.

"각하께서는" 하고 나는 말했다. "바로 전에 그리스인들은 개성의 위대함을 가지고 자연과 마주한다고 말씀하셨습니다. 훌륭한 말이라고 생각합니다. 그 말을 듣고 깊은 감명을 받지 않는 사람은 아마도 없을 것입니다."

"그렇겠지." 하고 괴테는 말했다. "모든 것이 여기에 달려 있네. 한몫하려면 우리는 뛰어난 사람이 되어야 해. 단테의 모습은 우리에게 위대하게 나타나지. 그러나 그는 수백 년 문화의 배경을 등에 짊어지고 있어. 로스차일드 일가는 부자이지. 그러나 그만한 재보는 일대에 쌓아 올린 것은 아니야. 이런 것에는 인간으로서는 상상할 수 없는 깊은 의미가 있지. 고대 독일파를 모방하는 우리 착한 미술가들은 이런 것을 전혀 알지 못하고 있어. 그들은 인간적인 박약과 예술가적인 무능력으로 자연을 모방하고, 그것만으로도 자기가 어엿한 인물이라고 생각하고 있지. 그들은 자연 이하의 수준이네. 그러나 위대한 것을 행하려고 하면 우선 자기 교양을 높이고 그리스인들처럼 평범한, 있는 그대로의 자연을 자기 정신의 높이까지 끌어올려야 해. 그리고 나서 자연 현상 속에서는 내면적인 박약이나 외부적인 방해 때문에 단지 의향으로만 머물러 있던 것을 현실로 만들어 내야 하는 거야."

1828년 10월 22일 수요일

오늘 식사 때 여성에 대한 말이 나왔다. 이에 대해 괴테는 아주 기발한 말을 했다. "여성은 은 접시이지. 여기에 황금의 사과를 놓는 것은 남자들이야. 여성에 대한 나의 이 이념은 실제의 현상에서 생긴 것이 아니라 내가 태어나면서부터 갖추고 있었던 것이야. 아니면 저절로 내가 품게 된 생각인 것이지. 그래서 내가 작품 중에 그린 여성의 성격도 모두 성공하고 있어. 그녀들은 모두 현실에서 볼 수 있는 그러한 여성들보다 한층 더 멋지지."

1828년 11월 18일 화요일

괴테는 〈에든버러 평론〉의 새로운 호에 대해 말했다. "영국의 비평가들이" 하고 말했다. "오늘날 얼마나 높은 수준에 도달했고 얼마나 훌륭한 재능을 갖추고 있는지 알게 되어 기쁘네. 이전의 현학적인 경향은 이제는 추호도 찾아볼 수 없고, 이를 대신하여 위대한 독자성이 나타나고 있지. 이 최근호에는 독일문학에 관한 논문이 실렸는데, 그 가운데에 자네도 알고 있듯이 이런 문구[31]가 실려 있어. '시인 중에는 다른 사람들이 즐겨 잊어버리고 싶어 하는 사건에 즐겨 관여해 보려고 하는 속성의 사람들이 있다.' 자네는 이 말을 어떻게 생각하나? 이로써 우리의 현상이 일목요연해지고 있지. 이 관점에 서면 우리 현대문학인의 대다수가 어디에 소속되어 있는지 분류할 수 있어."

1828년 12월 16일 화요일

나는 오늘 괴테와 단둘이서 그의 서재에서 식사했다. 우리는 여러 가지 문학적 문제에 대해 논의했다.

"독일인들은 속물근성에서 탈피하지 못하고 있지. 그들은 지금도 실러와 나의 작품 중에서 갖가지 2행시[32]를 찾아내고는, 어느 것이 정말로 실러가 쓴 것이고 또 어느 것이 내가 쓴 것인가 하고 야단스럽게 논한다네. 그것을 확실하게 알아내는 것이 중대사인 것처럼 생각하고 있는 거야. 마치 그렇게 하는 것이 큰일이

---

31) 칼라일이 익명으로 쓴 논문의 일부이다.
32) 괴테는 〈4계절〉지에, 실러는 〈봉납〉지에 2행시를 각각 썼다.

고 뭔가 이득이 있는 일이라서 작품 그 자체만으로는 만족할 수 없다는 식이지.

실러와 나와의 우정은 오랫동안에 걸쳐 이루어진 거야. 흥미도 같은 데다가 매일 접촉하면서 서로의 의견을 교환했기 때문에, 우리 우정은 서로의 생활 깊은 곳까지 파고들었네. 우리 두 사람의 개개 사상을 들추어내어 이것은 이 사람의 것, 저것은 저 사람의 것이라고 말하며 구분하는 것은 전혀 불가능한 일이야. 우리는 많은 2행시를 공동으로 만들었지. 때로는 내가 시상을 꺼냈고 실러가 시구를 만들었어. 어떤 때는 실러가 시의 제1구를 만들고 내가 다음을 계속했네. 그런데 이런 경우 어떻게 나의 것, 너의 것을 구별할 수 있을까! 누군가 조금이라도 이러한 의문을 해결하는 것이 중대한 사항이라고 생각한다면, 그 사람은 사실 속물근성에 깊이 빠져들어 헤어 나올 수 없는 사람이야."

"이것과 비슷한 현상을" 하고 나는 말했다. "문학계에서는 가끔 볼 수 있습니다. 가령 이 사람 저 사람의 유명 작가에게 그 독창성에 대한 의심의 눈길을 보내면서, 그가 자신의 교양을 어디에서 갖추었는가 그 출처를 찾아내려고 하는 것 말입니다."

"그건 정말로 우습기 짝이 없네." 하고 괴테는 말했다. "이것은 마치 통통하게 살이 찐 사람을 보고 무엇을 먹고 그렇게 살이 쪘는가? 소인가, 양인가, 돼지인가 하고 묻는 것과도 같은 것이야. 우리는 아마 이 세상에 갖가지 소질을 가지고 태어났을 것이야. 그러나 우리가 성장해 가는 것은 이 세상의 수없이 많은 영향에 힘입은 바가 큰 것이지. 우리는 거기에서 각자의 능력에 맞는 것, 우리에게 상응하는 것을 제 것으로 만드는 것이야. 나는 그리스인과 프랑스인에게 힘입은 바가 아주 크지. 셰익스피어와 스턴, 그리고 골드스미스에게서도 무한한 은혜를 입고 있어. 그러나 이것만으로 내 교양의 원천이 규명된 것은 아니지. 일일이 셈을 해 본다고 해도 한이 없을 것이고 그럴 필요도 없어. 가장 중요한 것은 진실을 사랑하고 그것을 발견하여 섭취할 수 있게 항상 유의하는 일이네."

괴테는 계속 말했다. "이 세상은 이제 아주 나이를 먹었어. 수천 년을 거쳐 가는 동안 많은 위대한 인물들이 나타나 사색해 왔지. 그래서 이제는 그렇게 쉽게 새로운 것을 발견하거나 논하거나 할 수 없네. 나의 〈색채론〉만 하더라도 완전히 새로운 것은 아니야. 플라톤과 레오나르도 다 빈치, 그 외 많은 탁월한 인사들이 개개의 점에 있어서는 나보다 먼저 이와 똑같은 것을 발견하고 언급하고 있네. 그러나 나 역시 이것을 발견하고 다시 언급해서, 혼란한 세계 속에 진리가 들어갈 수 있는 입구를 만들려고 노력했지. 이것이 나의 공적이야.

게다가 진리라는 것은 쉬지 않고 다시 거론될 필요가 있어. 왜냐하면 오류 역시 신문에서, 백과사전에서, 대중이 설교했기 때문이야. 그러면서 그쪽에선 자기 편을 들어주는 사람들이 대다수 있다고 느끼고 마음 편해하고 있지.

또 이따금 진리와 오류를 동시에 가르치면서 후자 쪽을 편드는 일이 있지. 며칠 전에 나는 영국의 백과사전에서 청색이 생기는 원인에 대한 학설을 읽었어. 처음에는 레오나르도 다 빈치의 옳은 학설이 실려 있었지. 그러나 바로 그 뒤에 뉴턴의 그릇된 학설이 태연하게 실려 있었는데, 거기엔 그것이 일반적으로 인정되고 있는 학설이기 때문에 그것을 타당한 학설로 받아들이지 않으면 안 된다는 주(註)까지 붙어 있었다네."

나는 이 말을 듣고 놀랐다. 웃지 않을 수 없었다. 나는 말했다. "양초의 불빛을 보더라도, 배후가 좀 컴컴한 부엌에서 양지로 나가는 연기를 보더라도, 그늘진 장소의 전방에 있는 아침 안개를 보더라도, 언제나 나는 청색이 발생하는 이유에 대한 확신을 가지게 됩니다. 그리고 그것으로 하늘의 청색도 이해할 수 있지요. 그러나 뉴턴파의 사람들은 공기는 모든 색채를 흡수하고 오로지 청색만을 반사하는 특성이 있다고 생각하고 있습니다. 그러나 이것은 나에게는 전혀 이해할 수 없는 말입니다. 이런 학설이 무슨 도움이 되며 어떤 기쁨을 제공한다는 것인지 모르겠습니다."

"그렇지." 하고 괴테는 말했다. "이런 사람들은 사상이나 직관 같은 것에는 전혀 관심이 없지. 그들은 자기 마음대로 사용할 수 있는 말을 알면 그것으로 만족하네. 나의 메피스토펠레스도 이것을 분별하여 재미있는 말을 하고 있지."

> 흔히 말을 존중하는 게 좋지
> 그러면 안전한 문을 지나
> 확신의 전당으로 들어갈 수 있네
> 왜냐하면 개념이 없는 그 자리에는

1828년

말이 알맞게 나타나기 때문이지"[33]

　괴테는 웃으면서 이 시를 암송했다. 그는 줄곧 기분이 좋아 보였다. "마침 잘 됐어." 하고 그는 말했다. "모든 원고의 인쇄가 다 끝나고 있지. 이제부터라도 이런 식으로 그릇된 학설과 그런 것을 퍼뜨리는 자에 대해 말하고 싶을 때가 있으면 이것을 계속 인쇄에 부치면 되는 것이야."

　"탁월한 사람들이" 하고 괴테는 잠시 쉬었다가 말을 계속했다. "이제는 자연과학계에 진출하였지. 그러므로 나는 그들을 기쁜 마음으로 주목하고 있어. 그런데 그중 일부는 처음에는 잘하다가 도중에 그만두고 말지. 주관이 너무 강하기 때문에 오류에 빠지고 마는 거야. 또 다른 사람들은 너무 사실에 집착해 무한정 사실만을 수집하기도 한다네. 하지만 거기에서는 아무것도 증명이 되지 않지. 전체적으로 볼 때 근본 현상을 꿰뚫고 들어가 개개 현상을 지배할 수 있는 학구적인 정신이 결여되어 있어."

　잠깐 찾아온 사람이 있어서 담화는 중단되었지만, 다시 두 사람만 있게 되자 화제는 문학으로 옮겨졌다. 나는 괴테에게 그의 짧은 시를 다시 읽었는데 특히 두 개의 작품이 인상에 남았다고 말했다. 그것은 어린아이들과 노인을 노래한 담시[34]와 행복한 부부[35]였다.

　"이 두 개의 시에는 나도 상당한 자신이 있지." 하고 괴테는 말했다. "그런데도 지금까지 독일 독자들은 그것을 중요하게 생각해 주지 않는다네."

　내가 말했다. "이 담시 속에는 아주 풍부한 주제가 모든 시적 형식과 기교로써 표현되어 빽빽이 들어차 있습니다. 그중에서 내가 특히 높이 평가하고 싶은 것은 노인이 어린아이들에게 들려주던 과거의 이야기가 어떤 지점에 오면 현재로 옮겨져, 그다음부터 우리의 눈앞에서 전개되는 방식입니다."

　"이 담시는 오랫동안 다듬고 또 다듬은 끝에 써 내려간 것이야. 그러므로 그 속에는 오랜 세월 동안의 사색이 담겨 있어. 그리고 그것이 지금 보는 것과 같

---

33) 〈파우스트〉 제1부 〈서재〉 장면 1990~1996. 에커만은 이것을 정확하지 않게 인용했다.
34) 〈추방당했다가 다시 고향으로 돌아온 백작〉(1813~1816)을 말하는 것이다.
35) 〈행복한 부부〉는 1804년에 처음으로 인쇄되었다.

메피스토펠레 바흐만의 그림

은 모양으로 완성되기까지 서너 번 개작을 거쳤다네."

"〈행복한 부부〉라는 시도" 하고 나는 계속했다. "마찬가지로 모티브가 대단히 풍부합니다. 시 전체에 퍼져 있는 아늑한 봄 하늘의 햇빛이 그 가운데의 풍경과 인간 생활을 따뜻하게 비춰 주고 있는 것 같습니다."

"나는 언제나 그 시를 좋아했지." 하고 괴테는 말했다. "그런데 자네가 그 시에 대해서 각별한 관심을 두니 기쁘군. 그 시에서 나는 멋을 한번 부려서 마지막에 두 어린아이, 즉 아들과 손자가 동시에 세례를 받는 것으로 끝맺음했다네."

이어 우리는 화제를 〈시민장군〉으로 옮겼다. 나는 어느 영국인과 함께 요 얼마 전에 이 명랑한 작품을 읽었으며, 두 사람 모두 이것이 무대에 올려지는 것을 간절히 희망하고 있다고 말했다. "내용 면에서도 그 가운데에 진부한 점은 하나도 없고, 극적 전개 하나하나의 장면에 있어서도 무대 상연에 합당하지 않은 곳이 단 한 줄도 없습니다."

"그 당시에는 크게 성공한 작품이었지." 하고 괴테는 말했다. "그 덕분에 우리도 어지간히 유쾌한 밤을 보낼 수 있었지. 물론 배역도 아주 좋았고 예비연습도 충분했어. 그리고 대화도 막힘없이 진행됐고 생동감이 넘쳐났지. 말콤미가 메르텐역을 맡았었는데, 그처럼 완벽한 연기는 두 번 다시 볼 수 없었지."

"슈납스의 배역은 누구든 맡을 수만 있으면" 하고 나는 말했다. "상당히 고마워할 것이라고 생각합니다. 레퍼터리 배역 중에서 이것만큼 이익을 보는 역도 그렇게 많지 않을 겁니다. 이 인물은 희곡 전체를 통해 극장으로서는 더 이상 바랄 것이 없을 만큼 누구에게나 잘 알려져 있고, 또 그럴 만하니까요. 그가 배낭을 갖고 나타나 물건들을 차례로 꺼내 메르텐에게 코밑수염을 붙여주고, 자기는 붉은 혁명 모자와 군복 그리고 칼을 착용하는 장면은 정말로 일품입니다."

괴테가 말했다. "옛날 우리 극장에서 그 장면은 언제나 훌륭하게 연출됐지. 게다가 이런 물건을 넣은 배낭은 실제로 역사적인 것이었어. 내가 혁명 당시 프랑스 국경 지역을 여행하면서 발견했던 것이라네. 마침 망명자들이 도망가면서 잊어버렸거나 버리고 간 가방이었지. 그 속에는 저 연극에 나오는 물건들이 그냥 그대로 갖추어져 있었어. 나는 그것을 사용하여 그 장면을 썼고, 상연될 때마다 그 배낭과 부속품들을 가져와서 배우들을 적잖이 기쁘게 해 주었네."

우리는 지금 상연하더라도 〈시민장군〉이 관심을 끌고 유익할 것인가 하는 것을 한동안 이야기했다.

이어 괴테는 나의 프랑스문학 공부가 진척이 있는지 물었다. 나는 지금도 가끔 볼테르를 읽으면서 이 작가의 위대한 재능에 접하고 이를 데 없는 행복감을

아드리안 판 오스타데의 〈행복한 부부〉

느끼고 있다고 말했다. "내가 그에 대해서 알고 있는 것은 아직 아주 조금일 뿐입니다."라고 나는 말했다. "나는 지금도 그가 사람들에게 보낸 작은 시를 읽고 있는데, 계속 이것만 읽게 되어 이것을 놓을 수가 없습니다."

"사실 볼테르처럼 위대한 인물이 남긴 것은 모든 것이 훌륭하네. 설사 그의 불손한 점은 용서될 수 없는 것일지라도 말이야. 그러니 자네가 그의 작은 시들을 오랫동안 연구하고 있는 것도 그릇된 것은 아니야. 그 시들은 의심할 바 없이 그가 쓴 것 중에서 가장 사랑스러운 작품들이네. 그 모든 행이 재기에 넘치고 투철함과 명랑함, 그리고 우아함을 가득 담고 있지."

"그 작은 시 속에서" 하고 나는 말했다. "이 지상의 모든 인물과 권력자에 대한 그의 관계가 나타나고 있습니다. 그리고 저는 볼테르가 이들에게 취한 고귀한 태도를 보고는 기쁨을 금할 수가 없습니다. 그는 자신을 어떠한 최고의 사람과도 동등하다고 느끼고 있는 것 같습니다. 어떠한 군주 앞에서도 자신의 자유정신을 한순간이나마 굽혔던 흔적을 찾아볼 수가 없으니까요."

"그렇지." 하고 괴테는 말했다. "그는 고귀한 사람이었네. 그는 자유분방했음에도 불구하고 언제나 예절의 한계를 알고 있었어. 이것은 마음에 새겨둘 일이야. 이런 것의 증거로서 내가 곧잘 인용하는 예(例)는 오스트리아의 황후[36]가 나에게 여러 번 되풀이하셨던 말씀이야. 왕후께서는 볼테르가 자신에게 보낸 시에서 관습의 한계를 뛰어넘는 점은 전혀 찾아볼 수 없다고 하셨지."

"각하는 기억하고 계십니까?" 하고 나는 말했다. "그는 자기 시를 통해 나중에 스웨덴의 황후가 되신 프로이센의 왕녀[37]에게 상냥한 사랑의 고백을 한 적이 있습니다. 그는 꿈속에서 왕의 지위에 올랐다고 말했지요."

"그것은 그의 걸출한 작품 중 하나이지." 괴테는 프랑스어로 원시를 읊조렸다.

왕녀여, 나는 사랑하고 있었다고 감히 말하였노라
꿈에서 깨어났을 때 신들은 나의 모든 것을
빼앗아 가지는 못했나니
나는 오직 왕국만을 잃었을 뿐이지요

"그렇지. 이것은 사랑스러운 시이지." 하고 그는 계속했다. "볼테르처럼 자신의 재능을 언제나 자유롭게 발휘할 수 있었던 시인은 아마 없을 것이야. 나는 어떤 일화를 기억하고 있네. 그가 친구인 듀 샤틀레 부인을 방문하고 한동안 머물러 있다가 떠날 시간이 되었을 때였어. 벌써 마차가 집 앞에 와 있었는데 근

---

36) 오스트리아의 황제 프란츠의 두 번째 부인인 마리아 루도비카 베아트릭스(1787~1816)를 말하는 것으로, 괴테는 그녀에게 〈카를스바트의 헌시〉를 바쳤다.
37) 루이제 울뢰케(1720~1782)는 프리드리히 대왕의 누이동생으로 1744년 스웨덴의 황태자와 결혼했다.

처의 수도원에 있는 젊은 아가씨들에게서 한 통의 편지를 받게 된 거야. 그녀들은 수도원장의 생일에 〈줄리어스 시저의 죽음〉을 상연하려고 하니, 그 연극을 위해 서곡을 하나 써달라는 것이었네. 그들의 부탁이 너무나 천진난만했기 때문에 볼테르도 거절할 수가 없었지. 그는 곧 펜과 종이를 가져오게 해서 난로 가장자리에 선 채 원하는 대로 써 주었지. 그것은 20행 정도의 시였지만 매우 짜임새가 있어서 정말이지 주문에 알맞았고, 또 최고의 걸작이라고 할 수 있었지." 나는 그것을 꼭 읽고 싶다고 말했다. 그러자 괴테가 대답했다. "아마 없을 것이라네. 이 일화도 얼마 전에 비로소 듣게 된 것이야. 또 어쩌면 그가 이런 시를 수백 개나 만들었고, 그중 상당수가 여기저기 개인 소장품으로 숨겨져 있을는지 모르지."

"최근 바이런 경의 작품을 보다가 그 또한 볼테르를 아주 높이 존경하고 있었다는 것을 알고 기뻤습니다. 그것으로 바이런 경도 볼테르를 깊이 읽고 연구하고, 활용했다는 것을 알 수 있었습니다." 괴테가 말했다. "바이런은 무엇을 배울 것인가를 아주 잘 알고 있었네. 그렇게 총명한 사람이 이처럼 널리 비치는 광명의 샘물을 두고 뭘 해야 할지 몰랐을 리가 없지."

이후 우리의 이야기는 완전히 바이런으로 옮겨져 그의 작품 하나하나로 진척되어 갔다. 이때도 괴테는 지금까지 되풀이하여 왔던 것처럼, 새삼 이 위대한 재능에 대해 칭찬과 경탄의 언사를 아끼지 않았다.

"바이런에 대해 각하께서 말씀하시는 모든 것에 진심으로 동감합니다. 그러나 이 시인의 재능이 아무리 중요하고 위대하다고 해도, 그의 작품에서 순수한 인간형성을 위한 결정적인 이득을 얻어 낼 수 있을지는 아주 의심스럽습니다."

"그러한 자네의 생각에는 반대하지 않을 수 없네." 하고 괴테는 말했다. "바이런의 대담성, 용감성 그리고 웅대함, 이런 모든 것이 어째서 교양을 위해서 도움이 안 된다는 말인가?―언제나 오직 순수한 것, 도덕적인 것만을 고집하는 것도 조심해야 할 일이야.―모든 위대한 것은 우리가 그것을 알아차리기만 하면 인간형성, 즉 교양에 도움이 되는 법이라네."

1829년

1829년 2월 4일 수요일

"나는 계속 슈바르트[1]를 읽고 있어." 하고 괴테는 말했다. "확실히 그는 훌륭한 인물이야. 그의 말을 우리 자신의 말과 바꿔 놓아도 정말로 탁월한 데가 많지. 그의 책이 가진 주요 취지는 이 세상에는 철학 이외에도 하나의 입장, 다시 말해 건전한 상식의 입장이 있다는 거야. 또 그는 예술과 학문은 철학과는 달리 자연스러운 인간의 힘이 자유롭게 발휘되었을 때 언제나 최대한의 번영을 이룩했다고 말하고 있다네. 이것은 참으로 지당한 견해이지. 철학에 관한 한, 나 자신은 그것에 얽매인 적이 없다고 해도 좋아. 그리고 여기서 말하는 건전한 인간 상식의 입장은 또한 나의 입장이었지. 그러므로 슈바르트는 내가 평생 말하고 실천하여 온 것을 확증해 주고 있는 것이라네.

"그러나 그에게 전적으로 찬성할 수는 없는데, 그것은 그가 어떤 종류의 문제에는 손을 대지 않고 있기 때문이야. 또 헤겔[2]과 마찬가지로 그도 그리스도교를 철학에 끌어들이고 있어. 하지만 그것은 철학과는 아무 관련이 없는 것이야. 그리스도교는 그 자체만으로도 강력한 존재이지. 그것에 의해 인류는 되풀이되는 침몰과 고난에서 다시금 일어설 수 있었네. 우리가 그리스도교의 이 작용을 시인한다면, 그리스도교는 모든 철학을 초월하고 철학의 힘을 빌릴 필요가 없는 것이야. 이와 마찬가지로 철학도 어떤 학설, 가령 영혼불멸설과 같은 것을 증명하기 위해 종교상의 견해에 의지하지 않아도 되네. 인간은 영생을 믿어

---

[1] 슈바르트(1739~1791). 질풍노도시대의 대표자 중 한 사람으로, 특히 같은 슈바벤주 출신인 젊은 실러에게 큰 영향을 끼친 국민적 민중시인이다.
[2] 헤겔(1770~1831). 관념론 철학의 대표자인 그는 예나대학에 있을 때부터 괴테와 가깝게 지냈고 괴테의 세계관에 깊은 이해를 표시했다. 괴테의 색채론에 대해서도 큰 관심을 가져, 1817년 이후부터는 뉴턴의 입장에 반대하고 괴테의 입장을 옹호했다.

야 하지. 이것은 인간의 권리이기도 하고 인간의 본성에 맞는 것이기도 해. 그래서 인간은 종교상의 약속을 신뢰해야 하는 것이지. 그러나 철학자가 우리의 영혼 불멸을 증명하기 위해 전설에서 끌어들이려는 것은 아주 어리석고 무의미한 짓일세. 우리 영생의 신념은 활동의 개념에서 생겨난 것이지. 왜냐하면 내가 이 생명이 다할 때까지 활동하여 지금의 존재 형식이 나의 정신을 이 이상 더 지탱해 내지 못하게 되었을 때, 자연은 나에게 다른 존재형식을 부여할 의무가 있기 때문이야."

헤겔(1770~1831)

이 말을 듣고 나의 마음은 경탄과 사랑으로 요동쳤다. 우리를 숭고한 행동으로 이끄는 이 이상의 가르침은 없을 것 같았다. 영생의 보증을 얻을 수 있다면 사람은 누구나 죽을 때까지 꾸준히 활동하려고 생각할 것이기 때문이다.

괴테는 스케치와 동판화가 들어 있는 화첩을 가져오게 했다. 그는 두세 가지 그림을 조용히 들여다보다가 나에게 오스타데[3]가 그린 아름다운 동판화 하나를 넘겨주었다. "이것은 예의 〈선량한 남편과 선량한 아내〉[4]에 어울리는 정경이지." 나는 이 그림을 대단한 기쁨을 느끼면서 바라보았다. 농부의 집 내부가 그려져 있었다. 부엌과 거실 그리고 침실 모두가 함께 합쳐진 하나뿐인 방이었다. 한 부부가 서로 가까이 마주 보고 앉아 있는데, 아내는 실을 잣고 남편은 실을 감고 있었다. 그들의 발밑에는 갓난아기가 있다. 배경에는 침대 하나가 보인다. 그리고 어디를 보나 아주 허술한 필수적인 가구뿐이다. 집 입구는 곧장 야외로 통한다. 집은 비좁은 느낌을 주지만 이 그림의 구석구석에서는 행복한 부부의

---

[3] 오스타데(1610~1685). 네덜란드의 화가로 주로 농부들의 생활을 많이 그렸다.
[4] 고대 스코틀랜드의 시이다. 괴테는 이것을 읽고 더 자유롭게 번역하여 1828년 〈예술과 고대〉 제4권 제2호에 같은 제목으로 발표했다.

개념이 넘쳐나고 있다. 서로를 마주 보고 있는 남편과 아내의 얼굴에는, 부부 사이의 애정을 마음속 깊이 느끼는 데서 오는 만족감과 희열 그리고 일종의 도취감이 넘쳐흐르고 있다.

내가 말했다. "나는 이 그림을 보면 볼수록 흐뭇한 기분이 됩니다. 여기엔 뭐라고 말할 수 없는 독특한 매력이 있습니다." 이에 괴테가 설명했다. "그것은 구상성에서 오는 매력이지. 구상성이란 어떤 예술에서도 없어서는 안 되는 것이야. 특히나 이런 종류의 주제에서는 그것을 듬뿍 나타내야 하네. 이와는 반대로 예술가가 한층 더 높은 곳을 향해 붓을 들어 관념적인 것으로 들어가게 되면 대상에 어울리는 구상성을 보유하기가 어렵네. 무미건조해지기 쉽지. 이때는 미술가가 젊은 사람인가 아니면 노인인가 하는 것에 그림의 성패가 달려 있기 때문에, 예술가는 자신의 연령을 고려하고 주제를 선택하지 않으면 안 되네. 나의 〈이피게니에〉와 〈타소〉가 성공한 것도 그 당시 내가 아주 젊었기 때문이었네. 그 덕분에 그 소재로 일관된 이념을 구상화하여 생기 넘치게 만들어 낼 수 있었지. 지금의 나처럼 늙은 나이에는 그와 같은 이상적인 소재가 어울리지 않아. 그래서 차라리 처음부터 주제에 일종의 구상성을 띠고 있는 것을 다루고 싶다네. 만약 게나스트 부부⁵⁾가 지금도 이곳에 있다면 나는 두 개의 각본을 쓰겠네. 두 개 모두 1막물인 산문극으로 말이야. 그중 하나는 아주 명랑한 것으로 혼인으로 끝내고, 다른 하나는 처참하고 몸서리치는 것으로 시체 두 구가 남는 것으로 마무리할 거야. 이 두 번째 것은 아직 실러가 살아 있을 때부터 내 마음속에 품고 있었던 것인데, 그가 나에게 조르기도 했기 때문에 그중의 한 장면은 완성했지. 이 두 개의 주제는 하도 오랫동안 깊이 생각한 것이라 그 장면 장면이 완전히 눈앞에 떠오를 지경이라네. 그러므로 쓰기 시작하면 〈시민장군〉 때처럼 두 개 다 각각 1주일 정도밖에 소요되지 않을 것이야."

이에 내가 말했다. "제발 써 주십시오. 그 두 개의 희곡을 꼭 보고 싶습니다.

---

5) 남편인 에두아르드(1797~1866)는 괴테의 꾸준한 훈련과 지도를 받아, 1829년부터 1860년까지 근 30년간 훌륭한 배우로서 바이마르 극장에서 일했다. 부인인 카롤리네 역시 바이마르 극장의 여배우였으며, 1829년부터 1860년까지 자기 역할을 다했기에 이들 부부는 무대감독을 맡았던 괴테의 마음을 늘 흐뭇하게 해주었다.

그것은 〈편력시대〉를 끝내고 난 뒤의 청량제가 될 것이며, 잠깐 갔다 오는 여행과 같은 효과를 낼 것입니다. 게다가 이제 당신이 극장을 위해 진력하시는 것을 볼 일은 없을 것이라고 단념하고 있었던 세상 사람들에게, 그것은 정말로 큰 기쁨이 될 것입니다."

"지금 말한 대로" 하고 괴테는 계속했다. "게나스트 부부가 지금 여기에서 함께 지내고 있다면 틀림없이 쓸 것이야. 그러나 그럴 가망이 없으면 쓸 기분이 나지 않지. 왜냐하면 읽기 위한 각본을 쓴다는 것은 아무 의미가 없기 때문이야. 시인은 자기가 무엇을 사용하여 성과를 올리려고 하는가를 알고 있어야 하네. 또한 배역을 쓸 때는 그것을 연기해 줄 배우에게 맞게 해야 해. 그러므로 먼저 확실히 게나스트와 그의 부인을 기대할 수 있어야 하고, 이 외에도 라 로슈[6]와 빈터베르거[7] 그리고 자이델 부인[8]을 추가할 수 있다면 좋겠지. 그러면 내가 하는 일이 확실해지고 내 계획의 실행에도 확신을 가질 수 있을 거라네."

괴테는 말을 계속했다. "극장을 위해 쓴다는 것은 독특한 것이야. 이것을 잘 분별하지 못하면 차라리 그만두는 것이 낫지. 누구나 흥미 있는 사건이면 무대에서 관람해도 재미있을 것이라고 생각하지. 그러나 절대로 그렇지가 않아!—읽어서 정말로 재미있고 생각만 해도 멋진 것들이 있지. 그러나 정작 이것을 무대에 올려보면 전혀 다른 결과를 가져오네. 책으로 나와서 우리를 황홀하게 만든 이야기도 무대에서 상연하면 냉대받기도 한다네. 나의 〈헤르만과 도로테아〉를 책으로 읽은 사람은 그것이 극장에서 상연되었으면 좋겠다고 생각한다네. 사실 퇴퍼[9]도 그것을 상연하고 싶은 유혹에 빠진 일이 있었지. 그러나 특별히 출중한 연기를 보여줄 수 있다면 몰라도, 그렇지 않은 경우 이것은 의미도 없고

---

[6] 라 로슈(1794~1884). 1822년부터 1832년까지 바이마르 극장에서 활약하다가 나중에 오스트리아의 빈으로 옮겨간 배우이다.
[7] 빈터베르거(1804~1860). 역시 바이마르 극장의 무대 위를 누비던 배우이다.
[8] 자이델 부인. 그녀도 배우인 남편과 함께 1823년 이래로 바이마르 극장을 풍요롭게 해주었던 여배우이다.
[9] 퇴퍼(1792~1871). 독일의 희곡작가이다. 그는 괴테의 〈헤르만과 도로테아〉를 4막의 목가적 가정극으로 고쳐 썼으며, 이 작품은 1820년에 오스트리아의 빈에서, 1824년에는 바이마르에서 상연되었다.

아무런 효과도 없네. 그리고 또 이것은 어떤 점으로 보나 대본으로는 좋은 작품이라고 말할 수 없지.—극장을 위해서 쓴다는 것은 하나의 전문기술이야. 익숙하여 통달하지 않고는 불가능하며, 또 필수적인 재능을 갖고 있어야 하지. 이 기술과 재능의 두 가지 부분을 모두 구비하는 경우는 드물다네. 그러나 이 두 부분이 결합하지 않는 한 훌륭한 작품을 만드는 것은 어지간히 어려운 일이지."

1829년 2월 9일 월요일

괴테는 〈친화력〉에 대해 많은 것을 이야기했다. 특히 독자가 지금까지 만난 일도 본 일도 없는 미틀러라는 인물은 자기를 말하는 것이라고 했다. "이런 인물은" 하고 그는 말했다. "그러니까 틀림없이 어느 정도 진실한 데가 있고, 또 틀림없이 이 세상에 한두 번이 아닌 여러 차례 실존한 것일세. 요컨대 〈친화력〉 속에 있는 단 한 줄도 내가 스스로 체험하지 않았던 것은 없어. 그러므로 그 속에는 독자가 단지 한 번만 읽어서는 이해할 수 없는 더 깊은 것이 담겨 있지."

1829년 2월 10일 화요일

내가 괴테를 방문했을 때 그는 브레멘 항만 축조 공사에 관한 지도와 설계도에 둘러싸여 있었다. 이 대규모의 계획에 대해 그는 각별한 흥미를 보이고 있었다.

이어 메르크에 대해 여러 가지 이야기가 나왔다. 괴테는 메르크가 1776년에 빌란트에게 보낸, 시 형식으로 된 서간문을 읽어 주었다. 그것은 아주 기지에 차 있는 것이기는 하지만 어딘지 좀 거친 크니텔페르스, 다시 말해 한 줄에 4강음을 지닌 시행으로 된 운문이었다. 그 내용은 아주 명랑했는데, 특히 야코비를 공격하고 있었다. 빌란트가 〈메르쿠르〉 잡지에 기고한 논문에서 야코비를 지나치게 치켜세우는 글을 썼기 때문에, 메르크는 그것을 묵과할 수 없었던 것이다.

괴테는 그 당시 문학상황에 대해 설명하면서, 소위 '질풍노도 시기'를 빠져나와 한층 더 높은 교양을 쟁취하려는 노력이 얼마나 어려웠는가를 말해 주었다.

이어 그는 바이마르로의 이주 이후의 몇 년간에 대해 이야기를 했다. 그 시절 그의 시인으로서의 재능은 새로운 현실을 만나 갈등을 겪었다고 한다. 이 새로

1775년, 그때 26세의 괴테
그다음 해부터 그는 바이마르의 국정에 적극 참여하게 된다.

운 현실이란 괴테가 궁정에서 새로운 지위를 얻어 대소에 걸친 각종 국정 업무를 필연적으로 도맡아 관장하게 되었던 것을 일컫는다. 그런 일은 그 나름대로 그에게 상당히 높은 이득을 안겨 주었다고 한다. 하지만 그 업무 때문에 바이마르로 옮겨 온 뒤 처음 10년 동안 그는 이렇다 할 문학적 작품을 하나도 쓸 수 없었다고 하였다. 그 사이 단편(斷片)들을 창작하기도 했고 연애사건으로 우울해진 일도 있었는데, 그러는 와중에도 그의 아버지는 아들의 궁정생활을 못마땅하게 여겨 계속 반대했다고 한다.

그는 거처를 바꾸지 않았던 것은 아주 잘한 일이었다고 하면서, 그 덕분으로 같은 경험을 두 번씩이나 되풀이할 필요가 없었다고 말했다.

괴테는 자신이 이탈리아로 도피한 것은 문학적인 창작력을 다시 회복하기 위해서였다고 하였다. 그런데 이것이 누군가에게 알려지면 아무 소용이 없는 일이 될 것 같은 미신적인 생각이 들어, 그 사실을 끝까지 비밀에 부쳤다고 한다. 그는 로마에 가서야 비로소 군주에게 자신의 외국 유학을 알리는 편지를 썼다. 그리고 2년 후 그는 자기 자신에 대한 새로운 큰 요구를 갖고 귀국하게 되었다고 했다.

그리고 대공비인 아말리에[10]에 대한 이야기도 나왔다. 이분은 대공비로서 완벽했고 인간적인 정신도 더할 나위 없이 좋아 기꺼이 인생을 즐기는 소양을 가지고 있었다고 한다. 그뿐만 아니라 무엇보다도 괴테의 어머니를 유달리 총애하여, 그녀를 바이마르로 모셔와 살게 하려고 했지만 괴테가 이것을 반대했다는 것이다.

"〈파우스트〉에 처음으로 손을 댄 것은 〈베르테르〉를 썼던 시기와 같지. 나는 1775년도에 바이마

안나 아말리에 대공비

르로 올 때 그 초고도 함께 가지고 왔네. 그것은 편지지에 쓴 것인데 한 줄도 지운 흔적이 없어. 그건 내가 한 줄이라도 하찮은 글을 쓰지 않으려고 신중히 처리했기 때문이라네."

1829년 2월 11일 수요일

토목국장인 쿠드레이와 함께 괴테 댁에서 식사했다. 여자 실업학교와 고아원에 대한 여러 가지 이야기가 있었는데, 우리는 그것들은 이 나라가 갖추고 있는 이런 종류의 설비 중에서 가장 훌륭한 것이라고 말했다. 전자는 대공비에 의해, 후자는 카를 아우구스트 대공에 의해 설립된 것이다. 극장의 무대장식과 도로공사에 관한 여러 가지 이야기도 나왔다. 쿠드레이는 괴테에게 군주를 위한 예배당의 설계도를 보여주었다. 군주가 앉을 의자의 위치가 논의되었고, 괴테가 이의를 제기하자 쿠드레이는 이것을 받아들였다. 식사 후 소레가 나타났다. 이

---

10) 대공비 아말리에(1739~1807). 카를 아우구스트 대공의 모당으로 본래 브라운슈바이크의 왕녀이다.

날 괴테는 다시금 우리에게 폰 로이테른 씨[11]의 그림을 보여주었다.

1829년 2월 12일 목요일

괴테가 지금 막 완성한 이를 데 없이 멋진 시를 읽어 주었다.―그것은 '어떤 존재도 무(無) 속으로 붕괴하지 않는다.'[12]로 시작하는 것이었다. "나는 이 시를 '왜냐하면 만약 존재 속에 집착하면 모든 것은 무 속으로 붕괴해 버리기 때문이다'라는 시구에 반대하여 썼다네. 그건 좋지 않은 시야. 베를린에 있는 나의 친구가 자연과학자 회의 때 그것을 금문자로 써서 전시해서 내가 화를 낸 적도 있어."

또 괴테는 위대한 수학자인 라그랑주[13]에 대해, 특히 그 탁월한 성격을 극찬했다. "그는 선량한 인간이었어. 또한 바로 그러했기 때문에 위대했지. 왜냐하면 미술가이든 자연과학자이든 시인이든, 그 어떤 사람이든 선량한 사람은 재능을 가지고 있으면 윤리적인 행동을 통해서 언제나 세상을 정화하기 때문이야."

괴테는 계속했다. "자네가 어제 쿠드레이와 한층 더 친해져서 기쁘네. 그는 집회 같은 곳에서는 말수가 적지만, 우리가 모이는 자리에서 사적으로 만나보면 탁월한 정신의 소유자라는 것을 알 수 있는 사람이지. 처음에 그는 여러 가지 모순 때문에 괴로워했지만, 지금에 와서는 이것을 완전히 극복하고 궁정의 은총과 신뢰를 받고 있어. 쿠드레이는 현재 일류의 기능을 갖춘 건축가 중의 한 사람이지. 그는 나에게 의지하고 있고 나도 그에게 의지하고 있네. 그리고 그것

---

11) 폰 로이테른(1794~1865). 리프랜드의 장교이자 화가인 그는 1814년에 괴테를 방문했고, 두 사람은 훗날 하이델베르크와 바이마르에서 다시 만났다.
12) 베를린에서 열린 자연과학자 회의에 참석한 괴테의 한 친구는 괴테의 시 〈하나와 모든 것〉(1821년) 중에서 마지막 2행 '왜냐하면 만약 우리가 존재 속에서만 남아 있으려고 고집한다면, 모든 것은 무 속으로 붕괴해 버리고 말 것이기 때문이다.'만을 발췌해 회의장의 표어로 써서 붙였다. 이에 괴테는 막 완성한 시인 〈유언〉의 첫머리 '어떤 존재도 무 속으로 붕괴하지 않는다.'를 인용하여 에커만에게 자신의 생각을 피력하고 있다. 그는 우리 인간은 유한한 존재이기에 죽음을 수긍하고 다시 생성하라고 외치고 있다.
13) 라그랑주(1736~1813). 프랑스의 수학자인 그는 1766년 프리드리2세(나중에 프리드리히 대왕으로 불리는)에 의해 스위스의 수학자 레온하르트 오일러(1707~1783)의 후임자로서 베를린 아카데미로 초빙되었다.

이 우리 두 사람에게는 큰 도움이 되고 있지. 이 친구를 50년 전부터 알고 지냈으면 얼마나 좋았을까 하는 생각이 들 정도야."

나는 괴테가 건축학상에 조예가 깊은 것에 대해, 그것은 이탈리아에서 얻은 바가 큰 것임이 틀림없을 것이라고 말했다. "그럴지도 모르지만 나는 그것을 조금도 실용화할 수가 없었네. 그 분야에 대한 지식은 무엇보다도 바이마르 성의 건축 사업에서 많이 얻을 수 있었지. 나도 함께 일을 해야 했고 또 몇몇 배치도를 그려야 할 때도 있었다네. 왜냐하면 그것만큼은 내가 전문가들보다는 더 뛰어났기 때문이지."

대화는 첼터로 옮겨졌다. "그에게서 한 통의 편지를 받았네." 하고 괴테는 말했다. 거기에는 헨델의 〈구세주〉의 상연에서 그의 여생도 가운데 하나가 독창을 너무나 연약하고 감상적으로 불렀기 때문에 공연이 실패로 끝나고 말았다고 쓰여 있었다고 한다. "연약함이라는 것이 금세기의 특징이지. 나의 추측인데, 우리 나라가 프랑스인들의 영향으로부터 초조하게 빨리 탈피하려고 했던 결과로 이것이 나타난 것 같네. 화가, 자연과학자, 조각가, 음악가 그리고 시인 모두가 소수의 예외를 제외하고는 모두가 연약하네. 그리고 일반 대중들도 별반 다를 것이 없지."

"그렇지만 나는 〈파우스트〉를 위해 적당한 음악이 탄생할 것이라는 희망을 버리지 않고 있습니다."

"아니야, 그것은 전혀 불가능한 일이지." 하고 괴테는 말했다. "〈파우스트〉에는 여기저기 역겹고 꺼림칙하고 어딘지 무서운 데가 있어. 그것은 시대에 어울리지 않아. 〈파우스트〉의 음악은 〈돈 환〉과 같은 특색을 가지지 않으면 안 되네. 모차르트 같으면 틀림없이 〈파우스트〉를 작곡해 낼 수 있을 것이야. 아마 마이어베어 같아도 할 수 있겠지. 그러나 이탈리아 연극 쪽이 너무나 분주하기 때문에 그는 우리 것에는 손을 대지 못할 것이야."

이어 전후 관계는 잊어버렸지만 괴테는 다음과 같이 아주 중요한 것을 말했다.

"모든 위대한 것과 총명한 것은 소수에만 존재한다네. 국민과 국왕의 반대에 부딪히면서도 자신의 위대한 계획을 홀로 관철한 장관들이 있었어. 이성이 통속화한다는 것은 생각할 수 없는 일일세. 정열과 감정은 통속화될 수는 있겠지만, 이성은 언제나 오직 저마다 걸출한 사람들의 소유물에 지나지 않는 것이야."

1829년 2월 13일 금요일

괴테와 단둘이서 식사했다. "〈편력시대〉가 끝나면" 하고 그는 말했다. "다시 식물학으로 옮겨 소레와 함께 번역을 계속할 것이야. 그러나 또다시 너무 깊이 빠져들어 넋을 잃지 않을까 걱정이 되기도 해. 또 아직 숨겨진 채 그대로 있는 큰 비밀이 있네. 여기에 대해 나는 어느 정도는 알고 있고 예상할 수 있는 것도 많지. 자네에게 뭔가를 좀 털어놓을 터인데 이상하게 들릴 것이야.

식물은 줄기의 마디에서 마디로 성장하여 드디어 꽃을 피우고 열매를 맺고 끝을 맞이하지. 동물 세계도 이와 다를 바 없어. 애벌레나 촌충도 줄기의 마디에서 마디로 성장하여 마지막으로 머리가 형성되지. 고등동물이나 인간도 척추뼈가 점차로 접합하여 마지막으로 머리가 생기고 거기에 힘이 집중된다네.

이렇게 개체에 일어나는 현상은 큰 집단에서도 볼 수 있어. 개개의 집합체인 꿀벌들을 보아도 서로 결합하여 전체를 산출하게 되는데, 이 최종적인 것은 또 이 전체의 우두머리로 간주하는 꿀벌의 여왕을 탄생시키게 되지. 어떻게 해서 이런 일이 일어나는 것인지는 불가사의하고 말로 표현하기 어려워. 그러나 여기에 내 나름의 생각을 하고 있기는 하네.

이와 마찬가지로 하나의 민족은 그들의 영웅을 만들어 내지. 이 영웅은 말하자면 마치 그들의 신처럼 선두에 서서 그 민족을 수호하고 그들이 안정을 누리도록 하는 거라네. 이것은 프랑스인들의 여러 가지 문학적 힘이 볼테르에게 집중된 것과 같은 것이야. 한 민족에게 있어서 이와 같은 우두머리는 그 활동을 계속하고 있는 시대에는 위대하지. 물론 그런 영향을 후세에 이르기까지 한동안 지속한 사람도 있네. 그러나 대부분은 다른 우두머리의 출현으로 교체되고 다음 시대에는 잊히고 말아."

이와 같은 중대한 사상에 접할 수 있어 나는 매우 기뻤다. 이어 괴테는 자연 과학자 중에서 오직 자신의 학설을 실증하는 것에만 신경을 쓰는 사람에 대해서 말했다.

"폰 부흐 씨는 새로운 저서를 출판했지만, 그 표제에는 벌써 가설이 들어가 있지. 이 저서는 출처도 확실치 않으면서 여기저기에 산재해 있는 화강암의 덩어리에 대해 논하고 있어. 폰 부흐 씨는 처음부터 그러한 화강암은 내부에서 외부로 작용하는 어떤 거대한 힘에 의해 분쇄된 것이라는 가설을 내세우고 있네. 그리고 이것을 재빨리 표제에서 암시하고 있기 때문에, 이미 거기에서 산재해 있는 화강암 덩어리에 대해 말하고 있는 것과 마찬가지야. 그래서 그다음 산재까지의 경과는 아주 간단하게 설명되어 있어서 정직한 독자들은 자기도 모르는 사이에 오류의 함정으로 빠지게 되는 것이라네.

이러한 모든 것에 숙달하려면 나이를 먹지 않으면 안 되지. 여기에다 그 경험을 자신의 것으로 만들기 위해서는 돈을 충분히 가지고 있지 않으면 안 되네. 내가 입밖에 던지는 농담 하나하나가 지갑에 들어 있던 금화를 지불하여 얻은 대가(代價)이지. 현재 내가 몸에 지니고 있는 것을 배워 획득하기 위해서 내 손을 거쳐 소비된 사재가 50만이야. 아버지에게서 물려받은 재산뿐만이 아니라 나의 봉급도, 그리고 50년 이상에 걸쳐 받은 상당한 액수의 문필 수입도 여기에 들어갔지. 그 외에 나하고 밀접한 관련이 있거나, 내가 일의 진척 그리고 성공과 실패에 관여하고 있었던 큰 목적을 위해, 공작 집안 사람들이 150만이라는 금액을 지출한 것을 나는 이 눈으로 보았네.

인간은 재능이 있는 것만으로는 충분하지 않아. 우리가 영리해지려면 그 이상의 것이 필요하지. 더 위대한 사회환경 속에서 생활해 보아야 하며, 당대 일류 인사의 카드놀이를 보면서 자기도 도박판의 승부에 동참해 볼 필요가 있네.

자연과학에 부지런히 종사하지 않았더라면 나는 도저히 인간의 진상을 알지 못했을 것이야. 다른 어떤 것을 시도해 봐도 자연과학의 연구를 할 때처럼 순수한 직관과 사고를 획득할 수 없었고, 감성과 지성의 오류라든지 성격의 강하고 약함을 찾아낼 수 없었지. 다시 말해 모든 것은 다소 차이는 있지만 구부리기 쉽고 흔들리기 쉽고, 그리고 마음대로 다룰 수 있네. 그러나 자연계에는 농담이란 있을 수 없어. 자연은 언제나 진실되고 언제나 엄숙하다네. 그리고 언제나 준엄하지. 자연은 언제나 옳고 과실과 오류는 언제나 인간이 만들어 내는 것이야. 자연은 어중간한 인간을 멸시하고 오직 충실한 사람, 진실 되고 순수한 사람에게만 몸을 맡기고 자신의 비밀을 털어놓지.

오성만으로는 자연에 도달할 수가 없어. 신성(神性)에 맞닿으려면 인간은 자신을 지고의 이성으로까지 드높일 수 있는 능력을 갖추지 않으면 안 되네. 신성은 자연적인 것에서 벗어나지 않고, 윤리적인 것에서도 어긋나지 않는 근원현상의 모습을 취하고 나타나지. 신성은 근원현상 배후에 숨어 있고 근원현상은 신성에서 흘러나온다네.

그리고 이 신성은 살아 있는 것 속에서는 작동하고 있지만, 죽어 있는 것 속에서는 작동하지 않네. 신성은 오직 성장하고 변화하는 것 속에 있을 뿐 성장을 끝낸 것, 굳어져 버린 것 속에는 존재하지 않지. 그러므로 신성에 접근하려고 하는 이성은 오로지 성장을 계속하고 있는 것, 살아 있는 것하고만 관련을 맺게 되네. 하지만 오성이 대상으로 하는 것은 성장을 끝내고 굳어져 버린 것에 머물고 말지.

그러므로 광물학은 다시 말해 실생활을 위한 학문이야. 그건 더 이상의 성장을 중지한 죽은 것을 대상으로 하기 때문에, 그 경우에 종합은 생각할 수 없어. 그러나 기상학의 대상은 살아 있는 것으로, 우리도 매일 활동과 생산을 눈으로 보고 있기 때문에 종합을 전제로 할 수 있네. 그러나 그것에 수반하는 복잡한 부수 현상으로 인해 인간은 애석하게도 무익한 관찰과 탐구 사이에서 곤혹스러울 뿐이지. 이럴 경우 우리는 가정이라는 상상의 여러 섬을 향해 배를 저어가 보지만, 아마 참된 종합은 발견되지 않는 육지로 계속 남을 것이야. 식물이나 색채처럼 극히 단순한 것에서도 어떠한 종합에 도달한다는 것이 얼마나 어려운 것인가를 상기한다면, 그것도 별로 이상하게 생각할 것이 못 되네."

1829년 2월 15일 일요일

나를 반갑게 맞이한 괴테는 내가 〈편력시대〉를 위해 박물학적인 잠언을 발췌하여 편집한 것을 칭찬해 주었다. "자연을 연구해 보도록 하게." 하고 그는 말했다. "자네는 이 방면에 재능이 있어. 우선 〈색채론〉의 요강을 써 보게." 우리는 이 문제에 대해 여러 가지 이야기를 나눴다.

라인 하류지방에서 하나의 궤짝을 보내왔다. 거기에는 발굴된 고대의 용기,

광석, 대성당의 작은 그림, 그리고 사육제의 시(詩)가 들어 있었다. 우리는 식사 뒤 그 포장을 풀어 그것들을 모두 꺼내 보았다.

1829년 2월 17일 화요일

우리는 〈대사기꾼〉에 대해 이야기했다. 괴테가 말했다. "라바터[14]는 카리오스트로[15]와 그의 기적을 믿고 있었지. 사기꾼이라는 그의 정체가 탄로 났을 때도, 라바터는 이 카리오스트로는 다른 사람이라고 주장하면서 기적을 행하는 카리오스트로는 성인이라고 말했네.

라바터는 참으로 선량한 인간이었지. 그러나 그는 깊은 망상에 사로잡혀 있었어. 준엄한 진리에 투철해야 한다는 것은 그의 소관이 아니었지. 그는 자신을 속였고 다른 사람들도 속였어. 그러므로 그와 나 사이의 교제도 완전히 끊어지고 말았지. 마지막으로 그를 본 것은 취리히에서였지만, 그는 나를 알아보지 못했네. 나는 변장하고 가로수 길을 걸어가고 있었는데, 그가 내 쪽으로 다가오고 있는 것을 보고는 샛길로 빠져나갔지. 그는 내 옆을 스쳐 지나갔지만 나를 알아보지 못했어. 그가 걷는 모습은 일종의 학과 같아서 마치 브로켄산의 학을 보는 듯했지."

나는 괴테에게 라바터가 쓴 관상학으로 추측해 보면 그는 자연을 편애한 것 같다고 말했다. "절대로 그렇지는 않았어." 하고 괴테는 대답했다. "오로지 윤리적인 것, 종교적인 것을 지향한 것이지. 라바터가 쓴 관상학 중에서 동물 두개골에 관한 조항은 나에게서 빌려 간 것이야."

화제는 프랑스인들, 특히 기조,[16] 빌르망[17] 그리고 쿠쟁[18] 이야기로 넘어갔다.

---

14) 라바터(1741~1801). 스위스 취리히의 신교목사이다. 그는 1774년에는 프랑크푸르트에 있는 괴테를 찾아가기도 하면서 괴테와 가깝게 지냈다. 괴테도 1775년과 1779년에는 스위스 취리히에서 사는 그를 찾아가, 관상학에 관한 그의 단편들을 보았다. 그러나 1780년 이후 라파터가 그리스도교의 예언자적인 광신에 빠져버리자 괴테는 완전히 그에게서 멀어졌다.
15) 카리오스트로(1743~1795). 자기를 백작이라고 사칭하여 전국을 돌아다니면서 사기 행각을 일삼았다. 괴테의 희극인 〈대사기꾼〉은 그를 모델로 삼은 것이다.
16) 기조(1787~1874). 프랑스의 역사가이자 정치가인 그는 1828년에서 1830년에 걸쳐 〈근대사 강의〉를 출판했다.
17) 빌르망(1790~1870). 프랑스의 작가이자 소르본 대학 교수인 그는 1828년부터 분책으로 〈프

괴테는 이분들의 입각점에 깊은 존경심을 표시했다. 그는 그들은 모든 것을 자유롭고 새로운 측면에서 관찰하며 쉬지 않고 한 줄기의 목표를 향해 진행하고 있다고 말했다. 괴테는 말했다. "이때까지 모두 돌아서 가는 길이나 꾸불꾸불 길게 이어진 길을 지나가야만 정원으로 들어갈 수 있었는데, 이 사람들이 대담하고 자유롭게도 거기에 있는 장벽을 허물고 곧장 정원으로 가는 출입구를 설치한 식이야."

이야기는 쿠쟁에서 인도 철학으로 옮겨졌다. "영국인의 보고[19]가 사실이라면" 하고 괴테는 말했다. "이 철학은 전혀 낯선 것이 아니지. 우리 모두가 경과하는 시대가 여기서 되풀이되고 있네. 우리는 유년시절에는 감각주의자였지. 하지만 우리가 사랑을 하고, 사랑하는 대상 속에서 현실에는 존재하지 않는 성질을 보게 되면 이상주의자가 되지. 남은 삶은 무관심해져서 될 대로 되라는 식이야. 그래서 급기야는 인도철학자들처럼 정적주의가 되어 버린다네.

독일철학은 아직도 두 개의 큰 과제를 완수하지 않으면 안 되지. 칸트는 〈순수이성비판〉을 썼고, 이 성과는 대단한 것이었어. 그러나 이 영역의 작업이 완결된 것은 아니야. 이제 탁월하고 능력이 있는 사람이 나와 감성비판과 오성비판을 쓰지 않으면 안 되네. 이것이 앞서 언급한 저서와 마찬가지로 훌륭하게 완성되면, 우리는 독일철학에 대해 많은 것을 소망할 필요가 없을 것이야."

괴테는 말을 이어갔다. "헤겔이 〈베를린 연감〉에서 하만에 관해 평론을 쓴 것을 읽었고, 얼마 전에 다시 한번 읽어 봤지만 참으로 훌륭했어. 비평가로서 헤겔이 내리는 판단은 언제나 출중한 것이지.

빌르망도 비평문을 쓰면 이것과 마찬가지로 훌륭해. 프랑스인 중에서는 재능 면에 있어서 볼테르를 따를 사람이 없지만, 빌르망만큼은 그의 정신적인 관점에 있어서 볼테르를 능가한다고 말할 수 있을 것이야. 이런 이유 때문에 그가 볼테르의 장단점을 비판할 수 있다고 말할 수 있지."

랑스 문학강의〉를 출판했다.
18) 쿠쟁(1792~1867). 프랑스의 철학자인 그는 독일의 관념론, 특히 헤겔과 셸링의 영향을 받았다. 그의 〈근대 철학사 강의〉는 1828년에 나왔다.
19) 헨리 토마스 콜부르크(1765~1837)가 쓴 〈힌두의 철학에 관하여〉를 말하고 있다.

1829년 2월 18일 수요일

우리는 〈색채론〉에 대해서 이야기했다. 그중에서도 특히 유리잔 위에 흐린 형태가 빛을 받으면 황색으로 보이고, 어두운 쪽으로 돌리면 청색으로 보이는 현상이 화제의 중심이었다. 괴테는 여기서 하나의 근원현상을 관찰할 수 있다고 말했다. 그는 이 기회에 말을 꺼냈다.

"인간이 도달할 수 있는 최고의 것은 놀라워하는 것이야. 만약 인간이 근원현상에 접하여 놀라워한다면 그것으로 만족해야 하지. 인간에게 이 이상은 허용되어 있지 않아. 그리고 더 깊이 찾아보아서는 안 되네. 이것이 우리의 한계점이기 때문이야. 그러나 인간은 이 근원현상을 본 것만으로는 좀처럼 만족하지 않고 계속 더 앞으로 나아가려고 하지. 그런데 이것은 어린아이들이 거울을 들여다보고 곧 그 뒤쪽에는 무엇이 있을까 하고 뒤집어 보려고 하는 것과 마찬가지야."

화제는 메르크로 바뀌었다. 그래서 나는 메르크도 자연연구에 열을 올렸는지 물었다. "오, 그랬지." 하고 괴테는 말했다. "그뿐만이 아니라 그는 박물학에 관한 중요한 수집물을 가지고 있었어. 메르크는 실제로 정말로 다방면에 걸친 인물이었어. 또 그는 미술을 무척 사랑했는데 이것이 좀 도를 지나쳤지. 좋은 작품이 그 가치를 제대로 알지 못한다고 생각되는 속물인간의 손에 들어간 것을 보면, 무슨 수를 써서라도 이것을 자기 수집품에 넣으려고 했네. 그는 이런 일로 절대로 양심의 가책을 받지 않았지. 어떠한 수단도 그에게는 정당한 것이었어. 그래서 달리 도리가 없다고 생각하면 일종의 대규모 사기를 치는 것도 사양하지 않았다네." 괴테는 이런 종류의 두세 가지 흥미 있는 예를 이야기해 주었다.

"메르크 같은 인간은" 하고 그는 계속했다. "이제는 결코 태어나지 않을 것이야. 설사 태어난다고 하더라도 이 세상은 이런 사나이를 다른 인물로 만들어 버릴 테지. 나나 메르크가 젊었을 때는 일반적으로 좋은 시대였지. 독일문학은 아직도 깨끗한 화판(畵板)과 같은 상태였고, 우리는 기꺼이 거기에다 뭔가 좋은 것을 많이 그려 넣으려는 희망을 품고 있었어. 오늘날 이 화판 위는 많은 것이 쓰여 있고 또 빈틈없이 칠해져 있어서 그것을 보면 전혀 기쁘지 않아. 그래서 설사 현명한 사람이 보더라도 아직 그려 넣을 여지가 어디에 있는 건지 알 수가 없게 되었다네."

1829년 2월 19일 목요일

괴테의 서재에서 그와 단둘이 식사했다. 그는 아주 쾌활했는데, 오늘은 여러 가지로 좋은 일이 있었다고 말하면서 아르타리아[20]와 궁정과의 거래협상도 무사히 잘 마무리되었다고 말했다.

이어 〈에그몬트〉에 대해 여러 가지 이야기를 했다. 실러가 손수 이 작품을 개작한 것이 어젯밤에 상연되었던 것이다. 그리고 이야기가 진전되어 이 희곡은 이러한 편집 때문에 애처로운 결과를 초래하게 되었다는 말을 나눴다.

"섭정의 역을 뺀 것은 여러 가지 점에서 잘못된 것입니다. 그녀는 이 희곡에 절대적으로 필요합니다. 왜냐하면 이 연극 전체가 섭정인 이 왕녀에 의해 한층 더 높고 품위 있는 성격을 띨 수 있을 뿐만 아니라, 마키아벨리와 그녀와의 대화를 통해 정치 정세, 특히 스페인 왕조와의 관계가 한층 더 순수하고도 확실하게 나타나기 때문입니다."

"전적으로 자네와 동감이야." 괴테가 말했다. "여기에다 에그몬트가 왕녀의 총애를 받고 있다는 것만으로도 그의 중요성을 한층 더 드러낼 수 있어. 크레르헨도 왕녀들을 제치고 에그몬트의 애정을 독점하고 있다는 것을 보여주면 새삼 훌륭하게 보이지. 이런 모든 것은 미묘한 작용을 하기 때문에 조금이라도 손을 잘못 대게 되면 연극 전체에 타격을 주게 되는 걸세."

"게다가 또 여러 명의 당당한 남성 중에서 오직 한 사람의 여성인 크레르헨의 모습을 보게 되면 너무 연약하여 어딘지 그녀가 압도당하는 기분입니다. 그러나 섭정이 등장하면 화면 전체가 한층 더 균형이 잡힙니다. 따라서 연극 중에서 그녀에 대한 언급이 나오지만 이것은 별로 의미가 없다고 봅니다. 섭정 스스로 무대 위에 나타나지 않으면 감명을 주지 못하니까요."

"자네는 그와 같은 사정을 아주 정확하게 파악하고 있군." 하고 괴테는 말했

---

[20] 만하임에 있는 미술상으로, 바이마르 궁정은 카를 아우구스트 대공이 서거한 후에도 그에게서 계속 납품을 받기로 했다.

다. "나는 이 연극을 쓰면서 자네가 생각하고 있는 것처럼 모든 것을 꼼꼼히 고려했다네. 그러므로 한 사람의 중요인물을 빠뜨리기만 해도 전체가 쉽게 무너져 내리는 게 당연해. 그 섭정의 인물은 전체를 생각하고 작성한 것이고, 전체도 이 인물로서 성립된 것이야. 실러의 성질에는 어딘지 심한 억지를 부리는 게 있지. 그는 사상이 이를 데 없이 앞서가기 때문에 취급할 당면 대상을 충분히 고려하지 않았어."

"당신이 그가 하는 대로 그냥 놔두고," 하고 나는 말했다. "이처럼 중대한 일에서까지 이런 무조건적인 자유를 준 것을 세상 사람들은 비난할 것입니다."

"사람들은 때때로 예상외로 무관심할 때가 있네." 괴테는 대답했다. "게다가 그 당시 나는 다른 일로 어수선했기 때문에 〈에그몬트〉나 극장 일에는 거의 흥미가 없었지. 그래서 그가 하는 대로 그냥 내버려뒀어. 지금에 와서 그나마 위로가 되는 것은, 내가 쓴 저 연극을 충분히 이해하고 원문을 고치거나 삭제하지 않고 그대로 상연하고 있는 극단이 있다는 사실이야."

이어 괴테는 내게 〈색채론〉의 요강을 써 달라고 한 그의 제의를 생각해 봤는지 물었다. 나는 그에게 지금 어떤 상태에 있는지 말했다. 그런데 우리는 뜻밖에도 두 사람의 의견이 서로 다르다는 것을 알았고, 이것은 중대한 문제이기 때문에 그것을 여기에서 보고하려고 한다.

이러한 것을 관찰해 본 사람이면 기억할 수 있을 것이다. 쾌청한 겨울날 햇빛을 받아 눈 위에 비치는 그림자[21]는 이따금 푸르게 보인다. 이 현상을 괴테는 〈색채론〉 속에서 주관적인 현상이라고 다루고 있다. 그는 이러한 근본원리에 입각하여, 햇빛은 높은 산꼭대기에 살고 있지 않은 사람에게는 반드시 백색으로 보이지 않는다고 설명한다. 즉 수분을 머금은 대기를 통과하여 다소 차이는 있지만 일종의 황색을 띠고 내려온다는 것이다. 그러므로 햇빛을 받은 눈(雪)의 표면은 전적으로 흰색이 아니라 일종의 황색을 띠고 있지만, 우리의 눈이 그것

---

21) 괴테는 에커만에게 그가 쓴 〈색채론〉을 주면서, 그 책 내용의 요강을 정리하여 넘겨 달라고 부탁했다. 이리하여 에커만은 괴테가 언급한 것을 확인하기 위해 실제로 바깥에서 독립하여 존재하는 자연현상, 특히 색채 변화를 여러 주일에 걸쳐 자세히 관찰했고, 그 결과 괴테의 추론에도 부분적으로 오류가 있다는 것을 발견했다. 그렇지만 에커만은 괴테는 오류를 발견하면 진리에 순응하려고 하는 사람이라는 것을 알고 있다.

을 거부하고 청색을 불러일으키는 쪽으로 움직인다는 것이다. 이에 의하면 눈 위에서 볼 수 있는 청색 그림자는 요구된 색이다. 괴테는 이러한 표제하에 이 현상을 취급하고, 이와 관련하여 소쉬르가 몽블랑에서 행한 관찰을 아주 결정적인 것으로 처리했다.

최근 나는 〈색채론〉의 제1장을 다시 조사해 보았다. 괴테의 우정어린 요청에 응해 그 요강을 정리하는 일이 잘될 것인가를 음미해 보기 위함이었다. 때마침 눈이 쌓여 있었고 그 위로 햇빛이 비치고 있었기 때문에, 문제의 푸른 그림자 현상을 한층 더 가까이에서 목격할 수 있었다. 그러나 나는 그때 적잖게 놀랐는데, 그것은 괴테의 추론이 오류 위에 성립되어 있다는 것을 발견했기 때문이다. 내가 어떻게 해서 이런 발견을 할 수 있었는가를 말해 보기로 한다.

내가 지내는 거실의 유리창은 남쪽 뜰로 향해 나 있다. 이 정원은 이 건물에만 한정된 것이다. 그리고 겨울이 되면 태양의 위치가 낮아지기 때문에, 이 건물의 큰 그림자는 정원의 절반을 덮어 버린다.

나는 며칠 동안 하늘 전체가 완전히 푸르고 햇빛이 반짝이는 날, 눈의 표면에 비친 그림자를 보게 되었는데 그 그림자가 구석구석까지 완전히 푸르게 보여 놀라지 않을 수 없었다. 이것은 요구된 색채라고 할 수 없는 것 같았다. 왜냐하면 나의 눈은 햇빛에 비친 눈의 표면에는 전혀 접촉되어 있지 않아서, 그 반대되는 색채를 일으킬 수 없었기 때문이다. 따라서 나에게는 그림자를 만들고 있는 푸른색 외에는 아무것도 보이지 않았다. 그러나 분명히 확인하기 위해 이웃집 지붕에서 비춰오는 눈 부신 햇살이 나의 눈에 접촉하는 것을 막고, 한 장의 전지를 둥글게 말아서 그 구멍을 통해 그림자를 이룬 표면을 보았다. 그런데도 이 그림자의 색은 여전히 청색으로 남아 있었다.

그러므로 이 푸른색은 결코 주관의 소산은 아닐 것이었고, 여기에 대해서는 의심할 여지가 없었다. 이 색채는 나의 바깥에서 독립하여 존재하고 있어 나의 주관은 이것에 아무런 영향력을 갖고 있지 않았다. 그렇다면 그것은 무엇이란 말인가? 그리고 좌우간 이 색깔이 현재 존재한다고 한다면 왜 이런 색깔이 생기는 것일까?

나는 다시 한번 그쪽을 보고 주위를 둘러보았다. 그러자 이 수수께끼를 확실하게 풀 수 있을 것 같았다. 나는 우선 나 자신에게 이렇게 질문해 보았다. 이것은 그림자에 가까이 끌어당겨지고 또 스스로 그림자 속으로 옮겨가는 경향을 보이는 푸른 하늘의 반사에 지나지 않는 것이 아닐까? 왜냐하면 색깔은 그림자와 친화력을 갖고 있고, 기꺼이 그림자와 결합하여 기회 있을 때마다 그림자 속에, 또는 그림자를 통해 나타난다고 쓰여 있기 때문이다.

다음 날 나에게 이 가정을 확인할 기회가 찾아왔다. 나는 들판 위를 걷고 있었다. 푸른 하늘은 어디에서도 볼 수 없었고, 햇빛은 아지랑이와 비슷한 안개를 뚫고 나타나 눈 위에 완전히 누런빛을 뿌리고 있었다. 그 빛깔은 선명한 그림자를 던질 만큼 충분히 강한 작용을 하고 있었다. 이럴 경우 괴테의 학설에 의하면 가장 산뜻한 청색이 나타나야 했다. 그러나 그 그림자는 여전히 회색이었다. 또 다음 날에는 오전 중에 하늘이 흐려 있었지만, 햇빛이 가끔 얼굴을 내비쳐 눈 위에 확실한 그림자를 던지고 있었다. 그러나 그 그림자도 역시 푸르지 않고 회색이었다. 양쪽의 경우 모두 푸른 하늘의 반사가 없었기 때문에 그 그림자에는 아무런 색채가 나타나지 않았던 것이다.

이로 말미암아 지금까지 여러 가지로 고찰된 자연현상에 관한 괴테의 추론은 진실로서 증명될 수 없는 것이며, 〈색채론〉 중에서 이 문제를 취급한 부분만은 조속히 정정이 필요하다는 충분한 확신을 가질 수 있었다.

이것과 마찬가지로 이른 아침 날이 샐 때라든지 저녁때 어두워지는 시각에 양초의 불빛을 사용하면, 이 색깔이 달린 이중의 그림자를 특히 아름답게 볼 수 있다. 그리고 이때 그림자, 다시 말해 양초의 불빛에 비친 황색의 그림자는 객관적이며 흐린 중개물의 학설에 속하는 대상인 것이다. 괴테는 이렇게 단언하고 있지는 않았지만 사실은 그러했다. 한편 그는 약한 햇빛이나 달빛을 받아 그림자가 청색 내지 청록색을 띠고 있을 때, 그것을 주관적인 색, 다시 말해 흰 종이 위에 펼쳐진 양초의 누런 불빛 때문에 눈에 의해 요구된 색이라고 설명하고 있다.

그런데 내가 이 현상을 아주 면밀하게 관찰한 결과, 이 학설도 이제 전처럼 절대적으로 확실하다고 말할 수 없다는 것을 알았다. 나에게는 오히려 외부에서 들어오는 약한 햇빛 혹은 달빛에 의해 그 그림자의 색조가 원래 청색인 것처럼 생각되었던 것이다. 그리고 이 색조의 일부는 그림자 자체 때문에, 또 다른 일부는 양초의 불빛 때문에 강화되고 있으므로, 이 경우에도 객관적인 원인이 있고 그것이 고려되어야 한다고 생각되었다. 날이 밝으려고 먼동이 틀 때의 햇빛은 달빛과 마찬가지로 창백하다. 이것은 잘 알려진 사실이다. 새벽이나 달빛 속에서 보는 인간의 얼굴이 창백하다는 것도 우리의 충분한 경험을 통해 확증되고 있다. 셰익스피어도 이것을 알고 있었던 모양으로, 로미오가 새벽녘에 애인과 헤어지려고 줄사다리를 타고 밖으로 내려오자 위에서 줄리엣이 갑자기 그의 안색이 심하게 창백하게 보인다고 말하는 장면[22]을 쓴 적이 있다. 이 대목은 틀림없이 이와 같은 관찰을 토대로 한 것이리라. 그처럼 빛이 사물을 창백하게 보이게 만드는 작용은, 빛 자체가 녹색 혹은 청색을 갖추고 있음이 틀림없다는 충분한 암시이다. 이런 빛은 청색과 녹색의 유리로 만들어진 거울과 같은 작용을 하고 있는 것이다. 그건 그렇고 나는 이것을 거듭 증명하기 위해 다음 것을 말하고 싶다.

  마음의 눈으로 보는 빛은 완전히 백색이라고 생각할지 모른다. 그러나 육안을 통해 인지되는 빛은 그처럼 순수하게 보이지 않는다. 그것은 오히려 안개 또는 기타에 의해 변화되어, 플러스 아니면 마이너스로 기울어짐에 따라 황색 또는 청색을 띠고 나타나는 것이다. 이때 직사일광은 반드시 플러스 쪽, 즉 황색이 걸린 색조를 띠는 경향이 있고, 이러한 것은 양초의 빛도 마찬가지이다. 그러나 달빛은 아침과 저녁의 희미한 일광과 마찬가지로 직접적인 것이 아니라 반사적인 빛이며, 또한 황혼과 밤에 의해 변화되어 마이너스 쪽으로 기울어진다. 그러므로 이런 빛은 우리의 눈에 청색을 띠고 나타나게 되는 것이다.

  황혼이나 달밤에 한 장의 흰 전지를 놓고 그 절반을 일광 또는 달빛 쪽으로 향하게 하고, 다른 절반을 촛불이 있는 쪽으로 놓아 보라. 그러면 그 절반은 청색을 띠고 다른 절반은 황색을 나타낸다. 또한 양쪽의 빛은 그림자가 가해지지

---

22) 셰익스피어의 〈로미오와 줄리엣〉 제3막 제5장에 나오는 장면, 여기서 줄리엣은 새벽에 줄사다리를 타고 떠나가는 로미오를 보고 '아, 왜 이렇게 마음이 설렐까! 아래에 계신 당신의 얼굴이 무덤 속 시체 같이만 보이네요. 제 눈이 약해서 그런지, 당신 안색이 창백해서 그런지'라고 말한다.

않고 주관적인 색깔이 더 진해지지 않더라도, 처음부터 완연하게 능동과 수동의 어느 한쪽에 나타난다.

  이와 같은 관찰 결과로 인해 색채의 이중 그림자에 관한 괴테의 학설은 충분히 타당한 것이라고 말할 수 없게 되었다. 이 현상에는 그가 관찰한 것 이상으로 훨씬 객관적인 요인이 작용하고 있는 것이며, 따라서 주관적으로 색채가 요구된다는 법칙은 단지 이차적인 것으로 간주하여야 하는 것이다.

  만약 인간의 눈이 어떤 경우에도 아주 예민하고 다감하여 어떤 종류의 색깔에 조금만 접촉하더라도 즉시로 그 반대의 색깔을 불러일으킨다면, 눈은 쉬지 않고 이 색 저 색을 보게 될 것이며 그 결과 아주 불쾌한 혼합색의 잔상이 남게 될 것이다.

  그러나 다행히도 이런 일은 일어나지 않았으며, 오히려 건전한 눈은 요구된 색깔을 전혀 알아차리지 못하든가, 또는 알아차렸다고 하더라도 노력하지 않으면 그것을 만들 수 없게 되어 있다. 또한 여기에 더하여 이러한 작용은 상당한 훈련을 쌓고 숙련을 거친 후 좋은 조건 아래 있어야 비로소 성공할 수 있을 것이다.

  이런 주관적 현상의 본래 특색, 즉 눈에 색깔을 불러일으키는 성질은 어느 정도 강력한 자극을 필요로 또 이렇게 해서 요구된 색깔이 생긴다고 하더라도 이것은 불안정한 것이며, 순간적으로 곧 없어져 버리는 것이다. 이러한 점은 눈 속의 푸른 그림자나 이중의 그림자에서도 볼 수 있는 것이지만, 괴테는 이것을 전혀 무시하고 있다. 왜냐하면 괴테는 이 두 개의 경우 이러한 것을 거의 알아낼 수 없을 정도의 색깔을 띠고 있는 표면을 관찰하고 있는데, 그 표면에서는 요구된 색깔이 언뜻 보아도 곧 확실하게 나타나기 때문이다.

  그러나 괴테는 자신이 한번 인정한 원칙을 고집하고 더 나아가 그것에 기초해 감춰진 것을 예견하는 것을 그의 신조로 하고 있기 때문에, 아주 쉽게 유혹에 빠져 버린다. 이리하여 종합을 너무도 넓은 범위에 이르기까지 행하게 되어 전혀 다른 법칙이 작동하고 있는 곳에도 그가 애착을 가진 원칙을 적용하려고 하는 것이다.

  그가 오늘 화제를 〈색채론〉으로 돌리면서 전에 약속한 요강 작성은 어떻게 되어가고 있는가를 물었을 때, 나는 위에 서술한 것과 같은 여러 점을 새삼 개진하고 싶지는 않았다. 있는 그대로를 말하게 되면 그에게 마음의 상처를 주지 않을 수 없을 것이므로 나는 상당한 당혹감을 느꼈던 것이다.

그렇기는 하지만 이 요강 작성 작업은 나에게는 정말로 진지한 것이었다. 그러므로 이 계획을 착실하게 진행하기 전에 우선 그 오류를 말끔히 제거하고, 서로 간의 토의로 모든 오해를 해결하지 않으면 안 되었다.

따라서 나는 정성을 다해 그에게 진실을 말하는 수밖에 없었다. 즉 나는 면밀하게 관찰한 결과 눈 위에 생기는 청색 그림자에 대한 그의 추론과 색채의 이중 그림자에 관한 그의 학설이 충분히 확증된 것이라고 생각할 수 없기 때문에, 두세 점에서 그의 의견과 엇갈린다는 것을 말하기로 했다.

나는 내가 관찰하고 생각한 바를 말했다. 그러나 이런 문제들을 구두로 확실하고도 자세하게 진술한다는 것은 불가능했기 때문에, 할 수 없이 단지 이 인식에 도달하게 된 결론만을 보고하는 데에 그치고 자세한 설명은 나중에 서면으로 제출하기로 했다. 그러나 내가 입을 열자마자 그때까지 숭고하고 밝았던 괴테의 표정은 어두워지기 시작했고, 나의 반론에 찬성할 수 없다는 것을 너무나도 명백하게 나타냈다.

내가 말했다. "물론 각하에게 반론을 제기하고 자기주장을 고집하기 위해서는 비상한 노력이 필요합니다. 그러나 어른이 너무 급히 서둘러 일이 잘되지 않을 때 간혹 어린이가 옳은 길을 발견할 수도 있는 법입니다."

"자네는 마치 그것을 발견한 것처럼 믿고 있지만" 하고 괴테는 비꼬는 듯 놀려대면서 대답했다. "색깔이 달린 빛에 대한 자네의 생각은 14세기의 것이야. 그리고 자네는 심한 변증법에 빠져 있어. 자네에게 좋은 점이 있다면 오직 한 가지, 자네는 자네가 생각하는 그대로를 솔직하게 말했다는 것이야. 그것은 적어도 정직하다고 할 수 있지."

이제 그는 어느 정도 밝고 부드럽게 말을 계속했다. "나의 색채론은 마치 그리스도교와 같은 것이야. 독실한 신자들이 있는 것 같지만, 그들은 어느 사이에 이탈해 버려 새로운 종파를 만들지. 자네도 다른 친구들과 마찬가지로 이단자일세. 그리고 나에게서 이탈해 나간 것이 자네가 처음은 아니야. 나는 〈색채론〉 중의 여러 가지 점을 두고 논쟁을 벌인 끝에 가장 훌륭한 사람들하고도 헤어졌네. ***하고는—일 때문에 그랬고 ***[23]하고는—때문에 그랬지." 여기서 그는 두세 명의 유명인을 거론했다.

그러는 사이 식사는 끝났고, 우리는 둘 다 침묵을 지켰다. 괴테는 일어나 창가로 가서 앉았다. 나는 그에게로 가서 그 손을 잡았다. 이 문제에 관한 한 내 쪽이 옳았고 그가 패했다고 느꼈기 때문이다.

이어 얼마 안 있어 우리는 다시 두서없는 일을 이야기했고, 또 농담도 교환했다. 그러나 헤어질 무렵에 나는 그에게 나의 반론을 더 자세히 조사받기 위해 서면으로 보내드리고 싶다고 하면서, 그가 나의 주장을 시인하지 않는 것은 오로지 나의 전달 방법이 서툴렀기 때문이라고 말했다. 그러자 그는 문 옆에 서서 웃는지 비웃는지 모를 얼굴로 이단자니 사교(邪敎)니 하는 말을 퍼붓는 것으로 작별 인사를 대신하였다.

괴테는 자신의 문학작품을 비판하는 경우에는 언제나 아주 관대했고, 또 어떠한 반대에 접하더라도 거기에 근거가 있으면 감사하는 마음으로 받아들였다. 그런데 이런 그가 〈색채론〉에 있어서는 설령 훌륭한 것이라고 하더라도 반론을 용납하지 않는 것은 좀 이상하게 여겨질 것이다. 그러나 이 수수께끼도 다음과 같이 생각하면 쉽게 풀린다. 그는 시인으로서는 외부로부터 더할 나위 없는 보상을 받아왔지만, 그의 모든 저작 중에서 가장 위대하면서도 동시에 가장 난해한 이 〈색채론〉에 있어서만은 비난과 불찬성 이외의 어떤 것도 얻지 못했다. 이는 반평생을 통해 모든 방면으로부터 무분별한 반론만이 그를 향해 울려왔다. 그러므로 그가 쉬지 않고 일종의 자극적인 전시 상태에 몸을 두고, 언제라도 격정적인 반격 태세를 갖추고 있었던 것은 당연한 일이었을 것이다.

그는 〈색채론〉에 관한 한 출중한 아이를 출산해 키우고 있는 착한 어머니와도 같았다. 다른 사람들이 이 아이를 인정하지 않으려고 하면 할수록, 자기 자식에 대한 애정은 더해갈 뿐이었다.

---

23) 젊은 쇼펜하우어와 본의 생리학자인 요하네스 뮐러를 말한다.

그는 언제나 되풀이하여 다음과 같이 말하곤 했다. "시인으로서 내가 이룩한 모든 것에 나는 조금도 자만하고 있지 않아. 훌륭한 시인들이 나와 같은 시대에 살았지. 나의 시대 이전에는 한층 더 훌륭한 시인들이 있었고, 또한 금후에도 그런 인물은 탄생할 것이야. 그러나 금세기 중에 난해한 학문인 〈색채론〉에 있어서만은, 내가 그것을 올바르게 알고 있는 유일한 사람이라는 점에서 나는 스스로가 적잖이 자랑스러워. 그리고 이런 이유 때문에 나는 많은 사람을 앞지르고 있다고 생각하고 있다네."

1829년 2월 20일 금요일

나는 괴테와 함께 식사했다. 그는 〈편력시대〉를 끝낸 것을 기뻐하면서 그것을 내일 발송할 것이라고 말했다. 그리고 〈색채론〉에 관해서는 눈 속의 푸른 그림자에 대한 나의 의견을 조금 언급하였다. 그는 〈이탈리아 기행〉에 대해 말하면서, 다시 이것에 착수할 것이라고 말했다.

"이것은 우리가 흔히 여자들에게서 볼 수 있는 일일세." 하고 그는 말했다. "그녀들은 아기를 낳으면 앞으로는 두 번 다시 남편과 동침하지 않을 것이라고 맹세하지만, 자기도 모르는 사이에 또다시 임신해 버리는 거야."

그는 〈자서전〉 제4권에 대해 말하면서, 이것을 어떻게 취급할 것인가를 얘기했다. 또 이 삽입에는 1824년에 완성한 부분과 줄거리와 관련해 내가 작성한 목록이 아주 크게 도움이 되었다고 하였다.

그는 나에게 괴틀링의 일기를 읽어 들려주었는데, 그 가운데에는 이제는 고인이 된 예나의 펜싱 사범에 대해 각별한 애정을 갖고 쓴 내용이 있었다. 괴테는 괴틀링의 여러 가지 훌륭한 점을 칭찬했다.

1829년 3월 23일 월요일

"나의 여러 가지 원고 중에서" 하고 괴테는 오늘 나에게 말했다. "건축을 응고된 음악이라고 쓴 것[24]을 발견했어. 그리고 이것은 실제로 그럴듯한 말이야. 건

---

24) 괴테는 젊었을 때나 마찬가지로 만년에도 건축예술과 음악의 예술적 친근감을 느끼고 있었다.

축에서 발생하는 분위기는 음악이 가져다주는 효과와 비슷한 면이 있지.

화려한 건물이나 방들은 군주들과 부자들의 것이라네. 그런 것 속에서 살면 안심하고 만족하게 되어 그 이상의 것은 아무것도 원하지 않게 되지.

나의 성질에는 이런 것은 전혀 맞지 않아. 내가 카를스바트에 있는 것과 같은 화려한 집에 살고 있으면, 곧 나태해져 아무 일도 하지 않게 될 걸세. 이와는 반대로 지금 우리가 있는 이 방은 어수선하고 주거처로는 초라한 곳이야. 질서가 없는 것 같은 속에도 어딘지 질서가 있고, 집시풍으로 보이기도 하지만 이것이 나에게는 알맞다네. 여기에 있으면 내 마음은 정말로 자유롭게 움직여 창작에 전념할 기분이 들어."

우리는 실러의 편지와 두 사람이 서로 가깝게 지냈던 생활에 대해, 또 그들이 매일 어떻게 서로 일을 부추기고 격려했는가에 대해 이야기했다. "〈파우스트〉에 대해서" 하고 나는 말했다. "실러는 비상한 관심이 있었던 것으로 보입니다. 그가 당신을 북돋우는 모습은 자못 아름다운 것이기도 하고요. 게다가 그가 자신의 이념에 유혹되어 스스로도 〈파우스트〉의 속편을 쓰려고 생각했었다는 것은 참으로 호감이 가는 일이라고 생각합니다. 이런 점으로 봤을 때 그는 상당히 성급한 사람이었던 것 같기도 하지만요."

"자네가 말하는 대로야." 하고 괴테는 말했다. "이 세상에는 너무나 이념적으로만 사물을 생각하는 사람들이 많이 있는데, 그도 그러했지. 자네도 〈빌헬름 마이스터〉에 관한 그의 편지를 읽어 알 수 있듯이, 그는 언제나 마음이 차분하지 못했고 또 결말을 내리지 못했어. 어떤 때는 이렇게 하는 것이 좋겠다고 하고 또 다른 때는 저렇게 하는 것이 좋겠다고 했지. 그래서 나는 쉬지 않고 오직 나의 입장을 확고하게 지키며, 나의 일이나 그의 일이 이러한 영향을 받지 않도록 감싸고 보호하여 왔다네."

"오늘 아침 나는 그의 〈나도베시아인의 만가(挽歌)〉를 읽었습니다. 그리고 이 시가 매우 훌륭한 것을 발견하고 아주 기뻤습니다."

"실러가 얼마나 위대한 예술가였는지 이제 알겠군." 괴테는 대답했다. "그는 전설이 눈앞에 나타나면 이것을 창작하여 객관화하는 방법을 알고 있었네. 확실히 〈나도베시아인의 만가〉는 그의 시 가운데서 최상급의 것에 속하지. 그리고 원컨대 그가 이런 종류의 시를 한 열댓 개쯤 더 만들어 주었으면 했어. 그런데도 그의 친한 친구들은 이 시에는 그의 이상주의가 충분히 담겨 있지 않다고 그를 비난하였다네.—훔볼트까지도 나의 도로테아가 병사들의 습격에 용감하게 무기를 들고 이들을 물리치는 부분은 부자연스럽다고 비난했지. 그러나 그것은 저 보기 드문 아가씨의 특색인 것이며, 그 시대와 그 환경에 꼭 들어맞는 것이야. 이 장면이 없었더라면 그 작품은 정말로 무의미해졌을 것이고, 그녀도 평범하기 그지없는 다른 아가씨들의 범주에 끼어들어 가게 되었을 것이야.—자네도 앞으로 살아가면서 확고한 입장에 자신의 몸을 두고 올바른 것을 말할 수 있는 인간이 실제로는 얼마나 소수에 불과한지 점점 더 잘 알게 될 것이야. 사람들은 모두가 예외 없이 자기들의 마음에 드는 것만을 칭찬하고 또 그런 것만을 만들어 줄 것을 원하고 있지. 일류이고 최고의 사람들까지도 그렇다네. 그런데 하물며 일반 군중의 여론은 어떤 것이었겠는가. 그걸 생각해 보면 이런 세태 속에서 우리가 소외된 채로 얼마나 외롭게 살아야 했는지 짐작할 수 있을 것일세. 나도 조형미술과 자연 연구에 기반을 가지고 있지 않았더라면, 이렇게 나쁜 시대로부터 매일 영향을 받으면서 몸을 지탱해 나갈 수 없었을 것이네. 그러나 또한 이런 기반이 있었기 때문에 나는 내 몸을 떠받칠 수 있었고, 또한 이런 입장에서 실러에게 도움을 줄 수도 있었지."

1829년 3월 24일 화요일

"인간은 높이 올라가면 올라갈수록" 하고 괴테는 말했다. "점점 더 마력적인 정신[25]의 영향을 받게 되는 것이네. 그러므로 쉬지 않고 심신을 엄하게 다잡고 자기의 주체적인 의지가 샛길로 빠져들지 않도록 주의를 기울이지 않으면 안 되지.

그렇지. 내가 실러와 친교를 맺게 된 것도 사실은 그 마력적인 정신이 작동했던 것이었네. 우리 두 사람은 그 이전이나 이후에도 만날 수 있었을는지 모르지. 하지만 내가 막 이탈리아 여행을 끝마쳤을 때 실러는 철학적인 사색에 싫증을

---

[25] 괴테는 〈시와 진실〉의 제4권 제20장에서는 근본현상, 즉 포착하기 어려운 것을 데몬이라고 규정하고, 그 마력적인 힘을 인정하고 외경할 것을 권하고 있다.

느끼기 시작하고 있었고, 이러한 시기에 우리가 서로를 만났다는 것은 큰 의의가 있었다네. 우리 두 사람에게 대단한 큰 성과가 있었지."

1829년 4월 2일 목요일

"자네에게 정치상의 비밀을 가르쳐주지." 하고 괴테는 오늘 식탁에서 말했다. "이것은 조만간 세상에 드러날 것이지만, 카포디스트리아스는 그리스 정치의 중심 지위를 더 오래는 지켜내지 못할 것이야. 왜냐하면 그에게는 그 지위에 있는 사람에게는 없어서는 안 될 한 가지 자격이 없기 때문이야. 다시 말해 그는 군인이 아니라는 것이네. 내각의 각료가 혁명정부를 조직하고 군대와 장군들을 지휘한 선례는 이때까지 한 번도 없었네. 손에 칼을 쥐고 군대의 선두에 서야만 명령을 내릴 수 있고 법을 제정할 수 있고, 확실하게 민심을 장악할 수도 있지. 그러나 이런 것들을 이룩하지 못하면 성공은 어렵네. 나폴레옹도 군인이 아니었더라면 최고의 권좌를 차지하지 못했을 것이야. 그러므로 카포디스트리아스는 최고의 지위를 오래 유지할 수 없을 것이고, 그도 이제 곧 제2인자의 역할을 하게 될 것이야. 나는 자네에게 이것을 예언할 수 있지. 반드시 그렇게 되네. 이것이 사물의 자연적인 귀결이며 이렇게 되는 길밖에는 다른 도리가 없어."

이어 괴테는 프랑스인들, 특히 쿠쟁, 빌르망 그리고 기조에 대해 많은 것을 이야기했다. "그 인물들의 견식, 달관 그리고 통찰은 실로 위대한 것이지. 그들은 과거를 완전히 인식하고 있고 또 19세기의 정신과도 결합하고 있네. 이것은 정말로 놀랄 일이야."

이어 화제는 근대 프랑스 시인 그리고 고전주의와 낭만주의의 의미로 흘러갔다. "이 양자를 설명하는 것으로 나쁘지 않다고 생각되는 표현이 문득 떠올랐네." 하고 괴테는 말했다. "나는 고전적인 것을 건전한 것이라고 부르고, 낭만적인 것을 병적인 것이라고 부르고 싶어. 〈니벨룽겐〉이나 호메로스의 작품은 고전적이야. 이것들은 양자 모두 건전하고 발랄하기 때문이지. 근대의 것 대부분은 낭만적이네. 그것은 새롭기 때문이 아니라 약하고 병적이고 허약하기 때문에 그렇게 부르는 것일세. 역시 고대의 것은 오래됐기 때문에 고전적인 것이 아니고, 힘차고 신선하고 즐겁고 건전하기 때문에 그런 거야. 이러한 특색을 근거로 하여 볼 때 고전적인 것과 낭만적인 것의 구별은 일목요연하게 드러나지."

대화는 베랑제가 감금되어 있다는 것에 이르렀다. "그에게 이런 일이 생긴 것은 지극히 당연한 일이야." 하고 괴테는 말했다. "그가 쓴 최근의 시들은 규범도 없고 질서도 없네. 그런 그는 국왕과 국가, 더 나아가 평화로운 시민정신을 거역하여 철저하게 벌을 받은 게지. 반면 그의 초기작들은 명랑하고 천진하여 행복한 사람들에게 단란한 모임을 만들어 주는 데 딱 들어맞는 일을 해 주었네. 그리고 이것들은 그의 가요 중에서 가장 최고의 걸작에 속하는 것이라고 할 수 있지."

"그의 주위 환경이" 하고 나는 말했다. "그에게 나쁜 영향을 주었다고 생각합니다. 그는 자신과 가까운 혁명적인 인사들로부터 환심을 얻기 위해 전혀 마음에도 없는 것을 함부로 말하게 되었으니까요. 원컨대 각하가 계획을 진행할 때 영향에 관한 독립된 장(章)을 쓰시기를 바랍니다. 이 문제는 생각하면 할수록 중요하고 광범위한 것인 듯합니다."

"사실 이 문제는 너무나 광범위한 것이지." 하고 괴테는 말했다. "왜냐하면 우리가 다른 사람에게 주는 영향을 제외하면, 모든 것은 궁극적으로 우리가 외부로부터 받는 영향에서 비롯되기 때문이야."

"한 가지 우리가 주의해야 할 것은" 하고 나는 말했다. "어떤 영향이 방해되는 것인가, 유용한 것인가, 즉 우리의 성질에 적합하고 도움이 되는 것인가, 아니면 이와는 반대되는 것인가 하는 점입니다."

"물론 그렇지." 하고 괴테는 말했다. "그것이 문제일세. 그러나 또한 우리의 더 좋은 본성을 힘 있게 지켜가면서 마력적인 것이 부당하게 우격다짐을 부리지 못하게 한다는 것은 어려운 일이야."

식사 후에 괴테는 꽃을 피우고 있는 월계수와 일본의 식물을 식탁 위에 갖다 놓았다. 나는 이 두 가지 식물에서 서로 다른 정취가 흘러나오는 것을 알아차렸다. 월계수는 보기에도 밝고 경쾌하고 따뜻하고 고요했지만, 이와는 반대로 일본의 식물은 야만적이고 멜랑콜리한 인상을 주었다.

"자네 말이 맞네." 하고 괴테는 말했다. "그러므로 각 지방의 풀이나 나무가 그 지방 주민의 정서에 영향을 끼친다고 할 수 있을 것이야. 그리고 또 이것은 확실한 사실이기도 해! 평생 높고 엄숙한 큰 떡갈나무에 둘러싸여 지내는 사람들이, 명랑한 자작나무 밑을 유유히 산책하며 즐기는 인간들하고 전혀 다른 인물이 되는 것은 당연한 것이지. 그러나 이때 일반적으로 사람들은 우리와 비교하여 그다지 감수적이지는 않다는 것을 잊어서는 안 되네. 그들은 대체로 각자의 생각대로 힘차게 살아가고 있어서 별로 외계의 영향을 받지 않지. 따라서 한 민족의 성격을 완성하기 위해서는 종족 본래의 성질을 고려하는 것이 더할 나위 없이 중요하네. 그럼에도 확실히 토지와 기후 그리고 식물과 일상적인 영위 같은 것을 무시할 수 없는 것이지. 또한 태고의 종족들은 대체로 그들에게 적합한 토지를 선택했다고 생각할 수 있네. 그러므로 그 토지와 그 인간은 태어나면서부터 성격의 조화를 이루고 있다는 것이지."

"잠깐 뒤를 돌아다봐 주기 바라네."

"이 푸른 봉투 말입니까?" 하고 나는 말했다. "그렇지." 하고 괴테는 말했다. "어때, 자네는 이 필적을 어떻게 생각하는가? 이 사람이 이 주소 성명을 썼을 때의 심정은 위대하고 자유롭지 않았을까? 이 필적을 누구의 것이라고 생각하는가?"

나는 이 종이를 주의 깊게 바라보았다. 그 필적의 솜씨는 매우 자유롭고 장중한 것이었다. "메르크가 쓴 것이 아니겠습니까?" 하고 나는 말했다. "아니야." 하고 괴테는 말했다. "메르크는 이만한 숭고함과 확실성이 없었어. 이것은 첼터가 쓴 것이야.—이 봉투에 들어 있는 종이와 펜은 다행히도 좋은 것이었어. 그러므로 그 필적에 그의 위대한 성격이 남김없이 나타날 수 있었지. 나는 이것을 나의 필적 수집에 추가해 넣을 생각이야."

1829년 4월 3일 금요일

토목국장인 쿠드레이와 함께 괴테 댁에서 식사했다. 쿠드레이는 벨베데레에 있는 대공의 궁전 계단에 관해 이야기했다. 이것은 수년 이래로 그 모양새가 아주 좋지 않은 상태여서, 늙은 대공은 이 계단의 개축은 도저히 불가능한 것으로 생각하고 있었다고 한다. 그러던 차에 이번에 젊은 군주의 시대가 되자 그 개축 공시가 순조롭게 완성을 보았다는 것이었다.

그리고 여러 가지 도로 공사의 진척에 관한 보고도 있었다. 불랑켄하인을 향해 산을 넘어가는 길은 1루테마다 2피트 정도의 높은 비탈이 있기 때문에, 두세 곳에서 1루테에 대해 18인치 정도의 곳을 길을 돌아서 가지 않으면 안 되었다. 그런데 그렇게 해도 어떤 곳에서는 1루테에 대해 18인치의 비탈도 있다고 했다.

나는 쿠드레이에게 산지에 도로를 만들려면 적당한 표준은 몇 인치로 정해야 하는지 물었다. "1루테에 대해서 10인치 정도면" 하고 그는 대답했다. "꼭 알맞지요."

"그렇지만" 하고 나는 말했다. "바이마르에서 동서남북으로 난 어떤 길을 가더라도 도로가 1루테에 10인치 이상 올라가는 곳은 드물 텐데요."

"거리가 짧은 것은 문제가 되지 않습니다." 하고 쿠드레이는 대답했다. "장소에 따라서는 말을 교대할 때 받는 얼마간의 수입을 유지하기 위해 고의로 그 근방에 도로를 만드는 일이 가끔 있지요." 우리는 그의 이 그럴듯한 발상을 듣고 웃지 않을 수 없었다. "게다가 실제로" 하고 쿠드레이는 계속했다. "이것은 별로 대단한 일이 아닙니다. 교대마차는 이런 장소를 쉽게 넘어갈 수 있고 또 마부들도 어느 정도의 노고에는 이골이 나 있습니다. 그리고 이런 말 교대는 여관에서 행해지기 때문에 짐을 나르는 사람들에게는 으레 술값을 얻는 기회가 주어지는 것입니다. 이런 사람들의 즐거움을 없애 버리게 되면 원망을 사게 될 것입니다."

"어떤가." 하고 괴테는 말했다. "아주 평탄한 지방에도 곧은 도로의 군데군데를 끊어서 여기저기에 다소 고저(高低)가 생기게 하는 것이 좋지 않겠는가. 그 정도라면 교통의 편리를 방해하는 것도 아닐 것이고, 빗물의 유출을 더 좋게 하고 통로의 건조에도 유리할 테니 말이야."

"그것은 아주 필요한 일이지요." 하고 쿠드레이는 대답했다.

이어 쿠드레이는 한 권의 서류를 꺼냈다. 어떤 젊은 건축가에 대한 훈련 초안으로, 토목국 본청은 연수 목적으로 그를 파리로 파견하려는 것이었다. 그는 이 훈령을 읽었다. 괴테는 그것으로 됐다고 하면서 승낙했다. 이것은 괴테가 당국으로부터 그를 위해 필요한 원조의 약속을 얻어내는 데 진력하던 중 거두게 된 성공이었기 때문에 우리는 모두 기뻐했다. 이어 연수에 앞서 취해야 할 대비책에 대해 이야기했다. 이 청년에게 필요한 돈을 마련할 것, 또 1년 동안 이것으로 부족함이 없이 지낼 수 있게 해 주는 것 등이 논의되었다. 그리고 그가 귀국할 때는 신설 실업학교의 교사로 취임시키고, 이 재능 있는 청년이 때를 놓치지 않고 적당한 활동을 할 수 있도록 길을 열어줄 계획이었다. 이런 모든 것이 순조롭게 진행되고 있었기 때문에 나도 마음속으로 축복을 해 주었다.

이어 우리는 쉰켈[26]이 목공들을 위해 만든 건축 설계도와 본보기를 보았다. 쿠드레이는 그 중요성에 대해 설명해 주면서, 그 설계도들은 장차 실업학교에서 사용하는 데에는 이를 데 없이 좋은 것이라고 말했다.

우리는 건축물 안에서의 음향과 반향에 대해 이야기를 나눴다. 그리고 화제는 가톨릭 예수회의 건축물이 아주 견고하다는 것에 미쳤다. 괴테가 말했다. "메시나에서 지진이 났을 때 모든 건물이 무너졌지만 예수회의 성당과 수도원만은 아무 일 없이 그 전날 그대로였다 하네. 지진은 그 건물들에 아무런 피해의 흔적도 남길 수 없었다는 것이야."

예수회와 그들의 재산에 대한 이야기에서 가톨릭과 아일랜드인들의 해방[27]으로 말이 옮겨졌다.

쿠드레이가 말했다. "틀림없이 해방은 승인될 것입니다. 그러나 국회는 이 사건에 제한을 가해, 이 조치가 영국에 위기를 초래하는 일은 없도록 하겠지요."

"가톨릭에 대해서는" 하고 괴테는 말했다. "어떤 예방책도 소용이 없지. 로마 교황은 우리로서는 상상조차 할 수 없을 정도의 힘을 가지고 있는 자리일세. 그리고 그 세력을 남몰래 발휘하는 방법도 있어. 그것도 우리에게는 전혀 상상할 수 없는 것이야. 만약 내가 지금 국회에 의석을 가지고 있다고 한다면, 나 또한 이 해방에 방해되는 일은 하지 않겠지. 그러나 중요한 프로테스탄트 수장의 목이 가톨릭 신자의 한 표로 떨어져 나갈 때는, 내가 한 말이 다시 생각날 것이야. 나는 이렇게 말해도 아무에게도 거리낄 것이 없다네."

---

26) 쉰켈(1781~1841). 독일 고전주의 건축의 거장이다. 그는 1816년과 1820년에 괴테를 방문한 바 있는데, 괴테는 그의 고대 그리스주의적인 방향을 높이 평가했다.
27) 가톨릭의 동등화와 아일랜드 선거법의 개정이 4월에 법제화되었다.

화제는 최근의 프랑스 문학으로 바뀌었다. 괴테는 되풀이하여 쿠쟁, 빌르망 그리고 기조의 강의에 높은 찬사를 보냈다. "그들에게는 볼테르처럼 경쾌하고 표면적인 것은 없지만, 우리가 지금까지 독일인들 사이에서만 찾을 수 있었던 그런 학식이 있지. 게다가 자신들의 대상에 그만큼이나 육박하여 그 대상을 짜내는 정신은 정말로 훌륭해. 그들은 마치 압착기를 눌러 포도액을 짜내는 사람들 같아. 세 사람 모두 다 훌륭하지. 그러나 그중에서도 기조 씨가 가장 뛰어난 존재일세. 그는 나에게 가장 호감이 가는 인물이야."

이어 우리는 세계사 문제를 이야기했다. 그리고 괴테는 통치자에 대해 다음과 같이 말했다.

"위대한 통치자가 민심을 획득하는 데에는 그 위대함 이외에는 다른 수단이 필요하지 않지. 국가의 안으로는 번영을 이루고 밖으로는 존경을 받을 수 있도록 노력하고 활동하면 되는 것일세. 그러면 그가 가지고 있는 모든 훈장을 몸에 걸치고 국가에서 제공하는 최고급 마차를 타고 위세를 부리고 다니든, 아니면 곰가죽을 몸에 두르고 시가를 입에 문 채 허름한 전세 마차를 타고 다니든 사람들은 전혀 상관하지 않지. 그는 변함없이 국민들의 애정을 얻고 똑같은 존경을 받게 될 것이야. 그러나 한 군주에게 인격적인 위대함이 결여되어 있어서, 선행을 베풀고 자기 국민의 사랑을 얻는 방법을 분별하지 못한다면 다른 결합 수단을 고려하지 않으면 안 되네. 그것을 위해 무엇보다도 효과가 있는 것은 종교와 그 의식을 함께 즐기고 행하는 것이지. 일요일마다 교회로 찾아가 신자들을 내려다보며 한동안 그들에게 자기의 모습을 보이는 것이 민심을 얻는 상책이야. 이것은 모든 젊은 통치자에게 권하고 싶은 방법이네. 또한 이 방법이야말로 모든 점으로 보아 위대했던 나폴레옹까지도 무시하지 않았던 것이었지."

대화는 다시 한번 가톨릭으로 바뀌어 표면으로 나타나지는 않지만 성직자들의 세력과 영향력이 얼마나 지대한 것인가 하는 점이 언급되었다. 우리는 하나우에 있는 어떤 젊은 작가에 대해 이야기했다. 이 젊은 작가는 얼마 전에 자기가 발행하고 있는 잡지에 로사리오에 대해 다소 비웃는 듯한 글을 썼다. 그러자마자 이 잡지는 폐간되었다. 이것은 각 교구에 있는 성직자들의 세력에 의한 일이었던 것이다.

괴테가 말했다. "나의 〈베르테르〉가 출판되자, 밀라노에서 재빨리 이탈리아어 번역본이 나왔다네. 그러나 얼마 안 있어 모든 장소에서 〈베르테르〉는 단 한 권도 보이지 않게 되어 버렸지. 주교가 밀라노 교구의 성직자들에게 이 책을 모조리 사들이도록 했기 때문이야. 나는 이 사실을 알았지만 분격해하지는 않았지. 오히려 나는 시기를 놓치지 않고 〈베르테르〉가 가톨릭 신도에게는 악서임을 꿰뚫어 본 그의 현명함에 몹시 유쾌했지. 그래서 즉시 가장 유효한 수단을 써서 남몰래 이 책을 세상 사람들의 눈이 전혀 닿지 않는 곳에 매장해 버린 그를 나는 칭찬하지 않을 수 없었네."

1829년 4월 5일 일요일

괴테는 식사 전에 벨베데레까지 마차를 몰고 가 쿠드레이가 만든 성내의 새로운 계단을 보고 왔다. 그는 내게 그것이 정말로 훌륭한 것이었다고 말해주었다. 또 거대한 통나무의 화석이 도착했으니 나에게 그것을 보여 주겠다고 했다. "이런 화석이 돼 버린 통나무는 위도 51도쯤에 있는 지역에서 가져온 것인데, 마치 지구의 띠처럼 아메리카까지 한번 삥 돈 지대에서 발견되었다는 것이야. 정말 생각할수록 놀라지 않을 수 없는 현상이네! 지구의 태초의 구조에 대해서는 아무도 아는 사람이 없지. 그러므로 폰 부흐 씨가 사람들에게 설교하여 자기 가설의 입지를 넓힌다고 하여도, 그러면 안 된다고 말할 수는 없네. 이 사람도 거기에 대해서 아무것도 모르지만, 그렇다고 해서 달리 아는 사람이 있는 것도 아니니까 말이야. 그러므로 결국 어느 정도의 진실성을 갖추고 있는 것에 지나지 않는다는 점에서 모두 똑같아."

괴테는 첼터가 나에게 인사를 전해 달라고 했다고 하였다. 나는 그 말을 듣고 기뻤다. 이어 우리는 〈이탈리아 기행〉에 대해 이야기했다. 그는 이탈리아에서 보냈던 편지[28] 속에서 가요 한 편을 발견했으니 그것을 보여 주겠다고 하였다. 괴테는 내 맞은편에 있는 작은 책상 위에서 한 꾸러미의 문서를 집어 달라고 했다. 나는 그것을 넘겨주었다. 이것은 이탈리아에서 보낸 그의 편지였다. 그

---

[28] 괴테가 로마에서 보낸 1788년 1월 10일 자 편지를 말한다.

는 그 시를 찾아 읽었다.

> 큐피드, 장난꾸러기에다 제멋대로인 사내아이[29]
> 두세 시간만 쉴 자리를 원했지만
> 벌써 며칠 몇 날 밤을 지내고는
> 이제는 이 집 주인 행세까지 하고 있네
>
> 나는 넓은 쉼터에서 쫓겨나
> 이제 땅바닥에서 지내는 신세이니 밤은 괴롭기만 하다
> 겨울 땔감도 마구 써 버리니
> 비축분도 거덜 나는 처량한 신세
>
> 너는 나의 가구를 마구 옮겨 뒤틀리게 해 놓아
> 나는 눈먼 사람처럼 찾아 나서 헤매지
> 너는 무엄하게 떠들어 대 나는 정신이 빠져버려
> 이제 너에게서 도망쳐 집을 비우고 싶은 심정이라네.

니는 이 시를 듣고 아주 기뻤다. 이것은 나에게 정말로 새로운 작품처럼 생각되었기 때문이다. 하지만 괴테는 내가 이 작품을 모를 리가 없다고 말했다. "왜냐하면 이것은 〈클라우디네 폰 빌라 벨라〉 속에 있기 때문이야. 루간티노가 노래를 불렀지. 그러나 그 속에선 이 시를 떼어내서 노래하고 있기 때문에 관객은 아무도 그 의미를 알아차리지 못하네. 그러나 나는 매우 좋은 시라고 생각하지. 그 상태를 사랑스럽게 표현하고 있어. 동시에 아름다운 비유로 되어 있지. 이것은 아나크레온풍의 시라네. 원래 나는 이 가요나 이와 비슷한 것을 오페라에서 빼내어, 새삼 인쇄에 부쳐 시집으로 만들고 싶었네. 그렇게 하면 작곡가는 가요를 함께 모아 둘 수 있을 것이야." 나는 이것을 좋은 기획이며 타당한 것이라고

---

29) 이 시는 괴테의 〈이탈리아 기행〉 중 1788년 1월분 내용이 시작하는 첫 부분에 실려 있다.

생각했다. 그래서 장래를 위해서 여기에 적어 놓는 바이다.

괴테는 이 시를 아주 멋지게 읽었다. 그것은 나의 마음에서 쉽게 사라지지 않았고, 또 그의 뇌리에도 오래 남아 있는 것 같았다.

'너는 무엄하게 떠들어 대 나는 정신이 빠져버려
이제 너에게서 도망쳐 집을 비우고 싶은 심정이라네.'

특히 괴테는 가끔 이 마지막 시구를 꿈꾸듯 혼잣말로 되뇌었다.
그는 이어 나폴레옹에 관한 신간서적에 대해 이야기했다. 그것은 이 영웅의 청년기 친구가 쓴 것인데 그 안에 희귀한 설명이 들어 있다는 것이었다. "그 책은 아주 냉정하고, 그 필치는 조금도 영광의 흔적을 띠고 있지 않지만, 진실은 이야기하는 사람과 관계없이 위대한 특색을 가지고 있다는 것을 보여 주네."
괴테는 또 어떤 젊은 시인이 쓴 비극에 대해 "이것은 병적인 작품이야."라고 말했다. "필요 없는 부분에 액즙이 너무 많이 넘쳐흘러, 정작 필요한 데에서는 부족한 실정이지. 주제는 좋네. 아주 좋아. 그러나 내가 기대한 장면은 그려져 있지 않고, 기대하지 않았던 장면이 정성스럽게 취급되고 있네. 이것은 내 생각에 따라 병적이라고 부르든지, 아니면 우리의 새로운 이론에 따라 낭만적이라고 할 수 있을 것이야." 이어서 우리는 한동안 즐겁게 무릎을 맞대고 앉아 이야기하였다. 그리고 나중에 괴테가 많은 꿀과 함께 대추야자 열매 두세 개를 선물로 주어서 나는 이것을 가지고 집으로 돌아왔다.

1829년 4월 6일 월요일
괴테가 나에게 에곤 에버르트[30]의 편지를 보여 주었다. 나는 이것을 읽고 기쁨을 느꼈다. 우리는 에곤 에버르트와 보헤미아에 관해 여러 가지로 칭찬했고, 또 차우퍼 교수에 대해 애정을 담아 이야기했다.

---

30) 1828년 10월 3일 에커만은 에버르트의 시를 읽기 시작했다고 말한 바 있다.

"보헤미아는 독특한 나라이지." 하고 괴테는 말했다. "그곳이라면 나는 언제라도 기꺼이 가고 싶네. 그곳에는 아직 문학자들의 교양 속에 순수함이 남아 있어. 이런 순수성은 북독(北獨)에서는 이미 보기 드문 것이 되기 시작했지. 이곳에서는 어중이떠중이 모두 다 글을 쓰고, 도덕적인 기초나 고매한 식견 같은 건 어디에서도 찾아볼 수 없어."

이어 괴테는 에곤 에버르트가 최근에 쓴 서사시[31]에 대해 얘기하면서, 고대 보헤미아의 여성 제일주의와 여장부 전설의 유래 등을 설명해 주었다.

여기에서 화제는 다른 어떤 시인의 서사시에 이르렀다. 그 시인은 자신의 저작이 일반 신문잡지에서 호평을 얻게 하려고 지나친 노력을 아끼지 않았다고 했다. "그리고 그의 의도대로" 하고 괴테는 말했다. "여기저기에서 그 시에 대한 호평을 볼 수 있었지. 그렇지만 〈할레 문예신문〉은 사태의 진상을 간파하고, 그 시에 대한 진정한 의견을 기탄없이 공표해 버렸네. 그러자 기타의 신문잡지에 나타났던 모든 호의적인 말주변은 수포가 돼 버렸지. 오늘날 정도를 걷지 않으면 곧장 모든 것이 폭로되고 마네. 이제 대중을 우롱하고 갈피를 못 잡게 하는 시대는 지났어."

"나로서는" 하고 나는 말했다. "사람들이 얼마 안 되는 명성을 위해 심한 고통을 감수하면서, 부정수단에 호소하기까지 하는 것은 이해할 수 없는 일입니다."

"하지만 정말이지." 하고 괴테는 말했다. "명성은 대단한 것이라네. 나폴레옹은 위대한 이름을 얻기 위해 거의 세계의 절반을 석권하지 않았던가!"

대화는 잠시 끊어졌지만 괴테는 계속하여 나에게 나폴레옹에 관한 새 저서에 대해 이것저것 말했다. "진실의 위력은 참으로 위대하지. 신문 기자나 역사가, 그리고 시인들이 나폴레옹의 머리 위에 씌운 모든 후광과 환상은 이 책의 무서운 진실성 앞에서 완전히 사라져 버리고 말아. 그렇지만 이 영웅은 그로 인해 더 작아지지 않고, 오히려 그 진실에 비례하여 더 위대해졌어."

나는 말했다. "그는 그 인격 속에 독자적인 매력을 가지고 있었음이 틀림없습니다. 사람들이 그를 만나면 곧 무릎을 꿇고 우군이 되어 그의 지도에 따랐던

---

31) 괴테는 에커만에게 에버르트가 1829년, 다시 말해 그해에 출간한 보헤미아의 국민적 영웅 서사시의 내용을 이야기하면서 보헤미아는 전설이 풍부한 나라라는 것을 설명해 주었다.

것도 그 때문일 겁니다."

"물론이지." 하고 괴테는 말했다. "그의 인격에는 뛰어난 데가 있었지. 그러나 중요한 것은, 사람들이 그를 따르면 자기들의 목적을 달성할 수 있다고 확신했다는 것이야. 그들이 그에게 무릎을 꿇었던 것은 그 때문일세. 사람들은 그러한 신념을 주는 누구에게도 그렇게 하는 법이야. 새로 온 신인 무대감독이 자기에게 좋은 배역을 줄 것 같으면 배우들은 기꺼이 그 사람을 따르게 되네. 그것이 옛날이나 지금이나 변치 않고 되풀이되는 짜임새야. 인간이란 것은 결국 이렇게 만들어져 있지.—이 세상에 무조건 다른 사람에게 봉사하는 사람은 없네. 자기에게 이득이 있다는 것을 알게 되면 스스로 그렇게 하는 것이지. 나폴레옹은 이런 인간성을 속속들이 알고 있었기 때문에, 인간의 약점을 마음껏 이용할 수가 있었지."

화제는 첼터에게로 옮겨졌다. "자네도 알겠지만" 하고 괴테는 말했다. "첼터는 프로이센의 훈장을 받았네. 그렇지만 그에게는 아직 문장이 없어. 그러나 자녀분들이 많으니 앞으로 오래도록 일가가 존속할 테지. 그래서 영예의 기호가 될 수 있는 문장이 꼭 필요하다네. 그래서 나는 그에게 그것을 하나 만들어 주려고 마음먹었지. 그 의향을 써서 보냈더니 그는 아주 마음에 들어 했어. 말이 들어 있는 것이 필요하다고 했기 때문에—알았다고 대답하고는 말은 말이지만 날개가 달린 말을 그리려고 했지—그걸 그려 넣었다네. 자, 한번 뒤를 봐. 자네 뒤에 있는 종이 말이야. 그것은 연필로 그린 초벌 그림이네."

나는 그 종이를 집어 스케치를 바라보았다. 그 문장은 아주 당당했고, 그 구성에 탄복하지 않을 수 없었다. 그 밑바탕에는 한 도시 외벽의 첨탑이 그려져 있었다. 이것은 첼터가 젊었을 때 믿음직스러운 미장이였음을 나타내기 위함이었다. 그 배후에서는 하늘 높이 올라가려고 하는 날개 달린 말이 있었는데, 이것은 그의 천재와 높이 향하는 그의 비약을 분명히 하고 있었다. 문장의 방패 위에는 칠현금이 딸려 있었고, 그것 너머로는 별이 반짝이고 있었다. 이것은 그의 예술을 상징하고 있는 것으로, 이 훌륭한 친구는 이 행복한 별의 힘과 보호에 의해 영예를 얻고 있었다. 아래쪽 문장 언저리에는 훈장이 걸려 있었는데, 이것은 국왕이 그의 위대한 공적에 대한 감사의 표시로서 하사한 것이었다.

"나는 파치우스에게 이 조각을 하게 했네." 하고 괴테는 말했다. "자네에게 그 모형을 보여 주지. 친구를 위해 문장을 만들어 주고, 말하자면 그것으로 흡사 귀족 대열에 오르게 한다는 것은 얼마나 멋진 일인가?" 우리는 이런 즐거운 착상을 하며 흥겨워했다. 그리고 괴테는 파치우스에게 사람을 보내 모형을 가져오게 했다.

우리는 계속 식탁에 앉아 오래된 라인의 포도주를 마시면서 비스킷을 먹었다. 괴테는 알아들을 수 없을 정도의 낮은 목소리로 뭔가 혼잣말을 하고 있었다. 나는 어제의 시가 다시금 머리에 떠올라 혼자 읊조렸다.

'너는 나의 가구를 마구 옮겨 뒤틀리게 해 놓아
나는 눈먼 사람처럼 찾아 나서 헤매지.'

"이 시가 머릿속에서 사라지지 않습니다." 하고 나는 말했다. "이것은 정말로 독특한 시입니다. 사랑으로 말미암아 우리의 생활 속에서 야기되는 난맥상을 유감없이 표현하고 있어요."
"이것은 어떤 우울한 상태를 여실히 우리 눈앞에 나타내지." 하고 괴테는 말했다. "마치 한 장의 그림을 보고 있는 것 같습니다. 네덜란드풍의 그림 말입니다." 이에 괴테가 "진작부터 〈착한 남편과 착한 아내〉와 같은 그림 말이지." 내가 말했다. "진작부터 스코틀랜드풍의 가요도 생각났습니다. 그리고 오스타데의 그림도 눈앞에 떠올랐고요." 그러자 괴테가 말했다. "그렇지만 이상하게도 이들의 시는 양쪽 모두 그림은 될 수 없어. 다만 그림의 인상을 주고 있을 뿐이야. 그림과 비슷한 분위기이긴 하지만 결코 그림이 될 수는 없지."
나는 말했다. "이것은 문학이 본래의 영역을 떠나지 않고 가능한 한 그림에 접근한 좋은 예인 듯합니다. 나는 이러한 시를 가장 좋아하는데, 그것은 이런 시는 그 심상이 생생하게 펼쳐지는 동시에 감정을 잃지 않기 때문입니다. 당신이 어떻게 해서 이런 기분이 되었는지는 알 수 없지만, 이것은 마치 다른 시대, 다른 세계의 시 같습니다."
"나는 이러한 시를 두 번 다시는 창작하지 못할 것이야." 하고 괴테는 말했다.

"그리고 어떻게 해서 이렇게 되었는지는 나로서도 아직 말할 수 없어. 이러한 일이 가끔 일어나기는 하지만 말이야."

나는 말했다. "이 시에는 또 어딘지 모르게 독특한 데가 있습니다. 쉬지 않고 운(韻)을 맞추고 있는 것 같지만, 사실은 절대 그렇지 않기 때문입니다. 왜 이런 것입니까?"

"운율 때문에 그렇지." 하고 괴테는 말했다. "이 시구는 엑센트가 없는 전철로 시작하여 트로케우스, 즉 강약조 시형으로 진행되다가 마지막으로 닥틸루스, 즉 강약약조가 되지. 그래서 독특한 감정을 자아내 급기야는 애처로운 탄식조의 성격을 띠게 된다네." 괴테는 연필을 쥐고 다음과 같이 설명해 주었다.

$\breve{V}on \mid \overline{meinem} \mid \overline{breiten} \mid \overline{Lager} \mid \overline{bin} \breve{ich} \overline{ver} \mid \overline{trieben}.$

(나의 넓은 쉼터에서 나는 쫓겨나.)

우리는 운율 일반에 대해서 이야기했고, 이러한 사항에 관해서는 어떤 단정을 내리기가 어렵다는 결론의 일치를 보았다. "박자는" 하고 괴테는 말했다. "시적 기분에서 생기는 것이야. 무의식적으로 말이야. 시를 쓸 때 그런 것을 생각하면 혼란에 빠져 좋은 것을 만들 수 없지."

나는 문장의 모형에 대한 말이 나오기를 기다리고 있었다. 괴테는 기조에 대해 이야기하기 시작했다. "나는 그의 강의를 계속 읽고 있어. 그는 변치 않고 당당해. 금년분은 약 8세기까지 이르고 있네. 그는 어떤 역사가도 이만큼은 위대하다고 할 수 없을 만큼 날카로운 인식과 투철한 안목을 갖추고 있지. 그의 눈은 보통 사람들은 도저히 생각할 수 없는 것을 포착하네. 그러면 그것이 중요한 사건의 근원이 되고 이를 데 없이 심대한 의의를 띠게 되지. 가령 어떤 종교적 의견의 우세가 역사에 어떤 영향을 끼쳤는가, 또 원죄나 은총 그리고 선행 같은 교의가 각 시대에 따라 여러 가지 형태를 취한 것은 무엇 때문인가 하는 문제가 그에 의해 확실하게 해명되고 입증되고 있는 거야. 또한 로마법은 때로 모습을 감추는 일이 있어도 완전히 없어지지 않고 언제나 다시 원기 왕성하게 솟아오르는 호수 위의 오리처럼, 긴 생명력을 가진 것으로써 상당히 잘 취급되고 있지. 이때 우리는 훌륭한 자비니[32]에 대해서도 절대적인 찬사를 드리게 되네.

기조는 고대 프랑스인인 갈리아인들이 다른 민족에서 받은 영향을 논의하고 있는데, 특히 우리의 눈길을 끄는 것은 그가 독일인의 영향을 논하고 있는 대목이야. 그는 이렇게 말하고 있네. '게르만인들은 개인의 자유라는 이념을 우리에게 가져다주었다. 이것이야말로 무엇보다도 이 국민이 가지고 있던 고유한 것이었다.' 이 말은 얼마나 함축성이 있는 말인가. 이것은 완전하다고 할 만큼 타당한 평이야. 그리고 이 이념은 오늘에 이르기까지 계속 우리 사이에 작용하고 있는 것이 아닌가?—종교 개혁도 그렇고 바르트부르크의 학생 봉기도 그렇고, 현명한 것이나 어리석은 것들 모두가 여기에서 발생한 것이지. 우리 나라 문학의 다채로운 것도 그것에서 연유하였고, 우리 시인들이 독창성을 추구하여 너나 나나 할 것 없이 새로운 길을 개척하려 하는 것도 역시 마찬가지야. 또 우리 학자들이 분리, 고립하여 자기 입장을 지키고, 그 입장에서 본원적인 활동을 하고 있는 것도 모두 여기에서 나온 것이지. 이와는 반대로 프랑스인이나 영국인들은 서로 굳게 단결하여 방향을 함께 하고 있네. 복장과 태도에도 일치된 것이 있지. 그들은 서로 불화를 일으키는 것을 두려워하여, 눈에 띄어 웃음거리가 되는 것을 극히 삼가네. 그러나 독일인들은 각자 자기가 생각하는 대로 추구하여 자기 자신을 만족시키려고 하지. 다시 말해 독일인은 다른 사람의 것을 문제 삼으려고 하지 않네. 이것은 기조가 올바르게 간파하고 있듯이 개성의 자유라는 이념이 작용하고 있기 때문이야. 그리고 독일인의 이런 점으로 인해 탁월한 것들이 많이 나타나기도 하지만 어이없는 것들 또한 많이 나타나는 것이지."

1829년 4월 7일 화요일

내가 방으로 들어가자 한동안 건강이 좋지 않았던 궁중 고문관인 마이어가 괴테와 함께 식탁에 앉아 있었다. 그가 이 정도까지 건강을 회복한 것을 보고 나는 기뻤다. 두 사람은 이탈리아와 미술품에 대해 이야기하고 있었다. 그는

---

[32] 자비니(1799~1861). 법률학에서 역사학파의 창시자로 평가받는 그는 〈중세에 있어서의 로마법의 역사〉 6권(1815~1831)을 출간했다.

필[33]이 클로드 로랭[34]의 작품 한 폭을 4천 파운드나 주고 샀다는 것에 특별히 호감을 표시했다.[35] 그동안 신문이 배달되었다. 우리는 이것을 대강 훑어보면서 수프가 나오는 것을 기다렸다.

시국 문제로서 곧 아일랜드인들의 해방이 논의되었다. 괴테가 말했다. "이 문제에 있어서 우리는 배우는 것이 많아. 이번 일로 아무도 생각할 수 없었던 그런 것들, 즉 이런 계기가 아니었더라면 화제에조차 오르지 않았을 그런 일들이 백일하에 드러난 셈이야. 그러나 우리는 아일랜드의 상황에 관해서는 전혀 모르고 있네. 왜냐하면 이것은 너무나 얽히고설킨 문제이기 때문이지. 많은 사람들이 인정하고 있듯이, 이 나라는 아무리 손을 쓰더라도 어찌할 수 없는 재앙에 시달리고 있고, 이것을 어떻게 하면 해결할 것인가조차 알 수 없는 상황이야. 이때까지 이 재앙을 아일랜드 혼자서 짊어져야 했던 것은 불행한 일이었지만, 이제 영국 본국까지 거기에 관여하게 된 것은 더욱 유감스러운 일인 동시에 중대사이기도 하다네. 게다가 가톨릭교도는 전혀 믿을 바가 못 되지. 지금까지 아일랜드의 200만 신교도가 500만이나 되어 수적으로 우세한 가톨릭교도들 때문에 얼마나 비참한 상태에 있었는가는 세상이 다 알고 있는 바일세. 가령 가난한 신교도 소작인들이 이웃에 사는 가톨릭교도들에게 에워싸여 얼마나 많은 압박을 받고 괴로움을 당하고 고난을 겪어 왔는가. 가톨릭교도들은 서로가 화합하지 않고 지내다가도 일단 신교도에 대항하게 되면 언제나 일치단결하지. 마치 서로 물어뜯다가도 사슴이 나타나기만 하면 금세 한 덩어리가 되어 돌진하는 사냥개의 무리처럼 말일세."

화제는 아일랜드인들로부터 터키 분쟁으로 옮겨졌다. 러시아인들이 막강한 병력을 가지고 있었음에도 불구하고 전년의 원정에서 이렇다 할 성적을 올리지

---

33) 필(1788~1850). 영국정치가인 그는 미술품 수집가이기도 했다.
34) 클로드 로랭(1600~1682). 프랑스의 화가인 그는 푸생과 함께 이상적 풍경화의 대표적인 화가이다. 로랭의 작품을 철저하게 연구한 괴테는 이렇게 말하고 있다. '클로드 로랭은 현실 세계의 여러 구석을 보지 않고 말할 수 있을 정도로 잘 알고 있었다. 그리고 그는 그것을 자신의 아름다운 영혼세계를 표현하기 위한 수단으로 사용했다.'
35) 마이어는 로랭의 작품이 얼마나 훌륭한가를 알고 있었기 때문에 영국의 정치가 필의 행동을 칭찬하지 않을 수 없었던 것이다.

못한 것을 우리 모두 이상하게 생각했다. "실상은" 하고 괴테는 말했다. "물자가 태부족한 상태에서 개개인들에게 너무나 과도한 희생을 강요했던 것이지. 그러므로 개인의 위대한 업적과 희생은 있었지만, 이것을 제외하고 볼 때 전체적으로 전과는 별로 올리지 못했어."

"이 지방은 어쩐지 저주받은 곳 같습니다." 하고 마이어는 말했다. "아주 오랜 옛날 도나우강을 건너 북방의 산맥지대를 침입하려고 했던 적은, 언제나 이 근방에서 도전을 받고 집요한 저항을 만나 거의 한 발짝도 앞으로 나갈 수가 없었지요. 만약 러시아인들이 차라리 바다 쪽만 장악하고 거기에서 양식을 공급받을 수 있었더라면 좋았을 테지요!" "그랬으면 좋았을 테지." 괴테도 동의했다. "나는 지금 〈나폴레옹의 이집트 원정기〉를 읽고 있네. 이것은 이 영웅을 늘 따라다녔던 부리엔이 쓴 것으로, 여러 가지 모험적인 것은 제거하고 사실을 있는 그대로 그려서 숭고한 진실을 보여주고 있지. 이 책을 읽으면 나폴레옹이 이 원정을 계획한 것은 단지 프랑스에서 자기가 주동자가 되어 할 수 있는 일이 전혀 없었던 한 시기를 메꾸기 위해서였다는 것을 알 수 있네. 그는 처음에는 무엇을 할 것인가 하고 주저하고 있었어. 그래서 대서양의 연안을 내려가 프랑스의 모든 항구를 보고 다니면서 선박 상태를 조사하여, 영국 원정이 가능한지 어떤지를 확인해 보았다네. 그리고 이것이 불리하다는 것을 깨닫자 그는 이집트 원정을 결심했다는 것이야."

"나는 말했다. 내가 놀라지 않을 수 없었던 것은 나폴레옹이 그처럼 젊은 나이로 세계의 대사건을 아주 쉽게, 그리고 확고하게 해치웠다는 것입니다. 마치 다년간 실제 훈련과 체험을 쌓은 사람과도 같이 말입니다."

"그렇지." 하고 괴테는 말했다. "그것은 그가 위대한 인물이 세상에 태어날 때 부여받는 그런 자질을 가지고 있었기 때문이야. 훔멜이 피아노를 제 마음껏 익숙하게 다뤘듯이, 나폴레옹은 이 세계를 마음껏 쥐고 흔들어 댔네. 양쪽 모두 우리에게는 이상하게 보이지. 우리로서는 그 어느 쪽도 거의 이해할 수가 없어. 그러나 이것은 사실이며 우리의 눈앞에서 일어난 일이지. 특히 나폴레옹이 위대했던 것은 그가 어떠한 경우에도 변치 않았다는 점 때문이야. 전쟁 전, 전쟁이 한창일 때, 또 승리를 거두거나 패배한 후에도 그는 언제나 확고한 태도를 보였고, 무엇을 할 것인가에 대해서도 항상 명료하고 단호했지. 그는 언제나 자기 세계를 지켰고 어떤 상태에도 적응했네. 이것은 마치 훔멜에게는 아다지오이든 알레그로이든, 저음이든 고음이든 모두 똑같은 것과 같아. 이것이 참된 재능이 있는 사람에게서 언제나 볼 수 있는 원숙함인 것이지. 이것은 평화의 예술이나 전쟁의 전술에 있어서나, 그리고 피아노 앞에서나 대포의 뒤에서나 마찬가지로 발휘되는 것일세."

"그런데 이 책을 보면" 하고 괴테는 말을 계속했다. "그의 이집트 원정에 관한 너무나 많은 이야기가 날조되어 왔다는 것을 알 수 있네. 그런 이야기들은 긍정이 가는 것도 있지만, 전혀 동감할 수 없는 것도 수없이 많았지. 그리고 그 대부분은 실제하고 다르네.

그가 800명의 터키 포로를 총살에 처했다는 것은 진실이지. 그러나 이것은 오랜 시간에 걸쳐 군법회의를 열어 위원회의 토의를 거친 끝에 나온 결과였어. 모든 사정을 고려한 후에도 그들을 살려낼 수단은 전혀 없었던 것이야.

그가 피라미드 안으로 들어갔다는 것은 꾸며낸 이야기라네. 그는 얌전하게 바깥에 서 있다가 안에 들어갔던 사람들에게서 말을 전해 들었을 뿐이지.

게다가 그가 동양의 의상을 입었다는 전설도 사실과는 다른 것이야. 딱 한 번 집에서 가장을 하고 그대로 가족들 앞에 나타나 그것이 그에게 어울리는지 어떤지 봐 달라고 했네. 그러나 그에게 머리에 두르는 터번은 어울리지 않았지. 이것은 대체로 머리가 긴 사람에게는 어울리지 않으니까 말이야. 그 후로 그는 그런 의상을 두 번 다시 입지 않았어.

그러나 그가 흑사병 환자를 위문했다는 것은 사실이었지. 이것은 공포심을 극복하기만 하면 흑사병도 두려워할 필요가 없다는 것을 보여 주기 위한 것이었네. 그리고 그가 행한 행동은 옳은 것이었어!—나 자신의 일생에서도 이러한 실례가 있었지. 전염병의 부패열에 어쩔 수 없이 몸을 맡기지 않으면 안 되었던 일이 있었는데, 나는 오직 확고한 정신의 의지력에 의해서 이 병으로부터 스스로를 지켜 낼 수 있었어. 이런 경우 윤리적인 의지력이 얼마나 위대한 일을 해낼 수 있는가 하는 것은 도저히 믿어지지 않을 정도지! 말하자면 이 윤리적인 의지력이 육체 전체에 퍼져서 그 육체를 적극적인 상태로 만들어, 그것이 유해한 영향을 모두 뒤엎게 하는 것이야. 이와는 반대로 공포심은 나른하고 무기력한 데다 매사에 감염되기 쉬운 상태를 만들기 때문에, 어떤 종류의 적에게도 쉽게 손을 들게 한다네. 이것을 나폴레옹은 너무나도 잘 알고 있었어. 그러므로 그는 이 한 가지 중요한 실례를 보여줌으로써 아주 손쉽게 그의 군대를 감동시킬 수 있었던 거지."

"그러나" 하고 괴테는 쾌활하게 농지거리하듯 말을 계속했다. "우리 모두 주목해야 할 것이 있어. 나폴레옹의 야전문고 중에 어떤 책이 있었는지 아는가? —나의 〈베르테르〉였어!"

"그가 이 책을 깊은 감동으로 읽었다는 것은" 하고 나는 말했다. "〈에르프르트 회견기〉 속에 나와 있습니다."

괴테는 말했다. "그는 이것을 형사 담당 판사가 소송 서류를 조사할 때처럼 연구했지. 그가 나와 〈베르테르〉에 관해 이야기했던 것도 이런 배경이 있었기 때문이었네.

부리엔 씨의 책 속에는 나폴레옹이 이집트로 가지고 간 책들의 목록이 들어 있지. 그 가운데에는 〈베르테르〉도 있어. 그러나 이 목록에서 주목해야 할 것은 그 책들이 여러 가지 표지 아래에서 어떻게 분류되어 있는가 하는 것이지. 가령 '정치적'이라는 표제에는 〈구약성서〉, 〈신약성서〉 그리고 회교의 경전인 〈코란〉이 있지. 이것으로 나폴레옹이 종교를 어떤 관점에서 보고 있었는가를 알 수 있네."

괴테는 또한 현재 읽고 있는 그 책 가운데 흥미로운 점들을 여러 가지로 말했다. 그중에서도 나폴레옹이 군대를 이끌고 홍해 바다의 첨단에 이르렀을 때의 이야기는 가장 인상 깊은 것이었다. 그때 그의 부대는 썰물 때 바닥을 드러낸 홍해를 건너고 있었는데 그 도중에 바닷물이 다시 밀물로 바뀌어, 최후의 부대는 팔 아래까지 물에 잠기면서 건너지 않으면 안 되었다고 한다. 그러니까 이 모험도 하마터면 파라오[36]와 같은 종말을 맞을 뻔한 것이었다. 이 이야기에 곁들여 괴테는 바닷물이 만조가 될 때 일어나는 여러 가지 새로운 현상에 대해

---

36) 구약성서 출애굽기 제14장. 모세가 이끄는 이스라엘 백성을 추격하여 가던 파라오와 이집트 군대들은 홍해 바다에서 빠져 죽고 만다.

들려주었다. 그는 그것을 구름과 비교했다. 그리고 구름은 먼 거리에서 오는 것이 아니고 도처에서 동시에 발생하여, 모든 방면으로 널리 고르게 퍼진다고 이야기해 주었다.

1829년 4월 8일 수요일

내가 들어갔을 때 괴테는 벌써 준비된 식탁에 앉아 있었다. 그는 나를 아주 명랑하게 맞아 주었다. "편지를 한 통 받았다네." 그는 말했다. "어디에서 왔다고 생각하는가?—로마에서 왔지! 누구에게서 온 것이라고 생각하는가?—바이에른의 왕으로부터 온 것이네."

"나도 기쁘게 생각합니다." 나는 말했다. "그런데 나는 한 시간 동안 산책을 하면서 줄곧 바이에른 왕에 대해 생각하고 있었습니다. 그런데 마침 지금 이 유쾌한 보고를 접하니까 좀 신기한 생각이 듭니다."

"우리의 마음에는 곧잘 그런 예고라는 것이 작용하지." 하고 괴테는 말했다. "저기에 편지가 있어. 가지고 와서 읽어 봐요."

나는 그 편지를 집었다. 괴테는 신문을 손에 잡았다. 이리하여 나는 아주 침착한 마음으로 왕의 말을 읽었다. 편지에는 '1829년 3월 26일 로마에서'라고 쓰여 있는데, 그 필적은 매우 장중하고 명료했다. 왕은 로마에서 저택 한 채를 사들인 소식을 전하고 있었다. 그것은 로마 서북단의 언덕 위에 위치한 빌라 디 말타 저택과 이에 딸린 정원으로, 그 부근에는 루도비지가 있다고 했다. 또 그 위치상의 이점으로 그곳에서는 로마시 전체가 한눈에 들어와, 바티칸에 있는 성 베드로 성당도 충분히 내려다볼 수 있다고 알려주고 있었다. 왕은 '사람들은 이 전망을 맛보려고 멀리에서 찾아오고 있지만 나는 이것을 내 집 창가에서 하루 종일 마음껏 즐기고 있다'고 쓰고 있었다. 그는 이에 계속하여 '지금 나는 로마에 이처럼 아름다운 주거지를 마련하고 지낼 수 있는 것을 찬양하지 않을 수 없다. 나는 로마를 지난 12년 동안 보지 못했는데, 그동안 이 도시를 그리운 연인처럼 연모하고 있었다. 그러나 지금부터는 사랑하는 연인을 만나러 가는 평온한 심정으로 돌아갈 수 있을 것이다'라고 쓰고 있다. 이어 그는 귀중한 미술품과 건축에 대한 자신의 전문적인 의견을 열심히 말하고 있었다. 이분은 진정한 아름다움과 그에 필요한 요구를 가슴에 꼭 담아 두고, 좋은 취미에 역행하는 모든 것을 날카롭게 제외하고 있는 것 같았다. 이 편지는 구석구석에 이르기까지 아름답고 인간적인 감정과 표현이 넘쳐나고 있었는데, 이러한 풍모는 이처럼 높은 지위의 인물 중에서는 좀처럼 볼 수 없는 것이었다. 내가 여기서 느낀 기쁨을 괴테에게 표시하자 그가 말했다.

"자네도 알 수 있듯이 이분은 왕자의 위엄을 갖추고 있으면서도, 타고나면서부터 가지고 있는 인간성을 잃지 않고 있는 군주이지. 이런 현상은 드물게 보이는 것이네. 또 그럴수록 점점 더 이분에게 호감이 가지." 나는 이 편지를 읽고 새삼스레 멋진 부분을 여러 군데 발견했다. '이곳 로마의 땅으로 와서 왕좌에 올라와 있을 때 겪어야 하는 여러 가지 번거로운 일로부터 벗어날 수 있다. 미술과 자연이 내 일상 생활의 기쁨으로 변했고, 미술가들이 나의 식탁 친구들이다.' 그는 또 괴테가 살고 있었던 집 근처를 자주 지나가면서, 그럴 때마다 그를 생각한다고도 했다. 그리고 나서 〈로마의 비가〉의 두세 군데를 인용하고 있었는데, 이것으로 왕이 이것을 잘 기억하고 있어서 이따금 그곳 로마에서 되풀이하여 떠올리고 있음을 알 수 있었다.

"그렇지." 하고 괴테는 말했다. "그분은 이 비가를 유달리 사랑하였네. 그는 여기에 있을 때도, 그 시를 만들게 된 사건을 가르쳐 달라고 하면서 나를 무던히도 괴롭혔지. 왜냐하면 사실 이 시는 아주 우아하게 생각되고 마치 뭔가 실제로 있었던 일을 기초로 하고 있는 것처럼 보이기 때문에, 그 사실이 무엇이었는지 궁금하셨던 거야. 그러나 시인이란 대체로 얼마 안 되는 동기를 가지고도 어엿한 걸작품을 창출해 내곤 하는데, 사람들은 이것을 말해도 좀처럼 믿으려고 하지 않지."

"차라리" 하고 괴테는 말을 계속했다. "왕이 자기가 쓴 시를 여기 이 편지 속에 적어 보냈더라면 좋았을 것이라고 생각하네. 그렇게 하면 답장을 보낼 때 나는 그 시에 대한 의견을 개진할 수 있지. 내가 읽은 그의 작품은 아주 적지만, 그것들로만 판단해도 그의 시는 좋은 것이야. 형식이나 취급 방법이 다분히 실러의 영향을 받고 있는데, 만약 그가 그러한 훌륭한 용기(容器)를 사용하여 높은 심정의 내용을 담는다고 한다면 많은 탁월한 작품을 기대할 수 있을 거야.

좌우간 왕께서 로마에 이처럼 아름다운 집을 샀다는 것은 기쁜 일이야. 나는 그 별장을 알고 있어. 그 위치가 아주 좋은 곳이지. 그 근방에는 여러 독일의 미술가가 살고 있네."

하인이 그릇을 바꿨다. 괴테는 이 사나이에게 천장의 방에 있는 로마의 큰 동판화를 바닥에 펼쳐 놓으라고 했다. "왕이 얼마나 멋진 집을 샀는지 자네에게 보여 주기로 하지. 이것을 보면 자네는 이 일대를 자유롭게 상상할 수 있을 걸세." 나는 괴테의 이 말에 깊은 고마움을 느꼈다.

내가 말했다. "어제저녁에 〈클라우디네 폰 빌라 벨라〉를 읽고 대단히 감동했습니다. 각색이 아주 확고한 데다 사건의 움직임이 아주 대담하고 자유분방하더군요. 자연히 이 작품이 무대에 올려지는 것을 보고 싶다는 절실한 욕망을 느꼈습니다."

"이것을 잘만 연출한다면" 하고 괴테는 말했다. "절대 나쁘지는 않을 것이야." 나는 말했다. "나는 벌써 이 연극을 머릿속으로 구상했습니다. 배역도 정해놓고 있지요. 게나스트 씨가 루간티노 역을 맡아야 합니다. 이 배역은 그를 위해 만들어진 것이나 다름없습니다. 프랑케 씨는 돈 페드로 역을 해야 할 것입니다. 그는 게나스트 씨와 비슷한 몸매를 하고 있지요. 저는 아무래도 형제 역을 맡는 두 사람의 배우가 다소라도 비슷한 것이 좋다고 생각합니다. 라 로슈 씨는 바스코 역을 하는 것이 좋겠습니다. 그는 멋진 분장과 기술로 이 연극에 필요한 야성적인 외관을 보여줄 것입니다."

"에버바인 부인은 아주 훌륭하게 루친데 역을 해낼 것이고, 슈미트 양은 클라우디나 역에 들어맞을 것이야." 괴테가 말했다. "알론초 역에는 당당한 인물이 아니면 안 됩니다. 이 배역에는 성악가보다는 오히려 연기를 잘하는 배우가 좋을 것이고, 욀 씨 아니면 그라프 씨가 적당하다고 생각됩니다. 그건 그렇고 누구에게 가극을 작곡하라고 하실 겁니까? 그리고 음악은 어떻게 할 것입니까?" 내가 물었다.

"라이하르트[37]에게 맡기면 되지." 하고 괴테는 대답했다. "그러나 음악이 아무

---

37) 라이하르트(1752~1814). 그 당시 매우 높은 교양을 가진 것으로 알려져 있던 음악가인 그는 약관 24세 때 프리드리히 2세에 의해 포츠담 궁정 악단의 단장이 되었다. 이탈리아 여행에

리 멋지더라도 단지 기악 연주로는 고대의 취미를 잘 표현할 수 없을 거야. 이번에는 이 점에 다소 수정을 가해 기악 연주를 한층 더 강렬하게, 한층 더 풍부하게 해야 해. 나의 가곡 〈큐피드, 장난꾸러기에다 제멋대로인 사내아이〉도 이 작곡가 덕분으로 일대 성공을 거두었네."

"이 노래에는 아주 독특한 것이 있습니다. 혼자 흥얼거리면 쾌적하고 꿈꾸는 듯한 기분이 되니까요."

"이 노래는 그러한 기분에서 생겨난 것이네." 하고 괴테가 말했다. "그러므로 그 효과도 그러한 것이 당연하지."

우리는 식사를 끝마쳤다. 프리드리히가 로마의 동판화를 천장의 방에 펼쳐 놓았다고 알려 왔다. 우리는 이것을 관람하려고 갔다.

이 세계적인 도시의 위대한 모습이 우리의 앞에 있었다. 괴테는 곧바로 빌라 루도비지와 그 가까이에 있는 왕의 새로운 주거지인 빌라 디 말타를 발견했다. "잘 봐요." 하고 괴테는 말했다. "얼마나 멋진 장소인가!—로마 전체가 자네의 눈앞에 펼쳐져 있지 않은가. 언덕이 높기 때문에 남쪽과 동쪽으로도 도시를 굽어볼 수 있지. 나는 가끔 이 별장에서 창문을 통해 밖의 전망을 즐기곤 했네. 티버강 저쪽 기슭에 도시가 동북쪽을 향해 늘어지듯 자리하고 있어. 성 베드로 성당은 여기에 있고, 또 그 가까이에 바티칸 교황청이 있지. 봐요, 왕은 그의 별장 창문으로 강 너머 이들 건물의 전망을 마음대로 즐길 수 있어. 여기에 있는 길고 긴 도로는 북쪽에서 도시로 들어오는 길인데, 독일에서부터 계속되고 있는 것이야. 이것이 포르타 델 포폴로일세. 나는 이 문을 지나면 처음 나오는 거리의 모퉁이 집에 살고 있었네. 세상 사람들은 요즘 다른 건물을 가리키면서 내가 살았던 곳이라고 말하고 있지만 그것은 옳지 않은 일이네. 그러나 그런 것은

서 돌아온 괴테는 창작에 몰두하게 되는데, 1789년 라이하르트를 알게 된 이후로는 음악에 관한 일들을 주로 라이하르트와 상담하게 되었다. 이에 라이하르트는 1789년과 1790년에 괴테의 경가극 〈클라우디네 폰 빌라 벨라〉와 〈에르빈과 엘미레〉를 작곡하였고, 그뿐만 아니라 괴테의 시 16편에도 곡을 붙였다. 그러나 정치적인 견해 차이로 두 사람의 사이는 멀어졌다. 그들은 훗날 다시 화해했지만, 1802년 2월 첼터를 만나게 된 괴테는 그 이후부터 음악분야에 관한 모든 조언과 협력을 첼터에게서 구했다. 이러한 첼터와의 관계에서 괴테는 독일 가곡과 창조적인 관계를 맺기 시작했던 것이다.

하찮은 것이야. 결국 아무래도 좋은 것이지. 사람들의 구설수에 맡겨 버리면 되는 것이니까 말이야."

우리는 다시 먼저의 방으로 돌아왔다.—"법무장관에게" 하고 나는 말했다. "왕의 편지를 보여드리면 기뻐하실 것입니다."

"그래, 그에게도 보여 주도록 해야지." 하고 괴테는 말했다.

"파리의 신문에 나와 있는 국회의 연설이나 토론을 읽을 때마다" 하고 괴테는 말을 계속했다. "나는 항상 우리의 법무장관을 생각하지 않을 수 없네. 그는 그런 곳에 가서도 자기 본래의 특색을 발휘하여 제자리를 차지할 것이야. 그런 지위에는 총명한 머리뿐만 아니라 연설을 위한 충동과 기쁨도 함께 필요한 법이지. 그런데 우리의 법무장관은 이 두 가지 모두를 확고하게 갖추고 있어. 나폴레옹도 이런 연설 충동을 느끼고 있었지. 그는 연설할 수 없을 때는 할 수 없이 글로 쓰거나 구술을 했어. 블뤼허의 경우에도 연설을 좋아했네. 그는 연설을 잘했을 뿐만 아니라, 힘이 배어 있는 연설을 했지. 그는 이 재능은 극장의 칸막이 관람석에서 연극을 구경하며 연마한 것이야. 우리의 대공도 말수가 적은 편이었지만 연설을 좋아했고, 연설을 할 수 없을 때는 펜을 들었네. 그분은 많은 논문과 법률을 기초했고 대부분 훌륭한 것이었지. 하지만 군주는 그 모든 것을 구석구석까지 파헤칠 시간과 여유가 없어. 그래서 대공이 만년에 만든 그림 수복에 관한 지출 규정 같은 것은 정말로 재미있는 것이었어. 왜냐하면 그분은 자못 군주답게 수리비의 판정을 수량에 의거하여 수학적으로 정했기 때문이야. 그 규정에 따르면 그림의 복구에 드는 비용은 1피트당 얼마로 계산하여 지급해야 하는 것이었네. 그래서 만약 그림이 12제곱 피트라면 12탈러를 지급하고, 또 4제곱 피트의 경우에는 4탈러를 지불하면 되는 것이야. 이것은 군주다운 방식이기는 하지만 예술적인 것은 아니지. 왜냐하면 12제곱의 그림이라고 하더라도 단지 하루의 노역으로 수복할 수 있는 경우도 있고, 4제곱 피트라고 해도 그 수복에 꼬박 일주일이 걸리는 경우가 있기 때문이야. 그러나 군주들은 군인들과 마찬가지로 수학적인 규정을 좋아하고, 수량에 준해 사업을 대규모로 추진하곤 하지." 나는 이 일화를 아주 흥미롭게 들었다. 이어 우리는 계속 미술에 대해, 그리고 이와 유사한 문제에 관해 이야기했다.

"나는" 하고 괴테는 말했다. "라파엘로와 도메니키노[38] 그림의 모사품을 가지고 있네. 이것에 대해 마이어가 한 주목할 만한 논평을 말해 주지.

마이어는 이렇게 말하고 있네. '이 소묘에는 좀 미숙한 데가 있지만, 이것을 그린 화가는 분명 그의 앞에 있던 그림에 대해 섬세하고 옳은 감정을 갖추고 있었을 것이다. 이 소묘에는 그런 감정이 넘쳐나고 있어 우리 마음속에는 그 원래 그림이 아주 충실하게 떠오른다. 만약 오늘날 미술가가 저 그림을 모사한다면 그 사람은 모든 것을 더 잘 그릴 것이고, 아마 또한 더 정확하게 그릴 것이다. 그러나 틀림없이 그 사람에게는 원그림을 관통하는 성실한 감정이 없을 것이다. 따라서 그 소묘는 훨씬 더 잘 그려진다고 하더라도, 우리에게 라파엘로나 도메니키노에게서 볼 수 있는 순수하고 완전한 개념을 전달하는 점에서는 훨씬 뒤떨어진 것이 될 것으로 예상된다.' 이것은 정말로 아주 미묘한 사항이라고 할 수 있지 않겠는가?" 하고 괴테는 말했다. "번역의 경우에도 이것과 비슷한 일이 일어나지. 가령 포스가 호메로스를 가장 정확하고 멋지게 번역했네. 그렇지만 누군가 원작에 더 소박하면서도 더 진실한 감정을 품은 사람이 있다면, 전체적으로 포스처럼 아주 훌륭한 번역을 해낼 수는 없더라도, 그 원작의 느낌을 더욱 잘 살려서 새롭게 다시 번역해 낼 수 있을 것이야."

나는 이 모든 것이 아주 훌륭하고 핵심을 찌르는 이야기라고 생각하고 전적으로 공감했다. 이를 데 없이 좋은 날씨였고, 태양은 아직 중천에 높이 떠 있었기 때문에 우리는 잠깐 뜰 밖으로 나갔다. 괴테는 곧 두세 개의 나뭇가지가 길가에 너무 낮게 드리워져 있는 것을 발견하고는 이것을 높게 묶어 매도록 일렀다.

누런 샤프란이 아주 발랄하게 꽃을 피우고 있었다. 우리는 그 꽃들을 쳐다본 다음 시선을 길 위로 옮겼는데, 거기에는 완전한 자색의 영상이 나타났다. "요전에 자네가 말했지." 하고 괴테는 말했다. "녹색과 적색은 황색과 청색보다는 한층 더 잘 우세하게 서로를 불러들이고 있네. 그 이유는 전의 두 색은 나중의 두 색보다 한층 더 높은 단계에 있어서 한층 더 완전하고 농후하고 힘에 차

---

[38] 도메니키노(1581~1641). 이탈리아의 화가로 성화를 많이 그렸다.

있기 때문이라고. 나로서는 그것을 긍정할 수가 없네. 색은 그것이 무엇이든, 우리 눈앞에 확연하게 나타나자마자 요구된 색을 불러내기 위해 같은 힘으로 작용하는 것이야. 다만 여기서 문제 되는 것은 우리 눈의 상태가 조절되어 있어야 한다는 것, 너무 밝은 햇빛에 방해받지 않아야 한다는 것, 지면이 강요된 상을 비추는 데 좋은 상황이어야 한다는 것이지. 어떤 경우에도 우리는 색을 미세하게 식별하고 규정하는 것을 삼가야 하네. 그것을 주의하지 않으면 우리는 아주 쉽게 본질적인 것에서 비본질적인 것으로, 즉 진실에서 오류로 빠지는 위험에 몸을 내맡기게 되니까 말일세."

나는 그의 말을 나의 연구에 있어서의 금과옥조로 내 마음에 새겨두었다. 이럭저럭하는 사이에 연극 상연 시간이 다가왔다. 그러므로 나는 떠날 준비를 했다. "조심해야지." 하고 괴테는 작별할 때 웃으면서 말했다. "오늘은 〈어느 도박꾼의 생애로부터의 30년〉[39]의 공포를 잘 정복해야 해."

1829년 4월 10일 금요일

"수프가 올 때까지 자네의 눈을 즐겁게 해 주지." 이렇게 다정스러운 말과 함께 괴테는 클로드 로랭의 풍경화집 한 권을 내 앞에 내놓았다.

나로서는 이 위대한 거장의 작품을 보는 것이 그때가 처음이었다. 그 첫인상은 비상한 것이었다. 한 장 한 장 화집의 페이지를 넘길 때마다 나의 놀람과 기쁨은 높아져 가기만 했다. 그림의 여기저기에서 볼 수 있는 그림자 덩어리의 위력은 박진감에 넘쳐 있고, 하늘에서 쏟아져 물 위에 반사하는 강렬한 햇빛은 모든 그림에서 한결같이 명료하고도 확실한 인상을 드러내고 있었다. 나는 이것이 이 위대한 대가가 되풀이하여 사용하는 예술의 원리라는 것을 느꼈다. 여기에 더하여 나는 더욱 기쁘게 감탄할 수밖에 없었다. 왜냐하면 그의 그림은 그 어떤 것도 그 자체로서 철저하게 하나의 작은 세계를 형성하고 있었기 때문이다. 그의 작품은 그 지배적 분위기에 적합하지 않은 것이나, 그러한 이질적인 것을 조장하는 것은 아무것도 담고 있지 않았다. 조용히 쉬고 있는 어선들이

---

[39] 테오도르 헬(1775~1856)의 희곡 작품으로 1830년 처음 인쇄되었을 때는 〈3일간〉이라는 제목으로 나왔다.

늘어서 있는 항구 그림에서는 분주하게 움직이고 있는 어부들과, 바닷가의 화려한 건물들이 조화를 이루고 있었으며, 그림자를 드리우고 있는 한 그루의 나무 아래에서 쉬고 있는 목동이 갈대피리를 불고 있는 그림에서는 외롭고 초라한 구릉지대에서 풀을 뜯고 있는 염소들과 작은 시냇물, 그리고 그 위에 놓인 다리와 우거진 작은 수풀들이 어우러져 있었다. 움푹 내려앉은 물웅덩이가 있는 그림에서는 그곳에 고인 물이 여름의 폭염 아래 한 잔의 청량제를 제공해 주는 느낌이었다. 모든 그림이 철저하게 하나의 통일성을 이루고 있어 그 분위기에 맞지 않는 이질적인 흔적은 어디에서도 찾아볼 수 없었다.

"어떤가? 자네는 이 그림에서 하나의 완벽한 인간을 보고 있지. 이 화가의 마음속에 있는 이러한 세계는 우리 현실 속에서는 쉽게 만날 수 없는 것이네. 이 그림들 속에는 최고의 진실이 존재하고 있는데도, 현실의 흔적은 어디에서도 찾아볼 수 없네. 클로드 로랭은 현실세계의 구석구석까지 자기의 것으로 소유하고, 이것을 그의 아름다운 마음의 세계를 표현하는 수단으로 사용하고 있어. 그리고 이것이야말로 참된 이상성이라고 하는 것이야. 그가 그리는 것이 현실에 있었던 것으로 믿게 만드는 것이지."

"그것은" 하고 나는 말했다. "가장 적절한 말씀이라고 생각합니다. 또 그것은 로랭의 그림뿐 아니라 당신의 말씀은 문학에도, 그리고 조형미술에도 그대로 꼭 들어맞는 설명 같습니다."

"물론이지." 하고 괴테는 말했다.

"그렇지만" 하고 괴테는 계속했다. "클로드의 멋진 점들을 계속 즐기는 것은 식사가 끝난 뒤에 하기로 하지. 이 그림들은 실제로는 너무나 훌륭하기 때문에 한꺼번에 많은 것을 연거푸 보는 것은 과분한 일이야."

"나도 그렇게 생각합니다." 하고 나는 말했다. "다음 그림으로 책장을 넘기려고 하면 나도 모르게 마음에 일종의 전율이 이는 것을 느낍니다. 이러한 아름다움에 접할 때의 전율은 독특한 것입니다. 좋은 책을 읽고 있다가 계속 귀중한 부분을 만나게 되면, 할 수 없이 책을 덮어 버리고 계속 더 앞으로 읽어 나가는 데 일종의 망설임을 느끼게 됩니다. 이것은 바로 그와 같은 것입니다."

괴테는 잠시 간격을 두었다가 말했다. "바이에른 왕에게 답장을 써서 보냈어.

클로드 로랭의 그림

클로드 로랭의 그림

자네에게 그 편지를 보여 주지."

"그것은 나에게도 도움이 될 것입니다. 기꺼이 보고 싶습니다." 하고 나는 말했다. "그건 그렇고 이 〈알게마이네 차이퉁〉 신문에는 왕에게 바치는 시 하나가 실려 있어. 법무장관이 어제 나에게 그 시를 읽어 주었는데, 자네도 한번 읽어 보도록 해야지." 괴테가 나에게 그 신문을 넘겨주어서 나는 조용히 그 시를 읽었다.

"그래, 어떻게 생각하나?" 하고 괴테는 말했다.

"그 느낌은 딜레탕트적입니다." 하고 나는 말했다. "이 사람에게 있는 것은 재능이라기보다는 오히려 선량한 의욕 쪽입니다. 이 작가는 자기의 실력으로 말하고 있는 것으로 믿고 있지만, 사실은 고도로 발달한 문학으로 인해 여기저기에 널려 있는 이미 이루어진 말들이 그를 대신하여 그럴듯한 가락과 운율을 낸 것일 뿐입니다."

"정말로 자네가 말하는 그대로야." 하고 괴테는 말했다. "나 또한 이 시를 아주 연약한 것이라고 생각하고 있네. 외적인 직관의 흔적은 전혀 볼 수 없지. 다만 정신적이라고 말할 수는 있겠지만 이렇다 할 의미가 없어."

"훌륭한 시를 지으려면" 하고 나는 말했다. "자기가 취급하고자 하는 사물에 관한 깊은 견식이 필요하다는 것은 이미 알려진 사실입니다. 클로드 로랭처럼 전 세계를 자기 뜻대로 만들어 낼 수 없다면, 아무리 그 이상적인 방향이 최선의 것이었다고 하더라도 좀처럼 훌륭한 작품을 만들어 내지는 못한다는 것입니다."

"그리고 불가사의한 것은" 하고 괴테는 말했다. "오직 천부적인 재능이 있는 사람만이 처음부터 문제의 핵심을 알고 있고, 다소의 차이는 있지만 그 이외의 다른 사람들은 모두 미로에 빠져버리고 만다는 것이야."

"미학자들의 경우가 그 증거입니다." 하고 나는 말했다. "이 사람들은 거의 모두가 무엇을 가르쳐야 하는지를 모르고 있습니다. 따라서 젊은 시인들을 완전히 혼란에 빠뜨리고 있어요. 그들은 현실적인 것을 망각하고 이상적인 것을 취급하고 있습니다. 그래서 젊은 시인들에게 결여되어 있는 것을 가르쳐 주는 대신, 그들이 갖고 있는 것을 교란하고 있습니다. 가령 태어날 때 다소의 기지와 유머를 갖추고 있는 사람은 자기 스스로 이런 천부적인 소질을 거의 의식하고 있지 않을 때 그 힘을 최고조로 발휘할 수 있습니다. 그러나 이런 고상한 특성을 칭찬한 논문이 마음에 걸리게 되면 그때부터 곧 이 힘을 천진난만하게 사용하는 데 방해를 받지요. 그리고 더 나아가 그것을 의식하게 되면 이 힘은 마비를 일으켜 결국 그는 기대된 촉진 대신 말로는 다할 수 없는 쓰라림을 맛보게 되는 것입니다."

"자네의 말이 전적으로 옳아." 하고 그는 대답했다. "이 문제에 관해서는 여러 모로 논할 것이 많네."

"이번에" 하고 그는 말을 계속했다. "에곤 에버르트의 새로운 서사시를 읽었어. 자네도 그것을 읽어 보도록 해야지. 나는 가능하면 이 점에서 그를 조금이라도 도와주고 싶네. 사실 그는 참으로 호감이 가는 재능의 소유자야. 그러나 이 새로운 시에는 본질적인 시적 기초, 다시 말해 현실적인 기초가 없지. 풍경이나 해돋이 그리고 일몰 등 그의 장점인 외적 세계를 묘사하고 있을 때는 참으로 훌륭하네. 그때엔 누구도 그의 솜씨를 따라잡을 수 없어. 그러나 다른 부분, 즉 과거의 세계로 거슬러 올라간다든지 전설에 속하는 것을 다룬다든지 하는 경우에는 충분한 진실성을 찾아볼 수 없어. 거기에는 독자적인 중심이 결여되어 있네. 여걸들이나 그 생활과 행동은 이제 일반적인 것이 되어, 젊은 사람들이 시적이고 낭만적이라고 생각하는 것이라든지 미학계에서 흔히 통용되고 있는 것하고 조금도 다른 것이 없지."

"이것은" 하고 나는 말했다. "지금의 문학 전체에 걸친 결점입니다. 누구나 시적이지 못하다는 말을 듣는 것을 두려워하여 특수한 진실을 추구하는 것을 피하고 있습니다. 그리고 이 때문에 오히려 평범한 대열로 전락해 버리고 마는 것입니다."

"에곤 에버르트가" 하고 괴테는 말했다. "연대기가 전하는 것을 그대로 지켰다면 좋았을 텐데. 그렇게 하면 그의 시도 어느 정도 괜찮은 것이 되었을 것이야. 실러는 얼마나 열심히 전설을 연구했던가. 그는 〈텔〉을 쓸 때 스위스 연구에 무진 애를 썼지. 또 셰익스피어도 연대기의 문구 하나하나를 자기 각본의 적당한 부분에 그대로 받아들였어. 이런 것을 볼 때, 나는 오늘날 우리 젊은 시인들도 이와 똑같은 노력을 해야 한다고 생각하네. 나의 〈클라비고〉 속에는 보마르셰의 회고록에서 문구를 그대로 따온 것도 있네."

"그러나 그것은 개작이 되어 있어서" 하고 나는 말했다. "아무도 그것을 알아차리지 못할 정도입니다. 전혀 취재의 흔적을 남기고 있지 않으니까요."

"그것이 그렇게 되어 있다면 고마운 일이기는 하네." 하고 괴테는 말했다.

이어 괴테는 보마르셰의 특징적인 면모를 두세 가지 이야기해 주었다. "그는 좀 별난 사람이었지." 하고 그는 말했다. "재판 소송을 좋아하는 것이 천성인 것 같았어. 그는 재판 소송에 관여하고 있으면 기분이 좋았네. 소송할 때 그가 한 변호 연설은 지금도 남아 있는데, 그건 현존하고 있는 변론 중에서 가장 희귀하다고 할 만한 것이야. 그는 지극히 재기발랄하고 아주 대담하다네. 그런데 어느 날 보마르셰는 유명한 소송 건에서 패하고 말았어. 그러고 나서 법정 계단을 내려오고 있을 때, 마침 올라오고 있는 국무총리를 만났지. 보마르셰는 그에게 길을 양보해야만 했지. 그렇지만 그는 이것을 거절하고 각자가 각각 절반씩 장소를 양보해야 한다고 주장했네. 국무총리는 자신의 위엄에 도전을 받았기 때문에 수행자에게 명령을 내려 보마르셰를 옆으로 밀어냈지. 그러자 보마르셰는 또다시 법정으로 되돌아가 국무총리에게 소송을 제기하였고, 이 재판에서는 승소했다네."

정말로 재미있는 일화였다. 우리는 식사 중 식탁에서 즐거운 이야기를 계속했다.

"나는 또다시 〈2차 로마 체류기〉에 손을 대고 있네." 하고 괴테는 말했다. "이것을 다 끝낸 뒤에 다른 일에 착수하려고 생각하고 있지. 이미 출판된 〈이탈리아 기행〉은 자네도 알고 있듯이 편지 형식으로 편집되어 있어. 그러나 내가 두 번째 로마 체류 기간에 쓴 편지들은 특별히 이런 것에 사용될 수 있는 종류가 못되네. 나의 집안일에 관계된 것과 바이마르 교섭 건에 관련된 서신이 너무도 많아, 나의 이탈리아 생활은 거의 나와 있지 않지. 그러나 여기에는 나의 당시 내면 상태를 나타내고 있는 많은 말들이 들어 있어. 그래서 이런 부분들을 골라내어 나의 이야기에 삽입해 일종의 색조와 분위기를 내 볼 계획을 세웠다네."

나는 이것은 아주 좋은 계획이라고 생각하고 그에게 이것을 추진할 것을 권했다.

"어떤 시대에도" 하고 괴테는 말을 계속했다. "자기 자신을 알라는 말이 되풀이되고 있지. 그러나 이 요구는 기묘한 것이야. 지금까지 이것을 만족하게 수행한 사람은 단 한 사람도 없었고, 또 사실 이것을 수행할 수 있다는 것은 거의 불가능한 일일세. 인간은 그 모든 감성과 노력을 다하여 오직 외적인 것, 즉 주위의 세계에 의존하고 있는 것일 뿐이야. 그래서 자기의 목적에 필요한 범위에서만 그 세계를 알고 자신에게 유용하게 쓰게 되어 있지. 사람들이 자기 자신에 대해서 알고 있는 것은 즐기고 있을 때라든지 괴로워할 때뿐이야. 또한 인간은 괴로움과 즐거움을 통해서만 자기가 무엇을 원하며, 무엇을 피해야만 하는가를 알게 되지. 그러나 그렇다 하더라도 인간의 본질은 확실치 않으며, 인간이 어디에서 왔으며 어디로 돌아가는 것인지도 알지 못하고 있네. 인간은 세계에 관해서 거의 아는 것이 없으며, 하물며 자기 자신에 관해서도 제대로 알지 못하고 있어. 나도 아직 나 자신을 잘 알지 못하고 있지. 그리고 이점에 있어서 나는 오직 신의 가호를 빌 뿐이야.

그런데 내가 말하고 싶었던 것은 나도 40대에 들어서서 이탈리아에 가서야 겨우 나에게는 조형미술에 대한 재능이 없다는 것, 따라서 이 방향을 계속 추구하는 것은 잘못된 경향이라는 것을 깨닫게 되었다는 사실이지. 무엇보다도 나에게는 구상적인 것에 대한 충분한 충동이 결여되어 있었어. 나는 종종 대상물에게 압도당해 버리는 것이 아닐까 하는 일종의 의구심을 가지곤 했지. 어느 쪽인가 하면, 훨씬 힘이 들지 않는 온화한 것이 나의 취미에 맞았어. 풍경을 그릴 때도 힘이 필요하지 않는 원경에서 중앙부로 붓이 나아가게 되면, 앞의 풍경에 필요한 충분한 힘을 기울이는 것이 언제나 두려웠네. 그래서 나의 그림은 성공하지 못했지. 게다가 또 연습도 하지 않았기 때문에 진보할 수도 없었어. 한동안 중지했던 뒤에는 처음부터 되풀이하여 다시 시작하지 않으면 안 되었네. 그렇다 하더라도 나에게 전혀 재능이 없었던 것은 아니야. 특히 풍경화에 있어서는 그러했지. 하케르트는 '만약 당신이 1년 반 동안 나하고 함께 지낼 수 있다면, 당신은 자신과 다른 사람들에게 기쁨을 줄 만한 것을 만들어 낼 수 있을 것입니다'라고 말했지."

나는 이 말을 아주 흥미 있게 듣다가 물었다. "그런데 어떤 사람에게 조형미술의 참된 재능이 있는가, 없는가 하는 것은 어떻게 분간할 수 있습니까?"

"참으로 재능이 있는 사람은" 하고 괴테는 말했다. "형상이나 배치 그리고 색채에 대한 타고난 감각을 구비하고 있고, 조금만 지도를 받으면 이런 모든 것을 아주 빨리 반듯하게 표현한다네. 특히 그런 사람들은 형체에 대한 감각을 구비해서, 그것을 명암에 의해 두드러지게 하려는 충동이 있다. 게다가 또 이것은 연습하고 있지 않는 동안에도 진보하고 내부 성장을 이룩하지. 이런 재능을 분간하는 것은 그다지 어려운 일이 아닐세. 이러한 식별을 가장 잘할 수 있는 것은 역시 대가이겠지만 말이야."

"오늘 아침, 나는 궁전을 다녀왔는데" 하고 괴테는 아주 밝게 말을 계속했다. "대공비의 방들은 아주 아치가 풍부하게 가꾸어져 있었어. 쿠드레이는 그가 이끄는 이탈리아인들과 함께 위대한 능력을 마음껏 발휘하여 새로운 시도를 성공시켰지. 아직도 화가들이 벽화 그리기에 몰두하고 있네. 그들은 이탈리아의 밀라노 사람들이었어. 나는 곧 이탈리아어로 그들에게 말을 걸었지. 나의 이탈리아어가 아직 쓸만하게 살아 있다는 것을 확인할 수 있었네. 그들의 말에 따르면 이곳에 오기 전에 뷔르템베르크 왕의 성에서 작업을 했고, 그 후 고타에 고용되었지만 서로의 의견이 엇갈리는 일이 생기게 되었다고 하네. 그때 마침 바이마르에서 그 사정을 듣고 대공비 방의 장식을 위해 그들을 초빙하였던 것이야. 나는 다시금 이탈리아어를 듣고 말할 수 있게 되어 기뻤지. 뭐니 뭐니 해도 언어는 그 나라의 분위기를 함께 담아 오는 것이야. 이 착한 사람들은 이탈리아를 떠난 지 3년이 지났다네. 그 일이 끝나면 폰 슈피겔 씨의 위촉을 받아 이곳 바이마르 극장의 장식 그림을 그린 뒤에 집으로 돌아갈 거라고 하더군. 자네도 그 그림을 보게 되면 마음이 흐뭇해질 것이야. 그들은 상당히 기량이 좋은 사람들이지. 그중 한 사람은 밀라노 일류 장식화가의 제자라는 것이야. 그러므로 훌륭한 장식 그림을 기대해 볼 만도 하지."

프리드리히가 식탁을 치운 뒤에 괴테는 그에게 로마의 작은 지도를 펼치게 했다. "우리 이방인들은" 하고 그는 말했다. "로마에 오랫동안 머무를 수 없지. 거기에 이주하여 살려면 결혼해서 가톨릭교도가 되어야 하네. 그렇게 하지 않으면 참을 수가 없고 생활도 재미가 없지. 하케르트는 신교도로서 그곳에서 상당히 오래 머물러 있는 것을 적지 않게 자랑으로 생각하고 있었어."

이어 괴테는 그 약도에서 중요한 건물과 장소의 소재를 짚어 주었다. "이것이 파르네제 정원이야." 내가 말했다. "그곳은 당신이 〈파우스트〉 중 마녀의 장면을 쓴 장소가 아닙니까?"

"아니지." 하고 그는 말했다. "그것은 보르게제 정원이었네."

나는 클로드 로랭의 풍경화를 보고 즐거운 기분이 되어 이 위대한 거장에 대해 이것저것 이야기를 나눴다. "오늘날의 젊은 화가들도" 하고 나는 말했다. "그를 모범으로 삼아 그림을 그리면 좋을 텐데요."

이에 괴테가 말했다. "클로드 로랭과 비슷한 심정을 가진 사람이 그를 모범으로 삼으면 틀림없이 아주 훌륭한 경지에 이르게 될 것이야. 그러나 선천적으로 그와 똑같은 재능과 정신을 부여받지 못한 사람은 기껏해야 이 거장의 어느 부분만을 본받아서 그것을 단순한 형식으로 이용하는 것으로 그치고 말겠지."

1829년 4월 11일 토요일

오늘은 길고 넓은 방에 많은 사람들을 위한 식탁이 준비되어 있었다. 괴테와 젊은 괴테 부인이 나를 정답게 맞아주었다. 사람들이 줄을 지어 들어왔다. 쇼펜하우어 부인,[40] 프랑스 공사인 젊은 백작 라인하르트, 그의 처남으로서 러시아 근무를 위해 곧 터키로 갈 폰 D 씨, 울리케 양 그리고 마지막으로 공중고문관인 포겔이었다.

괴테는 유달리 명랑한 기분이었다. 그는 식탁으로 가서 앉기 전에 프랑크푸르트에 관련된 이야기를 꺼내 사람들을 즐겁게 해 주었다. 특히 로스차일드[41]와 베트만[42]이 서로 투기 방해를 한 이야기는 아주 재미있었다.

라인하르트 백작은 궁정으로 갔다. 우리 일동은 식탁에 가서 앉았다. 담화는

---

40) 쇼펜하우어 부인(1766~1838). 유명한 철학자인 아루투르 쇼펜하우어의 어머니이자 여류시인인 그녀는 1806년 이래로 바이마르에서 살면서 문학서클의 중심적 역할을 하고 있었다. 그녀는 괴테하고도 가깝게 지냈던 것으로 알려져 있다.
41) 로스차일드(1773~1815). 프랑크푸르트 출신으로서 이름난 유대계 국제적 금융업자이다.
42) 베트만(1768~1826). 역시 프랑크푸르트에서 알려진 은행가이다.

기분 좋게 활기에 차 있었다. 여행 이야기와 온천 이야기가 나왔다. 쇼펜하우어 부인은 특히 라인강 강가의 논넨베르트섬 근처에 있는 새 별장의 설비에 대해 아주 흥미롭게 이야기했다.

디저트를 나눌 때 라인하르트 백작이 다시 나타났다. 그는 그 짧은 시간 내에 궁정에서 식사했을 뿐만 아니라, 두 번씩이나 옷을 갈아입고 하여 그의 민첩한 행동에 모두 놀라워했다.

그가 가져온 보고에 의하면 새로운 로마 교황이 선출되었는데 그의 이름은 카스티리오네[43]였다. 괴테는 사람들에게 교황이 선출될 때 지켜지는 관습적인 의식에 대해 이야기해 주었다.

겨울을 파리에서 보낸 라인하르트 백작은 유명한 정치가와 문학자 그리고 시인들에 관해 여러 가지 재미있는 이야기를 들려주었다. 이어 샤토브리앙, 기조, 살반디,[44] 베랑제, 메리메 그리고 기타 사람들에 관한 이야기가 화제에 올랐다.

식사가 끝나 모두 돌아가자 괴테는 나를 서재로 데리고 왔다. 그는 그곳에서 아주 귀중한 두 개의 편지를 보여 주었는데, 그것은 나를 아주 기쁘게 해주었다. 그것은 괴테가 젊었을 때 보낸 두 통의 편지로, 1770년에 슈트라스부르크에서 프랑크푸르트의 친구인 호른 박사[45]에게 보낸 것이었다. 하나는 7월의 것이고, 다른 하나는 12월 일지가 적혀 있었다. 이 두 개의 편지 속에서 자기 자신을 피력하고 있는 젊은 사람, 그 사람은 앞으로 위대한 작업을 성취하려는 예감에 가득 차 있다. 나중의 편지 속에서는 이미 〈베르테르〉의 징조가 나타난다. 제젠하임과의 관계도 이미 시작되고 있다. 그리고 이 행복한 젊은이는 이를 데 없이 감미로운 생각에 취해 하루 종일 꿈속에서 헤매며 돌아다니고 있다. 편지의 필적은 침착하고 맑고, 그리고 청아하다. 이 편지들에서는 괴테 만년의 필적을 관통하고 있는 특색이 이미 확실하게 드러나고 있었다. 나는 이 사랑스러운 편지

---

43) 카스티리오네(1761~1830). 1829년 3월 31일 로마 교황으로 선출되어 피우스 8세가 되었다.
44) 살반디(1795~1856). 프랑스의 정치가이자 작가이다. 괴테는 그의 소설을 〈예술과 고대〉 제5권 제1호에서 높이 평가했다.
45) 호른 박사(1750~1806). 괴테의 청년시절 친구이다. 〈시와 진실〉 제15장과 제16장에 나온다.

를 되풀이하여 읽는 것을 멈출 수 없었다. 그리고 이루 말할 수 없는 행복감을 느끼고 감사하는 마음으로 괴테와 헤어졌다.

1829년 4월 12일 일요일

괴테는 나에게 바이에른 왕에게 보내는 답장을 읽어 주었다. 그것은 친히 별장의 계단으로 올라가 왕의 바로 가까이에서 직접 말씀드리는 분위기를 띠고 있었다. 내가 말했다. "이런 경우 우리가 어떤 태도를 취하는 것이 양자의 관계에서 가장 올바른 것인지를 가늠하기는 정말로 어려운 일 같습니다."

"나처럼" 하고 괴테는 대답했다. "일생을 통해 고귀한 분들과 어울려 온 사람에게 그런 것은 그다지 어려운 일이 아니야. 이럴 때 지켜야 하는 유일한 규칙은 지나치게 격식을 무시하는 행동을 해서는 안 된다는 것이지. 오히려 관례의 한계를 넘지 않도록 조심하여야 한다네."

이어 괴테는 지금 착수하고 있는 〈제2차 로마 체류기〉의 편찬에 대해 이야기했다.

"그 당시에 쓴 편지를 읽어 보고" 하고 그는 말했다. "확실해진 것이 있지. 그것은 일생 중의 어떤 시기든 그 전후의 연대와 비교해 볼 때 일장일단이 있다는 것이야. 그렇지, 40대의 나는 두셋 사항에 있어서는 나무랄 데 없이 투철했네. 지금보다 훨씬 현명했고 여러 가지 점에 있어서 훨씬 나았지. 그렇긴 하지만 80세대인 지금도 그 당시와는 바꿀 수 없는 그런 좋은 점이 있다네."

내가 말했다. "당신의 말을 듣고 보니 머릿속에 '식물의 변태'가 떠오릅니다. 이제 사람은 누구나 개화기에서 푸른 잎사귀의 시기로, 또 열매를 맺는 시기에서 개화기로 돌아가는 것을 원하지 않는다고 하는 말의 의미를 잘 알 수 있을 것 같습니다."

"자네의 그 비유는" 하고 괴테는 말했다. "내가 말하고자 하는 것을 완전하게 표현하고 있네. 톱니 이빨 모양을 한 잎사귀를 한번 생각해 보세." 하고 그는 웃으면서 말을 계속했다. "그것이 자유롭게 무럭무럭 뻗어 나가는 상태에서 음울하고 거북한 작은 잎사귀로 돌아가고 싶겠는가? 사실 최고 연령의 상징으로 볼 수 있는 어느 식물이 만발과 결실의 시기를 지나 그 이상 아무것도 생산하지 않지만, 계속 원기 왕성하게 성장해 가고 있다고 하는 것은 기쁜 일이지."

괴테는 말을 계속했다. "우리는 평생 수없이 많은 그릇된 경향 때문에 방해를 받고 있지. 그러면서도 거기에서 빠져나오기 전까지는 그게 그릇된 것이라는 것을 알아차리지 못하고 있네. 그건 정말 안타까운 일이지."

"그렇지만" 하고 나는 말했다. "그 경향이 그릇된 것이라는 것을 알려면 어떻게 해야 하는 것입니까?"

괴테는 대답했다. "그릇된 경향은 비생산적이지. 경향이 그릇되어 있다면 거기에서 초래되는 것은 아무런 가치도 없어. 다른 사람의 그릇됨을 인식하는 일은 그렇게 어렵지 않지. 그러나 그릇된 경향이 자기 자신 속에 있는 경우 그걸 깨닫는 것은 어지간히 어려운 일이야. 거기에는 위대한 정신의 자유가 필요하네. 또 그것을 알고 있다는 것이 반드시 도움이 되지 않을 때도 많아. 망설이고 의심하다 보면 결심이 서지 않기 때문이네. 이것은 마치 애인이 충실치 못하다는 증거가 벌써 여러 번 드러났는데도 좀처럼 헤어지지 못하는 것과 같다네. 이렇게 말하는 것도 조형미술로 향한 나의 경향이 잘못된 것이었다고 깨달을 때까지 내가 얼마나 많은 세월을 보내야 했던가를 생각하기 때문이지. 그리고 그것을 알고 난 뒤에도, 그것에서 벗어나기까지 또 많은 세월이 지나야 했네."

"그렇지만" 하고 나는 말했다. "그 경향은 그릇된 것이라고 이름 붙일 수 없을 정도로 낭신에게는 아주 많은 이익을 가져다주었습니다."

"그것이 감식의 안목을 배양하는 데 도움을 주긴 했지." 하고 괴테는 말했다. "이렇게 생각하고 나는 스스로를 위로하고 있네. 우리가 모든 그릇된 경향으로부터 끌어낼 수 있는 이익은 바로 이것이야. 불충분한 재능으로는 음악에 전념한다고 하더라도 결코 대가가 될 수 없지. 그러나 이 경우에 이 사람은 거장이 창작한 것을 분간할 수 있게 되고, 평가를 내리는 것을 배울 수 있네. 나는 모든 노력을 다했더라도 결코 미술가는 될 수 없었을 것이야. 그러나 나는 미술의 구석구석까지 추구하였기 때문에, 선의 하나하나를 설명하고 그 아름다움과 추함을 판별하는 것을 배웠어. 그 이득은 결코 사소한 것이 아니지. 그러므로 그릇된 경향이라고 하더라도 대체로 이득을 동반하는 법이야. 가령 성지 해방을 위한 십자군은 분명히 그릇된 경향이었네. 그러나 바로 이것으로 말미암아 터키인들이 점점 쇠약해지고, 유럽에서 군림하는 데에 지장을 받게 되었지. 이러한 것은 그 경향에서 비롯된 좋은 산물이라고 할 수 있어."

우리는 여러 가지 사항에 대해 이야기를 나눴다. 이어 괴테는 세규르[46]가 쓴 페터 대왕에 대한 책 이야기를 꺼냈다. 이것이 그의 흥미를 끌었고 그에게 많은 계시를 주었던 것이다. "페테르부르크의 지세는 정말로 구제 불능이네. 도시 주변의 지형이 높으니, 항구만이라도 저지대로 남겨두었더라면 좋았을 것이야. 이런 점을 생각하면 더더욱 아쉽지. 황제가 조금만 높은 곳으로 도시를 옮겼더라면, 그곳은 그 모든 수해로부터 안전할 수 있었을 것이네. 어떤 노련한 뱃사람은 그에게 항의하면서 이 도시의 주민은 70년마다 물속 깊이 사라질 것이라고 예언했네. 거기에는 갖가지 홍수의 흔적을 지닌 한 그루의 오래된 나무가 서 있었는데, 이것도 아무런 도움을 주지 못했어. 황제가 아집에 사로잡혀 자기 눈에 가시에도 같은 이 나무를 베도록 명령을 내렸던 것이야.

그처럼 위대한 인물이 이런 조치를 했다니, 아무래도 이해할 수 없다고 생각하겠지. 그렇지만 나는 이것을 이렇게 설명하고 싶네. 사람은 누구나 청년기의 인상으로부터 떠날 수가 없네. 그런 시기에 늘 보아서 익숙해진 것은, 아무리 결점이 있다고 하더라도 행복한 그날을 보낸 환경인 것이야. 그리고 그것은 시간이 지나면 지날수록 그립고 귀중한 것이 된다네. 그래서 마침내 그 사람에게는 눈이 부실 정도로 소중하게 느껴져 거기에 있는 결점도 눈에 띄지 않게 되어 버리지. 그러므로 페터 대왕도 그 청년기를 지냈던 사랑하는 암스테르담을 자신의 영토 안 네바강 어귀에 재현하고 싶었던 것이야. 이것은 네덜란드인들이 아무리 멀리 떨어진 식민지에서도 언제나 새로운 암스테르담을 건설하려고 시도하는 것과 같은 것일세."

1829년 4월 13일 월요일

오늘 식사 중 괴테는 나에게 여러 가지 유익한 이야기를 해 주었다. 식사가 끝나고 나는 기분 좋게도 또다시 클로드 로랭의 풍경화를 볼 수 있었다. "이 화

---

[46] 세규르(1780~1873). 프랑스의 장군이자 외교관인 그는 1829년 〈러시아 및 페터 대왕의 역사〉라는 책을 출판했다.

집은" 하고 괴테는 말했다. "〈진리의 서〉라는 표제를 가지고 있지만, 더 정확하게는 〈자연과 예술의 서〉라고 할 수 있네. 여기에서는 자연과 예술이 이를 데 없는 높이와 아름다움으로 결합해 있지."

나는 괴테에게 클로드 로랭의 출생과 그가 속한 학파에 대해 물었다.

"그에게 가장 가까웠던 대가는 아고스티노 탓씨[47]였네. 이 사람은 폴 부릴[48]의 제자였어. 그러므로 로랭의 근본적 기초를 만들어 준 것은 이 파와 그 원리인 것이지. 말하자면 이것이 그의 속에서 꽃을 피웠던 것이야. 이 파의 대가들 사이에서 아주 엄숙하게 나타난 것이 클로드 로랭에게서는 명랑 단아하게, 또한 이를 데 없이 부드럽게 뻗어 번영하고 있지. 그러므로 아무도 클로드 로랭보다 한 걸음도 더 앞으로 나갈 수 없었어.

그렇다고 하더라도 정말로 눈부신 시대와 환경 속에 태어난 이와 같은 천재가 누구한테서 배웠는가 하는 것은 정확하게 말할 수 없는 문제라네. 주위를 돌아보고 마음의 양식이 되는 것을 발견하면, 로랭은 이것을 모두 자기의 것으로 만들어 버렸으니까. 그가 자신과 가까운 유명한 대가들과 함께 카라치파[49]의 영향을 받았다는 것은 의문의 여지가 없지만 말일세.

이 세상은 지울리오 로마노[50]가 라파엘로의 제자였다고 말하네. 그러나 그는 틀림없이 그 세기의 제자였다고 말할 수 있을 것이야. 다만 구이도 레니[51]만은 한 사람의 제자를 가지고 있었지. 그 제자는 스승의 정신, 그 심정과 기술을 자기 속에 받아들여, 거의 자기 스승과 똑같이 되어 똑같은 작품을 만들었네. 그러나 이것은 특별한 예일 뿐이고 좀처럼 드문 일이야. 카라치파는 이와는 반대로 해방적이어서, 이 파의 사람들은 각기 태어난 그대로의 방향으로 발전하

---

47) 탓씨(1566~1642). 이탈리아의 화가로, 클로드 로랭의 스승이다.
48) 폴 부릴(1554~1626). 플랑드르의 화가로 약 1582년 이래로 로마에서 활동하고 있었고, 푸생과 로랭에게 영향을 주었다.
49) 16세기와 17세기의 이탈리아의 볼로냐 출신 화가 가문으로, 이 가문에서 구이도 레니, 알바니 그리고 도메니키노가 배출됐다. 괴테는 볼로냐에서 생산된 그들의 작품을 잘 알고 있어서 그것들에 관해 '고대와 현대'라는 논문에서 논평을 한 바 있다.
50) 지울리오 로마노(1492~1546). 라파엘로가 로마에 체류할 때 제자이자 조교로 있었다.
51) 구이도 레니(1575~1642). 17세기 이탈리아 신고전주의의 대표적인 화가이다.

라파엘로의 〈아테네학당〉 인문·자연과학의 창시자들(소크라테스, 유클리드 등)이 제자들과 함께 인문학적 교양이 얼마나 중요한가를 논의하고 있는 가운데, 플라톤은 이데아를 상징하는 하늘을, 아리스토텔레스는 현실세계를 강조하듯 대지를 가리키면서 나란히 중심부에 서 있다.

여 서로 다른 성격의 거장이 되었지. 카라치 일가의 사람들은 모두 미술의 스승이 되기 위해 이 세상에 태어난 것과 같아. 그들은 모든 방면에 걸쳐 이미 가장 우수한 것이 성취된 시대를 만났던 것이야. 그러므로 그들은 그 제자들에게 각 부문에 관한 최선의 전형을 전달할 수 있었지. 그들은 위대한 미술가였고 위대한 스승이었어. 하지만 그들의 작품은 본래의 의미에 있어서 재기발랄하다고 볼 수는 없는 것이었지. 이렇게 말하면 좀 대담하게 들릴지는 모르겠지만 나에게는 그렇게 생각되네."

나는 계속하여 클로드 로랭의 풍경화를 몇 점 감상한 뒤에, 미술가 사전을 펼쳐보고 이 위대한 거장에 대해 언급한 부분을 읽었다. 거기에는 '그의 중요한 공적은 팔레트에 있는 것이다'라고 적혀 있었다. 우리는 서로를 쳐다보고 웃었다. "이제 알겠지?" 하고 괴테는 말했다. "우리가 책에 의지하여 거기에 씌어져 있는 것만을 배워 익힌다면 얼마나 제한된 것만을 얻게 되는지 말이야."

1829년 4월 14일 화요일

오늘 정오에 괴테의 집을 방문하자 그는 벌써 마이어 궁중고문관과 식탁에 둘러앉아 이탈리아와 미술품에 대해 이야기를 나누고 있었다. 괴테는 클로드 로랭의 책 한 권을 가져오게 했다. 그러자 마이어는 그 그림—필이 4천 파운드로 사들였다고 신문 보도된 그 풍경화—을 찾아내 보여 주었다. 그것은 훌륭한 것이었기 때문에, 우리는 모두 그 구매가 현명한 것이었다고 인정하지 않을 수 없었다. 그 그림의 오른쪽을 보았더니 한 무리의 사람들이 서기도 하고 앉아 있기도 했다. 목동 하나가 소녀 쪽으로 허리를 구부리고 있다. 그녀에게 갈대피리 부는 법을 가르치고 있는 것 같았다. 한가운데에 햇빛으로 빛나는 호수가 보이고, 그림의 왼쪽 덤불 그늘에서는 풀을 뜯는 가축이 보였다. 양쪽 군상의 균형도 잘 잡혀 있었다. 그리고 명암의 매력이 강한 작용을 하고 있는 것도 이 거장의 낯익은 솜씨였다. 대화는 이 원화가 지금까지 어디에 있었는가, 그리고 마이어가 이것을 이탈리아에서 보았을 때 그 소유자는 누구였는가 하는 것으로 흘렀다.

이어 화제는 바뀌어 로마에 있는 바이에른 왕의 새로운 별장에 대한 이야기로 나아갔다. "나는 저 별장을 실제로 보아서 잘 알고 있습니다." 하고 마이어는 말했다.

"가끔 그곳에 갔었지요. 저 아름다운 장소를 생각하기만 해도 기분이 좋습니다. 그것은 저 왕에게 꼭 어울리는 성입니다. 자기 취미대로 장식하며 아주 우아하게 만들어 놓았더군요. 내가 갔을 때는 아말리에 대공비가 살고 있었고, 그 옆 건물에 헤르더가 있었습니다. 나중에는 서섹스 공작[52]과 뮌스터 백작[53]이 살았지요. 그 별장은 건강에 좋고 특히 전망이 아주 좋은 곳이었기 때문에 언제

---

52) 서섹스 공작(1773~1843). 영국 조지 3세의 여섯째 아들이다.
53) 뮌스터 백작(1766~1839). 하노버의 정치가이다.

나 외국의 고귀한 군주들이 매우 마음에 들어 했습니다."

나는 마이어 궁중고문관에게 빌라 디 말타에서 바티칸 교황청까지는 거리가 얼마나 되는지 물었다. "우리 미술가들이 살고 있었던 트리니타 디 몬티는 그 별장 근방에 있지만, 거기에서 바티칸 교황청까지 충분히 반 시간은 걸렸습니다. 우리는 매일 여러 번 이 길을 걸어갔었지요." 나는 "다리를 지나 이 길을 가는 것은 좀 돌아서 가는 것 같이 보입니다. 배를 타고 티버강을 지나 들판을 가로지르면 훨씬 가까울 텐데요."라고 말했다. 그러자 다시 마이어가 얘기했다. "그렇지 않습니다. 우리 또한 그렇게 생각하고 여러 번 배를 타고 건너가 보았거든요. 아, 그러고 보니 기억나는 일이 하나 있습니다. 어느 날 밤 바티칸 교황청에서 돌아오는 길에 나루터에서 있었던 일이지요. 그때 나는 부리[54]와 히르트,[55] 그리고 리프스[56]와 함께였습니다. 그날도 늘 그랬듯이 라파엘로와 미켈란젤로 중에서 어느 쪽이 더 위대한가 하는 논쟁이 시작되었습니다. 우리는 배를 타고 저쪽 기슭에 이르렀지만 논쟁은 아직 끝나지 않았지요. 확실히 부리라고 생각합니다만, 어떤 익살꾼이 논쟁이 완전히 매듭지어져 양쪽이 의견의 일치를 보기까지는 상륙하지 말자는 제안을 했습니다. 이 제안은 받아들여졌고, 그래서 뱃사공은 다시 강 안으로 돌아가야 했습니다. 그러고 나서 두 번째로 강기슭에 도달했을 때 다시 논쟁이 활기를 띠게 되어, 우리는 또 강 안으로 돌아가야 했습니다. 논쟁은 좀처럼 결론이 나지 않았지요. 이렇게 하여 우리는 여러 시간을 강 위에서 맴돌았습니다. 돈을 번 것은 다름 아닌 뱃사공뿐이었지요. 한번 날라다 줄 때마다 돈은 불어났으니까요. 뱃사공은 조수로 12살 먹은 자기 아들을 데리고 있었는데, 그 애가 드디어 상황이 좀 이상하다고 생각했던 모양입니다. 그

---

54) 부리(1763~1835). 초상화가이자 역사화가인 그는 로마에서 티슈바인, 괴테와 친하게 지냈다.
55) 히르트(1759~1837). 독일 고고학자이자 미술학자인 그는 1782년 이래로 이탈리아, 특히 로마에서 여행 가이드로 지내고 있다. 그는 괴테와 함께 안나 아말리에 대공비를 모신 일도 있었으며, 1796년 이후에는 베를린에서 미술품 수집 사무의 책임을 맡았다.
56) 리프스(1758~1817). 스위스의 화가이다. 취리히에 살고 있는 라파터의 관상학 책에 들어갈 삽화를 그리면서 괴테를 알게 되었다. 괴테는 이탈리아에서 그를 다시 만나 바이마르 미술학교 교수로 초빙했고, 그는 그 제의를 받아들여 1789년부터 1794년까지 학교에서 젊은 미술학도들을 가르쳤다.

애가 '아빠, 도대체 이 사람들은 어째서 우리가 육지로 날라다 주면 다시 강물로 되돌아가려고만 하는 거죠?' 하고 물었거든요. 그러자 뱃사공이 '애야, 나도 모르겠구나. 이 사람들은 아무래도 머리가 좀 돈 것 같아' 하고 대답했습니다. 우리는 그렇게 한밤중에 한참을 왔다 갔다 하다가 간신히 합의를 이루고 상륙했던 것입니다."

우리는 이렇게 미술가다운 탈선에 관한 유쾌한 일화를 듣고 즐거워하면서 웃었다. 마이어 궁중고문관은 기분이 좋아 연방 로마 이야기를 계속했다. 그리고 괴테와 나는 즐겁게 이것을 듣고 있었다.

"라파엘로와 미켈란젤로에 관한 논쟁은 관례처럼 매일 하게 되는 것이었지요. 양쪽으로 갈라질 만한 숫자의 미술가들이 모이는 데에서는 여지 없이 논쟁이 벌어졌습니다. 술이 싸고 맛있는 선술집은 그런 논쟁이 벌어지는 단골 장소였습니다. 논쟁은 그림을 인용하면서 각각의 세세한 부분에 걸쳐 진행되고, 양쪽은 맞서면서 피차 양보하지 않지요. 그러면 그 그림을 직접 보고 싶어 참을 수 없게 되어 서로 앞을 다투어 곧장 시스티나 성당[57]으로 달려갑니다. 성당의 열쇠는 거기에 있던 구둣방이 보관하고 있었는데, 4그로셴을 내면 문을 열어 주었습니다. 여기로 들어가 이번에는 그림 앞에 서서 실물을 보면서 토론을 벌입니다. 그리고 충분히 했다 싶으면 다시 선술집으로 돌아와서 한 병의 포도주를 마시고는 화해하고 모든 논쟁을 잊어버립니다. 이런 일이 매일 일어났으니 시스티나 성당의 구둣방은 꽤 돈을 벌었을 것입니다."

마이어는 이것과는 다른 구둣방의 이야기도 해 주었다. 그것은 언제나 고대 대리석상의 머리 위에다가 가죽을 두들기던 구두수선공에 관한 것이었다. "그것은 어느 로마 황제의 초상이었습니다."라고 마이어는 말했다. "그 고대의 조각은 구둣방의 문 앞에 놓여 있어서 우리가 그 옆을 지나갈 때 이 사나이가 자기 일에 열중하고 있는 것을 보고 감탄을 하곤 했지요."

---

[57] 교황 식스투스 4세가 1473~1481년에 세운 바티칸 교황청 안에 있는 성당으로, 천장과 벽에는 미켈란젤로가 그린 유명한 천지창조와 최후의 심판 등이 있다.

미켈란젤로의 〈최후의 심판〉 로마 바티칸 교황청 시스티나 성당

1829년 4월 15일 수요일

우리는 재능도 없으면서 창작에 종사하는 사람들에 대해서, 그리고 사물을 이해하지도 못하면서 글을 쓰려고 하는 사람들에 대해서 이야기했다.

"젊은 사람들은" 하고 괴테는 말했다. "이 점에서 현혹되기 더 쉽지. 우리가 생활하고 있는 이 시대는 참으로 많은 문화가 유포되어 있어. 이것은 말하자면 공기처럼 퍼지고 있지. 젊은 사람들은 이 속에서 호흡하고 있어. 젊은 사람들은 마음속에 시나 철학에 대한 생각이 꿈틀거리기 시작하면, 이것을 주위의 시대 공기와 함께 흡수하지. 그런데 그는 이것이 자기만의 독자적인 것이라고 믿고 그렇게 진술해 버린다네. 하지만 이것은 시대에서 받아들인 것이니 다시 시대에 반납해 버리면 그만이니 가련하기 그지없는 노릇이지. 그들은 마치 분수와도 같이 들어온 물을 한동안은 뿜어내지만, 인공적으로 모아온 그 물이 말라버리면 한 방울의 물도 내뿜을 수 없게 된다네."

1829년 9월 1일 화요일

나는 괴테에게 신의 존재의 증명에 관한 헤겔의 강의를 듣고 온 어떤 여행자에 대해 말했다. 괴테는 이런 강연은 이제 시대에 뒤떨어진 것이라는 나의 의견에 찬동했다.

"회의의 시대는 이제 지나갔지. 지금은 아무도 신에 대해서, 그리고 자기 자신에 대해서 회의를 품지 않네. 여기에 더하여 신의 본성이며 우리 심령의 본체인 불멸성, 그리고 이것과 육체의 관계[58]는 영원한 수수께끼인 것이야. 철학자들도 이 이상을 넘어가는 것은 불가능하네. 최근 프랑스의 어떤 철학자는 그 논문의 시작을 참으로 대담하게 다음과 같은 문구로 시작하고 있어.

'인간이 육체와 영혼의 양쪽으로 성립되어 있다는 것은 자명한 것이다. 그러므로 우리는 논술을 육체에서 시작하고 다음에 영혼으로 옮기기로 한다.' 그러

---

[58] 그사이에 유명한 학자가 된 바그너는 '어째서 육체와 영혼은 서로를 헐뜯고만 있는가?'라고 하면서 이원론을 비웃고 있다. 괴테도 결코 이원론을 인정하지 않았는데, 그에게 있어서 육체와 영혼은 부부관계처럼 뗄 수 없이 하나로 결합해 있는 것이었다.

피히테

나 피히테[59]의 논술법은 이미 이것보다 한 걸음 더 나간 것이었지. 그는 다소 현명하게 다음과 같은 말로 문제를 피하고 있네. '우리는 육체로서의 인간을 취급하고, 그것에서 더 나아가 영혼으로서의 인간을 관찰하자.' 그는 이 양쪽이 아주 밀접하게 결합하고 있어 전체로서 떨어질 수 없다는 것을 잘 알고 있었던 것이야. 이런 문제에 있어서 칸트의 공적이 가장 컸다는 것은 이론의 여지가 없네. 그는 인간의 정신으로 도달할 수 있는 한계를 알고 있었지. 그래서 풀 수 없는 문제는 불문에 부친 거야. 우리는 지금까지 영혼 불멸에 관해 할 수 있는 모든 힘을 바쳐 철학을 해 왔네! 그러나 그렇게 해서 우리가 얼마나 앞서갈 수 있었나! 나는 우리의 영생에 대해서는 의문을 제기하지 않아. 왜냐하면 자연은 엔텔레키,[60] 다시 말해 불멸의 활동을 멈출 수 없기 때문이야. 그러나 우리가 모두 똑같이 영생을 얻는다고 말할 수는 없네. 미래의 자신을 위대한 엔텔레키라고 선언하기 위해서는 현재에도 불멸의 활동을 해야 하는 것이지.

그러나 독일인들이 철학적인 문제 해결에 괴로워하고 있는 동안 실천적인 분

---

59) 피히테(1762~1814). 그는 1794년 예나 대학 철학 교수로 부임한 이후부터 괴테와 가깝게 지냈다. 1799년 무신론 논쟁으로 그가 예나를 떠난 이후에도 그와 괴테와의 존경은 그대로 유지되었다. 1803년 괴테가 쓴 〈사생아〉가 베를린에서 처음 상연되었을 때도 피히테는 괴테의 편을 들어주기도 했다. 1806년 프로이센 군대는 나폴레옹 군대에 의해 격파되어, 베를린도 프랑스 군대의 지배하에 들어가게 된다. 이러한 사태에 직면하자 피히테는 자기몸의 위험을 무릅쓰고 1807년 12월부터 그 이듬해 3월까지 베를린 학술원에서 '독일 국민에게 고함'이라는 연속 공개강연을 열었다. 그는 이를 통해 열렬한 애국심을 토로하여 도덕적 향상을 촉구하여 독일국민에게 깊은 감명을 주었다. 이후 1810년 베를린 대학이 창설되었을 때, 철학교수였던 그는 초대총장으로 선출되었다.
60) 괴테가 만년에 즐겨 사용한 용어로, 절대로 분리되지 않고 일정한 방향으로 향하는 살아 있는 힘을 말한다. 〈파우스트〉 제2부 제5막 11936~11937행의 마지막 장면에서 나오는 천사들의 말 '끊임없이 애쓰고 노력하는 자를/우리는 구원할 수 있습니다'와도 통한다.

별력이 풍부한 영국인들은 우리를 비웃으면서 세계를 정복하고 있어. 그들이 노예매매 반대 연설을 이것 들어보라는 듯이 하고 있다는 것은 누구나 다 알고 있는 사실이야. 그리고 그들은 이러한 행동이 인도주의적인 원리에서 나온 것이라고 믿게 만들려고 하고 있지만, 이제 모든 것이 폭로되고 말았지. 그 참된 동기는 현실적인 목적이 있었던 것이야. 우리가 다 알고 있듯이 이런 목적이 없다면 영국인들은 결코 아무 일도 하지 않아. 아프리카 서해안의 방대한 영지에서 그들은 문제의 흑인 노예들을 사용하고 있어. 그러므로 이들이 거기에서 다른 곳으로 수출되어 나가면 그들에게는 이익이 되지 않게 되네. 그들은 미국에 대대적인 흑인 식민지를 형성했고, 거기에서 매우 생산적이게도 흑인들의 힘으로 매년 막대한 수입을 올리고 있지. 또 그들은 이 흑인들로 북미의 수요도를 잘 채우고 있네. 이런 식으로 아주 유리한 거래를 하고 있기 때문에, 외지로부터의 흑인 수입은 그들의 상업상의 이익에 큰 지장을 초래하게 되지. 그러므로 그들이 비인도적인 매매를 반대한다고 외쳐 대는 것도 이런 속셈에서 나온 것이야. 빈 회의에서도 영국공사는 열변을 토하면서 반대했지. 그러나 포르투갈 사절은 아주 침착하고도 현명하게 '나는 우리가 여기에 모인 것이 보편적인 최후의 심판을 열기 위해서, 그리고 도덕의 근본원칙을 확정하기 위해서라고 생각하지는 않습니다' 하고 대답했네. 그는 영국의 목적을 확실하게 꿰뚫어 보고 있었고, 자신도 역시 자기 나라의 목적을 가지고 있었지. 그는 이것을 완수하기 위해서 어떻게 말해야 하는지 잘 알고 있었던 거야."

1829년 12월 6일 일요일

오늘 식사 후에 괴테는 〈파우스트〉 제2부의 제2막 1장을 읽어 주었다. 나는 깊은 감명을 받고 이루 말할 수 없는 행복감에 빠져 들었다. 우리는 다시 파우스트의 서재 장면으로 갔다. 메피스토펠레스는 자신이 그곳을 떠났을 때와 모든 것이 마찬가지인 것을 알게 된다. 그는 파우스트가 서재에서 입는 가죽옷을 갈고리에서 걷어 내자 수천 마리의 좀과 곤충들이 튀어나온다. 메피스토펠레스는 이것들이 다시 행방을 감추는 모습을 이야기하는데, 그런 그의 말로 주위의 정경이 선명하게 우리 눈앞에 떠오른다. 파우스트가 모기장의 배후에서 마비상태로 누워 있는 동안 그는 가죽옷을 몸에 걸치고 다시 주인 행세를 해 보려고 한다. 그는 초인종의 끈을 잡아당긴다. 초인종이 쓸쓸하고 오래된 수도원의 홀을 요란하게 울려, 문이 거세게 열리고 벽이 진동한다. 조수가 달려와 파우스트의 의자에 앉아 있는 메피스토펠레스를 본다. 그는 앞에 앉은 사람이 누구인지 알아보지 못하고 공손히 인사를 드린다. 조수는 묻는 대로 바그너에 관한 보고를 한다. 바그너는 어느 사이에 유명한 인물이 되어 버렸지만 옛날 주인의 귀환을 기다리고 있었다는 것이다. 듣는 바에 의하면, 그는 이 순간 실험실에서 호문클루스(작은 인조인간)의 제조에 힘껏 몰두하고 있었다. 조수를 퇴장시킨다. 학사가 등장한다. 수년 전에 메피스토펠레스가 파우스트의 윗도리를 입고 마음껏 놀려댔던 수줍은 젊은 학생이다. 어느 사이에 그는 어른으로 성장하여 아주 교만해졌고, 이제 메피스토펠레스까지도 그것을 어찌할 도리가 없어 의자를 점점 후퇴시켜 급기야는 일 층 쪽으로 돌아서 버리고 만다.

괴테는 이 장면을 마지막까지 읽었다. 나는 젊음의 창작력과 시종일관 아주 간결하게 진행된 마무리를 보고 기뻤다.

"이 구상은 아주 오래전부터 돼 있었네." 하고 괴테는 말했다. "그리고 나는 50년 동안[61] 이것에 대해 골똘히 생각해 왔어. 그래서 내 마음속에 쌓여 있던 재료가 아주 많아서, 이번에 이것을 취사선택한다는 것은 어려운 작업이었지. 제2부 전체의 구상은 지금 말한 대로 정말로 오래된 것이지.

그러나 내가 세상 물정에 대해 여러 가지로 명료하게 알게 된 지금에 이르러 이것을 썼다는 것은 이 작업에 도움이 되었을 것이야. 이것은 젊었을 때 은전과 동전 같은 작은 돈들을 엄청나게 많이 손에 넣었던 사람이, 평생 쉬지 않고 이것들을 더 가치 있는 것과 환전하여 마지막에는 그 돈을 순금의 화폐로 만들어 보인 것과 같은 것이야."

우리는 학사의 인물에 대해 이야기했다. "이 인물 속에" 하고 나는 말했다. "일종의 관념적인 철학자를 나타내려고 했던 것은 아니었습니까?" 괴테는 말했다. "그렇지 않아. 그것은 젊은 사람 특유의 자부심을 의인화한 것이지. 이것은

---

[61] 괴테는 이것을 정확하게는 1832년 3월 17일 빌헬름 폰 훔볼트에게 보낸 편지에서 말하고 있다.

파우스트를 잠자리에 눕힌 메피스토가 실험실에서 인조인간 완성에 열중하고 있는 바그너를 바라보고 있다.

저 해방전쟁 직후 처음 몇 해 동안 두드러지게 나타났던 경향이야. 누구나 젊었을 때는 세계가 자기와 함께 시작하고, 모든 것이 자기 혼자만을 위해서 존재한다고 믿고 있네. 실제로 동양에서는 매일 아침 주위에 부하들을 모아 놓고, 태양을 쳐다보며 떠오르라고 명령을 내리고 나서야 비로소 그들에게 일을 시키던 사나이가 있었다고 하네. 그런데 이 사나이는 상당히 현명했기 때문에 해가 자연적으로 떠오를 때를 잘 맞춰서 명령을 내렸다지."

우리는 계속하여 〈파우스트〉와 그 구성 그리고 그것과 연관된 사항에 대해 이야기했다. 괴테는 한동안 조용히 생각에 잠겼다가 다음과 같이 말하기 시작했다.

"우리는 나이를 먹게 되면 세상 물정에 대해 젊었을 때와 다르게 생각하게 되지. 그래서 나는 다음과 같은 것을 생각하지 않을 수 없게 되었네. 마력적인 정신은 인류를 조롱하고 집적거리기 위해, 누구나 갈구하지만 아무도 도달할 수 없을 정도의 매력 있고 위대한 인물들을 출현시킨다고 말이야. 그리하여 마력적인 정신은 라파엘로를 출현시켰네. 그는 사고도 행위도 완전했지. 소수의 훌륭한 후계자들이 그의 근처까지 접근하긴 했지만 아무도 그를 따라붙지는 못했네. 이와 마찬가지로 음악에서는 모차르트를 도저히 아무도 따라잡을 수 없는 존재로서 출현시켰지. 또한 문학에서는 셰익스피어가 그러했어. 이에 대해 자네는 이의를 제기할는지 모르겠네. 그러나 나는 이 세상에 태어날 때부터 인물인 사람들과 위대한 천부적 재능의 소유자를 말하는 것이야. 이것을 기준으로 한다면 나폴레옹도 도달 불가능한 존재일세. 러시아인들이 자제하고 콘스탄티노플로 침입하지 않았던 것은 좌우간 참으로 잘한 일이지. 그런데 나폴레옹에게서도 이러한 점을 발견할 수 있어. 그도 자제하고 로마까지는 가지 않았으니까."

이런 풍부한 화제와 관련하여 많은 비슷한 이야기들이 나왔다. 그러나 나는 혼자서 괴테 또한 이러한 의미에서 마력적인 정신이 출현시키려고 했던 인간이라고 생각했다. 왜냐하면 그 역시 너무나 큰 매력을 가지고 있고, 아무리 뒤쫓으려고 해도 도달하기에는 너무나 위대한 인물이기 때문이다.

1829년 12월 16일 수요일

오늘 식사 후에 괴테는 나에게 〈파우스트〉 제2부의 제2막 2장을 읽어 주었다. 메피스토펠레스가 화학기술을 이용하여 인간을 만들어 보려고 하는 바그너한테로 가는 장면이다. 이 작업은 성공을 거두고, 호문클루스는 시험관 속에서 빛을 발하는 물체로 나타나 그 즉시 활동하기 시작한다. 바그너가 이해할 수 없는 것에 대해 질문을 던지지만, 호문클루스는 그 말에 귀를 기울이지 않는다. 이유를 대고 억지를 부리는 것은 그에게 맞지 않는다. 호문클루스는 행동하기를 원한다. 그러므로 그에게 가장 가까운 사람은 우리의 주인공인 파우스트인 것이다. 그러나 파우스트는 지금 마비상태에 있기 때문에 한 단계 더 높은 조력이 필요하다. 호문클루스는 현실의 밑바닥을 너무나 투명하게 들여다볼

 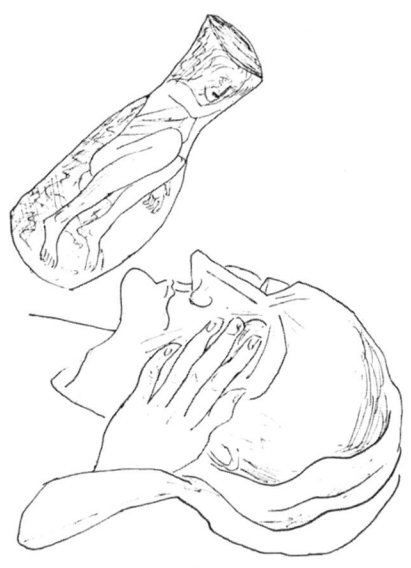

실험으로 탄생한 호문클루스가 바그너한테 인사하는 그림   파우스트 제2부 제2막 6880행.

호문클루스가 아버지뻘인 바그너를 내버려두고 모험의 길로 나서자, 그는 서러워 울어 버린다 6988~7000행

수 있기 때문에, 자고 있는 파우스트의 마음속까지 알고 있다. 파우스트는 우아한 장소에서 목욕을 하고 있는 레다[62]에게 백조들이 찾아오는 아름다운 꿈을 꾸고 있다. 이 꿈을 이야기하는 호문클루스의 말에 의해 우리의 뇌리에는 이를 데 없이 매력에 찬 한 폭의 그림이 떠오른다. 그러나 메피스토펠레스에게는 이런 것이 전혀 보이지 않는다. 그러므로 호문클루스는 그의 북방적인 천성[63]을 경멸한다.

괴테가 말했다. "대체로 메피스토펠레스가 호문클루스보다 불리한 입장에

---

[62] 그녀가 호숫가에서 목욕하다가 백조로 변한 제우스와 관계하여 낳은 자식 가운데 하나가 헬레나이다.

[63] 〈파우스트〉 제2부 제2막에서 바그너의 화학적인 실험에 의해 만들어진 인조인간인 호문클루스는 아직 육체는 가지고 있지 않지만 정신은 왕성하게 발달한 상태이다. 그래서 그는 혼수 상태에 빠져 있는 파우스트의 꿈속에서 전개되는 레다와 백조로 변한 주신 제우스 사이에서 벌어지는 정사를 볼 수 있다. 그러나 북방 중세 기사 시대의 산물인 메피스토펠레스는 고대 그리스의 이교도적인 광경은 인지할 수 없기 때문에 호문클루스의 멸시를 받는다.

있다는 것을 자네는 알 수 있을 것이야. 다시 말해 사물을 꿰뚫어 보는 정신은 비슷하지만, 아름다움이나 유익한 활동으로 향하는 경향을 비교하면 메피스토펠레스는 훨씬 뒤떨어지고 있지. 그건 그렇고 호문클루스는 그를 '사촌 형씨!'라고 부르고 있네. 왜냐하면 호문클루스처럼 영적인 존재는 완전히 인간화되어 있기는 하지만, 그 때문에 우울해한다든지 속박을 받는다든지 하지 않는다는 점에서 마력적인 정신 대열에 들어가 있다고 할 수 있기 때문이지. 그런 점에서 양자 사이에는 일종의 혈연관계가 있다고 할 수 있네."

"확실히" 하고 나는 말했다. "메피스토펠레스는 여기서는 한 단계 낮은 차원에 서 있는 것으로 보입니다. 그러나 우리가 그의 지금까지의 행동을 통해 알고 있듯이 그는 헬레나 장면에 있어서도 암암리에 활동하는 존재로서 등장했습니다. 그렇기 때문에 나는 그가 호문클루스의 출생에도 남몰래 작용했을 것이라는 생각을 떨쳐버릴 수 없습니다. 그렇게 그가 전체적으로 높은 곳에 홀로 서 있다는 우월감을 가지고 있었기 때문에, 세세한 점을 침착하고 너그럽게 바라볼 수 있는 것 같다는 말씀입니다."

"자네는 이들의 관계를 잘 파악한 것이야." 하고 괴테는 말했다. "바로 그거라네. 나는 전에 메피스토펠레스를 바그너한테로 가도록 해서 호문클루스가 막 탄생하려고 할 때 두세 가지 시구를 읊조리게 하는 것이 어떨까 하고 생각했었지. 그렇게 하면 메피스토펠레스의 협력상황을 나타내고, 독자에게도 그것을 확실하게 보여줄 수 있을 테니까 말일세."

"그런 장면도 나쁘지 않았을 것입니다." 하고 나는 말했다. "그러나 그것은 이미 암시되어 있습니다. 이 장면을 맺고 있는 저 메피스토펠레스의 다음과 같은 문구에서 말입니다."

> 결국 우리는 우리가 만든 인간에게
> 끌려다니게 되는군.[64]

---

64) 아직 육체를 가지고 있지 않는 호문클루스가 넓은 세상으로 나가 경험을 쌓아 비로소 육체를 얻게 될 것임을 암시한다. 그렇게 되면 그는 완전한 인조인간으로 탄생하게 된다.

"자네 말이 맞아." 하고 괴테는 말했다. "알아차릴 수 있는 사람에게는 이것으로 충분하지. 그건 그렇네만 나는 또 두세 가지 시구를 생각해 보겠어."

나는 말했다. "하지만 저 끝맺음 말은 우리가 그렇게 쉽게 생각해 낼 수 없을 만큼 멋진 것입니다."

"그렇지." 하고 괴테는 말했다. "이것은 한동안 사람들에게 생각할 거리를 던져 주게 될 것이야. 여섯 명의 아이를 가진 아버지는 아무리 발버둥을 쳐봐도 이제는 끝장이지. 많은 사람들을 높은 자리에 등용시킨 왕이나 재상들도 그들의 경험을 통해 마음에 집히는 데가 있을 것이야."

레다에 관한 파우스트의 꿈[65]이 다시 나의 머리에 떠올랐다. 나는 마음속으로 이것이 구상 중 가장 중요한 부분이라고 생각했다.

"이런 작품에서" 하고 나는 말했다. "각 부분이 서로 연관을 맺고 서로 영향을 주고 서로 보충하여, 결국 클라이맥스에 이르는 것이 정말로 감탄스럽습니다. 제2막의 이 부분에 레다의 꿈이 있기 때문에 나중에 헬레나가 등장하는 본래의 기초가 성립되는 것입니다. 헬레나의 장면에서는 쉬지 않고 백조들과 백조가 낳은 아이의 이야기가 나오지만, 여기서는 그 행위 자체가 나타나고 있습니다. 그래서 우리가 이러한 장면의 관능적인 인상을 받은 뒤에 헬레나의 등장을 맞이하게 되면, 모든 것이 한층 더 확실하고 완전하게 나타납니다."

괴테는 나의 말에 동의했다. 그는 내가 이것을 알아낸 것에 기뻐하는 것 같았다.

"여기에다 또 이 앞의 막에서는 시종 고전적인 것[66]과 낭만적인 것이 울려 퍼지고 화제에 올라, 마치 경사가 급한 언덕길을 올라가듯이 헬레나로 이르게 되지. 그래서 이 두 개의 시형이 선명하게 떠올라와 일종의 균형을 형성[67]할 수 있는 거라네."

괴테는 말을 이었다. "프랑스인들도 이제는 이 관계를 올바르게 생각하기 시

---

65) 〈파우스트〉 제2부 제2막 6904행 이하와 제3막 9095행 이하를 참고하라.
66) 〈파우스트〉 제1부 3835~4223행의 낭만적인 〈발푸르기스의 밤〉과 〈파우스트〉 제2부 7005~8488행의 〈고전적 발푸르기스의 밤〉을 가리킨다.
67) 이 생각은 괴테가 이미 1827년에 발표한 〈헬레나, 고전적인 낭만적 환상, 파우스트의 중간 곡〉에서 암시되고 있다.

작했지. 그들은 말한다네. '고전적인 것이든 낭만적인 것이든 간에 모두 좋은 것이야. 다만 문제 되는 것은 이러한 형식을 이해하고 이용하여 훌륭한 것을 만들어 낼 수 있을 것인가지. 두 쪽을 다 사용해도 가치 없는 것이 만들어질 수 있으며, 그럴 때는 그 어느 쪽도 아무런 도움이 되지 못해.' 이것은 타당하고 훌륭한 말이라고 생각하네. 누구나 당분간은 이 정도로 납득할 수 있을 것이야."

1829년 12월 20일 일요일

괴테와 함께 식사했다. 법무장관 이야기가 나왔다. 나는 괴테에게 그가 이탈리아에서 만초니에 관한 정보를 가지고 왔는지를 물었다. "그에 관해서는 편지를 보내왔었어." 하고 괴테는 말했다. "법무장관은 만초니를 방문했지. 그는 밀라노 근교에 있는 그의 저택에서 생활하고 있네. 그리고 안된 말이지만 여전히 앓고 있어."

"이상한 일이지만 탁월한 재능을 가진 사람들, 특히 시인 중에는 몸이 약한 사람들이 많은 것 같습니다."

"이러한 사람들이 해내는 비범한 일은" 하고 괴테는 말했다. "아주 섬세한 생리구조를 전제로 하고 있지. 그러므로 그들은 드문 감수성을 가지고 있어 천상의 목소리도 잘 알아듣고 이해하네. 그런데 이런 체질은 세계나 우주 사이에서 일어나는 갈등에 의해 쉽게 교란을 당하고 상처를 받게 되지. 그러므로 볼테르처럼 위대한 감수성과 비상한 끈기를 함께 갖추고 있지 않으면 쉬지 않고 병마에 습격을 받게 되네. 실러 또한 늘 병을 앓았지. 내가 그와 처음으로 알게 되었을 때 그는 1개월 이상은 생명을 유지할 수 없을 것이라고 생각됐어. 그러나 그는 일종의 끈기를 가지고 있었네. 그는 계속 오랜 세월을 버텨갔지. 만약 그가 한층 더 건강한 생활에 신경을 썼더라면 더욱더 오래 살 수 있었을 것이야."

화제는 연극으로 옮겨졌고, 어떤 상연물에 관해 이것이 어느 정도까지 성공을 거두었는가 하는 것을 이야기했다.

"운첼만[68]이 이 배역을 연기하는 것을 관람한 일이 있었네." 하고 괴테는 말했

---

[68] 운첼만(1786~1843). 1802년부터 1843년까지 바이마르 극장에서 활동했던 배우로서 그는 괴테의 특별한 지도와 훈련을 받았다.

다. "이 배역은 그에게 언제나 잘 어울렸어. 관객들은 항상 그의 연기를 좋아했지. 이것은 사소한 일에 크게 신경을 쓰지 않는 그의 연기가 관객들에게 호소력 있게 전해졌기 때문이야. 연극예술도 모든 다른 예술과 마찬가지야. 예술가의 일거일동으로 우리는 그가 그때 느끼는 기분 속에 흠뻑 젖어 들게 되는 것이지. 그 예술가의 정신이 자유로우면 우리도 자유로운 기분이 되는 것이야. 이와는 반대로 그가 불안한 기분이 되면 우리도 불안해지고 말지. 예술가의 이러한 자유라는 것은 보통 그가 자기의 일을 충분히 연마하고 있는 경우에만 발생하는 것이야. 네덜란드파의 그림을 보면 마음이 흐뭇해지는데, 그것은 이 화가들이 자신들이 완전히 숙달해 있는 가장 가까운 생활을 그렸기 때문이야. 그러므로 그들의 붓놀림은 자유로웠지. 배우의 경우에도 관객들로 하여금 구애받지 않는 정신을 느끼게 하려면, 연구를 쌓고 공상과 천부의 손질로 자신의 배역을 완전히 소화하지 않으면 안 되네. 어떤 육체적인 동작도 자유자재로 구사해야 하며 또한 일종의 젊은 정력이 그를 뒷받침해 주어야 하지. 연구를 쌓는 것만으로는 충분하지 않기 때문에 상상력이 결여되어서도 안 되네. 그리고 상상력을 갖추고 있다고 하더라도 천부의 혜택이 없으면 완전하지 못하지. 여성 배우들은 상상력과 천성에 의해 대부분의 일을 한다네. 볼프 부인[69]은 이 점에 있어서는 아주 탁월했지."

우리는 계속하여 이 화제에 대해 이야기를 나눴다. 이 기회에 바이마르 극장의 명배우들이 화제에 올랐고, 많은 개개인의 배역을 칭찬하며 이야기를 나눴다.

이럭저럭하는 사이에 〈파우스트〉가 다시 나의 머릿속에 떠올랐다. 나는 호문클루스라는 인물을 무대 위에서 확실하게 보이기 위해서는 어떻게 하면 좋을까 생각하다가 말했다. "비록 이 소인 자체의 모습을 보일 수는 없다고 하더라도 시험관 속에서 빛을 발하고 있는 것을 보이지 않으면 안 됩니다. 또한 이 소인이 말해야 하는 중요한 대사는 어린아이로서는 도저히 해낼 수 없을 정도로 낭독을 잘해야 할 것입니다."

---

[69] 볼프 부인(1783~1851). 바이마르 극장에 출연하던 여배우이다. 그녀가 보여 준 〈로미오와 줄리엣〉에서의 줄리엣 연기는 유일무이한 것이었다고 한다.

그러자 괴테가 말했다. "바그너는 시험관에서 손을 놓아서는 안 되네. 이 배역은 복화술을 할 줄 아는 사람이 맡아서 하는 것이 좋을 것일세. 나는 복화술을 들어본 적이 있는데, 그것을 할 수 있는 사람이라면 틀림없이 이 배역을 잘 해낼 수 있을 것이야."

이어 우리는 대사육제[70]에 대해 언급했고, 또 그것을 어느 정도까지 무대에 올릴 수 있을 것인가에 대해서 이야기를 나눴다.

"그것은 아무래도" 하고 나는 말했다. "나폴리의 시장을 무대에 올리는 것보다 더 규모가 큰 것이 될 것입니다." 이에 괴테가 말했다. "그것은 아주 큰 극장이 필요하게 될 것이야. 지금으로서는 거의 생각할 수 없는 일이지." 내가 대답했다. "그렇더라도 나는 그것을 실제로 볼 수 있는 날을 기대하고 있습니다. 특히 코끼리에 대한 기대가 큽니다. 등 위에는 승리의 여신을 태우고, 양쪽에 공포와 희망을 쇠사슬로 매고서 현명함에 의해 인도되는 그 모습 말입니다. 정말 아무도 이 이상 더 좋은 비유를 생각해 낼 수 없을 것입니다."

"코끼리가 무대에 등장하는 것이 이것이 처음은 아닐 것이야." 하고 괴테는 말했다. "파리에서는 코끼리 한 마리가 등장하여 훌륭한 연기를 해 보이고 있지. 그는 국민당의 편을 들고 있는데, 한 왕에게서 왕관을 벗겨서 다른 왕에게 씌우지. 이것은 정말로 장엄한 착상임이 틀림없네. 이 연극의 마지막에 코끼리를 불러내는데, 그러면 코끼리는 혼자 등장하여 절을 하고 다시 물러가지. 그러므로 우리 사육제의 경우에도 코끼리를 사용해 봐도 괜찮을 것일세. 그러나 전체의 규모가 크기 때문에 적당한 무대감독을 찾아내기란 상당히 어려울 것이야."

"그러나 이것은 이를 데 없이 현란한 인상을 주기 때문에" 하고 나는 말했다. "어떤 극장에서도 이것을 놓치려고 하지 않을 것입니다. 정말이지 짜임새가 대단합니다. 시시각각으로 흥미를 더해갑니다! 처음에는 아름다운 청춘남녀의 정원사들이 나와 무대를 장식하고 동시에 한 무리를 이룹니다. 그러나 점점 북적거리기 시작합니다. 이 광경을 에워싸는 구경꾼들이 나타납니다. 다음으로 코

---

[70] 〈파우스트〉 제2부 제1막 5065행 이하의 가장무도회를 말한다.

끼리의 뒤로, 마차를 끄는 네 마리의 용들이 무대의 하늘을 가로질러 사람들의 머리 위로 나타납니다. 이어 위대한 목축의 신 판이 나타나지요. 그리고 마지막으로 모든 것이 가짜로 꾸민 불 속에서 타버리다가, 축축한 안개가 덩어리가 되어 다가와 덮치면 불이 싹 없어져 버립니다!—이러한 모든 것이 당신 뜻대로 상연된다면 관객들은 놀라 당황해서, 이 풍부한 장면들을 어떻게 해석해야 좋을지 몰라 눈앞이 아찔해질 뿐이라고 말할 것입니다."

"관객들 이야기는 그만해 줘." 하고 괴테는 말했다. "중요한 것은 이제는 다 써서 끝냈다는 것이야. 다만 세상 사람들이 이것을 가능한 한 좋게 대해 주고, 그들의 힘이 닿는 대로 이용해 주기를 바랄 뿐이야."

이어 우리는 〈소년 마부〉[71]에 대해 이야기했다. "파우스트는 부(富)의 신 풀루토스의 가면을 쓰고 있고, 메피스토펠레스는 마른 남자의 가면을 쓰고 있다는 것을 자네는 알 수 있을 것이야. 그러면 소년 마부는 누구이겠는가?"

나는 주저하면서 대답하지 못했다. 그러자 괴테가 말했다. "그것은 오이포리온이야!"

"그렇지만 이 사람은" 하고 나는 말했다. "제3막에 가서야 비로소 이 세상에 태어나는데 어떻게 벌써 이 〈사육제〉에 나타날 수 있습니까?"

괴테는 대답했다. "이 오이포리온은 인간이 아니라 단지 우화적인 존재이지. 그는 시간, 공간 그리고 인간성에도 속박받지 않는 시의 화신인 것이야. 그 정령과 같은 존재는 나중에는 오이포리온이 되어 독자를 기쁘게 해 주고, 지금 여기에서는 소년 마부로 나타나고 있지. 그것은 도처에 존재하고 수시로 나타나는 점에서 유령과 같다네."

1829년 12월 27일 일요일

오늘 식후에 괴테는 나에게 〈지폐의 장면〉[72]을 읽어 주었다. "자네는 기억하

---

71) 〈파우스트〉 제2부 제1막 5573행 이하에 등장하는 인물을 지칭한다. 괴테의 설명에 따르면 제3막에서 오이포리온으로 탄생하는 영(靈)이, 여기서는 마부로 나타나게 된다. 즉 이것은 '시'의 알레고리로서 시간과 장소 그리고 일정한 인물로 국한하지 않는 시적 정신의 구현인 것이다. 따라서 이것은 '씨를 뿌리는 역할'이며 마음의 보물을 뿌려 자기를 완성하는 것이다.
72) 황제가 자기는 서명을 한 일이 없는데 어떻게 지폐가 나왔는가 하고 노발대발하는 장면이다.

고 있을 것이야." 하고 괴테는 말했다. "어전 회의 장면은 메피스토펠레스가 거덜 난 국고에 자금을 조달해 보겠다고 약속하며 부르는 노래로 끝나고 있지. 이 문제는 가장무도회 중에도 계속되네.[73] 메피스토펠레스는 계략을 꾸며, 위대한 목축의 신 판으로 가장한 황제에게 한 장의 종이를 건네 서명하도록 하지. 그리고 그 서명 덕분으로 그 종이는 화폐와 동등한 가치를 가지게 되는데, 메피스토펠레스는 이것을 수천 장 복사하여 뿌려대는 거야.

이 장면[74]에서는 자기가 무슨 일을 한 것인지를 아직 분별하지 못하고 있는 황제 앞에서 이것이 화제에 오르게 된다네. 재무장관은 이 은행지폐를 건네면서 그 상황을 자세히 설명해 주지. 황제는 처음에는 성을 냈지만, 그것이 이익을 가져온다는 것을 깨닫고는 대단히 기뻐하네. 그리고 그의 주위에 있는 사람들에게 새 지폐를 기분 좋게 나눠주면서, 퇴장할 때는 2, 3천 크로네를 떨어뜨리고 가지. 그러면 뚱뚱한 바보가 이것을 긁어모아 토지와 바꾸려고 총총히 그 자리를 뜬다네."

괴테가 이 멋진 장면을 읽고 있는 동안 나는 그가 메피스토펠레스를 이용하여 화폐를 끌어내고, 그 당시의 중대한 관심사를 의미 있게 결부시켜 불멸의 것으로 만들어 놓은 절묘한 수법에 기쁨을 느꼈다.

이 장면을 다 읽고 나서 이에 대해 말하려고 할 때, 괴테의 아들이 아래로 내려와 우리의 식탁에 함께 앉았다. 그는 우리에게 그가 읽은 쿠퍼[75]의 최근 소설에 대해 이야기했다. 그는 자못 그것을 눈앞에 떠올려 볼 수 있게 설명해 주었다. 그런데 우리가 방금 읽은 장면에 대한 사항은 조금도 입 밖에 내지 않았음에도 그는 스스로 곧장 프로이센의 국고증권에 관해 말을 꺼내기 시작했다. 그것이 본래의 가치 이상으로 지불되고 있다는 것이었다. 그래서 나는 젊은 괴테가 말하는 동안 그의 아버지를 향해 잠깐 미소를 보냈다. 그러자 괴테도 마찬가지로 나에게 미소로 답해 주었다. 우리는 우리의 당면 화제가 약속이나 한

---

73) 재무장관이 황제가 가장무도회장에서 위대한 판으로 변장했을 때 직접 서명했다고 설명한다.
74) 이 〈지폐의 장면〉을 말한다.
75) 쿠퍼(1789~1851). 미국의 소설가를 지칭한다. 당시 그의 최신작은 1828년에 출판된 〈붉은 해적〉으로 해양모험을 그린 장편소설이다.

파리스와 헬레나의 등장 〈파우스트〉 제2부 제1막 6453~6565행

듯이 괴테 아들의 이야기와 때를 같이하고 있다는 것을 깨닫고 서로 수긍했던 것이다.

1829년 12월 30일 수요일

오늘 식사 후에 괴테는 나에게 다음 장면을 읽어 주었다. "이제 그들은 황제의 궁정에서 돈을 받았기 때문에 한 번 즐겨 보고 싶어 한다네. 황제는 파리스와 헬레나[76]를 직접 보고 싶다고 하지. 마술을 써서 이들을 확실하게 인간의 모

---

76) 트로이의 왕자인 파리스는 평소에 미(美)의 여신인 아프로디테의 특별한 보호를 받고 있는 미남이지만 말썽꾸러기다. 이웃 나라 그리스의 스파르타로 찾아가 극진한 대접을 받았지만, 스파르타 왕비 헬레나의 뛰어난 미모에 반해 그녀를 유혹하여 트로이로 데리고 온다. 이 일로 그리스의 모든 국가는 총궐기하여 트로야로 원정길에 오르고, 10년이 지나서야 트로이를 함락하여 헬레나를 데리고 귀향한다. 호메로스의 국민 서사시인 〈일리아스〉는 이 대장정의 이야기를 담은 것이다.

1829년 429

습으로 보여달라는 것이야. 그렇지만 메피스토펠레스는 고대 그리스와는 아무런 관련이 없고, 이러한 인물들을 지배할 힘도 없어. 그 때문에 이 일을 파우스트가 떠맡게 되었는데, 그는 이것을 완전하게 성취해 낸다네. 그런데 파우스트가 이 두 사람의 출현을 가능하게 하려면 그에 필요한 계획을 세우지 않으면 안 되지. 하지만 나는 아직 그 계획 전부를 완전히 끝내지 못했어. 그러니 그것은 다음에 읽어 주기로 하지. 오늘은 자네에게 파리스와 헬레나의 출현 부분만을 들려 주기로 하겠네."

나는 어떤 내용이 전개될 것인가 기대하여 가슴이 두근거렸다. 괴테는 읽기 시작했다. "오래된 기사의 홀에는 이 연극을 관람하려는 황제와 정신들이 들어오고 있다. 막이 오르자 우리의 눈앞에는 그리스 신전이 나타난다. 메피스토펠레스는 프롬프터 상자[77] 속에, 그리고 천문학자는 무대 앞 한쪽에 앉아 있다. 파우스트가 삼 발 향로를 갖고 다른 한쪽으로 올라오고 있다. 그가 필요한 문구를 외우자 접시 위의 자욱이 낀 향연(香煙) 속에서 파리스가 나타난다. 이 아름다운 청년이 상쾌한 음악에 맞추어 움직이는 모습이 묘사된다. 그는 앉고 옆으로 기대고 팔을 머리 위로 돌린다. 이 모든 자태가 고대 조각에서 보는 것과 똑같은 모습이다. 그는 부인들의 마음을 사로잡는다. 그의 남성적인 아름다움이 부인들의 입에 오르내린다. 그러나 파리스는 관람하러 온 사나이들의 미움을 산다. 남성들은 증오와 질투에 불타 적극적으로 그를 헐뜯는다. 파리스는 푹 잠이 들어 버린다. 그러자 헬레나가 나타난다. 그녀는 잠들어 있는 사나이를 향해 가서 그의 입술에 입을 맞춘다. 그리고 그에게서 떠나가다가 방향을 돌려 뒤를 돌아본다. 그녀가 뒤돌아보는 모습이 특히 매혹적이다. 그녀는 파리스가 여성들의 마음을 사로잡았던 것처럼 남성들의 마음을 휘어잡는다. 남성들은 그녀에 대한 사랑과 찬미에 열을 올리지만, 부인들은 질투와 증오심에 불타 비난하기에 여념이 없다. 파우스트는 미칠 듯이 기뻐 자기가 불러낸 이 아름다움에 넋을 잃고, 시간과 장소 그리고 자기의 처지를 잊고 만다. 이에 메피스토펠레스는 파우스트가 그의 역할을 잊어서는 안 된다고 쉬지 않고 주의를 준다. 그 사

---

[77] 어느 극장이고 무대 앞쪽 한 가운데에는 프롬프터 상자가 있다. 만약에 배우가 대사를 잘 외우지 못할 때는, 여기서 낮은 목소리로 대사를 읽어 준다.

이 파리스와 헬레나 사이의 애정과 친밀감은 점점 깊어진다. 젊은 남자와 여자는 서로 껴안고 함께 떠나려고 한다. 이때 파우스트가 그녀를 빼앗으려고 파리스에게 열쇠를 갖다 대는 순간, 유령들은 심한 폭발을 일으키면서 연기가 되어 사라지고 파우스트는 마비된 채 지상으로 쓰러진다."

1830년

1830년 1월 3일 일요일

괴테는 나에게 영국의 연감 〈키프세이크〉 1830년 판을 보여주었다. 거기에는 대단히 아름다운 동판화와 바이런 경이 쓴 아주 흥미진진한 편지 두세 통이 들어 있었기 때문에, 나는 식사가 끝난 뒤에 그것을 읽어 보았다. 그 사이에 괴테 자신은 최근 제라르[1]가 번역한 〈파우스트〉의 프랑스어판을 쥐고 책장을 넘기면서 여기저기를 읽고 있는 것 같았다.

"이 책이 50년 전에 볼테르가 사용했던 언어로 읽히고 있다는 것을 생각하면 이상한 기분에 사로잡히게 되네. 이렇게 말해도 자네는 내가 무엇을 생각하고 있는지 이해하지 못할 것이야. 더군다나 볼테르와 그 당시의 위대한 사람들이 나의 청년기에 얼마나 큰 의의가 있었는가, 또 그들이 윤리적인 세계 전체에 얼마나 군림하고 있었는가 하는 점에 대해서는 도저히 상상조차 하지 못할 것이야. 이 사람들이 나의 청년기에 얼마나 큰 영향을 주었는지, 또한 그들에 대항하여 스스로를 지키면서 독립된 입장에서 자연에 대해 참된 관계를 맺으려고 내가 얼마나 남다른 노력을 다하였는지, 그런 것은 나의 자서전[2]에는 확실하게 나타나 있지 않지."

우리는 계속하여 볼테르에 대해 이야기하였다. 괴테는 볼테르의 〈체계〉라는 시를 암송했다. 이것으로 보아 괴테는 청년기에 이러한 작품을 열심히 연구하여 자기의 것으로 만들려고 노력했음이 틀림없었다.

---

1) 제라르(1808~1855). 프랑스의 낭만주의 작가인 그는 1827년 괴테의 〈파우스트〉를 프랑스어로 번역했다. 또 1830년에는 괴테, 실러 그리고 빌란트의 시를 프랑스어로 번역하여 〈독일 시집〉으로 출판했다.
2) 〈시와 진실〉 제3부 제11장을 말하고 있다.

위에서 말한 제라르의 번역은 대부분 산문체였지만, 괴테는 이것을 아주 잘된 번역이라고 칭찬했다. "나는 이제 독일어로는 〈파우스트〉를 읽고 싶은 생각이 없어. 그러나 이렇게 프랑스어로 번역된 것을 읽으면 모든 것이 다시 신선하고 새로워 발랄한 감명을 받게 되지."

괴테는 말을 계속했다. "〈파우스트〉에는 헤아릴 수 없는 그 무엇이 담겨 있어. 오성을 가지고 이것에 접근해 보려고 하지만 허사로 끝나고 말지. 게다가 이 제1부가 한 개인의 어딘지 좀 어두운 의식상태에서 태어났다는 것을 생각하지 않으면 안 되네. 그러나 이 어두운 의식상태가 사람들의 마음을 끌어당기는 것이야. 그리고 사람들은 풀기 어려운 문제들에 맞붙어 씨름하듯이 이것에 매달려 어려움을 겪고 있지."

1830년 1월 10일 일요일

오늘 식사 후 괴테는 파우스트가 어머니들이 있는 곳으로 가는 장면을 낭송하여 내 마음을 정말 흐뭇하게 해 주었다. 대상이 너무나 새롭고 의외였고, 괴테가 그 장면을 낭독하는 방식이 이상하게도 나를 사로잡아서 나는 완전히 파우스트의 상태로 옮겨진 느낌이었다. 그래서 메피스토펠레스가 말할 때는 파우스트와 마찬가지로 나도 온몸이 몸서리쳐지는 것을 느꼈다.[3]

나는 그가 묘사하는 것을 잘 들었고 또 잘 느꼈다. 그러나 수수께끼와 같은 것이 많이 남았기 때문에 나는 괴테에게서 몇 가지 설명을 듣고 싶다는 간절한 소망을 저버릴 수 없었다. 그러나 그는 언제나 마찬가지로 비밀에 부치고는 큰 눈동자로 나를 응시하면서 다음과 같은 말을 되풀이하였다.

"어머니들, 어머니들!—참으로 이상하게 들리는데!"[4]

괴테가 말했다. "자네에게 이 이상은 더 밝힐 수가 없어. 어머니들을 신성(神性)으로 취급하고 있다는 이야기는 플루타르코스에서 볼 수 있고, 그리스의 고대에도 있었지. 내가 전설의 덕을 보고 있는 것은 이것이 전부이고 나머지는 나자신의 창작이야. 자네는 이 원고를 집으로 가지고 가서 전체를 자세히 연구해

---

3) 〈파우스트〉 제2부 제1막 6216행 〈어두운 복도〉 장면을 말한다.
4) 〈파우스트〉 제2부 제1막 6217행이다.

보고, 어디까지 이해할 수 있는지 한번 시도해 보게."

그 후 나는 이 독특한 장면을 되풀이하여 조용히 관찰할 수 있어서 기뻤다. 그 어머니들의 특이한 본성과 활동, 그리고 그녀들의 환경과 그 거주지에 관해 다음과 같은 견해에 도달했다.

우리가 살고 있는 이 거대한 지구의 내부가 아무런 물체에도 부딪치지 않고 일직선으로 수백 마일을 걸어갈 수 있는 텅 빈 곳이라고 생각한다면, 그것이 바로 파우스트가 내려가 찾은 저 미지의 여신들이 사는 주거지일 것이다. 그녀들은 말하자면 모든 공간 밖에서 살고 있는 것이다. 왜냐하면 그녀들의 가까운 주위에는 고체가 전혀 없기 때문이다. 또한 그녀들은 모든 시간 밖에서 살고 있다. 왜냐하면 올라갔다가 떨어지며 낮과 밤의 변화를 알려주는 별도 전혀 그녀들을 비추지 않기 때문이다.

이와 같이 어머니들은 영원한 박명과 고독 속에 머무르면서 창조하는 존재인 것이다. 그녀들은 창조하고 보존하는 근원체이다. 지구의 표면에서 형체와 생명을 갖추고 있는 모든 것은 거기에서 발생하는 것이다. 호흡이 끊어진 것은 정령이 되어 그녀들 곁으로 되돌아간다. 그리고 다시 보호를 받는다. 과거에 존재한 것과 미래에 존재하게 될 모든 영혼과 형체는, 어머니들의 주거지인 무한한 공간 속에서 구름처럼 여기저기를 떠돌아다니면서 그녀들을 에워싸고 있다. 그러므로 마술사들도 마술의 힘으로 어떤 생물의 형태를 지배하고 전에 살고 있었던 것을 불러내 가상의 생명을 주려고 한다면, 그녀들이 살고 있는 나라로 가야만 한다.

이렇듯 이 세상의 존재, 생성과 발육, 파괴와 재생의 쉴 새 없는 변화는 어머니들의 끊임없는 영위인 것이다. 그런데 이 지상에서 쉬지 않고 생식에 의해 새로운 생명을 양육해 가는 모든 경우에 여성적인 것이 중요한 역할을 행사하고 있는 것처럼, 저 창조하는 신들은 바로 여성적인 것이라고 생각해도 좋을 것이다. 그리고 그들에게 저 영광스러운 '어머니'의 이름을 붙이는 것도 근거 없는 바는 아닐 것이다.

물론 이런 모든 것은 단지 시적인 창조에 지나지 않는다. 그러나 우리 유한한 인간은 더 이상 앞으로 나아갈 수 없다. 그러므로 인간은 마음의 평화를 누릴 수 있는 얼마간의 것을 발견하게 되면 그것으로 만족해하면 되는 것이다. 우리는 이 지상에서 갖가지 현상을 목격하고 그 작용을 느끼지만, 그것이 어디에서 와서 어디로 사라지는가에 대해서는 모르고 있다. 우리는 정신적인 원천이 있다는 것, 유일한 신성이 존재한다는 것을 추측은 하지만 이것에 대한 각별한 개념이나 표현을 두고 있는 것은 아니다. 그러므로 우리의 막연한 예상을 어느 정도까지 구상화하고 명백하게 하기 위해서도 그것을 우리의 수준으로까지 끌어내려 의인화하지 않으면 안 된다.

이렇게 하여 모든 신화가 탄생했던 것이다. 그리고 그것은 세기에서 세기를 거쳐 여러 민족 사이에 전해 내려왔다. 괴테가 창조한 이 새로운 신화는 적어도 자연의 진리를 어느 정도 지니고 있는 면모를 보여 준다. 그리고 아마도 이때까지 창조된 신화 중에서도 최고의 것과 어깨를 나란히 겨눌 수 있는 것임이 틀림없을 것이다.

1830년 1월 24일 일요일

"나는 요사이 유명한 슈토테른하임의 암염(岩鹽) 채굴자[5]로부터 한 통의 편지를 받았네." 하고 괴테가 말했다.

"그 글의 첫머리가 어딘지 좀 색다르다네. 그래서 그것을 자네에게 말하지 않을 수 없어. '나는 한 가지 경험을 했습니다. 이것은 나에게는 헛된 것이 되어서는 안 됩니다' 하고 그는 썼네. 이렇게 허두를 시작한 사건은 무엇이라고 생각하는가? 그건 적게 매겨도 1천 탈러에 이르는 손해에 관한 것이야. 부드러운 토양과 바위를 뚫고 1200피트 깊이의 암염이 있는 데까지 내려가는 수직갱 양쪽에 깜빡하고 버팀목을 대지 않았던 것이지. 이 때문에 부드러운 토양이 무너져 내리고 갱의 아래쪽이 진흙에 파묻혀, 이제는 이 진흙을 제거하기 위한 작업에 엄청난 비용을 들여야 하는 처지에 놓이게 되었지. 그는 이제 1200피트 깊이에 금속제의 관을 넣고, 이후로는 이런 불행한 사고가 다시는 일어나지 않도록

---

[5] 카를 굴렝크(1779~1845). 슈토테른하임의 제염소장인 그는 1828년 1월 30일 대공비의 탄생일에 최초로 채취한 암염 견본을 헌정했다. 괴테는 이에 〈슈토테른하임 제염소 최초의 산물〉이라는 시를 지었다.

돌소금 광산

할 것이라고 말하였네. 그러나 이것을 처음부터 했으면 더 좋았겠지. 우리들로서는 왜 진작 그렇게 하지 않았는지 도저히 이해할 수 없기도 하지. 그러나 이러한 후속 조치도 무슨 일이든 거뜬히 해치우는 사람들만이 가지고 있는 대담한 성질에서 비롯되는 거야. 그래서 이런 재난을 당했어도 끝까지 태연스럽게 '나는 한 가지 경험을 했습니다. 이것은 나에게는 헛된 것이 되어서는 안 됩니다'라고 글을 쓸 수 있는 것이지. 이것이야말로 정말로 믿음직스러운 사람이라고 아니할 수 없네. 불평하지도 않고 곧 다시 일을 시작하고 언제나 스스로 일어서지. 자네는 어떻게 생각하는가. 정말 멋지지 않은가?"

"그 말을 들으니 작가인 스턴을 생각하게 됩니다." 하고 내가 대답했다. "그도 자신의 괴로움을 현자처럼 이용하지 않았던 것을 한탄하고 있습니다."

"그렇군. 어딘지 닮은 데가 있어." 하고 괴테는 말했다.

"그리고 나는 베리쉬[6]에 대한 생각도 하지 않을 수 없습니다." 하고 나는 계속 말했다. "그는 경험이란 무엇인가를 가르쳐 주고 있습니다. '경험이란 경험하고

---

6) 베리쉬(1738~1809). 괴테의 라이프치히 대학시절의 친구로 〈시와 진실〉에 자세히 나온다.

싶지 않은 것을 어쩔 수 없이 경험하게끔 만드는 것을 경험에 의해 경험하는 것이다.[7]라는 말을 요 얼마 전에 다시금 읽고 경건한 마음이 되었습니다."

"그렇지." 하고 괴테는 웃으면서 말했다. "그것은 옛날식 익살이야. 그런 것을 말하면서 우리 둘은 시간을 보내곤 했네."

"베리쉬는 참으로 우아함과 섬세함이 넘쳤던 사람처럼 생각됩니다. 밤에 애인 곁으로 찾아가려는 젊은이를 만류하기 위해 술집에서 보여준 익살은 정말로 멋집니다. 그는 이것을 자못 명랑한 수법으로 해내고 있지요. 자기의 단검을 차 보이기도 하고 이렇게 해 보기도 하고 저렇게 해 보기도 하면서, 모든 사람을 웃음 속으로 끌고 들어가 그 젊은이가 데이트 시간을 잊어버리게 만듭니다."

"그렇지." 하고 괴테는 말했다. "그것은 매우 근사한 것이었어. 그것을 무대에 올렸으면 가장 우아한 장면이 되었을 것이야. 대체로 베리쉬는 무대에 적합한 인물이었지."

이어 우리는 괴테의 〈자서전〉[8] 속에서 말하고 있는 베리쉬의 기이한 행동을 남김없이 되풀이하여 말했다. 그는 쥐색 복장을 즐겨 입었는데, 그것은 비단과 비로드 그리고 양털로 되어 있어 서로 두드러지게 짙음과 옅음의 차이를 나타내고 있었다. 게다가 그는 쉬지 않고 어떤 새로운 회색 옷을 몸에 걸칠 것인가에 신경을 쓰곤 했다. 그리고 그는 괴테의 시를 마치 식자공이 일하듯 정서(淨書)하곤 했는데, 그러는 동시에 정서하는 사람의 품위와 위엄을 극구 찬양했다. 또 창가에 드러누워서는 지나가는 사람들의 허물을 찾아내 머릿속에서 그들이 입은 옷을 바꾸어 보고는, 만약 그들이 이런 옷을 입었다면 얼마나 우스울 것인가 생각하면서 시간을 보내는 것을 즐겼다.[9]

"그리고 우편집배원과 관련된 그의 장난은 상습적인 것이었지. 그 이야기는 어떤가. 그것도 재미있지 않은가?" 내가 대답했다. "그것은 금시초문입니다. 당신의 〈자서전〉에는 그런 얘기는 전혀 없었습니다."

---

7) 〈시와 진실〉 제2부 제7장 마지막을 참고하라.
8) 〈시와 진실〉을 말하는 것이다. 괴테 자서전의 제목은 원래 〈나의 생애에서〉였으나 현재에는 부제였던 〈시와 진실〉이 표제처럼 여겨지고 있다.
9) 〈시와 진실〉 제2부 제7장을 말한다.

"그건 참 이상한데!" 하고 괴테는 말했다.

"그렇다면 그것을 자네에게 이야기해 주지. 우리는 함께 창가에 드러누워 있었지. 그러자 우편집배원이 이 집에서 저 집으로 걸어 다니면서 이쪽으로 오고 있는 게 보였네. 그것을 보자 그는 여느 때처럼 1그로셴을 호주머니에서 꺼내 창가에 갖다 놓았어. 그러고는 '자네는 우편집배원이 보이는가?' 하고 향해 말했지. '그가 점점 가까이 오고 있네. 그리고 이제 곧 여기 위로 올라오지. 나는 다 알고 있어. 그는 자네 앞으로 온 편지를 가지고 있네. 그것은 어떤 편지라고 생각하는가. 절대로 평범한 편지는 아니네. 어음이 들어 있지.—어음이란 말이야! 얼마짜리 어음인지는 말할 수 없어.—봐, 이번에는 이쪽으로 오고 있어. 아니군!—그렇지만 곧 올 거야. 자, 또 나타났어. 이번에는 오는군!—이쪽이야! 이쪽으로 들어오세요! 이쪽으로!—그냥 가버렸네! 어처구니없어! 정말 어이없어! 어쩌면 처사가 이렇게 바보스럽고 무책임할 수 있을까! 이중의 의미에서 무책임하지. 저자는 손에 자네 어음을 손에 쥐고도 가져오지 않으니 그것은 자네에게 무책임한 짓이야. 그리고 그는 자기 자신에 대해서도 아주 무책임하지. 내가 그를 위해 벌써 준비해 놓고 있는 1그로셴을 받으려고 하지 않다니 말이야. 그렇다면 이제 돈을 다시 호주머니에 집어넣어야겠군.' 이 말과 함께 그는 1그로셴을 정중하게 다시 호주머니에 넣어 버렸어. 그러고 나서 우리 두 사람은 실컷 웃지 않을 수 없었지."

이 이야기는 재미있었다. 이것은 그와 관련된 다른 농담과 비슷한 것이었다. 나는 괴테에게 훗날 베리쉬를 다시 만났는지 물어보았다.

"다시 만났지." 하고 괴테는 대답했다. "그것도 내가 바이마르로 도착한 바로 직후였어. 아마 1776년이라고 생각하네. 내가 대공과 함께 데사우로 여행하고 있을 때였어. 베리쉬는 거기에 황태자의 교육자로서 라이프치히에서 초청을 받고 와 있었지. 그는 그때도 그전과 조금도 변하지 않았어. 감정이 섬세한 궁정관이었고 최고 유머의 소유자였네."

"당신이 그사이에 아주 유명한 사람이 된 것에 대해 그는 뭐라고 말했습니까?" 괴테가 대답했다. "'그것 봐, 내가 그때 말하지 않았던가?' 이것이 우리가 다시 만났을 때 그의 첫마디였지. '자네가 그때 시를 인쇄하지 않고 걸작이 만들어질 때까지 기다렸던 것은 현명한 일이었어. 물론 그 당시의 작품도 괜찮았지. 그렇지 않았다면 나도 정서하지 않았을 테니까. 우리가 계속 함께 지냈다면 다른 시도 인쇄시키지 않고 내가 정서해 주었을 거야. 그랬으면 역시 더 좋았을 테지.' 어때 자네, 그는 옛날 그대로이지. 그는 궁정에서 아주 사랑을 받았네. 그는 언제나 공작의 식탁에 초대받곤 했어."

"마지막으로 그를 본 것은 1801년이었어. 그때 그는 벌써 노인이었지만 여전히 아주 명랑했네. 그는 성내의 아주 아름다운 방에서 살고 있었는데, 그 방 하나를 완전히 제라늄꽃으로 뒤덮어 놓았지. 그 당시의 사람들은 이 꽃을 특별히 사랑했어. 그런데 식물학자들이 제라늄을 여러 종류로 분류하여, 어떤 종류의 것에 펠라르고늄이라는 이름을 붙였지. 이 노인에게는 이것이 마음에 들지 않았어. 그래서 그는 식물학자들을 비난했지. '바보 같은 놈들!' 하고 그는 말했네. '나는 방 안 전체를 제라늄으로 가득 채웠다고 생각하고 있지. 그런데 그놈들이 와서는 그것들을 펠라르고늄이라고 말했네. 그렇지만 그 꽃들이 제라늄이 아닌 것이 나하고 무슨 상관이 있다는 말인가. 펠라르고늄은 나에게는 쓸모가 없는 것이야.' 이렇게 그는 반 시간이나 말을 해댔지. 어때, 그는 옛날이나 지금이나 마찬가지야."

다음으로 우리는 〈고전적 발푸르기스의 밤〉[10]에 대해 이야기했다. 그 첫 부분을 괴테는 2, 3일 전에 나에게 읽어 주었다. "그때 내 머리에 떠오른 신화적인 인물들은 수없이 많았네. 그러나 나는 신중히 그 모습을 확실하게 떠올릴 수 있을 것만을 택했지. 파우스트는 지금 히론[11]과 함께 있어. 이 장면도 잘될 것이라고 생각하고 있네. 만약 내가 더 열심히 계속하면 〈발푸르기스의 밤〉도 2, 3개월 안에 완성할 수 있을 거야. 그러니까 이제부터는 무슨 일이 있어도 절대로

---

10) 여기 전체 다섯 가지에서 전개되는 광경은 파우스트, 메피스토펠레스 그리고 호문클루스가 각각 주가 되어 이끌어 간다.
11) 히론은 다른 켄타우로스로서 역시 머리에서 허리까지는 인간이고, 다른 부분은 말의 신체를 가지고 있다. 켄타우로스는 괴물이지만 고대 사람들은 말을 좋아했기 때문에, 이들에게 만은 훌륭한 성질을 부여했다. 특히 히론이라고 불리는 이 켄타우로스는 아폴로와 아르테미스에게서 교육을 받아, 사냥, 의술, 음악 그리고 예언술에 뛰어나 유명했다. 아르테미스의 이야기에 나오는 가장 훌륭한 영웅들은 모두 그의 제자였다.

파우스트와 히론 〈파우스트〉 제2부 제2막 7320~7494

〈파우스트〉에서 손 떼지 않을 것이야. 내가 살아 있는 동안에 〈파우스트〉의 완성을 체험할 수 있다면 이 이상 멋진 일이 또 어디에 있겠는가! 그리고 이것은 가능한 일이야. 제5막은 이제는 거의 완성한 거나 다름없고, 제4막도 저절로 완성될 것이니까 말일세."

이어 괴테는 자신의 건강에 대해서 말하면서, 계속하여 더할 나위 없이 건강하게 지내고 있어서 고마울 뿐이라고 말했다. "내가 지금 이렇게 건강한 것은 포겔 덕분이라네. 그가 없었으면 나는 이미 이 세상에 존재하지 않을 것이야. 포겔은 타고난 의사라네. 실제로 그는 내가 이때까지 알고 지낸 사람 중에서 가장 천재적인 인물 중의 한 사람이야. 그러나 그가 훌륭하다는 것을 너무 칭찬하지는 말아야 해. 다른 사람에게 그를 빼앗기지 않으려면 말일세."

1830년 1월 31일 일요일

괴테와 함께 식사하며 밀턴[12]에 대해서 이야기했다. "나는 요 얼마 전에 그의 〈삼손〉을 읽었지." 하고 괴테는 말했다. "그런데 이것만큼 고대인의 정신을 잘 전달해 준 작품은 근대에 이르러 어떠한 작가의 저작 중에서도 찾아볼 수 없네. 그는 참으로 위대하지. 그 자신이 장님이었던 것이 삼손을 이처럼 생생한 필치로 쓰게 하는 데에 도움이 되었을 거야. 밀턴은 진짜로 훌륭한 시인이었지. 우리는 그에게 최대한의 존경을 표시해야 하네."

밀턴

여러 종류의 신문들이 도착했다. 그리고 베를린의 연극통신에는 그곳 무대에 바다의 괴물 그리고 고래가 등장했다고 나와 있었다.

괴테는 프랑스 신문 〈루 탕〉에 실린 영국 성직자의 막대한 봉급에 대한 기사를 읽었다. 그것은 기독교계를 전부 통틀어 영국 성직자들보다 많은 액수를 받는 교역자는 없다는 내용이었다. 괴테는 말했다. "이 세상은 보수에 의해 지배된다고 말하는 사람들이 있지. 그러나 나는 이 세상이 잘 지배되고 있는지 그렇지 않은지는 지급하는 보수에 의해 알 수 있다고 생각하네."

1830년 2월 3일 수요일

괴테와 함께 식사했다. 우리는 모차르트에 대해 이야기했다. "나는 모차르트가 아직 일곱 살 소년이었을 때 그를 만난 적이 있네." 하고 괴테는 말했다. "그가 여행하면서 연주회를 열었을 때였어. 나는 그때 열네 살이었을 거야. 머리를 묶고 칼을 찬 그의 작은 모습을 지금도 똑똑히 기억하고 있지." 나는 이 말을

---

12) 밀턴(1608~1678). 영국의 작가로서 자신도 소경이 된 그는 구술로써 인간성을 대표하는 아담의 죄와 벌 그리고 그럼에도 여전히 존재하는 구제의 가능성 〈실낙원〉(1667)을 저술했다. 그 대서사시는 노래하고 있다. 이어 구약성서 〈판관기〉에 나오는 소경의 영웅 삼손의 죽음을 다룬 〈투사 삼손〉(1671)에서 그는 그리스 비극의 형식을 채용하여 가장 완벽한 예술미를 나타냈다고 한다.

듣고 깜짝 놀라서 눈을 크게 떴다. '괴테가 어릴 때의 모차르트를 만난 적이 있을 만큼 나이를 먹었구나' 하는 것을 생각하고는 이상한 기분이 들었다.

1830년 2월 7일 일요일

괴테와 함께 식사했다. 우리는 수석 대주교이자 대공[13]인 어떤 사람에 관해 여러 가지 이야기를 했다. 괴테는 자신이 오스트리아 여제의 연회석상에서 교묘한 말솜씨로 이 대주교를 변호해 주었다고 말했다. 또 대공이 철학에 관해서는 식견이 없었다는 것, 그림을 그리기는 했지만 아마추어의 수준이었고 취미도 별로 없었다는 것, 고어 양[14]에게 그림을 보냈다는 것 등이 화제에 올랐다. 그리고 괴테는 그가 마음이 착하고 온순하여 무엇이든지 사람들에게 주어 버려, 급기야는 곤궁에 빠지고 말았다고 하였다. 이어 우리는 무례한 태도의 개념에 대한 이야기 등을 나누었다.

식사 후에 괴테의 아들이 발터와 볼프를 데리고 클링조르[15]로 가장하고 궁정으로 갔다.

1830년 2월 10일 수요일

괴테와 함께 식사했다. 그는 리머가 2월 2일의 축제를 기념하여 쓴 축제가[16]를 극구 칭찬했다. "정말이지 리머가 쓴 시는 어떤 대가나 동료 앞에 내놓아도 부끄럽지 않은 것이야."

우리는 이어 〈고전적 발푸르기스의 밤〉에 대해 이야기했다. 괴테는 이것을 쓰고 있을 때 여러 가지 착상이 머리에 떠올라 자신도 놀랄 지경이라고 말했다. 그리고 소재 범위도 예상외로 넓어졌다는 것이었다.

"지금으로서는 절반 이상을 넘어선 상태야." 하고 그는 말했다. "그러나 이대로 계속 써 나가면 부활절까지는 완성되리라고 믿고 있네. 그때까지는 자네에

---

13) 칼테오도르 폰 달베르크(1744~1817)를 말하는 것으로, 그는 괴테, 헤르더 그리고 빌란트와 친교를 맺고 있었다. 마인츠의 선제후인 그는 프랑크푸르트 대공이라는 칭호를 가지고 있다.
14) 고어 양(1754~1802). 1731년 이래로 바이마르에 정착한 영국인 찰스 고어의 딸이다.
15) 중세기의 전설적인 인물인 그는 〈발트부르크 노래경연대회〉에서 심판관으로 등장했다.
16) 리머는 대공의 탄생일에 가장행렬을 〈발트부르크 노래경연대회〉라는 시(詩)로 노래했다.

게도 이 이상 더 보여주지 않겠어. 그러나 다 완성되면 자네에게 줄 터이니 집으로 가져가 조용히 읽어 주게. 자네가 이번에 제38권과 39권을 함께 정리하여 부활절까지 최종원고를 보낼 수 있으면 좋겠어. 그렇게 되면 우리는 여름에 마음 놓고 더 큰 작업에 손을 댈 수 있어. 나는 〈파우스트〉를 계속 써서 제4막을 완성할 수 있을 거야." 이 말을 듣고 나는 기뻤다. 그리고 가능한 한 어떤 도움도 아끼지 않겠다고 약속했다.

괴테는 이어 하인을 보내 대공모의 안부를 알아 오도록 했다. 대공모가 중태여서 그녀의 용태를 걱정하고 있었던 것이다.

"대공모께서 가장행렬을 참관하지 않았으면 좋았을 걸 그랬어." 하고 그는 말했다.

"그러나 높으신 분들은 자기의 뜻을 관철하는 데 익숙해져 있네. 그래서 시종들이나 의사들이 아무리 반대해도 소용없어. 이런 강한 의지력이 있었기에 대공모는 전에 나폴레옹에 대항하여 맞설 수 있었고, 지금은 쇠약해진 몸을 잘 지탱하고 계시네. 나는 이미 잘 알고 있지. 그분도 대공 전하와 마찬가지로 원기 왕성하시고 정신력도 또렷하지만, 이제는 육체가 말을 듣지 않으니 끝날 날이 오게 될 거야."

괴테는 눈에 띄게 걱정하고 있는 모습으로 한동안 침묵을 지키고 있었다. 그러나 우리는 다시 명랑한 이야기로 옮겨갔다. 그는 허드슨 로웨[17]의 변명에 관한 책 이야기를 했다.

"이 책 속에는 가장 귀중한 글이 적혀 있지." 하고 그는 말했다. "여기엔 직접 눈으로 본 사람이 아니면 쓸 수 없는 것이 들어 있어. 자네도 알지만 나폴레옹은 언제나 진한 녹색 군복을 입고 있었지. 그런데 그 옷은 너무 오래 입어서 낡았고 햇볕에 타서 아주 초라하게 보였네. 그래서 그는 이것을 다른 옷과 바꿀 필요를 느꼈지. 그는 같은 진한 녹색을 원했어. 그러나 이 섬에는 그런 물건이 없었지. 물론 녹색천은 찾았지만 그 색은 불순하게도 황색이 섞여 있었네. 이런 색의 옷을 입는다는 것은 세계를 제패한 황제에게는 아무래도 불가능한 일이

---

[17] 하드슨 로웨(1767~1844). 영국의 군인으로 나폴레옹이 유폐된 세인트 헬레나의 총독을 지냈다. 그는 〈세인트 헬레나의 나폴레옹 유폐에 대한 회상〉(1830년)을 썼다.

나폴레옹

었지. 그래서 할 수 없이 그 낡은 군복을 뒤집어서 입는 수밖에 없었네.

자네는 이것을 어떻게 생각하는가? 정말로 비극적인 이야기가 아닌가? 제왕 중의 제왕이 급기야는 군복을 뒤집어 입어야 할 정도로 영락한 것을 볼 때는 참을 수 없는 기분이 되지 않나? 그렇지만 이것이 수백만 명의 인명과 행복을 유린한 사나이의 최후라는 것을 생각하면, 그가 겪은 이러한 운명은 아직도 너무나 미온적인 것이지. 복수의 여신도 이 영웅의 위대함을 참작하여 어느 정도 적당히 봐준 모양이네. 자기 자신을 절대적인 것으로 끌어올리고, 모든 것을 어떤 이념의 실현을 위해 희생시킨다는 것, 이것이 얼마나 위험한 것인가를 나폴레옹은 우리에게 보여 주고 있는 것일세."

우리는 계속하여 이와 관련된 여러 가지 이야기를 했다. 그리고 나는 〈세빌랴의 별〉[18]을 관람하러 극장으로 갔다.

1830년 2월 14일 일요일

오늘 정오에 식사 초대를 받고 괴테에게로 가는 도중에, 이제 막 대공모 전하께서 서거하셨다는 보고를 접했다. 그때 나에게 제일 먼저 떠오른 생각은 이것이 저 고령의 괴테에게 어떤 영향을 미칠 것인가 하는 것이었다. 그리고 다소 걱정하면서 문지방에 들어섰다. 하인은 나에게 방금 그의 며느리가 이 비보를 알리려고 그한테로 갔다고 말했다. 나는 혼잣말했다. '50년 이상이나 괴테는 이 대공모와 함께 지내면서 특별한 비호와 은총을 받고 지냈다. 그분의 죽음은 그의 마음을 깊이 요동시킬 것임이 틀림없어.' 이렇게 생각하면서 나는 그의 방으로 들어갔다. 그러나 그는 며느리와 손자들과 함께 식탁에 앉아 아주 쾌활하고

---

18) 오스트리아의 시인인 요제프 크리스티안 폰 체드리츠(1790~1862)가 로페 데 베가의 동명 희곡을 모방한 것이다.

기운차게 수프를 들고 있었다. 나는 그것을 보고 적잖이 놀랐다. 마치 아무 일도 없었던 것 같이 우리는 자못 명랑하게 두서없는 말을 계속했다. 이윽고 거리 전체의 모든 종이 일제히 울리기 시작했다. 조종이 울리자, 젊은 괴테 부인은 나에게 눈짓을 보냈다. 그래서 우리는 한층 더 목소리를 높여 말하면서, 종의 울림이 그의 마음속 깊이 스며들어 비통한 심기를 북돋우지 않도록 신경을 썼다. 왜냐하면 우리는 그도 우리와 같은 느낌일 것이라고 생각했기 때문이다. 그렇건만 그는 우리처럼 느끼고 있지 않았다. 그의 심경은 전혀 다른 것이었다. 그는 마치 이 세상의 고뇌하고는 상관없는 한 단계 높은 존재인 것처럼 우리 앞에 앉아 있었다. 궁중고문관인 포겔이 나타났다. 그는 우리와 자리를 함께하면서 승천하신 그분의 임종에 대해 자세히 이야기해 주었다. 괴테는 이것을 전과 마찬가지로 조용히 그리고 침착하게 듣고 있었다. 포겔은 가 버렸다. 우리는 오찬을 들면서 담화를 계속하였다. 〈카오스〉[19]에 관한 이야기도 여러 번 있었고, 괴테는 그 잡지의 지난 호에 실린 〈연주에 관한 고찰〉은 참으로 탁월한 글이라고 칭찬했다. 젊은 괴테 부인이 아이들과 함께 자리를 물러간 뒤에 나는 괴테와 단둘이 남게 되었다. 그는 나에게 〈고전적 발푸르기스의 밤〉에 대해 이야기했다. 그 작업은 날이 갈수록 잘 진척되고 있고 기대 이상으로 성공하고 있다는 것이었다. 이어 그는 오늘 바이에른 왕으로부터 받은 한 통의 편지를 보여 주었다. 나는 그것을 아주 흥미 있게 읽었다. 왕의 고귀함과 성실한 정신은 편지의 각 행간을 꿰뚫어 나타나고 있었다. 이렇게 왕이 자신에 대해 언제나 변치 않고 있는 것이 괴테를 각별히 기쁘게 해 준 것 같이 보였다. 궁중고문관인 소레가 와서 자리를 함께했다. 그는 전하께서 괴테에게 보내는 위로의 말씀을 전하러 왔던 것이다. 이것은 밝게 마음을 가라앉히고 있는 괴테의 기분을 한층 더 드높이는 데 도움을 주었다. 괴테는 담화를 계속하여 저 유명한 니농 드 랑클로[20]에 대해 말했다. 그녀는 대단한 미인이었는데 16세 때 죽을 고비를 맞은

---

19) 괴테의 며느리인 오틸리에의 주관으로 1829년 9월 12일부터 1931년까지 협회 회원들의 기고로만 출판된 개인잡지였다.
20) 니농 드 랑클로(1620~1705). 뛰어난 재주와 용모로 유명했던 프랑스 부인으로 그녀의 주거지는 그 당시 유명 인사들의 사교장이었다.

적이 있다고 한다. 그런데 그녀는 조금도 흐트러지지 않고 다음과 같은 말로 주위의 사람들을 위로했다. "도대체 무슨 일이 더 있겠습니까? 나도 결국 한 발짝 먼저 죽음의 대열에 들어선 것에 지나지 않지요!"—그랬건만 그녀는 오래오래 90세까지 살아서 80대에 이르기까지 수백 명의 애인들을 행복하게 해 주기도 하고 절망 속으로 몰아넣기도 했다는 것이었다.

이어 괴테는 고치[21]와 베네치아에 있는 그의 극장에 대해 이야기했다. 이 극장에서는 배우들이 대강의 줄거리만 받아서 그 즉석에서 연기를 한다는 것이다. 고치는 비극적인 경우는 단지 서른여섯 가지만 있을 뿐이라는 견해를 가지고 있었다고 한다. 실러는 그 외에도 더 있을 것이라고 믿었지만 그만큼의 숫자를 찾는 데에 성공하지 못했다.

그리고 나서 그림[22]에 대해 여러 가지 흥미로운 이야기가 있었다. 그의 정신과 성격에 대한 일화가 나왔는데, 그는 너무 지나치게 지폐를 경멸했다는 것이었다.

1830년 2월 17일 수요일

우리는 연극에 대해, 특히 무대의 배경그림과 의상의 색채에 대해 이야기했다. 결론은 다음과 같은 것이었다.

일반적으로 무대 배경그림은 전면에 나오는 의상의 갖가지 색채를 돋보이게 하는 색조를 가져야 한다. 가령 보이터[23]가 그린 무대 배경그림처럼 다소 갈색을 띠고 의복의 색깔이 아주 선명하게 드러나게 해야 하는 것이다. 그러나 무대 배경그림을 그리는 화가가 적색이나 황색 방 또는 흰 천막과 녹색의 정원을 그려야 해서 이런 안성맞춤의 막연한 색채를 사용할 수 없는 경우, 배우는 이것과 똑같은 색깔의 의상을 입지 않는 것이 현명하다. 붉은 유니폼과 녹색 바지를 입은 배우가 붉은 방으로 들어가게 되면 관객들의 눈에는 상반신이 지워진 두 다

---

21) 고치(1720~1806). 이탈리아의 희극작가이다.
22) 그림(1723~1807). 그는 1748년 이래로 파리에서 주로 프랑스의 백과전서 일파와 어울리면서, 특히 독일 귀족 계급을 위해 프랑스의 문학동향에 대한 글을 쓰고 있었다.
23) 보이터(1777~1856). 배우이자 무대 배경 화가이다.

리만이 보이게 될 것이다. 또 그 사나이가 같은 복장으로 녹색 정원으로 들어가게 되면 이제 다리는 사라지고 상반신만이 돋보여 이상하게 될 것이다. 실제로 나는 흰 유니폼과 새까만 바지를 입은 배우가 흰 천막 속과 흑색 배경 앞에 서게 되어, 한 번은 상체가 다른 한 번은 다리가 사라진 채로 연기하는 것을 본 일이 있다.

괴테는 덧붙여 말했다. "그리고 무대 배경그림 화가가 적색과 황색의 방 또는 녹색 정원이나 삼림을 만들 때는, 언제나 이것들의 색채를 다소 약하게 하여 엷은 안개에 싸인 것처럼 하는 것이 중요하지. 이렇게 하면 전면에 나타나는 배우 각자의 의상을 드러나게 하는 충분한 성과를 거둘 수 있네."

우리는 〈일리아스〉에 대해 이야기했다. 괴테는 나에게 이 서사시의 모티브가 훌륭하다는 것을 이야기하여 그에 대한 주의를 환기했다. 그는 아킬레스의 활동을 한동안 중지시켜 놓고 다른 영웅들을 출현시켜 활동할 수 있는 여유를 주고 있다는 점을 들었다.

그는 〈친화력〉에 대해서도 이야기했다. 그 속에 있는 단 한 행도 그의 체험이 반영되지 않는 것은 없지만, 그 한 행 한 행이 체험 그 자체만을 쓴 것은 아니라고 말했다. 그것은 제젠하임의 이야기[24]에 있어서도 마찬가지라고 했다.

식사가 끝난 뒤에 네덜란드파의 화첩을 훑어보았다. 항구가 그려진 그림[25] 한 폭이 있었다. 그림 한쪽에서 사람들이 음료수를 배에 싣고 있다. 그리고 다른 한쪽에서는 큰 나무통 위에서 주사위놀이를 하고 있다. 이 그림은 다음과 같은 점을 고찰하는 데 훌륭한 계기를 제공하고 있다. 즉 예술적인 효과를 손상하지 않으면서도 어떻게 하면 현실을 생략할 것인가. 큰 나무통 뚜껑 위에 비치고 있는 햇빛은 가장 강하다. 주사위는 던져지고 있다. 이것은 사람들의 몸짓에서 알 수 있다. 그렇지만 뚜껑 표면에는 주사위가 그려져 있지 않다. 왜냐하면 주사위가 있으면 광선이 통과되지 않아 효과가 약해지기 때문이다. 이어 로이스달이 자신의 묘지를 설계한 초벌 그림을 보았다. 거기에서는 이 거장의 고심이 이만

---

[24] 괴테가 슈트라스부르크 대학에 다닐 때, 그 근교 제젠하임 목사의 딸 프리드리케 부리온과의 사랑을 말하는 것이다.
[25] 네덜란드의 화가인 링겔바흐(1623~1674)의 그림을 말하고 있다.

저만이 아닌 정도를 엿볼 수 있었다.

1830년 2월 21일 일요일

괴테와 함께 식사했다. 그는 나에게 기생식물[26]을 보여 주었다. 나는 이것을 아주 흥미롭게 관찰했다. 나는 그것을 보고 식물이 그의 뒤를 이어갈 개체가 확실하게 나타날 때까지 가능한 한 오랫동안 자기의 생존을 계속하려고 노력하고 있는 것을 알아차렸다.

"결심했어." 하고 괴테는 말했다. "4주일 동안은 〈루 탕〉지와 〈글로브〉지를 읽지 않기로 했어. 여러 가지 사정으로 볼 때 이 기간에 무슨 일이 일어날 것임이 틀림없지. 하지만 나는 이런 소식이 외부에서 올 때까지 가만히 기다리기로 했네. 그 사이에 나의 〈고전적 발푸르기스의 밤〉을 마무리하게 될 거야. 하여튼 그런 것에 대한 관심[27]에서는 하등 얻는 것이 없고 대개 분별력을 잃는 경우가 많지."

이어 그는 나에게 뮌헨의 보아스레[28]에게서 온 편지를 넘겨주었다. 그것은 그를 기쁘게 해 주었다. 그리고 나도 마찬가지로 그것을 읽고 만족을 느꼈다. 보아스레는 특히 〈제2차 로마 체류기〉 그리고 〈예술과 고대〉의 종간호의 두세 가지 점에 대해 언급하고 있다. 이들 사항에 대한 그의 판단은 대단히 호의적인 것이며 깊이 있는 것이었다. 그리고 이것이 계기가 되어 우리는 이 훌륭한 인물의 보기 드문 교양과 업적에 관해 여러 가지로 이야기를 나눴다.

괴테는 이어 코르넬리우스[29]의 신작 그림에 대해 말하면서, 그것은 구상과 필법이 모두 건실하다고 말했다. 그리고 한 개의 그림이 좋은 색채를 구비하는 조건은 그 구상에 달려 있다고 했다.

---

26) 여기서 말하는 것은 변태근의 한 가지인 기근(氣根)을 가진 식물이다. 이 예로는 석곡이나 풍란이 있는데, 이것들은 가지나무 줄기에서 뿌리가 하늘로 올라가서 대기 중에서 양분을 흡수하여 살아간다.
27) 혁명에 대한 관심을 말한다.
28) 보아스레(1783~1854). 1810년 이래로 괴테와 친교를 맺고 있는 미술학자이다. 괴테는 그의 영향으로 고대 독일 미술에 대한 흥미를 되찾았다.
29) 코르넬리우스(1783~1867). 독일의 역사화가로, 그는 나잘레파에 속한다.

그 후 산책하는 도중 또다시 기생식물이 나의 뇌리에 떠올랐다. 생물은 자기의 생존을 가능한 한 존속하려고 하지만, 그 후 다시 자기와 비슷한 것을 탄생시키기 위해 온갖 힘을 다한다는 생각이 들었다. 이런 자연법칙에서 나는 저 전설을 생각해 냈다. 세계의 태초에는 오직 한 분의 신만이 있었지만 그 후 신은 자기와 똑같은 모습을 한 아들을 창조했다는 것이다. 훌륭한 거장도 마찬가지로 자기의 근본원리와 활동을 계속해 나갈 착한 제자를 양성하는 것을 가장 중요한 일로 여긴다. 미술가 혹은 시인의 모든 작품은 그 자체가 그 작가 자신을 나타낸다고 볼 수 있다. 즉 이런 작품이 탁월한 경우에는 이것을 만들어 낸 미술가 혹은 시인이 탁월하다는 의미인 것이다. 그러므로 다른 사람의 탁월한 작품을 보더라도 나는 절대로 질투심을 느끼지 않는다. 왜냐하면 걸작을 창조하는 것은 결국 그것을 만들어 낼 만한 가치가 있는 출중한 인간에게 돌아가는 일이기 때문이다.

1830년 2월 24일 수요일

괴테와 함께 식사하며 호메로스에 대해 이야기했다. 나는 이 신들의 작용이 현실과 직접 결부되어 있다고 말했다. 그러자 괴테가 말했다. "이것은 그들이 한없이 섬세하고 인간적이라는 증거이지. 그래서 나는 프랑스인들이 신들의 이 작용을 속임수라고 불렀던 시대에 태어나지 않은 것을 고맙게 생각하고 있네. 그러나 물론 그처럼 위대한 공적에 동감하려면 아직도 상당한 시간이 걸리겠지. 그렇게 되려면 시대의 문화를 완전히 바꿔야 하기 때문이라네."

괴테는 헬레나가 출현하는 장면에서 그녀의 아름다움을 한층 더 드높이기 위해서 가필(加筆)[30]했다고 말했다. 그리고 이것은 내가 언급한 의견이 주된 계기를 만든 것이기 때문에 나는 영광스럽게 느꼈다.

식사가 끝난 뒤에 괴테는 나에게 코르넬리우스의 스케치를 보여 주었다. 저승의 신인 플루토(하데스)의 옥좌 앞에서 오르페우스가 죽은 아내인 에우리디케를 환생시켜 줄 것을 애걸하는 장면이 그려져 있었다. 이 그림은 언뜻 볼 때

---

30) 〈파우스트〉 제2부 제2막 7434행 이하를 말하는 것이다.

잘 배려되어 있고 세부에 걸친 묘사도 탁월다. 그렇지만 차분한 만족감을 주지 못했고 우리 심정에 순수한 기쁨을 주는 것도 아니었다. 우리는 차라리 색채를 첨가하였더라면 더 큰 조화를 얻을 수 있다고 생각했다. 아니면 다음 순간, 즉 오르페우스가 벌써 플루토의 마음을 정복하고 그에게서 에우리디케를 되돌려 받는 장면을 그렸다면 훨씬 더 잘 되었을 것이다. 그랬다면 그 장면에서 긴장감이나 기대감은 없어지고 오히려 완전한 만족감이 주어졌을 것이기 때문이다.

1830년 3월 1일 월요일

괴테 댁에서 예나의 궁중고문관인 포이크트[31]와 함께 식사했다. 담화는 온통 박물학을 주제로 한 것이었다. 이때 포이크트 궁중고문관은 다방면에 걸친 지식을 펼쳐 보였다. 괴테는 자신이 한 통의 편지를 받았는데, 거기에는 떡잎은 잎이 아니라고 항의하고 있는 글이 적혀 있었다고 했다. 더구나 그 항의자는 떡잎에서는 절대로 싹이 나올 수 없기 때문이라는 이유를 댔다는 것이다.

그러나 우리는 여러 종류의 식물을 살펴보았기 때문에, 나중에 발생하는 잎과 마찬가지로 떡잎에도 싹이 있다는 확신이 있었다. 포이크트는 식물 변태설은 최근의 자연과 과학 분야에서 이루어진 가장 풍요로운 발견 중의 하나라고 말했다.

우리는 박제한 새(鳥)의 수집에 대한 이야기를 나누었다. 그때 괴테는 큰 우리 속에 수백 종류의 살아 있는 새를 기르던 어떤 영국인 얘기를 했다. 그는 어느 날 그 가운데 두세 마리가 죽어 있는 것을 보고 그것들을 박제로 만들었는데, 아주 마음에 들었다. 그래서 차라리 모두 죽여 박제하는 것이 좋지 않을까 하고 생각하고 곧 실행에 옮겼다고 한다.

포이크트 궁중고문관은 퀴비에의 〈박물학〉 5권을 번역하고, 그것을 보완 증강하여 출판하려 한다고 말했다.

식사 후 포이크트가 떠나간 뒤에 괴테는 나에게 〈발푸르기스의 밤〉의 원고

---

[31] 포이크트(1781~1850). 예나의 동물학자로 괴테와 친하게 지낸다.

를 보여주었다. 몇 주일밖에 지나지 않았는데도 그렇게 늘어나 두꺼워진 원고를 보고 나는 놀라지 않을 수 없었다.

1830년 3월 3일 수요일

식사하기 전에 괴테와 함께 마차를 타고 산책했다. 그는 바이에른 왕에 관한 나의 시에 대해 호의적인 평가를 해주면서, 바이런 경의 좋은 영향이 보인다고 말했다. 그러나 세상에서 흔히 예법이라고 하는 것이 나에게는 아직 결여되어 있으니, 이 점에서 참으로 위대했던 볼테르를 모범으로 삼을 것을 권했다.

이어 식사 중에 우리는 빌란트에 대해 여러 가지 이야기를 했다. 특히 〈오베론〉에 관해서였다. 괴테의 의견은 다음과 같았다. "기초가 빈약한 데다 펜을 들기 전까지 그 계획을 충분히 다듬지 않았어. 수염과 어금니의 조달에 정령을 이용하고 있지만 결코 좋은 착상은 아니야. 특히 이 때문에 주인공의 활동이 완전히 억제되기 때문이지. 그러나 이 위대한 시인의 우아하고 관능적이고 기지에 찬 필치가 이 책을 읽는 독자를 아주 기분 좋게 해 준다네. 그래서 이 시본래의 빈약한 기초는 이 이상 더 생각하지 않고 대충 읽고 넘어가게 되지."

우리는 계속하여 여러 가지 이야기를 했다. 그러다 화제는 다시금 엔텔레키에까지 이르렀다.

"개성에서 볼 수 있는 집요한 점, 그리고 인간이 자기에게 적합하지 않은 것을 떨쳐버리는 점 등은 엔텔레키가 존재하고 있다는 증거라고 생각하네." 나도 몇 분 전부터 그와 같은 것을 생각하면서 입 밖에 꺼내려던 참이었기 때문에, 괴테가 그 말을 꺼내자 몇 배로 기뻤다.

"라이프니츠는"[32] 하고 그는 계속했다. "이런 자립적 본질에 대해 이와 비슷한 사상을 가지고 있었네. 물론 우리가 엔텔레키라고 부르는 것을 그는 단지 '단자'라고 불렀지만."

나는 라이프니츠의 저서를 읽고 이것에 대한 자세한 것을 조사해 볼 것을 결심했다.

---

32) 라이프니츠(1646~1716). 괴테는 철학자이자 수학자인 그의 단자론에 흥미를 느껴, 적분학 창시의 우선권에 관한 라이프니츠와 뉴턴과의 논쟁에도 손을 댔다.

1830년 3월 7일 일요일

12시경에 괴테를 찾아갔는데 오늘 그는 유달리 생기 있고 활기에 차 있었다. 그는 나에게 전집의 마지막 부분을 완성하지 않으면 안 되기 때문에, 〈고전적 발푸르기스의 밤〉을 뒤로 미룰 수밖에 없었다고 털어놓았다. "그러나 여기서 중단한 것은 현명한 일이었어. 글도 잘 풀려 가고 있었고 이미 쓰려고 한 것도 여러 가지로 머리에 떠오르긴 하지만, 막혀버릴 때까지 계속 쓰는 것보다는 이렇게 해야 다시 시작하기가 훨씬 쉽지." 나는 이 말을 유익한 교훈으로 여기고 마음에 새겨 두었다.

식사 전에 마차를 타고 산책에 나설 계획이었지만, 두 사람 모두 방에 있는 것이 훨씬 좋았기 때문에 말에서 안장을 내려놓게 했다.

이럭저럭하는 사이에 프리드리히 하인이 파리에서 도착한 큰 상자를 풀었다. 그것은 조각가인 다비드에게서 온 선물이었다. 57명의 유명 인사들의 초상을 석고로 본떠 얕게 돋을새김을 한 것이었다. 프리드리히는 이 모형을 각각 서랍에 간수했다. 이 모든 중요한 인물들을 바라보는 것은 아주 즐거운 일이었다. 특히 나는 메리메에게 끌렸다. 그의 머리 부분은 그의 재능과 마찬가지로 참으로 활기에 차 있고 대담무쌍하게 보였다. 괴테는 이 사나이에게는 일종의 유머가 있다고 말했다. 빅토르 위고, 알프레드 드 비니,[33] 에밀 데샹[34]은 순수하고 활달하고 상쾌한 머리를 하고 있었다. 또 우리를 기쁘게 한 것은 게이 양과 타스튜 부인[35] 그리고 그밖에 젊은 여류작가의 초상이었다. 파비에 장군[36]의 힘찬 모습은 고대인을 생각나게 했기 때문에 우리는 그것을 되풀이하여 바라보았다. 이렇게 우리는 중요인물 한 사람 한 사람의 얼굴로 시선을 옮겨갔다. 괴테는 다비드의 이 선물 덕분에 자기는 보물의 소유자가 되었으니, 저 탁월한 예술가에게 어떻게 감사를 표시해야 할지 모르겠다는 말을 되풀이했다. 그는 여행자들이 오면 반드시 이 수집품을 꺼내 보이면서, 그가 아직 알지 못하는 두세 명의

---

33) 알프레드 드 비니(1797~1863). 프랑스 낭만파의 4대 시인의 한 사람이다.
34) 에밀 데샹(1791~1871). 프랑스 낭만주의의 대담한 창도자이다. 또한 그는 괴테와 실러의 시를 번역했다.
35) 타스튜 부인(1798~1885). 프랑스의 여류시인이다.
36) 파비에 장군(1782~1855). 프랑스의 장군인 그는 그리스 독립운동의 찬조자였다.

인물에 대해 묻고 설명 듣는 것을 서슴지 않을 것이다.

이 상자에는 책도 들어 있었다. 그는 그것을 앞의 방으로 가져오게 했다. 우리는 그 뒤를 따라갔다. 그러고는 식탁에 가서 앉았다. 우리는 유쾌하게 작업과 계획에 대해 이것저것 이야기했다. 괴테가 말했다. "인간이 혼자 지내는 것은 좋은 것이 못되지. 그리고 특히 고립하여 작업을 하는 것은 좋지 않아. 오히려 괜찮은 것을 만들어 내려면 협력과

라이프니츠

자극이 필요하지. 〈아킬레스〉37)나 그 밖의 당시 여러 편은 실러의 도움을 많이 받았네. 나를 그렇게 하게끔 몰고 갔던 것은 바로 실러였어. 그리고 또 내가 〈파우스트〉 제2부를 완성하게 되면 그것은 자네의 공적으로 돌려도 되지. 나는 이미 여러 번 이 말을 했지만, 자네가 그것을 납득하여 주기까지 되풀이하는 거라네." 나는 이 말을 듣고 기뻤다. 그것은 그의 진심에서 우러나오는 말임을 느꼈기 때문이다.

식사 후에 괴테는 소포 중 하나를 풀었다. 에밀 데샹의 시집과 함께 한 통의 편지가 들어 있었는데, 그는 그것을 나에게 넘겨주면서 읽어 보라고 했다. 이것을 읽고 나는 비로소 괴테가 프랑스 문학의 새로운 생명에 얼마나 큰 영향을 끼쳤는가, 그리고 젊은 시인들이 그를 정신적인 우두머리로서 얼마나 존경하고 사랑하고 있는가를 알고 이루 말할 수 없이 기뻤다. 괴테의 청년기에는 셰익스피어가 이와 똑같은 영향을 주었다. 볼테르에 관해서는 두말할 필요조차 없을 것이다. 볼테르는 이 같은 영향을 영국의 젊은 시인들에게 끼쳤고, 사람들은 그의 정신 아래 결집하여 그를 주(主)로, 스승으로서 우러러 모셨던 것이다. 에밀 데샹의 편지에는 구석구석까지 깊은 애정을 담은 따뜻함이 줄줄이 이어지고 있었다. 이에 괴테는 "아름다운 심정의 봄날을 보는 것 같다."고 말했다.

---

37) 제1가만이 완성된 단편으로 남은 괴테의 호메로스 풍자 서사시(1799년)이다.

이 외에도 다비드의 선물 속에는 여러 가지 지위에 따라 바뀌는 나폴레옹의 모자를 그린 그림 한 폭이 있었다. "이것은 내 아들이 딱 좋아할 거야."라고 괴테는 말했다. 그리고 이 그림을 곧장 위층에 있는 그에게 보냈다. 그 효과는 만점이었다. 아들은 즉시로 아래로 내려와서 기뻐서 어쩔 줄 모르며 그가 숭배하는 영웅의 이 모자 그림을 그의 수집물 중 최고의 것으로 선언했다. 그리고 나서 5분도 채 지나지 않아 이 그림은 유리 액자 속에 넣어져 이 영웅에 관련된 다른 물품과 기념물 속에 함께 배치되었다.

1830년 3월 16일 화요일

아침에 괴테의 아들이 찾아와 그가 오랫동안 희망하고 있었던 이탈리아 여행이 결정되었다는 소식을 알렸다. 그리고 아버지가 여기에 필요한 비용을 대줄 것을 허락해 주었지만 내가 함께 가는 것을 원하신다고 말했다. 우리는 이 소식에 함께 기뻐했다. 그리고 그 준비에 대해서 여러 가지로 협의했다.

그리고 정오경에 괴테의 집 앞을 지나가는데 괴테가 창가에 서서 나에게 눈짓했다. 그래서 나는 곧바로 그에게로 올라갔다. 그는 바깥방에 있었고 아주 쾌활하고 발랄했다. 그는 곧바로 그의 아들이 계획하고 있는 여행에 대해 말하기 시작했다. 그는 이 여행을 그럴듯하다고 생각하기 때문에 찬성했고, 내가 함께 가게 되어 기쁘다고 말했다. "이것은 자네 두 사람에게는 아주 유익할 거야. 그리고 특히 자네의 교양을 위해서는 나쁘지 않을 것이야."[38]

이어 그는 십이사도들을 이끄는 그리스도[39]의 조각상을 보여 주었다. 우리는 조각가가 이런 군상을 표현의 주제로 삼는 것은 너무나 단조롭다는 의견을 나눴다. "어떤 사도도 다른 사도하고 거의 다를 바가 없어. 그들 각자가 지니고 있는 성격과 의의를 나타낼 수 있는 생활과 활동도 거의 엿볼 수 없네. 그러므로 나는 이 기회에 위로 삼아 성서에 나오는 열두 인물의 군상을 제각각 중대하고 독특하게 만들어, 한 사람 한 사람이 미술가의 대상으로서 좋은 재료가 될 수

---

38) 독일에서는 이탈리아로 여행 가는 것을 교양여행이라고 불렀다.
39) 아마 코펜하겐의 수녀원을 위해 덴마크의 조각가인 토발트젠(1768~1844)이 그린 작품의 초벌 그림일 것이다.

프랑스의 조각가인 다비드는 빅토르 위고와 메리메 그리고 영국의 바이런 등 57명의 석고상을 괴테에게 보내면서, 괴테의 청년기에는 셰익스피어와 볼테르가 문학의 스승이었지만, 이제 사람들은 괴테를 그 스승으로 모시고 있다고 말한다.

있게 창작해 보았네.

맨 먼저 아담, 그는 우리가 생각할 수 있는 가장 아름답고 완벽한 사나이지. 인간은 대지를 경작하는 것을 사명으로 삼고 있다고 하는 상징으로서 그의 한쪽 손은 괭이 위에 올려놓는 것이 좋을 것이야.

그다음은 노아, 새로운 창조는 여기에서 다시 시작되는 것이지. 그는 포도를 재배하고 있네. 그의 모습은 어딘지 인도의 주신(酒神)과 같은 느낌을 주도록 해야 하네.

다음으로 최초의 입법자로서의 모세.

그리고 전사이며 왕자인 다윗.

다음으로는 군주이며 예언자인 이사야.

그리고 미래의 그리스도를 예언하는 다니엘.

그리스도.

그의 다음이 현재의 그리스도를 사랑하는 요한.

그리고 그리스도는 두 사람의 젊은 인물들로 둘러싸여 있는 게 좋아. 그중 한 사람은 다니엘, 그는 부드럽고 긴 머리를 한 모습으로 그리겠어. 다른 한 사람은 짧은 곱슬머리를 한 열정적인 요한이 좋겠지. 그러면 요한 다음으로는 누가 올 것인가?

카퍼나움의 대장, 그는 친히 도움을 청하는 신자들의 대표일세.

그다음이 막달라 마리아, 그녀는 회개하고 용서를 빌며 선행을 지향하는 인류의 상징이지. 이제 나올 다음 두 인물 속에 그리스도교의 정수가 포함되어 있네.

그 첫 번째가 그리스도의 가르침을 가장 정열적으로 전파한 바울일세.

그다음이 가장 먼 거리에 있는 민족들에게로 가서 선교사업을 펼친 선교사의 대표자인 야고보야.

드디어 마지막이 베드로이지. 미술가는 그를 문 가까이에 세워두고 안으로 들어오는 사람들이 성당으로 들어올 자격이 있는지 없는지를 찬찬히 살펴보는 그런 표정을 그려야 할 것이야.

이런 군상들을 자네는 어떻게 생각하는가? 서로 엇비슷하게 보이는 십이사도보다는 훨씬 풍족한 느낌을 주는 것 같지 않나? 모세와 막달라 마리아는 앉아 있는 모습을 그리고 싶군."

나는 그의 말을 듣고 매우 기뻐했다. 그러고는 이 말을 실제로 글로 써 달라고 부탁했다. 괴테는 그렇게 해 주겠다고 약속했다. "이런 구상들은 아직 더 차분하게 생각해 봐야겠어." 하고 말했다. "그리고 난 다음에 다른 최근의 것과 함께 전집 제39권[40]에 넣을 수 있게 자네에게 넘겨주도록 하지."

1830년 3월 17일 수요일

괴테와 함께 식사하며 그의 시집 중 한 군데[41]를 수정하는 일에 대해 논의했다. 그것은 모든 구판에 쓰여 있는 것처럼 '당신의 사제인 호라츠가 환희에 넘쳐 약속했던 것처럼'으로 그냥 놔둘 것인가, 아니면 신판에 나와 있는 대로 '당신의 사제인 프로페르츠[42] 운운'으로 고칠 것인가 하는 문제였다.

"이 후자와 같이 쓴 것은 괴틀링에 매혹되어서 그랬지. 게다가 또 프로페르츠 사제는 어감이 좋지 않아. 그러므로 구판대로 놔두는 쪽이 좋다고 생각하네."

"이것과 똑같은 것이 당신의 〈헬레나〉 원고 속에도 있습니다. 테세우스가 유괴한 것은 겨우 열 살[43]밖에 안 되는 가냘픈 노루 같은 소녀라고 한 대목입니다. 그렇지만 당신은 이것에 반대한 괴틀링의 의의를 받아들여, 일곱 살밖에 안 되는 소녀라고 고쳐 인쇄했습니다. 이것으로는 아무리 아름다운 소녀라고 하더라도 너무 어린 나이이고, 그러면 그녀를 구출한 그녀의 형제들 카스토르와 폴룩스 쌍둥이의 나이도 문제가 됩니다. 모든 것은 신화시대의 것입니다. 원래 그녀는 몇 살이었는지는 아무도 모릅니다. 게다가 모든 신화는 고정된 것이 아니기 때문에, 우리는 이것을 부드럽고 아름답게 취급해도 좋을 것이라고 생각합

---

40) 원고에 1830년이라는 날짜가 있는 문장은 유고 제44권에 실려 1832년에 발표되었다.
41) 〈로마의 비가〉의 제15가를 말한다.
42) 프로페르츠는 우리에게는 잘 알려지지 않은 로마의 비가 시인이다. 그러나 원래 이 시구에는 우리에게도 널리 알려진 동시대 로마의 계관시인 호라츠 즉 호라티우스의 이름이 들어가 있었다.
43) 〈파우스트〉 제2부 제3막 8850행에서 헬레나가 '겨우 열 살밖에 안 되는 가냘픈 노루와 같은 나를 유괴하여'라고 말하는 대목이 나온다.

니다."

"자네 말이 맞네." 하고 괴테는 말했다. "나 또한 테세우스에게 유괴당했을 때 그녀가 열 살이었다고 하는 설에 찬성이야. 그녀는 10세 때 이후부터는 아주 쓸모없는 여자가 되었다고 썼지. 이제부터 개정판에서는 일곱 살을 열 살로 고쳐 주기를 바라네."

식사가 끝난 뒤에 괴테는 그의 담시를 노이로이터[44]가 그림으로 그린 신선미 풍기는 책 2권을 보여 주었다. 우리는 무엇보다도 이 사랑스러운 미술가의 자유롭고 밝은 정신을 찬양했다.

1830년 3월 21일 일요일

괴테와 함께 식사했다. 그는 우선 먼저 아들의 여행에 대해 말하며, 그 성과를 너무 기대해서는 안 된다고 했다. "누구나 떠날 때 그대로 돌아오는 것이 보통이지. 돌아올 때 우리의 경우에 어울리지 않는 생각을 가지고 돌아오는 일이 없도록 조심하지 않으면 안 되네. 가령 나는 이탈리아에서 아름다운 계단의 개념을 가지고 돌아왔지. 그리고 나는 이 개념 때문에 확실히 내 집을 엉망으로 만들어 버렸어. 계단에 신경을 쓰느라 방을 모두 어울리지 않게 작게 만들어 버렸거든. 중요한 것은 자기 자신을 억제하는 방법을 배워야 한다는 거지. 만약 내가 아무에게도 방해받지 않고 내 멋대로 행동했다면 틀림없이 나 자신뿐만 아니라 주위 사람들까지 파멸에 빠뜨렸을 것이야."

우리는 다음으로 육체의 병적인 상태, 그리고 육체와 정신 사이의 상호작용에 대해 이야기했다.

"육체를 유지하는 데 있어서 정신이 얼마나 큰 힘을 가지고 있는가 하는 것은 믿을 수 없을 정도야. 나는 이따금 복부에 고통을 느낄 때가 있지만 정신의 의지력과 상반신의 힘으로 버티어 가고 있네. 모름지기 정신은 육체에 무릎을 꿇어서는 안 되지. 나는 기압계가 높을 때가 낮을 때보다 훨씬 일하기 쉽다네. 이것을 알고 있기 때문에 기압계가 낮을 때는 불리한 영향을 받지 않으려고 더

---

[44] 노이로이터(1806~1882). 그는 괴테에게 바친 〈괴테의 담시와 민요조의 설화시를 위한 난외 삽화〉를 발행하여 명성을 확고히 했다.

노력하는데, 그래서 그만큼 일이 잘되지.

그러나 시를 쓸 때는 무리를 하게 되면 작업이 잘되지 않아. 아무리 정신력을 불러일으켜도 일이 여물지 않으면 좋은 기회가 도래하는 것을 기다리는 수밖에 없어. 그러므로 나는 지금 〈발푸르기스의 밤〉의 구석구석에 충분한 힘과 아름다움이 갖추어질 때까지 시간을 충분히 들이고 있네. 상당히 진행되어 있기 때문에 자네가 출발하기 전까지는 완성될 거라고 생각하고 있지.

이 가운데에는 문제가 될 만한 부분이 있지만, 나는 특수한 대상으로부터는 피하고 보편적인 것을 취급하여 독자와의 관련이 끊어지지 않도록 하고 있네. 그렇긴 하지만 본래의 의미가 어디에 있는 것인지는 확실하게 윤곽을 잡으려고 했고, 낭만적인 수법에서 오는 몽롱한 것이나 명확하지 않은 것은 나타나지 않도록 노력했지."

괴테는 말을 계속했다. "현재에 이르러서는 문학에 있어서 고전적인 것과 낭만적인 것의 개념이 온 세계에 퍼져 여러 가지 논쟁과 분열을 일으키고 있지. 그런데 이 개념은 원래 나와 실러의 논쟁에서 시작된 것이었네. 나는 문학에 있어서 객관적인 수법을 신조로 했고 이것만을 존중했지. 그런데 실러는 어디까지나 주관적으로 행동했다네. 그는 그 양식이 타당하다고 생각하고는 나에게 대항하기 위해 소박문학과 감상문학에 관한 논문을 썼어. 그는 억지로 내가 낭만적이라는 것을 증명하기 위해 나의 〈이피게니에〉는 감정이 주조를 이루고 있으며, 사람들이 막연하게 생각하는 것처럼 고전적인 것이 아니고 고대 정신에 따른 것도 아니라고 했지. 그런데 슐레겔 형제[45]가 이 이념을 받아들여 한층 더 발전시켰기 때문에, 이제는 전 세계에 걸쳐 퍼져버려 너나 할 것 없이 고전주의와 낭만주의를 입에 올리게 되었네. 50년 전에는 이렇게 되리라고 아무도 생각하지 못했어."

나는 다시 십이사도 군상에 화제를 돌렸다. 그러자 괴테는 두세 가지를 보충해서 말했다.

---

45) 형 아우구스트와 동생 푸리드리히 형제를 말한다. 그중 동생 슐레겔은 '괴테의 〈빌헬름 마이스터〉에 관하여'라는 논문에서 역사상 처음으로 고전주의와 낭만주의의 대립을 취급했다.

"아담은 내가 말한 대로 만들어야 할 것이야. 그렇지만 발가숭이 모습은 좋지 않아. 추방되고 나서의 그가 가장 좋다고 생각하지. 그에게는 색이 엷은 어린 노루가죽을 입히는 것이 좋을 것이야. 그리고 동시에 그가 인류의 아버지라는 것을 나타내기 위해 그의 옆에 장남을 두면 좋겠지. 뱀을 한쪽 손으로 눌러 죽이면서 대담무쌍하게 주위를 노려보는 반항적인 어린 소년을 그려야 해. 헤라클레스와 같은 모습으로 말일세.

또 노아에 대해서는 더 좋은 생각이 떠올랐네. 그는 인도의 주신과 비슷하게 하지 않는 편이 좋겠어. 그를 그냥 포도 재배자로 그리는 것이 좋아. 그렇게 하면 그가 포도나무를 처음으로 재배하여 인류를 불안과 곤궁의 괴로움으로부터 해방해 준 일종의 구제자인 것을 알게 될 것이야."

이런 유익한 생각을 나는 기쁘게 경청했다. 그러므로 나는 이것을 적어 두어야 하겠다고 생각했다.

이어 괴테는 나에게 그의 편자 성담(聖譚)에 넣을 노이로이터의 그림을 보여주었다. 그것을 보고 내가 그 화가는 구세주를 따르고 있는 사도들을 8명으로 나타내고 있는 것을 지적했다. 그러자 괴테가 대답했다."

"이 8명의 사도만으로도 이 화가에게는 너무 많아. 그래서 그는 아주 교묘하게 그들을 두 그룹으로 갈라놓고 무의미한 행렬의 단조로움을 피하려고 하고 있지."

1830년 3월 24일 수요일

아주 쾌적한 대화를 나누면서 괴테 댁에서 식사를 함께했다. 그는 나에게 프랑스 시를 이야기했다. 다비드가 수집품과 함께 보내온 것인데, 〈미라보의 웃음〉이라는 제목이었다.

"그 시는 재기발랄하고 대담무쌍하지." 하고 괴테는 말했다. "자네는 그것을 꼭 읽어야 해. 마치 메피스토펠레스가 이 시인에게 잉크를 제공하여 글을 쓰게 한 것 같아. 그가 〈파우스트〉를 읽지 않고 이것을 쓸 수 있었다면 정말 위대하네. 읽고 썼다고 하더라도 역시 마찬가지지."

1830년 4월 21일 수요일

오늘 나는 괴테에게 작별 인사를 드렸다. 내일 아침 일찍 궁중의 시종인 그의 아들과 함께 이탈리아 여행길에 오르게 되어 있기 때문이다. 화제는 시종 여행에 관한 여러 가지였지만, 특히 그는 나에게 구경을 잘하고 가끔 소식을 전해 달라고 말했다.

괴테의 곁을 떠나야 한다는 것을 생각하니 가슴이 허전해지는 것을 느꼈다. 그러나 변함없이 건강한 그의 모습을 보고 나는 반드시 그와 별 탈 없이 재회할 수 있으리라 믿고 스스로를 위로했다.

작별할 때 그는 나에게 기념수첩을 하나 주었다. 거기에 그는 다음과 같은 말을 적어 넣었다.

그가 내 앞을 스쳐 가시건만 보이지 않고
지나가시건만 알아볼 수가 없네. —욥기[46]

여행을 떠나는 사람들에게
1830년 4월 21일 바이마르에서 괴테

1830년 4월 24일 토요일 프랑크푸르트

11시쯤에 나는 도시 주위를 산책했고, 작은 공원들을 여러 번 지나 타우누스 산 쪽으로 갔다. 나는 이 멋진 자연과 초목을 보고 기쁨을 느꼈다. 그저께 바이마르에서는 나무들이 아직 꽃봉오리를 내밀었을 뿐이었다. 그러나 여기서는 밤나무는 벌써 1피트, 보리수는 반 피트나 되는 작은 가지를 달고 있었다. 자작나무의 잎은 벌써 짙은 녹색이었고, 떡갈나무는 일제히 싹이 돋아나고 있었다. 풀은 1피트의 높이로 자라 있었다. 그래서 성문 쪽에서 무거운 풀이 들어 있는 바구니를 등에 짊어진 아가씨들도 볼 수 있었다.

타우누스 산의 전망을 마음껏 보려고 나는 공원 여러 개를 통과해 지나갔다. 바람은 상쾌하게 불고 있었다. 서북쪽에서 흘러나온 구름은 북동쪽을 향해 지

---

[46] 구약성서 욥기 제9장 제11절에 있다. 괴테는 그의 논문 '유기체의 형성과 변성'의 권두 표어로서도 이것을 사용하고 있다.

나가면서 산 위에 그림자를 던지고 있었다. 공원에서는 여러 마리의 황새가 낮게 날아왔다가 다시 창공으로 날아오르는 것이 보였다. 그것들이 햇빛을 받으면서 흰 구름과 푸른 공간을 지나가는 모습은 아름다운 광경이었고 더할 나위 없는 풍경이었다. 돌아오는 길에 성문 앞에서 길을 지나가는 아름다운 암소들을 만났다. 그것들은 갈색과 흰색 그리고 얼룩색으로 빛나는 피부를 하고 있었다.

이곳 공기는 쾌적하고 건강에도 좋다. 물맛도 감미롭다. 함부르크를 제외하고 비프스테이크가 이렇게 맛있는 곳은 이때까지 없었다. 게다가 흰 빵 맛도 아주 좋아 기분이 좋았다.

대목장이 열리고 있어 길거리는 아침부터 밤늦게까지 인파로 들끓었고 이런저런 음악도 흘러나오고 있었다. 사부아 태생인 한 소년이 특히 나의 눈길을 끌었는데, 그는 풍금 핸들을 돌려 연주하고 있었다. 또 그 아이는 개를 데리고 있었는데 그 개의 등에는 원숭이가 올라타고 있었다. 그는 우리를 향해 휘파람을 불고 노래를 부르기도 하면서 한동안 시끄럽게 얼마간의 보수를 요구하는 것이었다.

우리는 그가 기대하는 것보다 많은 돈을 그에게 던져주었기 때문에, 나는 그가 이쪽을 쳐다보면서 고맙다는 눈짓을 할 것이라고 당연하게 생각했다. 그러나 그 소년은 그런 기색은 전혀 보이지 않고 돈을 받아 챙기자마자 곧 돈을 줄 만한 다른 사람들에게로 눈길을 돌렸다.

1830년 4월 25일 일요일 프랑크푸르트

오늘 아침 우리는 묵고 있는 숙소가 제공한 아주 우아한 마차를 타고 도시 주변을 산책했다. 보기도 즐거운 공원, 화려한 건물, 아름다운 강, 공원들, 손짓하는 듯한 정자를 보고는 기분도 상쾌해졌다. 그러나 나는 곧 이러한 대상으로부터 어떤 상념을 이끌어내려고 하는 것은 실제로 정신의 욕구가 있기 때문이며, 이것이 없다면 어떤 것이든 무의미하게 눈앞을 스쳐 지나갈 뿐이라는 것을 알아차렸다.

정오에 숙소의 공동식탁에서 나는 많은 사람의 얼굴을 보았지만, 표정이 다른 사람은 거의 만나지 못했다. 그렇지만 급사장은 나의 관심을 끌었기 때문에 내 시선은 오직 그의 동작만 쫓아갔다. 실제로 그는 흔치 않은 인간이었다! 거기에 있던 손님들은 약 200명 정도로 우리는 모두 긴 테이블에 앉아 있었다. 그리고 이렇게 말해도 좀처럼 믿지 못하지만, 이 급사장은 거의 혼자서 모든 접대를 해내고 있었다. 그는 모든 접시를 갖다 놓고는 다시 치웠다. 다른 급사들은 다만 그에게 요리를 넘기고 그의 손에서 빈 접시를 받아 가는 것뿐이었다. 이럴 때도 그는 잘못해서 엎지르는 일이 없었고 또 식사 중의 사람과 몸을 부딪치거나 하지도 않고, 그 모든 일을 경쾌하고도 민첩하게 마치 영물(靈物)의 소행처럼 해냈다. 수없이 많은 큰 접시 작은 접시가 그의 손으로 테이블 위로 날라졌고, 다시 테이블에서 그를 따르는 급사들의 손으로 넘겨졌다. 그는 오로지 자기 일에만 전념하고 있어 온몸이 눈과 손뿐이었다. 그리고 꾹 다문 입술은 때때로 응답과 명령할 때만 겨우 열릴 뿐이었다. 그는 음식뿐만 아니라 술이나 다른 주문에도 일일이 신경을 쓰고 있었다. 그리고 그럴 때마다 모든 것을 기억하고 있어서 식사 후에도 각 손님에게 각각의 음식 대금을 청하고 돈을 받고 있었다.

나는 이 보기 드문 젊은 사나이의 민첩한 통찰, 침착한 정신, 탁월한 기억력에 놀랄 뿐이었다. 그러면서도 그는 시종 냉정 그 자체였고 자기 자신을 잃지 않았다. 그뿐만 아니라 농담 한두 마디나 재치 있는 대답을 언제나 준비하고 있어서 입술에는 늘 미소가 감돌고 있었다. 프랑스의 어떤 노기병 대위가 식사가 끝날 무렵 부인들이 가버린 것을 불평한 적이 있었는데, 그는 곧 그럴듯한 말로 대꾸했다. "그것은 손님들의 세계에 관련된 일입니다. 우리로서는 어찌 해 볼 도리가 없습니다." 그는 프랑스어를 완전하게 구사했고, 영어도 마찬가지였다. 확실한 소문에 의하면, 그는 그 외에도 다른 두세 가지 외국어를 자유롭게 말할 수 있다는 것이었다. 나중에 그하고 말할 기회가 있었는데, 나는 그가 모든 방면에 걸쳐서 보기 드문 교양을 갖추고 있는 것에 무척 감탄하였다.

저녁때 〈돈 조반니〉를 관람하게 되었는데, 이것은 바이마르에 대한 그리움을 느끼는 계기가 되었다. 요컨대 모두 목소리도 좋고 재능도 있었지만 그들의 연기나 화술은 순전히 아마추어 그대로여서 스승에게서 전혀 지도를 받은 것 같지는 않았다. 그들은 애매모호했고 마치 그들 앞에는 한 사람의 관중도 없는 것처럼 행동했다. 배우 두셋의 연기를 보고 있는 동안 범상한 것이라도 확실한 성격이 드러나면 곧 예술의 더 높은 영역으로 올라갈 수 있지만, 성격이 드러나지 않으면 순식간에 천하고 참을 수 없는 것이 되어 버린다는 것을 알게 되었다. 관중은 너무 시끄럽고 난잡했다. 그러면서도 '다시 해 보라'느니 '앙코르'니 하면서 여러 번이나 외쳐댔다. 체를리네는 동시에 좋기도 하고 나쁘기도 했다. 극장의 절반은 '쳇' 하면서 혀를 찼고 다른 절반은 갈채를 보내기도 했다. 그리고 이 분열은 점점 높아져 끔찍한 소동과 소요로 끝났다.

1830년 5월 28일 밀라노

이곳으로 온 지 벌써 3주일이 된다. 이제 슬슬 뭔가를 써도 좋을 때이기도 하다.

위대한 스칼라 오페라극장[47]은 유감스럽게도 문을 닫은 상태였다. 우리는 안으로 들어갔지만 그곳은 건축 발판이 가득 들어차 있고, 여러 가지 개수공사가 진행되고 있었다. 그리고 들리는 바로는 특별석을 한 줄 더 만든다는 것이었다. 일류 남녀 가수들은 이 기간을 이용하여 여행하는 중이어서, 그 일부는 빈에 가 있고 다른 사람들은 파리에 머물고 있다고 했다.

나는 이곳에 도착하자마자 곧 인형극장을 찾아갔다. 등장인물들의 대사가 유달리 분명한 것을 알고 나는 기뻤다. 이 인형극장은 아마 세계에서 최고일 것이다. 이 인형극장은 이름이 알려져 밀라노에 가까워짐에 따라 이 인형극장에 관해 이야기하는 것을 더 자주 듣게 된다.

가노비아나 극장은 상하 다섯 줄의 특별석이 있고 스칼라 극장 다음으로 가장 크다. 이 극장은 약 3천 명을 수용할 수 있었는데 나에게는 아주 쾌적한 곳이었다. 나는 여러 번 찾아가서 언제나 똑같은 가극과 무용을 관람했다. 이곳에서는 3주 전부터 로시니의 오페라 〈오리 백작〉과 〈제네부라의 고아들〉을 상연하고 있었다. 무대장치는 산 기리코의 지도에 따라 만들어진 것으로 이를 데 없

---

[47] 세계에서 가장 잘 알려진 이탈리아의 오페라극장이다. 1920년에 토스카니니가 예술감독이 된 후로 황금시대를 맞이한다. 1943년 폭격으로 파괴되었지만 전후 재빨리 3600석의 수용 인원을 확보한 건물로 재건되어, 1946년 5월 11일에 토스카니니가 지휘하는 공연을 시작으로 다시 문을 열었다.

이 쾌적한 효과를 올리고 있었고, 또 출연자의 의상을 드러나게 하기 위해 충분히 그 한계점을 지키고 있었다. 사람들의 말로는 산 기리코는 솜씨와 기량이 뛰어난 사람들을 많이 활용하고 있다는 것이다. 모든 주문은 그에게로 오지만 그는 이것을 다시 그들에게 넘겨 지시할 뿐이라고 했다. 그래서 작업은 모두 그의 이름으로 행해지고 있지만 그 자신이 직접 하는 일은 아주 적은 부분이었다. 그는 많은 기량 좋은 화가에게 매번 충분한 봉급을 주고 있었다. 그리고 설사 그들이 병을 앓아 1년 중 아무 일을 하지 않아도 봉급을 지급하고 있다는 것이다.

오페라 자체에 대해서 말한다면 가장 나의 마음에 들었던 것은, 보통 언제나 연기자의 발 아래에 숨어서 아주 불유쾌한 인상을 주는 예의 프롬프터 상자가 눈에 띄지 않는다는 것이었다.

다음으로 마음에 들었던 것은 지휘자의 좌석이었다. 그는 좌우를 살펴보고 지휘하면서 오케스트라 전체를 바라볼 수 있고, 또 그 동시에 어느 쪽에서도 보일 수 있는 데에 서 있었다. 이 극장의 지휘자는 관람석 바로 옆에서 조금 높게 중앙을 점령하고 있기 때문에 오케스트라 너머로 무대를 자유롭게 바라볼 수 있다. 그런데 바이마르에서 지휘자는 무대를 자유롭게 볼 수 있는 데에 서 있지만, 오케스트라는 그의 배후에 있기 때문에 누군가에게 지시하려면 일일이 뒤를 돌아봐야만 했다.

오케스트라 자체는 정말이지 꽉 차 있다. 저음 바스는 세어 보았더니 16명이었다. 그리고 이들은 양쪽 끝에 각각 8명씩 자리를 차지하고 있었다. 모두 합쳐서 약 100명에 이르는 단원들이 양쪽에서 지휘자가 있는 곳을 향해 앉아 있다. 그러면서도 그들은 무대 전면에까지 들어와 있는 1층의 칸막이한 좌석에 등을 대고 있기 때문에 한쪽 눈으로는 무대를, 다른 쪽으로는 1층을 보고 정면으로는 지휘자를 보는 위치에 있는 것이다.

남성가수와 여성가수에 대해 말한다면, 그들은 그 맑은 울림과 풍부한 성량, 그리고 조금도 억지가 없는 경쾌한 발음과 자유로운 발성으로 나의 마음을 사로잡았다. 나는 첼터를 생각했고 그가 옆에 있었으면 얼마나 좋을까 하고 생각했다. 그중에서도 나를 기쁘게 한 것은 시동을 노래한 코라디—판타넬리 부인의 목소리였다. 사람들의 말에 의하면 이 탁월한 여류가수는 이번 겨울 스칼라

극장에 출연 계약을 맺고 있다고 했다. 아델레 백작부인으로 분장한 프리마 돈나는 처음으로 무대에 출연한다는 젊은 알베르티니였다. 그녀의 목소리에는 어딘지 모르게 태양의 빛깔처럼 아주 온화하고 밝고 맑은 데가 있었다. 독일에서 온 사람은 누구나 틀림없이 그녀에게서 가장 큰 기쁨을 느낄 것이다. 그리고 한 사람의 저음 가수가 특히 눈에 띄었다. 그의 목소리에는 매우 강한 음조가 있었으나 아직도 좀 어색한 데가 있었다. 연기에 있어서도 마찬가지로 활달한 데가 있었지만 기술상 미숙한 점이 엿보였다.

코러스의 진행도 당당했고 오케스트라와의 일치는 대단히 정확한 것이었다.

연기자의 동작에 관해서 나의 눈길을 끈 것은 어느 정도의 절도와 평정이 유지되고 있다는 점이었다. 이것은 내가 그들의 연기에서 밝고 쾌활한 이탈리아인적인 기질이 나타날 것으로 예상했기 때문이기도 하다.

화장은 아주 살짝 연지를 찍었을 정도여서 밖에서 봐도 호감이 갔고, 볼에 분장했다고는 생각할 수 없었다. 오케스트라의 성원은 상당히 많은데도 가수들의 목소리를 지우지 않았고, 노래에서 시종 가수들 쪽이 언제나 지배적이라는 점에 마음이 끌렸다. 숙소의 공동식탁에서 내가 이에 관해 이야기하자 어떤 총명한 젊은이가 다음과 같이 말해 주었다.

"독일의 오케스트라는 에고이스틱해서 오케스트라 자체만 그 존재를 주장하고 인정받으려고 합니다. 이와는 반대로 이탈리아의 오케스트라는 신중합니다. 오페라에 있어서는 인간의 목소리에 의한 가창이 중심이며, 오케스트라의 반주는 단지 이 노래를 끌고 가는 데에 지나지 않는다는 것을 분별하고 있습니다. 여기에 더하여 이탈리아인은 한 악기의 음색의 아름다움은 다만 연주자가 무리하여 연주하지 않을 때만 가능한 것이라고 생각하고 있습니다. 그러므로 이탈리아의 오케스트라에서는 여러 가지의 바이올린, 클라리넷, 나팔과 저음 악기가 연주되고 취주되어도 전체의 인상은 언제나 부드럽고 쾌적합니다. 그런데 독일의 오케스트라는 아무리 성원을 3분의 1로 축소한다고 하더라도, 자칫하면 소리가 높고 요란해지지요."

나는 이와 같은 설득력 있는 말에 반박할 수 없었고, 나의 미심쩍은 생각도 깨끗하게 풀려서 기뻤다.

그래도 나는 약간의 의문을 제기해 보았다. "그렇긴 하지만 최근의 작곡가에게도 그 책임이 있는 게 아닙니까? 그들은 오페라 반주인 오케스트라에 너무 많은 악기를 사용하고 있습니다."

"물론" 하고 이 낯선 사람은 대답했다. "새로운 작곡가들은 그런 결함을 가지고 있습니다. 그러나 모차르트나 로시니와 같은 위대한 거장들은 결코 그런 일이 없지요. 물론 이 사람들도 반주 중에 노래의 멜로디와 상관없는 독자적인 모티브를 끌어들이고 있는 것을 볼 수 있습니다. 그러나 그런데도 불구하고 언제나 절도를 잘 지키고 있어, 가수의 목소리가 언제나 주체가 되고 우위를 점하고 있습니다. 이와는 반대로 최근의 대가들은 반주를 위한 모티브가 빈약한 데도 강렬한 악기의 음에 의지하려고 하기 때문에, 노래가 들리지 않는 경우가 너무나 많아요."

나는 이 분별있는 젊은 이방인에게 찬사를 표시했다. 옆자리에 앉은 사람의 말에 의하면, 이 사람은 리프란드의 젊은 남작으로 오랫동안 파리와 런던에 체류했고 지금은 이곳에 와서 5년 이상 지내면서 여러 가지로 연구하고 있다는 것이었다.

그 외에 나에게 기쁨을 주었던 오페라를 보면서 느낀 점 여러 가지를 여기에 적어 두어야겠다. 그것은 이런 것이다. 이탈리아인들이 무대에서 밤을 취급할 때는 무대를 실제 밤처럼 만들지 않고 다만 상징적으로만 취급하고 있다. 독일 무대에서는 밤의 장면이 되면 실제처럼 완전한 밤을 연출하여 언제나 불유쾌하기 그지없다. 연기자의 표정은 물론이고 모습 그 자체도 완전히 사라져 전적으로 공허한 밤 외에는 아무것도 보이지 않게 되는 경우가 많은 것이다. 이에 비해 이탈리아인들의 취급방법은 훨씬 현명하다. 무대의 밤은 결코 실제적인 것이 아니고 암시에 머물 뿐이다. 다만 무대의 배경만이 약간 컴컴해진다. 그리고 연기자는 쭉 전면으로 나와 있기 때문에 온몸에 광선을 받아 관중은 그들의 표정에서 일어나는 어떠한 미미한 움직임도 다 잡을 수 있다. 이것은 그림에도 해당하는 것이다. 밤이라고 해서 표정을 분간할 수 없을 만큼 얼굴을 꺼멓게 칠해 버린다면 이상할 것이다. 훌륭한 대가의 그림 중에 이런 그림은 없다고 생각한다.

이와 똑같은 훌륭한 원칙은 이탈리아의 발레에서도 사용되고 있었다. 아가씨가 한 도적에게 습격당하는 밤의 장면이 상연되었다. 무대는 약간 어두웠을 뿐이었기 때문에 우리는 모든 동작과 표정을 확실하게 알 수 있었다. 아가씨가 비명을 지르자 악한은 달아났다. 그러자 시골 사람들이 횃불을 손에 쥐고 작은 집에서 뛰쳐나온다. 그런데 횃불 불빛이 약한 것이 아니고 대낮의 햇빛으로 착각할 정도로 환했기 때문에, 이 눈부신 조명을 보고 비로소 먼저의 장면은 밤이었다는 것을 알 수 있었다.

독일에 있을 때부터 이탈리아의 관중은 떠들썩하다는 말을 들었는데 그것은 사실이었다. 오페라의 상연이 길어지면 길어질수록 관중의 소요는 더해 갔다. 2주일 전에 나는 〈오리 백작〉의 초연을 보았다. 제1류의 남녀 가수들이 등장하자, 사람들은 그들을 박수로 맞이했다. 하지만 그저 그렇고 그런 장면이 나오자 사람들은 말하기 시작했다. 그러다가 또 좋은 독창이 나오자 모두 조용해졌다. 그리고 일제히 손뼉을 쳐서 그 가수에게 보답했다. 코러스의 진행도 당당했고, 오케스트라와 노래의 호흡이 하나같이 꼭 맞는 그 정확함에 그저 놀랄 뿐이었다. 그러나 그 이후부터 똑같은 오페라가 매일 밤 상연되었기 때문에, 이제는 관중의 주의력이 완전히 사라져 모두 서로 말하고 장내에는 큰 소리가 울려 퍼졌다. 더 이상 손뼉을 치는 사람조차 없었다. 무대에서는 아직 계속 노래를 부르고 있고, 오케스트라도 여전히 반주를 계속하고 있는데도 거의 아무도 거들떠보려고 하지 않는다. 이렇듯 아무런 열의와 정확성도 찾을 수 없기 때문에, 반드시 뭔가를 듣고 싶어 하는 외국인이 있다면 틀림없이 실망할 것이다. 그리고 그렇지 않은 경우에도 이처럼 시끄러운 관객 틈에 있게 되면 누구나 절망해 버릴 것이다.

1830년 5월 30일 성령 강림제 제1일 밀라노

이탈리아에 와서 오늘까지 지내면서 겪은 기뻤던 일과 그 외에 흥미 있는 일 가운데서 두세 가지를 적어 두려고 한다.

눈과 안개로 덮여 황량한 심풀론[48] 위에 있는 피난처 근처에서, 한 어린 사내

---

[48] 이탈리아와 스위스 사이에 있는 알프스의 고개이다.

아이가 여동생을 데리고 산에 올라와 우리가 탄 마차 쪽으로 다가오고 있었다. 두 아이는 아직도 식물이 어느 정도 남아 있는 산지 아래에서 거둬온 땔나무를 담은 작은 바구니를 각자의 등에 짊어지고 있었다. 그 사내아이는 우리에게 두세 개의 수정과 다른 돌을 주었다. 그래서 우리는 그 애에게 잔돈을 얼마간 주었다. 그런데 그 소년이 우리 마차 옆을 지나가면서, 그 돈을 살짝 들여다보고는 얼마나 기뻐하였던지, 그때의 인상을 잊을 수가 없다. 나는 그처럼 신성하고 행복한 표정을 그때까지 한 번도 본 적이 없었다. 신은 행복의 모든 원천과 모든 능력을 인간의 심정에 심어 주었던 것이다. 그리고 어디에서 어떤 생활을 하고 있든지 간에 이 행복을 느끼는 것은 모두 똑같은 것이다. 나는 그렇게 생각하지 않을 수 없었다.

나는 나의 보고를 더 계속하려고 했지만 중단했다. 그 후 이탈리아 체류 중, 단 하루도 중요한 인상과 관찰 없이 지나간 날은 없었지만 다시 펜을 들지는 않았다. 괴테의 아들과 헤어져 알프스를 뒤로하고, 비로소 나는 다시 괴테에게 다음과 같은 편지를 보냈다.

1830년 9월 12일 일요일 제네바

이번에는 당신에게 보고할 것이 너무 많아 어디서부터 시작하여 어디에서 끝을 맺어야 할지 알 수 없을 정도입니다.

각하께서는 자주 농담으로 '다시 돌아오지 않아도 된다면 여행처럼 좋은 것은 없다'고 말씀하신 적이 있습니다. 나는 이제 이것을 확실하게 깨닫고 괴로워하고 있습니다. 왜냐하면 나는 지금 일종의 기로에 서 있어서 어느 길을 나아가야 할지 모르기 때문입니다.

나의 이탈리아 체류는, 아주 짧은 것이기는 했지만, 나에게는 의외로 막대한 영향을 주었습니다. 풍요로운 자연은 여러 가지 경이로움으로 나에게 말을 걸어왔고, 나는 그 말을 알아듣기 위해 어느 만큼 성장하고 있는가 하고 나 자신에게 물어보았습니다. 인간의 위대한 작품과 위대한 업적은 나를 북돋아, 나 자신에게 무엇이 가능할 것인가를 알기 위해 스스로 역량을 반성해 보게 했습니다. 수없이 다양한 생활에 접하게 되어, 나의 생활은 도대체 어떤 상태에 있는 것인가 하고 스스로에게 물어보았습니다. 이렇게 하여 나의 가슴속에는 세 개의 큰 욕구가 활발하게 일어나기 시작했습니다. 나의 지식을 증가시킬 것, 나의 생활을 개선할 것 그리고 이 두 가지를 성취하면 무엇보다도 한몫해야겠다는 것이었습니다.

그렇다면 이 마지막 것, 즉 내가 무엇을 할 것인가는 뚜렷합니다. 그것은 오랫동안 내 마음속을 점령하고 있는 하나의 저서(著書)를 쓰는 것입니다. 나는 지난 세월 동안 틈만 나면 이것에 몰두하여 왔기에 이제는 상당한 진전을 보았고, 그것은 거의 새로 건조된 배처럼 밧줄과 돛만 갖추어지면 바다로 띄울 수 있게 되어 있습니다.

그것은 지식과 예술의 모든 분야에 걸친 위대한 원리에 관한 대화인 것이며, 인간의 고매한 관심과 정신적인 소산 그리고 금세기의 탁월한 사람들에 관한 해명이기도 합니다. 이것은 지난 6년 동안 내가 당신과 가까이 접촉하여 이 행복을 누린 덕택에 나누었던 수없이 많은 대화입니다. 이 대화는 나에게는 아무리 퍼 올려도 끝이 없는 교양의 기초가 되었습니다. 그리고 나는 이것을 듣고 가슴에 되새기는 것을 이를 데 없는 기쁨으로 여겼습니다. 나는 이 행복을 다른 착한 사람들과도 서로 나누어 가지고 싶습니다. 이리하여 나는 이 대화를 글로 써서 이것을 인류의 선화(善化)를 위해 보존하기로 했습니다.

각하는 가끔 이 대화의 여러 군데를 대강 훑어보면서 이것을 찬성해 주었고, 이 계획을 계속 진행할 것을 되풀이해 격려해 주었습니다. 이것은 바이마르에서 나의 분주한 생활이 허락하는 한 기회 있을 때마다 썼던 것인데, 이제는 2권이 될 만큼 풍부한 재료가 모아졌습니다.

이탈리아로 출발하기 전 나는 이 귀중한 원고를 다른 서류나 물건들과 따로 분류하여 특별한 고리짝에 넣고 봉한 뒤, 그 보관을 친구인 소레에게 위탁했습니다. 그리고 만일 여행 도중에 나에게 불행한 일이 생겨 내가 두 번 다시 돌아오지 못하게 되면, 이것을 직접 당신 손에 넘겨 드리도록 부탁했습니다.

베네치아를 방문한 뒤 밀라노에 두 번째로 체류하고 있을 때, 나는 열병에 걸려 여러 날 밤을 몹시 괴롭게 지냈고 1주일간 꼬박 전혀 식욕을 느끼지 못하고 몸져누워 있었습니다. 이처럼 외롭고 속절없는 심정으로 있을 때 내가 맨 먼저 생각한 것은 저 원고였습니다. 그런데 그것이 그대로 사용할 수 있을 만큼 완전히 정리된 상태가 아니라는 점이 마음에 걸렸습니다. 단지 연필로 휘갈겨 쓴 데도 많고 두세 군데는 표현이 명료하지 않은 데다, 또 그저 암시에만 머물러 있는 데가 많기 때문입니다. 한마디로 말한다면 적절한 편집도 되어 있지 않고 마지막 끝손질이 되어 있지 않다는 것이 마음에 걸렸던 것이지요.

이러한 심경과 감정 속에서, 내 마음에 있던 그 원고에 대한 간절한 욕구가 눈을 뜨게 되었습니다.

나폴리와 로마를 보고 싶다는 갈망은 사라지고 모든 일에서 손을 떼고 독일로 돌아가 조용히 저 원고를 완성해야 하겠다는 생각에 사로잡히게 되었습니다.

그래서 나는 당신의 아드님에게 나의 마음속 깊이 들끓고 있는 심정에 대해서는 말하지 않고, 내 건강상태에 대해서만 이야기를 했습니다. 그는 이렇게 찌는 듯한 무더위 속에서 나까지 끌고 다니게 될지 모르겠다는 의구심을 느꼈던 것 같습니다. 그리하여 우리는 우선 제노바까지 가서 만약 거기에서도 내 건강 상태가 호전되지 않을 때는, 나의 자유선택에 따라 귀국하는 것으로 의견 일치를 보았습니다.

이렇게 우리 두 사람이 제노바에 도착하여 며칠이 지나게 되었을 때 당신에게서 편지가 온 것입니다. 편지에 의하면 당신은 멀리에 있으면서도 우리 두 사람의 사정을 거의 다 꿰뚫어 보고 계시는 듯이, '만약 돌아오고 싶은 의향이라면 자네를 기꺼이 환영하겠다'고 쓰셨지요.

우리는 당신의 통찰에 탄복했고 알프스 저쪽에 있는 당신이 우리 두 사람 사이에서 결정을 본 사항에 대해 찬성해 주신 것에 기뻐했습니다. 나는 곧 독일로 출발하려고 결심했습니다. 그러나 당신의 아드님께서는 내가 그날 하루는 여기에 머물다가 떠났으면 하는 것이었습니다.

나는 이에 기꺼이 응했습니다. 이리하여 우리가 제노바의 거리에서 서로 헤어지며 작별을 나눈 것은 7월 25일 일요일 오전 4시였습니다. 두 대의 마차가 기다리고 있었습니다. 하나는 해안을 따라 리보르노로 향하는 것으로 당신의 아드님은 거기에 탔고, 다른 하나는 산을 넘어 토리노로 향하는 것으로 나는 그 마차에 다른 승객들과 함께 몸을 실었습니다. 이렇게 하여 우리는 각각 다른 방향으로 향해 떠났습니다만 간절한 마음으로 서로 간의 무사함을 빌었습니다.

찌는 듯한 무더위와 먼지 속을 달려 노비리구레, 알렉산드리아 그리고 아스티를 지나서 3일 후 토리노에 도착했습니다. 여기에서 나는 2, 3일간 휴식을 취하고 여기저기를 구경하면서 알프스를 넘어갈 적당한 기회를 기다려야 했습니다. 8월 2일 월요일에 몽 세니산을 넘어 샹베리로 가는 편이 있었습니다. 거기에는 6일 밤에 도착했습니다. 7일 오후 계속하여 에크스로 가는 마차가 있었습니다. 그렇게 해서 8일, 비 오는 늦은 밤에 제네바에 도착하여 크로네 여관에서 여장을 풀었습니다.

여기는 어디를 가나 파리에서 도망쳐 온 영국인들로 가득 차 있었습니다. 그곳에서 일어난 이상한 사건을 목격한 그들은 여러 가지로 이야기를 주고받고 있었습니다. 세계를 뒤흔들어 놓은 저 대사건을 처음 알았을 때 내가 어떤 인상을 받았는지 짐작하실 수 있을 것입니다. 나는 비상한 관심을 두고 피에몽트 지방에서는 판매가 금지된 신문을 읽었습니다. 그리고 매일 새로 도착한 사람들의 이야기와 공동식탁에서 나오는 정치상의 담론과 논의를 경청했습니다. 누구나 모두 극도로 흥분하고 있었습니다. 그리고 이와 같은 일대 강압수단이 유럽 여러 나라에 어떤 결과를 초래할 것인가를 예상해 보려고 했습니다. 나는 친구인 질베스트르 양과 소레의 양친과 형제를 방문했습니다. 그리고 누구나 이 격동의 날을 맞아 하나의 의견을 가지지 않을 수 없었기 때문에, 나는 내 나름대로 다음과 같이 생각했습니다. 이것은 특히 프랑스의 장관들에게 그 책임이 있는 것이라고 말입니다. 왕이 민중으로부터 그 신망과 위엄을 잃는 상황까지 갔던 데에는 그들의 책임이 클 테니까요.

제네바에 도착하자마자 곧 당신에게 자세히 편지를 쓸 심산이었지만 요전 날의 흥분과 어리둥절한 기분이 너무나 컸기 때문에 어떻게 보고해야 할지 결정할 수가 없었습니다. 거기에다가 8월 15일 제노바의 친구 스털링[49]으로부터 한

---

49) 스털링(1804~1880). 이탈리아 제노바 영국 영사의 아들이다. 그는 바이런의 소개를 통해 괴테는 물론 오틸리에하고도 친교를 맺고 있다.

통의 편지를 받았습니다. 그것을 읽고 나는 완전히 마음이 꺾여 바이마르로 편지를 쓸 용기가 서지 않았습니다. 그 친구는 당신의 아드님이 나하고 헤어진 그날 마차 전복 사고를 당하고 쇄골을 다쳐 스페치아에서 누워 있다고 전해 왔습니다. 나는 그 즉시로 답장을 써서 소식을 알려주는 대로 알프스를 넘어 돌아갈 준비가 되어 있다는 것을 알렸습니다. 그리고 독일로 돌아가는 도중이기는 하지만 완전히 안심할 수 있는 통지가 있기 전에는 절대로 제네바를 떠나지 않을 것이라고 했지요. 소식을 기다리면서 나는 비용을 절약하기 위해 어떤 여염집 여인숙을 숙소로 빌렸습니다. 이 체류로 프랑스어에 한층 더 숙달할 수 있었지요.

8월 28일 드디어 나에게 이중의 의미에서 기쁜 일이 생겼습니다. 이날 스털링의 두 번째 편지를 받았는데, 그 문면이 나를 기쁘게 한 것입니다. 그가 당신의 아드님이 그 재앙에서 곧 쾌유하여 완전히 명랑하고 건강한 몸으로 리보르노에 있다는 소식을 알려온 것입니다. 이로써 이 건에 대한 나의 걱정은 단번에 완전히 없어져 버렸습니다. 이리하여 나는 마음을 가라앉히고 다음의 시를 노래 불렀습니다.

    그대여, 신이 그대를 압박할 때 감사하라
    그리고 신이 그대를 다시 풀어 줄 때 감사하라[50]

이제야 나는 진지한 마음으로 당신에게 나에 관한 소식을 전할 수 있게 되었습니다. 제가 말씀드리고자 하는 것은 대략 이렇습니다. 나는 지금 대단히 걱정스러운 저 원고를 완성하고 싶은 마음입니다. 그래서 바이마르를 떠나 조용히 틀어박혀 작업하기 위한 허락을 받을 수 없을까 하고 여쭈어 보고자 합니다. 나는 오랫동안 깊이 유념하여 온 저 원고[51]를 깨끗이 정서하여 철하고, 출판 동의를 얻기 위해 당신에게 제출하기 전에는 온전한 자유와 기쁨을 느낄 수 없을 것입니다.

---

50) 괴테의 〈서동시집〉 중의 '부적' 항목에 있는 것이다.
51) 에커만이 집필 중인 〈괴테와의 대화〉의 원고를 말하는 것이다.

그러나 지금 바이마르에서 온 편지를 접하고 내가 곧 돌아올 것을 기다리고 있다는 것, 그리고 나에게 어떤 지위를 줄 계획이 있다는 것을 알았습니다. 이러한 호의에 대해 나는 단지 감사하는 마음밖에는 없습니다. 그러나 그것은 현재 내가 추진하고 있는 여러 계획과 차질을 빚는 것입니다. 그래서 이상하게도 나를 자기모순 속으로 몰고 갑니다.

내가 지금 바이마르로 돌아가면 나의 문학상 계획을 신속하게 완성할 수 없게 될 것입니다. 그리고 나는 또 그곳에서 옛날처럼 허둥지둥하는 생활 속에 젖어 들게 될 것입니다. 서로 무릎을 맞댈 수 있을 정도로 저 좁은 거리로 돌아가게 되면, 나는 또다시 곳곳에서 여러 가지 작은 일과 관련되고 번거롭게 되어 나 자신을 해칠 뿐 이렇다 할 소득을 올리지 못할 것입니다.

물론 바이마르에도 좋은 점, 그리고 탁월한 점들이 많이 있습니다. 나는 오랫동안 이 도시를 사랑하여 왔고 또 영원히 사랑할 것입니다. 하지만 지금 그곳으로 돌아갈 생각을 하면, 마치 도시의 문 앞에서 한 천사가 불붙은 검을 손에 쥐고 내가 문 안으로 들어가는 것을 막으면서 내쫓으려고 하는 것 같은 기분이 듭니다.

나는 내 자신이 괴짜라는 것을 잘 알고 있습니다. 어떤 일에 있어서는 충실하고 고집스럽지요. 또한 아무리 여러 해가 걸리고 많은 우회로나 곤란에 맞닥뜨리더라도 집요하게 목적을 실현시키고야 맙니다. 그러나 나만큼 쉽게 모든 인상에 구애되어 어리둥절해하면서 영향을 받는 사람은 또 없을 겁니다. 이 양면이 내 운명의 변화무쌍함을 만들었고, 동시에 내 생애의 부동성을 산출했던 것입니다. 지나온 과거를 되돌아볼 때 내가 밟아 온 환경과 상태는 다채롭고 다양합니다. 그러나 이것을 한층 더 깊게 지켜보면, 모든 것을 통해 한층 더 높은 것으로 추구하는 한 단일성을 관통하고 있다는 것을 알 수 있습니다. 이러했기 때문에 나는 한 걸음 한 걸음 자신을 드높이고 개선할 수 있었다고 생각합니다.

그러나 나의 본질인 동요성과 순응성이야말로 때에 따라서는 내 생활환경 개선을 위해 필요한 것입니다. 이것은 뱃사공이 계속 불어오는 바람에 밀려 흘러가지만, 여전히 원래의 방향을 향해 가는 것과 같습니다.

어떤 지위에 오른다는 것은 지금으로서는 내가 오랫동안 억눌러 왔던 문학상의 목적과 일치하지 않습니다. 또한 젊은 영국인들을 위해 이 이상 시간을 할애하는 것도 나의 본의는 아닙니다. 나는 그 언어를 터득했습니다. 그리고 그것은 나에게는 완전히 결여되어 있었던 것이었기 때문에 지금 이것을 기쁘게 생각하고 있습니다. 이 젊은 외국인과 오랫동안 사귄 덕분에 얻게 된 수확을 부정하지는 않습니다. 그러나 어느 것에도 결말이 있고 변화가 있게 마련입니다.

어떤 경우에도 구두로 가르친다든지 근무한다든지 하는 것은 나의 격에 맞지 않습니다. 나는 그런 직업에 재능도 없고 숙련을 쌓지도 못했습니다. 나에게는 웅변술이 전혀 없습니다. 대체로 누구하고 마주 앉아도 상대편은 나에게 비상한 힘을 갖고 작용하여 옵니다. 그러나 나는 그 사람의 본질과 흥미 속에 끌려 들어가 나 자신을 잊어버리게 됩니다. 그 때문에 생각하는 것도 속박을 느껴 느긋해지지 못했고 나의 사상을 십분 자유롭게 전개한다는 것은 좀처럼 잘 되지 않았습니다.

이와는 반대로 펜을 들게 되면 나는 내 자신이 어디까지나 자유롭다는 것을 느끼며 완전히 자아를 되찾게 됩니다. 그러므로 나의 사상을 문자로 전개해 간다는 것은 본래의 기쁨인 것이며 나의 생명이기도 합니다. 그러므로 나는 매일 2, 3페이지일지라도 글을 쓰는 것이 즐겁고, 이 일을 하지 않으면 날마다 허송세월한 것으로 후회하게 됩니다.

나는 지금 나 자신만의 세계에서 벗어나 더 넓은 영역으로 활동을 넓혀 문학계에 영향력을 행사하는 더 큰 행운을 얻을 수 있다면, 마지막으로 어느 정도의 명성을 남기고 싶다는 충동으로 가득 차 있습니다.

물론 문학상의 명성은 그 자체로 볼 때는 얻으려고 노력할 가치가 없습니다. 그뿐이겠습니까. 그것은 아주 번거롭고 귀찮은 것이라는 것도 알고 있습니다. 그러나 그것은 좋은 점도 있습니다. 그것은 꾸준한 행동과 노력을 인정 받아 그 결과로 얻은 하나의 확고한 지위인 것입니다. 그리고 그것은 거룩하고 성스럽다고 할 만한 감정인 것이며, 인간을 드높이는 것이며, 만약 그것이 없으면 도달할 수 없는 갖가지 사상과 힘을 주는 것이기도 하지요.

하지만 만약 우리가 너무 오래 좁고 작은 환경 속에서 몸을 웅크리고 지내게 되면 정신과 성격도 해를 입어, 급기야는 큰 일을 성취할 수 없고 자신을 드높이는 데에도 곤란을 초래할 것입니다.

　대공비께서 실제로 저를 위해 뭔가를 해 주실 의향이 있으시다면, 그처럼 고귀한 분이신 만큼 자비를 베풀 수 있는 방법을 찾는 것은 아주 쉬운 일입니다. 그분이 나의 이 문학적 작업을 지지하고 보호해 주신다면, 그분은 선행을 베푸신 것이 되어 그 열매는 영원토록 이 세상에 남을 것입니다.

　왕자께서는 내 마음속에 특별한 위치를 차지하고 있다고 할 수 있습니다. 나는 그분의 정신적인 능력과 성격에서 많은 선행이 이루어질 것을 기대하고 있습니다. 그러므로 나의 얼마 안 되는 지식을 기꺼운 마음으로 그분이 이용할 수 있도록 할 것입니다. 또한 나는 쉬지 않고 나의 교양연마에 힘써 갈 것이고, 그분은 점점 더 나이를 거듭해 감에 따라 내가 더 좋은 것을 물려주더라도 잘 받아들일 것입니다.

　그러나 지금 무엇보다도 내 마음에 걸리는 것은, 여러 번 되풀이하는 바입니다만, 그 원고를 완전히 완성하는 일입니다. 나는 2, 3개월을 괴팅겐 근방 나의 애인 집이나, 아니면 그녀의 친척 집에서 조용히 칩거하면서 이 작업에 전념하고 싶습니다. 그리고 나의 오래된 무거운 짐으로부터 해방되어 새삼 장래의 새로운 작업을 준비하고 싶습니다. 나의 생활은 요 몇 년 이래로 정체 상태에 있었기 때문에, 다시 한번 다소라도 신선한 비약을 시도해 보려고 합니다. 그리고 나의 건강도 약하고 확실치 않기 때문에 오래 살 수 있을지 장담할 수 없습니다. 그러므로 나는 나의 이름을 한동안만이라도 사람들의 기억 속에 머물게 할 수 있는 뭔가 좋은 것을 남기고 싶습니다.

　그러나 지금의 나로서는 당신의 동의와 축복 없이는 아무것도 할 수 없습니다. 당신이 나의 장래에 관해 어떤 의중을 가지고 계시는지 알 수 없고 또한 높으신 분들이 어떤 후의를 베풀려고 하는지도 알지 못하고 있습니다. 그러나 나의 사정은 지금 말씀드린 대로입니다. 이제 이렇게 말씀드렸으니, 다른 계획을 좇아 즉각 귀국하는 것이 나의 행운을 위해 소망스러운 것인가, 그렇지 않으면 당분간은 차분하게 나 자신의 정신적인 계획에 따르는 것이 좋을 것인가는 당신이 쉽게 판단할 수 있으리라고 생각합니다.

　나는 2, 3일 안으로 이곳을 떠나 프랑크푸르트로 갈 것입니다. 노이샤텔과 콜마 그리고 슈트라스부르크를 거칠 예정인데, 마차 편을 이용해 충분한 여유를 가지고 구경도 하면서 목적지로 가려고 합니다. 프랑크푸르트에서 당신으로부터 온 짧은 편지를 받을 수 있으면 고맙겠습니다. 그 편지는 그곳의 유치 우편으로 보내 주시기를 바랍니다.

나는 이 짓눌리는 것같이 답답한 심경 고백을 끝마친 것을 기쁘게 생각합니다. 그리고 다음 편지에서는 각하께 훨씬 더 상쾌한 일들을 전해드릴 수 있을 것이라고 생각하고 있습니다.

궁중고문관인 마이어, 토목국장인 쿠드레이, 리머 교수, 법무장관인 폰 밀러 그리고 그 외의 당신이 가까이 지내시는 분들에게 안부 인사를 전해 주십시오.

그러나 내 마음에 있는 것은 각하뿐입니다. 이 몸은 어디에 있더라도 당신에게 지극한 존경과 애정을 바치며, 오로지 당신의 것이라고 말씀드리는 바입니다.

에커만

1830년 9월 14일 제네바

제네바로 보내주신 당신의 최근 편지로 〈고전적 발푸르기스의 밤〉의 공백과 결말 부분이 훌륭히 완성됐다는 것을 알고 정말로 기뻤습니다. 이것으로 헬레나와 연결을 맺는 데 최대의 난관이었던 제3막은 완전히 마무리된 셈입니다. 당신이 나에게 말한 바에 의하면 결말은 이미 이루어져 있습니다. 그렇다면 제4막은 나의 기대대로 곧 완성될 것입니다. 이렇게 하여 앞으로 수 세기에 걸쳐 사람들을 감동시키고 그들의 자아수련에 도움이 될 위대한 작품이 완성될 것입니다. 나는 이것을 정말로 이를 데 없이 즐거운 마음으로 고대하고 있습니다. 편지를 받고 이 웅대한 시적 창작작품의 진척 상황을 전해 들을 때마다 기쁨을 느낍니다.

여행길에서 〈파우스트〉가 마음속에 떠올랐을 때, 그중에서도 고전적인 시구 몇 줄이 여러 번 마음에 짚였습니다. 이탈리아에서 아름다운 사람들과 만나고, 발랄한 어린이들이 성장해 가는 모습을 볼 때 다음과 같은 시구가 떠올랐던 것입니다.

여기서는 생활에 만족하고 있는 것을
이어받아 볼과 입도 명랑하다
누구나 안주할 곳을 얻어 죽지 않는 몸이 되고
그들은 만족해하고 건강도 하다.

이렇게 순결한 날을 보내다가 귀여운 어린아이는
자라나서 아버지로서의 힘을 얻는다
우리는 그저 그것을 보고 놀랄 뿐이고, 신인가
인간인가 하는 의문이 그대로 남는다.[52]

이와는 반대로 아름다운 자연을 보고 넋을 잃고 호수와 산 그리고 골짜기에 마음과 눈을 빼앗겨 있을 때는, 뭔가 눈에 보이지 않는 작은 악마가 나를 가지고 놀다가 다음 시구를 나에게 속삭이는 것 같았습니다.

만일 내가 흔들흔들 뒤흔들지 않았으면
어떻게 세계가 이렇게 아름다워질 수 있었을까?[53]

그러면 마음속에 모든 이성적인 관념은 사라지고 불합리한 것이 제멋대로 행동하기 시작하고 일종의 격변을 느끼게 되어, 언제나 마지막에 가서는 웃어버리지 않을 수 없었습니다.

그럴 때마다 나는 시인이란 원래 어떤 상황에도 적극적이어야 한다는 것을 확실하게 느꼈습니다. 인간은 자기 스스로는 표현할 수 없는 것도 죄다 말하고 싶어 하기 때문에 시인을 필요로 하는 것입니다. 어떤 현상이나 어떤 감정에 사로잡히면 사람들은 말을 찾아봅니다. 그러나 자기의 어휘만으로는 부족하다는

---

52) 〈파우스트〉 2부 제3막 9550~9557행. 새로운 왕국의 영주 파우스트는 헬레나를 맞이하여 그처럼 힘겨웠던 고난의 과거를 떨쳐버리고, 그와 함께 스파르타를 이웃하고 있는 이곳에 고대그리스의 도원경 아르카디아를 건설하여 가자고 다짐한다.
53) 이것은 지진의 신인 자이스모스가 〈고전적 발푸르기스의 밤〉에서 한 말로 〈파우스트〉 제2부 제2막 7752~7753행에 나오는 대목이다.

것을 알게 됩니다. 그러므로 시인이 나타나 그를 돕고 만족시켜 주지 않으면 안 됩니다.

　이런 생각을 하면서 나는 저 첫 번째 시구를 되풀이하여 축복했습니다. 그리고 후반부의 시구를 매일 웃으면서 저주했습니다. 그러면서도 이들 시구는 그것이 끼워져 아주 훌륭한 효과를 내고 있기 때문에, 이 부분이 없어도 좋겠다고 생각하는 사람은 아무도 없을 것입니다.

　엄밀한 의미에서 나는 이탈리아에서는 일기를 쓰지 않았습니다. 지속적으로 나타나는 현상들은 너무나 위대하고 너무나 다양하고 너무나 빨리 변화하기 때문에, 그것을 그 순간에 붙잡아 내 것으로 소화하려고 하지 않았고 또 그렇게 할 수도 없었습니다. 그러나 나는 쉬지 않고 눈을 크게 뜨고 또 귀를 활짝 열어, 많은 것에 주의를 기울였습니다. 이번에 이런 추억들을 따로따로 분류하여 각각 표제를 붙여 취급해 보려고 생각하고 있습니다. 특히 나는 〈색채론〉에 관한 재미있는 관찰을 했습니다. 때가 되면 이것을 펜으로 옮기게 될 것을 기쁨으로 생각하고 있습니다. 물론 이것은 별로 새로운 것은 아닙니다만, 오래된 법칙에 새로운 실증을 더한다는 것은 언제나 바람직스러운 일이라고 생각합니다.

　제노바의 스털링은 이 학설에 비상한 관심을 표시해 주었습니다. 그는 뉴턴의 학설에서 얻은 것에는 만족하지 않았지요. 그래서 내가 그에게 당신의 학설을 되풀이하여 이야기하였던바 그 중요한 점들을 열심히 경청하였습니다. 만약 당신이 제노바로 당신의 예의 저서 일부를 보내 주시면 그는 그 선물에 반드시 기뻐하리라고 생각합니다.

　이곳 제네바에 3주일간 체류하고 있는 동안 나는 지식욕에 불타는 여류학도 질베스트르와 친구가 되었습니다. 나는 그때 다음과 같은 것을 알 수 있었습니다. 단순한 것도 이해하는 일은 예상외로 어려우며, 다양한 개개 현상 속에서 쉬지 않고 근본원칙을 발견한다는 것은 비상한 수완이 필요하다는 것을 말입니다. 자연은 극히 미묘한 것이기 때문에 정신은 상당히 노련한 데가 있어야 합니다. 따라서 우리는 언제나 판단을 빨리 얻기 위해 무리를 하지 않도록 신중해야 합니다.

　그렇건만 이곳 제네바에서는 그처럼 위대한 사실에 대해서 어떠한 관심을 표시한 흔적도 찾아볼 수 없습니다. 이 지역 도서관에는 당신의 〈색채론〉이 없을 뿐만 아니라, 하물며 이곳 사람들은 이 세상에 그런 것이 존재한다는 것조차도 모르고 있습니다. 이에 관한 책임은 제네바 사람들보다는 오히려 독일인들에게 있을 것입니다. 아무튼 나는 너무나 화가 났기 때문에 빈정대는 말을 터뜨리지 않을 수 없었습니다.

바이런 경이 한동안 이곳에 머물고 있었다는 것은 잘 알려진 사실입니다. 그런데 그는 사교계는 좋아하지 않고 낮과 밤을 숲속이나 호반에서 생활했다고 합니다. 이것은 지금도 이곳 사람들의 화제가 되고 있고, 그의 〈차일드 하롤드〉 속에 아름다운 기념비로 남아 있습니다. 그는 론강의 색깔에 대해서도 쓰고 있습니다. 그것을 보면 그가 그 원인을 추측할 수는 없었더라도, 감수적인 눈을 가지고 있었다는 것을 알 수 있습니다. 그는 제3의 노래 노트에서 이렇게 말하고 있습니다.

'제네바의 론강의 색깔은 매우 푸르다. 지중해나 다도해에서 본 것을 빼면 바닷물 민물을 막론하고 지금껏 이처럼 진한 색깔은 본 일이 없다.'

론강은 갑자기 물줄기가 좁아지는 제네바 진입 지점에서 두 지류로 갈라집니다. 그 상류 위에는 네 개의 다리가 세워져 있어서, 그곳에서 강물의 색깔을 상당히 잘 관찰할 수 있습니다.

그런데 신기한 것은 한쪽 지류의 물은 바이런이 본 것처럼 푸른색이지만 다른 쪽은 녹색이라는 것입니다. 물이 푸르게 보이는 쪽의 지류는 흐름도 한층 더 급해 강바닥도 그처럼 깊게 움푹 패어 있고, 햇빛도 전혀 닿지 않아 물속은 완전히 암흑이 지배하고 있습니다. 아주 맑은 물은 어두운 중개물로 작용하기 때문에 저 잘 알려진 법칙에 따라 이를 데 없이 아름다운 푸른빛깔을 일으키는 것입니다. 다른 쪽 지류의 물은 그처럼 깊지 않고 햇빛도 강바닥에 닿아 돌도 보일 정도입니다. 푸른빛깔이 될 만큼 아랫부분이 충분히 어둡지 않고, 그렇다고 해서 누런 강바닥까지 투명하게 보일 만큼 얕거나 물이 맑게 빛나고 있는 것도 아니기 때문에 그 빛깔은 중간에 머물러 있어 녹색을 드러냅니다.

그런데 만약 내가 바이런처럼 미친 짓을 좋아하고, 또 그런 것을 실행할 방법이 있다면 다음과 같은 실험을 했을 것입니다.

론강의 녹색 쪽 지류에 있는 매일 수천 명의 사람들이 지나가는 다리 근처 강바닥에 크고 꺼먼 판자, 또는 이와 비슷한 것을 깊숙이 고정해 놓고 순수한 푸른색이 생길 수 있게 합니다. 그리고 거기에서 얼마 멀지 않은 곳에 희게 빛나는 아주 큰 생철판을 앞에 있는 것과 같은 깊이로 설치하고 햇빛에 비춰 선명하게 황색으로 빛나도록 하는 것입니다. 이제 사람들은 지나가다가 녹색의 물속에 황색과 청색 부분이 있는 것을 알아보고 수수께끼처럼 생각할 것이고, 애가 타지만 그것을 도저히 풀지는 못할 것입니다. 우리는 여행길에 오르게 되면 갖가지 농담을 생각해 내는 법이지요. 그러나 이것은 좋은 종류의 것으로 여겨지며 의미도 있고 다소 도움도 될 것입니다. 요 며칠 전에 나는 어떤 책방에 들렀습니다. 거기에서 처음으로 손에 잡힌 4·6판 소책자 속에 있는 어느 구절이 눈에 띄었습니다. 번역해 보면 다음과 같습니다.

'그러나 이제 나한테 말해 주기를 바란다. 만약 우리가 진리를 발견한다면 이것을 다른 사람들에게 전달해야만 하는가? 만약 여러분이 이것을 가르치면 그것과 상반되는 오류에 의해 생활하고 있는 많은 사람은, 그 오류야말로 진리인 것이며 그것을 파괴하려고 하는 것이 최대의 오류라고 단언하고 여러분을 박해할 것이다.'

이 문구는 전문가들이 당신의 〈색채론〉에 대해 취한 태도에 적용된다고 생각합니다. 이것은 당신을 위해 쓰인 것이나 다름없습니다. 이 문구가 내 마음에 들었기 때문에 나는 기쁜 마음으로 그 책을 샀습니다. 베르나르당 드 상 피에르[54]의 〈폴과 비르지니〉와 〈인도의 초가집〉도 함께 수록되어 있었습니다. 아무튼 나는 그 책을 읽고 기쁨을 느꼈고, 책 산 것을 후회하지 않습니다. 저자의 순수하고 훌륭한 정신이 나를 즐겁게 해 주었습니다. 그리고 그의 섬세한 기교, 특히 누구에게나 알려진 비유를 교묘하게 사용하는 것을 보고, 그것을 높이 평가하지 않을 수 없었습니다.

또한 나는 루소와 몽테스키외에 관해서 비로소 여기에 와서 알게 되었습니다. 이 밖에도 사람들과 다른 여러 가지 일을 더 이야기하고 싶지만 오늘은 이

---

54) 베르나르당 드 상 피에르(1737~1814). 프랑스의 시인인 그는 루소이념의 주창자이다. 〈폴과 비르지니〉(1787)와 〈인도의 초가집〉(1787)은 그의 대표작이다.

것으로 그만두겠습니다. 그렇지 않으면 이 편지가 한 권의 책처럼 두꺼워질 테니까요.

그저께 그 긴 편지로 마음에 쌓였던 것을 죄다 말해 버리고 나서는 나는 요 수년 동안 없었던 쾌활하고 자유로운 기분을 맛보고 있습니다. 앞으로도 계속 편지를 쓰고 말씀드리고 싶습니다. 적어도 당분간은 바이마르에서 떠나 있는 것이 나의 가장 절실한 소망입니다. 당신이 이것에 찬성해 주셔서 내가 택한 이 행동이 옳았다고 말씀하실 날이 올 것을 기대하고 있겠습니다.

내일 이곳 극장에서 〈세빌랴의 이발사〉가 상연되기 때문에 관람하려고 생각하고 있습니다. 그리고 출발도 진지하게 생각하고 있습니다. 날씨가 다시 갤 것 같아서 형편이 좋아질 것으로 생각됩니다. 당신의 탄생일 이래로 이곳은 연달아 비가 쏟아지고 있었습니다. 그날 아침 일찍부터 시작한 뇌우는 하루 종일 리옹 방면으로부터 론강을 따라서 호수 위를 지나 로잔 쪽으로 사라졌습니다. 그래서 거의 하루 종일 천둥이 쳤습니다. 나는 방 하나를 하루 16수를 주고 빌렸습니다. 이 방은 호수나 산들을 바라보는 데에는 더할 나위 없이 좋습니다. 어제 아침 저지대에서는 비가 와서 추웠습니다. 소나기가 지나간 뒤 유라 산맥의 여러 봉우리는 눈을 뒤집어쓴 채 처음으로 나타났다가 오늘 또다시 그 모습을 감추었습니다. 몽블랑 앞쪽의 산들은 벌써 사철눈을 덮어쓰기 시작했습니다. 호수로 흘러드는 강가를 따라 늘어선 푸르름이 방울져 떨어지듯 풍요로운 초목 속에는 벌써 황색과 갈색의 수목들이 두셋 보입니다. 밤마다 추워져 가을이 찾아왔다는 것을 알려줍니다.

젊은 괴테 부인, 울리케 양, 발터, 볼프 그리고 알마에게 부디 안부를 전해 주십시오. 젊은 괴테 부인에게는 스털링의 여러 가지를 전하고 싶지만 내일로 미루겠습니다.

프랑크푸르트에서 각하의 편지를 받게 될 것을 즐겁게 기다리겠습니다. 정말이지 이것은 즐거운 희망입니다.

최선의 희망과 충실한 마음을 담아서
에커만

9월 21일 제네바를 떠나 베른에서 2, 3일 체류한 후, 27일에 슈트라스부르크에 도착하여 이곳에서 또 며칠을 머물렀다. 여기서 어떤 이발소를 지나가는데, 그 유리 창문을 통해 나폴레옹의 작은 반신상이 내 눈에 들어왔다. 거리에서 실내의 어둠 속을 향해 바라보니 그것은 푸른색의 모든 단계, 즉 우유색을 띤 밝은 푸른색에서부터 가장 진한 보랏빛에 이르기까지의 모든 색조를 나타내고 있었다. 가게의 내부에서 햇빛이 들어오고 있는 바깥쪽을 향해 바라본다면 황색의 모든 단계가 인지될 것이라고 생각되었다. 그걸 본 나는 순간적으로 성급한 충동에 사로잡혀, 알지도 못하는 사람들만 있는 그 가게로 거리낌 없이 들어갔다.

나는 우선 그 흉상 쪽으로 눈길을 보냈다. 그러자 햇빛을 받은 측면에서 극히 엷은 황색부터 짙은 루비색에 이르기까지의 색채가 멋지게 드러났기 때문에 정말로 기뻤다. 나는 신이 나서 이발소의 주인에게 이 위대한 영웅의 흉상을 양보해 줄 수 없겠는가 하고 물었다. 그도 나와 마찬가지로 이 황제에게 애착심이 있어, 바로 얼마 전에 파리에서 이 흉상을 사 왔다고 대답했다. 그러나 이 사람은 내가 열광적으로 기뻐하는 모습을 보고, 내가 자기보다 훨씬 강한 집착을 두고 있다고 생각했는지 나에게 그 소유권을 기꺼이 양보하겠다고 말했다.

내가 볼 때 이 유리제의 흉상은 이루 말할 수 없이 귀중한 가치를 지닌 것이었다. 그러므로 그가 얼마 안 되는 돈을 받고 이것을 넘겨주었을 때 나는 매우 놀라 이 선량한 소유주를 쳐다보지 않을 수 없었다. 나는 이것을 밀라노에서 구입한, 역시 희귀한 메달과 함께 작은 여행 선물로서 괴테에게 보냈다. 괴테는 이것의 진가에 상응하는 평가를 해 줄 것이다.

그 후 프랑크푸르트에 와서 나는 그에게서 다음과 같은 편지를 받았다.

첫 번째 편지

오늘은 정말로 간단하게 자네에게 쓰겠네. 자네가 제네바에서 보내 준 두 통의 편지는 무사히 받았네. 그것도 겨우 9월 26일의 일이지. 그러므로 서둘러 용건만 말하겠네. 당분간 프랑크푸르트에 머물러 있는 것이 좋겠어. 그리고 자네가 이 겨울을 어디서 지낼 것인가는 차분히 상담해 보도록 하세.

이번에는 다만 추밀고문관인 폰 빌레머[55] 부부에게 드릴 편지 한 장을 동봉하겠네. 이것을 곧장 그분들한테 전해 주면 고맙겠네. 그러면 자네는 두세 명의 새로운 친구를 얻게 될 것일세. 이분들은 나하고는 매우 고상한 의미에서 친교를 맺고 있기 때문에, 자네의 프랑크푸르트 체류를 유익하고도 유쾌한 것으로 만들어 줄 것이야.

이번에는 우선 이 정도로 끝내겠네. 이 편지를 받는 즉시로 곧 답장을 해 주게.

1830년 9월 26일 바이마르에서
언제나 변함없는 괴테

두 번째 편지

나의 둘도 없는 친구여! 내가 태어난 도시에서 지내고 있는 자네에게 진심으로 감사드리는 바이네. 요 며칠 동안 자네는 나의 훌륭한 친구들과 친교를 맺고 격의 없는 기쁨 속에서 지냈을 것이라 생각하네. 자네가 노르트하임으로 가서 한동안 체류하고 싶다면, 나는 거기에 조금도 반대할 생각이 없네. 자네가 조용한 시간을 얻어 소레에게 넘긴 원고에 손을 대어 다듬고 싶다면 나는 더더욱 기쁘네. 사실 지금 곧 그것을 출판하기보다는 자네와 함께 대강 훑어보고 정정하고 싶기 때문이야. 만약 그것이 나의 의향대로 쓰여 있다는 것을 내가 증명할 수 있다면 그만큼 그 책의 가치도 높아질 것이야.

이것만 전하고 나머지 일은 자네에게 맡겨 자네의 편지를 기다리겠네. 내 가족들 모두가 자네에게 안부를 전해 달라고 하고 있지. 자네의 편지를 받은 이후 다른 협력자들에게는 아무 말도 하지 않았네.

1830년 10월 12일 바이마르에서
그대의 충실한 J.W.v. 괴테

---

55) 폰 빌레머(1760~1838). 프랑크푸르트의 은행가인 그는 괴테와는 친한 사이다. 그의 부인 마리안네(1784~1860)는 여배우 출신인데, 괴테는 1814년 라인 지방 여행 중 그녀와 알게 된 이래로 17년간 서로 편지를 주고받았다. 〈서동시집〉의 줄라이카 권은 이 체험에서 탄생한 것이다.

세 번째 편지[56]

자네가 다양한 빛깔을 자아내는 이 진귀한 흉상을 보았을 때 받은 강한 인상, 이것을 수중에 넣으려고 한 욕망, 그 때문에 자네가 행한 모험, 이것을 나에게 여행 선물로 보내려고 했던 착한 생각, 이러한 모든 것은 여기에 십분 나타나고 있는 장엄한 근본현상을 자네가 얼마나 깊이 터득하고 있는가를 의미하는 것이네. 이 관념과 이 감정은 그 결실과 함께 자네의 전 생애를 통해 따라다닐 것이며, 많은 생산적인 방법으로 확증될 것이야. 오류는 도서관에 속하며 진리는 인간의 정신에 속하는 것이지. 서적들은 서적들을 통해 증가할 것이야. 그러나 살아 있는 근본원칙과 접촉하는 것을 즐기는 것은, 단순한 것을 파악할 줄 알고 헝클어진 것을 풀 줄 알고 어둠을 밝게 해 주는 것은 정신인 것이지.

만약 자네의 데몬이 자네를 다시 바이마르로 돌아오게 하면, 자네는 그 흉상이 눈부시게 밝은 햇빛 속에 서 있는 것을 보게 될 것이야. 투명한 안면의 온화한 청색 아래로는 가슴과 견장의 딱 벌어진 덩어리가 반짝이는 보랏빛의 온갖 색조를 자아내면서 빛나고 있지. 그것은 마치 소리를 낸다고 전해지는 멤논[57]의 화강암상과 같아. 여기에서는 이 어두운 유리의 흉상이 화려한 색조를 자아내고 있네. 이런 점에서 이 영웅은 바로 〈색채론〉에서도 승리자가 되고 있어. 이것으로 나에게는 그처럼 중요한 학설을 뜻하지 않게 확증해 준 셈이 되었으니 이를 데 없이 고마울 뿐이지.

또한 자네가 메달을 보내 주어 나의 수집품실을 몇 배로 풍요롭게 해 주었어. 나는 뒤프레[58]라는 이름에 마음이 끌렸지. 이 메달 작가는 탁월한 조각가이며 주조공이라네. 퐁네프 다리 위에 있는 하인리히 4세의 상을 주조한 것도 이 사람이지. 보내준 메달을 보고 흥미가 생겨서 나는 내가 가지고 있는 다른 것도 대강 훑어보았네. 내 수집품 중에는 이 작가가 만든 역시 아주 유명한 작품이

---

56) 이 편지에 날짜가 없는 것은 괴테가 이 편지를 발송하지 않고 에커만이 바이마르로 돌아온 후에 그에게 직접 주었기 때문이다.
57) 에티오피아의 전설적인 왕인 그는 트로이 전쟁 때 트로이 군을 도왔기 때문에 그리스군의 영웅 아킬레스에게 살해당했다.
58) 17세기 프랑스의 형제 조각가이자 메달 제작가이다. 그들 형제의 작품은 괴테의 미술품 수집 목록에 기록되어 있다.

있었고, 이외에도 그의 솜씨로 보이는 작품이 있었지. 그러므로 자네가 보내준 선물은 나에게는 좋은 자극이 되었네.

소레가 번역 중인 나의 〈식물 변태설〉은 이제 겨우 5장째를 달성하고 있어. 이 계획을 저주해야 할 것인가 축복해야 할 것인지 나는 오랫동안 결정을 못 하고 있었네. 그러나 또다시 유기적인 자연관찰에 몰두하게 된 지금에 이르러서 기쁜 마음으로 이 작업에 종사하고 있어. 이제는 벌써 40년 이상이나 지났지만 지금도 변치 않는 이 원리[59]는 나에게는 여전히 가치 있는 것이야. 어떠한 미궁과 같은 영역의 어떠한 구석까지도 우리의 이해가 닿는 범위에서는 이 원리에 의해 무사히 구명될 수 있지. 그러다 급기야는 이해할 수 없는 한계에까지 인도되긴 하지만, 거기에 도달하기까지 충분한 이득을 얻고 있기 때문에 우리는 그런 점에서 자족해야 하네. 동서고금의 어떠한 철학자도 이 이상 더 앞으로 나가지는 못했어. 이 이상 저술 속에서 언급한다는 것은 거의 월권에 가까운 것이라네.

J.W.v. 괴테

프랑크푸르트와 카셀에서 한동안 묵었다가 10월 말경에야 겨우 노르트하임에 도착했다. 그 사이에 모든 사정이 갖추어져 내가 바이마르로 돌아가는 것이 바람직스러운 상황이 되어 갔다.

나의 〈대화록〉을 즉시 출판하는 것에 괴테는 동의해 주지 않았다. 이로써 순수문학의 행로에 성공적으로 진입하려고 한 나의 계획은 이제는 생각할 수 없게 되었다.

거기에다 오랫동안 깊이 사랑하여 온 애인과 다시 만나, 나날이 새로워지는 그녀의 훌륭하고 정숙한 심정에 감명을 받아 즉시 그녀와 결혼하고 싶은 염원을 가지게 되었고, 안정된 생활을 꾸며 보려는 소망을 간절히 느끼게 되었다.

이러한 사정에 놓여 있을 때 바이마르로부터 한 통의 편지가 왔다. 그것은 대공비의 지시에 따른 것으로, 내가 이것을 받았을 때의 기쁜 심정은 괴테에게 보낸 다음과 같은 편지에 자세히 표시되어 있다.

---

[59] 괴테가 저술한 〈식물의 변태〉(1790년 발표)의 원리를 말한다.

1830년 11월 6일 노르트하임

인간은 생각합니다. 그리고 신은 인도합니다. 인간이 손바닥을 뒤집을 사이도 없이 우리의 상태와 염원을 우리가 예상했던 것과는 다르게 변화시킵니다.

2, 3주일 전에 나는 바이마르로 다시 돌아가는 것에 일종의 의구심이 들고 있었습니다. 그런데 이제는 사정이 나로 하여금 기꺼이 즉시 돌아가야겠다고 생각하게 할 뿐만 아니라, 그곳에서 가정을 꾸미고 영원히 살고 싶다는 생각을 가지게 했습니다.

요 며칠 전에 나는 소레에게서 한 통의 편지를 받았습니다. 거기에는 내가 다시 돌아가 지금까지와 마찬가지로 계속 왕자의 교육을 맡는다면 대공비한테서 일정한 수당을 받게 된다는 내용이 쓰여 있었습니다. 그뿐만 아니라 이 이외의 다른 좋은 일도 있지만 그것은 소레가 직접 나에게 전해 줄 것이라고 했습니다. 이런 모든 것으로 사람들이 나에게 기울여 준 각별한 후의를 알 수 있었습니다.

그러므로 나는 소레에게 그 제안을 기꺼이 받아들인다는 답장을 썼습니다. 그러나 들리는 바로는 그는 자기 가족이 있는 제네바로 떠났다고 합니다.

이 소식은 당신에게도 어느 정도 좋게 받아들여질 것으로 생각됩니다. 당신은 나의 행복과 안정을 오랫동안 걱정해 주시고 있었기 때문입니다.

사랑하는 당신 가족 모든 분에게 마음으로부터의 인사를 드리는 바입니다. 얼마 안 있어 다시 만나 뵐 것을 기쁘게 생각합니다.

에커만

11월 20일 오후 나는 노르트하임을 출발하여, 어둑어둑해졌을 때 괴팅겐에 도착했다.

저녁때 숙소의 공동식탁에서 나는 내가 바이마르에 사는 사람이며 지금 그곳으로 가는 도중이라고 했다. 그러자 여관집 주인은 위대한 시인인 괴테는 그처럼 나이가 많은데 얼마나 괴로우실까, 오늘 신문을 보니 괴테의 단 하나밖에 없는 아들이 이탈리아에서 뇌출혈로 죽었다[60]더라고 아주 느긋하게 말했다.

---

[60] 괴테의 아들 아우구스트 폰 괴테는 1830년 10월 27일에 로마에서 객사했다. 이 부고가 괴테에게 도달한 것은 1830년 11월 10일이었다.

이 말을 들었을 때 나의 심정은 어떠했겠는가를 상상할 수 있을 것이다. 나는 등불을 들고 내 방으로 올라갔다. 거기에 있는 낯모르는 사람들에게 내 마음의 동요가 알려지는 것이 싫었기 때문이다.

나는 그날 밤 내내 잠을 자지 못했다. 나에게는 너무나 가슴 아픈 이 사건은 나의 머리에 쉬지 않고 떠올랐다. 그 후로 마차 안에서의 낮과 밤, 그리고 뮐하우젠과 고타에서 지낸 며칠 간은 도무지 즐겁지 않았다. 혼자 마차 속에 앉은 채 컴컴한 11월의 황량한 들판 속을 지나갔다. 눈에 비치는 어떠한 것도 나를 위로하거나 내 마음을 밝게 해 줄 수 없었다. 생각을 다른 데에서 찾으려고 해도 헛수고였다. 그리고 어느 여관에서든 사람들은 최근의 새로운 화제로서, 나에게는 너무나 가까운 사람에게 일어난 이 슬픈 사건을 말하는 것이었다. 나의 가장 큰 걱정은 그처럼 나이가 많은 괴테가 과연 아버지로서 감정의 격동을 견디어 낼 수 있을까 하는 것이었다. 나는 나에게 혼잣말했다. '나의 도착은 어떤 인상을 줄 것인가. 나는 그의 아드님과 함께 떠났는데 혼자서 돌아왔다! 그는 나를 만나보고서야 비로소 아들을 잃은 현실을 절감할 것이다.'

이런 것을 생각하면서 나는 11월 23일 화요일 저녁 6시에 바이마르로 가는 마지막 요금소에 도착했다. 인생을 살아가는 동안에는 반드시 괴로움을 뚫고 지나가야 할 때가 있다고 다시 한번 느끼는 순간이었다. 바로 그때 달이 언뜻 얼굴을 내밀고, 몇 분 동안 두꺼운 구름 사이에서 휘황찬란하게 빛났다. 그리고는 다시 전과 마찬가지로 어둠 속으로 묻혔다. 이것은 우연이었던가 아니면 그 이상의 것이었던가. 좌우간 그때 나는 이것은 천상에 계시는 신이 나에게 내려 주시는 은총의 표시라고 생각하고는 나도 모르게 마음의 든든함을 얻었다.

나는 하숙집 주인 내외에게 인사를 하자마자 곧장 괴테 댁으로 갔다. 우선 젊은 괴테 부인에게로 갔다. 그녀는 벌써 꺼먼 상복을 입고 있었지만 조용하니 침착했다. 우리는 여러 가지 이야기를 나누었다.

이어 나는 괴테가 있는 방으로 내려갔다. 그는 똑바로 꿋꿋이 서서 나를 두 팔로 껴안았다. 그는 이제는 완전히 기운을 도로 찾아 차분했다. 우리는 자리에 앉자마자 곧 격의 없는 이야기를 주고받았다. 이리하여 나는 다시 그의 곁에 있다는 것에 무한한 행복을 느꼈다. 그는 나에게 두 통의 편지를 보여 주었다.

그것들은 노르트하임에 있는 나한테로 보내려고 했던 것이었다. 다음으로 괴테는 대공비와 왕자에 대한 일과 그 이외의 많은 다른 것을 언급했다. 그러나 아들에 대해서는 한마디도 언급하지 않았다.

1830년 11월 25일 목요일

괴테는 오늘 아침 나에게 여러 권의 책을 보내왔다. 영국과 독일 작가들이 나에게 기증하기 위해 보내온 책들이었다. 정오에 그에게로 가서 식사를 함께 했다. 그는 동판화와 스케치가 들어 있는 서류철을 바라보고 있었다. 이것은 그의 구입을 희망하며 화상이 보내온 것이다. 그는 나에게 오늘 아침 대공비 전하의 방문을 받았다고 이야기하면서, 나의 도착 소식을 그녀에게 전해 주었다고 말했다.

젊은 괴테 부인도 우리와 자리를 함께하여 식탁에 앉았다. 나는 여행에 대해 이야기하지 않을 수 없었다. 베네치아와 밀라노 그리고 제노바에 대해서 이야기했다. 그는 특히 그곳 영국 영사[61]의 가족에 대한 자세한 보고를 듣고는 깊은 관심을 가지는 것 같았다. 나는 다음으로 제네바에 대해서 이야기했는데, 그는 소레의 가족과 폰 본슈테텐 씨[62]에 대해 열심히 물어보았다. 그리고 그 후자는 그가 더 자세한 것을 알고 싶어 했기 때문에 나는 말씀드릴 수 있는 모든 것을 이야기했다.

식사 후 괴테가 나의 〈대화록〉에 대한 이야기를 시작한 것은 기쁜 일이었다. "이것은 자네의 첫 작품이 될 것임이 틀림없어." 하고 그는 말했다. "그러므로 그것이 완전무결하게 다듬어질 때까지 손을 놓아서는 안 되네."

그건 그렇고 괴테는 오늘 유달리 말수가 적고 이따금 방심 상태에 있는 것 같았다. 그리고 걱정스럽게도 내가 보기에 이것은 그다지 좋은 징조는 아닌 듯하다.

---

61) 제노바의 영국 영사인 제임스 스털링을 말한다.
62) 폰 본슈테텐(1745~1832). 스위스의 작가로 1827년 8월 21일에 괴테에게 편지를 보냈다.

1830년 11월 30일 화요일

괴테는 지난주 금요일 우리를 적잖이 걱정하게 했다. 그가 밤중에 심하게 피를 토하고 하루 종일 사경을 헤맸던 것이다. 그는 방혈법으로 뽑은 것을 합쳐 6파운드에 달하는 피를 잃었다. 이것은 80세인 그에게는 심각한 문제였다. 괴테의 주치의이자 궁중고문관인 포겔의 탁월한 의술과 괴테의 유례 드문 천성이 결합하여, 이번에도 그는 살아남을 수 있었다. 이리하여 그는 급속도로 건강이 회복되어 벌써 양호한 식욕을 보였고 밤중에는 내내 다시 잠을 잘 수 있게 되었다. 누구와의 면회도 허락되지 않았고 말하는 것도 금지되어 있었지만, 영원히 움직여 쉴 줄 모르는 그의 정신은 가만히 있지 않고 또다시 해야 할 일을 생각하고 있었다. 오늘 아침 나는 그가 침상에서 연필로 쓴 다음과 같은 단신을 받았다.

내 최고의 의사여! 이미 잘 알고 있는 시를 동봉하네. 수고스럽겠지만 다시 한번 통독하고, 맨 앞에 내놓은 새로운 시를 전체에 꼭 들어맞게 편집해 주게나! 〈파우스트〉는 다음 기회로 미루지!

다시 만나기를 고대하면서!
바이마르 1830년 11월 30일 괴테

괴테는 급속하게 완전히 회복하였고, 그 뒤에는 그의 모든 관심을 〈파우스트〉 제4막과 〈진실과 시〉의 제4권의 완성에 쏟았다.

그는 나에게 지금까지 인쇄에 부치지 않은 작은 원고의 편집, 그리고 그의 일기와 발신한 서간의 정리를 부탁했다. 그것은 장차 출판할 때 취급방법을 어떻게 할 것인가를 확실히 해두기 위해서였다.

괴테와 〈대화록〉을 편찬하는 것은 이제는 생각조차 할 수 없게 되었다. 게다가 나 또한 지금까지 쓰인 것에 집착하기보다는, 행운이 베풀어지는 한 새로운 재료로 이 축적분을 한층 더 늘려나가는 것이 현명하다고 생각하게 되었다.

1831년

1831년 1월 1일 토요일

여러 인물에게 보낸 괴테의 편지 초고는 1807년 이래로 철하여 보존되어 있다. 그중의 2, 3년분의 것을 지난 몇 주 동안 정성 들여 조사해 본 결과, 그것들은 장차 편찬과 출판할 때 도움이 될 것으로 판단되었다. 그에 따라 나는 그 편지들을 다음과 같은 항목으로 분류하여 몇 가지 일반적인 비망록을 써 두려고 한다.

1

우선 이 편지들을 군데군데를 발췌하여 발표하는 것이 좋은가, 그렇게 하지 않는 것이 좋은가 하는 문제가 생긴다.

여기에 나는 다음과 같이 말하고 싶다. 대체로 괴테의 천성과 태도는 아무리 사소한 대상이라도 일정한 목적을 갖고 상대한다. 특히 이러한 편지에 있어서 필자인 괴테는 언제나 온몸과 마음을 다하여 정성을 들이고 있다. 그러므로 아무리 짧은 편지라고 하더라도 시종일관 더할 나위 없이 완벽하게 쓰여 있을 뿐만 아니라, 어떠한 글의 행간에서도 그의 탁월한 천성과 교양을 엿볼 수 있다.

따라서 나는 이 편지들을 처음부터 마지막까지 전부 그대로의 형태대로 싣는 것이 좋다고 생각한다. 특히 개개의 중요한 부분은 선행하는 것과 후속하는 것에 의해 비로소 그 참된 광채와 효과적인 해명을 발휘할 수 있기 때문이다.

그리고 더 자세히 고찰해 보면 이 편지들은 다양하고 거대한 세계와 접촉하고 있다는 것을 알게 된다. 이런 점을 생각할 때, 어떤 부분은 발표할 만큼 중요하고 다른 부분은 그렇지 않다고 누가 감히 말할 수 있겠는가? 실제로 문법학자, 전기작가, 철학자, 윤리학자, 자연과학자, 예술가, 시인, 대학교수, 배우 그리고 기타 수없이 많은 사람, 이 제각기 다른 사람들은 모두 그들 나름의 관심사를 가지고 있다. 그렇다면 어떤 사람은 읽지 않고 그대로 지나가는 부분도 다른 사람은 지극히 의의 있는 것으로 감명 깊게 받아들여 섭취할 것이다.

가령 1807년의 제1집 중에 괴테가 어떤 친구에게 보낸 편지가 있는데, 여기에서 괴테는 산림 사업에 몸을 바치려고 하는 이 친구의 아들을 위해 조언하고 있다. 이런 편지는 아마 젊은 작가는 읽지 않고 그냥 지나가겠지만, 산림종사자는 틀림없이 기꺼이 읽고 그 교시를 마음에 담을 것이다. 그리고 괴테라는 이 시인은 자신의 전문 분야에도 정통하고 있어 그에 관해서도 좋은 충고를 하려 한다고 생각할 것이다.

그러므로 나는 다시 한번 말하지만, 그의 편지를 발췌하지 않고 전부 있는 그대로 발표하는 것이 바람직하다고 보는 바이다. 그것이 이 편지들이 세상에 유포된 원래의 형태이고, 이것을 받은 분들도 훗날 반드시 쓰인 그대로 인쇄될 것이라고 생각하고 있기에 더욱 그렇게 생각한다.

2

그러나 좋은 부분을 내포하고 있지만 발췌하지 않고 그 내용 또는 분량 전부를 공개하는 것이 곤란한 편지가 있을 때는, 그런 부분만을 골라내고 그 편지가 속하는 연도별로 분류하거나 임의로 독자적인 선집을 만드는 것도 좋을 것이다.

3

처음 제1집 중에 있는 어떤 편지는 각별한 의미가 있다고 보이지 않기 때문에 그것을 발표하는 의미가 의문시되는 경우가 생길 것이다. 그러나 이것은 수년이 지난 뒤에 계속 나타나는 연속적인 쇠사슬의 첫 고리를 형성하는 것이므로, 중요하게 다루어 발표해야 한다.

4

이 편지들을 받은 사람의 인명에 따라 정리할 것인가, 아니면 각기 연도에 따라 연대기적으로 이어가는 것이 좋은 것인가가 문제 될 것이다. 나는 후자 쪽을 택한다. 그 첫째 이유로는 그렇게 하면 쉬지 않고 새로운 변화가 나타나기 때문이다. 사실 상대편이 바뀌면 문제의 느낌도 바뀔 뿐만 아니라 진술되는 화제도 쉬지 않고 달라진다. 그러므로 연극이라든지 문학상의 작업이라든지 자연연구, 가족 내에서 일어나는 여러 가지 일, 신분이 높은 분들과의 사교, 친분을 나눈 사람들과의 우정관계 등등이 번갈아 가면서 나타날 것이다.

그러나 내가 연대에 따라 혼합적으로 편찬하는 것에 찬성하는 것은 다음과 같은 두 번째 이유가 있기 때문이기도 하다. 어떤 연도의 편지는 동연대에 살아 활동했던 일들에 접촉하고 있다. 따라서 그 연도의 특색을 담고 있을 뿐만 아니라, 해당 필자의 심경이나 영위가 모든 측면과 각도에서 진술된다. 그러므로 연차별 서간집은 그 신선한 세부묘사로 이미 인쇄된 총괄적인 일기 또는 〈연대기〉에 의한 전기에, 그때그때의 신선한 보충물이 될 수 있을 것이기 때문이다.

5

다른 사람들이 이미 인쇄한 서간문들은 대체로 그들의 공적이 인정된 것이라든지, 또는 찬사나 특이한 것이 쓰여 있는 것이다. 그렇다고 해도 이것들 역시 다시 한번 이 선집에 들어가야 한다. 이렇게 하는 것은 그들이 갖고 있는 문서가 진실한 것임을 세상에 실증하는 일이 되기 때문에 그 사람들에게도 만족감을 줄 수 있을 것이다.

6

이 선집 속에 추천장을 수록할 것인가 그렇게 하지 말 것인가 하는 것은 추천된 인물을 고려하여 결정해야 할 것이다. 만약 그 사람이 이렇다 할 큰 일을 성취하지 못했고, 또 그 편지에 이렇다 할 다른 사항이 쓰여 있지 않은 때는 수록하지 않아도 되는 것이다. 그러나 추천되는 인물이 세상에 나가 명성을 떨치게 되었다면 그 추천장은 수록되어야 할 것이다.

7

괴테의 시대를 살았던 사람 중 잘 알려진 인물들, 가령 라바터라든지 융이라든지 베리쉬, 크니프, 하케르트 그리고 그 이외의 사람들에게 보낸 편지는 그 자체로 흥미가 있다. 그러므로 이런 편지들은 설사 이렇다 할 중요한 사항들이 쓰여 있지 않은 때라도 발표해야 한다.

8

대체로 이들 서간문의 발표 범위는 너무 좁게 한정되지 않도록 해야 할 것이다. 이 편지들은 우리에게 괴테의 광범위한 생활과 다양한 활동을 남김없이 이해할 수 있게 해 줄 것이며, 또한 각양각색의 인물들과 다양한 경우 그의 태도를 잘 알 수 있게 해 줄 것이기 때문이다.

9

편지가 제각기 다르더라도 그것들이 한 가지의 동일한 사실을 언급할 때는 그 가운데서 가장 탁월한 것을 선택해야 한다. 그리고 어떤 포인트가 여러 가지 다른 편지를 통해 나타나는 경우에는, 가장 잘 쓰여 있는 것을 싣고 그 이외의 것은 생략하는 것이 좋다.

10

예외적인 일이지만 1811년부터 1812년에 보낸 서간 중에는 세상에 널리 알려진 인물들에게 휘호를 써 달라고 부탁하고 있는 것이 20통이나 된다. 이런 부분과 이와 비슷한 부분은 생략되어서는 안 된다. 이런 것은 아주 특색이 있고 흐뭇하게 보이기 때문이다.

앞에서 언급한 여러 항목은 1807년, 1808년, 1809년의 서간들을 조사하면서 생각난 것들이다. 그리고 앞으로 이 일을 계속하는 동안 일반적인 주의 사항이 다시 생길 때는 이 현재의 것에 보충적으로 첨가하면 될 것이다.

1831년 1월 1일 바이마르에서 에커만

오늘 식사 후 괴테와 함께 이상의 사항을 하나하나 상세하게 이야기했는데, 그는 나의 제안에 깊은 찬성을 표시했다. "그럼 나의 유서에 자네를 편지들의 편집자로 지명해 두겠네. 그리고 그 편집 과정에서 이행해야 할 방법에 대해 우리가 서로 의견의 일치를 보았다는 것을 표시해 둘 것이야."

1831년 2월 9일 수요일

나는 어제 왕자와 함께 포스의 〈루이제〉를 읽었다. 그리고 이 책에 관해 나름대로 깨달은 점을 여러 가지로 마음속에 떠올렸다. 풍토의 서술이나 여러 인물의 멋진 외면묘사는 나를 열광케 했다. 그러나 이 시는 일종의 알맹이가 결여되어 있다고도 생각되었다. 등장인물들이 이따금 서로 담화를 나누면서 자기의 마음속을 드러내려고 하는 부분에서는 특히 이런 느낌이 들었다. 〈웨이크필드의 목사〉[1] 속에도 어느 시골 목사와 그 가족이 그려져 있다. 하지만 이 영국시인은 한층 더 높은 교양을 가지고 있기 때문에, 그것이 여기에 나타나는 인물들에게도 전달되어 모든 인물이 그들의 마음속을 한층 더 다양하게 드러내고 있다. 〈루이제〉도 물론 어떤 종류의 독자권은 만족시킬 수 있을 것이다. 그러나 그 교양 수준은 모두 제한되어 있고 평범할 뿐이다. 시구에 관해 말한다면, 이런 제한된 상태에서는 너무나 무겁고 또 가끔 무리가 생겨 시의 느낌을 딱딱하게 만들기 쉬운 6각운을 사용하고 있었다. 따라서 문장 진행이 자연적으로 흘러가지 못해 읽기가 수월하지 않았다.

나는 오늘 정오의 식탁에서 괴테에게 이 점에 대해 말했다. "그 작품의 가장 첫 판은 그런 부분이 훨씬 잘되어 있었기 때문에 나는 그것을 즐겨 낭독했었네. 그런데 그 뒤 포스는 그 작품 여기저기에 손을 대고 변덕스러운 기교를 부려, 오히려 시구의 경쾌함과 원활함을 망쳐버리고 말았지. 대체로 오늘날에는 모든 것이 기교적인 것으로부터 시작하고 있네. 비평가 선생들은 하나의 운(韻) 속에서 하나의 S 뒤에 다시 다른 하나의 S가 오고, 그 뒤에 SZ가 와서는 안 된다는 것에 신경을 쓰고 있지. 만약 내가 아직 젊고 대담하다면 의식적으로 이런 모든

---

[1] 1766년 출판된 골드스미스의 소설도 인간미와 유머 그리고 적절한 풍자가 흐르고 있는 걸작이다.

기교상의 제약을 거역하고 나갈 것이야. 두운법이든 반해음이든 그리고 틀린 운이든 무엇이든 간에 생각나는 대로 자유롭게 사용하면서 말이야. 그러나 중요한 점은 고려하여 누구든지 그것을 읽으면 암송하고 싶을 만큼 심정을 북돋는 훌륭한 것을 쓰도록 노력할 거라네."

1831년 2월 11일 금요일

오늘 식탁에서 괴테는 나에게 〈파우스트〉 제2부의 제4막을 시작했으며, 그것을 계속하여 진행할 생각이라고 말했다. 이 말을 듣고 나는 매우 기뻐했다. 이어 그는 라이프치히의 젊은 언어학자인 프리드리히 고트홀트 쇤[2]에 대해 격찬했다. 이 사람은 유리피데스의 여러 연극 중에서 의상에 관한 논문을 썼고, 아주 박식한데도 자기의 목적에 필요한 것 외에는 어떤 것에 관해서도 이러니저러니 하지 않는다는 것이다.

"내가 흐뭇하게 생각하는 것은 그는 한결같이 생산적인 정신을 갖고 자기 일에 전념하고 있다는 것이네. 하지만 현대의 다른 언어학자들은 너무나 기교적인 문제나 철자의 장단에 집착하고 있네.

기교적인 세세한 점에 깊이 관여하는 것은 비생산적인 시대의 특징이지. 개인의 경우에도 이런 것에 관련을 갖는다는 것은 비생산적인 인간의 특징인 것이야. 그리고 문학적 작업에 지장을 가져오는 것으로는 다른 종류의 결점도 있어. 가령 플라텐 백작은 좋은 시인이 가져야 할 것의 모든 주요 조건을 구비하고 있지. 그는 고도의 상상력, 구상력, 정신, 그리고 창조력 등을 가지고 있네. 게다가 완벽하리만큼 기교상의 교양이 있고 풍부한 연구심 그리고 보기 드문 진지함도 있어. 그러면서도 그는 논쟁을 일상사로 삼고 있는데, 바로 이런 버릇이 불행하게도 그에게 화근으로 작용하고 있는 것이야.

그는 나폴리와 로마의 위대한 환경 속에 있으면서 독일문학의 빈곤을 잊을 수가 없다고 말하고 있지만, 그건 그처럼 탁월한 재능을 소유한 자의 언사로서는 용서할 수 없는 것이지. 〈낭만적 오이디푸스〉는 특히 그 기법 면에 있어서 플

---

[2] 고트홀트 쇤(1806~1857). 문헌학자로, 1831년 유리피데스 연극의 의상 문제에 대한 논문을 썼는데 괴테는 이것을 아주 높이 평가했다.

라텐이야말로 가장 훌륭한 독일비극을 쓸 수 있는 인물이라는 것을 보여 주고 있지만, 그는 이 연극에서 비극적인 모티브를 빈정거리듯 사용했네. 그리고 지금에 이르러서 어떻게 진정한 비극을 쓸 생각을 할 수 있다는 말인가!

 이러한 논쟁버릇이 그를 괴롭히리라는 것은 아무리 생각해도 틀린 말이 아니야. 논쟁상의 적은 자유로운 모든 창작 사이사이에 유령처럼 나타나, 그렇지 않아도 민감한 그의 성질에 극심한 소란을 불러일으키지. 바이런 경 역시 이런 논쟁적 버릇 때문에 자멸하고 말았다네. 그러므로 플라텐도 마땅히 독일문학의 명예를 위해서 이런 바람직하지 않은 길을 영원히 피해야 할 거야."

1831년 2월 12일 토요일

 나는 신약성서를 읽고 괴테가 얼마 전에 나에게 보여준 어떤 그림을 떠올렸다. 그것은 그리스도가 바닷물 위를 걸어오고 있는데, 그를 맞이하기 위해 물 위를 걸어가던 베드로가 순간적으로 자신감을 잃어 물속으로 빠지는 장면을 그린 것이다.[3]

 "이것은 아름다운 종교전설 중의 하나이지." 하고 괴테는 말했다. "나는 이것을 다른 어떤 것보다도 좋아하네. 이 속에는 인간이란 신앙과 끓어오르는 용기만 있으면 아무리 어려운 계획일지라도 정복할 수 있지만, 그 대신 아주 조금이라도 의혹을 품게 되면 곧 파멸하고 만다는 고매한 가르침이 담겨 있어."

1831년 2월 13일 일요일

 괴테 댁에서 함께 식사했다. 그는 나에게 〈파우스트〉 제4막을 계속 쓰고 있고, 이번에 그 첫 부분이 원하는 대로 잘 완성되었다고 말했다. "사건의 줄거리는 자네도 알고 있듯이 이미 만들어져 있었지만, 그것을 어떻게 취급할 것인가에 대해서는 아직껏 만족할 만한 방법을 찾을 수 없었지. 그런데 다행스럽게도 좋은 생각이 떠올랐어. 나는 〈헬레나〉부터 완성된 제5막까지 살펴본 후 모든 빠져 있는 부분을 하나하나 구상하여 자세한 개요를 만들고, 그러고서 펜을 들려

---

3) 신약성서 마가복음 제14장 제25~33절이다.

고 하고 있네. 이렇게 하면 아주 기분 좋고 확실하게 진행해 나갈 수 있고, 먼저 마음에 드는 부분부터 시작할 수 있지. 이 막은 또한 완전히 독자적인 특색을 갖추고 있다네. 이것만으로도 독립된 작은 세계를 이루고 있어 다른 것하고는 관련이 없어. 그 전후는 단지 작은 부분을 통해 전체와 결합해 있을 뿐이지."

"그렇다면 다른 막과의 구별이 확실해질 것입니다. 요컨대 〈아우에르바하 지하 술집〉, 〈마녀의 부엌〉, 〈부로켄산〉, 〈국회〉, 〈가장무도회〉, 〈지폐〉, 〈실험실〉, 〈고전적 발푸르기스의 밤〉, 〈헬레나〉 등과 같은 것들도 순전히 그 자체만으로 독립된 소세계권을 형성하여 다른 것과 분리되어 있습니다. 물론 상호 간의 영향이 없는 것은 아니지만 그 연관성은 아주 작지요. 작가에게 가장 중요한 점은 각양각색의 세계를 남김없이 표현하는 것이며, 유명한 영웅의 이야기는 작가가 원하는 대로 각 장면 장면을 꿰매 맞추어 가는 데 사용되는 일종의 실마리라고 생각합니다. 〈오디세우스〉나 〈질 불라스〉[4]만 하더라도 이것과 다를 것이 없습니다."

"과연 자네가 말한 대로야." 하고 괴테는 말했다. "이런 구성에 있어서는 개개 집단의 의미를 확연하게 해두는 것이 중요하네. 그뿐만 아니라 다른 한편으로는 전체로서도 언제나 혼연일체가 되어 서로 떨어질 수 없게 해 놓아야 하지. 그러나 바로 이 때문에 마치 풀리지 않는 문제처럼 사람들에게 되풀이하여 그것을 고찰해 보아야 하겠다는 기분이 들게 하는 거라네."

이어 나는 어떤 젊은 군인의 편지에 대해 말했다. 나는 다른 친구들과 함께 그가 외국에서 근무하는 것이 좋겠다고 권고한 일이 있었다. 그런데 그 외국에서의 상황이 생각만큼 좋지 않자 그는 그에게 권고한 모든 사람을 비난하고 있었던 것이다.

"충고라는 것은 쉬운 일이 못 되지." 하고 괴테는 말했다. "세상에 나가보면 곧 알게 되지만 가장 현명한 것이 의외로 실패하고 오히려 가장 허무맹랑한 것이 성공을 거두는 경우가 있어. 그리고 이런 상황을 알게 되면 누구나 조언하는 것을 주저하게 되네. 요컨대 조언을 원하는 것도 바보스럽고 조언을 해 주는 것

---

[4] 프랑스의 소설가이자 극작가인 르 사즈(1668~1747)의 작품이다. 그는 스페인의 악한 소설을 이입한 풍속소설 〈질 불라스의 이야기〉 4권(1715~1735)을 써서 걸작을 남겼다.

도 월권행위이지. 그러니 우리는 자신도 협력할 의향이 있는 것에서만 조언하는 것이 좋아. 어떤 사람이 나에게 좋은 충고를 원한다면 나는 그 사람에게 조언하는 것을 아끼지 않을 거야. 그러나 그 사람이 그 조언에 따라 행동하지 않을 것을 조건으로 할 거네."

화제는 신약성서에 이르렀다. 나는 그리스도가 바다 위를 걸어오자, 베드로가 그를 맞이하는 부분을 다시 읽었다고 말했다. "오래간만에 복음서들을 읽게 되면 여러 인물의 위대한 윤리성에 새삼스럽게 놀라게 됩니다. 그리고 우리의 도덕적 의지력에 부과되는 고상한 요구가 일종의 지상명령처럼 생각됩니다."

"특히 자네는 신앙의 지상명령을 느끼고 있는 것일 거야. 그것을 마호메트는 한층 더 강하게 요구했지." 이에 내가 말했다. "그런데 우리가 이 복음 전도사들을 더 자세히 관찰하면 배리와 모순에 가득 차 있습니다. 이 복음서들은 현재 우리가 보는 바와 같은 책으로 정리되기까지 틀림없이 기구한 운명을 거쳐왔을 것입니다." 그러자 괴테가 대답했다. "그러므로 복음서에 관해서 역사적인, 그리고 비판적인 연구를 시도한다는 것은 바닷물을 다 마셔 버리려고 하는 것과 같지. 그러니까 현재 실제로 존재하는 그 이상의 것을 꼬치꼬치 캐묻지 말고, 거기에서 자신의 윤리적인 교양 함양과 자기 발전을 위해 도움이 될 수 있는 것을 배우는 것이 제일 좋은 것이야. 또한 복음서에 등장하는 지방의 상태에 대해서 통달하는 것도 좋은 일이지. 그를 위해서는 무엇보다도 뢰르가 쓴 팔레스타인에 관한 책[5]을 추천하고 싶네. 아주 훌륭한 책이라네. 그 이상 가는 책은 아직 없어. 돌아가신 대공께서는 그 책을 그토록 좋아하여 두 번씩이나 사셨지. 그중 한 권은 읽고 난 뒤에 도서관에 기증했고, 또 한 권은 늘 자기 옆에 두고 볼 수 있게 보관하셨다네."

대공이 이런 일에 관심을 가졌던 것을 알고 나는 놀랐다.

"이런 점에서 그는 위대했다네. 무슨 일에나 조금이라도 의의가 있으면, 설사 그것이 전문적인 것에 속한다고 하더라도 관심을 가졌어. 그는 언제나 진보적이

---

[5] 바이마르의 신교 관구 총감독을 지낸 뢰르(1777~1848)씨는 괴테와 가깝게 지냈고, 괴테의 장례식 때는 조사를 읽기도 했다. 그가 쓴 〈예수 시대의 유대 토지의 역사적 지리적 고찰〉(1816년)은 그 당시 널리 읽혔다.

었네. 그래서 뭔가 새로운 발견이 이루어진다든지 새로운 설비가 등장한다든지 하면 그는 이것을 스스로 채택하려고 노력했어. 그 시도가 실패로 돌아간다고 하더라도 그것을 각별히 문제 삼지 않았네. 나도 이것저것 실책을 저지르고는 대공에게 어떻게 용서를 빌어야 할지 고민한 적이 여러 번 있었지만, 대공은 어떠한 실패도 모르는 척하면서 지극히 쾌활한 태도를 보여주었고 언제나 곧 새로운 것으로 향해 전진해 나갔지. 이것이 그의 본성을 보여 주는 위대한 점이었어. 그러나 이런 면모는 교양으로 얻어진 것이 아니라 선천적으로 타고난 것이었다네."

식사가 끝난 뒤 우리는 현대 대가들의 손에서 나온 몇 개의 동판화를 바라보았다. 특히 풍경화 몇 점을 자세히 감상했지만 그 어느 것에서도 거짓된 것이 발견되지 않아서 기뻤다. "수 세기에 걸쳐 이 세상에는 많은 걸작이 탄생하고 있지." 하고 괴테는 말했다. "그러므로 이 영향에 의해 다시금 훌륭한 작품들이 나온다고 한다면 어쩌면 그건 당연한 일이네."

"그러나 한 가지 좋지 않은 것은 이 세상에는 그릇된 학설들이 많아, 재능이 있는 청년들이 그중 어떤 신성한 것에 몸을 맡겨야 할지 구분을 못 하고 있다는 것입니다."

"그 점에 관해서는 많은 실례가 있지." 하고 괴테는 말했다. "우리는 그릇된 원리 때문에 시대 전체가 길을 잘못 들어 괴로워하는 것을 보아왔고, 우리 자신들도 그 속에서 고생하여 왔네. 게다가 오늘날에는 어떤 오류도 재빨리 인쇄되어 일반에게 쉽게 유포되지! 그런 미술 평론가 중의 한 사람이 2, 3년쯤 뒤에 자기의 잘못을 알아차리고 더 좋은 생각을 가지게 되고, 개선된 신념을 널리 퍼뜨릴 수도 있을 것이야. 그러나 그의 그릇된 학설은 이미 세상에 퍼진 상태이고, 그 효과는 가는 곳마다 좋은 학설에 덩굴풀처럼 달라붙어 계속 영향을 끼치게 될 것이야. 다만 정말로 위대한 천재라면 이런 미로에 빠져들지 않고 손해도 입지 않을 것일세. 그나마 이것이 나에게 위안이 되기도 하지."

우리는 계속하여 동판화를 감상하였다. "정말 좋은 작품들이야. 이것들은 순수하고 훌륭한 재능을 가진 작가들이 만든 것이지. 그들은 숙련도 쌓았고 취향에 있어서나 기법에서 당당한 경지까지 체득했어. 그러나 이 모든 그림에는 뭔가가 결여되어 있지. 다시 말해 남성적인 것 말이야. 자네는 이 말에 주의하고 밑줄을 그어야 하네! 이 그림들에는 박진감이 없어. 그것은 이전 세기에서는 어디에나 볼 수 있었던 것인데 현 세기에는 빠져 있는 거야. 또한 이것은 단지 그림 작품에서뿐만 아니라 다른 모든 예술 분야에서도 그러하지. 현대 사람들은 과거 사람들보다 취약하네. 이들이 태어날 때부터 그러한 것인지 아니면 과거보다 더 취약한 교육과 영향 때문에 그렇게 된 것인지는 확실하지 않지만 말일세."

"그러나 이 그림을 보면" 하고 나는 말했다. "어떤 예술에서나 위대한 인격이 얼마나 중대한가 하는 것을 알 수 있습니다. 물론 이것은 예전에는 유달리 신기한 것이 아니었습니다. 베네치아의 티치아노[6]나 파울 베로네제[7]의 작품 앞에 설 때는, 이들 대가의 강인한 정신이 주제의 최초 착상에서 마지막 마무리까지를 꿰뚫고 있다는 것을 느낄 수 있습니다. 그들의 왕성하고 위대한 감성은 화면 전체의 구석구석까지 스며들고 있어, 이것을 보고 있노라면 이 미술가의 인격이 우리의 고유한 본질을 확대해 우리를 우리 자신 이상으로 드높여 줍니다. 당신이 말씀하시는 남성적인 정신은 루벤스의 풍경화 속에서도 정말로 확연하게 드러나고 있습니다. 물론 거기에 나타나고 있는 것은 단지 나무, 대지, 바위 그리고 구름에 불과하지만, 그의 힘찬 정신은 그 형식 속에 스며들어 있는 것입니다. 어떤 것을 보나 흔히 볼 수 있는 자연이지만, 그 자연이 이 화가의 힘으로 관통되고 그 정신으로 새롭게 창조되어 있습니다."

"물론이지. 미술과 문학에서는 인격이 전부일세. 그렇지만 최근의 문학 평론가나 미술 평론가 중에는 취약한 인물들이 있어서, 이것을 인정하지 않고 문학작품이나 미술작품에서 드러나는 위대한 인격을 단지 변변치 않은 첨가물 정도로만 생각하고 있네.

더 말할 필요도 없지만 위대한 인격을 체득하고 존경하려면 자기 자신도 그

---

[6] 베네치아의 티치아노(1477~1576). 이탈리아 화가인 그는 16세기 이탈리아 르네상스의 주류 베네치아파의 거장이다.
[7] 파울 베로네제(1528~1588). 르네상스 말기에서 바로크 시대로 옮겨갈 때의 과도기를 이루고 있는 미술 양식을 마니에리스모라고 하는데, 이 유파의 대표적인 화가가 베네치아의 베로네제였다. 괴테는 베로나의 화랑에서 이 베로네제의 그림들을 보고는 그에 대한 존경심이 더해갈 뿐이라고 말하고 있다.

러한 인물이 되지 않으면 안 되지. 유리피데스의 숭고함을 부정한 사람들[8]은 모두 불쌍한 얼간이들이었고, 그와 같은 숭고함을 이해하지 못한 인간들이었어. 그렇지 않으면 취약한 이 세상의 면전에 불손하게도 무턱대고 자기 자신을 내세우려고 하고, 또 사실 자기 자신을 내세워 보인 뻔뻔스러운 사기꾼들이지."

1831년 2월 14일 월요일

괴테와 식사를 함께했다. 그가 읽은 라프 장군[9]의 〈회고록〉 중에서 나폴레옹에 관한 부분이 대화의 화제가 되었다. 우리는 레티치아 부인[10]이 자신이 그처럼 많은 영웅과 그처럼 위대한 일가의 어머니라는 것을 자각했을 때 어떤 기분이었을까를 이야기했다. 나폴레옹은 그녀의 둘째 아들로 태어났다. 그때 그녀는 18세였고, 남편은 23세였다. 그러므로 그를 낳았을 때 부모가 가지고 있던 청춘의 활력이 그의 육체에 좋은 영향을 주었을 것이다. 그가 태어난 뒤에 그녀는 다른 세 아들을 가졌는데, 모두 자질이 우수했고 세상사에 있어서 총명하고 정력적인 데다 어느 정도의 시적 재능을 갖추고 있었다. 이런 네 아들에 이어 딸 셋이 태어났고 마지막으로 제롬이라는 아이가 태어났는데, 형제 중에서는 그가 가장 약한 소질을 가졌던 것으로 생각된다.

"재능은 물론 유전되는 것은 아니지만 부모로서 그것의 기반이 되는 활기찬 육체를 갖추는 것은 언제나 바람직한 일이지. 그러므로 누구나 첫째로 태어났는가, 마지막으로 태어났는가, 부모가 힘이 좋고 젊었을 때의 자식인가, 나이 먹고 약할 때 태어난 자식인가를 문제 삼는데, 이런 것은 아무래도 어느 정도 의미가 있다고 할 수 있네."

"모든 재능 중에서" 하고 나는 말했다. "음악적인 재능이 가장 일찍 나타난다는 것은 주목할 만한 일입니다. 모차르트는 5세 때, 베토벤은 8세 때, 훔멜은 9세 때 벌써 연주나 작곡을 해 가까운 사람들을 놀라게 했습니다."

---

8) 특히 괴테는 빌헬름 슐레겔의 〈연극 예술과 문학에 관한 강의〉에 대해서 말하고 있다.
9) 라프 장군(1771~1821). 프랑스의 장군이자, 나폴레옹의 부관이었던 그는 1823년에 〈회상록〉을 출판했다.
10) 레티치아 부인(1780~1836). 나폴레옹의 어머니를 말한다.

"음악적인 재능이 아주 일찍 확연하게 나타나는 것은, 음악은 순전히 타고나는 것이며 내면적인 것이기 때문이네. 즉 그것은 외부로부터의 각별한 자양분이 필요하지 않으며 실제 생활에서 얻는 경험도 필요로 하지 않는 것이야. 그렇지만 모차르트의 출현 같은 경우는 아무리 보아도 도저히 풀 수 없는 영원한 기적으로 남을 것임이 틀림없어. 그러나 만약 이따금 신이 어떻게 해서 이 세상에 태어났는지 알 수 없을 만큼 놀랍고 위대한 인물을 출현시키지 않는다면, 도대체 어디에서 기적을 행할 기회를 찾을 수 있겠는가."

1831년 2월 15일 화요일

괴테와 함께 식사했다. 나는 그에게 연극 이야기를 했다. 그는 어제의 연극인 뒤마[11]의 〈앙리 3세〉가 정말로 멋졌다고 칭찬했다. 그렇지만 이것이 대중의 입맛에 딱 들어맞는 식사가 되지 못했다는 것은 당연하다고 말했다. "내가 극장 감독을 맡고 있을 때라도 이 작품을 상연하려고 하지는 않았을 거야." 하고 그는 말했다. "왜냐하면 나는 지금도 〈의연한 왕자〉[12]를 상연했을 때의 일을 너무나 잘 기억하고 있거든. 이것은 〈앙리 3세〉보다 훨씬 인간적이고 시적이어서 훨씬 친밀감이 가는 것이었지만, 이것을 대중적으로 만들기 위해서는 무척 고생해야 했어."

나는 최근에 다시 읽었던 〈대사기꾼〉에 대해 말했다. 나는 이 작품의 한 장면 한 장면이 대화식으로 진행되는 공연을 관람하고 싶다고 했다.

"자네가 이 연극에 호의를 가지고 있고, 또 내가 얼마나 고심을 다했는가를 간파한 것은 기쁜 일이지. 뭐니 뭐니 해도 실제의 사건을 문학적으로, 또 연극에 맞게 구성한다는 것은 쉬운 일이 아니야. 그러나 이것은 전체적으로 볼 때 무대에 딱 들어맞게 되어 있다는 것을 알 수 있을 거야. 실러도 이 연극에 비상한 힘을 쏟아 우리 두 사람은 이것을 교양 높은 사람들을 위해 상연하여 정말

---

11) 뒤마(1803~1870)는 프랑스의 작가인데, 〈앙리 3세와 그 궁정〉(1829)은 그의 출세작이 된 희곡이다.
12) 칼데론의 〈포르투갈의 의연한 왕자〉는 슐레겔과 볼프에 의해 각각 번역, 각색되어 1811년 바이마르에서 상연되었다.

로 빛나는 찬사를 받았지. 그렇지만 일반 대중에게는 그렇지 못했어. 소재로 취급하고 있는 범죄가 좀 떨떠름한 데가 있어서, 이 작품은 일반인들에게 친숙해지지 못했지. 이 연극의 대담무쌍한 성격으로 말하면 이것은 전적으로 〈클라라 가줄〉[13]과 같은 종류에 들어가는 것이네. 이 프랑스 시인은 내가 그처럼 좋은 재료를 그보다 선취한 것에 질투가 날 것이야. 내가 이것을 참으로 좋은 재료라고 말하는 것은 요컨대 이것이 윤리적인 의미뿐만 아니라 역사적인 의의도 풍부하기 때문이지. 이 사건은 바로 프랑스 혁명 직전에 일어났고, 거기에 상당히 깊은 근본적인 관련이 있네. 왕비는 불행한 목걸이 사건에 말려들어 그녀의 위엄뿐만 아니라 존경까지도 상실하게 되었고, 국민의 여론이 침범할 수 없던 자신의 입장을 잃어버리게 되었지. 증오는 사람을 해치는 것이 아니지만, 경멸은 사람을 파멸로 몰고 가는 것이야. 코체부의 경우만 해도 그렇지. 사람들은 오랫동안 그를 미워하고 있었는데 어떤 잡지가 그를 경멸하기까지 하자, 드디어 학생의 비수[14]가 그에게 돌려지기에 이르렀던 것이야."

1831년 2월 17일 목요일

괴테와 함께 식사했다. 나는 오늘 아침 막 정리를 끝낸, 괴테의 1807년 작 〈카를스바트의 체류기〉를 가지고 갔다. 우리는 그 속에서 볼 수 있는 매일 메모 형식으로 써넣은 현명한 문구에 대해 이야기를 나눴다. "세상 사람들은 곧잘 말하곤 하지." 하고 괴테는 웃으면서 말했다. "우리가 영리해지려면 나이를 먹어야 한다고 말이야. 그러나 나이를 먹는다고 해도 전과 마찬가지로 현명하게

---

13) 제1부 235번에서도 소개한 프랑스의 작가 메리메는 22세 때 처녀작인 〈클라라 가줄 희곡집〉을 발표하면서, 스페인 여배우의 작품을 프랑스어로 번역한 것이라고 속여 독자를 어리둥절케 하기도 했다. 그는 왕성한 창작 활동을 하면서 실제로 방문한 이국땅을 무대로 한 〈콜롬바〉(1840)와 〈카르멘〉(1845)과 같은 작품을 썼는데, 그 속에 여성의 야성적인 정열과 마력을 그렸다.
14) 코체부는 제1부 67번에서도 언급한 바 있다. 문학사에 남은 작가들이 인간의 진실한 모습을 있는 그대로 그리고, 때로는 응징하려고 한 것에 비하여 통속작가였던 코체부는 도리어 시대의 풍습에 지배되어 그 속으로 밀고 들어가 자기도 자유를 빼앗는다. 그는 베를린에서 괴테와의 견해차로 서로 계속 논박을 벌였고, 이어 러시아의 페테르부르크에서는 정치적 활동을 계속하다가 대학생인 잔트에게 러시아의 스파이로 몰려 사살됐다.

몸을 가꾸기는 더욱 어려워지네. 인간은 나이가 들어갈수록 달라지기는 하지만 그렇다고 한층 더 현명해진다고는 말할 수 없어. 때에 따라서는 20대 때와 마찬가지로 60대에 이르러서도 어느 쪽이 옳다고 말할 수 없을 때도 있지.

사실 이 세계는 평지에서 볼 때하고 산의 높은 곳에서, 또는 원시산맥의 빙하에서 볼 때가 각각 다르네. 우리가 어떤 한 입장에 서면 세계의 한 부분을 다른 입장에서보다 더 많이 볼 수 있을 거야. 그러나 그것뿐인 것이지. 어느 입장이 다른 입장보다 더 올바르게 본다고 말할 수는 없는 거야. 그러므로 만약 어떤 작가가 그의 생애의 여러 가지 단계를 거치면서 그때마다 기념비를 남기려고 한다면, 날 때부터의 소질과 성의를 갖고 어떤 단계도 순수하게 보고 느껴야 하네. 또 부차적인 목적을 끼워 넣지 말고 그가 생각하는 것을 직접적으로 충실하게 표현하는 것이 중요하지. 그리고 그것이 쓰이는 단계에서 옳은 것이었다면, 그 작가가 훗날 어떻게 발전하고 어떻게 변화하더라도 그 작품은 언제나 옳은 것으로 남게 될 걸세."

나는 유익한 이 말에 전폭적으로 찬성했다. "최근에 내 손에 한 장의 쪽지가 들어왔는데, 그것을 읽고 '여기에 쓰여 있는 것은 아주 틀린 것은 아니야. 나라도 이렇게 생각하고 이 정도밖에 말하지 못할 것이야'라고 혼잣말했네. 그런데 그 종이쪽지를 자세히 조사해 보니 그것은 내 작품 중의 한 단편이었지. 나는 쉬지 않고 앞으로 나아가고 있기 때문에 무엇을 썼는지 잊어버리고 내 자신의 것까지도 낯선 것으로 생각할 때가 있네."

나는 〈파우스트〉의 진행 상황을 물어봤다. "이제는 손을 떼지 않고 있네. 매일 생각을 다듬고 계속 쓰고 있어. 그런데 제2부 전체의 원고가 얼마만큼의 분량으로 불어나고 있는지 이 눈으로 정확히 확인하기 위해 오늘 철을 하게 했지. 제4막 중 아직 미완성의 부분에는 흰 종이를 끼워 두었어. 이렇게 완성된 것을 정리하면, 마음이 끌리고 자극을 받아 미완성 부분도 완성해야겠다는 생각이 들지. 이러한 감각적인 작업도 의외로 헛수고는 아니야. 이렇게 이것저것 온갖 수단을 다하여 정신적인 일을 돕도록 노력하지 않으면 안 되지."

괴테는 새롭게 철한 〈파우스트〉를 가져오게 했다. 나는 그 원고의 분량을 보고 깜짝 놀랐다. 그 원고만으로도 충분히 2절판의 책이 될 만한 분량이었기 때문이다.

"이것은 모두 내가 이곳에 온 뒤 6년 동안 쓴 것이지요. 당신은 쭉 다른 많은 일에 종사하였고, 이것을 쓰기 위해 바친 시간은 얼마 안 되었는데도 정말 대단한 분량입니다. 이따금 조금씩이라도 써 나가면 결국 이렇게 뭔가 완성된다는 것을 알겠습니다."

"그렇지. 그렇다는 것을 우리는 특히 나이를 먹어 감에 따라 확실하게 알 수 있어. 그렇건만 젊은 사람들은 무슨 일이든 하루 안에 다 해낼 수 있다고 믿고 있지. 난 운이 좋아서 앞으로도 몸이 건강하다면 이번 봄을 지내는 동안에 제4막을 꾸준히 계속 써 나갈 생각이라네. 자네도 알고 있듯이 이 막을 착상한 지도 상당히 오래됐지. 그러나 이것을 완성해 가는 동안 다른 부분이 상당히 늘어났기 때문에, 지금에 와서는 처음의 구상 중에서는 단지 공통적인 것만을 사용할 수밖에 없게 되었네. 그러므로 구상을 다시 새롭게 짜서 이들 삽입 부분이 다른 부분과 균형을 이룰 수 있도록 해야겠어."

이에 내가 말했다. "역시 제2부는 제1부에서 나타나 있는 세계보다 훨씬 더 풍부합니다."

"나도 그렇게 생각하네." 하고 괴테는 말했다. "제1부는 거의 완전히 주관적이지. 모든 것이 이를 데 없이 편견에 사로잡혀 있고 몹시 정열적인 한 개인으로부터 발생하고 있네. 이 사나이의 어두운 면이 사람들의 마음을 흐뭇하게 하는 것인지도 모르겠어. 그러나 제2부는 주관적인 것은 거의 없어. 여기에 나타나 있는 세계는 한층 높고 넓고, 또 한층 더 밝고 냉정하네.

그리고 이것은 다소라도 고통을 겪어 보지 못한 사람, 어느 정도 체험을 쌓지 못한 사람은 이해하지 못할 것이야."

"그 점에서 이 책을 읽으면 적잖게 사고를 단련할 수 있을 것입니다." 하고 나는 말했다. "또한 때로는 어느 정도 학식이 필요할 것이고요. 나는 셀링의 카비렌에 관한 소책자[15]를 읽고 나서 당신이 〈고전적 발푸르기스의 밤〉 중 저 유명

---

15) '사모트라케섬의 신격(神格)에 관하여'(1816년)라는 논문으로, 카비렌은 에게해(海)의 북동부 흑해 입구에 근처의 사모트라케섬의 주민과 기타의 페니키아 사람들이 수호신으로 숭배한 신이다.

한 부분에서 무엇을 암시하려고 했는지 알게 되어 기쁩니다."

이에 괴테는 웃으면서 말했다. "언제나 짐작할 수 있는 것이지만 무엇이든 알아두는 것은 좋은 일이지."

1831년 2월 18일 금요일

괴테와 함께 식사하며 여러 가지 정치 형태를 이야기했다. 자유주의도 너무 과도하게 앞장서서 나아가면 수많은 개인이 저마다 요구를 불러일으켜 문제가 생긴다는 것이다. 우리는 혼탁하고 때로는 저주스러운 세상을 다루면서도 존엄성을 지켜나가야 하기 때문에, 정국을 담당하다 보면 과도한 온정과 자비 그리고 도덕적인 배려만으로는 오래 지탱해 나갈 수 없다는 것을 알게 된다. 또한 통치한다는 것은 일대 사업인 것이며 인간의 전심전력을 요구하는 것이므로, 통치자가 부차적인 방향, 가령 주로 예술에만 열중한다는 것은 좋지 않다. 그렇게 되면 군주의 관심뿐만 아니라 국가의 권력도 반드시 필요한 사항에서 이탈하여 힘을 쓰지 못하게 된다. 그러므로 완전히 예술에 몰두하는 것은 돈 많은 사람이 개인적으로 해야 하는 일이라는 것이다.

이어 괴테는 그의 〈식물의 변태설〉이 소레의 번역과 함께 순조롭게 진척되어 가고 있다고 하였다. 특히 지금은 나선형 식물에 관한 보충적인 연구를 하고 있는데 고맙게도 전혀 예기치 않았던 좋은 일이 외부에서 일어나 큰 힘을 얻고 있다는 것을 말해 주었다. "자네도 알고 있지만 우리는 이미 1년 이상이나 이 번역에 몰두하고 있네. 그동안 수없이 많은 장해가 일어났고 때로는 이 계획이 전면 중단된 일도 있어 정말 지긋지긋할 정도였지. 그래서 마음속으로 저주스럽게 생각한 일도 한두 번이 아니었다네. 그러나 지금에 이르러서는 이런 모든 장해를 고맙게 생각해야 할 만큼 상황이 달라졌지. 우리가 지지부진해지고 있는 사이에 외국의 훌륭한 사람들 사이에서 이 작업이 무르익었기 때문이네. 이리하여 이제는 나의 학설과 딱 들어맞게 일치하게 됐지. 게다가 그 작업은 전혀 생각할 수 없을 데까지 전개되어 나의 작업에 어떤 결말을 가져다주었네. 이것은 1년 전에는 꿈에도 생각할 수 없었던 일이었지. 나는 지금까지 지내오는 동안 이런 일을 여러 번 보았어. 누구든지 이런 경우를 접하게 되면 어떤 고차원적인 작용, 즉 데몬적인 것의 소행이라고 믿게 된다네. 그래서 이것을 숭배하고는 그 이상 더 꼬치꼬치 캐지 않네."

1831년 2월 19일 토요일

궁중고문관인 포겔과 함께 괴테 댁에서 식사했다. 헬고란트섬에 관한 소책자[16]가 괴테에게 배달되었다. 괴테는 그것이 아주 재미있었는지 그 요점을 우리에게 이야기해 주었다.

화제는 그 섬의 매우 특이한 풍토에 이어 의학상의 사항으로 흘러갔다. 포겔의 이야기에 따르면, 최근에 아이제나흐에서는 모든 시민에게 종두를 실시하였는데도 또다시 천연두가 발생하여 삽시간에 많은 사람이 생명을 잃었다는 것이었다.

포겔은 말했다. "자연은 언제나 세상 사람에게 장난을 치지요. 그러므로 하나의 학설을 자연에 꼭 들어맞게 하려고 할 때 우리는 세심한 주의를 기울여야 합니다. 우리는 예방주사를 아주 안전하고 확실한 것이라고 생각하고 있지요. 그렇기 때문에 법률에 따라 종두를 실시하고 있습니다. 그렇지만 아이제나흐에서처럼 종두를 실시했는데도 천연두에 걸리는 이런 사건이 일어나면, 예방주사의 확실성이 의심을 받게 되고 법률 자체의 취지가 약화합니다."

"아무리 그렇다고 하더라도" 하고 괴테는 말했다. "나는 엄격한 종두 실시법령은 절대로 철회해서는 안 된다고 생각하네. 그러한 사소한 예외가 일어난다고 하더라도, 그것은 법률이 가져다주는 한없는 혜택에 비교하여 전혀 문제가 되지 않지."

"나도 같은 의견입니다." 하고 포겔은 말했다. "게다가 나는 예방접종 이후에 천연두에 걸린 이런 경우는, 모두 종두가 불완전하기 때문이라고 주장하고 싶습니다. 종두가 효과를 발휘하려면 열이 날 만큼 강하지 않으면 안 됩니다. 단지 피부를 자극할 정도뿐이고 열을 일으키지 않는다면 아무 효과가 없기 때문입니다. 그러므로 나는 오늘 회의에서 각 주에 있는 위원 모든 분이 예방 접종

---

16) 라펜베르크(1794~1865)라는 함부르크의 기록수집가가 쓴 '헬고란트섬의 과거의 환경과 옛날 역사에 관하여'(1831년)를 말한다.

을 열이 날 만큼 강도 있게 실시하는 것을 의무화할 것을 제안했습니다."

이에 괴테는 그 제안이 꼭 통과되기를 바란다고 하면서 말을 이었다. "나는 언제나 법률은 엄하게 지켜져야 한다고 생각하고 있지. 특히 오늘날처럼 나약함과 과도한 자유주의 때문에 일반적으로 야무지지 못한 시대에는 더욱더 그러하네."

다음으로 화제는 범죄자의 책임 능력으로 넘어갔다. 현재는 처벌이 너무 온유하고 관대하다는 의견이 나왔다. 그리고 의사의 증명과 감정 결과로는 제정신을 가진 자인데도 죄를 짓고 당연히 받아야 하는 징벌을 면제받는 경우가 종종 있다는 것이 언급되었다. 그때 포겔은 언제나 절개를 굽히지 않는 어떤 젊은 촉탁 의사를 칭찬했다. 그 젊은 의사는 최근에 재판관이 어떤 영아 살해범에게 인책능력이 있는가 없는가를 갖고 결단을 내리지 못하고 있을 때, 그녀에게 확실하게 책임이 있다고 증언했다는 것이다.

1831년 2월 20일 일요일

괴테와 함께 식사했다. 괴테는 눈 속의 푸른 그림자에 대한 나의 관찰 결과가 옳다는 판단을 내리게 되었다고 했다. 즉 그것이 푸른 하늘빛의 반사에서 발생하는 것이라는 나의 결론을 실험으로 확인했다는 것이었다. "그렇지만 양자는 동시에 작용할 수 있는 것이네. 누런빛으로 야기된 요구가 청색현상을 강화하는 일도 있을 것이기 때문이지." 나는 이 말에 전적으로 동의했다. 그리고 드디어 괴테가 나에게 찬성해 준 것을 기뻐했다.

"다만 내가 유감으로 생각하는 것은" 하고 나는 말했다. "몬테 로자와 몽블랑에서 한 색채 관찰을 곧 그 장소에서 자세히 써 두지 않았다는 것입니다. 그러나 그 관찰의 중요한 성과를 말씀드리면 다음과 같습니다. 대낮, 햇빛이 가장 강렬하게 비칠 때 18시간에서 20시간 거리에서 바라보면 눈은 황색 내지는 적황색으로 보이지만, 산의 눈이 없는 꺼먼 부분은 아주 확실하게 청색으로 보인다는 것입니다. 이 현상은 나를 놀라게 하지는 못했습니다. 왜냐하면 그 중간에는 상당한 양의 흐린 공간이 개재하고 있어, 그것이 대낮의 햇빛을 반사하고 있는 눈에 강한 누런 색조를 제공할 것이라고 예상했기 때문입니다. 그러나 이 현상은 공기에는 사물을 푸르게 채색하는 특성이 있다고 한 몇몇 자연과학자의 그릇된 견해를 결정적으로 부정했다는 점에서 특히 나를 기쁘게 했습니다. 왜냐하면 공기 자체가 청색이라면 나와 몬테 로자 사이에 있는 20시간 떨어진 공간은 눈을 엷은 청색 또는 흰색을 띤 청색으로 보이게 해야 하고, 실제로 나타나는 색깔처럼 황색이나 누런 적색으로는 보이게 하지는 않을 것이기 때문입니다."

"그 관찰은 아주 중요한 것일세. 그런 학자들의 그릇된 생각을 완전히 부정하고 있으니 말이야."

"필경 흐린 것에 대한 학설은 매우 단순하기 때문에 이것을 다른 사람에게 전달하는 것은 2, 3일 또는 몇 시간만 있으면 될 만큼 쉽다고 믿게 됩니다. 그러나 그 법칙을 적용하고, 헤아릴 수 없을 만큼 다양한 겹으로 가려져 있는 여러 현상 속에서 하나의 근원현상을 밝혀낸다는 것은 어려운 일입니다."

"나는 그것을 카드놀이와 비교하고 싶네." 하고 괴테는 말했다. "그것도 그 법칙이나 규약을 익히는 것은 아주 쉬운 일이지만 그것에 도통하려면 상당히 오랫동안 몰두하지 않으면 안 되지. 대체로 누구나 듣는 것만으로는 배울 수 없어. 무슨 일이든 자기 스스로 몸을 바쳐 노력하지 않으면 단지 사물을 피상적으로만 알게 될 뿐이야."

이어 괴테는 어떤 젊은 물리학자[17]의 저서를 말하면서, 그 필치의 명료한 점을 칭찬하며 그 속에 나타나는 그의 목적론적인 경향도 너그럽게 봐주고 싶다고 말했다.

"흔히 인간은 자기를 천지창조의 목적으로 생각한다네. 그래서 그 밖의 모든 사물은 단지 자기와의 관계, 그리고 그것이 자기에게 봉사하고 도움을 주는 정도로만 존재하는 것이라고 여기는 게 보통이지. 인간은 식물계와 동물계를 지배하고 있네. 그리고 다른 생물을 안성맞춤의 먹거리로 탐식하면서, 자기의 신을 믿고 자기를 아버지처럼 돌봐주는 신의 온정을 찬양하지. 암소로부터는 우유를 짜내고, 꿀벌로부터는 꿀을, 양으로부터는 양털을 채취하네. 또 각종 사

---

[17] 스위스 제네바의 식물학자인 바우하(1763~1841)를 말하는 것이다. 괴테는 1830년에 나온 〈유럽 식물의 생리학사〉를 자신의 〈식물의 변태설〉 프랑스어판의 보충에서 논하고 있다.

물에 이기적인 목적을 붙여서 그것들이 그러한 목적 때문에 만들어졌다고 믿지. 어디 그뿐이겠는가. 아무리 가장 작은 잡초라도 인간을 위해 존재하고 있지 않은 것은 없다고 생각하고 있어. 그리고 지금은 그 이용법을 모른다고 하더라도 언젠가는 알게 될 것임이 틀림없다고 생각하고 있네.

이렇게 인간은 일반적인 사항에서 그러하듯 특수한 사항에 있어서도 그와 같이 생각하고 있지. 실생활에서 얻은 일상적인 생각을 학문으로까지 도입하여, 한 유기체의 각 부분을 볼 때도 이런 목적과 용도를 문제로 삼는 것이야.

이런 방식은 한동안은 통할 것이니. 학문세계에서도 잠깐은 이것으로 헤쳐 나갈 수 있을 것이야. 그러나 곧 이러한 협소한 생각으로는 어찌할 도리가 없는 현상에 부딪칠 것일세. 그리고 이 경우에 한층 더 고차원적인 입장을 취하지 않고서는 순전한 모순 속으로 빠져들어 가게 될 것이야.

그러나 이러한 공리주의자들은 곧잘 '암소는 자기 방위를 위해 뿔을 가지고 있다'고 말하지. 그렇다면 어째서 양에게는 뿔이 없는가? 그리고 있다고 하더라도 어찌하여 아무 쓸모 없이 구부러져 있는가?

그러나 내가 '암소는 뿔을 가지고 있다. 그 뿔로 자기 몸을 방위한다'고 말한다면 문제는 달라지지.

목적을 묻는 말, 즉 어째서라는 물음은 절대로 학문적이지 않네. 그러나 '어떻게 해서'라고 묻는다면 더욱더 앞으로 나아갈 수 있어. 왜냐하면 만약 내가 '어떻게 해서 황소는 뿔을 가지고 있는가?'라고 묻는다면, 그것은 나에게 황소의 신체구조를 고찰하게 하지. 동시에 사자는 어떻게 해서 뿔이 없는지 묻고, 그것을 가지고 있을 리 없다는 것도 배우게 되는 거라네.

이것과 마찬가지로 인간의 두개(頭蓋)에는 두 개의 공동(空洞)이 있지. 그런데 '왜'라는 질문만 해서는 그 이상 앞으로 나가지 못하네. 그러나 이와는 반대로 '어떻게 해서'라는 질문이 나오면, 이 공동은 동물적 두개의 유물이며 하등동물의 조직 속에서 곧잘 볼 수 있는 것인데, 고도로 진화한 인간에게서도 여태껏 완전히 없어지지 않았다는 것을 알 수 있는 것이야.

공리주의자들은 신이 황소에게 스스로를 보호하라고 뿔을 제공해 주었다고 믿지 않으면 신을 숭배하지 않는 것이라고 생각하고 있는지도 모르지. 그러나 나는 수천 가지의 식물을 창조하고 난 뒤에도 계속하여 이들 모든 것을 포함하는 하나의 식물을 만들었고, 수천 가지의 동물을 창조한 뒤에 이들 모든 것을 포함하는 일체, 즉 인간을 창조할 만큼 풍요로운 창작력을 가진 위대한 신을 숭배한다고 서슴없이 말하고 싶네.

또한 사람들은 가축에게는 먹이를 주고 인간에게는 충분히 누릴 수 있을 만큼의 음식물을 베풀어 주는 신을 숭배하지. 하지만 나는 이 세상에 그처럼 위대한 번식력을 내려준 신을 숭배하네. 설령 생존을 계속하는 것은 그중 백만분의 1이라고 하더라도 이 세계는 생물로 넘쳐나지. 그러므로 전쟁이 있고 흑사병, 홍수, 화재가 일어나더라도 이 세계를 완전히 해칠 수는 없네. 이것이 나의 신[18]인 것이야."

1831년 2월 21일 월요일

괴테는 뮌헨 대학생들의 마음을 완전히 진정시킨 셸링의 최근 강연[19]을 극구 칭찬했다.

"이 연설은 철두철미하고 훌륭한 것이야. 우리가 오랫동안 가깝게 지냈고 존경해 마지않았던 저 훌륭한 재능의 소유자를 다시 한번 접하게 되어 참으로 기쁘네. 이번에는 제목도 탁월한 것이었고 목적도 공정한 것이었기 때문에 일대 성공을 거두었어. 만약 그의 〈카비렌 논고〉의 문제와 목적을 말한다면, 거기에서도 우리는 그를 칭찬하지 않을 수 없지. 왜냐하면 거기에서도 그는 수사학적인 재능과 수완을 남김없이 발휘하고 있기 때문이야."

화제는 셸링의 〈카비렌〉에서 〈고전적 발푸르기스의 밤〉으로 바뀌었고, 더 나아가 어떻게 이것을 제1부의 〈부로켄산〉과 구별 지을 수 있는가에 이르렀다.

"이전의 발푸르기스의 밤은 군주제일세. 거기에서는 악마가 결정적인 우두머리로서 어디에서도 존경을 받고 있지. 그러나 〈고전적 발푸르기스의 밤〉 쪽은 완전히 공화제일세. 어디를 보나 모든 것이 서로 공존하고 있기 때문에, 한 사

---

18) 이것은 에커만의 일기에 의해 확인된 괴테의 신앙고백이다.
19) 이것은 셸링이 1830년 12월 30일 저녁 뮌헨의 루드비히 막시밀리안 대강당에서 대학생들을 위해 행한 것을 말한다.

람 한 사람 모두 동등한 대접을 받고 있어 아무도 다른 사람에게 종속되어 있지 않고, 또 간섭도 하지 않고 있네."

"마찬가지로 〈고전적 발푸르기스의 밤〉 쪽에서는 모두 개성적인 윤곽이 완연하게 드러나고 있지만, 〈부로켄산〉 쪽에서는 모두 평범한 마녀의 무리 속에 매몰되어 있습니다."

"그러므로" 하고 괴테는 말했다. "메피스토펠레스도 호문클루스가 그에게 테살리아의 마녀들[20]을 말했

티크 그림. 빌헬름 셸링

을 때, 그것이 무엇을 의미하는지 알고 있네. 고대에 통달하고 있는 사람이라면 〈테살리아의 마녀들〉을 듣고 마음속 깊이 짚이는 데가 있겠지만, 학식이 별로 없는 사람이라면 단지 이름으로만 생각할 것이야."

"〈고전적 발푸르기스의 밤〉은 당신의 마음속에서 아주 생생하게 떠오르는 것이 틀림없습니다. 그렇지 않으면 모든 인물에게 그처럼 신선한 생명을 주어 재현하고, 또 이들을 당신이 뜻하는 대로 자유자재로 취급하지는 못했을 것입니다."

"일생에 걸친 조형미술의 연구가 없었더라면 이렇게 이루어 내지는 못했을 거야. 그렇더라도 너무 활기차게 했기 때문에, 절도를 지키고 나의 의향과 맞지 않는 것들을 제거한다는 것은 여간 어려운 일이 아니었지. 그러므로 미노타우로스[21]나 하르피아이[22] 그리고 그 이외의 몇 개의 괴물들을 전혀 사용하지 않았어."

"그렇지만 당신이 그날 밤의 묘사로 택한 것은" 하고 나는 말했다. "모든 것이

---

20) 〈파우스트〉 제2부 제2막 6977행 이하에 나오는 대목이다.
21) 그리스 신화에 나오는 인신우두(人身牛頭)의 괴물을 말한다.
22) 그리스 신화에 나오는 조신인면(鳥身人面)의 마녀를 말한다.

꼭 들어맞게 잘 어울리기 때문에, 누구나 이것을 읽으면 쉽게 상상력을 발휘하여 한 폭의 그림으로 만들고 싶어질 것입니다. 화가가 이런 좋은 재료를 만나기도 어렵지요. 특히 나는 메피스토펠레스가 포르키아스들이 있는 곳에서 옆얼굴에 멋진 가면을 부착시켜 보여 주는 장면에 매우 끌립니다."

"그 속에는 좋은 의미에서 두세 군데 익살맞은 데가 있지." 하고 괴테는 말했다. "조만간 세상은 이것을 여러 가지 방법으로 이용할 거야. 만약 프랑스인들이 〈헬레나〉를 처음으로 알고, 처음으로 무대에 올린다면 어떻게 될 것인가! 그들은 이 작품의 원형을 엉망으로 만들겠지만 그들의 목적에 맞게 교묘하게 이용할 거야. 아무리 기대하고 희망해 본다 해도 그것이 고작일 것이야. 그들은 틀림없이 포르키아스에서 괴물들의 합창을 첨가하겠지. 이것은 다른 데에서 이미 암시되어 있기도 하네."

"만약 낭만파의 탁월한 시인이 이 연극 전체를 가극으로 만들고, 로시니가 위대한 재능을 발휘하여 작곡해서 〈헬레나〉가 완성된다면 그것은 틀림없이 아주 대단한 작품이 될 것입니다. 왜냐하면 그 속에는 다른 작품에서는 쉽게 볼 수 없을 화려한 장식, 당돌한 변화, 빛나는 의상, 또한 매혹적인 무용이 가득 차 있고, 여기에 더하여 좀처럼 볼 수 없는 풍부한 정신적 구상이 넘쳐흐르는 감각성의 토대 위에 움직이고 있기 때문입니다."

"이것이 어떤 운명을 더듬어 갈 것인지 우리 기대해 보기로 하세. 이런 건 절대로 서둘러서는 안 되는 일이지. 문제는 그것이 사람들의 마음에 동화될 수 있을 것인가, 그리고 무대감독과 시인, 작곡가가 그 속에서 자기의 역할을 다할 수 있을 것인지의 여하에 달려 있네."

1831년 2월 22일 화요일

거리에서 고등 종교국 평정관인 슈바베[23]를 만났다. 나는 한동안 그와 동행했다. 그가 직무상의 여러 가지 일을 이야기했기 때문에, 이 훌륭한 인물의 중요한 활동범위를 엿볼 수 있었다. 그는 여가에는 최근의 설교를 모은 소책자의

---

23) 슈바베(1779~1834). 그는 1827년 이래로 바이마르의 궁정설교사이다. 그의 저서를 덴마크어로 번역한 〈초등학교용 독본과 입문서〉는 1831년에 벌써 7판을 넘어서고 있었다.

호문클루스는 갈라테아에 매료되어 그녀에게 부딪혀 부서진다. 〈파우스트〉 2부 2막 마지막 장면, 라파엘로 그림

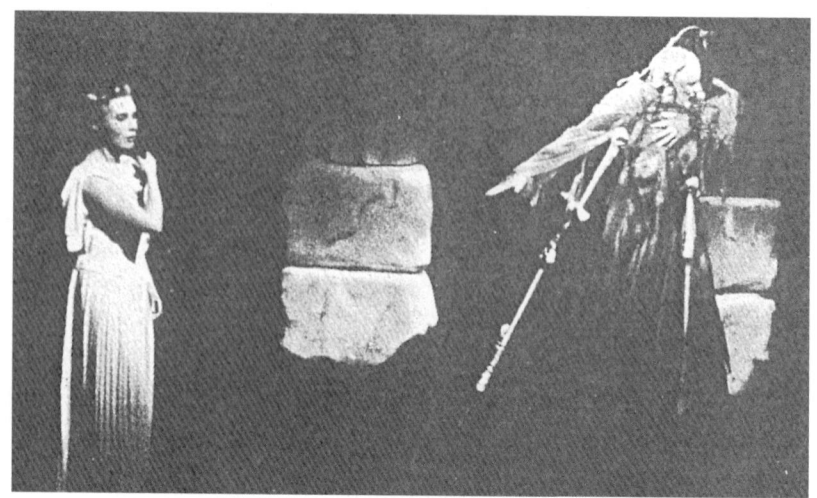

헬레나는 궁궐 안채 시녀장 포르키아스에게서 처음으로 스파르타왕인 남편 메넬라오스가 자기를 죽이려 하고 있다는 것을 듣게 된다. 이에 그녀는 북쪽 나라에서 온 이웃 나라의 지배자인 파우스트에게로 도망갈 것을 결심하고 이것을 실행에 옮긴다. 〈파우스트〉 제2부 제3막 8488~9126행.

출판을 준비하고 있다는 것, 그가 만든 학교 교과서 중 하나가 얼마 전에 덴마크어로 번역되어 4만 부나 팔렸다는 것, 프로이센에서는 이것을 주로 명문 학교에서 채용하고 있다는 것 등의 이야기를 했다. 그리고 그는 나에게 찾아와 달라고 했기 때문에 나는 기꺼이 그렇게 할 것을 약속했다.

그 후 괴테와 함께 식사했다. 나는 슈바베에 대해 이야기했다. 괴테는 나의 찬사에 전적으로 동의했다. "대공비는 그를 아주 높이 평가하고 있네. 대공비는 어떤 경우에도 사람들의 진가를 가장 올바르게 판별하고 있지. 그를 나의 초상 수집첩 안에 넣어 두려고 하네. 그러므로 자네가 그를 방문하게 되면 미리 그 허락을 받아 오는 게 좋겠어. 반드시 방문하도록 하게. 그가 행하고 계획하고 있는 것에 관심이 있다는 것을 알려 주는 것이 좋지. 자네에게도 그런 특별한 활동 범위와 소통한다는 것은 흥미 있는 일일 것이야. 그리고 그런 것은 그와 같은 인물과 친히 교제하지 않으면 올바르게 이해할 수 없다네."

나는 그렇게 할 것을 약속했다. 나는 지식을 실제로 활용하고 있는 인간을 안다는 것을 참으로 좋아하기 때문이다.

1831년 2월 23일 수요일

식사 전에 에르푸르트 거리를 산책하다가 괴테를 만났다. 그는 마차를 세우고 나를 마차 안으로 들어오게 했다. 우리는 얼마쯤 거리를 가다가 드디어 언덕 위의 작은 전나무 숲 쪽에 이르러 박물학 이야기를 나눴다.

언덕과 산들은 눈으로 덮여 있었다. 나는, 황색은 실로 섬세해서 수 마일을 사이에 두고 중간에 빛이 통하지 않는 엷은 흐름이 개재하게 되면, 밝은 부분이 황색이 되지 않고 오히려 어두운 청색으로 나타난다고 말했다. 괴테는 나의 말에 수긍했다. 그리고 우리는 그 근원현상의 배후에는 직접 신성(神性)이 보이는 것같이 생각된다고 말하며, 그 현상의 깊은 의미를 이야기했다.

"나는 최고 존재인 신이 오성을 가졌는지, 이성을 가졌는지 없는지를 문제 삼지 않네. 그러나 나는 신이 오성이며 또한 이성 자체라는 것을 느끼지. 모든 생물은 신에 의해 관통되어 있네. 인간이 최고 존재인 신을 부분적으로 느낄 수 있는 것도 그 이성을 지니고 있기 때문이야."

식사 때 광물학에서 출발하여 유기적(有機的)인 세계를 탐구하려고 하는 일부 자연과학자[24]의 노력이 화제에 올랐다. "이것은 대단한 오류이지." 하고 괴테는 말했다. "광물계에서는 단순한 것이 가장 좋은 것이지만 유기체의 세계에서 가장 좋은 것은 복잡한 것이야. 즉 이 두 개의 세계는 전혀 다른 경향을 가지고 있어. 그리고 한쪽 세계에서 다른 쪽 세계로의 점차적인 발전은 절대 일어나지 않네."

나는 이 말을 아주 중요한 것으로 적어 두었다.

1831년 2월 24일 목요일

나는 〈빈(Wien) 영감〉에 실린 찬[25]에 관한 괴테의 논문을 읽었다. 그리고 이것을 쓰기 위해 전제로 했던 예비조건에 생각이 미치자 나는 감탄하지 않을 수

---

24) 논문 '무기물의 제 형태에 관한 연구'(1821년)를 쓴 하우스만과 그와 같은 생각을 가진 학자들을 지칭하는 것이다.

25) 찬(1800~1871). 건축가이자 화가로서 나중에 베를린 대학교수가 되었다. 그는 괴테에게 폼페이에 있는 '괴테의 작은 집'의 겨냥도와 함께 그곳의 잠자리에서 발견된 알렉산더 전쟁 모자이크의 소묘를 보냈다.

없었다.

식사 때 괴테는 나에게 소레가 다녀갔다고 하면서 두 사람의 〈식물의 변태설〉의 번역은 상당한 진척을 보였다고 말했다.

"자연에 관해서 어려운 것은 우리의 눈에 숨겨져 있는 법칙을 발견하는 일이네. 우리 감각에 반대되는 현상이라고 간과해서는 안 되지. 왜냐하면 자연 속에는 감각에 반대되면서도 진실인 경우가 많기 때문이야. 태양이 정지하고 있어 그것이 올라가지도 않고 내려가지도 않는다는 것, 또 지구는 매일 헤아릴 수 없을 만큼 빠른 속도로 회전하고 있다는 사실은 우리의 감각으로 볼 때는 이를 데 없이 모순되는 것이네. 그러면서도 이 사실을 의심하는 교육자는 한 사람도 없지. 이처럼 식물계에서도 이러한 모순 현상을 엿볼 수 있어. 그러므로 우리는 이런 현실에 매혹되어 그릇된 길로 끌려 들어가지 않도록 충분히 주의를 기울이지 않으면 안 된다네."

1831년 2월 26일 토요일

나는 오늘 괴테의 〈색채론〉 중 상당히 많은 부분을 읽었다. 나는 내가 요 몇 년 이래로 여러 가지 현상의 실험을 통해 이 저서에 통달하게 되었고, 이제 그의 위대한 공적을 상당히 확실하게 이해할 수 있는 상태까지 성장하게 되었다는 것을 깨닫고 기뻤다. 그리고 그가 이와 같은 저서를 집대성하기 위해 얼마나 말 못 할 신고(辛苦)를 겪었을까 생각하고 그저 경탄할 뿐이었다. 이것은 단지 내가 그 궁극적인 결론을 이해했기 때문만은 아니고, 확고한 결론에 도달하기까지 겪었던 그의 모든 고초를 더욱 깊이 이해할 수 있었기 때문이다.

이것은 다만 위대한 도덕적인 힘을 갖춘 자만이 관철할 수 있다. 그러므로 이 사람에게서 배우려고 하는 사람은 비약적인 향상을 얻을 수 있을 것이다. 모든 조잡한 것, 진실치 못한 것, 이기적인 것은 마음으로부터 사라져 버릴 것임이 틀림없다. 그렇지 않으면 순수하고 참된 자연으로부터 경멸을 당할 것이다. 사람들이 이런 것에 생각을 돌리게 된다면, 그들은 생애의 몇 년간 기꺼이 마음을 기울여 이 학문의 영역을 이러한 방법으로 체험하고, 이것에 의해 감각과 정신 그리고 성격도 연마하고 만들어 내려고 할 것이다. 이러한 사람은 법칙에 경의를 표시하게 되고, 이 세상에 삶을 얻은 인간으로서 가능한 한 신성한 것에 더 가까이 다가가게 될 것이다.

하지만 지금 사람들은 실로 너무나도 문학이나 초감각적인 신비에 사로잡혀 있다. 그런 것은 주관적이고 뜻을 굽히기 쉽다. 인간을 조금도 적극적으로 만들지 못하고 오히려 아양을 떨게 하거나, 기껏해야 모든 것을 있는 그대로 방임하게 할 뿐이다.

문학에서는 오직 참으로 위대한 것, 순수한 것만이 우리에게 도움이 된다. 그런 것은 또한 제2의 자연처럼 존재하여, 우리를 드높이든지 그렇지 않으면 우리에게 반발한다. 이와는 반대로 불완전한 문학은 우리의 결점을 조장한다. 그리고 우리는 그 작가 속에 있는 약점을 자신의 몸에 받아들인다. 더구나 그 결함이 우리의 성질에 맞을 때는 그것이 있다는 사실조차 알아차리지 못하고 부지불식중에 그것을 수용하게 된다.

그러나 문학에서 좋은 것이든 나쁜 것이든 다소라도 효과를 끌어내려면, 우선 아주 높은 입장에 서서 그런 것을 객관적으로 관찰할 수 있는 기초를 가지고 있지 않으면 안 된다.

그러므로 나는 자연과 어울리는 것을 추천하고 싶다. 자연은 절대로 우리의 약점을 감싸주지 않는다. 우리를 개발해 주지만 어떤 상황에서도 언제나 우리에게 무관심으로 일관하기 때문이다.

1831년 2월 28일 월요일

하루 종일 괴테의 〈자서전〉 제4권의 원고에 매달렸다. 어제 그가 나에게 보내온 것이다. 아직도 손을 댈 데가 더 있는지 조사해 달라는 것이었다. 이미 완성된 부분과 아직 쓰여 있지 않은 부분을 생각할 때 이 작품은 나에게는 재미있는 것이었다. 여러 권은 완전히 완성되어 있어서 더 이상 더 손을 댈 필요가 없다. 반대로 다른 것들은 아직도 상당한 결함이 있어서 한결같지 않은데, 이것은 그것들이 각기 다른 시기에 쓰였기 때문이다.

이 제4권 전체는 종래의 3권에 비교하면 아주 현저하게 다르다. 이때까지 그것에는 어디까지나 발전적이고 일정한 방향이 주어져 있었다. 그러므로 그 경로도 여러 해에 걸쳐 있었다. 이와는 반대로 이 4권에서는 거의 시간의 움직임이 보이지 않는다. 거기에다 주요 인물의 일관된 영위도 나타나 있지 않다. 여러 가지 계획은 세웠지만 성취되지 않고 있으며, 많은 것이 의욕을 가지고 있지만 그 의도와는 다른 길로 달리고 있다. 그러므로 곳곳에서 불가사의한 힘의 작용을 느낀다. 그것은 여러 종류의 풀어진 실(絲)들이 장차 하나의 직물로 완성되는 것과 같은 일종의 운명이라고 할 수 있는 것이다.

그러므로 이 4권[26]에서 저 불가사의하고 문제가 많은 힘의 작용을 언급하고 있는 것은 합당한 것이다. 이것은 모든 사람이 느끼고 있는 바이지만 어떠한 철학자도 해명하지 못하는 것이다. 이에 대해서는 종교인도 한동안 사람들을 안심시키기 위해 허황한 위안의 말로 임시변통하고 있는 것이다.

괴테는 그것을 표현할 수 없는 세계와 인생의 수수께끼를 데모니슈, 즉 강력한 마력적인 정신이라고 이름 붙였다. 그리고 그가 그 본질을 설명해 주면, 정말로 그것을 파악했다고 느끼게 되고 뭔가 우리 인생의 배후를 덮고 있는 장막이 제쳐지는 것처럼 생각된다. 우리는 시야가 한층 더 넓어지고 밝아진 것처럼 믿게 된다. 그러나 이 주제는 너무나 거대하고 다양하여 우리의 눈을 가지고는 일정한 한계선까지만 도달할 수 있다는 것을 알게 될 것이다.

인간이란 언제나 작은 것에만 적응하게 되어 있다. 그리고 자기가 잘 알고 있는 것을 이해하는 것에만 기쁨을 느낀다. 위대한 감식자는 한 폭의 그림과 접해도 그 각 부분 하나하나를 그가 정통하고 있는 보편성과 연관시키는 방법을 알고 있다. 그는 그림 전체와 각 부분을 똑같이 생생하게 느낄 수 있는 것이다. 또 절대 일정한 부분만을 편애하지 않는다. 얼굴의 아름다움과 추한 점, 어떤 부분의 밝고 어두운 점, 그런 것은 문제 삼지 않는다. 오히려 모든 것이 제자리를 차지하고 있고 규칙적이고 올바른가가 문제인 것이다. 그러나 우리가 초심자를 상당히 큰 그림 앞으로 안내하게 되면, 그가 그림 전체에 아무런 감명을 느끼지 못하든가, 정신적인 혼란을 일으킨다든가, 각기 부분에만 매력을 느낀다든가, 다른 것은 싫어하고 결국 자기에게 잘 알려진, 정말로 보잘것없는 작은 것에 집

---

[26] 구체적으로 그 책의 제20장을 말한다.

착하여 그림 속의 갑옷이나 새털과 같은 것만을 칭찬한다든가 하는 것을 보게 된다.

결국 우리 인간들은 세계라고 하는 이 거대한 운명의 그림 앞에 서서 크든 작든 이 초심자처럼 갖가지 연기를 해 보이고 있는 것이다. 밝은 부분이나 우아한 부분에는 마음이 끌리고 그늘지고 불쾌한 부분으로부터는 등을 돌리며, 그 전체 앞에서는 혼란에 빠진다. 그러므로 우리는 이런 모순과 당착을 떠맡을 수 있는 유일한 절대의 이념을 헛되게 찾고 있는 것이다.

사람은 각자의 자질에 따라서 인간들 사이에서 일어나는 여러 가지 일들을 잘 다스리는 훌륭한 식자가 될 수도 있을 것이다. 거장의 기술과 학식을 완벽하리만큼 체득하면 이것은 가능할 것이다. 그러나 신적 세계에 통달한다는 것은 가장 높은 신과 어깨를 겨눌 수 있는 사람 외에는 불가능한 일이다. 설사 여기에 그런 사람이 출현하여 그가 자신이 깨달은 비밀을 전달하고 계시한다고 하더라도, 우리는 이것을 이해할 수 없을 뿐만 아니라 어디서부터 손을 써야 할지도 모를 것이다. 그러므로 우리도 그림 앞에 서 있는 저 초심자와 조금도 다를 바가 없고, 유식자가 자기 판단의 기초가 되고 있는 전제를 아무리 여러 가지로 설명해도 결국은 납득하지 못할 것이다.

이 점에서 모든 종교는 신으로부터 직접 주어진 것이 아니라, 걸출한 사람들이 그들과 똑같은 대다수 민중의 요구와 이해력에 맞추어 그들이 적응할 수 있게 만든 것이라고 간주하는 것이 타당할 것이다.

만약 종교가 신이 만든 것이라면 아무도 이것을 이해하지는 못할 것이다. 그러나 인간이 만든 것이기 때문에, 알 수 없는 것을 언급하지 않는 것이다.

교양이 고도로 발달했던 고대 그리스인들의 종교에서도 알 수 없는 것을 표현할 때는, 특별한 종류의 신들아 제각기 구체적으로 설명하는 것으로 그쳤다. 그런데 개개의 한정된 이런 신들은 생겼지만 전체를 연관 짓는 것은 공백으로만 남아 있었다. 그러므로 그들은 운명이라는 이념을 안출해 내어 모든 것에 적용했다. 그러나 이 운명도 여전히 알 수 없는 것이었기 때문에, 문제는 해결되었다기보다는 오히려 버려진 꼴이 되어 버리고 말았다.

그리스도는 유일신을 생각하고 그것에 자기의 마음속으로 완전하다고 느낀 모든 성질을 부여했다. 그러므로 신이란 본래 그리스도가 가졌던 아름다운 마음의 실체인 것이며, 그리스도 자신처럼 선의와 사랑에 가득 차 있는 것이다. 그러므로 선량한 사람들이 신뢰를 바쳐 그에게 헌신하며, 그의 가르침을 천국으로 통하는 이를 데 없이 아름다운 다리(橋)로서 마음 깊숙이 받아들인 것은 지극히 당연한 것이었다.

그런데 우리가 여기서 신성이라고 부르는 위대한 것은 인간 속에서뿐만 아니라 풍요롭고 거대한 자연이나 세계적인 큰 사건 속에서도 나타난다. 그러므로 인간이 그 성질에 적응시켜 만들어 낸 개념으로는 충분히 설명할 수 없는 것도 당연한 것이다. 그래서 주의 깊은 사람이라면 불완전과 모순에 부딪히게 될 것이고, 그가 일시 모면 방편으로 교묘하게 구실을 둘러대는 소인배이거나 더 높은 식견의 입장으로 향상될 만큼의 큰 인물이 아니면 회의나 절망 속으로 빠져 버릴 것이다

이처럼 높은 입장을 괴테는 일찍부터 스피노자[27] 속에서 발견했다. 그리고 그는 이 대사상가의 식견이 그의 청년기 요구에 꼭 들어맞는다는 것을 알고 기뻐했다. 그는 스피노자 속에서 자기 자신을 발견했고, 또 스피노자에 의해 아주 훌륭하게 자기 입장을 확립할 수 있었던 것이다.

그런데 이런 식견은 주관적이지 않고, 그 기초는 이 세계를 통해서 신이 작용하고 현시하고 있는 데에 있는 것이었다. 그 때문에 그는 훗날 자신의 세계탐구와 자연연구를 심화시키고 있을 때도 그것을 무용지물의 외피로써 벗어던져 버리지 않았던 것이다. 오히려 그것은 식물 최초의 싹이나 뿌리와 같은 것이어서, 오랫동안 쉬지 않고 건강한 방향으로 나아가면서 드디어는 풍요로운 인식의 꽃으로 전개되기에 이르렀다.

반대론자들은 이따금 괴테를 신앙이 없는 자라고 비난했다. 그러나 그는 그들이 제창하는 신앙을 가지지 않았던 것일 뿐이었다. 왜냐하면 그에게는 그런

---

[27] 스피노자(1632~1677). 괴테는 바이마르의 초기에 스피노자의 철학에 몰두하고 있었는데, 그 이야기는 〈시와 진실〉에서 소상하게 논해지고 있다. 스피노자와 괴테의 사상적 공통점은 신은 곧 자연이라는 범신론적 일원론의 경향이다. 괴테는 자기 생애의 3대 스승으로 셰익스피어와 린네 그리고 스피노자를 들고 있다.

신앙이 너무나 작았기 때문이다. 만약에 그가 그 나름의 신앙을 발표한다면 그들은 놀랄 것이지만, 그들은 그것을 이해할 만한 능력이 없는 것이다. 그러나 아무래도 괴테 자신이 지고의 신을 그대로 인정하리라고는 생각할 수 없다. 그가 쓰고 말한 모든 것에서 추측할 때 그는 신이란 규명할 수 없는 존재이며, 인간은 다만 그것이 나타나는 흔적과 예감을 희미하게나마 느끼고 있을 뿐이라고 생각한 것 같다.

요컨대 존재하는 것은 자연인 것이며 우리 모든 인간은 신적인 것의 입김을 섭취하고 있기 때문에, 신은 우리를 보존하고 또 우리는 신 속에서 살고 활동하고 존재하면서 영원한 법칙에 따라 괴로워하고 기뻐하는 것이다. 그리고 우리는 그 법칙을 인식하든 인식하지 않든 간에 그 법칙을 실행하고, 또 법칙은 우리 가운데서 실행되고 있다.

그것은 어린아이가 과자를, 빵집에서 만들었다는 것을 모르면서 맛있게 먹는 것과 같다. 또 참새가 버찌, 그것이 어떻게 익게 되었는지를 생각하지 않고 쪼아먹는 것과도 같은 것이다.

1831년 3월 2일 수요일

오늘은 괴테 댁에서 식사했다. 화제는 또다시 데모니슈한 것, 즉 강력한 마력적인 정신에 이르렀고 그는 덧붙이듯 한층 더 자세하게 다음과 같이 설명했다.

"데모니슈는 오성이나 이성을 갖고는 해명할 수 없는 것이야. 이것은 우리가 날 때부터 가지고 있는 것은 아니지만 우리는 이것에 예속되어 있네."

"나폴레옹은 데모니슈한 종류의 사람이었던 것 같습니다." 이에 괴테가 말했다. "그는 철두철미했네. 그와 비교할 수 있는 사람은 거의 찾아낼 수 없을 정도야. 돌아가신 대공도 데모니슈한 성질이었지. 무한히 넘쳐나는 활동력과 동요에 가득 차 있었어. 그러므로 그에게는 이 나라가 너무 좁았지. 아무리 큰 나라라도 그에게는 좁았을 거야. 이러한 종류의 데모니슈한 사람을 그리스인들은 반신(半神)으로 생각했어."

"사건 속에도 데모니슈한 것이 나타나지 않습니까?"

"특히 현저하게 나타나지." 하고 괴테는 말했다. "우리의 오성이나 이성으로는 풀 수 없는 모든 것 속에서 나타나네. 눈으로 볼 수 있는 자연 속이든, 눈으로 볼 수 없는 자연 속이든 상관없어. 그건 형형색색의 방법으로 모든 자연 속에서 나타난다네. 생물 중에는 전적으로 데모니슈한 종류가 많아. 이밖에 부분적으로 그것에 영향을 받는 것도 다소 있지."

이런 그의 말에 내가 물었다. "메피스토펠레스도 또한 데모니슈한 특색을 가지고 있지 않습니까?"

"그렇지 않지. 메피스토펠레스는 너무 부정적이야. 그러나 데모니슈한 것은 어디까지나 긍정적인 행동력 속에 나타나는 것일세."

"예술가 중에서는" 하고 괴테는 계속했다. "화가보다는 음악가 중에서 더 많이 볼 수 있네. 파가니니에게서는 그것이 아주 강하게 나타나지. 그래서 그가 그처럼 대단한 성과를 올릴 수 있었던 걸세."

나는 이런 모든 설명을 듣고 아주 기뻤다. 이 말로 데모니슈라는 개념이 무엇을 의미하는지를 이제 한층 더 확실히 이해할 수 있었기 때문이다.

이어 우리는 제4권에 대해 여러 가지 이야기를 나눴다. 괴테는 나에게 아직도 더 손을 대는 것이 좋겠다고 생각하는 데에는 표시해 달라고 부탁했다.

1831년 3월 3일 목요일

정오에 괴테와 함께 식사했다. 그는 건축학 책 두어 권을 대강 훑어보고 있었다. 괴테는 쌓아 올린 돌이 얼마나 오랫동안 그대로 있을 수 있는 것인지는 보증할 수 없기 때문에, 궁전을 건립하는 것은 상당한 대담성이 필요한 법이라고 했다. 그러고는 이렇게 덧붙였다. "천막 속에서 살고 있는 사람이 가장 행복하지. 그렇지 않으면 일부 영국인들처럼 한 도시에서 다른 도시로 거처를 바꿔 떠돌아다니면서 산해진미를 찾아다니는 것도 좋을 거야."

1831년 3월 6일 일요일

괴테와 함께 식사하면서 여러 가지 이야기를 주고받았다. 어린아이들의 장난에 대한 이야기도 나왔다. 그는 그것을 식물의 경엽에 비교했다. 그것은 점차 저절로 없어져 가는 것이기 때문에 너무 엄격하게 생각할 필요가 없다는 것이었다.

"인간에게는 거쳐 가지 않으면 안 되는 여러 단계가 있지. 그리고 그 단계에는 각기 그 나름의 독특한 이점이 있는가 하면 결점도 있네. 그것들의 이점과 결점도 어디까지나 자연스러운 것이라고 볼 수 있고, 그 한도 내에서 정당한 것이야. 다음 단계에 이르게 되면 다시 변하게 되어 그때까지의 이점과 결점은 흔적도 없이 사라져 버리네. 그러나 이것을 대신하여 다른 장단점이 나타나게 되지. 이렇게 계속되다가 드디어 최종 변화에까지 가게 되지만, 그것이 어떻게 될 것인지는 우리는 아직 알 수 없어."

이어 식사가 끝난 뒤 괴테는 나에게 1775년 이래로 소장하고 있던 〈어떤 어릿광대의 결혼〉[28]의 단편을 읽어 주었다. 이 연극은 킬리안 부르스트풀레크의 독백으로 시작된다. 이 독백에서 이 인물은 한스부르스트가 모든 노력을 다해 자신을 교육했지만, 그것이 정말로 나쁜 결과를 가져왔다고 하소연하고 있다. 이 장면도 그렇고 다른 모든 장면도 〈파우스트〉식으로 쓰여 있다. 왕성한 창작력이 꽉 차 터질 듯이 행간마다 나타나 있다. 그런데 그 정도가 너무나 지나쳤기 때문에 그것은 이 단편에서 잘 전달되지 않고 있었다. 괴테는 또한 나에게 이 연극에 등장하는 인물의 목록을 읽어 주었다. 그것은 거의 3페이지에 가득 차 있고, 100명에 가까운 숫자였다. 거기에는 온갖 추한 이름들이 다 있었다. 때로는 정말로 추잡하고 익살맞은 것도 있어 웃음을 터뜨리지 않을 수 없었다. 그 대부분이 육체적인 결함에서 비롯된 이름으로 그 인물이 눈앞에 생생하게 떠오르는 것이었다. 이 밖에도 그 이름들은 각양각색의 나쁜 버릇과 악덕을 나타내고 있었다. 이 단편은 비도덕적인 세계의 극치를 깊숙이 엿볼 수 있도록 한 것 같았다. 만약 이 연극이 완성됐더라면, 사람들은 그처럼 다양한 상징적인 인물을 오직 하나의 줄거리 속에 생생하게 결합한 발상을 칭찬하지 않을 수 없었을 것이다.

"나는 이 연극을 완성할 수 있으리라고는 생각하지 않았네." 하고 괴테는 말했다. "왜냐하면 이것은 변덕의 극치를 전제로 해야 하게 되어 있기 때문이지.

---

28) 〈시와 진실〉 제18장에 나오고 있다.

아무리 일시적으로 그렇게 된다고 하더라도, 그러한 것은 나의 날 때부터의 진면목이 아니었기에 더 이상 계속할 수 없었다네. 그리고 또 우리 독일 사회는 너무 편협해서 이런 것을 떳떳하게 발표할 수도 없어. 파리와 같은 지방의 풍속에서는 이런 종류의 것도 마구 설칠 수 있지. 거기에는 베랑제와 같은 인간이 있어서 그럴 것이지만, 프랑크푸르트나 바이마르에서는 도저히 생각할 수 없는 일이야."

1831년 3월 8일 화요일

오늘 괴테와 함께 식사하는데, 그가 처음으로 〈아이반호〉를 읽고 있다고 했다. "월터 스콧은 위대한 천재이지." 하고 그는 말했다. "그와 어깨를 겨눌 수 있는 사람은 아무도 없어. 그리고 아무리 그의 칭찬을 해도 지나치지 않네. 그는 독서계층 모두에게 비상한 영향을 가져왔지. 그는 나로 하여금 여러 가지를 생각하게 했어. 그리고 나는 그에게서 독자적인 법칙을 가진 전혀 새로운 기법을 발견하게 된다네."

이어 우리는 〈자서전〉의 제4권에 대해 말했다. 그리고 화제는 뜻하지 않게 거듭하여 데모니슈, 즉 마력적인 정신으로 흘렀다.

"문학 가운데는 철저하게 데모니슈한 것이 있네. 그리고 이것은 무의식적인 작품 중에서 볼 수 있어. 그런 작품은 모든 오성과 이성도 불충분하지. 그리고 이러하기 때문에 그것은 생각할 수 없을 만큼의 영향을 끼치네.

이러한 것은 음악에 있어서 가장 현저하지. 왜냐하면 음악은 그것이 자리한 곳이 너무나 높아, 아무리 이것을 이해하려고 해도 설명할 수가 없네. 그리고 거기에서 흘러나오는 힘은 일체를 지배하는 것이지만, 아무도 설명할 수 없는 것이기도 하지. 그러므로 종교상의 예배도 이것 없이는 할 수 없는 것이야. 이것은 사람들에게 불가사의한 작용을 끼치는 주요 수단 중의 하나일세.

데모니슈는 또한 즐겨 유명한 인물들에게서 나타나지. 특히 프리드리히 대왕과 페터 대왕 같은 신분이 높은 인물들에게서 그러하다네.

돌아가신 대공에게도 아무도 거역할 수 없는 데모니슈한 데가 있었지. 그는 가만히 있는 것만으로도 사람들을 끌어당겼어. 그러므로 그는 유달리 친절하게 행동한다든지 친밀감을 느끼게 행동할 필요가 없었다네. 내가 그의 조언에 따라 계획한 모든 것은 성공을 거두었지. 그러므로 나는 자신의 오성과 이성으로는 도저히 어떻게 할 수 없는 문제가 있을 때는, 어떻게 하면 좋은가 하고 그에게 묻기만 하면 좋았던 거야.

그럴 때면 그는 본능적으로 발언했지. 그리고 언제나 나는 확실하게 좋은 성과를 얻을 것이라고 예상할 수 있었어.

그가 나와 같은 이념을 가지고 있었거나 훨씬 많은 노력을 하였다면 좋았을 것이야. 왜냐하면 데모니슈한 정신이 그에게서 사라지고 다만 인간적인 것만이 남겨졌을 때, 그분은 어떻게 하면 좋을지 몰라 곤란해하였기 때문이지.

바이런에게도 데모니슈한 것이 고도로 작동하고 있었네. 그래서 그는 많은 민중 속에서 견인력을 가지고 있었고, 특히 여성들은 그에게 강하게 끌려가지 않을 수 없었어."

나는 시험 삼아 말했다. "신과 같은 것이라는 이념 속에는 우리가 데모니슈한 것이라고 부르고 있는 능동적인 힘은 없는 것처럼 보입니다만."

이것을 들은 괴테가 말했다. "자네, 도대체 우리가 신과 같은 것이라고 하는 그 이념에 대해 뭘 알고 있다고 생각하는가! 그리고 우리의 좁은 개념을 갖고 최고의 존재에 대해 도대체 무슨 말을 할 수 있다는 말인가! 만약 내가 터키인들처럼 신을 부를 때 100개의 명칭을 늘어놓는다고 하더라도, 아직도 너무나 모자랄 거야. 저 무한한 특성과 비교하면 아무것도 말하지 않은 것과 마찬가지일세."

1831년 3월 9일 수요일

괴테는 오늘도 월터 스콧을 극구 찬양했다.

"사람들은 너무나 하찮은 것을 많이 읽지. 하지만 그런 독서로는 시간을 낭비할 뿐 아무것도 얻는 것이 없어. 원래 사람들은 오직 칭찬할 만한 것을 읽어야 하는 것이네. 나는 청년시절을 언제나 그렇게 보냈어. 그리고 지금도 월터 스콧을 읽으며 그렇게 하고 있지. 나는 이번에 〈롭 로이〉를 읽기 시작했는데, 계속하여 그의 훌륭한 소설들을 차례차례로 읽을 생각이라네. 물론 소재, 내용, 인물

묘사 그리고 취급방법 등 모든 것이 위대하지. 그는 예비연구에서도 지칠 줄 모르는 열성을 보여 준다네. 또 필치는 미세한 점에 이르기까지 위대한 진실로 관통되어 있어! 이 탁월한 시인에게 이와 같은 유산이 주어진 것을 볼 때 영국의 역사가 얼마나 훌륭한 것인가 알게 되지. 이와는 반대로 5권으로 된 우리의 독일역사[29]는 문자 그대로 빈약하기 때문에, 난 〈괴츠 폰 베를리힝겐〉을 쓰고 난 다음 곧 사적 생활로 들어가 버렸네. 또 〈아그네스 베르나우어〉나 〈오토 폰 빗텔스바흐〉[30] 같은 것도 쓰였지만 이것들만으로는 대단하다고 할 수 없지."

나는 〈다프니스와 클로에〉[31]를 쿠리에의 번역으로 읽고 있다고 말했다. "그것은 걸작이야." 하고 괴테는 말했다. "나는 그것을 여러 번 읽고 감탄했지. 그 속에는 지고의 오성과 예술 그리고 취미가 나타나고 있어. 베르길리우스도 좋지만 그것에 비하면 물론 다소 뒤떨어지네. 풍토묘사는 푸생의 양식 그대로이고 짧은 붓놀림으로 등장인물의 배후를 잘 처리하고 있어.

자네도 알지만 쿠리에는 피렌체의 도서관에서 이 시의 중요한 시구가 들어 있는 새로운 원고를 발견했지. 이것은 지금까지의 판에서는 없는 것이었어. 나는 이 시를 언제나 불완전한 형태로 읽고 있었던 셈이야. 그런데 그렇게 제일 중요한 부분이 빠져 있었는데도 조금도 개의치 않고 감탄하며 읽었다고 말하지 않을 수 없네. 지금 있는 것만으로도 뭔가 부족하다는 것을 알아차리지 못할 만큼 우리에게 만족감을 주는 것은 이 시가 탁월하다는 증거일 것이야."

식사 후 괴테는 나에게 쿠드레이가 그린 정취가 풍부한 도른부르크 성(城)의 문짝을 보여주었다. 거기에는 라틴어의 제명이 적혀 있었다. 그 의미는 찾아오는 사람을 기껍게 맞이하며 떠나가는 사람에게는 무사하기를 빈다는 것이었다.

괴테는 이 제명을 독일어의 2행시로 바꿔 어떤 편지의 첫머리에 좌우명으로 썼다. 이 편지는 그가 1828년 여름 대공이 돌아가신 후 도른부르크에 머무르고 있을 때 폰 보일비츠 대령에게 보낸 것이다. 나는 이 편지가 그 당시 일반인들

---

29) 신학자인 피스터(1772~1835)가 쓴 〈독일의 역사〉를 지칭하는 것으로, 전 5권인 이 책들은 1829년 이래로 간행되었다.
30) 극작가인 요제프 마리우스 폰 바보(1756~1822)가 쓴 역사연극이다.
31) 그리스의 작가인 롱고스(기원 3세기경)가 쓴 가장 유명하고 에로틱한 전원 이야기로, 1811년 고전학자인 팟소(1786~1833)가 이것을 독일어로 번역했다.

사이에서 아주 좋은 평판이 났던 것을 알고 있었기 때문에, 괴테가 오늘 그 문짝 그림과 함께 이것을 보여 주어 정말로 기뻤다.

나는 이 편지를 아주 흥미 있게 읽었다. 나는 괴테가 도른부르크 성의 지방색과 골짜기 아래의 평지를 정말이지 잘 이용하고 있고, 게다가 위대한 견식을 결부시키고 있는 것에 탄복하지 않을 수 없었다. 그리고 이러한 종류의 견식은 그처럼 큰 손실로 끔찍한 고통을 겪어야 했던 사람을 다시 완전히 일으켜 세워 새롭게 자립하게 만드는 것이었다.

나는 이 편지를 읽고 대단히 행복했다. 시인은 좋은 재료를 찾아 멀리 갈 필요가 없으며, 오직 그 가슴속에 훌륭한 내용만 간직하고 있으면 아무리 보잘것없는 것으로부터도 멋진 작품을 탄생시킬 수 있다는 것을 은근히 알아차릴 수 있었기 때문이다.

괴테는 그 편지와 그림을 함께 서류첩 속에 넣었다. 두 개 모두 길이 보존하기 위함이었다.

1831년 3월 10일 목요일

나는 오늘 왕자와 함께 호랑이와 사자를 소재로 한 괴테의 단편을 읽었다. 그것을 읽고 왕자는 아주 행복해하였다. 위대한 예술의 효과를 느꼈기 때문이다. 그리고 나 역시 완성된 구성의 그물코를 확실하게 읽고 이해할 수 있어 적잖게 기뻤다. 이 작품에 사상이 골고루 미치고 있는 것을 느낄 수 있었다. 이것은 이 시인이 주제를 다년간 마음속에 배양하고 있었기 때문에, 재료의 소화가 잘된 결과인 것이다. 그러므로 전체와 각 부분도 동시에 확실하게 바라볼 수 있고, 요소 하나하나가 제각기 교묘하게 배치되어 있어서 그 자체도 독립되어 있음과 동시에 다음으로 오는 것의 복선으로 연관되어 있었다. 게다가 모든 것이 전후와 연관되어 있으면서도 동시에 올바른 위치를 점령하고 있어, 누가 구성을 해도 이 이상 완전한 것을 만든다는 것은 쉽지 않을 것 같았다. 책을 읽고 있는 동안 나는 이 주옥과 같은 단편을 어떤 다른 사람의 작품으로서 괴테 자신에게 고찰하게 하면 어떨까 하는 간절한 소망을 가져보았다. 이 작품은 재료의 분량도 작가가 모든 것을 순서 있게 정리할 수 있을 정도로 꼭 알맞았다. 또 이것은 독자가 읽었을 때도 일관된 이해력으로 그 전체와 부분을 소화할 수 있는 이야기라는 생각이 들었다.

1831년 3월 11일 금요일

괴테와 함께 식사하면서 여러 가지 이야기를 나눴다. "월터 스콧의 경우 세부에 걸친 묘사가 정말로 훌륭한 장점이긴 하지만, 바로 이것이 실패를 자초하는 원인이 되기도 하지. 〈아이반호〉에서 밤에 사람들이 어떤 성의 홀에 모여 식탁에 둘러앉아 있는데 낯선 사람 하나가 들어오는 장면이 있네. 물론 작가가 이 외래인을 위에서 아래까지 훑으며 그 풍채나 복장 모양을 묘사한 것은 옳은 것이지. 그렇지만 그 사람의 다리나 구두 그리고 양말까지 설명한 것은 실패라고 할 수 있네. 밤에 식탁에 둘러앉아 있는데 누군가가 들어온다고 하면 우리의 눈에는 다만 그의 상반신만 보이는 게 보통이야. 다리까지 보이려면 방문자의 몸 전체를 비추는 낯선 광선이 들어오게 되어 그 장면은 밤의 특색을 잃어버리게 되네."

이것은 정말이지 핵심을 찌르는 말로 생각되어 나는 앞으로 참고로 삼기 위해 이를 적어 두었다.

이어 괴테는 계속하여 대단한 칭찬과 함께 월터 스콧을 이야기했다. 나는 그에게 그 견해를 글로 쓰는 것이 좋겠다고 권했다. 그러나 그는 그것을 거절하면서 이 작가의 예술은 아주 높은 수준의 것이기 때문에, 이런 것을 널리 발표하기는 어렵다고 말했다.

1831년 3월 14일 월요일

괴테와 함께 식사하면서 이런저런 이야기를 나누었다. 나는 그저께 상연된 〈포르티치의 벙어리 아가씨〉[32]를 말하지 않을 수 없었다. 그래서 이 작품이 혁명의 원인이 되었던 본래의 계기를 전혀 보여 주고 있지 않는데도 관객들의 호응을 받은 것은, 각자가 자기의 도시나 나라에서 겪고 있는 불유쾌한 일들, 그

---

32) 프랑스의 오페라 작곡가인 오베르(1782~1871)의 작품이다. 그는 꾸준히 오페라를 발표하여 19세기 프랑스 오페라의 황금시대를 구축했다.

런 아쉬운 것들을 대리 만족시켜 주기 때문이라고 했다. 이에 괴테가 말했다.
"이 가극 전체는 결국 서민에 대한 풍자이지. 어느 어부 아가씨의 정사가 어마어마한 사건이 되고, 영주가 여자 영주와 결혼했다고 해서 폭군이라고 불리는 것은 정말이지 이치에도 맞지 않고 우습기 그지없네."

식사가 끝난 뒤에 괴테는 나에게 베를린 사투리를 그림으로 형상화한 것을 보여 주었다. 거기에는 정말로 재미있는 점이 많았지만, 나는 특히 이 화가가 용케도 절도를 지켜 단지 캐리커처로 흐르지 않았다는 것에 감명을 받았다.

1831년 3월 15일 화요일

이날 아침 내내 나는 〈시와 진실〉 제4권의 원고에 몰두했고, 다음과 같은 비망록을 만들어 괴테에게 보냈다.

제2권과 제4권 그리고 제5권은 완성된 것으로 생각됩니다. 두세 군데 작은 부분이 남아 있기는 하지만, 이것도 마지막으로 통독할 때 아주 쉽게 정리될 것입니다. 제1권과 제3권에서 알아차린 두어 가지를 여기에 쓰겠습니다.

제1권

융이 눈 치료에 실패한 대목은 아주 엄숙한 의미가 있기 때문에, 이것을 읽는 사람들을 심사숙고하게 만듭니다. 그리고 만약 이것이 사람들이 모인 곳에서 말해질 때, 그 후 틀림없이 말이 중단될 것입니다. 그러므로 나는 여기서 제1권을 끝낼 것을 권고하고 싶습니다. 그렇게 하면 이런 방법으로 일종의 중단이 생기기 때문입니다.

유대인 거리의 화재라든지 어머니의 빨간 비로드 모자를 쓰고 빙상 활주를 하고 싶었던 날의 멋진 일화들은 지금 제1권의 마지막에 있지만 그 장소가 적당하지 않습니다. 이것들은 정말 무의식적으로 시를 썼다고 한 그 말속에 넣으면 아주 꼭 들어맞을 것입니다. 이런 경우에는 행동하면서도 무엇을 할 것인가는 전혀 문제가 되지 않으며 생각도 하지 않습니다. 그러므로 이것들은 아직 생각이 정리되기도 전에 행동하는 행복한 심적 상태를 나타내고 있기 때문입니다.

제3권

이 권은 역시 함께 논의해 보도록 합시다. 그리고 1775년의 해외 정치 정세와 독일의 국내 정세 그리고 귀족의 교양 등등을 더 구술하여 첨가하도록 하는 것이 좋을 것입니다.

마찬가지로 〈어릿광대의 결혼〉과 그 외 완성되었거나 아직 미완성인 시 작품의 계획 설명은 제3권에 첨가하는 것이 좋을 것입니다. 이것들을 이미 상당히 두꺼워진 제4권에 넣는 것은 그다지 좋지 않으며, 또 그렇게 하면 지금 아주 잘 정리되어 있는 전후의 연관을 해치게 될는지 모릅니다.

나는 이 목적을 위해 모든 복안과 단편을 제3권에 모았습니다. 그리고 다행히도 당신의 기분이 한결 나아져서 미완성의 이 권도 활기 있는 정신과 우아함을 갖고 구술하실 것을 원하고 있습니다. E.

정오에, 왕자 그리고 소레와 함께 식사했다. 우리는 쿠리에에 대해 많은 것을 이야기했다. 이어 괴테의 단편소설 결말에 이르러 나는 다음과 같이 말했다. 이 작품의 내용이라든지 기법은 아주 수준이 높기 때문에, 사람들은 이것을 어디서부터 손을 대야 할지 알지 못한다. 사람은 누구나 전에 한 번 보고 들은 것을 되풀이하여 접하고 싶어 한다. 우리는 문학이라는 꽃을 어디까지나 문학적인 영역에서 보는 것에 길들여 있기 때문에, 이 경우 그 문학이 어디까지나 현실적인 기반에서 태어난 것을 보고 놀라워하는 것이다. 사람들은 문학적인 세계의 것은 기꺼이 받아들이고 어떠한 기적이라도 놀라지 않고 믿고 있다. 그렇지만 이곳 현실 세계의 밝은 빛에 접할 때는 아주 사소한 일이라도 조금만 상도(常道)를 벗어나면 깜짝 놀라곤 한다. 우리는 수천 가지의 기적에 에워싸여 있는데, 그중의 단 하나가 지금까지의 경험으로 알 수 없는 것이면 불편한 심정이 되어 버린다. 그리고 또 인간은 이전의 기적을 믿는 것은 조금도 어렵게 생각하지 않는다. 하지만 현재 일어나고 있는 기적에 일종의 현실성을 부여하여 이것을 확실한 현실과 나란히 세워놓고, 더 고차원적인 현실로서 숭배하려 하지는 않는 것 같다. 설령 이러한 것이 행해지고 있다고 하더라도 교육에 의해 부정되는 것으로 보인다. 그러므로 우리의 세기는 초자연적인 것과의 교류가 쇠퇴하고 신앙이 감퇴하여 점점 더 산문적으로 변해 버리고, 모든 문학은 점점 더 소멸해 갈 것이다.

　괴테의 단편소설 결말은 결국 인간은 신에게서 완전히 버림을 받은 것이 아니며, 오히려 신은 인간을 지켜보고 보살펴 주고 또한 고난에 처하게 되면 곁에서 힘을 보태 준다는 것을 보여 주고 있다.

　이와 같은 신앙은 모든 인간에게 속해 있는 것으로 그 본질의 한 요소를 형성하고 있는 지극히 자연적인 것이며, 또한 모든 종교의 기반으로서 모든 민족이 선천적으로 갖추고 있는 것이다. 이러한 신앙은 인간의 원시시대에는 더욱 강하게 나타났다. 또한 이것은 문화가 최고도로 발달한 시대에도 물러가지 않았다. 그러므로 고대 그리스인 중에서도 특히 플라톤에서 가장 현저하게 나타나고 있고, 마지막으로는 〈다프니스와 클로에〉의 작가에게서도 찬란하게 나타나고 있다. 이 우아한 시 속에서는 신적인 것이 목축의 신인 판과 물의 요정인 님프의 형체를 빌리고 있다. 그리고 그들은 경건한 목동들과 애인들을 동정하고 있다. 낮에는 그들을 지켜 주고 도와주고, 밤이면 꿈속에 나타나 무엇을 할 것인가를 일러 준다. 괴테의 단편 중에서는 이 눈에 보이지 않는 수호신이 영원한 자와 천사의 모습으로 나타난다. 그래서 그들은 어떤 때는 동굴 속의 광포한 사자에게서 예언자를 지켜 주고, 또 다른 때는 이와 비슷한 괴물로부터 착한 어린아이를 보호하고 있다. 사자는 어린아이를 찢어버리지 않고 오히려 온순하게 순종하듯 행동한다. 왜냐하면 영원 속을 계속 활동하고 있는 신이 중재하면서 조화를 이루어 나가고 있기 때문이다.

　그러나 이것이 회의적인 19세기의 사람들에게 좀 이상하게 보이지 않도록, 시인 괴테는 계속하여 제2의 유력한 모티브, 즉 음악을 이용하고 있다. 사람들은 음악의 마력을 아주 오랜 옛날부터 알고 있었다. 그리고 그것은 오늘에 이르기까지 여전히 매일 우리를 지배하고 있지만, 어째서 그렇게 되는지는 모르고 있다.

　그리고 오르페우스가 이런 마력으로 숲 속의 모든 동물을 자기 쪽으로 끌어 온 것처럼, 그리스 최후의 작품에서도 젊은 목동이 피리를 불어 염소들을 인도하고 있다. 염소들은 갖가지 멜로디로 흩어지고 모여들고, 적으로부터 도망치고 조용히 풀을 뜯기도 한다. 괴테의 단편 중에도 음악은 사자를 위해 힘을 발휘하고 있다. 그 억센 동물이 감미로운 피리의 멜로디에 따르고 순진한 어린아이가 인도하는 대로 어디로든 따라가는 것이다.

여러 사람과 함께 설명할 수 없는 이런 사항을 말하고 있는 사이에 나는 다음과 같은 것을 깨달았다. 즉 인간은 자신의 뛰어난 장점들을 너무나 과신하고 있어, 이것을 신의 하사품이라고 생각하는 데에는 조금도 주저함이 없지만 동물에게도 그 권리가 있다고는 좀처럼 생각하지 않는다.

1831년 3월 16일 수요일

괴테와 함께 식사했다. 나는 그 자리에서 〈자서전〉 제4권의 원고를 되돌려주면서 그것에 대해 여러 가지 이야기를 했다.

우리는 다시 〈텔〉의 결말을 이야기하였는데, 나는 실러가 행한 다음과 같은 과실이 납득이 가지 않는다고 말했다. 즉 자기의 주인공이 도망간 슈바벤 공작에게 야비한 행동을 하게 해, 오히려 그를 아주 욕되게 했다. 그는 자신의 행동을 자랑하면서도 공작에게는 엄한 재판을 강행하는 모습을 보여 준다.

"그건 나도 수긍이 안 가는 일이라네." 하고 괴테는 말했다. "그렇지만 실러도 다른 사람들과 마찬가지로 부인들로부터 그런 영향을 받았네. 그러므로 이 경우의 그런 과실은 그 본래의 착한 인품에서 나온 것이 아니고, 오히려 그런 영향에서 나온 것이야."

1831년 3월 18일 금요일

괴테와 함께 식사했다. 나는 그의 집으로 갈 때 〈다프니스와 클로에〉를 가지고 갔다. 그가 이것을 한 번 더 읽고 싶다고 했기 때문이다.

우리는 고상한 잠언을 다른 사람에게 전하는 것이 유익한 것인가 그렇지 않은 것인가, 그리고 그렇게 하는 것이 가능한가 그렇지 않은가 이야기했다.

"수준이 높은 것을 받아들이는 소질은 극히 드물다네. 그러므로 보통 이런 것은 자기 혼자만을 위해서 간직하고 있다가, 다만 다른 사람에게 이익이 될 필요가 있을 때만 끄집어내는 것이 좋은 일이네."

이어 화제는 많은 사람, 특히 정말로 훌륭한 것을 완전히 부시하고 오히려 제2류의 것에 특별한 가치를 두는 비평가와 작가에 이르렀다.

"인간은 단지 자기가 할 수 있는 것만을 인정하고 칭찬하는 것이야. 그리고 어떤 사람들은 제2류의 세계에서 생계를 꾸려가고 있기 때문에, 그들은 술책을 부려 문학 중 실제로 비난을 받아 마땅한 것을 찾아내 철저하게 매도하고 완전히 깎아내리네. 물론 그런 일이 다소 장점을 가지고 있다고 하더라도, 그건 결국 자기들이 칭찬하는 제2류 정도의 것을 점점 더 드높여 보이려고 하는 짓이지."

나는 장차 이와 비슷한 경우에 처할지 모를 것 같아 이 말을 마음에 새겨 두었다.

다음으로 우리의 화제는 〈색채론〉에 이르러, 일부 독일의 교수진들이 여전히 학생들 앞에서 이것을 큰 오류라고 언명하고 있다는 말이 나왔다.

"이 일이 유감스럽게 생각되는 이유는" 하고 괴테는 말했다. "다만 많은 선량한 학생 때문이야. 그러나 나 자신에게는 어느 쪽이든 매한가지일세. 나의 〈색채론〉은 이 세계와 마찬가지로 오래된 것이야. 지금 그런다고 해서 부정되는 것도 아니고 내버려지는 것도 아니지."

이어 괴테는 나에게 〈식물의 변태설〉의 신판에 대해서, 소레의 번역이 점점 더 잘되어 훌륭히 진전되고 있다고 말했다. "이것은 주목할 만한 책이 될 거라네." 하고 괴테는 말했나. "이 속에는 여러 종류의 요소가 하나로 정리되어 있기 때문이지. 나는 유명한 젊은 자연과학자들이 말한 문구 가운데 두세 가지를 인용했네. 오늘날에는 독일의 훌륭한 사람들 사이에 좋은 문체가 쏟아져 나와 누가 말하는지 모를 정도가 되었어. 이건 정말 기쁜 일이야. 어쨌든 그 책의 작업으로 정말 예상외로 고생을 많이 했어. 그런데 처음에는 마지못해 억지로 착수했지만, 점차 데모니슈한 것에 지배되어 이젠 그만둘 수 없게 되어 버렸네."

"그런 작용에 순종했다는 것은 정말로 잘한 일이었습니다." 하고 나는 말했다. "왜냐하면 데모니슈한 것은 힘이 아주 강해 무슨 일이 있어도 그 계획을 완수할 때까지는 떨어지지 않는 것 같기 때문입니다."

"인간은 또한 한편으로는 데모니슈한 것에 계속 꾸준히 대항해 나가도록 노력해야 한다네. 현재의 내 경우가 그러하지. 나는 자신의 힘과 사정이 허락하는 범위에서, 모든 힘을 아끼지 않고 자기 일을 훌륭히 해치울 수 있게 노력하지 않으면 안 된다고 생각하네. 이것은 프랑스인들이 코디유라고 부르는 저 놀이와 같은 것이야. 그것은 원래 대체로 던져지는 주사위로 결판을 하는 것이지만, 돌을 놀이판 위에서 얼마나 잘 굴리는가 하는 것도 노름꾼의 지혜 여하에 달려 있지."

나는 이 훌륭한 말을 받들어 좋은 가르침으로, 그리고 실천적인 법칙으로 내 기억 속에 깊이 담아 두었다.

1831년 3월 20일 일요일

괴테는 식사하면서 나에게 2, 3일 동안 〈다프니스와 클로에〉를 읽었다고 말했다.

"이 시는 정말 아름다워. 우리가 생활하고 있는 환경이 좋지 않기 때문에, 우리는 이런 시의 인상을 오래도록 간직하고 있을 수 없지. 그래서 이것을 되풀이하여 읽을 때마다 언제나 놀라움을 느끼게 되네. 이 속에는 아주 밝고도 밝은 대낮이 있어. 그러므로 헤르쿨라네움[33]의 그림을 보는 것만 같고, 또한 이 그림이 이 책에 반응을 일으켜 읽고 있는 우리의 상상력을 도와주는 것 같지."

"나에게는 전체적으로 정리가 아주 잘 되어 있어서, 그 속에 모든 것이 포함되어 있다고 생각됩니다. 우리 독자들을 이 행복한 환경에서 유리시키는 낯선 것들에 대한 암시는 거의 눈에 띄지 않습니다. 여기서 활동하고 있는 것 중에서 신성(神性)을 갖춘 것은 목축의 신 판과 물의 요정 님프뿐이고, 다른 신은 거의 이름조차 나와 있지 않습니다. 그리고 목동 자신들도 이 신들만으로 충분히 만족하고 있는 것처럼 보입니다."

"그렇게 모든 것이 절도있게 잘 정리되어 있기 때문에 이 가운데서 전개되고 있는 세계가 완전한 것이라네. 모든 종류의 목동들이 있고 농부며 정원사, 포도 재배인들이 있어. 뱃사공, 도둑 그리고 군인도 있지. 이밖에 상류계급의 시민과 고관들, 그리고 노예도 있고 말일세."

---

[33] 폼페이와 나폴리의 중간에 있었던 이 해안 도시는 기원후 79년에 베수비오 화산 폭발로 폼페이와 함께 매몰되었다. 나중에 이곳에서는 귀중한 고대 유적들이 발굴되었다.

"그리고 또 그 속에는" 하고 나는 말했다. "신생아부터 시작하여 노년에 이르기까지 세상을 사는 모든 연대의 사람이 나옵니다. 또 4계절의 변화에 따라 일어나는 가정 내에서의 여러 가지 모양새가 눈앞을 스쳐 지나갑니다."

"그리고 또 지방 풍경은 어떤가." 하고 괴테는 말했다. "간결한 붓놀림이지만 정말로 완연히 그려져 있어, 인물들 뒤쪽 언덕 위로는 포도밭, 그리고 과수원이 보이고, 아래쪽 목장에는 개천이 흐르고 작은 산림이 있고, 멀리에는 바다가 넓게 펼쳐져 있는 것이 보이네. 흐린 날씨, 안개, 구름, 습기 같은 느낌은 조금도 없어. 하늘은 한없이 푸르고 맑게 개어 있고 대기는 상쾌하고 대지는 언제나 건조해서, 어디서나 발가벗고 아무렇게나 드러눕고 싶은 기분이 드네."

괴테는 말을 계속했다. "이 시 전체는 최고의 기술과 교양을 나타내고 있어. 생각이 골고루 퍼져 있고 모티브도 부족한 것 하나 없으며, 모든 것이 가장 근본적이고 정말로 멋지다네. 가령 해안에서 악취를 발산하는 돌고래 옆에 있는 보물과도 같은 것이지. 그리고 완벽한 마무리라든지 감정의 섬세함을 보여주는 취미도 이때까지 있었던 최고의 작품에 필적하는 것이야. 또한 습격, 절도, 전쟁과 같이 외부에서 들어와 이 시의 행복한 상태를 휘저어 어지럽히는 모든 망측한 것은, 언제나 즉시 처치되어 흔적도 없이 사라지네. 그리고 죄악도 시민의 수행원, 특히 주요 인물이 아니고 부차적인 인물이나 하인들 사이에서 일어나지. 모든 것이 아름다움의 극치일세."

"그리고 여기에서 나타나고 있는 주종 관계를 읽고 마음이 흐뭇해짐을 느낍니다. 주인에게는 아주 인도주의적인 데가 있어요. 또 하인은 아주 소박하면서도 여유가 있고, 주인에 대한 외경심이 깊어 그의 마음에 들기 위해 노력하고 있습니다. 부자연스러운 사랑을 무리하게 요구하여 다프니스의 미움을 샀던 젊은 시민도, 그가 주인의 아들이라는 것을 알게 되자 다시 환심을 사려고 하지요. 그는 빼앗긴 클로에를 소몰이 목동으로부터 대담한 방법으로 되찾아 다프니스에게로 데리고 옵니다."

그러자 괴테가 말했다. "이런 모든 것에는 위대한 오성이 나타나 있네. 클로에가 발가벗고 달라붙는 것만을 생각하는 양쪽 연인들의 의사에 맞서, 이 이야기의 마지막까지 순결을 지키는 것도 훌륭하지. 이것이 참으로 아름다운 모티브가 되어 더할 나위 없이 위대한 인간의 사건이 진술되는 것이야.

이 시의 위대한 가치를 제대로 평가하려면 넉넉히 한 권의 책을 써야 할 게야. 우리는 매년 한 번 정도는 이 책을 다시 읽고 되풀이하여 배우고, 이 위대한 아름다움의 인상을 새롭게 체득하는 게 좋겠네."

1831년 3월 21일 월요일

화제는 정치에 이르러, 우리는 여전히 계속되고 있는 파리의 불안과 국가 최고의 사건에 관여하려고 하는 젊은 사람들의 그릇된 생각을 이야기했다.

"영국에서도 몇 년 전에 학생들이 가톨릭 문제의 해결과 관련해 탄원서를 제출하여 당국을 움직이려고 한 일이 있었습니다. 하지만 사람들은 이를 무시하고 그 이상 신경 쓰지 않았습니다."

괴테가 말했다. "나폴레옹의 영향이 특히 영웅의 밑에서 자란 젊은 프랑스인들 사이에 에고이즘을 불러일으켰어. 그러므로 그들은 그들 안에서 위대한 전제 군주가 다시 출연하기 전에는 진정하지 못하네. 자기들의 소망대로 왕을 모시려는 것이지. 그러나 한 가지 유감스러운 것은 나폴레옹과 같은 인물은 그렇게 쉽게 다시 탄생할 수 없다는 것이네. 그러므로 이 세상이 다시 조용해지기 전까지 수십만 명의 사람들이 더 희생되어야 할 것 같아 걱정되네.

사람들은 문학상의 활동을 수년 동안은 전혀 돌보지 않게 될 거야. 그러니 지금은 오로지 평화로운 앞날을 위해 많은 좋은 것을 조용히 준비하는 길밖에 없네."

이런 정치적인 사항에 대한 언급이 조금 나온 뒤에, 화제는 곧 다시 〈다프니스와 클로에〉로 옮겨졌다. 괴테는 쿠리에의 번역이 아주 완벽하다고 칭찬했다. "쿠리에는 번역을 아주 잘했어. 오래된 아미요[34]의 번역을 존중해서, 그것을 참고하고 다만 몇 군데를 고치고 순화하여 한층 더 원작에 가까운 것으로 만들었지. 오래된 이 프랑스어는 소박하고 이런 제목에 잘 조화를 이루고 있어. 어떤 다른 언어로도 이 책을 이 이상 더 잘 번역하기는 어려울 거야."

---

34) 아미요(1513~1593). 프랑스의 작가이자 고전문학 번역가인 그는 그리스 작가 롱고스의 전원 소설 〈다프니스와 클로에〉를 1559년에 프랑스어로 번역했다.

이어 우리는 쿠리에의 작품과 그의 소책자들 그리고 피렌체에 있는 원고에 묻힌 잉크 얼룩에 관한 저 유명한 변명을 이야기했다.

"쿠리에는 위대한 천재야. 바이런이나 보마르셰, 그리고 디드로와 같은 특색을 가지고 있네. 그는 바이런에게서 자신을 증명하는 데에 도움이 되는 모든 것을 끌어내는 방법을, 보마르셰로부터는 위대한 변호사의 수완을, 디드로에게서 변증법을 배웠지. 그렇더라도 잉크 얼룩의 책임을 완전히 씻어냈다고 할 수는 없어. 또 그는 모든 방면에 걸쳐서 남김없이 적극적이었던 것은 아니었네. 그러므로 그를 무조건 칭찬할 수는 없지. 그는 세상 전체와 맞서 싸웠어. 그러므로 그 자신에게도 어느 정도의 책임과 부정이 있었다고 봐야 할 걸세."

이어 우리는 독일어의 Geist(정신)와 프랑스어의 esprit(정신)와의 개념 구별에 대해 이야기했다. "프랑스어의 에스프리는 우리 독일인들이 Witz(기지)라고 부르고 있는 것에 가깝네. 우리의 Geist를 아마 프랑스인들은 esprit와 ame로 표현할 것이야. 이 말 속에는 동시에 생산이라는 개념이 있지만, 프랑스어의 에스프리에는 그것이 없지."

"볼테르는" 하고 나는 말했다. "우리가 독일어로 Geist라고 부르고 있는 개념을 가지고 있습니다. 그런데 프랑스어의 에스프리로는 충분하지 않을 때 프랑스인들은 어떻게 말합니까?"

"이런 높은 의미의 경우에는 그들은 genie를 사용하고 있지."

"나는 지금 디드로의 책을 읽고 있습니다." 하고 나는 말했다. "그리고 그 인물의 비상한 재능에 놀라워하고 있습니다. 얼마나 대단한 지식인지! 그리고 얼마나 힘이 가득 찬 연설인지! 서로 괴롭히고 있는 거대한 동란의 세계 속에서 쉬지 않고 시련을 겪으면서도 지식과 인격의 양자가 딱 들어맞게 굳게 보존된 것이 눈에 보입니다. 그러나 프랑스인들이 전세기에 있어서 문학계에 이와 같은 인물을 갖고 있다는 것은 정말 놀라운 일이라고 생각합니다. 나는 지금 그저 조금 엿보았을 뿐인데 깜짝 놀랐습니다."

"그것은 1백 년에 걸친 문학의 변용이야" 하고 괴테는 말했다. "루이 14세 이래로 성장해서 드디어 황금기에 도달한 셈이지. 그러나 디드로나 달랑베르, 보마르셰 그리고 그 밖의 다른 특출한 천재들을 부추겨 경주하게 한 것은 역시 볼테르였지. 그와 어깨를 나란히 하고 따라붙는 것만도 대단히 힘겨운 일이었기 때문에, 그들은 조금도 안일하게 지낼 수 없었던 것이야."

괴테는 다음으로 동양언어 및 문학을 전공하는 예나의 젊은 교수[35]에 대해 이야기했다. 그 사람은 한동안 파리에서 지내면서 실로 훌륭한 교양을 갖추고 있기 때문에 그와 알고 지내게 되면 배울 것이 많을 것이라고 했다. 집으로 돌아올 때 그는 나에게 얼마 안 있어 나타나게 될 혜성에 관한 슈륀[36]의 논문을 넘겨주었다. 괴테는 내가 이런 일에 있어서 전혀 문외한이어서는 안 된다는 생각에서 호의를 베푼 것이었다.

1831년 3월 22일 화요일

괴테는 식사 후에 나에게 로마에 있는 어떤 젊은 친구[37]의 편지를 군데군데 읽어 주었다. 그에 따르면 로마 체류 중인 독일 화가 몇몇은 장발에다 콧수염을 기르고, 고대 독일식 윗도리를 입고 셔츠의 옷깃을 뒤집은 모습으로 다닌다고 하였다. 또 그들은 파이프를 입에 문 채 불도그를 이끌고 나타나기도 한다는 것이었다. 그는 그들이 로마에 와 있는 것은 거장들과 접촉하기 위해서도 또 뭔가를 배우기 위해서도 아닌 것 같다고 하였다. 이 사람들에게 라파엘로는 약하고 티치안은 단지 색채가로만 비치는 것 같다는 것이다.

"니브르는 야만시대가 온다고 말했는데, 이건 정말로 옳은 말이지. 그 시대는 이미 와 있네. 우리는 그 한가운데에 있지. 왜냐하면 야만이란, 사람들이 이제는 탁월한 것을 인정하지 않음을 의미하기 때문이야."

이어 그 젊은 친구는 사육제, 새로운 교황의 선출, 그리고 그 바로 뒤에 발발한 혁명에 대해 언급하고 있었다.

'호라스 베르네[38]가 기사처럼 보루를 둘러싸고 지키고 있다는 것은 알려졌다.

---

35) 슈티켈(1805~1896). 1827년 이래로 예나대학 동양어학 강사로 일하고 있던 그는 1831년 3월 21일 괴테를 방문한 적이 있었다.
36) 슈륀(1799~1875). 예나대학의 천문학 교수이자 천문대장을 지내고 있다.
37) 작곡가 멘델스존(1809~1847)을 말하는 것으로, 괴테는 그가 로마에서 보내온 편지의 일부 내용을 에커만에게 읽어 주고 있다.
38) 호라스 베르네(1789~1863). 프랑스의 화가로 전쟁풍속화를 잘 그렸다. 그는 1828년부터 1835

이와는 반대로 그 몇 명의 독일 화가들은 한가하게 집 안에 머물며 수염을 손질하고 있다. 이것으로 추측할 때, 그들의 행동은 로마인들 사이에서 그다지 호의를 얻지 못하고 있는 것 같다.'

화제는 일부 젊은 독일 화가들에게서 볼 수 있는 이런 혼란의 원인에 이르렀다. 우리는 그것이 각 개인의 개성에서 오는 것인가, 아니면 정신적인 전염에서 오는 것인가, 그렇지 않으면 이 시대의 전체 속에 그 원인이 있는 것인가를 논했다.

"그것은 소수의 개인에게서 일어난 것이지." 하고 괴테는 말했다. "그리고 지금까지 40년 동안 계속 영향을 끼치고 있네. 그것은 예술가가 최고의 영역에 도달하기 위해 갖추어야 할 것은 무엇보다 경건한 마음씨와 재능이라는 가르침에서 비롯된 것이야. 이런 가르침은 다분히 아부적이어서 사람들은 두 손 들어 대환영했지. 왜냐하면 깊은 신앙심은 애써 배우지 않아도 되는 것이고 재능은 이미 어머니에게서 물려받은 것이기 때문일세. 어중간한 대중에게서 큰 지지를 얻으려면 그런 자부심을 가지고 있는 나약한 심정의 소유자들에게 알랑거리는 언사를 잘하기만 하면 되는 것이지."

1831년 3월 25일 금요일

괴테는 엘레강스한 녹색 안락의자를 보여주었다. 이것은 그가 최근 어떤 경매를 통해 얻은 것이다.

"그렇지만 나는 이것을 거의, 아니면 전혀 사용하지 않을 것이야." 하고 그는 말했다. "왜냐하면 모든 안락한 종류의 것은 내 성미에는 전혀 맞지 않기 때문이야. 내 방에 안락의자는 하나도 없어. 나는 언제나 낡은 목제 의자에 앉아 있지. 머리를 기댈 받이를 붙인 것도 겨우 최근 2, 3주일 전의 일이야. 편리하고 정취 있는 가재도구에 에워싸여 있으면 사색을 할 수 없게 되고, 편안하기 때문에 수동적인 상태로 되어 버리지. 그런 게 청년시절부터 습관이 된 사람이라면 몰라도, 보통 화려한 방이나 엘레강스한 가구는 사상을 가지고 있지 않고, 또

년까지 로마에 있는 프랑스 미술학교의 교장을 지냈다.

가지려고도 하지 않는 사람들을 위한 것이야."

1831년 3월 27일 일요일

오랫동안 기다렸던 이를 데 없이 쾌청한 봄 날씨가 드디어 찾아왔다. 그지없이 푸른 하늘에는 군데군데 흰 구름 조각이 떠돌고 있었고, 기온은 여름 복장을 하고 외출할 수 있을 만큼 따뜻했다.

괴테가 정원 옆에 있는 정자에 식탁을 차리게 하여 우리는 오늘 다시 집 밖에서 식사했다. 대공비에 대한 이야기가 있었다. 그녀는 표면적으로는 잘 나타내지 않지만 다방면으로 활동하면서 선행을 베풀어, 모든 신하의 마음을 차지하고 있다는 것이었다. "대공비는 재능과 자비심 그리고 성의도 충분히 갖추고 있지. 그녀는 정말 이 나라에 내려진 축복이라고 할 수 있어. 사람은 어떤 경우에도 은혜가 어디에서 오는 것인지를 곧 감지한다네. 그러므로 사람들이 진심으로 그녀에게 애정을 바치면, 그녀도 당연히 곧 알아차리고 보답해 주지."

나는 왕자와 함께 〈민나 폰 바른헬름〉을 읽었다는 것, 그리고 이 작품은 정말로 탁월하다는 것을 말했다. "사람들은 레싱을 냉철하고 이지적인 사람이라고 평하고 있습니다. 나는 작품 속에서 이를 데 없이 많은 심정과 사랑스러운 자연성, 명랑하고 신선한 낙천가의 고동과 얽매이지 않는 사회적 교양을 예상 외로 많이 찾아낼 수 있습니다."

이에 괴테가 말했다. "이 연극이 저 암울한 시대에 출현했을 때 우리 청년들에게 어떤 영향을 끼쳤을지 한 번 생각해 보게. 이 연극은 참으로 찬란한 유성과 같은 것이었지. 이것은 사람들에게 그 당시에 약하기 그지없는 문학계가 생각하는 것보다 한 단계 높은 수준으로 존재한다는 것을 알아차리게 했지. 이 최초의 두 막은 실제로 발단으로는 완벽한 것이며, 배울 것도 많았어. 그리고 지금에 와서도 여전히 배울 것이 많네.

오늘날에 와서는 이제 당연한 것처럼 발단을 문제 삼지 않고 있네. 그런데 지금까지는 제3막에서 기대되던 효과를 지금은 벌써 제1막에서 올리려고 하고 있지. 사람들은 문학도 항해와 같다는 것에 생각이 미치지 못하고 있어. 항해에 있어서도 돛에 바람을 한껏 가득 안고 앞으로 나아가는 것은, 처음 해안을 떠나 어느 정도 먼바다로 진입한 후가 아니면 안 되지."

괴테는 고급 라인포도주를 가져오게 했다. 프랑크푸르트의 친구가 얼마 전 그의 탄생일에 보내온 것이다. 그는 이때 세상을 떠난 대공에게까지도 서슴지 않고 말하던 메르크의 일화를 두세 가지 이야기해 주었다. 메르크는 어느 날 대공이 아이제나흐의 룰에서 평범한 포도주를 가지고 오자, 귀한 것을 가져왔다고 칭찬했다고 한다.

"메르크와 나는 언제나 파우스트와 메피스토펠레스 같았지. 그래서 그는 나의 아버지가 이탈리아에서 보낸 편지를 읽고는 비웃었어. '괴테의 아버지는 거기에서 지내면서 어렵다든가 음식이 입에 맞지 않는다든가, 포도주가 맛이 없다거니 모기가 많다거니 하면서 하소연하고 있네' 하고 말이야. 메르크는 그처럼 멋진 토지와 화려한 환경 속에 있으면서 음식물이나 파리와 같은 아주 하찮은 것에 마음을 어지럽히는 것을 이해할 수 없었던 거지.

이런 야유는 두말할 필요 없이 메르크의 높은 교양을 기반으로 하여 나오고 있었네. 그렇지만 그는 생산적이지 못했고, 오히려 그 방면에서는 무척 소극적이었지. 그리고 그는 칭찬하는 것보다는 오히려 질책하는 쪽이 더 많았네. 이리하여 그는 자기도 모르는 사이에 나무랄 것들을 찾아내어 스스로 쾌감을 느꼈던 거야."

우리는 이어 포겔과 그의 행정수완을, 그리고 XXX[39]와 그의 인품을 말했다. "XXX[40]는" 하고 괴테는 말했다. "누구하고도 비교할 수 없을 만큼 독보적인 사람이었지. 그는 나와 함께 출판의 자유[41]에 대한 압박에 항의한 유일한 사람이었네. 그는 입장이 확고했기 때문에 신뢰를 얻고 있었지. 그는 언제나 정의의 편에 설 거야."

우리는 식사 후 한동안 정원 안을 오가면서 흰 스노드롭 풀과 누런 사프란이 피어 있는 것을 보고 기뻐했다. 튤립도 싹이 돋고 있었다. 우리는 네덜란드에

---

39) 요한 프리드리히 길레(1780~1836)를 말하는 것으로, 본인이 거명되는 것을 원치 않았다.
40) 502번과 같은 인물이다.
41) 독일에서는 1819년 9월 20일 카를스바트에서 열린 독일연방 회의의 의약에 따라 출판법이 발포되었다.

서 생산하는 이런 종류의 아름답고 진귀한 식물을 이야기했다. "위대한 꽃 화가가 출현하는 것은" 하고 괴테는 말했다. "생각할 수도 없는 일이야. 오늘날 사람들은 너무나 과학적인 진실을 찾고 있어. 식물학자가 화가가 그린 화사(花絲)의 수를 조사하고 있는 형편이니 말일세. 하지만 그들은 회화적인 배치나 명암 같은 것을 보는 눈은 전혀 가지고 있지 않다네."

1831년 3월 28일 월요일

나는 오늘 괴테와 함께 또다시 정말로 아름다운 시간을 보냈다. "〈식물의 변태설〉은 이제는 괜찮게 완성되었지. 나선형이나 폰 마르티우스 씨를 언급하지 않을 수 없었던 부분도 아주 잘 정리되었어. 그러므로 오늘 아침에는 다시 〈자서전〉의 제4권 쪽으로 향하고 있네. 그리고 이제부터 손을 대지 않으면 안 될 부분의 개요를 썼지. 이것은 적이 부러움을 살 만한 일이야. 이 정도로 나이를 먹고도, 자신의 청년기, 그리고 여러 가지 점에서 위대한 의의가 있는 한 시기의 이야기를 쓰는 것이 허락되어 있으니 말이야."

우리는 각 부분을 따로따로 충분히 논의했다. 그도 그렇고 나도 마찬가지로 각 부분에 통달하고 있었다. 내가 말했다.

"릴리와의 연애관계를 서술한 부분은 당신의 젊은 입김을 그대로 나타내고 있습니다. 당신의 젊은 기운은 사라지기는커녕 그 장면에서 더할 나위 없이 여실히 드러나고 있지요."

"그 이유는 그 장면이 시적이기 때문이야. 나는 시의 힘을 빌려 이미 잃어버린 젊은 연애 감정을 보충했지."

다음으로 우리는 괴테가 자기 누이동생의 상태를 이야기하는 흔치 않은 부분에 관해서 이야기를 나눴다. "이 장은 교양 있는 부인들이 흥미롭게 읽을 것이야. 왜냐하면 여기에 나오는 내 누이동생과 마찬가지로 정신적으로나 도덕적으로나 탁월한 성질을 구비하고 있으면서도 아름다움의 혜택을 받지 못한 부인들이 많기 때문이네."

"그녀는 축제나 무도회가 다가오면 언제나 얼굴에 여드름이 생겼다는 것은 어딘지 좀 이상한 것, 데모니슈한 것의 작용이라고 생각합니다만······."

"그녀는 어딘지 남다른 데가 있었지." 하고 괴테는 말했다. "그녀는 도덕적으로는 아주 고자세였지만 성적인 매력은 전혀 없었어. 그녀는 한 남자에게 몸을 바친다는 생각을 싫어했지. 이런 성질의 사람은 결혼해도 유쾌하지 않은 시간을 보내는 일이 많을 거라고 생각하네. 같은 종류의 혐오감을 가지고 있는 부인, 또는 자기 남편을 사랑하고 있지 않은 부인들은 이 부분의 의미를 알 수 있을 것이야. 그러므로 나는 누이동생이 결혼하리라고는 꿈에도 생각하지 않았지. 오히려 그녀는 수도원으로 들어가 원장으로 있는 것이 더 어울렸을 거야.

그녀는 아주 훌륭한 사나이[42]하고 결혼했지만 그 결혼은 행복하지 않았어. 그래서 그녀는 릴리와 나와의 혼인 계획을 극구 반대했지."

1831년 3월 29일 화요일

우리는 오늘 메르크에 대해 이야기했다. 괴테는 그의 눈에 띄었던 진면목 몇 가지를 말해 주었다.

"돌아간 대공은 메르크에게는 각별한 호감을 느꼈었지! 한번은 대공이 그를 위해 4천 탈러 부채의 보증인이 된 일이 있었어. 그런데 얼마 안 있어 메르크가 그 증서를 다시 돌려보냈기 때문에 이상하게 생각했지. 그는 그때 주머니 사정이 좀 좋지 않았기 때문에, 어떻게 변통했는지 의아해했어. 하지만 나와 만났을 때 그가 다음과 같이 말했기 때문에 이 수수께끼는 풀리게 되었다네."

"대공은 자비롭고 훌륭한 분이야. 사람들에 대한 신뢰심이 두텁고 자기 힘이 닿는 만큼 도와주고 있네. 그러므로 나는 이렇게 생각했어. 만약 내가 이분을 금전 문제 때문에 속이게 되면 수천의 다른 사람들에게 폐를 끼치는 결과를 가져오게 된다. 왜냐하면 대공은 자신이 가지고 있는 신뢰심을 잃게 될 것이고 그러면 이 한 사람의 나쁜 놈 때문에 불행하고 선량한 많은 사람이 괴로움을 당할 것이기 때문이야. ─그렇다면 나는 지금 무엇을 해야 할 것인가? ─나는 여러 가지로 궁리했네. 그리고 어떤 악당으로부터 돈을 꾸었지. 그놈은 속여도 아

---

[42] 요한 게오르크 슐로서(1739~1799). 프랑크푸르트 출신으로 괴테의 친구이기도 했던 그는 1773년 괴테의 누이동생 코르넬리아와 결혼했다. 그는 법률가 뷔르템베르크 지방 행정장관을 지냈으며, 플라톤과 아리스토텔레스를 독일어로 번역하기도 하였다.

무렇지도 않네. 그러나 저 착한 분을 속이게 되면 미안하기 짝이 없어." 우리는 이 사나이의 이상한 위대함에 웃지 않을 수 없었다. "메르크는 기묘한 데가 있었어." 하고 괴테는 계속했다. "대화 도중에 '헷! 헷!'을 연발하곤 했지. 이 버릇은 나이를 먹어 감에 따라 더욱 심해져서 마지막에는 개가 짖는 것 같았어. 그는 드디어 심한 우울증에 빠져버려 권총자살을 하고 말았네. 그는 자신이 파산할 것임이 틀림없다고 생각하고 있었어. 하지만 나중에 판명된 바에 의하면 실제 그의 상황은 그가 생각했던 것만큼 나쁜 것이 아니었다네."

1831년 3월 30일 수요일

우리는 또다시 데모니슈, 즉 마력적인 정신에 대해 이야기했다.

"이것은 곧잘 유명한 인물들에게서 일어나지." 하고 괴테는 말했다. "그것은 상당히 어두운 시각을 즐겨 택하네. 베를린처럼 밝고 산문적인 도시에서는 출현할 기회가 거의 없어."

이런 괴테의 말은 내가 며칠 전에 생각했던 바와 같았기 때문에 기뻤다. 우리의 생각이 실증되는 것을 보는 일은 언제나 즐겁게 느껴지는 법이다.

어제와 오늘 아침에 나는 그의 〈자서전〉 제3권을 읽었다. 그때 나는 이 책을 처음 읽는 것 같은 생각이 들었다. 어떤 책을 다시 읽게 되면, 전에 이해했다고 믿었던 것이더라도 사람의 생각이 성장하는 그때 이르러 비로소 아주 미세한 부분이나 뉘앙스까지 풀려나오는 경우가 있다. 이것이 바로 그러한 경우였다.

이에 내가 말했다. "당신의 〈자서전〉은 우리의 문화가 결정적으로 진보하고 있다는 것을 알게 해주는 책입니다."

"이것은 내 생애의 순수한 결정체야." 하고 괴테는 말했다. "그리고 더 높은 진리를 실증하기 위해서 도움이 되는 것이기도 하지."

"당신은 이 속에서 바제도[43]가 더 높은 목적을 달성하기 위해 사람들을 필요로 하고, 또 그들의 호의를 얻으려고 한다고 쓰고 있습니다. 그러나 무엄하게도

---

43) 바제도(1723~1790). 교육제도의 개혁자이며 박애협회의 창립자이기도 한 그는 통속 철학자로서 합리적이고 종교적인 작가이다. 1774년에 괴테 그리고 라파터와 함께 라인강 지방을 여행했다. 괴테의 〈시와 진실〉 제14장에 이 이야기가 자세히 나온다.

자기의 부정적인 종교상의 의견을 발표하면 어떤 결과가 오는지 모르고 있다고 했지요. 즉 사람들로 하여금 그들이 애정을 바쳐 의지하고 있는 것에 의심을 품게 만들면 모든 것을 해치는 결과가 된다는 것을 알아차리지 못하고 있다는 것입니다. 이것이나 이와 유사한 글들은 나에게는 아주 큰 의의가 있는 것처럼 생각됩니다."

"나는 이 책 속에 인생의 상징을 포함했다고 생각하네. 나는 이 책을 〈시와 진실〉이라고 이름을 붙였지. 이것은 낮은 현실 지대로부터 더 높은 방향을 지나 올라가기 때문이야. 장 파울은 이것과는 반대의 정신에서 자기 생애의 〈진실〉을 썼지![44]—마치 이런 저자와 같은 인간의 생애가 가진 진실은 속인들의 그것과는 다르다는 것을 말하려는 것처럼!—그러나 독일인들이 비범한 것을 받아들이기란 상당히 어렵네. 그러므로 숭고한 것이 나타나도 이것을 알아차리지 못하고 그냥 지나가 버리는 일이 많지. 우리 생애의 사실이 가치 있는 것은 그것이 진실이기 때문이 아니고 그것이 어떤 의미가 있기 때문이야."

1831년 3월 31일 목요일

왕자 곁에서 소레와 마이어와 함께 식사했다. 대화는 문학을 소재로 진행되었고 마이어는 실러를 처음 만났을 때의 일을 이야기했다.

"나는 괴테와 함께 예나의 소위 낙원을 산책하고 있을 때 실러를 만났어.[45] 거기에서 우리는 처음으로 말을 나눴네. 그는 그때 아직 〈돈 카를로스〉를 완성하지 못하고 있었어. 막 슈바벤에서 돌아왔을 때였는데 건강이 아주 좋지 않아 신경통을 앓고 있는 것처럼 보였지. 그의 얼굴은 그림에 나오는 십자가에 매달린 그리스도와도 같았어. 괴테는 그가 2주일도 더 살지 못할 것이라고 생각했네. 그러나 그는 상태가 점점 좋아져 몸이 회복되었고, 그의 중요한 작품들은

---

44) 괴테와 실러가 모든 것을 명확하게 파악하려고 한 것과는 달리, 낭만주의 작가인 장 파울 (1763~1825)은 감정과 공상을 최대한으로 신장시켜 현실을 세밀하게 취급하려고 했다. 장 파울의 자서전도 〈장 파울의 생애로부터의 진실〉이라는 제목하에 1826년부터 여러 책이 출판되었다.

45) 실러는 1794년 10월 28일 괴테에게 마이어와 개인적으로 인사를 나누고 싶으니 소개해 달라고 하였고, 그리하여 두 사람은 11월 초에 처음으로 만나게 되었다.

모두 그 뒤에 비로소 쓰였다네."

다음으로 마이어는 하이델베르크의 여관에서 만난 장 파울과 슐레겔[46]의 특징을 말했다. 그리고 그의 이탈리아 체류 중에 일어난 유쾌한 일들을 이야기해 우리를 즐겁게 해 주었다.

마이어가 내 옆에 있으면 나는 언제나 기분이 좋았다. 그는 자기 혼자서 언제나 만족하고 있고 주위에는 거의 신경을 쓰지 않지만, 대신 적당한 짬짬이 그 자신의 쾌적한 마음속을 입 밖에 낸다. 그러면서도 그는 어느 때도 위태롭지 않다. 이를 데 없이 풍부한 지식과, 먼 이전에 일어난 일도 마치 어제 있었던 일처럼 생생하게 말하는 기억력을 가지고 있다. 그는 넘쳐나는 오성을 갖고 있기 때문에, 만약 그가 그 기초에 고귀한 교양을 가지고 있지 않았다면 틀림없이 사람들에게서 두려움을 샀을 것이다. 그러나 실제 생활에서는 조용한 그가 옆에 있으면 언제나 기분이 좋고 그에게서 배우는 것이 많았다.

1831년 4월 1일 금요일

괴테와 함께 식사하면서 여러 가지 이야기를 나눴다. 그는 폰 로이테른씨[47]의 수채화를 보여 주었다. 작은 도시의 시장에서 바구니와 깔개를 파는 여자 옆에 서 있는 어떤 젊은 농부를 그리고 있었다. 젊은 사람은 그의 옆에 놓여 있는 바구니를 찬찬히 보고 있다. 한편 앉아 있는 두 여자와 거기에 멈춰 서 있는 실팍한 아가씨가 이 잘생긴 젊은이를 마음에 들어 하면서 쳐다보고 있다. 그 그림의 구도는 참으로 훌륭했고 인물들의 표정도 진실되고 소박했기 때문에 아무리 바라보아도 싫증이 나지 않았다.

"이 그림에서 볼 수 있는 수채화 수법은" 하고 괴테는 말했다. "상당히 높은 수준에 도달해 있네. 그렇건만 단순한 사람들은 폰 로이테른 씨는 그의 예술에 있어서 아무에게서도 지도를 받지 않았고, 모든 것을 자기 혼자의 힘으로 개척했다고 말하고 있어. 마치 우리가 무언가를 자기 혼자의 힘으로 하지 않으면 어

---

46) 마이어는 1817년 가을 하이델베르크에서 장 파울과 슐레겔을 만난 적이 있었다.
47) 폰 로이테른(1783~1865). 발트해 연안 리프랜드의 장교이자 화가인 그는 1814년에 괴테를 방문했고, 나중에 하이델베르크와 바이마르에서 다시 괴테를 만났다.

리석음과 서투름을 자초하게 되기라도 하듯이 말이지! 만약 이 화가가 당대의 유명한 대가에게서 직접 지도를 받지 않았다고 하더라도, 역시 그는 훌륭한 대가들하고 어울렸을 거야. 그리고 그들과 위대한 선배들로부터 또 어디에서나 볼 수 있는 대자연으로부터 자기 자신의 것을 습득했음이 틀림없지. 자연은 그에게 훌륭한 재능을 주었고, 그는 이것을 예술에 접하고 자연에 접하면서 연마했을 거야. 그는 탁월하며 많은 점에서 독자적이지. 그러나 그가 모든 것을 자기 혼자의 힘으로 창출했다고 할 수는 없어. 무척 변덕스럽고 결점이 있는 미술가인 경우에는 혹시 모든 것을 자기 자신의 힘으로 이룬 것이라고 말할 수도 있겠지만, 훌륭한 화가라면 그렇게 말할 수는 없는 것이라네."

이어 괴테는 같은 화가의 작품으로, 금색과 충분한 색채를 사용한 액자 그림을 보여 주었다. 그 중앙 부분은 제명을 써넣기 위해 비워 두었다. 윗부분에는 고딕식 건물이 보인다. 그 양쪽은 풍경과 실내의 장면이 뒤섞여 멋진 아라베스크 무늬가 있었고, 아래쪽은 생생한 숲과 잔디가 있는 부분으로 끝나 있다.

"폰 로이테른 씨는" 하고 괴테는 말했다. "이 공백 장소에 무엇을 써넣어 달라고 부탁해 왔지. 그러나 이 액자 그림은 참으로 훌륭하고 예술미가 풍부한 것인데, 나의 필적으로 그것을 상하게 하지나 않을까 하고 염려되네. 그래서 여기에 들어갈 시구를 몇 마디 만들기는 했지만, 글을 잘 쓰는 사람이 써넣는 것이 좋지 않을까 하는 생각으로 그림에 손대지 않았지. 또 그렇더라도 내가 직접 써넣고 싶기도 하다네. 자네는 어떻게 생각하는가? 무슨 좋은 생각이 없겠는가?"

"만약 내가 폰 로이테른 씨라면 그 시가 다른 사람의 필적으로 쓰이는 것을 좋지 않게 생각할 것입니다. 이 화가는 이 액자 그림에 자기의 기량을 마음껏 발휘했기 때문에 필적 여하는 그 아름다움에 별로 영향을 주지 않을 것입니다. 중요한 것은 다만 당신의 필적인가 아닌가이지요. 덧붙여 나는 당신이 무슨 일이 있어도 라틴 문자가 아니라 독일 문자로 쓰실 것을 권하고 싶습니다. 당신의 필적은 독일 문자에서 한층 더 독특한 특색이 나타나며, 또한 그편이 이 고딕식 그림의 분위기에도 훨씬 더 조화를 이룰 것입니다."

"자네 생각이 옳은 것 같아." 하고 괴테는 말했다. "그리고 내가 그렇게 하는 것이 제일 빠른 길이지. 아마 어느새 마음이 움직여 해치우게 될 것이야."

그러고 나서 그는 웃으면서 덧붙였다. "그렇지만 만약 이 아름다운 그림을 욕되게 한다면 그것은 자네의 책임이야."

"제발 직접 쓰도록 하십시오." 하고 나는 말했다. "아무튼 그렇게 하는 것이 역시 가장 좋을 것입니다."

1831년 4월 5일 화요일

괴테와 함께 점심을 먹었다. "미술계에서 노이로이터 이상으로 호감이 가는 재능의 소유자는 좀처럼 찾을 수 없지. 미술가 중에서 자기의 능력 범위내에서 몸을 삼가고 있는 사람은 드물어. 대부분은 자기의 능력 이상의 것을 하려고 자연으로부터 주어진 재능의 한계를 빠져나오려고 하지. 그러나 노이로이터는 재능 이상이라고 말할 수 있네. 그는 자연의 영역으로부터 얻은 재료를 나름대로 자유롭게 소화하고 있어. 대지나 암석, 수목을 그려도, 그리고 동물과 인간을 그려도 마찬가지로 잘하고 있네. 구상과 기교, 그리고 취미도 수준급이지. 또한 그는 이러한 풍성한 재능을 가벼운 액자 그림 속에서도 적당히 뿌려대기 때문에 자기 능력을 가지고 장난치는 것 같이 보이기도 한다네. 이건 부자가 기분이 좋아 재산을 자유롭게 베풀 때 따라오기 마련인 쾌감이 그걸 보는 사람에게도 전해져 오는 것과 같다네.

액자 수준을 이 사람만큼 드높인 화가는 이때까지 없었어. 뒤러의 위대한 재능도, 그에게 자극은 되겠지만 모범으로 삼기에는 부족하지."

괴테는 계속해서 말했다. "노이로이터의 스케치들 가운데 한 장을 스코틀랜드에 있는 칼라일 씨에게 보내려고 한다네. 이것은 저 친구에게 틀림없이 기쁜 선물이 될 것이야."

1831년 5월 2일 월요일

괴테는 지금까지 내용이 빠져 있었던 〈파우스트〉 제2부 제5막의 첫 부분[48]을 거의 마무리 짓는 데에 성공했다는 소식으로 나를 기쁘게 했다.

---

48) 바우치스와 필레몬이 등장하는 장면을 말한다.

"이 장면의 계획도 30년 이상 된 오래된 것이야. 이것은 아주 중요한 것이었기 때문에 이에 대한 흥미는 사라지지 않고 있었지만, 그 완성에는 아주 큰 어려움이 있어서 걱정하고 있었지. 그러다가 이리저리 생각을 가다듬고 있는 사이 일이 순조롭게 진행되었지. 운이 좋으면 이번에는 제4막을 계속하여 쓸 수 있을 것이야."

이어 괴테는 어떤 유명한 작가[49]에 대해 말했다. "그는 도당을 짜서 당파적 증오심을 이용하고 있는 인물이지. 도당 없이는 아무 일도 할 수 없어. 문학계에서는 사실 증오가 천재[50]를 대신하여 당파의 일원으로 나타나기 때문에 하찮은 재능이라도 대단하게 보일 때가 있지. 그리고 이 세상에는 독립할 수 있을 만큼의 충분한 특색을 갖고 있지 않은 사람들이 수없이 많아. 이들은 한결같이 어떤 도당으로 들어가 위세를 부리면서 잘난 체를 하고 있다네.

이와는 반대로 베랑제는 독립자족하고 있는 재주 있는 사람이야. 그러므로 그는 한 번도 당파에 들어간 일이 없어. 그는 마음속으로 혼자 아주 만족하고 있기 때문에, 세상 사람들을 도와준다든지 또는 세상 사람들의 도움을 받는다든지 할 필요가 없는 것일세."

1831년 5월 15일 일요일

괴테는 나와 단둘이서 그의 서재에서 식사했다. 많은 즐거운 담화 끝에, 그는 마지막으로 그의 개인적인 용건을 이야기했다. 괴테는 일어나 탁자에서 서류를 꺼냈다.

"나처럼 80세가 넘으면 더 이상 더 오래 살 자격이 거의 없지. 그러므로 언제라도 이 세상과 작별할 각오를 하고 있지 않으면 안 되네. 따라서 주변정리를 생각하지 않으면 안 되지. 며칠 전에 고백했던 것처럼 나는 유서 속에서 자네를 나의 문학 작품과 관련한 유고의 편집인으로 지명했네. 그래서 오늘 아침 일종의 계약서로서 간단한 증서를 기초했으니, 거기에 나와 함께 서명해 주었으면 좋겠어."

---

49) 루트비히 뵈르네(1786~1837)를 말한다.
50) 천재라는 말의 오용에 대해서는 〈시와 진실〉 제19장에 나온다.

이렇게 말하면서 괴테는 나에게 그 서류를 내밀었다. 거기에서 그는 자신이 죽은 뒤에 출판할 것들과 완성 또는 미완성 작품의 이름을 열거하고, 대체로 상세한 규약과 조건을 밝혔다. 나는 전적으로 동의했기 때문에 그와 함께 서명했다.

위에서 말한 원고는 내가 기회 있을 때마다 정리하고 있었던 것이지만 대략 15권[51]을 헤아린다. 우리는 이에 관해 아직 전혀 결정되지 않은 부분 하나하나를 이야기했다.

괴테는 말했다. "출판할 때 어느 정도 이상의 매수를 초과하는 것은 좋지 않네. 그래서 출판하고 싶은 원고 속의 여러 내용을 생략해야 할 경우가 발생할 것이야. 그럴 때면 〈색채론〉의 논쟁적인 부분[52]을 빼주기를 바라네. 내 원래 학설은 이론적인 부분에 포함되어 있지. 게다가 역사적인 부분에도 논쟁적인 것이 많이 나와 있네. 뉴턴 학설의 주요한 오류는 그 속에 논술되어 있기 때문에, 논쟁적인 것은 거의 이것으로 충분해. 물론 내가 뉴턴의 명제를 날카롭게 해부했다는 것을 부정하는 것은 아닐세. 그것은 그 당시 필요하기도 했고 장차에도 가치를 잃지 않겠지만, 요컨대 논쟁의 작업은 무슨 일에 있어서도 나의 본래의 성분에 맞지 않는 것이야. 그런 것에는 거의 기쁨을 느끼지 못한다네."

그다음으로 우리 두 사람 사이에 더 상세하게 말이 오간 것은 〈편력시대〉의 제2부 및 제3부의 마지막에 인쇄된 〈잠언과 성찰〉에 대한 것이었다.

이 소설은 전에는 한 권으로 나왔지만, 괴테는 이것을 이 개작과 수정 작업을 통해 두 권으로 만들 방침을 세웠다. 이것은 전집의 신판 예고에도 나와 있다. 그러나 이 일을 계속하고 있는 도중에 예상외로 원고가 불어났다. 게다가 그의 서기가 글자를 좀 크게 썼기 때문에, 괴테는 착각하고 2권으로 하지 않고 3권으로 하는 것이 좋겠다고 생각하게 되었다. 그래서 그 원고를 3권으로 하여 출판사에 넘겼다.

그러나 인쇄를 어느 정도 진행하고 있을 때 괴테가 잘못 계산했다는 것이 밝혀졌고, 특히 마지막 이 2권이 너무 얇게 나오게 되었다는 것을 알게 되었다. 그

---

[51] 1832~1834년에 발간된 유고 제41권~55권을 말한다.
[52] 〈색채론〉의 이 부분은 실제로도 수록되지 않았다.

래서 출판사는 더 많은 원고를 보내 달라고 했지만, 소설의 줄거리는 이제는 변경할 수가 없는 상태였다. 게다가 시일이 촉박했기 때문에 새롭게 단편을 창출해 삽입할 수도 없어 괴테는 사실 적잖게 당황하였다.

사정이 이러했기 때문에 그는 나를 불러냈다. 괴테는 나에게 그 전말을 말하고 이 궁지를 어떻게 헤쳐 나갈 것인가 생각 중이라고 되뇌면서, 두 개의 두꺼운 원고 다발을 내놓았다.

"이 두 개의 꾸러미 속에는 지금까지 발표되지 않은 여러 가지 글들이 들어 있네. 별개의 것으로 완성한 것이라든지 미완성인 것, 자연연구, 미술, 문학 그리고 인생에 관한 잠언 등 모든 것이 뒤섞여 있어. 만약 자네가 이것을 100페이지 내지 120페이지의 분량으로 편집할 수 있으면, 우선 〈편력시대〉의 공백은 메꿀 수 있을 거야. 엄밀하게 말하면 여기에 들어갈 것은 아니다. 그러나 〈마카리에〉의 서고(書庫)에 의해 진술된 것이라고 하면 명분이 될 것이야. 사실 그 속에는 그런 단편이 있지. 이렇게 하면 우리는 이 큰 곤경을 뛰어넘을 수 있을 거야. 그리고 동시에 이것을 매개로 아주 중요한 많은 원고를 멋지게 발표할 수 있다는 이익을 얻을 수 있지."

나는 이 제의에 동의하고 즉시 그 일에 착수했고 이 단편들의 정리를 불과 몇 시간 안에 끝내 버렸다. 괴테는 대단히 만족해하는 것처럼 보였다. 나는 전제를 두 개의 주요한 부분으로 정리하여, 하나는 〈마카리에의 문고에서〉로 다른 하나는 〈편력자들의 마음 성찰〉로 제목을 붙였다. 그리고 바로 이때 괴테는 두 편의 시, 〈실러의 두개(頭蓋)에 붙여서〉와 〈어떤 존재도 무(無) 속으로 붕괴하지 않는다〉를 완성하였다. 그가 이 시 두 편도 바로 발표할 것을 원했기 때문에 우리는 이것들을 분류한 두 권의 결말에 첨부하기로 했다.

그러나 〈편력시대〉가 세상에 나왔을 때[53] 아무도 그 편집 과정의 내막을 알지 못했다. 이 소설의 줄거리는 많은 수수께끼 같은 잠언집으로 중단되어 있었던 것이다. 이것을 푸는 일은 오직 전문가들, 즉 미술가나 자연과학자 그리고 문학자들에게 기대하는 수밖에 없었다. 이 이외의 모든 독자, 특히 부인 독자들은

---

53) 1829년이다.

당혹감에 빠지지 않을 수 없었던 것이다. 또 사람들은 저 두 개의 시도 거의 이해하지 못했고, 그것이 어떻게 해서 그런 곳에 있는지도 알지 못했다.

괴테는 이것을 두고 웃어 버렸다. "이제 끝나버린 일이지 않은가." 하고 그는 말했다. "지금으로서는 자네가 앞으로 나의 유고를 출판할 때 이런 단편들을 적재적소에 밀어 넣기를 바라는 수밖에. 그렇게 해서 내 작품을 금후에 재판할 때는, 이것들을 적당한 곳에 분류하여 〈편력시대〉는 처음 계획대로 2권으로 줄이고, 이들 단편이나 두 개의 시는 빼 버리게나."

우리는 장차 미술에 관한 모든 잠언을 미술의 문제를 취급한 한 권 속에, 자연에 관한 모든 것은 자연과학 일반에 관해 취급한 한 권 속에, 또 윤리적인 것, 문학상 문제의 모든 것도 마찬가지로 적당한 곳에 배분하기로 의견 일치를 보았다.

1831년 5월 25일 수요일

우리는 〈발렌슈타인의 진영〉에 관해서 이야기했다. 나는 괴테가 이 연극에 관여했다는 것, 그리고 특히 카프친 회의 수도사의 설교는 그에게서 나온 것이라는 말을 여러 번 들었기 때문에 오늘 식사 중에 물어보았다. 그는 다음과 같이 대답했다.

"결국 모든 것은 실러 자신의 작업이지. 그러나 우리의 생활은 서로 아주 긴밀했기 때문에 실러는 나에게 그 계획을 전하고 나하고 상담했었어. 그뿐만 아니라 매일 진척 상황을 보고하고 나의 주의를 듣고 이용했기 때문에 나도 다소는 관여했다고 할 수 있지. 카프친 회의 수도사의 설교를 위해 나는 그에게 아브라함 아 장크타 클라라[54]의 설교집을 보냈지. 그는 이것을 곧 위대한 재능을 발휘해 정리하여 그와 같은 설교를 만들어 낸 것이야.

나에게서 나온 구체적인 부분으로서 기억에 남아 있는 것은 다음 두 개의 시구뿐이네.

---

54) 아브라함 아 장크다 클라라(1644~1709). 독일 슈바벤 아우구스틴회의 수도사로 그는 민중설교자로 유명했다. 실러는 〈발렌슈타인의 진영〉에 등장시킬 카프친 교단 수도사의 연설을 준비해야 했기 때문에, 괴테는 그에게 이 아브라함 아 장크다 클라라의 설교집 책을 빌려주었다.

타인에게 살해된 어떤 대위가
나에게 행운의 주사위 한 조를 남겨 주었다.

　나는 이 농부가 그 가짜 주사위를 수중에 넣는 모티브를 어떻게 해서든 만들고 싶었기 때문에, 이 시구를 자필로 그 원고에 써넣었지. 실러는 그런 것에는 신경을 쓰지 않았네. 언제나처럼 대담하게 농부에게 즉시 주사위를 손에 쥐게 했지만 그것이 어떻게 해서 그의 손에 들어오게 된 것인지는 전혀 문제 삼지 않았어. 앞에서도 말했지만 모티브에 대해 세심하게 신경을 쓰는 것은 그의 격식이 아니었지. 하지만 만약 그가 그렇게 했더라면 그의 연극이 거둔 무대 효과는 한층 더 성공적이었을 거야."

1831년 5월 29일 일요일
　괴테는 어떤 사내아이[55]에 대해 말했다. 이 아이는 대수롭지 않은 과실을 범했는데 마음의 안정을 찾지 못한다는 것이다.
　"이 사내아이를 쳐다본다는 것은 나에게 유쾌한 일이 아니었지. 그것은 이 아이가 너무나 민감한 양심을 가지고 있다는 증거였기 때문이네. 그는 자기 자신이 도덕적으로 아주 훌륭하다고 생각하고 있기 때문에 양심의 가책을 받으면 견딜 수 없는 것이야. 이러한 양심이 위대한 행위로 균형을 잡지 못하면 그 애는 우울증의 인간이 되어 버리고 말 거야."
　최근 얼마 전에 나는 어떤 사람에게서 둥지에 들어 있는 새끼 휘파람새를 그 어미 새와 함께 선물로 받았다. 이것은 끈끈이 막대로 잡은 것이었다. 그런데 그 어미 새는 실내에서도 쉬지 않고 새끼에게 먹이를 주었을 뿐만 아니라 창문 밖으로 놓아 주어도 다시 새끼에게로 되돌아왔다. 그것을 보고는 나는 감탄하지 않을 수 없었다. 이러한 위험과 감금을 조금도 무서워하지 않는 어미새의 사랑에 깊이 감동하여, 나는 오늘 괴테에게 나의 놀라움을 알려드렸다.
　"바보 같으니라고!" 하고 그는 미소 지으면서 의미심장하게 대답했다. "만약

---
55) 괴테의 손자인 볼프를 말하는 것으로 추정된다.

자네가 신을 믿고 있다면 그것이 이상할 것은 하나도 없네."

> 신은 어울리게도 안으로 세계를 움직이고
> 자기 안에 자연을, 자연 속에 스스로를 품어 기른다.
> 그러므로 신 안에서 살고 움직이고 존재하는 것은
> 신의 힘과 정신을 잃지 않는 것이다.[56]

"만약 신이 어미 새에게 자기 새끼 새에 관한 이와 같은 무한한 사랑의 본능을 불어넣지 않았다면, 또 이와 똑같은 본능이 자연 전체의 일체 생물에게 미치게 하지 않는다면, 이 세계는 영원히 지속하지 못할 거야!―그와 같이 신의 위력은 세계 어디에나 편재해 있고, 무한한 사랑은 어디에서나 약동하고 있는 것이라네."

괴테는 얼마 전에 이와 똑같은 것을 말한 적이 있었다. 그것은 어떤 젊은 조각가가 뮈론[57]의 작품 〈송아지에게 젖을 먹이고 있는 어미 소〉의 석고 모형을 보내왔을 때였다.

"여기에 우리가 가지고 있는 최고의 주제가 있지. 세계를 보존하고 자연 전체를 양육하고 있는 원리가 여기에서 아름다운 비유로 나타나 있어. 이런 종류의 사랑을 나는 편재하는 신의 상징이라고 부른다네."

1831년 6월 6일 월요일

괴테는 오늘 나에게 이때까지 아직 완성되지 않은 〈파우스트〉 제5막의 첫 부분을 보여 주었다. 필레몬과 바우키스의 오두막집이 불에 타자 밤에 파우스트가 궁전의 발코니에 서서[58] 미풍을 타고 떠도는 그 연기의 냄새를 맡는 데까지 읽었다.

"필레몬과 바우키스라는 이름을 들으면" 하고 나는 말했다. "프리지아 해변에

---

56) 괴테의 시집인 〈신과 심정 그리고 세계〉에서는, 이 시의 첫머리 2행이 생략되어 있다.
57) 뮈론(기원전 5세기). 고대 그리스의 조각가로 그의 작품은 현존하고 있지 않다.
58) 〈파우스트〉 제2부 제5막 11378행 이하 〈깊은밤〉을 말한다.

있는 기분이 들어 저 유명한 고대의 부부를 연상하게 됩니다. 그러나 여기 이 장면을 보면 이곳은 훨씬 근대적이고 그리스도교적인 지방인 것 같습니다."

"나의 필레몬과 바우키스[59]는" 하고 괴테는 말했다. "저 유명한 고대의 부부나, 그들과 연관된 전설하고는 전혀 상관이 없지. 내가 나의 부부에게 그와 같은 이름을 붙인 것은 다만 그것으로 그들의 성격을 드높이기 위함이야. 인물도 상황도 비슷하기 때문에 이름도 비슷하게 되면 이를 데 없이 좋은 효과를 낼 수 있으니까 말일세."

이어 우리는 〈파우스트〉에 대해서 말했다. 그의 유전적 성격인 만족을 느끼지 못하는 심정은 노년에 이르러서도 없어지지 않는다. 그는 이 세상의 모든 재산을 자기 것으로 하고 자신의 힘으로 세운 새로운 나라에 살고 있으면서도, 몇 그루 보리수나무나 오두막집 그리고 작은 종소리 때문에 마음을 썩이고 있는 것이다. 괴테는 이 점에 있어서 파우스트는 나봇의 포도밭이 자기의 소유로 되지 않는 한 자기는 무일푼이라고 믿는 이스라엘의 왕 아합[60]과 비슷하다고 말했다.

"〈파우스트〉의 제5막에 나타나는 파우스트는" 하고 괴테는 말을 이어갔다. "내 생각으로는 100살이 되어 있을 거야. 이것을 어디에 확실하게 적어 두고 싶지만 어떻게 하는 것이 좋을지 아직 결정을 내리지 못하고 있네."

다음으로 우리는 그 걸말을 이야기했다. 그리고 괴테는 다음과 같은 시구에 나의 주의를 촉구했다.

영혼 세계의 거룩한 한 분이
악마의 손에서 구원을 받았습니다
'끊임없이 애쓰며 노력하는 자를

---

59) 괴테는 〈파우스트〉 제2부 제5막에 등장하는 필레몬과 바우치스는 오비디우스의 〈변신 이야기〉 제8권에 등장하는 인물들과 아무런 상관이 없다고 말한다.
60) 구약성서 열왕기 상 제21장 이하이다. 나봇의 포도산을 탐낸 사마리아의 왕 아합은 그 포도밭을 많은 돈과 바꿀 것을 제의했으나, 나봇은 이를 거절했다. 아합이 이 일로 신경과민이 되어 음식을 먹을 수가 없게 되자, 그의 아내 이세벨은 나봇을 죽일 것을 모의하고 그를 반역으로 몰아 처형해 버렸다. 그러나 그 후 아합은 이 흉악한 행동에 대한 책임을 져야 했다.

우리는 구원할 수 있습니다'
그리고 이 사람에게는 천상의
사랑이 더하여 있습니다
축복받은 무리가
진심으로 기뻐하며 이 사람을 맞이합니다.[61]

"이 시구 속에는 파우스트의 구제를 위한 열쇠가 깃들어 있지. 파우스트 내부에는 죽음에 이르기까지 점점 더 높이 올라가고 점점 더 순화되어 가는 활동이 있고, 천상에는 그를 구제하려고 하는 사랑이 있다는 것이야. 이것은 우리의 정화는 우리 자신의 힘뿐만 아니라 자비로운 신의 은총이 가세하여야 비로소 이루어지는 것이라는 우리의 종교관과 완전히 일치하는 생각이지.

그건 그렇고 자네도 인정하겠지만 구제된 영혼이 천상으로 인도되는 그 결말을 마무리 짓는 것은 정말로 어려운 일이었어. 만약 내가 나의 문학적인 의도에, 윤곽이 확실한 그리스도교적이고 교회적인 인물과 관념으로 적절히 제한되는 형식과 고정성을 부여하지 않았더라면, 그처럼 초감각적이고 거의 상상조차 할 수 없는 것은 아무리 노력해도 막연하니 포착할 수 없었을 것이야."

그로부터 몇 주 뒤 괴테는 아직 미완성이던 제4막을 마무리했기 때문에 8월에는 〈파우스트〉 제2부 전부가 가제본되어 작업이 완전히 끝나 버렸다. 정말로 오랫동안 노력하여 온 이 목적에 드디어 도달했을 때 괴테의 기쁨은 말로는 표현할 수 없는 것이었다. 그는 말했다. "나는 이제부터의 여생을 순수하게 선물이라고 생각하고 있네. 이제부터는 무슨 일을 하든, 또는 안 하던 매한가지이지."

1831년 12월 21일 수요일

괴테와 함께 식사했다. 우리는 그의 〈색채론〉이 그처럼 보편화되지 못하는 이유가 무엇인가 이야기했다. "이것을 전달한다는 것은 상당히 어려운 일이지." 하고 그는 말했다. "자네도 알고 있듯이 이것은 읽고 연구해야 할 뿐만 아니라

---

61) 괴테는 이 시구 속에 파우스트 구제의 열쇠가 담겨 있다고 말한다.

자기가 직접 실험해 보지 않으면 안 되기 때문이야. 그것이 어려운 점이지. 문학이나 그림의 법칙도 이와 마찬가지로 어느 정도까지는 전달할 수 있어. 그러나 훌륭한 시인이나 화가가 되려면 천재가 필요하지. 그러나 천재는 전달할 수 없는 것이야. 근본 현상이 아무리 단순하다고 하더라도 그것을 섭취하여 그 높은 의의를 인식하고 활용하기 위해서는, 다방면에 걸쳐서 통달할 수 있는 생산적인 정신이 없으면 안 되는 것이지. 그리고 이러한 재능은 아주 드문 것이며 천성적으로 월등히 뛰어난 사람만이 가지고 있는 것이야.

그리고 그것만으로도 충분하지 않네. 모든 법칙을 체득하고 천부의 재능을 몸에 갖추고 있는 사람이라고 하더라도, 참된 화가가 되려면 쉬지 않고 연습해야 해. 이와 마찬가지로 〈색채론〉을 이해하는 것도 핵심이 되는 원칙을 인식하고, 이에 합당한 정신을 가지고 있는 것만으로는 충분하지 않아. 이 불가사의하기 이를 데 없는 현상 하나하나에 접하면서 쉬지 않고 그 추론과 결합에 종사하지 않으면 안 되는 것일세.

가령 녹색이 황색과 청색의 혼합으로 생긴다는 것은 일반적으로 잘 알려졌지. 그러나 무지개의 녹색, 잎의 녹색 또는 바닷물의 녹색을 알 수 있다고 말하려면 색채계의 모든 방면을 통달해야 해. 그리고 그 색채계에서 지금까지 거의 아무도 도달하지 못했던 고도의 식견을 얻어야만 하는 것이지."

식사가 끝난 뒤 우리는 푸생의 풍경화 두세 장을 감상하였다. "이 부분에서" 하고 괴테는 이 기회에 말했다. "이 화가는 가장 강렬한 빛을 사용하고 있는데, 이런 데에서는 세밀한 묘사가 허락되지 않네. 그러므로 물이나 암석, 노출된 지면 그리고 건물은 세찬 빛을 받는 사물로 그리기에 가장 적절한 대상물들이야. 이와는 반대로 한층 정밀한 묘사가 필요한 그림에서 이렇게 햇빛을 강하게 받는 장소를 사용하는 것은 현명한 화가가 할 일이 아니지."

"풍경 화가는" 하고 괴테는 계속하여 말했다. "다양한 지식을 가지고 있지 않으면 안 되는 것이야. 원근법이나 건축술 그리고 인간과 동물의 해부학을 이해하는 것만으로는 충분하지 않아. 식물학이나 광물학에 대해서도 상당한 식견을 갖추고 있지 않으면 안 되네. 전자는 나무나 식물의 주요한 특색을, 후자는 갖가지 암석의 성질을 적당히 표현할 수 있어야 하지. 그렇더라도 그 때문에 전문적인 광물학자가 될 필요는 없어. 주로 석회암이나 점토층 그리고 사암(砂岩) 같은 산을 연구하고, 그것이 어떤 모양을 하고 있고 풍화작용에 의해 어떻게 분열했는지 그 정도만 알면 되네. 또 거기에서는 어떤 종류의 식물이 번식하는지 혹은 성장하지 않는지를 알고 있으면 그것으로 충분하다네."

이어 괴테는 나에게 헤르만 폰 슈바네펠트[62]의 풍경화 두세 장을 보여주면서 이 탁월한 화가의 예술과 인품에 대해서 여러 가지 이야기를 해 주었다.

"취미로서의 예술, 예술로서의 취미가 그에게서는 다른 누구하고도 비교할 수 없을 만큼 잘 나타나 있지. 그는 자연에 깊은 애정을 품고 있기 때문에 우리가 그의 그림들을 바라보고 있으면 일종의 신적인 평화가 전달되어 오네. 그는 네덜란드에서 태어나 로마의 로랭 밑에서 연구했고, 이 대가에 의해 충분히 수련을 쌓아 그의 독자적인 아름다움을 한없이 자유롭게 전개해 나갔지."

우리는 미술가 사전을 펼쳐 슈바네펠트에 대해서 어떻게 쓰여 있는지를 조사해 봤다. 그리고 그것은 그가 그의 스승에게 못 미친다면서 비난했다.

"어처구니없지!" 하고 괴테는 말했다. "슈바네펠트는 로랭하고는 성질이 다른 화가였어. 그러니 로랭 쪽이 더 우수하다고도 말할 수는 없지. 만약 전기작가나 백과사전 편찬자들이 우리에 관해서 이야기하는 것 이외에는 우리의 생애에 이 이상 더 말할 것이 아무것도 없다고 한다면, 우리는 전혀 애쓴 보람이 없는 하찮은 직업에 종사한 것이 되는 것이야."

이 해의 마지막 그리고 그다음 해의 초반에 괴테는 다시 그가 애호하는 연구, 즉 자연과학 연구에 몰두했다. 그리고 보아스레의 권고에 의해 무지개 법칙의 기초를 한층 더 확고하게 하는 일에 착수했다. 그가 자연과학에 다시 몰입한 것은, 특히 식물계와 동물계의 변태설 문제로 퀴비에와 상틸레르 사이에서 일어났던 논쟁에 흥미를 느꼈기 때문이기도 했다. 그는 나와 협력하여 〈색채론〉의 역사적 부분을 정리했다. 그는 색채의 혼합에 관한 일장(一章)에 깊은 관심을 나타냈다. 나는 이것을 그의 제의에 의해 이론편에 함께 넣기 위해 편찬했다.

---

[62] 헤르만 폰 슈바네펠트(1600~1655). 네덜란드의 풍경화가이자 동판화가이다.

그 당시에 우리 두 사람은 여러 가지 흥미로운 담화를 나누었고, 그는 여러 귀중한 이야기를 들려주었다. 그는 혈기 왕성했고 활발하였으며 나와 매일 만나고 있었기 때문에, 나는 그가 언제나 그런 상태로 있을 것이라고 생각하고 그의 말을 적어 놓는 것을 등한히 하였다. 그러나 그 덕분에 나는, 급기야 다시는 돌이킬 수 없는 난처한 처지에 빠져 버리고 말았다. 1832년 3월 22일, 나는 수천의 존경하는 독일인들과 함께 돌이킬 수 없는 그의 죽음을 맞아 슬피 울지 않을 수 없었던 것이다.

다음 글들은 그 뒤 얼마 지나지 않아서 내가 다시 기억을 더듬어 써 두었던 것이다.

그림으로 보는 괴테의 일생

1832년

1832년 3월 초

괴테는 식사 때 카를 폰 슈피겔 남작[1]이 그를 찾아왔었다고 하면서 그는 매우 호감이 가는 사람이었다고 말했다. "그는 예의나 태도에 아주 훌륭한 데가 있어서 한번 보면 그가 귀족이라는 것을 알 수 있다네. 나도 모르는 사이에 그의 혈통과 고귀한 정신을 알게 되는 거지. 왜냐하면 가문과 정신은 두 개 다 일단 몸에 갖춰 틀이 잡히면 아무리 숨기려고 해도 감춰지지 않기 때문일세. 그것은 아름다움이 가지고 있는 힘과 똑같은 것이야. 그런 사람한테로 다가가면 고귀한 것을 알아차리지 못하고는 그냥 지나칠 수 없는 법이라네."

며칠이 지난 뒤에 우리는 고대 그리스인들의 비극적인 운명관을 이야기했다. "현대의 우리 사고법에는 맞지 않지. 그것은 고풍스러운 것이 되어 버렸고, 사실 현대의 송교석 관념하고도 모순되고 있어. 현대 시이이 이런 고대사상을 연극 작품으로 취급하게 되면 일종의 허식처럼 비칠 거야. 이것은 이미 오래전 시대의 복장인 고대 로마인의 외출복 토가(toga)와 마찬가지로 이제 우리에게는 어울리지 않지.

우리 근대인들이 나폴레옹이 말한 것처럼 '정치는 운명이다'라고 말하는 것은 괜찮을 것이야. 그러나 우리 나라의 현대 문학자들[2]이 '정치는 문학이다.' 또는 '정치는 문학에 잘 어울리는 주제다'라고 말하는데, 이런 언행은 삼가는 게 좋아. 영국의 시인인 톰슨[3]은 4계절을 제재로 하여 아주 훌륭한 시를 썼지

---

1) 그는 카를 에밀 폰 슈피겔의 아들이다.
2) 뵈르네와 멘첼 그리고 그 일파들을 말한다.
3) 톰슨(1700~1748). 스코틀랜드의 시인으로 교훈적인 시집 《4계절》(1730년)을 썼다.

만, 그가 자유에 관해 부른 노래는 정말로 보잘것없었지. 이것은 시인에게 시가 결여되어 있는 것 때문이 아니라, 제재에 시가 결여되어 있기 때문이야.

어떤 시인이 정치활동을 하려면 그는 어느 당파에 몸을 맡기지 않으면 안 되네. 그리고 그렇게 되면 그는 시인으로서의 독자성을 상실하게 되는 것이야. 그 사람은 그의 자주적 정신 그리고 편견 없는 견해하고는 이별을 고하고, 이에 대신하여 편협성과 맹목적인 증오의 모자를 귀까지 덮어쓰지 않으면 안 되지.

시인도 인간으로서 또 시민으로서 자기 조국을 사랑할 수 있을 것이야. 그러나 그가 그려내는 시적인 힘과 시적 활동의 조국은 선(善)인 것이며 고귀한 것이며, 그리고 아름다움인 것이지. 그것은 절대로 특수한 주나 특별한 나라에 한정되는 것이 아니야. 장소의 여하를 묻지 않지. 어디에서든 이것들을 발견하게 되면 이것들을 포착하여 그려내는 것일세. 이런 점에서 그는 독수리와도 같아. 독수리는 세계의 각 나라 위를 자유롭게 날아다니면서, 토끼가 눈에 띄면 그 토끼가 지금 프로이센 지방을 달리고 있든 또는 작센 지방을 달리고 있든 상관하지 않고 쏜살같이 내려가지.

그건 그렇고 도대체 자기 조국을 사랑한다는 것은 무엇을 말하는 것인가? 그리고 조국을 위해 활동을 해야 한다는 것은 무엇을 말하는 것인가? 만약 한 시인이 평생 저주스러운 편견과 싸우고 편협한 견해를 타파하고, 국민의 지능을 계발하고 그 취미를 정화하고 지조와 사고방식을 드높였다고 한다면 이 이상 더 무엇을 해야 한다는 말인가? 이 이상 더 애국적인 활동을 해야 한다면 어떻게 하면 된다는 말인가?—한 시인을 향해 그처럼 부당하고 배은망덕한 요구를 하는 것은, 마치 연대장에게 참다운 애국자가 되려면 정치적인 개혁에 참여하고 그가 당면한 시급한 정상 업무를 저버리라고 요구하는 것과 같은 거야. 그러나 연대장의 조국은 바로 이 연대인 것이지. 그는 정치적인 사항과 교섭할 필요가 없는 한 이것에 관여할 필요는 없는 것이야. 그것보다도 전심전력을 오로지 그 소속 부대 일에만 바쳐, 이 부대를 잘 훈육하고 훌륭한 군기를 유지하도록 노력하는 것이 그의 일일세. 조국이 위급한 상황에 부닥치게 됐을 때 용감한 장병으로 하여금 동포를 위해 일어설 수 있도록 한다면 그는 비로소 완전무결한 애국자가 될 수 있는 것이야.

나는 모든 서투른 솜씨를 죄악과 마찬가지로 미워하지. 특히 국정에 관계됐을 때의 서투른 솜씨는 더욱 그러하네. 왜냐하면 그 때문에 수천 그리고 수백만의 사람들에게 일어나는 불행은 너무나 크기 때문이지.

자네는 잘 알고 있겠지만 나는 나를 누가 뭐라고 쓰더라도 조금도 개의치 않네. 그러나 그 말은 내 귀에 들어오지. 또 내가 평생 이처럼 괴로움을 당했는데도, 그 모든 업적이 어떤 종류의 사람들 눈에는 일고의 가치도 없다는 것도 잘 알고 있네. 또 그 이유는 내가 정치적인 당파에 가담하는 것을 배격하기 때문이라는 것 역시 알고 있다네. 이런 작가들의 마음에 들려면 나는 자코뱅 클럽의 일원이 되어 살육과 유혈을 설교하고 돌아다녀야 하지. 그러나 이제는 이런 하찮은 이야기는 그만하겠네. 어리석은 이야기를 하다 보면 나도 바보가 되어 버리지."

이것과 마찬가지로 괴테는 세상에서 크게 칭찬 받는 울란트의 정치적인 경향을 비난했다. "조심해야지." 하고 그는 말했다. "정치가가 되어버리면 시인으로서는 멸망해 버리고 마네. 국회의 일원이 되어 일상적인 알력과 격동 속에서 생활한다는 것은, 시인의 섬세한 성질로서는 도저히 감당할 수 없는 일이지. 그가 시인으로서 부르는 노래는 이제 끝이 날 것이야. 이것은 참으로 유감스러운 일이지. 슈바벤에는 국회의원의 일원이 될 수 있는 충분한 교양을 갖춘 착하고 유능한 달변가가 많지만 울란트와 같은 시인은 오직 한 사람밖에는 없네."

괴테의 극진한 대접을 받은 마지막 손님은 폰 아르님 부인[4]의 장남이었다. 이 젊은 친구의 기념 수첩에 써넣은 두세 시구가 그의 마지막 시구가 되어 버린 것이다.

괴테가 유명을 달리한 다음 날 아침, 나는 이미 세상을 떠난 그의 모습을 한 번만 더 보고 싶다는 간절한 그리움에 사로잡혔다. 그의 충실한 하인인 프리드

---

[4] 벳티나 아르님(1785~1859). 그녀는 괴테의 젊은 시절 애인 막시밀리아 네 라로슈의 딸로 〈괴테와 어떤 어린아이의 왕복 서간(1835)〉을 썼다. 열렬한 베토벤 숭배자였던 그녀의 주선으로 괴테는 1812년 7월 19일 처음으로 베토벤과 만났다.

리히가 그가 안치된 방문을 열어 주었다. 반듯이 드러누워 있는 그는 마치 잠들어 있는 사람 같았다. 그의 숭고하고 고귀한 용모 전체는 깊은 평화와 견고함이 지배하고 있었다. 그의 억센 이마에는 아직도 사상이 깃들어 있는 것 같았다. 나는 그의 머리카락을 조금 잘라내 간직하고 싶었지만 황공한 생각에 짓눌려 결국 그렇게 하지 못했다. 육체는 옷이 벗겨진 채로 흰 시트로 싸여 있었고 주위에는 큰 얼음덩어리들이 놓여 있었다. 이것은 유해를 가능한 한 오랫동안 시원하게 보존하기 위함이었다. 프리드리히가 그 시트를 열어 보여주었다. 그러자 나는 신성하리만큼 장엄한 그의 사지를 보고 눈을 크게 뜨지 않을 수 없었다. 가슴은 아주 억세고 넓고 솟아 나와 있었으며, 팔과 넓적다리는 토실토실하니 부드럽게 살이 쪄 있었다. 다리는 화사하게 참으로 아름다운 모양을 하고 있었다. 신체의 어느 부분에서도 비대하거나 마르고 쇠약한 흔적은 전혀 볼 수 없었다. 한 사람의 완벽한 인간이 위대한 아름다움을 갖고 내 앞에 있었다. 나는 감동한 나머지 순간적으로 저 불멸의 정신이 이 유해를 떠나가 버렸다는 것을 잊고 있었다. 나는 손을 그의 가슴에 갖다 댔다.—한없이 깊은 침묵뿐이었다.—나는 옆으로 몸을 돌리고 참고 참았던 눈물을 하염없이 흘렸다.

제3부
(1822~1832)

머리말

드디어 오랫동안 약속했던 《괴테와의 대화》 제3부의 완결을 이제 내 앞에 보게 되어 큰 장애물을 뛰어넘었다는 깊은 환희에 잠기고 있다.

나는 정말로 다사다난했다. 그 상황은 마구 불어 대는 세찬 바람 때문에 돛을 달 수 없어 때로는 여러 주일, 아니 여러 달을 무진장 견디어 내면서, 예전에 불었던 것과 같은 순풍을 기다려야 하는 저 뱃사공과도 같았다―내가 최초의 두 권을 썼을 때는 행운아처럼 순풍을 등에 업고 달릴 수 있었다. 그 당시에는 방금 그에게서 들은 말들이 아직 생생하게 나의 귓전에 울리고 있었고, 저 기적과도 같은 분과의 친교는 나를 쉴 사이 없는 감격 속에 몰아넣어 마치 순풍의 날개를 타고 목적지로 가는 것 같은 기분이었다.

그렇건만 그 목소리도 이미 끊어진 지가 여러 해 됐고 그분과의 행복하고 친근한 접촉도 오래전의 일로 되어 버린 지금에 이르러서는, 그 당시 매시간 가졌던 감동은 아무리 찾아보아도 도저히 얻을 수가 없었다. 그러나 때때로 나의 내면으로 돌아가 나만의 생각에 잠길 때면 지나간 일들이 다시 생생한 색깔을 띠고 떠오르기 시작했다. 그러고는 그의 위대한 사상과 그의 위대한 인물의 특징이 멀리서이기는 하지만 아주 선명하게, 마치 대낮에 햇빛을 받은 대산맥처럼 내 눈앞에 나타나기도 했다.

저 위대한 인물과 접촉하는 기쁨에서 오는 나의 감격은 이렇게 하여 다시 찾아왔던 것이다. 그의 사상의 흐름과 그의 입으로 직접 전해지던 말 하나하나가 마치 어제의 일처럼 생생하게 되살아났다. 그러자 살아 있는 괴테가 다시 거기에 나타났다. 달리 비길 데 없는 독특하고 사랑스러운 그의 음성을 다시 들을 수 있었다. 저녁때가 되면 꺼먼 연미복에 훈장을 달고, 자기 방의 밝은 불빛을 받으면서 모임에 섞여 웃고 농담하며 즐겁게 대화를 나누고 있는 그와 다시 만날 수 있었다. 또 어떤 활짝 갠 날에 그는 갈색 윗도리와 푸른색 천으로 된 모자를 착용하고 엷은 쥐색 모포를 무릎 위에 덮고 나와 나란히 마차를 타고 있었다. 그의 얼굴색은 신선한 공기처럼 건강한 갈색으로 햇볕에 그을려 있었다. 그의 기지에 찬 말솜씨는 마차바퀴 소리를 압도하면서 밖으로 흘러나왔다. 어떨 때 나는 저녁의 조용한 촛불빛 아래에 비친 그의 서재에 있었다. 그는 흰색 플란넬의 잠옷을 입고 즐거웠던 날처럼 온화한 기분으로 책상을 사이에 두고 나와 마주하고 있었다. 우리는 위대하고 유익한 말을 서로 주고받았다. 그는 천성으로 가지고 있는 가장 고귀한 것을 나에게 토로했다. 나의 정신은 그의 정신에 부딪혀 불타오르곤 했다. 우리 두 사람은 마음으로부터의 조화로 화합하고 있었다. 그는 책상 너머로 손을 내밀었다. 나는 그 손을 꽉 잡고 아무 말 없이 그를 위해 건배했다. 그럴 때면 나의 시선은 그 술잔을 넘어 그의 눈 속에 머물러 있었다.

이렇게 하여 나는 다시 살아 있는 그대로의 그와 함께 어울렸고, 그의 말은 옛날 그대로 또다시 울려왔던 것이다.

우리는 곧잘 세상을 떠나간 사랑하는 애인에게 생각이 미칠 때가 있지만, 그것도 번거로운 나날의 잡음에 방해받아 몇 주일이나 몇 달 사이에서 겨우 한동안만으로 그칠 때가 많다. 그리고 우리를 앞서 떠나간 애인이 마치 완전히 다시 소생한 것 같이 느껴지는 조용한 묵상의 순간이 찾아오는 것은 정말로 드문 경우인 것이다. 나의 괴테와의 관계도 그와 같았다.

때때로 번거로운 일상생활에 떠밀려 나의 마음은 몇 달이고 그에 대해서 무감각해졌고, 그쪽에서도 나의 정신에게 한마디 말을 걸어 오지 않은 채 시간이 지나갔다. 또한 나의 마음속에서 싹이 트지 않고 꽃도 피지 않으려고 하는 기분이 수주일 또는 수개월 동안 계속되었다. 나는 이런 텅 빈 시간을 꾹 참으며 아무것도 쓰지 못하고 그저 헛되게 보내는 수밖에 없었다. 왜냐하면 그럴 때는 제대로 된 것을 써 내려갈 수 없기 때문이다. 나는 지나간 것들이 발랄하게 다시 현실로 소생하고, 나의 마음은 정신적인 활력이 넘쳐 감각적으로 쾌적해져 괴테의 사상과 감정이 제자리를 찾기에 적합한 주거지가 될 수 있게 다시 일정한 높이로 드높여지는 시기가 오는 것을 기다리는 수밖에 없었다. 왜냐하면 내가 그려내려고 하는 것은 훼손되어서는 안 되는 한 사람의 영웅이었기 때문이다. 그 진실한 묘사를 위해서 그는 고매한 인간에서 볼 수 있는 한없이 온유한 정서, 투철함과 활기에 찬 정신, 언제나 같은 위엄, 이런 것들을 갖추고 있는 인간으로 출연해야 했다. 그러나 이것은 결코 쉬운 작업이 아니었다!

  그에 대한 나의 관계는 어딘지 독특한 것으로 정말로 아기자기한 것이었다. 그것은 스승에 대한 제자, 아버지에 대한 아들과 같은 것이기도 했고, 교양이 풍부한 사람에 대한 교양이 부족한 사람의 관계이기도 했다. 그는 나를 그의 울타리 속으로 끌어들여 정신적으로나 육체적으로 고귀한 실생활을 향유하게 해 주었다. 때로는 매주 단지 한 번만 저녁 시간에 방문한 일도 있었다. 때로는 매일 정오에 만났다. 어떨 때는 많은 사람의 모임 속에서 그를 만났고, 어떨 때는 단둘이 서로 마주하고 식탁에 앉았던 행복도 맛보았다.

  그의 담화는 그의 작품과 마찬가지로 다방면에 걸친 것이었다. 그는 언제나 같은 인간이었지만 그와 동시에 또 다른 인간이었다. 때때로 위대한 사상이 그를 가득 채우면 그의 말은 마치 샘물이 용솟음치듯 솟아나와 그칠 줄을 몰랐다. 그럴 때면 그의 이야기는 마치 모든 꽃이 경쟁하듯 피어오른 봄날의 정원과도 같았다. 그러면 똑같이 널려 있는 화사함에 눈이 부셔 그중 일부를 선택해서 꽃다발을 만든다는 것은 생각조차 할 수 없는 것이었다. 때로는 이것과는 정반대로 그는 침묵을 지켜 마음속에 안개로 그물을 치고 있는 것처럼 보였다. 실제로 그때 그는 얼음처럼 차갑기 그지없어 서리 끼고 눈이 내린 들판 위를 지나가는 살을 에는 세찬 바람과도 같았다. 그러다가도 다음에 그를 다시 만나게 되면 벌써 쾌적한 여름 날씨로 돌아가 있었다. 숲속의 모든 노래꾼이 덤불과 풀숲에서 나와 기쁘게 맞고 두견이가 푸른 하늘을 누비면서 지저귀고, 시냇물은 꽃이 핀 목장을 꿰뚫고 졸졸 흘렀다. 이럴 때마다 그와 이야기를 나누는 것은 즐거웠다. 그리고 그의 '가까이'에 있으면 '축복받고 있다'는 것을 느낄 수 있었고 그의 말을 듣고 있노라면 가슴이 활짝 펴졌다.

  겨울과 여름, 노년과 청춘이 그의 가슴속에서 쉬지 않고 싸우고 서로 교체하고 있는 것처럼 보였다. 그러나 벌써 70세에서 80세에 이르는 노인인 그가 쉴 사이 없이 청춘의 세력을 만회하여, 위에서 말한 것과 같은 저 가을과 겨울의 날은 극히 적었다는 것은 정말로 경탄할 만한 것이다.

그의 자아억제는 위대한 것이었다. 바로 이것이야말로 그의 본성의 중요한 독자성을 만들어 냈던 것이다. 그의 자기억제는 그로 하여금 언제나 소재를 완전히 소화하게 하고, 그의 모든 작품에서 우리 모두를 놀라게 만든 예술적인 끝마무리를 일구어낼 수 있게 했던 저 고귀한 성찰의 자매였다. 그러나 다름 아닌 이 특색 때문에, 그는 자신의 많은 저작이나 담화 속에서도 나타나듯이 때때로 구속을 당하였고 또한 대단히 신중히 처리하곤 했다. 그러나 행복한 순간이 찾아와 힘찬 마력적인 정신이 그에게 작동하게 되면, 그의 담화는 높은 곳에서 낮은 곳으로 떨어지는 산골 시냇물처럼 막힘없이 좔좔 흘러나왔다. 그럴 때면 그는 가슴속에 품고 있는 최선의 것을 입 밖에 냈다. 그의 옛날 친구들이 그가 직접 입으로 하는 말이 그의 기록된 말이나 인쇄된 글보다 훨씬 뛰어나다고 한 것도, 아마 이러한 순간을 생각하면 이해할 수 있을 것이다. 마르몽텔[1]도 이것과 비슷한 말을 한 적이 있는데, 그것은 디드로에 대해 다음과 같은 평가를 한 것이다. '이 사람을 작품을 통해서만 안다는 것은 그를 절반만 아는 것에 그치는 것이다. 그는 한 번 그와 친히 담화를 나누게 되는 사람들을 모두 매료시켜 버리기 때문이다.'

만약 내가 이 대화집 속에 그 행복한 순간의 갖가지 말들을 수록해 냈다고 할 수 있다면, 그것은 이 책 속에서 괴테라는 인물이 이중으로 반영—하나는 나에게, 다른 하나는 한 젊은 친구에게 비친 모습—되고 있다는 점에 힘입은 바 클 것이다.

제네바 태생인 소레[2] 씨는 자유주의 사상을 믿는 공화주의자이며, 대공 전

---

[1] 마르몽텔(1723~1799). 프랑스의 작가이자 극작가이다. 그의 공적 중 가장 큰 일은 디드로가 간수한 〈백과전서〉의 문학에 관한 다수 항목을 집필한 것이다. 또한 이것은 나중에 〈문학원리〉(1787)라는 이름으로 별도의 책으로 출판되었다.
[2] 소레에 대해서는 이미 제1부 89번에서 자세히 밝힌 바 있다. 스위스 프랑스어권 제네바 출신인 그는 바이마르의 공자 교육관으로 초빙되어 에커만보다 9개월가량 먼저 바이마르로 와서, 역시 그와 가까이 지내면서 그에 관한 사항을 일기에 기록해 두었다. 에커만은 그에게서 그 기록의 일부를 제3부에 실을 것을 허락받고, 그의 일기의 연월, 날짜 그리고 요일 뒤에는 별

하의 교육을 담당하기 위해 1822년에 바이마르로 초빙된 인물이다. 그는 그때부터 괴테가 세상을 떠날 때까지 역시 괴테와 밀접한 친교를 맺었다. 그는 때때로 괴테 댁의 식탁에서 우리와 함께했고, 때로는 괴테 일가의 밤의 집회에 나타나서 환대를 받았다. 여기에 더하여 그의 자연과학상 지식은 괴테와의 여러 가지 접촉점을 제공하여 그들을 오랫동안 어울리게 했다. 정통한 광물학자인 그는 괴테의 결정론을 정리하였다. 그리고 그는 자신의 식물학적 지식으로 괴테의 〈식물의 변태설〉을 프랑스어로 번역했다. 이로써 저 중요한 저작은 널리 보편화하는 데에 성공을 거두었다. 여기에 더하여 그는 궁중에 출사하고 있었기 때문에 괴테와 서로 접촉할 기회가 많았다. 때로는 왕자를 동반하여 괴테에게 오기도 했고, 때로는 대공 전하 또는 대공비 전하의 위촉을 받고 괴테를 방문할 때도 있었다.

그러므로 소레 씨는 이러한 친숙한 개인적인 접촉에 관해 그의 일기장에 적잖은 내용을 적어 두었다.[3] 이리하여 수년 전에 친절하게도 그것을 정리한 원고 중 일부 분량을 나에게 넘겨주었고, 그중에서 가장 좋은 부분, 가장 흥미 있는 부분을 이 제3부에 연대순으로 편입하는 것을 허락해 주었다.

프랑스어로 쓰인 이 노트는 때로는 너무 상세한 부분이 있고, 때로는 필자가 너무 바쁜 일정에 쫓기는 탓에 단편적으로 탈락한 부분도 있었다. 그렇지만 이 원고 속에는 괴테와 나와의 사이에서 자주 또 상세하게 화제에 오르지 않았던 것은 하나도 없었다. 그러므로 나 자신이 쓴 일기는 소레 씨가 쓴 것을 보충하고 거기서 탈락된 공백을 메우고, 때때로 단지 암시에 그친 부분을 마음껏 전개하는 데 알맞은 것이었다. 그러나 처음 2년 간의 기록에서 볼 수 있듯이 소레 씨의 원고를 기초로 하였거나, 많이 이용한 대화는 전부 날짜 옆에 ★표를 붙였다. 이것은 내가 쓴 것, 다시 말해 1824년부터 1829년 사이, 1830년, 1831년, 그리고 1832년의 기록 대부분과 구별하기 위함이다.

표를 달았다. 에커만은 이것을 제3부 '머리말'에서 밝히고 있다.
3) 소레가 쓴 〈괴테와 함께 지낸 10년(1822~1832)〉의 독일어 번역본은 무려 799페이지에 달한다. 이 책은 에커만의 〈괴테와의 대화〉와 함께 만년의 괴테를 알 수 있는 귀중한 자료를 제공해 주고 있다.

이 이상 더 보탤 말은 없다. 오랫동안 애정을 갖고 가꾸어 온 이 〈제3부〉도 앞선 2권과 마찬가지로 풍성하고도 호의적인 환대를 받을 것을 기원하는 바이다.

1847년 12월 21일 바이마르에서

1822년

1822년 9월 21일 토요일 ★

오늘 저녁[1] 괴테 댁에서 궁중고문관인 마이어와 자리를 함께했다. 담화는 주로 광물학과 화학 그리고 물리학에 이르렀다. 그는 특히 편광(偏光) 현상에 관심을 두고 있는 것 같았다. 그는 나에게 여러 가지 장치를 보여주었다. 그 대부분은 그 자신의 지시로 만들어진 것이다. 그리고 나와 함께 두 종류의 실험을 해 보고 싶다고 말했다.

괴테는 말이 진행됨에 따라 점점 더 편안해지면서 마음을 터놓았다. 나는 한 시간 이상 앉아 있었지만, 헤어질 때도 그는 나에게 여러 가지로 호의에 찬 말을 해 주었다.

그의 용모는 지금도 아름답다고 말할 수 있다. 그의 이마와 눈은 특히 위엄이 있었다. 그의 몸집은 크고 체구는 단단했다. 최근 수년 이래로 너무 나이를 먹어 이제는 희학과 궁정에는 나가지 않는다고 공언하고 있지만, 민첩한 외모로 볼 때 그것은 생각할 수 없는 일이다.

1822년 9월 24일 화요일 ★

오늘 저녁 괴테 댁에서 마이어, 괴테의 아드님, 괴테의 며느리 그리고 그의 주치의이자 궁중고문관인 레바인과 자리를 함께했다. 괴테는 오늘 유달리 기분이 좋았다. 그는 나에게 슈투트가르트에서 온 화려한 석판 인쇄를 보여 주었다. 이런 종류의 것 중에서는 이때까지 본 일이 없을 정도로 완전한 것이었다. 이어 우리는 과학에 대해, 특히 화학의 진보에 대해 이야기했다.

---

[1] 바이마르에서 지내게 된 소레는 그날 처음으로 마이어 추밀고문관의 소개로 괴테를 찾아가 인사를 나눈다.

괴테는 특히 옥소와 염소[2]를 연구하고 있었다. 그는 물질들에 관한 화학의 새로운 발견들이 전혀 뜻밖에 연달아 일어난 것에 깜짝 놀랐다고 말했다. 그는 약간의 옥소를 가져오게 하고는 이것을 우리의 면전에서 양촛불에 갖다 대어 증발시켰다. 그러자 자기 색채론의 한 원칙을 멋지게 실증하는 보라색의 증기가 나타났기 때문에 모든 사람이 깜짝 놀랐다.

1822년 10월 1일 화요일 ★

괴테 댁에서 저녁모임이 있었다. 참석자 중에는 법무장관인 폰 뮐러 씨, 포이처 국장, 슈테판 쉬체 박사 그리고 슈미트 참사관이 있었다. 슈미트 씨가 베토벤의 소나타를 드물게도 완벽하게 연주했다. 괴테와 그의 며느리와 나눈 담화도 나에게는 매우 즐거운 것이었다. 그 젊은 괴테 부인은 명랑하였고, 내면적으로는 사랑스러운 기질과 무한한 재기가 잘 융합되어 있었다.

1822년 10월 10일 목요일 ★

괴테 댁의 저녁모임에서 괴팅겐의 유명한 블루멘바흐[3]와 자리를 함께했다. 그는 늙었지만 그의 대화는 활발하고 명쾌했다. 청년과도 같은 경쾌함을 잃지 않고 있었다. 그의 태도에는 학자인 체하는 것이 전혀 없었다. 그는 마음을 터놓고 즐기고 있었다. 조금도 꾸미는 데가 없어서 그하고는 곧바로 친해질 수 있었다. 그를 알게 된 것은 아주 흥미로웠고 나에게는 기쁜 일이기도 했다.

1822년 11월 5일 화요일 ★

괴테 댁에서 저녁모임이 있었다. 참석한 사람 가운데는 콜베[4] 화가도 있었다. 우리는 그가 그린 훌륭한 큰 그림 한 점을 관람했다. 그것은 드레스덴 미술관에 있는 티치안의 비너스를 모사한 것이다.

---

[2] 옥소는 1811년 해초회에서 발견됐고, 염소는 1810년 영국의 데이비에 의해 발견되었다.
[3] 블르멘바하(1752~1840). 괴팅겐 대학의 해부학 교수로 처음에는 악간골 학설에 대해 괴테와 반대입장에 있다가, 나중에 그것이 때로는 인간에게서도 발견된다는 것을 인정했다.
[4] 콜베(1771~1836). 독일화가로 뒤셀도르프 미술 연구소의 교수로 있었다. 1799년 이래로 괴테와 가까이 지냈고 유명한 괴테의 초상화를 그렸다.

폰 에슈베게[5] 씨와 유명한 훔멜[6] 씨도 이날 저녁 괴테 댁에 와 있었다. 훔멜은 한 시간가량 즉석에서 피아노를 연주했다. 그의 연주는 실제로 들어본 적이 없는 사람들은 상상조차 할 수 없을 만큼 힘차고 훌륭한 것이었다. 그의 담화는 소박하면서도 자연스러웠고, 그 자신은 그처럼 유명한 대가인데도 놀랄 만큼 겸손하였다.

1822년 12월 3일 화요일 ★

괴테 댁에서 열린 저녁회합에 참석했다. 리머 씨, 쿠드레이 씨, 마이어 씨, 괴테의 아드님과 젊은 괴테 부인도 함께 있었다.

예나의 대학생들이 폭동을 일으키려고 했기 때문에 이것을 진압하기 위해 포병중대가 파견되었다는 얘기가 나왔다. 리머는 학생들에게 금지되어 소동의 원인 또는 구실이 된 문제의 가곡집을 읽었다. 이 모든 가곡은 낭독할 때마다 아주 굉장한 갈채를 받았다. 이것은 특히 낭독할 때 나타난 낭독자의 재능 때문이었다. 괴테까지도 이것을 칭찬하면서 나중에 천천히 나에게 통독해 주겠다고 약속하였다.

이어 한동안 동판화와 귀중한 책들을 보고 난 뒤에 괴테는 〈카론〉[7]이라는 시를 읽어 우리를 기쁘게 해 주었다. 괴테가 이 시를 읽을 때의 명쾌하고 정력적인 낭독법에 나는 감탄하지 않을 수 없었다. 이처럼 아름다운 낭송에 접한 것은 난생처음 겪는 일이었다. 이 얼마나 대단한 열정인가! 그의 부리부리한 눈빛과 목소리는 얼마나 엄청난 것이었던가! 어떤 때는 천둥이 치는 것과 같았고 그러다가도 다시 잔잔하게 부드러워졌다. 또 어떤 때는 우리가 있었던 작은 방이 감당할 수 없는 힘을 쏟은 것 같은 생각까지 들었다. 그리고 그의 낭송에는 생략했으면 좋겠다고 생각된 부분은 한 군데도 없었다.

---

[5] 폰 에슈베게(1777~1855). 브라질의 광산기사이고 감독자이다.
[6] 훔멜(1778~1837). 1819년 이래로 바이마르의 궁정악장을 지낸 그는 유명한 피아노 연주자일 뿐만 아니라 작곡가로도 알려져 있다.
[7] 리머의 도움을 받아 괴테가 근대 그리스어로 쓰인 시를 번역한 것으로, 카론이란 저승으로 가는 스틱스강의 나룻배 사공을 말한다.

이어 괴테는 문학과 그의 작품에 대해, 그리고 스탈 부인[8] 등에 대해 말했다. 그는 현재 유리피데스의 〈파에톤〉 단편을 번역, 정리하고 있다. 그는 이 작업에 1년 전에 손을 댔지만 최근에 또다시 착수하였다고 했다.

1822년 12월 5일 목요일 ★

오늘 괴테 댁에서 에버바인이 제작 중인 가극 〈폰 글라이헨 백작〉 제1막의 시연을 들었다. 괴테가 무대감독을 그만둔 이래로 가극계의 이런 대가를 댁에 초빙한 것은 이것이 처음이라고 하였다. 에버바인 씨는 이 노래를 지휘했다. 합창단에는 괴테가 잘 아는 부인 2, 3명도 있었다. 그러나 독창 부분은 가극단의 단원이 불렀다. 특히 군데군데에 있었던 사성음(四聲音)의 연창은 아주 드문 것으로 생각되었다.

1822년 12월 17일 화요일 ★

저녁에 괴테 댁으로 갔다. 그는 아주 쾌활했다. 그리고 아버지들의 어리석음은 자녀들에게 유전되는 것이 아니라는 것을 재미있게 이야기해 주었다. 지금 세상은 소금의 원천을 발견하는 데에 열을 올리고 있었는데, 그는 그 탐색에 강한 흥미를 나타내고 있었다. 그는 일부 기업가들을 어리석다고 비난했다. 암연(岩鹽)이 있는 곳을 찾아 뚫는 기계로 작업을 해야 하건만 그들은 지층 외표의 단서와 위치 그리고 그 연관 상태에는 전혀 무관심한 채, 정확한 지점을 확인하려고 하지 않고 언제나 똑같은 곳을 마구잡이로 고집스럽게 시굴하고 있다는

---

[8] 스탈 부인(1766~1817). 프랑스인들뿐만 아니라 그 당시 신흥 국가인 미국의 젊은 지식인들, 특히 에머슨에게까지, 독일과 독일문학 그리고 독일문화에 관한 지식을 처음으로 종합적으로 알린 장본인이다. 그녀는 1813년 〈독일론〉을 발표하며 독일을 시인과 사상가의 나라라고 불러 세상을 깜짝 놀라게 하였다. 스탈 부인의 처녀작 〈창작론〉은 1795년에 발표되었는데, 이것이 괴테의 눈에 띄어 그 이듬해인 1796년에 실러가 주재하는 문학잡지 〈호렌〉에 독일어로 번역되어 실렸다. 이 일과 괴테의 작품에 대한 숭배가 계기가 되어 스탈 부인은 그 후 여러 차례 독일과 바이마르를 방문했다. 1803년 12월 4일 바이마르를 방문했을 때 그녀는 바이마르 궁성환영회에서 실러와 빌란트의 환영과 함께, 아우구스트 대공과 안나 아말리아 모당의 따뜻하고도 열렬한 접대를 받았다. 괴테의 〈베르테르〉와 〈에그몬트〉는 그녀에게 가장 많은 눈물을 흘리게 한 작품이었다고 한다.

프랑스의 여류 시인인 스탈 부인 1813년 〈독일론〉을 발표하여 독일은 당당한 문화의 나라라는 것을 프랑스인들에게 알렸다. 이 책과 괴테의 〈베르테르〉(1774년)가 계기가 되어 영국과 그즈음 신흥 국가인 미국의 지식인들도 독일문화와 독일의 대학에 대해 관심을 두게 되었고, 1825년에는 미국 하버드 대학에서 처음으로 독일어를 가르치기 시작했다.

것이었다.

1823년

1823년 2월 9일 월요일 ★

저녁때 괴테를 방문하자 그는 마이어와 단둘이서 이야기하고 있었다. 나는 루터, 에라스무스, 모스하임[1] 그리고 다른 아주 유명한 사람들의 필적이 실려 있는 옛날 앨범을 훑어보고 있었다. 모스하임은 라틴어로 다음과 같은 드문 말을 쓰고 있었다.

명성은 노고의 원천
암흑은 행복의 원천

1823년 2월 23일 월요일 ★

괴테는 최근 며칠 전 중태에 빠졌고 어제는 상태가 절망적이었다. 그러나 오늘은 위기를 넘기고 회복세로 돌아선 것 같이 생각된다. 오늘 아침까지도 그는 "이제는 끝장이다."라고 말했다. 하지만 그 뒤 정오에 이르러서는 다시 일어날 것이라는 희망을 품게 했다. 그리고 저녁때는 만약 회복된다면, 이번 병은 늙은이로서는 너무나 큰 도박을 한 것이라고 했다.

1823년 2월 24일 화요일 ★

오늘 괴테의 병세는 또다시 아주 위험스러웠다. 어제와는 달리 정오가 되어도 회복 기미가 보이지 않았다. 쇠약 상태에 빠져 있으면서 그는 자기 며느리에게 "내 가슴속에서 삶과 죽음이 싸움을 시작하는 시기가 온 것 같다."고 말했다.

---

1) 모스하임(1694~1755). 독일의 신교 신학자이자 괴팅겐 대학교수이다.

그러나 병자는 저녁때는 완전히 제정신으로 돌아와 이제는 두어 마디 짓궂은 농담을 할 정도로 기력을 다시 찾았다. "나에 대한 자네의 치료법은 너무 쭈뼛쭈뼛해!" 하고 그는 레바인에게 말했다—"나와 같은 환자를 취급할 때는 어느 정도 나폴레옹식으로 엄격하게 손을 쓰지 않으면 안 되지." 이어 그는 아르니카의 탕약을 가득 마셨다. 이것은 어제 중태 때 후슈케[2]가 사용한 것으로, 이것이 다행히도 효과를 가져왔던 것이다. 괴테는 이 약초를 자세하게 설명하면서 그 효험을 하늘 높이 칭찬했다—대공이 그를 문안하려고 했지만, 의사가 이것을 허락하지 않았다는 말이 나왔다. "만약 내가 대공이었더라면" 하고 괴테는 외쳤다. "이것저것 캐물어 자네들의 마음을 심란하게 했을 거야!"

그는 점점 회복되어 갔고 마음도 한결 편안해져서, 그에 따라 그의 기분도 가벼워지고 정신도 또렷해졌다. 그러므로 레바인은 옆에 있는 사람 중 한 사람에게 "호흡이 순조로워지면 좋은 영감이 동반되는 법이다."라고 속삭였다. 괴테는 이 말을 듣고는 곧 기분이 좋아져 외쳤다. "이것을 나는 전부터 잘 알고 있었지. 그러나 이 진리는 자네들과 같은 악당들에게는 들어맞지 않네."

괴테는 그의 침대에서 똑바로 일어나서 앉았다. 그는 자기 작업실의 열린 창문을 마주하고 있었지만, 그 방에 그의 친한 친구들이 모여 있다는 것을 모르고 있었다. 그의 용모는 거의 달라지지 않은 것처럼 보였다. 그의 목소리는 맑고 확실했지만, 그 속에는 죽음에 가까이 다가서고 있는 사람에게 나타나는 것과 같은 엄숙한 음색이 있었다. "너희는" 하고 그는 자기 아이들을 향해 말했다. "내가 곧 회복될 것이라고 믿고 있는 것 같은데 그것은 잘못된 생각이야." 그렇지만 모든 사람은 애써 농담을 해 가면서 그의 마음에 걸린 이런 염려를 없애도록 힘썼다. 그도 역시 이것을 기꺼이 받아들이려고 하는 것 같았다. 이럭저럭 하는 사이에 방 안으로 점점 더 많은 사람이 왔다. 나는 이것은 절대로 좋지 않다고 생각했다. 사람들이 많아지면 쓸데없이 방 공기가 혼탁해지고 환자를 충분히 시중들 수가 없기 때문이다. 나는 가만히 있을 수가 없어서 이것을 말하지 않을 수 없었다. 그러고는 아래층으로 내려가 거기에서 대공 전하에게 병상

---

[2] 후슈케(1760~1828). 대공가의 주치의이다.

보고서를 적어서 보냈다.

1823년 2월 25일 수요일 ★

괴테는 그때까지 자기가 받은 간호에 대해 설명해 달라고 요구했다. 그리고 그는 지금까지 그의 병환을 문안해 준 사람들의 이름을 읽었다. 그 숫자는 매일 정말로 대단한 것이었다. 이어 그는 대공을 영접하였다. 그러나 그 이후로도 이 방문 때문에 피곤해진 기색은 없었다. 오늘 그의 작업장에는 사람들의 출입이 적었다. 이것은 어제 내가 주의를 준 것이 적잖게 효과를 발휘했기 때문이라고 생각되어 기뻤다.

잠시 병세는 물러갔지만 이제부터가 걱정이었다. 그의 왼쪽 손은 부어올라 있었는데, 이것은 수종(水腫)을 유발할 위험한 징조였다. 며칠을 더 지나지 않고서는 이 병세가 결국 어느 방향으로 가게 되는지 아무도 알 수 없었다. 괴테는 오늘 처음으로 그의 친구 중의 한 사람, 다시 말해 그의 가장 오랜 친구인 마이어를 만나고 싶다고 말했다. 그는 그 친구에게 그를 대단히 기쁘게 해 준 보답으로 보기 드문 보헤미아 메달을 보여 주고 싶었던 것이다.

나는 12시에 방문했다. 괴테는 내가 와 있다는 말을 듣고는 자기 옆으로 불러들였다. 그는 나에게 손을 내밀고는 "자, 어떤가. 이제는 사경에서 빠져나왔네." 하고 말했다. 이어 그는 자신의 병중에 온정을 베풀어 준 대공 전하에게 감사하다는 말을 전해 달라고 부탁했다.

"내가 건강을 회복하기까지는 상당한 시일이 걸릴 것이야" 하고 그는 말을 덧붙였다. "그러나 나에 대해 적잖게 기적을 일구어낸 의사 여러분의 명예를 손상하는 일은 결코 없을 거야."

몇 분이 지나서 나는 인사를 드리고 나왔다. 그의 안색은 좋았지만 너무 여위어 초라해진 모습이었고 아직 호흡이 좀 곤란한 듯했다. 그는 말하는 데 어제보다 어려움을 겪고 있는 것 같았다. 왼쪽 팔이 부어 있는 것이 뚜렷하게 나타났고, 두 눈은 감은 채로 말할 때만 열었다.

1823년 3월 2일 월요일 ★

오늘 저녁 괴테에게로 갔다. 나는 최근 며칠 동안 그를 만나지 못했다. 그는 팔걸이의자에 기대어 있었고, 그 옆에는 그의 며느리와 리머가 있었다. 그는 눈에 드러나게 건강을 회복하고 있었다. 그의 목소리는 다시 옛날 울림으로 되돌아왔고 호흡은 편안해졌으며, 손도 이제는 부어 있지 않았다. 외모도 전과 마찬가지로 건강한 모습이었으며 담소도 경쾌했다. 그는 일어나 거침없이 침실 안으로 들어갔다가 다시 돌아왔다. 모두 그의 옆에서 차를 마셨다. 이렇게 하는 것도 그 일이 있고 난 뒤로는 오늘이 처음이었기 때문에 나는 농담조로 젊은 괴테 부인이 차 쟁반에 꽃다발을 얹어 놓는 것을 잊어버리고 있다고 책망했다. 그러자 젊은 괴테 부인은 곧바로 그녀의 모자에서 색깔 있는 리본을 풀어 그것을 차 쟁반에 갖다 묶었다. 이 익살을 보고 있던 괴테는 대단히 만족해하는 것 같았다.

이어 우리는 대공이 파리에서 들여왔다고 하는 모조보석 수집품들을 관람했다.

1823년 3월 22일 토요일 ★

오늘 그의 건강회복을 축하하여 그의 〈타소〉가 극장에서 상연되었다. 리머가 쓴 서문을 폰 하이겐도르프 부인이 읽었다. 그의 흉상은 흥분한 관중들의 열렬한 갈채를 받으면서 월계관으로 장식되었다. 상연이 끝난 뒤에 폰 하이겐도르프 부인은 괴테에게로 갔다. 그녀는 아직 레오노레의 의상을 입은 채로 타소의 화관을 그에게 바쳤다. 괴테는 그것으로 알렉산드라 대공비 전하[3]의 흉상을 장식했다.

1823년 4월 1일 수요일 ★

나는 대공 전하가 갖고 있던 프랑스의 유행잡지 하나를 괴테에게 가져다 드렸다. 그 속에는 그의 작품 번역에 관한 기사가 있었다. 이것을 계기로 우리는

---

[3] 알렉산드라 대공비(1798~1860). 프로이센의 프리드리히 빌헬름 3세의 딸 샤를로테로, 나중에 러시아 황제 니콜라이 2세의 아내가 되어 대공비의 자리에 오른다.

오래전에 원본이 상실된 〈라모의 조카〉[4]에 관해 이야기했다. 많은 독일인은 저 원본은 전혀 존재하지 않는다고 생각하며 모든 것이 괴테 자신의 창안이라고 믿고 있다.

그러나 괴테는 디드로의 재기발랄한 묘사와 수법을 모방한다는 것은 자기로서는 도저히 불가능한 일이며, 독일어의 〈라모의 조카〉는 단지 아주 충실하게 번역한 것에 지나지 않는다고 단언했다.

1823년 4월 3일 금요일 ★

한동안 저녁마다 토목국장인 쿠드레이 씨와 함께 괴테 댁에서 지냈다. 우리는 연극에 대해, 또 최근 몇 년 동안 일어나고 있는 연극개량 운동에 대해 이야기했다.

"그것은 내가 가서 보지 않아도 알 수 있지." 하고 괴테는 웃으면서 말했다. "2개월 전만 해도 우리 아이들은 저녁때면 언제나 불평하면서 집으로 돌아왔어. 그들은 극장에서 제공한 흥행에 만족할 수 없었던 것이야. 그러나 지금은 상황이 완전히 달라졌지. 그들은 자못 기뻐하는 얼굴로 집으로 돌아오고 있어. 이것은 그들이 마음껏 울고 돌아올 수 있게 되었기 때문이야. 어제도 그들은 코체부의 연극 덕분에 〈눈물 속에 있는 희열〉[5]을 맛보았던 것이지."

1823년 4월 13일 월요일 ★

저녁때 나는 괴테와 단둘이 만났다. 우리는 문학에 관해, 또 바이런 경과 그의 〈사다나팔루스 왕〉과 〈베르너〉에 대해 이야기했다. 이어 화제는 〈파우스트〉에 이르렀다. 〈파우스트〉를 괴테는 여러 번 즐겨 말했다. 그는 그 작품이 프랑스어로, 그것도 마로[6] 시대의 문체로 번역되는 것을 원하고 있다. 그는 바이런이

---

[4] 괴테는 그 당시 인쇄되어 있지 않았던 디드로의 이 작품을 사본에 따라 독일어로 번역했다. 그러자 괴테의 이 번역본이 프랑스어로 중역이 되어, 오랫동안 유일한 프랑스판으로서의 지위를 확보하게 되었다.
[5] 괴테의 농담으로 코체부의 감상적인 희곡 〈화해〉를 괴테 자신의 작품 〈슬픔의 환희〉와 〈눈물 속의 위로〉의 제목으로 뒤섞어 바꿔 말한 것이다.
[6] 마로(1496~1544). 프랑스의 르네상스 시인으로, 그는 자기 당시 샹송을 위해 독특한 양식을 창

〈맨프렛〉의 분위기를 찾아낸 근원은 〈파우스트〉라고 보고 있다. 괴테가 보는 바에 의하면 바이런은 그의 마지막 두 비극 작품에서 결정적인 진전을 보았다. 그 작품들 속에서는 음울함이 경감된 상태고, 인간을 싫어하는 모습도 거의 보이지 않는다는 것이다. 이어 우리의 화제는 〈마술피리〉의 원본[7]에 이르렀다. 괴테는 이 속편[8]을 썼지만, 이 주제를 잘 다룰 수 있는 작곡가를 아직 찾지 못하고 있다는 것이었다. 괴테도 저 유명한 제1부가 허구와 해학에 가득 차 있어 아무도 이것을 이해하고 평가할 수 없을 정도라는 것을 시인하고 있다. 그러나 우리는 어떤 상황에서도 대비의 효과를 사용하여 위대한 무대효과를 거둘 수 있는 기술은 작가가 최고로 잘 알고 있다는 것을 인정해야 한다고 하였다.

1823년 4월 15일 수요일 ★

저녁때 괴테 댁에서 카롤리네 에글로프슈타인 백작부인과 함께 지냈다. 괴테는 독일의 연감과 다른 정기출판물들이 모두 우스꽝스러운 감상주의에 젖어 있는데, 이것은 현대의 일반적인 상황인 것 같다고 농담조로 이야기했다. 그러자 백작부인은 처음에는 독일 소설가들이 수없이 많은 독자의 취미를 타락시켰지만, 오늘날에 와서는 오히려 독자들이 소설가를 타락하게 만들고 있다고 하였다. 이어 그녀는 작가들은 자기의 원고를 출판해 줄 사람을 찾기 위해 대중에게 인기 있는 악취미에 영합하지 않으면 안 되게 되었다고 말했다.

1823년 4월 26일 일요일 ★

괴테에게로 갔더니 쿠드레이와 마이어가 와 있었다. 나는 그들과 함께 여러 가지 이야기를 나누었다. "대공의 서고에는" 하고 괴테는 말했다. "카를 5세의 치하에 어떤 스페인 사람이 제작한 지구의[9]가 있었지. 거기에는 몇 개 주목할 제

조했다.
7) 배우 겸 극작가인 에마누엘 쉬카네더(1751~1812)가 쓴 모차르트의 오페라 대본을 말한다.
8) 괴테는 1795년 그 집필에 착수했는데, 빈의 음악가인 브라니키는 이미 1796년에 그 대본에 곡을 붙이려 하고 있었다.
9) 이 기록은 아마도 소레의 착오일 것이다. 이 지구의(1534)는 뉘른베르크의 수학자인 쇠너가 만든 것이다. 서고에 있던 세계 지도가 스페인 사람에 의해 제작된 것이었다.

명이 쓰여 있었어. 가령 '중국인은 독일인과 많은 유사점을 가지고 있는 민족이다.' 이런 식이었지." 괴테는 말을 계속했다. "옛날에는 지도 위에 아프리카 사막을 맹수의 그림으로 표시하곤 했네. 그러나 오늘날에는 이렇게 하지 않지. 오히려 지리학자들은 그곳을 비워 두고 무슨 생각하든 우리의 자유에 맡기고 있어."

1823년 5월 6일 수요일 ★

저녁때 괴테 댁에서 지냈다. 그는 나에게 〈색채론〉의 개념을 가르쳐 주려고 했다. "빛은 결코 여러 가지 색채가 합성된 것이 아니야. 게다가 또 빛깔만으로는 색채가 생길 수 없어. 색채가 생기려면 오히려 빛과 그림자의 변화와 혼합이 필요하지."

1823년 5월 13일 화요일 ★

내가 괴테를 방문했을 때 그는 짧은 시와 사람들에게 보낸 단편을 모으는 일을 하고 있었다. "예전에는" 하고 그는 말했다. "내가 쓴 것을 비교적 소홀하게 취급했고 사본을 떠 놓지 않았기 때문에 이런 시가 수백 개 있었지만 모두 분실하고 말았다네."

1823년 6월 2일 월요일 ★

법무장관과 리머 그리고 마이어가 괴테 댁에 있었다. 베랑제의 시가 화제에 올랐다. 괴테는 그중 몇 개를 정말로 독창적으로, 그리고 신이 나서 논평하고 해석했다.

이어 물리학과 기상학이 논해졌다. 괴테는 때마침 기상학 이론을 완성할 참이었다. 그것에 의하면 기압계의 상승과 하강은 순전히 지구의 활동 때문이며, 지구가 대기를 끌어당기고 떼어놓기 때문이라는 것이다.

"학자 선생들, 특히 수학 선생들은" 하고 괴테는 말을 계속했다. "틀림없이 나의 생각을 아주 심하게 조롱할 거야. 때로는 점잖은 척하면서 완전히 묵살해 버리는 자도 있지만 그래도 이것은 나은 편이지. 그런데 어째서 이러는지 자네들은 아는가? 내가 전문가가 아니라는 것이 그 이유야."

"학자들의 편협한 정신은 그래도 용서할 수 있겠습니다." 하고 나는 대답했다. "그들의 이론 속에는 오류가 상당히 많이 흘러 들어가 이것에 끌려가고 있기 때문입니다. 그것도 틀림없이 그들이 아직 학창 시절에 있을 때 이런 것을 정설로써 교육받기 때문일 것입니다."

"자네 말이 옳아!" 하고 괴테는 외쳤다. "학자들은 우리 바이마르의 책 제본업자들과 똑같은 짓을 하고 있지. 조합 가입을 위해 제본업자들이 요구하는 시험 작품은 결코 최신 취미에 맞는 아름다운 장정이 아니야. 아니, 이것하고는 거리가 먼 것이지! 지금도 변함없이 2, 3세기 전에 유행했던 것과 똑같이 볼품없는 표지와 딱딱한 가죽으로 장정한 2절판의 두꺼운 성서가 제출되지 않으면 안 되네―이 과제는 정말 어리석은 짓이야. 그러나 만약 불쌍한 직공이 시험관들은 바보라고 말하기만 하면 틀림없이 낙제 점수를 받게 된다네."

1823년 10월 24일 금요일 ★

저녁때 괴테 댁에서 지냈다. 이번 여름 괴테가 마리엔바트에서 알게 된 시마노프스카 부인이 즉흥 피아노곡을 연주했다. 넋을 잃고 듣고 있던 괴테는 이따금 마음이 심하게 동요되는 것처럼 보였다.

1823년 11월 11일 화요일 ★

괴테 댁에서 소규모 저녁모임이 있었다. 괴테는 한참 전부터 또다시 병을 앓고 있다. 그는 자기 두 다리를 모포로 감싸고 있었다. 이 모포는 그가 샹파뉴의 종군 이래로 어디로 가든 가지고 다녔던 것이다. 그는 이 모포와 관련하여 1806년에 있었던 일화를 우리에게 이야기하여 주었다. "그 당시 프랑스 군인들이 예나를 점령하고 있을 때 프랑스 연대에 속한 어떤 종군 신부가 제단을 장식하기 위해 천을 징발하고 있었네. 누군가가 화려한 진홍색 천 한 장을 그에게 제공했지. 그러나 그 신부는 그것으로는 만족하지 않았어. 그는 그것 때문에 나에게 불만을 호소했고 나는 그 천을 나에게 보여 달라고 하면서 말했지. '내가 그것보다는 더 좋은 것을 조달하도록 해 보겠습니다.' 그럴 즈음 우리의 극장에서 새로운 연극을 상연하게 되었네. 그러므로 나는 그 화려한 붉은 천을 배우의 의상을 만드는 데에 이용했지. 그러나 그 종군 신부는 아무것도 받지 못했어. 모두 그 종군 신부에 대해서 잊고 있었기 때문에 그는 자기 혼자서 다시 천을 마련하지 않으면 안 되었지."

1823년 11월 16일 일요일 ★

괴테의 용태는 계속 좋지 않았다. 대공비 전하는 오늘 저녁 나에게 명령을 내려 아름다운 메달 2, 3개를 그에게 보내도록 했다. 그가 이것을 들여다보면서 어느 정도 위안을 받고, 기운을 차리게 하기 위함이었다. 괴테는 대공비의 이와 같은 섬세한 배려에 대단히 기뻐하고 있었다.

그는 나에게 심장 언저리에 지난해 겨울의 중병 전에 겪었던 것과 똑같은 통증을 느낀다고 하소연했다. "일을 할 수 없어."라고 그는 말했다. "책도 읽을 수 없지. 그리고 사색을 할 수 있는 것도 통증이 물러간 잠깐뿐이야."

1823년 11월 17일 월요일 ★

훔볼트가 이곳에 와 있었다. 나는 오늘 잠시 동안 괴테 댁에 들렀다. 훔볼트를 만나 서로 담화를 나눈 것이 그에게 상당히 좋은 영향을 준 것 같이 보였다. 그의 병은 단지 육체적인 것만이 아닌 것처럼 보였다. 그가 이번 여름 마리엔바트에서 만난 어떤 젊은 여성에게 품었던 열렬한 사랑을 애써 극복하려고 하는 것이 현재 병의 중요한 원인이라고 생각되었다.

1823년 11월 28일 금요일 ★

괴테는 최근에 출판된 마이어의 〈미술사〉의 제1부를 탐독하고 있는 것 같았다. 그는 오늘 이 책에 대단한 찬사를 아끼지 않았다.

1823년 12월 5일 금요일 ★

나는 괴테에게 두세 가지 광물, 특히 코르마이얀의 데샹[10]이 발견하고 마소[11]

---

10) 소레의 스위스 친구이다.
11) 화가로 역시 소레의 친구이다.

바이마르의 책 제본업자들

씨가 극찬한 점토성의 자토(赭土) 하나를 가지고 갔다. 괴테는 그것을 보고 대단히 놀라워하면서, 그 색이 앙겔리카 카우프만[12]이 그림의 살 부분에 즐겨 사용한 색과 똑같다는 것을 알고 얼마나 놀랐는지 모른다고 말했다. "그녀는 이것을 아주 작은 분량만을 입수하는 데에도 황금무게와 똑같은 값을 주었지. 그러나 그것의 출처가 어디이며, 어디에서 발견되고 있는지는 그녀도 알지 못했다네."

괴테는 자기의 며느리에게, 소레가 이슬람교 국가의 군주를 대하듯이 자신에

---

12) 앙겔리카 카우프만(1741~1807). 스위스의 여류화가로 괴테하고는 이탈리아에서 가깝게 지냈고, 그로부터 높은 평가를 받았다.

게 매일 새로운 선물을 갖다주었다고 말했다. "오히려 그는 아버님을 어린아이처럼 취급하고 있는 거예요!"라고 젊은 괴테 부인이 대답했다. 이 말을 듣자 그는 자기도 모르게 미소 지었다.

1823년 12월 7일 일요일 ★

나는 괴테에게 오늘은 기분이 어떠냐고 물었다. 그러자 그는 "외로운 섬에서 혼자 지내야 하는 나폴레옹처럼 나쁘지는 않지." 하며 탄식 소리와 함께 대답했다. 병이 너무 오래되어 그 영향이 점점 강하게 그에게 작용하고 있는 것 같았다.

1823년 12월 21일 일요일 ★

오늘 괴테는 또다시 매우 좋은 기분으로 돌아섰다. 이제 동지(冬至)가 왔다. 이제부터는 일주일마다 낮이 점점 드러나게 길어질 것이라는 기대가 괴테의 기분에 매우 좋은 영향을 주고 있는 것 같았다. "오늘 우리 태양의 재생을 축하하세!" 하고 그는 내가 오늘 오전 그의 방으로 들어갔을 때 기쁜 마음으로 외쳤다. 그는 언제나 동지 전의 몇 주일은 기분이 좋지 않아 탄식하면서 지낸다고 들은 터였다.

젊은 괴테 부인이 들어와서, 머지않아 집으로 돌아오는 어머니를 만나러 베를린으로 출발할 거라고 시아버지에게 알렸다.

젊은 괴테 부인이 나가자, 괴테는 나에게 젊은 세대의 특징인 발랄한 상상력에 대해 농담하면서 이야기했다. "나는 너무 나이를 먹었기 때문에, 어머니를 처음으로 다시 만나는 장소가 그쪽이든 이쪽이든 간에 그 기쁨에는 조금도 다를 것이 없다는 것을, 어머니에게 반대하면서까지 설득하고 싶은 생각은 없지. 겨울 여행이란 고생스럽기만 하지 아무런 이득이 없어. 그러나 이런 헛된 일들이 젊었을 때는 헤아릴 수 없이 많은 법이네—그리고 전체적으로 볼 때 그것은 소용없는 것들이지! 오직 짧은 순간이긴 하지만 새롭게 산 보람을 느끼기 위해 바보 같은 짓을 해야만 할 때가 있는 거라네. 내가 젊었을 때는 이것보다 더 잘했다고 말할 수는 없지. 지금까지 이럭저럭 무사히 벗어났다고 할 수는 있지만

괴테가 이탈리아 체류 중(1786~1788) 가깝게 지냈던 화가 중의 한 사람인 스위스의 카우프만은 1781년 런던에 왕립미술학교가 세워졌을 때, 학교 강당 천장에 〈그림의 4가지 요소들〉을 비유적으로 그렸다. 그중 〈색채〉 부분에서 한 처녀가 넓은 하늘을 향해 무지개를 그리고 있는 모습.

말일세."

1823년 12월 30일 화요일 ★

저녁때 괴테와 단둘이 여러 가지 이야기를 나눴다. 그는 나에게 1797년의 〈스위스 기행〉을 전집에 수록할 생각이라고 말했다. 이어 화제는 〈베르테르〉에 이르렀는데, 그는 이것이 이 세상에 나온 이후 약 10년 동안 단지 한 번만 다시 읽어 보았다고 했다. 괴테는 이 밖의 다른 작품에 있어서도 또한 그러했다고 말했다. 다음으로 번역에 관한 문제로 들어가, 그는 영국 시를 독일의 시구로 재현하는 것은 대단히 어려운 일이라고 했다.

"저 정확한 단음절의 영국인들 말을" 하고 그는 말했다. "다음절이고 복합적인 독일어로 표현하게 되면 힘과 효과도 완전히 없어져 버리지." 그는 〈라모〉에 관해 얘기하며 이것을 4주일 걸려서 번역했고 모든 것을 구술한 것이라고 말했다.

이어 자연과학에 관해, 특히 여러 학자가 우선권을 둘러싸고 이러니저러니 서로 싸우고 있는 것에 이르렀다. 괴테는 말했다. "나는 무엇보다도 자연과학의 연구를 통해 인간을 한층 더 잘 배울 수 있었네. 그 때문에 비상한 희생을 지불해야 했고 또 그와 관련하여 많은 고통도 겪어야 했지만, 나는 그런 경험을 쌓은 것을 지금도 기쁘게 생각하고 있지."

"과학에 종사하게 되면" 하고 나는 말했다. "인간의 이기주의가 한층 더 강하게 북돋아지는 것 같습니다. 이것이 일단 발동하게 되면 금세 그 인물의 여러 가지 약점들이 속속들이 드러나기 십상이지요."

"과학의 문제는" 하고 괴테는 말했다. "실제적인 생계의 문제가 되는 것이 정말로 많지. 오직 한 가지의 발견으로 한 인간이 유명해지고 시민으로서 행복의 기초도 얻을 수 있네. 그러므로 과학계에서는 다른 사람의 창의(創意)에 대해서 이처럼 심하게 싸우고 고집하고 질투하기도 하지. 이와는 반대로 미학계에서는 모든 것이 훨씬 관대하네. 사상은 다소의 차이는 있지만 어떠한 인간도 나면서부터 구비하고 있지. 그러므로 모든 것은 그 취급방법과 표현 여하에 달려 있어. 그러므로 거의 질투가 일어나지 않는 것이 당연해. 다만 하나의 사상은 곧잘 백(百)의 잠언시의 기초를 제공할 수도 있네. 그리고 문제는 오직 그 시인이 그 사상을 가장 적절하게 가장 아름답게 표현해야 한다면, 그 방법은 무엇인가 하는 것이야. 그러나 과학계에 있어서는 취급방법이 문제가 되지 않지. 모든 성과는 오직 그 창의에 달려 있어. 이 분야에 있어서는 보편적인 것, 주관적인 것은 거의 찾아볼 수 없지. 자연법칙 개개의 발현은 우리하고는 아무런 관계가 없어. 그 모든 것은 스핑크스처럼 아무 말 없이 확고부동하게 가로누워 있네. 새로운 현상은 그것을 모든 사람이 인정할 때 발견이 되지. 그러면 발견은 각기 그 사람의 재산이 되네. 그러니 다른 사람이 조금이라도 그 재산에 손을 대려고 하면 소유주는 그 즉시 격분하게 되는 것이야."

괴테는 말을 계속했다. "과학계에서는 대학에서 가르침을 받고 배운 것도 재산으로 생각하고 있지. 만약 누군가가 새로운 학설을 가져온다고 하세. 그런데 이 새로운 학설이 오랫동안 맹종되고 되풀이되어 온 신조에 역행할 뿐만 아니라 이것을 전복해 버리게 될 염려가 있을 경우, 사람들은 격분하여 이것에 반항하고 모든 수단을 다해 이것을 압박하려고 할 거야. 가능한 한 이것을 향해 저항하고 들어도 못 들은 척, 알아도 모르는 것처럼 행동할 거야. 이처럼 새로운 진리가 탄탄한 궤도에 올라서기까지는 오랜 시간이 필요하지. 어떤 프랑스인이 나의 〈색채론〉에 관해 내 친구에게 이렇게 말했어. '우리는 뉴턴 제국을 수립하고 확고히 하는 데에만 50년 동안의 연구를 바쳤네. 그러니 이것을 뒤집어엎으려면 50년은 더 걸릴 것이네'라고 말이야.

수학계에서는 과학계에서 나의 이름을 신용할 수 없는 것으로 만들려고 노력했기 때문에, 사람들은 나의 이름을 입 밖에 내는 것조차 꺼리고 있네. 며칠 전에 〈색채론〉의 문제를 취급한 소책자가 내 수중으로 들어왔지. 이 저자는 전적으로 내 학설을 신봉하고 있어서 모든 것을 나와 똑같은 기초 위에 서서 귀납하고 있었네. 나는 이 논문을 아주 기쁜 마음으로 읽었지. 그러나 나는 적잖게 놀랐네. 왜냐하면 이 저자가 나의 이름을 한 번도 거론하지 않았기 때문일세. 그 후에 이 수수께끼는 풀렸지. 이 저자와 나와의 공통의 친구가 나를 찾아와 이것을 숨김없이 이야기해 주었네. 재능이 풍부한 이 젊은 저자는 그 논문으로 그 명성의 기초를 세우려고 했지. 그런데 여기에 만약 나의 이름을 드러내고 그 논술의 지주로서 밝히게 되면 학자 세계에서 불이익을 자초하게 되기 때문에 이것을 교묘히 피했다는 것이었어—이 소논문은 성공을 거두었지. 그 후 이 재능이 풍부한 젊은 학자는 친히 나를 찾아와 용서를 빌었다네."

"이런 일은 나에게 점점 더 이상하게 생각됩니다." 하고 나는 대답했다. "다른 모든 분야에서 사람들은 당신을 당연한 권위자로서 인정하여 자랑으로 생각하고, 세상 사람들 앞에서 당신의 동의를 받으면 힘이 생긴다고 기뻐하기 때문입니다. 당신의 〈색채론〉에 있어서의 화근은, 당신은 단지 모든 사람이 인정한 유명한 뉴턴뿐만 아니라 온 세계에 퍼져 있는 그의 학도들과도 대적해야 한다는 것입니다. 뉴턴의 신봉자는 너무 많아서 그 숫자는 한 군단을 형성할 수 있을 정도입니다. 결국 당신이 옳다고 하더라도, 당신은 틀림없이 오랫동안 당신의 새로운 학설과 함께 고립된 채로 지내게 될 것입니다."

"나는 그것에 길들어 있지. 또 그것을 각오하고 있기도 하네." 하고 괴테는 대답했다. "그런데 자네는 이것을 어떻게 생각하는가?" 하고 괴테는 말을 계속했다. "위대한 뉴턴과 모든 수학자 그리고 당당한 계산가들이 색채론에 있어서는 뉴턴과 함께 결정적인 오류에 빠져 있지. 나는 자연의 이 중대한 문제에 관한 진실을 알고 있는 것은 백만 명의 사람 중에서 오직 나 하나뿐이라고 20년 동안 나 자신을 타이르지 않을 수 없었다네. 이 사실만으로도 나는 스스로를 자랑스러워해도 좋을 것이야. 이런 우월감을 가지고 있기 때문에 나는 내 반대자들의 어리석은 불손에도 견딜 수 있었네. 사람들은 나와 나의 학설을 모든 수단을 다해 반대하고 조롱하려고 하고 있지. 그렇지만 무엇이라고 말하든 나는 내가 완성한 일에 대해 아주 기쁘게 생각하고 있네. 나의 반대자들이 아무리 공격하더라도, 그것은 그들의 인간적인 약점을 알아차리게 하는 데에 도움을 주었을 뿐이지."

이처럼 괴테가 힘차고도 알차게―나는 이것을 있는 그대로 완전히 표현할 수가 없다―말하는 동안 그의 눈은 비상한 불꽃으로 빛나고 있었다. 그 속에는 승리의 표정이 보였다. 그리고 그의 입술 언저리에는 빈정대는 미소가 감돌고 있었다. 그의 아름다운 얼굴에는 지금까지 볼 수 없었던 당당함이 나타나 있었다.

1823년 12월 31일 수요일 ★

괴테 댁에서 식사하면서 여러 가지 이야기를 나눴다. 그는 스케치 그림이 들어 있는 서류철을 보여 주었다. 그중에서도 하인리히 퓌슬리[13]의 초기 작품이 눈에 띄었다.

이어 종교 이야기가 나와 우리는 신의 이름의 남용에 대해 말했다.

괴테는 말했다. "사람들은 이해는 물론 상상하는 것조차도 허락되지 않는 저

---

13) 퓌슬리(1742~1825). 스위스의 화가이다. 괴테는 그의 화집과 역시 화가이고 미술연구가인 그의 형 한스 루돌프(1737~1806)의 23장짜리 스케치 화집을 가지고 있었다. 퓌슬리 일가는 취리히에서는 유명한 예술가 집안이다.

지고의 신을 마치 자기 동료들처럼 취급하고 있지. 그렇지 않다면 '하느님'이라든가 '사랑하는 하느님' 그리고 '착한 하느님'이라고 말하지는 못할 것이야. 하느님이란 사람들에게, 특히 이것을 매일 입에 올리는 성직자들에게 단지 하나의 상투어나 명사에 지나지 않게 되었어. 그래서 그들은 이것을 입에 올릴 때 각별히 정성을 들이지는 않지. 그러나 만약 그들에게 하느님의 위대함이 침투되어 있다고 한다면, 감히 그 이름을 입 밖에 내거나 부르지도 못하게 될 것이야."

1824년

1824년 1월 2일

괴테 댁에서 식사하면서 즐거운 이야기를 나눴다. 바이마르 사교계의 어떤 젊은 미인이 화제에 올랐다. 자리를 함께했던 한 사람이, 그녀의 지적인 면은 대단한 것이라고 말할 수는 없지만 지금이라도 그녀를 사랑하고 싶어진다고 말했다.

"흥." 하고 괴테는 웃으면서 말했다. "연애와 지적인 면이 서로 무슨 연관성이라도 있다고 하는 것 같군그래! 우리가 한 젊은 여성을 사랑하는 것은 그녀의 지적인 면하고는 전혀 다른 것 때문이지. 우리가 여성을 사랑하는 것은 그녀의 아름다움, 그녀의 젊음, 심통 사나움, 믿음직스러움, 그녀의 개성, 결점, 그리고 그녀의 변덕에 이르기까지, 뭐라고 표현할 수 없는 여러 가지 점 때문이야. 그녀의 지적인 면을 사랑하는 것은 아니란 말일세. 만약 그녀의 지적인 면이 빛난다고 하면 우리는 그것을 존경할 수는 있지. 그리고 이로 말미암아 그 아가씨가 우리 눈에 한없이 고귀하게 보일 수도 있어. 그리고 또 이미 서로 사랑하고 있는 사이라면, 그녀의 지적인 면은 그 관계를 유지하는 데에 충분히 도움을 줄 수 있을 거야. 그러나 우리를 열중케 하고 정열을 불러일으키게 하는 힘을 가지고 있는 것은 그 여자의 지적인 면이 아니지."

괴테의 이 말에는 많은 진리가 담겨 있었고 설득력도 있었다. 그러므로 우리는 이 여성을 이런 측면에서 바라보는 것에 동의했다.

식사 끝나고 사람들이 가고 난 뒤, 나는 괴테 곁에 머물러 그와 계속 여러 가지 유익한 이야기를 나눴다.

우리는 영국의 문학과 그리고 셰익스피어의 위대한 점을 이야기했고, 그 문학의 거장 이후에 탄생한 영국의 모든 희곡 작가는 얼마나 불리한 입장에 처해 있어야만 했는가를 이야기했다.

"희곡적인 재능이 있는 사람으로서" 하고 괴테는 말을 계속했다. "훌륭한 사람이라면 셰익스피어에 주시하지 않을 수 없었을 것이고, 반드시 그를 연구하지 않을 수 없었을 것이야. 그러나 셰익스피어를 연구해 보면 셰익스피어가 인간의 본질 전체를 모든 각도에서 그 심연과 절정의 온갖 것을 보여 주며 남김없이 그려 냈기 때문에, 결국 그의 후배로 태어난 사람이 손댈 수 있는 것은 아무것도 남아 있지 않다는 것을 깨닫게 되었을 것일세. 그리고 이토록 헤아릴 수 없을 만큼, 그리고 도저히 도달할 수 없을 만큼 탁월한 걸작들이 이미 이 세상에 존재한다는 것을 진지하고도 솔직한 심정으로 인정한다면, 어떻게 글을 쓰겠다고 펜을 들어 볼 용기가 생기겠는가! 사실 나는 50년 전에 내가 사랑하는 독일에서 태어나서 한결 형편이 좋았네. 나는 기성 문학과는 곧 작별했지. 그것들은 더 이상 내 마음을 끌어당기지도 않았고, 나의 마음을 붙잡아 두지도 못했어. 나는 독일 문학과 그 연구를 그만두고 인생과 창작에 마음을 돌렸지. 이렇게 하여 나는 한 걸음 한 걸음 앞으로 나아가면서, 내 본성의 전개를 계속하여 갔네. 그리고 그것을 한 시기에서 다른 시기로 순차적으로 배양해 가면서 가능한 창작 활동을 성취하여 갔지. 게다가 걸작에 대한 나의 이념도 내 생애의 각 단계에 국한하였기 때문에, 그때그때 실현하여 가는 것이 불가능할 만큼 힘에 벅찬 것은 아니었어. 그러나 내가 만약 영국인으로서 이 세상에 태어났고, 셰익스피어의 저 다양한 모든 걸작이 이제 겨우 청춘에 눈을 뜬 나에게 맹렬한 위세를 떨치면서 다가왔다면, 나는 그것에 압도당해 어찌하면 좋을지 몰랐을 거야. 이렇게 손쉽게 신이 나서 전진해 나갈 수도 없었을 것이고, 틀림없이 처음 한동안은 깊이 생각하고 주위를 두리번거리면서 새로운 출구는 어디에 있을 것인가 하고 찾았을 거야."

나는 화제를 다시 셰익스피어로 되돌렸다. "만약 우리가 셰익스피어를, 말하자면 영국 문학에서 뽑아내어 한 개인으로서 독일로 옮겨놓고 관찰한다면, 기적과도 같은 그의 거대한 위대함에 그저 놀랄 뿐입니다. 그렇지만 그를 그의 고향에 그대로 두고, 우리 자신이 그가 태어난 나라와 그가 살았던 그 세기의 분위기 속으로 몸을 옮겨 그의 동시대 사람들과 또 직접적인 후계자들을 연구한다고 합시다. 벤 존슨[1]이나 매신저,[2] 말로우,[3] 그리고 보먼트[4]와 플레처[5]에게서 불어오는 힘을 흡수해 보는 것입니다. 그때도 셰익스피어는 여전히 변함없이 거대하고 걸출한 위인임은 틀림없습니다만, 그래도 그의 정신 기적은 어느 정도까지 파악할 수 있을 것이고, 그가 가지고 있는 많은 것은 그 세기와 그 시대의 활발하고 창조적인 공기 속에 있었다는 것을 확신할 수 있을 것입니다."

"자네 말이 전적으로 옳아." 하고 괴테는 대답했다. "셰익스피어는 스위스의 산맥들과 비교할 수 있지. 몽블랑을 광활한 뤼네부르크의 황야로 옮겨 놓으면 어떨까. 그렇게 되면 그 방대함에 놀라 말문이 막혀 버릴 것이야. 그러나 몽블랑을 그 거대한 고향으로 찾아가, 그의 큰 이웃들, 즉 융프라우, 핀스터아르호른, 아이거, 베터호른, 고트하르트 그리고 몬테로자를 넘게 되면, 몽블랑이 거대한 것은 여전하지만 우리는 이제 전처럼 놀라지는 않게 되지."

괴테는 말을 계속했다. "좌우간 셰익스피어의 위대함의 대부분은 그 당시의 활발하고 위대한 시대가 만든 것이지. 이것을 믿지 않는 사람은 1824년 오늘날의 영국, 즉 중상과 분열로 가득한 저널리즘의 흉측한 시대에 그와 같은 놀라운 인물의 출현이 가능할 것인가를 한번 자문해 보는 것이 좋을 걸세.

정말이지 참으로 위대한 작품은 한결같고 순수하고 몽유병자와 같은 창조력에서만 탄생할 수 있는 것인데, 이것이 이제는 전적으로 불가능하게 되어 버렸지. 오늘날 우리의 재능 있는 작가들은 모두 뭇사람들의 주목을 받고 있다네. 매일 같이 50여 곳에서 발행되는 평론 잡지들, 그리고 이것을 둘러싸고 대중들 사이에 전개되는 잡담으로는 절대로 건전한 창작의 출현을 기대할 수 없지. 오늘날에는 이런 것들로부터 몸을 피하고 무리를 해서라도 고립을 지키지 않는

---

1) 벤 존슨(1573~1637). 영국의 극작가로, 엘리자베스 여왕 시대의 화려한 연극 극단을 지배한 고전주의작가이다.
2) 매신저(1584~1640). 영국의 극작가로 셰익스피어 이후의 인기작가이다.
3) 말로우(1564~1593). 영국의 극작가로 영국 극단에 문예부흥의 기운을 촉진했고, 셰익스피어에게도 영향을 끼쳤다.
4) 보먼트(1584~1616). 역시 영국의 극작가로 플레처와의 합작이 많아 언제나 그의 이름과 함께 불린다.
5) 플레처(1579~1625). 영국의 극작가이자 시인이다.

사람은 멸망하고 말걸세. 이런 야비하고 대부분 부정적인 문예비평을 일삼는 저널리즘 때문에 군중들 사이에 일종의 어설픈 문화가 조성되고 있는데, 그런 것은 새로운 것을 산출하려는 재능의 소유자에게는 해로운 안개, 뚝뚝 떨어지는 독약인 것이야. 그것은 창조력을 저장하고 있는 나무의 아름다운 푸른 나뭇잎은 말할 것도 없고, 가장 깊은 심수(心髓), 그 가장 깊은 곳에 자리 잡고 있는 섬유의 끝까지 파괴해 버리고 마는 독소인 것이지.

게다가 최근 2, 3백 년 사이에 현실 생활 그 자체는 얼마나 허약의 극을 달려가고 있었던가! 어디에서 우리가 독창적인 인물을 만날 수 있다는 말인가! 참되고 타고난 그대로의 자기 자신을 나타내는 힘을 가지고 있는 자는 어디에 있다는 말인가! 이것은 또한 시인에게 거꾸로 되돌아가고 있지. 외부 세계의 모든 것으로부터 버림을 받았기 때문에 시인은 모든 것을 자기 자신 속에서 찾아내지 않으면 안 되네."

화제는 〈베르테르〉로 옮겨졌다. 괴테는 말했다. "그것도 펠리컨[6]처럼 나 자신의 심장의 피를 갖고 길러낸 작품이지. 그 속에는 나 자신의 가슴속에서 흘러나온 내면적인 것, 사상과 감정이 담뿍 담겨 있어서, 그것만으로도 족히 이런 종류의 작은 소설을 10권 정도 되는 장편소설로 만들 수 있을 것이야. 그건 그렇고 이미 여러 번 말한바 있지만 이 책이 출판된 이래로 나는 이것을 단지 한 번만 다시 읽었을 뿐이네. 그리고 이것을 두 번 다시는 읽지 않도록 조심하고 있지. 이것은 순전히 업화(業火) 그 자체야!—이것에 접근하는 것만으로도 벌써 섬뜩해지네. 거기에서 빚어지는 병적인 상태 속으로 다시 흘러 들어가는 것이 두렵거든."

나는 그의 나폴레옹[7]과의 회담을 끄집어냈다. 이것은 내가 그가 아직 발표

---

[6] 그 당시 펠리컨은 새끼를 자기 심장의 피로 기른다는 미신이 있었다. 괴테의 〈젊은 베르테르의 슬픔〉은 젊은이를 위한 책으로, 오늘날에도 온 세계에서 사랑을 받고 있다. 이 작품으로 독일문학은 처음으로 세계문학 무대에서 다른 나라와 어깨를 겨눌 수 있게 되었다. 괴테는 '누구나 일생을 살아가는 동안 〈베르테르〉는 자신을 위해서만 썼다고 생각하는 시기가 한 번쯤은 있을 것이다. 만약 이런 일이 일생에 한 번도 없다면 오히려 곤란하기 그지없는 일이다'라고 말한 적도 있다.

[7] 〈베르테르〉의 열렬한 애독자인 나폴레옹은 1808년 10월 2일, 6일 그리고 10일 세 번에 걸쳐

하지 않은 원고 중에 있던 초안에서 발견한 것이었다. 그리고 나는 그에게 이 초안에 손을 대어 완성하도록 새삼 부탁했다. "나폴레옹은" 하고 나는 말했다. "당신에게 〈베르테르〉 중의 한 부분을 가리키면서, 그 부분이 날카로운 심문을 받게 되면 감당해 내기 어려울 것이라고 말하고 있고 당신도 이것에 동의하고 있습니다. 나는 그가 어느 부분을 지적하면서 말했는지 알고 싶습니다."

"맞혀보도록 하게." 하면서 괴테는 까닭이 있음 직한 미소를 지었다.

"글쎄요." 하고 나는 말했다. "대체로 제 생각에는 로테가 알베르트에게 한마디도 하지 않고, 또 자신의 예감과 두려움을 그에게 전달하지도 않은 채 베르테르에게 피스톨을 보내는 부분 같습니다. 물론 당신은 모든 노력을 기울여 이 침묵에 동기를 부여하려고 합니다. 그러나 친구의 생명이 관련된 이런 긴박한 상황에서는 그 어떤 동기도 무력한 것처럼 보입니다."

괴테는 대답했다. "자네의 소견이 물론 틀린 것은 아니지. 그러나 나폴레옹이 같은 부분을 말했는지 아니면 다른 부분을 지적했는지 밝히지 않는 것이 좋다고 생각하네. 그러나 지금 말한 대로 자네의 견해도 그의 견해와 마찬가지로 옳은 것이야."

나는 〈베르테르〉가 이 세상에 나왔을 때 비상한 영향력을 불러일으켰던 것이 그 시대의 상황 때문이었는가를 언급하면서, 일반적으로 퍼져 있는 이러한 견해에는 승복할 수 없다고 말했다.

"〈베르테르〉가 신기원을 이룩한 이유는 그 출현 자체에 있는 것이며, 그것이 출현한 시대에 상관되는 것은 아닙니다. 시대 여하를 막론하고 말로는 도저히 표현할 수 없는 그처럼 많은 고뇌와 숨은 불만, 그리고 삶에 대한 권태가 있는

바이마르에서 가까운 에르푸르트에서 괴테를 만나, 자기 참모진들 앞에서 극찬을 아끼지 않아 괴테를 감격하게 했다. 그러면서도 때로는 나폴레옹은 〈베르테르〉를 소상하게 읽은 사람답게 책의 일부 장면을 지적하면서 '어째서 이렇게 했습니까? 이것은 자연스럽다고 생각할 수 없습니다'라고 말했다. 그의 탐독에 의한 이러한 바른 판단에 대해 괴테 자신도 거기에는 어딘지 부자연스러운 데가 있다고 시인했다. 그러면서도 괴테는 간단하고, 또 자연스러운 방법으로는 도달할 수 없는 어떤 효과를 산출하기 위해 쉽게 찾아낼 수 없는 그러한 기교를 사용한다면, 그것도 시인에게는 허용될 것이라고 덧붙였다. 이 말을 듣고 황제는 만족해하는 것처럼 보였다. 괴테는 이렇게 이 회견을 통해 새로운 질서에 의해 프랑스 혁명을 극복한 위대한 사람을 보았던 것이다.

책을 읽고 있는 베르테르

것입니다. 그리고 개개인의 인간에게는 이 사회와의 불협화음, 그리고 자신의 천성과 사회 조직 사이의 갈등이 정말로 많지요. 그러므로 〈베르테르〉가 오늘 처음으로 출판된다고 하더라도 신기원을 열게 될 겁니다."

"자네 말이 전적으로 옳은 것이야." 하고 괴테는 대답했다. "그래서 이 책은 현재에도 그 당시와 마찬가지로 일정한 시기의 청년들에게 계속 영향을 끼치고 있지. 나 또한 내 청년기의 우울함이 그 당시의 일반적인 상태라든지 영국 작가 몇몇 작품에서 온 것이라고 추정할 필요는 없다고 생각하네. 오히려 개인적인 신변 사정이 나를 부추기고 괴롭힌 끝에, 앞뒤 가리지 않고 펜을 들어 〈베르테르〉를 쓰게 만들었던 것이지. 나는 삶을 살았고 사랑을 했고 너무나 많은 괴로움을 당했어!—이것이 개인적이고 직접적인 사정이었던 것이야.

여러 가지로 논쟁이 되고 있는 '베르테르 시대'도, 우리가 이것을 더 천천히 관찰하면, 전체적인 세계 문화의 발전하고는 상관이 없고 개개인의 생활 과정과 밀접한 관계가 있다는 것을 알게 되지. 각 개인이란 그가 태어난 대로의 자유로운 천성을 갖고 옛날 그대로의 세계라고 할 수 있는 이 한정된 형식으로 들어가 그것에 순응하는 것을 배워야만 하는 것이야. 그래서 행복이 방해받고 활동이 저지당하고 소망이 채워지지 않지. 이것은 어느 특별한 시대에 한정된 결함이 아니고 모든 개개인에게 나타나고 있는 불행이야. 그러므로 누구나 일생을 살아가는 동안 〈베르테르〉는 자기 자신을 위해서만 쓰인 것이라고 생각하는 시기가 한 번쯤은 있는 법이야. 만약 이것이 일생에 단 한 번도 없다면 오히려 곤란하기 그지없는 일이지."

1824년 1월 4일 일요일

오늘 식사가 끝난 뒤 괴테는 나와 함께 라파엘로[8]의 작품이 들어 있는 화첩을 훑어보았다. 그는 끊임없이 라파엘로에 대한 연구에 몰두하고 있다. 쉬지 않고 최고의 작품에 접하고 고귀한 사람의 사상을 받아들여 심신의 단련을 계속

---

8) 라파엘로(1483~1520). 이탈리아 르네상스 고전적양식의 완성자로 불린다. 괴테는 그의 그림 전부를 가지고 있었는데, 괴테에게 그는 셰익스피어나 모차르트와 함께 모든 예술의 정점을 의미하는 것이었다.

하고 있는 것이다. 그는 이런 기회에 나를 이러한 작품 속으로 안내하는 것을 기뻐했다.

이어 우리의 화제는 〈서동시집(西東詩集)〉, 그중에서 특히 그가 그의 적들에게 품고 있었던 생각을 여러 가지로 털어놓았던 〈불만의 권(卷)〉에 이르렀다.

"좌우간 나의 태도는 정말로 관대했던 것이야." 하고 그는 덧붙였다. "만약 내가 나를 화나게 했고 괴롭혔던 모든 것을 남김없이 토해 냈다면 이 얼마 안 되는 페이지가 족히 한 권의 책으로 늘어났을 것일세.

결국 사람들이 나에게 만족하지 않았던 거야. 사람들은 신의 뜻에 따라 만들어진 나하고는 언제나 다른 나를 원했지. 그리고 그들이 내가 만들어 낸 작품에 대해 만족하는 것도 드문 일이었어. 내가 오랜 세월 전심전력을 다해 이 세상에 기여하려고 새로운 작품을 썼어도, 나에게 이번만은 봐 줄 터이니 오히려 자기들에게 고마워해야 한다고 했지.—사람들이 나를 칭찬했을 때도 나는 이것을 당연히 받아야 할 선물로서 기쁜 자부심을 느끼고 받아들여서는 안 된다는 것이었네. 오히려 사람들은 나에게 칭찬을 거절하는 것처럼 겸손한 말을 하라고 했고, 나의 인물과 작품도 전혀 보잘것없는 것이라고 표명할 것을 요구했지. 그러나 이것은 나의 성미에는 맞지 않았어. 만약 이런 식으로 아부하고 거짓말했다면 나는 틀림없이 야비한 놈이 되었을 것이야. 그러나 나는 나의 감정을 적나라하게 말할 수 있는 용기를 가지고 있었기 때문에 오만한 놈으로 간주하였고 지금도 그렇게 여겨지고 있지.

종교상의 일에 있어서나 과학상이나 정치상의 일에 있어서도, 또 그 어떤 일에 있어서도, 나는 꾸며 대지 않고 내가 느꼈던 그대로를 입 밖에 낼 수 있는 용기를 가지고 있었기 때문에 언제나 괴로워하지 않으면 안 되었네.

나는 신과 자연을 믿었고 고귀한 것이 악을 이긴다는 것을 믿고 있었지. 그러나 독실한 신앙가들은 이것으로는 만족하지 않았어. 나도 또한 삼위일체를 믿지 않으면 안 된다고 했지. 그러나 이것은 영혼의 진리를 사랑하는 나의 감정하고는 반대되는 것이었네. 그리고 나는 이것이 나의 구원에 조금도 도움을 주지 않는다는 것을 알아차렸지.

또한 나는 빛과 색채에 관한 뉴턴의 학설이 오류라는 것을 간파하고, 일반화

되어 버린 이 신조에 반론을 제기할 용기를 가졌다는 것 때문에 더욱 불리했어. 나는 순수와 진실 속에 있는 빛을 인식하고 그를 위해 논쟁하는 것을 나의 의무라고 생각했네. 그러나 반대파는 진지한 체하면서 이 빛을 검게 만들어 버렸지. 그들은 그늘이 빛의 일부라고 주장했던 거야. 내가 이렇게 말하면 좀 이상하게 들리겠지만 실제로 그랬다네. 왜냐하면 색채는 하나의 그늘인 것이며 그늘을 통해서 생기는 것인데, 그들은 색채가 빛 그 자체라든가, 결국은 같은 말이지만 빛이 여러 모양으로 굴절한 것이라고 했기 때문이지."

괴테는 침묵했다. 그의 엄숙한 얼굴에는 아이러니한 미소가 퍼져갔다. 그는 계속했다.

"그런데 정치적인 사항에 이르러서는 더욱더 그러했지!—내가 얼마나 곤경에 빠지고 고생했는지는 말로는 다할 수 없어. 자네는 나의 〈격분한 사람들〉[9]을 알고 있는가?"

"어제 처음으로" 하고 나는 대답했다. "당신의 전집 신판 작업을 할 때 그 연극을 읽었습니다. 그리고 그 연극이 아직 미완성으로 남아 있다는 것을 알고 진심으로 안타깝게 생각했습니다. 그렇지만 사려 깊은 사람이라면 그것만으로도 모두 당신의 생각에 동감할 것입니다."

"나는 그것을 프랑스 혁명 당시에 썼지." 하고 괴테는 계속했다. "그리고 그것은 말하자면 그 당시 나의 정치적 신앙 고백이라고 할 수 있네. 귀족의 대표자로서 나는 백작부인을 등장시키고 그녀의 입을 통해 귀족이 본래 어떻게 생각해야 하는지를 분명하게 했지. 백작부인은 지금 막 파리에서 돌아왔고, 그곳에서 혁명 과정을 목격했네. 그러므로 거기에서 체득한 교훈은 그녀에게는 절대로 나쁜 것이 아니었지. 민중은 압박을 가할 수는 있어도 눌러 없앨 수 있는 것이 아니고, 하층 계급의 혁명적인 반란은 상류 계급의 부정의 결과라는 것을 그녀는 확인할 수 있었던 것이야. 그녀는 말하고 있지. '이제부터는 부당하다고 생각되는 행위는 어떠한 것이든 엄격하게 피해 갈 것입니다. 그리고 다른 사람의 그러한 행위에 대해서는 그것이 사교계에서 일어났든 궁정에서 일어났든 간

---

[9] 이것은 1828년에 처음으로 나온 괴테의 연극 작품으로 프랑스혁명을 배경으로 하고 있다.

에 나의 의견을 명백하게 말할 작정입니다. 설령 여류 민주주의자라고 욕을 먹는 한이 있더라도, 어떠한 부정도 이제는 침묵을 지키지 않을 것입니다."

괴테는 계속했다. "나는 이러한 마음가짐을 전적으로 존경해야 마땅하다고 생각했지. 이것은 또 그 당시 나의 마음가짐이었고, 지금에 이르러서도 변하지 않았네. 그렇건만 세상 사람들은 이에 대한 보답으로 나에게 여러 가지 별명[10]을 붙여 댔다네. 이 얘기를 또다시 되풀이하기도 싫네만."

"당신이 어떤 생각을 하고 있는지는" 하고 나는 대답했다. "〈에그몬트〉를 읽어 보면 알 것 같습니다. 독일 연극 중에서 이것만큼 민중의 자유에 대해 많은 말을 하는 작품은 없습니다."

"세상 사람들은" 하고 괴테는 대답했다. "웬일인지 나를 있는 그대로 보려고 하지 않네. 아무리 내가 나의 참된 모습을 보인다고 하더라도 일체 이것에는 눈길을 보내려고 하지 않고 그저 등을 돌려 버리고 말지. 이와는 반대로 실러는, 여기에서만 털어놓고 말하지만, 나보다 훨씬 귀족주의자였네. 그렇지만 그는 말할 때 나보다 더 조심스러웠기 때문에 남다른 민중의 친구라고 여겨지는 대단한 행복을 누렸지. 나는 이것을 그를 위해 마음으로부터 축복했어. 그리고 나 이전에 다른 작가들도 역시 불행했던 것을 생각하고 스스로를 위로하고 있지.

내가 프랑스 혁명의 친구가 될 수 없었던 것은 사실이야. 왜냐하면 그 야만직인 행위가 너무나 가까이에서 일어났고, 또 매일 시시각각으로 나를 분격하게 했으며, 그 당시에는 아직 그것의 유익한 결과를 예상할 수도 없었기 때문이지. 그뿐만 아니라 프랑스에서 위대한 필연성의 결과로 일어난 장면을 독일에서 인공적으로 만들어 내려고 하는 사람들에 대해서 무관심으로 일관할 수는 없었네.

그렇다고 해서 나는 전제적인 독재의 친구도 아니었어. 또한 나는 아무리 큰 혁명도 국민에게 책임이 있는 것이 아니며 정부에게 책임이 있는 것이라고 굳게 믿어 의심치 않았네.

그런데 사람들은 내가 혁명을 미워했다고 해서 사람들은 나를 현존하는 질

---

10) 뵈르네와 멘첼은 괴테를 '기득권자들의 친구' 또는 '군주의 하인'이라고 불렀다.

서의 친구라고 부르고 있지. 그러나 이것은 아주 애매모호한 칭호이기 때문에 나는 이것을 거절하고 싶네. 만약 현존하는 질서가 모두 훌륭한 것이며 선하고 옳은 것이라면 나는 이것을 거절하지 않을 것이야. 그러나 그중에는 많은 착한 것과 함께 악한 것, 부정한 것 그리고 불완전한 것이 있기 때문에, 현존하는 질서의 친구라고 하면 이따금 시대에 뒤떨어진 것, 열악한 것의 친구라고 불리는 것과 조금도 다른 것이 없지.

그러나 시대는 쉬지 않고 발전해 가고 있네. 그리고 세상만사는 50년마다 다른 모습을 갖추게 되어 있기에 1800년에 완전했던 제도도 1850년에는 벌써 불완전한 것이 되어 버리지.

여기에 대해서 다른 국민을 모방한 것이 아니고 그 국민 자신의 본질에 뿌리를 내리고 있고 그 국민 자신의 공통된 요구에서 탄생한 것, 이것만은 그 국민에게 선한 것이라고 말할 수 있네. 왜냐하면 일정한 연령 단계에 도달한 어떤 국민에게 유익한 자양분이 될 수 있는 것이 다른 국민에게는 독이 될 수 있기 때문이야. 그러므로 어느 외국에서 일어난 개혁에 대한 요구가 우리 국민의 깊은 심층에는 뿌리내리고 있지 않은데도, 그것을 도입하려고 하는 것은 어리석은 짓이지. 그리고 이러한 것을 의도하고 있는 혁명은 성공하지 못하네. 왜냐하면 거기에는 선이 없기 때문이야. 또 신은 이런 의심스러운 것에서는 손을 떼는 법이라네. 그러나 어떤 국민에게 위대한 개혁을 위한 참된 욕구가 있으면, 신은 이 국민과 함께하고 그 개혁은 성공을 거두게 된다네. 그것은 그리스도와 그의 최초 제자들을 보아도 알 수 있지. 그때 많은 국민은 새로운 사랑의 교리 출현을 원하고 있었어. 마찬가지로 루터의 경우가 성공한 것을 보게. 그건 성직자들에 의해 손상된 교리를 정화해야 한다는 것이 한결같은 국민의 요구가 있었기 때문이야. 그러나 지금 언급한 두 개의 위대한 힘들은 원래 존재하던 질서의 친구는 아니었어. 오히려 두 개 다 오래된 곰팡이를 제거해야 했고, 그 이상 진실되지 않고 옳지 않은 것 그리고 불완전한 것을 현상대로 방치해 둘 수 없다는 확신에 불타 있었지."

1824년 5월 5일 수요일

나는 괴테가 배우인 볼프, 그뤼너와 함께 행한 연구의 원고를 최근에 열심히 조사해, 심하게 따로따로 흩어져 있는 메모를 쓸 만한 형태로 정리하여 배우들을 위한 일종의 입문서라고 할 수 있는 것을 완성하였다.

나는 오늘 괴테와 함께 이 작업에 대해 이야기하고 개개의 문제에 걸쳐서 면밀하게 조사했다. 특히 우리에게는 방언의 발음과 교정에 관한 지시가 중요한 것으로 생각되었다.

"나는 오랫동안 실습을 담당하면서"라고 괴테는 말했다. "독일의 각 지방에서 온 배우 초심자들과 알게 되었네. 북독(北獨)에서 온 사람들의 발음은 대체로 정정할 필요가 없었지. 순수하고 많은 점에서 모범적이라고 생각되네. 이와는 반대로 슈바벤 출신, 오스트리아 출신, 그리고 작센 출신 사람들과는 어지간히 곤란을 겪었지. 그리고 우리가 살고 있는, 이 사랑하는 도시 바이마르 출신 사람들과 일하면서도 나는 상당히 많은 애를 먹었네. 이곳 거리에서는 아주 우스꽝스러운 잘못이 벌어지고 있지.

이곳 학교에서는 B와 P 그리고 D와 T의 뚜렷한 구별을 위한 엄격한 발음 연습을 시키지 않고 있어. 요컨대 그들은 B, P, D, T가 네 개의 각각 다른 문자라는 것을 믿으려고 하지도 않는 것 같아. 그들은 언제나 하나의 B를 약하게 발음하기도 하고, 또 강하게 발음하기도 하고, D 역시 약하게 또는 강하게 발음할 뿐이거든. 마치 P와 T는 전혀 존재하고 있지 않다고 암시하려는 듯이 말이야. 이러한 사람의 발음에 따르면 고통(Pein)은 다리(Bein)처럼, 통로(Pass)는 남성 저음(Bass)처럼, 오소리 사냥개(Teckel)는 뚜껑(Deckel)처럼 들릴 것이야."

나는 대답했다. "요전 날 이곳의 어떤 배우가 T와 D를 확실하게 구별하지 못해서 지금 말씀하신 것과 비슷한 잘못을 저지르는 것을 보았습니다. 그건 정말 아주 이상하게 생각되었지요. 한 젊은 여자의 애인인 그가 저지른 대수롭지 않은 잘못에 그 여자는 화가 나서 그를 심하게 꾸짖습니다. 참을 수 없었던 그는 드디어 '인제 그만 해줘! (O ende!)' 하고 외칩니다. 그러나 T와 D를 잘 구별하지 못해서 '아, 오리같으니라고! (O Ente!)'라고 외쳤기 때문에 모두 참지 못하고 웃음을 터뜨렸습니다."

"그 예는 아주 재미있는데." 하고 괴테는 말했다. "우리 연극인 문서에 집어넣을 만하군."

"이곳 출신의 여류 가수도" 하고 나는 말을 계속했다. "마찬가지로 T와 D의 구별을 잘하지 못했는데, 며칠 전에 '나는 자네를 일당(Eingeweihten)에게 넘기겠다.'는 말을 해야 했습니다. 그러나 T를 D처럼 발음했기 때문에 '나는 자네를 내장(Eingeweiden)에게 넘겨주겠다.'고 말하는 것처럼 들리고 말았습니다."

나는 계속했다. "또 최근 연극에서도 이곳 출신의 배우가 하인 역을 맡아 하면서 낯선 손님에게 '주인님은 지금 집에 안 계십니다. 그는 회합에(im Rate) 나가 있습니다'라고 말해야 할 것을 T와 D를 구별하지 않아서, '주인님은 지금 집에 안 계십니다. 그는 차바퀴 속에(im Rade) 있습니다'라고 말하는 것처럼 들렸습니다."

"그 두 사례도 괜찮네. 우리 이것들을 써넣도록 하세. 이런 식으로 P와 B를 구별하지 못하는 사람이 '그를 붙잡아라! (packe ihn an!)' 하고 외쳐야 할 부분을 엉뚱하게 '그를 불살라라! (backe ihn an!)' 하고 외치면 또 웃음거리가 돼 버리지."

"마찬가지로" 하고 괴테는 계속했다. "이곳에서는 Ü를 I로 발음하는 경우가 많아 그 때문에 터무니없는 오해를 가져오는 경우가 적지 않지. 해변의 주민(Küstenbewohner) 대신 상자 속의 주민(Kistenbewohner), 문 위에 있는 그림(Türstück) 대신 동물 그림(Tierstück), 근본적인(gründlich) 대신 부스럼 딱지의(grindlich)가 되고, 우울(Trübe) 대신 본능(Triebe)이 되고 자네들은…해야 해(Ihr müsst) 대신 자네들은…없이 지낸다(Ihr misst)라고 들리는 경우가 있기 때문에 나도 모르게 웃어 버린 적이 있다네."

"이것과 똑같은 일입니다만" 하고 나는 말했다. "최근에 극장에서 아주 익살맞은 사건이 일어났습니다. 어떤 부인이 이때까지 한 번도 본 적이 없는 사나이의 뒤를 순순히 따라가야 하는 곤란한 처지에 빠지게 되었습니다. 그녀는 '나는 당신을 잘 모릅니다만 당신의, 그 고결한 용모(Züge)를 보고 전적으로 신뢰하겠습니다'라고 말을 해야 했습니다. 그러나 그녀는 Ü를 I처럼 발음해 버려 '나는 당신을 잘 모릅니다만 당신의 그 고결한 염소(Ziege)를 보고 전적으로 신뢰하겠습니다'라고 말을 해 버려 뭇사람들의 웃음거리가 되었습니다."

"그 경우도 괜찮군. 그것도 마찬가지로 집어넣도록 하지." 괴테는 계속했다. "이곳에서는 G와 K가 혼동되어 사용될 때도 많다네. 그러므로 G 대신 K가, K 대신 G가 발음되고 있어. 이것도 문자의 강약 구별이 확실하지 않기 때문이고 이 지방에 널리 퍼져 있는 가르침 때문이겠지. 아마 자네도 이곳 극장에서 정자(Gartenhaus)를 카드놀이 집(Kartenhaus)으로, 골목길(Gasse)을 금고(Kasse)로, 믿는다(glauben)를 집어내다(Klauben)로, 경계를 짓다(begrenzen)를 화환으로 장식하다(bekränzen)로, 은혜(Gunst)를 예술(Kunst)로 발음하는 것을 여러 번 들었을 것이고, 앞으로도 계속 듣게 될 것이야."

나는 대답했다. "나도 그 비슷한 일을 실제로 보았습니다. 이곳 출신의 어떤 배우가 '당신의 비통(Gram)함이 내 마음에 사무칩니다'라고 말해야 하는데, G를 K처럼 발음해 그것도 아주 명백하게 말했기 때문에 '당신의 잡동사니(Kram)가 내 마음에 사무칩니다.'가 되어 버렸습니다."

"그건 그렇고 G와 K의 이러한 혼동은" 하고 괴테는 말했다. "배우들뿐만 아니라 아주 박식한 신학자들에게서도 들을 수 있지. 나 자신도 이런 케이스를 직접 당했는데, 자네에게 그것을 꼭 말해 주고 싶네.

몇 년 전에 한동안 예나에 머물면서 '전나무'라고 부르는 여관에 숙박하고 있을 때였는데, 어느 날 아침 어떤 신학생이 나를 찾아왔네. 그는 한동안 나하고 아주 즐겁게 이야기를 나눈 뒤에 작별하면서 나에게 정말로 묘한 간청을 해 왔지. 즉 오는 일요일에는 나 대신 꼭 자기가 설교할 수 있게 해 달라는 것이었어. 나는 그가 어떻게 해서 나에게 이런 말을 하게 됐는가를 곧 알아차렸지. 이 믿음직스러운 젊은이는 G와 K를 혼동하는 사람이었던 거야. 그래서 나는 친절하게, 나로서는 당신의 소망을 도와 줄 수 없지만, 부목사인 쾨테[11]씨에게 말씀드려 보면 목적을 달성할 수 있을 것이라고 말했다네."

1824년 5월 18일 화요일

저녁때 괴테 댁에서 리머와 자리를 함께했다. 괴테는 지질학을 주제로 하는

---

11) 부목사 쾨테(1781~1850). 그는 예나의 신학교수이다.

영국의 어떤 시[12]에 대해 이야기했다. 그는 이것을 이야기식으로 즉흥적으로 번역했다. 그는 아주 재기발랄했고 상상력도 풍부했으며 기분도 매우 좋았기 때문에 그 모든 구상 하나하나가 생생하게 눈앞에 떠올라 시시각각 그의 마음속에서 생겨나는 것 같았다. 이 시의 주인공인 석탄 왕은 알현실의 옥좌에 앉아 있고, 그의 옆에는 황철광 왕비도 자리를 함께하여 이 왕국의 높은 분들의 내방을 기다리고 있다―그들이 위계에 따라 차례로 나타나 왕에게 배알한다. 화강암 공작, 석판석 후작, 반암 백작부인, 그 이외에도 각각 적당한 칭호와 익살에 의해 성격이 잘 나타나고 있다. 계속하여 들어오는 것은 석회암 로렌츠 경이다. 이 사나이는 방대한 영지를 가지고 있고 궁정의 총애를 받고 있다. 그는 자기 어머니인 대리석 부인이 주거지가 좀 먼 곳에 있기 때문에 참가하지 못한 것에 대해 용서를 빈다. 좌우간 그녀는 높은 교양과 고상한 취미를 갖추고 있는 부인인 것 같다. 오늘 그녀가 궁정에 모습을 나타내지 않은 것은 그녀가 자신에게 무던히도 아첨을 떨고 있는 카사노바와의 정사에 말려들고 있기 때문인 듯하다. 도마뱀과 고기로 그의 머리칼을 장식하고 있는 응회암은 조금 술에 취한 채로 나타났다. 이회암(泥灰岩)인 한스와 도토(陶土)인 야콥은 알현이 거의 끝날 무렵에야 나타난다. 특히 야콥은 왕비에게 패류(貝類) 수집을 약속했기 때문에 그녀의 환심을 사고 있다. 이렇게 묘사는 아주 쾌적하게 오래 계속된다. 그러나 너무 자세하기 때문에 그다음의 경과를 기억할 수 없을 정도였다.

"이러한 시는" 하고 괴테는 말했다. "철저하게 세상 사람들을 즐겁게 하기 위한 배려를 하고 있지. 그리고 동시에 원래 어떤 사람에게도 없어서는 안 될 유익한 지식을 다량으로 보급해 준다네. 이로 말미암아 상류 사회에 과학에 대한 취미를 북돋아 주게 되지. 그런데 이런 절반 농담을 섞은 즐거운 시에서 결과적으로 얼마나 많은 좋은 것이 생겨나는 것인지 아무도 이해하지 못한다네. 많은 현명한 사람들은 자기 가까운 범위 내에서 자기 스스로 관찰하게 될 것이야. 그리고 우리를 에워싼 자연에서 얻은 이러한 개인적인 관찰은 그 관찰자가 실제의 전문가가 아니면 아닐수록 그만큼 그 가치가 높을 때가 많지."

---

12) 영국의 장교이자 교훈 시인인 존 스케이프의 〈석탄왕의 접견〉(1819년)을 말한다.

"그렇다면" 하고 나는 말했다. "지식이 많은 사람일수록 관찰이 서툴러진다는 것처럼 들립니다만."

"우리에게 전해 내려오고 있는 지식이 오류와 결합한 경우에는 확실히 그렇지!" 하고 괴테는 대답했다. "과학계에서는 편협한 특정 신조에 사로잡혀 버리는 즉시 자유롭고 정직한 관찰이 불가능해져. 완강한 화성론자[13]는 오로지 화성론자의 안경을 쓰고 관찰하게 되네. 수성론자[14]나 최근의 융기이론[15] 신봉자도 마찬가지로 각자 자기식의 해석을 내리지. 오직 한 가지의 배타적 방향에 사로잡혀 있는 이런 이론가의 세계관은 천진함을 잃어버리고, 대상은 이제 자연 그대로의 순수한 모습으로 보이지 않게 되네. 그러므로 이런 학자들이 그 관찰을 설명하게 되면, 그들 각자는 개인으로서 이를 데 없이 진리를 사랑하고 있다고 하는데도, 우리는 아무리 해도 사물의 참된 모습을 손에 잡을 수 없지. 오히려 우리가 받아들이는 대상들은 언제나 아주 강한 주관이 뒤섞인 취미에 젖어 있어.

그러나 얽매이지 않은 올바른 지식이 관찰을 방해하고 있다고 주장하려는 것은 결코 아니라네. 오히려 우리의 눈과 귀도 사실은 오직 알기 위해서만 존재한다는 옛 진리를 옳다고 믿는 것에는 변함이 없네. 오케스트라의 합동 연주 때 전문적인 음악가는 각 악기와 그 악기 하나하나의 음색을 들어서 구별하지만, 아마추어는 전체의 종합적인 효과에 사로잡혀 버리지. 이처럼 단지 향락적인 사람은 푸르고 푸른, 혹은 꽃이 만발한 초원의 아늑한 표면을 바라보는 것에 그치지만, 이것을 관찰하는 식물학자에게는 각각 다른 식물과 풀 하나하나의 한없이 미세한 부분이 눈에 띄게 되네.

---

13) 화성설의 신봉자를 말한다. 이 학설에 따르면 암석의 생성과 일반적인 지질학적 현상은 아직 완전히 차가워지지 않은 지구 내부의 영향에 의거하는 것이다.
14) 암석수성론의 신봉자를 일컫는데, 그들의 학설은 딱딱한 지각의 모든 요소는 물 또는 그 공동 작용에 의해 생긴다고 주장하는 것이다.
15) 프랑스의 지질학자인 보몽의 이론이다. 그는 어떤 산맥들은 그 생성의 방향, 시기, 성질이 같기 때문에 일체화하는 것이 가능하다고 하였는데, 알렉산더 폰 훔볼트는 1823년에 발표한 '화산의 구조와 활동 양식'에서 이미 이와 비슷한 견해를 발표한 적이 있었다. 또한 이 학설에 대해서는 〈빌헬름 마이스터의 편력시대〉 제2권 제9장에서도 논해지고 있다.

그러나 어떤 것에도 그 정도의 한계가 있는 법이야. 나는 이미 〈괴츠〉 속에 학문에만 열중한 나머지 자기 아버지의 얼굴까지도 알아보지 못하게 된 아이들 얘기를 쓴 적이 있는데, 이와 마찬가지로 과학계에도 순수한 학식과 가설에만 몰두하다가 보는 것과 듣는 것도 할 수 없게 된 사람들이 있다네. 이런 사람들은 무슨 일에 있어서도 곧 생각에 잠겨 버린다네. 그들은 자기 마음속에서 북받치는 것에 정신이 팔려 길거리에서 가장 친한 친구를 만나도 알아차리지 못하고 그냥 스쳐 지나가 버리지. 자연 관찰에는 어떤 것에도 방해받지 않고 어떠한 선입견에도 얽매이지 않는 조용하고 맑은 마음이 필요한 것이야. 어린아이는 꽃에 머물러 있는 갑충을 놓치지 않지. 어린아이는 오직 한 가지의 단순한 흥미에만 그의 온 정신을 집중하네. 그래서 같은 시각에 구름 모양에 어딘가 이상한 점이 생긴다고 하더라도 전혀 그 방향으로 눈길을 돌려보려고 하지 않아."

"그렇다면" 하고 나는 대답했다. "어린아이들이나 이와 비슷한 사람들은 과학계에서는 정말로 훌륭한 조수 일을 할 수 있겠군요."

이에 괴테가 말했다. "물론 우리가 모두 훌륭한 조수 이상의 것이 되려고 하지 않는다면 괜찮지. 하지만 우리는 그 이상의 것이 되려고 하여 철학이나 가설 같은 대규모의 도구를 여기저기 장소를 가리지 않고 끌고 다니기 때문에 엉망이 되어 버리고 만다네."

담화가 도중에서 조금 끊어졌다. 리머가 입을 열어 바이런 경과 그의 죽음에 대해 말하기 시작했다.

이어 괴테는 그의 작품들에 대해 멋지게 논하였다. 그리고 그의 논평은 최고의 찬사와 가장 순수한 존경으로 가득 차 있었다. 괴테는 말을 계속했다. "바이런은 아주 젊어서 죽었지만 그것이 그의 계속된 문학 전개에 본질적인 손실을 입혔다고는 말할 수 없네. 바이런은 말하자면 그 이상 더 앞으로 나아갈 수 없었지. 그는 자기 창작력의 정상에 도달해 있었어. 그가 그 이후에 계속 창작했다고 하더라도 그의 재능에 허용된 이 한계를 뛰어넘지는 못했을 거야. 그토록 이해하기 어려운 시 〈최후의 심판의 날〉[16]에서 그는 자기 역량을 끝까지 선보이

---

16) 더 정확하게는 바이런의 〈최후 심판의 환상〉(1822년)을 말하는 것이다. 그 당시 영국의 계관 시인 사우디(1774~1843)가 〈최후의 심판의 날〉이라는 제목의 시를 썼는데, 그 내용은 1820

고 있네."

이어 화제는 이탈리아의 시인인 토르크와토 타소[17]로 옮겨졌고 이 시인과 바이런과의 관계에 이르렀다. 이때 괴테는 바이런 쪽이 그 정신에 있어서, 그 세계에 있어서, 그 창작력에 있어서 훨씬 탁월하다고 강조했다. "이 두 사람의 시인을" 하고 그는 덧붙였다. "서로 비교하게 되면 한쪽을 위해 다른 쪽을 부정하는 길밖에는 다른 도리가 없네. 바이런은 레바논 산의 신성한 삼나무를 재로 만들어 버릴 수 있는 불타는 가시나무 덤불이야. 한편 이탈리아인인 타소의 위대한 서사시는 수 세기에 걸쳐 그 명성을 유지하고 있지. 그러나 〈돈 조반니〉 중의 단 한 행을 갖고도 〈예루살렘의 해방〉 전체를 독살시킬 수 있네."

1824년 5월 26일 수요일

나는 오늘 괴테에게 작별 인사를 드렸다. 하노버에 있는 나의 애인을 만나고, 내가 오랫동안 계획하고 있었던 대로 라인강을 방문하기 위해서였다. 괴테는 두 팔을 벌려 진심으로 나를 안아 주었다. "하노버에 있는 레베르크[18]가(家)를 방문하게 되면" 하고 그는 말했다. "아마 내 젊은 시절의 여자 친구인 샤를로테 케스트너[19]를 만나게 되겠군. 그녀에게 나의 안부를 잘 전해 주길 바라네.

프랑크푸르트에 있는 나의 친구인 빌레머 가와 라인하르트 백작, 그리고 슐로서[20]가를 자네에게 소개해 주도록 하지. 하이델베르크와 본에도 나에게 성

년 서거한 영국 국왕 조지 3세가 천국 가까운 곳에서 악마를 물리치고 마침내 천국으로 들어간다는 것이었다. 바이런의 이 시는 사우디에 대한 호된 비난이자 신랄한 풍자였던 것이다.
17) 토르크와토 타소(1544~1595). 그가 쓴 〈예루살렘의 해방〉(1580년)은 제1회 십자군을 주제로 한 것인데, 작중의 성격이 한결같이 독창적이어서 세계적인 걸작으로 간주하고 있다.
18) 레베르크(1757~1836). 독일 하노버의 추밀고문관이다.
19) 샤를로테 케스트너(1753~1828). 애칭 로테로 괴테의 〈젊은 베르테르의 슬픔〉의 모델이다. 그녀는 베츨라어에서 하노버의 케스트너 일가에 시집을 왔는데, 이 일가는 하노버의 명문가로 그 학술수집품은 오늘날 시립박물관으로 되었다. 그곳에는 그녀 자신의 유물도 함께 진열되어 있다고 한다.
20) 여기서는 슐로서가(家) 중 특히 요한 프리드리히 슐로서(1780~1851)를 말하고 있는데, 그는 괴테의 누이동생인 코르넬리아의 남편이 된 요한 게오르크의 조카뻘이 되며 괴테의 죽마고우인 히에로니무스 슐러서의 아들이고 변호사이다.

실한 친구들이 있는데 그분들도 자네를 극진히 환대해 줄 거야. 나는 이번 여름 한동안 또다시 마리엔바트에서 지낼 작정이지만 자네가 돌아올 때까지는 떠나지 않을 것이야."

나에게 괴테와의 작별은 마음이 괴로운 일이었다. 그러나 2개월 후에는 건강하고 유쾌한 그를 다시 만날 것이라고 굳게 믿어 의심하지 않았다.

다음 날 마차가 나의 사랑하는 고향인 하노버를 향해 떠났을 때 나는 행복했다. 그간 나의 간절한 마음은 늘 그곳으로 향해 있었기 때문이다.

1825년

1825년 3월 22일 화요일

이날 자정이 지났을 때 우리는 경종 소리에 눈을 떴다. "극장에 불이 났다!" 하고 사람들이 외쳤다.[1] 나는 곧 옷을 입고 현장으로 달려갔다. 그 지역에는 일대 혼란이 일어났다. 몇 시간 전 이곳에서는 컴버랜드[2]의 〈유대인〉이 상연되어라 로슈의 멋진 연기가 우리를 열광케 했고, 자이델의 신명이 난 익살이 모든 사람을 웃게 했다. 그런데 바로 지금 그 장소, 방금까지만 해도 사람들을 즐겁게 해 주었던 그곳은 미친 듯이 날뛰는 무서운 파괴의 불길에 휩싸여 있었다.

불은 난방 기구에서 일어났고 일 층부터 불길을 내뿜었다고 한다. 불은 얼마 안 있어 무대와 측면 배경의 건조한 격자 세공품으로 옮아가 불붙기 쉬운 것들에 순식간에 번져 버렸다. 불길은 지붕 전체로 용솟음쳐 서까래가 쿵 하는 소리와 함께 무너져 내렸다.

소화 장치는 잘 되어 있었다. 사람들은 점차로 건물을 소화기로 포위하다시

---

1) 원래 처음에는 바이마르 궁성 안에 작은 극장이 있었다. 그런데 1774년에 바이마르 궁성이 화재로 전소되면서 그 극장도 없어졌다. 1780년에 새로운 바이마르 극장이 세워지면서 1783년부터는 직업 배우들이 무대에 등장하게 되었고, 이탈리아 여행에서 돌아온 괴테가 1791년부터 1817년까지 바이마르 극장 무대감독의 책임을 맡게 된다. 이후 이 극장에서는 괴테와 실러의 따뜻한 우정의 결과로, 실러의 〈발렌슈타인〉 3부작을 비롯한 그의 걸작 희곡들과 괴테의 〈에그몬트〉가 실러의 연출로 처음으로 상연될 수 있었다. 이러한 바이마르 극장은 1825년 3월 22일 화재로 없어졌다가 1829년에 신축되었고, 1907년에는 더 크고 현대적인 건물이 세워졌다. 이후 2차 세계대전 중 폭격으로 건물 정면만 남은 것을 다시 지어, 1948년 8월 28일 파우스트 공연과 함께 극장 문을 새로 열었다. 이 극장은 1975년에 다시 완전히 개축되어 바이마르 1000년 존속 기념일을 경축했다. 1919년 독일 국회의원들이 한자리에 모여 독일이 공화국이 되었음을 선포한 것도 바로 이 극장에서였다.
2) 컴버랜드(1732~1811). 영국의 극작가인 그의 5막 물의 감상적인 희곡 〈유대인〉은 1825년 바이마르에서 상연되었다.

피하여 다량의 물을 불 속으로 퍼부었다. 그렇지만 전혀 효과를 내지 못했다. 불길은 여전히 하늘 속으로 미쳐 날뛰었고 수없이 많은 불꽃 덩어리와 가벼운 물건의 파편들이 불붙은 채로 암흑의 하늘로 날아올랐다. 이어 그것들은 산들바람을 타고 옆쪽에 있는 거리 위로 흘러 들어갔다. 소화 사다리와 소화 펌프 아래에 모여서 활동하고 있는 사람들의 술렁거림과 외침 소리는 격해져 갔다. 사람들은 있는 힘을 다해 무리를 해서라도 불길을 잡으려고 하는 것 같았다. 조금 옆쪽으로 불길과 가장 가까운 곳에는 외투와 군모를 쓴 채 천천히 시가를 피우면서 꼼짝하지 않고 서 있는 사나이가 있었다. 그런데 처음에 단순한 구경꾼인 줄 알았던 그가 몇 마디 명령을 내리면 사람들은 곧장 그 명령을 실행에 옮겼다. 그는 카를 아우구스트 대공이었던 것이다. 대공은 얼마 안 있어 그 건물만은 살려낼 수 없다는 것을 깨달았다. 그러므로 그는 그것을 허물고 소화 펌프를 언제 불길이 옮겨붙을지 모르는 이웃집에게 돌리도록 명령을 내렸다. 그는 군주답게 단념하고는

불타버려 없어져라!
더욱 아름답게 다시 지을 것일진대[3)]

라고 생각하고 있는 것 같았다. 그의 이와 같은 조치는 잘못된 것이 아니었다. 극장은 낡았고 전혀 아름답지도 않았다. 그리고 매년 늘어만 가는 관객을 수용하기에는 충분한 것이 못되던 차였다. 아무리 그렇다고 하더라도 그처럼 위대하고 그리운 수많은 과거의 추억이 깃든 건물이 잿더미로 사라져 가는 것은 바이마르로서는 참으로 애처로운 일이었다.

나는 많은 사람이 극장의 몰락을 슬퍼하며 아름다운 눈동자에서 흘러내리는 눈물을 보았다. 이에 못지않게 나를 감동하게 한 것은 관현악단의 한 단원이었다. 그는 자신의 바이올린이 불타 버렸다고 울고 있었다.

날이 밝아 왔을 때 나는 많은 창백한 얼굴을 보았다. 상류 계급의 여러 아가

---

3) 괴테의 축제극인 〈판도라〉에 나오는 시구이다.

씨와 부인이 눈에 띄었다. 그녀들은 하룻밤 내내 화재의 추이를 지켜보고 있었던 것이다. 그리고 지금 차가운 아침 바람 속에서 그들은 다소 추위를 느끼고 몸을 떨고 있었다. 나는 집으로 돌아가 잠시 쉬었다가 오전 중에 괴테를 찾아갔다.

하인은 나에게 그는 기분이 좋지 않아 침대에 있다고 알려왔다. 그런데도 괴테는 나를 자기 곁으로 불렀다. 그는 나에게 손을 내밀었다. "이제 모든 것이 끝장났어." 하고 괴테는 말했다. "그렇지만 별도리가 없지. 귀여운 볼프가 오늘 아침 일찍 내 침실에 문안하러 왔었네. 그 아이는 내 손을 꼭 붙잡고 물끄러미 나의 얼굴을 바라보면서 이렇게 말했지. '세상만사가 이런 것이겠지요!'—사랑하는 볼프는 이렇게 말하고 나를 위로하려고 했네. 이 말 외에 무슨 말을 더 할 수 있겠는가. 내가 거의 30년 동안 애정을 기울여 고생을 거듭해 온 저 현장이 폐허로 변해 버리고 말았어. 그러니 볼프가 말한 대로지. '세상만사가 이런 것이겠지.' 나는 어제 밤새도록 거의 잠을 이룰 수 없었네. 앞쪽 유리창을 통해 불길이 쉬지 않고 하늘로 올라가는 것을 보았어. 자네도 상상할 수 있을 거야. 갖가지 상념이 내 가슴을 뚫고 지나갔지. 먼 옛날의 일들, 오랜 세월을 실러와 함께 활동했던 일들, 많은 사랑하는 제자가 처음으로 그 무대에 올랐다가 성장하여 떠나갔던 일들. 이런 것들이 나의 마음속 깊숙이 적지 않은 동요를 불러일으키지 않을 수 없기에 오늘은 이렇게 드러누워 있는 것이 가장 좋겠다고 생각했네."

나는 그의 이런 조심스러움에 대한 찬사의 말씀을 드렸다. 그러나 그는 조금도 쇠약해진 것 같지 않았고 피곤한 기색도 보이지 않았다. 오히려 아주 쾌적하니 명랑하게 보였다. 이렇게 잠자리에 들고 있는 것은 아마도 무슨 일이 일어날 때면 많은 방문객이 몰려오는 것을 두려워하여 옛날부터 사용하고 있는 전략인 것처럼 생각되었다.

괴테는 나에게 침대 앞 의자에 앉으라고 권하면서 한동안 머물러 있어 달라고 부탁했다. 그러면서 그가 물었다.

"나는 여러 가지로 자네 일을 생각하고 딱하게 여기고 있네. 자네는 이제부터는 저녁에 무엇을 하고 지낼 작정인가?"

"아시다시피" 하고 나는 대답했다. "나는 미친 듯이 연극을 좋아하게 되었습니다. 2년 전에 이곳으로 왔을 때는 하노버에서 관람한 몇몇 연극 외에는 아무 것도 아는 것이 없었기 때문에, 배우나 희곡 작품 모든 것이 신기하게 보였습니다. 무엇보다도 당신의 충고로 인해 나는 이것저것 생각하고 반성할 여유도 없이 그저 상연 작품에서 받는 감명 속에 온몸을 맡겼던 것입니다. 그러므로 정말이지 지난 두 해에 걸친 겨울 동안 극장에서 지금까지 체험했던 것 중에서 가장 천진난만하고 즐거운 시간을 보냈다고 말할 수 있습니다. 게다가 극장에 흠뻑 빠져 어떤 상연물도 놓치지 않았지요. 그뿐만 아니라 나는 사전 연습에도 입장 허락을 받았습니다. 그런데 나는 그것으로도 만족할 수가 없어서 이따금 낮에 지나가다가 우연히 극장 문이 열려 있는 것을 볼 때면, 곧잘 1층의 텅 비어 있는 좌석에 반 시간가량 앉아서 이제 상연될 것만 같은 장면을 상상해 보곤 했습니다."

"자네는 정말이지 미친 사람 같군 그래." 하고 괴테는 웃으면서 대답했다. "그렇지만 나는 그 말을 들으니 기쁘네. 관객이 모두 자네 같은 사람들이라면 얼마나 좋을까! 그리고 결국 자네의 태도는 옳아. 옳고말고. 나쁜 습관에 물들지 않은 한창 젊은 사람에게 극장만큼 쾌적한 장소는 좀처럼 없지. 극장은 자네에게 무엇을 요구하는 것도 아니고 마음이 내키지 않으면 입을 열지 않아도 되네. 그뿐이겠는가. 왕처럼 완전히 기분 좋게 앉은 채 느긋하게 모든 것이 눈앞에서 전개되는 대로 보면 되네. 또 자기가 소망하는 대로 자기 정신과 감각을 즐겁게 해 줄 수도 있지. 거기에는 시가 있고 그림이 있고 음악도 있어. 그리고 또 연기가 있으니 없는 것이 무엇이란 말인가!

이런 모든 예술과 청춘과 아름다움의 매력이 오직 하룻밤 사이에 한 덩어리가 되어 당당하게 펼쳐질 때는 다른 무엇하고도 비교할 수 없는 향연이 실현되는 것이지. 물론 때로는 좋지 않은 작품도 있을 것이고, 또 좋은 작품이 얼마 되지 않을 수도 있을 것이야. 그렇더라도 창밖을 내다본다든지, 어딘지 은밀한 클럽의 담배 연기 속에서 카드놀이를 하는 것보다는 훨씬 낫지. 자네도 알고 있지만 바이마르의 극장은 결코 무시할 수 없네. 이것은 여전히 우리의 황금시대에 뿌리를 박고 있는 전통적인 줄기인 것이야. 신인 배우들도 이곳에서 배우고 완성되었지. 그리고 우리는 지금도 사람들을 끌어들여 만족을 줄 수 있는 것, 적어도 완벽에 가까운 것을 상연할 수 있었네."

"2, 30년 전의 상연 작품들을 한번 보고 싶습니다!" 하고 나는 말했다. "말할 필요도 없지만" 하고 괴테는 대답했다. "그 시대에는 일을 진행하는 것이 정말로 유리했지. 생각을 해 보게. 그 당시는 아직 프랑스풍 취미의 지루한 시대가 물러간 지 얼마 되지 않았을 때였지. 게다가 관객들은 아직 조금도 과격한 자극을 받지 않고 있었고, 셰익스피어가 이제 겨우 발랄하게 영향을 끼치기 시작했던 시기라네. 모차르트의 오페라도 새로웠고, 그리고 급기야는 실러의 희곡 작품들이 매년 이곳에서 완성되었던 때일세. 그리고 그는 바이마르 극장에서 그 작품들을 자신의 손으로 연출, 상연하여 최초의 영광을 마음껏 누렸지. 이렇게 남녀노소를 막론한 관객들을 그와 같은 진수성찬으로 대접했기 때문에, 우리는 언제나 우리에게 감사하는 관객을 가지고 있었다네. 이런 것은 아마 자네도 상상할 수 있을 것이야."

"그 시절을 겪었던 노인들은 그 당시가 바이마르 극장의 정점이었다고 입을 모아 칭찬합니다."[4]

"나도 그것을 부인하고 싶지는 않네." 하고 괴테는 대답했다. "그것은 정말로 훌륭한 시대였어—그런데 제일 중요한 것은 대공이 나에게 모든 것을 맡겼다는 점이었지. 그러므로 나는 내 뜻대로 마음껏 할 수 있었네. 화려한 장식과 아름다운 의상 같은 것은 거들떠보지도 않고 오로지 훌륭한 각본을 찾았지. 비극에서 익살극에 이르기까지 그 종류의 여하를 묻지 않았어. 그러나 훌륭한 작품이 아니면 채택하지 않았네. 보다 위대하고 훌륭하고 쾌활하고 우아하고 또한 어떤 상황에서도 건전하고, 무엇보다 일정한 알맹이를 갖고 있는 것이 아니면 안 되었지. 병적인 것, 허약한 것, 눈물을 짜게 만드는 것, 감상적인 것, 또한 전율스러운 것, 잔인한 것, 아름다운 풍속을 해치는 것, 이런 모든 것은 단연코

---

[4] 괴테와 실러와의 결합은 1794년에 시작하여 1805년에 실러가 사망할 때까지 계속되었는데, 이들의 협력은 이를 데 없이 생산적인 것이었다. 괴테가 오랫동안 중단하고 있었던 〈파우스트〉를 다시 시작하도록 독촉한 것도 바로 실러였다. 이에 괴테는 훗날 실러에게 감사해하면서 '그가 나에게 제2의 청춘을 갖다주어, 나를 다시 시인으로 만들어주었다'라고 했다. 괴테 역시 실러를 격려하여 실러의 고전적 희곡 창작을 촉구했고, 또 바이마르 극장의 총감독으로서 실러의 작품들을 무대에 올려 상연했던 것이다.

제외했어. 그런 것은 배우와 관객들을 모두 타락시킬 염려가 있었기 때문이지.

그러나 나는 좋은 연극은 망설이지 않고 택했고, 그것으로 배우들을 향상했네. 왜냐하면 훌륭한 작품을 연구하고 걸작을 쉬지 않고 연습하면 재능을 타고난 사람은 틀림없이 제구실하는 어엿한 인물이 될 수 있기 때문이야. 그리고 나는 배우들하고도 쉴 새 없이 직접 접촉했지. 대본 읽기를 지도했고 일일이 그 배역을 설명했어. 중요한 예행연습에 입회하여 어떻게 하면 더 연기를 잘할 수 있을지를 함께 의논했지. 상연할 때는 빼놓지 않고 관람했고 좋지 않았던 부분들은 모두 다음 날 주의를 주었네.

이렇게 하여 나는 그들의 기술을 향상했지. 또한 나는 배우 계급 전체가 세상 사람들에게서 존경받을 수 있도록 노력했네. 나는 가장 훌륭하고 가장 촉망받는 배우들을 나의 사교 모임에 끌어들여 내가 그들과 서로 어울릴 만큼 그들을 존경하고 있다는 것을 세상에 보여 주었지. 그러자 바이마르의 다른 상류 사교계도 나한테 뒤지려고 하지 않았어. 이리하여 얼마 안 있어 남자 배우와 여자 배우들도 제1류 회합으로의 정중한 초대를 받게 되었지. 나의 제자인 베를린의 볼프도, 그리고 우리의 뒤랑[5]도 매우 섬세한 사교술을 지니고 있는 사람들이지. 욀과 그라프 두 사람은 최고의 사교계에서도 부끄럽지 않을 만큼 높은 교양을 풍부하게 갖추고 있었네.

실러도 나와 똑같은 정신으로 행동했지. 그는 남자 배우들, 여자 배우들과 쉴 새 없이 사귀었어. 나와 마찬가지로 어떠한 예행연습에도 빠지지 않고 일일이 입회했지. 그리고 자기 작품의 상연이 끝난 뒤에는 그들을 자기 집으로 초대해서 그들과 함께 즐거운 하루를 보내곤 했어. 성공한 부분은 함께 기뻐했지. 그리고 서로 다음번에 개량할 점을 이야기하곤 했네. 그러나 실러가 바이마르에 나타났을 때는 이미 배우나 관객들의 교양이 높은 수준으로 발전하고 있었어. 그러므로 그의 작품이 당장 성공할 수 있었던 것은 이 점에 힘입은 바가 컸다네. 이것은 부인할 수 없는 일이지."

괴테가 그처럼 자세하게 말하는 것을 듣고 나는 정말로 기뻤다. 이것은 내가

---

[5] 우리의 뒤랑(1787~1852). 바이마르 극장의 배우였던 그는 1823년 이후 그 극장의 무대감독으로 일했다.

초대 바이마르 극장(1780~1825)

두 번째 바이마르 극장(1825~1907)

현재의 바이마르 극장

언제나 비상한 관심을 가졌던 것이었으며, 특히 어제의 불행한 일로 나의 마음에서 떠나지 않았던 것이었다.

나는 말했다. "당신과 실러가 오랫동안 이루 말할 수 없는 많은 영향을 끼친 극장이 오늘 불타 버렸으니, 바이마르로서는 다시 돌아갈 수 없는 위대한 시대의 종말을 맞은 것과도 같습니다. 하지만 당신은 그 당시 극장의 감독을 맡아하시면서 최초의 성공을 거두셨으니, 많은 기쁨을 체험하셨을 테지요."

"또한 적지 않은 성가신 일과 괴로운 일들도 겪었지." 괴테는 한숨을 쉬면서 대답했다.

"그처럼 많은 사람이 적절히 질서를 지키도록 하는 것은 여간 어려운 일이 아니었을 것입니다." 하고 나는 말했다.

"그렇게 하려면 엄격하게 다스리는 것도 아주 중요하네. 그렇지만 애정을 갖고 대하는 것이 더욱 좋지. 그러나 가장 좋은 것은 식견을 갖고 아무도 편들지 않고 공평한 입장을 취하고, 개인적인 차별을 두지 않는 것이지. 나는 나에게 위험한 두 가지의 적으로부터 스스로를 보호하지 않으면 안 되었네.

그 하나는 재능이 있는 사람을 무한정 사랑하여 자칫하면 공평함을 잃어버리게 되는 것이고, 또 다른 한 가지는, 이것은 말하고 싶지 않지만 자네는 이미 짐작할 수 있을 것이야. 우리의 극장에는 젊고 아름답고, 게다가 마음씨까지 아주 부드러운 여성이 있었지—나는 이따금 이런 여성들에게 매력을 느껴 제정신을 잃곤 했네. 그리고 때로는 나를 향해 접근해 오는 여성들도 있었어. 그러나 나는 마음을 단단히 먹고 더 이상 깊이 들어가서는 안 된다고 스스로를 타일렀네—나는 나의 입장을 잘 알고 있었고, 그들에 대해 내가 책임 있는 입장에 있다는 것도 분별하고 있었지. 여기서 나는 사인(私人)이 아니었네. 한 조직의 우두머리인 것이며, 그 조직의 번영이 나 개인의 일시적인 행복보다 더 중요한 것이었어. 만약 내가 누구하고 사랑에 빠진다면 아무리 강력한 자석이 그 옆에 있다고 하더라도 옳은 방향을 가리키지 않는 나침반처럼 되어버릴 것이야.

이렇듯 나는 어디까지나 순수함을 지켰고 언제나 나 자신을 억제했기 때문에 극장을 잘 통솔할 수 있었네. 또 남들에게서 존경심을 얻는 데에도 실패하지 않았지. 그런 존경심을 얻지 못하면 어떠한 권위도 금세 땅에 떨어져 버리고 마는 것이야."

괴테의 이 고백은 나에게는 정말로 놀라운 것이었다. 밖에서 그에 관해 이것과 비슷한 이야기를 듣기는 했지만, 지금 그에게 직접 확증되는 말을 듣게 되어서 나는 기뻤다. 나는 지금까지보다 더 그가 좋아졌다. 그리고 진심 어린 악수하고 그의 곁을 떠났다.

나는 화재 현장으로 다시 돌아왔다. 잿더미에서는 아직도 불길이 타고 있었고, 그 위로 자욱이 연기 기둥이 올라가고 있었다. 나는 그 가까이에서 대사를 적어 놓은 종이가 불에 탄 것을 발견했다. 그것은 괴테의 〈타소〉에 있는 시구였다.

1825년 3월 24일 목요일

괴테 댁에서 식사를 함께했다. 주된 이야기는 극장이 불타 없어져 버린 사건이었다. 젊은 괴테 부인과 울리케 양은 오래된 저 극장에서 보낸 즐거웠던 날들의 추억에 빠져 있었다. 그녀들은 불타 버린 부스러기 속에서 기념품 몇 개를 찾아내어 그것은 어디에도 비길 수 없는 것이라고 말하고 있었다. 그렇지만 그것은 기껏해야 2, 3개의 돌덩어리 아니면 타다 남은 양탄자 조각이었다.

"중요한 것은" 하고 괴테는 말했다. "빨리 평정으로 되돌아가 가능한 한 빨리 다시 일어서는 것이지—나는 내주 중으로도 다시 연극을 상연할 수 있었으면 좋겠어. 군주의 저택에서든 그렇지 않으면 시청의 대공회당에서든 어디든지 괜찮지. 좌우간 휴관이 너무 오래 계속되면 좋지 않아. 그렇게 되면 사람들은 밤이 따분해져서 틀림없이 다른 클럽을 찾아 나설 것이야."

"그렇지만 무대 도구는 전부 없어져 버리지 않았습니까?" 하고 누군가가 말했다.

"무대 도구는 그렇게 크게 필요하지 않아." 하고 괴테는 대답했다. "게다가 규모가 큰 작품을 올릴 필요도 없어. 그리고 또 반드시 극 전체를 상연할 필요가 없고 말이야. 중요한 것은 장면 변화가 야단스럽지 않은 것을 선택하는 것이야. 일막극의 희극이라든지, 일막극의 익살극이라든지, 소가극 같은 것이 좋지. 소가곡, 2부 합주, 인기 있는 오페라의 마지막 곡 같은 것은 어떨까—이런 것

상연하면 만족해할 것이야. 이런 식으로 4월을 꾸려나가면, 5월에는 곧 숲속 노래꾼들이 지저귀는 자연의 목소리를 들을 수 있게 될 테지."

괴테는 말을 계속했다. "그런저런 일을 하는 사이에 여름 몇 달 동안 새로운 극장이 세워져 자네들은 다시 연극을 관람할 수 있게 될 것이야. 이번 화재는 나에게는 참으로 묘하게 느껴지네. 자네들에게만 털어놓는 바이지만 사실은 지난 긴 겨울 동안에 나는 쿠드레이와 함께 바이마르에 어울리는 새로운 극장을 하나 설계했다네. 몇몇 독일 일류 극장에서 평면도와 단면도를 가져오게 해서 그중에서 제일 좋은 부분을 택하고 불완전하다고 생각되는 것을 피하는 식으로 계획했지. 그래서 이만하면 사람들에게 보여 줘도 괜찮을 거라고 생각되는 설계도를 만들었어. 대공께서 허락해 주시면 언제라도 건축에 착수할 수 있네. 이런 재난이 있기 전에 우리가 이처럼 완전하게 준비했다는 것이 정말 이상하다는 생각이 들어. 어쨌든 결코 무의미한 일은 아니었군."

우리는 괴테의 이 보고를 대단한 기쁨을 갖고 받아들였다.

"지금까지의 극장에는" 하고 괴테는 말했다. "귀족을 위해서는 2층 관람석이 마련되어 있었네. 그리고 근로 계급과 직공들을 위해서는 제일 높은 자리가 배정되었었지. 그러나 생활이 풍요롭고 고상한 중류 계급에는 형편이 좋지 않았네. 왜냐하면 상연물에 따라서는 학생들이 1층 좌석을 점령하게 되어 중류 계급은 어디에도 갈 수 없을 때가 있었기 때문이야. 1층 뒤에 있는 얼마 안 되는 칸막이석과 역시 얼마 되지 않는 1층 앞부분 좌석으로는 충분하지 못했네. 이번에 우리는 이 점을 잘 고려했지. 1층 주위에 빙 둘러 칸막이석을 만들었고, 또 2층의 칸막이석과 최상층 사이에 2등의 칸막이석 한 줄을 더 설치했어. 이렇게 하면 좌석이 많이 생기고, 그러면서도 극장이 각별히 더 넓어질 필요는 없지."

우리는 이 보고를 듣고 기뻐했고 괴테의 극장과 관객에 대한 친절한 배려를 칭찬했다.

나로서도 이 훌륭한 미래의 극장을 위해 뭔가를 해야겠다고 생각하고는, 식사 후에 친구인 로버트 둘란[6]과 함께 상부 바이마르로 갔다. 우리는 그곳 카페

---

[6] 에커만이 평소에 가깝게 지낸 영국인 친구이다.

에서 한 잔의 커피를 마시면서 메타스타시오[7]의 〈이시필레〉를 본받아 가극의 대본을 쓰기 시작했다. 무엇보다 첫 시작으로 프로그램을 쓰고, 이 대본의 배역을 바이마르 극장의 가장 인기 있는 남녀 가수에게 맡기는 것이다. 이것은 우리에게는 아주 즐거운 작업이었다. 우리 두 사람은 마치 다시금 오케스트라의 앞에 앉아 있는 것 같았다. 이어 진지한 마음으로 극본을 써나가 우리는 제1막의 대부분을 완성했다.

1825년 3월 27일 일요일

괴테의 댁에서 식사를 함께했다. 상당히 활기에 찬 모임이었다. 그는 우리에게 새로운 극장의 설계도를 보여 주었다. 그것은 그가 우리에게 며칠 전에 말했던 것과 같은 것이었다. 외관으로나 내부적으로나 정말로 훌륭한 건물이 될 것으로 예상되었다.

이처럼 훌륭한 극장에는 아름다운 무대 도구와 종전보다 훨씬 좋은 의상이 필요하게 될 것이라는 이야기가 나왔다. 게다가 또 배우의 숫자도 점점 부족해져서 연극에서도 그렇고 가극에서도 젊고 우수한 멤버 여러 명을 고용하지 않으면 안 될 것이라는 의견이 있었다. 그런데 이런 것에는 모두 엄청난 비용 지출이 수반되게 마련이어서, 지금까지와 같은 재원으로는 충당해 낼 수 없을 것이라고 하였다.

"나는 너무나 잘 알고 있지." 하고 괴테는 말참견했다. "돈을 절약해야 한다는 구실 아래 별로 돈이 들지 않는 연기가 서투른 배우를 채용하려는 것이야. 이런 식으로 돈을 쓰게 되면 아무리 해도 도움이 된다고 생각할 수 없지. 이처럼 가장 본질적인 사안에서 돈을 아끼려고 하는 처사만큼 극장 수입 증가를 위한 노력에 큰 해를 끼치는 일은 없어. 우리가 생각해야 할 일은 어떻게 하면 매일 밤 극장 안을 꽉 차도록 할 수 있을까 하는 것일세. 그렇게 하려면 젊은 남녀 가수를 각각 한 명씩 확보하고, 뛰어난 재능을 갖춘 젊고 늠름한 남녀 주연 배우, 그리고 소수의 미인을 선발해야 하네. 그렇지. 내가 지금도 극장 운영의 선

---

[7] 메타스타시오(1698~1782). 이탈리아의 시인이자 극작가인 그는 근대 이탈리아 오페라의 창시자이다. 오페라 〈이지필레〉의 대본이 그의 작품이다.

두에서 지휘를 맡고 있다면 최선의 수입을 올리기 위해 한 걸음 더 앞으로 나아갈 것이야."

그러자 사람들은 그에게 그렇다면 어떤 생각을 하고 있는가를 물었다.

"나는 아주 간단한 방법을 택하겠네." 하고 그는 대답했다. "나는 일요일에도 공연을 하게 할 것이야. 이렇게 하면 적어도 한 해 동안 40일분의 수입이 늘어날 것일세. 그리고 이로 말미암아 적게 잡아도 연간 1만 내지 1만 5천 탈러의 재원을 올리게 될 테지."

사람들은 이 타개책을 실제로 행할 수 있을 것이라고 생각했다. 일주일간 대체로 밤늦게까지 일하고 있는 대다수의 노동 계급에는 일요일이 유일한 휴일인 것이다. 그들은 그런 일요일을 보내는 방법으로 선술집에서 춤을 춘다거나 맥주를 마시는 것보다는 연극 관람이라는 고상한 오락 방법을 택할 것임이 틀림없다는 이야기도 나왔다. 또한 모두 이 부근 소도시의 지주, 소작인 그리고 관리와 돈 있는 사람들은 일요일을 바이마르 극장으로 가는 가장 알맞은 날로 여기게 될 것이라고 생각했다. 지금까지 바이마르의 일요일 밤은 궁정에 나가지 않는 사람들 또는 즐거운 가정 모임이나 사적인 클럽에 가입해 있지 않은 사람들에게는 지루하고 따분하기 그지없었다. 그 한 사람 한 사람이 갈 데가 없던 것이다. 그래서 사람들은 어떻게든 일요일 밤을 즐겁게 지내고, 일주일간의 시름을 잊어버릴 수 있는 장소를 가졌으면 좋겠다고 생각했다.

일요일에도 극장 상연하자는 괴테의 생각은 독일의 다른 도시에서는 이미 실행되고 있기도 했고, 또 앞선 이유도 있어 전폭적인 동의를 얻고 명안이라고 환영을 받았다. 다만 궁정에서 찬성할지 그렇지 않을지가 약간의 의문으로 남았다.

"바이마르의 궁정은" 하고 괴테는 대답했다. "선하고 현명하기 때문에 도시와 주요 시설물에 이익을 가져오는 입안을 방해하는 일은 없을 거야. 반드시 기꺼운 마음으로 작은 희생을 치를 것이고 일요일 궁정의 밤 모임을 다른 날로 바꿀 거야. 그러나 만약 그것이 허락되지 않는다 하더라도, 공연작이 부족하진 않을 걸세. 궁정인의 눈에는 좋게 보이지 않을지 몰라도 일반 대중에게는 딱 들어맞는 일요일용 희곡 작품이 넘쳐나고 있어 수입을 실컷 올릴 수 있지."

화제는 바뀌어 배우로 옮겨갔다. 그리고 그들이 실력을 충분히 발휘할 수 있는지 없는지 여러 가지로 말이 나왔다.

"오랜 세월에 걸친 실제 체험에서 나는 연극이든 가극이든 간에, 수년에 걸쳐 충분히 성공을 거둘 수 있다는 확실한 예상을 할 수 없는 작품은 연습을 시켜서는 안 된다는 것을 알아냈지. 5막의 각본, 아니면 이것과 같은 길이의 가극을 연습하는 데 얼마나 많은 정력과 노력이 필요한지는 아무도 충분히 알 수 없는 일이야. 생각해 보게. 어떤 가수가 모든 장면과 막을 통해 하나의 배역을 완전히 소화한다는 것은 대단한 노력이 필요한 일이지. 게다가 합창단이 생각대로 되기까지는 정말로 큰 고생을 해야 하네. 이따금 어떤 가극에 대해 그 성공 여부를 철저하게 알아보지도 않고 단지 확실치 않은 신문 기사 몇 줄에 경솔하게 연습 명령을 내리는 사람들이 있는데, 이런 것을 볼 때면 몸이 오싹해지지. 독일에는 벌써 웬만한 우편 마차가 완비되어 있네. 그리고 급행 우편 마차도 개설되어 있지. 그러므로 어떤 다른 곳에서 상연되어 호평을 받은 신작 가극의 보고에 접하게 되면, 무대 감독이나 다른 신뢰할 수 있는 극장의 일원을 현장으로 파견하는 것이 좋아. 실제로 상연을 직접 눈으로 보고 칭찬을 받은 신작 가극의 어떤 점이 좋고 탁월한가, 또 우리의 힘으로 이것을 어디까지 만들어 낼 수 있는가를 확인하는 것이지. 이런 여행의 비용은 이것을 통해 얻어지는 막대한 이익이나 이것으로 인해 방지할 수 있는 불행한 손실에 비교하면 아무것도 아닐세.

　그런 다음 일단 좋은 각본이나 가극의 예행연습이 끝나게 되면, 극장이 만원 상태를 계속하고 있는 그 사이에 한 짧은 기간을 집어넣어서 상연을 계속하는 것이 좋지. 오래된 것 중에서 좋은 각본이나 좋은 가극이 있으면 이것에 대해서도 마찬가지야. 그런 것들은 오랜 세월 동안 공연되지 않았던 것이기 때문에, 지금 그것을 상연하여 다시 성공을 거두기 위해서는 마찬가지로 이만저만이 아닌 연구가 필요하겠지. 이런 상연도 마찬가지로 짧은 기간 동안 간격을 두면서, 관객들이 그것에 흥미를 보이는 한 여러 번 되풀이하여 상연하는 것이 좋지. 쉬지 않고 새로운 것을 보고 싶어 하거나, 말로는 다할 수 없을 만큼 고생을 해 가며 예행연습을 한 좋은 각본과 가극을 기껏 두 번 정도 관람하는 것은 좋지 않네. 또 이러한 것을 다시 상연하기까지 6주 내지 8주 간의 경과를 두고 새삼스럽게 새로운 연구를 하는 나쁜 습관은 정말 극장을 파멸로 몰고 가는 것이며, 출연자의 힘을 남용하는 것으로 전적으로 용서할 수 없는 일이야."

괴테는 이 문제를 대단히 중요시하는 것 같았다. 그리고 매번 걱정되었던 모양으로, 평소 극히 평안하고 침착한 그가 보기 드물 정도로 이야기에 열중하고 있었다.

"이탈리아에서는" 하고 괴테는 말을 계속했다. "똑같은 하나의 가극을 4주 내지 6주에 걸쳐 매일 밤 상연하지. 그리고 이탈리아의 위대한 관객들은 그사이에 결코 다른 것을 원하지 않네. 교양 있는 파리 사람들도 조국 대작가의 고전 작품을 여러 번 관람하지. 그리고 이것을 외워버리고, 음절 하나하나의 강약까지 구별한다네. 이곳 바이마르에서는 나의 〈이피게니에〉나 〈타소〉가 상연된 적이 있지. 이것은 정말이지 나에게는 명예로운 일이라고 생각하고 있네. 그러나 몇 번이나 상연되었다는 말인가? 기껏해야 3, 4년에 한 번이야. 관객들은 지루하다고 말하지. 과연 그렇다네. 배우들은 이 연극을 연기할 수 있을 만한 훈련이 되어 있지 않아. 그리고 관객은 이것을 들을 만한 훈련이 되어 있지 않지. 배우들이 여러 번 되풀이하여 연습해서 그 배역을 자기 몸에 다져 넣을 수 있어야만 하네. 그래서 가르침을 받았다는 식이 아니라 마치 자기의 마음속으로부터 솟아 나온 것처럼 생생하게 연기를 할 수 있게 되면, 관객도 그걸 보고 흥미가 솟아나지 않고 감동도 느끼지 못한다고 말하지 못할 것이야.

사실 나는 일찍이 독일 연극을 교화할 수 있을 것이라는 망상에 사로잡혔었네. 그뿐만 아니라 나 자신이 그것에 기여할 수 있고, 또 이러한 영위에 다소나마 기초를 만들어 확고하게 할 수 있을 것이라는 공상에 빠졌었지. 나는 〈이피게니에〉와 〈타소〉를 썼어. 그리고 그것으로 잘될 것이라는 어린애 같은 기대를 품고 있었지—그러나 반응도 없었고 감동도 일어나지 않았으며 모든 것이 본래의 상태 그대로였어—만약 내가 감동을 불러일으켜 갈채를 받았다면 자네들을 위해 〈이피게니에〉와 〈타소〉와 같은 작품을 한 열두 개쯤 더 써서 보였을 거야. 재료가 없어서 어려움을 느끼지는 않았어. 그러나 지금 말한 것처럼 이런 것을 정신과 생명을 갖고 연기할 수 있는 배우가 없었고, 또 이러한 것을 감정을 갖고 받아들이는 관중도 없었지."

1825년 3월 30일 수요일

저녁때 괴테 댁에서 성대한 다과회가 있었다. 이곳에서 살고 있는 젊은 영국인들 외에 젊은 미국인[8] 한 사람도 와 있었다. 그곳에서 나는 율리에 폰 에그로프슈타인 백작부인을 만나게 되어 아주 기뻤다. 그날 그녀와 나는 여러 가지 유익한 이야기를 나눴다.

1825년 4월 6일 수요일

괴테의 권고에 따라, 오늘 저녁 처음으로 시청의 대회당에서 연극 상연이 있었다. 물론 장소에 제한이 있고 도구 부족이라는 악조건도 있고 하여, 소품과 일부 발췌된 작품이 상연되었다. 소가극인 〈하인〉[9]은 극장에서 상연될 때와 꼭 마찬가지로 일대 성공을 거두었다. 이어 에버바인의 가극인 〈글라이헨 백작〉 중에서는 역시 사람들에게 인기 있는 쿼르테트가 대갈채를 받았다. 이어 우리의 제1테너인 몰트케 씨가 〈마술피리〉 중에서 가끔 듣게 되는 가극을 불렀다. 이어 휴식을 취한 뒤에 〈돈 조반니〉 제1막의 위대한 종곡이 힘차게 등장했다. 이렇게 하여 오늘 가설극장이 맞은 최초의 밤은 당당하고도 멋지게 막을 내렸다.

1825년 4월 10일 일요일

괴테와 함께 식사했다. "자네에게 좋은 소식을 알려 주겠네." 하고 괴테는 말했다. "대공이 우리의 새 극장 설계도를 재가해 주었어. 얼마 안 있으면 기초 공사에 착수하게 될 거야."

나는 이 말을 듣고 정말 기뻤다.

"우리는 갖가지 반대 의견과 싸우지 않으면 안 되었지." 하고 괴테는 계속했다. "그러나 운이 좋게도 결국 우리 계획을 관철할 수 있었네. 이때도 추밀 고문

---

8) 미국의 작가인 조지 헨리 캘버트(1803~1889)를 말한다.
9) 오스트리아의 빈 극장지휘자인 아톤 피셔(1777~1809)가 작곡한 빈의 민중희극이다.

관인 슈바이처의 특별한 도움을 받았지. 그는 우리가 기대했던 대로 확고한 신념을 갖고 성실하게 우리 쪽을 밀어주었어. 설계도는 대공이 손수 서명했기 때문에, 이제 아무리 해도 변경할 수 없다네. 어때, 기쁜 일이지? 자네들은 정말로 멋진 극장을 갖게 되었으니 말이야."

1825년 4월 14일 목요일

저녁때 괴테 댁에서 지냈다. 요즈음은 극장과 연극 지도에 관한 담화가 한창 유행하고 있었기 때문에, 나는 그에게 새로운 배우를 뽑을 때는 어떤 원칙을 적용하였는지 물었다.

"그것은 간단하게 말할 수 없지." 하고 그는 대답했다. "나는 사실 여러 가지 방법을 사용했네. 신인이라고 하더라도 이미 상당한 명성을 갖추고 있는 배우인 경우에는, 그에게 연기를 시켜 보고 그와 다른 배우와의 균형이 잘 잡힐 것인가를 보았지. 그의 태도와 처사가 우리 전체의 조화를 어지럽게 하지 않을까 살폈고, 특히 그가 우리의 결함을 채워 줄 것인가를 검토했지. 그러나 그때까지 한 번도 무대에 서 본 일이 없는 젊은 사람인 경우에는 우선 무엇보다도 그의 사람 됨됨이를 보았고, 그가 다른 사람을 끌어당기고 흥미를 느끼게 하는 점을 내면적으로 가졌는지, 그리고 무엇보다 자제심을 가졌는지를 조사해 봤네. 왜냐하면 조금도 자제심을 가지고 있지 않고, 다른 사람에게도 호감이 가도록 행동할 수 없는 사람은 절대로 어엿한 배우가 될 수 없기 때문이네. 배우라는 직업에 투철하기 위해서는 쉬지 않고 자기 자신을 부정하고, 끊임없이 타인의 가면을 쓰고 죽기도 하고 살기도 해야 하니까 말이야.

그의 외모와 태도가 나의 마음에 들면 책을 읽게 하고 그의 감각 기능의 힘과 범위, 그리고 그의 정신 능력을 알아보았네. 위대한 시인의 숭고한 작품을 주어 그가 참으로 위대한 것을 느낄 수 있는가, 그리고 표현할 수 있는가를 알아보았지. 다음으로는 정열적인 것이나 야성적인 것을 주어서 그 힘을 시험해 보았네. 그러고는 산뜻하고 이지적인 것이나 기지에 찬 것, 풍자적인 것, 익살스러운 것을 차례로 읽게 하고, 그런 것에 접하고 어떤 태도를 취하는가 관찰하기도 했지. 또 그의 정신이 충분한 자유를 가지고 있는지 없는지를 알아보았네.

다음으로는 상처받은 영혼의 괴로움이나 위대한 정신의 고뇌가 담겨 있는 것을 주어 감동적인 것의 표현도 소화할 수 있는지를 보았지.

이렇게 여러 가지 방면에 걸쳐 나를 만족시켰을 때는, 그 사람은 정말이지 훌륭한 배우가 될 수 있다는 확실한 기대가 생겼네. 만약 그의 몇 가지가 다른 방면보다 뛰어나게 좋았을 경우에는 그에게 특별히 적합한 전문 분야가 무엇인가를 일러 주었지. 다음으로 그의 약한 점을 알아냈을 때도 나는 그 사람이 그 부분에 힘을 들여 연습하도록 했네. 그리고 방언, 소위 말하는 지방 사투리의 결점을 알아냈을 때는 이것을 없애야 한다고 시끄럽게 다그쳤지. 그리고 전혀 사투리가 없는 단원 중의 한 사람을 소개하여 서로 어울리게 해서 그걸 끈질기게 고치도록 했어. 그러고는 무용이나 펜싱을 할 수 있는지 물었지. 그리고 만약 이것을 할 수 없다면 한동안 그를 무용 교사나 펜싱 선생한테 맡겼네.

이제 드디어 무대에 등장할 수 있게 되면 우선 처음에는 그의 개성에 맞는 역을 주어 한동안은 맡은 배역을 연기하는 것만으로 그냥 놔두었지. 그런데 그 사람이 성질이 너무 급하다는 것이 드러나면, 나는 그 사람에게 우둔한 배역을 주었네. 그러나 그 사람이 너무 침착하고 한가로운 것 같으면 그에게 성질이 급하고 민첩한 역을 주었지. 그렇게 함으로써 우선 자기를 버리고 다른 인물로 변신할 수 있게 연습시켰어."

담화는 연극의 배역으로 옮겨졌다. 그때 괴테는 무엇보다도 다음과 같이 말했는데, 이것은 나에게는 주목할 만한 것이라고 생각하였다.

"평범한 작품에는 평범한 배우를 기용해도 괜찮다고 생각하는 것은 큰 잘못이지. 작품이 이류나 삼류라고 하더라도 일류의 힘을 가진 배우에 의해 연기되면, 그것은 믿지 못할 만큼 드높아져 실로 훌륭한 것이 된다네. 그러나 만약 작품이 이류나 삼류고, 배우도 이류나 삼류라면 공연이 완전히 실패로 끝난다 해도 별로 이상하게 생각될 것이 없지.

이류 배우들이 위대한 작품에 출연하면 정말로 당당하지. 그들이 그림의 경우와 똑같이 작용하기 때문이야. 이런 인물들은 어느 정도는 그림자가 되어, 온몸에 빛을 받는 중요 인물들을 한층 더 강렬하게 보여 주는 임무를 수행하는 것이라네."

1825년 4월 16일 토요일

괴테 댁에서 달톤과 함께 식사했다. 달톤과는 지난해 여름 본에서 알게 되었는데 나는 그를 다시 만날 수 있어 아주 기뻤다. 달톤은 완전히 괴테의 취향에 맞는 인물이었다. 게다가 두 사람 사이에는 아주 아름다운 관계가 성립되어 있었다. 그의 과학 연구는 대단한 중요성을 띠고 있는 것 같았다. 그러므로 괴테는 그의 의견을 아주 존중하여 그 말 한마디 한마디를 주목하고 있었다. 또한 달톤은 인간으로서도 호감이 가는 인물이었다. 그는 재기발랄하고 말을 잘했고, 사상의 풍부함에 있어서는 넘쳐날 정도여서, 그와 같은 사람은 좀처럼 만날 수 없을 것 같았다. 그의 말을 듣고 있으면 조금도 싫증이 느껴지지 않았다. 괴테는 자연의 본질을 규명하려는 노력에 있어서 즐겨 삼라만상을 포괄적으로 취급하려고 유념하고 있었기 때문에, 특수 분야에 전 생애를 바치고 있는 저명한 자연과학자 한 사람 한 사람에 대해서는 아무래도 불리한 입장에 놓여 있었다. 이러한 자연과학자들은 한 영역을 한없이 세부에 걸쳐 정통하고 있지만, 괴테는 언제나 어떤 종류의 위대한 종합을 추구하고 있었다. 그래서 개개 사실에 대한 지식에는 결함이 있었고, 그로 인해 예감은 하지만 실증할 도리는 없었다. 그러므로 그는 중요한 자연과학자들에게 아주 강한 애정을 갖고 친교를 맺곤 했다. 그는 자기 자신에게 부족한 것을 그들 속에서 발견하고, 자기 자신 속에 결여되어 있는 것을 그들에 의해서 보충해 가려고 한 것이다. 그는 몇 년 후면 80세에 이르게 되지만, 탐구하고 체험하는 일에는 아직껏 손을 놓지 않는 것이다. 어떠한 방면에서도 그는 끝났다고 멈춰 서지 않는다. 그는 쉬지 않고 앞으로 앞으로 나아가려고 한다! 쉬지 않고 배우고 또 배우려고 한다! 그리고 바로 이렇게 함으로써 그는 자신이 영원히 절대로 멸망하지 않는 젊은 인간으로 머물러 있음을 보여 주고 있는 것이다.

이상과 같은 고찰은 오늘 정오 그가 달톤과 발랄하게 담화를 나누고 있는 것을 보았을 때 나의 마음에 떠오른 것이다. 달톤은 설치류 동물의 골격 형성과 변화에 대해 이야기했다. 그리고 괴테는 언제나 마찬가지로 여러 가지 개개 사실에 대해 캐묻는 것에 싫증을 느끼지 않았다.

1825년 4월 27일 수요일

저녁때 괴테를 방문했다. 그가 아래쪽에 있는 정원으로 마차를 달려 산책하자고 나를 초청했던 것이다. 나를 본 괴테가 말했다. "마차에 타기 전에 자네에게 첼터의 편지를 보여 주지. 어제 이것을 받았는데 우리의 극장도 언급하고 있네."

첼터는 편지에 이렇게 쓰고 있었다. '당신이 바이마르의 민중을 위해서 극장을 건립할 만한 인물이 아니라는 것을 나는 훨씬 전부터 알고 있습니다. 풀이 파래지기 시작하면 염소들이 와서 먹어 치운다는 말이 있습니다. 발효 중인 포도주를 병마개로 막으려고 하는 다른 높은 분들도 이 일을 잘 생각해야 할 것입니다. 친구여, 우리는 이것을 체험하여 왔습니다. 아니, 지금 체험하고 있습니다.'

괴테는 나를 쳐다보았다. 그리고 우리 두 사람은 웃었다. "첼터는 씩씩하고 믿음직스럽지." 하고 그는 말했다. "그러나 때로는 전혀 나를 이해하지 못하고 나의 말을 오해하기도 한다네.

나는 민중의 교화를 위해 나의 전 생애를 바쳐 왔지. 그런데 어째서 그런 내가 이 민중을 위해서 극장을 세우면 안 되는가!—그러나 이 작은 도시 바이마르는 세상 사람들이 농지거리로 말하듯, 시인은 1만 명이나 되고 민중은 얼마 안 되는 그런 곳이지. 이런 도시에서 어떻게 민중이 특별히 문제가 되어야 한다는 말인가. 하물며 민중 극장이란 전혀 말이 안 되지! 물론 바이마르도 언젠가는 정말로 대도시가 될 거야. 그러나 바이마르 민중의 숫자가 충분하게 불어나 스스로 극장을 꽉 채우고 또 극장을 세우고 유지하는 걸 보려면 아직도 수 세기를 더 기다리지 않으면 안 될 것이네."

그러는 사이에 마차 준비가 다 되었기 때문에 우리는 아래쪽 정원으로 마차를 몰고 갔다. 저녁은 조용하고 온화했고 어딘지 좀 무더웠다. 거대한 구름이 모습을 나타냈다. 그것은 서로 어울려 덩어리를 이루어 곧 소나기를 부를 것 같았다. 우리는 건조한 모랫바닥 길을 올라가기도 하고 내려가기도 했다. 괴테는 내 옆에서 입을 다물고 있었지만 갖가지 생각을 두루하고 있는 것 같아 보였다. 나는 그 사이 지빠귀와 개똥지빠귀들이 일름강 저쪽, 아직 잎이 자라지 않은 서양물푸레나무의 우듬지에서, 금방 내릴 것만 같은 소나기를 향해 지저귀고 있는 것에 귀를 기울이고 있었다.

괴테는 눈길을 구름 쪽으로, 때로는 푸른 잎사귀 위로 보내기도 했다. 푸른 잎사귀는 길 양쪽에서, 그리고 목장 위에서, 또는 덤불과 울타리를 따라 힘차게 싹트고 있었다. "저녁때가 되면 틀림없이 소나기가 내릴 거야."

이럭저럭하는 사이에 구름이 밀려들었다. 멀리에서 천둥이 울렸고 비로소 빗방울이 조금씩 떨어졌다. 그러므로 괴테는 시내로 되돌아가는 것이 좋겠다고 말했다. 그의 저택에 도착하여 마차에서 내렸을 때 "특별히 볼 일이 없으면 위로 올라가서 잠깐 쉬었다 가게."라고 말했다. 그러므로 나는 기쁜 마음으로 그 말에 따랐다.

첼터의 편지는 아직도 책상 위에 놓인 채로 있었다. "이상해. 정말로 이상해." 하고 괴테는 말했다. "사람들이 얼마나 쉽게 세상의 여론에 따라 그릇된 생각으로 빠져 버리는지 보게!—나는 지금까지 민중에 거역하여 죄를 범한 일이 없는데도 사람들은 내가 결코 민중의 편이 아니라고 말하고 있어. 물론 나는 절대로 약탈과 살인 그리고 방화를 저지르고, 사회의 복지라는 그릇된 방패 뒤에 숨어서 오로지 가장 비열하고 이기적인 목적만을 일삼는 사이비 혁명가의 친구는 아니지. 하지만 나는 이런 자들의 친구가 아닌 것과 마찬가지로 폭군 루이 15세의 친구도 아니야. 나는 어떠한 폭력적인 혁명도 미워하지. 왜냐하면 그것으로 좋은 결과도 얻어지지만, 그와 똑같은 정도의 파괴가 자행되기 때문이야. 나는 혁명을 실행하는 사람들을 미워하지만 이것에 불을 붙인 사람들도 미워하네. 그렇지만 그렇다고 해서 내가 민중의 친구가 아니란 말인가?—사리를 잘 아는 사람이라면 이것과는 다른 생각을 할 수 있겠지?

우리에게 미래를 약속해 줄 수 있는 그런 개선이라면 나는 무엇이든 대환영이라는 것을 자네도 알고 있을 걸세. 그러나 지금도 말한 바이지만 폭력적인 것, 돌발적인 것은 일체 나의 정신에 맞지 않네. 그것은 자연을 따르지 않기 때문이야.

나는 식물의 친구라네. 특히 우리 독일의 자연이 길러내는 꽃 중에서 가장 완전한 장미를 사랑하고 있지. 그러나 4월 말인 지금 정원에 핀 장미꽃이 보고 싶다고 할 만큼 바보는 아니야. 지금은 이제 겨우 꽃잎이 푸르러진 것을 보는 것만으로 만족하고 있지. 잎이 줄기를 만들고 매주 자라는 것을 보기만 하면 충분하네. 5월에 꽃봉오리를 보는 것은 즐겁고, 6월에 드디어 대망의 장미가 화려하고 그윽한 향기를 풍기면서 피어 있는 것을 볼 때면 행복을 느끼지. 그러나 그때까지 기다릴 수 없는 사람은 온실로 가야 할 것이야.

그런데 나를 군주의 종자 또는 군주의 하인[10]이라고 말하는 사람도 있지―이것으로 마치 할 말을 다 했다는 식이야!―내가 섬기고 있는 분이 도대체 폭군이라는 말인가? 전제군주라는 말인가? 도대체 내가 국민을 희생해 가면서 영락에만 빠져 있는 그런 군주를 섬기고 있다는 말인가?―다행히도 그런 군주나 그런 시대는 벌써 오래전에 없어져 버리고 말았지. 나는 지난 50년 동안 대공과 가장 친밀하게 지내고 있고, 지난 반세기를 통해 그와 고락을 함께하고 있네. 그리고 대공이 국토의 안녕을 위해, 그리고 국민 한 사람 한 사람의 상황 개선을 위해 적절한 일을 시도하고 실행하지 않는 날이 단 하루라도 있었다고 말한다면, 나는 거짓말하는 것이 되지―대공 개인으로만 볼 때도, 군주라는 신분에서 오는 부담과 고생 이외에 그가 또 무엇을 얻었다는 것인가! 그의 주거, 그의 의복 그리고 그의 식사가 부자인 민간인보다 더 좋다고? 우리 나라의 바닷가 도시로 한번 가 보면 어떨까. 이름난 상인의 요리장과 술 저장 지하실이 대공의 그것보다 훨씬 잘 갖추어져 있다는 것을 알 수 있을 것이야."

괴테는 말을 계속했다. "이번 가을에는 대공의 통치 50년을 기념하여 축하를 하기로 되어 있지. 그러나 잘 생각해 보면 그의 통치란 끊임없는 봉사일 뿐이었네. 위대한 목적을 달성하기 위한 봉사, 국민의 복지를 위한 봉사 이외에는 그 무엇도 아니었지!―그러므로 내가 굳이 군주의 하인이라고 말해야 한다면 그것도 괜찮을 것이야. 군주 자신이 공공복지를 도모하기 위한 하인이신데, 이런 분의 하인에 지나지 않는다는 것이 차라리 나의 위로인 것이지."

---

10) 뵈르네는 한술 더 떠서 〈파리로부터의 소식〉에서 괴테를 '전제군주의 하인'이라고 부르고 있다.

1825년 4월 29일 금요일

새로운 극장의 건축은 요즈음 빠른 속도로 진척을 보였다. 기초로 쌓은 벽이 여기저기에서 높이 올라가, 머지않아 참으로 아름다운 건물이 완성될 것이라고 생각되었다.

그러나 오늘 건축 현장에 가보니 놀랍게도 공사가 중단되어 있었다. 게다가 소문에 의하면 괴테와 쿠드레이에게 반대하는 일파가 드디어 승리를 거두었다는 것이었다. 그래서 쿠드레이는 건축 감독에서 손을 떼고 다른 건축가가 새로운 설계에 따라 공사를 맡게 되며, 이미 만들어진 기초는 이에 따라 변경될 것이라고 하였다.

이것을 보고 또 이 말을 듣다 보니 나는 아주 슬픈 심정이 되었다. 왜냐하면 나는 괴테의 실용적인 의견에 기초한 편리한 내부 구조가 완성되는 것이 보고 싶었고, 또 미적인 견지에서도 그의 교양 높은 취미에 알맞은 극장이 바이마르에 탄생할 것을 기대하고 있었기 때문이다.

그리고 괴테와 쿠드레이를 생각해도 마음이 어두워졌다. 바이마르에서 일어난 이 일로 틀림없이 두 분은 적잖게 마음에 상처를 받았을 것이기 때문이다.

1825년 5월 1일 일요일

괴테 댁에서 식사를 함께했다. 우리 두 사람 사이에 교환된 최초의 화제는 당연히 변경된 극장 건축이었다. 나는 방금 말한 대로 정말로 생각지도 않은 처사가 괴테에게 깊은 해를 끼쳤을 것이라고 걱정하고 있었다. 그런데 그가 그 때문에 언짢은 기색은 전혀 보이지 않았다!―그는 지극히 온화하고 밝은 기분이었고, 모든 사소한 일에는 일절 신경을 쓰지 않고 있었다.

"그들은 비용상의 문제를 거론하고 건축 설계를 변경하면 많은 것을 절약할 수 있다고 대공을 설득해, 결국 성공을 거두었지. 나도 그것으로 완전히 만족하고 있네. 새로운 극장도 필경은 새로운 장작더미에 지나지 않아. 그것도 조만간 우연한 일로 또다시 불타 버릴 거야. 나는 이렇게 생각하고 스스로 위로하고 있지. 그건 그렇고 조금 좋고 나쁜 것이나 조금 엇갈리는 것은 문제 삼을 것이 못 되네. 설사 내가 원하고 생각한 그대로가 아니라고 하더라도 그런대로 그럴듯한 집이 세워질 것이야. 자네들도 그곳으로 갈 것이고 나 또한 갈 것이네. 이렇게 하여 결국 모든 것이 원만하게 잘 되어 갈 것이야."

괴테는 계속했다. "대공은 '극장은 특별히 건축학상으로 호화로울 필요가 없지 않은가'라는 의견이었고, 물론 나는 이 점에 조금도 반대하지 않지. 대공은 계속하여 극장은 무슨 일이 있어도 돈을 벌어들이는 목적을 가진 건물에 머물러야 한다고 말씀하셨어. 이와 같은 견해는 좀 실리적으로 들리겠지만, 잘 생각해 보면 이것에도 한 단계 높은 의미가 내포되어 있다고 할 수 있지. 왜냐하면 극장이란 단순히 비용을 들일 뿐만 아니라 그 위에 또한 이득을 올려 돈을 벌어들이지 않으면 안 되기 때문이라네. 그러려면 모든 것이 어디까지나 훌륭해야 하지. 일류의 감독이 선두에 서고 배우도 모두 일류가 아니면 안 되네. 그리고 각본도 아주 좋아야 하고, 매일 밤 만원이 될 수 있게 매력을 갖춘 것을 쉬지 않고 상연해야 되네. 이 말씀은 얼마 안 되는 몇 마디이긴 하지만 실로 여러 가지로 해석되어 이해하기 상당히 어렵지."

"그렇다면 연극에 의해 돈을 벌겠다는 대공의 생각은" 하고 나는 말했다. "철저하게 실리적이라고 생각됩니다. 그러려면 무슨 일이 있어도 최고의 수준을 유지해야 한다는 말이 되기 때문입니다."

"셰익스피어와 몰리에르도" 하고 괴테는 대답했다. "똑같은 생각이었지. 두 사람 다 우선 그들의 연극으로 돈을 벌려고 했어. 그러나 그들은 이 중요한 목적에 도달하기 위해서 언제나 모든 것에 최선을 다했고, 때로는 고전 걸작과 나란히 매력 있고 재미있는 신작을 선보였지. 〈타르튀프〉의 상연 금지는 몰리에르에게는 일대 타격이었네. 그러나 이 타격은 시인으로서보다는 오히려 감독으로서의 몰리에르에게 가해진 것이었지. 그는 저 유명한 극단의 안정에 신경을 써야 했고, 자신과 그의 단원들을 위해 생계의 길을 꾸려나가지 않으면 안 되었거든."

"극장의 번영에" 하고 괴테는 말을 계속했다. "무엇보다 위험한 것은 감독 자신이 극장의 현금 수입이 많고 적은지에 개인적으로 영향을 받는 것일세. 그러므로 1년을 지내는 동안 극장의 회계 수입에 결손이 생기면 연도 말에 가서 다른 재원에서 보충할 수 있는, 그런 근심 걱정 없는 안정 속에 한가롭게 지낼 수 있는 바로 그 상태가 필요한 것이야. 좌우간 인간이란 직접적인 이해득실에 쫓김을 당하지 않으면 마음이 해이해지기 쉽지. 물론 바이마르와 같은 도시의 극장이 자립해야 하며, 공작가의 금고에서 나오는 보조 연금이 전혀 필요 없다는 소리가 아닐세. 그러나 모든 것에는 정도와 한계가 있는 법이네. 게다가 1년에 2, 3천 탈러의 증감(增減)은 결코 사소한 일이 아니야. 특히 극장 수입이 줄어들면 극장의 질이 당연히 나빠지게 되어, 단지 돈을 놓칠 뿐만 아니라 동시에 명예도 잃게 되네.

만약 내가 대공이라면 앞으로 감독을 교체할 때는 1년분의 보조금 일정 금액을 확실하게 정해 놓을 것이야. 최근 10년 간의 보조금 평균을 확인하고 이것에 따라 적절한 유지에 충분하다고 생각되는 금액을 안배하면 되겠지. 이 금액을 갖고 경영해 나가지 않으면 안 되는 것이지.―게다가 한 걸음 더 나아가 이렇게 할 수도 있을 것이야. 감독과 무대 감독들이 현명하고도 정력적으로 지도하여 연말 회계에 잉여금이 생겼을 경우에는, 이 잉여금으로 감독과 무대 감독들 그리고 가장 훌륭한 활동을 한 단원들에게 사례금을 지불하는 것일세. 이렇게 하면 틀림없이 극장은 활기를 되찾게 되고, 점점 빠져들고 있는 선잠 상태에서 깨어날 수 있지."

"우리 극장의 규칙에는" 하고 괴테는 계속했다. "각종 벌칙은 존재하지만, 현저한 공적을 장려하고 보상해 주는 규칙은 단 한 가지도 없네. 이것은 중대한 결함이야. 자기에게 과실이 있을 때 일일이 감봉 처분을 받을 것이라고 예상해야 한다면, 자기가 기대 이상의 성과를 올렸을 경우에는 당연히 장려금을 받을 수 있다는 희망을 품을 수도 있어야 하네. 극장의 모든 단원이 기대되고 요구되는 것 이상의 업적을 올림으로써 극장은 번영해 가는 것이니까 말일세."

젊은 괴테 부인과 울리케 양이 들어왔다. 두 사람 다 맑게 갠 날씨 탓으로 참으로 기분 좋은 여름 옷차림을 하고 있었다. 식사 중의 이야기는 부드럽고도 밝게 흘러갔다. 지난주에 있었던 여러 가지 즐거웠던 모임 이야기, 그리고 이제 곧 개최될 그러한 모임의 계획을 이야기했다.

"쾌청한 저녁 날씨가 이어진다면" 하고 젊은 괴테 부인은 말했다. "근간에 공원에서 나이팅게일의 노랫소리를 들으면서 꼭 한 번 다과회를 개최하려고 생각합니다. 아버님께서는 어떻게 생각하십니까?"

"그거야 아주 멋진 생각이지!" 하고 괴테는 대답했다.—"그리고 에커만, 당신은요?" 젊은 괴테 부인이 물었다. "어떻습니까? 초대해도 괜찮겠어요?" 이에 울리케 양이 말참견했다. "그렇지만 오틸리에! 어떻게 에커만 씨를 초대할 수 있단 말인가요! 이분은 절대로 오지 않습니다. 그리고 설사 온다고 하더라도 안절부절못하면서 한시라도 빨리 집으로 돌아가려고 할 것입니다." 내가 대답했다. "솔직히 말해서 나는 둘란과 함께 들판을 헤매면서 다니는 것이 훨씬 좋습니다. 그런 다과회에서의 담화는 나의 성미에는 어울리지 않습니다. 생각만 해도 벌써 섬뜩해지는걸요."—"그렇지만 에커만 씨!" 하고 젊은 괴테 부인이 말했다. "공원 안에서의 다과회는 야외에서 하는 것인데요. 그러니 당신에게도 잘 어울릴 것입니다."—"아니, 그 반대입니다." 하고 나는 말했다. "자연 가까이에서 모든 향기를 냄새 맡으면서도 그 안으로는 못 들어간다면, 나는 물 가까이까지는 가도 물 안으로 잠수하는 것이 허락되지 않는 오리처럼 초조해질 뿐입니다."

"이렇게 말할 수 있겠군." 하고 괴테는 웃으면서 말했다. "자네는 마구간에서 머리만 내밀고 눈앞에 펼쳐진 목장에서 다른 말들이 마구 뛰어다니고 있는 것을 보는 말과도 같은 기분이라는 것이지. 발랄한 자연의 모든 기쁨과 자유를 냄새 맡으면서도 그 안으로 들어갈 수는 없으니까 말이야. 그러니 에커만은 그대로 놔두는 길밖에는 없지. 그를 고칠 수는 없어. 그건 그렇고 자네는 둘란하고 이 쾌청하고 긴 오후에 자유로운 들판에서 무엇을 할 셈인가?"

"우리는 어디 조용한 골짜기를 찾아가서" 하고 나는 말했다. "활을 갖고 회살을 쏘려고 합니다."

"흠." 하고 괴테는 말했다. "그것도 좋은 놀이라고 할 수 있지."

"지루한 겨울을 나기 위한 최고의 놀이입니다."

"그렇지만 도대체 어떻게 이곳 바이마르에서 화살과 활을 입수할 수 있었는가?"

나는 대답했다. "1814년 출정 중에 나는 브라반트에서 활 모형 하나를 가져왔습니다. 그곳에서 활 쏘는 놀이는 일반에게 널리 퍼져 있습니다. 어느 도시에서나 양궁 클럽을 발견할 수 있지요. 우리 나라의 볼링장과 마찬가지로 어떤 술집에도 활을 쏘는 장소가 있어서 언제나 저녁 늦게 사람들이 모여듭니다. 나는 그것을 자주 보았는데 정말로 유쾌했습니다. 그들은 몸이 딱 벌어진 튼튼한 사람들이었지요. 활을 쏠 때의 자세는 정말로 그림과도 같았습니다. 자못 힘이 배어 있었고 정말로 솜씨 좋은 명사수였습니다!—그들은 보통 60보에서 80보의 거리를 두고 습기 있는 점토 벽에 붙인 종이 표적을 향해 쏘았습니다. 차례로 재빨리 발사하여 표적을 맞혔지요. 그렇게 하면 탈러화 크기의 표적을 15개의 화살 중에서 5개가 명중시키고, 다른 화살들은 그 근처에 꽂히는 것도 드물지 않았습니다. 화살을 전부 쏘고 나면 그 사람은 걸어가서 자기의 화살을 부드러운 벽에서 빼내어 다시 시작하는 것이었습니다. 나는 그 당시 이 양궁 사격에 매우 열광했기 때문에, 이것을 독일로 도입하는 것이 정말로 중대한 일이라고 생각했습니다. 그리고 나는 어리석게도 그것이 가능할 것이라고 믿고 있었습니다. 나는 되풀이하여 활의 값을 흥정했습니다만 20프랑 이하짜리는 없었습니다. 하지만 나처럼 가난한 야전 저격병이 어떻게 이처럼 많은 돈을 마련할 수 있었겠습니까! 그러므로 나는 단념하고 비교적 값어치가 있고 미술적이기도 한 화살 하나를 브뤼셀에 있는 어떤 공장에서 1프랑에 사서, 한 장의 스케치와 함께 나의 유일한 전리품으로서 고향으로 가지고 돌아왔습니다."

"그건 자네다운 이야기로군그래." 하고 괴테는 대답했다. "그러나 아름다운 것, 자연스러운 것을 유행시킬 수 있다고 생각해서는 안 되지. 적어도 유행하기까지는 시일이 필요하네. 그리고 있는 술책을 다 쓰지 않으면 안 되지. 그렇지만 나도 이 브라반트의 양궁술은 아름다운 것이라고 생각하네. 그것에 비하면 우리의 독일 볼링 게임은 거칠고 평범한 데다 너무나 속물적인 면이 많지."

"활쏘기가 좋은 것은" 하고 나는 대답했다. "그것이 체구를 균등하게 발달시키고 힘을 평등하게 쓰도록 요구하기 때문입니다. 그때 활을 떠받치고 있는 왼쪽 팔은 단단히 죄어지고 힘이 들어가 흔들리지 않아야 합니다. 화살을 시위에 메기고 있는 오른쪽 팔도 이에 못지않게 힘이 들어가 있지 않으면 안 됩니다. 동시에 지상을 향해 똑바로 열려 있는 두 발과 양쪽 가랑이는 상반신을 떠받치는 확고한 초석의 역할을 합니다. 표적을 겨누는 눈, 목과 목덜미의 근육, 이 모든 것이 고도의 긴장과 활동이 필요합니다. 그리고 화살이 쉿 소리를 내면서 날아가 원했던 표적을 명중시켰을 때의 쾌감! 나는 이것에 필적할 수 있는 다른 신체의 단련을 알지 못합니다."

"그것은 우리 나라의 체조 학교에는 아주 좋을 거야." 하고 괴테는 대답했다. "그렇게 하면 20년 후에는 독일에서 수천의 양궁 선수들이 탄생하게 되겠지. 대체로 어른 세대들의 신체나 정신 단련 그리고 취미나 인격수양 같은 것에는 크게 손을 쓸 수가 없지. 그러나 학교에서 시작하면 좋을 것이야. 그렇게 하면 잘 되어 갈 테지."

"그렇지만 우리 독일의 체육 교사들은" 하고 나는 대답했다. "화살과 활을 어떻게 다루어야 할지를 모릅니다."

이에 괴테는 대답했다. "그렇다면 몇몇 체육 학교가 서로 협력하여 한 사람의 유능한 궁수를 플랑드르나 브라반트에서 초빙하면 되지. 아니면 훌륭한 체구의 젊은 체육 교사 두어 명을 브라반트로 보내 그곳에서 좋은 궁수가 되도록 교육과 훈련을 받도록 하는 방법도 있네. 그들이 활을 어떻게 조각하고 화살을 어떻게 만드는가 하는 것도 배워와야겠군. 그리고 이런 사람들이 독일 체조 학교 교사로서 취직하게 하는 걸세. 그들은 때로는 순회 교사로 채용되어 일정한 시기를 이쪽 학교에 머물러 있다가 얼마 안 있어서 다른 학교로 가게 되는 거지."

괴테는 말을 계속했다. "나는 어디까지나 독일의 체조 훈련을 싫어하는 것은 아닐세. 하지만 그것에 여러 가지 정치적인 것이 섞여 들어가서 당국이 할 수 없이 제한을 두었고,[11] 심지어는 금지하고 폐지하기에 이르렀지. 그래서 이것을 생각할 때마다 유감스러웠네. 그 때문에 오늘날에는 좋은 것까지도 나쁜 것과 함께 버려지고 있지. 그러나 나는 체조 학교가 다시 일어설 것을 기대하고 있네. 왜냐하면 우리 독일 청년에게 이것은 필요한 것이기 때문이야. 특히 학생들에게는 그러하지. 학생들은 많은 정신적이고 학문적인 것에 몰두하고 있기 때문에 육체적인 균형을 완전히 잃고 있을 뿐만 아니라, 이와 함께 필요한 활동력까지도 잃고 있어. 그건 그렇고 자네의 양궁 이야기를 더 자세히 해 주기 바라네. 그렇지, 그러면 자네는 활 하나를 브라반트에서 가지고 왔다고 했지. 그것을 한

---

11) 프로이센에서는 이미 1818년에 체조훈련장에서의 체조훈련은 금지되어 있었다.

번 볼 수 없겠나?"

"그것은 벌써 오래전에 없어졌습니다." 하고 나는 대답했다.

"그러나 나는 그것을 머릿속에 정말로 잘 간직하고 있었기 때문에, 활을 하나 뿐만 아니라 한 다스라도 만들어 낼 수 있었습니다. 물론 그것은 생각했던 것만큼 그렇게 쉬운 일은 아니었습니다. 그러므로 그때 나는 헛된 시도도 했고 여러 번 실패를 거듭했습니다. 그러나 바로 이렇게 해 보는 동안, 마지막에 가서는 많은 것을 배울 수 있었던 것입니다. 우선 무엇보다도 화살의 살대가 문제였습니다. 이것은 똑발라야 하고 시간이 지나가도 구부러져서는 안 되는 것입니다. 다음으로 가볍고 튼튼하고, 딱딱한 것에 부딪혀도 부러지지 않아야 합니다. 나는 포플러 나무를, 다음으로 가문비나무를 그리고 마지막으로 자작나무의 줄기를 갖고 시도해 보았습니다. 그런데 모두 어딘가에 결점이 있었고 바람직하지 못했습니다. 그러므로 나는 보리수나무의 줄기를, 그것도 늘씬하고 직선으로 성장한 가지를 가지고 시도해 보았습니다. 그러자 이것은 실제로 소망하는 대로의 것으로 탄생했습니다. 이렇게 생겨난 화살의 살대는 경쾌하고도 곧았고 그러면서도 섬유가 가늘고 단단했습니다. 그런데 다음으로는 화살 아래 끝에 뿔의 촉을 붙이는 것이 문제였습니다. 그런데 나중에 알아낸 것이지만 여기에는 마땅한 뿔이라는 것이 없었습니다. 그리고 쏜 화살이 딱딱한 물체에 맞았을 때 부서지지 않게 하기 위해서는 그것이 나무의 핵에서 잘라 낸 것이 아니면 안 됩니다. 이번에는 가장 어렵고 기술이 있어야 하는 작업, 다시 말해 화살에 깃털을 붙이는 일이 남아 있었습니다. 나는 이럴 때도 서투른 조치를 하기도 하고 여러 번 실패를 되풀이하기도 했지만, 겨우 성공을 거두었고 이렇게 하여 남이 보아도 괜찮을 만한 단계에 이르렀습니다."

"깃털은 화살의 살대에 끼워 넣는 것이 아니고 아교로 꼭 들어붙게 하는 것이지 않은가?"

"네, 아교로 붙인 것입니다." 하고 나는 대답했다. "그리고 그것은 정말로 착실하고도 우아하게 붙여야 하지요. 그리고 깃털은 살대와 하나라서 마치 살대에서 나온 것처럼 보일 때까지 잘 붙이지 않으면 안 됩니다. 게다가 또 여기에 사용되는 아교도 아무거나 써서는 안 되지요. 철갑상어의 부레로 만든 아교를 몇 시간 동안 물에 담그고, 그런 다음 약간의 알코올을 부어 약한 숯불에 올려놓고 끈적끈적한 액체가 될 때까지 녹이는 것이 가장 좋다는 것을 알아냈습니다. 아교로 붙이는 깃털 역시 어떤 것이든 똑같이 사용할 수 있는 것은 아니었습니다. 거대한 새의 날개에서 따온 깃털은 모두 잘 되었습니다. 또 공작의 빨간 날개 깃털, 칠면조의 큰 깃털, 특히 독수리나 들기러기의 튼튼하고 당당한 깃털은 가장 훌륭하다고 생각되었습니다."

"그 이야기는 모두 아주 재미있군." 하고 괴테는 말했다. "자네를 모르는 사람은 자네의 집착이 그처럼 강하다고는 믿지 못할 것이야. 그건 그렇고 이제 이야기해 보세. 활은 어떻게 만들었다는 말인가?"

"직접 두세 개 만들어 보았습니다." 하고 나는 대답했다. "그러나 처음에는 여러 번 연거푸 실패했습니다. 그러고는 가구공이나 수레 목수와 상담하여 이 지방의 모든 종류의 목재를 시험해 보았습니다. 그런 뒤 아주 좋은 결과에 도달했습니다. 목재를 선택할 때 활이 쉽게 펴지고 신속하고도 강하게 튀어서 되돌아오고, 무엇보다도 탄력이 오래 계속되도록 유의했습니다. 처음에는 서양물푸레나무, 그것도 대강 10년쯤 된 것을 골라 보통 사람의 팔 굵기만 한 가지 없는 줄기를 갖고 시험해 보았습니다. 그 결과 이 나무가 조악하다는 것을 알 수 있었습니다. 그 후에 4개로 슐라흐텐(schlachten)할 수 있게 단단한 줄기를 가지고 사용해 보라고 사람들이 가르쳐 주었습니다."

"슐라흐텐이란 무엇을 의미하는 것인가?"

"그것은 수레 목수들이 사용하는 용어입니다." 하고 나는 대답했다. "생나무를 쪼갠다는 것과 같은 의미지요. 그리고 이럴 때 쐐기는 줄기의 길이에 따라 끝에서 다른 끝까지 박아 넣어야 합니다. 줄기가 똑바로 성장한 것, 다시 말해 섬유가 일직선으로 뻗어 있는 것은, 쪼개고 갈라놓은 것도 일직선으로 되어야 활을 만드는 데 안성맞춤입니다. 그러나 줄기가 구부러진 것이면 쪼개진 것도 구부러져 있어 활로는 사용할 수 없습니다. 쐐기는 섬유를 따라 관통하기 때문입니다."

"그렇지만 그러한 줄기를 톱으로 4개로 자르면 어떻겠는가? 그렇게 하면 어떤 경우에도 똑바른 것이 생길 수 있을 텐데."

"조금이라도 줄기에 구부러진 데가 있으면" 하고 나는 대답했다. "그 섬유를 절단해 버리게 됩니다. 그렇게 되면 그 부분은 전혀 활로는 사용할 수 없습니다."

"이해하겠네. 섬유가 잘려 있으면 활이 잘린다는 말이로구먼. 그러면 계속 이야기해 주기 바라네. 이건 매우 재미있군."

나는 이야기를 계속했다. "그래서 나는 두 번째 활은 서양물푸레나무를 쪼개고 갈라놓은 것으로 만들었습니다. 뒷면의 섬유도 잘려 있지 않았습니다. 이 활은 튼튼하고 팽팽했는데 활을 펴보니 나긋나긋하지 않고 딱딱하다는 결함이 나타났습니다. 수레 목수가 말했습니다. '당신은 야생 서양물푸레나무를 사용하였군요. 그것은 보통 아주 딱딱한 나무입니다. 홉 재배원이나 실내에서 자라는 부드러운 것을 사용해 보십시오. 훨씬 더 잘될 것입니다.' 이 말을 듣고 나는 같은 서양물푸레나무라도 아주 큰 차이가 있다는 것, 모든 나무는 자라난 곳 그리고 그 지형과 매우 깊은 관계를 맺고 있다는 것을 깨달았습니다. 또한 에터산의 나무는 건축용 재목으로는 거의 가치가 없다는 것을 알았습니다. 이와는 반대로 노라 지방산 나무는 특별히 단단하기 때문에, 바이마르의 운송업자들은 노라에서 행하는 마차의 수선을 특별히 신용하고 있지요. 나는 계속 노력하고 있는 사이에, 경사진 북쪽에서 자란 나무는 남쪽에서 성장하는 것보다 훨씬 단단하고 섬유도 직선이라는 것을 알 수 있었습니다. 이것도 또한 누구나 알고 있는 사실입니다. 왜냐하면 햇볕을 받지 않는 북쪽의 경사진 곳에서 자란 어린 나무의 줄기는 빛과 햇빛을 찾아 오로지 위로 향합니다. 이것은 햇빛을 갈망하면서 쉬지 않고 위로 올라가려 하고, 그 때문에 섬유는 직선을 이루면서 상승합니다. 또한 아기자기한 섬유를 형성하기 위해서는 그늘진 곳이 더 유리합니다. 이것은 줄곧 햇빛과 마주하고 있는 남쪽이 아니라 쉬지 않고 그늘 속에 있어야 하는 북쪽 야외에서 자란 나무를 보면 확실하게 알 수 있습니다. 이런 줄기를 톱으로 잘라보면 나무의 핵이 자리 잡고 있는 곳이 중앙이 아니라 눈에 드러나게 한쪽으로 치우친 지점임을 볼 수 있습니다. 그리고 그것의 중심점이 이처럼 벗어나 있는 원인은 남쪽의 연륜이 쉴 사이 없는 일광 작용을 받아 아주 강하게 성장하여, 그늘진 북쪽의 연륜보다 넓어져 버렸기 때문입니다. 그러므로 가

구공이나 수레 목수들은 나뭇결이 단단하고 섬세한 것을 갖고 작업하려고 할 때 줄기 부분 중에서 북쪽의 섬세하게 발달한 부분을 택합니다. 그래서 그들은 이것을 겨울쪽(Winterseite), 북쪽이라고 이름을 붙여 특별히 귀중하게 여깁니다."

"자네도 알 수 있겠지만" 하고 괴테는 말했다. "자네의 이야기는 인생의 절반을 식물과 나무의 성장 연구에 몰두해 온 나에게는 특별히 흥미가 있네. 자, 계속 이야기를 해 줘! 자네는 강인한 서양물푸레나무를 갖고 두 번째의 활을 만들었다는 것이지?"

"그렇습니다." 하고 나는 대답했다. "나는 잘 쪼갠 겨울쪽, 즉 북쪽의 것을 입수했습니다. 이것에도 상당히 섬세한 섬유가 있었습니다. 게다가 또 이 활은 당겨도 부드럽고 탄력도 충분했습니다. 그러나 2, 3개월을 사용하여 보니 벌써 비뚤어지는 것이 눈에 띄었습니다. 그리고 탄력도 그 기능을 발휘하지 못한다는 것이 분명해졌습니다. 그래서 이제 어린 떡갈나무로 시험해 보았습니다. 이것 또한 좋은 목재이긴 했지만 얼마 안 돼서 똑같은 결함이 나타났습니다. 다음으로 호두나무의 줄기를 사용해 보았습니다. 그리고 이것이 한층 좋았습니다. 그리고 마지막으로 작은 잎이 달린 단풍나무, 보통 마스홀더라고 부르는 것을 사용해 보았습니다. 이것이 어느 것보다 가장 좋았고 이 이상 가는 것은 없었습니다."

"이 나무 같으면 나도 알고 있지." 하고 괴테는 대답했다. "산울타리에서 자주 볼 수 있어. 그것 같으면 좋다고 생각하네. 그렇다 하더라도 가지가 없는 어린 나무를 찾아낸다는 것은 어려울 것이야. 그런데 활을 만드는 데는 어째서 가지가 전혀 없는 나무가 필요하단 말인가?"

"어린나무에는 물론 가지가 없을 수는 없습니다. 그러나 사람이 이것을 길러서 재료용 나무로 만들 때 가지를 없애 버립니다. 또는 그것이 덤불에서 자랄 때면 시간이 지나면서 자연적으로 가지가 없어집니다. 그런데 사람들이 가지를 없애 버리는 것은 줄기의 직경이 약 3인치 내지 4인치로 자라는 시기입니다. 이것을 그대로 키우면 연연 새로운 나무의 질이 나무의 외부 쪽으로 형성되어, 50년 내지 80년 경과 후 마디투성이인 나무의 안쪽은 가지가 없는 진정한 나무의 질이 되어 반 피트나 우거져 뻗어 나옵니다. 이런 줄기의 표면은 매끈매끈하게 보입니다. 그러나 그 내부에 어떤 악질적인 것이 존재하는지는 물론 알 수 없습니다. 그러므로 이런 줄기의 표면에 평행하여 톱질하여 판자를 떼어 가는 것입니다. 2, 3인치 넓이로 나무껍질 바로 아래의 백목질, 그리고 이에 속해 있는 부분을 잘라 냅니다. 이 부분은 대체로 가장 싱싱하고 가장 강하여 활로 만들기에 딱 들어맞는 부분입니다. 이렇게 하면 어떤 상황에서도 실패하지 않습니다."

"활로 사용하는 나무는" 하고 괴테는 말참견했다. "톱으로 잘라서는 안 되네. 그렇지, 자네가 말한 것처럼 슐라흐텐하지 않으면 안 된다는 것이지."

"그렇습니다." 하고 나는 대답했다. "슐라흐텐하지 않으면 안 됩니다. 서양물푸레나무나 떡갈나무, 그리고 호두나무는 슐라흐텐할 수 있습니다. 이들 나무의 섬유는 대단히 거칠기 때문입니다. 그러나 마스홀더는 안 됩니다. 왜냐하면 이 나무의 섬유는 잘고 단단하게 서로 얽혀서 성장하고 있기 때문입니다. 그러므로 섬유를 따라 떼어 낼 수 없습니다. 오히려 섬유의 어느 것도 자연적으로 성장한 방향과는 완전히 반대로 쪼개집니다. 그러므로 마스홀더는 톱으로 자르지 않으면 안 됩니다. 이렇게 해도 활의 강도에는 아무런 지장이 없습니다."

"흠! 그건 그렇고 자네는 양궁을 좋아하게 된 덕분에 완전히 이 방면의 전문가가 되었구먼. 이런 것이야말로 실제적인 방법을 통해서만 얻을 수 있는 산지식이지. 동시에 이것은 우리로 하여금 언제나 사물의 내부에 파고들지 않을 수 없게 하는 어떤 열정적인 성향이 주는 하사품이야. 그리고 탐색하다가 미혹에 빠지는 것도 좋은 것이지. 왜냐하면 우리는 탐색과 미혹을 통해서 교훈을 얻기 때문일세. 단지 그 사물뿐만 아니라 그 주변 전체도 알 수 있게 되지. 내 경우만 하더라도 만약 내가 식물과 색채에 관해서 제삼자가 완성한 이론을 그대로 받아들여 외워 댔다면 그것이 무슨 소용이 있었겠는가! 그렇지만 나는 모든 것을 나 스스로 탐색하고 발견했네. 물론 때로는 미로에 빠지지 않으면 안 되었지. 하지만 그렇게 했기 때문에 나는 이 두 분야에 대해서 어느 정도, 그리고 책에 쓰여 있는 이상으로 알고 있다고 말할 수 있지.—그건 그렇고 자네의 양궁에 대해서 또 한 가지 물어볼 것이 있네. 나는 스코틀랜드의 활을 본 일이 있는데, 앞 끝에 이르기까지 완전히 똑바로 뻗어 있었지. 이와는 반대로 다른 활들은 앞 끝이 구부려져 있었어. 자네는 어느 쪽이 더 좋다고 생각하는가?"

나는 대답했다. "앞 끝이 뒤로 구부려져 있는 활은 탄력이 아주 강합니다. 나

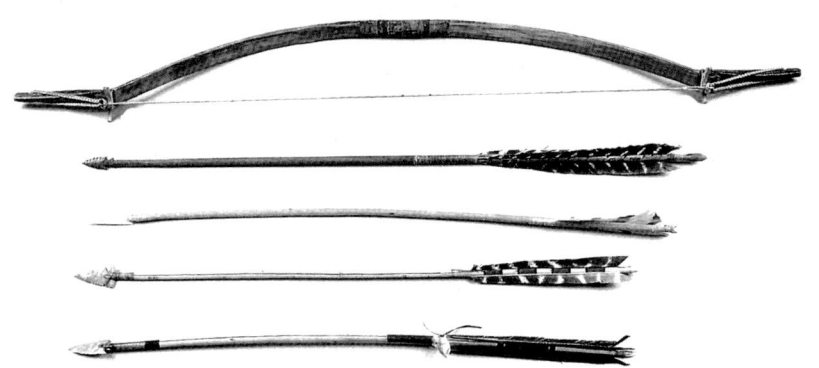

활과 화살 에커만은 자기가 직접 활과 화살을 만들어 본 경험을 털어놓는다.

는 처음에는 양쪽 끝을 구부리는 방법을 몰랐기 때문에 똑바르게 만들었습니다. 그러나 나중에 그 방법을 배웠기 때문에 양쪽을 구부려 만들었더니 활은 이 때문에 보기에도 아름다워졌을 뿐만 아니라 힘도 한층 더 강해졌습니다."

괴테가 다시 물었다. "그런데 활을 구부리는 것은 열(熱)로 하는 것인가?"

"뜨거운 물의 열로 그렇게 합니다." 하고 나는 대답했다. "탄력이 균등하게 나눠지고 모든 부분에서 필요 이상의 강약이 없어질 만큼 완전하게 되면, 이 활의 한쪽 끝을 6 내지 8인치 깊이의 뜨거운 물 속에 넣어 1시간 동안 끓입니다. 그러고 나서 이렇게 하여 부드러워진 끝을 뜨거운 상태 그대로 두 개의 작은 목판틀에 넣어 단단히 조입니다. 이 목판 안쪽에는 그 활의 곡선이 원하는 대로 틀이 박혀 있습니다. 이렇게 끼워 넣은 채로 적어도 하루, 낮과 밤 동안 그대로 놔두고 물기를 완전히 뺍니다. 다음으로 다른 한쪽 끝도 같은 방법으로 합니다. 이렇게 하여 만들어진 양쪽 끝은 튼튼하게 구부러진 채로 자라난 것 같이 보이게 됩니다."

"그런데 말이야." 괴테는 은밀한 미소를 띠면서 말했다. "나는 자네가 좋아할 만한 것을 하나 가지고 있지. 우리 함께 아래로 내려가 보세. 만약 내가 자네에게 진짜 바슈킬인[12]의 활을 만져 보게 해 준다면 어떻게 할 것인가?"

---

12) 바슈킬인은 우랄산맥 안에서 사는 터키 타타르족을 말한다.

"바슈킬인의 활이라고요?" 나는 기뻐서 어쩔 줄 몰라 하면서 외쳤다. "그거 진짜입니까?"

"그렇고말고, 바보 같으니라고! 그건 진짜일세." 이렇게 괴테는 말을 이었다. "이리 오게."

우리는 정원으로 내려갔다. 괴테는 작은 별관 아래층의 방문을 열었다. 그곳 책상 위와 주위의 벽은 장소가 비좁을 만큼 여러 종류의 진기한 물건으로 가득 차 있는 것 같았다. 나의 눈길은 이런 보물들을 슬쩍 쳐다만 봤을 뿐, 곧 활을 찾아 나섰다. "여기 있지." 하면서 괴테는 각종 진귀한 도구들이 산더미를 이루고 있는 한쪽 구석에서 그것을 끄집어냈다. "이것은 1814년 바슈킬의 추장이 나에게 선물로 준 것인데, 아직도 그 당시와 똑같은 상태로 있네. 자, 어떻게 생각하는가?"

나는 기쁨에 넘쳐 이 사랑스러운 무기를 손에 쥐었다. 그것은 조금도 손상되지 않은 것 같았고, 활줄도 아직 충분히 사용할 수 있었다. 나는 이것을 손으로 만져 보고 음미하여 보았다. 아직도 상당한 탄력을 갖추고 있다는 것을 알 수 있었다.

"좋은 활입니다." 하고 나는 말했다. "그런데 특히 내 마음에 드는 것은 이 활의 외형입니다. 앞으로는 이것을 모델로 삼아 만들어 보겠습니다."

"이것은 어떤 나무로 만들어진 것이라고 생각하는가?" 하고 괴테는 말했다.

나는 대답했다. "보시다시피 이것은 가느다란 자작나무 껍질에 감겨 있기 때문에 나무의 질은 거의 나타나 있지 않습니다. 다만 구부러진 양쪽 끝이 노출되어 있을 뿐입니다. 그렇지만 그것도 세월이 감에 따라 심하게 검은 빛을 띠어 정체를 잘 알 수 없습니다. 언뜻 보아서는 어린 떡갈나무 같기도 하고, 또 호두나무 같기도 합니다. 호두나무가 아니면 그것과 비슷한 나무라고 생각합니다. 하지만 단풍나무나 마스홀더는 아닙니다. 그것들은 섬유가 거칠어서 한번 쪼개면 그 흔적이 선명하게 나타나거든요."

괴테는 말했다. "어떤가, 자네, 한번 시험해 보지 않겠는가? 여기 화살도 있어. 그러나 앞쪽 끝의 화살촉은 조심해야 해! 거기에 독이 묻어 있을지도 모르지."

우리는 다시 정원으로 나갔고 나는 활을 잔뜩 당겼다. "자, 어디다 대고 쏘지?" 하고 괴테는 말했다. "우선 한번은 하늘로 향해 쏘려고 생각합니다." 하고 나는 말했다. "자, 해 보게." 하고 괴테는 말했다. 나는 창공 한가운데 햇빛이 빛나고 있는 구름을 향해 높이 쏘았다. 화살은 잘 날아갔다. 이어 곡선을 그리면서 다시 윙윙 소리를 내고 내려와 지상으로 떨어졌다. "이번에는 내가 해 봐야지." 하고 괴테는 말했다.

그가 쏘려고 하는 것을 보고 나는 기뻤다. 나는 그에게 활을 넘겨주고 화살을 갖다주었다. 괴테는 화살 끝부분을 줄에 대고 활을 똑바로 잡았다. 그러나 호흡을 안정적으로 조절하기까지 한참 시간이 걸렸다. 이제 그는 상공을 표적으로 삼아 줄을 당겼다. 그는 내적으로 불멸의 청춘을 지니고 있는 아폴로처럼 거기에 서 있었다. 그러나 늙어버린 체력은 어찌할 도리가 없었다. 화살은 단지 얼마 안 되는 높이에 도달했을 뿐 곧바로 땅으로 떨어졌다. 나는 달려가서 화살을 가져왔다. "한 번만 더!" 하고 괴테는 말했다. 이번에는 방향을 잡고 정원의 모랫길을 겨누었다. 화살은 30보 정도의 거리로 꽤 멀리 날아가 소리를 내면서 지상으로 떨어졌다. 이렇게 화살을 쏘고 있는 괴테를 보고 있으려니 이루 말할 수 없을 정도로 호감이 느껴졌다. 나는 마음속에 다음의 시를 떠올렸다.

> 밀려오는 나이가 나를 저버렸단 말인가?
> 나는 다시 어린아이로 되돌아갔단 말인가?[13]

나는 화살을 집어 왔다. 괴테는 나에게 한 번만 더 수평 방향으로 쏴 달라고 부탁했다. 그리고 표적으로는 그의 서재 덧문에 있는 반점을 지정했다. 나는 쐈다. 화살은 표적 근처를 맞혔지만 나무가 부드러웠기 때문에 깊이 박혀 버려 다시 빼낼 수 없었다. "그대로 두기로 하지." 하고 괴테는 말했다. "2, 3일 동안 오늘의 즐거웠던 일을 되새기는 추억의 실마리가 될 것이야."

맑게 갠 날이어서 우리는 정원 안 이쪽저쪽을 걸어 다녔다. 이어 빽빽이 들어찬 풀숲의 신록을 등에 지고 벤치에 가서 앉았다. 우리는 오디세우스의 활에

---

13) 괴테의 〈온화한 크세니엔〉 중에서 등장하는 대목이다.

관해, 호메로스의 영웅들에 관해, 그리고 그리스 비극 작가들에 관해 이야기했다. 그리고 마지막으로 그리스 연극의 쇠퇴에 대한 일반적인 견해,[14] 즉 그 책임이 유리피데스에게 있다는 설을 언급했다. 괴테는 이 견해에 절대 동의하지 않았다.

"대체로 어느 시대의 예술이 한 특정한 개인에 의해서 쇠퇴하여 갔다는 것은 생각할 수 없는 것이지. 이 문제는 정말로 많은 것이 복합적으로 작용하고 있는 것으로, 그렇게 간단하게 잘라 말할 수 있는 것이 아니야. 그리스인의 비극 예술은 결코 유리피데스에 의해 쇠퇴해 버린 것이 아니지. 그리스의 조형 미술이 피디아스와 같은 시대에 살았지만 그보다는 좀 뒤떨어지는 어떤 위대한 조각가에 의해 쇠퇴해 버렸다고 말할 수 없는 것과 마찬가지네. 왜냐하면 시대가 위대하면 예술도 한층 더 순조로운 길을 걸어가지만, 열악한 것은 흔적조차 남기지 않기 때문이야.

그러나 유리피데스의 시대는 얼마나 위대한 시대였던가! 그것은 취향이 후퇴하는 시대가 아니라 앞으로 나아 가는 시대였지. 조각은 아직 절정에 도달하지 못했고 회화도 이제 겨우 성장하기 시작하고 있었어.

유리피데스의 작품들을 소포클레스의 그것과 비교해 보면 큰 결점은 있겠지만, 그렇다고 해서 후세의 시인들이 이 결점을 모방하여 그리스 연극이 파멸했다고 할 수는 없는 것이야. 그러나 만약 유리피데스의 희곡 작품에 위대한 장점이 있었고, 사람들이 그의 몇몇 작품을 소포클레스의 작품보다도 훨씬 더 선호했다면, 어째서 그 후의 시인들이 이 장점을 배우려고 노력하지 않았고 적어도 유리피데스처럼 위대하게 되지 못했겠는가!

이 유명한 3대 비극 시인 뒤에 제4, 제5, 제6의 위대한 작가가 한 사람도 탄생하지 않았다는 것은 물론 쉽게 설명할 수 없는 문제이지. 그러나 우리는 추측은 할 수 있고 어느 정도까지는 그 사정을 알 수 있네.

인간이란 단순한 존재이지. 설사 아무리 풍부하고 다양하고 또한 헤아리기 어려운 점이 있다고 하더라도, 인간이 만들어 내는 상황궤도는 곧 파악되기 마

---

14) 빌헬름 슐레겔은 고대 그리스 연극은 유리피데스 때문에 쇠퇴해 버렸다고 주장하고 있는데, 괴테는 이 견해에 반대하고 있다.

아폴로가 활과 화살을 갖고 괴물구렁이 피톤을 없애 버리는 순간이다. 고대 그리스인들은 태양의 신 아폴로를 불멸의 청춘에 대한 상징으로서 숭상하였다. 로마 바티칸 교황청이 소장하고 있는 이 대리석상은 기원전 2세기에 제작된 것이다.

련이야.

　우리 독일은 괜찮은 희곡 작품을 레싱이 2개에서 3개, 나 자신은 3개에서 4개, 실러가 5개에서 6개 정도 쓴 것에 그친 빈곤한 상황이네. 이런 상황이라면 또 제4, 제5, 제6의 비극 시인들이 탄생할 여지가 확실히 있을 거야.[15]

　그러나 그리스의 경우 이 3대 작가들은 각각 100편 이상 또는 100편에 가까운 작품을 썼고, 호메로스나 영웅 전설의 비극적인 주제는 그중 어떤 것은 3번이나 4번도 다루어지고 있을 정도로 작품들이 풍부하지. 이미 나온 작품들이 이처럼 풍부해서 소재나 내용도 다 써 버렸으니, 이 3대 작가를 이어받을 후배들은 이제는 무엇을 해야 할지 알 수가 없었을 걸세. 이런 것은 누구나 상상할 수 있을 것이야.

　그리고 결국 이 이상 더 쓸 필요가 없다고 생각하지 않았겠는가!—당분간은 그것으로 충분하지 않은가! 아이스킬로스나 소포클레스 그리고 유리피데스가 창작한 것은 그 양식에 있어서나 그 깊이에 있어서 몇 번 되풀이하여 들어도 진부하지 않고, 버리고 싶지 않은 그런 종류의 것이지 않은가?—우리에게까지 전해 내려오고 있는 이 단편들은 비록 그 수는 적지만, 우리 가련한 유럽인들은 이미 수 세기에 걸쳐 그것들을 연구하고 있지. 이렇게 그것들을 충분히 소화하여 내 것으로 만들려면 앞으로도 수 세기가 걸릴 만큼 그 범위가 방대하고 의미 깊은 것들이라네."

---

[15] 괴테가 예언한 대로, 독일어권 나라에서도 그 후 다음과 같이 많은 훌륭한 희곡작가가 배출되었다.
　　클라이스트(1777~1811). 희곡작품 5편
　　그릴파르쳐(1791~1872). 희곡작품 7편
　　헵벨(1813~1872). 희곡작품 5편
　　하우프트만(1862~1946). 희곡작품 8편

1826년

1826년 6월 5일 월요일

괴테는 2, 3년에 걸쳐 이탈리아를 갔다 오게 될 프렐러[1]가 작별 인사를 하러 왔었다고 말했다.

"여행길에 축복으로 나는 그에게 특히 푸생과 클로드 로랭을 스승으로 삼으라 했지. 나쁜 길에 빠지지 말고, 무엇보다도 이 두 화가의 작품을 연구하여 그들이 자연을 어떻게 파악했는가, 그리고 그 예술상의 관조와 감정을 어떻게 표현했는가를 확실하게 밝혀오라고 충고했네.

프렐러는 훌륭한 재능의 소유자이기 때문에 걱정할 필요가 없어. 게다가 성격도 착실한 것 같아. 그는 확실히 클로드 로랭보다는 오히려 푸생 쪽에 더 가깝다네. 그렇지만 나는 그에게 로랭 쪽을 특별히 연구할 것을 권고했네. 이것은 이유가 없는 것이 아니야. 왜냐하면 미술가의 수업도 다른 분야 사람들의 수업과 마찬가지이기 때문이지. 우리의 장점은 어느 정도는 자기의 힘으로 배양되는 법이기도 하다네. 그러나 우리가 원래 타고난 꽃봉오리와 소질이라고 하더라도 평소에 우리가 열심히 돌보고 씩씩한 기백으로 만들지 않으면 안 되며, 이것을 다른 것과 마찬가지로 장점으로 만들기 위해서는 특별히 손을 보지 않으면 안 되는 것이야.

내가 이때까지 여러 번 말한 바이지만, 어떤 종류의 음색을 태어날 때부터 정말로 훌륭하게, 그 이상 더 바랄 수 없을 정도로 잘 다루는 젊은 가수가 있을

---

[1] 프렐러(1804~1878). 바이마르의 화가인 그는 괴테의 추천으로 카를 아우구스트 대공의 급비생으로서 1826년부터 이탈리아의 밀라노, 로마에서 유학했고 귀국 뒤에는 바이마르의 미술학교에서 교단에 섰다. 프렐러는 괴테가 서거한 다음 날(1832년 3월 23일) 그의 마지막 모습을 그린 그림을 우리에게 남겼다. 또 그는 에커만의 아들 칼에게 그림을 가르치기도 했다.

수 있지. 그러나 그가 이 밖의 다른 음색에 있어서는 그만큼 강하지도 순수하지도 않고, 또 풍부하지도 못할 수도 있어. 그러나 이 사람은 특별한 연습을 통해서 그 음조들을 자신 있는 음조처럼 잘 다룰 수 있게 노력하지 않으면 안 되네.

프렐러는 훗날 틀림없이 엄숙한 것, 규모가 큰 것, 그리고 또 야성적인 것을 아주 멋지게 완성할 것이네. 그러나 밝은 것, 부드러운 것, 사랑스러운 것도 그와 마찬가지로 잘 다룰 수 있을지는 모르겠네. 그러므로 나는 클로드 로랭을 간절하게 권했어. 그가 클로드 로랭을 연구하게 되면 그의 본디 자질에 없는 것을 지닐 수 있다고 생각했기 때문이지.

그리고 또 하나 그가 주목해야 할 것을 말했네. 나는 이때까지 자연을 그린 그의 많은 습작을 보아왔지. 그것들은 훌륭했네. 그리고 저력과 생명력도 배어 있었지. 그러나 모든 것이 따로따로 떨어진 단독적인 것을 그린 것에 지나지 않았고, 그것으로 독자적인 것을 만들어 내는 데까지는 아직 거의 도달하지 못하고 있네. 그러므로 앞으로는 나무 하나라든지, 바윗덩어리 하나라든지, 오두막 집 한 채라든지, 그렇게 자연 속의 대상 하나만을 빼내서 그리지 말고, 그것들과 함께 어느 정도의 배경이나 환경을 함께 넣을 것을 충고했지.

그것은 다음과 같은 이유가 있었기 때문이네. 우리는 자연 속에 존재하는 것을 볼 때 하나하나를 따로 떼어서 보지 않아. 우리는 사물을 볼 때 모두 그 전후, 좌우, 그리고 위와 아래에 있는 다른 것과 결합하여 보고 있지. 그렇지만 따로 떼어놓은 대상, 그것만이 유달리 아름답고 회화적으로 눈에 들어오는 경우도 있을 거야. 그러나 이러한 효과를 가져오는 것은 단지 그 대상이 아니라 전후, 좌우, 상하에 있는 주변의 모든 것과 그것과의 연관인 것이지.

가령 내가 산보 길에서 하나의 떡갈나무에 깊은 인생을 받아 갑자기 그것을 그리고 싶은 심정이 되었다고 하세. 그렇지만 그 나무만을 빼내어 그린다고 한다면, 아마 내가 그때 느꼈던 인상은 조금도 나타나지 않을 거야. 왜냐하면 그것만 그려서는 자연 속에서 그 나무에 그림 같은 인상을 주고 그것을 아름답게 하는 것을 나타낼 수 없기 때문이지. 그뿐만 아니라 하나의 숲이 아름다운 것은 바로 하늘, 빛 그리고 태양의 위치에 의한 작용 때문이네. 그러므로 그림 속에서 이런 모든 것을 없애 버린다면 그 그림은 아무런 힘도 없고 무미건조한 것이 되어 어떤 독특한 매력도 갖지 못할 것이야.

그리고 여기에 더하여 이렇게 말할 수도 있네. 자연 속에서는 자연의 법칙에 의해 진실한 것으로 증명될 수 없는 것은 절대 아름답지 않다고 말이야. 그렇기 때문에 그림에서 저 자연 그대로의 진실을 여실하게 나타내기 위해서는 그것에 영향을 끼치는 것을 함께 넣어 주는 것을 기본으로 해야 해.

어느 실개천 옆에서 모양이 근사한 돌을 발견했다고 하세. 그 대기에 노출된 부분은 녹색의 이끼로 덮여 있어 정말로 그림과도 같지. 그러나 이 이끼가 생긴 것은 돌이 물에 씻겼기 때문만이 아니네. 북쪽으로 향한 경사라든지 햇빛을 가로막는 나무나 덤불 같은 실개천의 위치가 그 생성에 영향을 주고 있는 것이지. 그러나 그림을 그릴 때 이런 연관적인 원인을 없애 버린다면, 그 그림은 진실을 담고 있지 않기에 사람의 마음을 설득하는 독자적인 힘을 가질 수 없을 것이야.

이처럼 한 나무의 위치, 그 나무 아래의 지질, 그 전후좌우에 있는 다른 나무, 이런 것은 그 나무의 성장에 막대한 영향을 주고 있네. 바위로 된 언덕의 서쪽 끝, 바람이 불어오는 쪽에 서 있는 떡갈나무는 아래쪽의 바람이 차단된 골짜기의 부드러운 토지에서 번성하고 있는 다른 떡갈나무하고는 전혀 다른 모양을 형성하게 되네. 양쪽 나무 다 각각 그 나름대로 아름답기는 하지만 예술적으로는 전혀 다른 특색을 구비하고 있지. 그러므로 이것을 예술화하여 풍경화로 창작할 경우에도 자연 그대로의 이런 위치를 같이 표현해 줘야 의의가 있을 것이야. 그러므로 미술가는 언제나 대상과 함께 그 위치를 나타내는 수변을 함께 그려야 하는 것이지.

그런데 또 찰나적인 현상에 지나지 않고 주제의 형태나 생성에도 거의 영향이 없는 여러 가지 무의미하고 우발적인 것을 함께 그려 내려고 하는 것은 새삼스러운 말 같지만 어리석은 짓이야. 이런 모든 세세한 암시의 중요점을 프렐러에게 말했지. 그는 타고난 재능이 있는 사람이기 때문에 이것을 근거로 삼아 성장하여 나갈 것이라고 믿고 있네."

1827년

1827년 2월 21일 수요일

괴테와 식사를 함께했다.—그는 감탄을 담아 알렉산더 폰 훔볼트[1]에 관해 많은 이야기를 했다. 괴테는 쿠바와 콜롬비아에 대한 그의 저서를 읽기 시작했는데, 파나마 지협의 개착 계획에 대한 그의 의견에 특별한 관심을 두고 있는 것 같았다. 괴테는 말했다.

"훔볼트는 비상한 전문 지식을 갖고 다른 지점도 거론하고 있네. 그는 멕시코만으로 흘러 들어가는 두세 개 하천을 이용하면 아마도 파나마 이상으로 유리하게 목적을 달성할 수 있을 것이라고 했지. 그런데 이런 것이 이루어지는 걸 보려면 앞으로 출현할 위대한 기업가를 기다리는 길밖에는 없어. 만약 이러한 개착이 성공을 거두어 아무리 무거운 적재량의 선박이라도, 그리고 아무리 대형의 선박이라도 이와 같은 운하를 통해 멕시코만에서 태평양으로 항해할 수 있게 된다면, 문명인과 미개인을 막론한 모든 인류에게 헤아릴 수 없는 큰 혜택이 될 걸세.[2] 미합중국은 분명 이러한 사업에 착수하는 좋은 기회를 놓치지 않을 것이야. 이 신흥 국가는 영토를 서부로 확장하려는 뚜렷한 의도를 보여 주고 있어. 그러니 30년 내지 50년이 지나면 로키산맥 저쪽에 미치는 광활한 국토를 소유하여 그곳에서도 주민들을 살게 할 것으로 예상되지.—그뿐만 아니라 태평양 모든 해안 일대에는 가장 넓고 안전한 항구가 자연적으로 형성되어 있기 때문에, 중국과 동인도 그리고 미합중국 사이에 활발한 무역 중개를 성사할 아주

---

1) 알렉산더 폰 훔볼트에 대해서는 이미 203번에도 언급한 바 있다. 괴테는 학식과 실제적인 지식을 그만큼 두루 갖추고 있는 사람은 본 일이 없다고 하면서, 그는 보통 우리가 2, 3년 걸려도 달성할 수 없는 탐구를 단지 하루 만에 해결해 줄 수 있는 그런 사람이라고 말한다.
2) 괴테는 미국이 앞으로 틀림없이 태평양으로 나갈 수 있는 개착사업을 펼 것이라고, 그의 말대로 파나마운하는 미국의 건설사업으로 드디어 1914년 개통되었다.

중요한 상업 도시들이 점차 탄생하게 될 것이야. 이런 것은 단지 바람직할 뿐만 아니라 거의 필수적인 일이지. 그러면 앞으로는 북아메리카의 동서양 해안 사이를 상선과 군함이 한층 더 신속하게 왕래할 수 있게 되고, 지금처럼 케이프 호른을 돌아가는 지루하고 또 막대한 비용까지 드는 항해를 하지 않아도 되지. 그러므로 나는 되풀이하여 말하지만 멕시코만에서 태평양으로의 통로를 실현하려는 것은, 미합중국에는 꼭 필요한 일이니만큼 미합중국이 이것을 성취할 것으로 확실히 믿는 바일세.

나는 이것을 살아 있는 동안 체험하고 싶지만 이 소원은 이뤄지지 못할 것이야. 두 번째로 내가 보고 싶은 것은 도나우강과 라인강의 연결이 완성되는 것이지. 그러나 이 계획도 너무나 방대한 것이고, 특히 우리 독일의 재력으로 미루어 볼 때 그 실현 가능성은 의심스럽네. 그리고 마지막으로 내가 보고 싶은 것은 영국인들이 수에즈 운하를 소유하는 것이지.[3] 나는 내가 살아 있는 동안 이 세 가지가 이루어지는 것을 보고 싶지만, 그러기 위해서는 아마 앞으로 50년 이상은 더 살아야 할 거야."

1827년 3월 1일 목요일

괴테와 함께 식사했다. 그는 나에게 슈테른베르크 백작과 차우퍼에게서 선물을 받아 기쁘다고 말했다. 이어 우리는 〈색채론〉이나 주관적인 삼릉형의 실험 그리고 무지개가 형성되는 법칙에 관하여 여러 가지로 이야기했다. 그는 이런 어려운 문제에 대한 나의 관심이 더욱더 커지는 것을 보고 기뻐하였다.

1827년 3월 21일 수요일

괴테는 나에게 힌리히스[4]가 고대 비극의 본질에 관해 쓴 소책자를 보여주었다. "나는 이 책을 아주 재미있게 읽었어."라고 그는 말했다. "힌리히스는 기

---

[3] 수에즈 운하는 1869년에 개통되었다.
[4] 힌리히스(1794~1861). 독일의 헤겔 우파에 속하며, 할레대학의 철학교수인 그는 1825년 괴테에게 '학문적 예술평가의 기여로서의 괴테의 〈파우스트〉에 관한 미학적 강의'를 기증했고 1827년에는 〈고대비극의 본질〉을 출판하였다.

초 재료로서 특히 소포클레스의 〈오이디푸스 왕〉과 〈안티고네〉를 사용하여 그의 견해를 전개하고 있지. 아주 주목할 만한 책이니 가지고 가서 한번 읽어 보게. 그러고 나서 이 책에 관해 같이 이야기해 보도록 하지. 나는 그의 의견에는 절대 찬성할 수 없다네. 하지만 그와 같이 철학적인 교양이 풍부하고 철저한 사람이, 자신의 학파가 취한 독자적인 입장에서만 문학적인 예술 작품을 관찰하고 있다는 것을 알게 되어 참으로 배우는 바가 크네. 아직 읽지 않은 자네를 앞질러 가기 싫어 오늘은 이 이상 더 말하지 않겠어. 한번 읽어 보게. 이 책이 여러 가지 다채로운 사상을 보여 주고 있다는 것을 알게 될 거야."

1827년 3월 28일 수요일

나는 그사이에 열심히 읽었던 힌리히스의 책을 괴테에게 돌려 드리려고 갔다. 그리고 그 주제를 완전히 파악하기 위해 소포클레스의 작품 전체를 다시 한번 대강 훑어보았다.

"어때?" 하고 괴테는 말했다. "읽어 보니 어떠하던가? 그는 어려운 문제를 과감히 맞서 해결하려 하고 있지."

"이것은 정말로 이상한 책입니다." 하고 나는 말했다. "이 책만큼 내 가슴속에 여러 가지 생각을 불러일으킨 것은 없었습니다. 그러나 또 동시에 이 책만큼 반감을 느끼게 한 것도 없었습니다."

"바로 그것이야!" 하고 괴테는 말했다. "우리와 똑같은 경향은 우리를 안심시키지. 그러나 다른 경향은 우리를 생산적으로 만들어."

"그의 의향은 정말 존경할 만하다고 생각했습니다. 그는 결코 사물의 표면에 머물러 있지 않습니다. 그러나 그는 이따금 아주 미세하고 내면적인 관계에 깊이 빠져들어 가 자기가 갈 길을 잃기도 합니다. 그리고 그 방법이 아주 주관적이기 때문에 개개 대상에 대한 있는 그대로의 관조나 전체의 전망을 잃게 됩니다. 그래서 그의 사고 흐름에 따라가다 보면 가끔 나 자신과 대상을 무리하게 왜곡하지 않고서는 그와 똑같이 생각할 수 없는 경우가 있었습니다.—그리고 또 그의 이상하리만큼 섬세한 구별을 이해할 수 없어서 나의 두뇌가 너무나 뒤떨어지는 것이 아닌가 하는 생각도 들었습니다."

이에 괴테가 말했다. "자네도 그와 똑같은 철학상의 준비[5]가 되어 있었으면 훨씬 더 잘 이해할 수 있었을 것이야. 그러나 정직하게 말해서 힌리히스처럼 북독일의 해안에서 태어나 의심할 여지 없이 강건한 자질이 있는 사람이 이처럼 헤겔 철학의 길로 들어섰다는 것은 정말 유감스러운 일이야. 자연과 사물을 있는 그대로 보고 생각하는 것을 못 하게 되었으니, 점점 사상과 표현도 인공적이고 어색한 모습으로 변해 버리지 않았는가. 그래서 그의 책을 읽으면 부분적으로는 우리의 이해력이 작동하지 않아 그 일부 내용에는 무엇이 쓰여 있는지를 전혀 알지 못하게 되지."

"나도 잘 이해할 수 없었습니다." 하고 나는 말했다. "그렇지만 가령 〈오이디푸스〉의 우화와 그의 관계를 언급한 것처럼 철두철미하게 인간적이고 명백한 부분을 만나면 기뻤습니다."

"그 부분은" 하고 괴테는 말했다. "물론 엄격하게 사실과 꼭 맞지 않으면 안 되었던 것이지. 그러나 그의 책 속에는 사고가 앞으로 나갔다가 다시 뒤로 가곤 하는 부분이 상당히 많아. 애매한 말이 같은 데에서 쉬지 않고 똑같은 원을 그리면서 움직이고 있을 뿐이지. 마치 나의 〈파우스트〉에서 마녀가 외치는 99 법과 같이 말이야. 그 책을 이리 줘 보게! 합창에 관한 그의 강의 제6편은 나도 전혀 이해할 수 없었어. 가령 거의 마지막에 이르러 나오는 이 부분을 자네는 어떻게 생각하는가?

Diese Wirklichkeit(nämlich des Volkslebens) ist als die wahre Bedeutung derselben deshalb auch allein nur ihre wahrhafte Wirklichkeit, die zugleich als sich selber die Wahrheit und Gewissheit darum die allgemein geistige Gewissheit ausmacht, welche Gewissheit zugleich die versöhnende Gewissheit des Chors ist, so dass allein in dieser Gewissheit, die sich als das Resultat der gesamten Bewegung der tragischen Handlung erwiesen, der Chor erst wahrhaft dem allgemeinen Volksbewusstsein gemäss sich verhält, und als solcher nicht bloss das Volk mehr vorstellt, sondern selbst an und für sich

---

[5] 괴테는 첼터에게 보낸 1827년 11월 14일 자 편지에서 헤겔의 표현법을 확실치 않고 착잡하다고 말하고 있다.

dasselbe seiner Gewissheit nach ist.

"이 현실(다시 말해 민족생활의)은, 그 참된 의미로서는 단지 참된 현실에 지나지 않는다. 그것은 그 자체로써 진실과 확신, 그리고 보편적이고도 정신적인 확증을 형성한다. 그 확신은 합창의 화해적인 것이며 비극적인 행위의 전체적인 진행의 결과로써 출현하는 이 확신에 있어서만이 합창은 참으로 보편적인 민족의식에 적절한 것으로서 민족을 표상할 뿐만 아니라, 그 자체로 확신에 의거한 민족 그 자체에 지나지 않는 것이다."

"이것만 봐도 충분하지!—우리 독일인들조차 무슨 말을 하는 것인지 이해할 수 없는 이런 상황에, 하물며 영국인들과 프랑스인들은 우리 나라 철학자들의 언어를 어떻게 생각하겠는가."

"그렇다고 하더라도" 하고 나는 말했다. "이 책의 근본을 이루고 있는 것은 고귀한 의지입니다. 가족과 국가가 사상을 자극하는 특질을 가지고 있다고 보는 데 있어서는 나는 그와 같은 의견입니다."

"물론 그는 가족과 국가에 관한 이념을 잘 파악하고 있네." 하고 괴테는 말했다. "그리고 그 이념에서 생길 수 있는 비극적인 갈등을 설명한 부분은 확실히 좋고 알맹이가 있는 것이기도 하지. 그렇지만 그것이 비극 예술에 제일 좋은 것이라든가 또는 오직 유일하게 타당한 것이라고 하는 의견에는 동의할 수 없네.

물론 우리는 모두 가족과 국가 안에서 생활하고 있지. 우리가 만나는 비극적인 운명은 거의 이 양자의 일원으로서 맞게 되는 것이네. 그러나 우리는 누군가 비극을 당했을 때, 그 인물을 주목하되 한 가족 또는 한 국가 구성원으로서의 그를 분석하지는 않지. 그러니 필경 비극에서 문제가 되는 것은 어떤 해결도 주어질 수 없는 그런 갈등뿐인 것이야. 그리고 이것으로 인해 일어나는 모순은 그 환경 여하를 묻지 않지. 다만 그 배후에 참으로 자연적인 근거가 있고, 그것이 순수하게 비극적이기만 하면 좋은 거야. 예를 들어 아이아스는 상처받은 명예심의 데몬 때문에, 헤라클레스는 사랑에서 오는 질투심이라는 데몬 때문에 파멸해 버리고 말지. 하지만 양자의 경우에는 힌리히스가 그리스 비극의 요소여야 한다고 강변하고 있는 가족 숭상이나 국가 도덕에서 오는 갈등은 전혀 찾아볼 수 없네."

"이 이론을 내세웠을 때 그는 〈안티고네〉만을 염두에 두고 있었던 것이 분명합니다. 그는 가족 숭상은 여성, 특히 자매 사이에서 가장 순수하게 나타나며, 누나나 누이동생으로서의 여성이 성(性)을 초월하여 순수하게 사랑할 수 있는 것은 그들의 오빠나 남동생뿐이라고 주장합니다. 하지만 이것은 그가 이 여주인공의 성격과 행실에만 중점을 두고 있기 때문인 것 같습니다."

"나 역시 언니나 누이동생 간의 사랑이" 하고 괴테는 대답했다. "한층 더 순수하고 성하고는 상관없는 것이라고 생각하네. 그도 남매간에는 의식적으로든 무의식적으로든 대단히 관능적인 경향이 발생하는 경우가 헤아릴 수 없이 많다는 것을 염두에 두었겠지."

괴테는 계속했다. "자네도 알아차렸겠지만 힌리히스는 그리스 비극을 관찰할 때 완전히 이념에서 출발하고 있지. 그는 소포클레스를 볼 때도 이런 이념을 갖고 생각하고 있네. 소포클레스가 작품을 창작하고 정리하는 데에 있어서 어떤 이념에서 출발하였고, 그것에 따라 등장인물의 성격과 성장 과정 그리고 지위를 규정했다고 생각하는 거지. 그러나 소포클레스는 결코 작품의 창작을 어떤 이념에서 시작하지 않았어. 오히려 그는 오랜 세월에 걸쳐 완성되어서 이미 그 속에 훌륭한 이념을 내포하고 있는 민족 전설을 끄집어내어, 그것을 최대한 훌륭하게, 그리고 효과적으로 연극화하는 것만을 생각했던 것이지. 아트레우스의 자손들은 아이아스가 매장되는 것을 원하지 않아. 그렇지만 〈안티고네〉에서 여동생이 오빠를 위해 진력하고 있는 것처럼 〈아이아스〉의 동생도 형을 위해 정성을 다하고 있지. 매장되지 못하고 들에 버려진 오빠 폴리네이케스의 시신을 누이동생인 안티고네가 거두는 것과 죽은 아이아스의 뒤처리를 동생이 하고 있는 것은 우연인 거야. 즉 작가의 창작이 아니고 전설인 것이며, 작가는 그것에 따랐던 것이고, 따르지 않을 수 없었던 것이지."

"힌리히스가 크레온의 행동에 대해서 말하고 있는 것도 거의 근거가 있는 것이라고는 생각되지 않습니다. 그는 크레온이 폴리네이케스의 매장을 엄금한 것은 순수한 국가 도덕 때문이라고 주장하고 있습니다. 그리고 크레온은 단지 한 사나이가 아니라 군주이기 때문이라고 하면서, 다음과 같은 주장을 내세우고 있습니다. '이 인물은 국가의 비극적인 권력을 표상하고 있는 것이며, 인격화한 국가 그 자체, 다시 말해 군주 이외의 그 누구도 아닌 것이다. 즉 모든 인물 중에서 군주로서 국가 도덕을 실행하는 사람은 바로 이 인물이다."

"그런 주장은" 하고 괴테는 자못 미소를 지으면서 대답했다. "아마 아무도 믿지 않을 거야. 크레온의 행동은 절대로 국가 도덕에서 나온 것이 아니고 죽은 자에 대한 증오에서 나온 것이야. 폴리네이케스는 폭력으로 빼앗긴 아버지의 유산을 다시 찾으려고 했던 것뿐이지. 그러므로 죽음으로도 충분히 보상할 수 없어서 심지어 주검이 됐을 때까지 벌을 받아야 할 만큼 엄청난 국가에 대한 범죄는 추호도 없었던 것이네.

또한 일반적 도덕에 위배되는 그런 행동을 국가 도덕이라고 불러서도 안 되지. 크레온이 폴리네이케스의 매장을 엄중히 금지했기 때문에 부패한 그 시체가 대기를 병독으로 가득 채우게 되지 않았나. 그뿐만 아니라 개와 맹금들이 시체를 찢어 갈라놓고 그 살점을 여기저기 끌고 다녀 제단까지 더럽혀졌지. 이렇듯 사람과 신들을 함께 모욕한 행동은 결코 국가 도덕과 같은 이름으로 부를 수 있는 것이 아니네. 오히려 국가 범죄라고 해야 하는 것이지. 그리고 또 크레온은 작품 중의 모든 인물을 적으로 돌리고 있지. 합창단을 형성하고 있는 국가의 장로들을 적으로 돌리고, 또 민중을 모조리 적으로 돌리며, 테이레시아스도 적으로 돌리고 심지어는 자기 가족도 적으로 돌렸네. 그는 타인의 말을 듣지 않을 뿐만 아니라 집요하게 죄를 거듭해 가고 있어. 그리고 급기야는 그의 일가족 모두를 파멸에 빠뜨리고 그 자신도 결국 볼품이 없어져 버리고 말지."

"그렇지만 우리가 그의 말을 듣고 있으면 그에게도 그 나름의 이유가 있는 것처럼 생각됩니다."

이에 괴테가 대답했다. "그 점이야말로 바로 소포클레스가 대가라고 불리는 까닭이야. 실제로 희곡적이란 것의 생명은 그 점에 있네. 그의 작중 인물들은 모두 이런 변론의 재능을 가지고 있어 자기 행동의 동기를 납득이 갈 만하게 설명하지. 그 때문에 듣는 사람 쪽에서는 마지막에 말한 사람 편을 들게 되네.

소포클레스는 청년 시기에 정말로 훌륭한 수사학적 수업을 쌓은 것 같이 생각되네. 그는 사물 속에 가로놓인 모든 논거의 진위를 확인하는 것을 연마했어. 그러나 그의 위대한 재능도 때때로 그 도를 지나쳤기 때문에 그에게는 결점이 되어 버렸지.

가령 〈안티고네〉 속에 나에게는 언제나 오점처럼 보이는 한 군데가 있네. 아무리 비용이 많이 들어도 괜찮으니 훌륭한 문헌학자가 나타나 그것은 가필된 것이며, 위작(僞作)이라는 것을 증명해 주었으면 좋겠어.

이 연극이 진행됨에 따라 여주인공은 그녀의 행위에 대한 이유를 아주 의젓하게 진술하지. 그리고 지극히 순수하고 고귀한 심정이 전개되어 가네. 하지만 마지막으로 그녀가 죽기에 이르렀을 때 꺼내는 이유는 정말로 제대로 된 것이 아니며 거의 우습기까지 하지.

그녀는 말하네. 그녀가 자신의 오빠를 위해 한 행동은 자기가 어머니가 되어 자식이 죽었어도, 혹은 혼인하여 남편이 죽었어도 하지 않았을 행동이라고 말이야. 그리고 그 이유를 이렇게 말하지. '만약 남편이 죽으면 다른 남편을 얻으면 되는 것이고, 만약 아이들이 죽으면 새 남편을 얻어 다른 아이들을 낳기만 하면 되는 것이지. 그러나 나의 오빠는 다르지. 나는 오빠를 다시는 얻을 수가 없어. 나의 아버지와 어머니는 이미 돌아가셨으니 이제 아무도 두 번 다시 그를 만들어 주지 못해.'

적어도 이 부분이 이 여주인공이 가장 적나라하게 드러낸 심정이야. 곧 형장으로 가게 될 여주인공이 이런 말을 입 밖에 내는 것을 듣게 되면 비극적인 기분이 꺾이게 되지. 그리고 너무 궤변적인 계산에 치우쳐 있는 것 같이 생각되네.—그래서 앞에서도 말한 바 있지만, 훌륭한 문헌학자가 나타나 이 부분은 위조된 것이라는 것을 증명해 주었으면 좋겠어."

이어 우리는 소포클레스에 대해 계속 이야기했다. 소포클레스가 연극 작품을 쓸 때 주안점으로 삼은 것은 도덕적인 경향이라기보다는 오히려 자기의 대상들을 훌륭하게 처리하는 것이었고, 그래서 그는 특히 무대 효과를 염두에 두었다고 이야기하였다.

괴테는 말했다. "나는 희곡 작가가 윤리적인 효과를 주안점으로 삼는 것에 대해 결코 이론은 없네. 그러나 그 주제가 명백하고 효과적으로 관객들의 눈앞에 전개되도록 하는 데 윤리적인 목적은 별로 도움이 되지 않지. 그보다도 오히려 충분한 표현력과 무대 지식을 갖추고, 무엇을 해야 하며 무엇을 해서는 안 되는가를 알고 있는 것이 더 중요하네. 주제 속에 윤리적인 효과가 있다면 작가가 그것을 다만 효과적으로, 그리고 예술 본위로 취급했다고 하더라도 그것은 드러나게 되어 있지. 작가가 소포클레스처럼 고귀한 정신을 가지고 있으면 설사 자기 마음대로 글을 쓴다 해도 그 효과는 언제나 윤리적인 것이야. 게다가 소포클레스는 무대를 알고 있었지. 그리고 충분히 자기 직분을 이해하고 있었어."

내가 말참견했다. "그가 얼마나 깊이 연극에 통달하고 있었는가 그리고 얼마나 신중하게 무대 효과를 염두에 두었는가는 그의 〈필록테테스〉를 보면 알 수 있습니다. 이 연극은 그 구상과 줄거리의 진행에 있어서 〈콜로노스의 오이디푸스〉와 매우 비슷합니다.

두 연극의 주인공은 모두 어찌할 바를 모르는 상태에 빠져 있습니다. 둘 다 모두 나이 먹고 쇠약하여 괴로워하고 있지요. 의지가 되는 것은 오이디푸스에게는 옆에서 그의 손을 잡고 다니는 딸인 것이며, 필록테테스에게는 활입니다. 그런데 또 한 가지 서로 공통된 점이 있습니다. 두 사람 다 괴로움을 안고 추방된 신세라는 것입니다. 그렇지만 그 후 사람들은 그 둘의 힘을 빌려야만 승리를 얻을 수 있을 것이라는 신탁이 내려지자 다시 그들을 수중에 넣으려고 합니다. 필록테테스에게는 오디세우스가 가고 오이디푸스에게는 크레온이 찾아갑니다. 양쪽 모두 그들의 술책과 그럴듯한 말을 총동원해 봅니다. 그러나 이것이 전혀 먹혀들어 가지 않자 그들은 폭력을 사용합니다. 그리고 필록테테스에게서는 활을, 오이디푸스에게서는 그의 딸을 빼앗아 갑니다."

"이런 폭력 행위가" 하고 괴테는 말했다. "멋진 대화가 이루어지는 원인이 됐지. 그리고 이런 어찌할 바를 모르게 하는 상태는 듣는 사람과 보는 사람의 마음을 북돋네. 그러므로 관객에 대한 효과를 거두기 위해 작가는 이런 장면을 즐겨 창출했던 것이야. 소포클레스는 〈오이디푸스〉에서 이 효과를 더 강화하기 위해 오이디푸스를 약한 노인으로 등장시키고 있지. 그러나 어떤 사정이든 간에 그는 장년기의 절정에 있어야 할 사나이였어. 그러나 작가는 이 연극에서는 아무런 효과도 거둘 수 없을 그런 왕성한 연령을 오이디푸스에게 적용할 수 없었던 것이지. 그러므로 그를 약하디약하고 의지할 데 없는 노인으로 만들었던 거야."

"〈필록테테스〉와 비슷한 점은 또 있습니다." 하고 나는 계속했다. "이 작품의 두 주인공은 주동적이 아니고 수동적입니다. 그리고 이 수동적인 주인공들은 자신들과는 대비되는 주동적인 인물들을 각각 둘씩 자신의 적으로서 가지고 있습니다. 오이디푸스는 크레온과 폴리네이케스, 필록테테스는 네오푸톨레모스와 오디세우스입니다. 주제를 각 방면에서 그려 내고, 작품 자체에 적당한 풍부함과 살을 붙여 나가기 위해서는 이런 반동 작용을 하는 인물이 하나 이상 필요하였던 것입니다."

"아울러 여기에 덧붙여" 하고 괴테는 이어갔다. "비슷한 점이 또 하나 있지. 두 작품 모두 기쁜 변화를 나타내는 아주 효과적인 장면이 있네. 즉 어찌할 바를 몰라 하던 주인공들에게 각각 사랑하는 딸과 그에 못지않게 사랑하는 활이 다시 돌아오지.

그리고 이 두 작품 모두 마지막에 가서는 화해로 끝을 맺고 있는 것도 비슷하네. 두 주인공 모두 마지막에 가서는 자신의 고뇌에서 해방되는 것이야. 오이디푸스는 행복하게 이 세상을 떠나고, 필록테테스는 트로야 앞에서 의술의 신인 아스클레피오스의 손에 치유될 것이라는 신탁을 받지."

괴테는 계속했다 "그건 그렇고 우리가 현대적인 목적을 위해 연극술을 배우려고 할 때 우리가 따라가야 할 인물을 찾는다면 역시 그것은 몰리에르일 것이야.

자네는 그의 〈병든 줄 아는 사내〉를 알고 있는가? 그 속에는 읽을 때마다 완벽한 무대 지식의 상징으로 생각되는 한 장면이 있지. 그건 망상에 들린 환자가 그의 작은딸 루이종에게 언니의 방에 젊은 남자가 있는지를 묻는 장면이야.

그런데 몰리에르처럼 숙련된 솜씨를 가지고 있지 않은 작가라면 귀여운 루이종에게 아주 간단하게 사실만을 이야기하게 할 거야. 그러면 모든 것이 간단히 끝나 버리지.

그러나 몰리에르는 여러 가지 동기를 설정하여 상황을 지체시키고 이 심문에 생명과 효과를 부여하지. 그는 우선 처음에 어린 루이종에게 아버지의 질문을 이해할 수 없다는 식의 몸짓을 하게 하네. 그러고는 알지 못하는 것도 아니지만 말하지 않겠다고 거절하게 하지. 그다음 아버지로부터 채찍으로 위협을 받고서는 의식을 잃은 척하는 걸세. 아버지가 절망한 나머지 소동을 부리면 그녀는 거짓 실신 상태에서 장난치듯 기운 좋게 벌떡 일어나면서 드디어 순차적으로 모든 것을 자백하지.

이상과 같은 나의 설명은 생동하는 저 장면에 대한 가장 간략한 개요를 전했을 뿐이야. 그러니까 자네가 직접 그 장면을 읽고 그 연극적인 가치를 규명해 보면 좋겠네. 그렇게 해 보면 그 속에 이론에서는 볼 수 없는 많은 실제적인 교훈이 내포되어 있다는 것을 알게 될 것이야."

괴테는 계속했다. "나는 청년 시절부터 몰리에르를 알고 있고, 또 사랑하고 있지. 그리고 나는 전 생애를 통해 그에게서 배우고 있네. 나는 늘 이 세상의 탁월한 것과 접하고자 하는 노력을 하고 있어서, 매년 몰리에르의 희곡 작품 2, 3편을 읽고 있어. 내가 그에게 끌리는 것은 단지 그의 예술상 수법이 완벽하기 때문만이 아니라네. 그건 무엇보다 이 시인의 사랑스러운 천성과 교양 높은 심성 때문이야.

그는 우아함과 예법의 재치를 분별하고, 또 그것들을 마음속에 갖추고 있지. 그리고 서로 마음이 통하는 사람들이 공유할 수 있는 섬세한 교류의 가락도 가지고 있네. 이것은 그런 아름다운 천성을 가진 사람이 그 시대 최고의 사람들과 매일 교류를 나누어야 비로소 갖출 수 있는 것이야.—나는 메난드로스에 대해서는 몇 편의 단편만을 통해 알고 있을 뿐이라네. 그렇지만 그는 이 단편 작품들만으로도 나에게 몰리에르와 같은 아주 높은 이념을 전해 주고 있네. 나는 이 위대한 그리스인을 몰리에르와 비교할 수 있는 유일한 사람이라고 생각하고 있어."

"몰리에르에 대해 당신이 이처럼 높이 칭찬하는 것을 듣게 되어 기쁘게 생각합니다. 당신의 그 말씀은 폰 슐레겔[6]씨하고는 좀 다르게 들리니까요! 나는 최

---

[6] 슐레겔은 선황제인 페르디난트 3세가 그의 증조부에게 귀족칭호를 하사하여 1815년 이후 '폰'을 사용하게 되었다.

근에 그의 〈희곡 문학 강의〉[7]를 읽었습니다만, 몰리에르에 관해 언급하고 있는 부분에서 정말로 받아들일 수 없는 심한 반감을 느꼈습니다. 당신도 알고 계시지만 그는 몰리에르를 야비한 익살꾼으로 규정하면서 고자세로 내려다보고 있습니다. 그리고 이 익살꾼은 선량한 사교계를 오직 멀리에서만 바라보면서, 그 주인의 마음을 즐겁게 해 주기 위해 갖가지 익살극을 연출해 나가는 것을 업으로 삼고 있다고 했습니다. 또 그가 이런 맹랑한 저질 익살극에만 머물러 있었더라면 그나마 행복하게 지낼 수 있었을 텐데, 무리하게 최선의 것을 훔쳐서 고급 희곡을 쓰지 않고는 못 배겼기 때문에 전혀 성공을 거두지 못하게 되었다고 말하고 있습니다.”

“슐레겔과 같은 인간에게 몰리에르처럼 훌륭한 재능의 소유자는 그야말로 눈엣가시와 같은 존재였음이 틀림없어. 그는 자기에게는 몰리에르와 같은 소질이 전혀 없다는 것을 알고 참을 수가 없었던 거야. 〈인간 혐오〉는 내가 가장 좋아하는 작품이야. 나는 이것을 여러 번 되풀이하여 읽었지만, 슐레겔은 이 작품을 마음에 들어 하지 않았네. 그는 〈타르튀프〉를 자못 부자연스럽게 조금 칭찬하더니 곧 다시 가능한 한 깎아내렸지. 몰리에르가 교양 있는 부인들이 젠체하는 것을 웃음거리로 삼은 것을 슐레겔은 용서할 수 없었던 것이야. 나의 친구 중의 한 사람이 말했던 것처럼 슐레겔은 몰리에르와 같은 시대에 살았더라면 자기 자신이 웃음거리가 되었을 것이라고 느끼고 있는 것이지.”

괴테는 말을 계속했다. “슐레겔이 한없이 많은 것을 알고 있다는 것은 부정할 수 없네. 그의 방대한 지식과 엄청난 독서량에는 거의 누구도 놀라지 않을 수 없어. 그러나 만사가 그것만으로 충분한 것은 아니네. 아무리 박식하다고 하더라도 그것만 가지고서는 결코 비평가가 될 수 없지. 그의 비평은 너무 심할 정도로 일면적이야. 이것은 그가 대체로 모든 연극 작품을 오직 그 각색과 구성만 중요시하며 보기 때문이지. 그리고 쉬지 않고 위대한 선배 작가들과의 사소한 유사점만을 증명하려고 하고 있어서, 작가가 그 고매한 정신에서 나오는

---

[7] 1808년 오스트리아 빈에서 슐레겔이 행한 문예강연을 한데 모은 〈희곡예술과 문학에 관한 강의〉(1809~1811)이다. 이 책의 제2판은 1817년에 나왔는데, 여기에는 제2부 제11장에 몰리에르에 관한 강의가 들어 있다.

우아한 생활과 교양을 통해 우리에게 무엇을 보여 주려고 하는가에 대해서는 조금도 생각하지 않고 있네. 그렇지만 어떤 연극 작품에서 작가의 사랑스러운 개성이나 위대한 인품이 나타나지 않는다면, 아무리 재능이 있는 작가의 예술도 아무 소용이 없는 것이지! 민족 문화에 기여할 수 있는 것은 오직 이런 것뿐이야.

슐레겔이 프랑스 연극을 취급한 양식과 방법은 시시한 비평가를 위한 처방전일 뿐이라고 생각하네. 그러한 비평가에게는 탁월한 것을 존중하는 기능이 전혀 없어. 그런 사람은 유능한 재능의 소유자뿐만 아니라 위대한 인물까지도 마치 쓰레기를 보는 것처럼 그냥 지나쳐 버리고 말지."

"이것과는 달리 그는 셰익스피어[8]와 칼데론을 정당하게 취급하고 있습니다. 그뿐만 아니라 열렬한 애정까지 나타내고 있습니다."

괴테가 대답했다. "그 두 분은 모두 말할 필요도 없이 그 미점을 아무리 칭송해도, 그 칭송이 끝나지 않는 그런 인물들이지. 그렇다 하더라도 슐레겔이 그 두 분을 여지없이 헐뜯지 않았던 것은 이상한 일이네. 그뿐만 아니라 그는 아이스킬로스나 소포클레스에 대해서도 그 진가를 인정하고 있지. 그러나 이것은 그가 그들의 절대적인 가치를 확실하게 인정했기 때문이기보다는, 이 두 사람이 문헌학자들 사이에서 전통적으로 아주 높게 평가되고 있기 때문이라고 생각하네. 요컨대 원래 작은 인물인 슐레겔은 품성이 뛰어난 이 두 인물을 이해할 수 없고, 적절하게 평가할 수도 없는 것이야. 만약 그에게 그럴 능력이 있었다면, 그는 틀림없이 유리피에스도 정당하게 평가했을 걸세. 그러나 그는 문헌학자들이 유리피데스를 특별히 존경하지는 않는다는 것을 알고 있었지. 그래서 그처럼 위대한 권위 위에 올라타서 이 위대한 고대인을 터무니없이 헐뜯고는 전혀 부끄러워하지도 않는 거야."

괴테는 말을 이었다. "나는 유리피데스에게 결점이 없다고 말하지는 않아. 그렇지만 누가 뭐라고 하더라도 그는 변함없이 소포클레스나 아이스킬로스에게는 영광스러운 경쟁 상대인 것일세. 설사 그가 두 선행자와 같은 고귀한 진지함

---

[8] 슐레겔은 그의 책 제12장에서 셰익스피어를 논하고 있는데, 그에 관해서는 옳은 평가를 내리고 있다.

과 엄격한 예술적 완성도를 갖추고 있지 않고, 희곡 작가로서의 사물 취급 방법이 다소 야무지지 못해 인간적인 정에 좌우된다고 하더라도, 이것은 그가 아테네 사람들의 심정을 너무나 잘 알고 있어서 그 동시대인들에게 어울리는 음률을 체득하고 있었기 때문일 것이야. 좌우간 이 시인은 소크라테스로부터 '나의 친구'라 불렸고 아리스토텔레스부터 존경을 받았으며, 메난드로스로부터 칭송을 받았던 사람이라네. 그가 세상을 떠났다는 소식을 듣자 소포클레스도 아테네 시민들도 모두 상복을 입었다고 했으니, 사실 위대한 인물이었음이 틀림없지. 슐레겔과 같은 현대인이 그처럼 위대한 고대인의 결점을 타박했다면, 그는 그저 공손하게 무릎을 꿇고 있는 것이 옳을 것이야."

1827년 4월 1일 일요일

저녁때 괴테 댁에서 지냈다. 나는 어제 이곳 바이마르 극장에서 상연된 그의 작품 〈이피게니에〉에 관해 그와 이야기를 나눴다. 베를린 왕립극장의 전속 배우인 크뤼거[9] 씨가 이 작품의 주인공인 오레스트를 연기해 일대 갈채를 받았다.

괴테는 말했다. "이 연극은 그 나름대로 어려운 점을 가지고 있지. 내면적인 움직임은 풍부하지만 외면적인 움직임은 빈약하기 때문이야. 그런데 이 내면적인 움직임을 어느 만큼 활발하게 나타낼 수 있는가가 중요한 점이지. 이 희곡은 여러 가지 소름 끼치는 장면이 기초를 이루고 있기 때문에, 거기에서 아주 많은 효과적인 수단을 끌어낼 수가 있어. 물론 인쇄된 언어는 이것을 창작할 당시 내 마음속에서 그처럼 약동하고 있었던 것을 그저 희미하게 반영한 것에 지나지 않네. 그렇지만 배우는 이 최초의 정열, 시인이 이 소재에 혼을 불어넣었던 바로 그 당시로 관객들을 인도하지 않으면 안 되는 것이야. 우리는 상쾌한 바닷바람을 맞는 정력적인 그리스 영웅들, 즉 갖은 재난과 위험에 시달렸어도 자기들의 가슴속에 넘쳐나듯 품고 있는 생각을 거침없이 토해 내는 저 고대 그리스인들을 보고 싶은 것이지. 그렇기 때문에 우리는 자기의 역할을 단지 건성으로 외우는 감각적이지 못한 배우는 원하지 않는 걸세. 하물며 자기의 역할을 제대로 소

---

[9] 크뤼거(1791~1841). 베를린의 배우인 그는 첼터가 괴테에게 추천하여 비로소 바이마르의 무대에 서게 되었다.

화하지 못하는 배우는 말할 필요도 없지.

사실대로 말한다면 나는 아직 〈이피게니에〉의 완전한 연출에 접해 보지 못했어. 내가 어제 관람하러 극장으로 가지 않았던 것도 바로 여기에 그 이유가 있었지. 왜냐하면 당연히 표출되어야 할 본래의 모습을 제대로 드러내지 못하는 배우들이 유령처럼 무대 위를 어슬렁거리는 꼴을 관람한다는 것은 나로서는 견딜 수 없이 고통스러운 일이기 때문이야."

이에 내가 말했다. "크뤼거 씨가 연기한 오레스트 같으면 당신도 다분히 만족해하셨을 것입니다. 그의 연기는 명쾌했습니다. 그 역할을 그 사람 이상으로 더 잘 이해하고 체득한다는 것은 정말로 어려운 일일 것입니다. 모든 것이 박진감에 차 있었습니다. 그의 몸놀림과 대사 하나하나를 잊을 수가 없습니다.

그가 해야 하는 연기 중에는 열광적인 언사나 환상과 같은 것도 있지요. 그런데 그런 것까지도 그의 움직임과 차례로 변화하는 목소리의 장단으로 그의 마음 깊숙한 곳에서 표현되었기 때문에 마치 우리가 그것을 맨눈으로 보는 것 같은 생각이 들었습니다. 이런 오레스트를 보게 되면 실러도 틀림없이 복수의 여신들은 없어도 괜찮다고 생각했을 것입니다. 이 복수의 여신들은 오레스트의 배후에도 있었고, 그 주위에도 어른거리고 있었습니다.

저 중요한 부분, 다시 말해 오레스트가 정신을 잃었다가 다시 제정신을 차렸을 때 자신이 저승에 와 있는 것이 아닌가 하고 생각하는 부분은 정말 놀랄 정도의 명연기였습니다.[10] 조상들이 행렬을 짓고 서로 이야기를 하면서 떠돌아다니고 있었습니다. 오레스트는 그 사이에 끼어들어 무엇인가 물어보면서 그들과 합류하려 합니다. 이것을 관람하고 있는 우리는 자기도 모르게 끌려들어 이 망자들 틈에 함께 있는 것처럼 느꼈습니다. 이 배우의 감수성은 그처럼 순수하고 심오했습니다. 그리고 도저히 알 수 없는 것을 우리의 눈앞에 가져다준 그의 능력은 정말로 위대했습니다."

"자네는 대단히 감수성이 강한 관객이야." 하고 괴테는 웃으면서 말했다. "더

---

10) 에커만은 베를린의 배우인 크뤼거가 괴테의 희곡 작품 〈타우리스섬의 이피게니에〉의 주인공 오레스트의 연기를 그처럼 훌륭히 잘 해낸 것을 직접 보고 괴테에게 이렇게 말하고 있다.

괴테는 산문희곡 〈타우리스섬의 이피게니에〉를 1779년에 완성하였다. 그리고 그해 4월 자기가 직접 주인공 오레스트를 맡아 바이마르 극장에서 첫 공연을 가진다.

운문으로 된 〈이피게니에〉(1786년)는 완성하고 나서 바이마르 극장에서 가끔 상연되었다.

계속해 주게. 그리고 더 자세히 말해 주게. 그러고 보니 실제로 그는 훌륭했던 모양이지. 그의 신체적인 조건은 어땠는가?"

"그의 음성은 맑고 쾌적하게 울렸습니다. 연습을 아주 오래 했던 탓으로 감정의 표현도 최고로 부드러웠고 자유자재였습니다. 게다가 육체적인 힘이 잘 갖추어져 있었고 몸놀림도 자유로운 데가 있었기 때문에 연기상의 여러 가지 난점을 잘 극복할 수 있었습니다. 그는 지금까지 육체적인 수련과 연습을 게을리하지 않았던 것 같습니다."

괴테는 말했다. "배우는 원래 조각가나 화가한테 배워야 할 것이 많지. 그리스의 영웅을 연기하려면 우리에게 전해 내려오고 있는 고대 조각 작품들을 잘 연구하여 그 앉아 있는 모습, 서 있는 모습 그리고 걸어가는 모양을 확실하게 마음에 새겨두지 않으면 안 되네.

그리고 또 육체적인 것만으로는 충분하지 않아. 배우는 고금에 걸친 가장 훌륭한 작가들을 열심히 연구하여, 자기의 정신 수업에 크게 힘쓰지 않으면 안 되네. 이것은 연기의 이해에 도움이 될 뿐만 아니라, 그의 모든 행동거지를 한층 더 드높여 줄 것이기 때문이지. 그렇지. 계속 이야기를 해 주게! 그리고 또 그에게 주목할 만한 좋은 점이 있었던가?"

"그는 자기의 역할에 깊은 애정을 쏟고 있는 것 같았습니다. 그는 많은 연구를 통해 모든 것을 구석구석까지 이해하여 조금도 무리하지 않고 완전히 주인공이 되어 활동하고 있었습니다. 그 역할에 관한 어떤 것도 자기의 것으로 만들지 않은 것은 없는 것 같았지요. 단어 하나하나의 발음이 정확했고, 그로 인해 올바른 강약도 생겨 나와 전혀 불안감을 주지 않았습니다. 그래서 배우에게 나지막이 대사를 읽어 주는 프롬프터 같은 건 전혀 필요가 없었습니다."

"그 말을 들으니 기쁘네." 하고 괴테는 말했다. "그리고 그래야만 되네. 배우들이 자기의 역할을 자기 것으로 만들지 못하고 대사를 일일이 프롬프터한테서 듣는 것을 옆에서 본다는 것은 정말로 불유쾌하기 그지없지. 그러한 연기는 금세 못 쓸 것이 되어 아무런 힘과 생명이 없는 것이 되고 말지. 나의 〈이피게니에〉와 같은 연극은 배우들이 그들의 역할에 확신을 갖지 못할 때는 차라리 상연을 그만두는 것이 나아. 왜냐하면 이 연극은 오직 모든 것이 확실하고 신속하고 또 생생하게 진행될 때만 효과를 올릴 수 있기 때문이야.

그런데 그렇지. 크뤼거가 그처럼 훌륭하게 연기해 주었다니 기쁘기 그지없네. 그는 첼터가 소개해 줘서 이곳 극장에 오게 되었지. 그래서 만약 크뤼거가 실제로 그처럼 훌륭하게 연기하지 못했다면 나로서도 몹시 난처해졌을 거야. 그러니 내 쪽에서도 그를 좀 기쁘게 해 주어야지. 나의 작품 〈이피게니에〉의 특별장정본에 그의 훌륭한 연기에 대한 시구를 두세 줄 써넣어 기념 선물로 보내야겠네."[11]

화제는 소포클레스의 〈안티고네〉로 옮겨져 이 작품을 지배하고 있는 높은 윤리성에 이르렀고, 마지막으로 어떻게 하여 윤리적인 것이 이 세상에 생기게 되었는가 하는 것을 문제 삼게 되었다.

"이것은 모든 다른 선과 마찬가지로 신 자신에 의해 탄생하게 된 것이지." 하고 괴테는 대답했다. "이것은 인간 반성의 산물이 아니고 우리가 이 세상에 태어날 때 신이 내려 주신 아름다운 천성인 것이야. 이것은 다소 차이는 있지만 모든 인간에게 주어진 것이고, 소수의 특별히 혜택받은 사람들에게는 더 충분히 주어져 있네. 이와 같은 사람들은 위대한 행위를 통해서, 혹은 교리의 설교를 통해서 신의 마음을 현시하지. 이리하여 신의 마음은 이 표현의 아름다움으로 사람들의 사랑을 차지하고 깊은 존경을 받아, 사람들이 본받고자 하는 모범이 되었던 것이야.

사람들은 점차 윤리적인 아름다움과 선의 값어치를 체험과 지식 언마를 통해 자각하게 되었다네. 왜냐하면 악은 개인이나 전체의 행복을 파괴하는 결과를 가져왔지만, 이것과는 반대로 숭고한 것이나 올바른 것은 개인뿐만 아니라 전체에게 행복을 가져다주고 그 행복을 공고히 해 준다는 것이 확실하게 나타났기 때문이야. 이렇게 해서 윤리적인 아름다움은 교리가 되어, 명백한 형태로

---

[11] 1827년 3월 31일 괴테는 베를린의 배우인 크뤼거에게 주는 그의 〈이피게니에〉 증정본 안에 다음과 같은 시를 써넣어 보냈다. 시인이 이 작품에서 믿음과 소망으로 표시한 것이 독일 모든 곳에서 예술가인 배우의 훌륭한 연기로 소리 높이 전파되기를 바랄 뿐이다. 순수한 인간성만이 인간의 모든 결함을 보상해 줄 수 있다'고 정성을 다하여 알라. 이 작품의 주제는 한 여성의 고귀한 영혼이 결국 불안한 두 남성, 즉 타우리스 섬의 왕과 남동생 오레스테스에게 조화와 관용을 가져다준다는 것이다.

서 민족 전체에 퍼질 수 있었던 것이지."

"나는 최근에" 하고 나는 말참견했다. "어디에선가 그리스 비극은 윤리적인 아름다움을 특별한 대상으로 취급하고 있다는 분석을 읽었습니다."

이에 괴테는 대답했다. "윤리적인 것뿐만이 아니고 전체를 통해서 볼 때 오히려 순수하게 인간적인 것 전부를 취급하는 것이지. 그러나 특히 인간적인 것이 야망에 찬 권력과 체제와 부딪쳐 갈등을 빚어 비극적인 성격을 띠게 되지. 그래서 이 범위에서는 물론 윤리적인 것이 인간성의 주요 부분을 차지하게 된 거야.

그건 그렇고 〈안티고네〉의 윤리성은 소포클레스가 창출해 낸 것이 아니야. 그건 소재 그 자체 안에 있었던 것이지. 그렇지만 소포클레스가 이런 소재를 즐겨 선택한 것은 그 안에 윤리적인 아름다움뿐만 아니라 다분히 희곡적인 효과도 포함되어 있었기 때문일 거야."

이어 괴테는 크레온과 이스메네의 성격에 대해 말했다. 그리고 두 사람은 여주인공인 안티고네의 아름다운 영혼을 전개하기 위해 필요한 인물이라고 했다.

"모든 고귀한 것은 그 자체가 조용한 성질을 내포하고 있어서 마치 잠자고 있는 것처럼 보이지. 그러나 한번 저항을 만나게 되면 깨우쳐져 일어서게 되네. 그런 저항의 역할을 하는 것이 크레온이지. 크레온은 한편으로는 안티고네를 위해 존재하고 있어. 크레온에 의해 안티고네의 고귀한 품성과 그녀 쪽에 있는 정의가 뚜렷하게 나타나기 때문이지. 그러나 또 한편으로 크레온은 그 자신을 위해서도 존재하는 것이야. 그의 죄 많은 잘못이 우리에게 가증스러운 것으로 보이니까 말일세.

그러나 소포클레스는 여주인공의 고귀한 심성을 그녀의 행동 이전에도 나타내기 위해 또 다른 저항이 필요했지. 이에 의해 그녀의 성격이 전개되어 가기 때문이야. 그래서 필요한 것이 바로 그의 여동생인 이스메네인 것이지. 작가는 이 이스메네 속에 보통 사람들의 아름다운 절도를 그리고 있네. 그리고 이런 절도를 뛰어넘는 것으로 안티고네의 고귀함이 점점 더 뚜렷하게 나타나게 되지."

화제는 희곡작가 일반에게 옮겨졌다. 그리고 그들이 대다수의 민족에게 얼마나 중대한 영향을 끼치고 있으며, 또한 끼칠 수 있을 것인가에 대해 이야기했다.

"위대한 희곡 시인이 만약 생산적이고 또한 그와 동시에 그의 모든 작품에 일관되게 강하고 고귀한 심정을 표현할 수 있다면, 그의 작품 정신은 민족정신으로 발전할 수 있을 것이야. 이것은 애쓸 만한 보람이 있는 작업이라고 생각하네. 코르네유에게서 발단한 영향은 영웅의 혼을 만들어 내는 데 이르렀네. 이것은 영웅적인 인물이 필요했던 나폴레옹에게는 중대한 일이었지. 그래서 나폴레옹은 만약 코르네유가 살아 있다면 그를 공작으로 모셨을 것이라고 말했다네. 그러므로 희곡 시인은 자기의 사명을 분별하고, 자신의 발전을 위해 노력을 게을리해서는 안 되는 것이지. 자신이 민족에게 끼치는 영향이 유익하고도 고귀한 것이라는 것을 잊어서는 안 되는 것이야.

우리는 동시대인이나 동시대의 동업자들을 연구할 필요가 없네. 오히려 수 세기 이래로 변치 않는 가치와 변치 않는 명성을 보유하여 온 작품을 가진 과거의 위대한 인물에게서 배워야 하네. 참으로 탁월한 자질을 가진 사람이라면 이런 말을 하지 않아도 스스로 이러한 욕구를 느낄 것이야. 위대한 선행자와 어울리고 싶다는 욕구야말로 훌륭한 소질을 가지고 있다는 증거라네. 몰리에르나 셰익스피어에게서 배우는 것도 좋은 일이지. 그러나 무엇보다 첫째로 우리는 항상 고대 그리스인에게서 배워야 하는 것이라네."

이에 내가 말했다. "탁월한 재능의 소유자에게 고대의 작품을 연구하는 것은 틀림없이 이루 말할 수 없이 귀중한 일일 것입니다. 그러나 그것은 일반적으로 개인의 성격에는 그다지 큰 영향을 끼치는 것 같지는 않습니다. 만약 영향을 끼치고 있다면 사실 모든 문헌학자나 신학자가 가장 훌륭한 사람들이어야 할 것입니다. 그러나 사실은 절대 그렇지 않습니다. 고대 그리스어나 라틴어 작품을 연구하고 있는 전문가들 사이에는 정말로 훌륭한 사람이 있는가 하면 가련한 패거리들도 있습니다. 그래서 이것도 태어나면서부터 신이 내려 주신 것이거나 아니면 부모에게서 물려받은 자질의 좋고 나쁘기의 여하에 달려 있다고 생각합니다."

"그것에 대해서는 조금도 의의가 없네." 하고 괴테는 대답했다. "그러나 고대 작품의 연구가 어떤 경우에도 성격 형성에 도움이 되지 않는다고는 절대로 말할 수 없지. 무뢰한은 언제까지 기다려도 무뢰한으로 그치는 것이야. 하찮은 인간은 매일 위대한 고대 정신과 어울린다고 하더라도 한 발짝도 더 나아가거나 위대해지지 못할 것이네. 그러나 장차 위대한 인물이 되고, 숭고한 정신의 소유자가 될 능력을 신에게서 부여받은 고귀한 인간이라면, 고대 그리스와 로마 시대의 숭고한 사람들과 친히 어울려 돈독하게 사귀면 자기 향상의 효과를 가장 바르게 볼 수 있을 것이고, 매일 눈에 띄게 발전하여 드디어는 위대한 인물의 반열에 올라서게 될 것이야."

1827년 4월 18일 수요일

식사하기 전에 괴테와 함께 에르푸르트로 향하는 가도를 산책하려고 마차를 달렸다. 우리는 화물을 실은 갖가지 화물 마차를 만났다. 라이프치히의 견본시로 가는 것들이었다. 승마용 말의 행렬 두셋도 만났는데, 그 가운데에는 정말로 아름다운 말들이 있었다.

"우리가 아름다움이라 표현하고 있는 도저히 말로는 할 수 없는 것을 얼마 안 되는 추상적인 언어를 사용하여 하나의 개념으로 통일해 보려고 고생하는 미학자들을 보면 정말로 우습기만 하네. 아름다움이란 근원 현상이야. 그것은 결코 그 자체로서 나타나는 것이 아니지. 그러나 그것은 창작하는 사람의 정신을 통해 여러 가지 표현을 취해 반영되고 발현된다네. 그리고 그것은 자연 그 자체와 마찬가지로 정말로 각양각색인 것이야."

나는 말했다. "나는 곧잘 '자연은 언제나 아름답다. 이것은 예술가에게는 절망감을 안겨 준다. 왜냐하면 이것을 완벽하게 전달한다는 것은 거의 불가능한 것이기 때문이다'라고 말하는 것을 듣습니다."

"자연은 때때로 도저히 도달할 수 없을 만큼의 매력을 발휘한다는 것을 나도 잘 알고 있지. 그러나 자연이 어떠한 형태로 외부로 나타나든 아름답다고 생각하지는 않아. 자연이 의도하는 바는 언제나 선(善)이겠지. 그러나 이것을 쉬지 않고 완벽하게 실현하기에 필요한 조건이 갖추어져 있다고는 말할 수 없네.

가령 떡갈나무는 정말로 아름답게 자랄 수 있는 나무이지. 그러나 이 나무를 자연 그대로 아름답게 성장시키려면 여러 가지의 좋은 조건이 갖춰지지 않으면 안 되는 것이야. 만약 그것이 우거진 숲속에서 다른 굵직한 나무줄기에 에워싸여 성장하게 되면 쉬지 않고 자유로운 대기와 빛을 찾아 위로만 뻗어가려고 할 것이야. 그것은 사방으로 가냘픈 가지를 조금 내뻗을 텐데, 이것도 오랜 시간이 지나면 또다시 시들어 떨어져 버릴 것일세. 마지막에 가서 겨우 그 나뭇가지 끝을 넓은 하늘로 뻗으면 이번에는 안심하고 사방으로 퍼져 수관을 형성하기 시작하게 되지. 그러나 그때 벌써 이 나무의 나이는 중년기를 넘겨 버리게 되네. 그리고 오랜 세월에 걸쳐 위로만 뻗으려고 노력한 덕분에 그 발랄한 힘을 전부 다 써 버려 인제 와서는 옆으로 힘차게 뻗으려고 안간힘을 써 봐도 각별한 성과를 올릴 수 없어. 그리고 설사 그것이 완전히 성장하여 높이, 강하게 그리고 날씬하게 솟아 올라갔다고 하더라도, 줄기와 수관 사이에 알맞은 균형이 잡히지 않으면 정말 아름답게는 보이지 않을 것이야.

이것과는 달리 습기 찬 소택지에서 자란 떡갈나무는 그 토지가 비옥하고 장소도 충분한 여유가 있어서 일찍부터 크고 작은 나뭇가지를 사방으로 펼칠 수 있을 것이야. 그리고 이것에 저항하고 방해하는 작용이 없기 때문에 혹이 있는 부분이나 구불구불한 데나 들쭉날쭉한 데는 생기지 않을 것이야. 하지만 이 나무는 멀리서 봤을 때 가냘픈 보리수나무처럼 보이고 적어도 떡갈나무로서는 아름답다고 말할 수 없게 될 테지.

마지막으로 산지의 경사진 곳, 건조하고 돌이 많은 메마른 토지에서 자란 나무들은 심하게 들쭉날쭉하여 혹이 달려 나올 것이야. 그런데 거기에서는 자유로운 성장이 방해를 받고 있기 때문에 그 모양은 일찍부터 위축되고 정체될 수밖에 없네. 그래서 그 떡갈나무도 세상 사람들을 놀라게 할 수 있는 모습은 갖출 수 없을 것이야."

나는 이런 유익한 말을 기쁘게 듣다가 마침 생각난 것이 있어 말했다. "참으로 아름다운 떡갈나무를 몇 년 전에 괴팅겐에서 베저탈로 작은 여행을 갔을 때 보았습니다. 그중에서도 획스터 지방의 졸링에서 본 나무는 매우 억센 것 같았습니다."

이를 듣고 괴테는 말을 계속했다. "떡갈나무에는 모래땅이나 모래로 습한 토지에서 사방으로 강한 뿌리를 펼칠 수 있는 장소가 가장 적합하다고 생각하네. 빛과 햇빛, 비와 바람의 모든 작용을 사방에서 받기 위해 충분한 공간이 있는 위치가 좋지. 바람이나 폭풍우로부터 안전하게 보호받고 성장한 떡갈나무는 대단한 것으로 자라지는 못하네. 그러나 백 년에 걸쳐 자연의 힘과 싸우고 있노라면 정말로 억세고 늠름해지지. 이렇게 완전하게 성장한 모습을 보게 되면 저절로 감탄하지 않을 수 없어."

"당신의 이야기에서 결론을 끄집어낼 수 있다면 이렇게 말할 수 있지 않겠습니까? '살아 숨 쉬는 모든 생물은 자연 그대로의 성장에서 그 정점을 이룩하였을 때가 가장 아름다운 것이다'라고 말입니다."

"바로 그것이야." 하고 괴테는 대답했다. "그렇지만 그 전에 자연 그대로의 성장 정점을 어떻게 해석해야 할 것인가를 확실하게 밝히지 않으면 안 될 것이네."

"나는 그것으로 살아 숨 쉬는 모든 생물이 각자의 독특한 특성을 이를 데 없이 가장 뚜렷하게 드러내 보이는 성장 시기를 말하고 싶었던 것입니다."

괴테는 대답했다. "그와 같은 의미라면 나는 조금도 의의가 없네. 그러나 특히 여기에 한마디 첨가해 말해야겠군. 그 정점은 그처럼 더할 나위 없이 강한 특색이 나타날 뿐만 아니라, 그와 동시에 한 생물의 모든 부분의 조직이 그 자연적 사명과 일치하는 합목적이 되는 시기라고 말이야.

가령 성숙한 아가씨의 자연적인 사명은 아기를 낳고 그 아기에게 젖을 먹이는 데에 있지. 그러므로 알맞게 골반이 넓고 유방이 풍요롭지 않으면 아름답다고 말할 수 없네. 그렇지만 그것이 도를 지나칠 때도 아름답다고 할 수 없지. 왜냐하면 그것은 합목적을 넘어서 버린 상태이기 때문이야.

어째서 우리가 방금 본 승마용 말들을 아름답다고 부를 수 있었을까? 이것은 바로 그 체격의 합목적성 때문이었네. 단지 그 동작이 경쾌하고 우아하기 때문만은 아니야. 한 걸음 더 나아가 그 이상의 무엇이 있었기 때문이지. 여기에 우리 문외한들은 어지간한 인상을 받는 것으로만 그치지만, 훌륭한 기사나 말 전문가들이 하는 평가를 직접 들어 보면 더 자세하고 구체적으로 알 수 있을 걸세."

"방금 우리가 만났던 브라반트의 마부가 끌고 간 화물 마차의 말 가운데는 아주 건장한 것이 두세 마리 있었습니다. 그 말들을 아름답다고 말할 수 없는 것입니까?"

"물론 그렇게 말할 수 있지." 괴테는 대답했다. "어째서 그 말들을 아름답다고 말할 수 없단 말인가. 화가라면 승마용의 화사하고 유연한, 유형적인 특징보다는 이와 같은 화물 마차용 말의 두드러진 특색을 그릴 거야. 그 골격이나 다리, 그리고 근육이 보여 주는 활기에서 갖가지 아름다움이 훨씬 다양하게 약동하는 것을 발견할 수 있을 테니까."

괴테는 말을 계속했다. "중요한 것은 언제나 혈통이 순수해야 한다는 것, 인간에 의해 기형이 된 모습이 아니어야 한다는 것이지. 꼬리와 갈기가 잘린 말, 귀를 짧게 잘린 개, 가장 씩씩해 보이는 가지가 제거되고 그 밖의 다른 가지는 둥글게 잘린 나무, 그리고 특히 젊었을 때부터 코르셋으로 죄어 몸이 볼품없이 되어 버린 처녀, 이 모든 것은 선량한 취미를 역행하는 것이며 단지 속물근성의 멋쟁이 독본에만 실리는 것들이야."

이와 비슷한 말을 주고받는 사이 우리는 다시 집으로 돌아왔다. 식사하기 전에 우리는 저택 안의 정원을 한동안 걸어 다녔다. 날씨는 한결 상쾌했다. 봄날의 햇빛은 강렬하게 빛나고 있었고, 덤불과 산울타리에는 여러 가지 나뭇잎과 꽃들이 피기 시작하고 있었다. 괴테는 즐거워하면서 풍요로운 여름의 생각과 기대에 넘쳐 있었다.

이어 식사 중에는 우리 모두 마음이 들떠 있었다. 괴테의 아드님은 아버지의 〈헬레나〉를 읽고 나서 타고난 통찰력으로 여러 가지 투철한 식견을 피력했다. 고대 성신에 의거하여 창작된 부분에 대해 그는 눈을 반짝이면서 확실하게 기쁨을 표시했다. 하지만 가극적이고 낭만적인 다른 부분에서는 세상 사람들이 비평하는 것과 마찬가지로 자기도 씩씩한 생동감을 느끼지 못했다고 말했다.

"네 의견도 실제로 틀린 것은 아니지." 하고 괴테는 말했다. "그것은 독특한 작품이야. 이성적인 것이 반드시 아름답다고 말할 수는 없지만, 아름다운 것은 반드시 언제나 이성적이지. 또는 적어도 그렇지 않으면 안 되는 것이야. 고전적인 것이 네 마음에 들었던 이유는 그것이 이해하기 쉬웠기 때문이지. 세세한 부분에 이르기까지 명백하기 때문에 나의 이해력을 너의 이해력으로 접근시킬 수 있기 때문이야. 제2부에서도 역시 여러 가지 지성과 이성이 사용되고 가공되어 있기는 하지만 이것은 난해한 것이야. 독자가 그러한 사물에 접근하여 자기 자신의 이해력을 행사하고 그 각각의 의미를 찾아내는 데에는 상당한 연구가 필요하지."

이어 괴테는 타스튜 부인의 시에 대해 이것저것 극찬을 되풀이했다. 그는 요즘 그녀의 작품을 열심히 읽고 있었던 것이다.

다른 사람들이 다 가버리고, 나도 떠날 채비를 하자 그는 잠시 더 있어 달라고 간청했다. 그는 네덜란드 거장들의 동판화와 부식 동판화 화첩을 가져오게 했다.

"식사 후의 디저트로 자네에게 꼭 보여 주어야 할 좋은 것을 가지고 있지." 이렇게 말하면서 그는 내 앞에 루벤스의 풍경화 하나를 내놓았다. 이미 내가 이 그림을 보여 주었을 거야. 그러나 탁월한 그림은 몇 번을 보아도 싫증 나지 않지. 게다가 이번에 이 그림에는 아주 특수한 문제가 있네. 좌우간 자네가 감상한 것을 말해 주기 바라네."

"그러면 이 그림의 안쪽에서부터 시작해 보겠습니다. 가장 깊숙한 배후에는 참으로 밝은 창공이 있습니다. 이제 막 서쪽에서 해가 물러간 것 같습니다. 다음으로 거의 같은 때 가장 깊숙한 곳에 있는 촌락과 거리가 황혼빛 속에 비추어지고 있습니다. 그리고 그림 한가운데에는 한 줄기의 길이 있고, 그 길 위에는 마을로 향해 바삐 가는 한 무리의 양이 있습니다. 화면의 오른쪽에는 갖가지 건초더미와 조금 전에 가득 쌓아 올린 수레가 있습니다. 도구를 몸에 걸친 말이 그 언저리에서 풀을 뜯고 있습니다. 또한 그 옆 풀숲 속에서는 많은 암말이 망아지들과 함께 여기저기서 풀을 뜯고 있습니다. 언뜻 볼 때 그들은 이 밤을 집 밖에서 지내는 것처럼 생각됩니다. 그리고 앞쪽 풍경 가까이에는 무리를 이루고 있는 큰 나무들이 있습니다. 그리고 마지막으로 왼쪽 가장 앞쪽에는 집으로 돌아가고 있는 농부들이 있습니다."

"좋았네." 하고 괴테는 말했다. "그것으로 전부라는 말이겠지. 그러나 제일 중요한 점을 빠뜨렸어. 얼핏 보았을 때는 양들의 무리, 건초를 쌓아 올린 수레, 말들, 집으로 돌아가고 있는 농부들, 이것들이 전부이지. 그런데 이 모든 것이 어느 방향으로 빛을 받고 있는지 알겠는가?"

"이 그림의 빛은 우리 쪽에서 비치고 있습니다. 그리고 그림자는 그림의 안쪽을 향해 드리워져 있습니다. 특히 앞쪽 풍경인 집으로 돌아가고 있는 농부들은 아주 밝은 조명 속에 있기 때문에 멋진 효과를 드러내고 있습니다."

"그런데 루벤스는 이 아름다운 효과를 자아내기 위해 어떤 수법을 사용하고 있다는 말인가?"

"그것은 이 밝은 인물들을 어두운 배경 위에 그리는 것입니다."

그러자 괴테가 다시 물었다. "그렇지만 이 어두운 배경은 어떻게 해서 생겼다는 말인가?"

"그것은 무리를 이루고 서 있는 나무들이 인물들을 향해 던지고 있는 힘찬 그림자 때문입니다. 그런데 이건 좀 이상한데요." 나는 깜짝 놀라면서 말을 이어 갔다. "인물 쪽은 그 그림자를 그림의 안쪽을 향해 던지고 있습니다. 이와는 반대로 나무들은 그 그림자를 그림을 보는 우리 쪽을 향해 던지고 있습니다. 그렇다면 상반되는 두 개의 방향으로부터 빛이 들고 있는 것입니다. 이런 것은 실제로 자연 속에서는 있을 수 없는 일입니다."

"바로 그거야." 하고 괴테는 약간 미소를 지으면서 대답했다. "이것으로 루벤스의 위대함이 아낌없이 드러나기도 하지. 그는 자유로운 정신을 갖고 자연을 타고 넘어, 그의 한 단계 높은 목적에 맞추어 자연을 처리한 것이야. 이중의 그림자는 확실히 무리한 짓이야. 그리고 자네가 말한 것처럼 자연을 배반했다고도 말할 수 있지. 그러나 아무리 자연을 배반한 것이라고 하더라도, 그것은 동시에 자연 이상의 것이었다고 할 수 있는 것이네. 나는 이것이야말로 대가의 대담한 시도라고 말하고 싶네. 그는 자신의 천재적인 수단을 구사하여 예술은 자연 그대로의 필연성에 대한 맹종이 아니라는 것과, 예술은 그 자신의 법칙을 견지하고 있다는 것을 명백하게 내세운 것이지."

괴테는 말을 계속했다. "예술가는 두말할 것 없이 자연 속에 존재하는 생명 하나하나를 성실하고도 경건하게 묘사하지 않으면 안 되지. 동물을 그릴 때도 그 골격, 다리와 근육의 위치를 제 마음대로 변경하거나 본래의 특징을 해쳐서는 안 되네.—왜냐하면 이것은 자연을 파괴하는 것이라고 말할 수 있기 때문이지.—그렇지만 한 단계 더 높은 경지에 올라선 예술가는 하나의 그림을 참된 그림으로 만드는 방법을 체득하고 있기 때문에 훨씬 더 자유롭게 솜씨를 발휘할 수 있는 것이야. 그래서 루벤스는 이 풍경화에서 이중의 빛을 사용하는 것과 허구의 세계에까지 발을 들여놓는 것이 허락되는 것이지.

예술가는 자연에 대해 두 가지 관계가 있지. 그는 그 주인인 동시에 그 노예인 것이야.—다른 사람에게 이해받기 위해서 현실적인 수법을 써서 작업을 하는 범위 내에서는 노예인 것이지. 그러나 이 현실적인 수법을 자신의 한 단계 더 높은 의도에 예속시켜 복종하게 만드는 한도 내에서는 주인일세.

예술가는 하나의 완벽한 것을 통해 세계를 향해 말을 건네려고 하지. 그러나 이 완벽한 것은 자연 속에서는 발견되지 않네. 그것은 예술가 자신의 정신에서 만들어져 나오는 열매인 것이지. 다시 말해 풍요로운 신의 입김의 산들거림이 만들어 내는 것이라고 말할 수 있을 것이야.

우리가 루벤스의 이 풍경화를 그저 피상적으로 보아 넘기면, 모든 것이 자연적으로 보이고 마치 직접 자연을 묘사한 것처럼 생각되지. 그러나 사실은 그렇지 않네. 이와 같은 아름다운 그림은 절대로 자연 속에서는 발견할 수가 없지. 마찬가지로 푸생과 클로드 로랭의 풍경화도 아주 자연스럽게 보이네. 하지만 그러한 풍경은 현실 속에서는 아무리 찾아보아도 헛수고일 뿐이야."

이 말을 들은 내가 물었다. "루벤스의 이런 이중의 빛과 같이 대담하고도 특색 있는 허구의 수법을 문학 속에서도 발견할 수 있는 것입니까?"

괴테는 한동안 생각한 뒤에 대답했다. "문학에서 이런 것을 찾기 위해서는 각별히 헤맬 필요는 없네. 나는 셰익스피어 속에서 이러한 수법을 열두 개라도 지적할 수가 있네.—〈맥베스〉를 예로 들어 보기로 하지. 부인이 남편을 부추겨 예의 행동으로 옮기도록 할 때 이렇게 말하고 있네.

나는 아이들을 젖을 먹여 길렀지요.[12]

이것이 사실인지 아닌지는 전혀 문제가 되지 않아. 그러나 맥베스 부인이 이렇게 말하고 있고 이렇게 말하지 않을 수 없는 것은 이 말로써 자기의 어조가 강조되기 때문이야.—그러나 이 연극의 후반부에 이르러 맥다프가 그 가족의

---

12) 셰익스피어의 〈맥베스〉 제1막 제7장에 나온다.

몰락 소식을 들었을 때 분노를 터뜨리면서 이렇게 외치지.

    그자에겐 자식들이 하나도 없기 때문이야.[13]

  맥다프의 이 말은 맥베스 부인의 말하고는 모순되네. 그러나 셰익스피어는 이런 것에는 별로 신경을 쓰지 않지. 그에게 문제 되는 것은 그때그때 말의 힘인 것이야. 그러므로 맥베스 부인이 말에 비상한 힘을 주기 위해 '나는 아이들을 젖을 먹여 길렀어요'라고 말하는 것처럼, 맥다프도 똑같은 목적을 위해 '그자에겐 자식들이 하나도 없기 때문이지' 하고 말하는 걸세."
  괴테는 말을 계속했다. "우리는 화가의 붓놀림과 시인의 말을 너무 세밀하게 캐물어서는 안 되네. 그것보다는 오히려 자유분방한 정신을 갖고 만들어진 예술 작품을, 우리 또한 가능한 한 그것과 똑같은 정신을 갖고 새롭게 감상하고 음미해야 할 거야.
  그러므로

    사내애만 낳으시오.[14]

  와 같은 맥베스의 말에서 이 부인은 아직 아이를 낳아본 적이 없는 아주 젊은 사람이라고 결론을 내린다면, 이것 또한 어리석은 짓이네. 그리고 한 걸음 더 나아가 무대에서 공연을 할 때 그 역할은 젊은 배우가 맡아야 한다고 주장하는 것도 마찬가지로 어리석은 짓일 거야.
  셰익스피어가 맥베스에게 이와 같은 말을 하게 한 것은 절대로 맥베스 부인의 젊음을 나타내기 위해서가 아니야. 바로 전에 인용한 맥베스 부인과 맥다프의 말과 같이 이것도 단지 수사상의 목적을 위한 것이지. 그리고 작가인 셰익스피어가 염두에 둔 것은 그때그때의 장면에 꼭 들어맞는 효과적이고도 좋은 문구를 등장인물에게 말하게 하는 것이었네. 그리고 이런 문구가 다른 장면에 들

---

13) 셰익스피어의 〈맥베스〉 제4막 제3장에 나온다.
14) 셰익스피어의 〈맥베스〉 제1막 제7장에 나온다.

어가 눈에 드러나는 모순을 일으키는 것은 아닌가 하는 것은 별로 걱정하지 않았고 계산에 넣고 있지도 않았지.

셰익스피어가 희곡 작품을 쓸 때 그는 그것이 인쇄물로 출판되어 사람들의 입에 오르내리면서, 서로 비교되고 평가받으리라고는 꿈에도 생각지 못했던 것이네. 오히려 그가 작품을 쓸 때 염두에 두었던 것은 무대였던 것이지. 그는 자신의 작품을 움직이는 것, 살아 있는 것으로 간주했던 것이야. 그것은 무대 위에서 내려가 곧바로 객석의 눈과 귀에 흘러들어 버리는 것, 즉 사람들이 마음속에 묶어 놓을 수 없고 하나하나를 왈가왈부할 수도 없는 것으로 생각했던 거야. 그러므로 제일 중요한 것은 언제나 현재 그때그때의 순간에 효과가 있고 의미가 있는 것이었지."

1827년 4월 24일 목요일

아우구스트 빌헬름 폰 슐레겔이 이곳에 와 있다. 괴테는 식사 전에 그와 함께 산책하기 위해 마차를 달려 베비히트를 한 바퀴 돌았다. 그리고 이날 저녁에는 그를 위한 성대한 다과회를 열었다. 그 자리에는 슐레겔과 함께 여행 중인 랏센 박사[15]도 참석했다. 바이마르에서 어느 정도 알려져 있고 높은 지위에 있는 사람들은 모두 초청을 받았기 때문에, 괴테 저택의 여러 방은 일대 혼잡을 이루었다. 폰 슐레겔 씨는 귀부인들에게 완전히 에워싸여 있었다. 그는 그 부인들에게 인도의 불상이 그려져 있는 길고 가느다란 종이를 펼쳐 보이기도 하고, 위대한 인도의 시 두 편이 실려 있는 원본을 보여 주기도 했다. 하지만 그런 것은 그 자신과 랏센 박사 이외에는 아무도 이해하지 못했을 것이다. 슐레겔은 정말로 멋지게 옷을 차려입고 있었고, 젊고 혈색도 한결 좋아 보였다. 그러므로 참석자 중의 몇 사람들은 그가 화장술을 잘 체득하고 있는 것이 아닌가 하고 궁금해할 정도였다.

괴테는 나를 창가 쪽으로 끌고 갔다. "어때, 자네는 어떻게 생각하는가?" 하고 물었기 때문에 나는 "지금도 전과 다름없이 같은 생각입니다."라고 대답했다.

---

15) 랏센 박사(1800~1876). 노르웨이 태생인 그는 1819년 이래로 독일에서 지내고 있었다. 그는 독일에서 인도언어학에 관한 비판적이고 역사적인 연구의 기초를 세웠다.

"물론 그는 많은 점에서 볼 때 참된 인물은 못되지." 하고 괴테는 말을 계속했다. "그렇더라도 다방면에 걸친 학식과 그의 위대한 업적을 고려하면 너그럽게 봐 줄 수 있네."

1827년 4월 25일 금요일

괴테 댁에서 랏센 박사와 함께 식사했다. 슐레겔은 또다시 궁정 연회에 불려 갔다. 랏센 씨는 인도 문학에 관한 자신의 해박한 지식을 펼쳐 보여 주었다. 괴테는 이것을 아주 기쁜 마음으로 경청하면서 이 방면에 있어서는 전혀 문외한 인 자신의 지식을 보충하고 있었다.

저녁때 나는 또다시 한동안 괴테 댁에서 지냈다. 그는 나에게 슐레겔이 그를 초저녁에 찾아왔다고 하면서, 그와 함께 문학 그리고 역사상의 문제에 관해 아주 중요한 담화를 나누었는데 그에게서 배우는 바가 아주 많았다고 했다.

그러고는 이에 덧붙여서 말했다. "하지만 가시나무에서 포도를, 그리고 엉겅퀴에서 무화과를 얻으려고 해서는 안 되지. 나중에 이런 일을 하지 않으면 모두 괜찮은 것이야."

1827년 5월 3일 목요일

괴테의 희곡 작품이 슈타푸페르[16]에 의해 프랑스어로 번역되어 일대 성공을 거두었다. 파리에서 발간된 〈글로브〉지의 작년 호에 실린 J.J. 앙페르[17] 씨의 평론 역시 이 번역을 상당히 잘된 것이라고 평했다. 이 때문에 괴테는 대단히 기분이 좋아 이것을 언급하면서 쉬지 않고 말을 그쪽으로 돌리며 극찬을 아끼지

---

[16] 슈타푸페르(1802~1892). 스위스의 파리 주재 대사인 그는 〈파우스트〉를 비롯하여 괴테의 많은 작품을 프랑스어로 번역했다. 괴테의 〈희곡집〉 4권은 1826년에 나왔다.

[17] 앙페르(1800~1864). 프랑스의 문학사가로 〈글로브〉지의 동인이다. 1827년 4월 22일부터 며칠 동안 앙페르 일행은 바이마르에 머무르며 괴테, 에커만과 친교를 나누었다. 괴테와 에커만은 그와 의견을 나누다가 알아낸 사실에 놀랄 수밖에 없었는데, 그것은 두각을 나타내던 프랑스의 일부 신예작가들과 〈글로브〉지의 동인들이 놀랍게도 20대의 청년들이라는 것 때문이었다. 이에 괴테는 에커만에게 한 나라의 모든 문화적인 활동과 산출이 이루어지는 도시 파리를 가진 프랑스와 당시 독일의 상황을 비교하여 설명한다.

않았다.

"앙페르 씨의 논지는 아주 수준이 높지. 독일의 비평가는 이럴 때 즐겨 철학에서 출발하네. 그리고 문학 작품을 관찰하고 비평할 때 자기 일파의 철학자들만 이해할 수 있고 다른 사람들에게는 그 작품 자체보다 훨씬 알기 어려운 방법을 쓰고 있어. 이와는 반대로 앙페르 씨는 어디까지나 실제적이고 알기 쉬운 인간적인 방법을 쓰고 있지. 그는 자기 직업을 충분히 분별하고 있어서, 작가와 작품의 혈연관계를 지적할 줄 알지. 그리고 여러 가지 문학작품을 시인이 서로 다른 생활 시기에서 얻은 다양한 결정체라고 판단하고 있네.

그는 내가 이 세상에서 실제로 겪은 인생 경로와 정신 상태와 그 변천과정을 아주 주의 깊게 탐구하고 내가 입 밖에 내지 않은 것, 이른바 행간에 숨어 있는 뜻을 읽어 내는 능력까지 가지고 있네. 그는 내가 바이마르에서의 정무와 궁정 생활로 인해 최초의 10년 동안 전혀 이렇다 할 문필 작업을 하지 않았다고 했지. 그리고 그 때문에 절망한 나머지 이탈리아로 도망을 갔다고 했어. 그리고 그곳에서 창작에의 새로운 기쁨을 느끼고 〈타소〉의 줄거리를 잡고 그 적절한 소재를 취급하여, 이제껏 나에게 붙어 다녔던 바이마르의 인상이나 추억으로 인한 쓰디쓴 경험과 진절머리 나는 것들을 죄다 털어 버렸다고 했지. 이것은 정말 정확한 지적이라고 할 수 있네. 그는 또 〈타소〉를 드높여진 〈베르테르〉라고 이름 붙이고 있는데, 그건 정말로 맞는 말이야. 다음으로 〈파우스트〉도 그는 이에 못지않게 재기발랄한 의견을 나타내고 있지. 그는 이 주인공의 음울하고 만족할 줄 모르는 노력뿐만 아니라 메피스토펠레스의 조롱이나 신랄한 풍자 또한 나 자신이 가진 본질의 일부라고 말하고 있어."

이렇게 칭찬하면서 괴테는 앙페르 씨에 관해서 되풀이하여 이야기했다. 우리는 그에게 대단한 흥미를 느끼고, 그의 사람 됨됨이를 명백하게 밝혀 보려고 했다. 그러나 이것은 뜻대로 성공하지는 못했지만, 이처럼 인생과 창작의 상호작용을 근본적으로 잘 이해하고 있는 것으로 보아 그는 틀림없이 중년의 사나이일 것이라고 우리는 서로 의견의 일치를 보았다.

그래서 앙페르 씨가 2, 3일 전에 바이마르에 도착하여, 아직 23, 4세밖에 안 되는 삶을 즐기는 청년으로서 우리 앞에 나타났을 때 우리는 적잖게 놀랐다.

그리고 그와 서로 친교를 더 두텁게 다지고 있는 사이에 우리는 다시 한번 이에 못지않게 놀라지 않을 수 없었다. 그것은 그 현명함, 그 절도 그리고 높은 교양 단계 때문에 우리를 이따금 감탄하게 했던 〈글로브〉지의 동인들이 모두 그와 마찬가지로 순전히 젊은 사람들뿐이라는 것을 알게 되었기 때문이다.

이에 내가 말했다. "젊은 나이에 이름난 작품을 창출한다는 것, 가령 메리메와 같이 20대에 벌써 출중한 작품을 쓰는 일이 있다는 것은 나도 잘 알고 있습니다. 그렇지만 그와 비슷한 또래의 젊은이들이 〈글로브〉지의 동인들처럼 높은 판단력을 갖춘 넓은 시야와 깊은 식견을 자기 뜻대로 구사하고 있다는 것은 금시초문입니다."

"자네와 같은 거칠거칠한 황야 출신에게" 하고 괴테는 대답했다. "그것은 물론 쉬운 일이 아니지. 우리 중부 독일 출신도 얼마 안 되는 지식을 얻기 위해 무척 고생해야 했으니까 말이네. 이것은 결국 우리가 모두 고립되어 가난한 생활을 영위하고 있기 때문이야. 우리 나라 민중들끼리 서로 나눌 수 있는 문화는 정말로 얼마 안 되는 것뿐이었지. 그뿐만 아니라 우리 나라의 재능 있는 사람이나 훌륭한 두뇌를 가진 사람들은 모두 독일 각지에 흩어져서 살고 있네. 어떤 사람은 빈에 살고 있고 어떤 사람은 베를린에, 다른 사람은 쾨니히스베르크에, 또 본에 혹은 뒤셀도르프에, 이런 식으로 모두가 서로 50내지 100마일 떨어져 살고 있어. 그래서 절친하게 접촉한다든지 사상적으로 개인적인 교류를 한다든지 하는 일은 좀처럼 이루어지지 못하고 있네.―그러나 만약 훔볼트와 같은 인물들이 이곳을 지나가다가 나 혼자의 힘만으로는 2, 3년이 걸려도 달성할 수 없는 내가 찾고 있는 것, 내가 알고 싶어 하는 것을 단 하루만이라도 지도해 준다면 얼마나 고마운 일이겠는가.

그건 그렇고 이제 파리와 같은 도시를 한번 생각해 보게. 거기에서는 그 위대한 국가의 가장 훌륭한 두뇌들이 오직 한곳에 모여 날마다 서로 어울리고 논쟁을 해 가면서, 서로 경쟁적으로 학문과 수양하는 데 전념을 다 하고 있지. 거기에서는 전 세계에서 온 최고의 자연 물품과 예술 작품들이 매일 같이 전시되고 있네. 이런 세계 도시를 한번 생각해 보게. 우리가 어디로 발을 옮겨도 다리 하나, 광장 하나에 그 나름의 위대한 과거의 추억이 깃들어 있는 곳을 말이야. 그리고 어떤 거리 모퉁이에도 역사의 한 토막이 전개되고 있네. 게다가 음울하고 활기 없는 시대가 아니라 19세기에 들어선 파리를 생각해 보게. 최근 1백 년이 채 못 되는 사이에 몰리에르와 볼테르, 그리고 디드로와 같은 사람들에 의해 이 세상에서 두 번 다시는 일어나지 않을 그와 같은 풍요로운 정신적인 교류가 오직 한 곳에서 전개되어 왔어. 그러니 앙페르와 같이 두뇌가 명석한 사람이 그와 같은 환경 속에서 자라난다면 24세에 벌써 어엿한 인물이 될 수 있는 것이지. 이렇게 생각하면 자네도 이해할 수 있을 것이네."

괴테는 계속했다. "자네는 조금 전에 메리메 같은 20대의 젊은이가 그처럼 훌륭한 작품을 쓸 수 있다는 것은 충분히 이해할 수 있다고 말했지. 나는 그 말에 조금도 반론을 제기하고 싶지 않네. 그리고 젊어서 훌륭한 작품을 창출한다는 것이 젊어서 훌륭한 비평문을 쓰는 것보다 쉽다고 하는 자네의 견해에 대해서도 대체로 자네하고 같은 생각이야. 우리 독일에서 메리메와 같은 젊은 나이의 작가가 그의 〈클라라 가줄〉과 같은 원숙한 작품을 창출하는 것을 보려 한다면 그것은 단념하는 것이 좋을 거야. 〈군도〉나 〈간계와 사랑〉 그리고 〈피에스코〉를 쓴 당시의 실러가 아주 젊었던 것은 사실이지. 그러나 솔직하게 말한다면 오히려 이런 모든 작품은 어떤 비상한 재능이 표출된 것이었지, 저자의 위대하고도 원숙한 교양을 증명하는 것은 아니야. 그렇지만 이 책임은 실러에게 있는 것이 아닐세. 그것은 국가의 문화적 상황과 우리가 모두 외로운 길을 혼자 뚫고 열어 나가야만 하는 어려움 때문인 것이지.

이와는 반대로 베랑제를 한번 살펴보도록 하세. 그는 가난한 양친 사이에서 태어났고 가게는 대를 이은 가난한 재단사였지. 그는 인쇄소 수습공으로 지내다가 어떤 관청에 얼마 안 되는 봉급을 받고 고용되었어. 그는 전혀 학교에 다니지 않았고 대학교에도 간 일이 없지. 그렇지만 그의 가곡들은 풍요로운 교양으로 가득 채워져 있네. 실로 넘칠 정도로 우아하고 재기와 풍자로 가득 차 있지. 그의 언어 구사는 뛰어난 예술적 완성미와 노련미를 보여 주고 있기 때문에 프랑스뿐만 아니라 모든 유럽 교양인에게서 경이의 대상으로 칭송받고 있어.

그런데 이 베랑제가 파리라는 이 세계 도시에서 태어나 자라났다고 생각하지 말고, 예나나 바이마르의 가난한 재단사의 아들이라고 해 보잔 말일세. 그리고 그가 그의 일생을 이런 작은 거리에서 가난에 허덕이면서 살았다고 해 보게. 그 똑같은 나무가 이러한 토지, 이러한 분위기 속에서 자라면 어떠한 결실을 보게 될 것인가를 한번 생각해 보게.

그러므로 나는 되풀이하여 말하겠네. 한 사람의 재능이 신속하고도 구김살 없이 성장하려면 많은 재능과 우수한 교양이 국민들 사이에 넘치게 보급되어 있어야 한다고 말일세.

우리는 고대 그리스 작가들이 창작한 비극을 보고 그저 경탄할 뿐이야. 그러나 잘 생각해 보면 우리가 놀라워하는 대상은 그 저자 한 사람 한 사람이 아니라, 그 저자들에게 그런 작품들을 쓰게 만든 그 시대와 국민들인 것이지.—왜냐하면 설사 이들 작품 사이에 근소한 차이가 있고, 또 이 시인들 가운데 한 사람이 다른 시인보다 다소 더 위대하고 좀 더 완벽하게 보인다고 하더라도, 전체적으로 볼 때 모든 시인에게서 일관되게 나타나는 것이 있기 때문이야. 그것은 규모가 크다는 것, 억세다는 것 그리고 건강하다는 것이네. 또 인간적인 완성, 고상한 생활의 지혜, 숭고한 사고법, 순수하고 강렬한 직관도 그 공통된 특징이지. 이밖에 다른 여러 가지 특색도 열거할 수 있을 것이네.—게다가 이런 모든 특색은 희곡 작품뿐만 아니라 오늘날까지 전해 내려오는 서정시와 서사시에서도 잘 나타나고 있지. 또 철학자와 수사학자 그리고 역사학자들 사이에서도 볼 수 있는 것이고, 마찬가지로 오늘날까지 전해지는 조형 미술의 작품 속에도 있는 것이지. 그러므로 이런 특색은 단지 개개 인물에게만 갖추어져 있었던 것이 아니라, 그 국민과 그 시대 전체에 속해 있는 것으로서 그 속에서 맥박을 함께 하고 있었다는 것을 확인할 수 있는 것이네.

스코틀랜드 출신인 번즈[18]를 한번 예로 들어보기로 하지. 그가 유명해진 것은 그의 조상들로부터 전해진 옛날 노래들이 계속 민중들의 입을 통해 살아 내려와 그의 요람 곁에서도 불렸기 때문이라네. 그는 유년기에도 그 노래 속에서 자랐고 그런 훌륭한 노래본과 가깝게 지냈네. 그래서 그것을 생생한 기본으

---

18) 번즈(1759~1796). 영국의 시인인 그는 스코틀랜드의 방언과 민화를 사용한 시를 써서 일약 국민시인으로 알려지게 되었다. 1786년에 출판한 〈주로 스코틀랜드 방언에 의한 시집〉이 바로 그것이다.

로 삼아 거기에서 계속하여 앞으로 나갈 수 있었던 것이야.—그리고 여기에 더하여 그가 유명해진 것은 그가 지은 노래를 그의 국민이 기꺼이 맞아들였고, 또 얼마 안 있어 청중들이 직접 귀담아 받아들였기 때문이지. 그 노래는 곧바로 들녘에서 수확물을 거둬들이는 사람들이나 볏이삭을 한 데 묶는 여자들이 들고 불렀고, 그의 노래와 함께 그는 술집에서도 유쾌한 친구들에게서 환영을 받았지. 이 정도로 상당히 알려졌으니 대단한 것이었지!

이것에 비교한다면 우리 독일인의 현 상황은 얼마나 비참한 모습인가! 나의 청년 시절, 번즈의 노래에 뒤떨어지지 않는 가치를 가진 우리 나라의 옛 노래들이 우리 독일 민중 사이에서 살아서 불리고 있었던가? 헤르더와 그의 후계자들[19]은 우선 노래들을 수집하여 망각 상태로부터 구출해 내는 것에서 시작해야만 했지. 그런 다음 이 노래들은 가까스로 인쇄되어 도서관에 비축되게 되었지. 그리고 나중에 이르러 뷔르거와 포스가 상당한 분량의 노래를 쓰지 않았던가! 그들의 노래가 그 훌륭한 번즈의 노래보다 민중적이지 못하다고 누가 감히 말할 수 있단 말인가! 그런데도 그중에서 지금도 노래불려지거나 민중들 사이에서 환영받는 것이 과연 얼마나 된단 말인가?—이 노래들은 쓰이고 인쇄되어 도서관에 들어가 있지. 독일 시인들의 일반적인 운명과 마찬가지로 말이야.—나 자신의 노래도 과연 그중 얼마만큼이 살아남겠는가? 글쎄 한두 개 정도는 예쁜 아가씨가 피아노를 치면서 노래 부를지도 모르지. 그렇지만 이 노래들은 본래의 청중인 민중들 사이에서는 전혀 들려오지 않을 것이야. 언젠가 한 이탈리아 어부가 나에게 〈타소〉의 몇 구절을 노래 불러 준 적이 있어. 그때의 일을 회상할 때마다 나는 지금도 깊은 감동에 잠기지 않을 수 없네.

우리 독일인은 아직도 후진 상태를 면치 못하고 있지. 물론 최근 1백 년을 지

---

[19] 헤르더는 '시는 인류의 모국어다'라는 하만의 견해를 이어받아, 여러 나라의 민요를 수집하여 〈민요집〉(1778~1779)을 편찬했다. 나중에 이것은 〈가요에서 여러 민족의 목소리〉로 고쳐졌다. 헤르더의 전통을 이어받아 브렌타노(1778~1842)와 폰 아르님(1781~1831)은 서로 협력하여, 독일국민의 문학유산인 중세 이후의 민요를 수집했다. 이 후기 낭만주의 하이델베르크파의 가장 큰 업적으로 알려지는 이 민요집 〈소년의 마술피리〉는 다음으로 이어지는 작가들 곧 하이네, 아이헨도르프 등에게 깊은 영향을 주었다. 이뿐만 아니라 이 민요집 중에서 많은 노래는 브람스와 볼프에 의해 다시 곡이 붙여졌다.

나는 사이에 문화 수준이 정말로 눈부시게 발전하긴 했어. 그러나 우리 국민들 사이에 높은 정신과 고도의 교양이 스며들고 그것들이 널리 일반화되어, 미를 숭상하는 그리스인들처럼 아름다운 노래에 열광하면서, 독일인이 야만인이었던 것은 오래전 이야기라고 말할 수 있을 때까지, 아직도 2, 3백 년은 더 걸릴 것일세."

1827년 5월 4일 금요일

앙페르와 그의 친구인 슈타푸페르를 환영하여 괴테 댁에서 성대한 오찬이 베풀어졌다. 담화는 밝고 활기찼으며 여러 화제가 다채롭게 뒤섞였다. 앙페르는 괴테에게 메리메와 알프레드 드 비니, 그리고 그 밖의 중요한 인물에 대해 여러 가지 이야기를 했다. 베랑제에 대한 이야기도 많이 나왔다. 베랑제의 비길 데 없는 노래들은 요즈음 괴테의 머리에서 떠나지 않고 있었다. 베랑제의 밝은 사랑의 노래들이 그의 정치적인 노래와 비교하여 더 훌륭한 가치를 갖는 것에 대해서도 논의되었다. 이때 괴테는 대체로 순수한 시적 소재는 정치적 소재보다 훨씬 나은 것이라는 의견이었다. 그는 그러한 가치·평가는 영원하고 순수한 자연 진리를 당파적인 견해와 비교했을 때 얻게 되는 결론과 같은 것이라고 하였다.

괴테는 말을 계속했다. "베랑제는 그의 정치적인 시로 인해 프랑스 국민의 은인으로 추앙받고 있어. 동맹군의 침입을 받은 이후의 프랑스인들은 베랑제를 그들의 억압된 감정의 최고의 대변자로 보았던 것이지. 그는 황제 치하에서 무기를 들고 싸웠던 사람들에게 영광스러운 추억을 회상시키고 프랑스인들의 마음을 분발하게 했네. 황제에 대한 추억은 어떠한 오두막집에서도 아직 살아 숨쉬고 있지. 또한 시인은 황제의 전제 정치가 계속되길 희망하지는 않지만, 황제의 위대한 인품을 사랑하고 있어. 지금 그는 부르봉 왕조의 지배하에 있는 것을 좋게 생각하고 있지 않아. 이 혈통은 두말할 필요 없이 약체화되어 있네! 그리고 오늘날의 프랑스인은 가능하면 스스로 정치에 참여하고 직접 정치에 참견하고 싶어 하긴 하지만, 역시 위대한 인물이 옥좌에 앉아 있는 것을 원하고 있지."

식사가 끝난 뒤에 참석자들은 정원 속에서 흩어졌다. 괴테는 나에게 눈짓을 보내 티이푸르트로 가는 길의 숲 언저리까지 마차로 산책을 나서자고 했다.

마차 산책 내내 그는 아주 기분이 좋았고 무척 다정했다. 그는 앙페르와 좋은 관계를 맺은 것을 기뻐했다. 그리고 이것으로 앙페르는 프랑스에서 독일 문학이 이해되고 보급되는 데 중요한 역할을 해 줄 것이라고 말했다.

그는 덧붙여 말했다. "앙페르는 정말로 높은 교양이 있어. 그래서 그의 많은 동향인이 가지고 있는 국민적인 선입견과 의구심, 그리고 편견을 이미 초월하고 있지. 그러므로 그의 정신으로 볼 때 그는 파리 시민이라기보다는 오히려 세계 시민이야. 요컨대 프랑스에서는 그와 같은 사상을 가진 사람이 앞으로 수천 명이나 탄생하게 될 것이라고 생각하네."

1827년 5월 6일 일요일

괴테 집에서 또다시 오찬회가 있었다. 그저께와 똑같은 사람들이 참석했다. 〈헬레나〉와 〈타소〉에 대한 이야기가 아주 많이 나왔다. 이어 괴테는 〈텔〉에 관해 이야기했다. 1797년에 그는 텔에 관한 전설을 6각운으로 된 서사시로 쓰려는 계획을 세웠다는 것이었다.

"나는 그 해에 다시 한번 스위스의 작은 주들과 피어발트슈테터 호수를 찾아갔었네. 그런데 이 매혹적이고 멋지고 웅장한 장면이 새삼스럽게 나에게 깊은 감명을 주었기 때문에, 변화도 많고 풍요롭기가 비길 데 없는 이 지방 풍경을 한 편의 시에 그려 보려고 마음먹었지. 나는 이 묘사에 한층 더한 매력과 흥미, 그리고 생명을 불어넣기 위해서는 이 이름난 배경과 땅에 걸맞은 인물을 등장시키는 것이 좋겠다고 생각했네. 그래서 여기에는 〈텔〉의 전설이 가장 바람직한 소재라고 생각하게 되었지.

나는 텔을 힘이 장사고 원만하면서도 어린아이처럼 천진난만한 영웅적인 인물이라고 생각했네. 짐을 나르는 사람으로서 이 나라의 각 주를 돌아다녀 어디에 가나 얼굴이 알려져 사랑을 받고, 신뢰를 받는 인물이지. 또한 자기의 일만을 조용히 수행하면서 처자를 먹여 살리고, 누가 주인이고 누가 하인이고 하는 그런 것에는 전혀 신경을 쓰지 않는 사람으로 생각하고 있었어.

나는 게슬러는 그와는 반대로 폭군이라고 생각했네. 하지만 그는 그래도 성질은 무사태평한 사람으로 마음이 내키면 착한 일도 하고 기분 여하에 따라 때로 나쁜 일을 저지르기도 한다네. 요컨대 그는 인민의 행복과 불행을 이 세상에 전혀 존재하지 않는다는 식으로 무관심한 사람인 것이지.

이런 성질에 비교하며 인간 본성에 잠재하고 있는 한 단계 더 높고 한 단계 더 선한 것, 다시 말해 향토애, 국가 법률에 의해 보호되어야 하는 자유와 안녕에의 갈망, 또한 외국의 무뢰한에 의해 혹사당하고 때로는 학대받는 것을 볼 때의 굴욕감 그리고 드디어 마지막으로 이와 같은 증오스러운 속박에서 벗어나고자 결심하는 의지, 이러한 모든 고양된 감정과 자질은 발터 퓌르스트, 슈타우프파허, 빙켈리트, 그리고 다른 저명하고 고귀한 인물들에게 배분했지. 이 인물들이야말로 본래의 주인공들인 것이며 의식적으로 행동하는 더 높은 수준의 세력들인 것이야. 한편 텔과 게슬러는 기회 있을 때마다 능동적으로 행동하기도 하지만 대체로는 오히려 수동적인 성격의 인물들이었다고 말할 수 있지.

나는 이 아름다운 소재에 완전히 열중하고 있어서 이따금 이 6각운의 시를 읊조리곤 했을 정도였어. 나는 고요한 달빛을 받는 호수와 산속 깊숙이 퍼져 있는 햇빛 받은 안개를 머릿속에 떠올렸지. 또한 나는 아름다운 아침 햇살에 싸여 있는 호수, 그리고 숲속과 목장에서 넘쳐 나는 환호성 소리와 생명을 마음속에 그렸지. 그러고는 폭풍을, 협곡에서 호수 위로 세차게 뿌려대는 뇌우를 그렸어. 또 밤의 고요함과 다리, 그리고 그 통나무 다리 위에서 등장인물들이 밀회하는 장면도 곰곰이 생각했지.

나는 이런 모든 것을 실러에게 말했고, 실러는 이들 풍경과 등장인물들을 정리하여 하나의 희곡으로 만들어 냈던 것이지. 그리고 나는 그때 다른 일에 상관하느라고 그 계획을 실현하는 것을 점점 미루고 있었기 때문에 이 소재를 전부 실러에게 양보하였네. 실러는 이렇게 하여 그처럼 세상을 깜짝 놀라게 만든 저 희곡을 썼던 거야."

우리는 이 이야기를 듣고 기뻐했다. 이것은 우리 모두에게 흥미로운 얘기였다. 나는 말했다. "3행시로 쓰인 〈파우스트〉 제2부 제1막 첫 장면에서 전개되는 해돋이의 화려한 묘사는 저 피어발트슈테터 호수의 인상에서 얻은 추억에서 탄생한 것으로 생각됩니다."

그러자 괴테가 대답했다. "그 묘사가 거기에서 나왔다는 것을 부정하지는 않네. 그뿐만 아니라 저 웅장한 자연의 생생한 인상이 없었다면 지금 말한 3행시의 내용은 전혀 생각해 내지 못했을 거야. 그러나 내가 나의 텔―지방에서 얻은 황금을 녹여서 화폐로 만들어 낸 것은 그것이 전부이지. 나머지는 실러에게 양보했어. 그리고 실러는 우리 모두가 알고 있듯이 그것을 가장 가치 있게 다루었지."

화제는 〈타소〉로 바뀌어 괴테가 그 속에 구체적으로 어떤 이념을 나타내려고 했는가 하는 얘기가 나왔다.

"이념이라고?" 하고 괴테는 말했다. "나는 그런 것은 모르겠어! 내가 가지고 있었던 것은 타소의 생활과 나 자신의 생활이었지. 제각기 특색을 갖춘 참으로 불가사의한 이 두 인물이 혼합되어 내 마음속에서 탄생한 것이 타소의 초상화였네. 이것에 대립하는 산문적인 인물로서 안토니오를 가져왔지. 이 모델도 나에게는 부족함이 없었어. 여기에다 궁정 생활이나 연애 관계는 대체로 바이마르나 페라라에서 얻은 것과 엇비슷한 것이었지. 그러므로 내가 〈타소〉에서 한 묘사는 당연히 나의 뼈와 살을 나눈 것이라고 말할 수 있네.

독일 사람들은 아무래도 어딘지 좀 이상해!―도처에서 심오한 사상과 이념을 찾아내서 도처로 가지고 들어와 그것으로 인생을 쓸데없이 더 어렵게 만들고 있지.―그렇지! 이제부터라도 한번 용기를 내서 외부의 갖가지 인상에 푹 빠져 즐거운 한때를 보내며 감동에 설레보고, 자기 자신을 드높여 보는 것이 좋을 것이야. 게다가 배우는 것을 부끄러워하지 말고 위대한 것에 정열을 불태워 용기를 북돋아 주는 것도 좋을 것이고······. 추상적인 사상이나 이념 없이는 이 세상의 모든 것이 허무하다고 생각해서는 절대로 안 되는 것이지.

사람들은 나한테로 와서는 이렇게 물어본다네. 내가 〈파우스트〉 속에 어떤 이념을 구체화하려고 했는가 하고 말이야.―마치 내가 그것을 스스로 알고 있어서 말로 표현할 수 있을 것처럼 묻는 거지.―〈파우스트〉는 천국에서 이 세상을 지나, 지옥으로 이르네. 이것은 필연적으로 무슨 의미가 있어 보이지. 그러나 이념하고는 아무런 상관이 없고 단지 줄거리의 흐름일 뿐이야. 그리고 악마가 내기해서 급기야는 패하게 되는 것, 고난에 찬 미혹 속에서도 끊임없이 선한

〈파우스트〉의 제2부 제1막 4679~4727행. 불안하게 잠을 청하는 모습의 묘사. 마스 베크만 그림

길을 향해 몸부림치는 인간은 결국 구제된다는 것, 이것도 물론 많은 것을 해명할 수 있는 유효한 사상이기는 하지. 그러나 이것도 작품 전체와 특수한 개개 장면의 기초를 이루고 있는 이념이라고 말할 수는 없는 것이야. 만약 내가 〈파우스트〉에서 그려낸 것과 같은 그처럼 풍부하고 다채롭고 또 다양한 생활을, 오직 한 줄기의 일관된 이념의 가느다란 실로 꿰려고 했더라도 사실상 틀림없이 괜찮은 것이 완성되었을 테지만 말일세."

괴테는 말을 계속했다. "하지만 대체로 시인으로서의 나는 뭔가 추상적인 것을 구상화하는 방식을 택하지는 않네. 나는 나의 마음속에 갖가지 인상을 받아들이지. 이것들은 구상적이고 생기에 넘쳐 있고 사랑스럽고 다양한 것들로, 나에게 왕성한 상상력을 제공해 주네. 그러면 시인으로서의 나는 이러한 직관과 인상들을 가슴속에서 예술적으로 끝손질을 하여 형체를 만들어 가는 거야. 그래서 다른 사람들도 내가 그려낸 것을 듣거나 읽고 나와 똑같은 감명을 받을 수 있게 생생한 묘사를 통해 표현하는 것뿐이라네.

그렇지만 시인으로서 무슨 일이 있어도 어떤 종류의 이념을 그려내지 않으면 안 될 때는, 나는 짧은 시를 통해 그렇게 했네. 짧은 시에서는 확실하게 통일을 취할 수 있고 전체의 전망도 한눈에 알아볼 수 있지. 〈동물의 변태〉, 〈식물의 변태〉 그리고 〈유언〉이나 그밖에 몇몇 다른 시가 그 예들이라네. 그리고 규모가 큰 대형 작품 중에서 내가 의식적으로 일관되게 이념을 좌우명으로 한 유일한 것이 아마 〈친화력〉일 것이야. 이 대하소설은 이해하기 쉽지. 그러나 이 작품이 이념 때문에 더 좋아졌다고 말하고 싶지는 않네. 오히려 문학 작품은 기계적으로 헤아리거나, 이성으로 파악하기가 어려울수록 그만큼 더 좋은 작품이 될 수 있다는 것이 나의 생각이지."

1827년 5월 15일 화요일

파리에서 폰 홀타이[20] 씨가 와서 한동안 이곳에서 지내고 있는데, 그는 자신의 인격과 재능 때문에 어디를 가나 극진한 대접을 받았다. 그래서 괴테와 괴테 일가와도 아주 따뜻한 교류를 나누게 되었다.

괴테는 요 며칠 동안 가르텐하우스(정원집)로 옮겨가서 지내고 있었다. 거기에서 그는 조용히 즐겁게 일하고 있었다. 나는 오늘 폰 홀타이 씨와 슐렌부르크 백작[21]과 함께 그곳으로 괴테를 찾아갔다. 그들은 앙페르와 함께 베를린으로 떠나야 하기에 그곳에서 괴테에게 작별의 인사를 드렸다.

---

20) 폰 홀타이(1798~1880). 슐레지엔 작가이자 배우인 그는 1827년 5월 5일 최초로 바이마르를 방문하여 15일까지 머물렀으며, 그다음 해에도 《파우스트》 제1부 낭독을 위해 찾아왔다.
21) 슐렌부르크 백작(1794~1854). 작센의 오스트리아 주재 대사였다.

1827년 7월 25일 수요일

괴테는 최근 월터 스콧에게서 한 통의 편지를 받았는데, 그것은 그에게 큰 기쁨을 안겨 주었다. 오늘 괴테는 그 편지를 나에게 보여 주었다. 영어의 필적이 그에게는 아주 읽기 어려웠기 때문에 그는 나에게 그 내용을 번역해 달라고 했다. 괴테가 먼저 이 고명한 영국 시인에게 편지를 썼고,[22] 이 편지는 그 답장인 것 같았다.

월터 스콧은 다음과 같이 쓰고 있었다.

내가 쓴 작품 중 하나가 다행스럽게도 당신의 시선을 끌게 된 것을 나는 대단한 영광으로 생각하고 있습니다. 나는 1798년 이래로 당신의 숭배자였습니다. 같은 해, 당시 나의 독일어 실력은 미미한 것이었는데 정말로 대담하게도 〈괴츠 폰 베를리힝겐〉을 영어로 번역하였습니다. 이렇게 오직 젊은이의 혈기에 가득 차서 감행하였는데, 그때 나는 이 천재적인 작품의 아름다움을 자신이 체득하는 것에 그치지 않고 다른 사람도 느낄 수 있게 하기 위해서는 그것이 쓰인 언어를 근본적으로 이해해야 한다는 것을 완전히 잊고 있었습니다. 그런데도 나는 청년 시절의 그 시도에 아직도 어느 정도의 가치를 두고 있습니다. 왜냐하면 이로써 적어도 내가 경탄할 만한 대상을 선택할 수 있는 분별력을 가지고 있다는 것을 나타낼 수 있었기 때문입니다.

나는 당신에 관해서는 여러 번 들어 알고 있습니다. 특히 나의 사위이며 유망한 문학청년인 로크하르트[23]의 입을 통해 당신을 잘 알게 되었지요. 이 청년은 수년 전, 아직 나의 집안과 인연을 맺기 이전에 독일 문학의 아버지인 당신과 면접하는 영광을 가졌던 것입니다. 당신에게 경의를 표하기 위해 서로 엎치락뒤치락거리면서 몰려오는 많은 사람 중 한 사람을 기억하기는 어려우실 것입니다. 그러나 우리 가족의 일원인 저 젊은이 이상으로 당신에게 열중하는 사람은 절

---

22) 괴테가 영국의 시인 월터 스콧에게 먼저 편지를 썼다는 것이다.
23) 로크하르트(1794~1854). 영국 스코틀랜드의 소설가이자 평론가인 그는 열렬한 괴테 숭배자로, 직접 괴테를 만나러 바이마르로 찾아간 일이 있었다. 그 뒤 그는 스콧의 딸과 결혼했는데, 그가 펴낸 〈스콧 전기〉 7권(1837~1838)은 전기 문학의 걸작으로 일컬어지고 있다.

대 없을 것입니다.

최근 나의 친구인 존 호프 핑키 경[24]이 영광스럽게도 당신을 방문한다고 하여 나는 그때 당신에게 편지를 드리려고 마음먹었습니다. 그리고 사실 그 후에도 또 그의 친척 두 사람이 독일 여행에 오를 예정이었기 때문에 실례를 무릅쓰고 편지를 썼던 것입니다. 그러나 그 계획은 그들의 병 때문에 실현되지 못했고 나의 편지도 2, 3개월 지나서 나한테로 되돌아왔습니다. 이렇게 나는 용기를 내어 당신과 친교를 맺어 보려고 벌써 오래전부터 노력했습니다. 그리고 그것은 당신이 나에게 마음으로부터 따뜻한 소식을 전하기 이전에 있었던 일이었습니다.

유럽 최고 위인의 전형인 당신이 노경에 이르러 비상한 존경을 한 몸에 받고 행복과 영광에 가득 찬 은둔 생활을 즐기고 있는 것을, 당신을 숭배하는 모든 사람은 그저 감사하게 여기는 바입니다. 유감스럽고 애처롭게도 저 바이런 경은 그러한 행복한 운명을 누리지 못했습니다. 운명은 그가 인생의 전성기에 있을 때 그를 데려갔습니다. 아직도 그에게 더 큰 희망과 기대를 걸 수 있었건만, 그것은 영원히 부서져 버리고 말았습니다. 당신이 그에게 보내 준 찬사와 영광을 그는 고맙게 생각하고 있었습니다. 오늘날 문필을 업으로 삼고 있는 모든 사람이 감사하는 마음을 갖고 어린아이와 같은 존경심으로 당연히 우러러보는 당신에게서 얼마나 큰 은혜를 입고 있었는지, 그는 늘 느끼고 있었던 것입니다.[25]

나는 저 주목할 인물,[26] 여러 해를 걸쳐 세계를 지배하고 끔찍한 영향을 끼친 그 사람의 전기를 시도해 보았습니다. 실례입니다만 나는 이것을 트로이델 씨와 뷔르츠[27] 씨에게 부탁하여 당신에게 보내 드렸습니다. 실은 나는 나폴레옹과 어떤 연관이 없다고 말할 수 없습니다. 왜냐하면 그 덕분에 나는 12년 간이나 군복무에 종사해야 했기 때문입니다. 그동안 나는 우리 지방 민병군단에 복무했습니다. 나는 어릴 때부터 절름발이였습니다만, 훌륭한 기병, 군사경찰 그

---

24) 그는 1827년 5월 2일, 바이마르로 괴테를 찾아가 환대를 받은 적이 있었다.
25) 작가인 월터 스콧은 괴테가 얼마나 바이런 경을 존경하고 그의 작품을 사랑했는가를 알고 있었을 것이다.
26) 여기서 이 인물은 나폴레옹을 지칭한다.
27) 모두 파리의 서적상인들이다.

리고 저격병으로서 복무했습니다. 그러나 이런 훌륭한 능력도 최근에는 다소 약해졌습니다. 우리 북국의 기후가 가져오는 슬픈 재앙인 류머티즘이 나의 사지를 마비시켜 버렸기 때문입니다. 그러나 나는 한탄하지 않습니다. 수렵의 즐거움을 단념하지 않을 수 없게 된 이후로 이제는 내 아들들이 그것에 열중하는 것을 보고 만족하고 있지요.

나의 장남은 경기병 중대를 맡고 있습니다. 이것은 25세의 젊은 사람에게는 역시 대단한 중책입니다. 차남은 얼마 전에 옥스퍼드 대학에서 문과 계통 학사 학위를 받아 지금은 사회로 나가기 전 몇 달을 집에서 지내고 있습니다. 그 애들의 어머니는 신의 뜻에 따라 이 세상을 떠났기 때문에 막내딸이 집안일을 돌보고 있습니다. 장녀는 결혼하여 독립된 가정을 꾸려가고 있지요.

이상의 것이 당신이 친절하게도 묻고 계신 나의 가정 상황입니다. 아무튼 나는 상당히 심한 손상을 입기는 했지만, 소망대로 살아갈 수 있는 충분한 것을 소유하고 있습니다. 나는 지금 당당하고 유서 깊은 성에서 살고 있습니다. 당신의 친구라면 누구든 언제라도 대환영입니다. 집의 현관은 무기로 가득 채워져 있는데, 이것들은 〈괴츠〉의 거성인 약스트하우젠에 갖다 놓아도 손색이 없을 것입니다. 그 입구는 큰 사냥개 한 마리가 지키고 있습니다.

그건 그렇고 그가 살아 있는 동안은 그 존재를 잊을 수 없는 사람에 대해 깜빡하고 있었군요. 원긴대, 이 저서의 결점을 관대하게 봐주시기를 바라는 바입니다. 그리고 섬나라 사람의 편견이 허락하는 한, 이 저자는 저 비상한 인물의 추억을 공정하게 취급하려는 염원에 불타고 있었다고 하는 점을 고려하여 주시기를 바랍니다.

당신에게 편지를 드리는 이 기회는 갑자기, 그리고 우연히 어떤 여행자에 의해 제공된 것입니다. 그러므로 조금도 시간적인 여유가 없기 때문에 이 이상 쓸 수가 없습니다. 다만 나는 당신의 변함없는 건강과 안녕을 충심으로 두 손 모아 기도드리는 바입니다.

1827년 7월 9일 에든버러에서
월터 스콧

이미 말한 것처럼 괴테는 이 편지를 받고 대단히 기뻐했다. 그러나 그는 다음과 같이 말했다. "여기에는 과분한 찬사가 들어 있지. 스콧은 지위도 있고 사회 교양도 높은 분이기 때문에, 이들 언사의 많은 것은 예절을 지키기 위한 것이라고 보아야 마땅할 것이네."

이어 그는 월터 스콧이 그의 가족 상황을 말하고 있는 선량하고도 성실한 글솜씨를 언급하고는, 마치 형제를 마주하듯 자기를 신뢰하고 있는 증거라고 하면서 아주 기뻤다고 말했다.

"정말이지 이제 나는 그가 쓴 〈나폴레옹의 생애〉가 몹시 보고 싶네. 그 책에 대해서는 반대와 분노의 목소리가 높다고 듣고 있지만, 여하튼 그런 반응도 이 책의 심대한 중요성을 뒷받침하는 것이라고 생각하네."

나는 로크하르트에 대해서 물었다. 그리고 괴테가 아직도 그를 기억하는지를 물었다.

"알다뿐이겠는가. 아직도 그를 잘 기억하고 있다네." 하고 괴테는 대답했다. "그 인간 됨됨이가 아주 강한 인상을 남겼기 때문에 그렇게 쉽사리 잊어버릴 수는 없었네.

영국인 여행자나 나의 며느리에게서 들은 바에 의하면, 그는 문단에서 유망한 인물로서 촉망받고 있는 젊은이라는 거야.

그건 그렇고 월터 스콧은 칼라일에 대해서 한마디도 언급하지 않았다는 것이 좀 이상하군. 칼라일은 독일의 문물에 관해서 확고한 견해를 가지고 있기 때문에 그가 이 사람을 모를 리는 없는데 말이야.

우리가 칼라일에 대해 감탄해 마지않는 것은 그가 우리 독일 작가를 판단함에 있어서 특히 정신적이고 윤리적인 핵심을 본래의 근간으로 삼고, 이것을 중요시하고 있기 때문일세. 칼라일은 윤리적인 위력의 소유자로 여기에 큰 의미가 있지. 그에게는 많은 미래가 있어. 앞으로 그가 어떤 일을 성취할 것이며 또 어떤 업적을 남길 것인지는 전혀 예측할 수가 없지."

1827년 9월 26일 수요일

괴테는 오늘 아침 홋텔슈테터의 모서리, 다시 말해 에터스부르크의 서단 높은 곳으로 마차 산책을 하고, 그곳에서 에터스부르크의 수렵용 별장으로 함께 가자고 나를 불러냈다. 날씨는 이를 데 없이 쾌청했고 우리는 일찍 야콥 성문을 지나 밖으로 나왔다. 뤼체도르프를 뒤로 하자 가파른 산길로 들어서게 되었다. 그러므로 마차의 속도도 걸어서 가는 속도에 지나지 않아서 우리는 마음껏 사방을 둘러보는 기회를 얻을 수 있었다. 괴테는 우리의 오른쪽에 위치한 군주의 영지 뒤쪽 덤불 속에 한 무리의 새들이 머문 것을 보고 "저것은 종달새인가?" 하고 물었다. '위대하고도 그리운 자여, 당신은 이 세상의 다른 어떤 사람보다도 자연의 모든 것을 샅샅이 탐구해 내고 있습니다만, 조류학에 있어서는 아직도 어린아이와도 같습니다' 하고 나는 생각했다.

나는 그의 질문에 대답해 주었다. "멧새와 참새입니다. 그리고 또 두세 종류가 더 있을 것이고, 그중에는 좀 늦게 온 그라스뮈케(바위종다리)도 있을 것입니다. 저 녀석들은 기다렸던 털갈이가 끝난 뒤 에터스부르크의 숲에서 정원이나 들로 내려와 이동할 준비를 하고 있는 것입니다. 그러나 종달새는 아닙니다. 종달새는 보통 덤불 속에서는 거처하지 않습니다. 들종달새나 하늘종달새는 하늘 높이 올랐다가 다시 지상으로 내려옵니다. 가을에는 무리 지어 하늘을 날 때도 있고, 곡식을 베고 난 뒤의 논밭으로 내려와 앉기도 합니다. 하지만 그것들은 산울타리나 덤불 위에서는 머물지 않습니다. 이것과는 달리 나무종달새는 높은 나무의 우듬지를 좋아해, 그곳에서 지저귀며 하늘로 날아 올라갔다가 다시 그곳으로 내려옵니다. 그리고 또 하나 다른 종달새가 있습니다. 이 새는 인기척이 드문 양지바른 숲속 빈터에서 가끔 우리 눈에 보입니다. 그리고 그 새들은 부드러운 피리 소리와 같이 어딘지 좀 멜랑콜리하게 노래합니다. 이 종달새는 에터스부르크에는 없습니다. 이 새들에게 이 산은 사람들이 사는 곳과 너무 가깝고 소란스럽기 때문입니다. 그러나 이 종달새도 덤불 속으로는 들어가지 않습니다."

"흠, 그렇구나!" 하고 괴테는 말했다. "자네는 이 방면에 관해서는 풋내기 수준은 아닌 것 같아."

"나는 젊은 시절부터 이 분야에 애정을 갖고 몰두했습니다." 하고 내가 말했다. "나는 이것을 위해 쉬지 않고 눈과 귀를 예민하게 했습니다. 에터스부르크

숲의 어느 곳도 내가 두루 돌아다니지 않은 곳이 없습니다. 이제는 새소리를 단 한 번만 들어도 방금 운 것이 어떤 새인가 하는 것을 말할 수 있습니다. 그리고 또 누군가 잡을 때 잘못 건드려 날개를 다친 새를 가져와도 재빠르게 날개를 고쳐 본디 상태로 건강하게 만들 수 있는 자신을 가지고 있습니다."

"그것은 두말할 것도 없이 자네가 이 방면으로 이미 많은 경험을 쌓았다는 증거이지. 자네는 이 연구를 계속 착실하게 해 나가는 게 좋겠네. 자네는 끝까지 해내는 기질을 가지고 있으니 훌륭히 성공해 낼 것임이 틀림없지. 그건 그렇고 새의 털갈이에 대해서 좀 말해 주게. 아까 자네는 늦게 온 바위종다리가 털갈이를 끝내고 에터스부르크의 덤불에서 들녘으로 내려온다고 이야기했네. 그렇다면 새의 털갈이는 종류별로 일정한 시기에 한정되는 것인가, 아니면 어떤 새든지 모두 동시에 털갈이한다는 말인가?"

"대부분의 새는 산란기가 끝나자마자 곧 털갈이합니다. 다시 말해 마지막에 낳은 새끼가 자립할 수 있게 되면 곧 털갈이가 시작됩니다. 그러나 이 마지막 새끼가 완전하게 성장하는 시기로부터 이동할 때까지 털갈이에 필요한 충분한 시간적 여유가 있는가 없는가가 문제가 됩니다. 만약 여유가 있으면 여기에서 털갈이하고 새 깃털로 이동합니다. 만약 여유가 없으면 옛날 깃털로 이동하고 나중에 따뜻한 남쪽 나라에서 털갈이합니다. 왜냐하면 새들은 봄에 우리한테로 오는 것도 종류별로 다르고 가을에 이동하는 것도 역시 각각이기 때문입니다. 어떤 종류의 새는 다소의 추위와 혹독한 기후에 대해 훨씬 더 무관심하고 훨씬 더 잘 견디지요. 그렇지만 우리가 있는 이곳으로 일찍 오는 새는 늦게 이동하고, 늦게 오는 새는 일찍 이동합니다.

이렇게 같은 과에 속하는 바위종다리 가운데에서도 벌써 큰 차이가 있습니다. 재잘재잘 지저귀는 바위종다리, 일명 물레방앗간 아저씨로 불리는 이 새는 3월 말이면 벌써 우리가 있는 곳에 와서 울기 시작합니다. 그리고 2주일 정도 지나면 머리가 검은 바위종다리가 옵니다. 그러다가 약 1주일이 지나면 밤꾀꼬리가 옵니다. 이어서 4월 말 아니면 5월 초에 회색 머리를 한 것이 옵니다. 이 새들은 모두 8월에 우리가 있는 이곳에서 털갈이합니다. 이 새들의 첫 새끼들도 마찬가지입니다. 그래서 8월 말에 새끼를 잡아 보면 이미 꺼먼 머리를 하고 있

에커만은 새소리만을 한 번 듣고도 새 종류를 알 수 있을 정도로 새에 대해 박식했다.

습니다. 그러나 마지막 새끼는 본래의 깃털을 갖고 이동하다가 나중에 남쪽 나라에 가서 털갈이합니다. 그렇기 때문에 9월 초에 이르러서도 어미와 마찬가지로 역시 붉은 머리를 한 새끼를 잡을 수 있는 것입니다."

괴테는 물었다. "회색바위종다리가 우리가 사는 이 지방에 가장 늦게 도착하는 새인가, 그렇지 않으면 더 늦게 도착하는 것들도 있는가?"

"소위 말하는 황색의 흉내쟁이새라든지, 화려하고 누런 황금색의 꾀꼬리는 오순절 가까이 돼서야 겨우 나타납니다. 이 두 새는 산란기를 완전히 끝내면 8월 중순에는 벌써 다시 떠납니다. 그리고 그 새끼와 함께 남쪽 나라에서 털갈이합니다. 그래서 이 새들은 새장에 넣어서 기르면 겨울에 털갈이하지요. 사실 이 새들은 집에서 기르기가 상당히 어렵습니다. 아주 충분히 따뜻한 온도를 필요로 하지만 난로 가까이에 걸어두면 신선한 공기가 부족하기 때문에 말라빠져 버립니다. 하지만 이와는 반대로 창가에 걸어두면 또 긴 밤의 추위 때문에 역시 말라 버립니다."

"새가 털갈이할 때는 병을 앓거나 아니면 적어도 생리적인 쇠약을 동반할 것이라고 생각하는데."

"꼭 그렇지는 않습니다." 하고 나는 대답했다. "왜냐하면 그것은 생산력이 향상되는 상태이기 때문입니다. 그러므로 새들은 이렇다 할 고통을 겪지 않고 야외에서 훌륭히 털갈이를 해냅니다. 그뿐만 아니라 상당히 건장한 놈은 실내에서도 거뜬히 해냅니다. 바위종다리를 집에서 키운 적이 있었는데 털갈이하고 있는 내내 노래 부르는 것을 멈추지 않았습니다. 이것은 처음부터 끝까지 기분이 좋았다는 증거입니다. 그리고 새가 실내에서 털갈이할 때 병을 앓는 증상을 보인다면 이것은 먹이 아니면 신선한 공기 또는 물을 적당히 주지 않았기 때문이라고 결론을 내릴 수 있을 것입니다. 만약 새가 실내에서 지내는 동안 공기 부족과 자유의 결여 때문에 약해져서 털갈이를 할 만한 생산력이 없어지면 유익하고도 신선한 공기를 맞을 수 있게 해야 할 것입니다. 그렇게 하면 털갈이는 곧바로 아주 순조롭게 잘 진행될 것입니다. 이와는 반대로 자유로운 들녘에서 사는 새의 털갈이는 자연스럽게 조용하고도 서서히 이루어집니다."

"그런데 자네는 아까 바위종다리들이 털갈이할 때면 숲속의 덤불로 들어간다고 하지 않았나."

"그 기간에는" 하고 나는 대답했다. "새들은 물론 어느 정도 보호가 필요합니다. 그리고 자연은 이 경우에도 그와 같이 지혜와 절도로 대처해 주기 때문에, 새는 털갈이할 때도 절대로 많은 깃털을 한꺼번에 빼는 일이 없습니다. 그래야만 먹이를 찾는 데에 지장 없을 만큼 날아다니는 것이 가능하기 때문입니다. 그렇지만 새가 가령 한꺼번에 왼쪽 날개의 제4, 제5, 제6의 깃털 그리고 오른쪽 날개의 제4, 제5, 제6의 깃털을 잃어버린다면, 물론 이 경우에도 나는 데에는 지장이 없지만 맹금의 추격으로부터, 그중에서도 특히 빠르고 약삭빠르기로 소문난 새호리기로부터 도망갈 수는 없습니다. 그러므로 털갈이할 때는 덤불이 우거진 곳이 제일 좋은 안식처가 됩니다."

"그럴듯한 말이로군." 하고 괴테는 대답했다. "그런데 털갈이는 양쪽 날개의 깃털이 동시에, 말하자면 좌우 대칭적으로 빠져나간다는 것인가?"

"내가 관찰한 바로는 확실히 그렇습니다. 또한 그래야만 형편이 좋습니다. 왜냐하면 가령 어떤 새가 왼쪽 날개의 깃털 3개가 빠졌는데 동시에 오른쪽 날개 깃털이 동등하게 빠지지 않는다면, 양쪽 날개의 평형을 잃게 되어 동작을 자유롭게 할 수 없게 됩니다. 그러면 그 새는 마치 한쪽은 너무나 무겁고 다른 한쪽은 너무나 가벼운 돛단배와 같은 꼴이 될 것입니다."

"과연 당연한 말이네. 우리가 어떤 측면으로든 자연 속으로 파고들면 반드시 어떠한 지혜에 도달하게 되지."

그러는 사이에 우리는 고생하면서 산길로 들어섰고 가문비나무의 끝단을 따라 점점 위로 올라갔다. 어떤 장소에 다다르자 깨부순 돌들이 쌓여 있었다. 괴테는 마차를 세워 놓고는, 내려가서 화석을 발견할 수 있겠는지 조사해 달라고 했다. 나는 조개껍질과 암모나이트가 박힌 화석 두세 개를 찾아내 그에게 주고 다시 마차에 올랐다. 마차는 계속 앞으로 나아갔다.

"어디를 가든지 옛날을 말해 주는 것이 있기 마련이지!" 하고 괴테는 말했다. "이곳의 어디를 가든 옛날에는 바다 밑바닥이었네!—우리가 이 꼭대기에서 바이마르를 내려다보고 각종 촌락을 굽어볼 때, 누가 우리에게 저 아래 넓은 골짜기에서 고래들이 헤엄치면서 놀던 시대가 있었다고 말한다면, 우린 그걸 마치

기적처럼 불가능한 일이라고 생각할 거야. 그렇지만 이것은 사실이지. 적어도 아주 사실에 가까워. 그 당시 이 산을 뒤덮고 있었던 넓은 바다 위를 날아다녔던 갈매기는 오늘날 이곳에서 우리 두 사람이 마차를 달릴 줄은 꿈에도 생각하지 못했을 거야. 그리고 또 수천 년이 지난 뒤에 또다시 갈매기가 이 산 위를 날아다니지 않을 것이라고는 아무도 장담할 수 없지."

우리는 이제 언덕 위로 왔고 마차는 속력을 내 계속 달렸다. 우리의 오른쪽에는 떡갈나무와 너도밤나무 그리고 그 밖의 활엽수가 있었다. 바이마르는 저 뒤로 멀어져 이제는 보이지 않았다. 우리는 서쪽 언덕 끝단에 와 있었다. 많은 촌락과 작은 거리를 가진 운스투르트의 넓은 골짜기가 맑게 갠 아침 햇살을 흠뻑 받고 우리 눈앞에 전개되었다.

"여기가 좋겠어!" 하고 괴테는 말하면서 마차를 세웠다. "이처럼 상쾌한 대기 속에서 가벼운 아침 식사하면 음식 맛도 사뭇 좋을 거야."

우리는 마차에서 내렸다. 그리고 여러 번의 폭풍우 때문에 볼품없이 구부러져 절반밖에 자라지 못한 떡갈나무 뿌리가 드러난 마른 지면 위를 몇 분 동안 왔다 갔다 했다. 그러는 동안 프리드리히는 우리가 가지고 온 아침 식사를 풀어 잔디로 덮인 곳에 갖다 놓았다.

맑게 갠 가을의 밝은 아침 햇빛으로 가득 채워진 그곳에서 보는 전망은 정말로 멋진 것이었다. 남쪽 그리고 서쪽을 멀리 바라다보니 튀링거 산맥 전체가 나란히 줄지어 한눈에 들어왔다. 서쪽으로는 에르푸르트를 넘어 우뚝 솟은 고타성과 인젤스부르크가 보였고, 서북쪽으로는 랑겐잘차와 뮐하우젠 배후의 산들이 보였다. 북쪽 전망은 푸른 하르츠산맥에 의해 한정되어 있었다. 나는 저 시구를 생각했다.

 넓고 높고 멋진 전망
 마치 돌고 도는 인생의 한가운데를!
 산맥에서 산맥으로
 영원한 정신은 떠돈다
 영원한 생명을 예감하면서[28]

우리는 떡갈나무에 등을 돌리고 앉아 있었기 때문에 아침 식사하는 동안에도 튀링겐의 절반에 이르는 넓은 전망을 쉬지 않고 볼 수 있었다. 그러는 사이에 우리는 신선한 흰 빵과 함께 두 마리의 구운 자고새를 먹어 치웠고, 게다가 고급 포도주를 아름다운 금으로 된 술잔으로 한 잔 마셨다. 괴테는 이런 소풍을 나설 때면 언제나 이 술잔을 누런 가죽부대에 넣어서 가지고 다니는 것이었다.

"이곳에는 정말로 여러 번 왔었지." 하고 그는 말했다. "그런데 나이를 먹고 나서는 이곳에서 이 풍요롭고 장엄한 세상을 바라보는 것도 이것이 마지막일 것이라고 여러 번 생각했네. 그러나 여전히 또다시 찾아오고 있지. 우리 둘이 여기서 즐거운 날을 보내는 것은 오늘이 마지막이어서는 안 된다고 생각하네. 우리는 이제부터 자주 여기에 오도록 하세. 좁은 집 안에만 있으면 위축되어 버리지. 여기서는 누구나 눈앞에 보고 있는 위대한 자연과 마찬가지로 위대하고 자유로운 기분이 되네. 그리고 사람은 누구나 언제나 이런 기분이어야 하는 것이야."

괴테는 말을 계속했다. "여기에서 멀리 바라다보면 많은 지역이 오랜 생애에 걸친 아주 풍부한 추억과 맺어진다네. 저쪽 일메나우의 산속에서 젊었을 때 여러 가지 일을 했었지! 그리고 그 아래의 그리운 에르푸르트에서는 얼마나 갖가지 유쾌한 모험을 했던가! 나는 이전에는 고타에도 자주 즐겨 찾아갔었어. 그렇지만 그곳에 전혀 가지 않은 지도 벌써 오래됐네."

내가 말했다. "내가 바이마르로 온 이후로 당신이 그곳으로 갔던 일은 없었던 걸로 기억하고 있습니다."

"사실 거기에는 좀 특별한 사정이 있지." 하고 괴테는 웃으면서 대답했다. "나는 그곳에서는 평판이 그렇게 좋지 않아. 자네에게는 그 이유 중 하나를 이야기해 주지. 현 군주의 어머니가 아직 예쁘고 젊었을 때는 나는 그곳을 여러 번 찾아갔어. 어느 날 저녁 나는 그녀와 단둘이서 차를 마시고 있었지. 그런데 그때 그곳에 열 살과 열두 살 된 두 명의 아름다운 금발머리 왕자들이 뛰어 들어와 우리가 테이블을 마주하고 있는 데로 다가왔지. 나는 될 수 있는 대로 불손

---

28) 괴테의 시 〈마부 크로노스에게〉(1774)에 나온다.

하게 이 두 왕자의 머리털 안으로 나의 두 손을 밀어 넣고 '이봐, 단발머리 아이들아, 어때?' 하고 말해 버렸어.—이 두 어린이는 나의 무엄한 태도에 깜짝 놀라 눈을 크게 뜨고 나를 처다보았지. 이런 일이 있고 난 뒤로 그들은 나를 절대로 잊지 않고 있는 것 같았어.

나는 이런 일을 새삼 자랑하려고 하는 것은 아니라네. 하지만 이것은 사실 그대로이고, 또한 나의 타고난 본성으로 인한 일이기도 하지. 나는 명색만 군주일 뿐으로 이에 상응하는 훌륭한 인간성과 인간적인 가치를 가지고 있지 않는 분에게는 각별히 경의를 표시하지 않네. 그뿐만 아니라 나는 있는 그대로의 나 자신에게 만족하고 있었고, 또 나 자신을 아주 고귀하다고 생각하고 있었지. 그랬기 때문에 나는 아마 사람들이 나를 군주로 모셨다고 해도 그것을 특별히 이상하게 생각하지 않았을 거야. 내가 귀족의 사령장을 받았을 때 많은 사람은 내가 이 때문에 대단한 흥분을 느꼈을 것이라고 생각했지. 그런데 우리끼리의 말이지만, 나에게 이것은 아무렇지도 않은 것이었네. 전혀 별스러운 것이 아니었지. 우리 프랑크푸르트 명문가는 언제나 자신을 귀족과 대등하다고 생각하고 있었네. 그러므로 귀족 사령장을 내 손에 쥐었을 때도 나는 이미 오래전에 소유하고 있던 것을 확인받은 것에 지나지 않는다고 생각했어."

우리는 계속 금으로 된 술잔으로 포도주를 마셨다. 이어 에터스부르크의 북쪽을 돌아 그곳에 있는 수렵용 별장으로 향했다. 괴테는 관리인을 시켜 방을 모두 열게 했다. 방에는 그림들과 모두 밝은 느낌을 주는 벽걸이용 융단이 걸려 있었다. 2층의 서쪽 구석방에 이르자 그는 나에게 실러가 그 방에서 한동안 지냈다고 말했다.

"훨씬 오래전의 일이었지만 우리는 여기에서 즐거운 나날을 보내면서 며칠 동안 놀고 지냈지. 그때 우리는 모두 젊었고 기운이 넘쳐흘렀네. 여름에는 갖가지 즉흥적인 희극을 상연했고, 겨울에는 횃불을 켜 놓고 갖가지 무용과 스키를 즐겼지."

우리는 다시 야외로 나갔다. 괴테는 나를 오솔길의 서쪽으로 안내하면서 숲 속으로 들어갔다.

"무슨 일이 있어도 자네에게 너도밤나무는 보여 주어야겠어." 하고 그는 말했다. "50년 전에 우리는 우리 각자의 이름을 거기에다 새겼지.—그런데 그것이 어떻게 변해 버렸는지 아는가. 모든 것이 정말 크게 성장해 버렸어! 이것이 그 나무야!—보게, 지금도 얼마나 멋진가!—아직 우리의 이름도 남아 있지. 그렇지만 나무 둘레가 커지고 그 결도 달라져서 이젠 거의 읽어낼 수 없을 지경이야. 그 당시 이 너도밤나무는 넓고 마른 장소에 있었어. 사방으로 햇빛이 드는 쾌적한 곳이었지. 그리고 우리는 여름에 날씨가 쾌청하면 여기에서 즉흥적인 익살극을 연출하곤 했지. 지금 이곳은 습기가 차서 별로 상쾌한 곳이 못 되네. 그 옛날에는 단지 나지막한 덤불에 지나지 않았던 것이 어느 사이에 성장하여 햇빛을 막아 버렸어. 그래서 내 청년 시절의 멋진 너도밤나무도 덤불 속에 매몰되어, 이제 우리 눈에 거의 띄지 않게 되었다네."

우리는 다시 수렵용 별장으로 돌아와 상당한 무기 수집품을 구경하고 난 뒤에 마차를 타고 바이마르로 돌아왔다.

1827년 9월 27일 목요일

오후 한동안 괴테 댁에서 지냈다. 그때 나는 베를린의 슈트렉푸스 추밀고문관[29]을 알게 되었다. 이분은 오전 중에 괴테와 함께 마차로 산책길에 올랐다가, 그 후로 그대로 계속 식탁에 앉아 있던 차였다. 슈트렉푸스가 떠날 때 나는 그를 동반하여 공원을 한 바퀴 돌았다. 시장을 지나 돌아오는 길에 법무장관과 라우파흐를 만났다. 나는 그분들과 함께 '코끼리'관으로 갔다. 그리고 서녁때는 다시 괴테를 찾아갔다. 우리는 〈예술과 고대〉의 신간을 이야기했다. 이와 함께 리펜하우젠 형제가 델피의 집회소에 있는 폴뤼그노트[30]의 벽화를, 파우사니아스의 기술에 의거하여 재현하려고 한 12장의 연필그림에 대한 이야기도 나누었다. 괴테는 빈번히 이 계획을 칭찬했다.

---

29) 슈트렉푸스(1779~1844). 베를린의 추밀고문관이자 시인인 그는 1818년에 아리오스트를 번역했고, 1822년에는 타소를, 또 1824년에는 단테를 독일어로 번역하여 유명해졌다.
30) 포뤼그노트(기원전 450년경). 고대 그리스 아테네에서 활약했던 화가로, 이미 아리스토텔레스도 그를 높이 평가한 바 있었다. 기원전 2세기의 역사가인 파우사니아스의 〈그리스 여행기〉 제10권에 그에 관해 자세한 기록이 나와 있는데, 그는 아테네 신전 등에 많은 대형 벽화를 그렸다고 한다.

1827년 10월 1일 월요일

극장에서 후발트의 〈초상〉이 상연되었다. 나는 그 2막을 보고 괴테한테로 갔다. 그는 나에게 〈파우스트〉 제2부의 제1막 제2장을 읽어 주었다.

"나는 이 황제에게" 하고 괴테는 말했다. "자기의 국토를 잃는 데 이르는 온갖 자질을 부여하려 했네. 또 그를 통해 훗날 기어이 그렇게 되고 마는 국왕을 그리려고 했지.

그는 국가와 신하의 안녕에 대해서는 아무 걱정도 하지 않았어. 그는 오직 자기 자신의 일만 생각했고 매일 매일을 새로운 즐거움에만 열중했지. 그의 국토에서는 정의가 행해질 수 없었고 법률도 통하지 않았네. 재판관이 스스로 범죄의 공범자이고 또 죄인의 편을 들고 있기 때문에, 전대미문의 범죄가 저질러져도 누구도 제압을 받지 않았고 징벌도 받지 않았네. 병사들에게는 급료가 지급되지 않았고 군기도 없었어. 그들은 이리저리 돌아다니면서 약탈을 일삼고 자기의 급료를 스스로 조달하며 될 수 있는 한 자급자족을 도모하고 있지. 국고에는 돈이 없고 금후의 수입이 향상될 가능성도 보이지 않네. 황제 자신의 가정 상태도 좋아 보이지 않아. 요리장과 지하 저장실도 텅 비어 있지. 날이 갈수록 점점 더 어찌할 바를 모르는 궁내장관은 벌써 고리대금업자인 유대인의 수중에 들어가 있어. 모든 것이 유대인에게 저당 잡혀 있기 때문에 황제의 식탁에 오르는 빵도 차입된 것이야.

추밀고문관은 황제에게 이런 모든 궁핍을 간언하고 그 구제책을 강구하도록 권고하지. 그러나 이 자비로운 폐하는 그런 불유쾌한 일들에 그의 고귀한 귀를 기울이는 것을 아주 싫어하네. 그는 오히려 즐겁게 지내고 싶어 하는 걸세. 이럴 때 메피스토는 본래의 특성을 발휘하네. 그는 재빨리 지금까지의 바보를 밀어내고 새로운 바보로 변신하여 고문 역을 맡아 황제를 가장 가까이에서 모시게 되지."

괴테는 이 장면과 그 사이에 일어나는 군중들의 불평을 아주 멋지게 낭독했다. 이리하여 나는 정말로 유쾌한 밤을 보냈다.

1827년 10월 7일 일요일

오늘 아침에는 날씨가 매우 아름다웠다. 벌써 8시 전에 나는 괴테와 함께 마차를 타고 예나를 향해 길을 달리고 있었다. 괴테는 그다음 날 저녁때까지 그곳에 머물러 있을 작정이었다.

우리는 매우 일찍 그곳에 도착했다. 우리는 맨 먼저 식물원에 들렀다. 거기에서 괴테는 관목과 식수를 모두 조사했다. 모든 것이 아주 아름답게 정비되어 있었고 나무들은 정말 최고로 잘 자라고 있었다. 우리는 더 나아가 광물학의 수집품과 그밖에 두어 가지 자연과학상의 소장품을 관람했다. 이어 우리는 폰 크네벨 댁으로 마차를 달렸다. 그는 식탁을 준비하고 우리를 기다리고 있었다.

크네벨 씨는 아주 고령이었다. 집 앞에서 반쯤 비틀거리면서 괴테에게 달려와서 그를 두 팔로 껴안았다. 옛날부터 친하게 지낸 두 사람은 서로 함께 무릎을 맞대고 있는 것만으로도 충분히 만족하고 있었다.

식사가 끝난 뒤에 우리는 산책하기 위해 잘레강 강가를 따라 남쪽으로 마차를 달렸다. 나는 이 아름다운 지방을 이미 오래전부터 알고 있었지만 모든 것을 마치 처음 보는 것과 같은 신선한 인상을 받았다.

우리가 다시 예나의 큰 거리로 들어오자 괴테는 마차를 어떤 실개천을 따라 올라가게 했다. 그러더니 겉으로 평범해 보이는 집 앞에 세우고 말했다.

"여기에 포스[31]가 살고 있었다네. 자네에게 이 명소를 안내해야지." 우리는 문을 지나서 정원으로 들어섰다. 꽃도 얼마 없고 그 밖에도 이렇다 할 손이 갈만한 것을 재배한 것 같이 보이지 않았다. 우리는 온통 과수만을 심은 잔디 위를 걸었다. "이것은 에르네스티네[32]의 비장품이었지." 하고 괴테는 말했다. "그녀는 이곳에 와서도 오이틴의 사과를 잊을 수가 없었네. 그리고 어떤 것도 그것하고는 비교할 수 없다고 나한테 자랑했어. 그것은 그녀가 유년 시절에 먹었던 사과였다네. 그 때문에 그녀는 그 사과를 칭찬했지. 그건 그렇고 나는 여기서 포스

---

[31] 포스(1751~1826). 오늘날 호메로스의 두 서사시 〈일리아스〉와 〈오디세우스〉의 독일어판 중 제일 좋은 번역작으로는 그가 역자로 작업한 것을 꼽고 있는데, 당시 괴테도 그렇게 평가하고 있다.

[32] 에르네스티네(1756~1834). 포스 부인의 이름이다.

와 그의 훌륭한 에르네스티네 부인과 함께 많은 아름다운 날을 보냈기 때문에 그 옛날의 일들을 즐겨 회상한다네. 좌우간 포스와 같은 인물은 그렇게 쉽게는 두 번 다시 나타나지 않을 것이야. 고도의 독일 문화에 그와 같이 큰 영향을 끼친 사람은 거의 없지. 그는 모든 점에서 건전했고 확고했어. 그러므로 그의 그리스인에 대한 관계도 인위적인 것이 아니고 순전히 자연 그대로의 것이지. 그 때문에 우리에게도 아주 유익한 성과를 가져다줄 수 있었어. 그의 가치를 나처럼 마음속 깊이 간직하고 있는 사람이라면 그의 추억을 아무리 존중하여도 결코 충분하다고 생각하지 않을 거야."

이어 괴테는 말했다. "포스는 나에게 아주 소중한 존재였지. 그러므로 나는 그를 우리 예나 대학에 계속 있게 하고 싶었어. 그를 빼앗기고 싶지 않았던 거지. 그러나 하이델베르크 대학에서 그에게 제시한 조건이 너무도 좋았기 때문에 우리의 빈약한 재력으로는 어떻게 할 도리가 없었어. 그래서 그가 가는 것을 그대로 놔두는 길밖에는 없었다네."

"그럴 즈음" 하고 괴테는 말을 계속했다. "실러를 만난 것은 나에게는 행복한 일이었네. 왜냐하면 우리 두 사람의 성질은 서로 아주 달랐지만 우리의 방향은 일치하고 있었기 때문이었지. 그리하여 우리의 관계는 아주 밀접해졌고, 결국 우리 두 사람은 서로 떨어질 수 없게 되어 버렸어."

이어 괴테는 자기 친구의 두세 가지 일화를 말해 주었는데 이것은 나에게는 아주 감명 깊은 것이었다.

"그 웅장한 성격으로 미루어 추측할 수 있는 일이지만, 실러는 사람들이 그에게 바쳤고 또 바치려고 했던 모든 공허한 존경이나 시시한 우상화를 한사코 싫어했지. 코체부가 실러의 명성을 위해 공적으로 시위운동을 개최하려고 했을 때, 그는 그게 너무 싫어 그 혐오감 때문에 거의 병을 일으킬 정도였네. 마찬가지로 그는 알지 못하는 사람이 찾아오는 것을 싫어했어. 만약 어떤 약속에 지장이 생겨 그걸 연기해 오후 4시경에 만나자고 했다면, 그 시간에 이르러서는 너무 초조해진 나머지 언제나 병을 일으켰지. 그리고 또 가끔 그럴 때는 기분이 좋지 않아 심하게 난폭해지기까지 했어. 내가 목격한 일이지만, 언젠가 어떤 알 수 없는 외과 의사가 그를 찾아와 예고 없이 방 안으로 들어오자 실러는 이 사나이에게 심하게 호통을 쳤지. 그러자 이 불쌍한 사나이는 기가 막혀 허둥지둥 나가버리고 말았네."

괴테는 말을 계속했다. "이미 말한 바이고 우리 모두 알고 있는 바이지만, 우리 두 사람의 방향은 전적으로 똑같은 것이었네. 하지만 우리의 성질은 아주 달랐어. 그리고 이것은 단지 정신적인 사항에서뿐만 아니라 생리적인 사항에서도 적용되는 말이었지. 실러에게는 쾌적한 공기가 나에게는 독처럼 작용했네. 어느 날 나는 그를 찾아갔지. 그러나 그는 집에 없었어. 그의 부인이 곧 돌아올 것이라고 말했기 때문에 나는 그의 책상 맞은편 의자에 앉아 이것저것 메모를 하고 있었어. 그러나 얼마 안 있어서 어딘지 좀 불쾌한 기분이 되었고 이것이 점점 더 강해져 급기야 기절해 버릴 지경이 되었지. 나에게는 전혀 익숙하지 않은 이런 난처한 상태의 원인이 무엇인지 처음에는 잘 몰랐는데, 결국 나의 옆 탁자의 서랍에서 흘러나오는 불쾌한 냄새 때문이라는 것을 깨달았지. 나는 서랍을 열어 보았어. 놀랍게도 거기는 썩은 사과로 가득 채워져 있었지. 나는 곧장 창가로 가서 신선한 공기를 마셨기 때문에 곧바로 다시 원래 상태로 돌아와 기분이 좋아졌지. 얼마 안 있어 그의 부인이 다시 들어왔네. 그녀의 말에 의하면 그 서랍은 언제나 썩은 사과로 가득 채워져 있어야 한다는 것이었어. 실러는 그 썩은 냄새를 아주 좋아해서 그것 없이는 기운을 차릴 수도 없고 글을 쓸 수도 없다는 것이었지."

"내일 아침 일찍" 하고 괴테는 말을 이었다. "실러가 이 예나에서 살았던 그곳도 자네에게 보여 주지."

얼마 안 있어 불이 커지자 우리는 조촐한 저녁을 먹었다. 그리고 그 후에도 한동안 여러 가지 추억에 대한 담화로 시간을 보냈다.

나는 괴테에게 나의 소년 시절에 꾸었던 이상한 꿈에 대해 이야기했다. 그 꿈은 다음 날 그대로 실현되었던 것이다.

"나는 어린 홍방울새 세 마리를 기르고 있었습니다. 나는 그것들에 정성을 쏟았고, 무엇보다도 그것들을 귀여워했습니다. 새들은 나의 방 안을 자유로이 날아다녔고 내가 문을 열고 들어오면 곧 나한테로 날아와 내 손 위에 와서 앉았습니다. 어느 날 정오쯤이었지요. 내가 방으로 들어왔을 때 불행하게도 이 새

중의 한 마리가 내 머리 위를 지나 집 밖으로 날아가 버렸습니다. 오후 내내 지붕이란 지붕 모두를 찾아보았지만 날이 저물어도 그 어린 새는 아무 흔적도 없어 나는 낙심했습니다. 밤에는 그 어린 새에 대한 애절한 생각을 하면서 잠이 들었지요. 그러자 새벽녘에 꿈을 꾸었습니다. 그것은 이런 것이었습니다. 내가 이웃집들을 따라 없어진 새를 찾고 있었는데, 갑자기 새소리가 들려왔습니다. 쳐다보니 나의 오두막집 정원 뒤의 이웃집 지붕 위에 새가 앉아 있었습니다. 그것은 곧 내 근처로 내려와서는 먹이를 원한다는 듯이 나한테로 다가왔습니다. 그런데 그 새는 날개를 움직이고는 있었지만 나의 손 위에 뛰어내릴까 말까 하면서 좀처럼 결심을 못 하는 것 같았습니다. 그래서 나는 서둘러 집으로 달려가, 물에 적신 순무 씨를 넣은 찻종을 가지고 왔습니다. 자기가 좋아하는 먹이를 내밀자 새는 곧 내 손 위로 날아왔습니다. 이렇게 하여 나는 기쁨에 넘쳐 이 녀석을 다른 두 마리가 있는 나의 방으로 데리고 왔습니다.

이런 꿈을 꾸고 있는 동안 나는 눈을 떴습니다. 그리고 그때는 완전히 날이 밝아져 있었기 때문에 나는 재빨리 옷을 갈아입고 무엇보다 먼저 정원을 빠져나와 꿈속에서 새를 발견한 이웃집을 향해 달려갔습니다. 그런데 정말 놀랍게도 그 새는 실제로 거기에 있었습니다! 이제 모든 것이 문자 그대로 내가 꿈에서 본 것과 똑같이 일어났습니다. 내가 이리로 오라고 유인하자 그것은 정말 가까이 다가왔습니다. 그렇지만 나의 손으로 날아오는 것을 머뭇거렸습니다. 나는 서둘러 집으로 돌아가 먹이를 가지고 왔지요. 그러자 새는 내 손 위로 날아왔고, 나는 이 새를 다시 다른 새들이 있는 곳으로 데리고 갔습니다."

괴테는 말했다. "자네가 소년 시절에 겪은 그런 일은 정말로 불가사의한 것이지. 그러나 우리가 아직 올바르게 설명할 수는 없어도 그런 것들은 이 세상에서 흔히 일어나는 일이야. 우리는 모두 신비의 세계를 헤매고 있지. 우리는 어떤 분위기에 에워싸여 있지만 그 분위기 속에서 무엇이 움직이고 있는가, 그 분위기와 우리의 정신은 어떤 관계를 맺고 있는지는 아직껏 전혀 알 수는 없네. 그렇지만 이것만은 확실하게 말할 수 있을 것이야. 특수한 경우에 있어서 우리 영혼의 촉각은 육체적인 한계를 뛰어넘을 수 있고, 가까운 미래에 대한 예감을 가질 수 있을 뿐만 아니라, 그 이상으로 실제로 일어나는 일을 간파할 수도 있다

에커만이 소년 시절 어린 홍방울새에 대하여 이상한 꿈을 꾼 적이 있다는 것을 이야기하자, 괴테도 이에 대하여 자기가 체험한 이심전심(以心傳心) 새 이야기를 들려준다.

고 말이야."

"이것과 똑같은 일을 나는 바로 얼마 전에도 체험했습니다. 나는 산책하고 돌아오며 에르푸르트의 큰길을 걷고 있었습니다. 바이마르에서 약 10분쯤 걸리는 지점이었지요. 그때 극장 모퉁이에 도달하게 되면 어떤 여인[33]과 만나게 될 것이라는 생각이 갑자기 내 마음속에 떠올랐습니다. 나는 이 여인을 여러 해 만나지 않았고 참으로 오랫동안 잊고 있었습니다. 그런데 갑자기 그 여인을 만나게 되지 않을까 하고 생각하고는 불안한 심정이 든 것입니다. 그리고 그 모퉁이를 돌아서려는 찰나, 바로 약 10분 전 내 마음속에 떠올렸던 바로 그 장소에서 그녀를 만났습니다. 정말 적잖게 놀랐지요."

"그것도 정말로 불가사의한 것이지. 그리고 우연 이상이지." 하고 괴테는 대답했다. "이미 말한 대로 우리는 모두 신비와 기적의 세계를 더듬고 있네. 또한 하나의 영혼은 다른 영혼에 그저 묵묵히 얼굴을 맞대고 있는 것만으로도 결정적

---

[33] 아우구스테 클라트치히(1810~1875)를 말하는 것으로, 그녀는 바이마르 극장에서 가수 겸 여배우로 활동하고 있었다. 그녀는 에커만과 단지 친구로 지냈지만, 한동안 에커만의 약혼녀 요한나에게는 위험한 여성이었다. 그러나 에커만이 드디어 요한나하고 결혼하고 난 뒤에 그녀도 1833년 그녀의 다른 남자 친구이던 호프부르크의 배우 라 로슈와 결혼했다.

인 영향을 끼칠 수 있지. 나는 그런 예를 여러 개 들 수 있어. 내가 절친한 사이의 친구하고 함께 걸어가며 뭔가를 열심히 생각하고 있을 때, 그 친구는 곧 내가 생각하고 있었던 것을 말하기 시작하네. 이런 일은 드물지 않게 있었지. 내가 알고 있는 어떤 사나이는 즐겁게 서로 담화를 나누고 있는 모임을 한마디도 하지 않고 오직 정신력만으로 갑자기 침묵하게 만드는 능력을 갖추고 있어. 그뿐만 아니라 그 사나이는 좌중의 모든 사람에게 어딘지 무서운 느낌이 들게 할 정도로 불쾌한 분위기를 조성하곤 했지.

우리는 모두 우리 자신 속에 전력과 자력(磁力)과 같은 것을 가지고 있어. 자석처럼 동질적인 것과 이질적인 것과의 접촉에 따라 서로 끌어당기기도 하고 반발하기도 하는 힘을 발휘하지. 이런 것은 있을 수 있는 일이야. 아니 그뿐만 아니라 이런 일은 충분히 가능한 것이지. 가령 어떤 젊은 아가씨가 어두운 방 안에 있다고 해 보세. 그녀는 자기를 살해하려고 마음먹은 사나이와 함께 있는데, 그것을 알아차리지 못하지. 그런데 그녀가 어쩐지 무서운 기분을 느끼고 결국 방에서 뛰쳐나와 가족들이 있는 곳으로 달려가 버릴 수도 있는 일이란 말일세."

"이와 비슷한 가극의 한 장면을 나도 알고 있습니다." 하고 나는 말했다. "오랫동안 멀리 떨어져 지내야만 했던 두 애인이 자기들도 모르게 어두운 방 안에서 서로 만나는 장면입니다. 그들은 한동안 서로가 같이 있는지도 모르고 있다가 드디어 자력이 작동하여 서로 가까이에 있는 것을 느낍니다. 그리고 자기도 모르는 사이에 서로가 끌려 얼마 안 있어 그 젊은 아가씨가 그 젊은이의 팔에 안기게 되는 것입니다."

"사랑하는 사람들 사이에서는 이 자력이 특히 강할 뿐만 아니라 아주 멀리에까지 작동하지. 내가 청년 시절에 혼자서 산책하고 있을 때 그리운 아가씨를 만나고 싶은 심정이 되어 그녀만을 한참 동안 생각하고 있으면, 드디어 그 아가씨가 실제로 저쪽에서 걸어오곤 한 일이 여러 번 있었어. '방 안에서 가만히 있을 수가 없었어요' 하고 아가씨는 말했네. '이곳으로 오지 않을 수 없었거든요.'

지금도 내가 이곳에 와서 얼마 안 되는 해에 일어난 일을 기억하고 있지. 나는 곧 또다시 열렬한 사랑에 빠져 버렸다네. 그런데 오랫동안의 여행을 끝마치고 돌아왔을 때였어. 궁정의 사정 때문에 밤늦게까지 그곳을 떠날 수 없어 며칠 동안 애인을 만나러 갈 수가 없었지. 그때 우리의 사랑은 이미 남의 이목을 끌고 있었기 때문에 소문이 크게 퍼지지 않게 하기 위해서 대낮에 공공연히 찾아가는 것은 피하고 있었어. 그러나 밤이 나흘째, 닷새째로 접어들자 참을 수가 없게 되어 나도 모르는 사이에 그녀한테로 갔고, 그녀의 집 앞에 가서 섰지. 조용조용 계단을 밟고 올라가 그녀의 방으로 들어가려고 했는데, 그녀 혼자만 있는 것이 아니었어. 방에서는 여러 사람의 목소리가 들려왔네. 나는 다시 살짝 내려와 서둘러 어두운 거리로 되돌아왔지. 그 당시에는 아직 가로등이 없었어. 기분이 좋지 않아서 나는 흥분한 채로 정처 없이 한 시간가량 거리를 걸어 다녔지. 그러나 애인에 대한 간절한 생각에 사로잡혀 다시 그녀의 집 앞을 지나갔어. 할 수 없이 나의 쓸쓸한 방으로 돌아가려고 다시 한번 그녀의 집 앞을 지나가다 보니 이제는 불이 꺼져 있었지. '외출하였구나! 그러나 이렇게 어두운 밤중에 어디로 갔을까? 그렇다면 그녀를 어디에서 만날 수 있다는 말인가?' 하고 나는 혼자서 중얼거렸네. 나는 다시 한번 길거리 여러 곳을 걸어 다녔지. 많은 사람을 만났어. 행인들의 모습과 키 높이를 보고 그녀임이 틀림없다고 생각해서 가까이 가보면 그녀가 아니었고, 그럴 때마다 실망하곤 했지. 나는 그 당시에 벌써 상호작용을 굳게 믿고 있었네. 그리고 내 쪽에서 강렬하게 사랑을 그리워하면 그녀를 가까이 끌어당길 수 있다고 믿고 있었네. 게다가 눈에 보이지는 않지만 더 고귀한 존재에 의해 나 자신이 보호받고 있다고 믿고 있었어. 이 존재에게 나는 그녀를 내 쪽으로, 아니면 나를 그녀 쪽으로 인도해 줄 것을 간절히 빌었지. '그렇지만 너는 정말 바보로구나!' 나는 다시금 스스로에게 말했지. '너는 다시 한번 시도해 보려고 하지 않고 있어. 다시 한번 그녀 쪽으로 가보려고 하지 않고 있지. 지금이야말로 묵시와 기적을 찾아봐야 하는 것인데도!'

이럭저럭하는 사이에 나는 큰 광장을 따라 내려왔네. 그리고 나중에 실러가 살았던 저 작은 집 앞까지 왔지. 그때 문득 방향을 바꿔 궁정 쪽으로 돌아가 거기에서 왼쪽의 작은 길로 들어섰는데, 그 방향으로 백 걸음도 가기 전에 이쪽을 향해 오고 있는 여인의 모습이 보였어. 그것은 내가 그리워하는 애인의 모습 그대로였지. 거리는 여기저기의 창문에서 새어 나오는 희미한 불빛으로 어슴푸레 밝았지만, 나는 이날 밤 벌써 비슷한 일로 번번이 실망했기 때문에 그 여자에게 말을 걸어볼 용기가 나지 않았지. 우리 두 사람이 스쳐지나갔을 때 우리의 팔이 서로 닿았고, 나는 가다 말고 뒤를 돌아봤네. 그런데 그녀도 그렇게 하더군. 그리고 '당신이었군요!' 하고 그녀는 말했네. 그것은 그리운 그녀의 목소리였어. '드디어!' 하고 나는 말했네. 그리고 기뻐서 눈물이 흘러나왔지. 우리는 서로 손을 꼭 잡았다네. 나는 말했네. '나의 희망은 헛된 것이 아니었군요. 나는 그리움에 가득 차 당신을 찾고 있었소. 나는 틀림없이 당신을 만날 것이라고 생각하고 있었지요. 이제 그것이 실현되었으니 나는 기쁘고 하느님께 감사할 뿐입니다.' '그렇지만 당신은 매정한 사람이에요!' 하고 그녀는 말했어. '어째서 당신은 나에게 오지 않았어요? 오늘 우연히 당신이 벌써 3일 전부터 이곳에 와 있었다는 말을 들었어요. 그래서 이제는 나를 잊어버린 것으로만 생각하고 오후 내내 계속 울고 있었답니다. 그러고는 한 시간 전부터 당신에 대한 그리움, 그리고 무엇보다도 불안한 생각으로 가만히 있을 수 없었습니다. 친구들이 두어 명 찾아왔지만 그녀들의 방문은 나에게는 영원처럼 길게 생각되었습니다. 이제 겨우 그녀들이 가 버리자, 나는 나도 모르게 모자와 외투를 집어 들었습니다. 바깥의 어둠 속으로 뛰어나왔지만 어디로 가야 할지 몰랐습니다. 그러면서도 당신 생각만이 내 마음을 차지하고 있었고, 반드시 당신을 만나게 될 것이라는 생각뿐이었습니다.' 그녀가 진심으로 이렇게 말하고 있는 사이에도 우리는 계속 손을 꼭 잡고 서로 껴안았네. 그리고 우리는 서로 떨어져 있었어도 우리의 애정은 식지 않았다는 것을 확인할 수 있었지. 나는 그녀를 집 앞까지 동반했고 급기야는 그녀의 집 안으로 들어갔지. 그녀는 나보다 앞장서서 어두운 계단을 올라갔어. 그때도 그녀는 내 손을 꼭 잡고 거의 나를 끌어올리다시피 하면서 걸어갔네. 나의 행복감은 이루 말할 수 없는 것이었네. 드디어 다시 만날 수 있었으니 말일세. 그뿐만 아니었지. 나의 신념도 헛되게 끝난 것이 아니었어. 눈에 보이지 않는 작용이 있다고 하는 나의 감정도 그릇된 것이 아니었던 거야."

괴테는 이를 데 없이 자애로운 기분 속에 잠겨 있었다. 나는 계속 몇 시간이라도 그의 말씀을 듣고 싶었다. 그러나 그는 점점 피곤을 느끼는 것처럼 보였다. 그래서 우리는 침실로 들어가 곧 잠을 청했다.

1827년 10월 8일 월요일 예나에서

우리는 아침 일찍 일어났다. 옷을 입고 있는 동안 괴테는 어젯밤에 꾸었던 꿈에 대해 나에게 말했다. 꿈속에서 그는 괴팅겐에 있었다. 그리고 친한 사이인 그곳 교수들하고 여러 가지 유익한 담화를 교환했다는 것이다.

우리는 커피를 두세 잔 마셨다. 그러고는 마차를 몰아 자연과학에 관한 수집품을 소장하고 있는 건물로 갔다. 해부학실을 참관했다. 동물과 원시 동물의 갖가지 골격과 선사 시대 인간의 골격도 관람했다. 그때 괴테는 그들의 이빨을 보고 그들은 참으로 도덕적인 종족이었다는 것을 알 수 있다고 설명했다.

이어 그는 마차를 천문대로 가게 했다. 거기에서는 슈린 박사[34]가 우리에게 아주 중요한 기계를 보여 주면서 설명을 해 주었다. 거기에 인접해 있는 기상학실을 구경했는데, 이것도 특별한 흥미를 끌었다. 그리고 괴테는 이러한 모든 것을 훌륭히 관리한 것을 보고 슈린 박사를 칭찬했다.

이어 우리는 정원으로 내려갔다. 괴테는 이곳 정자 안의 돌로 만든 테이블 위에 조촐한 아침 식사를 준비시켰다. 그가 말했다. "아마 자네는 우리가 지금 얼마나 희귀한 곳에 와 있는지 모를 거야. 이곳에 실러가 살고 있었지. 이 정자에서, 이제는 거의 부러질 듯한 이 벤치에 앉아 오래된 이 돌로 만든 테이블을 사이에 두고 우리는 여러 가지 유익하고 위대한 말을 나눴어. 그 당시에 그는 아직 30대, 나 자신은 40대로 두 사람 모두 아직 한창 일할 나이의 젊은이였지. 정말로 우리는 대단했어. 이제는 모든 것이 다 지나가 버렸네. 나는 이제는 그 당시의 내가 아니야. 그렇지만 지구는 옛날 그대로 변하지 않았고, 공기며 물이며 대지도 여전히 그전 그대로이네.

자네는 나중에 슈린과 함께 위로 올라가서 실러가 살고 있었던 다락방을 보도록 해야지."

우리는 이럭저럭하는 사이에 쾌적한 공기 속의 안온한 장소에서 아침 식사

---

[34] 슈린 박사(1799~1875). 예나대학의 천문학 교수이며 천문대 대장이기도 하다.

를 아주 맛있게 먹었다. 실러는 이때 적어도 우리의 정신 속에 살아 있었다.

괴테는 계속 애정을 담아 실러를 추억하면서 그에게 여러 가지 좋은 말을 바쳤다.

그러고 난 다음 나는 슈뢴과 함께 다락방으로 갔다. 그리고 실러가 사용하던 방의 창문을 통해 가장 멋진 전망을 감상했다. 그 창의 방향은 남쪽으로 나 있었다. 그래서 두어 마일 저쪽에는 아름다운 강물이 덤불을 빠져나와 꿈틀거리면서 보일 듯 말 듯 흘러가고 있는 것이 보였다. 그뿐만 아니라 넓은 지평선도 보였다. 유성의 운행을 관찰하기에 가장 멋진 곳이었다. 이 장소는 〈발렌슈타인〉에 나오는 천문학에 관한 것이나 점성학에 관한 것을 쓰는 데에는 정말로 안성맞춤이었다고 말할 수 있을 것이다.

나는 다시 괴테한테로 내려갔다. 괴테는 마부에게 궁중 고문관인 되베라이너 씨[35]댁으로 가도록 명령했다. 그는 이 사람을 아주 높이 평가하고 있었다. 그는 괴테에게 두세 가지 새로운 화학 실험을 해 보였다.

그럴 즈음 정오가 되었다. 우리는 다시 마차에 올라탔다. 괴테는 말했다. "이번에는 식사를 위해 '곰관'에 돌아가지 말고 이 아름다운 날을 옥외에서 즐기도록 하세. 브르가우로 가도록 하지. 포도주도 가지고 왔네. 그곳에 가면 틀림없이 좋은 물고기가 있을 테니 그것을 끓이든지 구워달라고 해 보세."

우리는 그렇게 했다. 그리고 만사 뜻대로 잘 되었다. 우리는 잘레강 물가를 따라 올라가 덤불 쪽을 꾸불꾸불 지나갔다. 길은 아까 실러의 다락방에서 바라다보았듯이 정말로 쾌적한 곳이었다. 우리는 곧 브르가우에 도착하여 작은 여관 옆에서 마차를 세웠다. 그 여관은 강에 가까웠고 옆에는 로베다로 통하는 다리가 있었다. 그리고 작은 거리가 목초지의 저쪽 바로 가까이에 보였다.

이 작은 여관은 괴테가 말한 대로였다. 여관집 여주인은 죄송하다고 하면서 아무것도 없지만 수프와 맛있는 물고기 정도는 장만할 수 있다고 했다.

우리는 기다리는 동안 햇볕을 쬐면서 다리 위를 이리저리 거닐었다. 강은 뗏목 일꾼들 소리로 떠들썩해서 보기에도 즐거웠다. 두꺼운 소나무 판자로 짜맞

---

[35] 되베라이너(1780~1849) 씨. 예나의 화학자로 괴테와 친교를 맺고 있다.

실러는 1788년 괴테 추천으로 예나 대학 교수로 임명되었다. 1799년부터는 예나 정원집에 살았다. 다리 바로 옆 길모퉁이 작은 집이 그의 걸작들, 특히 〈발렌슈타인〉이 탄생한 곳이다.

춘 뗏목에 올라탄 그들은 차례대로 다리 아래로 미끄러지듯 가 버렸다. 그렇게 물에 젖기 쉬운 어려운 일을 하면서도 그들은 쾌활하게 소란을 떨었다.

우리는 옥외에서 물고기 요리를 먹으면서 옆에는 든든한 포도주병을 놓고 함께 여러 가지 재미있는 이야기에 빠졌다.

한 마리의 작은 매가 날아 지나갔다. 그 나는 모양과 모습이 뻐꾸기와 아주 닮았다. 그것을 보고 괴데가 말했다.

"박물학의 연구가 아직 훨씬 뒤떨어져 있던 시대에는 뻐꾸기는 다만 여름 동안만 뻐꾸기로 지내고, 겨울이 되면 맹금으로 변한다는 생각이 일반적으로 널리 퍼져 있었다네."

"이런 견해는" 하고 나는 대답했다. "지금도 서민들 사이에 남아 있습니다. 그뿐만 아니라 이 착한 새가 완전히 성장하면 그 즉시 자기 부모까지도 잡아먹고 만다는 어이없는 소문이 퍼져 있습니다. 그래서 이 새는 부끄럽기 그지없는 배은망덕의 비유에 인용되고 있습니다. 나는 현재의 이 순간에도 이 황당무계한 생각을 버리려고 하지 않고, 오히려 그리스도교의 신앙 조항처럼 굳게 믿고 있는 사람들을 알고 있습니다."

"내가 알기로 사람들은 뻐꾸기를 딱따구리의 부류에 집어넣고 있지."

"대체로 그렇게 하고 있습니다. 그것은 아마 두 다리가 약하고 두 개의 발가락이 뒤로 향해 있기 때문일 것입니다. 그렇지만 나는 그렇게 분류하고 싶지 않습니다. 뻐꾸기는 딱따구리와 같은 생활 양식을 영위해 나가기 어렵습니다. 어떠한 마른 나무껍질이라도 부술 수 있는 강한 부리나 이러한 작업을 할 때 몸을 지탱해 낼 수 있는 날카롭고 단단한 꽁지깃도 가지고 있지 않습니다. 또 그 다리의 발가락에는 나무에 머무르는 데 없어서는 안 될 날카로운 발톱도 없습니다. 그러므로 나는 이 뻐꾸기의 작은 발은 진짜 반목조류(攀木鳥類, 나뭇가지를 움켜쥐기에 편한 발을 가진 새 종류)의 그것이 아니라 단지 겉모양만 그러한 것일 뿐이라고 생각합니다."

"조류학자들은 아마도 어딘가 특수한 새를 그저 솜씨 좋게 분류해 놓는 것만으로 기뻐하는 모양이야. 그렇지만 이와는 달리 자연은 자기 마음대로 행동하고, 인간이 만들어 낸 어색한 분류 같은 것에는 무관심으로 일관하고 있지."

나는 계속했다. "게다가 밤꾀꼬리는 그 천성적인 정력과 동작 그리고 생활 방식으로 볼 때, 개똥지빠귀와 훨씬 더 비슷하지만 바위종다리과에 들어가 있습니다. 그렇다고 내가 이 새를 개똥지빠귀과에 넣어야 한다고 생각하는 것은 아닙니다. 밤꾀꼬리는 양자의 중간에 존재하는 독자적인 새입니다. 이것과 마찬가지로 뻐꾸기 또한 독자적인 새로서 아주 뚜렷하게 자신의 개성을 가지고 있습니다."

"꾀꼬리에 관해서 내가 들은 모든 말로" 하고 괴테는 말했다. "나는 이 진귀한 새에 대해서 각별한 흥미를 느끼게 되지. 그 성질은 아주 문제가 많고 공공연한 비밀이기도 하네. 그러나 이 비밀이 너무나 뚜렷하기 때문에 해결은 점점 더 어려워지지. 게다가 이것과 똑같은 경우를 많은 사물에서 볼 수 있어.—우리는 전적으로 기적 속에 빠져 있지. 사물의 궁극적인 것, 최선의 것은 우리에게는 수수께끼로 남아 있네. 우리 한번 꿀벌을 예로 들어 보기로 하지. 그들은 꿀을 찾아 수 마일의 거리를 날아가네. 그렇지만 쉬지 않고 방향을 바꾸지. 어떨 때는 몇 주일을 꽃이 한창인 순무밭을 찾아 서쪽으로 날아가기도 하고 다음으로는 같은 정도의 시간을 꽃이 핀 북쪽 황야를 향해 날아가지. 그리고 또 방향을 바꿔 메밀꽃이 만발한 데로 가네. 그러고는 어디론가 클로버꽃이 핀 들녘으로도 가지. 그리고 마지막으로 다시 한번 방향을 돌려 꽃이 만발한 보리수로 날아가네. 그렇지만 누가 그들에게 '이번에는 저쪽으로 날아가 봐. 거기에 자네들이 좋아하는 것이 있지! 그리고 이번에는 이쪽으로 가 봐. 거기에는 새로운 것이 있지!'라고 말했을 것인가. 그리고 누가 그들을 그들이 살고 있는 촌락으로, 그리고 그들의 벌집으로 돌아가게 안내한단 말인가! 그들은 마치 눈에 보이지 않는 끈에 의해 조종받듯이 이쪽으로 혹은 저쪽으로 가기도 하지. 그러나 그 끈의 정체는 무엇인가. 우리는 아직도 알지 못하고 있네. 종달새도 이와 마찬가지이지! 그들은 지저귀면서 밭 위를 날아올라 곡식의 바다 위를 떠돌지. 곡식은 바람에 이쪽저쪽으로 흔들리면서 어디에서나 똑같은 파도를 일으키고 있네. 하지만 종달새는 다시 제 새끼를 향해 둥지가 있는 바로 그 지점으로 오차 없이 내려앉지. 이런 모든 외적인 사항은 대낮처럼 명백하게 우리의 눈앞에서 전개되네. 그러나 그들의 내면을 묶는 정신적인 맥락[36]은 우리에게는 닫혀 있지."

"뻐꾸기도 이것과 다를 것이 없습니다. 우리가 모두 알고 있듯이 이 새는 자기 스스로 알을 품지 않고, 제 알을 어떤 다른 새의 둥지 속에 밀어 넣습니다. 더 자세히 말한다면 이 새는 자기 알을 바위종다리의 둥지나 황색 할미새의 둥지, 검은 바위종다리의 둥지 또는 갈색의 바위종다리의 둥지나 작은부리울새 그리고 굴뚝새의 둥지에 넣어 둡니다. 이것도 우리는 다 알고 있습니다. 그리고 이 새들은 모두 벌레를 먹고 살고 있으며 또 그래야만 한다는 것도 우리는 알고 있습니다. 왜냐하면 뻐꾸기 자신도 벌레를 먹고 사는 새라서 그 새끼는 씨를 먹고 사는 새에게서 양육되면 안 되기 때문입니다. 그러나 뻐꾸기는 이들 모든 새가 정말로 벌레를 먹고 사는 새인지 아닌지를 어떻게 식별한다는 말입니까!—게다가 뻐꾸기는 어떻게 자기의 알과 가냘픈 새끼들을 그 구조나 온도, 그리고 건조함과 습기의 심한 차이가 있는 다른 새의 둥지에 떠맡길 수가 있단 말입니까!—바위종다리의 둥지는 엉성한 풀 줄기와 얼마 안 되는 말 털로 정말로 대수롭지 않게 만들어진 것이기 때문에 찬 공기도 마구 들어오고 바람도 많이 맞습니다. 둥지 위는 열려 있고 덮개도 없습니다. 그렇지만 뻐꾸기의 새끼는 그

---

[36] 〈파우스트〉 제1부 〈서재〉 장면 제1939행에 나오는 메피스토펠레스의 말이다.

속에서도 훌륭히 잘 자랍니다. 이것과는 달리 굴뚝새의 둥지는 바깥쪽은 이끼나 풀의 줄기, 그리고 잎사귀로 두껍고 단단하게 만들어져 있고 안쪽으로는 여러 털과 깃으로 면밀하게 전면을 깔고 있기 때문에 바람은 전혀 들어오지 않습니다. 또한 위는 둥근 천장으로 덮여 있고 아주 작은 새가 출입할 수 있을 정도의 작은 통로가 남겨져 있을 뿐입니다. 이런 밀폐된 둥지 속에서는 6월이 되면 더위 때문에 질식할 것이라고 생각할 수 있을 것입니다. 그렇지만 뻐꾸기의 새끼들은 그 속에서 최고도로 잘 자라고 있습니다. 그뿐만 아니라 황색의 할미새의 둥지는 전혀 다른 모양을 하고 있습니다!—이 새는 물가나 실개천 그리고 여러 가지 습지에서 서식하면서 그 둥지를 습기 많은 목장이나 등심초의 작은 수풀 속에 만듭니다. 이 새는 축축한 토지에 구멍을 파고 거기에 몇 가닥 풀을 드문드문 펴놓습니다. 그러므로 뻐꾸기 새끼의 부화와 생육도 심한 습기와 추위 속에서 행해짐이 틀림없습니다. 그런데도 이 새도 훌륭히 잘 자라고 있습니다. 그렇다면 이 새는 도대체 어떻게 된 새란 말입니까. 가장 손상되기 쉬운 약한 어린 시절임에도, 다른 새들에게는 치명적일 수도 있는 습도나 건조함의 변화 그리고 더위와 한파에는 전혀 아랑곳하지 않습니다. 어미 새 자신은 나이를 먹었기 때문에 습도나 추위에는 대단히 민감해져 있을 텐데, 어떻게 자기 새끼를 위해서는 그런 것을 신경 쓰지 않아도 괜찮다는 것을 알고 있을까요?"

"바로 이 점에 있어서도 우리는 신비 앞에 서게 되는 것이지. 그렇지만 뻐꾸기가 어떻게 자기 알을 굴뚝새의 둥지에 갖다 넣는지 자네가 본 일이 있다면 설명해 주었으면 좋겠어. 그처럼 작은 구멍으로는 들어갈 수 없고, 그렇다고 그 위에 머물러 있을 수도 없지 않겠는가."

나는 대답했다. "뻐꾸기는 마른 데에서 알을 낳고 그러고는 그것을 주둥이로 굴뚝새 둥지로 밀어 넣습니다. 또한 이 새는 굴뚝새의 둥지에서뿐만 아니라 다른 새들의 둥지에서도 이렇게 한다고 생각됩니다. 왜냐하면 벌레를 먹고 사는 다른 새의 둥지 위가 열려 있다고 하더라도, 둥지가 작다든지 혹은 그 주위가 가지로 에워싸여 있다든지 하여 긴 꼬리를 가진 뻐꾸기는 그 위에 앉아 있을 수 없기 때문입니다. 이것은 충분히 생각할 수 있는 일입니다. 그렇지만 어째서 뻐꾸기가 놓고 가는 알은 유달리 작고, 벌레를 먹고 사는 다른 작은 새의 알

뻐꾸기는 제 알을 스스로 부화하지 않고 다른 새, 그것도 벌레만을 먹는 새 둥지에 집어넣는다. 괴테는 이것은 기적과 같은 현상이고, 신이 어디에서나 살아 있는 증거라고 말했다.

과 똑같은 크기인 것일까요. 이것은 새로운 수수께끼입니다. 우리가 풀지 못한 이 수수께끼에 나는 그저 감탄할 뿐입니다.—뻐꾸기의 알은 바위종다리의 알보다 약간 큰 크기입니다. 그리고 벌레를 먹고 사는 작은 새가 부화한다고 하면 아무리 해도 이 이상 커서는 안 됩니다. 작다는 것은 전적으로 좋은 것이며 이치에도 맞는 것입니다. 알의 크기와 새의 크기 사이에는 벌새(蜂鳥)에서 타조에 이르기까지 결정적인 비례관계가 있지만, 자연은 특수한 경우를 배려하여 이 일관된 위대한 법칙을 깨고 이런 융통성 있는 조치를 취하고 있는 것입니다. 우리는 되풀이하여 이것에 경탄하지 않을 수 없습니다."

"그것은 사실 경탄할 만한 일이지. 왜냐하면 우리의 시야가 너무 좁기 때문에 전부를 내다볼 수 없기 때문이야. 만약 훨씬 더 넓게 눈을 뜬 사람이라면 언뜻 볼 때 반칙으로 보이는 이런 것도 아마 법칙의 범위 내에 넣을 수 있을 것이야. 그건 그렇더라도 계속하여 말해 주기 바라네. 도대체 뻐꾸기는 알을 얼마나 많이 낳는지 알고 있는가?"

"이것을 확실하게 말할 수 있는 사람이 있다면" 하고 나는 대답했다. "그 사람은 바보일 것입니다. 이 새는 아주 민첩하게, 어떨 때는 이쪽으로 또 어떨 때는 저쪽으로 날아다니면서 하나의 둥지에는 언제나 오직 하나의 알을 넣습니다. 그러므로 틀림없이 하나보다는 더 많은 알을 낳을 것입니다만 그것들이 어디에 끼어들어 가 있는지는 아무도 모릅니다. 게다가 아무도 이 새를 따라다닐 수도 없습니다! 그렇지만 가령 이 새가 5개의 알을 낳는다고 합시다. 그리고 이 모든 것이 무사히 부화하여 애정 많은 양부모한테서 양육된다고 합시다. 이 경우에도 새삼 놀라지 않을 수 없는 일이 일어난 것입니다. 자연은 이 다섯 마리의 뻐꾸기 새끼를 위해 적어도 최고로 잘 지저귀는 새 50마리의 희생을 불사한 셈이니까요."

"이런 것에 있어서도 자연은 다른 경우에 있어서와 마찬가지로 전혀 주저함이 없어. 자연은 많은 생명을 낭비하지. 그리고 때에 따라서는 특별한 고려 없이 이런 일을 해치운다네. 그렇지만 단 한 마리의 어린 뻐꾸기를 위해 그처럼 많은 다른 새의 새끼가 죽는다는 것은 무슨 말인가?"

"무엇보다도" 하고 나는 대답했다. "양부모가 낳은 알의 부화가 실패로 돌아간다는 이야기입니다. 흔히 있는 일이지만 원래 둥지에 있던 새알과 뻐꾸기의 알이 함께 부화하는 경우, 양친은 태어난 새끼 중에서 큰 쪽, 즉 뻐꾸기 새끼 쪽에 더 비상한 애정을 쏟고 오직 그쪽에만 먹이를 가져다줍니다. 그러므로 자기의 새끼는 죽어서 둥지에서 모습을 감춰 버립니다. 또 뻐꾸기의 새끼는 쉬지 않고 먹이를 원합니다. 그리고 작은 새가 벌레를 아무리 많이 갖고 와도 이 새끼는 더욱더 많은 먹이가 필요합니다. 이 새끼가 완전히 성장하여 깃털이 다듬어지고 둥지를 떠나게 되어 나무의 우듬지로 날아가기까지는 많은 시일이 필요합니다. 그러나 둥지를 떠나고 난 후에도 오랫동안 계속 쉬지 않고 양육을 받으려고 하기 때문에 양부모는 한여름을 이것으로 시간을 보내게 됩니다. 그리고 애정 깊은 양부모는 이 큰 새끼 뒤를 쉬지 않고 쫓아다니느라 다른 알들의 부화에는 관심이 없습니다. 이런 이유에서 오직 한 마리의 뻐꾸기 새끼 때문에 실로 많은 다른 새의 새끼들이 희생되는 것입니다."

"정말로 설득력이 있는 설명이로군." 하고 괴테는 말했다. "그건 그렇고 계속 이야기해 줄 수 있겠는가. 뻐꾸기는 둥지를 떠나자마자 곧 자기를 부화시키지도 않은 다른 새에게서 양육을 받는가. 내가 들은 바로는 그렇다는 이야기가 있는데."

"그렇습니다." 하고 나는 대답했다. "뻐꾸기의 새끼는 낮은 둥지를 떠나자마자 높은 떡갈나무의 우듬지에 자리를 정하고 모두 들으라는 듯이 소리 높이 울어

댑니다. 이 울음소리를 들은 이웃에 있는 작은 새들이 모두 가까이 다가와서 이 새를 맞이합니다. 바위종다리도 옵니다. 검은 바위종다리가 옵니다. 황색의 할미새도 날아서 옵니다. 여기에 가세하여 낮은 둥지나 우거진 둥지 속을 기어서 빠져나오는 굴뚝새까지도 그 성질을 이겨 내고 높은 떡갈나무의 우듬지에 있는 귀여운 새 손님을 향해 날아옵니다. 그러나 다른 어떤 새보다도 충실한 양육자는 이 새를 기른 양부모의 부부입니다. 다른 새들은 그저 때때로 맛있는 먹이를 가지고 오는 데에 그칩니다."

"그렇다면 뻐꾸기의 새끼와 벌레를 먹고 사는 작은 새들 사이에는 아주 대단한 사랑이 형성되어 있는 것 같구먼."

"벌레를 먹고 사는 작은 새들이 뻐꾸기의 새끼에 대해 갖는 애정은 정말로 깊은 것입니다. 만약 뻐꾸기의 새끼가 양육되고 있는 둥지에 사람이 가까이 다가가기라도 하면 작은 양부모는 놀람과 공포 그리고 근심 걱정으로 어찌할지를 몰라 당황해합니다. 특히 검은점 휘파람새는 심한 절망감을 나타내면서 마치 경련을 일으키는 것처럼 지면을 스칠 정도로 휘청휘청 날아갑니다."

"정말로 신기한 일이야." 하고 괴테는 말했다. "그러나 생각할 수 없는 일은 아니야. 그렇지만 가령 바위종다리 부부가 지금 막 그들의 알을 부화하려고 하는 마당에, 그 둥지에 뻐꾸기가 가까이 다가와 알을 낳고 가는 것을 허락한다는 것은 어딘지 이상하지 않은가."

"그것은 물론 정말로 수수께끼와도 같은 일입니다." 하고 나는 대답했다.

"그러나 전혀 이해할 수 없는 일은 아닙니다. 벌레를 먹고 사는 작은 새는 모두 둥지를 떠난 뻐꾸기를 기릅니다. 그리고 그 새가 뻐꾸기를 부화하지 않았다고 하더라도 이것을 양육하는 일을 합니다. 이 때문에 양자 사이에는 일종의 친화력이 생기는 것입니다. 그리고 그들은 쉬지 않고 서로 알고 지내게 되고 서로를 오직 대가족의 한 성원이라고 생각하기에 이릅니다. 게다가 해당 뻐꾸기는 전년에 자기를 부화하고 양육하여 준 바위종다리 부부에게 올해는 자신의 알을 가져오는 그런 식이 되어 버리는 것입니다."

"물론 그렇게 말할 수 있겠지. 그러나 전적으로 납득이 가는 것은 아니야. 뻐꾸기의 새끼가 자기를 부화하지도 않고 양육하지도 않은 그런 새에게서 먹이를 받아먹는다는 것은 아무래도 기적이라고 생각하지 않을 수 없지."

"그것은 확실히 기적입니다." 하고 나는 대답했다. "그렇지만 이것과 비슷한 일이 곧잘 일어나기도 합니다. 아니 그뿐만 아니라, 나는 이런 경향 속에 자연 전체를 깊이 관통하고 있는 위대한 법칙이 있다고까지 예감하고 있습니다.

나는 한 마리의 홍방울새 새끼를 잡은 일이 있습니다. 그 새는 사람들에게서 먹이를 받아먹기에는 너무 커 버렸지만 자기 스스로 먹이를 찾기에는 아직 너무 어렸습니다. 나는 이 새를 위해 한나절을 여러 가지로 애를 써보았지만 조금도 먹이를 섭취하려고 하지 않았습니다. 그러므로 나는 이것을 한 마리의 나이 먹은 홍방울새 새장에 넣어 보았습니다. 그 새는 고운 목소리로 잘 지저귀기 때문에 벌써 여러 해 동안 새장에 넣어서 창밖에 걸어 놓았던 것이었습니다. 나는 나이 든 새가 먹는 것을 보면 새끼새도 먹이가 있는 데로 가서 그와 똑같은 행동을 할 것이라고 생각했습니다. 그러나 그렇게 하지 않고 새끼새는 나이 먹은 새를 향해 주둥이를 벌리고 먹이를 조르는 듯한 그런 목소리를 내면서 날갯짓했습니다. 그러자 나이 든 홍방울새는 즉석에서 가엾다는 듯이 어린 새를 받아들여 마치 자기가 낳은 새끼처럼 길렀습니다.

나중에 한 마리의 회색 바위종다리와 세 마리의 새끼새를 선물로 받았을 때도 이것들을 큰 바구니 속에 함께 넣어 두었습니다. 그러자 나이 든 새가 새끼새들을 길렀습니다. 다음날 이미 둥지를 떠난 밤꾀꼬리의 새끼새 두 마리를 선사 받았습니다. 그것들도 또 바위종다리가 있는 데에 넣었습니다. 그러자 역시 그것들도 그 나이 든 새가 양자로 받아들여 길렀습니다. 그 후 며칠이 지나서 아직 둥지를 떠나지 않고 이제 겨우 깃털이 자랄 정도인 방앗간 바위종다리의 새끼, 그리고 여기에 더하여 다섯 마리의 대머리 바위종다리 새끼를 함께 밀어 넣었습니다.

그런데 바위종다리는 이 모든 새를 받아들여, 성실한 양어머니가 되어 보살핌을 다하고 있었습니다. 그것은 언제나 주둥이에 가득히 개미의 알을 갖고 와서는 넓은 바구니 속을 이쪽 구석 저쪽 구석으로 날아다녔습니다. 그리고 그것이 가는 곳 어디에나 먹이를 원하여 열려 있는 목구멍이 기다리고 있었습니다.—그뿐만이 아닙니다!—그러는 사이에 어지간히 자란 바위종다리의 새끼새

한 마리는 자기보다 작은 새 두셋을 기르기 시작했습니다. 물론 그것은 아직 장난을 치는 것 같기도 했고 어딘지 아직 어린 데가 있기도 했지만, 빨리 바지런한 어머니를 따라서 행동하려고 하는 결연한 본능이 강하게 나타나고 있었습니다."

"여기까지 오면 이것이야말로 성스럽고 엄숙한 이야기이지." 하고 괴테는 말했다. "그 말을 들으니 그저 기쁘고 놀라울 뿐이야. 알지도 못하는 새를 기른다는 그것 자체가 자연을 관통하는 보편적인 법칙으로서 실제로 존재하고 있다면, 그 사실에 의해 여러 가지 수수께끼가 풀릴 수 있을 것이야. 그리고 신은 자기를 찾으면서 울어 대는 고아가 된 까마귀 새끼에게까지도[37] 가여움을 느끼고 있다고 확신을 두고 말할 수 있을 것이야."

"이것은 보편적인 법칙으로서 확실히 존재한다고 생각합니다. 왜냐하면 나는 야생 생태에서도 버림받은 것이 이런 극진한 부양과 연민의 정을 받는 일을 본 적이 있기 때문입니다.

지난 여름이었습니다. 나는 티이푸르트 부근에서 두 마리의 굴뚝새 새끼들을 잡았습니다. 그 새들은 바로 최근에 겨우 둥지를 떠난 것이었습니다. 전에 그것들이 나뭇가지 위에서 일곱 마리의 형제들과 함께 열을 지어 머물러 있거나 둥지 속에서 부모들로부터 양육을 받는 것을 본 적이 있었지요. 나는 그 두 마리의 새끼를 비단 손수건에 싸서 바이마르로 향해 사격장까지 가서, 거기에서 오른쪽 목장 쪽으로 일름강을 따라 내려와 수영장 쪽을 지났습니다. 그리고 다시 왼쪽 숲 쪽으로 들어갔을 때, 거기서 쉬었다가 다시 한번 굴뚝새를 보려고 생각했습니다. 그런데 손수건을 열자 두 마리는 함께 내 손에서 빠져나가 곧장 덤불과 풀 속으로 모습을 감춰 버렸습니다. 아무리 찾아봐도 소용이 없었습니다. 그로부터 3일이 지나서 나는 우연히 다시 같은 장소를 지나갔습니다. 그때 작은 부리울새가 울어 대는 소리를 들었기 때문에 가까이에 둥지가 있다고 생각했습니다. 한동안 둘러보다가 실제로 둥지를 찾아냈습니다. 그런데 그 둥지 속을 보고 나는 정말로 놀랐습니다. 그 속에서 깃털이 막 자란 작은부리울새와 내가 잡은 두 마리의 굴뚝새의 새끼가 나란히 있는 것을 발견했기 때문입니다.

---

[37] 구약성서 〈시편〉 제147장 제9절이다.

그 새들은 아주 기분 좋게 이 가족에게 끼어들어 가 아버이인 작은부리울새의 양육을 받고 있었습니다. 나는 이 불가사의한 광경을 보고 대단히 기뻤습니다. 나는 마음속으로 생각했습니다. '너희는 이렇게도 현명하구나. 이렇게 훌륭히 서로 돕고 있구나. 착한 작은부리울새가 너희를 이토록 알뜰하게 떠맡고 있으니 나는 절대로 너희의 끈끈한 관계를 방해하지 않겠다. 오히려 너희가 탈 없이 잘 양육되기를 기원할 뿐이다.'"

"그것은 내가 이때까지 들었던 조류학 이야기 중에서도 가장 멋진 것이로군." 하고 괴테는 말했다. "자네의 건강과 자네의 행복한 관찰을 위해 건배하세!— 이 말을 듣고도 신을 믿지 않는 사람에게는 모세와 예언자의 말도[38] 아무런 도움이 되지 못할 것이야. 내가 신은 어디에서나 살아 계신다[39]고 하는 것은 바로 이 때문이지. 신은 모든 곳에 그 무한한 사랑을 심고 있는 것이야. 그리고 고귀한 인간 중에서 가장 아름답게 꽃을 피우는 것을 일찍이 동물 속에 싹으로써 암시하고 있는 것이지. 그렇고말고. 자네의 연구와 관찰을 계속하도록 하게! 자네는 이 방면에서 특별한 성공을 거두고 있는 것 같아. 앞으로 전혀 예측할 수 없는 귀중한 결론에 도달할는지도 모를 일이야."

이렇게 우리는 바깥 대기 속에서 식사하면서 서로 유익하고 심오한 이야기를 나눴다. 햇빛은 서쪽 언덕 정상으로 기울어지고 있었다. 괴테는 집으로 돌아갈 시간이 되었다고 말했다. 우리는 서둘러 마차를 몰았다. 예나를 지나 '곰관' 여관에 방값을 지불하고 잠시 푸롬만가에 들렀다. 그리고 우리는 전속력으로 달리는 말발굽 소리와 함께 다시 바이마르로 향했다.

1827년 10월 18일 목요일

헤겔이 이곳에 와 있었다. 괴테는 이분의 철학에서 생겨난 몇 가지 성과에 특별한 호감을 느끼는 것은 아니지만, 개인적으로는 그를 대단히 존경하고 있었다. 괴테는 그에게 경의를 표시하기 위해 오늘 밤 다과회를 개최했다. 첼터 또한 참석했지만, 그는 오늘 밤 안으로 다시 출발할 예정이었다.

---

38) 신약성서 누가복음 제16장 제31장이다.
39) 이 말은 신의 편재에 관한 괴테의 의견과 괴테다운 직관을 가장 잘 나타내고 있다.

모임은 하만에 대한 이야기로 대성황을 이루었다. 이때는 특히 헤겔이 담화를 끌고 나갔다. 그는 이 비범한 천재에 대해 아주 근본적인 의견을 피력했는데, 그것은 대상을 가장 진지하고도 가장 양심적으로 연구함으로써 비로소 얻어낼 수 있는 그런 것이었다.

다음으로 화제는 변증법의 본질로 옮겨졌다.—"요컨대." 하고 헤겔은 말했다. "이것은 누구에게나 내재하고 있는 모순의 정신을 법칙화하고 방법론으로서 완성한 것에 불과한 것입니다. 그리고 이것은 진위를 변별하는 데에 있어서 도움이 되는 바가 아주 크다고 생각합니다."

이에 괴테는 말참견했다. "그런데 이런 정신상의 기술, 그리고 융통성이 함부로 악용되어 그릇된 것이 참된 것으로, 참된 것이 그릇된 것으로 이용되는 일이 없었으면 좋겠어!"

"그런 일은 종종 일어납니다." 하고 헤겔은 대답했다. "그러나 그것은 정신적으로 병들어 있는 사람들만이 하는 짓입니다."

"그렇다면" 하고 괴테는 말했다. "나는 자연을 연구했기 때문에 그런 병이 생기지 않아서 다행이군. 왜냐하면 자연의 세계에서는 무한하고 영원한 진리를 취급하기 때문이지. 대상을 관찰하고 이것을 처치하는 데 있어서 어디까지나 순수하고 성실하게 일을 진행하지 않으면 불충분하다고 하여 배척을 받네. 그러므로 나는 많은 변증법적 병자에게는 자연 연구가 좋은 치료법이라고 믿고 있어."

일동이 계속하여 아주 유익한 말과 유쾌한 담화에 열을 올리고 있을 때 첼터는 일어나 한마디 말도 하지 않고 가 버렸다. 우리는 그가 괴테에게 작별 인사를 드리는 것이 고통스러워서 이런 탈출구를 택해 비통한 순간을 피했다는 것을 알았다.

1828년

1828년 3월 11일 화요일

나는 요 몇 주일 동안 건강 상태가 아주 좋지 않았다. 밤에는 잠을 잘 잘 수 없고, 또한 밤에서 아침에 이르기까지는 불안하기 그지없는 꿈속에서 실로 각양각색의 상황 속에 몸을 두었다. 꿈속에서 나는 아는 사람 또는 알지 못하는 사람들하고 대화를 나누고 말다툼을 벌이고 심지어 싸우기도 한다. 그리고 모든 것을 정말로 생생하게 그리고 아주 또렷하게 다음 날 아침까지 기억한다. 그러나 이 꿈 생활은 내 두뇌의 힘을 소모했기 때문에, 낮이 되면 나는 완전히 녹초가 되어 어떠한 정신적인 작업에도 전혀 마음이 내키지 않고 머리도 돌아가지 않았다.

나는 괴테에게 되풀이하여 나의 상태를 하소연했다. 그러자 그는 무슨 일이 있어도 의사한테 가서 상담하도록 재삼 권하며 말했다. "자네의 병은 절대로 대단한 것은 아닐 것이야. 아마 대단치 않은 고장일 거야. 광천수 한두 잔, 아니면 염분을 조금 섭취하면 나을 것이야. 그렇지만 그대로 방치하지 말고 손을 쓰도록 해야 하네!"

괴테의 말이 가장 지당한 것일는지 모른다. 또 나도 그분의 말이 맞다 하고 혼잣말했다. 그러나 이때도 결단을 내리지 못하는 타고난 성질과 내키지 않는 마음이 화근이 되어 그대로 불안한 밤과 불쾌한 날을 보내면서 병 치료에 손을 쓰지 않았다.

그래서 오늘 식사가 끝난 뒤에도 나는 여전히 산뜻하지 않은 모습을 하고 있었다. 이에 괴테는 참을 수가 없는지 드디어 빈정대는 웃음을 띠면서, "자네는 샌디 제2세야."[1]라고 말했다. "저 유명한 트리스트램의 아버지로, 문이 삐걱거리

---

1) 여기서 괴테는 영국 작가인 스턴(1713~1768)의 작품 〈신사 트리스트램 샌디의 생애와 의견〉의 내용을 인용하며 에커만을 조롱하고 있다.

는 소리에 화를 내며 반평생을 보낸 사나이지. 단지 문에 두세 방울 기름을 붓기만 하면 매일 불쾌한 생각을 하지 않고 지낼 수 있는데 그런 결심을 하지 않고 말이야.

그렇지만 우리는 모두 그러하지. 인간의 무지와 깨달음이 그의 운명을 결정짓지! 우리는 매일 데몬의 끈에 끌려가고 있어서 무엇을 행할 것인가를 지시받기만 하면 되는 것이야. 그러나 착한 영혼에게는 버림을 받게 되기 때문에 해이해져서 암중모색만 하게 되네.

이런 점에서 볼 때 나폴레옹은 참으로 위대했지!―그는 언제나 크게 깨달았고 언제나 투철했고, 그리고 결단력이 있었어. 어떤 경우에도 유리하다고 인정한 것, 필요하다고 인정한 것을 그 즉시로 실천에 옮길 수 있을 정력을 충분히 가지고 있었지. 그의 일생은 전쟁에서 전쟁으로, 승리에서 승리로 향하는 반신의 행보였어. 그는 쉬지 않고 깨달음의 상태에 있었다고 해도 과언이 아닐 것이야. 그렇기 때문에 또한 그의 운명은 이 세상에서 그의 이전에는 볼 수 없었고, 그의 이후에도 볼 수 없을 만큼 찬란한 것이었어.

정말이지 나의 친구여, 그는 위대했어. 우리는 절대로 그의 흉내를 낼 수가 없지!"

괴테는 방 안을 이쪽저쪽으로 왔다 갔다 했다. 나는 식탁을 마주하고 앉아 있었디. 식탁은 이미 치워져 있었지만 아직도 약간의 포도주, 약간의 비스킷, 과일 등이 남아 있었다.

괴테는 나에게 술을 따랐고 비스킷과 과일도 먹으라고 강요했다. "물론 자네는" 하고 그는 말했다. "오늘 나의 점심 식사 초대를 거절했지. 그러나 친구가 주는 이 한 잔을 마시면 기분도 한결 좋아질 것이야."

내가 이 대접을 공손히 받는 동안 괴테는 방 안을 계속 왔다 갔다 하면서 흥분하여 중얼거리면서 가끔 알 수 없는 말을 했다.

내가 이야기를 시작했다. "그렇지만 나폴레옹은 아직 젊고 세력이 당당했을 때 특히 그처럼 쉬지 않는 깨달음의 상태에 있었던 것으로 생각됩니다. 그 당시에는 확실히 신의 보호와 끊임없는 행운이 그를 돕고 있었습니다. 하지만 이와는 반대로 말년에는 이러한 깨달음이나 행운의 별도 그를 저버린 것 같습니다."

"자네는 무엇을 말하려는 것인가!" 하고 괴테는 말했다. "나도 연애시와 〈베르테르〉를 두 번 쓰지는 않았어. 비범한 것을 탄생하게 만드는 신성한 깨달음은 언제나 젊음과 생산력이 결합하여 나타나는 것이지. 나폴레옹은 이때까지 이 세상에 태어난 사람 가운데서 가장 생산적인 인간 중의 한 사람이었지.

그렇지, 그렇고말고. 단지 시나 연극을 창작하는 것만이 생산적일 필요는 없어. 행위의 생산력도 있는 것이야. 그리고 대부분의 경우 이쪽이 한층 더 중대하지. 의사만 하더라도 그가 진정으로 의사로서의 사명을 다하려면 생산적이지 않으면 안 되네. 그렇지 않으면 어쩌다 요행히 병을 고쳐 성공을 거둘 수는 있겠지만 대체로는 실수만을 저지르는 것이 고작일 것이야."

나는 말했다. "당신이 이 경우에 생산력이라고 부르는 것은 이 세상에서 흔히 천재라고 부르는 것 같습니다."

"양쪽은 서로 아주 가까운 데가 있지." 하고 괴테는 말했다. "왜냐하면 천재란 저 생산적인 힘 이외에는 아무것도 아니지 않겠는가. 바로 이런 것이 있음으로써 신과 자연 앞에 아무런 부끄럼 없이 올바르고 영원토록 사라지지 않는 행동도 나타나는 것이 아니겠는가. 모차르트의 모든 작품은 이러한 종류의 것이지. 그 가운데에는 시대에서 시대를 거쳐 영향을 끼치고 시들어 없어지지 않는 생산력이 있는 것이야. 이 밖의 다른 위대한 작곡가와 예술가도 마찬가지인 것이지. 피디아스와 라파엘로도 그 뒤로 따라오는 수 세기에 걸쳐 영향을 끼치지 않았던가! 뒤러와 홀바인[2]도 마찬가지였어!—고대 독일의 건축 예술의 형식과 균형을 처음으로 창출해 낸 사람, 그리고 그 결과 시대가 지남에 따라 슈트라스부르크의 대성당과 쾰른의 대성당을 만들 소지를 열어 준 사람도 역시 천재였지. 왜냐하면 그의 사상은 쉴 사이 없이 생산적인 힘을 잃지 않고 오늘에 이르기까지 영향을 끼치고 있기 때문이네. 루터는 정말로 현저한 천재였지. 그는 지금까지도 많은 훌륭한 시대를 만들어 내고 있어. 그러므로 앞으로 얼마나 오랫동안 그 생산력이 계속하여 작용할지 예상할 수 없을 정도라네.—레싱은 천재라는 고귀한 칭호를 거부하려고 했지.[3] 그러나 그의 의사와는 달리 그의 영

---

2) 뒤러(1471~1528)와 홀바인(1465~1524). 두 인물 모두 독일의 대표적인 화가이다.
3) 레싱은 〈함부르크 희곡론〉의 마지막 논문에서 천재의 칭호를 거부하고 있다.

향은 영속하고 있어. 이와는 반대로 문학계에서 볼 때, 생존 중에는 대단한 명성을 얻고 위대한 천재라고 생각되었던 몇몇 사람들의 영향은 그 생애의 끝과 함께 끊어져 버렸지. 그러므로 이런 사람들은 그들 자신과 그 밖의 사람들이 생각했던 만큼 대단한 것이 아니었던 것이야. 왜냐하면 이미 말한 대로 생산적이고 영속적인 영향력을 갖고 있지 않는 천재는 존재하지 않기 때문이지. 그리고 이 경우 그 사람이 종사하고 있는 것이 일이든 예술이든 그 직업 같은 것은 문제가 되지 않아. 무엇이든 매한가지야.—오켄[4]이나 훔볼트처럼 학문 분야에서 천재를 발휘하는 것도 좋고 프리드리히 대왕이나 페터 대왕 그리고 나폴레옹처럼 전쟁이나 국가 통치에 있어서 천재를 발휘하는 것도 좋아. 또는 베랑제처럼 노래를 창작하는 데에 있어서 그래도 역시 좋지. 그러니까 모두 마찬가지야. 그리고 문제는 그 사상, 그 착상 그리고 그 행동이 살아서 영속하고 있는가 없는가인 것이야.

그리고 여기에 또 첨가할 것이 있네. 어떤 사람이 대량의 작품을 만들고 많은 활동을 했다고 해서 반드시 이것을 생산적이라고 말할 수는 없다는 것이야. 문학에서도 시집을 계속하여 출판하기 때문에 대단히 생산적이라고 생각되는 시인이 있네. 그러나 내 생각으로 이런 사람들은 전적으로 비생산적이라고 할 수 있지. 왜냐하면 그들이 만들어 낸 것은 생명이 없고 영속성도 가지고 있지 않기 때문이야. 이와는 달리 골드스미스가 만든 시는 정말로 적어서 숫자로 말하면 논할 것이 못 되지. 그럼에도 내가 그는 시인으로서 정말로 생산적인 사람이라고 단언하기를 주저하지 않는 것은, 그가 쓴 시는 적지만 그 속에는 사라질 수 없는 생명이 있기 때문이야."

말이 한동안 끊어졌다. 그 사이에 괴테는 여전히 실내를 이쪽저쪽으로 걸어 다녔다. 그렇더라도 나는 이 중요한 문제에 대해서도 더 깊이 있게 듣고 싶었기 때문에 괴테의 기분을 흔들어 움직여 보려고 했다.

나는 말했다. "도대체 어떤 유명한 인물에게서 볼 수 있는 이런 천재적인 생산력은 그 정신에만 깃들어 있는 것입니까? 그렇지 않으면 육체에도 깃들어 있

---

[4] 오켄(1779~1851). 박물학자이자 자연철학자인 그는 잡지 〈이지스〉를 창간(1817~1848)했다.

라파엘의 〈기적의 고기잡이〉 1515년. 런던 빅토리아 알버트 박물관 소장

고대 그리스의 최고 조각가인 피디아스(기원전 490년)가 제작한 대리석상

뒤러의 〈사도 마르코와 바울〉 뮌헨 알테피나코테크 소장

는 것입니까?"

괴테는 대답했다. "적어도 그 점에 있어서 육체는 아주 큰 영향력을 가지고 있지.—그런데 독일에서는 천재는 몸이 작고 허약하고 때로는 심한 꼽추라고까지 생각한 시대가 있었네. 그렇지만 나는 그 정신에 상응하는 육체를 가진 천재에게 호감을 가지고 있어.

사람들은 나폴레옹이 화강암으로 만들어진 인간이라고 하는데, 이것은 특히 그의 육체에 대해서 꼭 들어맞는 말이야. 이 사람은 아무리 어려운 일이라도 찾아서 했고 또 그렇게 할 수 있는 힘도 가지고 있었지—시리아 사막의 타오르는 모래에서 모스크바의 눈 덮인 들판에 이르기까지 얼마나 수없이 많은 진군과 전투 그리고 야영이 있었던가!—그리고 그는 그때마다 얼마나 많은 고난과 육체적인 부자유를 견디어 내야만 했던가! 잠도 제대로 못 잤고 먹을 것도 제때 먹지 못했지. 그때도 그는 끊임없는 고도의 정신적 활동가였네! 브뤼메르 제18일째[5]의 극심한 흥분과 격동 속에서 한밤중이 다 될 때까지 그는 하루 종일 아무것도 먹지 못하고 있었지. 그러나 이때도 그는 육체적인 휴식을 취하려고 생각하지 않았네. 밤이 깊어짐에 따라 그는 프랑스 국민에게 보내는 저 유명한 선언문을 기초할 만한 힘이 자기의 육체 안에 충분히 있음을 느끼고 있었던 것이야.—그가 얼마나 많은 고난을 겪고 견디어 냈는가를 생각해 보면, 40세가 되었을 때 그의 신체에는 단 한 군데도 성한 부분이 남아 있지 않을 것이라고 예상해야 할 거야. 그러나 그 나이 때도 그는 여전히 완벽한 영웅의 신체를 확고하게 유지하고 있었던 것일세.

그렇지만 그가 행동한 참된 전성기는 그의 청년시대에 있었다는 자네의 의견은 참으로 옳은 말이야.—비천한 집안 출신인 한 사나이가 모든 인재가 빠짐없이 활동하던 그 시대에 그처럼 뛰어났기에 27세인데도 벌써 3천만 국민의 우상 자리에까지 올랐던 것이지!—그렇지, 그렇고말고! 나의 친구여, 위대한 일을 성

---

[5] 프랑스 혁명기 국민공회는 1792년 9월 22일을 기점으로 달력 체계를 바꾸어 혁명력을 제정하였다. 브뤼메르는 그 달력 두 번째 달(10월 22일부터 11월 20일까지)의 호칭이며, 그 18일은 종래의 11월 9일이다. 그리고 바로 이날 나폴레옹이 쿠데타를 강행하고 집정부를 수립하여 군사독재가 시작된 것이다.

취하려면 우리는 모름지기 젊지 않으면 안 되네. 그리고 이것은 나폴레옹 혼자에게만 한정된 말은 아니야."

"그의 동생인 뤼시앙[6]도 또한 젊은 나이에 대단한 일을 해냈습니다. 그가 500인 회의의 의장이 되었고 이어서 내무장관이 된 것도 이제 겨우 25세가 될까 말까 할 때였습니다."

"뤼시앙이 어쨌다는 것인가?" 하고 괴테는 말참견했다. "역사를 보면 내각에 있어서나 직장에 있어서 아직 젊은 나이에 유명한 사건을 처리하여 명성을 떨친 사람들이 수백 명이나 된다네."

괴테는 활발하게 말을 계속했다. "만약 내가 군주라면 가문이나 연공 덕분으로 점차로 승진한 사람, 그리고 노년에 이르러서도 관례대로 외길을 천천히 그리고 편안하게 걸어간 사람들, 또 이렇다 할 재능도 발휘하지 못한 사람들을 절대로 중요한 자리에 앉히지 않을 것이네.—나는 젊은 사람들을 원하지!—그러나 그들은 명석하고 활기에 차 있고, 최선의 의지와 지극히 고귀한 인격을 갖춘 인재가 아니면 안 되네.—그렇게 되면 통치해도 즐겁고 국민도 앞으로 나갈 것이야.—그렇다면 이처럼 착한 신하에게 시중을 받는 군주는 또 어디에 있는가!—나는 현재의 프로이센 황태자[7]에게 큰 기대를 걸고 있지.—그에 관해서 내가 알고 들은 모든 점으로 미루어 볼 때 그는 대단히 훌륭한 인물이야! 그리고 그가 이런 비범한 인물이기 때문에 비로소 유망하고 재능이 풍부한 사람들을 인정하고 채용할 수 있는 것이야. 뭐니 뭐니 해도 같은 종류는 같은 종류에 의해 인정받는 것이지. 자신이 위대한 능력을 갖추고 있는 군주만이 그 신하와 추종자 가운데에서 위대한 재능의 소유자가 누구인지 알아볼 수 있고, 또 그에 상응하게 인정하고 평가할 수 있는 것이라네.

'훌륭한 인재에게 길을 열어 주어라!' 이 말은 나폴레옹의 금언이었지. 그는 부하의 선택에 정말로 독자적인 요령을 터득하고 있었어. 중요한 인물들을 적재

---

6) 뤼시앙(1775~1840). 나폴레옹의 동생이자 군사위원으로 500인회 위원장으로서 총재정부에 대한 반란을 계획하고, 이집트 원정 중이던 형에게 연락을 취하여 브뤼메르의 쿠데타를 성공적으로 이끌었다.
7) 나중의 프리드리히 빌헬름 4세이다.

적소에 앉히는 것에 매우 능숙했지. 그러므로 그의 일생에 행해진 어떠한 위대한 대사도 그의 부하들은 다른 데서 그 전례를 찾아볼 수 없을 만큼 그에게 헌신적이었지."

오늘 밤의 괴테는 유달리 내 마음에 들었다. 그의 천성 중 가장 고귀한 부분이 그의 마음속에서 펄떡펄떡 생동하고 있는 것처럼 보였다. 이때 그는 목소리의 울림에도 빛나는 눈빛에도 이상한 힘이 배어 있었다. 그것은 마치 청춘의 절정에서 발랄하게 타들어 가는 불꽃과도 같았다.—그처럼 고령이고 아직도 중요한 직책을 맡고 있는 그가 그처럼 단호하게 젊은이를 옹호하고, 국가의 최고 지위가 청년은 아니더라도 아직 혈기 왕성한 소장 연령의 인물들로 채워지기를 원하고 있다는 것은 드물게 여겨졌다. 나는 나이를 많이 먹었음에도 중요하고 복잡한 사무에 종사하는 데에 필요한 정력과 젊은 활기를 잃지 않고 있는, 또한 높은 자리에 있는 독일인 두세 명의 이름을 들지 않을 수 없었다.

"이러한 사람들 그리고 이와 비슷한 사람들은" 하고 괴테는 대답했다. "천재적인 성품을 가진 분들로 일종의 독특한 인물들이지. 다른 사람에게는 젊은 시절이 오직 한 번밖에 없지만, 이 사람들은 반복되는 사춘기를 체험하고 있는 것이야.

다시 말해, 개개의 엔텔레키는 영원의 일부이지. 그리고 그것은 얼마 안 남은 햇수를 육체와 결합한다고 하더라도 노화되어 없어져 버리는 것이 아니야. 이런 엔텔레키가 하찮은 것이라면 육체에 감금된 동안 별다른 활동을 못 하지. 그런 경우라면 오히려 육체 쪽이 더 우세해져서, 엔텔리키는 육체가 노쇠해져 감에 따라 그 육체를 보존할 수 없어 지장을 초래하게 될 것이야. 그러나 모든 천재적인 인물에서 볼 수 있듯이 엔텔레키가 강력한 종류의 것이면 그것은 육체에 침투함으로써 그 조직에 작용한다네. 그리고 그것을 강화하고 드높여 줄 뿐만 아니라 더 나아가 정신적인 우세를 확보하여 영원한 청춘이라는 특권을 쉬지 않고 주장하려고 하네. 그러므로 특별히 혜택을 받은 사람들에게서는 거듭하여 일시적인 젊어짐이 되풀이되는 것처럼 보이지. 이것이 내가 말하는 사춘기의 되풀이인 것이야.

그러나 젊음이란 움직일 수 없는 것일세. 엔텔레키가 아무리 왕성하게 나타난다고 하더라도 육체적인 조건을 완전히 극복해 낼 수는 없어. 엔텔레키는 젊은 육체와 결합하여 있는가 아닌가에 따라 큰 차이가 나는 것이지.

나의 일생 중에는 매일 전지 한 장분, 다시 말해 16페이지를 인쇄할 수 있는 분량의 글을 써낼 수 있는 시절이 있었네. 그때 나는 이것을 아주 쉽게 해낼 수 있었지. 나의 〈형제자매〉[8]는 3일 안에 완성했고, 〈클라비고〉[9]는 자네도 알지만 1주일 안에 다 써냈다네. 지금은 이런 일은 거의 하지 않고 있어. 그러나 나이 먹은 지금에 이르러서도 생산력 그 자체의 결핍을 슬퍼하고 있는 것은 아니라네. 젊었을 때는 어떤 날에도 어떤 경우에도 할 수 있었던 것을 지금에 이르러서는 단지 때때로 형편이 좋을 때만 할 수 있다는 것이지. 10년인가 12년 전이지만 저 해방 전쟁[10] 후의 행복한 시절, 〈서동시집〉[11]의 시를 한창 쓰고 있을 때 나는 가장 생산력에 넘쳐 있었네. 그때는 하루에 두 편에서 세 편을 쓴 일도 있었지. 옥외에서 마차 안에서 그리고 때로는 여관에서도 가능했지. 어디나 나에게는 마찬가지였어. 하지만 〈파우스트〉 제2부를 쓰고 있는 지금 나는 이 작업을 하루 중 이른 아침 시간에 한정하고 있다네. 그 시간이 잠에서 깨어나 상쾌한 기분으로 활기를 되찾고 번거로운 일상적 잡일에 방해받지 않는 때거든. 그렇지만 어느 만큼이나 쓸 수 있다는 말인가! 가장 순조롭게 일이 잘 될 때야 겨우 원고지 한 장 정도 쓰고, 대체로는 손바닥 가득할 만큼의 분량만을 쓰게 되네. 그리고 때로 마음이 무르익지 않을 때는 이것보다는 더 적게 쓰고 있어."

"일반적으로 말해서" 하고 나는 말했다. "생산적인 기분을 강화한다든지 또는

---

8) 괴테는 이 작품을 1776년 10월 26일, 28일, 29일의 3일에 걸쳐 썼다.
9) 괴테는 〈시와 진실〉 제15장에서 〈클라비고〉는 1774년 5월에 1주일 걸려서 완성했다고 보고하고 있다.
10) 해방전쟁(1813~1815). 추위로 인하여 나폴레옹의 러시아 원정이 실패하자 구라파의 총연합군이 궐기하여 여러 번의 회전을 거듭하였다. 그러던 끝에 라이프치히 회전에서 프로이센이 결정적인 승리를 거두고 또 워털루 회전에서도 연합군이 이기자, 나폴레옹은 세인트 헬레나 섬으로 유배되어 그곳에서 죽었다.
11) 괴테의 이 시집에서도 다시 젊어지는 순간이 되풀이하여 강조되고 있다. 우리는 실제로 괴테의 작품 속에서 그 주인공이 젊어지는 장면을 〈파우스트〉 제1부 〈마녀의 부엌〉(2337~2604행)에서 보게 된다. 파우스트는 마녀가 그린 동그라미로 들어가자 마녀가 주문을 외우고 난 다음 건네준 특수 조제한 물약을 마시고 자신이 30년이나 더 젊어진 것을 알게 된다.

기분이 내키지 않을 때 이것을 드높일 방법은 없는 것일까요?"

괴테는 대답했다. "그건 참으로 묘한 문제지. 그리고 그것은 여러 가지로 생각할 수 있을 것이고 또한 말할 수도 있을 것이야.

최고의 생산력, 모든 위대한 창의, 모든 발명, 열매를 맺고 결과를 초래하는 모든 위대한 사상은 누구나 뜻대로 이룰 수 있는 것이 아니네. 그리고 그것은 현세적인 지배력의 모든 것을 초월하고 있지.―인간은 이런 것을 천상에서 내려 주시는 뜻하지 않은 선물이자 신의 순수한 아들이라고 생각하고 기쁘게 감사하는 마음으로 받아들이고 존경해야 하네. 이것은 마력적인 것과 비슷한 것으로, 압도적인 힘을 갖고 사람을 자기 뜻대로 끌고 다니지. 그리고 인간은 아무리 자기가 자발적으로 행동하고 있다고 믿고 있어도 자기도 모르는 사이에 실은 이것에 몸을 바치고 있는 것이야. 이럴 경우 인간은 때로 한 단계 더 높은 세계 통치의 도구가 되고, 신성한 신의 영향을 받아들이기에 흡족한 그릇으로 여겨지는 것이지.―내가 이렇게 말하는 것은 단지 하나의 유일한 사상이 수 세기 전체의 모습을 완전히 바꾸었던 경우가 있고, 또 두세 명의 개인이 만들어낸 것이 그 시대에 각인되어 그 뒤로 따라오는 시대에도 계속 표면화되면서 유익한 영향을 남기는 일이 있기 때문이야.

그러나 다음으로 이것과는 다른 종류의 생산력이 있지. 그것은 훨씬 현세적인 영향에 예속된 것이네. 물론 여기에서도 여전히 인간은 신적인 것을 숭배해야 할 이유를 발견하겠지만, 이것은 훨씬 인간을 자유롭게 해주는 것이야. 나는 하나의 계획을 성취하는 데 필요한 모든 것, 결론이 벌써 확실하게 제시된 사상 연쇄의 모든 고리를 이 속에 넣지. 그리고 어떤 예술 작품에서 눈에 드러나는 구성 요소를 형성하고 있는 모든 것도 이 속에 넣는다네.

〈햄릿〉이 처음으로 셰익스피어의 머리에 떠올랐을 때 그 전체의 정신은 뜻밖의 인상을 주면서 그의 영혼 앞에 나타났고, 그는 개개의 장면과 인물 그리고 전체의 매듭을 흥분된 기분으로 전망할 수 있었다네. 그것은 순전히 하늘이 내려 준 선물이었지. 물론 이와 같은 착상을 마음에 간직하려면 먼저 셰익스피어처럼 정신을 갖추는 것을 필수 조건으로써 충족시켜야 하네. 하지만 그렇다고 그에게 이 하늘로부터의 혜택을 직접 좌우할 힘이 있었던 것은 아닐세. 그러나 그 이후에 나오는 개개 장면의 마무리, 인물들의 대화는 완전히 그가 마음먹은 대로 갔네. 그러므로 그는 매일 매시간 그것을 썼고, 몇 주일을 펜이 움직이는 대로 계속 쓸 수가 있었지.—그리고 그가 다 쓴 것에는 어느 부분도 일관되게 똑같은 생산력이 보이네. 또 그의 모든 각본을 보았을 때 마음이 내키지 않고 펜에 힘이 빠져 있는 곳은 한 군데에도 없어. 우리가 그의 글을 읽고 받는 감명은 그가 정신적으로나 육체적으로나 시종일관 건강하고 강력한 인간이었다고 하는 점에서 기인하는 것이네.

그러나 어떤 희곡 시인은 그렇게 체질이 좋지 않고 건장하지도 않고 완전하지도 않네. 오히려 병에 잘 걸려 쇠약에 빠지는 사람이지. 이런 경우엔 매일 매일 장면을 써 내려가는 데에 필요한 생산력이 정체된다네. 그래서 때로는 며칠이고 생산력을 완전히 잃어버리는 일도 생길 것이야. 그렇게 되면 그 사람은 알코올이 들어 있는 음료라도 마셔 불충분한 생산력을 높이려고 하지. 이런 일이 물론 때로는 잘 되어 갈 수도 있을 것이야. 그러나 이런 수단을 이용해 억지를 써서 만든 장면들은 결국 모두 큰 결함이 있는 것으로 드러나게 된다네.

그러므로 절대로 무리를 해서는 안 된다는 것이 나의 충고이지. 그리고 생산적이 못 될 때는 어떤 날이든 어떤 시간이든 차라리 잡담한다든지 늦잠을 자면서 지내는 것이 좋아. 이런 날에 쓴 것은 나중에 가서도 싫다는 생각이 들게 된다네."

이에 내가 말했다. "당신이 지금 말씀하시는 것은 나도 여러 번 경험하고 느껴왔습니다. 이것은 전적으로 옳은 말씀이니 지당한 충고로서 귀담아들어야 할 것입니다.—그렇지만 자연적인 수단에 의해 조금도 무리를 하지 않고 생산적인 기분을 드높이는 사람도 있는 것으로 생각됩니다. 나도 지금까지 어떤 착잡한 상황에 부닥쳤을 때 도무지 올바른 결심을 내릴 수 없는 경우가 여러 번 있었습니다. 그러나 그럴 때 두세 잔의 포도주를 마시고 나면 어떻게 해야 할 것인가가 확실해져서 즉시 결심이 섰습니다.—결국 결단을 내리는 것도 일종의 생산력입니다. 그리고 만약 몇 잔의 포도주가 이 미덕을 촉진했다면 이런 수단도 반드시 배척해야 마땅한 것은 아닙니다."

그러자 괴테가 말했다. "자네의 의견에 반대할 생각은 없네. 그러나 조금 전에 내가 언급한 것도 옳은 것이지. 이래서 진리는 곧잘 다이아몬드와 비교되네. 다이아몬드는 한 방향뿐만 아니라 다방면으로 빛을 던지지. 또한 자네는 나의 〈서동시집〉을 잘 알고 있으니 나 자신이

>술에 취해 있을 때면
>옳은 것을 알 수 있다.[12]

고 말한 것으로도 내가 자네의 견해에 전적으로 찬성하고 있다는 것을 알 수 있을 것이야.―확실히 포도주는 그 속에 사람을 생산적으로 만드는 유별난 종류의 힘을 가지고 있지. 그러나 이 경우에도 모든 것은 때와 상황 여하에 달려 있어. 어떤 사람에게는 포도주를 마시는 것이 이익이 될 수 있겠지만 다른 사람에게는 해가 될 수도 있지. 또 생산적으로 만드는 힘은 안식과 수면 속에도 있겠지만 운동 속에도 있네. 이러한 힘은 물속에도 있지. 특히 대기 속에도 유달리 많아.―신선한 공기를 맡을 수 있는 옥외는 우리에게는 단골 장소이네. 거기에서는 마치 신의 정신이 직접 인간에게 와 닿고, 그 신성한 힘이 영향을 끼치는 것처럼 생각되지.―바이런 경은 매일 여러 시간을 야외에서 보냈네. 어떨 때는 바닷가를 따라 말을 달렸고, 때로는 작은 배에 돛을 달아 항해하기도 했고 노를 저어서 나가기도 했지. 어떨 때는 바닷물을 뒤집어쓰면서 수영하는 것으로 체력을 단련했어. 바이런 경은 고금을 통해 가상 생산직인 인물 중의 한 사람이었네."

괴테는 나를 마주하고 앉아 있었고 우리는 계속 여러 가지 이야기를 나눴다. 이어서 또 우리의 이야기는 다시금 바이런 경으로 깊이 들어가 그의 말년을 괴롭혔던 여러 가지 불행을 말했다. 그러다가 마지막으로는 그의 마음씨는 그처럼 숭고한 것이었지만 불행한 운명은 그를 그리스로 몰고 가 결국 그곳에서 완전 파멸로 이르게 했다는 이야기가 나왔다.

괴테는 말을 계속했다. "대체로 한 인간의 중년기에는 빈번하게 전환기가 찾

---

[12] 역시 〈서동시집〉 중의 〈술을 따르는 자의 서〉에 나온다.

아오곤 한다는 것을 자네는 알고 있을 것이야. 청년기에는 모든 것이 최고로 순조롭게 흘러 만사에 성공을 거둔 사람도 중년기에 접어들면 운이 달라지네. 하룻밤 사이에 모든 것이 갑자기 변해 버려 재난과 불운이 겹쳐서 잇따라 오는 것이지.

자네는 내가 무엇을 말하려고 하는지 알겠는가? 인간은 한 번은 죽지 않으면 안 되네.—비범한 인간이라면 누구나 완수해야 할 천직으로서 일종의 사명을 두고 있지. 그런데 이것을 완수하여 버리면 그 이상 더 같은 인간의 모습으로 이 지상에 있을 필요가 없어지네. 신은 그를 또 다른 일을 위해 사용하려 하거든. 이 세상에서는 만사가 자연의 길을 따라 일어나는 것이기 때문에 악령들은 쉴 사이 없이 그의 다리를 잡아끌어 결국 그를 넘어뜨리고 말지. 나폴레옹이나 그 외의 많은 사람이 그러했던 것이야. 모차르트는 36세에 죽었지. 라파엘로도 이것과 거의 비슷한 나이에 죽었어.—바이런은 이들보다 조금 더 오래 살았을 뿐이네. 그렇지만 그들은 모두 그들의 사명을 완벽하게 다했고 죽어야 할 때 죽었다고 말할 수 있을 것이야. 이것은 영원토록 존속되도록 예정된 이 세계에서 앞으로 나타날 다른 사람들이 해야 할 일을 남겨 두기 위한 것이네."

이럭저럭하는 사이에 밤도 깊어지고 있었다. 괴테는 나에게 다정스럽게 악수의 손을 내밀었다. 이리하여 나는 작별 인사를 드렸다.

1828년 3월 12일 수요일

어젯밤 괴테와 헤어진 뒤에도 나는 그와 나눴던 의미심장한 대화가 내 머릿속에서 떠나가지 않았다.

그 말 중에는 바다와 바닷바람의 힘에 대한 이야기도 있었다. 괴테는 그때 모든 온화한 기후의 섬나라 사람들과 바닷가 주민들은 대륙 내부의 민족들보다 훨씬 생산적이고 활동력이 강하다고 말했다.

나는 그 말을 생각하고 큰 바다가 가지고 있는 활력을 동경하면서 잠들었다. 그런데 그 때문이었을까. 그날 밤에 다음과 같은 즐겁고, 또 나에게는 아주 희귀한 꿈을 꾸었다.

나는 낯선 지방에서 낯선 사람들과 어울려 정말로 명랑하고도 행복하게 지내고 있었다. 이를 데 없이 아름다운 여름 날씨가 매혹적인 자연 속에 있는 나를 에워싸고 있었다. 그곳은 남쪽 스페인 아니면 남프랑스 또는 제노바 근방과 같은 지중해의 해변인 듯했다.—우리는 정오의 즐거운 식탁을 마주하고 술도 많이 마셨다. 그리고 이들과 함께 오후의 파티를 열기 위해 나는 나보다 다소 젊은 사람들과 함께 걸어갔다.—우리는 관목이 무성한 쾌적한 평지를 슬슬 걸어가고 있었다. 그러자 우리는 갑자기 바다 한가운데의 가장 작은 섬 위에 와 있었다. 그 섬은 바윗덩어리가 툭 튀어나온 것으로, 거기에는 사람 대여섯 명이 설 수 있는 여유밖에 없었다. 조금이라도 몸을 움직이면 물속으로 떨어질 염려가 있었다.—우리가 걸어 온 곳을 뒤돌아보니 바다 외에는 아무것도 보이지 않았다. 그러나 우리 앞쪽으로 헤엄치면 15분밖에 걸리지 않는 곳에 이곳으로 오라고 손짓하듯 해변이 펼쳐져 있었다. 그 해안은 어떤 곳은 평평하고 어떤 곳은 바위가 많고 상당히 높이 올라가 있었다. 그곳의 푸른 삼림과 새하얀 천막 사이를 보았더니 밝은 색깔의 가지각색의 옷을 입은, 마음이 들떠 있는 즐거운 사람들의 무리가 보였다. 그 사람들은 천막에서 흘러나오는 아름다운 음악을 들으면서 즐거운 하루를 보내고 있었다.

"이래서는 아무것도 할 수 없지." 하고 어떤 사람이 다른 사람에게 말했다. "옷을 벗고 헤엄쳐 저쪽으로 가야겠어."—"그럴듯한 말이야."라고 나는 말했다. "자네는 젊고 아름답고 게다가 수영을 잘하지. 그렇지만 나는 헤엄을 잘 치지 못해. 그리고 바닷가의 알지 못하는 사람들 앞에 유쾌하고 기분 좋게 나타날 수 없어. 난 이런 볼품 없는 체격을 하고 있으니 말이야."

"자네는 바보야." 하고 가장 멋진 몸매를 한 한 사람이 말했다. "자네의 옷을 벗고 그 몸을 나한테 주기만 하면 돼. 그러면 내 몸을 자네에게 주겠어." 이 말을 듣고 나는 곧 옷을 벗고 물속으로 들어갔다. 그러자 다른 사람의 몸속에 있는 나 자신은 곧바로 늠름한 수영 선수가 돼 버린 기분이었다. 나는 얼마 안 있어 그 바닷가에 도달했고 옷을 벗은 채 물방울을 뚝뚝 떨어뜨리면서 아주 의젓하게 사람들 속으로 걸어 들어갔다.—나는 이 아름다운 사지를 갖고 행복감을 느꼈다. 나의 행동은 구김살이 없었고 나무숲 안에서 식탁을 둘러싸고 즐기고 있는 낯선 사람들하고도 곧잘 어울릴 수 있었다. 나의 한 패들도 계속 상륙해서 우리와 함께했다. 그러나 나의 몸을 가진 젊은이만은 아직 나타나지 않았다. 그 젊은이의 사지 속에 있는 나는 매우 기분이 좋았다.—드디어 그도 바닷가 가까이 왔다. 그러자 사람들은 나에게 예전의 나를 보는 것이 재미있지 않은가 하고 물었다. 이 말을 듣고 나는 웬일인지 불유쾌한 기분에 빠져 버렸다. 왜냐하면 나 자신을 보아도 전혀 대단한 기쁨을 느끼지 못할 것 같았고, 또한 저 친구가 곧 자기 몸을 다시 돌려 달라고 요구하지 않을까 하는 두려운 생각이 들었기 때문이었다. 그렇긴 하지만 나는 바다 쪽으로 몸을 돌리면서 또 하나의 나 자신이 아주 가까운 곳까지 헤엄쳐 오는 것을 보았다. 이어 그는 머리를 옆으로 돌리고 웃으면서 나를 쳐다보았다. "자네의 두 팔과 두 다리는 전혀 헤엄칠 기력을 가지고 있지 않아." 그는 나를 향해 이렇게 외쳤다. "나는 물결과 거센 파도와 실컷 싸워야만 했어. 그러니 이렇게 늦어져 제일 꼴찌로 들어온 것도 이상해할 것이 없지." 나는 곧 그의 얼굴을 보고 그것은 나의 얼굴이라는 것을 알아차렸다. 그러나 그의 얼굴은 젊어졌고, 조금 둥글게 넓어졌으며, 싱싱한 혈색을 띠고 있었다. 이제 그는 육지에 당도하였다. 그가 몸을 일으키며 모래 위에 첫발을 내디뎠을 때 나는 그의 등과 어깨를 들여다보았다. 그리고 그의 몸매가 완벽한 것을 보고 기뻤다. 그는 바위 기슭을 넘어서 우리가 있는 데로 왔다.

내가 있는 곳으로 걸어왔을 때 그는 나의 새로운 몸 크기와 완전히 같은 크기로 변해 있었다. 도대체 어떻게 해서 나의 저 작은 체구가 이처럼 아름답게 커진 것일까 하고 나는 혼자 생각했다.—바다의 원시적인 힘이 그에게 이처럼 멋진 작용을 한 것일까? 아니면 이 친구의 젊디젊은 정신이 사지 전체로 침투했기 때문일까?—그다음으로 우리는 한동안 함께 기분 좋게 즐기고 있었다. 그 사이에도 나는 이 친구가 육체를 다시 바꾸자는 기색을 나타내지 않았기 때문에 마음속으로 이상하게 생각했다. 사실 그도 아주 당당한 외모를 하고 있었다. 그리고 그로서는 결국 어느 쪽이든 매한가지인 것처럼 생각되었다. 그렇지만 나는 그렇지 않았다. 나는 원래의 내 몸을 다시 가진다면 그것이 다시 오그라들어 전과 마찬가지로 작아지는 것이 아닌가 하고 불안한 생각이 들었다.—이 점을 확실하게 해 두기 위해 나는 그를 옆으로 끌고 와서 나의 사지를 어떻게 생각하는지 물었다. "이를 데 없이 좋기만 하지!" 하고 그는 말했다. "전체의 느낌이나 힘의 상태도 이전과 다를 것이 없어. 자네가 어째서 자네의 몸을 좋아하지 않는지 나는 알 수가 없네! 이것은 나에게는 이를 데 없이 잘 어울리지. 우리는 무슨 일에 있어서나 오로지 자기가 가지고 있는 것으로 만족하지 않으면 안 되네. 만약 자네가 원한다면 자네는 나의 몸속에 그대로 머물러 있어도 좋아. 왜냐하면 나는 이제부터 영원토록 만족하는 마음으로 자네의 몸속에 머물러 있기를 원하기 때문이지." 그가 이렇게 선언했기 때문에 나는 아주 기뻤다. 그리고 나의 감정과 사상 그리고 기억, 그 모든 것이 이전과 마찬가지로 생생하게 떠올랐기 때문에 꿈속에서도 나는 그것을 강하게 느꼈다. 설사 육신이 바뀔지라도 그와 관계없이 인간의 영혼은 완전히 독립할 수 있는 것이고, 앞으로의 실존도 가능하다는 인상을 받았던 것이다.

"자네의 꿈은 상당히 즐거운 것이야." 괴테는 오늘 식사가 끝난 뒤 내가 꿈의 윤곽을 보고했을 때 말했다. "자네가 잠들어 있을 때 미의 신이 찾아왔구먼그래. 이것은 특별한 은총에 해당하지. 왜냐하면 눈을 뜨고 있는 상태에서는 이처럼 독특하고 아름다운 것을 창출해 낸다는 것이 어렵다고 생각되기 때문이야."

"어떻게 해서 이런 꿈을 꾸게 되었는지 이해할 수 없습니다." 하고 나는 말했다. "나는 요즘 계속하여 매일 기가 꺾인 상태에 있었기 때문에 이처럼 운이 나고 싱싱한 생활의 모습은 나에게는 너무나 거리가 먼 것입니다."

"인간의 본성 속에는 불가사의한 힘이 깃들어 있는 것이야." 하고 괴테는 대답했다. "우리가 거의 희망을 잃어버린 때도 우리를 위해 뭔가 좋은 것을 준비하고 있지.—나의 일생에도 눈물로 밤을 지새우면서 가까스로 잠들던 때가 여러 번 있었네. 그러나 이럴 때는 꿈속에 아주 사랑스러운 모습이 나타나서 나를 위로하고 축복해 주었어. 그러면 다음 날 아침에는 나는 다시 생기가 넘쳐 기쁘고도 힘차게 벌떡 일어날 수 있었던 것이지.

그건 그렇고 우리 늙은 유럽인들은 다소 차이는 있지만 모든 점에서 아주 잘못 돼 가고 있네. 우리의 상태는 너무나도 인공적이고 복잡하지. 우리의 음식물이며 생활 방식 모두가 올바른 의미에서 자연스러운 데가 없어. 그리고 우리의 인간적인 교제에서도 진심 어린 애정이나 친절을 볼 수 없지.—누구나 모두 세련되고 정중하긴 하지만 어느 한 사람도 용기를 갖고 온정과 성실을 보이려고 하지 않네. 그래서 소박한 성품과 심성을 가진 정직한 사람은 심한 봉변을 당하게 되지. 그러므로 오직 한 번만이라도 좋으니 남양 군도 어딘가에 야만인으로 태어나 불순물이 섞이지 않은, 이를 데 없이 순수하고 인간다운 생활을 맛보고 싶다는 소망도 가끔 가지게 되네.

우울한 기분 속에서 우리가 살고 있는 현대의 비참한 모습을 깊이 생각하노라면 이 세계가 점차로 최후 심판의 날로 다가가고 있다고 생각될 때가 가끔 있지. 그리고 악(惡)은 한 세대에서 다음 세대로 겹쳐 쌓여가기만 하고 있어! 왜냐하면 우리는 우리 조상이 범한 죄악에 괴로워하는 데 그치지 않고 이 전래의 죄악에 우리의 죄악을 더해 자손들에게 넘겨주기 때문이야."

"그와 비슷한 생각은 종종 내 머릿속에도 스쳐 지나갑니다." 하고 나는 말했다. "그러나 어디에선가 독일 용기병의 연대가 내 옆을 지나가는 것을 보면서 젊은 사람들의 아름다움과 힘을 차분히 생각할 때면, 또다시 어느 정도의 위로를 받게 돼 인류의 영속도 그렇게 절망할 것이 못 된다고 혼잣말합니다."

"우리 나라의 시골 사람들이 여전히 훌륭한 체력을 가지고 있다는 것은 두말할 필요가 없지. 그리고 시골은 이제부터 오랫동안 단지 능력 있는 기병을 공급할 뿐만 아니라, 우리를 절대적인 파멸과 타락의 밑바닥으로부터 구해 줄 것이라고 생각하네. 그곳은 멸망해 가는 인류의 힘을 되풀이하여 보충하고 소생시키는 일종의 저장고라고 말할 수 있을 것이야.—그렇지만 우리 한 번 대도시로 가보도록 하지. 그러면 거기에서는 이것과는 전혀 다른 공기를 느끼게 될 것이네. '절름발이 악마'[13] 아니면 환자가 많은 의사를 찾아가 이야기를 나누도록 해보지. 그러면 그는 자네에게 여러 가지 이야기를 속삭여 줄 것일세. 그 말을 듣고 자네는 인간의 본성을 해치고 사회를 괴롭히고 있는 비참함과 불행에 깜짝

---

13) 프랑스 소설가인 르 사즈(1668~1747)의 작품으로 1707년에 발표되었다. 이 세태 풍자 소설을 써서 일대 성공을 거두었던 그는 일생을 파리 거리에서 살았다. 그는 다작을 써 변두리 작은 극장을 위해서도 집필하였으며, 문필로 생계를 이어간 프랑스 최초의 직업적인 문사로 알려졌다.

놀라 어안이 벙벙해질 것이야.

그렇지만 우리는 이런 우울한 생각은 버리도록 해야지. 자네의 기분은 어떤가? 어떻게 지내고 있는가? 그리고 오늘은 지금까지 어떻게 지냈는가? 한 번 말해 보고 나에게도 좋은 생각을 심어 주기 바라네."

"스턴의 작품을 읽었습니다." 하고 나는 대답했다. "요릭이 파리의 시내 여기저기를 돌아다니면서 열 사람 중 한 사람은 난쟁이라고 말하는 대목입니다. 당신이 조금 전에 대도시의 죄악에 대해 말했을 때 바로 그것을 생각했습니다. 나는 또 나폴레옹 시절, 프랑스의 보병 중에서 순전히 파리 출신만으로 구성된 일 대대를 보았던 것을 생각해 냈습니다. 모두 약하기 그지없는 키가 작은 사람들로 전쟁에는 아무런 도움이 되지 않을 것 같았습니다."

그러자 괴테가 말했다. "웰링턴 공작의 스코틀랜드 산악병들은 그들과는 전혀 다른 용사들이었을 것이야."

"워털루 대전 1년 전에 나는 그들을 브뤼셀에서 보았습니다. 그들은 실제로 훌륭한 군인들이었습니다! 모두 억세고 생생했고 민첩했으며, 신이 처음으로 창조한 인간 같았습니다. 그들은 모두 대범하게 머리를 들고 희희낙락하고 있었습니다. 그리고 우리 눈에 드러나는 정강이도 힘차게, 마치 그들은 원죄와 우리 조상의 결함을 갖고 있지 않다는 듯이 정말로 경쾌하게 행진하여 지나갔습니다."

"어딘지 독특한 데가 있군그래." 하고 괴테는 말했다. "혈통 때문인가, 토지 때문인가. 아니면 자유로운 헌법 때문인가, 건전한 교육 때문인가.—하여튼 간에 대체로 영국인들은 많은 다른 국민보다는 우수한 것 같이 생각되지. 이곳 바이마르에서 보이는 소수의 영국인도 일류라고 할 수는 없겠지만, 모두 유능하고 호감이 가는 사람들이지!—그리고 그처럼 젊어 이제 17세 정도밖에 안 되는데도 이 이국땅에 와서 지내면서 조금도 서먹서먹하게 느끼지 않고 어리둥절해하지도 않지. 오히려 사교계에서 보는 그들의 행동거지는 자못 자신만만하고 자유로워 마치 어디를 가나 그들이 주인인 것 같고, 이 세계의 모든 곳이 그들에게 속해 있는 것 같다네. 이 때문에 그들은 우리 나라 부인들의 마음을 사로잡았고 우리 젊은 아가씨들의 마음을 그처럼 엉망으로 만들어 버렸어. 나의 며느리에게서 오랫동안 기다리던 어떤 새로운 섬나라 청년이 이곳에 도착할 것이라고 들을 때면, 가정의 평화를 사랑하는 독일의 한 가장으로서 나는 적지 않은 전율을 느낄 때가 많다네. 그러고는 언젠가 그가 이곳을 떠나게 될 때 그를 위해 뿌려질 눈물을 일찌감치 마음속에 그려보곤 하네.—그들은 위험한 젊은이들이지. 물론 그들은 위험하다는 것, 바로 이것이야말로 그들의 미덕인 것이야."

"그렇지만 나는 여기 바이마르에 있는 젊은 영국인들이 다른 사람들보다 더 총명하고 더 재치 있고 더 많이 교육을 받았고, 참으로 우수하다고 말할 수는 없습니다."

이에 괴테가 말했다. "나의 친구, 그것과 이것하고는 아무런 상관이 없네. 또한 출신이나 부귀하고도 아무 상관이 없어. 중요한 것은 그들은 자연이 만들어 준 그대로의 존재로서 머무르는 용기를 올바르게 가지고 있다는 것이지. 그들에게서는 조금도 좋지 못한 됨됨이라든가 뒤틀린 흔적을 전혀 볼 수가 없네. 그들에게는 어중간한 것, 비뚤어진 것이 전혀 없어. 그들은 어떤 경우에도 인간으로서 언제나 어디까지나 완전하지. 또 때로는 완전히 어리석은 자도 있네. 나도 이것을 마음으로 인정하고 있지. 그러나 이것이라도 자연의 저울에 달아보면 언제나 상당한 무게를 가지고 있어.

개인적인 자유의 행복, 영국인이라는 명성의 자각 그리고 이 이름이 다른 국민들 사이에서 얼마만큼 중요시되고 있는가 하는 의식이 이미 어린아이 때부터 이익이 되고 있지. 그러므로 그들은 가정에서나 학교 교육 현장에서도 우리 독일인에 비교하여 훨씬 대단한 존경을 받고 있으며 또한 자유롭고 행복한 교육을 받게 된다네.

우리가 사랑하는 바이마르에서 우리 나라의 현재 상황이 어떠한 것인가 알고 싶으면 다만 유리 창문으로 바깥을 바라보기만 하면 충분하지. 얼마 전에 눈이 왔어. 그러므로 이웃집 어린아이들은 작은 썰매를 가지고 거리에서 미끄럼을 타려고 했지. 하지만 곧 순경이 가까이 오자 그 불쌍한 아이들은 있는 힘을 다해 도망을 치더군. 이번에는 그 애들이 봄날의 햇빛에 이끌려 집 밖으로 나갔어. 그리고 친구들과 함께 집 앞에서 장난을 쳐 보려고 하지만 언제나 겁을 먹고 불안해하지. 엄격한 순경이 오지 않을까 하고 두려워하고 있는 것처럼 말이야.―한창 장난을 치고 싶은 나이인데도 채찍 놀이 같은 것은 할 수 없고, 노래를 부르고 소리를 치고 싶어도 허락되지 않지. 곧 순경이 나타나 이것을 못하게 하기 때문이야. 우리 나라에서는 사랑하는 젊은이들을 일찍부터 길들이려고만 하여 모든 자연적인 것이나 독창적인 것, 그리고 모든 야성적인 것도 모두 추방해 버리지. 이리하여 결국 남는 것은 속물뿐이라 그 이외의 아무것도 될 수 없네.

자네도 알고 있지만 우리가 살고 있는 이곳에는 거의 하루도 빠짐없이 외국 여행자들이 찾아오고 있어. 그렇지만 내가 동북 방면[14]에서 오는 사람들, 특히 독일의 젊은 학자들의 풍채를 직접 접할 때 대단한 기쁨을 느낀다고 말한다면 거짓말하는 것이 될 것이야.―그들은 근시이고 창백하고 가슴은 우묵하게 들어가 있고, 젊었으면서도 젊은이의 광채를 잃고 있지. 이것이 내 앞에 나타나는 사람들 대부분의 모습이야. 그리고 그들과 말해 보면 곧 알게 되지. 우리에게 기쁨인 것이 그들에게는 아무 의미도 없는 케케묵은 것으로 생각되고, 그들은 완전히 관념의 포로가 되어 사변의 최후 문제에만 흥미를 나타내고 있다는 것을 말이야.―그들에게서는 건강한 관능이나 관능적인 것에 대한 기쁨 같은 것은 전혀 찾아볼 수 없어. 모든 젊디젊은 감정이나 젊음의 희열은 그들에게서 완전히 없어져 버렸네. 그것도 완전히 되돌릴 희망이 없을 정도로 말이야. 왜냐하면 20대에서 벌써 늙어버리면 40대에 가선 결코 젊어질 리가 없기 때문이지."

괴테는 탄식하면서 입을 다물었다.

나는 전 세기의 행복한 시대를 회상했다. 괴테의 청년기는 거기에 있었다. 제젠하임[15]의 여름 대기가 내 마음속에 떠올랐다. 나는 괴테에게 다음의 시구를 다시 생각하게 했다.

---

14) 여기서는 베를린에서 오는 사람들을 말한다.
15) 괴테는 슈트라스부르크 대학시절 한동안 제젠하임 목사의 딸인 프리데리케 브리온을 열렬히 사랑했다. 이 체험에서 독일 서정시에 새로운 길을 열어 놓은 괴테의 시 〈들장미〉, 〈5월의 노래〉 그리고 〈만남과 이별〉이 탄생했다.

오후에 젊은 우리는
서늘한 나무 그늘에 앉아 있었다.[16]

"아!" 괴테는 탄식했다. "그 당시는 정말로 아름다운 시절이었지!—그렇지만 나는 이 시절을 우리의 기억에서 지워버리고 싶네. 그렇게 하지 않으면 회색 안개가 낀 현재의 나날을 도저히 견디어 낼 수가 없기 때문이지."

나는 말했다. "제2의 구세주가 나타나 현재 상태의 엄숙함과 불쾌감 그리고 이 무서운 압박을 어떻게든 제거해 버릴 필요가 있습니다."

"그분이 또다시 나타난다고 하더라도 사람들은 그를 두 번째로 십자가에 못 박을 것이야. 그렇지만 우리는 결코 그와 같은 위대한 분을 필요로 하는 것이 아닐세. 영국인들을 모범으로 삼고, 우리 독일인들에게 철학을 줄이고 실제적인 것에 대한 활동력을 더 높이도록 하고, 이론보다는 실천을 더 존중하도록 교육한다면 이것만으로도 상당한 구제책이 될 것이야. 이렇게 되면 그리스도와 같은 성자의 직접적인 출현을 기다리지 않아도 되는 것이지. 밑으로부터는 민중의 힘으로 학교와 가정 교육을 통해서, 그리고 위로부터는 군주와 그 측근자들을 통해서 뛰어난 성과를 거둘 수 있을 것이야.

가령 장차 정치가를 지망하는 학생들에게 너무 과중하게 이론적이고 박식한 지식을 요구하는 것은 좋지 않은 일이야. 이 때문에 젊은이들이 너무 일찍 정신적으로 또 육체적으로 망가져 버리고 말지. 이런 교육으로 실무를 맡게 될 때 그들은 물론 철학이나 학술상의 사항에 놀랄 만한 지식을 축적하고 있겠지만, 그런 것들은 그들의 한정된 실무에 전혀 적용이 되지 않네. 그러므로 어렵게 쌓은 지식을 무용지물로써 완전히 잊어버리지 않으면 안 되는 상황이 되는 거지. 그렇지만 이와는 반대로 그들에게 가장 필요한 것은 결여되어 있는 것이야. 실제로 사회에 나가서 착실하게 활동하기 위해 절대적으로 소홀히 해서는 안 되는 필수적인 정력이 정신적으로나 육체적으로 결핍되어 있는 것이지.

게다가 또 인간을 취급하는 정치가의 생활에는 애정과 친절이 필요한 것이

---

[16] 괴테의 시 〈여우는 죽어서 가죽을 남긴다〉의 첫 시작이다.

아니겠는가?—그런데 자기 자신이 불유쾌한 상태에 있으면 어떻게 제삼자를 정성을 다하여 친절하게 돌볼 수 있겠는가?

그러나 사람들은 모두 아주 불행하지. 책상에 얽매여 있는 학자이건 정치가이건 그 3분의 1은 몸을 해쳐 우울증이라는 악마에 들볶이고 있네. 현재와 미래 세대의 사람들을 이러한 해독으로부터 보호하기 위해서는 상부로부터의 결연한 조치가 필요할 것이야."

괴테는 미소를 지으면서 덧붙였다. "좌우간 1세기쯤 지나면 우리 독일인은 어떻게 되어 있을 것인가. 그때는 추상적인 학자나 철학자가 없어지고 용케도 인간이 되어 있기를, 그것을 우리는 즐거운 마음으로 희망하고 기다려 보기로 하지."

1828년 5월 16일 금요일 ★

괴테와 함께 산책하기 위해 마차를 달렸다. 그는 코체부와 뵈티거 일파와의 논쟁을 생각해 내면서 즐거워하고 있었다. 그러면서 코체부에게 던진 유쾌한 경구 두세 마디를 낭송했다. 그것은 사람의 마음에 상처를 주는 것이 아니라 오히려 익살을 즐기는 그런 것이었다. 어째서 이것을 전집에 넣지 않는지 나는 물었다. "나는 이런 시를 전부 모은 것을 가지고 있지." 하고 괴테는 대답했다. "나는 이것을 남몰래 소장하고 있다가 매우 드물게 아주 절친한 사람에게만 보여 주네. 이것은 적의 공격에 대해 나에게 허락된 유일한 악의 없는 무기였지. 나는 이것으로 마음도 차분해지고 편안해져서 화가 났을 때의 불쾌감을 정화할 수 있었어. 이것이 없었다면 나는 적의 공공연한 공격과 때로는 악의에 찬 싫은 소리로 상처를 받았어도 그것을 그대로 두어야만 했을 것이야. 그러므로 개인적이기는 하지만 이런 시는 나에게 큰 도움을 주지. 그러나 이것은 순전히 사적인 영역에 속하는 것일세. 나는 이것으로 일반인들에게 번거로움을 주기 싫고 또 살아 있는 사람들에게 상처를 주기도 싫어. 그렇지만 언젠가 이 가운데 몇 개를 발표하는 것은 괜찮네."

1828년 6월 6일 금요일 ★

얼마 전에 바이에른 왕이 괴테의 초상화 작업을 위해 그의 궁정 화가 슈틸러를 바이마르로 보냈다. 슈틸러는 일종의 소개장 또는 그 기량의 증명으로서 아주 아름다운 젊은 부인인 뮌헨의 여배우 폰 하근[17] 양의 등신대의 전신상 그림을 가지고 왔다. 그래서 괴테는 슈틸러의 주문대로 모든 자세를 그리게 했고, 그 초상화는 수일 전에 완성되었다.[18]

이날 정오에 나는 괴테와 함께 식사했다. 우리 외에 다른 사람은 없었다. 디저트 때 그는 일어나 식당에 붙어 있는 작은 방으로 나를 안내해 바로 전에 완성한 슈틸러의 작품을 보여 주었다.—이어 그는 나를 소위 마요리카의 방으로 불리는 은밀한 곳으로 데리고 갔다. 거기에는 저 아름다운 여배우의 초상화가 놓여 있었다. "어때?" 하고 그것을 한동안 바라보고 난 후에 그는 말했다. "이 그림은 노력한 만큼 가치 있는 것이지.—슈틸러는 상당히 빈틈없는 사람이야!—그는 이 아름다운 여배우의 초상화를 좋은 미끼로 사용하여 나를 낚아 올리는 데에 성공했지. 이번에는 노인의 얼굴을 그리는 것이긴 하지만 자신이 붓끝을 움직이면 천사와 같은 멋진 그림이 탄생할 수 있을 것이라는 희망을 내 가슴속에 솟아나게 하는 그런 술수를 써가면서, 그는 그림을 그리는 동안 내가 계속하여 한자리에 앉아 있도록 했던 것이야."

1828년 9월 26일 금요일 ★

괴테는 오늘 나에게 그의 집 정원 속의 독립된 정자에 소장된 화석 수집품을 보여 주었다. 이 수집은 그 자신에 의해 시작되었지만 그의 아들에 의해 많이 늘어난 것이었다. 특히 수없이 많은 화석의 뼈는 진귀한 것이었다. 그는 이 모든 것이 바이마르 근방에서 발견된 것이라고 말했다.

---

17) 폰 하근(1809~1891). 뮌헨의 여배우이다.
18) 뮌헨의 궁정화가인 슈틸러는 5월 26일부터 8주간 바이마르에서 지내면서 괴테의 초상화를 완성했다.

1828년 10월 6일 월요일 ★

괴테 댁에서 폰 마르티우스 씨와 함께 식사했다. 그는 며칠 전에 이곳에 도착했다. 그는 괴테와 함께 식물학상의 문제를 이야기했고, 특히 자신이 중대한 발견을 한 식물의 나선형 경향에 관한 말을 전했기 때문에, 괴테에게는 새로운 분야가 열리게 되었다. 괴테는 그 친구의 이념을 일종의 젊은이의 정열을 갖고 받아들이려 하는 것 같았다. "이것은 식물의 생리학에 기여하는 바가 아주 막대한 것이지. 나선형 경향의 새로운 착상은 나의 〈변태설〉하고 완전히 일치하고 있어. 그것은 같은 방법을 거쳐 발견된 것이기는 하지만 이 발견으로 놀랄 만한 진보를 이룩한 것이지."

1828년 10월 17일 금요일 ★

괴테는 요사이 며칠 동안 이래로 아주 열심히 〈글로브〉를 읽고 있다. 그리고 자주 이 잡지를 화제의 대상으로 삼았다. 쿠쟁과 그의 학파의 업적을 그는 특히 중요하게 여기고 있었다.

"이 사람들은 오로지 프랑스와 독일의 접근을 실현하기 위해 최선을 다하고 있네. 그들은 두 국민 사이의 사상적 교류를 쉽게 하기 위해 가장 적절한 하나의 언어를 만들고 있지."

〈글로브〉가 괴테에게 특별한 흥미를 끌고 있는 것은 프랑스 문학의 최근 작품들이 거기에서 논의되고 있기 때문이다. 그 속에서는 자주 낭만파의 자유라든지, 또는 가끔 하잘것없는 규범의 속박으로부터의 해방을 활발하게 변호하고 있었다.

"경직되고 낡아빠진 시대의, 완전히 잡동사니와 같은 규범이 무슨 가치가 있단 말인가!" 하고 그는 오늘 말했다. "모두가 고전적이라든가 낭만적이라고 떠들어 대서 무슨 소용이 있단 말인가! 어디까지나 중요한 것은 작품의 질이 좋고 뛰어나야 하는 것이네. 그래야만 그것이 또 고전적으로 되는 것이지."

1828년 10월 23일 목요일

오늘 괴테는 카를 아우구스트 대공을 제목으로 하여 이 세상에 드문 군주의 다사다난한 생애를 아주 간결하게 정리해 낸, 법무장관 뮐러의 소책자를 극찬했다.

"이 소책자는 정말로 아주 잘 쓰여 있어." 하고 괴테는 말했다. "재료는 아주 신중하면서도 충실하게 다루어져 있고, 모든 부분에 아주 따뜻하게 애정이 감돌고 있지. 그리고 이와 함께 요령 있고 간결한 필치로 그의 업적을 차례로 펼쳐 가고 있네. 생애와 업적이 그처럼 풍부한 것에 접하게 되면 우리는 정신적인 현기증을 느끼게 되지. 법무장관은 그 소책자를 베를린에도 보냈어. 그 답장으로 며칠 전에 알렉산더 폰 훔볼트에게서 편지를 받았지. 이것은 극히 드문 일이야. 나는 그 편지를 읽고 깊은 감동하지 않을 수 없었지. 훔볼트는 대공이 긴 생애에 걸쳐 가장 친밀하게 어울려 지낸 인물이라네. 이것은 물론 조금도 이상해할 것이 없지. 풍부한 성품과 심오한 소질을 가지고 있었던 대공은 쉬지 않고 새로운 지식을 찾아 나섰어. 그리고 훔볼트야말로 어떠한 질문에도 가장 좋고 가장 심오한 대답을 해 줄 수 있는 보편적인 교양을 갖춘 인물이었지.

그런데 대공은 베를린에서 돌아가시기 전에 바로 여러 날 동안 훔볼트와 거의 쉬지 않고 대화를 하면서 지냈다네. 그리고 대공은 마음에 걸려 있는 여러 가지 중요한 문제에 마지막까지 자기의 친구로부터 해답을 얻을 수 있었어. 이것은 실제로 놀라워해야 할 사실이지. 독일에서 태어난 위대한 군주 중 한 분이 그 최후 며칠간의 목격자로서 훔볼트와 같은 인물을 가질 수 있었다는 것은 자비로운 신의 배려였다고 할 수밖에 없네. 그 편지를 복사하도록 해 놓았으니 그중 몇 군데를 반드시 자네에게 보여 주겠네."

괴테는 일어나서 책상이 있는 곳으로 가 그 편지를 꺼내 다시 내가 있는 식탁으로 와서 앉았다. 그는 한동안 조용히 읽고 있었다. 그의 눈에는 눈물이 글썽거렸다. "자네도 읽어 보게." 괴테는 그 편지를 나에게 넘겨주었다. 나는 읽었다. 그러는 동안 괴테는 일어나 방 안을 이리저리 걷고 있었다.

훔볼트는 이렇게 쓰고 있었다.

대공이 그처럼 갑자기 서거하신 것에 대해 나만큼 깊은 충격을 받은 사람은 없을 것입니다. 대공은 '근 30년 동안 실로 극진한 호의를 갖고, 아니 격의 없는 애정을 갖고' 나를 대해 주었습니다. 또한 이곳에서도 거의 항상 나를 자기 곁에 두려고 하였습니다. 마치 눈에 덮인 고고한 알프스처럼 장엄한 그때의 모습은 해가 서산에 지는 것을 알리는 예고의 시각과도 같았습니다. 저 위대하고 인간적인 군주가 우리와 함께 이곳에서 지냈던 마지막 며칠만큼 생생하고 총명하고 온유하게 국민 생활의 발전에 정성을 다하며 먼 장래의 일까지 돌보려 하는 모습을 전에는 한 번도 본 적이 없었습니다.

몸이 그처럼 극도로 쇠약해져 있는데도 이처럼 원기 왕성하고 이상할 정도로 명석한 정신 상태에 있다는 것은 무서운 현상으로 생각되었고, 나는 이러한 근심 걱정을 나의 친구들에게 여러 번 말하기도 했습니다. 대공 자신은 분명히 회복될 수 있다는 희망과 큰 불행이 올 수도 있다는 예상 사이를 동요하고 있는 것이 눈에 보였습니다.

내가 그를 마지막으로 만났을 때는 돌아가시기 24시간 전이었습니다. 아침 식사 때였는데 그는 기분이 좋지 않았고 식욕이 전혀 없었습니다. 그런데도 계속 기운 좋게 스웨덴에서 온 발트 지방의 화강암과 우리의 대기를 어둡게 한다고 하는 혜성의 꼬리, 그리고 겨울이 되면 닥치는 동쪽 해안 한파의 원인에 대해 물었습니다.

내가 그를 마지막으로 만났을 때, 작별의 악수를 하면서 쾌활하게 이렇게 말했습니다. '훔볼트여, 퇴플리츠 온천과 다른 모든 온천은 인공적으로 따뜻하게 한 물과 같다고 생각하지 않는가? 그것은 화덕에서 불을 때서 만든 것이 아니지.—이것에 관해서는 자네가 국왕[19]과 함께 왔을 때 퇴플리츠에서 논의하도록 하세. 자네의 옛날부터의 지론과 그 화덕에서 만든 불은 반드시 나의 몸을 다시 한번 좋아지게 만들어 줄 것일세.' 참으로 이상합니다. 무슨 일이고 이런 인물이 관여하게 되면 의미 있는 것이 되어 버리기 때문입니다.

포츠담에서 나는 여러 시간을 그와 단둘이 긴 안락의자에 앉아 있었습니다. 그는 마시기도 하고 자기도 했습니다. 그러고는 다시 일어나 앉아 대공비에게 쓰고는 다시금 자고 있었습니다. 그는 쾌활했지만 아주 피곤해하고 있었습니다.

---

19) 프리드리히 빌헬름 3세(1770~1840)를 말하는 것이다.

하지만 그 사이사이에도 어려운 질문을 하고는 나를 괴롭혔지요. 그는 물리학, 천문학, 기상학, 지구 구조학, 혜성 핵의 투명성, 달의 대기, 색이 달린 2중의 별. 온도에 대한 태양 흑점의 영향, 원시 세계에 있어서의 유기체의 출현, 지구 내부의 지열을 이야기했고, 나와 말을 나누는 도중에 잠이 들어 버리기도 했습니다. 때로는 침착성을 잃기도 하였고, 그러고 난 뒤에는 사소한 부주의를 저질러도 미안하다고 싱글벙글 부드럽고 정중하게 용서를 빌면서 '어때, 훔볼트여, 나는 이제 마지막이야'라고 말하였습니다.

갑자기 아무 맥락도 없이 화제는 종교로 옮겨갔습니다. 그는 경건주의가 만연하여 이 광신이 정치적인 경향을 띠고 전제주의를 편들어 모든 자유로운 정신 활동까지도 모두 억압하려고 한다고 탄식하였습니다.

'게다가 위선적인 놈들이 있지' 하고 그는 외쳤습니다. '그들은 그 신앙에 의해 군주들의 환심을 사고 지위와 훈장을 얻으려 하고 있네!—중세기에 대한 문학적인 편애를 이용하여 발을 붙이려고 하고 있어.'

그 사이에 그의 분노는 가라앉았습니다. 그리고 자기는 지금 그리스도교 속에서 많은 위안을 발견하고 있다고 말씀하셨습니다. '그것은 인류애의 교리야'라고 그는 말했습니다. '그러나 그것이 처음부터 왜곡되어 버렸던 것이지. 최초의 그리스도 교도들은 극단론자 출신 자유사상가들이었거든.'

나는 이 멋진 편지를 읽고 충심으로 기쁨을 느꼈다고 말했다. 이에 괴테가 말했다. "이제 알았겠지만 대공은 정말로 훌륭한 인물이었네. 훔볼트도 이 짧은 편지 속에 실로 훌륭하게 그의 마지막 모습을 잊지 않도록 써 두고 있지. 이것은 정말로 이 위대한 군주의 사람 됨됨이 일체를 그려낸 상징이라고 할 수 있어. 정말로 대공은 이와 같은 인물이었어.—나는 가장 확실하게 이렇게 말할 수 있지. 왜냐하면 나 자신만큼 그를 속속들이 알고 있는 사람은 없기 때문이야. 하지만 보통 사람들처럼 그토록 위대한 인간도 이처럼 빨리 돌아가야 하는 것이라네. 이것은 정말로 슬픈 일이 아닌가! 차라리 100년을 더 살았더라면 좋았을 것이야.—그렇지만 잘 들어 보게. 이 세상은 우리가 생각한다든지 소망하는 것처럼 그렇게 급속하게 목적지에 도달하지는 못하지. 그 도중에 도처에 악마들이 나타나서 방해를 놓으면서 지체시키고 있어. 그러므로 전체적으로는 진전하긴 했지만 그것은 아주 완만하기 그지없지. 자네도 이제부터 오래 살아 보면 내 말이 지당하다는 것을 알게 될 것이야."

"인류의 진전은" 하고 나는 말했다. "수천 년을 목표로 한다고 생각됩니다."

"그런 것은 아무도 알 수 없네." 하고 괴테는 대답했다.―"아마 수백만 년이 더 걸릴는지도 모르지! 그렇지만 아무리 인류가 계속 존재한다고 하더라도 그들을 괴롭히는 장애물과 여러 가지 곤란한 것들은 없어지지 않을 것이야. 이로 말미암아 인류는 그 힘을 더 키워가고 한층 더 현명해지고 분별력도 향상되기는 하겠지. 그러나 한층 더 선량해지고 행복해지고 활동적으로 될 수는 없을 것이야. 아니면 그렇게 되었다고 하더라도 그것은 어떤 시기에만 한정된 것이네. 나는 신이 인류에 대해 조금도 기쁨을 느끼지 않는 시대가 올 것이라고 생각하지. 그리고 신은 다시 모든 것을 파멸시키고 살아 있는 모든 것을 갱신할 것임이 틀림없어. 나는 모든 것이 그 방향으로 향해 가고 있다는 것을 확신하고 있지. 그리고 먼 장래에 그 시기가 와서 갱신기가 나타날 것은 이미 결정된 일이야. 그렇지만 그때까지 가려면 아직도 상당한 기간이 필요한 것도 사실이지. 우리는 아직도 수천 년을 옛날 그대로인 사랑하는 이 지구의 표면에서 여러 가지 놀음을 상연하며 살아갈 것이야."

괴테는 유달리 기분이 매우 좋아 보였다. 그는 포도주병을 가져오게 하고 자기도 마시고 나에게도 주었다. 우리의 대화는 다시 카를 아우구스트 대공으로 돌아갔다.

"대공의 뛰어난 정신이" 하고 괴테는 말했다. "자연의 모든 영역에 걸쳐 있었다는 것을 알게 되었을 것이야. 그는 물리학, 천문학, 지구 구조학, 기상학, 원시 세계의 식물과 동물의 형상 그리고 그 외의 것에 이해와 관심을 보여 왔네. 내가 바이마르로 왔을 때 그는 18세였지. 그러나 그 당시에 벌써 훗날 큰 일을 하게 될 싹을 보이고 있었다네. 그는 얼마 안 있어 나하고 아주 친밀하게 어울리게 되었어. 그리고 내가 행하는 모든 일에 깊은 관심을 표시했어. 내가 그보다 약 10세 연장이었다는 것은 우리의 어울림에 많은 이득을 가져왔지. 그는 온 밤을 내 옆에 앉아 예술과 자연의 문제, 이 밖의 여러 가지 유익하다고 생각되는 문제들을 열심히 이야기했네. 우리는 깊은 밤중에 이르기까지 그 자리를 떠나지 않고 있다가 나의 긴 의자 위에서 나란히 잠들어 버린 일도 종종 있었지. 50년 동안 우리는 서로 손에 손을 잡고 일해 왔네. 그러므로 드디어 상당히 큰 업적을 올릴 수 있었다는 것도 조금도 이상한 일은 아니었을 것이야."

"대공이 가지고 있는 것과 같은 그처럼 뿌리 깊은 교양은 군주들 사이에서는 드문 것이라고 생각합니다."

"아주 드문 일이지." 하고 괴테는 대답했다. "모든 일에 있어서 아주 재치 있는 의견을 개진할 수 있는 사람은 많지. 그러나 대부분 깊이가 없고 그저 표면만을 어루만지는 것에 그치고 말아. 궁중 생활에 따르기 마련이고 젊은 군주들의 마음을 빼앗아 가기 쉬운 저 무서운 산만함과 분열, 이런 것은 하등 이상해할 것이 없지. 특히 젊은 군주는 이런 모든 것에 마음을 쓰지 않을 수 없어. 모든 것을 아주 조금만, 이것을 조금, 저것을 조금, 그다음에 또 이것을 조금, 저것을 조금 하는 식으로 알아두지 않으면 안 되네. 하지만 이렇게 해서는 아무것도 정착할 수 없고 뿌리를 뻗어나갈 수가 없지. 이러한 요구를 받으면서 연기처럼 없어져 버리지 않기 위해서는 확고한 천성이 기초로 자리 잡고 있지 않으면 안 된다네. 대공은 물론 천성으로 위대한 인간이었지. 그의 모든 언어와 행동도 여기에서 나오고 있어."

내가 말했다. "그는 고도의 과학적이고 정신적인 경향에 대해 각별한 흥미를 나타내고 있었음에도, 또한 정치에 있어서도 깊이 이해하고 있었던 것처럼 생각됩니다."

"대공은 전인적인 인간이었지." 하고 괴테는 말했다. "그의 모든 것은 오직 하나의 위대한 원천에서 흘러나오고 있네. 그리고 무슨 일을 하든 전체도 좋고 부분도 좋았지. 그는 자기가 원하는 대로 일을 할 수 있었어. 그가 통치를 행사하는 데 특히 세 가지가 도움이 되었지. 그는 인물과 성격을 구별할 수 있는 특별한 재능을 가지고 있었기 때문에 각자를 적재적소에 배치할 수 있었네. 이것은 정말로 대단한 일이었지. 그리고 이 이상 가는 것은 아니지만 이것과 똑같을 만큼 중요성을 차지하고 있었던 것은 그가 지극히 숭고한 선의와 지극히 순수한 인간애에 불타고 있어서 온 마음을 기울여 최선을 다하려고 했다는 점이야. 그는 언제나 국가의 행복을 제일로 생각했고 자기 자신은 맨 마지막으로 아주 조금만 생각했다네. 고결한 사람을 맞이하고 좋은 목적의 촉진을 돕기 위해 그의 손과 마음은 언제나 준비되어 있었고 열려 있었지. 그에게는 신적인 것이 많이 있었어. 그는 인류 전체를 행복하게 해 주고 싶었을 것이야. 사랑은 사랑을 낳고, 사랑을 받는 사람은 통치하기도 쉬운 것이지.

그리고 그는 주위의 누구보다도 위대했다네. 어떤 사건에 대해 그의 귀에 들어오는 열 사람의 목소리보다는 자기 가슴속에서 우러나오는 열한 번째의 더 좋은 목소리를 듣는 분이었지. 다른 사람이 속삭이는 목소리는 그대로 흘려버렸네. 그리고 그는 다른 사람이 꾸며대는 말에 넘어가 참으로 공적이 있는 사람을 배척한다든지 아첨을 떠는 패거리를 감싼다든지 하는, 군주로서 해서는 안 되는 일을 쉽게 하지 않았어. 그는 모든 일을 스스로 보고 스스로 판단했지. 그리고 어떤 상황에서고 자신의 가슴속에 아주 확고한 기반을 갖추고 있었어. 여기에 더하여 그는 천성으로 말수가 적은 쪽이었고, 입 밖에 낸 말은 즉시 실행에 옮겼지."

"대단히 유감스럽게 생각하는 바입니다만," 하고 나는 말했다. "나는 대공의 외모 외에는 알고 있는 것이 거의 없습니다. 그렇지만 그의 외모는 나의 마음에 깊이 새겨져 있습니다. 지금도 나는 그가 닳아서 떨어진 회색 외투와 군모를 착용하시고 여송연을 천천히 피우면서, 개를 데리고 저 오래된 마차를 타고 사냥길에 오르는 것을 눈앞에 보는 것 같습니다. 이렇게 볼품없는 오래된 마차를 타고 있는 그분의 모습 말고는 본 일이 없습니다. 게다가 그것은 두 마리의 말이 이끄는 마차에 지나지 않았습니다. 호화로운 여섯 마리의 마차나 훈장을 단 윗도리는 전혀 대공의 취미에 맞지 않았던 것처럼 생각됩니다."

"현재 군주들 사이에서 그런 취미는 이제는 시대에 뒤떨어진 것이지. 현재에 중요한 것은 인류의 저울로 달아 볼 때 그 인간의 무게가 어느 정도 나가는가 하는 것이야. 그 밖의 모든 것은 아무 쓸데없는 것이지. 훈장을 단 윗도리나 여섯 마리의 말이 이끄는 마차는 오늘날에 와서는 기껏해야 무지한 군중과 같은 사람들을 놀라게 하는 것에 지나지 않지. 그건 그렇고 대공의 저 오래된 마차의 용수철은 이제는 거의 기능을 잘 발휘하지 못하네. 그래서 그를 모시고 함께 마차를 탄 사람은 마차의 끔찍한 진동을 참지 않으면 안 되었지. 그렇지만 대공은 이것으로 자못 만족해하고 있었지. 그런데 그는 건실하고도 불편한 것은 사랑했지만 연약한 것은 싫어했어."

"이런 면모는 당신이 쓴 〈일메나우〉[20]라는 시 속에 잘 나타나 있습니다. 그 속에서 당신은 그를 있는 그대로 묘사했다고 생각합니다."

"그는 그 당시 아주 젊었지." 하고 괴테는 대답했다. "실제로 우리는 정말로 미친 짓을 하면서 지냈어. 대공은 고급 포도주와도 같았지. 그렇지만 아직 한창 발효하고 있었네. 그는 자기 정력의 배출구를 모르고 있었지. 그래서 우리는 때로는 위험하기 짝이 없는 일을 했어. 사냥용 말을 몰아 덤불과 개천을 뛰어넘고 강물을 지나 산으로 올라가고 내려가고, 며칠이든 피로에 지칠 때까지 마구 달렸지. 그리고 밤에는 넓디넓은 창공 아래 숲속에서 모닥불을 피우면서 야영했어. 이런 일이 그의 기분에 맞았고. 일공국의 상속은 대공에게는 하찮은 것이었어. 대공은 일공국과 싸워서 추격하고 돌격하고 점령할 수 있었을 것이네. 또한 그렇게 하는 것이 대공의 소망이기도 했을 것이야."

괴테는 말을 계속했다. "〈일메나우〉의 시에는 한 시기가 삽화처럼 들어가 있지. 내가 이것을 쓴 것이 1783년이었으니, 시를 쓸 당시 그 시기는 이미 먼 과거가 되어 있었네. 그러므로 나는 자신을 그 속에서 역사적인 인물로 묘사하고 있지. 옛날의 나 자신을 상대로 서로 대화했던 것이야. 이 속에는 자네도 알고 있지만 아주 위험한 사냥을 끝내고 나서 산속에서 맞는 밤이 그려져 있지. 우리는 어떤 바위 근방에 작은 오두막집을 세워 놓고는 그것을 전나무의 작은 가지로 덮어씌웠네. 그리고 그 속의 마른 바닥에서 밤을 보냈지. 이 오두막집 앞에는 여러 개의 횃불이 불붙고 있었지. 우리는 사냥해 온 것을 끓이기도 했네. 그 당시에 벌써 담뱃대를 이용하고 있었던 크네벨은 불 가까이에 앉아서 여러 가지 두서없는 농담을 하면서 우리 모두를 즐겁게 해 주었지. 그러는 사이에 포도주병은 손에서 손으로 넘어갔어. 길고 화사한 수족을 가진 늘씬한 제켄도르

---

20) 1783년 9월 3일은 아우구스트 대공의 탄생일이었기 때문에 괴테는 이 시를 대공에게 바친 것이다.

프[21]는 나무줄기에 기분 좋게 기대어 몸을 뻗고 있었지. 그러면서 여러 가지 시구를 읊조리고 있었어.—아래쪽의 작은 오두막집에서는 대공이 깊은 잠을 자고 있었어. 나는 그 앞에 앉아서 어렴풋이 불타고 있는 숯불 옆에서 이것저것 괴로운 상념에 잠겨 있었고, 또 나의 저서가 불러일으킨 여러 가지 불행으로 인해 슬픔에 빠져 있었지. 크네벨과 제켄도르프에 관한 묘사는 지금도 결코 나쁜 것이 아니었다고 생각하네. 그리고 젊은 시절의 대공에 대한 묘사도 20대(代)의 우울하고 사나운 상태에 내몰렸던 그를 그린 것으로는 지금도 괜찮다고 생각하고 있지.

> 호기심이 그를 먼 곳으로 꾀어내면
> 그에게는 험한 바위도 좁은 길도
> 문제 되지 않는다.
> 우발적인 화근은 도처에서 매복하여
> 기다리고
> 그를 고통의 팔 속으로 몰아넣는다
> 그러면 긴장된 괴로움의 충동은
> 그를 이쪽저쪽으로 쫓아다닌다
> 불만스러운 활동에서 휴식으로 접어들면
> 휴식도 불만으로 가득 채워진다
> 날은 맑게 개어도 어둡고 스산하니
> 야무지고 즐거움도 없이
> 몸과 마음이 상처받고 부서져
> 딱딱한 침대 위에서 그는 잠든다.

대공은 정말로 이랬지. 이 시 속에는 조금도 과장이 없네. 그러나 대공은 얼

---

21) 제켄도르프(1744~1785). 바이마르의 궁정시종인 그는 문학과 음악에 뛰어난 재질을 가지고 있어서, 괴테의 작은 시작들을 작곡하기도 하였다. 그는 주로 바이마르 극장 상연과 궁정 콘서트를 주관했다.

마 안 있어 이런 질풍노도의 시기에서 빠져나와 바람직한 군주로 되돌아왔지. 그러므로 나는 1783년 대공의 탄생일을 맞이하여 그에게 옛날 자신의 모습을 생각해 내게 했던 것이야.

그가 처음 한동안 나를 여러 가지로 괴롭혔고 근심 걱정을 끼쳤던 것은 부정할 수 없지. 그렇지만 그는 바람직한 천성을 가진 분이었기 때문에 얼마 안 있어 마음도 맑아지고 이를 데 없이 훌륭하게 수양을 쌓아 갔다네. 그래서 대공과 함께 지내고 일하는 것이 즐겁게 되었네.”

"당신은 처음 시절에" 하고 나는 말했다. "대공과 함께 스위스를 통과하는 외로운 여행을 하지 않았습니까?"

"대공은 대체로 여행을 좋아하셨지." 하고 괴테는 대답했다. "그러나 그것은 흥미나 기분 전환을 위한 것은 아니고 도처에서 견문을 넓히고 자기 나라에 수입할 수 있는 여러 가지 좋은 것과 유용한 것을 찾기 위한 것이었어. 농업, 목축 그리고 공업도 대공의 이런 현명한 방식에 의해 이루 말할 수 없을 정도로 막대한 덕을 입고 있지. 예컨대 대공의 성향은 사적인 것이 아니고 이기적인 것도 아니고 순수하게 생산적이었어. 그것도 모든 사람의 행복을 위해 생산적이었던 것이야. 그의 명성도 이로 말미암아 탄생한 것이지. 그리고 그 명성이 이 작은 나라를 넘어 멀리까지 전해진 것도 그 때문이었어."

"그의 무관심하고 꾸밈없는 외모에서 볼 때" 하고 나는 대답했다. "대공은 명성을 찾아 나섰던 것이 아니고, 오히려 그런 것에는 조금도 신경을 쓰지 않았던 것 같습니다. 그는 스스로 다른 사람의 눈에 띄는 일을 하지 않고 오직 조용히 실행했기 때문에 유명해졌다고 생각합니다."

"유명해진다는 것은 어딘지 독특한 것이지. 장작이 타는 것은 그 안에 불타는 요소가 있기 때문이야. 이와 마찬가지로 한 인간이 유명해지는 것은 그 사람이 유명해질 수 있는 소질을 갖추고 있기 때문이야. 명성은 찾아 나선다고 해서 얻어지는 것이 아닐세. 이것에 대해 아무리 발버둥을 쳐봐도 아무 소용이 없지. 약삭빠르게 행동하고 갖은 수단을 다 써서 일종의 명성을 얻어낼 수 있을는지는 모르지만, 그 핵심 내부에 보석이 없으면 그것은 허망한 것이며 오래 가지도 못하는 것이야.

국민의 인기도 마찬가지이지. 대공은 국민의 인기를 찾지는 않았어. 그리고 국민에게 아첨을 떠는 일은 절대로 하지 않았지. 그렇지만 국민은 그를 사랑했어. 이것은 대공이 민중 자신들에게 성실하다는 것을 느꼈기 때문이야."

괴테는 다음으로 대공가(家)의 다른 분들을 말하면서 이 모든 분에게서 고귀한 성격의 특색이 엿보인다고 했다. 그는 현 섭정의 인자한 마음씨를 말했고, 젊은 왕자는 앞으로 아주 크게 촉망되는 분이라고 했다. 그리고 현재 섭정을 맡고 계시는 대공비의 보기 드문 성격도 각별한 호의를 가지고 자세히 설명했다. 이를 데 없이 고귀한 마음씨를 갖고 있는 대공비는 가는 곳마다 고통을 덜게 해 주고 좋은 싹이 틀 수 있도록 거액을 투자하고 있다는 것이다. "그분은 옛날부터 이 나라에는 좋은 천사와 같은 분이었어." 하고 그는 말했다. "그리고 그녀가 이 나라와 결합해 있는 한 한층 더 그렇게 되어갈 것이야. 나는 이 대공비를 1805년 이래로 알고 있는데, 그녀의 정신과 성격에 경탄할 기회는 수없이 많았지. 그녀는 현대에 있어서 제1류의 여성이고, 또 훌륭한 여성 중 한 분이야. 이것은 그녀가 대공비의 신분이 아니라고 하더라도 그러할 것이야. 그리고 이것이 바로 중요한 점이지. 설사 왕비의 상징인 자포(紫袍)를 벗어 던져도, 참으로 위대한 것은, 아니 참으로 최선의 것은 변치 않고 남기 때문이네."

그러고 난 다음 우리는 독일의 통일, 그리고 어떤 의미에서 통일이 가능한 것이며 소망스러운 것인가 서로 이야기를 나눴다.

"나는 독일이 통일되지 않을 것이라는 의구심을 가져본 적이 없네."[22]라고 괴테는 말했다. "좋은 도로가 생기고 장차 철도가 부설되기만 하면 그 사명을 완수할 수 있을 것이야. 그러나 통일이 되려면 무엇보다도 서로 사랑으로 뭉치지 않으면 안 되지. 그리고 외부의 적은 언제나 하나로 단결하여 대항하지 않으면 안 돼. 독일의 소화폐인 탈러와 오스트리아의 소화폐인 그로셴이 전국에서 동일한 가치를 가지려면 국가가 하나로 통일되어야 하네. 그러면 나의 여행 가방

---

22) 그 당시 괴테는 독일 여러 나라의 국경을 지날 때마다 소지품을 검사받는 일을 당해야 했지만, 같은 독일어를 사용하고 같은 문화창달과 세계화를 지향하는 독일은 결국 통일될 것이라는 신념을 잃지 않았다. 그리고 1871년 1월 18일 마침내 프로이센의 재상 비스마르크에 의해 독일 통일의 위업이 이룩된다.

은 36개국을 통과할 때마다 일일이 검사를 받지 않아도 될 테지. 바이마르 시민들을 위해 발행된 여권이 이웃 대국의 국경 관리에 의해 외국인의 여권처럼 취급되고 불완전하다고 야단을 맞는 일이 없도록 나라가 하나로 통일되었으면 좋겠네. 독일의 나라와 나라 사이에서 국내라든지 국외라든지 하는 말은 이제 사라졌으면 하는 바람이라네. 또한 도량과 중량 그리고 상업 무역과 관련한, 일일이 열거할 수는 없는 이와 비슷한 백여 가지 사항에 있어서도 통일이 되었으면 좋겠네.

그러나 위대한 국가에는 오직 하나의 큰 수도만이 있어야 한다는 생각은 참으로 그릇된 것이야. 독일 통일이 하나의 위대한 수도가 개개의 위대한 재능의 소유자에게 번영을 갖다줄 뿐만 아니라, 대다수 국민의 복지를 증진할 수 있는 것이라는 생각을 전제하는 것은 아니네.

한 국가를 많은 수족을 가진 살아 있는 신체에 비교한 사람이 있지. 그렇다면 한 국가의 수도는 심장에 비길 수 있어. 거기에서부터 가깝고 먼 수족으로 생명과 건강이 흘러들어 가지. 그러나 그 수족이 심장에서 너무 멀리 떨어져 있을 때는 흘러드는 생명이 약해질 수밖에 없고, 그 때문에 사지가 점점 더 약해져 가는 것을 느끼게 될 것이야.

뒤팡[23]이었다고 생각하는데, 어떤 프랑스의 재사는 프랑스의 문화 상태를 지도로 작성하여 개화가 앞서가는 주는 밝은 색깔로, 뒤지고 있는 곳은 검은색으로 일목요연하게 표시했지. 이것에 따르면 수도에서 멀리 떨어진 여러 주, 특히 남부 지방은 시커멓게 칠해져 있네. 그것은 그곳들이 아직도 미개 상태 그대로 남아 있다는 증거였어. 프랑스처럼 아름다운 나라는 하나의 일대 중심지가 아닌 열 개 정도 되는 중심지를 가지고 있어서, 그 모든 곳에서 광명과 생명이 흘러나왔더라면 더 좋았을 것이야.

독일이 위대한 것은 놀랄 만한 국민 문화가 국가의 방방곡곡에 균등하게 침투되어 있기 때문이지. 그런데 이 국민 문화의 발생지이며 담당자이고 배양자 역할을 하는 것은 각 군주의 소재지가 아니겠는가?―만약 우리 독일에 수 세

---

23) 뒤팡(1784~1873). 프랑스의 문화경제 정책가인 그는 1827년에 〈프랑스의 생산력과 상업력〉이라는 책을 냈다.

기 동안 두 개의 수도인 빈과 베를린만 있었거나, 또는 단지 하나의 수도만이 존재했다고 한다면 독일 문화는 어떻게 되었겠는가? 그뿐만 아니라 문화와 함께 손에 손을 잡고 방방곡곡으로 확장되어 나간 번영 상태는 어떻게 되어 있겠는가?

독일에는 20개 이상의 대학이 전국에 분산되어 있지. 그리고 이와 마찬가지로 100개 이상의 공립 도서관이 보급되어 있어. 그리고 미술관과 자연계의 모든 분야에 걸친 사물을 수집한 박물관도 마찬가지로 수없이 많지. 왜냐하면 그것은 군주 각자가 아름다운 것, 유익한 것들을 자기 가까이 끌어들이려고 한 배려에서 나온 것일세. 인문 계통 고등학교와 공업 학교 그리고 산업학교도 넘쳐나고 있지. 그리고 독일에는 학교가 없는 촌락이 거의 없네. 그러나 이 마지막 사항에 관해서 프랑스는 어떤 상태일까!

그리고 또 독일의 극장 수도 70여 개를 넘고 있어. 그리고 이것도 고급 민중 교양의 지지자로서, 그리고 촉진자로서 절대로 경시할 수는 없는 것이야. 독일 만큼 음악과 성악에 감각과 훈련이 널리 보급되어 실제로 행해지고 있는 나라는 어디에도 없지. 이것 또한 대단한 것이야. 드레스덴과 뮌헨 그리고 슈투트가르트, 카셀과 브라운슈바이크, 하노버 그리고 이와 비슷한 도시를 생각해 보게. 이곳들로부터 생겨난 생활 요소, 그리고 이 도시들이 그 안에 지니고 있는 위대한 생활 요소를 생각해 보게. 이들 도시에 인접해 있는 여러 주로 흘러들어가는 영향을 생각해 보게. 그리고 만약 이들 도시가 오랫동안 군주의 소재지가 아니었다면 모든 것이 어떻게 되어 있을까를 스스로에게 물어보도록 하게.

프랑크푸르트, 브레멘, 함부르크 그리고 뤼벡은 위대하고 화려하지. 이 도시들이 독일의 번영에 끼친 영향은 정말로 헤아릴 수 없을 만큼 크네. 그러나 이 도시들이 그들의 독자적인 주권을 잃고 하나의 대 독일 제국 아래 지방 도시에 병합되어 있었다면 현재처럼 되어 있었겠는가?—나는 그렇게 생각하지 않네."

1828년 12월 3일 수요일 ★

오늘 나는 괴테와 함께 완전히 색다르고 우아한 위안을 맛보았다. 제네바주의 카르티니에 살고 있는 뒤발 부인은 설탕에 절인 과일 요리에 뛰어난 솜씨를 보이곤 했는데, 그녀가 자신이 만든 것이라면서 설탕에 절인 레몬 여러 개를 대공비와 괴테에게 증정해 달라고 보내온 것이다. 그녀는 자신만만해하면서 자기의 과일 조림이 다른 모든 사람이 만든 것보다 월등하게 맛이 있는 것은, 마치 괴테의 시가 독일의 경쟁자 대부분의 시보다 특출나게 뛰어난 것과도 같다고 말했다.

이 부인의 장녀는 벌써 오래전부터 괴테가 직접 쓴 시의 원고를 원하고 있었다. 그러므로 나는 레몬으로 절인 달콤한 음식으로 괴테를 유인하여 저 젊은 여성을 위해 시 하나를 받아 주려고 생각했다.

나는 마치 중대한 문제를 위임받은 외교관과 같은 얼굴을 하면서 그에게로 갔다. 그리고 이 레몬 절인 것을 미끼 삼아 그의 시의 휘호를 원한다고 대등한 담판을 했다. 괴테는 이 농담을 듣고 웃으면서 아주 통쾌하게 승낙해 주었다. 그러면서 그는 곧 레몬 절인 것을 요구했는데, 이것이 또한 제법 만족스러운 것으로 판명되었다. 그로부터 몇 시간이 지나 나의 친구를 위한 크리스마스 선물로 다음과 같은 시구가 도착하였을 때 나는 정말로 놀라고 말았다.

> 행복한 나라여, 그곳에서는
> 이를 데 없이 잘 익은 레몬을
> 현명한 부인들이 맛있게 조리하여
> 진상하는구나![24]

내가 다시 그를 만났을 때 그는 농담 섞인 목소리로 젊었을 때는 〈괴츠〉를 출판해 줄 출판사를 찾아낼 수 없었는데, 이제는 자기도 문학을 직업으로 하여 이렇게 이익을 얻을 수 있게 되었다고 말했다. 그리고 나서 괴테는 덧붙였다. "자네의 상담을 나는 승낙했어. 이 절인 레몬을 다 먹고 나면 잊지 말고 반드시

---

[24] 이 부인은 소레의 고향인 스위스 제네바에 사는 그의 숙모 뒤발 부인으로, 장녀가 오래전부터 괴테가 직접 쓴 시 한 수를 갖고 싶어 하자 자신의 솜씨를 발휘한 요리를 만들어 대공비와 괴테에게 보냈다. 괴테는 이것을 아주 맛있게 먹고는 시 한 수를 써서 카르티니에 사는 뒤발 양에게 보냈다.

똑같은 것을 가져와야 하네. 나도 틀림없이 내 시의 수표를 지불할 것이야."

1828년 12월 21일 일요일

어젯밤에 이상한 꿈을 꾸었다. 나는 그 내용을 괴테에게 들려주었다. 그는 그것을 듣고는 아주 재미있다고 말했다. 나는 동남쪽으로 달리고 있는 넓은 거리에 있었다. 어딘지 알 수 없는 그곳에서 나는 많은 사람과 함께 서서 하늘을 쳐다보고 있었다. 하늘은 엷은 아지랑이로 덮여 있었고 노란색으로 빛나고 있어서 아주 밝았다. 모두 무슨 일이 일어날 것이라고 기대에 가득 차 있었다.

그때 불붙은 두 개의 점이 나타나 곧장 운석과 같은 폭음을 내면서 우리 눈앞에 떨어졌다. 그곳은 우리가 서 있는 곳에서 그다지 멀지 않았다. 사람들은 무엇이 떨어졌는지 보려고 그곳으로 달려갔다. 그러자 파우스트와 메피스토펠레스가 이쪽을 향해 걸어오고 있는 것이 아닌가!—나는 기뻤다.—조금은 이상하다고 생각했지만 내가 잘 알고 지내는 거리로 들어선 나는, 그들과 함께 어깨를 나란히 하고 유쾌하게 담소하면서 다음 모퉁이로 돌아섰다. 우리가 무엇을 이야기했는지는 전혀 기억하지 못한다. 그러나 그들의 신체 모양은 실로 독특한 인상을 주어서 나에게는 완전하고도 확실하게 기억에 남아 쉽게 잊을 수가 없었다. 이들 두 사람은 우리가 보통 생각하고 있는 것보다 젊었다. 파우스트가 27세라고 한다면 메피스토펠레스는 21세 정도였을 것이다. 메피스토펠레스의 모습은 사뭇 고상하고 명랑해서 어디까지나 자유롭게 보였다. 그는 아주 경쾌하게 걸어오고 있었다. 그에게는 어딘지 신의 사신을 생각하게 하는 데가 있었다. 그의 얼굴은 아름다웠고 어디에도 악의는 없어 보였다. 그래서 만약 그의 젊디젊은 이마에서 튀어나와 옆으로 구부러져 있는 아름다운 두 개의 뿔이 없었다면, 그가 악마라고는 아무도 알아차리지 못했을 것이다. 게다가 아름다운 머리칼이 부풀어 올라 양쪽으로 나부끼고 있었다.

파우스트는 걸어가는 도중 말하면서 얼굴을 나에게 향했다. 그때 나는 그의 독특한 표정에 놀랐다. 그가 타고난 지적이고도 근원적인 자질, 즉 지극히 고귀한 윤리성과 성실성이 표정 하나하나에 번져 있었다. 이렇게 젊은 청년인데도 모든 인간적인 희열과 고뇌 그리고 사고가 일찍부터 그의 영혼을 관통하고 있는 것처럼 보였다.—그의 얼굴은 이렇게 만들어져 있었다! 조금은 창백하면서도 매력에 차 있어서 아무리 보아도 싫증이 나지 않았다. 나는 그의 용모를 그림으로 그리기 위해 가슴속에 새겨두려고 노력했다. 파우스트는 오른쪽에, 메피스토펠레스는 우리 두 사람의 사이에 끼어 걷고 있었다. 그러므로 파우스트가 그의 아름답고 독특한 얼굴을 돌리면서 메피스토펠레스 또는 나에게 말할 때, 그 인상은 나의 마음속에 강하게 남았다. 우리는 거리를 빠져 나왔다. 그러자 군중들은 우리에게 더 이상 신경을 쓰지 않고 가 버렸다.

1830~1832년

1830년 1월 18일 월요일 ★

괴테는 라바터를 말하면서 그의 사람 됨됨이의 여러 가지 훌륭한 점을 칭찬했다. 그는 두 사람이 전에 가졌던 절친한 우정도 이야기했다. 그리고 그들은 그 당시 형제처럼 서로 결합해 있어서 가끔 같은 침대에서 함께 자기도 했다고 말해 주었다.

"유감스럽게도" 하고 그는 덧붙였다. "얼마 안 있어 약한 신비주의가 그 천재의 비상(飛翔)을 정돈 상태에 빠지게 해 버렸지."

1830년 1월 22일 금요일 ★

우리는 월터 스콧이 쓴 〈나폴레옹 전〉을 이야기했다.

괴테는 말했다. "이 책의 저자는 확실히 심하게 정확하지 못하고 또 너무 편파적이라고 비난을 받는지 모르지. 그렇지만 내가 보는 견지에서는 바로 이 두 가지의 결점이야말로 이 저서에 전적으로 특별한 가치를 부여하고 있는 것이라네.—이 책은 영국에서 정말로 예상 밖으로 일대 성공을 거두었지. 이것은 바로 월터 스콧이 나폴레옹과 프랑스 국민에 대한 그의 증오심을 통해 영국 국민의 여론과 감정의 참된 통역자이자 대변자로 여겨지고 있기 때문이라고 생각하네. 그의 책은 결코 프랑스의 역사를 위한 실증서는 되지 못하겠지만 영국의 역사에는 중요한 것이 될 것이야. 그렇지만 어떤 상황에서도 이 책은 이 중대한 역사상의 과정에 없어서는 안 될 증언서인 것이지.

좌우간 나폴레옹에 관한 정반대 의견을 들을 수 있다는 것은 흐뭇한 일이야. 나는 지금 비니용[1]의 저서를 읽고 있는데, 이 책은 나에게는 아주 특별한 가치

---

1) 비니용(1771~1841). 프랑스의 외교관이자 역사가인 그는 1827년 〈브뤼메르 18 이후 프랑스의 역사〉 11권을 출판하였고, 괴테도 20일과 22일에 걸쳐 이 책을 읽었다고 그의 일기에 적고 있다.

가 있는 것처럼 생각되네."

1830년 1월 25일 월요일 ★

나는 뒤몽[2]의 유고 출판 준비를 위해 작성한 목록을 괴테한테로 가지고 갔다.—괴테는 이것을 아주 주의 깊게 읽었다. 그는 그토록 다양하면서도 풍부한 원고를 보고 예측할 수 있는 저자의 지식과 관심 그리고 이념의 엄청난 넓이에 놀라워하는 것 같았다.

"뒤몽은" 하고 괴테는 말했다. "대단히 폭이 넓은 정신의 소유자였음이 틀림 없어. 그가 취급한 문제 중에 흥미가 없는 것이라든가 중요하지 않은 것은 하나도 없네. 그 사람이 어떤 인물이며 어떤 정신의 소유자인가 하는 것은 언제나 그 주제의 선택으로 나타나는 것이지. 그런데 인간의 정신이 모든 주제를 똑같이 막히지 않고 훌륭하게 처리해 낼 수 있는 보편적 교양을 지니기를 바랄 수는 없는 것이야. 그래서 설사 이 저자가 모든 것에서 똑같이 성공을 거두지는 못했다고 하더라도, 그것을 취급하려고 한 의도와 의지만으로도 나는 그를 높이 평가하고 있네. 그의 저서 모든 곳은 실제적이고도 유익한, 그러면서도 선한 의도가 지배하고 있어. 나는 이것을 특별히 드물고 훌륭하다고 생각하네."

나는 이것과 함께 〈파리 기행〉의 제1장을 가지고 왔다. 그것을 그에게 낭독해 드리려고 생각했던 것이다. 그러나 그는 혼자서 읽고 싶어 했다.

이어 그는 독서의 어려운 점을 말하면서, 아무런 준비나 예비 지식도 없이 당장 철학 서적이나 과학 서적을 마치 소설과 조금도 다를 것 없다는 듯이 읽으려고 하는 많은 사람의 어리석음을 비웃었다.

"이 세상의 순진한 사람들은" 하고 그는 말을 계속했다. "읽고 배우는 데에 얼마나 많은 시간과 노력이 필요한지 모르고 있지. 나는 이것에 80년이 걸렸어. 그리고 아직도 목적지에 도달했다고 말할 수 없네."

---

[2] 뒤몽(1759~1829). 스위스의 제네바 출신인 그는 소레의 증조부이다. 미라보와 벤담의 비서인 그는 철학, 법률 그리고 정치 등 다방면에 걸친 저술가였다. 소레는 그의 유언에 따라 그의 저작 일부의 편집인으로 지정되었다.

1830년 1월 27일 수요일

정오에 괴테와 함께 아주 즐겁게 식사했다. 그는 폰 마르티우스 씨를 극구 칭찬했다.

"나선형 경향에 대한 그의 근사한 착상은 정말 매우 중요한 것이지. 내가 여기에 더하여 그에게 소망하고 싶은 것이 있다면, 그건 그가 자신이 발견한 근원 현상을 한층 더 단호하게 관철해 나가는 것이야. 너무 장황하게 증명하려 하지 말고 하나의 사실을 법칙이라고 단언할 수 있는 용기를 가졌으면 좋겠어."

이어 괴테는 나에게 하이델베르크 자연 과학자 회합의 의사록을 보여 주었다. 거기에는 말미에 필적이 그대로 붙어 있었기 때문에 우리는 그것을 바라보고 그 인물을 추측해 보았다.

"이런 학술회합에서는" 하고 괴테는 말했다. "세상 사람들의 생각만큼 그렇게 큰 성과를 올릴 수 없다는 것을 나는 잘 알고 있지. 그러나 사람들이 서로 알게 되고, 때로는 서로 친밀해지는 것을 배우는 것은 아주 좋은 일이야. 여기에서 어떤 중요한 인물의 새로운 학설이 인정받게 되는 좋은 결과가 탄생하고, 이 사람은 또 자진하여 다른 전문 분야에 있는 우리까지도 존중하고 우리 일에 힘을 써 주기에 이르는 것이지. 어쨌든 이건 아무도 예측할 수 없는 상당히 좋은 성과를 올릴 것이라고 생각하네."

이어 괴테는 나에게 어떤 영국 작가가 보내온 편지를 보여 주었다. 거기에는 '괴테 공작 각하'라는 주소 성명이 붙어 있었다.

"이 칭호는 아마도 독일 저널리스트들 덕분에 붙여진 것일 거야. 그들은 나를 너무나 사랑하는 나머지 곧잘 '독일의 시인 공작'이라고 부르곤 했지. 그런 독일인의 순진한 잘못으로 영국인도 순진한 잘못을 일으키게 된 것이야."

괴테는 다시 폰 마르티우스 씨로 돌아가 그가 가지고 있는 상상력을 칭찬했다. "참으로 위대한 과학자에게는 반드시 이런 높은 재능이 있다고 생각하네. 물론 내가 의미하는 상상력이란 애매모호한 것에 빠진다든지 실제로 존재하지 않는 것을 공상하는 그런 것이 아니네. 현실의 기반을 떠나지 않는 것, 그리고 현실과 이미 알고 있는 것을 척도로 하여 예측하고 추측하면서 사물 속으로 걸어 들어가는 것을 의미하는 것이지. 이렇게 할 때 자기가 예측한 것이 실제로도 존재할 수 있는 것인가 아닌가, 다른 의미가 알고 있는 법칙에 모순되는 것인가 아닌가를 음미할 수 있는 것이야. 그러나 이런 상상력은 물론 그 전제 조건으로서 살아 있는 세계와 그 여러 법칙을 환하게 깨닫고 있는 폭 넓고 냉철한 두뇌를 가진 사람을 필요로 하는 것이지."

우리가 이런 말을 하는 사이에 괴테가 쓴 〈형제자매〉의 보헤미아어 번역본이 들어 있는 소포가 도착했다. 이에 괴테는 아주 기뻐하는 것 같았다.

1830년 1월 31일 일요일 ★

왕자를 동반하고 괴테한테로 갔다. 괴테는 우리를 그의 서재로 안내했다.

우리는 그의 작품의 여러 가지 판(版)에 대해 이야기했다. 그때 나는 괴테로부터 그 자신은 이들 출판물의 대부분을 가지고 있지 않다는 말을 듣고는 좀 이상하다는 생각이 들었다. 그는 자기가 그린 동판화가 들어 있는 〈로마의 사육제〉의 초판조차도 가지고 있지 않았다. 어떤 경매에서 그는 그것에 6탈러의 값을 매겼지만 낙찰받지는 못했다는 것이다.

그는 다음으로 〈괴츠 폰 베를리힝겐〉의 최초의 원고[3]를 보여 주었다. 이것은 그가 누이동생한테서 자극을 받아 수주일 안으로 완성했던 것이다. 그로부터 50년 이상이 지났지만 이것은 그때의 모습 그대로 있었다. 막힘없는 그 글씨체, 거기에는 훗날 그의 독일 글자에 일관되어 있고 지금도 여전히 볼 수 있는 자유롭고 명랑한 특색이 일찍부터 완연하게 드러나고 있었다. 그 원고는 아주 깨끗했다. 어느 페이지에도 정정한 흔적이 한 군데도 없었기 때문에, 이것은 처음에 갈겨 쓴 초안이라기보다는 오히려 정서한 것으로 생각될 정도였다.

괴테가 말한 바에 따르면 그의 초기 작품들은 모두 자필로 직접 썼다고 한다. 〈베르테르〉도 그러했지만 그 원고는 잃어버리고 없다고 했다. 이것과는 달리 훗날에는 거의 모든 것을 구술(口述)했다는 것이다. 자필로 된 것은 단지 시나 복안의 일시적인 메모에 지나지 않았다. 새로운 작품의 사본을 만들어 두는 것을 잊어버린 일도 실로 많았다. 따라서 그는 이를 데 없이 귀중한 문학 작품

---

[3] 1771년 11월부터 12월에 걸친 약 6주 사이에 쓴 희곡으로, 이것에 관해서는 〈시와 진실〉 제3부 제13장에 나온다.

의 원고를 되는대로 형편에 맡겼던 일이 여러 번 있었다는 것이다. 그리고 그가 가지고 있었던 유일한 원문을 슈투트가르트의 인쇄소에 보냈던 일도 여러 번 있었다고 했다. 우리가 〈베를리힝겐〉의 원고를 세밀히 바라보고 난 뒤에 괴테는 〈이탈리아 기행〉의 원문을 보여 주었다. 이것은 나날을 따라 이어간 관찰과 메모의 기록이긴 하지만, 그 필적은 〈괴츠〉의 경우와 마찬가지로 멋진 특색을 나타내고 있었다. 모든 것이 명석하고 안정되어 있어 정정된 흔적은 아무 데에서도 발견되지 않았다. 그리고 그때그때의 메모이긴 하지만 그 어떤 부분도 필자의 머릿속에 언제나 신선하고도 명료하게 나타나 있었다는 것을 알 수 있었다. 시종일관 아무것도 변하지 않았고 움직이지도 않았지만 용지만은 예외였다. 용지는 이 여행자가 머무르는 도시마다 모양과 색깔이 쉬지 않고 다른 것으로 바뀌고 있었다.

이 원고의 말미 근처에 자못 멋지게 휘갈겨 그린 괴테의 펜 그림이 있었다. 큰 관복을 입고 법정에서 연설하고 있는 이탈리아의 변호사를 사생한 것이다. 이것은 우리가 상상조차 할 수 없는 아주 진기한 모습이었다. 게다가 그의 복장은 사뭇 색다른 모양이어서 가장무도회에 가기 위해 선택한 것이 아닌가 하고 생각되었다. 그러면서도 모든 것이 오직 사실 그대로의 충실한 묘사였다. 집게손가락을 엄지손가락 앞으로 가져가 나머지 손가락은 열어 놓은 채로 그 뚱뚱한 연설자는 기분이 좋은 듯 서 있었다. 단순해 보이는 이 동작은 그가 쓰고 있는 큰 가발과 정말로 꼭 들어맞아 있었다.

1830년 2월 3일 수요일 ★

우리는 〈글로브〉지와 〈르 탕〉지에 대해 이야기를 나누었고, 화제는 계속하여 프랑스 문학과 문인들에게로 옮겨갔다.

괴테는 그중에서도 특별나게 말했다. "기조는 내 마음에 꼭 맞는 사나이이며 또 건실한 인물이지. 그는 개화된 자유주의와 결합한 심오한 지식을 가지고 있네. 그의 지식은 모든 당파를 뛰어넘어 자기만의 길을 걸어가고 있지. 그가 이번에 선출된 국회에서 어떤 역할을 맡게 될지 무척 궁금하네. 빨리 그 모습을 보고 싶을 뿐이야."

"그를 단지 피상적으로만 알고 있는 사람들은" 하고 나는 대답했다. "그를 가리켜 다소 현학적이라고 말하고 있습니다."

그러자 괴테가 말했다. "그의 어떠한 점을 두고 현학적이라고 비난하는 것인지 나는 수긍이 가지 않네. 생활 방식 속에 일정하고 올바른 질서와 확고한 원칙을 가지고 있고, 다분히 사색적이고, 인생살이에서 일어나는 여러 가지 사건을 적당히 다루지 않는 모든 훌륭한 인물은, 피상적인 견해에만 젖어 있는 패거리의 눈에는 자칫하면 현학자로 비치는 모양이야. 기조는 시야가 원대하고 침착하고 착실한 인물이지. 대체로 가볍게 움직이는 보통 프랑스인들과는 대조적인 이 인물은 아무리 높이 평가해도 지나치지 않아. 바로 이 인물이야말로 프랑스에 필요한 사람이라네."

"빌르망은" 하고 괴테는 말을 계속했다. "아마 연설가로서는 훨씬 화려할는지 모르네. 그는 막힘없이 설득해 나갈 수 있는 기술을 가지고 있어. 정확한 표현에 있어서도 절대로 궁색하지 않지. 그러므로 주의를 끌고 청중을 취(醉)하게 만들고 만장의 갈채를 받아. 그러나 그는 기조에 비교하면 훨씬 피상적이고 훨씬 실천적이지 못하지.

쿠쟁이 우리 독일인들에게 줄 수 있는 것은 거의 없어. 그가 자기 국민에게 새로운 것으로서 가져다준 철학은 우리에게는 오랜 세월을 두고 널리 알려진 것이네. 그렇지만 그는 프랑스인들에게는 아주 중요한 사람이지. 그는 프랑스인들에게 완전히 새로운 방향을 제시해 주게 될 테니까 말일세.

퀴비에는 위대한 자연과학자야. 그의 문체와 저술에는 놀라지 않을 수 없지. 하나의 사실을 설명하는 데 있어서 이 사람만큼 뛰어난 사람은 없어. 그렇지만 그는 전혀 아무런 철학도 가지고 있지 않네. 그래서 그는 자기 제자를 아주 박식하게 교육할 수는 있지만 깊이 있게 길러내지는 못하지."

이런 모든 이야기는 앞서 언급한 사람들에 관한 뒤몽의 견해와 아주 비슷했기 때문에 나의 흥미는 점점 더 깊어졌다. 나는 괴테에게 뒤몽의 원고 중에서 이 문제에 관한 부분을 베껴서 가져올 것을 약속했다. 이렇게 하면 괴테는 기회를 보아 이것을 그 자신의 견해하고 비교해 볼 수 있을 것이기 때문이다.

뒤몽을 언급함에 따라 화제는 뒤몽과 벤담[4]의 관계로 옮겨졌다. 그러자 괴테는 다음과 같이 말했다.

"나한테 가장 흥미 있는 문제는 뒤몽처럼 아주 이성적이고 온건하고 그러면서도 아주 실제적인 인물이 어떻게 벤담처럼 바보 같은 자의 제자가 되고 충실한 숭배자가 될 수 있었는가 하는 점이지."

나는 대답했다. "벤담은 말하자면 이중적인 인물로 보아도 좋을 것입니다. 나는 벤담을 두 가지로 구별하고 있습니다. 그 하나는 여러 법칙을 인출한 천재로서의 벤담입니다. 뒤몽은 이것을 완성하여 망각에서 구출해 냈습니다. 그리고 다른 하나는 열광적인 인간으로서의 벤담입니다. 이런 면 때문에 그는 극단적인 공리주의에 열중한 나머지 그 학설의 본디 한계를 뛰어넘어 정치와 종교 속으로 들어가 급진론자가 되어 버린 것입니다."

"그렇지만 한 노인이 그 긴 생애의 행로에 종지부를 찍는 마지막 날에 이르러서도 급진주의자로 남아 있었다는 것은 나에게는 정말로 새로운 문제라네."

나는 이 모순을 풀려고 시도하면서 이렇게 말했다. "벤담은 그의 학설과 입법의 탁월성을 영국에서 실시하기 위해서는 당시 조직을 완전히 변혁해야 한다는 것을 확신하고 있었습니다. 그런데 그는 바깥세상하고는 거의 접촉이 없었지요. 따라서 그런 시도가 폭력적인 혁명의 위험에 빠지게 될 것이라는 판단을 내릴 수가 없었고, 그 때문에 점점 더 열정적인 광분으로 흘러 들어갔던 것입니다."

"이와는 반대로 뒤몽은" 하고 나는 계속했다. "벤담만한 열정은 없었지만 벤담보다는 더 명석한 두뇌를 가지고 있었습니다. 그래서 그는 벤담의 극단화를 옳지 않다고 보았고, 자기가 벤담과 같은 결함에 빠지는 것을 크게 경계하고 있었습니다. 거기에다 그에게는 벤담의 여러 법칙을 다른 어떤 나라, 다시 말해 스위스의 제네바에 응용할 수 있다는 이점이 있었습니다. 이 나라는 정치적인 사건 때문에 그 당시 말하자면 신흥 국가로 간주하고 있었습니다. 그리고 또 그곳에서 모든 것은 더할 나위 없이 성공을 거두었습니다. 그리고 이 행운의 결과로 그 법칙의 가치가 분명하게 증명된 것입니다."

이에 괴테가 말했다. "뒤몽은 모든 이성적인 사람이 그러하며 또 그렇지 않으

---

4) 벤담(1748~1832). 19세기 초두에 큰 영향을 끼친 영국 공리주의 철학의 창시자로, 그의 학설은 뒤몽에 의해 완성되었다.

면 안 되는 것처럼 바로 절도 있는 자유주의자인 것이지. 나 자신도 그러하네. 그리고 오랜 생애를 살아가는 동안 나는 계속 이런 정신을 갖고 활동하려고 노력해 왔지."

"참된 자유주의자는" 하고 그는 계속했다. "자기에게 허용된 한도 내에서 수단을 다해 가능한 한 많은 좋은 일을 실현하려고 노력하네. 그리고 때로는 피치 못할 결함이 생겨도, 이것을 즉시 불(火)과 칼(刀)을 사용하여 근절하거나 하지 않으려고 조심하지. 공적인 결함은 사려 깊은 전진에 의해 서서히 제거하려고 노력해야 하는 것일세. 폭력적인 수단은 동시에 많은 좋은 것까지도 망쳐 버리기 때문에 채택되어서는 안 되네. 이 세상은 언제나 불완전한 것이지. 그러므로 때와 상황이 좋아져서 더 좋은 것으로 변하기까지는 현재 가지고 있는 어느 정도의 것으로 만족해야 하네."

1830년 2월 6일 토요일

젊은 괴테 부인의 초청으로 식사를 함께했다. 젊은 괴테는 그의 할머니에 해당하는 프랑크푸르트의 추밀고문관 부인에 대해 두세 가지 재미있는 일화를 말해 주었다.

그가 20년 전 대학시절에 이 할머니를 방문했을 때였다. 어느 날 정오에 그는 할머니와 함께 대주교에게서 식사 초대를 받았다. 대주교는 특별한 예우를 다하기 위해 고문관 부인을 계단이 있는 데에까지 가서 맞이하였다. 그렇지만 대주교가 평상시 집에서 입고 있는 성직자의 옷을 입고 있었기 때문에 그녀는 그를 평범한 신부라고만 생각하고는 특별한 존경을 표시하지 않았다. 식탁에 착석하여 그의 옆에 앉아 있으면서도 그녀는 처음에는 각별히 마음을 터놓는 얼굴을 해 보이지 않았다. 그러나 대화가 진행되어 감에 따라 한자리에 앉아 있는 다른 사람들의 태도에서 이분이 대주교라는 것을 차차 알아차리게 되었다.

이어 대주교가 그녀와 그녀의 아드님 건강을 기원하며 건배하였다. 그때서야 괴테 부인은 일어서서 대주교 각하의 건강을 위해 건배를 올렸다.

1830년 2월 10일 수요일 ★

오늘 식사가 끝난 뒤에 나는 잠깐 괴테 댁을 들렀다. 그는 봄이 서서히 다가와 다시금 낮이 더 길어지는 것을 기뻐하고 있었다. 우리는 〈색채론〉에 대해서 이야기했다. 괴테는 그의 단순한 이론이 올바르게 인정받는 것은 불가능하다고 생각하고 있는 것 같았다. "나의 반대론자들의 오류는" 하고 그는 말했다.

"100년 이래로 너무나 일반화되어 버렸어. 그 때문에 고독한 길을 걸어가고 있는 내가 이렇다 할 동지를 발견하는 일은 없을 것 같아. 나는 언제나 혼자만 남게 될 거야!—나는 이따금 나 자신이 단지 한 사람만을 태울 수 있는 판자를 붙잡고 물 위에 떠 있는 사나이처럼 생각될 때가 있다. 다른 모든 사람은 비참하게 익사해 버리지만 나 혼자만은 살아남는 거야."

1830년 2월 14일 일요일 ★

오늘은 바이마르가 슬픔에 잠긴 날이었다. 루이제 대공비가 오늘 오후 1시 반에 서거한 것이다. 현 대공비는 나로 하여금 폰 발트너 양과 괴테에게 그녀를 대신하여 조문을 드리도록 명령을 내렸다. 나는 먼저 폰 발트너 양한테로 갔다. 그녀는 눈물과 깊은 슬픔 그리고 급기야 돌아가셨구나 하는 상실감 때문에 완전히 짓눌려 있었다. 그녀는 말했다. "나는 50년 이상이나 돌아가신 대공비의 시중을 들었습니다. 대공비는 나를 직접 시녀로 택해 주셨지요. 그리고 그것은 대공비로서는 자유로운 선택이었겠지만 나에게는 매우 자랑스럽고 행복한 일이기도 했습니다. 나는 나의 조국을 떠나 그녀를 위한 시중 생활로 들어섰습니다. 이번에도 대공비께서 나를 함께 데리고 가셨더라면, 나는 이제부터 긴 세월을 그녀와의 재회를 그리워하면서 지내지 않아도 될 텐데 말이에요."

다음으로 나는 괴테에게 갔다. 그러나 그가 보여 주는 양상은 이것과는 완전히 다른 것이었다!—대공비의 서거가 그에게 준 충격은 그녀에게 가해진 타격 못지않게 심각한 것이었음이 분명했다. 그렇지만 그는 어떻게 해서라도 그의 감정을 억제하려고 하는 것 같았다. 그는 또 한 분의 절친한 친구[5]와 함께 아직도

---

[5] 소레는 에커만을 말하고 있다.

식탁에 앉아서 포도주를 마시고 있었다. 그는 활기 있게 말하면서 대체로 아주 밝은 기분 속에 있는 것처럼 보였다. "자!" 하고 그는 나를 보았을 때 말했다. "잘 왔어. 이쪽에 와서 앉게! 오랫동안 우리를 위협하고 있던 충격이 드디어 우리를 적중하고 말았어. 이제 우리는 적어도 무서운 불안과 싸울 필요가 없게 되었어. 이런 일이 생겨도 우리는 고쳐 생각하고 다시 기운을 내어 살아가도록 노력하지 않으면 안 되지."

"저기에 당신을 위로해 줄 수 있는 것이 있습니다." 하면서 나는 그의 원고용지를 가리키면서 말했다. "작업은 우리를 괴로움에서 다시 일으켜 세워주는 제일가는 방법입니다."

"우리가 이 세상에서 살아 있는 한" 하고 괴테는 대답했다. "우리는 머리를 치켜세우고 살 것이야. 창작 작업을 할 수 있을 때까지는 단념하지 않을 것이네."

이어 괴테는 많은 나이에 이르기까지 살았던 인물들을 이야기하면서 저 유명한 니농도 언급했다. "그녀는 90대가 되었는데도 아직 젊었었지." 하고 그는 말했다. "그녀는 자신의 균형을 유지하는 방법을 잘 알고 있었어. 그래서 세상만사에 필요 이상으로 걱정하지 않았네. 그녀는 죽음까지도 너무 과도하게 두려워하지 않았다네. 18세 때 중병에 걸렸다가 다시 살아났던 그녀는 자신이 거의 죽을 뻔했던 위급한 상황을 주위 사람들이 자세히 설명해 주었을 때도, 아주 침착하게 '도대체 죽는다는 것이 무엇이 그렇게 대단한 것입니까! 나도 역시 한 번은 죽어야 하는 것이 아니겠습니까!' 하고 말했지.—그 후 그녀는 70년 이상을 사람들에게서 호감과 사랑을 받고 인생의 모든 기쁨을 향락하면서 오래 살았네. 그렇지만 그녀 자신은 그 타고난 침착성을 잃지 않고, 언제나 자기 자신을 좀먹는 모든 열정을 초월하여 정신을 가다듬고 있었지. 니농은 이 점을 확실하게 분별하고 있었어.—이 점에서 그녀의 뒤를 따를 수 있는 사람은 거의 없지."

이어 그는 바이에른 왕에게서 온 편지를 나에게 넘겨주었다. 이것은 그가 오늘 받은 것이다. 그러므로 괴테의 명랑한 기분에 아마 어느 정도는 이 편지가 기여한 바가 있었을 것이다. "읽어 보게." 하고 그는 말했다. "왕이 나에게 변치 않고 호의를 가지고 있다는 것을 알 수 있을 것이야. 왕이 문학의 진보와 인간의 더 높은 발전을 위해 표시한 생생한 관심은 나를 그저 대단히 기쁘게 해 줄 뿐이지. 나는 이 편지를 다른 날이 아닌 바로 오늘 받았다는 것을 하늘의 특별한 배려라고 여기고 깊이 감사하고 있네."

그런 다음 우리는 연극과 희곡 문학에 대해 이야기를 나눴다. 괴테는 말했다. "고찌는 비극적인 상황은 오직 36개밖에 없다고 주장했지. 실러는 그 이상의 것을 발견하려고 모든 노력을 다했어. 그렇지만 그는 아무리 해 봐도 고찌만큼 많은 수치를 발견하지는 못했네."

이어 화제는 〈글로브〉지의 한 논문, 특히 아르노[6]가 쓴 〈구스타브 바사〉의 논평으로 옮겨졌다. 이 경우 이 비평가가 취한 태도와 방법은 괴테에게 일대 만족을 느끼게 해 그는 그에 전적으로 찬성을 표시했다. 다시 말해 이 평론가는 그 저자에 대한 많은 회상을 열거하는 것에 그치고, 저자 자체와 그의 문학론에는 깊이 들어가 취급하지 않았다. "〈르 탕〉지의 비평 태도는" 하고 괴테는 덧붙였다. "그다지 현명하지 못하지. 그 비평가는 불손하게도 시인이 나아갈 길을 지시하려고 하네. 그러나 이것은 아주 큰 잘못이야. 왜냐하면 이렇게 지시한다고 해서 시인을 더 좋게 만들 수는 없기 때문이네. 도대체 어떤 시인에게 '이것은 이렇게 해야 한다든지 저것은 저렇게 해야 한다'고 말하는 것만큼 어리석은 짓은 없어. 나는 오랜 세월을 통해 겪은 전문가로서 이렇게 말할 수 있지. 시인을 그 천성으로 주어진 것과는 다르게 바꾸는 것은 전혀 불가능한 일이야. 무리하게 다른 것으로 만들려고 하면 그 시인을 멸망시켜 버리는 것이 되기 때문일세.

앞에서도 말했지만 나의 친구들인 〈글로브〉지의 사람들은 이런 문제를 성말로 현명하게 다루고 있네. 그들은 아르노 씨가 백방으로 빌려 온 모든 상투어의 긴 일람표를 인쇄했지. 그리고 이렇게 함으로써 저자가 장차 피하지 않으면 안 되는 위험을 아주 교묘하게 지적하고 있어. 오늘날에는 전적으로 새롭게 생각되는 경우를 발견한다는 것은 거의 불가능에 가까울 것이야. 단지 사물을 보는 관점이라든지 취급 방법 그리고 표현상의 기법 같은 것이라면 새로워질 수 있을 것이네. 그러므로 우리는 더욱더 모든 모방에도 주의를 게을리해서는 안 되지."

---

[6] 아르노(1787~1863). 프랑스의 극작가로 그의 비극 〈구스타브 아돌프〉는 1830년의 작품이다.

괴테는 이어 우리에게 고찌가 베네치아에 있는 그의 예술 극장을 어떤 식으로 조직했고, 그 즉흥 극단이 얼마나 인기가 있었는가를 이야기해 주었다. "나는 베네치아에서 저 극단의 여배우 두 사람을 보았지. 특히 부리겔라는 그런 즉흥극에서 여러 번 보았네. 이 사람들이 일으키는 효과는 비상한 것이었지."

괴테는 다음으로 나폴리의 익살꾼을 이야기했다. "그 야비하고 익살맞은 인물의 최대 해학은" 하고 그는 말했다. "이따금 무대 위에 있으면서도 갑자기 배우로서의 자기 배역을 완전히 잊어버린 것 같은 시늉을 하는 점에 있어. 그는 자기 집에 있는 것 같은 행동을 하면서 그의 가족과 다정하게 말하지. 그는 지금까지 연기한 연극을, 또 이제부터 연기하려고 하는 다른 연극을 이야기한다네. 게다가 그는 아무런 거리낌도 없이 자연의 욕망 그대로 자기 멋대로 행동하지. '그렇지만 여보 당신' 하고 그의 아내가 그를 부르지. '당신은 완전히 잊은 것처럼 보이는데요, 잘 생각해 보세요. 이들은 아주 귀중한 손님들입니다. 당신은 지금 관객들 앞에 있는 것입니다!'—'아, 그렇군그래! 그렇군그래!' 하면서 익살꾼은 새삼스럽게 생각에 잠겨서 아내의 말에 대답하지. 이렇게 관중들의 일대 갈채 속에 그는 전의 연극으로 다시 돌아가네. 그 익살꾼의 연극에 대한 평판이 대단한 것이었기는 하지만 착한 사교계의 사람들은 그곳에 가는 것을 꺼렸어. 일반적으로 건실한 부인들은 전혀 그런 곳에 가지 않았고 남자들만 곧잘 구경하러 갔지.

익살꾼이란 예컨대 일종의 살아 있는 신문인 것이야. 그래서 그날 나폴리에서 일어난 희한한 사건들을 밤에 거기에서 들을 수 있지. 그런 공연에서는 그와 같은 지방 사건들이 서민들의 야비한 방언으로 이야기되었는데, 타관 사람들은 역시 그것을 거의 이해할 수 없었네."

괴테는 화제를 지나간 날의 다른 회상으로 돌렸다. 그는 지폐는 믿을 것이 못 된다고 말하면서 그의 경험을 이야기해 주었다. 그 증거로서 그가 우리에게 이야기해 준 것은 그림의 일화였다. 그것은 그림[7]이 프랑스 혁명 당시 파리에서 체류하는 것은 위험하다고 생각하고 다시 독일로 돌아와 고타에서 지내고 있

---

7) 그림(1723~1807). 독일 태생의 프랑스 비평가로 그는 루소, 다랑베르, 그리고 디드로와 친교를 맺고 있었다.

을 때의 일이었다.

괴테는 말했다. "우리는 어느 날 그림 집에서 식사했지. 화제가 어째서 그런 쪽으로 가게 되었는지 이제는 잘 기억할 수 없지만 좌우간 그림이 갑자기 외쳤네. '맹세코 말하지만, 유럽의 어떤 왕도 내가 가지고 있는 것만큼 값비싼 소맷부리를 가지고 있지 않을 거야.'—우리, 특히 부인들은 이것을 믿을 수 없었지만 대단히 놀랐던 것은 당연한 일이었지. 그래서 모든 사람은 그토록 귀중한 소맷부리 한 쌍을 보고 싶다고 몹시 졸라댔네. 이에 그림은 일어나 그의 찬장에서 정말로 화려하기 그지없는 소맷부리 한 쌍을 꺼냈다네. 그것을 본 우리 일동은 환호성을 지르지 않을 수 없었지. 그런데 우리가 이 소맷부리의 값을 매겨보려고 자세히 보니까 그것은 아무리 보아도 100내지 200루이스돌 이상은 호가할 수 없는 물건이었네. 그림은 웃으면서 외쳤지. '자네들은 표적에서 너무 멀리 벗어나 있어. 나는 이것을 위해 25만 프랑을 지불했어. 그래도 프랑스 혁명 당시의 애시냐 지폐를 쓸 수 있어서 다행이었지. 다음 날에 그 돈은 벌써 10페니히의 동전에도 못 미치는 가치였으니까 말이야.'"

1830년 2월 15일 월요일 ★

나는 오늘 대공비의 명령에 따라 괴테에게 문안드리기 위해 오전 12시에 잠깐 그를 방문했다. 그는 슬픔과 깊은 생각에 잠겨 있었다. 그러나 어제와 같은 상당히 격심한 흥분의 흔적은 어디에서도 찾아볼 수 없었다. 50년에 걸쳐 친근한 관계를 맺었던 사람의 죽음이 만들어 낸 공백을 그는 뼈저리게 느끼고 있는 것처럼 보였다. "나는 무리를 해서라도 일을 해야 하겠어." 하고 그는 말했다. "마음을 고쳐먹고 기운을 다시 내야지. 그리고 이 갑작스러운 이별에 슬기롭게 대처해야지. 죽음이란 정말로 이상한 것이야. 우리는 이것을 여러 번 경험하고 있는데도 우리에게 아주 귀중한 사람이 죽는다는 것은 불가능한 일로 생각하네. 죽음이란 언제나 어딘지 믿을 수 없고 예기치 못한 것으로 나타나지. 죽음이란 말하자면 갑자기 현실화해 버리는 불가항력의 것이라네. 우리가 그처럼 친밀하게 지내던 현실 세계로부터 우리로서는 전혀 알 수 없는 미지의 세계로의 이행(移行)이 강제로 행해지는 것이기 때문에, 이 세상에 남겨진 사람들은 가장 심각한 충격을 받지 않을 수 없어."

1830년 3월 5일 금요일 ★

폰 튀르크하임 양[8]이 한동안 이곳 바이마르에서 지냈다. 그녀는 괴테의 청년 시절 애인과 가까운 친척이었다. 나는 오늘 괴테에게 그녀가 떠나가 버리는 것은 아쉬운 일이라고 말했다. "그녀는 그처럼 젊은데도 그녀 나이 또래에서는 좀처럼 볼 수 없는 아주 고귀한 생각과 원숙한 정신을 보여주고 있습니다. 그녀의 출현은 바이마르 일반에게 대단한 인상을 주었습니다. 그녀가 이곳에 더 오래 머물러 있었더라면 많은 사람에게 위험한 존재가 되었을 것입니다."

"내가 그녀를 자주 만날 수 없었던 것은 참으로 유감스러운 일이지. 나는 처음 한동안 그녀를 이곳으로 초대하는 것을 계속 연기해 왔어. 그것은 그녀와 오붓하게 이야기를 나누면서 그녀 속에서 그녀의 근친인 릴리의 그리운 모습을 다시 찾아내려고 생각했기 때문이지.

자네도 알지만 《진실과 시》 제4권이 며칠 전에 완성됐네. 그 속에는 릴리에 대한 나의 사랑이 젊은 시절의 행복하고도 고뇌에 찬 이야기로 쓰여 있어. 이 이야기를 세상에 내놓는 것이 만약 어떤 미묘한 배려, 그것도 나 자신을 위한 것이 아니라 그 당시 아직 살아 있었던 애인을 위한 배려에 지장을 주지 않았다면, 나는 이것을 훨씬 전에 다 써서 출판했을 것이야. 나는 그녀를 얼마나 열렬히 사랑하고 있었는가를 온 세상에게 말하는 것을 자랑으로 생각하고 있지. 그리고 그녀도 나의 애정에 보답했다고 고백하는 것을 부끄럽게 생각하지 않았다고 믿네. 그러나 그녀의 동의를 받지 않고 그것을 공공연하게 말할 권리가 나에게 있을까? 나는 언제나 그녀의 허락을 구하려고 마음먹고 있었네. 그러나 내가 그것을 주저하고 있는 사이에 급기야는 동의를 얻을 필요도 없게 되어 버렸지."

괴테는 말을 계속했다. "지금 자네에게 우리에게서 떠나가고 있는 저 사랑스

---

[8] 1808년 태생인 그녀는 릴리의 손녀에 해당한다. 괴테는 릴리 쇠네만과 1775년에 약혼했다가 카를 아우구스트 대공의 초청을 받고 바이마르로 떠나기 전에 그것을 취소한다. 괴테는 릴리와의 사랑에 관해서는 〈시와 진실〉 제4권에 써서 넣었다.

러운 아가씨에 대해 이처럼 열심히 말을 하니 그 옛날의 모든 추억이 다시 되살아 나오는군. 저 매혹적인 릴리의 모습이 정말로 생생하게 내 눈앞에 떠오른다네. 그리고 그녀의 옆에 있으면서 다시 그녀가 숨을 들이쉬고 내쉬는 소리를 듣는 것 같은 행복한 기분이 되는군. 사실 그녀는 내가 깊이, 그리고 진실로 사랑했던 최초의 여인이었어. 그리고 마지막 여인이기도 했지. 왜냐하면 그 이후 나의 생애에서 나의 마음을 움직였던 작은 모든 애정은 그 최초의 것과 비교하면 그저 가볍고 피상적인 것에 지나지 않았으니까."

"나는" 하고 괴테는 말을 이었다. "저 릴리와의 연애 시절만큼 나의 참된 행복에 접근했던 적이 한 번도 없었네. 우리 둘을 서로 떼어놓으려고 했던 장애는 결코 뛰어넘을 수 없는 것은 아니었어.—그렇건만 그녀는 나에게서 떠나가 버리고 말았지.

그녀에 대한 나의 애정은 아주 미묘하고 독특한 것이었지. 그러므로 그 애달팠던 시절을 묘사할 때 그것은 지금도 나의 문체에 영향을 끼치고 있네. 자네가 이제 《진실과 시》의 제4권을 읽을 때면 그 연애는 소설 속에서 볼 수 있는 그런 것하고는 어딘지 완전히 다르다는 걸 알아차리게 될 것이야."

"이것과 똑같은 것을" 하고 나는 대답했다. "우리는 당신의 그레트헨과 프리데리케에 대한 연애[9]에서도 말할 수 있을 것입니다. 이 두 개의 묘사는 마찬가지로 새롭고 독창적이어서, 소설가들이 이런 것을 고안해 낸다는 것 또 생각해 낸다는 것은 불가능하다고 생각합니다. 그것은 여기에 작가의 위대한 진실성이 담겨 있기 때문입니다. 말하는 사람은 겉보기에 신경 써서 체험한 것을 꾸며 대거나 하지 않습니다. 사건이 단순한 설명만으로 괜찮은 데에서는 감정적인 상투어를 피하고 있지요."

나는 이에 덧붙였다. "그것은 또 연애라는 것이 절대로 한결같지 않기 때문입니다. 연애란 언제나 독자적인 것으로, 서로 사랑하는 사람들의 성격과 개성에 따라 항상 변화하는 것이지요."

"자네 말이 맞아." 하고 괴테는 대답했다. "연애란 서로 사랑하는 우리 애인들

---

[9] 그레트헨 이야기는 〈시와 진실〉 제1부 제5장에 실려 있고, 제젠하임에서의 프리데리케와의 관계는 제2부 10장에서 제3부 11장까지 실려 있다.

만의 것이 아니지. 우리를 끌어당겨 사랑하게 만드는 대상도 있네. 그리고 우리가 잊지 말아야 하는 것은 강력한 제삼의 것으로서 마력적인 힘이 여기에 첨가된다는 것이지. 그것은 모든 정열에 붙어 다니는 것이지만, 연애에 있어서는 특히 그 본래의 특성을 나타낸다네. 릴리와의 연애 관계에서는 특히 이것이 활발하게 작용했지. 그것이 나의 생애를 다른 방향으로 바꿔 놓았네. 내가 바이마르로 오게 된 것과 현재 내가 여기에 있는 것이 그것과 직접적인 관계가 있다고 해도 지나친 말은 아니지."

1830년 3월 6일 토요일 ★

괴테는 며칠 이래로 생 시몽[10]의 〈회상록〉을 읽고 있었다.

"지금 루이 14세의 죽음까지 읽었는데" 하고 그는 며칠 전에 말했다. "여기서 쉬고 있지. 지금까지의 12권은 아주 재미있었어. 그것이 특히 군주의 의향과 신하의 귀족적인 도의의 대조에서 오는 것이었기 때문이지. 그러나 저 국왕이 죽고 다른 인물이 등장하는 순간부터는 읽는 것이 도무지 재미가 없어져 버렸어. 이 인물들은 너무나 가치가 없어서 생 시몽이 그들과 어깨를 나란히 하는 것까지도 유감스럽게 생각되었다네. 그래서 싫은 생각이 들어 그 독재왕이 죽는 데에서 책을 덮어 버렸네."

괴테는 몇 개월 이래로 〈글로브〉지와 〈르 탕〉지를 열심히 읽고 있었는데, 약 2주일 전부터는 그것을 그만두었다. 이런 잡지들이 십자형의 띠로 묶여 도착해도 그는 이것들을 개봉하지 않고 그대로 옆으로 밀어 버린다. 그러고는 세상이 어떻게 돌아가고 있는지 친구들에게서 듣고 있다. 그는 며칠 이래로 대단히 생산적이어서 〈파우스트〉 제2부에 전적으로 몰두하고 있었다. 수 주일 이래 특히 〈고전적 발푸르기스의 밤〉에 완전히 매달리고 있기 때문에 그 일은 빠르고도 현저하게 진척되고 있다. 이처럼 극도로 생산적인 시기가 되면 괴테는 대체로 독서를 하지 않는다. 독서한다고 해도 가볍고 밝은 것, 쾌적한 휴식에 도움

---

10) 생 시몽(1675~1755). 프랑스의 작가이자 정치가이다. 그의 저서 〈루이 14세 시대 및 그 치세에 관한 생 시몽 공의 회상록〉(1829~1830)은 프랑스 역사 및 프랑스 궁정 역사상 중요한 책이다.

이 되는 것, 또는 현재 직접 다루고 있는 문제와 관련되어 도움이 되는 것을 읽는 식이다. 이것과는 반대로 아주 눈에 띄게 자극적인 영향을 주고 자신의 조용한 창작을 방해하고 왕성한 흥미를 분열시켜 주의를 다른 쪽으로 돌리게 하는 것은 아주 단호하게 피하고 있다. 현재로서는 〈글로브〉지와 〈르 탕〉지가 바로 이런 경우라고 생각한다. 괴테가 말했다. "내가 볼 때 지금 파리에서는 아주 중대한 사건이 일어나려고 하고 있네. 그야말로 일대 폭발의 전야이지. 그러나 나는 이것에 깊은 상관이 없기에 이 연극의 긴박한 진행 과정에 쓸데없이 매일 자극을 받지 않도록 냉정하게 기다리고 있네. 그러므로 나는 지금 〈글로브〉지나 〈르 탕〉지는 거의 읽지 않고 있지. 그 대신 나의 〈발푸르기스의 밤〉은 상당한 진척을 보이고 있다네."

이어 그는 프랑스의 최근 문학 상황을 이야기했다. 그는 이것에 비상한 관심이 있었다.

"프랑스인들이 현재 문학의 방향으로서 새로운 것이라고 생각하고 있는 것은, 결국 독일 문학이 근 50년 동안 추구했고 성취한 것의 반영에 지나지 않는 것이지. 현재 그들 사이에서 새롭게 일어나고 있는 역사 연극의 싹은 벌써 반세기 전에 나의 〈괴츠〉속에서 나타났던 것이야. 물론 독일의 작가들은 자신들이 프랑스인들에게 영향을 줄 것이라고 예상한 일이 없었고, 또 그런 의도를 갖고 쓰지도 않았네. 나 자신도 언제나 독일인만을 염두에 두고 있었지. 그리고 내가 나의 시선을 서쪽으로 돌리고, 라인강 저쪽에 살고 있는 우리 이웃들이 나를 어떻게 생각하고 있을지 궁금해하게 된 것도 겨우 어제오늘의 일이야. 그렇지만 오늘에 이르러서도 그들은 나의 창작에 아무런 영향을 끼치지 못하고 있지. 프랑스의 형식과 묘사법을 모방한 빌란트까지도 결국 시종일관 독일적인 것에 머물러 있지 않았던가. 그러므로 빌란트의 작품을 프랑스어로 번역한다고 하더라도 딱 들어맞지는 못할 것이야."

1830년 3월 14일 일요일

저녁때 괴테 댁을 방문했다. 그는 나에게 다비드가 보내온 상자의 귀중한 내용물을 정리한 것을 보여 주었다. 나는 며칠 전에 그가 이것을 상자에서 끄집어

내는 것을 언뜻 보았다. 그는 프랑스의 가장 탁월한 젊은 시인들의 옆얼굴을 새긴 석고제의 메달을 착실하고도 꼼꼼하게 책상 위에 나란히 늘어놓고 있었던 것이다. 그러면서 그는 다비드의 비상한 재능을 이야기하면서, 착상에 있어서나 끝손질에 있어서 똑같이 위대하다고 되풀이하여 칭찬했다. 게다가 다비드의 주선에 의해 가장 유명한 낭만파 시인들이 직접 증정하여 보내온 많은 최신 저작물을 보여 주었다.

생트 뵈브,[11] 발랑슈,[12] 빅토르 위고,[13] 발자크,[14] 알프레드 드 비니 그리고 쥘르 자넹[15] 또 이외의 많은 사람의 작품들이 있었다.

괴테가 말했다. "다비드는 이 선물을 통해 나에게 즐거운 나날을 선사해 주었지. 벌써 1주일을 고스란히 이들 젊은 시인들의 작품을 탐독하고 지내면서, 그들에게서 신선한 인상을 받고 새로운 생명을 향유하고 있지. 내 마음에 쏙 드는 이들의 초상과 저작물에 관해 나는 특별한 목록을 만들어 놓을 생각이네. 이렇게 하면 이 두 가지는 나의 미술 수집실과 서고에서 특별한 장소를 차지하게 될 것이야."

프랑스의 젊은이들이 괴테에게 표시한 이 경의는 그의 마음을 참으로 행복하게 만들어 준 것 같았다.

다음으로 괴테는 에밀 데샹의 〈연구〉 중에서 몇 행을 읽었다. 그는 〈코린트의 신부〉의 번역을 충실하고도 아주 잘된 것이라고 칭찬했다. "나는 이 시의 이탈리아어 번역 원고도 가지고 있는데, 그것은 원시(原詩)의 리듬까지도 재현하고 있지."

---

[11] 생트 뵈브(1804~1869). 프랑스의 시인, 소설가이자 비평가인 그는 〈글로브〉지 문예비평의 중요한 기고자였다.
[12] 발랑슈(1776~1847). 프랑스의 비평가이다.
[13] 빅토르 위고(1802~1885). 프랑스의 낭만주의 시인으로, 그의 송시와 담시는 그를 유명하게 만들었고 널리 인정받게 했다. 그의 소설 〈노트르담의 꼽추〉와 〈레미제라블〉은 세계적인 걸작이다.
[14] 발자크(1799~1850). 프랑스의 소설가이다. 그는 자유분방한 공상력과 창조력을 동원하여 현실 사회의 모든 면을 일련의 소설군 속에 파악하려는 웅대한 계획을 실현함으로써 프랑스 리얼리즘 문학의 창시자가 되었다.
[15] 쥘르 자넹(1804~1874). 프랑스의 작가이다.

〈코린트의 신부〉는 이야기가 그의 다른 담시로 옮겨가는 계기가 되었다. "이 담시의 대부분은 실러 덕분에 성립된 것이었네." 하고 그는 말했다. "실러는 언제나 자신이 주관하는 문예지인 〈호렌〉[16]에 실어야 할 새로운 작품이 필요했기 때문에 내가 그것을 쓰게 만들었던 것이야. 이 모든 시는 이미 여러 해 전부터 내 머릿속에서 다 완성되어 있었고, 사랑스러운 영상으로 떠오르고 사라지기도 하는 아름다운 꿈이 되어 나의 마음을 사로잡고 있었지. 그것을 공상하기만 하면 나는 기쁨을 느낄 수 있었네. 하지만 오랫동안 나를 즐겁게 해 준 이 멋진 환상에 불만족스럽고 빈약한 말로 살을 붙여, 싫지만 하는 수 없이 영원한 작별을 고해야 했지. 원고지에 다 쓰고 났을 때 나는 애수에 찬 심정으로 그것을 물끄러미 바라보았어. 마치 사랑하는 친구와 영원히 이별해야 하는 그런 기분이었네."

　괴테는 계속했다. "내가 시를 만드는 다른 때는 이런 기분이 일어나지 않았고 느끼는 감정도 완전히 다른 것이었어. 보통 나는 시를 만들기 전에는 그 시에 대한 아무런 인상도 예감도 갖고 있지 않았네. 그러다 시들이 갑자기 나를 덮쳐와 순식간에 쓰일 것을 요구하는 식이었지. 그러므로 나는 즉석에서 본능적으로, 또 꿈을 꾸는 듯한 기분으로 써 내려가야겠다는 충동을 느끼곤 했네. 이런 몽유병자와 같은 상태에 있었기 때문에 나는 그것을 다 쓰고 난 때라든지, 또 써내려 가다가 여백이 없어져 버렸을 때야 비로소 내 앞에 종이가 완전히 옆으로 기울어져 있었다는 것을 알아차릴 수 있었지. 예전엔 이런 식으로 완전히 옆으로 기울어지게 쓴 종이를 여러 개 가지고 있었네. 그러나 그것들이 점점 사라져 버렸기 때문에 유감스럽지만 그렇게 정신없이 시를 썼던 증거물을 보여줄 수가 없다네."

　이어 화제는 프랑스 문학, 특히 최근에 나타나고 있는 비교적 재능이 있는 소수 작가의 급진적이고 낭만적인 경향으로 옮겨졌다. 괴테는 이에 대해 지금 진행 중인 이러한 문학 혁명은 문학 자체로서는 아주 유익한 것이기는 하겠지만 문학을 창출하는 개개의 작가에게는 도움이 되지 않을 것이라는 의견이었다.

---

[16] 실러가 주관하는 이 문예지는 1795년부터 1797년까지 코타출판사에서 출판되었다. 괴테의 이름은 나와 있지 않지만 괴테는 실러와 함께 이 문예지의 공동편집자였다.

"어떠한 혁명도 극단적으로 되어 버리는 것은 피할 수 없는 일이지. 정치적인 혁명의 경우에도 처음에는 여러 가지 종류의 악습을 시정하는 것만을 목표로 하지만 사람들은 자기도 모르는 사이에 유혈과 잔학 속으로 깊이 빠져들어 가게 되네. 프랑스인들 또한 현재의 문학상의 변혁에 있어서 처음에는 형식의 해방 외에는 아무것도 원하지 않았지. 그러나 현재에는 이것에 머물러 있지 않고 형식과 함께 종래의 내용까지도 배척하기에 이르렀네.—고귀한 정신과 행동의 묘사를 지루하다고 공언하기 시작하고, 모든 종류의 악행을 취급하려고 하고 있지. 그리스 신화의 아름다운 내용 대신, 악마와 마녀 그리고 흡혈귀가 등장하여 고대의 숭고한 영웅들은 악당과 갤리선을 젓는 노예에게 자리를 양보하지 않으면 안 되게 되었네. 이런 것은 강렬한 자극을 제공하는 효과도 있어.—그러나 독자들이 한번 이런 후춧가루와 같은 자극적인 식사를 맛보고 이것에 길들게 되면 그다음 번에는 그 이상의 것, 더 자극이 강한 것을 원하게 되지. 아직 위대하지 않은 젊은 재능들은 활동하면서 이 세상 사람들에게 인정을 받고 싶어 하지만 자립하여 독자적인 길을 걸어가야 하느니만큼, 시대의 취미에 순응할 수밖에 없을 테지. 어디 그뿐이겠는가. 무서운 것, 몸서리치게 만드는 것을 써서 선배들을 능가하려고 노력하지 않으면 안 될 거야. 그러나 이런 표면적인 효과와 수단만을 뒤쫓아가면 심오한 연구는 소홀히 하게 되고, 재능이나 인간성을 내부로부터 한 발짝 한 발짝 견실하게 발전시켜 나가는 것에는 전혀 무신경하게 된다네. 이런 찰나주의적인 경향은 일시적으로는 문학 일반이 이득을 얻을 수도 있겠지만 재능이 있는 사람들이 받게 되는 손해는 가장 막대한 것이지."

"그렇지만" 하고 나는 말했다. "어째서 재능이 있는 개개인을 파멸시키는 운동이 문학 일반에게는 도움이 된다는 것입니까?"

괴테가 대답했다. "내가 극단 또는 기형이라고 부른 것은 점차로 사라져 없어질 것이네. 그러나 마지막에 가서는 자유로운 형식과 함께 한층 더 풍부하고 다양한 내용이 획득되고, 한이 없는 넓은 세계와 복잡하기 그지없는 인생의 어떠한 대상을 취급해도 시적이 아니라고 배척을 받지 않게 되는, 정말로 어마어마한 이득이 얻어지게 될 것이야. 오늘날의 문학적 시기는 심한 열병을 앓는 상태라고 말할 수 있지. 물론 이것은 그 자체로서는 좋지도 않고 소망스러운 것도 아니지만 건강이 다시 회복되면 상쾌한 결과를 얻을 수 있게 되네. 현재 문학 작품의 모든 내용을 형성하고 있는 것은 참으로 꺼림칙한 것이기는 하지만, 이것이 앞으로는 오직 유익한 성분으로서 나타날 것이야. 그렇고말고. 사람들은 한동안 극단적으로 배격했던 철두철미하게 순수한 것과 고귀한 것을 머지않아 다시 점점 더 강렬한 열망으로 찾아 나서게 될 것일세."

"당신이 특별히 즐겨 읽곤 하는 시인 중의 한 사람인 메리메까지도" 하고 나는 말했다. "그의 〈구즐라〉[17]에서 흉측한 제목을 사용하여 저 급진적인 낭만파와 같은 궤도에 발을 들여놓았다는 것은 놀라운 일이었습니다."

"메리메는 이런 사물을 그의 동료들하고는 전혀 다르게 취급하고 있지. 물론 이때도 묘지와 밤의 십자로 그리고 유령과 흡혈귀 같은 몸서리치는 모티브가 없는 것은 아닐세. 그러나 이런 불유쾌한 것들이 모두 이 시인의 내면을 감동하게 해 생겨난 것은 아니지. 오히려 그는 이것들을 어느 정도 객관적인 거리를 두고, 말하자면 풍자적으로 취급하고 있어. 이런 경우 그의 작업 모습을 보면, 예술가란 때로는 이런 것을 즐기기 위해 시도해 볼 수도 있다는 태도이지. 지금 말한 대로 그는 자신의 본래 내면을 완전히 감추고 있네. 그뿐만 아니라 이때 그는 자기가 프랑스인이라는 것조차도 포기하고 있어. 이것은 사람들이 〈구즐라〉를 처음에는 정말로 일뤼리아의 민요가 아닌가 하고 생각할 정도로 철저한 것이야. 그러므로 그가 의도한 속임수는 거의 성공했다고 말할 수 있지."

괴테는 말을 계속했다. "메리메는 확실히 굳세고 흔들림 없는 사나이야! 특히 어떤 대상을 객관적으로 취급할 때의 역량과 천재적인 재능은 정말로 상상 밖이지. 바이런 또한 그와 같았어. 바이런은 심하게 제멋대로인 개성의 소유자였음에도, 때로 그의 역량을 완전히 감추고 있지. 이것은 그의 몇몇 희곡 작품, 특히 〈마리노 팔리에로〉[18]에서 볼 수 있네. 이 연극을 읽고 있으면 이것을 쓴 사람이 바이런, 아니 영국인이라는 것까지도 완전히 잊어버리게 되지. 이 작품에

---

17) 명시선집 〈구즐라 또는, 달마티아에서 수집한 일리리아 시선집〉(1827년)은 세르비아의 노래에 대해 다룬다.
18) 바이런의 작품으로 이탈리아인을 다룬 1820년의 희곡이다.

서 우리는 완전히 베네치아에서 이 사건이 일어난 그 당시의 시대를 살고 있는 기분이 되어 버린다네. 등장인물들의 대사는 순전히 자기 마음속에서, 그리고 그들 자신의 독자적인 경지에서 나오는 것이기 때문에, 작가의 주관적인 감정이나 사상 그리고 의견 같은 것은 보여 주지 않지. 이것이야말로 참된 방법인 것이야.—이런 점에서는 현대의 젊은 프랑스 낭만주의자들 가운데서 극단적인 사람들을 칭찬할 수가 없네. 나는 그들의 시와 소설 그리고 희곡 작품도 읽었지만 모두가 작가의 개인적인 색채를 띠고 있었어. 그리고 그것들을 쓴 것은 한 사람의 파리 사람이며 프랑스인이라는 것을 결코 잊을 수가 없다네. 그뿐만 아니라 외국적인 것을 소재로 다루었다고 하더라도 여전히 프랑스나 파리를 넘어서지 못하고 있고, 찰나적인 나날의 소망과 욕구, 갈등과 흥분에 시종일관 사로잡혀 있지."

"베랑제도 마찬가지로" 하고 나는 시험 삼아 항의를 해 보았다. "단지 대도시의 상태나 자기 내면만을 표현하고 있습니다만."

"그 인물도 그 묘사와 내면적인 것을 보면 상당한 가치를 가지고 있다고 말해도 좋은 작가지. 베랑제는 참으로 혜택받은 재능을 소유하고 있는 인간이야. 착실하게 자기 자신 속에 뿌리를 내려서 순수하게 자기 자신 속에서 발전하고, 완전하게 자기 자신과 조화를 이루고 있지. 무엇이 그때의 풍조를 타고 있는가? 무엇이 유리한가? 무엇이 사람들의 인기를 끌 수 있는가? 또 이것을 모방하기 위해 다른 사람들은 무엇을 하고 있는가? 그는 이런 것을 한 번도 물어본 적이 없었지. 언제나 그 자신의 천분을 핵심으로 삼고 창작 활동을 했고, 민중이라든가 이쪽저쪽의 당파가 자기에게서 무엇을 소망하고 있는가에 전혀 관심이 없었어. 물론 그는 여러 가지로 위급한 시대에는 민중의 기분이나 소망 그리고 욕구에 귀를 기울였지. 그러나 이것은 그의 자신감을 더욱 굳세게 했을 뿐이었네. 그런 귀 기울임이 자신의 마음과 민중의 마음이 일치하고 있다는 것을 그에게 가르쳐 주었기 때문이야. 그러나 그는 결코 자신의 가슴속에 살아 있는 것 이외의 것을 입 밖에 내는 유혹을 받는 일이 없었어."

"자네도 알고 있지만 나는 대체로 이른바 정치적인 시라는 것을 좋아하지 않아. 그렇지만 베랑제가 만든 것은 나를 기쁘게 한다네. 그가 조작해 낸 것은 하나도 없어. 어느 것도 단지 공상적인 것, 또는 공상만을 위주로 한 흥미 같은 것은 없지. 그는 절대로 아무렇게나 쓰는 법이 없네. 오히려 그는 쉬지 않고 아주 확고하면서도 일관되게 중요한 소재를 사용하지. 나폴레옹에 대한 그의 애정 어린 찬미, 나폴레옹의 지휘하에 행해졌던 위대한 무공의 회상, 그 당시에 이런 추억은 상당한 억압을 받고 있던 프랑스인들에게 큰 위안이 되었지. 게다가 성직자 계급의 정치와 예수회와 손잡고 다시 일어나기 시작한 암흑 정치에 대한 그의 증오심, 이런 것들은 당연히 전적인 찬성을 받지 않을 수 없었네. 그리고 그가 이것을 다룰 때마다 얼마나 훌륭했던가! 글로 써내려 가기 전에 그는 그 제목을 얼마나 마음속으로 갈고 닦았겠는가! 그리고 그 모든 것이 무르익어 갔을 때 거기에서 한 걸음 한 걸음 펼쳐지는 기지와 지혜, 풍자와 조롱, 성의와 소박, 또 우아함은 얼마나 풍성했던가! 그의 가곡은 연연 세세 수백만 사람들을 즐겁게 해 주었지. 그의 가곡은 노동자 계급이 읊조리기에는 딱 들어맞았어. 그러면서도 평범한 수준을 훨씬 넘어서 있기 때문에, 민중은 이런 즐거운 정신에 접촉하게 되면 그 자신도 한층 더 고상하고 훌륭한 생각을 하게 되는 거라네. 그렇게 되지 않을 수 없지."

"그가 탁월하다는 것은 전혀 의문의 여지가 없습니다." 하고 내가 말했다. "내가 그를 수년 동안 얼마나 깊이 사랑하여 왔는가 하는 것은 당신도 잘 알고 있습니다. 그리고 당신에게서 그에 대한 이런 말을 듣는 것이 얼마나 기쁜가를 아실 것입니다. 그러나 그의 가곡 중에서 어떤 것을 더 좋아하는지를 말할 때면, 물론 정치적인 시보다는 연애시 쪽이 더 내 마음에 듭니다. 게다가 정치적인 시인 경우에는 특수한 관계나 암시 같은 것이 나에게는 반드시 확실하게 와 닿지 않습니다."

"그것은 자네 쪽이 문제가 있는 것이지. 정치적인 시는 절대로 자네를 위해 쓰인 것이 아니야. 그렇지만 프랑스인들에게 물어보도록 하게. 그렇게 해보면 그들은 자네에게 그 좋은 점을 가르쳐 줄 것이야. 정치적인 시는 대체로 아주 운이 좋을 때 국민의 목소리로 보이지. 하지만 대개의 경우에는 어떤 당파의 목소리로 간주할 뿐이야. 그러나 그것이 만약 좋은 시라면 그런 국민이나 당파에 의해 열광적으로 받아들여지기도 하지. 그리고 또 정치적인 시는 언제나 일정한 시대 정세에서 오는 산물에 지나지 않는다고 여겨지는 것이야. 그렇지만 그 정세가 지나가 버린 뒤에도 그 주제에서 오고 있는 가치가 미래까지 계속되는 것은 아니라네. 이런 건 더 말할 필요도 없는 것이지만 말일세.—좌우간 베랑제는 성공을 거뒀어! 파리는 프랑스나 마찬가지지. 위대한 그의 조국의 모든 중요한 사건이 그 수도에 집중되어 있고, 그곳은 독특한 생명과 독특한 반향을 빚어내지. 게다가 또 그의 정치상 가곡 대부분을 통해서 보더라도 그를 개개 당파의 단순한 기관이라고는 생각할 수 없어. 오히려 그가 항의를 제기한 것은 대부분의 경우 널리 보편화된 국민적인 관심사와 연결되어 있었네. 그래서 이 시인은 거의 계속하여 위대한 국민의 목소리로 경청되었던 것이라네. 우리의 독일에 있어서는 이러한 일이 불가능한 것이지. 우리에게는 '여기가 독일이다'라고 결정적으로 말할 수 있는 도시가 없으며, 하물며 그런 지방도 없지. 우리가 빈에서 질문한다면 '여기는 오스트리아다'라고 할 수 있을 것이고, 베를린에서 묻는다면 '여기는 프로이센이다'라고 말할 것이야.—다만 16년 전에 우리가 겨우 프랑스인의 지배에서 벗어나려고 했을 때는 도처에 독일이 있었어.—정치적인 시인은 이럴 때 보편적인 영향을 줄 수 있을 것이야. 그러나 그때는 시인이 필요 없었네. 궁핍과 굴욕감이 널리 퍼져 있었고 국민들은 악마적인 것에 사로잡혀 있었지. 그래서 시인이 불을 붙일 수 있는 영감을 주는 불꽃은 벌써 저절로 도처에서 불붙고 있었어. 그러나 내가 지금 아른트[19]와 쾨르너 그리고 뤼케르트가 약간 영향을 끼친 것을 부정하려는 것은 아니라네."

"세상 사람들은" 하고 나는 다소 경솔하게 말했다. "당신이 저 중대한 시기에[20] 무기를 잡지 않았던 것 또는 적어도 시인으로서 활동하지 않았던 것을 비난하였습니다."

"그런 말은 이제 그만 하도록 하세!" 하고 괴테는 말했다. "어처구니없는 세상이야. 사람들은 자기가 찾고 있는 것이 무엇인지 알지 못하고 있어. 그러니 제멋

---

19) 아른트(1769~1860). 독일의 시인이자 저술가인 그는 나폴레옹의 압제에 대항하여 열렬한 애국시 그리고 정치적인 논문을 써서 국민의식을 드높였다.
20) 나폴레옹 1세에 대항하여 프로이센과 러시아의 국민이 총궐기한 해방전쟁(1813~1815)을 말한다.

대로 지껄이고 제멋대로 행동하도록 놔두는 수밖에 별도리가 없지.—증오심이 일어나지 않는데 어떻게 내가 무기를 잡을 수 있단 말인가! 그때는 이미 젊지도 않았는데 어떻게 미워할 수 있다는 말인가! 만약 그 사건이 내가 20대일 때 일어났다면 나로서도 절대로 마지막까지 꼼짝하지 않고 가만히 있지는 않았을 것이야. 그러나 그 일이 일어났을 때 나는 벌써 60 고개를 넘기고 있었지.

그리고 우리가 모두 똑같은 방법으로 조국에 봉사할 수는 없어. 우리는 신이 내려 주신 길을 따라 각자 최선을 다해야 하는 것이야. 나는 반세기에 걸쳐 오로지 이 일을 위해 고생을 해 왔지. 나는 이렇게 말할 수 있어. 나는 자연이 내 하루하루의 작업으로 정해 준 사항에 있어서는 낮과 밤을 조금도 쉬지 않고, 휴양도 취하지 않고 노력하고 연구하면서 내가 할 수 있는 만큼 일을 했다고 말이야. 각자가 자기 자신에 대해 이와 같은 말을 할 수 있다면 모든 사람이 행복해질 수 있을 것이야."

나는 그를 위로하듯 달래면서 말했다. "당신은 그런 비난에 분개할 필요는 없습니다. 오히려 당신은 비난받는 것을 자랑으로 여겨도 좋을 것입니다. 왜냐하면 세상 사람들이 당신을 높이 섬기고 있어서, 다른 누구보다도 국민 문화에 많은 기여를 하신 당신이 마지막까지 모든 일을 해 주기 바랐기 때문에 그런 말도 생긴 것이니까요."

"그것에 대해서는 내 생각을 말하고 싶지 않네." 하고 괴테는 대답했다. "그와 같은 평판의 배후에는 자네가 알 리 없는 나에 대한 악의가 더 많이 숨겨져 있지. 나는 그 속에서 오래전부터 나를 박해하고 나에게 상처를 입히려고 했던 오래된 증오심이 새로운 형식을 취하고 있는 것을 느끼고 있다네.[21] 내가 많은 사람들에게 눈엣가시라는 것, 그들 모두가 나를 기꺼이 제거하고 싶어 한다는 것도 나는 너무나 잘 알고 있어. 그런데 나의 재능은 트집 잡을 수 없기 때문에 나의 인격에 시비를 걸려고 하고 있지. 내가 거만하다든가, 이기적이라든가, 젊은 작가들에게 너무 질투심이 많다든가, 관능적인 쾌락에 빠져 있다든가, 그리스도교에 반대하고 있다든가 하면서 급기야는 나의 조국, 나의 사랑하는 독일

---

21) 괴테는 해방전쟁이 승리로 끝났을 때 프로이센 국왕의 개선을 축하하는 축제극인 〈에피메니데스의 각성〉(1814년)을 쓰기도 했다.

에 대한 애정이 없다고까지 말하고 있는 지경이지.—자네는 이제 여러 해 동안 나를 충분히 잘 알고 있기 때문에 이런 모든 수다는 아무 가치가 없다는 것을 알 수 있을 것이야. 그렇지만 내가 이 때문에 얼마나 괴로워했는가를 알고 싶으면 나의 〈크세니엔〉[22]을 읽어 보게. 반격작용 역할을 한 이 풍자시를 보면 사람들이 얼마나 끊임없이 나의 생명에 상처를 입히려고 했는지 알게 될 거라네.

독일의 문인이 된다는 것은 곧 독일의 순교자가 되는 것이지!—그렇고말고. 자네! 자네도 이것에는 이의를 제기하지는 않을 것이야. 나만 하더라도 마음에 품은 푸념을 털어놓을 계제는 못 되네. 다른 사람들의 경우는 더 좋지 않았지. 아니 그뿐이 아니라 대부분의 사람은 나보다 더 나빴지. 영국이나 프랑스도 완전히 우리 나라와 똑같지. 몰리에르는 얼마나 괴로워해야 했던가! 루소와 볼테르도 그렇지 않았던가! 바이런은 독설가들로 인해 영국에서 추방되어 너무 일찍 죽었기 때문에 속물들과 그들의 증오로부터 해방될 수 있었지만, 그렇지 않았더라면 마침내 세계의 끝까지 도망을 가야 했을 것이야.

옹고집을 부리는 군중이 고귀한 사람을 박해한다면 그것은 있을 수 있는 일이지. 그렇지만 타고난 재능이 풍부한 사람들끼리도 서로를 박해하고 있네. 플라텐은 하이네를 화나게 만들고, 또 하이네는 다시 플라텐을 화나게 만들어[23] 두 사람은 서로에게 욕을 퍼붓고는 미워하고 있어. 이 세상은 크고 넓어서 평화롭게 살고 활동해 나가는 데에 아무런 부족함이 없지. 그렇건만 저마다 일찍부터 자기 자신의 재능 옆에 언제까지나 쉬지 않고 자기를 괴롭히는 적을 만들고 있지.

방에서 군가(軍歌)를 쓰고 앉아 있다!—어떻게 이런 유(類)의 일을 내가 할 수 있다는 말인가!—밤이 되어 적과 대치하고 있는 최전선에서 말이 울어 대는 소리가 들려오는 야영지에 있다면 군가를 쓸 기분도 생길 수 있을 것이야. 그러나 그것은 나의 생활 태도도 아니고 내가 할 일도 아니었지. 그것은 테오도르 쾨

---

22) 〈크세니엔〉에서 괴테는 '그대 신자들이여, 환성을 지르지 말라'라는 구절로 자신의 공격자들에게 반격을 가하고 있다. 또 1847년에 공개된 〈루덴과의 대화〉를 보면, 거기에서 괴테는 애국적인 진정을 토로하고 있다.

23) 하이네는 〈여로의 그림〉의 제3권에서 플라텐을 비방하고 있고, 플라텐은 〈낭만적인 외디프스〉에서 하이네를 공격하고 있다.

르너의 몫이었어. 군가는 그에게는 완전히 꼭 들어맞지. 그러나 나에게는 전투적인 성질도 없고 그런 정신도 없다네. 그러니 군가는 아마 나의 얼굴에는 전혀 어울리지 않는 가면과 같은 것이었을 것이야.

나는 나의 시 속에서 허식을 부려본 적이 없네.—체험해 보지도 않고 뼈저리게 느껴 보지도 않고, 또 괴로워해 본 일이 없는 것은 시로 쓴 일이 없고 입 밖에 낸 일도 없어. 연애를 할 때는 연애시만 썼어. 증오할 것이 없는데 어떻게 증오의 시를 쓸 수 있다는 말인가!—우리가 프랑스인들의 지배에서 해방되었을 때는 나도 하느님에게 감사를 했네. 그런데 우리끼리의 얘기네만 나는 프랑스인들을 미워하지는 않았어. 문화와 야만의 문제만을 중요시하고 있는 내가 생각할 때 프랑스는 이 지구상에서 가장 문화가 앞선 국가 중의 하나이며, 나 자신의 교양 대부분도 그 덕을 입고 있는데 어떻게 그 국민을 내가 미워한단 말인가!"

괴테는 말을 계속했다. "대체로 국민적 증오심이란 것은 특유한 것이지.—문화의 가장 낮은 단계에서 이 증오심은 언제나 가장 강렬하고도 가장 거칠게 나타나는 법이야. 그렇지만 국민적 증오심이 완전히 모습을 감추고, 말하자면 국민적인 것을 초월하여 이웃 나라 국민의 행복이나 불행을 마치 자기 자신이 당하는 일처럼 느끼는 경지가 있네. 이 문화 단계가 나의 성질에는 어울리지. 나는 60세에 도달하기 이전부터 오랫동안 이런 굳센 신념 아래서 살아왔어."[24]

1830년 3월 15일 월요일

저녁때 거의 한 시간을 괴테 댁에서 지냈다. 그는 예나에 관해 여러 가지 이야기를 했다. 그리고 대학의 각 학과에 걸쳐 그가 실현한 설비와 개량에 대해 말했다. 그는 이전에는 단지 약학과의 범위에 속한 것으로 취급되어 있던 화학과 식물학 그리고 광물학을 위해 특별한 강좌를 도입했다. 특히 자연과학 박물관 그리고 도서관을 위해 그는 많은 업적을 올렸다.

이 기회에 그는 또 한 번 자랑스러워하면서 유쾌해하는 것 같았다. 그래서

---

[24] 괴테는 문화국인 프랑스에서 많은 것을 배웠기 때문에 프랑스를 미워할 수 없다고 말한다.

인지 그는 도서관에 인접해 있는 큰방을 강제로 점령했던 이야기를 들려주었다. 그 큰방은 의학부의 소유였는데, 그들이 그것을 양도하려고 하지 않았던 것이다.

"도서관은 아주 좋지 않은 상태에 있었지. 그곳은 습기가 차 있는 데다 좁아서 장서를 알맞게 보관한다는 것은 불가능한 일이었어. 특히 대공의 원조로 뷧트너 문고[25]를 구매했기 때문에 새롭게 1만 3천 권의 책이 더 늘어나, 책들이 바닥에 산처럼 높이 쌓여 여기저기 널려 있었지. 앞에서도 말했듯이 이 책들을 적당히 배열할 수 있는 장소가 없었거든. 이것 때문에 나는 정말로 아주 곤혹스러워하고 있었네. 새로운 건물을 증축해야 하는 것이지만 그러기 위한 자금이 없었어. 게다가 새로 증축하지 않아도 해결할 수 있을 것 같았네. 왜냐하면 도서관에 인접한 큰방 하나가 있었기 때문이야. 이 큰방은 그때 비어 있었기 때문에 우리가 요구하는 모든 것을 더할 나위 없이 충족시켜 줄 수 있었던 것이지. 그렇지만 그 넓은 방은 도서관이 소유하고 있는 것이 아니고 의학부가 사용하고 있는 것이었다네. 그런데 그들은 그것을 회의할 때만 가끔 사용하고 있을 뿐이었어. 그러므로 나는 의학부의 선생님들을 찾아가서 그 넓은 방을 도서관에 양보해 줄 것을 정중하게 간청했지. 그러나 그분들은 무슨 일이 있어도 나의 소망을 들어주지 않았어. 그분들은 자신들이 회의할 수 있게 새로운 넓은 방 하나를 지어준다면 양보하겠다, 그러나 그것도 지금 당장 지어주어야 한다고 말했지. 나는 그분들을 위해 다른 토지를 마련해 줄 수는 있지만 지금 당장 새로 방을 만들어 주는 것은 약속할 수 없다고 대답했네. 나의 이 대답에 그분들은 만족해하지 않는 것 같았어. 왜냐하면 그다음 날 아침 열쇠를 빌려달라고 사람을 보냈더니 열쇠가 어디에 있는지 보이지 않는다는 대답했거든.

이제 이렇게 된 이상 강제 점령 수단을 취하는 것밖에 다른 도리가 없었네. 그러므로 나는 미장이 한 사람을 불러오게 한 다음 앞에서 말한 그 넓은 방의 벽 앞으로 안내했지. '자네, 이 벽은' 하고 나는 말했지. '아주 두꺼운 것임이 틀

---

[25] 괴팅겐 대학의 철학교수인 뷧트너는 방대한 장서를 소유하고 있었는데, 그가 죽게 되면 그것은 아우구스트 대공의 것이 된다는 합의가 있었다. 대공이 이 문고를 바이마르에서 운영하는 예나대학 도서관으로 옮긴 것이다.

림없지. 왜냐하면 두 개의 각각 다른 방으로 칸막이를 했기 때문이야. 이 벽이 어느 만큼 두꺼운 것인지 한번 시험해 보기 바라네.' 미장이가 일에 착수하여 대여섯 번 힘차게 내려치자마자 석회와 벽돌이 떨어져 나갔지. 그리고 새로 생긴 틈새로부터 벌써 그 넓은 방을 장식하고 있던 옛날 가발을 쓴 높은 분의 초상화가 두세 개 보였지. '일을 계속해 주게' 하고 나는 말했네. '아직 잘 보이지 않아. 사양할 필요가 없어. 내 집에 있는 기분으로 일을 하면 되네.' 이 다정스러운 격려의 말에 미장이는 크게 힘을 발휘했다네. 그래서 틈새는 순식간에 완전히 넓어져 그것을 통해 출입할 수도 있게 되었지. 그러므로 나의 도서관원들은 모두 두 팔에 한아름 책을 들고 큰방으로 뛰어 들어갔지.

그들은 점령의 표시로 그것을 땅바닥 위로 던졌어. 벤치, 의자 그리고 책상은 순식간에 사라졌지. 나의 충실한 도서관원들이 정말로 신속하고도 활발하게 움직였기 때문에, 며칠 안 가서 책 전부를 서가에 꽂을 수 있었네. 책장들은 벽을 따라 질서정연하게 나란히 한 줄로 세워졌지. 이어 얼마 안 있어 의학부의 선생님들이 전부 어울려 여느 때와 마찬가지로 출입문을 지나 그 넓은 방으로 들어왔네. 그 방에 일어난 변화를 본 그들은 말문이 막히고 말았어. 그러므로 아무 말도 하지 않고 돌아가 버렸지. 그들은 모두 마음속으로 나를 원망하고 있었지만 그들 한 사람 한 사람을 따로따로 만날 때면, 특히 그중 한두 사람을 내 집 식탁으로 초대하면 아주 붙임성이 좋고 사랑스러운 친구가 되었지. 나는 이 모험의 전망을 대공에게 말씀드렸어. 이 일은 물론 내공의 양해와 충분한 동의를 얻어 시작한 것이지만 그분은 매우 재미있어했지. 우리는 이 일이 있은 뒤부터 여러 번 이 이야기를 하고는 서로 웃었네."

괴테는 아주 좋은 기분이었고 이것을 생각해 내고는 즐거워했다. "그렇지, 자네도 알겠지만" 하고 그는 계속했다. "곤란한 일이 생겨야 비로소 좋은 일을 관철할 수 있는 법이지. 그 후에 일어난 일이라네. 도서관이 심하게 습기에 차 있었기 때문에 이것에 해를 끼치는 아무 쓸모 없는 낡아버린 시(市)의 외벽 일부를 허물어 치워 버리려고 했다네. 하지만 이번 일은 더욱더 어려웠네. 아무리 간청하고 옳은 이유를 조리 있게 말해도 소원을 들어주지 않았지. 그러므로 이때도 나는 할 수 없이 강제 점령 수단을 써서 일을 처리하지 않을 수 없었네. 시청 사람들은 내가 명령한 노동자들이 낡은 외벽을 때려 부수는 일에 착수하는 것을 보고, 그 당시 도른부르크에 머물고 있었던 대공한테로 대표를 파견하여 전하께서 괴테에게 엄명을 내리셔서 낡았지만 존경하는 시의 외벽을 파괴하는 것을 중지시켜 주십시오, 하고 청원서를 제출했지. 그러나 나에게 비밀리에 그 임무를 위임해 주고 있었던 대공은 '나는 괴테가 하는 일에는 간섭하지 않네. 그는 자기가 하는 일을 잘 납득하고 있지. 어떻게 잘 해내는지 두고 봐야 할 것이야. 만약 자네들에게 용기가 있으면 괴테한테 가서 직접 말해 보도록 하게'라는 멋진 답변을 해 주었어."

"그런데 아무도 내 앞에 나타나지 않았지." 하고 괴테는 웃으면서 덧붙였다. "나는 장애물이었던 낡은 외벽을 계속 때려 부쉈지. 이리하여 다행히도 드디어 도서관이 건조해지는 것을 볼 수 있었어."

1830년 3월 17일 수요일 ★

저녁때 두세 시간을 괴테 댁에서 지냈다. 나는 대공비의 부탁을 받고 〈겜마 폰 아르트〉[26]를 그에게 돌려주면서, 이 희곡 작품에 대해 내가 생각하고 있는 모든 훌륭한 점을 그에게 피력했다. 그는 대답했다. "구상이 매우 참신하고 도처에서 확실하게 재능이 드러나는 그와 같은 작품을 보게 되면 나는 언제나 기쁘다네." 이어 그는 그 책을 두 손으로 잡고 옆얼굴로 비스듬히 바라보면서 덧붙여 말했다. "그렇지만 희곡 작가가 쓴 대본이 너무 길어서 쓰인 원작 그대로 상연되지 않는 것을 보면 나로서는 어딘지 기분이 좋지 않아. 이러한 결함이 있으면 내가 이 작품에서 당연히 얻게 될 즐거움도 절반으로 줄어들게 되네. 한번 보게. 실제로도 〈겜마 폰 아르트〉는 너무 두꺼운 책이지 않은가?"

나는 대답했다. "실러는 이 점에 있어서 그렇게 잘하지는 못했습니다. 그가 위대한 희곡 작가인 것은 분명하지만요."

"확실히 그는 이 점에 있어서는 성공했다고 할 수 없지." 하고 괴테는 대답했다. "특히 왕성한 청년 시기에 쓴 그의 초기 작품들은 전혀 정리가 되어 있지 않

---

26) 스위스의 작가이자 목사인 보른하우저(1799~1856)의 희곡작품이다.

아. 마음에 떠오르는 것과 말하려고 하는 것이 너무나 많아 어떻게 매듭을 지어야 할지를 몰랐어.

훗날 그는 이 결점을 잘 알아차리고 무한한 노력을 다하였고, 연구와 작업을 거듭하여 극복하려고 하였지. 그렇지만 조금도 성공을 거두지 못했네. 자기의 주제를 적절하게 소화하고 거기에서 한발 물러서서 이것을 관찰하고 오직 필요 불가결한 것에만 집중한다는 것은 물론 생각하는 것보다는 훨씬 어려운 것이야."

궁중 고문관인 리머가 찾아온 것을 알리면서 안으로 들어왔다. 나는 괴테가 저녁때 언제나 리머와 함께 일하는 것을 알고 있었기 때문에 인사를 드리고 떠나려고 했다. 그렇지만 괴테가 나에게 그냥 앉아 있으라고 부탁했기 때문에 나는 아주 기쁜 마음으로 그의 말에 따랐다. 그리고 괴테의 입으로부터 오만과 방자 그리고 메피스토펠레스적인 변덕에 가득 찬 담소를 직접 들을 수 있었다.

"죔메링[27]은" 하고 괴테는 시작했다. "가엾게도 75세가 됐을까 말까 한 나이에 죽고 말았어. 인간이라면 그 이상 더 오래 살도록 용기를 가지지 않으면 안 되지. 그렇지 않다면 인생이란 얼마나 초라한 것인가! 나의 친구 벤담은 극단적인 과격주의의 바보이긴 하지만 이 점에 있어서는 잘 견디어 낸다고 칭찬하고 싶네. 왜냐하면 그는 나보다 여러 주일 연장자이기 때문이야."

이에 내가 말했다. "우리는 이렇게 덧붙일 수 있을 것입니다. 그분은 다른 점에 있어서도 당신과 꼭 마찬가지로 젊은이들 못지않게 여전히 열심히 활동하고 있다고 말입니다."

"그럴지도 모르지. 그렇지만 우리 두 사람은 쇠사슬의 양쪽 반대편 끝에 자리를 잡고 있는 셈이네. 그는 파괴하려고 하고 있어. 그런데 나는 보존하고 건설하려고 하고 있지. 그 나이에 그처럼 과격한 것은 더없이 어리석은 짓이야."

"내 생각으로는 과격주의도 두 종류로 구별하지 않으면 안 된다고 생각합니다. 그 하나는 앞으로의 건설을 위하여 모든 것을 파괴해 장애물을 걷어치우려는 것이고, 다른 하나는 폭력적인 수단을 쓰지 않고 좋은 곳으로 도달할 수 있

---

[27] 죔메링(1755~1830). 그는 1820년 이래로 프랑크푸르트에서 살고 있는 의사이자 해부학자이다. 그는 전신기의 발명가이기도 하다.

다는 희망을 품고 정치적인 약점과 결함을 지적하는 것만으로 만족해하는 것입니다. 당신이 영국에서 태어났다면 틀림없이 후자에 속했을 것입니다."

"그렇고말고. 자네가 나를 잘못 봐서는 안 될 말이지." 하고 괴테는 대답했다. 그는 이제는 완전히 메피스토 그대로의 태도와 목소리로 변해 버렸다. "혈안이 되어 나쁜 습관을 찾아다니고 그 이름을 대면서 폭로하고 다니는 일, 어떻게 내가 그런 일을 할 수 있다는 말인가? 만약 내가 영국에서 태어났더라면 이런 나쁜 습관을 제물처럼 먹고 지냈을 것이야.—만약 내가 영국에서 태어났더라면 말이지, 돈 많은 공작 아니면 1년 수입이 3만 파운드 되는 주교라도 되어 있었을 것이야."

"정말로 좋은 말씀입니다! 그렇지만 만약 그렇게 될 수 있는 제비에 당첨되지 못하고 허탕을 치는 경우에는 어떻게 하시겠습니까? 제비에 당첨되지 않는 경우는 수없이 많습니다."

"나의 친구여, 누구나 다 제비에 당첨될 것이라고 장담할 수는 없는 것이지." 괴테는 대답했다. "그런데 자네는 설마 내가 당첨되지 않는 그런 제비를 뽑을 것이라고 믿고 있는가?—나는 무엇보다도 제39개 조항[28]을 이용할 것이네. 나는 이것을 모든 방면과 방향에 걸쳐 옹호할 것이야. 특히 제9조는 나에게 완전히 각별한 주의와 온유한 헌신의 대상이 되어 줄 테지. 나는 매년 받는 3만 파운드를 놓치지 않기 위해서 시나 산문을 써서 신앙심이 강한 것처럼 겉을 꾸미고 거짓말도 다할 것이야. 그리고 한번 이런 높은 지위를 차지하게 되면 이것을 지키기 위해 무슨 일이든 다할 거라네. 특히 무지라는 어두운 밤을 한층 더 어둡게 하기 위해 모든 힘을 다 할 것이야. 그렇고말고. 나는 마음씨 좋고 단순한 군중들에게 교묘히 접근하여 환심을 살 걸세. 그리고 사랑스러운 학교 아이들을 구워삶을 것이야. 그리고 이 세상 사람 아무도 나의 이 화려한 지위가 가장 추악한 나쁜 습관을 기초로 삼고 있다는 것을 알아차리지 못하고, 혹 알아차린다고 하더라도 이것을 감히 입 밖에 낼 수 있는 용기를 갖지 못하도록 할 거란 말이지."

---

28) 1571년 의회에 의해 승인된 영국교회와 관련된 법률이다.

"당신의 경우라면" 하고 나는 말했다. "사람들은 적어도 당신이 훌륭한 재능에 의해 이와 같은 높은 지위에 올라선 것이라고 생각하여 오히려 마음의 위로를 받을 것입니다. 그러나 영국에서는 자주 다른 이들도 아니고 아주 어리석고 무능한 자들이 이 세상 최고의 영화를 누리고 있습니다. 그리고 그들은 자신의 공적에 의해서 그런 것을 얻는 것은 아닙니다. 그들은 그것을 비호와 우연, 그리고 무엇보다도 가문의 덕택으로 손에 넣은 것입니다."

이에 괴테가 말했다. "결국에는 이 지상에서 찬란한 재산을 얻은 것이 자기 자신 혼자의 힘에 의해서든지 상속에 의해서든지 간에 그것은 문제가 되지 않아. 어느 경우에 있어서나 처음으로 재산을 챙긴 사람은 다른 사람의 무지와 약점을 이용한 천재적인 사람들이었어.—정신병원을 찾을 필요가 없을 정도로 이 세상은 바보와 미친 사람들로 가득 차 있지. 지금 생각났지만 돌아가신 대공은 내가 정신병원을 싫어한다는 것을 잘 알고 있었는데, 한번은 나를 속이고 갑자기 그런 곳으로 나를 데리고 가려고 한 일이 있었네. 그렇지만 나는 이것을 재빨리 알아차렸기 때문에 '감금된 정신병자까지 찾아가서 보고 싶지는 않습니다. 자유롭게 길거리를 걸어 다니고 있는 정신병자들을 보는 것만으로도 이미 충분하기 때문입니다. 전하, 정 다른 도리가 없다면 지옥일지라도 모시고 갈 수 있지만 정신병원만은 사양하겠습니다'라고 말했네.

오, 39개 조항을 내 방식대로 취급하여 단순한 민중을 깜짝 놀라게 한다면 얼마나 재미있을까?"

"주교가 되지 않았어도 당신은 이런 즐거움을 맛볼 수 있을 것입니다."

"아니야." 하고 괴테는 말했다. "그러면 차라리 조용히 있는 것이 나아. 하지만 주교라면 그처럼 많은 거짓말을 해야 하니 돈을 듬뿍 받아야 하지. 주교의 지위와 1년 수입 3만 파운드를 예상할 수 없다면 나는 도저히 그런 짓을 할 생각은 없어. 그건 그렇고 나는 이전에 이런 종류의 일을 한 번 해본 적이 있었네. 16세의 어린 나이에 그리스도의 지옥행을 취급한 열광적인 시를 썼고 이것을 출판도 했지. 그렇지만 유명해지지는 못했네. 그런데 이 작품이 얼마 전에 내 수중으로 다시 들어왔어. 이 시는 정통파적인 편협에 가득 차 있는 것으로, 내가 천국으로 들어갈 수 있는 가장 훌륭한 통행증 역할을 해 줄 것이야. 리머, 그렇지 않은가? 자네는 이것을 알고 있지?"

"아니오, 각하." 하고 리머는 대답했다. "나는 그것을 알지 못합니다. 그렇지만 내가 이곳에 왔던 첫 해, 당신이 중병을 앓고 있을 때 있었던 일을 생각해 낼 수는 있습니다. 그때 당신은 꿈을 꾸듯 갑자기 그와 같은 주제에 관한 아주 아름다운 시를 읊조린 일이 있었습니다. 당신은 그때 소년 시절의 그 시를 생각해 낸 것임이 틀림없습니다."

"정말이지, 그럴 수도 있는 일이야." 하고 괴테는 말했다. "나도 이와 비슷한 선례를 잘 알고 있지. 어떤 신분이 천한 노인이 임종의 병상에서 정말로 뜻밖에도 아름답기 그지없는 그리스어의 잠언을 낭송했던 것이야. 사람들은 이 사나이가 그리스어를 알 리 없다고 확신하고 있었기 때문에 깜짝 놀라 이것은 기적 중의 기적이라고 외쳐 댔지. 그러나 이 노인은 자신이 젊은 시절부터 그리스어의 각종 격언을 억지로 암송하도록 강요당했다는 것이 불행하게도 탄로 나게 되었을 때, 똑똑한 사람들도 바보에게 속아 넘어갈 수 있겠구나 하고 변명했네. 이 노인은 양가댁의 한 사내아이 앞에서 자기를 모범 삼아 시 낭송을 해 보라고 격려하기 위해 그렇게 한 것이었지. 그는 정말로 고전적인 그리스어의 내용을 전혀 이해하지 못하면서 기계적으로 그대로 암기하고 있었어. 하지만 50년 동안 그것을 두 번 다시 생각해 내지 못했는데, 드디어 그 임종의 병상에서 갑자기 다시 생생하게 기억해 냈던 것이야."

이어 괴테는 또다시 전과 같은 악의와 풍자를 담아 영국의 높은 성직자들의 엄청난 봉급을 언급하고는 더비의 주교인 브리스톨 경[29]과 가졌던 일화를 이야기해 주었다.

"브리스톨 경이" 하고 괴테는 말했다. "예나를 지나갈 때, 나를 알고 지내고 싶다고 해서 어느 날 저녁에 그의 초청을 받아들여 그를 방문했지. 그런데 그는 가끔 기분이 좋아 좀 난폭한 태도를 보였네. 그러나 나도 이에 굴하지 않고 마찬가지로 난폭하게 대응하자 그는 완전히 얌전해졌지.

우리의 담화가 오고 가고 있는 동안 그는 〈베르테르〉에 관해 나에게 설교하려

---

29) 브리스톨(1730~1803) 경. 그는 1797년 6월 10일에 예나로 왔는데, 괴테는 1797년 12월 6일 카를 대공에게 그를 만난 것에 대한 보고하였다.

고 했어. 그는 그 책에 현혹되어 자살을 한 사람들이 있는데, 이것에 대해 양심의 가책을 받지 않는지 물으며 말했네. '〈베르테르〉는 완전히 부도덕하고 저주를 받아 마땅한 책이지요!'—'잠깐만요!' 하고 나는 외쳤어. '만약 그 불쌍한 〈베르테르〉에 대해 그렇게 말씀하신다면 당신들은 권력자들에 대해서는 어떤 태도를 취할 작정입니까. 그들은 단 한 번의 전쟁에 10만 여명의 사람들을 전쟁터로 보내 그중 8만 명이 서로 죽이고 죽게 하고 살인과 방화 그리고 약탈을 일삼게 하고 있습니다. 그런데도 당신들은 이런 잔학한 행위 뒤에 신에게 감사드리면서 찬송가를 부르고 있습니다.—또한 당신들은 지옥 벌의 무서움을 설교하면서 당신들 교구의 연약한 신도들을 불안에 떨게 하고 있는데, 그로 인해 그들은 제정신을 잃고 급기야는 정신병원에서 비참한 생애를 마치고 있는 것입니다!—당신들은 이성 앞에서 무기력하기 그지없는 정통파의 갖가지 교리를 휘두르면서 그리스도교를 믿고 있는 신도들의 마음속에 위험한 의혹의 씨를 뿌리고 있고, 그 때문에 절반은 강하고 절반은 약한 양면을 갖추고 있는 영혼들은 죽음 외에는 도망쳐 나올 길이 없는 미궁 속으로 빠져들어 가고 있습니다.—당신들은 이럴 경우 자기 자신을 위해 무슨 말로 변명할 것이며 그리고 또 어떤 견책을 받을 것입니까?—그런데도 당신들은 이 한 사람의 작가에게 책임을 물으며 이 하나의 작품을 꾸짖고 있습니다. 이 작품은 얼마 안 되는 편협한 정신의 소유자들에게 옳지 않게 해석되어 고작해야 열두 명 정도밖에 안 되는 바보들과 아무 쓸모 없는 자들을 이 세상에서 해방해 주었을 뿐입니다. 이자들은 생명의 촛불도 얼마 남지 않아 불어서 완전히 꺼버리는 수밖에는 다른 길이 없었습니다. 나는 인류를 위해 참으로 공헌한 바가 크기 때문에 인류로부터 감사를 받아도 괜찮다고 생각했습니다. 그런데도 당신들이 나타나서 이 선량하고 작은 공적에 죄를 씌우려고 하고 있습니다. 이것에 비하면 당신들, 성직자들, 그리고 군주들은 그처럼 엄청난 일들 그리고 격렬한 일들을 태연하게 행하고 있지 않습니까!'

이 반격은 그 주교에게서 멋진 효과를 거뒀지. 그는 어린양처럼 온순해졌다네. 그 이후에도 대화가 계속되었지만, 나에 대한 태도는 매우 정중했고 내 기분에 잘 맞추어 주었어. 이렇게 하여 나는 그와 함께 아주 즐거운 하룻밤을 보냈어. 왜냐하면 브리스톨 경은 좀 무례한 점이 있기는 했어도 재치 있고 세상 물정에 밝은 사람이어서 여러 종류의 문제를 서로 이야기할 수 있었기 때문이지. 그는 작별할 때 현관까지 배웅하면서 교구 신부에게 나를 좀 더 바래다주라고 일렀네. 내가 이 신부와 함께 길거리로 나왔을 때 그는 나에게 외쳤어. '오, 괴테 선생님! 당신은 정말로 당당하게 말씀하셨습니다. 당신이 얼마나 브리스톨 경의 마음에 들었는지 모르실 것입니다. 당신은 브리스톨 경의 마음을 사로잡는 비결을 체득하고 계십니다. 어렵게 생각하고 망설였다면 틀림없이 당신은 지금처럼 만족한 기분으로 집에 돌아가시지 못했을 것입니다.'"

"당신은 당신이 쓴 〈베르테르〉 때문에 여러 가지로 괴로움을 당해야 했을 것입니다." 하고 나는 말했다. "브리스톨 경과의 일화를 들으니 생각이 나는데요, 이 문제에 대해서 당신은 나폴레옹과 회담하셨지요. 탈레랑도 그 자리에 있었습니까?"

"그도 함께 있었지." 하고 괴테는 대답했다. "그렇지만 나폴레옹에 대해서는 아무 불평도 할 것이 없었네. 그는 나에게는 지극히 상냥하게 대했어. 그리고 이 문제도 정말이지 그처럼 위대한 인물에게서 기대할 수 있을 만큼 대해 주었어."

〈베르테르〉에서 대화는 소설과 희곡 일반으로 넘어가 그것이 대중에게 도덕적인 영향 혹은 비도덕적인 영향을 끼쳤는가에 대해서 언급했다. "만약 한 권의 책에 나오는 추잡한 장면들이 우리 눈앞은 아니더라도 우리의 귓전에서 매일 전개되는 우리 실생활보다 엄청나게 많이 더 부도덕한 영향을 끼친다고 한다면 참으로 곤란한 문제임이 틀림없지. 하지만 한 권의 책 또는 희곡 작품이 어린아이들에게 끼치는 영향도 전혀 두려워할 필요가 없네. 앞에서도 말했지만 일상생활에서 일어나는 일들이 가장 영향력 있는 책보다도 훨씬 감화력이 더 큰 것이야." 이에 나는 말했다. "그렇지만 사람들은 아이들이 들어서는 좋지 않다고 생각되는 일들을 아이들의 면전에서는 말하지 않도록 주의를 기울이고 있습니다."

"그것은 정말로 기특한 마음씨야." 하고 괴테는 말했다. "나 자신도 그렇게 하고 있네. 그러나 나는 이러한 주의는 전혀 도움이 되지 않는다고 생각하고 있지.

어린아이들은 개와 마찬가지로 예민한 후각을 가지고 있어서 어디에서나 모든 것을, 특히 좋지 못한 것을 발견하고는 눈치를 챈다네. 어린아이들은 또 언제나 자기 집에 출입하는 사람들이 그들의 부모하고 어떤 관계가 있는지 정말로 정확하게 잘 알고 있지. 게다가 어린아이들은 보통 때는 거짓말하지 않기 때문에 그들은 우리에게 그들의 가족 사이에서 우리가 어느 만큼 호의를 받고 있는지, 아니면 미움을 사고 있는지 그 정도를 알아낼 수 있는 멋진 청우계 역할을 해 준다네.

한번은 사교계에서 나에 대해 좋지 않게 말하는 사람이 있었네. 그런데 이 일은 나에게는 매우 중대하게 생각되었기 때문에, 나는 이 나쁜 소문이 누구에게서 나온 것인지를 알아내는 것에 큰 관심을 기울이지 않을 수 없었지. 대체로 이곳 사람들은 나에게 지나칠 정도로 호의를 가지고 있었네. 그래서 여러 가지로 생각해 보아도 그 나쁜 소문의 출처를 전혀 알 수 없었지. 그러다가 갑자기 모든 것이 명백하게 드러났어. 말하자면 이렇게 된 것이었지. 어느 날 나는 길거리에서 서로 알고 지내는 사람의 어린 자녀들을 만났네. 그런데 그들이 보통 때는 언제나 나에게 하곤 했던 인사를 하지 않았어. 이것으로 나는 충분히 알 수 있었지. 이리하여 나는 이것을 유력한 단서로 파악하여, 나의 명예를 짓밟고 그처럼 험상궂은 말을 퍼뜨린 것은 그 아이들의 사랑하는 부모였다는 것을 곧 알아낼 수 있었다네."

1830년 3월 29일 월요일 ★

저녁때 잠시 괴테 댁에서 지냈다. 그는 아주 침착하고 명랑했으며 기분도 한결 온화한 것 같았다. 그는 손자인 볼프와 그의 친밀한 여자 친구인 카롤리네 에글로프슈타인 백작 부인에게 둘러싸여 있었다. 볼프는 그의 사랑하는 할아버지를 어지간히 괴롭히고 있었다. 그는 할아버지의 몸 위에 기어 올라가서 어떨 때는 그 한쪽 어깨 위에 앉아 있는가 하면, 곧 다른 어깨 위로 옮겨가서 걸터앉곤 했다. 열 살 다 된 사내아이의 무게는 나이 많은 괴테에게는 견디어 내기가 무척 어려운 것일 테지만, 그는 지극히 관대한 마음으로 이 모든 것을 꾹 참고 있었다. "그렇지만 사랑하는 볼프야." 하고 백작 부인은 말했다. "착한 할아버지를 그렇게 못살게 구는 건 좋지 않아요! 정말이지, 할아버지는 네가 너무 무거워 완전히 지쳐버릴 텐데."

"괜찮을 거예요." 하고 볼프는 대답했다. "우리는 곧 잠자리로 들어갈 텐데요, 뭐. 그렇게 하면 할아버지도 피로를 완전히 풀고 다시 쉬실 수 있지요."

"그렇지." 하고 괴테는 이 말을 받아 말했다. "사랑은 언제나 좀 뻔뻔스러운 데가 있는 법이야."

대화는 캄페[30]와 그의 동화로 옮겨졌다. 괴테는 말했다. "나는 캄페와는 지금까지 단지 두 번 만났지. 마지막으로 만난 것은 40년 전에 카를스바트에서였어. 그는 그때 이미 많이 늙어 있었고, 마르고 완고하며 고집이 셌지. 그는 평생을 오직 어린이들을 위해 글을 썼네. 이와는 반대로 나는 어린이들을 위한 글은 전혀 쓰지 않았어. 그뿐이겠는가. 20세의 큰 청년들을 위한 글도 쓰지 않았지. 게다가 그는 나를 싫어했네. 나는 그에게는 눈 위의 혹이었고 발에 걸리는 돌이었기 때문에, 그는 갖은 술수를 써서 나를 피했다네. 그러나 운명은 어느 날 전혀 뜻하지 않게 나를 그의 옆으로 데려갔지. 그러므로 그는 나에게 두세 마디 말을 건네지 않을 수 없었어. 그는 말했지. '나는 당신의 정신적인 재능을 진심으로 존경하고 있습니다! 당신은 모든 분야에 걸쳐서 놀랄 만한 높이에 도달하고 있습니다. 그렇지만 그런 모든 것은 나하고는 아무 상관이 없는 것들입니다. 다른 사람들이 그것에 대해 뭐라고 말하던 나에게는 전혀 아무 가치가 없는 것입니다.'―이런 솔직함은 좀 무례한 것이었지만 나는 조금도 성을 내지 않았지. 그리고 나는 이에 대해서 여러 가지로 붙임성 있는 말을 했네. 게다가 또 사실 나는 캄페를 대단히 존경하고 있었지. 그는 어린이들을 위해 믿을 수 없을 만큼 많은 업적을 올렸기 때문이야. 그는 어린이들에게는 기쁨이었으며, 말하자면 그의 책은 아이들에게 복음서였지.―다만 무서운 공포심을 일으키게 만드는 몇 개의 이야기를 썼을 뿐 아니라, 이것을 어린이들을 위한 전집에 함께 넣은 서투른 행위에 대해서는 그를 나무라도 좋다고 생각하네. 밝고 신선하고, 그리고 천진난만한 어린이들의 환상을 어찌하여 이런 무서운 인상으로 괴롭혀야 할 필요

---

30) 캄페(1746~1818). 교육자이자 동화작가인 그는 괴테를 1776년에 데사우에서 알게 되었고, 마지막으로는 1817년에 카를스바트 온천장에서 만났다.

가 있다는 말인가!"

1830년 4월 5일 월요일

괴테가 안경을 싫어한다는 것은 널리 알려진 사실이다.

"이것은 나로서도 좀 이상한 일이기는 하지만" 하고 그는 기회 있을 때마다 되풀이하여 말하곤 했다. "아무리 해도 나로서는 참을 수 없다네. 낯선 사람이 안경을 끼고 내 앞에 나타나면 나는 곧 불유쾌한 기분에 빠져 버려 그 기분을 억제할 수가 없어. 심각한 혼란에 빠지게 되어 그 사람에 대한 호의도 곧 잊게 되지. 그뿐만 아니라 나의 정상적인 생각도 손상되어 나의 본래 심정의 편견 없는 자연스러운 전개도 생각할 수 없게 된다네. 그때는 마치 처음 만나는 사람이 첫마디 인사부터 난폭한 말을 꺼내려고 하는 것 같은 그런 불쾌한 인상을 받게 되네. 수년 전에 나에게 안경은 귀찮은 두통거리라고 지상에 발표한 이래로 이런 느낌은 한층 더 강하지. 그러므로 처음으로 만나는 사람이 안경을 끼고 나한테로 오게 되면 나는 곧 '이 사람은 나의 최근 시를 읽지 않고 있군!' 하고 생각하게 되지. 이리하여 이것만으로도 벌써 그는 다소 불리하다네. 만약 읽었다고 한다면 그가 나의 버릇을 인정하지 않고 무시한 것이 되기 때문에 한층 더 좋지 않지. 안경을 끼고 있어도 나에게 난처한 생각을 주지 않는 유일한 사람은 첼터 한 사람뿐이야. 그 밖의 다른 사람의 경우는 모두 불쾌하기 그지없지. 나는 안경을 낀 사람을 보면 내 자신이 그 알 수 없는 사나이에 의해 세부에 걸친 탐색의 대상으로 사용되고 있는 것처럼 생각되네. 그들이 안경으로 무장하고 내 마음 깊숙이 파고들어 와 이 노인의 얼굴 주름살 하나하나를 조사하고 있는 것 같은 기분이 든단 말일세. 그들은 나하고 가까운 사이가 되려고 노력하지만 그들과 나 사이에 있는 공평한 균형은 안경으로 모두 파괴되어 버린다네. 게다가 나는 이처럼 싫은 생각을 하면서까지 그들과 접촉하려는 마음은 없어. 말을 나누면서 그 사람의 눈을 볼 수 없지 않은가. 마음의 거울이 눈부신 두 개의 유리로 감추어져 있는 것 같은 사람에게서 도대체 무엇을 얻을 수 있다는 말인가!"

"누군가가 말했습니다." 하고 나는 말참견했다. "안경을 쓰게 되면 사람들이 오만해진다고 말입니다. 안경이 그들을 감각적으로 완전한 경지로 드높여 주기 때문에, 드디어 그들은 이러한 인공적인 높이를 자기가 태어나면서부터 갖추고 있는 고유한 자연적인 힘이라고 생각하게 된다는 것입니다. 그러한 망상에 사로잡혀 자기의 본래의 능력을 훨씬 높게 잘못 평가한다는 얘기지요."

"그 주장은 상당히 재미있군." 하고 괴테는 말했다. "그것은 자연과학자가 생각할 수 있는 것이야. 그러나 더 자세히 생각해 보면 확실하지 못하지. 왜냐하면 만약 참으로 그러하다면 눈먼 사람은 모두 아주 겸손한 인간이어야만 할 것이고, 이와는 반대로 건강한 눈을 가진 사람은 모두 거만하기 그지없어야 할 것이기 때문이야. 그러나 실제로는 절대로 그렇지가 못하지. 오히려 정신적으로나 육체적으로 천성으로 혜택을 받은 사람은 대개 겸손하네. 이와는 반대로 특별히 정신적으로 결함이 있는 사람은 훨씬 더 자만심이 강하다네. 생각건대 자비로운 자연은, 높은 경지에 서 있기에는 너무나도 부족한 모든 사람에게 그것을 조정 완화하고 보충해 주는 수단으로서 자만과 오만을 내려 주신 것 같아.

그건 그렇고 겸손과 자만도 지극히 정신적인 영역에 속하는 윤리적인 사항이니 육체와는 거의 상관을 갖고 있지 않네. 자만은 옹고집이고 정신적으로 몽매한 사람에게서 볼 수 있지만, 명석한 정신을 갖고 있고 천성적으로 재능이 풍부한 사람들에게서 발견되는 것은 기껏해야 자신의 힘을 기뻐하는 감정인 것이야. 그러나 이 힘은 실제로 존재하는 것이기 때문에 이 감정은 다른 종류의 것이며 절대로 자만은 아니지."

우리는 계속하여 다른 여러 가지 화제로 이야기를 나누면서 마지막으로 젊은 괴테 부인이 주관하고 있는 바이마르의 잡지인 〈카오스〉도 언급했다. 이 잡지에는 단지 이곳 바이마르의 독일의 신사와 숙녀뿐만 아니라 특히 이곳에 체류하고 있는 젊은 영국인들과 프랑스인들, 그리고 다른 외국인들도 함께 참여하고 있었다. 그러므로 거의 매호 가장 잘 알려진 유럽 언어의 거의 전부가 뒤섞여 망라되곤 했다.

"나의 며느리가 편집하고 있는 잡지치고는 잘된 편이지." 하고 괴테는 말했다. "그녀는 지극히 독창적인 잡지를 만들어 내는 데에 성공했어. 우리 사교계의 회원 한 사람 한 사람을 분주하게 움직이게 만들어, 이것도 이제는 일 년 이상 계속하고 있으니 그녀가 사람들로부터 칭찬을 받고 감사를 받을 만도 하네. 물론 이런 일은 호사가가 취미 삼아 하는 일에 지나지 않지. 그리고 그런 것에서 무슨 위대한 것, 불후한 것이 탄생하지는 않는다는 걸 나는 너무나 잘 알고 있네. 그렇지만 그것만으로도 괜찮지. 그리고 이것은 말하자면 현재 바이마르 사교계의 정신적 높이를 반영하는 거울이라네. 게다가 왕왕 무엇을 시작하고 무엇을 해야 할 것인지를 전혀 알지 못하는 현재 젊은 신사 숙녀들에게 시사하는 바가 있는 것이지. 이것은 정말로 중요한 문제인 것이야.

그들은 이 잡지를 통해 정신적인 중심점을 얻게 되고 논의와 담소의 주제를 제공받게 되지. 이렇게 되면 아주 보잘것없고 공허한 잡담 같은 것에는 빠지지 않게 되네. 나는 매호 인쇄되자마자 이 잡지를 읽지만, 대체로 졸렬한 것은 어디에서도 찾아볼 수 없고 오히려 가끔 정말로 훌륭한 글이 두셋 실려 있기도 하지. 가령 대공모의 서거를 애도하는 폰 베히톨수하임 부인[31]의 비가를 자네는 어떻게 생각하는가? 이 시는 정말로 훌륭한 것이 아니겠는가? 그렇지만 단 한 가지, 이 시뿐만 아니라 우리 젊은 신사 숙녀 많은 사람에 대해서도 말할 수 있는 것은, 그들은 마치 물기가 넘쳐 너무나 많은 어린 가지를 기생시키고 있는 나무처럼 사상과 감수성에 넘쳐 나고 있지만, 그것을 스스로 제어할 능력이 없고 그것을 적절한 데에서 끊지 못하고 있다는 것이네. 이것은 폰 베히톨수하임 부인에게서도 나타나고 있지. 하나의 운(韻)을 보존하기 위해 다른 시구를 첨부하여 그 시 전부를 완전히 망쳐 버렸어. 덕분에 시 전체가 거의 못쓰게 되어 버렸지. 나는 그 결점을 원고 속에서 발견했네. 그래서 제때 완전히 삭제해 버릴 수 있었어."

괴테는 웃으면서 말을 첨부했다. "오랫동안 실무를 맡아보면 삭제의 요령을 배우게 되지. 실러는 이 점에 있어서 특히 훌륭했네. 나는 그가 〈연간시집〉을 편집하고 있을 때 22절의 화려한 시를 7절로 줄이는 것을 보았어. 그런데 이 무서운 수술 뒤에도 그 시의 효과는 조금도 손상되지 않았지. 오히려 이 7절 쪽에 전의 22절에 있던 사상이 모두 충분하고도 효과적으로 보존되어 있었네."

---

31) 베히톨수하임 부인(1751~1841). 아이제나흐의 부수상인 베히톨수하임의 미망인이다.

1830년 4월 19일 월요일 ★

괴테는 오늘 그를 찾아온 두 사람의 러시아인에 대해 말했다. "대체로 그들은 호감이 가는 사람들이었지. 그러나 그중 한 사람은 그다지 마음에 들지 않았어. 함께 있는 동안 끝까지 한마디도 하지 않았지. 그는 말없이 인사를 하고 들어와서 앉아 있는 동안 입을 열지 않았고, 그렇게 아무 말도 하지 않고 있다가 반 시간이 지나서 인사를 하고는 떠나 버렸네. 그는 다만 나를 바라보기 위해서 온 것처럼 생각되었어. 내가 그들과 마주하고 있는 동안 그는 눈길을 나에게서 딴 데로 돌리지 않았다네. 나는 지루해졌기 때문에 이것저것 머리에 떠오르는 대로 어리석은 말들을 지껄여 대고 말았지. 화제는 아마 북미합중국이었다고 생각하네. 그것을 나는 가벼운 기분으로 취급하고는 아는 것과 모르는 것 할 것 없이 막연하게 말해 버렸어. 그런데도 나의 얘기가 두 외국인에게 그다지 마음에 들지 않는 것은 아닌 것 같았네. 언뜻 보았을 때 그들은 지극히 만족해하면서 돌아갔지."

1830년 4월 22일 목요일 ★

괴테 댁에서 식사했다. 젊은 괴테 부인도 함께 있었다. 담소는 즐거웠고 활기에 차 있었다. 그렇지만 그것에 관한 대부분, 아니 아무것도 머리에 떠오르지 않았다.

식사하는 동안 여행 중인 어떤 외국인이 면회를 청했다. 오래 머물러 있을 시간은 없고 내일 아침 일찍 다시 떠나야 한다는 것이었다. 괴테는 그 사람에게 참으로 유감스럽게도 오늘은 아무하고도 만날 수 없지만 내일 정오 때면 괜찮겠다고 전했다. "이만하면" 하고 그는 미소 지으면서 덧붙였다. "이제는 충분하다고 생각하네." 그러나 동시에 그는 자신의 며느리가 추천한 헨닝 2세의 방문은 식사가 끝난 뒤에 받아들일 것을 약속했다. 또한 그의 갈색 눈이 그의 어머니 눈빛과 닮았는지 확인해 봐야겠다고 말했다.

1830년 5월 12일 수요일 ★

괴테의 창문 앞에는 크기가 작은 모세의 청동상이 서 있었다. 이것은 미켈란젤로의 저 유명한 작품의 모형인 것이다. 그 양쪽 팔은 신체의 다른 부분에 비해 너무나 길고 억세게 생각되었기 때문에 나는 그 의견을 괴테에게 말했다.

그러자 괴테는 힘차게 외쳤다. "그렇지만 십계를 새겨 넣은 저 무거운 석판 두 개를 날라야 했던 두 팔이 예사로운 것이었다고 생각하는가? 그리고 또 유대인 군대를 지휘하고 통솔해야 하는 모세가 평범한 팔을 가져서 충분하겠는가?"

괴테는 이렇게 말하고 웃었기 때문에 나로서는 내 쪽이 실제로 틀린 생각이었는지, 아니면 괴테가 미켈란젤로를 변호하기 위해 조금 희롱한 것에 불과한 것인지 이해할 수 없었다.

1830년 8월 2일 월요일 ★

프랑스의 7월 혁명 폭발 보도[32]가 오늘 바이마르로 전해져 모든 사람을 흥분의 도가니로 몰아넣었다. 나는 오늘 오후에 괴테한테로 갔다. "어때?" 괴테는 나를 향해 외쳤다. "자네는 이 일대 사건을 어떻게 생각하는가? 화산은 폭발해 버렸어. 모든 것이 불길에 싸여 있어. 이제는 대문을 꼭 잠그고 밀실에서 의논할 일은 아니야!"

"무서운 이야기입니다!" 하고 나는 대답했다. "지금까지 알려진 어려운 정황으로 볼 때, 그와 같은 내각으로서는 현재의 왕가를 추방하는 것 말고 다른 결말을 찾을 수 없을 것입니다."

"우리가 서로 주고받는 말이 잘 통하지 않는 것 같네, 나의 친구여." 하고 괴테는 말했다. "내가 말하고 있는 것은 전혀 다른 것이야. 난 지금 학술원에서 공개적으로 거론된 논쟁 얘기를 하고 있네. 학문에 있어서 아주 중대한 의의가 있는, 퀴비에와 조프로아 드 상틸레르 사이의 논쟁 말일세."

괴테의 이 말은 너무나 의외였기 때문에 나는 어떻게 대답해야 할지 몰랐다. 나는 몇 분 동안 사고가 완전히 정지되어 버리는 것을 느꼈다.

"이 사건은 최고로 중요한 것이야." 괴테는 말을 계속했다. "7월 19일 의회의 보고를 접하고 내가 무엇을 느꼈는지 자네는 상상조차 하지 못할 것이야. 우리

---

[32] 이 혁명으로 그때까지의 왕가는 추방되고 새로운 시민왕이 권좌에 오른다.

미켈란젤로 제작 〈모세〉   로마 베드로 대성당 안에 있는 빙콜리 성당. 이곳 성당 지하에 안치된 교황 율리우스 2세를 기리기 위해 이 모세상이 제작되었다. 시스티나 성당 천장에 그려진 미켈란젤로의 벽화 〈천지창조〉는 율리우스 2세의 착상에 의해 탄생한 것이다.

는 이제 영원히 조프로아 드 상틸레르라는 강력한 동맹자를 얻은 것이지. 그러나 이와 동시에 이 보고서를 읽고 이 문제에 대한 프랑스 학술계의 관심이 얼마나 컸는가를 알 수 있었어. 저 무서운 정치적인 격동에 처해 있었음에도 7월 19일의 회의는 만원이었고 일대 성황 속에서 진행되었네. 그런데 이제 무엇보다도 가장 잘된 것은 조프로아에 의해 프랑스에 도입된 자연의 종합적인 연구 방법을 파기할 수 없게 되었다는 것이지. 이 문제는 학술원에서, 그것도 많은 관중의 면전에서 행해진 자유 토론에 의해서 공공연한 것이 되어 버렸네. 이제는 그것을 비밀위원회에 회부한다든지 문을 꼭 닫아건 방에서 처리한다든지 해서 뭉개어 없애 버리는 일은 없게 되었지. 이제부터는 프랑스에서도 자연을 연구하는 곳에서는 정신이 지배하게 되고 물질을 자기 뜻대로 다스리게 될 것이야. 사람들은 위대한 창조의 원리, 즉 신비로운 신의 작업장을 엿볼 수 있게 될 것이네! ─우리가 분석적인 방법으로 오직 개개의 물질적인 부분만을 연구하여, 모든 부분에 방향을 지시하고 모든 정도를 벗어난 것을 하나의 내재적인 법칙에 의해 제어하고 증명해 나가는 정신적인 입김을 체득하지 못한다면, 자연과의 모든 접촉이 결국 무슨 소용이 있겠는가!"

괴테는 말을 이었다. "나는 지나간 50년 동안 이 엄청난 문제를 갖고 갖은 고생을 겪었지. 처음에는 외로웠지만 차차 나를 지지하는 사람들이 생겼어. 그러다가 참으로 기쁜 일이지만 급기야는 같은 계통의 정신을 가진 다른 인물들로 말미암아 나를 능가했지. 나는 삽간골(揷間骨)에 관한 최초의 발견을 했고, 그에 대한 보고를 페터 캄페르[33]에게 보냈다네. 하지만 완전히 무시당해 아주 실망할 수밖에 없었어. 블루멘바흐도 이와 비슷했지. 물론 그는 개인적으로 접촉하고 난 뒤부터는 나의 편이 되어 주었어. 그리고 그 이후에 죔메링, 오켄, 달톤, 카루스 그리고 다른 많은 훌륭한 사람을 동지로 만들 수 있었지. 이제야말로 조프로아 드 상틸레르도 우리 편이 되어 주었고 그와 함께 그의 모든 훌륭한 제자와 신봉자들도 우리 편이 되었네. 이 사건은 나에게는 정말로 믿어지지 않을 만큼의 가치를 가지고 있지. 이렇게 나는 그 연구를 위해 일생을 바쳐 왔다

---

33) 페터 캄페르(1722~1789). 네덜란드의 의사이자 해부학자이다.

네. 그런데 드디어 내 학설이기도 한 것이 일반적인 승리를 거두었으니, 내가 환호성을 지르는 것도 당연한 일이지."

1830년 8월 21일 토요일 ★

나는 괴테에게 전도유망한 청년[34]을 추천했다. 그는 그 사람을 위해 힘이 되어 주겠다고 약속해 주었다. 그러나 괴테는 그의 가능성을 거의 신뢰하고 있는 것 같이 보이지 않았다.

괴테는 말했다. "나처럼 재능이 있는 젊은 사람들을 옹호하기 위해 평생 귀중한 시간과 돈을 들여온 사람도 없을 것이야. 그런데 이 젊은이들은 처음에는 아주 유망해 보여 희망을 품게 했지만, 결국 쓸모 있는 사람이 되지 못했다네. 그리고 그들이 특정 방면에서 가졌던 열의와 욕망도 점점 사라져 버렸지. 지금부터는 자네 같은 젊은 사람들이 나의 역할을 이어받아 그들의 보호자 노릇을 해 주기 바라네."

나는 이 말을 듣고 그러한 청년들에게 배반당한 괴테의 기대를, 꽃은 두 배로 피지만 열매를 전혀 맺지 못하는 나무에서 얻는 실망과 비교해 보았다.

1830년 10월 13일 수요일 ★

괴테는 그 기억에 도움이 되도록 라틴어와 독일어로 식물의 이름을 써넣은 목록을 보여 주었다. 그의 말에 의하면 그는 온통 이런 목록으로 둘러친 방을 가지고 있었다. 그리고 이 벽을 따라 걸어 다니면서 연구하기도 하고 외우기도 하기 위한 것이었다. "유감스럽게도" 하고 그는 덧붙였다. "훗날 이것을 흰색으로 칠해 버렸지. 이것과는 별도로 오랜 세월 동안 나의 작업 메모를 연대순으로 써넣은 방도 있었네. 가장 최근의 작업을 거기에 적어 넣곤 했지. 이것 또한 안타깝게도 흰색으로 칠해 버리고 말았어. 그것이 있으면 지금쯤 아주 요긴하게 쓸 수 있을 텐데 참으로 애석하다네."

---

34) 에트뮐러(1802~1877)를 말하는 것이다. 그는 젊은 독문학자로 그해에 예나대학에서 교수 자격증을 받은 상태였다.

1830년 10월 20일 수요일 ★

괴테 댁에서 약 한 시간가량을 지냈다. 대공비의 부탁으로, 왕자가 입회하고 있는 이곳 '석궁(石弓) 협회'에 은제 문장의 방패를 기증하는 문제를 그와 상담하기 위해서였다.

우리의 담화는 얼마 안 있어 다른 화제로 바뀌어 괴테는 생 시몽주의자들[35]에 대한 나의 의견을 말해 달라고 했다.

나는 대답했다. "그들은, 사람은 각자 자신의 행복을 추구하기 위한 필수조건으로서 전체의 행복을 위한 활동을 해야 한다는 말을 하려는 것 같습니다."

"내 생각으로는" 하고 괴테는 말했다. "각자는 누구나 자신의 일부터 시작해야 한다네. 우선 처음에는 자기 자신의 행복을 도모해야 하지. 그렇게 하면 거기에서 분명 전체의 행복이 생겨날 것이야. 그러니 대체로 그 학설은 전혀 비실제적이고 실현 가능성이 없는 것처럼 생각되네. 그것은 모든 자연, 모든 경험 그리고 수천 년 이래로 전해 내려오는 사물의 모든 진행을 거역하는 것이야. 만약 모든 사람이 각자 오직 개인으로서 그 직무를 다하고 그에 가까운 작업 범위 내에 있어서 성실하고 유능하다면 전체의 복리도 향상될 것이야. 나는 작가를 천직으로 여기고 살아가고 있지만, 대중이 무엇을 원하고 있으며 또한 내가 어떻게 하면 전체를 위해 공헌할 수 있을까 하는 점을 문제로 삼아 본 적은 없지. 오히려 나는 언제나 나 자신을 더 현명하게 만들고 더 좋게 하는 일에 관심을 기울이며, 나 자신의 인격적 내용을 드높이려고 노력했을 뿐이었어. 그리고 나는 쉬지 않고 내가 선하다고 믿고 진실되다고 인정한 것을 표현하려고 노력했지. 확실히 나는 이것이 넓은 범위에 영향을 끼쳤고 도움을 주었다는 것을 부정하지 않네. 그러나 그것은 목적이 아니고 자연물의 작용에 의해 생기는 순전히 필연적인 결과였던 것이지. 만약 내가 작가로서 대중의 소망만을 엿보고 이것을 충족시키려고 노력했다면, 나는 죽은 코체부가 했던 것처럼 짧고 우스꽝스러운 이야기를 들려주면서 그들의 환심을 사려고 했어야 할 것이야."

"그 말씀에는 아무런 이론도 없습니다." 하고 나는 말했다. "그렇지만 단지 한

---

[35] 사회주의적 사상의 창시자 생 시몽(1760~1825)의 이론에 대한 신봉자들을 말한다.

개인으로서 자기만이 즐길 수 있는 행복뿐만 아니라, 국민으로서 또는 큰 전체의 일원으로서 향유하는 행복도 있습니다. 만약 민중 전체를 위해 가능한 만큼 행복의 달성을 원칙으로 하지 않는다면 어떤 근거를 갖고 법률을 제정하는 것이겠습니까!"

괴테는 대답했다. "나는 물론 자네의 주장에 조금도 반대하지 않네. 그렇지만 그렇게 할 경우 자네의 원칙을 이용할 수 있는 사람은 극소수의 선택된 사람들뿐일 것이야. 그것은 단지 군주나 입법자를 위한 처방전에 지나지 않을 것이란 말일세. 그럴 경우라고 하더라도 나는 법률이 지향해야 하는 것은 마땅히 행복의 분량을 늘려야 한다는 외람된 생각보다 폐해의 분량을 줄이려는 노력이라고 생각한다네."

"양측 모두 대체로 같은 결과로 돌아갈 것입니다. 가령 나쁜 도로는 큰 화근으로 생각됩니다. 그러나 이제 그 나라의 군주가 가장 낙후된 마지막 촌락에 이르기까지 좋은 길을 깔아 놓는다면, 단지 큰 폐해가 제거될 뿐만 아니라 동시에 그의 국민에게는 막대한 행복을 가져다주게 되는 것입니다. 또한 재판이 늦어진다는 것도 큰 불행입니다. 그렇지만 군주가 누구나 할 수 있는 공개적인 구두 수속을 제정하여 그 군민을 위해 신속한 재판을 도모한다면, 여기서도 큰 폐해가 제거될 뿐만 아니라 또한 큰 행복이 얻어지게 될 것입니다."

"이 문제에 대해서" 하고 괴테는 말참견했다. "나는 자네와 전혀 다른 의견을 말하고 싶네. 그러나 약간의 폐해는 지적하지 말고 그대로 놔두기로 하지. 그렇게 함으로써 인류가 그 힘을 계속하여 발전시켜 나가기에 필요한 것을 남겨두는 셈이지. 그런데 내가 말하려는 근본 요지는 우선 아버지는 자기 집을 위해, 직장을 가진 사람은 자기의 거래처를 위해, 성직자는 인간 상호 간의 사랑을 위해 전력을 다해야 한다는 것이고, 경찰은 우리의 기쁨을 방해하지 말라는 것이라네."

1831년 1월 4일 화요일 ★

나는 괴테와 함께 나의 친구인 제네바의 퇴퍼[36]의 화집 두세 권을 대충 훑어 보고 있었다. 그의 재능은 화가로서뿐만 아니라 작가로서도 이와 마찬가지로 위대했지만, 이제 그는 자기 정신의 생생한 직관을 막연한 언어로 표현하는 것 보다 오히려 우리의 눈에 확실한 형상으로 드러낼 수 있는 그림 쪽을 더 선호하고 있는 것 같았다. 경쾌한 펜화로 만들어 낸 〈파우스트 박사의 모험〉이 들어 있는 책은 완전히 희극 소설의 인상을 갖추고 있었다. 괴테는 이 책을 유달리 마음에 들어 했다.

"정말로 이 책은 유쾌하기 그지없네." 그는 차례로 페이지를 넘기면서 가끔 외쳤다. "모든 것에 재능과 지혜가 번득이고 있어! 이 가운데 몇 장면은 다른 것에 비길 수 없이 잘돼 있지! 이제부터 좀 더 진지한 주제를 택해서 조금만 더 단단히 죄게 되면 그는 생각할 수도 없는 것을 만들어 낼 수 있을 것이야."

"세상 사람들은 그를 라블레와 비교하면서, 그는 라블레를 모방하고 그에게서 아이디어를 빌려오고 있다고 비난하고 있습니다." 하고 나는 말했다.

"사람들은 자기 스스로 말을 하고는 있지만, 무슨 말을 하고 있는지 모르고 있어." 하고 괴테는 대답했다. "나는 그와 같은 점은 전혀 발견할 수 없네. 데퍼는 그와는 반대로 완전히 독자적인 입장에 서 있다고 생각하네. 그리고 그는 지금까지 나타난 다른 재능 있는 사람들과 마찬가지로 어디까지나 독창적이야."

1831년 1월 17일 수요일 ★

쿠드레이가 괴테 댁에서 건축 설계도를 열심히 보고 있었다. 나는 샤를 10세[37]의 초상이 들어 있는 프랑스의 5프랑짜리 1830년도 발행권을 가지고 와서 보여 드렸다. 괴테는 그의 머리가 뾰족한 것을 보고는 농담했다. "이분이 가진 신앙심의 기능은 대단히 발달해 있는 것처럼 보이는군. 그는 신앙심이 너무나 두텁기 때문에 자신은 부채를 지불할 필요가 없다고 생각했던 것이야. 이것은 의문의 여지가 없지. 하지만 우리는 그 때문에 엄청난 빚을 짊어지고 있어. 현재 유럽에

---

36) 제네바의 퇴퍼(1799~1846). 스위스 제네바의 화가이자 소설가이다.
37) 샤를 10세(1824~30 재위). 루이 16세의 동생으로 프랑스의 국왕이었다.

서 좀처럼 평화가 회복되지 않는 것도 그의 어리석은 행동 때문이지."

이어 우리는 〈적과 흑〉을 이야기했다. 괴테는 이것은 스탕달[38]의 작품 중에서 최고의 것으로 생각한다고 말했다. "그렇지만 나에게는" 하고 그는 덧붙였다. "그가 쓴 여성 두세 명의 성격이 좀 지나치게 낭만적으로 느껴진다는 것을 부정할 수는 없지. 그러나 그녀들은 모두 깊은 고찰과 심리학적인 통찰에서 탄생한 인물들이기 때문에, 이 저작의 세부에 걸쳐 부자연스러운 점이 있어도 너그럽게 봐줄 수 있을 것이야."

1831년 1월 23일 화요일 ★

왕자와 함께 괴테 댁에서 지냈다. 그의 손자들이 마술을 하면서 즐기고 있었다. 특히 발터의 솜씨가 대단했다. 괴테는 말했다. "나는 아이들이 이런 흥에 겨운 활동을 하면서 적당히 여가를 보내는 것에 조금도 이의가 없어. 특히 적은 수의 사람이긴 하지만 구경꾼을 눈앞에 두고 있다는 것은 막힘없는 연설 연습이라든지 몸놀림 그리고 정신 연마를 위한 아주 좋은 수단이기도 하다네. 본디 우리 독일인들에게는 이런 기회가 아주 드물지. 때로는 작은 허영심이 발동한다는 폐단이 없는 것은 아니지만 유익한 것이 더 많기 때문에 이것은 충분히 보상될 수 있을 것이야."

"그리고 구경하는 사람들도 틀림없이 이런 허영심을 지워버리는 것에 신경을 쓰게 될 것입니다." 하고 나는 말했다. "왜냐하면 구경꾼들은 보통 이런 어린 요술쟁이의 손놀림을 아주 날카롭게 바라보기 때문입니다. 그리고 또 아주 심술궂어 그 애가 잘못하게 되면 비웃고 그의 작은 속임수를 공공연하게 폭로해서 아이를 성나게 만들지요."

이에 괴테가 말했다. "그들도 배우와 마찬가지이지. 오늘은 갈채를 받지만 다음 날에는 저주의 휘파람 소리를 듣게 되네. 만사가 탈선하지 않고 잘 굴러가는 것도 이 때문이야."

---

38) 스탕달(1783~1842). 프랑스의 소설가인 그는 개인 대 사회의 관계를 명석하게 묘사함으로써 발자크의 작품과 더불어 리얼리즘 소설의 고전으로 간주한다. 그의 대표작은 〈적과 흑〉이다.

1831년 3월 10일 수요일 ★

오늘 정오에 약 반 시간가량을 괴테 댁에서 지냈다. 나는 그에게 대공비가 유망한 젊은 배우의 양성을 위해 이곳 극장 감독에게 1,000탈러의 하사금을 교부하기로 결정했다는 것을 알려 드렸다. 이 보고는 평소에 이곳 극장의 변함없는 번영을 염원하고 있던 괴테를 아주 기쁘게 했다.

다음으로 나는 이것과는 별도로 다른 종류의 위탁을 괴테와 협의했다. 그것은 현재 독일의 최고 작가[39]로서 관직도 없고 재산도 없이 오직 자기 재능의 소신만으로 생활하는 그런 사람이 있다면, 그를 바이마르로 초빙하여 이곳에서 아무런 근심과 걱정 없이 살 수 있는 지위를 마련하여 준다는 것이었다. 이렇게 하면 그 사람은 어떤 작품을 쓰든 그것을 완성하는 데에 필요한 여유를 충분히 얻을 수 있게 될 것이었다. 빈곤에 몰려 어설프게 글을 써서 그 자신의 재능과 문학에 큰 손해를 끼치게 되는 비참한 상태에서 훌륭한 작가를 구출해 내려는 것이 다름 아닌 대공비의 의도였던 것이다.

괴테는 대답했다. "대공비의 그와 같은 의향이야말로 참으로 장한 말씀이지. 그분의 그런 고귀한 마음씨에 나는 그저 머리가 수그러질 뿐이야. 그러나 여기에 합당한 선택을 내려야 한다면 그건 상당히 어렵지. 현재 가장 탁월한 재능이 있는 사람들은 이미 관직에 올라와 있고, 연금 또는 자기의 재산으로 걱정 없이 잘 지내고 있네. 게다가 또 이곳으로 온다는 것이 아무에게나 적절하다고 말할 수 없고, 또 그렇게 하는 것이 아부에게나 실세로 도움이 된다고 밀힐 수도 없지. 그렇더라도 나는 그 고귀한 의향을 내 가슴속에 담아 두기로 했네. 그리고 가까운 장래에 이것이 좋은 결실을 보도록 해야 하겠지."

1831년 3월 31일 수요일 ★

괴테는 최근 또다시 건강 상태가 대단히 나빠져서 단지 아주 친한 사이의 사람들하고만 만나고 있다. 2, 3주일 전에는 방혈(放血)을 행해야만 할 지경이었다.

---

39) 이에 해당하는 인물로는 소설가인 카를 슈핀들러(1796~1855)가 거론되었다. 그러나 하인리히 마이어가 그는 이 대상으로 '적합하지 않다.'고 판단을 내렸기 때문에, 그는 이 정책의 수혜자가 되지 못했다.

그 이후에는 오른쪽 다리가 짓눌리듯 아파져 왔기 때문에 드디어는 다리를 절개하기에 이르렀다. 그러자 몸 내부의 통증도 가라앉고 아주 빨리 회복으로 돌아섰다. 그런데 이 다리 절개의 상처 또한 2, 3일이 지나자 이제 본래의 상태로 돌아서, 그는 다시 그전과 마찬가지로 쾌활해졌고 붙임성도 더 좋아졌다.

오늘은 대공비가 그를 방문했고 대공비도 아주 만족해하면서 그의 곁을 따났다. 대공비는 그의 상태를 물으셨다. 그러자 그는 아주 정중하게 '오늘까지는 회복의 기색이 없었습니다만, 대공비가 왕림해 주셔서 새롭게 건강이 회복되는 기쁨을 느낄 수 있게 되었습니다' 하고 대답했다.

1831년 4월 14일 수요일 ★

왕자가 주최하는 야회(夜會)가 있었다. 함께 참석한 비교적 나이 많은 분들 가운데 어느 한 사람이, 괴테가 이곳에 와서 지낸 지 얼마 안 되던 초기 시절의 일들을 아직도 기억한다면서 다음과 같은 금시초문의 이야기를 들려주었다.

"1784년에" 하고 그 사람은 말을 시작했다. "나는 일메나우 광산의 엄숙한 개광(開鑛) 축하에 즈음하여 괴테의 저 유명한 연설을 들었습니다. 그때 그는 이곳 거리와 이 근처에 있는 관리와 관계자들을 모두 초대하였습니다. 그는 연설 내용을 잘 기억하고 있어서 한동안은 막힘없이 잘 진행하여 갔습니다. 그러다가 갑자기 그는 그 수호신으로부터 완전히 버림을 받은 것처럼 사색의 실마리로부터 완전히 단절되어 버린 듯했고, 그 후로부터는 말하는 요령도 완전히 잊어버린 것 같았습니다. 만약 다른 사람이 이런 낭패를 맞게 되었다면 분명 이를 데 없이 당황했을 것입니다. 그러나 그는 전혀 그렇지 않았습니다. 오히려 적어도 10분 동안 그는 조용히 꼼짝하지 않고 수많은 청중을 바라만 보고 있었습니다. 청중들은 모두 그 인격의 위력에 사로잡혀 버린 듯 상당히 오랫동안을, 아니 거의 우습게 여겨질 만도 할 동안 완전히 조용히 가라앉아 있었습니다. 드디어 그는 다시 연설의 줄거리를 잘 정리한 듯 입을 열어 마지막까지 막힘없이 아주 원활하게 축사를 잘 끝냈습니다. 그러면서도 그는 전혀 아무 일도 일어나지 않았던 것처럼 거북해하지 않고 명랑한 상태를 유지했지요."

1831년 6월 20일 일요일 ★

오늘 오후 반 시간가량을 괴테 댁에서 지냈다. 그는 아직 식사 중이었다.

우리는 자연 과학과 관련한 두세 가지 문제를 특히 언어의 불완전성과 불충분성에 대해 이야기했다. 괴테는 이 때문에 나중에 이르러서도 그렇게 쉽게 바로잡을 수 없는 오류와 그릇된 견해가 퍼져 버린다고 하였다.

"이 문제는 지극히 간단한 것이지. 모든 언어는 인간의 가까이에 존재하는 욕구나 인간의 영위 그리고 인간에게 통용되는 감정과 직관에서 생기는 것이네. 그런데 이제 만약 한층 더 고차원적인 인간이 대자연의 불가사의한 작용과 섭리에 대해 예감과 인식을 얻었다고 가정해 보세. 이럴 때 인간적인 사물하고는 완전히 동떨어진 이와 같은 것을 표현해야 하는데, 그것은 이미 인간에게 주어진 언어로는 도저히 충분하지 않을 것이네. 그의 독자적인 관찰을 충분히 충족시키기 위해서는 전신의 언어를 자유자재로 구사해야 하지. 그러나 이것은 불가능하기에 이 이상한 자연 상황을 관찰하면서도 여전히 인간적인 표현에 의지하는 수밖에는 다른 길이 없는 것이지. 이리하여 그는 이러한 경우의 거의 모든 곳에서 언어의 부족함을 자초하기 때문에, 그 대상의 지위를 떨어뜨리게 되지 않으면 완전히 손상을 끼쳐 못쓰게 만들어 버리게 되네."

"그렇지만 당신은" 하고 나는 말했다. "어떤 경우에라도 정말로 예리하게 대상의 핵심으로 육박하고, 모든 상투어를 배격하며 당신의 한층 더 높은 고찰에 어울리는 아주 특정적인 언어 표현을 쉬지 않고 발견해 나가고 있습니다. 그런 당신이 말하는 것이어서 어느 정도 이해할 수도 있습니다. 그렇지만 우리 독일인들은 대체로 아직은 이럭저럭 만족해도 괜찮지 않을까 하고 생각해 봅니다. 우리의 언어는 유달리 풍부하고 세련되고 계속 발전되어 나갈 가능성도 있기 때문에, 때로는 비유의 힘을 빌리지 않을 수 없다고 하더라도 말하고자 하는 것의 본질에 가장 가깝게 접근할 수 있습니다. 그렇지만 프랑스어는 우리의 독일어와는 반대로 대단히 불편합니다. 프랑스어는 고차원적인 자연 상태를 관찰하고 표현하려고 하면, 기술에서 얻어진 비유를 사용해야 하기 때문에 그것은 즉시 물질적으로 변하고 천하게 되어 버립니다. 그러므로 고차원적인 고찰을 전달하는 데에 프랑스어는 전혀 충분하지 못합니다."

"자네는 정말로 핵심을 찌르는 말을 해 주었다고 생각하네." 하고 괴테는 말 참견했다. "바로 얼마 전에 퀴비에와 조프로아 드 상틸레르 사이의 논쟁 때도 자네의 말이 지당하다는 것을 경험했지. 조프로아 드 상틸레르는 자연의 정신적인 섭리와 창조에 대해 참으로 높은 견식을 가지고 있는 사람이지. 그렇지만 그가 부득이 전래의 표현을 사용하지 않으면 안 되는 데에서 프랑스어는 전혀 아무런 도움을 주지 못하고 있어. 또한 이것은 단지 불가사의한 정신적인 대상이나 관계를 표현할 때뿐만이 아니야. 우리의 눈에 확실하게 드러나는 구체적인 대상이나 상황의 경우에도 그러한 것이지. 그는 유기체의 각 부분을 표현하려고 했어. 하지만 그럴 때면 그에게는 물질이라는 말 이외의 다른 말이 없었네. 그렇기 때문에 가령 뼈는 같은 종류의 부분으로서 한 팔의 유기적인 전체를 형성하고 있지만, 그 설명을 하기 위해 집을 짓는 돌이나 각목 그리고 판자가 인용되면서 그것들과 같은 정도로 표현되는 형편이야."

"이것과 똑같은 경우가 또 있지." 하고 괴테는 말을 계속했다. "프랑스인들은 자연의 창조물에 대해서 말할 때도 조립이라는 용어를 사용하고 있는데, 이것도 역시 적절하지 않네. 기계의 각 부분을 하나로 결합하여 만드는 대상물에 대해서는 조립이라고 말할 수 있을 것이야. 그러나 각 부분이 생명을 갖고 형성되고 공통의 정신이 유기적인 전체의 구석구석을 관통하고 있다고 생각될 때는 이렇게 말할 수 없는 것이라네."

"그뿐만이 아닙니다." 하고 나는 말했다. "조립이라는 용어가 미술이나 문학 같은, 순전히 창작적인 경우에도 사용된다는 것은 적절치 않으며 품위를 떨어뜨리는 일로 생각됩니다."

"완전히 품격을 떨어뜨리는 일이지. 우리는 프랑스인들에게서 끌어온 이것을 될 수 있는 대로 빨리 버리지 않으면 안 되네. 어떻게 모차르트가 그의 〈돈 조반니〉를 조립했다고 말할 수 있겠는가!―조립!―마치 작품이 달걀과 밀가루 그리고 설탕을 뒤섞어서 만든 과자나 비스킷의 한 조각과 같다는 것이 아닌가!―모차르트의 〈돈 조반니〉는 전체와 각 부분이 하나의 정신 주형(鑄型) 속으로 흘러들어 한 생명의 입김에 관통된 정신적인 창조물인 것이야. 이때 창조자는 자신의 작품을 시험해 보고 짧게 잘라 보고 제멋대로 행동해 볼 수 있는 위치가 아닐세. 오히려 그는 자기 재능에 깃들어 있는 마력적인 정신에 지배되어 그것이 명령하는 대로 실행한 것에 지나지 않는 것이지."

1831년 6월 27일 일요일 ★

우리는 빅토르 위고에 대해 이야기했다. "그는 뛰어난 재능의 소유자이지." 하고 괴테는 말했다. "그렇지만 불행하게도 당대의 낭만인 경향에 완전히 사로잡혀, 아름다운 것과 함께 정말로 참기 어려운 것과 추악하기 그지없는 것까지도 그리려고 하고 있네. 나는 최근에 그의 〈노트르담의 꼽추〉를 읽었지. 그리고 이것을 끝까지 다 읽고 고통을 이겨 내는 데에는 적지 않은 인내심이 필요했지. 이 책은 이때까지 나온 책 중에서도 가장 불유쾌한 느낌을 주는 것이었어! 우리가 이걸 읽으며 고문을 당하는 것과도 같은 고통을 견디어 내고 인간적인 본질과 인간적인 성격이 진실미 있게 그려져 있는 것을 느껴도, 결국 그 고통을 풀어 주는 기쁨을 찾을 수는 없다네! 오히려 이 책에는 자연스러운 데가 없고 아무런 진실도 없어! 그가 그려 내고 있는 소위 말하는 주동적인 인물들은 결코 피와 육체를 가진 살아 있는 인간이 아니고 나무로 만들어진 불쌍한 인형이야. 그는 이 인형들을 자기 뜻대로 움직여, 자기 의도대로 그것들이 여러 가지로, 어떤 때는 찌푸린 얼굴을, 또 어떤 때는 괴기한 얼굴을 하게 만들기도 하지. 그건 그렇다 치더라도 이와 같은 책을 출판하고 있을 뿐만 아니라, 이것을 지극히 당연하고 재미있다고 생각하다니, 우리는 도대체 어떤 시대에 살고 있다는 말인가!"

1831년 7월 14일 수요일 ★

나는 왕자와 함께 뷔르템베르크의 국왕 폐하를 모시고 괴테를 방문했다. 왕은 돌아오는 길에 대단히 만족해하는 것 같았다. 그리고 그는 나에게 이 방문으로 대단히 기쁘셨다며 괴테에게 감사의 말을 전해 달라고 부탁하셨다.

1831년 7월 15일 목요일 ★

잠시 괴테 댁에서 지냈다. 나는 그에게 뷔르템베르크 왕이 어제 남긴 전언을 말씀드렸다. 이때 그는 식물의 나선적 경향에 관한 연구에 몰두하고 있었다. 그는 이 새로운 발견에 대한 의견을 말하면서, 이것은 계속 현저한 진전을 거듭하여 과학에 커다란 영향을 끼치게 될 것이라고 하였다. "뭐니 뭐니 해도" 하고 괴테는 덧붙였다. "자연의 연구가 우리에게 가져다주는 기쁨보다 더 나은 것은 이 세상에 없지. 자연의 비밀은 헤아리기 어려울 만큼 심오한 것이야. 그렇지만 우리 인간은 자연을 점점 더 깊이 통찰하는 것이 허락되어 있을 뿐만 아니라, 그 능력 또한 주어져 있지. 자연은 결국 마지막까지 그 근본을 캐내기 어려운 것으로 머물러 있기는 하지만, 우리에게는 영원히 매력적인 존재로서 재삼 새로운 통찰과 발견을 얻을 수 있도록 노력하게 만드는 것이라네."

1831년 7월 20일 화요일 ★

식사가 끝난 뒤에 반 시간가량을 괴테 댁에서 지냈다. 그는 사뭇 명랑하고 온화한 기분 속에 빠져 있었다. 우리는 여러 가지 일을 이야기했는데, 마지막으로 카를스바트에 대해서 언급하였다. 이리하여 그는 그곳에서 체험했던 여러 가지 연애 모험담을 들려주면서 흥겨워했다. "대수롭지 않은 연애 모험은 온천장에 머물러 있는 동안 따분함을 이겨낼 수 있는 유일한 방법이지. 이것마저 없으면 너무나 지루해서 죽을 지경일 거야. 그렇지만 정말 다행스럽게도 나는 거의 매번 거기에서 가벼운 친화력을 발견했지. 그리고 그것은 수 주일간 나를 아주 즐겁게 해 주었다네. 특히 지금도 생각할 때면 마음이 흐뭇해지는 하나의 사건이 있네. 들어 보게. 내가 폰 레케 부인[40]을 방문했던 어느 날이었어. 난 그녀와 한동안 두서없는 말을 나누고 난 뒤 작별 인사를 드렸지. 그런데 현관문을 나서자마자 나는 두 사람의 아리따운 딸을 거느린 어떤 귀부인을 만났어. '지금 막 당신 집에서 나온 그 신사는 누구신가요?' 그 부인은 폰 레케 부인에게 물었네. '그분은 괴테였지요' 하고 폰 레케 부인은 대답했지. 그러자 그 예쁜 두 딸을 거느린 부인이 말했어. '오, 정말로 애석한데요. 서로 아는 사이가 되는 기회를 놓쳐 버렸네요!' 레케 부인은 말했지. '오, 조금도 애석해할 필요가 없어요. 그분은

---

[40] 폰 레케 부인(1756~1833). 여류 문필가. 그녀는 괴테를 1785년 알고 지내면서 카를스바트 온천장에서 여러 번 만났다.

귀부인과 함께 어울리면 아주 지루해하지요. 예쁜 아가씨 같으면 그의 마음을 움직이게 할 수 있겠지요. 그러나 우리와 같은 할머니들하고 있으면 그가 자기 이야기에 열중한다든지 상냥하게 대한다든지 하는 것은 생각할 수도 없는 일이에요.'

두 딸은 어머니와 함께 집으로 돌아왔을 때 폰 레크 부인의 말을 떠올리며 말했지. '우리는 젊고 아름다워. 그러니 저 유명한 야인을 붙들고 길들이는 데에 성공할 수 있는지 한번 해보자.' 다음 날 아침 내가 약수터 옆의 산책길을 지나갈 때 그녀들은 나에게 이를 데 없이 우아하고 사랑스러운 인사를 되풀이했다네. 그래서 나도 그녀들한테로 다가가 말을 건네지 않을 수 없었지. 그녀들은 정말로 매혹적이었어! 나는 새삼 그녀들하고 말하게 되었고 그녀들은 나를 자신들의 어머니한테로 데리고 가게 됐지. 이렇게 하여 나는 결국 포로가 되었던 것이지. 그 이후로는 우리는 매일 서로 만나 함께 지냈네. 그러다가 우리들의 관계를 한층 더 은밀하게 만드는 일이 생겼지. 딸 한 명의 약혼자가 도착했기 때문에 나는 다른 딸하고는 점점 더 친하게 맺어지게 된 거야. 게다가 또 누구나 헤아릴 수 있는 일이지만 나는 그녀의 어머니에 대해서도 한층 더 상냥해졌지. 말하자면 우리는 모두 이를 데 없이 만족해하고 있었지. 이렇게 하여 나는 이 가족하고 아주 행복하게 지냈어. 그녀들은 지금도 나에게는 아주 기분 좋은 추억으로 남아 있지. 이 두 딸은 얼마 안 있어 그들의 어머니와 폰 레케 부인과의 대화로 말미암아 나를 정복하려는 음모를 세웠고, 이것이 훌륭하게 성공을 서뒀다는 것을 내게 이야기해 주었지."

이것을 계기로 괴테가 나에게 들려 주었던 다른 일화가 떠올랐기 때문에 여기에 그것을 첨가하려고 한다.

괴테는 말했다. "예전에 어떤 친한 친구와 저녁때 성안에 있는 정원을 산책하고 있었지. 그때 뜻하지 않게 가로수 길이 끝나는 언저리에서 우리 동아리에 속하는 다른 두 사람의 그림자를 발견했어. 그 두 사람은 서로 조용히 이야기를 나누면서 걸어가고 있었지. 그 신사와 숙녀의 이름은 여기에서 거론하지 않기로 하겠네. 그러는 편이 좋을 것 같아서 말이야. 이 두 사람은 서로 나누는 이야기에 흥겨워서 별다른 생각은 하고 있지 않은 것처럼 보였어.—그러다가 갑자기 두 사람의 머리가 기울어지는가 싶더니 그들은 서로 열렬한 키스를 주고받았지. 그러고는 다시 맨 처음의 방향으로 돌아가면서 아무 일도 없었다는 듯이 자못 진지한 이야기를 계속하는 것이었어. '당신은 저 광경을 보았습니까?' 하고 같이 가던 나의 친구가 깜짝 놀라면서 물었지. '나는 나의 눈을 믿을 수가 없는데 말입니다.' '나는 확실히 보았지' 하고 나는 침착하게 대답했지. '그렇지만 나도 믿어지지 않아.'"

1831년 8월 2일 월요일 ★

우리는 식물 변태설에 대해, 특히 칸돌[41]의 균제설(均齊說)에 대해 이야기했다. 괴테는 이것을 완전히 환상이라고 해석하고 있었다.

"자연이란 것은" 하고 그는 말했다. "아무에게나 몸을 맡기는 것이 아니지. 오히려 자연은 해롱거리며 자기 매력을 이용해 많은 사람을 유혹하지만, 누구라도 그를 붙잡아 자기 소유로 만들었다고 믿는 순간 그 팔에서 슬쩍 빠져나가 버리는 젊은 아가씨와 같다네."

1831년 10월 19일 수요일 ★

오늘 벨베데레에서 농업장려협회의 모임이 있었다. 거기에서는 최초의 공업 물품과 상품의 박람회가 열렸는데 출품된 물건들은 예상외로 풍부했다. 이어 많은 회원이 참석한 가운데 성대한 회식이 있었다. 거기에 뜻밖에도 괴테가 나타났기 때문에 참석자들은 모두 기뻐하며 어쩔 줄을 몰라 했다. 그는 한동안 머물러 있으면서 출품된 상품들을 아주 흥미 있게 바라보고 있었다. 그가 모습을 나타낸 것은 호감이 가는 인상을 주기에 충분한 일이었다. 특히 이때까지 그를 한 번도 본 적이 없는 사람들에게는 더욱 그러했다.

1831년 12월 1일 목요일

한 시간가량 괴테 댁에서 지내면서 여러 가지 이야기를 나누었는데, 대화 중

---

[41] 칸돌(1778~1841). 이미 2부 296번에도 나왔지만, 그는 스위스 제네바의 식물학자이다.

에 소레에 대한 말도 나왔다.

괴테는 말했다. "나는 최근 그가 쓴 상당히 훌륭한 시를 읽었지. 그것은 3부곡인데 전반의 2부는 밝고 정원풍이고, 〈한밤중〉이라는 표제가 붙어 있는 마지막 부분은 몸서리치게 하는 음산한 성격을 띠고 있었네. 이 〈한밤중〉은 대단한 성공작이네. 우리에게 마치 밤공기에 접하는 것 같은 느낌을 주는 렘브란트[42]의 그림과 마찬가지로 이것을 읽으면 실제로 밤의 입김이 몸에 닿는 것 같은 기분이 되지. 빅토르 위고도 이것과 비슷한 주제를 취급하고 있지만 이만큼 성공하지는 못했다네. 이 이론의 여지가 없을 만큼 대단한 천재도 밤의 묘사에 이르러서는 조금도 실제적인 밤을 그리고 있지 못했어. 오히려 주위는 여전히 밝고 눈으로 확실하게 볼 수 있는 대낮이었기 때문에 밤의 묘사는 단지 꾸며 놓은 것에 불과했지. 소레는 저 유명한 빅토르 위고를 이 〈한밤중〉에서 의심의 여지 없이 능가하고 있네."

나는 이 찬사를 듣고 기쁘게 생각했고 화제의 소레가 쓴 3부곡을 가능한 한 빨리 읽어야겠다고 마음먹었다. 내가 현대 독일 문학에서 3부곡은 아주 드문 편이라고 하자 괴테가 말했다.

"이 시 형식은 근대에 들어와서는 나라를 불문하고 드물지. 이 경우에 중요한 것은 제1부에서는 일종의 발단이 되며 제2부에서는 파국에 도달하고 제3부에 가서는 화해하는 장면으로 끝나는, 무리 없이 3부에 걸쳐서 취급될 수 있는 소재를 발견하는 것이야. 나의 시 〈젊은이와 물방앗간 아가씨〉는 이러한 요구와 결부되어 있지. 그렇지만 애초에는 이것을 3부곡으로 만들려는 생각이 전혀 없었어. 나의 〈파리아〉는 완전한 3부곡인데, 이것은 3부곡으로 쓰려는 의도를 가지고 구상했고 또한 그렇게 만든 것이라네. 이것과는 달리 소위 말하는 〈정열의 3부곡〉은 원래 3부곡으로 썼던 것은 아니고, 말하자면 어느 정도의 우연도 깃들어져서 겨우 3부곡이 된 것이야. 자네도 알고 있듯이 처음 이 비가는 단지 그것만으로 독립된 시였지. 그 후 시마노프스카 부인이 나를 찾아와 그해 여름을 마리엔바트에서 함께 지냈어. 그리고 그녀의 매력적인 멜로디로 말미암아 젊

---

[42] 렘브란트(1609~1669). 괴테는 1830년 이후에 '사상가 렘브란트'라는 논문을 쓴 적이 있었다.

고 행복했던 날들의 여운이 내 가슴속에 다시 살아났던 것이지. 그러므로 이 여자 친구에게 바친 시절(詩節)은 오로지 저 비가의 운율과 가락을 빌려 만들어졌고, 이것으로 인해 저절로 화해적인 조정으로 끝나고 있지. 그 후 바이간트[43]가 나의 〈베르테르〉의 신판을 계획하고 있어 나에게 그 서문을 부탁했는데, 그것이 〈베르테르에게〉라는 시를 쓸 절호의 기회를 제공해 주었네. 나의 가슴속에는 여전히 정열이 맺혀 있었기 때문에 이 시가 어느 사이에 비가를 위한 서곡이 되어 버린 것이지. 이런 관계로 현재 합쳐진 3개의 시는 모두 사랑의 상처로 인한 공통의 감정이 관통되어 있어 자기도 모르는 사이에 〈정열의 3부곡〉이 성립된 것일세.

나는 소레에게 더 많은 3부곡을 쓰도록 권고했지. 그도 역시 내가 방금 말한 것처럼 하는 것이 좋을 것이야. 뭔가 3부곡이 될 만한 독특한 재료 없을까 하고 고생하면서 찾아 나설 필요는 없지. 그것보다는 오히려 자신의 많은 미발표 시 가운데서 내용이 충실한 것을 끄집어내서, 기회를 봐서 일종의 발단과 화해적인 조정을 구성해 내면 좋을 것이야. 그리고 이 3부곡의 제작 사이사이에는 확실한 중단을 남겨 두어야 하네. 이렇게 하면 아주 쉽게 목적을 달성할 수 있고 여러 가지로 생각하지 않아도 되지. 이렇게 한다는 것도 사실 마이어가 말한 대로 아주 어려운 일이긴 하지만."

다음으로 우리는 빅토르 위고에 대해서 이야기했다. 괴테는 그가 너무 많은 작품을 쓰고 있으며 이것은 그의 재능을 심하게 해치는 일이라고 하였다.

괴테는 말했다. "만약 1년 사이에 두 개의 희곡과 하나의 장편소설을 쓸 정도로 무모한 짓을 하고 더 나아가 오직 막대한 돈을 모으기 위해서만 글을 쓴다면, 누구나 건강을 해치고 아무리 탁월한 재능의 소유자라고 해도 파멸해 버리고 말 것이야. 그가 부자가 되려고 하는 것, 그리고 한 시대의 명성을 얻으려고 기를 쓰는 것을 나는 비난하고 싶지는 않아. 그렇지만 후세까지 오래오래 살아

---

[43] 라이프치히의 출판상인으로, 괴테의 〈젊은 베르테르의 슬픔〉 초판을 출판하였다. 그의 출판사에서 1824년 2월 〈베르테르〉 출판 50주년 기념판을 발간하기 위해 새로운 서문을 간청하였고, 괴테는 서시로서 〈정열의 3부곡〉 제1부의 〈베르테르에게〉를 보냈다. 그리하여 〈베르테르〉의 출판 50주년 기념판은 다음 해 1825년에 간행됐다.

남으려고 생각한다면 그는 작품을 훨씬 덜 쓰고 더 많은 것을 공부해야 할 것이야."

이어 괴테는 〈마리용 드로름〉[44]을 언급하면서 나에게 이렇게 설명해 주었다. 이 주제는 단지 1막으로 표현하면 충분하며 또한 그것으로 훌륭한 비극이 될 수 있는데도, 이 작가는 전적으로 이차적인 생각에 매혹되어 작품을 터무니없이 길게 5막물로 잡아 늘였다는 것이다. "이것을 읽고 우리가 얻을 수 있는 이득이 있다면" 하고 괴테는 덧붙였다. "이 시인도 세밀 묘사에 있어서는 상당한 솜씨를 발휘하고 있다는 것을 알게 되는 것뿐이네. 확실히 그는 이 점에 있어서는 뛰어난 재능의 소유자야. 우리의 고개를 끄덕이게 만드는 것도 대단한 것이지."

1832년 1월 5일 목요일 ★

제네바에 있는 나의 친구인 퇴퍼가 보낸 펜화와 수채화가 들어 있는 새로운 책 여러 권이 도착했다. 대부분은 스위스와 이탈리아의 풍경화로 그가 도보여행 도중 조금씩 그려 모은 것이다. 괴테는 이 스케치, 특히 수채화의 아름다움에 완전히 놀라 저 유명한 로리[45]의 그림을 보고 있는 것과 같다고 말했다. 나는 이것은 결코 데퍼의 최고 작품들이 아니며, 이젠 이것과는 전혀 다른 것을 보내올 것이라고 말했다. "나는 자네 말의 의미를 알 수 없어." 하고 그가 말했다. "도대체 한층 더 좋은 것이란 무엇이란 말인가! 예술가가 어느 정도의 높이까지 도달하게 되면 그의 한 작품이 다른 것보다 더 완전한 솜씨인지 아닌지는 거의 문제가 되지 않는 것이네. 전문가라면 어떤 작품을 보더라도 그 거장의 일관된 기량과 재능, 그리고 그 수법의 전폭(全幅)을 꿰뚫어 볼 수 있는 것이야."

1832년 2월 17일 금요일 ★

나는 영국에서 조각한 뒤몽의 초상화를 괴테에게 보냈다. 그런데 이것이 그의 비상한 관심을 끌게 된 것 같았다.

"나는 이 유명한 인물의 초상화를 여러 번 되풀이하여 바라보았지." 괴테는

---

44) 비극으로 1829년에 나왔다.
45) 로리(1760~1836). 스위스의 수채화 화가이다.

내가 오늘 저녁 그를 방문했을 때 말했다. "처음에는 나에게 어딘지 친숙해질 수 없는 그 무엇을 가지고 있었어. 그렇지만 나는 그것을 미술가의 취급 방법 때문으로 돌렸다네. 즉 그 선을 어딘지 너무 딱딱하고 깊게 팠기 때문이라고 생각했지. 그렇지만 이 극도로 특징적인 머리 부분을 바라보고 있자니까 점점 모든 경직성이 없어져 버리고 말았어. 그러고는 어둠 속의 근저로부터 조용하고 온화한, 그러면서도 지성적이고 섬세하고 온유함을 가득 담은 아름다운 표정이 떠올랐어. 이것은 현명하고 온정이 가득 찬 사람과 오로지 이 세상의 행복을 위해 활동하고 있는 인물의 특징으로, 보고 있는 사람의 마음을 아주 기분 좋게 해 주는 것이지."

우리는 계속하여 뒤몽에 대해, 특히 그가 미라보[46]에 관해서 쓴 〈회상록〉에 대해서 말했다. 뒤몽은 이 책 속에서 미라보가 교묘하게 이용한 여러 가지 수단을 폭로하고 많은 재능 있는 인물을 열거하면서, 미라보가 이 사람들을 자신의 목적을 위해 움직였고, 그들의 힘을 빌려 일을 했다고 말하고 있다. "나는 이 〈회상록〉만큼 유익한 책은 없다고 생각하네." 하고 괴테는 말했다. "이것을 통해 우리는 그 당시의 가장 비밀스러운 부분까지 깊숙이 들여다볼 수 있어. 또 이것으로 기적이라고 믿었던 미라보도 우리에게 당연한 것이 되지. 그러면서도 그의 위대함은 조금도 손상되지 않아. 그렇지만 이번에 도착한 프랑스 잡지의 최근 비평을 보면 그 잡지는 이점에 관해 다소 의견을 달리하고 있네. 선량한 사람들은 이 〈회상록〉의 저자가 그들의 미라보를 파멸시키고 그의 초인적인 행위의 비밀을 폭로하여, 지금까지 그의 이름으로 독점되던 위대한 공적의 몇 부분을 다른 사람들에게도 나누어 주려고 하고 있다고 믿고 있어.

프랑스인들은 미라보를 자기들의 헤라클레스로 보고 있는데, 이것은 어디까지나 옳은 것이야. 그렇지만 그들은 거상(巨像) 또한 개개의 부분으로 성립되어 있다는 것, 그리고 고대의 헤라클레스도 하나의 집합체로서 자신의 행위와 다른 사람들의 행위의 위대한 대표자에 지나지 않는다는 것을 잊고 있지.

설사 우리가 자신이 마음 내키는 대로 행동하고 있다고 생각하더라도, 궁극

---

46) 미라보(1749~1791). 프랑스혁명 초기의 정치가로서, 그는 천재적인 추진력을 가지고 있었다.

적으로 우리는 모두 집합체인 것이야. 왜냐하면 가장 순수한 의미에서 이것이야말로 우리의 소유물이라고 말할 수 있는 것은 실제로는 얼마 안 되는 미미한 것에 지나지 않기 때문이지! 우리는 모두 우리 이전에 살았던 사람들로부터, 그리고 우리와 현재 함께 살고 있는 동시대의 사람들로부터 받아들이고 배우지 않으면 안 되는 것이야. 아무리 가장 위대한 천재라고 하더라도 모든 것이 오직 자기 덕분이라고 생각한다면, 그 이상의 진보는 불가능하다네. 그렇지만 너무나도 많은 착한 사람이 이것을 알아차리지 못하고 독창성의 환상에 휘둘려, 인생의 반평생 동안 암중모색만 하고 있지. 나는 자기는 어떠한 대가에게서도 배우지 않았고 오히려 모든 것은 오직 자기 재능의 덕을 입고 있을 뿐이라고 자만하고 있는 미술가들을 알고 있는데, 이 사람들이야말로 어리석은 자들이지! 이런 생각으로 모든 것이 잘 통할 것이라고 생각하고 있다니! 세계가 자신들에게 한 발짝 한 발짝 다가가 어리석기 그지없는 자신들을 어엿이 제구실할 수 있는 인물로 만들어 준 것을 생각하지 못하고 있어! 그렇지, 나는 정말 이런 미술가를 데려다가 내 방의 벽을 따라 걷게 하고 싶네. 거기에는 위대한 대가 몇몇 스케치들이 걸려 있어. 만약 그 사람이 어느 정도의 천재성을 가지고 있다면, 그 그림들을 한번 쳐다보기만 해도 몰라볼 만큼 다른 사람이 되고 마음이 드높아져 떠나게 될 것임이 틀림없지.

  외부 세계의 소재를 우리 근처로 끌어당겨 고차원적인 목적에 이용할 수 있는 역량과 성향이 없다면, 어떻게 우리가 훌륭한 일을 할 수 있다는 말인가. 이 이야기는 나 자신에 관한 것이 되지만 나 스스로가 느끼고 있는 것을 겸손하게 말해 보려고 하네. 나는 긴 생애에 걸쳐서 자랑할 수 있는 갖가지 일을 했고, 또 성공을 거둔 것도 사실이야. 그러나 정직하게 말해서 이것이야말로 나의 것이라고 할 수 있는 것이 무엇이 있겠는가. 나는 보는 것, 듣는 것, 식별하는 것, 선택하는 것, 그리고 보았던 것과 들었던 것들에 다소의 정신을 부여하여 생명화하고 어느 정도 교묘하게 재현하는 능력과 성향을 보이고 있었을 뿐이라네. 이밖에 나에게 무엇이 있었다는 말인가. 나는 결코 나의 작품들이 나 자신의 지혜만으로 이루어진 것이라고 생각하지 않네. 이 작품들은 나에게 재료를 제공해 준 나 이외의 수많은 사물과 인물 덕분이었던 것이야. 거기에는 어리석은 자도 있고 착한 자도 있고, 또 양식이 있는 자도 있고 몽매한 자도 있지. 어린아이도 젊은이도, 그리고 나이가 지긋한 분도 있었어. 이 모든 사람이 내 마음속에 떠올라 생각하고 생활하고 작용하며 나에게 자신들이 모아 놓은 체험을 이야기해 준 것이지. 이리하여 나는 다른 사람들이 나를 위해 씨를 뿌려준 것을 손에 잡아 거둬들이는 것 이외에는 아무것도 한 것이 없어.

예컨대 어떤 사람이 어떤 것을 자기의 힘으로 얻었는가, 그렇지 않으면 다른 사람의 힘으로 얻었는가, 자기의 힘을 작용시켰는가, 그렇지 않으면 타인의 힘을 빌려 작용시켰는가를 묻는다는 것은 완전히 어리석은 짓이라고 생각하네. 가장 중요한 것은 위대한 의지를 가지고 있는가, 그리고 이것을 실현할 기량과 인내심을 가지고 있는가이지. 이 밖의 모든 것은 아무래도 좋은 것이야. 그러니 미라보가 가능한 한 외부 세계와 그 힘을 이용했다는 것, 이것은 완전히 당연한 일이야. 그는 사람들의 재능을 꿰뚫어 볼 수 있는 천부의 재능을 갖추고 있었지. 그리고 그로 말미암아 선택된 사람들은 그의 강력한 본성의 마력에 끌려간 것처럼 그와 그의 지도력에 기꺼이 몸을 맡겼던 것이야. 이리하여 그는 탁월한 인재들에 에워싸여 있었고, 그 사람들은 그의 뜨거운 불길에 흔들려 그의 고매한 목적을 향해 매진했던 것일세. 즉 그는 다른 사람들과 함께 그리고 다른 사람들을 통해 일하는 것을 알고 있었던 것이지. 이것이 그의 천재인 것이며 독창성인 것이며, 또한 그의 위대함인 것이야."

1832년 3월 11일 일요일

저녁때 약 한 시간가량을 괴테 댁에서 여러 가지 좋은 이야기를 나눴다. 나는 영어로 된 성서를 사 갔었는데, 아주 유감스러운 일이었지만 그 속에는 외전(外典)이 포함되어 있지 않았다. 그것들은 정전(正典)이 아니고, 신에게서 나온 것이 아니기 때문에 들어가 있지 않다는 것이었다. 나는 저 철두철미 고귀하고 경건한 생활의 모범인 토비아스, 그리고 솔로몬과 예주스 시라하의 지혜 등, 정신적으로나 윤리적으로 비길 만한 것을 찾아볼 수 없을 만큼 높은 위치에 있는 이 모든 경전이 없는 것을 아쉬워했다. 나는 괴테에게 구약성서 중에서 두세 편만을 신이 직접 내려 주신 것으로 인정하고, 이것과 똑같이 훌륭한 다른 것에 대해서는 그렇지 않다고 간주하고 있는 것은 너무나 편협한 견해이며, 이것을 유감스럽게 생각한다고 말했다. 그리고 이 견해와는 달리 신에게서 직접 내려 받지 않고 신의 작용의 직접적인 결과가 아니라고 하더라도, 반드시 숭고한 것 그리고 위대한 것이 생겨날 수도 있다고 하였다.

"나도 자네하고 전적으로 같은 의견이네." 하고 괴테는 말했다. "그렇지만 성서 그 자체에 관해 고찰할 때는 두 가지 입장이 있어. 그중의 하나는 일종의 원시종교 입장으로서, 신으로부터 발단한 순수한 자연과 이성의 입장이지. 이것은 신성(神性)에 혜택받은 인간이 존재하는 한 영원토록 변하지 않으며 언제까지나 존속하고 존중받을 것이야. 그렇지만 이것은 오직 선택된 사람들에게만 한정되는 것으로 너무나 고매하고 너무나 숭고하기 때문에 일반화될 수가 없다네. 다음으로 또 하나는 교회의 입장이 있지. 이것은 한층 더 인간적인 것이야. 이 입장은 약하고 변화하기 쉽고, 또 실제로도 변화해 가고 있네. 그러나 이것도 인간의 약한 본질이 존속하고 있는 한 영원히 변화하면서 지속해 나갈 것이야. 구름 한 점 없는 신의 계시가 발하는 광채는 너무나도 순수하고 눈부셔서 이를 데 없이 연약한 인간에게는 적절하지 못하다네. 그래서 우리 인간은 그것을 견디어 낼 수 없을 걸세. 이때 교회가 중생을 달래고 조절하는 인정 많은 중개자로서 나타나지. 이렇게 하여 모든 사람을 돕고 모든 사람을 행복하게 해 주고 있네. 그리스도 교회는 그리스도의 후계자로서, 인간을 자신들이 저지른 죄의 무거운 짐으로부터 해방해 준다는 신앙과 결부되어 있으므로 절대적인 세력을 가지고 있지. 이러한 위력과 신망을 보유함으로써 교회의 조직을 유지하는 것은 그리스도교 성직자 계급의 중요한 목적이 되어 있는 것이야.

그러므로 성직자들은 정신의 위대한 계몽에 힘이 생기게 하고 높은 윤리성과 숭고한 인간성의 가르침이 내포된 것이, 성서 중의 이 책에 있는지 아니면 저 책에 있는지를 그다지 크게 문제 삼지 않지. 그것보다 오히려 그들은 모세의 책 중에서 인류 타락의 이야기와 구세주의 갈망과 발생 쪽을 더 중요시하고, 여기에 예언자들의 말을 빌려 그 사람, 즉 기다려지는 그 사람을 되풀이하여 가리키네. 그리고 이와 동시에 복음서에 기록된 저 구세주가 실제로 이 세상에 나타났다는 것, 그리고 인류의 죄를 속죄하기 위해 십자가에 못 박혀 죽었다는 것에 사람들의 눈이 향하도록 하는 것이네. 그러므로 이러한 목적과 방향에 따라 저울에 달아보면 고귀한 토비아스와 솔로몬의 지혜, 그리고 시라하의 잠언까지도 별로 큰 무게를 갖지는 못하는 것이야.

좌우간 성서 중의 사항에 관한 진위(眞僞)를 문제 삼는 것만큼 어리석은 일은 또 없지. 가장 순수한 자연과 이성에 조화를 이루고 있고 오늘날에 이르러서도 우리의 발전에 기여하고 있는 완전히 탁월한 것, 이것 이외에 무엇이 더 진실되다는 말인가! 그리고 어떠한 성과도, 적어도 아무런 좋은 성과도 가져오지 않는 그런 불합리한 것, 공허한 것 그리고 어리석은 것보다 거짓된 것이 또 어디에 있겠는가!—성서의 진위가 절대적으로 진실한 것이 전승되고 있는가 아닌가의 문제에 의해 결정된다면, 두세 가지 점에서 복음서의 진실성도 의심스러워질 것이야. 그중에서 마가복음과 누가복음은 직접적인 관찰과 경험에서 쓰인 것이 아니고, 구두로 전해져 훨씬 훗날에야 비로소 쓰인 것이지. 그리고 마지막에 실린 사도 요한의 것은 그가 완전히 노년에 이르렀을 때야 기록된 것이야. 그렇긴 하지만 나는 이 네 개의 복음서[47] 모두를 완전히 진실한 것이라고 생각하고 있네. 왜냐하면 이 복음서 속에는 그리스도의 인격에서 흘러나온 숭고함과 한때 이 지상에 나타난 신과 똑같은 신성의 숭고함이 반영되어 있기 때문이네. 만약 나의 성질 속에 그리스도에게 경배하고 싶은 외경심이 있느냐고 묻는다면 나는 '단연코 그렇다'고 대답할 것이야.—나는 도덕의 최고 원리에 대한 신성한 계시인 그에게 몸을 굽힐 것일세. 또 만약 나의 성질 속에 태양을 공경하는 심성이 있는지 묻는다면 나는 다시 '단연코 그렇다'라고 대답할 것이야. 왜냐하면 태양도 마찬가지로 최고 존재의 계시이며, 또한 우리 이 지상의 자식들이 인지할 것을 허락받은 가장 강력한 계시이기 때문이지. 나는 태양 속에 존재하는 신의 광명과 생산력을 숭배한다네. 우리는 오직 모든 식물과 동물과 함께 이 빛에 의해서만 살고 부지런히 힘쓰고, 그리고 존재하고 있기 때문이야. 그러나 만약 누군가 사도 베드로나 사도 바울의 엄지손가락 뼈에 몸을 굽히겠느냐고 묻는다면 나는 '제발 부탁입니다. 그런 어리석은 짓은 안 합니다'라고 대답할 것이야.

---

47) 마태복음, 마가복음, 누가복음, 요한복음을 지칭한다.

우리는 사도가 '성령의 불을 끄지 말라!'[48]고 말하고 있다는 걸 기억해야 하네.

교회의 제도 속에는 어리석은 것이 너무나 많아. 그러나 교회는 지배하려고 하기 때문에, 머리를 숙이라고 명령받고 지배받기를 원하는 어리석은 서민을 갖고 있지 않으면 안 되네. 지위가 높고 풍부한 급여를 받고 있는 성직자들은 하층 계급의 계몽을 가장 두려워하고 있지. 그들은 서민들이 가능한 한 오랫동안 성서까지도 멀리하게 했어. 가난한 그리스도 교구의 신자들은 풍부한 급여를 받는 주교가 군주들과 같은 호화 생활을 하는 것을 보고 어떻게 생각하겠는가. 한편으로는 군주와도 같은 주교가 6마리의 말이 끄는 화려한 마차를 타고 다니건만, 복음서 속의 가난하고 초라한 그리스도는 그의 제자들과 함께 겸손하게 맨발로 걸어가고 있는 것을 알게 된다면 말일세."

괴테는 계속했다. "우리는 루터에게, 그리고 넓게 말한다면 종교 개혁에 헤아릴 수 없을 정도로 많은 은혜를 입고 있다네. 우리는 지속적으로 발전하여 나가는 문화 덕분에 정신적인 편견의 속박으로부터 해방되었고, 그리스도교의 근원으로 다시 돌아가 그것을 그 순수한 모습 속에서 이해할 수 있게 되었지. 우리는 다시 신의 대지 위에 두 다리로 힘주어 딛고 서서 우리 자신이 신의 은총을 받은 존재임을 느낄 수 있는 용기를 되찾은 것이야. 그렇지만 정신 문화가 아무리 점점 더 진보하여 가고 자연 과학이 아무리 더욱더 넓고 깊게 성장하여 가고 인간 정신이 아무리 자기 뜻대로 확대되어 나간다고 하더라도, 인간 정신은 복음서 속에서 널리 빛나고 있는 그리스도의 숭고함과 윤리적 문화를 능가하지는 못할 것일세!

그러나 우리 신교도들이 고귀한 발전 속에 점점 활발하게 전진하면 할수록 가톨릭교도들도 점차 급속도로 그 뒤를 따라올 것이야. 더욱더 자기 주변으로 퍼져나가는 현대의 위대한 계몽에 자신들이 사로잡혀 있다는 것을 알아차리게 되면, 그들은 어떤 태도를 취하든 결국은 그 뒤를 따라가지 않으면 안 되는 것이지. 이리하여 장차 언젠가는 드디어 모든 것이 하나가 되는 때가 올 것일세.

그리고 흉측한 신교도의 종파 싸움도 그치게 될 것이고, 이것에 붙어 다니는

---

[48] 신약성서 데살로니카 전서 제5장 제19절에 나오는 구절이다.

아버지와 아들 사이, 형제와 자매 사이의 증오심과 적개심도 없어질 것이야. 왜냐하면 사람들이 그리스도의 순수한 가르침과 사랑을 있는 그대로의 모습으로 이해하고 받아들이게 되면, 그들은 인간으로서 위대하고 자유로움을 느끼고 교회에서 예배를 올릴 때 외견상 사사로운 차이가 나는 것은 특별히 문제 삼지 않을 것이기 때문이지.

그리고 또 우리는 모두 점점 말과 신앙의 그리스도교로부터 신념과 행위의 그리스도교로 향해 나아가게 될 것이야."[49]

이어 화제는 그리스도 이전에 생존했던 중국인과 인도인 그리고 페르시아인과 그리스인들 사이의 위인들에게로 바뀌었고, 신의 위력은 구약성서에 등장하는 위대한 유대인 몇몇 사람에게 미쳤던 것과 마찬가지로 그들 가운데에서도 작용했을 것이라는 결론에 이르렀다. 거기에서 이야기는 우리가 생활하고 있는 이 현대 세계의 위대한 사람들 사이에서 신의 작용이 어떻게 나타나고 있는가 하는 문제로 바뀌었다.

괴테는 말했다. "사람들이 하는 말로는 신이 저 아득하고 먼 옛날부터 이 세상에서 완전히 제 모습을 감추고 고요 속으로 물러가 버렸다고 하네. 인간은 이제는 완전히 자립하고 살아가고 있기 때문에, 신(神) 없이 그리고 볼 수 없는 신의 입김을 받지 않고서도 매일 매일을 어떻게 살아가야 할 것인가를 알아야 한다는 것이 일반적인 의견인 것이야. 아무튼 종교나 윤리적인 사항에 있어서는 우리는 지금도 신의 영향을 인정하고 있지. 그렇지만 과학과 예술 세계에서 존재하는 모든 것은 오로지 인간에게 의존하고 있는 것이며, 순전히 인간 힘의 소산이라고 믿고 있네.

그러나 누구라도 괜찮으니 인간의 의지와 인간의 힘을 갖고, 모차르트나 라파엘로 그리고 셰익스피어라는 이름이 붙은 작품에 필적하는 것을 창출해 낼 수 있는지 한번 보고 싶군. 너무나도 잘 알고 있는 바이지만, 이것은 결코 이들 세 사람의 위인들에게만 한정된 사항이 아니야. 예술의 모든 분야에 걸쳐서 수없이 많은 탁월한 사람이 활동하고 있고, 지금 언급한 사람들과 마찬가지로 참

---

49) 다른 나라로 가서 행하는 선교사업을 말하는 것일 거다.

으로 훌륭한 것을 창출해 냈지. 그런데 그들이 저 세 사람과 마찬가지로 위대했다고 한다면, 그것은 그들이 저 세 사람과 마찬가지로 범속한 인간성을 빠져나와 뛰어나게 신의 은총을 받고 있었기 때문이라네.

도대체 어찌 된 이유 때문인가?—신은 저 유명한 천지 창조의 6일 이후에도 결코 휴식을 취하지 않았어. 오히려 최초의 날과 마찬가지로 신은 지금도 쉬지 않고 활동하고 있지. 만약 신이 이 물질적인 기초 위에 정신세계를 위한 양성소를 세워 보려는 계획이 없었다면, 이 삭막한 세계를 단순한 요소로 조립한다든지 연연 세세 태양 빛을 받게 해서 회전시킨다든지 하는 것은 그에게 그다지 즐거운 일이 아니었을 것일세. 따라서 신은 지금도 더 열등한 것들을 한 단계 더 끌어올리려고, 더 높은 인물들 속에서 계속하여 활동하고 있는 것이야."

괴테는 침묵했다. 그러나 나는 그의 위대하고 유익한 말을 내 마음속 깊이 새겨 두었다.

〈괴테와의 대화〉에 대하여

〈괴테와의 대화〉는 젊은 문학도인 에커만(1792~1854)이 1823년부터 1832년, 괴테가 세상을 떠나기까지 괴테의 만년을 함께 지내며 나눈 대화를 정리한 것이다. 괴테는 에커만의 문학적인 재능을 인정하여 그에게 바이마르에 머물 것을 간곡히 권유하였다. 이에 에커만은 괴테의 전집을 펴내는 일을 돕기로 결심했다. 그리하여 이 대문호의 저작 작업의 조수이자, 그로부터 문학과 교양을 지도받는 제자, 또 여러 부문에 관한 의견을 나누는 친구로서 에커만이 9년간에 걸쳐 괴테와 나눈 대화를 기록한 이 책이 나오게 된 것이다. 에커만은 이 〈괴테와의 대화〉를 괴테가 살아 있을 때 기획하여 출판하고자 했으나, 결국 이 책은 1835년 시작하여 1848년에 이르러서야 전 3권이 모두 세상에 나오게 되었다.

〈괴테와의 대화〉는 에커만의 성실한 인품과 뛰어난 감수성, 이해력, 무엇보다도 괴테를 향한 겸허한 헌신, 그리고 괴테에게서 받은 감화와 존경심을 충실히 반사하는 거울로, 우리로 하여금 괴테의 전체상과 에커만이 포착한 인간 괴테의 위대함을 느끼게 한다. 이 책은 출판된 지 150여 년이 지났지만 일반 독자와 괴테 연구자들 사이에서 오늘도 널리 읽히고 있다.

〈괴테와의 대화〉에는 '학문과 예술의 모든 분야에 걸친 위대한 원리, 인간의 고매한 관심과 정신적인 소산, 금세기의 탁월한 사람들에 관한 괴테의 해명'이 담겨 있으며, 또 그의 자연과학에 대한 이론, 광산, 농업, 문학, 교육에 대한 극히 실제적인 견해, 그리고 가정생활 등이 구체적으로 묘사되어 있다. 그러므로 이 〈괴테와의 대화〉는 비단 문학에 대한 괴테의 내적 또는 외적 고백일 뿐만 아니라, 더 나아가서는 인생과 예술, 인간과 사회에 대한 괴테의 생각을 보여주는 작품이라고 할 수 있다.

〈괴테와의 대화〉는 인간 괴테가 만년에 스스로 달성한, 하나의 기념비적인 전체상이다. 〈시와 진실〉〈빌헬름 마이스터의 편력시대〉〈파우스트〉 제2부 등, 괴테가 자기 작품으로서 완성한 예술적 형태의 경우와 같은 소재가, 여기에서는 에커만이라는 듣는 이를 모체로 하여 색다른 형식으로 드러나고 있다. 그리하여 그 소재는 각종 인식 및 증언의 풍부한 스케치로 다시 태어났다. 이 책에는 창조자로서의 괴테가 존재하지 않는다. 여기서 등장하는 괴테는, 상대에게 영향을 줘서 그를 움직이는 사람이다. 괴테의 빛나는 본질이 하나의 거울에 반사된 셈이다. 거울에는 이 거인의 독특한 형상이 비친다. 또 괴테의 세계, 그의 세계감정,

에커만(1792~1854)
괴테는 에커만의 어린 시절 우상이었다. 에커만은 시인이 되려는 자신의 꿈을 접고 괴테의 조수를 자원한다. 그의 저서 〈괴테와의 대화〉는 인터뷰의 기록에 그치지 않고, 괴테의 인생·사상에 대한 정보를 예술적으로 정리한 것이다. 그는 괴테의 저작권 집행자로, 사후 작품 출판에도 관여했다.

현실의 환경세계, 정신적 세계와의 온갖 관계 등이 총괄적으로 드러난다. 늙은 괴테의 지혜는 그가 스스로 붓을 쥐고 만들어낸 유물 속에도 존재하지만, 이렇게 또 하나의 창조적 방법을 통해서도 존재하고 있는 것이다.

괴테는 긴 생애 동안 많은 벗을 맞이했다. 그 많은 벗 중에서, 이토록 커다란 전체상을 확보한 사람은 에커만 한 사람뿐일 것이다. 괴테와 관련된 수많은 소재를 '대화의 서사'로 펴낸 사람은 에커만 외에도 많이 있다. 그러나 이만큼 총체적인 괴테의 분위기 속에서, 괴테의 기념상을 구축한 사람은 에커만 오직 하나뿐이다.

니체는 〈인간적인 너무나 인간적인〉이라는 잠언집에서 "괴테의 작품, 특히 독일어로 쓰인 책 중 이 세상에 존재하는 최고의 책인 〈괴테와의 대화〉를 빼놓는다면, 독일의 산문문학 가운데 반복해 읽을 만큼 가치 있는 작품이 도대체 무엇이 있겠는가? 이 〈괴테와의 대화〉는 독일 산문문학의 보배다."라고 극찬했다.

또한 군돌프는 그의 명저인 〈괴테〉에서 에커만의 〈괴테와의 대화〉는 인쇄된 교과서가 아니며, 한군데 모은 예지의 수확물도 아닌 오로지 '복음서일 뿐'이라고 말하면서 '괴테의 목소리를 그처럼 순수하게 청취할 수 있는 귀를 가졌다는 것은 에커만 불멸의 공적'이라고 했다. 1817년 괴테의 아들인 아우구스트 괴테(1789~1830)와 결혼한 뒤 그의 집에 함께 살면서 괴테의 임종을 지킨 며느리 오틸리에는, 이 책이 나온 뒤인 1836년 영국 친구에게 보낸 편지에서 이렇게 말하고 있다. "에커만처럼 자신의 감정을 전혀 개입하지 않고 시아버님의 말씀을 그대로 이해해 쓴다는 것은 불가능한 일이라고 생각합니다. 우리는 이 책을 읽으면 마치 아버님의 말씀과 목소리를 직접 듣는 것 같은 기분이 되어 버립니다." 이것은 인간 괴테가 이 책 속에서 얼마나 생생하게 살아 숨 쉬고 있는지를 말해주는 대목이다.

제2차 세계대전이 끝난 뒤인 1949년 스위스 취리히의 아르테미스 출판사는 괴테 탄생 200주년을 기념해 괴테 전집을 발행하였는데, 이 전집의 편집을 맡은 보이틀러는 프랑크푸르트에 있는 괴테 생가의 관장이기도 했다. 그는 에커만의 〈괴테와의 대화〉야말로 괴테 전집 기념출판의 완결본인 셈이며, 괴테의 작품을 가장 잘 이해할 수 있게 해 주는 압권이라고 하면서, 이 책을 괴테 전집의 일부로 포함했다. 그뿐만 아니라 1999년 프랑크푸르트의 도이체 클라시커 출판사가 괴테 탄생 250주년을 기려 괴테의 작품 40권을 출판했을 때도 〈괴테와의 대화〉는 똑같이 전집의 마지막 권을 장식했다.

사실 괴테의 명작들 가운데는 에커만이 바이마르로 온 뒤 그의 도움으로 착착 진행되어 완성된 것이 많다. 〈괴테와 실러의 왕복서간〉은 1828년에 출판되었고, 〈빌헬름 마이스터의 편력시대〉는 1829년, 괴테의 자서전 〈시와 진실〉의 마지막 부분인 제4부는 1831년에 완성되었는데, 이 책들이 발간되는 과정에는 에커만의 충실한 조력이 있었던 것이다. 또한 독일문학의 최고 걸작으로 평가받는 〈파우스트〉 제2부도 괴테 자신의 끊임없는 정진에 에커만의 우정어린 편달과 재촉이 더해지고, 기회 있을 때마다 행해진 각 막과 각 장에 대한 두 사람의 열띤 토론을 거쳐 괴테가 세상을 떠나기 한 해 전인 1831년 8월에야 완성되었다. 괴테는 평소 에커만에게 "내가 〈파우스트〉 제2부를 완성하게 되면 그것은 자네의 공적으로 돌려도 되지. 나는 이미 여러 번 이 말을 했지만, 자네가 그것을 이해해 주기까지 되풀이하는 거라네." 이렇게 말하곤 했다(2부 1830년 3월 7일 408쪽).

하지만 〈괴테와의 대화〉가 세상에 나왔을 때, 그즈음 문단에서는 에커만은 괴테에게 무조건 "당신 말이 옳습니다!" 이런 대답만 하는 용기 없는 사람이라며 비웃는 작가들도 있었다. 그러나 우리가 이 책의 2부 1829년 2월 19일자의 일기를 본다면 반드시 그런 것만은 아니었다는 것을 알 수 있다. 여기에는 에커만이 〈색채론〉의 일부 내용에 관해 괴테와 견해차를 보이는 장면이 기록되어 있다. 에커만은 아직 괴테의 〈색채론〉에 익숙해 있지 않았을 때 괴테의 요청으로 그 첫 장을 읽은 뒤, 실제로 어느 해맑은 겨울날에 실험해 보게 된다. 그런데 그 결과 괴테의 추론 가운데 어떤 부분은 오류를 띠고 있다는 것을 발견한 것이다. 이에 그는 괴테에게 그 사실을 직접 말하지 않고 서면으로 알리려 했지만, 괴테가 재촉하자 할 수 없이 그 실험결과를 말해 주었다. 처음에는 괴테의 얼굴색이 확연히 굳어지고 달라졌지만, 괴테는 에커만이 자신을 사랑하고 전혀 악의가 없다는 것을 알고 있었으므로 결국 서로 화해했다. 여기에 그의 글 일부를 실어 보기로 한다.

괴테는 자신의 문학작품에 대한 비판에 접하는 경우에는 언제나 아주 관대했고, 또 어떠한 반대에 접하더라도 거기에 근거가 있으면 감사하는 마음으로 받아들였다. 그런데 이런 그가 〈색채론〉에 있어서는 훌륭한 것이라고 하더라도 반론을 용납하지 않았던 것이 좀 이상하게 여겨질 것이다. 그러나 이 수수께끼도 다음과 같이 생각하면 쉽게 풀린다. 그는 시인으로서는 외부로부터 더할 나위 없는 보상을 받아왔지만, 그의 모든 저작 중에서 가장 위대하면서도 동시에 가장 난해한 이 〈색채론〉에 있어서만은 비난과 불찬성 이외의 어떤 것도 얻지 못했다. 이에 관해서는 반평생을 통해 모든 방면에서 무분별한 반론만이 그를 향해 울려왔다. 그러므로 그가 쉬지 않고 하나의 자극적인 전시 상태에 몸을 두고, 언제라도 격정적인 반격 태세를 갖추고 있었던 것은 당연한 일이었을 것이다.

그는 〈색채론〉에 관한 한 출중한 아이를 가진 착한 어머니와도 같았다. 다른 사람들이 이 아이를 인정하지 않으려고 하면 할수록, 자기 자식에 대한 애정은 더해갈 뿐이었다. (2부 1829년 2월 19일 332쪽)

에커만은 나중에는 괴테의 〈색채론〉 신봉자가 되어, 이탈리아 제노바에 있는 영국 영사의 아들인 친구 스털링을 만나서도 괴테의 〈색채론〉의 타당성에 대해 열변을 토하면서 이에 대한 주의를 환기했다. 또한 그는 애석하게도 괴테의 〈색채론〉이 다른 국제도시인 제네바 도서관에 비치되어 있지 않은 것을 알고는 한탄하기도 한다. 이처럼 에커만의 괴테에 대한 열정은 문학적 영역에 대한 업적에 국한된 것이 아니었다. 소레는 스위스 제네바 출신으로, 대공비 파블로브나의 초청을 받아 에커만보다 1년 앞서 1822년에 바이마르에 왔다. 그는 대공비의 요청으로 바이마르 공작의 프랑스어 교관으로 일했다. 1년 뒤 에커만이 바이마르에 오자, 소레는 그와 함께 지내며 친분을 쌓았다. 소레가 오랜 노력 끝에 1931년 드디어 괴테의 자연과학적 주저인 〈식물의 변태설〉을 프랑스어로 번역해 출판했을 때, 에커만도 괴테와 함께 무척 기뻐했다.

2000년대에 들어와서 '괴테'는 신화적인 존재가 아니라 우리처럼 죽음, 병, 고독에 대해 공포를 가진 평범한 인간으로서 재인식되며 비평가들 입에 다시 오르내리고 있다.

에커만의 〈괴테와의 대화〉를 자세히 살펴보면, 우리는 괴테가 얼마나 죽음과 병 때문에 괴로워했으며 스스로를 불행한 인간으로 생각했는지를 곳곳에서 찾아볼 수 있다. 이와 같이 괴테 또한 우리처럼 약점 많고 불행한 인간이었다. 괴테는 많은 고통을 당하면서도 불행과 공포에서 벗어나 자기가 원하는 인물이 되기 위해 환경과 싸우며 무한히 노력하지 않으면 안 되는 인간이었던 것이다. 그러나 그는 늘 그 인간 속에서 훌륭한 것을 찾기 위해 노력했고, 일생을 바쳐 그것을 높은 수준으로 고양하려 애썼다. 이것이 바로 괴테를 평범한 작가가 아닌 독일을 넘어선 세계 문화에 내려진 축복으로 만든 것이다. 또한 그는 모든 인간이란 훌륭하게 개발될 수 있는 가능성을 갖고 있다고 생각했으며, 이런 면에 괴테의 교육자로서의 이상(理想)이 숨어 있는 것이다.

 이러한 괴테의 흥미, 신념, 희망은 바로 '휴머니티'였다. 그의 모든 작품은 휴머니티를 순화하고 고양하려는 목적을 위한 것이다. 인생에 대한 그의 신념은 바로 이 휴머니티의 승리에 대한 신념이며 우주에는 도덕적인 질서가 있다는 것에 대한 신념이었다. 우리는 에커만의 〈괴테와의 대화〉에서 휴머니티의 실현을 위한 괴테의 노력을 배우고, 생의 무의미를 극복하고 좀 더 높고 좀 더 아름다운 것을 인생 속에 구현하기 위한 우리 노력의 한 규범으로 사용해야 할 것이다.

 에커만의 자서전에 의하면, 그는 1792년 9월 21일 뤼네브르크와 함부르크 사이의 루에강 강변의 작은 도시 빈젠에서 태어났다. 가난한 집 출신인 그는 소년 시절에도 집 안에 할 일이 없을 때를 빼고는 학교 가는 것이 허락되지 않았다. 봄이 되어 엘베강의 범람이 물러가면 그는 강의 안쪽 둑으로 나가서, 밀려온 갈대를 모아 암소의 잠자리를 만들어 주는 일을 했다. 이어 넓은 목장에 새싹이 돋아오면 다른 아이들과 함께 암소를 지키면서 긴 하루를 보냈다. 또 그는 여름 한동안은 밭에 나가 들을 가는 일을 도왔다. 또 1년 내내 집에서 사용할 연료를 얻기 위해 10리 떨어진 숲속으로 가서 마른나무를 끌고 오기도 했다. 가을이 되어 추수해야 할 때는 여러 주일을 들녘에서 이삭줍기했고, 가을바람이 불어오면 오래된 떡갈나무 열매를 모아 거위를 기르는 잘사는 사람들 집에 가져가 팔았다. 열두세 살이 되었을 때 에커만은 이 마을 저 마을을 다니면서 행상을 하는 아버지를 도와 물건을 날랐는데, 이때가 그의 소년 시절 가운데 제일 즐거운 추억으로 남아 있다고 했다.

 열네 살 때 그는 우연한 기회에 자기가 그림그리기에 남다른 재주를 지니고 있다는 것을 깨달았다. 그래서 그림을 그리는 것에 관심을 두게 된 그는 한번은 이웃집 도공에게서 그릇 그림을 그릴 때 본보기로 사용하는 문양집을 빌려다가 열심히 모사를 했다. 그런데 그의 그림이 너무나 훌륭해서 금방 소문이 났다. 그 소문은 그 지방의 제일인자인 마이어의 귀에까지 들어가게 되었다. 그는 에커만의 그림을 보고 매우 감탄하여, 어느 날 에커만을 불러 장차 화가가 되고 싶으면 학교를 졸업하자마자 함부르크에 있는 대가에게서 배울 수 있도록 주선하겠다고 말했다. 그러나 에커만의 부모는 화가라면 집을 페인트칠하는 칠장이로만 여겨서, 아들이 화가가 된다면 높은 건물을 칠하는 등의 힘들고 위험한 일을 해야 할 것이라고 걱정했다. 그래서 결국 이 일은 없었던 걸로 결말이 내려졌다. 그러나 그 뒤부터 그를 주목하고 여러 가지로 도와주려는 사람들이 나타났다. 그래서 그는 소수의 상류사회 아이의 개인교습에 끼어 프랑스어를 배우고 라틴어와 음악도 배울 기회를 얻는다.

에커만은 상급학교로 진학하고 싶었지만 경제적인 형편이 이를 허락하지 않았다. 또 늙은 부모를 조금이라도 도와드려야 했기 때문에 초등학교를 졸업하자마자 시골 재판소의 서기가 되었다. 그곳에서 일하던 그는 추천하는 사람이 있어, 1813년까지 베벤젠 시장의 비서로 근무했다.

이 시기에 독일에서는 나폴레옹의 지배에서 벗어나려는 이른바 해방전쟁(1813~1815)이 일어났다. 젊은 에커만도 애국심에 불타 직장을 그만두고 고향으로 돌아가 자원군에 동참했다. 그의 부대는 플랑드르와 브라반트 지방으로 진격했는데, 여기에서 처음으로 위대한 네덜란드 화가들의 그림을 만나 화가란 무엇을 의미하는지를 깨닫게 된다. 그는 어린 시절의 일을 생각하면서 화가로 입신하기로 결심한다. 그러나 에커만은 곧 화가가 되려면 대가 밑에서 철저하게 그림공부를 해야 함을 알게 된다. 그리고 때마침 하노버에서 안락하게 살고 있던 어린 시절 친구에게로 가 그의 신세를 지면서 그즈음 유명한 화가인 람베르크 밑에 제자로 들어가기로 한다. 에커만이 람베르크에게 가서 자신의 희망을 말하자, 람베르크는 그에게 예술보다는 빵 해결이 선결문제이며, 그림 수준을 향상하려면 오랜 시간이 걸린다는 것을 이야기해 준다. 그리고 예술로 생계를 꾸려가는 것은 상당히 어려운 일이라고 말하면서도 에커만의 희망을 들어주었다. 마침내 그는 친구 집에 기거하면서 그림그리기에 전념하여 상당한 진전을 보았다. 그러나 그는 수개월에 걸친 종군생활로 축적되어 있었던 과로로 중병에 걸려 그림공부를 포기해야만 했다.

에커만은 더 이상 친구의 신세를 지고만 있을 수는 없어, 건강이 회복되자 하노버의 군복 업무 담당 부서에 취직하였다. 이때 그는 람베르크의 제자인 전도유망한 미술학도와 사귀게 되었는데, 이 친구의 영향으로 처음으로 문학에 관심을 가지게 되었다. 그즈음에는 테오도르 쾨르너가 청년들 사이에서 숭배의 대상이었다. 에커만 역시 그의 시집 〈칠현금과 검(劍)〉을 읽고는 크게 감명을 받았다. 그는 자기도 전쟁터에서 큰 고초를 겪었던 일을 쾨르너처럼 시로 써보자고 생각하고는 시 창작을 하여 수백 부를 자비로 인쇄해서 시중에 배포했다. 이 시집은 예상외로 성공을 거둬 잡지에 실려 곳곳으로 팔려나갔다. 한 작곡가는 이것을 작곡에 쓰기도 했다. 그때 스물네 살이던 그는 이 성공에 용기를 얻어 계속 시를 썼지만, 점차 자신이 정신적으로 교양이 부족함을 느끼게 된다. 그리하여 친구의 권유를 받아들여 실러와 클롭슈토크의 작품을 읽었는데, 그것들은 에커만의 감탄을 자아내기는 했지만 어딘지 마음에 들어맞지는 않았다.

그러던 중 우연한 기회에 에커만은 괴테의 시를 읽고 괴테야말로 자기 마음에 꼭 드는 시인이라는 것을 알았다. 그는 곧 괴테에게 깊이 빠져버려 〈빌헬름 마이스터의 도제시대〉, 〈시와 진실〉, 〈희곡집〉, 〈파우스트〉를 속속 구입해 읽어 나갔다. 에커만은 괴테에 대한 찬탄과 사랑의 정이 괴테를 읽으면 읽을수록 더해가, 나중에는 괴테 말고는 생각하지도 않고 말하지도 않을 정도였다. 에커만은 괴테의 작품으로 어느 정도 문학적 기초를 다져 가며 계속해서 시를 썼다. 번역이 잘된 셰익스피어와 소포클레스, 호메로스 작품도 읽었다. 그러나 어학이나 역사 분야의 특수한 전문 지식은 인문계통 고등학교와 대학에서만 가르치며, 많은 훌륭한 인물의 전기를 읽어 보면 그들은 예외 없이 인문계통 고등학교를 졸업하고 대학교육을 받았다는 것을 알게 되었다. 그 뒤로 에커만은 독학하는 것을 그만두고, 하노버 고등학교 교수에게서 1년 동안 착실하게 고대 그리스어와 라틴어의 개인교습을 받았다. 다행히도 고등학교 수업 시간은 대부분 그의 직장 근무시간과 겹치지 않았기 때문에 상관의 허락을 받고 어느 일요일 오후 교장을 찾아가 입학시험을 치른 뒤 제2급에 편입학을 했다. 에커만은 그때 스물다섯 살이었다. 국가공무원 신분이었지만 젊은 학생들과 어울려 열심히 공부했다.

그는 새벽 5시에 일어나 예습하고 8시부터 10시까지 학교에서 수업을 받고는, 서둘러 사무실로 돌아와 1시까지 일했다. 그러고는 집에 가서 간단히 식사를 마친 뒤 학교로 가서 4시까지 계속되는 수업을 들은 뒤 다시 사무실에서 7시까지 일을 했다. 그 이후의 시간은 예습과 개인교습으로 보냈다. 이렇게 무리했기 때문에 에커만은 점점 건강을 해쳐, 학교를 그만두든지 직장을 그만두든지 두 가지 가운데 하나를 택해야 했다. 언제나처럼 생계를 위한 경제적 문제를 우선 생각해야 했던 그는 결국 학교를 그만두었다.

그러나 대학에 진학하는 것이 목표였던 에커만은 포기하지 않고 계속 개인교습을 받았다. 드디어 괴팅겐대학으로 갈 결심을 한 뒤 윗사람에게 사표를 제출했다. 상관은 그가 진지하고 굳은 결심으로 한 치도 양보하지 않을 것이라는 점을 알고 그의 사표를 받아 주었다. 그리고 그의 대학 공부를 위해 자신의 봉급에서 2년 동안 매년 150탈러를 내 주었다. 이리하여 그는 1821년 5월 상관이 내준 150탈러와 시집의 예약출판으로 번 150탈러를 챙겨, 그리고 그리던 괴팅겐대학으로 향했다. 에커만은 처음 1년간은 후원자들의 요구대로 법률학을 공부했지만 아무래도 만족할 수가 없었다. 그의 머릿속은 언제나 문학과 미술 같은 한층 더 높은 인간적인 교양에 관한 것으로 가득 차 있었다. 그래서 결국 그는 2년째에 접어들면서 법률연구는 단념하고 주로 어학에 힘을 쏟았다. 그럴 즈음 금전적인 원조도 끊어지고 자신도 시론(詩論)을 써보고 싶다는 생각이 간절해져 1822년 가을, 에커만은 대학을 떠나 하노버 근처의 시골집으로 가 〈시학논고〉를 썼다. 경제적인 사정으로 인세를 충분히 받아야 했던 에커만은 원고를 괴테에게 보내, 폰 코타 출판사에서 자신이 쓴 시론을 출판할 수 있도록 추천장을 써 달라고 부탁했다. 그리고 나서 곧 괴팅겐에 돌아가, 괴테에게 자신의 경력과 학력, 시집 한 부를 보냈다. 그 뒤 그는 괴테에게서 답장을 받은 것은 물론이거니와, 여행자의 입을 통해 괴테가 자신에게 호의를 갖고 있고 〈예술과 고대〉 지상에 자신에 대해 언급할 작정이라는 말을 들었다. 직접 괴테를 한번 만나보고 싶다는 생각을 한 에커만은 5월 끝 무렵, 집을 떠나 걸어서 바이마르로 갔다.

괴테는 특히 에커만의 '괴테와 관련된 시학논고'를 읽고 그에게 호감을 느끼게 되었다고 한다. 그리고 에커만을 직접 만난 뒤로는 에커만이야말로 자기가 찾던 사람이라고 생각해, 그에게 자신과 함께 바이마르에 머물러 달라고 간청했다. 에커만은 이를 받아들여 괴테 전집 편찬을 도우면서, 한편으로는 그의 문학활동의 주목적인 〈괴테와의 대화〉를 계속 써 내려갔다.

파우스트와 마르그리트, 메피스토와 마르트 부인
파우스트 제2부는, 괴테와 에커만의 끊임없는 노력으로 괴테가 세상을 떠나기 한 해 전인 1831년에야 완성되었다.

1825년 에커만은 괴테의 추천으로 예나대학에서 문학박사 학위를 받았다. 1829년부터 1839년까지는 왕자인 카를 알렉산더의 영어 교육관으로 일했다. 그리고 1843년에는 바이마르의 궁정고문관으로 임명되기도 했다. 본문 중에서도 여러 차례 나오지만 에커만은 새를 무척 사랑했다. 그는 새소리만 듣고도 그 새의 이름을 맞출 수 있을 정도였고, 언제나 새를 관찰하여 여러 종류의 습성과 특징을 파악하고 있었다. 그래서 그의 바이마르 집은 새장으로 가득 채워져서 '새 동물원'이라는 별명으로 불리곤 했다(637~642쪽). 1834년 태어난 에커만의 아들 카를은 화가로 성장하여 아버지의 소원을 풀어 주었는데, 그는 아버지가 집에서 사육했던 새들을 즐겨 그림에 담았다. 에커만은 1854년 12월 3일 바이마르에서 세상을 떠났다. 묘는 괴테의 묘와 가까운 곳에 있다.

    에커만은 정열적이며 신뢰할 만한 멋진 청년이었지만, 독창적인 재능을 갖지는 못했다. 오히려 꼼꼼하고 충실했으며 말수가 적어 항상 일말의 희극적 유머가 감도는 사람이었으며, 그 한계를 괴테 자신은 이미 알고 있었을 것이다. 그렇기 때문에 괴테는 그 한계 자체를 가장 유효하게 활용하여, 그의 목소리를 허심탄회하게 듣는 에커만의 귀와 붓으로 불멸의 공적을 낳는 데 성공한 것이다. 〈괴테와의 대화〉는 인쇄된 교과서가 아니며, 한군데 모은 예지의 수확물도 아닌, 오로지 복음서일 뿐이다…… 그것은 소리이며, 문자가 아니다." 군돌프가 말한 것도 이 의미에서일 것이다.

    이 괴테의 살아 있는 목소리, 바이마르의 복음은, 지금은 변함없이 불후의 고전으로서 우리의 귀와 눈에 전달되고 있다.

    스위스 취리히 대학에서 독문과 교수를 지낸 에밀 슈타이거는, 괴테가 세상을 떠난 다음 날 아침 그 시신 옆에 서서 감회에 젖어 있는 에커만의 모습과 그의 상황 묘사에 깊은 인상을 받았다. 그는 자신의 방대한 〈괴테〉(1959) 3권 마지막 장에 다음과 같은 에커만의 글 전문을 실으면서 그의 탁월한 표현력에 감탄을 표했다.

    "이만큼 많은 과거의 것이 관(棺) 속에서 나와, 전통이 수행한 일은 없다. 다시금 인간의 재산으로 생기에 찬 형자(形姿), 또한 언어가 되었던 일도 없다."

괴테가 유명을 달리한 다음 날 아침, 나는 이미 세상을 떠난 그의 모습을 한 번만 더 보고 싶다는 간절한 그리움에 사로잡혔다. 그의 충실한 하인인 프리드리히가 그가 안치된 방을 열어 주었다. 반듯이 드러누워 있는 그는 마치 잠이 들어 있는 사람 같았다. 그의 숭고하고 고귀한 용모 전체는 깊은 평화와 견고함이 지배하고 있었다. 그의 억센 이마에는 아직도 사상이 깃들어 있는 것 같았다. 나는 그의 머리카락을 조금 잘라 내 간직하고 싶었지만 황공한 생각에 짓눌려 결국 그렇게 하지 못했다. 육체는 옷이 벗겨진 채로 흰 시트로 싸여 있었고 주위에는 큰 얼음덩어리들이 놓여 있었다. 이것은 유해를 가능한 한 오랫동안 시원하게 보존하기 위함이었다. 프리드리히가 그 시트를 열어 보여주었다. 그러자 나는 신성하리만큼 장엄한 그의 머리와 발끝까지 온몸을 보고 눈을 크게 뜨지 않을 수 없었다. 가슴은 아주 억세고 넓고 솟아 나와 있었으며, 팔과 넓적다리는 토실토실하니 부드럽게 살이 쪄 있었다. 다리는 화사하게 참으로 아름다운 모양을 하고 있었다. 신체의 어느 부분에서도 비대하거나 마르고 쇠약한 흔적은 찾아볼 수 없었다. 한 사람의 완벽한 인간이 위대한 아름다움을 갖고 내 앞에 누워 있었다. 나는 감동한 나머지 순간적으로 저 불멸의 정신이 이 유해를 떠나가 버렸다는 것을 잊고 있었다. 나는 손을 그의 가슴에 갖다 댔다.—한없이 깊은 침묵뿐이었다.—나는 옆으로 몸을 돌리고 참고 참았던 눈물이 하염없이 흘러내리도록 그대로 두었다. (2부 512~513쪽)

이 책은 Deutscher Klassiker Verlag의 괴테 전집 제39권 〈Gespräche mit Goethe〉를 텍스트로 하여 번역되었다.

Johann Peter Eckermann
〈Gespräche mit Goethe〉
Übersetzt und kommentiert
von
Kwack Bok Nock

괴테 연보

1749년 8월 28일 프랑크푸르트 암 마인에서 아버지 요한 카스파르 괴테 (1710~1782)와 어머니 카타리나 엘리자베트 텍스토르(1731~1808) 사이에서 태어남.

1759년 프랑크푸르트가 프랑스군에 점령됨―7년 전쟁(1756~1763).

1764년 4월 3일 마리아 테레지아 여왕의 장남 요셉 2세가 신성로마제국의 황제로서 프랑크푸르트에서 대관식을 올림. 괴테도 이 광경을 구경함.

1765년 이해의 10월부터 1768년까지 라이프치히 대학에서 법학 공부.

1767년 처녀 시집 〈안네테〉, 희곡 〈연인의 변덕〉 완성.

1768/70년 병으로 고향 프랑크푸르트에서 요양하면서 지냄.

1770년 이해의 3월부터 1771년의 여름까지 슈트라스부르크에 유학 생활을 함. 이때 헤르더를 알게 되어 가깝게 지냄. 제젠하임을 방문하여 프리데리케 브리온(1752~1813)과 알게 됨. 법학사 학위 취득.

1771/72년 프랑크푸르트에서 단기간 변호사 개업. 〈괴츠 폰 베를리힝겐의 이야기〉를 희곡으로 씀. 프랑크푸르트 학예지에 '독일건축에 관해서' 기고.

1772년 5월부터 9월까지 베츨라에서 체류. 케스트너의 약혼자 샤를로테 부프 (1753~1828)를 알게 됨.

1773/75년 프랑크푸르트에서 익살극, 사육제극, 시 등을 씀. 희곡 〈클라비고〉, 〈파우스트〉와 〈에그몬트〉 집필 개시. 〈젊은 베르테르의 슬픔〉 발표. 릴리 쇠네만(1758~1817)과 약혼.

1775년 5월부터 7월까지 스위스 여행. 11월 카를 아우구스트 공(1757~1828)의 초빙을 받고 바이마르로 이주.

1776년 추밀원의 일원으로 임명. 괴테의 추천으로 헤르더가 종교총감독으로 임명됨. 샤를로테 폰 슈타인(1742~1827)을 알게 됨. 일메나우 채광에

	착수.
1777년	11월부터 12월까지 하르츠 여행.
1778년	5월 베를린 방문—바이에른 왕위계승전(1778~1779).
1779년	군사 및 도로공사위원 취임. 산문극 〈이피게니에〉를 씀. 9월부터 1780년 1월까지 스위스 제2차 여행.
1782년	귀족 증서를 받음. 내각의 수반이 되고 재무관리의 책임도 함께 위임받음.
1784년	해부학 연구. 악간골 발견.
1785년	군주동맹 토의. 식물학 연구 시작.
1786년	이해 9월부터 1788년 6월까지 이탈리아 여행. 운문극 〈이피게니에〉와 〈에그몬트〉를 완성.
1788년	정무에서 물러남. 크리스티아네 불피우스(1765~1816)를 알게 됨. 〈로마비가〉를 씀.
1789년	12월 아들 아우구스트가 태어남(1830년 사망). 다섯 아이 중 혼자 살아남은 아이임.
1790년	8권으로 된 괴테 저작집을 펴냄. 예나대학 총감독 위임받음. 3월부터 6월까지 베네치아 체류. 〈베네치아의 경구〉. 7월부터 10월까지 슐레지엔 야영. 해부학, 식물학, 광학 등의 자연과학 연구. 〈식물의 변태설〉을 씀.
1791년	궁정극장 총감독 취임(1817년까지 26년간). '대코프타'. '광학논집' 2편.
1792년	8월부터 11월까지 프랑스 원정—제1차 대프랑스연합전쟁(1792~1795). 〈신판저작집〉 출판되기 시작(7권 1799년까지). 1793년 〈라이네케 푹스〉. 〈시민장군〉. 5월부터 7월까지 마인츠 포위.
1794년	실러(1759~1805)와의 친교 시작. 〈빌헬름 마이스터의 도제시대〉(1796년 완성).
1795년	〈호렌〉. 〈독일 망명자의 담화〉. 〈메르헨〉.
1796년	실러와 공동으로 2행시 형식의 풍자시인 〈크세니엔〉을 씀. 〈헤르만과 도로테아〉 완성.
1797년	〈담시〉 발표. 7월부터 11월까지 남독일, 스위스 여행.

1798년	잡지 《프로필레엔》(1800년까지) 간행.
1799년	〈아킬레스〉—제2차 대프랑스 연합전쟁(1799~1802).
1801년	안면단독(顏面丹毒)에 걸림.
1802년	예나의 프롬만가와 교제. 거기에서 빌헬미네 헤르츠리프(1789~1865)를 알게 됨.
1803년	〈사생아〉 발표. 헤르더 사망.
1804년	스탈 부인 내방. 〈빙켈만〉을 씀—나폴레옹 황제 즉위.
1805년	신장 기능 이상으로 중병을 앓음. 실러 죽음. 첼터(1758~1832)와의 친교가 시작됨.
1806년	10월 14일 예나결전. 바이마르가 프랑스군에 의해 점령됨. 크리스티아네 불피우스와 정식 결혼—라인동맹 체결.
1807년	〈파우스트〉 제1부 완성. 〈판도라〉 집필 시작.
1808년	〈파우스트〉 제1부 출판. 12권으로 된 최초의 전집(1806~1808). 에어푸르트에서 나폴레옹과 처음 만남—제3차 대프랑스 연합전쟁(1805~1807) 종결.
1809년	〈친화력〉 발표. 〈자서전〉 집필 시작—나폴레옹의 대오스트리아 원정. 티롤, 스페인, 칼라브리아에서의 봉기.
1810년	〈색채론〉 완성.
1811년	〈나의 생애에서—시와 진실〉 집필 계속, 1831년에 완성.
1812년	베토벤 및 오스트리아 여황제 마리아 루도비카를 만남—나폴레옹의 러시아 원정.
1813년	4월부터 8월까지 테플리츠 체류—나폴레옹 대 러시아, 프로이센, 오스트리아 동맹군과의 전쟁. 10월 16일부터 18일에 걸쳐 라이프치히 결전. 1814년 4월 나폴레옹 퇴위, 엘바섬에 격리됨. 빈회의가 개최됨.
1814년	〈에피메니데스 잠을 깸〉. 마인강, 라인강 유역 여행. 마리안네 빌레머(1860년 사망)를 알게 됨.
1815년	다시 마인강, 라인강 유역 여행. 폰 슈타인 남작과 함께 쾰른 여행. 두 번째의 전집 간행 20권(1815~1819)—나폴레옹 100일 천하. 워털루 전쟁.

	나폴레옹 세인트 헬레나 섬에 유배. 바이마르가 대공국이 됨.
1816년	크리스티아네 죽음. 잡지 《예술과 고대》(1832년까지 계속) 간행.
1817년	극장 총감독의 지위에서 물러남. 아들이 오틸리에 폰 포그비시 (1796~1872)와 결혼하여 이후 손자 발터(1818~1885)와 볼프강(1820~1883)이 태어남. 손녀 알마는 1845년 17세로 죽음. 잡지 〈자연과학에 관해〉(1824년까지 계속)—10월 발르트부르크 축제.
1819년	〈서동시집〉 완성. 베를린에서 〈파우스트〉의 여러 장면 처음으로 상연.
1821년	〈빌헬름 마이스터의 편력시대〉 제1부 〈초판〉 출간. 7월부터 8월까지 보헤미아의 요양지에 체류. 이때 마리엔바트에서 울리게 폰 레베초브(1804~1899)를 알게 됨.
1823년	이 해 연초에 중병. 요한 페터 에커만(1792~1854)의 바이마르 내방. 〈마리엔바트의 비가〉.
1825년	〈파우스트〉 제2부의 집필 다시 시작.
1826년	〈전집 결정판〉 1831년까지 40권, 그리고 1833년부터 42년까지 20권 증보. 그중 제1권은 〈파우스트〉 제2부(1833년). 실러의 두개골을 손에 쥐고 관찰. 〈단편소설〉을 위한 시.
1827년	〈중국과 독일 세시기(歲時記)〉.
1829년	〈빌헬름 마이스터의 편력시대〉 완결.
1830년	아들 아우구스트가 로마에서 죽음. 파리의 아카데미에서의 퀴비에와 죠프로와의 논쟁에 깊은 관심을 보임—파리의 7월 혁명.
1831년	유서 작성. 〈파우스트〉 제2부 완결. 일메나우에서 마지막으로 탄생일을 축하함.
1832년	3월 14일 마지막 외출. 3월 16일 발병.

3월 22일 별세—3월 26일, 카를 아우구스트 공가의 묘소에 묻힘. 권위 있는 괴테 전집(Weimarer Ausgabe)은 바이마르의 대공비인 조피에 의해 1887년에 출판을 시작하여 1919년에 완결된 것임. 제1부 창작 63권, 제2부 자연과학 논문 14권, 제3부 일기 16권, 제4부 서간 50권 등 모두 143권으로 되어 있음.

곽복록

일본 조치(上智) 대학교 독문학과 수학. 서울대학교 독문학과 졸업. 미국 시카고 대학교 대학원 독문학과 졸업(석사). 독일 뷔르츠부르크 대학교 독문학과 졸업(독문학 박사). 서울대학교·서강대학교 독문학과 교수 역임. 한국독어독문학회 회장. 한국괴테학회 초대회장. 서강대학교 명예교수 역임. 지은책 《독일문학의 사상과 배경》 옮긴책 프리덴탈 《괴테 생애와 시대》 요한 볼프강 괴테 《파우스트》《젊은 베르테르의 슬픔》《빌헬름 마이스터의 수업시대·편력시대》《친화력》《헤르만과 도로테아》《이탈리아 기행》《시와 진실》《괴테시집》《괴테전집(12권)》 토마스 만 《마의 산》 카를 힐티 《잠 못 이루는 밤을 위하여》 니체 《차라투스트라는 이렇게 말했다》《비극의 탄생》《즐거운 지식》《권력에의 의지》 안데르센 《안데르센 동화전집》 등이 있다.

Johann Peter Eckermann
GESPRÄCHE MIT GOETHE
괴테와의 대화
요한 페터 에커만/곽복록 옮김
1판 1쇄 발행/2007. 8. 20
1판 7쇄 발행/2025. 8. 1
발행인 고윤주
발행처 동서문화사
창업 1956. 12. 12. 등록 16-3799
서울 중구 마른내로 144 동서빌딩 3층
☎ 546-0331~2 Fax. 545-0331
www.dongsuhbook.com
잘못된 책은 구입하신 곳에서 바꾸어드립니다.
*
이 책의 출판권은 동서문화사가 소유합니다.
의장권 제호권 편집권은 저작권법에 의해 보호를 받는 출판물이므로
무단전재와 무단복제를 금합니다.
사업자등록번호 211-87-75330
ISBN 978-89-497-0400-5 04080
ISBN 978-89-497-0382-4 (세트)